X.systems.press

X.systems.press ist eine praxisorientierte Reihe zur Entwicklung und Administration von Betriebssystemen, Netzwerken und Datenbanken.

Rolf Dietze · Tatjana Heuser · Jörg Schilling

OpenSolaris

für Anwender, Administratoren und Rechenzentren

Von den ersten Schritten bis zum produktiven Betrieb auf Sparc, PC und PowerPC basierten Plattformen

Mit 255 Abbildungen und 96 Tabellen

Springer

Rolf Dietze
Mainzer Str. 6
10715 Berlin
rmd@dietze-consulting.de

Tatjana Heuser
Ettaler Str. 2
10777 Berlin
theuser@orbit.in-berlin.de

Jörg Schilling
Seestr. 110
13353 Berlin
schilling@fokus.fraunhofer.de

dhs@opensolaris.in-berlin.de
errata@opensolaris.in-berlin.de
www.opensolaris.in-berlin.de

Bibliografische Information der Deutschen Bibliothek
Die Deutsche Bibliothek verzeichnet diese Publikation in der Deutschen Nationalbibliografie; detaillierte bibliografische Daten sind im Internet über http://dnb.ddb.de abrufbar.

ISSN 1611-8618
ISBN-10 3-540-29236-5 Springer Berlin Heidelberg New York
ISBN-13 978-3-540-29236-4 Springer Berlin Heidelberg New York

Springer ist ein Unternehmen von Springer Science+Business Media
springer.de

Satz: druckfertige Daten durch die Autoren
Herstellung: LE-TEX, Jelonek, Schmidt & Vöckler GbR, Leipzig
Umschlaggestaltung: KünkelLopka Werbeagentur, Heidelberg
Gedruckt auf säurefreiem Papier 33/3142 YL - 5 4 3 2 1 0

Inhaltsverzeichnis

Teil I Intro

Teil II Konzepte und Grundlagen

Teil III Administration und Benutzung

Abbildungsverzeichnis

Tabellenverzeichnis

Teil I

Intro

1 Einführung

Was gehört in ein Buch zu OpenSolaris?

Eine Beschreibung der historischen Entwicklung?
Eine Beschreibung der Sourcen?
Ein Ausblick in die Zukunft?
Eine Beschreibung der Funktion(en)?

Zur historischen Entwicklung gibt es viele Baumdiagramme und sicher viel zu schreiben. Die Zukunft jedoch ist die Entwicklung.

Oftmals lassen Präsentatoren auf Roadshows verlauten, OpenSolaris seien nur die Sourcen, nicht das Betriebssystem Solaris. Das mag zum einen die Vermutung nahelegen, der Schritt von Sun Microsystems ihr langjährig erfolgreiches und weit entwickeltes Betriebssystem unter einer offenen rechtewahrenden Lizenz in Sourcen zu veröffentlichen ist nicht allen in voller Breite und Konsequenz bewußt. Zum anderen stimmt es auch: OpenSolaris ist für sich alleine nicht ohne weiteres Zutun zu einem Solaris übersetztbar. Zu viele Teile des Solaris sind noch nicht veröffentlicht, und das aus gutem Grund: Lizenzrechtliche Abhängigkeiten in denen Sun selbst nicht frei in der Veröffentlichungsentscheidung ist. Sun hat zur Veröffentlichung des Solaris viele Lizenzen auf diese Form der Verwendung hin abgleichen müssen, was zu einem umfangreichen Teil zum Nachkauf einzelner Lizenzen führte. Mit aus diesem Grund ist OpenSolaris nicht gleich am ersten Tage vollständig. Damit läßt sich aber auch nicht viel zur Funktion von OpenSolaris in diesem Buch schreiben, es sind ja "nur die Sourcen".

Daß es dennoch möglich ist, mit einiger Zuarbeit aus OpenSolaris ein laufendes Betriebssystem zu kompilieren, zeigt die Veröffentlichung von SchilliX: Die OpenSolaris Sourcen ergeben mit externen Ergänzungen ein vollständig lauffähiges, Solaris basiertes Betriebssystem. Sun hat wirklich ihr Solaris in Sourcen veröffentlicht. Warum? Würde irgendjemand auf die Idee kommen IBM nach den Sourcen zu AIX oder HP nach den Sourcen zu HPUX zu fragen? Sun ist diesen Schritt gegangen, was nicht zuletzt dem

Anwender eine neue Basis des Vertrauens in ein Betriebssystem einer kommerziell arbeitenden Firma bietet, die in der Art einsehbarer Sourcen so nur im Bereich freier Betriebssysteme zu finden war. SUN beschreitet hier den Weg der Veröffentlichung als Basis des Vertrauens des Anwenders in den Hersteller.

Was bleibt, ist sich der Distributionen anzunehmen. Eine OPENSOLARIS Distribution ist die vollständigste: SUN SOLARIS. Es gibt auch andere Distributionen, die die fehlenden Teile des Betriebssystems aus anderen OpenSource Komponenten ersetzen. Jedoch, ein gnu-tar ist kein SUN-tar, ein vim ist nicht der vi, um nur einige Differenzen zu nennen. Ein Betriebssystem ist nicht nur eine große Menge an Binaries, also ausführbaren Programmen. Es gehören Konzepte zum Betrieb, Ideen zum Einsatz und zur Machbarkeit, Kenntnis von Tools und Subsystemen des Betriebssystems dazu. Und genau das ist, was dieses Buch erreichen möchte: Eine Vorstellung der Tools und Subsysteme, der Betriebskonzepte von Subsystemen, quasi die Vorstellung einer großen Toolbox, aus der sich der Anwender heraussuchen kann, was ihr oder ihm an SUN SOLARIS auf Basis von OPENSOLARIS gefällt. Und OPENSOLARIS bietet viele innovative Neuerungen, die in der Art bei einem Betriebssystem in der Basisausstattung noch nicht dagewesen sind:

- Verfügbarkeit, bei SUN mit predictive Selfhealing umschrieben: SOLARIS bietet interessante betriebssystemseiteitige Subsysteme und Tools zur Unterstützung hoher Verfügbarkeit:
  - Redundantes Storagemanagement, sowohl im traditionellen Sinn auf Basis des SLVM oder SDS SoftRAID Systems, als auch schnell und innovativ durch das innovative Filesystem der nächsten Generation, das sowohl ein Posix-Filesystem, als auch das Storagepoolmanagement beinhaltet, das Zettabyte Filesystem, ZFS,
  - Einen Monitoring- und Restarterservice, der bei Ausfall einer Applikation diese neu startet, fast schon ein Clusterfeature: die Service Management Facility
  - Ein onboard Debuggingtool, das es erlaubt auf System- und Applikationsebene Einblick in den Betrieb zu erhalten, mit dem großen Vorteil, bei Nichtbenutzung keinerlei Last zu erzeugen
  - Ein erweitertes Hardwaremonitoring, Reporting und Management Subsystem, das bei Abweichung von Normalbetriebsparametern für Temperaturen, Spannungen etc. warnen und teilweise Komponenten deaktivieren kann, bevor ein Prozess deshalb abnorm terminiert.
- Methoden und Hilfsmittel zur Konsolidierung eines unübersichtlichen Einzelrechnerensembles auf eine Plattform in unabhängige logische SOLARIS Rechner durch das im Businessumfeld geschätzte Ressourcemanagement, das in der Funktion an die traditionell erfolgreiche Implementation des Workmanagements im iSeries/i5OS Umfeld erinnert, in Kombination mit den so genannten Zones, ein Softpartitionierungssystem, das es erlaubt voneinander weitestgehend unabhängige logische SOLARIS Rechner auf einem physikalischen Rechner zu betreiben und so quasi unabhängige logi-

scheRechner ins Netz zu stellen, die die diversen physikalischen Einzelrechner ersetzen und so viel Geld und Aufwand sparen können.

- Serverseitige Wintel Integration durch das neue NFS v4, das Wintel ACLs weiterreicht, und das ZFS, das Wintel ACLs generisch unterstützt, womit zuvor notwendige Fremdprodukte zur Wintel-PC Einbindung durch SOLARIS Bordmittel ersetzt werden.

Um dem Leser und Anwender den Einstieg in das neue SOLARIS 10 beziehungsweise SOLARIS 11 zu erleichtern, wurden in relevanten Teilen sowohl die Administrations- und Funktionsmechanismen des alten SOLARIS 9 als auch die des neuen SOLARIS 10 oder 11 gegenübergestellt.

OPENSOLARIS besitzt zur Zeit noch kein vollständiges X Windows, SUN SOLARIS dagegen bietet das traditionelle CDE, mit Teilen des Openwindows. Dazu kommen das Java Desktop Environment und die externen Pakete Gnome und KDE.

Hier wird die immer existente, jederzeit nachvollziehbare, verlässliche und krisenfeste kommandozeilenbasierte Administration beschrieben.

1.1 Zur Reihenfolge der Kapitel

Die Reihenfolge der Kapitel ist darauf ausgelegt, einen Anwender, der mit SOLARIS und OPENSOLARIS noch nicht vertraut ist, begleitend in das System einzuführen.

Für Leser die, vertraut mit Administration und Konzepten von SOLARIS Systemen, einen schnellen Überblick und Einstieg in die Unterschiede von OPENSOLARIS suchen, empfiehlt sich ein gezieltes Anspringen der jeweiligen Abschnitte zu den zentralen Innovationen von OPENSOLARIS.

Eine der wesentlichen Neuerungen im Schritt von SOLARIS 9 zu OPENSOLARIS ist die so genannte Service Management Facility, ein Softwaremonitoring- und Verwaltungstool, das sowohl den Start und Stop einzelner Dienste und Subsysteme, als auch Start und Stop des Gesamtsystems steuert und bei Ausfall eines verwalteten Dienstes diesen neu startet. Die Service Management Facility stellt damit eine Neuerung dar, um die ein Systembetreiber, Anwender oder Administrator nicht herum kommt. Eine Umstellung des Systems von der Verwendung der Service Management Facility auf den klassischen, *rc*-File basierten scriptgesteuerten Start/Stop Mechanismus ist nur bei tiefem Eingriff und guter Kenntnis des Systems und unter Verlust von sich aus der Verwendung der Service Management Facility ergebenden Funktionalitäten möglich, und stellt daher keine sinnvolle Alternative zum Herangehen an OPENSOLARIS dar. Der Umsteiger von SOLARIS 9 zu OPENSOLARIS mag daher beim Systemstart, der neuen Definition von so genannten Milestones im Vergleich zu den altbekannten Runleveln in Abschnitt 4.7, Start der Systemdienste auf Seite 63, beginnen, sollte dann zum weiteren Detailverständnis in den Abschnitt 7.1, Service Management Facility auf Seite 423 übergehen und kann sich dann mit dem veränderten Verhalten und der veränderten Administration des *inetd(1M)* und seiner angebotenen Dienste befassen.

Neu hinzugekommen sind so genannte Zones, die eine sichere abgeschlossene chroot Umgebung darstellen. Die Verwendung und die Vergleichbarkeit von Zones mit anderen Konzepten wird in Abschnitt 8.3, Serverkonsolidierung, auf Seite 632 motiviert. Wer hingegen ein den praktischen Weg zum Aufsetzen und Starten einer Zone sucht, kann bei entsprechenden Vorkenntnissen direkt in den Abschnitt 9.12, Administration von Solaris Containern, ab Seite 784 wechseln. Zusammen mit den optional definierbaren Prozessorsets[1] oder dem bereits seit SOLARIS 9 bekannten Ressourcemanagement, lassen sich die Ressourceanforderungen von Zones limitieren.

Komplexe Subsysteme wie das neue Storagemanagement mit ZFS oder die Verwendung des traditionelleren SoftRAIDs SLVM sind weitestgehend unabhängige Themenbereiche. Für einen intensiveren Einblick in die mit OPENSOLARIS angebotenen Features ist der eher konzeptionell ausgelegte Part II von Interesse, für die klassische Basisadministration der Part III.

Bei dezidiertem Interesse an einzelnen Themenbereichen wie IPMP, MPxIO etc, können diese Themen jeweils direkt angesprungen werden.

1.2 Material und Arbeitsumgebung

Das Buch wurde erstellt im Satzsystem LaTeX, mit dem Texteditor *vi(1)*, in Teilen auch mit dem durch Herrn Schilling weiterentwickelten und gepflegten *ved*, auf einer unter OPENSOLARIS, SOLARISEXPRESS laufenden 2-CPU SUN V240. Als Desktop-Dialogsystem wurde SUNRay verwendet.

Experimentiert und evaluiert wurde auf einer 2-CPU V240, zwei 4-CPU AxMP+, diversen 2-CPU Ultra Enterprise 220R, zwei 2-CPU Ultra Enterprise 2, sowie, für X86 SOLARIS auf einer IBM X-Series X336, einem IBM Thinkpad und einem No-Name PC.

Für ZFS und SLVM kam ein A5200[2] mit entsprechend redundanter Anbindung zum Einsatz.

Netzwerkseitig wurden Switches der Firma NORTEL NETWORKS verwendet, da sie den Einsatz von SunTrunking und Linkaggregationen ohne zusätzliche Lizenzkosten in der Grundausstattung unterstützen.

1.3 Danksagung

Unser Dank gilt dem Springer-Verlag, der es ermöglicht hat, ein so umfangreiches Werk für ein Buch ungewöhnlich zeitnah zu veröffentlichen, und besonders Herrn Holzwarth, der uns als TeXperte seitens des Springer-Verlages

[1] Der administrative Umgang mit Prozessorsets ist in Abschnitt 9.11 auf Seite 778 beschrieben.

[2] Die Photon Arrays sind im Anhang in Abschnitt B.4 näher beschrieben.

jederzeit in allen Fragen und Problemen zum Satzsystem LaTeX mit Lösungen und Hinweisen weitergeholfen hat.

Darüber hinaus wäre eine so umfassende bibliographische Referenz insbesondere der RFC Dokumente ohne die bibliographischen Datenbanken, die Nelson H. F. Beebe an der University of Utah in aufwendiger Detailarbeit erstellt hat und pflegt[3], nicht möglich gewesen.

Des weiteren danken wir den ungenannt bleiben wollenden Testlesern einzelner Kapitel, die mit ihren Hinweisen, Ideen und Kommentaren in Diskussion und Mail zum Inhalt dieses Buches beigetragen haben.

1.4 Konventionen

Ein Standardproblem bei der Darstellung von Bildschirmausgaben stellt die Anpassung langer Textzeilen an die physikalischen Begrenzungen des Seitenformates dar. Um den drucktechnisch bedingten Umbruch als solchen kenntlich zu machen wurde er dort, wo er sich nicht vermeiden ließ, durch die Kombination ↙...
am Ende der Zeile, gefolgt von

↪ zu Beginn der nachfolgenden Zeile, hervorgehoben.

Kommandos im Fließtext werden im Allgemeinen *kursiv* gesetzt, gefolgt von der Angabe der Sektion, in der dieses Kommando in den On-Line Manuals eingeordnet ist. Bei abgesetzter Darstellung einer ganzen Kommandozeile ist diese inclusive des Promptes dargestellt wie im nachfolgenden Beispiel gezeigt:

```
tradewind# uname -a
SunOS tradewind 5.11 snv_30 sun4u sparc SUNW,Ultra-2
```

1.5 Begleitendes Material und Errata

Da insbesondere die Verweise auf On-Line Quellen einer ständigen Veränderung unterliegen, wurde begleitend zum Buch eine WebSite eingerichtet, um solche Hinweise aktualisieren und pflegen zu können. Unter der URL `http://opensolaris.in-berlin.de` werden daher begleitendes Material sowie Errata zur Verfügung gestellt.

Die Autoren sind unter der gemeinsamen eMail-Adresse `dhs@opensolaris.in-berlin.de` zu erreichen, für die Diskussion von Fehlern wurde die eMail-Adresse `errata@opensolaris.in-berlin.de` eingerichtet.

[3] Die bibliographischen Datenbanken von Nelson H. F. Beebe sind unter der URL `http://www.math.utah.edu/~beebe` veröffentlicht und zugänglich.

Die Geschichte von OpenSolaris

Jörg E Schilling

Im Frühjahr 2004 kündigte SUN an, SOLARIS unter einer OpenSource Lizenz herausgeben zu wollen. Am 14. September richtete SUN in Santa Clara für ihre Angestellten einen "Sun OpenSolaris Summit" aus, der die SUN Mitarbeiter über die zukünftige Entwicklung im OpenSource Umfeld informieren sollte. Zu diesem Termin waren ausgewählte OpenSource Autoren eingeladen worden Vorträge vor den SUN Mitarbeitern zu halten. Nach dem "OpenSolaris Summit" unterrichtete SUN in einer Presseerklärung darüber, daß ein OPENSOLARIS Pilot-Programm eingerichtet wird. Dieses Pilot-Programm fing mit ca. 10 Teilnehmern an und endete mit über 150 Teilnehmern, die sofort Zugang zum aktuellen Zustand des für OPENSOLARIS vorzubereitenden Sourcecodes, wenn auch unter einem Geheimhaltungs-Abkommen bekamen.

Am 14. Juni 2005 wurde dann die Basis von SOLARIS unter der der CDDL[1] (Common Development and Distribution License) freigegeben. SUN wurde damit zur größten Einzelinstitution, die OpenSource Software zur Verfügung stellt.

Die weitere Entwicklung von SUN SOLARIS basiert auf dieser Open Source Version, eine separate Closed Source Version existiert nicht mehr. Bei der zur Zeit freigegebenen Basis von SOLARIS handelt es sich um die sogenannte O/N (Operating und Networking) Konsolidation, das ist der Betriebssystemkern sowie die kommmandozeilenorientierten Programme und die Netzwerksoftware. SUN plant, weitere Teile der Sourcen zu späteren Terminen unter eine OpenSource Lizenz zu stellen.

Wir werden die Besonderheiten der CDDL im Vergleich zu anderen OpenSource Lizenzen in Kapitel 3 näher besprechen.

Die am 14. Juni 2005 freigegebenen Teile von SOLARIS reichten allerdings noch nicht aus, um alleine daraus ein nutzbares System zu erstellen. Um eine nutzbare OPENSOLARIS basierte Distribution zu erzeugen, war es daher

[1] Siehe `http://opensource.org/licenses/cddl1.php`

nötig weitere Software hinzuzufügen. Während SUN bis 14. Juni noch glaubte, daß eine OPENSOLARIS basierte Distribution in absehbarer Zeit nicht möglich wäre wurde bereits seit Anfang 2005 daran gearbeitet, die zu einer Minimaldistribution fehlenden Teile durch OpenSourcelösungen zu ersetzen.

Die erste OPENSOLARIS basierte Distribution war "SCHILLIX[2]" SCHILLIX wurde am 17. Juni 2005 veröffentlicht. Am 18. August 2005 wurde dann auch von SUN eine auf OPENSOLARIS basierende SOLARIS Express Community Release (ein vollständiges SUN SOLARIS auf Basis des aktuellen Entwicklungsstandes) herausgegeben. Danach sind weitere Distributionen veröffentlicht worden die auf OPENSOLARIS basieren. Dabei ist eine Distribution mit dem Namen "Nexenta" erwähnenswert, die die UNIX Kommandos durch Kommandos der Debian LINUX Distribution ersetzt hat.

Da SCHILLIX die OPENSOLARIS Basis auf eine andere Weise ergänzt als es bei SUN SOLARIS getan wird und da Nexenta sogar die UNIX Kommandos durch Kommandos aus den Debian LINUX Distributionen ersetzt, muß man in Zukunft das verwendete System wesentlich genauer beschreiben als es bislang notwendig war. Vor Einführung von OPENSOLARIS reichte es aus, die SOLARIS Version und gegebenenfalls den Patchstand zu nennen, nun wird es wichtig zu wissen, welches Kommando mit welcher Herkunft zur Anwendung kommt, denn z.B. die Verwendung von GNU tar bei Nexenta anstelle des Tar-Programms von SOLARIS kann signifikante Unterschiede im Verhalten und inkompatible Archive bewirken.

2.1 OpenSolaris ist keine Betriebssystemdistribution

Um Mißverständnissen vorzubeugen, OPENSOLARIS ist keine Distribution, sondern ein Satz von Quelltexten die eine Betriebssystembasis darstellen. Die SOLARIS Distribution von SUN heißt *Sun Solaris* oder einfach nur *Solaris* und nur SUN hätte das Recht, den Namen *OpenSolaris* direkt für ein Produkt zu verwenden. OPENSOLARIS-basierte Distributionen können den Namen *OpenSolaris* nicht direkt verwenden, sondern verwenden einen eigenen Namen, von dem die Herausgeber annehmen, daß der Name nicht gegen Markenrecht verstößt. Dieser Name kann dann in Verbindung mit dem Zusatz *Basiert auf* OPENSOLARIS verwendet werden, ohne das Markenrecht von SUN auf den Namen OPENSOLARIS zu verletzen.

Eine Aussage wie: "Dieses Programm läuft unter OPENSOLARIS" ist daher mit Vorsicht zu genießen, denn es sind die der OPENSOLARIS Basis hinzugefügten Anteile, die die Unterschiede der OPENSOLARIS-basierten Distributionen ausmachen. Korrekt wäre daher die Aussage: "Dieses Programm läuft unter folgenden OPENSOLARIS basierten Distributionen".

Auch die Aussage "Ich habe OPENSOLARIS auf meinem Computer installiert" ist wenig hilfreich. Man sollte sich genau darüber im Klaren sein, was

[2] Siehe `ftp://ftp.berlios.de/pub/schillix/` `http://schillix.berlios.de/` `http://www.schillix.de`

für eine Distribution man installiert, wo die Stärken dieser Distribution liegen und wo die Schwächen zu finden sind. Auch hier wäre es korrekter den Namen der OpenSolaris basierten Distribution zu nennen.

2.2 Unterschiede der OpenSolaris-basierten Distributionen

Um die Abweichungen der einzelnen OpenSolaris basierten Distributionen besser verstehen zu können, hilft es, wenn man die Hintergründe und Ursachen für die Abweichungen kennt.

Es gibt dabei drei prinzipielle Ursachen für Abweichungen:

Bewußte Abweichungen einer Distribution äußern sich z.B. dadurch, daß Programme, die sich unter */usr/bin* befinden, gegen alternative Implementierungen ersetzt wurden.

Programme, die nicht frei sind und es auch nicht werden können, werden in relativ großer Anzahl in Sun Solaris eingesetzt. Sie verhindern, daß Sun Solaris in absehbarer Zeit vollkommen frei verteilbar werden kann. Diese Programme müssen (wenn sie für die Funktion unabdingbar sind) bei allen Distributionen ersetzt werden, die nicht durch Sun verteilt werden, wenn sie für die Funktion einer Distribution wichtig sind.

Programme, die zur Zeit noch nicht frei sind es aber später werden, müssen entweder übergangsweise durch freie Alternativen ersetzt werden oder (falls diese Alternative für das betreffende Programm möglich ist) es werden frei weiterverteilbare von Sun zur Verfügung gestellte Binärversionen der Programme verwendet.

Die obengenannten Punkte beschreiben graduelle Abweichungen von einer Sun Solaris Distribution. Denkbar sind aber auch weitergehende Abweichungen, die dadurch entstehen können, daß eine Distribution nur den Solaris Kern nutzt. Eine solche Distribution ist zur Zeit noch nicht bekannt, sie ist aber in Zukunft durchaus denkbar.

2.3 Was OpenSolaris heute ist

Die OpenSolaris Betriebssystembasis, die am 14. Juni 2005 zu einem für jedermann zugänglichen OpenSourceprodukt wurde, bildet nur den Anfang für weitere Veröffentlichungen durch Sun. Sun plant in den folgenden Jahren erheblich mehr Projekte zu "OpenSource" zu machen. Diese Umwandlung bedeutet jedoch Zeit- und Kosten-intensive Arbeit, die von vielen Leuten unterschätzt wird.

Der zur Zeit freigegebene OpenSolaris Source-Baum besteht aus nahezu 34000 Dateien (insgesamt ca. 11 Millionen Zeilen und etwa 300 MB Code), davon nahezu 18000 Dateien in C oder Maschinensprache (insgesamt ca.

8 Millionen Zeilen und ca. 200 MB Code). Mehr als 6000 Makefiles steuern die Kompilation. Wollte man nur diese Makefiles von Hand von den Sun Studio Compilern auf GCC umstellen, würde ein Mensch ca. ein Jahr benötigen. Daher wurden z.B. Programme erstellt, die das Kommandozeileninterface der Programme des GNU Compilers an das Kommandozeileninterface von den Sun Studio Programmen anpassen.

2.4 Wie OpenSolaris entstand

Sun hat bereits um das Jahr 2000 damit angefangen, die Solaris Quellen auf ein zukünftiges OpenSolaris vorzubereiten. Dazu wurden sämtliche Dateien auf belasteten Code untersucht und auch Teile der Quellen neu geschrieben. Als dann im September 2004 das OpenSolaris Pilotprogramm eröffnet wurde, waren bereits mehr als 80% des Quellcodes untersucht und als unbedenklich eingestuft. Die folgenden 9 Monate stellten sich jedoch als eine Herausforderung dar, denn es ist anzunehmen, daß die einfacheren Teile des Gesamtunternehmens vorher erledigt wurden. Für die verbleibenden ungekärten Dateien mußte untersucht werden wer wann unter welchen Randbedingungen an dem zu prüfenden Code gearbeitet hatte. Für belasteten Code mußte geklärt werden wer die Rechte besaß und ob Sun die notwendigen Rechte vom Eigentümer erwerben konnte. Für den unverzichtbaren Rest mußte ein Weg gefunden werden, eine OpenSolaris Neuimplementierung zu schaffen. Für ein relativ kleines Programm geschah dies sogar noch wenige Tage vor dem 14. Juni.

2.5 Geschichtliche und rechtliche Hintergründe

SunOS-5.x, auch unter dem Namen Solaris bekannt, basiert auf System V Release 4, welches im wesentlichen ein Gemeinschaftswerk von Sun und AT&T ist. System V Release 4 ist im wesentlichen hervorgegengen aus einer Vereinigung des SunOS-4.0 Kerns mit den Userspace Programmen von System V Release 3 von AT&T.

Nachdem Sun mit SunOS-4.0 ein völlig neuartiges Virtual Memory Subsystem vorstellte, wurden gegen Ende 1987 Verhandlungen mit AT&T aufgenommen, die zu einem Vertrag zwischen Sun und AT&T führten. Das Gemeinschaftsprojekt stellte im Jahre 1989 die erste Version von System V Release 4 vor und Sun begann im Jahre 1992 mit der Vermarktung von SunOS-2.0, das als erstes Sun Produkt kompatibel zu System V Release 4 war. Zu diesem Zeitpunkt hatten Sun sowie AT&T in etwa die gleichen Rechte an dem Produkt System V Release 4. AT&T besaß jedoch die historischen Rechte[3] und die Rechte am Markennamen UNIX. Daher mußte Sun für jede Solaris Installation eine nicht unerhebliche Lizenzabgabe für Solaris an AT&T

[3] Sun hatte schon zu SunOS-4.x Zeiten Lizenzgebühren an AT&T zahlen müssen.

entrichten. Zwischenzeitlich hatte AT&T im Jahre 1993 den Quellcode an Novell verkauft und die Markenrechte an X/Open (später "Die OpenGroup") abgegeben.

Um den für SUN ungünstigen Lizenzbedingungen zu entkommen, hatte SUN die fehlenden Quellcode-Rechte im Jahre 1994 für 82,5 Millionen Dollar von Novell, dem damaligen Besitzer, gekauft. Dies entsprach in etwa den Lizenzabgaben von 3 Jahren. Der neue Vertrag erlaubte SUN Unterlizenzen sowohl für den Binär- wie auch den Quell-Code zu verkaufen und wurde gleichzeitig von den eigenen Lizenzabgaben gegenüber Novell in jeder Form befreit.

Warum SUN damals annahm, daß es mit erhaltenen Rechten nicht möglich sei Solaris OpenSource zu machen, ist aus heutiger Sicht nicht klar. 10 Jahre später, nach einer juristischen Prüfung der Verträge, war SUN dann jedoch offenbar der Ansicht, daß sämtlicher Code der ausschließlich bei SUN oder bei AT&T entwickelt worden ist, in OpenSource übergeführt werden könne.

Da SOLARIS zu diesem Zeitpunkt aber schon über längere Zeit in einer Closed Source Umgebung entwickelt worden war, bestanden die wesentlichen Teile keineswegs nur aus Komponenten, die von SUN oder AT&T entwickelt wurden. Es hatten sich zugekaufte Teile angesammelt, für die SUN nicht die notwendigen Rechte besaß, um den Code OpenSource zu stellen. Es galt, diese Teile zu identifizieren und Lösungen (Rechtekauf oder Neuimplementierung) dafür zu finden.

Wenn man versucht nachzuvollziehen, was für einen Aufwand SUN zu bewältigen hatte, wird klar, warum bislang keine andere Firma ähnliche Anstrengungen unternommen hat.

2.6 Geplante weitere OpenSource Projekte von Sun

Wie schon erwähnt, soll es nicht bei dem bisherigen Umfang des OpenSource-Anteils an SOLARIS bleiben. Für das Jahr 2006 sind folgende weitere Veröffentlichungen von OpenSource Software durch SUN geplant:

libm Die *libm* ist zur Zeit Bestandteil des Quell-Baums dem das SUN Compilersystem angehört. Nur mit Hilfe der SUN *libm* ist es auf einfache Weise möglich, eine ausreichende Binär-Kompatibilität mit SUN SOLARIS zu erzielen. Würde SUN den Quellcode der *libm* nicht freigeben, dann wäre ein Aufwand von mindestens einem halben Mannjahr zu bewältigen, um einen C-99 kompatiblen Ersatz zu schaffen.
Nach neuesten Plänen von SUN sollen die Quellen der *libm* im Laufe des Februar 2006 verfügbar werden.

make Auch *make* ist zur Zeit Bestandteil des Quell-Baums dem das SUN Compilersystem angehört. Mit *smake* steht zwar ein OpenSource Make-Programm zur Verfügung das relativ ähnlich dem SUN Make-Programm ist, aber für eine vollständige Kompatibilität mit SUN Solaris ist es hilfreich, das "Original" verfügbar zu haben und auch auf andere Plattformen portieren zu können.

Nach neuesten Plänen von Sun sollen die Entwickler Programme im Laufe des April 2006 verfügbar werden.

sccs Auch das SCCS System wird als unverzichtbar angesehen, zumal Solaris unter der Kontrolle von Teamware ist, das auf SCCS aufbaut und SCCS Bestandteil des POSIX Standards ist.
Nach neuesten Plänen von Sun sollen die Entwickler Programme im Laufe des April 2006 verfügbar werden.

pkgadd Das System V Package System wird benötigt, falls die üblichen von Sun Solaris bekannten Installationsprozeduren auch auf nicht von Sun herausgegebenen OpenSolaris basierten Distributionen ermöglicht werden sollen.
Nach neuesten Plänen von Sun sollen die Quellen der "packaging tools" im Laufe des Februar 2006 verfügbar werden.

Manual Pages Während für die obengenannten Pakete bereits eine Binäre Redistributionserlaubnis besteht, können die Manualpages von Solaris bislang nur direkt von Sun bezogen werden und dürfen nicht an Dritte weitergegeben werden.
Da für eine komfortable Nutzbarkeit eine Dokumentation wichtig ist, stellt die fehlende Verfügbarkeit der Manualpages zur Zeit ein ernstzunehmendes Problem dar.
Nach neuesten Plänen von Sun sollen die Manualpages im Laufe des April 2006 verfügbar werden.

Sollten tatsächlich alle obengenannten Pakete in naher Zukunft frei werden, dann hätte das OpenSolaris Projekt einen Zustand erreicht, der alle Basis-Komponenten, die für einen Betrieb eines Servers oder eines Entwicklungssystems benötigt werden, beinhaltet. Weitere Komponenten sind weniger kritisch und lassen sich leicht aus dem Allgemeinbestand an freier Software ergänzen.

2.7 Sun's Einstellung zu OpenSource

Da Sun seit dem 14. Juni 2005 konsequent sämtliche neuen Projekte im OpenSolaris Umfeld zunächst im Quellcode veröffentlicht hat, kann angenommen werden, daß Sun es wirklich ernst meint mit dem Wandel zu einer OpenSource basierten Unternehmung.

Dies hat in letzter Zeit auch die Zweifler ruhiger werden lassen die Sun unehrliche Absichten unterstellten.

Daß sich um das System OpenSolaris innerhalb von wenigen Monaten eine Gemeinschaft von Entwicklern schart, die in Zahl und Engagement der von anderen freien Betriebssystemen, die bereits seit Jahren verfügbar sind, gleicht, war nicht zu erwarten. Da es für OpenSolaris seit dem März 2005 das Community Advisory Board (CAB) gibt, das in strittigen Fragen bei der Weiterentwicklung von OpenSolaris entscheidet und bei dem Sun nicht die Stimmenmehrheit hat, ist jedoch schon im Vorfeld dafür gesorgt worden Konflikte zu vermeiden. Ob OPENSOLARIS als OpenSource Projekt erfolgreich wird und eine selbsttragende Gemeinschaft um sich versammelt wird sich vermutlich erst in 2-3 Jahren erweisen. Aus dem aktuellen Eindruck auf die Zukunft schließen zu wollen, scheint jedenfalls nicht sinnvoll.

Nach Aussage von SUN sollen langfristig alle interessanten Projekte von SUN im Umfeld von SOLARIS in Open Source überführt werden. Man sollte sich allerdings weder darauf verlassen, daß ein bestimmtes Projekt zu einem bestimmten Zeitpunkt Open Source wird, noch daß ein bestimmtes projekt jemals diesen Status erreichen wird. Die Beschreibung der vorbereitenden Arbeiten von SUN an OPENSOLARIS dürfte verständlch machen, daß SUN nur die Projekte überführen wird, die unter Abwägung der Kosten und der Bedeutung des Projektes sinnvoll sind.

3

Lizenzen

Jörg E Schilling

3.1 Die CDDL

Die CDDL wurde durch Anpassen der MPL (Mozilla Public License) erzeugt. Die wichtigsten Änderungen dienten dabei dazu, die Lizenz wiederverwendbar zu machen, ohne daß sie dazu (wie die MPL) für jedes neue Projekt und für jeden neuen Autor im Text angepaßt werden muß.

Dadurch, daß OpenSolaris unter einer sehr freien Lizenz (der CDDL) vertrieben wird, kann OpenSolaris in jedem Umfeld ohne Probleme eingesetzt werden. Um die Möglichkeiten, die sich durch die CDDL mit dem OpenSolaris Quellcode ergeben, diskutieren zu können, drucken wir den Text der CDDL ab und gehen danach auf einzelne wichtige Passagen näher ein.

Wer mehr über OpenSource, die CDDL und andere OpenSource Lizenzen nachlesen möchte, sollte sich auf `http://www.opensource.org/` und `http://www.sun.com/cddl/` sowie `http://opensolaris.org/os/about/faq/licensing_faq/` informieren. Wir werden hier die CDDL und ihre Bedeutung sowie ihre Auswirkungen kurz anreißen.

3.2 COMMON DEVELOPMENT AND DISTRIBUTION LICENSE (CDDL) Version 1.0

1. Definitions.
   1.1 *"Contributor"* means each individual or entity that creates or contributes to the creation of Modifications.
   1.2 *"Contributor Version"* means the combination of the Original Software, prior Modifications used by a Contributor (if any), and the Modifications made by that particular Contributor.
   1.3 *"Covered Software"* means (a) the Original Software, or (b) Modifications, or (c) the combination of files containing Original Software with files containing Modifications, in each case including portions thereof.

1.4 *"Executable"* means the Covered Software in any form other than Source Code.
1.5 *"Initial Developer"* means the individual or entity that first makes Original Software available under this License.
1.6 *"Larger Work"* means a work which combines Covered Software or portions thereof with code not governed by the terms of this License.
1.7 *"License"* means this document.
1.8 *"Licensable"* means having the right to grant, to the maximum extent possible, whether at the time of the initial grant or subsequently acquired, any and all of the rights conveyed herein.
1.9 *"Modifications"* means the Source Code and Executable form of any of the following:
A. Any file that results from an addition to, deletion from or modification of the contents of a file containing Original Software or previous Modifications;
B. Any new file that contains any part of the Original Software or previous Modification; or
C. Any new file that is contributed or otherwise made available under the terms of this License.
1.10 *"Original Software"* means the Source Code and Executable form of computer software code that is originally released under this License.
1.11 *"Patent Claims"* means any patent claim(s), now owned or hereafter acquired, including without limitation, method, process, and apparatus claims, in any patent Licensable by grantor.
1.12 *"Source Code"* means (a) the common form of computer software code in which modifications are made and (b) associated documentation included in or with such code.
1.13 *"You (or Your)"* means an individual or a legal entity exercising rights under, and complying with all of the terms of, this License. For legal entities, "You" includes any entity which controls, is controlled by, or is under common control with You. For purposes of this definition, "control" means (a) the power, direct or indirect, to cause the direction or management of such entity, whether by contract or otherwise, or (b) ownership of more than fifty percent (50%) of the outstanding shares or beneficial ownership of such entity.

2. License Grants.
2.1 The Initial Developer Grant. Conditioned upon Your compliance with Section 3.1 below and subject to third party intellectual property claims, the Initial Developer hereby grants You a world-wide, royalty-free, non-exclusive license:
(a) under intellectual property rights (other than patent or trademark) Licensable by Initial Developer, to use, reproduce, modify, display, perform, sublicense and distribute the Original Software

(or portions thereof), with or without Modifications, and/or as part of a Larger Work; and

(b) under Patent Claims infringed by the making, using or selling of Original Software, to make, have made, use, practice, sell, and offer for sale, and/or otherwise dispose of the Original Software (or portions thereof).

(c) The licenses granted in Sections 2.1(a) and (b) are effective on the date Initial Developer first distributes or otherwise makes the Original Software available to a third party under the terms of this License.

(d) Notwithstanding Section 2.1(b) above, no patent license is granted: (1) for code that You delete from the Original Software, or (2) for infringements caused by: (i) the modification of the Original Software, or (ii) the combination of the Original Software with other software or devices.

2.2 Contributor Grant. Conditioned upon Your compliance with Section 3.1 below and subject to third party intellectual property claims, each Contributor hereby grants You a world-wide, royalty-free, non-exclusive license:

(a) under intellectual property rights (other than patent or trademark) Licensable by Contributor to use, reproduce, modify, display, perform, sublicense and distribute the Modifications created by such Contributor (or portions thereof), either on an unmodified basis, with other Modifications, as Covered Software and/or as part of a Larger Work; and

(b) under Patent Claims infringed by the making, using, or selling of Modifications made by that Contributor either alone and/or in combination with its Contributor Version (or portions of such combination), to make, use, sell, offer for sale, have made, and/or otherwise dispose of: (1) Modifications made by that Contributor (or portions thereof); and (2) the combination of Modifications made by that Contributor with its Contributor Version (or portions of such combination).

(c) The licenses granted in Sections 2.2(a) and 2.2(b) are effective on the date Contributor first distributes or otherwise makes the Modifications available to a third party.

(d) Notwithstanding Section 2.2(b) above, no patent license is granted: (1) for any code that Contributor has deleted from the Contributor Version; (2) for infringements caused by: (i) third party modifications of Contributor Version, or (ii) the combination of Modifications made by that Contributor with other software (except as part of the Contributor Version) or other devices; or (3) under Patent Claims infringed by Covered Software in the absence of Modifications made by that Contributor.

3. Distribution Obligations.
   - 3.1 Availability of Source Code. Any Covered Software that You distribute or otherwise make available in Executable form must also be made available in Source Code form and that Source Code form must be distributed only under the terms of this License. You must include a copy of this License with every copy of the Source Code form of the Covered Software You distribute or otherwise make available. You must inform recipients of any such Covered Software in Executable form as to how they can obtain such Covered Software in Source Code form in a reasonable manner on or through a medium customarily used for software exchange.
   - 3.2 Modifications. The Modifications that You create or to which You contribute are governed by the terms of this License. You represent that You believe Your Modifications are Your original creation(s) and/or You have sufficient rights to grant the rights conveyed by this License.
   - 3.3 Required Notices. You must include a notice in each of Your Modifications that identifies You as the Contributor of the Modification. You may not remove or alter any copyright, patent or trademark notices contained within the Covered Software, or any notices of licensing or any descriptive text giving attribution to any Contributor or the Initial Developer.
   - 3.4 Application of Additional Terms. You may not offer or impose any terms on any Covered Software in Source Code form that alters or restricts the applicable version of this License or the recipients' rights hereunder. You may choose to offer, and to charge a fee for, warranty, support, indemnity or liability obligations to one or more recipients of Covered Software. However, you may do so only on Your own behalf, and not on bohalf of tho Initial Dovolopor or any Contributor. You must make it absolutely clear that any such warranty, support, indemnity or liability obligation is offered by You alone, and You hereby agree to indemnify the Initial Developer and every Contributor for any liability incurred by the Initial Developer or such Contributor as a result of warranty, support, indemnity or liability terms You offer.
   - 3.5 Distribution of Executable Versions. You may distribute the Executable form of the Covered Software under the terms of this License or under the terms of a license of Your choice, which may contain terms different from this License, provided that You are in compliance with the terms of this License and that the license for the Executable form does not attempt to limit or alter the recipient's rights in the Source Code form from the rights set forth in this License. If You distribute the Covered Software in Executable form under a different license, You must make it absolutely clear that any terms which differ from this License are offered by You alone, not by the Initial Developer or Contributor. You hereby agree to indemnify the Initial Developer and

every Contributor for any liability incurred by the Initial Developer or such Contributor as a result of any such terms You offer.

3.6 Larger Works. You may create a Larger Work by combining Covered Software with other code not governed by the terms of this License and distribute the Larger Work as a single product. In such a case, You must make sure the requirements of this License are fulfilled for the Covered Software.

4. Versions of the License.

   4.1 New Versions. Sun Microsystems, Inc. is the initial license steward and may publish revised and/or new versions of this License from time to time. Each version will be given a distinguishing version number. Except as provided in Section 4.3, no one other than the license steward has the right to modify this License.

   4.2 Effect of New Versions. You may always continue to use, distribute or otherwise make the Covered Software available under the terms of the version of the License under which You originally received the Covered Software. If the Initial Developer includes a notice in the Original Software prohibiting it from being distributed or otherwise made available under any subsequent version of the License, You must distribute and make the Covered Software available under the terms of the version of the License under which You originally received the Covered Software. Otherwise, You may also choose to use, distribute or otherwise make the Covered Software available under the terms of any subsequent version of the License published by the license steward.

   4.3 Modified Versions. When You are an Initial Developer and You want to create a new license for Your Original Software, You may create and use a modified version of this License if You: (a) rename the license and remove any references to the name of the license steward (except to note that the license differs from this License); and (b) otherwise make it clear that the license contains terms which differ from this License.

5. DISCLAIMER OF WARRANTY.
   COVERED SOFTWARE IS PROVIDED UNDER THIS LICENSE ON AN "AS IS" BASIS, WITHOUT WARRANTY OF ANY KIND, EITHER EXPRESSED OR IMPLIED, INCLUDING, WITHOUT LIMITATION, WARRANTIES THAT THE COVERED SOFTWARE IS FREE OF DEFECTS, MERCHANTABLE, FIT FOR A PARTICULAR PURPOSE OR NON-INFRINGING. THE ENTIRE RISK AS TO THE QUALITY AND PERFORMANCE OF THE COVERED SOFTWARE IS WITH YOU. SHOULD ANY COVERED SOFTWARE PROVE DEFECTIVE IN ANY RESPECT, YOU (NOT THE INITIAL DEVELOPER OR ANY OTHER CONTRIBUTOR) ASSUME THE COST OF ANY NECESSARY SERVICING, REPAIR OR CORRECTION. THIS DISCLAIMER OF WARRANTY CONSTITUTES AN ESSENTIAL PART OF THIS LICENSE.

NO USE OF ANY COVERED SOFTWARE IS AUTHORIZED HEREUNDER EXCEPT UNDER THIS DISCLAIMER.

6. TERMINATION.
   6.1 This License and the rights granted hereunder will terminate automatically if You fail to comply with terms herein and fail to cure such breach within 30 days of becoming aware of the breach. Provisions which, by their nature, must remain in effect beyond the termination of this License shall survive.
   6.2 If You assert a patent infringement claim (excluding declaratory judgment actions) against Initial Developer or a Contributor (the Initial Developer or Contributor against whom You assert such claim is referred to as “Participant”) alleging that the Participant Software (meaning the Contributor Version where the Participant is a Contributor or the Original Software where the Participant is the Initial Developer) directly or indirectly infringes any patent, then any and all rights granted directly or indirectly to You by such Participant, the Initial Developer (if the Initial Developer is not the Participant) and all Contributors under Sections 2.1 and/or 2.2 of this License shall, upon 60 days notice from Participant terminate prospectively and automatically at the expiration of such 60 day notice period, unless if within such 60 day period You withdraw Your claim with respect to the Participant Software against such Participant either unilaterally or pursuant to a written agreement with Participant.
   6.3 In the event of termination under Sections 6.1 or 6.2 above, all end user licenses that have been validly granted by You or any distributor hereunder prior to termination (excluding licenses granted to You by any distributor) shall survive termination.

7. LIMITATION OF LIABILITY.
   UNDER NO CIRCUMSTANCES AND UNDER NO LEGAL THEORY, WHETHER TORT (INCLUDING NEGLIGENCE), CONTRACT, OR OTHERWISE, SHALL YOU, THE INITIAL DEVELOPER, ANY OTHER CONTRIBUTOR, OR ANY DISTRIBUTOR OF COVERED SOFTWARE, OR ANY SUPPLIER OF ANY OF SUCH PARTIES, BE LIABLE TO ANY PERSON FOR ANY INDIRECT, SPECIAL, INCIDENTAL, OR CONSEQUENTIAL DAMAGES OF ANY CHARACTER INCLUDING, WITHOUT LIMITATION, DAMAGES FOR LOST PROFITS, LOSS OF GOODWILL, WORK STOPPAGE, COMPUTER FAILURE OR MALFUNCTION, OR ANY AND ALL OTHER COMMERCIAL DAMAGES OR LOSSES, EVEN IF SUCH PARTY SHALL HAVE BEEN INFORMED OF THE POSSIBILITY OF SUCH DAMAGES. THIS LIMITATION OF LIABILITY SHALL NOT APPLY TO LIABILITY FOR DEATH OR PERSONAL INJURY RESULTING FROM SUCH PARTY’S NEGLIGENCE TO THE EXTENT APPLICABLE LAW PROHIBITS SUCH LIMITATION. SOME JURISDICTIONS DO

NOT ALLOW THE EXCLUSION OR LIMITATION OF INCIDENTAL OR CONSEQUENTIAL DAMAGES, SO THIS EXCLUSION AND LIMITATION MAY NOT APPLY TO YOU.

8. U.S. GOVERNMENT END USERS.
The Covered Software is a "commercial item," as that term is defined in 48 C.F.R. 2.101 (Oct. 1995), consisting of "commercial computer software" (as that term is defined at 48 C.F.R. § 252.227-7014(a)(1)) and "commercial computer software documentation" as such terms are used in 48 C.F.R. 12.212 (Sept. 1995). Consistent with 48 C.F.R. 12.212 and 48 C.F.R. 227.7202-1 through 227.7202-4 (June 1995), all U.S. Government End Users acquire Covered Software with only those rights set forth herein. This U.S. Government Rights clause is in lieu of, and supersedes, any other FAR, DFAR, or other clause or provision that addresses Government rights in computer software under this License.

9. MISCELLANEOUS.
This License represents the complete agreement concerning subject matter hereof. If any provision of this License is held to be unenforceable, such provision shall be reformed only to the extent necessary to make it enforceable. This License shall be governed by the law of the jurisdiction specified in a notice contained within the Original Software (except to the extent applicable law, if any, provides otherwise), excluding such jurisdiction's conflict-of-law provisions. Any litigation relating to this License shall be subject to the jurisdiction of the courts located in the jurisdiction and venue specified in a notice contained within the Original Software, with the losing party responsible for costs, including, without limitation, court costs and reasonable attorneys' fees and expenses. The application of the United Nations Convention on Contracts for the International Sale of Goods is expressly excluded. Any law or regulation which provides that the language of a contract shall be construed against the drafter shall not apply to this License. You agree that You alone are responsible for compliance with the United States export administration regulations (and the export control laws and regulation of any other countries) when You use, distribute or otherwise make available any Covered Software.

10. RESPONSIBILITY FOR CLAIMS.
As between Initial Developer and the Contributors, each party is responsible for claims and damages arising, directly or indirectly, out of its utilization of rights under this License and You agree to work with Initial Developer and Contributors to distribute such responsibility on an equitable basis. Nothing herein is intended or shall be deemed to constitute any admission of liability.

3.3 Die Ziele der CDDL

3.3.1 *Das erste Kapitel der CDDL*

Kapitel 1 der CDDL, auf Seite 17, enthält im wesentlichen Definitionen, aber auch hier sind schon interessante Einzelheiten zu beobachten. Wir wollen hier auf einige Punkte näher eingehen:

1.6. *Larger Work*
Hier wird nicht, wie bei der GPL, von einem *Abgeleiteten Werk* geredet, das unterstellt jede mögliche Kombination mit dem eigenen Code wäre per se ein Derivat des eigenen Codes auch wenn der fremde Code nur eine Zeile des eigenen Codes enthält. Die CDDL geht stattdessen nur von einer neutralen Kombination der Quelltexte aus. Dies erlaubt eine spannungsfreie Auseinandersetzung mit den Problemen.

1.9. *Modifications*
Dieser Absatz hat den Sinn, einem Nuzter, der den Sourcecode modifizieren oder erweitern will, die Arbeit in jedem Fall als *Veränderung* darzustellen, um damit der eigenständigen Autorenschaft zu entgehen. Die CDDL ist eine Lizenz, die prinzipiell dateibasiert ist und daher wären Modifikationen lediglich Eingriffe in Dateien die durch den Originalautor erzeugt wurden. Zusätzlich erzeugte Dateien fielen automatisch nicht unter die Modifikationsregel. Mit diesem Absatz wird einer Person die Möglichkeit gegeben, über die Veränderung des Inhaltes einer Datei hinaus auch selbst hinzugefügte Dateien als einfache Veränderungen zu bezeichnen.

1.11. *Patent Claims*
Hiermit werden alle Patente bezeichnet, auf die der Autor Besitz- oder Bestimmungs-Rechte hat.

3.3.2 *Im zweiten Kapitel*

Kapitel 2 der CDDL, auf Seite 18, werden Rechte aufgezählt, die Nutzern zugestanden werden.

Der erste Absatz stellt dabei fest, daß der Originalautor jedem rechtmäßigen Nutzer nicht-exklusive Rechte zur Nutzung, Veränderung, zur Kombination mit anderem Code und dem Weitervertrieb erteilt. Darüberhinaus erteilt der Originalautor die Genehmigung, Patente, die er besitzt oder zu denen er ein Bestimmungsrecht hat, kostenlos zu nutzen, falls der genutzte Code die patentierten Teile noch enthält.

Im zweiten Absatz werden die gleichen Nutzungsrechte durch die modifizierenden Mit-Autoren erteilt.

3.3.3 *Im dritten Kapitel*

Kapitel 3 der CDDL, auf Seite 20, geht es um Verpflichtungen, die ein potentieller Nutzer eingehen muß.

Wer Binärversionen des Codes vertreibt, der muß auch den Lizenzcode verfügbar machen und entweder den Sourcecode beilegen oder anderweitig sicherstellen, daß den Nutzern des Binärcodes ein Zugriff auf den Sourcecode in vertretbarer Form möglich wird.

3.3.4 *Im vierten Kapitel*

Kapitel 4 der CDDL, auf Seite 21, werden Aspekte von Versionsänderungen in der Lizenz besprochen.

Jeder hat die Erlaubnis, Varianten der CDDL zu erzeugen und zu verwenden, dann muß jedoch ein anderer Name für die neu geschaffene Lizenz gewählt werden.

Sun hat als einziger die Berechtigung, die CDDL zu verändern und den Namen dabei zu erhalten. Wenn Sun das tut, dann muß allerdings eine andere Versionsnummer verwendet werden. Wenn der Autor einer Software, die die CDDL verwendet, die Erlaubnis dazu erteilt hat, dann darf der Nutzer sich im Falle, daß es eine neuere Version gibt, auch die neuere Version aussuchen. Im Defaultfall ist dies jedoch untersagt. Damit wird Rechtssicherheit für Autoren sichergestellt und Autoren können nicht durch eventuell unerwünschte Inhalte neuerer Versionen der CDDL überrascht werden.

3.3.5 *Im fünften Kapitel*

Kapitel 5 der CDDL, auf Seite 21, befindet sich eine übliche Klausel, die versucht, Garantieansprüche auszuschließen.

3.3.6 *Im sechsten Kapitel*

Kapitel 6 auf Seite 22 werden Gründe aufgeführt, die zu einem Erlöschen der CDDL führen können. Ein wesentlicher Punkt dabei ist, daß die Lizenz erst dann erlischt, wenn innerhalb von 30 Tagen keine Einigung erreicht werden kann und nicht schon sofort nach Aufdecken eines Problems.

Hier wird auch erlaubt, jemandem, der wegen eines seiner Patente einen der Autoren verklagt, die Nutzungslizenz zu entziehen. Dies ist ein wesentlicher Punkt für den Patentfrieden, denn er ermöglicht einen gewissen Druck auf potentielle Angreifer auszuüben.

Ein wesentlicher Punkt in allen Fällen des Lizenzentzuges ist, daß er sich nicht auf Sublizenzierungen durch die Parteien denen die Lizenz entzogen wurde erstrecken.

3.3.7 *Im siebenten Kapitel*

Kapitel 7 auf Seite 22 befindet sich eine übliche Klausel, die versucht, Haftung auszuschließen.

3.3.8 *Das achte Kapitel*

Kapitel 8 auf Seite 23 dient lediglich dazu zu verhindern, daß Amerikanische Behörden die Software, die unter der CDDL steht, annektieren und zu ihren Gunsten verkaufen. Das dürfen diese Behörden nicht, wenn die Software als "kommerziell" deklariert ist.

3.3.9 *Das neunte Kapitel*

Kapitel 9 auf Seite 23 enthält als wesentliche Aussage eine sogenannte "Salvatorische Klausel" die besagt, daß wenn ein Teil der Lizenz nicht durchsetzbar ist oder gegen ein Gesetz verstößt, die CDDL nur soweit, abzuschwächen ist, daß sie wieder durchsetzbar wird.

3.4 Häufig gestellte Fragen im Zusammenhang mit der CDDL

Warum wurde die CDDL für das OpenSolaris-Programm gewählt?
Die CDDL ist eine "Copyleft" Lizenz, die verlangt, zu einem Binary auch den Quellcode zu veröffentlichen und darüberhinaus auch verlangt auch den Quellcode von Änderungen am ursprünglichen Quellcode zur Verfügung zu stellen. Sie ist eine echte OpenSource Lizenz und sie erlaubt das Erzeugen von darauf aufbauenden größeren Werken zu kommerziellen Zwecken.

Wurde die CDDL durch die OSI anerkannt?
Die CDDL wurde im Januar 2005 durch die OpenSource Initiative (`www.opensource.org`) anerkannt.

Warum konnte keine bereits bestehende Lizenz verwendet werden?
Bestehende Lizenzen waren entweder nicht geeignet, die Randbedingungen und Zwänge, unter denen Sun steht, zu erfüllen, oder waren nicht wiederverwendbar für andere Projekte. Daher wurde die MPL, die den Anforderungen am nächsten war, angepaßt.

Wie unterscheidet sich die CDDL von der MPL?
Der Text wurde vereinfacht, die Definition darüber, was Modifikationen sind, wurde genauer spezifiziert, der Passus über die Festlegung des Gerichtsstandes wurde so modifiziert, daß sie für andere Autoren akzeptabel ist, die Klausel über die Anpassung der Version der CDDL wurde so verändert, daß weitere Autoren nicht ohne ihre Zustimmung mit einer neueren Version der CDDL konfrontiert werden können.

Wird das gesamte Solaris Betriebssysetem unter der CDDL veröffentlicht?
Sun verspricht soviel Code wie möglich unter der CDDL zu veröffentlichen. Das kann aber eine gewisse Zeit dauern.

Warum wurde nicht einfach die GPL oder die LPGL verwendet?
Die durch Sun nicht beeinflußbaren Randbedingungen verlangen, daß Sun das Recht haben muß, OpenSource und Closed Source in der Übergangszeit gemeinsam zu verwenden. Diese Möglichkeit bietet die GPL gar nicht und die LPGL nur begrenzt. Auch sollen Dritte die Erlaubnis haben, beliebigen Code mit dem Projekt zu verbinden. Die einzige bestehense Lizenz, die die gewünschten Möglichkeiten bot, war die MPL.

Kann Code unter der CDDL mit anderem Code kombiniert werden?
Die CDDL erlaubt die Kombination mit anderen Lizenzen. Es gibt sowohl die Möglichkeit, CDDL Code mit anderem OpenSource Code als auch mit Closed Source Code gemeinsam zu verwenden. Es ist lediglich zu beachten, ob die anderen Lizenzen eine Kombination mit CDDL Code erlauben.

Enthält die CDDL eine Patentklausel?
Die CDDL garantiert jedem Nutzer die kostenlose Nutzung von Patenten, an denen die Autoren des Codes Rechte haben. Darüberhinaus erlaubt die CDDL die Nutzungsrechte für Nutzer zurückzuziehen, die versuchen, einen der Entwickler des unter der CDDL stehenden Codes wegen eines Patentanspruches an dem durch einen der Entwickler beigesteuerten Codeteils zu verklagen.

Muß sämtlicher Code offengelegt werden?
Wenn Veränderungen vorgenommen werden, dann muß veränderter Originalcode zur Verfügung gestellt werden. Neuer Code in separaten Dateien darf Closed Source bleiben.

Kann Sourcecode von OpenSolaris in anderen Projekten verwendet werden
OpenSolaris Code kann in beliebigen anderen Projekten verwendet werden, solange die CDDL beachtet wird.

Darf OpenSolaris für kommerzielle Zwecke verwendet werden?
OpenSolaris darf für kommerzielle Zwecke verwendet werden und darf auch in Verbindung mit kommerziellen Produkten vertrieben werden, solange die sonstigen Bedingungen der CDDL eingehalten werden.

Darf OpenSolaris Code verkauft werden?
Solange die Bedingungen der CDDL (wie z.B. die Weiterverteiling des Quellcodes) eingehalten werden, darf der Code auch verkauft werden.

Kann Sun das Quelloffene OpenSolaris wieder zurückziehen?
Sun hat keinerlei Möglichkeiten den bereits veröffentlichten Quellcode wieder zurückzuziehen.

3.5 Ausblicke auf bereits laufende Projekte

Neben den bereits erwähnten Distributions-Projekten, die auf OpenSolaris aufbauen, gibt es ein weiterreichendes Projekt das versucht OpenSolaris auf Power-PC Rechner zu portieren.

Die Idee für das Power-PC Portierungsprojekt entstand bereits um die Jahreswende von 2004 auf 2005. Zu diesem Zeitpunkt hatten sich lediglich einige interessierte Privatleute zusammengefunden. Kurz darauf hat sich die Firma *Genesi*, die ein Hersteller einer "Open Desktop Workstation" auf Power-PC Basis ist, dazugefunden und ca. 10 gleichartige Power-PC basierte den Entwicklern kostenlos zur Verfügung gestellt. Um die Jahreswende 2005 zu 2006 konnte Sun-Labs (der Forschungsbereich der Firma Sun) gewonnen werden, sich an dem Portierungsprojekt aktiv zu beteiligen.

Durch die Mitarbeit von Sun-Labs gibt es Zugriff auf den Quellcode von Solaris-2.5.1, der im Jahre 1995 durch Sun für IBM Power-PC Rechner portiert wurde. Weiterhin wird dadurch der Zugriff auf die Sun Mitarbeiter möglich, die damals an dem Power-PC Potierungsprojekt beteiligt waren und daher über hilfreiches Wissen verfügen. Dank der Hilfe durch Sun-Labs wird es möglich, die Power-PC Portierung von Solaris 11 auf Basis von OpenSolaris noch im Jahre 2006 in einen nutzbaren Zustand zu überführen.

3.6 Der "CDDL Header"

Tatjana S. Heuser

Innerhalb des Buches sind an verschiedenen Stellen Dateien, die seitens SUN ab SOLARIS 10 mit einer Präambel, dem *CDDL Header*, versehen worden sind, zitiert.

Stellvertretend für alle diese Dateien ist in Listing 3.1 der *CDDL Header* vollständig abgedruckt. In den einzelnen Dateien wird entsprechend jeweils auf diesen Abschnitt verwiesen. Die Kennzeichnung des Headers als Kommentar ist dabei von der jeweiligen Sprachdefinition abhängig, und in Listing 3.1 nicht separat ausgewiesen.

Die vollständige *Common Development and Distribution License*, auf die im *CDDL Header* seinerseits verwiesen wird, ist im Abschnitt 3.2 auf Seite 17 abgedruckt.

```
CDDL HEADER START

The contents of this file are subject to the terms of the
Common Development and Distribution License, Version 1.0 only
(the "License").  You may not use this file except in compliance
with the License.

You can obtain a copy of the license at usr/src/OPENSOLARIS.LICENSE
or http://www.opensolaris.org/os/licensing.
See the License for the specific language governing permissions
and limitations under the License.

When distributing Covered Code, include this CDDL HEADER in each
file and include the License file at usr/src/OPENSOLARIS.LICENSE.
If applicable, add the following below this CDDL HEADER, with the
fields enclosed by brackets "[]" replaced with your own identifying
information: Portions Copyright [yyyy] [name of copyright owner]

CDDL HEADER END
```

Listing 3.1. CDDL Header

Teil II

Konzepte und Grundlagen

4

Solaris Systemstart

Nachfolgend zuerst eine Übersicht über die einzelnen Schritte, die ein Sparc SOLARIS System beim Systemstart durchläuft.

4.1 Open Boot PROM

Rolf M Dietze

Das Open Boot PROM (OBP) bzw. die OpenFirmware, (OF) ist ein in Forth geschriebenes hardwarenahes Programm, welches Prozeduren für Ein- und Ausgabe, Netzwerk Funktionen, Firmware für einige Standardkarten als auch den UFS-Reader zum Lesen von UFS-Filesystemen während der Bootzeit als auch den Basic Bootloader enthält und dem System System die gesamte erkannte Hardwaresicht, in Form des OBP Devicetrees bereitstellt. Das OBP ist bei Singledomainsystemen quasi das BIOS, bei komplexeren multidomainsystemen stellt es verallgemeinert die Schnittstelle zwischen Hardware und Betriebssystem dar, so wird man bei Systemen der Serengeti Klasse, der SUNFire 15000 Klasse als auch bei der im SUN Umfeld legendären Starfire/UE10000 als das erste in eine Domain geladene Programm ein so genanntes Open Boot Prom Image sehen, das als Hardwarepresentationslayer gegenüber dem Betriebssystem fungiert. Andere Systeme, die sich des Open Boot Proms bedienen, wie etwa die IBM iSeries, nutzen ein OBP ebenfalls als Hardwarepresentationslayer in deren so genannten LPARs (skizziert in Abschnitt 8.4.2 ab Seite 643), im Gegensatz zu den SUN Domains (Beschrieben in Abschnitt 8.5.3 ab Seite 656) eine logische Partitionierung. In diesen logischen Partitionen läuft dann beispielsweise ein AIX auf dem Open Firmware Layer. Bei SUN Systemen läuft auf dem OpenFirmware Layer das SOLARIS. Dieser Abstraktionslayer hilft bei Portierungen.

Implementiert ist dieses Bootprogramm unter anderem für SUN Sparc Systeme und beispielsweise auch Apple PowerPC basierte Systeme. In der x86-Welt hat sich dieser unter IEEE-1275 definierte Standard leider nicht durchgesetzt.

Dieses Kapitel soll die Grundlagen zur Bedienung, Diagnose und Konfiguration darlegen, um im weiteren Devicepfade, Bootfiles, Bootoptionen setzen als auch lesen zu können. Weiterhin ist das OBP ein hilfreiches Diagnoseinstrument bei System-Problemen, zum Komponententest etc.

I/O-Karten, die nicht vom OBP erkannt werden, können nicht zum Systemboot verwendet werden, bzw. als Systemkonsole adressiert werden. Jede I/O-Karte, die eine eigene OBP-Erweiterung hat, wird vom OBP in der Initialisierungsphase angesprochen, so daß die OBP-Erweiterung der I/O-Karte vom OBP geladen bzw. ausgeführt werden kann. Das OBP gibt damit die Kontrolle für die Lade- bzw. Ausführungszeit ab. Wenn der Prom-Inhalt fehlerhaft ist, kommt das OBP under Umständen nicht mehr zurück (wie beispielsweise bei UE3x00 bis UE6x00 bei Nutzung der PROM-Routinen von PCI-Karten).

Bei Sun Systemen ist für das OBP-Environment zu unterscheiden in das OBP-PROM selbst und in ein NVRAM (Non volatile RAM) Chip, welches die Konstanten und Variablen hält, wie etwa die HostID, MAC-Adresse oder den Bootalias, Selbsttest Parameter, Einstellungen für bestimte IO-Karten etc.

OBP und NVRAM befinden sich bei einfachen Sun-Systemen auf dem Mainboard. Zu dieser Klasse der einfachen Systeme gehören z.B. U1, U2, U5/U10, U220R, U60, UE450 usw.

Bei Systemen der älteren Servergeneration mit mehreren IO-Boards, wie z.B. UE3500, UE4500..UE6500 befinden sich auf dem Clock-Board und jedem IO-Board ein OBP-PROM und ein NVRAM. In diesem Fall wird beim Systemstart nur auf das OBP/NVRAM des ersten Boards in der Reihenfolge der gesteckten Boards zugegriffen, um die Initialisierungsparameter zu lesen, und dies ist das Clockboard.

Die letzte Klasse von Maschinen sind multidomainfähige Systeme wie die altbekannte UE1000 und die Nachfolger in der MSG und HSG, den Serengeti 3800 (3900) bis 6800 (6900) und der Sunfire 12000/15000, sowie der sich zur Zeit, Stand Dezember 2005, noch im Lieferprogramm befindlichen Sunfire 20000/25000[1]. Bei diesen Systemen ist von vornherein nicht fest definiert, ab welcher Adresse das erste Board zu finden ist. Daher ist es nicht ohne weiteres möglich, an diese Adresse ein OBP oder NVRAM zu legen. Hier wird durch den Systemcontroller (SC bei Sunfire 3800..6800l), die SSP (UE10000) oder den eingebauten Steuerrechner der SunFire 12000..25000 ein Imagefile des OBP in den nach dem Domainstart konfigurierten Speicher zusammen mit einem NVRAM durch einen OBP-Helper geladen. Dieses Verfahren erlaubt auf der Seite der Systemcontroller/Steuerrechner einen versatilen Umgang mit diesen OBP/NVRAM-Imagefiles, auf den hier nicht weiter eingegangen wird.

[1] 32 CPU-Core Systeme in Ein-Modul Technik unter dem Namen Niagara lösen diese Maschinenklasse vermutlich demnächst ab. Was die zukünftige Implementation namens Rock liefert, so schweigt sich Sun zur Zeit aus. Es steht zu vermuten daß in Anbetracht der Leistung des Niagara auf Basis von Rock Prozessoren gebaute Rechner die HSG Szene bei Sun deutlich umgestalten werden.

Ein SUN-System meldet sich nach dem Einschalten bei Defaulteinstellungen mit ihrem Banner, welches Informationen über Typ, Ausstattung, OBP-Version Seriennummer und MAC-Adresse. z.B.:

```
UltraAX-MP+ WorkServer (4 X UltraSPARC-II 480MHz), No Keyboard
OpenBoot 3.10.50 ME, 4096 MB memory installed, Serial #12890932.
Ethernet address 8:0:20:c4:b3:34, Host ID: 80c4b334.

{0} ok
```

Wenn keine weiteren Warnhinweise kommen, ist das System bereit für weitere Aufgaben. Eine der ersten Aufgaben ist im allgemeinen der Systemboot. Wir wollen hier jedoch erst einen Einblick in die OBP-Umgebung gewinnen.

So können die Ergebnisse des Selbsttests (POST: Power On SelfTest) abgerufen werden, hier fehlerfrei:

```
{0} ok show-post-results
Status 0=Pass, Non-Zero=Fail (%o0): 0
Message String               (%o1): POST Passed
Board Descriptor             (%o2): 19fffff0a511111
{0} ok
```

4.1.1 Grundkommandos

Das *boot* Kommando übergibt die Optionen und Argumente an das bootende Betriebssystem, hier SOLARIS, welches die Optionen und Argumente an die relevanten Startprogramme weiterreicht, wie beispielsweise die Option *-m verbose* an den *svc.startd(1M)* weitergegeben wird. Die wesentlichsten Kommandos zum Boot der Maschine, sind dementsprechend keine reinen OBP Kommandos. Die zur Auflistung der Variablenliste und der Devicealiaseinträge etc., sind OBP Kommandos. Hier in Übersicht:

boot [device]	Boot der Maschine *-r* Rekonfigurationsboot *-s* Singleuserboot *-a* interaktiver Boot *-v* Verbose *-m verbose* Verboseausgaben (SOLARIS 10++) *-m debug* Debugausgaben (SOLARIS 10++)
printenv	Auflistung der Variablen
setenv	Setzen einer Variablen
set-defaults	Rücksetzen aller Variablen
devalias	Bearbeitung von Devicealiases
nvalias	Bearbeitung von Devicealiases
nvstore	Zurückschreiben einer OBP-Modifikation
probe-scsi	Suche nach scsi-Geräten (systemabhängig)
probe-fcal	Suche nach fcal-Geräten (systemabhängig)

probe-ide Suche nach ide-Platten (systemabhängig)

Eine Sonderposition bildet der Systemboot, der den Installboot über einen so genannten JumpStart Server darstellt. Der Installboot wird auf einem Client initiiert, indem das Bootkommando wie folgt eingegeben wird:

boot net - install

Hierbei ist die Leerstelle zwischen "-" und "install" zu beachten. Dieser Aufruf hat die Weitergabe des Strings "instrall" an den JumpStart Server, der im Abschnitt 4.11 ab Seite 78 als Installserver, automatische Installation, beschrieben ist, zur Folge.

Um eine Liste aller möglichen Kommandos zu erhalten, kann das Kommando *words* benutzt werden. Sollte nach einem Kommando gesucht werden, das eine bestimmte Zeichenkette enthält, so ist *sifting* anwendbar. Um beispielsweise alle Kommandos aufzulisten, die den String "boot" enthalten geht dies wie folgt:

```
{0} ok sifting boot

                 In vocabulary  forth
(f0058268) patchboot         (f004858c) reboot-info-pa
(f003c0c8) boot              (f003c080) $boot
(f0028df4) null-get-reboot-info
(f0028dcc) get-reboot-info
(f0028dac) save-reboot-info
(f0028d7c) null-save-reboot-info           (f0028d34) reboot?
{0} ok
```

4.1.2 Lesen und Setzen von Variablen

Um alle Variablen anzeigen zu lassen, wird das Kommando *printenv* verwendet:

```
{0} ok printenv
Variable Name         Value                          Default Value

tpe-link-test?        true                           true
scsi-initiator-id     7                              7
keyboard-click?       false                          false
keymap
.......
fcode-debug?          false                          false
output-device         screen                         screen
input-device          keyboard                       keyboard
load-base             16384                          16384
boot-command          boot                           boot
auto-boot?            true                           true
watchdog-reboot?      false                          false
diag-file
```

```
diag-device           net                           net
boot-file
boot-device           disk net                      disk net
local-mac-address?    true                          false
ansi-terminal?        true                          true
screen-\#columns       80                            80
screen-\#rows          34                            34
silent-mode?          false                         false
use-nvramrc?          false                         false
nvramrc
.......
hardware-revision
last-hardware-update
diag-switch?          false                         false
{0} ok
```

Diese Mitschrift zeigt nur einen Ausschnitt der gesetzten Variablen. In Tabelle 4.1 folgt eine Übersicht über die gebräuchlichsten Variablen. Die Liste der Variablen ist OBP (Versions-) und Systemabhängig.

Variable Name	Default Value	Bedeutung
sbus-probe-list	e0123	Probereihenfolge für SBus-Systeme
pci-probe-list	e0123	Probereihenfolge für PCI-Systeme
ttyb-mode	9600,8,n,1,-	Porteinstellungen zweiter serieller Port
ttya-mode	9600,8,n,1,-	Porteinstellungen zweiter serieller Port
mfg-mode	off	Dauertest: reset-test-reset-test....
diag-level	max	Umfang der Selbsttests
output-device	screen	Console-Eingabegerät
input-device	keyboard	Console-Ausgabegerät
boot-command	boot	boot-Aufruf
auto-boot?	true	Automatischer Boot nach dem Einschalten
watchdog-reboot?	false	Auto-Boot nach Watchdogreset
diag-file		Bootfile bei diag-switch?=true
diag-device	net	Bootdevice bei diag-switch?=true
boot-file		Bootfile bei diag-switch?=false
boot-device	disk net	Bootdevice bei diag-switch?=false
local-mac-address?	true	Eigene MAC-Adresse per IP-Interface
use-nvramrc?	false	Soll nvram-Code ausgeführt werden?
nvramrc		nvram-code -¿ z.B. VeritasVM rootmirror
security-mode	none	Prom-Password
security-password		Prom-Password
security-#badlogins		Prom-Password
diag-switch?	false	Selbsttest bei Power-on + Diag-Boot

Tabelle 4.1. Gebräuchliche OBP-Variable

4.1.3 Lesen und Setzen von (Boot)-Aliaseinträgen

Ein Bootpfad hat z.B. folgendes Aussehen bei SBus-Maschinen:

```
/sbus/SUNW,fas@e,8800000/sd@0,0
```

Bei einer PCI-Maschine bei Boot von einer FCAL-Platte z.B. wie folgt:

```
/pci@1f,4000/scsi@3/fp@0,0/ses@w5080020000048bab,0
```

Damit wäre die oben angegebene SBus-Maschine mit dem Kommando

```
{0} ok boot /sbus/SUNW,fas@e,8800000/sd@0,0
```

von ihrer Festplatte unter TargetID 0,0 zu booten. Die Eingabe dieses Pfades ist noch annehmbar.

Bei dem PCI-Rechner Beispiel sieht dies, wie nachfolgend dargestellt, schon etwas umfangreicher aus:

```
{0} ok /pci@1f,4000/scsi@3/fp@0,0/ses@w5080020000048bab,0
```

4.1.4 Auflisten der Devicealiases

Um dies zu vereinfachen gibt es die Möglichkeit, einen Devicealias zu setzen. Das Kommando *devalias* zeigt ohne Angabe von Optionen oder Parametern die gesetzten Devicealiases an.

Sollte in der Liste der gewünschte Bootpath bereits aufgeführt sein, so kann man den in der ersten Spalte gelisteten Devicealias benutzen. Für das in Beispiel 4.1 zitierte SBus-Beispiel lässt sich *disk* anstelle der expliziten Pfadangabe */sbus/SUNW,fas@e,8800000/sd@0,0* verwenden um den boot-Call wie folgt zu vereinfachen:

```
{0} ok boot disk
```

Bei dem PCI-Beispiel ist der Devicealias für die FCAL-Platte nachträglich eingestellt worden, der Rest der Devicealiasliste ist bereinigt worden:

```
fcal0       /pci@1f,4000/scsi@3/fp@0,0/ses@w5080020000048bab,0
fcal1       /pci@4,4000/scsi@2/fp@0,0/ssd@w50050765074401f3,0
```

Hier gibt es zwei neue Devicealiases, fcal0 und fcal1. Vielleicht ist fcal1 eine gespiegelte Boot-Platte, dazu jedoch später. Der Boot-Call ist somit zu:

```
{0} ok boot fcal0
```

vereinfacht worden.

```
{0} ok devalias
screen              /SUNW,ffb@1e,0
net                 /sbus/SUNW,hme@e,8c00000
disk                /sbus/SUNW,fas@e,8800000/sd@0,0
cdrom               /sbus/SUNW,fas@e,8800000/sd@6,0:f
tape                /sbus/SUNW,fas@e,8800000/st@4,0
tape1               /sbus/SUNW,fas@e,8800000/st@5,0
tape0               /sbus/SUNW,fas@e,8800000/st@4,0
disk6               /sbus/SUNW,fas@e,8800000/sd@6,0
disk5               /sbus/SUNW,fas@e,8800000/sd@5,0
disk4               /sbus/SUNW,fas@e,8800000/sd@4,0
disk3               /sbus/SUNW,fas@e,8800000/sd@3,0
disk2               /sbus/SUNW,fas@e,8800000/sd@2,0
disk1               /sbus/SUNW,fas@e,8800000/sd@1,0
disk0               /sbus/SUNW,fas@e,8800000/sd@0,0
scsi                /sbus/SUNW,fas@e,8800000
floppy              /sbus/SUNW,fdtwo
ttyb                /sbus/zs@f,1100000:b
ttya                /sbus/zs@f,1100000:a
keyboard!           /sbus/zs@f,1000000:forcemode
keyboard            /sbus/zs@f,1000000
name                aliases
```

Beispiel 4.1. SBus Devicealias Einträge

4.1.5 Setzen von Devicealiasen

Devicealiases weden mit dem Kommando *devalias* gesetzt, und mit dem Kommando *nvalias + nvstore* persistent gesetzt. Ein Beispiel: Auf einem aktuellen Sun-Rechner existiere folgender Path zu einer FCAL-Bootplatte:

```
/ssm@0,0/pci@19,700000/pci@3/scsi@3/fp@0,0/ssd@w2200002037336f06,0
```

Diesem Pfad ist nun ein Devicealias "pboot" zu geben:

```
{0} nvalias pboot /ssm@0,0/pci@19,700000/pci@3/scsi@3/fp@0,0/ssd@w\
                  2200002037336f06,0
{0} nvstore
{0}
```

Weiter ist die Bootdevice Variable auf "pboot" zu setzen, der Diagnosticmode auszuschalten und die Maschine zu starten:

```
{0} ok setenv boot-device pboot
{0} ok setenv diag-switch? false
{0} ok boot
```

In den Serengeti-Unterlagen wird dies genauer beschrieben, das Setzen des Diagnosticmodes und der Boot können mit entsprechenden Kommandos vom

SC, dem System Controller, gesetzt werden. Hier sollte nur kurz gezeigt werden, daß das Kommandointerface bei SUN-Systemen sogar im Boot-Monitor ähnlich bzw. gleich ist.

Länger und komplexer werden Pfade zu Diskdevices unter Verwendung von MPxIO[2] und T3-Storage Systemen in SAN-Systemen, der Mechanismus bleibt jedoch erhalten.

4.1.6 Setzen von Bootaliases, Menügesteuert

Um so länger und komplizierter die Pfade, desto mehr Schreibfehler schleichen sich ein. Es gibt einen relativ einfachen Weg, Pfade zu Bootdevices wie Festplatten oder Netzwerkinterfaces in einen Zwischenspeicher zu kopieren. Dazu können die Kommandos *show-disks* und *show-nets* genutzt werden. Beide Kommandos listen die gefundenen und unterstützten Pfade der jeweiligen Geräteklasse auf und ermöglichen es durch Auswahl eines Menüpunktes und anschließendes Betätigen der Tastenkombination CTRL-Y den ausgewählten Pfad an beliebiger Stelle in den folgenden Kommandozeilen einzusetzen. Zuerst am Beispiel für Netzwerkinterfaces:

```
{0} ok show-nets
a) /pci@4,4000/pci@2/SUNW,qfe@3,1
b) /pci@4,4000/pci@2/SUNW,qfe@2,1
c) /pci@4,4000/pci@2/SUNW,qfe@1,1
d) /pci@4,4000/pci@2/SUNW,qfe@0,1
e) /pci@1f,4000/network@1,1
q) NO SELECTION
Enter Selection, q to quit: e
/pci@1f,4000/network@1,1 has been selected.
Type ^Y ( Control-Y ) to insert it in the command line.
e.g. ok nvalias mydev ^Y
         for creating devalias mydev for
/pci@1f,4000/network@1,1
{0} ok
```

Oder für Plattendevices:

```
{0} ok show-disks
a) /pci@4,4000/scsi@6,1/disk
b) /pci@4,4000/scsi@6/disk
c) /pci@1f,4000/scsi@2,1/disk
d) /pci@1f,4000/scsi@2/disk
e) /pci@1f,4000/ebus@1/fdthree@14,3203f0
q) NO SELECTION
Enter Selection, q to quit: e
/pci@1f,4000/ebus@1/fdthree@14,3203f0 has been selected.
Type ^Y ( Control-Y ) to insert it in the command line.
e.g. ok nvalias mydev ^Y
         for creating devalias mydev for
```

[2] Multiplexed IO

```
/pci@1f,4000/ebus@1/fdthree@14,3203f0
{0} ok
```

Es kann nun jeweils z.B. *boot* CTRL-*Y* eingegeben werden, CTRL-Y wird sofort ersetzt durch den zuvor gewählten Pfad.

In dem oben angebrachten Beispiel wurde mit *show-disks* ein Floppylaufwerk gewählt. Abgesehen davon, daß mit etwas sportlichem Ehrgeiz eine SUN auch heute noch von Floppies gebootet und aufgesetzt werden kann soll an dieser Stelle das Beispiel wiederholt werden und eine Festplatte ausgewählt werden:

```
{0} ok show-disks
a) /pci@4,4000/scsi@6,1/disk
b) /pci@4,4000/scsi@6/disk
c) /pci@1f,4000/scsi@2,1/disk
d) /pci@1f,4000/scsi@2/disk
e) /pci@1f,4000/ebus@1/fdthree@14,3203f0
q) NO SELECTION
Enter Selection, q to quit: a
/pci@4,4000/scsi@6,1/disk has been selected.
Type ^Y ( Control-Y ) to insert it in the command line.
e.g. ok nvalias mydev ^Y
         for creating devalias mydev for
/pci@4,4000/scsi@6,1/disk
{0}
```

Der Pfad zur Bootplatte ist nun im Copybuffer, es fehlt das Target:

```
{0} ok probe-scsi
Primary Ultra\SCSI\ bus:
Target 0
  Unit 0   Disk     FUJITSU MAJ3364M SUN36G 0804
Target 6
  Unit 0   Removable Read Only device    TEAC    CD-R55S          1.0J

Removeable-Media/External \SCSI\ bus:
{0} ok
```

Es ist auf SCSI-Bus 0 die Festplatte Target 0 Unit 0 zu wählen (SOLARIS Device: c0t0d0). CTRL-Y setzt */pci@4,4000/scsi@6,1/disk* ein. Target und Unit[3] sind manuell anzufügen:

```
ok nvalias bootdisk /pci@4,4000/scsi@6,1/disk@0,0
```

Zu beachten ist die Schreibweise: *disk@target,lun.*

4.1.7 Devicepfade im OBP

Im Kapitel zum Lesen und Setzen von Bootaliaseinträgen auf Seite 38 wurde bereits mit Pfaden zu Geräten, hier Festplatten und Netzwerkinterfaces, gearbeitet.

[3] Korrekter wäre der Begriff LUN für *Logical Unit Number*

Alle dem Betriebssystem zur Verfügung stehenden Devices werden durch das OBP bereitgestellt. Auf der OBP-Ebene wird der Devicetree aufgebaut, auf dessen Basis später auf dem SOLARIS-Layer Devices erkannt und bereitgestellt werden. Der Devicetree des OBP ist listbar, mit Kommandos wie *cd*, *ls* und *pwd* läßt sich in diesem Devicetree navigieren. Nachdem im vorherigen Beispiel bereits ein Devicealias *bootdisk* gesetzt wurde, soll hier der Devicepfad genauer untersucht werden:

```
{0} ok cd /
{0} ok pwd
/
{0} ok ls
f00885b8 pci@4,2000
f0087384 pci@4,4000
f0085638 SUNW,UltraSPARC-II@3,0
f00852cc SUNW,UltraSPARC-II@2,0
f0084f60 SUNW,UltraSPARC-II@1,0
f0084bf4 SUNW,UltraSPARC-II@0,0
f006af4c counter-timer@1f,1c00
f00693a8 pci@1f,2000
f0068134 pci@1f,4000
f00506f0 virtual-memory
f0050110 memory@0,0
f002db88 aliases
f002db18 options
f002d9e0 openprom
f002d974 chosen
f002d904 packages
{0}
```

ls listet nach dem erfolgten *cd /* die dem OBP bekannte Knoten in der Rootnode auf. Im vorherigen Beispiel wurde der Pfad zur Bootplatte mit */pci@4,4000/scsi@6,1/disk@0,0* angegeben. Dies soll erkundet werden:

```
{0} ok cd pci@4,4000
{0} ok pwd
/pci@4,4000
{0} ok cd scsi@6,1
{0} ok pwd
/pci@4,4000/scsi@6,1
{0} ok ls
f00a8994 tape
f00a7348 disk
```

Das letzte *ls* zeigt, ab hier stehen Platten- und Bandlaufwerke zur Verfügung. In */pci@4,4000/scsi@6,1* stehend, kann abgefragt werden, um was für einen SCSI-Controller es sich handelt:

```
{0} .properties
latency-timer            00000011
assigned-addresses       81003110 00000000 00001400 00000000 00000100
```

```
                        82003114 00000000 08904000 00000000 00000100
                        82003118 00000000 08906000 00000000 00001000
device_type             scsi-2
clock-frequency         02625a00
reg                     00003100 00000000 00000000 00000000 00000000
                        01003110 00000000 00000000 00000000 00000100
                        02003114 00000000 00000000 00000000 00000100
                        02003118 00000000 00000000 00000000 00001000
model                   Symbios,53C875
compatible              glm
name                    scsi
devsel-speed            00000001
class-code              00010000
interrupts              00000001
max-latency             00000040
min-grant               00000011
revision-id             00000014
device-id               0000000f
vendor-id               00001000
```

Es handelt sich um einen Symbios Logic SCSI-Controller und wird mit einem *glm*-Treiber angesprochen. Es handelt sich gemäß dem Eintrag für *device_type* um einen SCSI-2 Controller. An dieser Stelle läßt sich je nach Adapter auch die SCSI-Adresse des Hostadapers einstellen.

Um herauszufinden was es noch unter */pci@4,4000* gibt wird das Verzeichnis gewechselt und weiter gesucht:

```
{0} cd ..
{0} pwd /pci@4,4000
{0} ok ls
f00a9634 pci@2
f00a37b8 scsi@6,1
f009d93c scsi@6
{0} ok cd pci@2
{0} ok pwd
/pci@4,4000/pci@2
{0} ok ls
f00c1e68 SUNW,qfe@3,1
f00c1c18 pci108e,1000@3
f00ba068 SUNW,qfe@2,1
f00b9de8 pci108e,1000@2
f00b2238 SUNW,qfe@1,1
f00b1fb8 pci108e,1000@1
f00aa408 SUNW,qfe@0,1
f00aa1b8 pci108e,1000@0
{0}
```

Hier wurde eine 4-fach Netzwerkkarte, eine so genannte *qfe* für "Quad Fast Ethernet" entdeckt. Im Kapitel zur Einrichtung von Netzwerkinterfaces wird später darauf hingewiesen, daß es eine OBP-Variable **local-mac-address?**

gibt, die, gesetzt, dafür sorgt, daß die einzelnen Netzwerkinterfaces des SUN-Systems nicht die System-MAC-Adresse sondern eigene werwenden sollen. Hier, unter */pci@4,4000/pci@2/SUNW,qfe@0,1*, steht diese eigene Adresse:

```
{0} ok cd SUNW,qfe@0,1
{0} pwd
/pci@4,4000/pci@2/SUNW,qfe@0,1
{0} .properties
latency-timer           0000000a
assigned-addresses      82010110 00000000 02800000 00000000 00007030
local-mac-address       08 00 20 b7 63 3c
hm-rev                  000000c1
compatible              pci108e,1001
                        pciclass,020000
has-fcode
version                 1.4
device_type             network
address-bits            00000030
max-frame-size          00004000
reg                     00010100 00000000 00000000 00000000 00000000
                        02010110 00000000 00000000 00000000 00007030
model                   SUNW,pci-qfe
name                    SUNW,qfe
.......
```

Weiterhin ist zu erkennen, daß dieses Netzwerkinterface mit dem Treiber *qfe* angesprochen werden soll, von der Version 1.4 ist und der Modellname *SUNW,pci-qfe* lautet. Diese Information werden wir später unter SOLARIS wiederfinden.

Weiterhin läßt sich auflisten, was für CPUs verwendet sind, welchen Takt sie unterstützen etc.:

```
{0} ok cd /SUNW,UltraSPARC-II@0,0
{0} ok .properties
manufacturer#           00000017
implementation#         00000011
mask#                   00000020
sparc-version           00000009
ecache-associativity    00000001
ecache-line-size        00000040
ecache-size             00200000
#dtlb-entries           00000040
dcache-associativity    00000001
dcache-line-size        00000020
dcache-size             00004000
#itlb-entries           00000040
icache-associativity    00000002
icache-line-size        00000020
icache-size             00004000
upa-portid              00000000
```

```
clock-frequency          11a49a00
reg                      000001c0 00000000 00000000 00000008
device_type              cpu
name                     SUNW,UltraSPARC-II
```

Die Ausgabe ist nicht unbedingt benutzerfreundlich, sind doch Taktfrequenz etc. in hexadezimaler Schreibweise dargestellt. Es ist jedoch nachvollziehbar und an dieser Stelle setzbar. Aus den vorangegangenen Beispielen wird deutlich, daß das Kommando *.properties* sich jeweils auf den Standpunkt im OBP Device Tree bezieht.

Das Kommando *show-devs* listet aus, was an Devices gefunden wurde. Die nachfolgend dargestellte exemplarische Ausgabe der in diesem Kapitel verwendeten Beispiel UltraAX-MP+ ist etwas gekürzt.

```
{0} ok show-devs
/pci@4,2000
/pci@4,4000
/SUNW,UltraSPARC-II@3,0
/SUNW,UltraSPARC-II@2,0
/SUNW,UltraSPARC-II@1,0
/SUNW,UltraSPARC-II@0,0
/counter-timer@1f,1c00
/pci@1f,2000
/pci@1f,4000
/virtual-memory

/pci@4,2000/ethernet@1
/pci@4,4000/pci@2
/pci@4,4000/scsi@6,1
/pci@4,4000/scsi@6
/pci@4,4000/pci@2/SUNW,qfe@3,1
/pci@4,4000/pci@2/pci108e,1000@3

/pci@1f,4000/ebus@1/power@14,724000
/pci@1f,4000/ebus@1/auxio@14,726000
/pci@1f,4000/ebus@1/i2c@14,600000/gpio@0,70
/pci@1f,4000/ebus@1/i2c@14,600000/gpio@0,78
/pci@1f,4000/ebus@1/i2c@14,600000/adc@0,9a
/pci@1f,4000/ebus@1/i2c@14,600000/adc@0,9c
/pci@1f,4000/ebus@1/i2c@14,600000/adc@0,9e
/openprom/client-services
/packages/sun-keyboard
/packages/SUNW,builtin-drivers
/packages/cdfs
/packages/ufs-file-system
/packages/disk-label
/packages/obp-tftp
/packages/deblocker
/packages/terminal-emulator
{0} ok
```

4.1.8 OBP-Diagnose

Das OBP stellt je nach Maschinentyp oder Klasse und abhängig von der Version verschiedene Proberoutinen und Diagnoseroutinen zur Verfügung.

Diagnoseroutinen des OBP haben die verschiedensten Prozedurnamen:

- .obdiag
- obdiag
- (obdiag)

etc. Der Name der Diagnoseroutine läßt sich z.B. mit *sifting diag* suchen:

```
{0} ok sifting diag

        In vocabulary  forth
(f008334c) obdiag        (f00831ac) dload-obdiag
(f005ac3c) iommu-diag-off        (f005ac0c) iommu-diag-on
(f0059378) pcib-diag!    (f005935c) pcib-diag@    (f00592a0) pcia-diag!
(f0059284) pcia-diag@    (f0055bb0) diag-levels
(f004807c) diag-switch-pa        (f0029228) diagnostic-mode?
(f0028bb8) diag-key
{0}
```

Ohne hier genauer auf die OBP-Diagnostikroutinen eingehen zu wollen, die von System zu System auch variieren, seien hier kurz die OBP-Diagnostics der Beispielmaschine aufgerufen:

```
{0} ok obdiag

            OBDiag Menu

   0 ..... PCI/Cheerio
   1 ..... EBUS DMA/TCR Registers
   2 ..... Ethernet
   3 ..... Keyboard
   4 ..... Mouse
   5 ..... Floppy
   6 ..... Parallel Port
   7 ..... Serial Port A
   8 ..... Serial Port B
   9 ..... NVRAM
  10 ..... RAS
  11 ..... All Above
  12 ..... Quit
  13 ..... Display this Menu
  14 ..... Toggle script-debug
  15 ..... Enable External Loopback Tests
  16 ..... Disable External Loopback Tests
```

```
Enter (0-11 tests, 12 -Quit, 13 -Menu) ===>
```

4.1.9 Identifikationsstring, Bannerpage

Eine Ausgabe der so genannten Bannerpage einer SUN Sparc, wie sie in Beispiel 4.2 wiedergegeben ist, wird in diesem Buch oft auftauchen, zeigt die Bannerpage doch, daß das System hardwareseitig bereitsteht und bietet gleichzeitig eine gewisse Grundinformation zum System selbst, als da im oben genannten Beispiel sind:

Maschinentyp oder Klasse *UltraAX-MP+ WorkServer*
: Hier ein SUN OEM Board, ein SEUAX-MP+ Board, das im Gegensatz zu dem SEUAX-MP (ohne +) Board bis zu vier Gigabyte Systemspeicher unterstützt.

Anzahl und Art der CPUs *4 X UltraSPARC-II 296MHz*
: In diesem Fall also eine Maschine mit 4 Stück UltraSPARC II CPUs mit einer erkannten beziehungsweise eingestellten Taktrate von 296MHz. Die CPU Taktrate kann Systemabhängig per Jumper, per OBP, per CPU Firmware etc. eingestellt werden, wobei es immer zu empfehlen ist die defensive Einstellung der Taktraten, wie sie vom Hersteller gegeben ist, einzuhalten, da Übertaktungen neben dem Verlust jeglicher Garantie- und Gewährleistungansprüche und der Nichtunterstützung durch Wartungsverträge auch ungewollte Netbeneffekte für den Systembetrieb haben können.

Version des OBP *OpenBoot 3.10.50 ME*
: Die Versionsnummer der OpenFirmware. Auch das Open Boot Prom konnte und musste in einigen Fällen bei der Weiterentwicklung der Software upgegraded werden. Insbesondere interessant wurde dies bei alten UltraSPARC I basierten Systemen bei erscheinen des ersten 64Bit SOLARIS, hier war ein Firmwareupgrade für die alten Maschinen notwendig, und im Beriech von dynamisch erweiterbaren Maschinen in der Unterstützung der Hot-Plug fähigkeit.

Größe des Hauptspeichers *4096 MB memory installed*
: In dem Demosystem sind demnach 4 Gigabyte Hauptspeicher (das ist bei diesen älteren Systemen leider schon der Vollausbau) installiert. Die Bankaufteilung wird bei den erweiterten Systemtests während des System POST Laufes, in der Regel Slot- oder DIMMsockelweise auf der seriellen Console der Maschine angezeigt.

Seriennummer des Systems *Serial #12890932*
: Die Seriennummer des Systems wird herangezogen um die Host ID des Systems zu erzeugen.

Ethernet MAC-Adresse *Ethernet address 8:0:20:c4:b3:34*
: Beschreibt die Ethernet MAC-Adresse des Onboardnetzwerkinterfaces. Zu Zeiten, zu denen Zustatznetzwerkkarten keine MAC-Adresse hatten, wurde die MAC-Adresse des Mainboards für alle Ethernetports der Zusatzkarten verwendet. Netzwerkkarten, die eigene MAC-Adressen an Bord hatten

verwenden ihre eigenen MAC-Adressen, wenn die OBP Variable *local-mac-address?* entsprechend gesetzt ist. Aus dieser Problematik, das mehrere Ethernetports bei geeigenter Konfiguration die gleiche MAC-Adresse haben können, haben sich immer wieder Probleme entwickelt. So war es bei den diversen Clustersoftwaresystemen immer eine Diskussion Wert, ob das Setzen der Variablen *local-mac-address?* unterstützt ist oder nicht. Bei einem Bündelungsbetrieb mehrerer Ethernetinterfaces in einer Gruppe auf dem gleich Switch, wie es bei IPMP oder den Linkaggregationen konfiguriert wird, ist es switchseitig sinnvoll, die Ethernetports mit unterschiedlichen MAC-Adressen zu betreiben. Anderenfalls kommen die Switches unter Umständen mit ihren MAC basierten Routingtabellen durcheinander und werden recht langsam oder steigen aus.

Host Id des Systems *Host ID: 80c4b334*
Sie beschreibt die interpretierte Seriennummer des Systems, wird als Host ID bezeichnet und ist beliebig über die Seriennummer unter Beachtung der Checksumme mit OBP Bordmitteln frei setzbar. Die Host ID wurde von diversen Softwareherstellern für auf SUN Systemen laufende Software lange Zeit zur Verdongelung von Lizenztokens missbraucht, [4] Bei älteren Maschinen sind Host ID und Ethernet MAC-Adresse voneinander unabhängig vergeben. Bei neueren Maschinen wird diese Unterschied nicht mehr eingehalten, wie es auch das Besipiel 4.2 zeigt. x86 Systeme verfügen nicht über ein OBP, dort wird die Host ID generiert. Vorsicht bei x86 Systemen mit SOLARIS Releases unter 2.6. Dort wurde die Host ID aus diversen Systeminformationen generiert, weshalb ein Wechsel von Netzwerkkarten beispielsweise die Host ID bei x86 Systemen änderte. Dieses Problem tritt in dieser Art bei OPENSOLARIS gegenwärtig so nicht mehr auf.

```
UltraAX-MP+ WorkServer (4 X UltraSPARC-II 296MHz), No Keyboard
OpenBoot 3.10.50 ME, 4096 MB memory installed, Serial #12890932.
Ethernet address 8:0:20:c4:b3:34, Host ID: 80c4b334.


{3} ok
```

Beispiel 4.2. OBP Banner

Die Identifikation einer OBP basierten SUN SPARC Maschine läßt sich durch das OBP Kommando *banner* ausgeben oder als IDPROM String durch verwendung des OBP Kommandos *.idprom*, wie es in Beispiel 4.3 für die gleiche Maschine gezeigt ist. Wer genau hinsieht, erkennt die Codierung: die Checksumme wird berechner als xor der ersten 15 Bytes des IDPROM

[4] Aus diesem Grund zog man sich oftmals eigenartige Blicke zu, wenn man bei der Lizensierung den Softwarehersteller nach der einzustellenden Host ID fragte.

Strings. Wer also eine alte Maschine erworben hat, bei der die Lithiumzelle des NVRams leer ist und diese Maschine daher ff-Werte oder zufällige Werte im IDPROM String hält, kann sich mit einem neuen NVRAM, der Information über seinen Maschinentyp, hier 80, der Ethernet MAC-Adresse, dem Firmwaredatum, hier 0 0 0 0, und der Seriennummer die Checksumme errechnen und entweder mit Bordmitteln, der betreffende SRAM Bereich ist zuvor als schreibbar zu markieren, oder mit einem entsprechenden Programmiergerät schreiben. Danach ist bei neuen NVRAMs die TOD (Time of Day) Clock zu starten, was auch bei einem Hostsystemreset automatisch durchgeführt wird.

```
{3} ok .idprom
Format/Type: 1 80 Ethernet: 8 0 20 c4 b3 34 Date: 0 0 0 0
Serial: c4 b3 34 Checksum: a9
```

Beispiel 4.3. OBP IDPROM

In den beiden Beispielen 4.2 und 4.3 ist vor dem *ok* Prompt eine drei in geschweiften Klammern zu sehen. Sie beschreibt die CPU Nummer, auf der das OBP gerade arbeitet, Die ArbeitsCPU läßt sich mit dem OBP Kommando *switch-cpu* wechseln, was jedoch für den Systembetrieb irrelevant ist. Sollte es jedoch für den Systemboot von Relevanz sein, mit welcher CPU das System gebootet wird, so ist von Fehlerhaften Systemkomponenten auszugehen und diese zu tauschen. Das Umschalten der aktiven CPU ist m Prinzip nur bei OBP Systemtests von Interesse.

Weiter soll an dieser Stelle nicht auf das OpenBoot PROM eingegangen werden. Es ist ein sehr mächtiges Instrument und die Grundlage für das Devicemanagement des später geladenen SOLARIS Betriebssystems. Siehe daher auch im weiteren das Kapitel 5.2.2 SOLARIS Device Filesystem ab Seite 117.

4.2 x86-BIOS

Jörg E Schilling

Für die automatische Konfiguration kennt SOLARIS drei unterschiedliche Methoden.

IEEE-1275 Sparc Systeme verfügen über ein IEEE-kompatibles Bootprogramm mit Forth Interpreter, welches dem Betriebssystem die Gerätekonfigurationsinformation in Form eines standardisierten Baumes zur Verfügung stellt.

GRUB/ACPI Neuere SOLARIS x86 Systeme booten mit Hilfe von Grub (dem Grand Unified Bootloader), einem OpenSource Projekt mit dem auch viele LINUX Distributionen booten. Da Grub nur über das BIOS Int-13 System arbeitet, kann Grub nicht wie die anderen Boot Systeme die notwendigen Systemparameter zur Verfügung stellen. Dies geschieht hier mit Hilfe eines ACPI Treibers, der die Informationen des *Advanced Configuration and Power Management Interface* in eine dem Kern verständliche Form umsetzt.

DCA Ältere SOLARIS x86 Systeme werden durch den *Device Configuration Assistant* gebootet. Dies ist ein System von 16-Bit Treibern und einem IEEE-1275 Emulator. Dadurch wird die auf Sparc Systemen gewohnte Umgebung simuliert und der Betriebssystemkern kann sehr ähnlich dem Sparc Kern arbeiten.

4.3 SparcSolaris Systemboot

Rolf M Dietze, Tatjana S Heuser

Der SOLARIS Systemboot ist im wesentlichen in 5 Phasen unterteilbar. Diese sind beim Boot von der Defaultbootplatte:

1. OBP Boot
   a) PROM Selftests
   b) bootload der Sektoren 0 - 1
      Hier wird das Disklabel gelesen.
   c) Auslesen des Bootblocks *bootblk* aus den Sektoren 1 - 15.
      Hier wird der Bootblock vom Defaultbootdevice oder der angegebenen Festplatte gelesen.
   d) OBP lädt den *bootblk*, welcher einen UFS-Filesystemreader enthält
2. Bootprogramm, ab hier wird direkt im *ufs* gelesen:
   bootblk lädt das *ufsboot*-Programm
   - aus */platform/'uname -i'/ufsboot* (32-Bit) bzw
   - aus */platform/'uname -m'/ufsboot* (64-Bit).

   ufsboot lädt den Betriebssystemkern
   - aus */platform/'uname -m'/kernel/unix* (32-Bit/CPU) und aus */kernel/genunix* (32-Bit generic) bzw.
   - aus */platform/'uname -m'/kernel/sparcv9/unix* (64-Bit/CPU) und aus */kernel/sparcv9/genunix* (64-Bit generic)

   krtld wird geladen
3. Autokonfiguration
   - Laden von Kernelmodulen durch *ufsboot*
   - Lesen/Auswerten der */etc/system*
4. Kernel-Initialisierung. Wenn durch *ufsboot* alle notwendigen Module geladen wurden, kann *ufsboot* aus dem Speicher geladen werden und das root-Filesystem direkt geladen werden.
   - Initialisierung des Kernel: *ufsboot* verwerfen, direkter Zugriff mit Ressourcen des OS-Kernels
   - Start von *init*, liest */etc/default/init*

5. Abhängig vom Vorhandensein eines initdefault Eintrages erfolgt nun die Abarbeitung der rc-Scripte gemäß gewünschtem Runlevel, oder aber die Übergabe an smf (Default ab SOLARIS 10).

4.3.1 OBP Boot

Nach erfolgreichem Abschluß der Systemtests, deren Ausmaß mittels NVRAM-Variablen beeinflußbar ist, wird das Banner, siehe als Beispiel Listing 4.4 angezeigt. Im Anschluß hieran wird bei einem Boot von Festplatte das im ersten

```
\Sun\ Ultra 2 UPA/SBus (2 X UltraSPARC-II 296MHz), No Keyboard
OpenBoot 3.25, 2048 MB memory installed, Serial #8476728.
Ethernet address 8:0:20:81:58:38, Host ID: 80815838.

{0} ok
```

Beispiel 4.4. Banner Ultra 2

Block der Partition befindliche Disklabel gelesen, um dann aus den Sektoren 1 - 15 den Bootblock zu laden. Dieser primäre Bootlader ist ein Hybridsystem aus C Code und Forth Code. Dadurch ist es möglich in weniger als 8kb einen Bootlader zu realisieren, der UFS (das UNIX Filesystem) versteht und beliebige Dateien darin lesen kann.

4.3.2 Bootprogramm

Der primäre Boot lädt das Programm */platform/<karch>/ufsboot*, also auf einem *sun4u* System */platform/sun4u/ufsboot*. Dieses Programm lädt dann */platform/<karch>/kernel/unix* auf 32-Bit Systemen und */platform/<karch>/kernel/sparcv9/unix* auf 64-Bit Systemen. Danach werden */kernel/genunix* bzw. */kernel/sparcv9/genunix* und der Kernel Runtime Linker *krtld* geladen.

4.3.3 Autokonfiguration

Diese drei Module können dann selbstständig beliebige weitere Module nachladen. Dabei werden, bis zu dem Zeitpunkt an dem das Root Filesystem gemountet wurde, Treiber des Bootproms und die während des Bootvorgangs geladene Filesystemimplementierung verwendet.

Mittels dieser Treiber wird die */etc/system* des im EEPROM gesetzten Bootdevices gelesen, und gegebenenfalls dort per *forceload* angegebene Kernel Module nachgeladen. Hiervon wird insbesondere Gebrauch gemacht, wenn anschließend als root filesystem nicht das bis zu diesem Zeitpunkt verwendete *ufs*, sondern das Mirror Device eines SoftRaid Systems gemountet werden soll. Siehe hierzu das Listing 5.17 auf Seite 278. In dieser */etc/system*, die im angegebenen *SLVM*-Beispiel zum Zeitpunkt des Bootes von einer Hälfte des Spiegels gelesen wird, ist dann entsprechend auch ein *rootdev*-Eintrag gesetzt, mittels dessen dann der Spiegel (anstelle der *ufs*-Spigelhälfte) gemountet wird.

4.3.4 Kernel-Initialisierung

Mittels des nun gemounteten root Filesystems (*ufs*, oder aber das in der initialen */etc/system* angegebene Filesystem) werden nun die noch fehlenden Kernel Module dynamisch nachgeladen.

4.3.5 Starten der Systemdienste

Abhängig von der SOLARIS Release, bzw. dem Vorhandensein eines *initdefault* Eintrages in der */etc/inittab* werden die Systemdienste auf unterschiedliche Art und Weise gestartet.

4.3.5.1 init

Sofern ein Eintrag *initdefault* in der */etc/inittab* gesetzt ist und damit ein default *runlevel* definiert ist (Dies ist bei einer Betriebssystemversion kleiner SOLARIS 10 immer der Fall) erfolgt an dieser Stelle die Abarbeitung der Rc-Scripte bis zu dem gewünschten Runlevel. Dies sind in aufsteigender Reihenfolge:

- */sbin/rcS* in Singleuser
- */sbin/rc2* Wechsel in Multiuser
- */sbin/rc3* Wechsel in Multiuser, mit zusätzlichen Komponenten.

Existiert dieser Eintrag bei einer OS-Release ab SOLARIS 10 nicht, so startet init die *service management facility, smf* indem */lib/svc/bin/svc.startd* gestartet wird.

4.3.5.2 smf

Gestartet und überwacht durch den *svc.startd(1M)* übernimmt die *Service Management Facility* Start und Fault Monitoring der einzelnen Systemdienste. Die Abarbeitung etwaig vorhandener rc-scripte wird von *smf* durch ein internes *lsvc-run* abgearbeitet und bei Übersicht mittels des Kommandos *svcs(1)* als *legacy_run* aufgelistet. Am Beispiel der SUNRay Dienste ist diese Ausgabe exemplarisch in Beispiel 4.5 dargestellt.

Bei Problemen an dieser Stelle sei auf das Kapitel 7.1.5 SMF Desaster Recovery auf Seite 7.1.5 verwiesen.

```
legacy_run     Dec_02   lrc:/etc/rc2_d/S31utsyscfg
legacy_run     Dec_02   lrc:/etc/rc2_d/S51utacleanup
legacy_run     Dec_02   lrc:/etc/rc2_d/S72utds
legacy_run     Dec_02   lrc:/etc/rc3_d/S81uttsquantum
legacy_run     Dec_02   lrc:/etc/rc3_d/S98utstorage
legacy_run     Dec_02   lrc:/etc/rc3_d/S98utsvc
```

Beispiel 4.5. Legacy Run am Beispiel SUNRay

4.4 Der Bootvorgang bei aktuellen x86 und x64 Systemen

Jörg E Schilling

Seit SOLARIS 11 Build 14 und mit dem ersten Update für SOLARIS 10 bootet SOLARIS x86 mit Hilfe von GRUB. Der Boot auf x86 Systemen und x64 Systemen ist generell komplexer und erfolgt in mehr Stufen als der Boot auf Sparc Systemen. Im Gegensatz zu dem Boot der auf älteren x86 und x64 Systemen verwendet wird, bringt GRUB keine eigenen Gerätetreiber mit sondern arbeitet mit INT-13 Aufrufen an das BIOS.

Im Gegensatz zu Sparc Systemen ist im Boot Prom (BIOS) von x86 Systemen keine Unterstützung für die auf PC Systemen übliche FDISK Partitionierung. Diese Unterstützung befindet sich im ersten Sektor der Platte in dem sich auch die Partitionierung selbst befindet. Das Boot Prom lädt nur den ersten Sektor der Festplatte und übergibt die Kontrolle an den Code. Der lädt. dann in Folge den ersten Sektor der aktiven Partition und führt ihn aus. Bei einem GRUB basierten System ist dies die erste Stufe des GRUB Systems.

Die erste Stufe von GRUB lädt die zweite Stufe von GRUB die sich typischerweise in unbenutzten Sektoren am Anfang der aktiven Partition befindet. Die zweite Stufe von GRUB enthält bereits einen Filesystemtreiber, der beliebige Dateien des zu bootenden Filesystems lesen kann. Sie schreibt das GRUB Bootmenü auf den Schirm und lädt die folgenden Boot Stufen. SOLARIS verwendet als nächste Boot Stufe ein GRUB *multiboot* kompatibles Programm.

Das Multibootprogramm von SOLARIS wird benötigt um vom GRUB Bootlader zum SOLARIS Kern zu abstrahieren und um zu vermeiden, daß der GPL Code von GRUB mit dem CDDL[5] Code von OPENSOLARISzusammengelinkt wird.

Das Multibootprogramm lädt als erstes ein mit *gzip(1)* komprimiertes RAM-Diskimage aus */platform/i86pc/boot_archive* in dem sich neben sämtlichen Kernelmodulen ein paar Steuerdateien befinden. Dabei fungiert die Datei */boot/solaris/bootenv.rc* als Ersatz für das im Gegensatz zu Sparc Systemen nicht vorhandene EE-Prom. Danach lädt *multiboot* aus dem RAM-Disk Filesystem die Module */platform/i86pc/kernel/unix* beziehungsweise */kernel/amd64/genunix* welches dann den Kernel Runtimelinker nachlädt.

[5] Zu den einzelnen Lizenzen siehe Kapitel 3.2

Diese drei Module können dann selbstständig beliebige weitere Module nachladen. Dabei werden, bis zu dem Zeitpunkt an dem das Root Filesystem gemountet wurde, Treiber des Bootproms und die hilfsweise Filesystemimplementierung die *krltd* bei x86 und x64 mitbringt verwendet. Mit Hilfe dieser Filesystemimplementierung werden zunächst Treiber aus dem RAM-Diskimage geladen, bis zu dem Zeitpunkt an dem das echte Rootfilesystem gemountet werden soll. Für den Fall, daß sich in der Datei */boot/solaris/bootenv.rc* kein Eintrag für den *bootpath* befindet, wird das durch das *multiboot* Programm geladene RAM-Diskimage gemountet. Anderenfalls wird der Gerätepfad aus dem Wert des *bootpath* Eintrages gemountet. Unterstützt werden hierbei Filesysteme vom Typ *hsfs* (ISO-9660) und *ufs*. Für das beim Festplattenboot verwendete Hilfsdateisystem in der Datei */platform/i86pc/boot_archive* wird *hsfs* verwendet und für Life Filesysteme bzw. Notrettungssysteme wird *ufs* verwendet. Wenn ein anderes Rootfilesystem gemountet wird, dann wird danach das RAM-Diskimage freigegeben.

Zum Erzeugen des Hilfsdateisystems in der Datei (dem RAM-Disk Image) */platform/i86pc/boot_archive* wird das Programm *bootadm* verwendet. Vor jedem Shutdown oder Reboot wird bei Systemen, die mit GRUB booten, geprüft ob eine der Dateien des Bootarchives (der RAM-Disk) sich seit derem letzten Erzeugen verändert hat. Wenn dies der Fall ist, dann wird das Archiv mit Hilfe des Programmes *bootadm* automatisch neu erzeugt um sicherzustellen, daß sich im Bootarchive die selben Dateien befinden wie im echten Rootfilesystem.

Der Bootvorgang von CD unterscheidet sich vom Festplattenboot und erfolgt mit Hilfe des EL-Torito Standards. Wegen der unsauberen Implementierung in allen neueren BIOS-Versionen muß der EL-Torito Bootvorgang so ähnlich wie möglich dem Microsoft Boot gemacht werden. Dazu wird der so genannte *NO-Emulation* Boot verwendet, bei dem kein Floppy Image emuliert wird. Um Implementierungsfehlern des aktuellen BIOS zu entgehen, wird nur ein einziger Sektor des Boots direkt über El Torito geladen. Er enthält Angaben über Start und Größe des Restes des Bootabbildes und lädt dieses nach. Dieser Bootvorgang lädt ein GRUB Programm, das wie bei der Festplattenversion Dateisysteme lesen kann und typischerweise das RAM-Diskimage aus dem ISO-9660 Dateisystem der CD nachlädt. Mit diesem RAM-Diskimage wird dann genauso weiter verfahren wie beim Festplattenboot.

4.5 Der Bootvorgang bei älteren x86 und x64 Systemen

Jörg E Schilling

Das Bootprogramm bei diesen Systemen nennt sich Device Configuration Assistant (DCA) und emuliert annähernd einen IEEE-1275 Boot. Auch bei diesem Boot wird die Funktion des nicht vorhendenen EE-Proms durch die Datei */boot/solaris/bootenv.rc* emuliert.

Die erste Stufe des DCA, die sich im Masterbootrecord der Platte befindet, interpretiert die FDISK Partitionierung der Festplatte und schreibt eine

Auflistung der Partitionen auf den Schirm. Während einer timeout Zeit von 10 Sekunden hat man die Möglichkeit eine andere Partition als die zur Zeit aktive Partition zu wählen. Wählt man eine andere Partition, dann wird der Bootcode der betreffenden Partition geladen, anderenfalls wird die nächste Stufe des DCA geladen.

Für den Fall, daß sich in der Datei */boot/solaris/bootenv.rc* kein Eintrag für den *bootpath* befindet, wird ein *curses* ähnliches Menü gezeigt, anderenfalls wird nach einer Wartezeit von 5 Sekunden der Boot Kommandozeileninterpreter gerufen, der nach einer weiteren Wartezeit von 5 Sekunden einen Autoboot durchführt.

Wenn man nach der Meldung

```
Press ESC to interrupt autoboot in 5 seconds
```

die Escape Taste drückt bekommt man das *curses* ähnliche DCA Menü.

Wenn man nach der Meldung

```
Select (b)oot or (i)nterpreter:
```

eine Taste drückt, dann wird der Boot Timeout abgebrochen, und man hat Zeit eine Boot Kommandozeile einzugeben.

Nachdem der DCA die Module *unix, genunix* und *krtld* geladen hat, läuft der weitere Bootvorgang sehr ähnlich zum Boot unter GRUB ab.

Der Bootvorgang von CD unterscheidet sich vom Festplattenboot weniger als beim Boot durch GRUB. Eine DCA Boot CD enthält eine UNIX Partitionstabelle und bootet von der UNIX Partition 0 mit einem UNIX Filesystem, die sich physisch hinter dem ISO-9660 Filesystem auf der CD befindet.

4.6 Runlevel

Rolf M Dietze

SOLARIS läuft, wie zuvor angedeutet in unterschiedlichen Zuständen, auch Runlevel genannt. Bei Systemen, deren Dienste unter Kontrolle von *init* gestartet werden, erkennbar am Eintrag *initdefault* in der */etc/initab* werden folgende acht Runlevel unterschieden:

State 0: Halt des Betriebssystems

State 1: So genannter administrativer Zustand. Alle für den Multiuserbetrieb notwendigen Filesysteme sind gemountet, Logins, die den Zugriff auf Multiuser-Filesysteme erfordern sind möglich, jedoch ist nur ein Zugriff über die Systemkonsole für einen Benutzer möglich. Bei Systemen ab SOLARIS 10 entspricht dies dem Zustand *svc:/milestone/single-user:default.*

State s,S: In diesem Singleuser-Zustand werden alle Filesysteme, die im Multiuserbetrieb gemountet werden umountet bzw. sind nicht gemountet. Systemzugriff ist nur über die Systemkonsole für Benutzer möglich, die keine Multiuserverzeichnisse brauchen, schlechthin *root*.

State 2: Multiuser-Runlevel, ohne z.B. nfs-Server Dienst Bei Systemen ab Solaris 10 entspricht dies dem Zustand *svc:/milestone/multi-user:default*.

State 3: Multiuser-Runlevel, mit z.B. nfs-Server Dienst Bei Systemen ab Solaris 10 entspricht dies dem Zustand *svc:/milestone/multi-user-server:default*.

State 4: unbenutzter Multiuser-Runlevel

State 5: Stop der Maschine durch Aufruf der *rc0*-Prozedur. Anschließend wird die Maschine ausgeschaltet, soweit unterstützt.

State 6: System-reboot der Maschine in den Runlevel der durch den Eintrag *initdefault* in der */etc/inittab* definiert ist. Die Defaulteinstellung bei Systemen unter Solaris 9 und kleiner ist Runlevel State "3". Bei Systemen ab Solaris 10 wird der Endzustand durch *smf(5)* hergestellt, wie in Abschnitt 4.7 ab Seite 63 beschrieben.

Zwischen den verschiedenen Runleveln kann mit dem Kommando *init(1M)* gewechselt werden, der Runlevel kann mit dem Kommando *who(1)* mit der Option -r angezeigt werden.

4.6.1 Wechsel zwischen Runleveln

Das System befindet sich im Runlevel 0 und soll in den ersten Singleuser Runlevel gebracht werden:

```
{0} ok boot -sw
Boot device: /sbus/SUNW,fas@e,8800000/sd@0,0  File and args: -s
SunOS Release 5.9 Version Generic_112233-11 64-bit
    .....
INIT: SINGLE USER MODE

Type control-d to proceed with normal startup,
(or give root password for system maintenance):
```

Beispiel 4.6. Wechsel von Runlevel 0 nach Single User

Es wird die *rcS* aufgerufen und die Scripte in */etc/rcS.d* werden abgearbeitet. Der aktuelle Runlevel läßt sich erfragen:

```
# who -r
    .       run-level S  Feb 28 08:05     S      0  ?
```

Beispiel 4.7. Abfrage des aktuellen Runlevels

Das System soll nun in den Runlevel 1 überführt werden:

```
# init 1

INIT: New run level: 1
The system is coming up for administration.  Please wait.
checking ufs filesystems
/dev/rdsk/c0t0d0s3: is logging.          <----- /export-Filesystem
The system is ready for administration.

Type control-d to proceed with normal startup,
(or give root password for system maintenance):
```

Beispiel 4.8. Wechsel von Single User nach Runlevel 1

Nach dem Einloggen wird das System in den Runlevel 3 gefahren und der Runlevel abgefragt:

```
# init 3
INIT: New run level: 3
The system is coming up.  Please wait.
starting rpc services: rpcbind done.
Setting netmask of hme0 to 255.255.255.0
Setting default IPv4 interface for multicast:  ↙...
      ↪ add net 224.0/4: gateway tradewind
syslog service starting.
volume management starting.
The system is ready.

nx1 console login: root
Password:
Feb 28 08:10:57 tradewind login: ROOT LOGIN /dev/console
Last login: Sat Feb 28 07:55:03 on console
Sun Microsystems Inc.   SunOS 5.9       Generic May 2002
# who -r
.       run-level 3  Feb 28 08:09     3      0  1
```

Beispiel 4.9. Wechsel von Runlevel 1 nach Runlevel 3

Das System wurde in Beispiel 4.9 über den Runlevel 2 in den Runlevel 3 überführt.

Ein Systemstart hat bei Vorhandensein des *initdefault*-Eintrages in der */etc/inittab* immer zur Folge, daß die Runlevel in der Reihenfolge

rcS, rc1, rc2, rc3

durchlaufen werden. Fehlt der *initdefault*-Eintrage in der */etc/inittab*, dies ist ab SOLARIS10 der Defaultzustand[6], so werden die einzelnen Dienste unabhängig von Runleveln gesteuert durch die Reihenfolge ihrer etwaigen gegenseitigen Abhängigkeiten durch die Service Management Facility (SMF) gestartet, siehe auch Kapitel 7.1.

Anders verhält sich dies beim Systemstop. Wie zuvor beschrieben, sind mehrere Möglichkeiten gegeben, ein SOLARIS-System zu stoppen: *init(1M), halt(1M), shutdown(1M).* Während *halt(1M)* das System ohne Kommentare oder Warnungen anhält, wird shutdown das System in den mit der Option -i angegebenen Runlevel überführen. Ein anderer Weg ist ein schrittweiser kontrollierter Halt unter Verwendung von *init.* Jedoch ist hier zu beachten, daß nur die rc-Prozeduren des Zielrunlevels ausgeführt werden und damit auch nur die Stop-Scripten des entsprechenden Runlevels abgearbeitet werden.

Startrunlevel	init-Call	rc-Prozedur	Zielrunlevel
3	init 0	*/sbin/rc0*	ok-Prompt
3	init 1	*/sbin/rc1*	1
3	init 2	*/sbin/rc2*	2
3	init 5	*/sbin/rc5*	Aus

Tabelle 4.2. Systemstop per init

4.6.2 inittab

Die */etc/inittab* ist das Kontroll- bzw. Konfigurationsfile des *init(1M)*-Prozesses und steuert bei SOLARIS9 und kleiner das Prozessdispatching von vornehmlich Daemon-Prozessen.Ab SOLARIS10 wird diese Aufgabe von der Service Management Facility, siehe hierzu Kapitel 7.1 übernommen.

Einträge in der */etc/inittab* sind positionsabhängig und haben den folgenden Aufbau:

id:rstate:action:prozess

wobei die einzelnen Felder folgende Bedeutung haben:

id: Ein bis zu 4 Zeichen langer String als Bezeichner des Eintrages. die Zeichen "r" und "t" sind durch *rlogin* und *telnet* reserviert und nicht als Anfangszeichen zulässig.

rstate: Gibt den bzw. die Runlevel an, in denen der korrespondierende Prozeß gestartet werden soll. Die Angabe mehrerer Runlevel ist zulässig, siehe hierzu auch das nachfolgende, einer inittab unter SOLARIS9 entnommenene Beispiel:

[6] Eine */etc/inittab* von SOLARIS 11 ist in Beispiel 4.10 auf Seite 63 zitiert.

```
nx1# grep s2 /etc/inittab
s2:23:wait:/sbin/rc2 >/dev/msglog 2<>/dev/msglog </dev/console
```

Das rstate-Feld unterstützt auch Einträge wie "a", "b" oder "c" auch wenn dies keine Runlevel sind. Nur wenn *telinit(1M)* diese "Runlevel" anfragt werden sie ausgeführt, ohne den Runlevel zu wechseln.

action: Gibt an, wie *init* reagieren soll:

- respawn: Starten, bei Terminierung neu starten
- wait: Starte Prozeß und warte auf die Terminierung des gleichen
- once: Einmal starten, nicht abwarten, nicht neu starten
- boot: Führe Prozeß einmalig beim Systemboot aus
- bootwait: Ausführung bei erstmaligem Wechsel der init von Single- auf Multiuser
- powerfail: Ausführung bei Signal SIGPWR
- powerwait: Bei Signal SIGPWR Ausführung und Warten auf Terminierung
- off: Sende SIGKILL an den angegebenen Prozess
- ondemand: Synonym für respawn zur Unterscheidung zu Runlevelabhängigkeiten
- initdefault: Beim ersten Initlauf ist dies der Zielrunlevel
- sysinit: Wird ausgeführt, bevor *init* auf die Systemkonsole zugreift

prozess: Auszuführendes Kommando, wird einer sh-Umgebung übergeben

Mit diesem Kenntnisstand liest sich die */etc/inittab* einfacher. In der in dieser Datei angegebenen Reihenfolge wird beim Start der *init* der Systemstart durchgeführt:

Mit *sysinit* gestartete Einträge werden in o.g. Reihenfolge gestartet, anschließend die rc-Prozeduren abgearbeitet um zum Schluß System Access Controller, *sac* und den *ttymon* für Logins auf der Console zu starten. Hier steht auch der Eintrag, welche Terminalemulation auf dem Consoldevice gefahren werden soll, falls die Systemkonsole kein SUNFrambuffer und Keyboard+Maus ist (Terminalconsole, Terminalkonzentrator, Systemcontroller (SC bei SF3800-6800 o.ä.).

4.6.3 Start- und Stopscripte

Die Prozeduren/Scripte */sbin/rc[S,0,6]* führen in den jeweiligen Runleveln, in denen sie aufgerufen wurden, die Start- und Stopscripte unter */etc/rc[S,1,2,3].d* aus. Dabei wird jeweils der erste Buchstabe der Scriptfile auf "S" für Start und "K" für Stop verglichen. Es werden dann erst alle mit "K" beginnenden Scripte mit dem Parameter "stop" und dann alle mit "S" beginnenden Scripte mit dem Parameter "start" aufgerufen. Entsprechend dieses Mechanismus müssen die Start- und Stopscripte in ihren jeweiligen Verzeichnissen benannt sein und sie müssen (sollten) den mitgelieferten Parameter "start"/"stop" auswerten, wie dies auch in Listing 4.4 exemplarisch gezeigt ist. Die rc-Prozeduren selbst haben in etwa folgenden, in Listing 4.3 zitierten, Aufbau:

```
ap::sysinit:/sbin/autopush -f /etc/iu.ap
ap::sysinit:/sbin/soconfig -f /etc/sock2path
fs::sysinit:/sbin/rcS sysinit>/dev/msglog 2<>/dev/msglog ↙...
     ↪ </dev/console
is:3:initdefault:
p3:s1234:powerfail:/usr/sbin/shutdown -y -i5 -g0  ↙...
     ↪ >/dev/msglog 2<>/dev/msglog
sS:s:wait:/sbin/rcS          >/dev/msglog 2<>/dev/msglog </dev/console
s0:0:wait:/sbin/rc0          >/dev/msglog 2<>/dev/msglog </dev/console
s1:1:respawn:/sbin/rc1       >/dev/msglog 2<>/dev/msglog </dev/console
s2:23:wait:/sbin/rc2         >/dev/msglog 2<>/dev/msglog </dev/console
s3:3:wait:/sbin/rc3          >/dev/msglog 2<>/dev/msglog </dev/console
s5:5:wait:/sbin/rc5          >/dev/msglog 2<>/dev/msglog </dev/console
s6:6:wait:/sbin/rc6          >/dev/msglog 2<>/dev/msglog </dev/console
fw:0:wait:/sbin/uadmin 2 0   >/dev/msglog 2<>/dev/msglog </dev/console
of:5:wait:/sbin/uadmin 2 6   >/dev/msglog 2<>/dev/msglog </dev/console
rb:6:wait:/sbin/uadmin 2 1   >/dev/msglog 2<>/dev/msglog </dev/console
sc:234:respawn:/usr/lib/saf/sac -t 300
co:234:respawn:/usr/lib/saf/ttymon -g -h  ↙...
     ↪ -p "`uname -n` console login: " ↙...
     ↪ -T sun -d /dev/console -l console ↙...
     ↪ -m ldterm,ttcompat
```

Listing 4.1. */etc/inittab* SOLARIS 9

Bei genauerer Betrachtung der Start/Stopscripte einer SOLARIS Release kleiner oder gleich neun wird man feststellen, daß alle unter */etc/rc?.d* befindlichen S* und K* Scripte tatsächlich Softlinks in das Verzeichnis */etc/init.d* sind. Dies ist eine allgemein befolgte Konvention. Die Arbeitsscripte zum Start oder Stop liegen unter */etc/init.d*, die Start- und Stopscripte sind Links auf die Arbeitsscripte, jeweils beginnend mit "K" beziehungsweise "S" korrespondierend mit dem gewünschten Effekt als Kill(Stop)- oder Startscript.

Es mag auffallen, daß es keine Verzeichnisse */etc/[rc5.d.rc6.d]* gibt. Es gibt in der Tat auch keine unabhängigen */sbin/rc[0,5,6]*-Prozeduren per Default.

```
# Copyright 2004 Sun Microsystems, Inc.  All rights reserved.
# Use is subject to license terms.
#
# The /etc/inittab file controls the configuration of init(1M); for
# more information refer to init(1M) and inittab(4).  It is no longer
# necessary to edit inittab(4) directly; administrators should use the
# Solaris Service Management Facility (SMF) to define services instead.
# Refer to smf(5) and the System Administration Guide for more
# information on SMF.
#
# For modifying parameters passed to ttymon, use svccfg(1m) to modify
# the SMF repository. For example:
#
# # svccfg
# svc:> select system/console-login
# svc:/system/console-login> setprop ttymon/terminal_type = "xterm"
# svc:/system/console-login> exit
#
#ident "@(#)inittab 1.41 04/12/14 SMI"
ap::sysinit:/sbin/autopush -f /etc/iu.ap
sp::sysinit:/sbin/soconfig -f /etc/sock2path
smf::sysinit:/lib/svc/bin/svc.startd >/dev/msglog ↙...
      ↪ 2<>/dev/msglog </dev/console
p3:s1234:powerfail:/usr/sbin/shutdown -y -i5 -g0 >/dev/msglog ↙...
      ↪ 2<>/dev/msglog
```

Listing 4.2. */etc/inittab* SOLARIS 10

```
for f in /etc/rc3.d/K*; do
        if [ -s $f ]; then
                case $f in
                        *.sh)   .         $f ;;
                        *)      /sbin/sh $f stop ;;
                esac
        fi
done

for f in /etc/rc3.d/S*; do
        if [ -s $f ]; then
                case $f in
                        *.sh)   .         $f ;;
                        *)      /sbin/sh $f start ;;
                esac
        fi
done
```

Listing 4.3. Auszug aus */sbin/rc3*

```
#!/sbin/sh
case "$1" in
'start')
        [ -f /.../program ] && /usr/.../program
        ;;

'stop')
        pkill -9 program
        ;;

*)
        echo "Usage: $0 { start | stop }"
        exit 1
esac
exit 0
```

Listing 4.4. Generisches Start/Stopscript

4.7 Start der Systemdienste

Rolf M Dietze

Der Betriebszustand einer unter SOLARIS 9 laufenden Maschine bezüglich der gestarteten Dienste etc. konnte prinzipiell durch den Runlevel, in dem sich die Maschine befand beschreiben lassen. Seit SOLARIS 10 ist der Runlevel, in dem sich die Maschine befindet, alleine nicht mehr aussagekräftig genug. Eine SOLARIS 10 Maschine kann sich im multiuser Runlevel 3 befinden, obwohl beim Systemstart wesentliche (Software-) Komponenten nicht gestartet werden konnten, wie beispielsweise Filesysteme oder Netzwerkinterfaces. Bis SOLARIS 9 verharrte die Maschine in singleuser Runlevels, wenn wesentliche Filesysteme oder Netzwerkinterfacekonfigurationen nicht ausgeführt werden konnten, und der Administrator mußte mit beschränkten Mitteln an der Systemconsole die aufgetretenen Fehler beheben. Ab SOLARIS 10 kann er, wenn zumindestens ausreichend Netzwerkfunktionalität gestartet wurde, auch schon über Netz an die Maschine, um aufgetretene oder selbst erzeugte Fehler zu beheben. Sollten keine ausreichenden Netzwerkdienste gestartet worden sein, bleibt der Zugang über die Systemconsole. Ein erster Blick mag dann den SOLARIS 9 Kenner verwundern: Das Kommando *who -r* reportet, daß sich die Maschine im Runlevel 3 befindet, jedoch es läuft kaum eines der Subsysteme, die man in diesem Runlevel erwarten möchte: Es sind möglicherweise kaum Filesysteme gemountet, es fehlen alle Netzwerkinterfaces, und, und, und. Aber die Maschine ist im Runlevel 3. Ein Blick in die */etc/inittab*, wie es in Beispiel 4.10 zu sehen ist, eröffnet neue Perspektiven.

```
[CDDL Header, siehe separates Listing 3.1 auf Seite 29]
#
#ident  "@(#)inittab    1.42    05/06/10 SMI"
ap::sysinit:/sbin/autopush -f /etc/iu.ap
sp::sysinit:/sbin/soconfig -f /etc/sock2path
smf::sysinit:/lib/svc/bin/svc.startd > ↙...
      ↪ /dev/msglog 2<>/dev/msglog </dev/console
p3:s1234:powerfail:/usr/sbin/shutdown -y -i5 -g0 > ↙...
      ↪ /dev/msglog 2<>/dev/msglog
pt:s1234:powerfail:/etc/init.d/installupdates lock
```

Beispiel 4.10. Die neue Inittab bei SOLARIS 11 Build 23

Es sind keinerlei *rc?*-Einträge zu sehen, SOLARIS 10 arbeitet mit einem neuen Startupmechanismus. Es wird nicht mehr, wie bis zu SOLARIS 9, ein rc-Script nach dem anderen in der durch die Einträge in der */etc/inittab* definierten Reihenfolge gestartet, und dann durch jedes *rc?*-Script die entsprechenden Startupscripte in den entsprechenden Statupscriptunterverzeichnissen unter */etc/rc?.d* abgearbeitet, sondern es wird aus der */etc/inittab* nur noch der *svc.startd* durch die *init* gestartet. Der *svc.startd(1M)* beschreibt den Start der so genannten Service Management Facility, wie sie in Abschnitt 7.1 ab Seite 423 beschrieben ist. Eine der Neuerungen ist, daß nicht mehr alle Startupscripte durch den Loginaccount des Rootusers durch die rc-Scripte gestartet werden, und damit unter Umständen von den Grundeinstellungen des Rootuser Accounts bezüglich Shell etc. abhängen, sondern die oben genannte Service Management Facility startet alle Systemdienste, die in einem lokalen SQL Repository liegen. Diese in dem Service Management Facility Repository verzeichneten Dienste werden unter Beachtung von untereinander definierten Abhängigkeiten alle parallel gestartet. Dieses neue Startupverfahren zieht viele Veränderungen nach sich. Zum einen ist es schnell, da alle Dienste, unter Beachtung von gegenseitigen Abhängigkeiten, parallel gestartet werden. Damit ist auch neu, wie der Maschinenzustand beschrieben ist: Er ist durch so genannte Milestones definiert.

Ein Milestone beschreibt eine Menge von Funktionalitäten und Diensten, die gestartet sein müssen, und fehlerfrei bereitstehen beziehungsweise laufen müssen, um den betreffenden Milestone zu erreichen. Damit beschreibt jeder Milestone eine Aggrgation von erfolgreich gestarteten Servicemethoden. Der Maschinenstartup wird also nicht mehr durch Runlevel, sondern durch Milestones beschrieben. Ist als eine Maschine vollständig und fehlerfrei gestartet, so läßt sich das mittels des Kommandos *svcs(1)* in Beispiel 4.11 restringiert auf die Ausgabe von Milestones, verifizieren. Der noch mitgeführte Runlevel ist hier zwar gezeigt, im Prinzip jedoch nicht so aussagekräftig wie die durch *svcs(1)* gegebene Übersicht.

```
menkar> svcs|grep milestone
online         13:46:44 svc:/milestone/name-services:default
online         13:46:45 svc:/milestone/network:default
online         13:46:51 svc:/milestone/devices:default
online         13:47:05 svc:/milestone/single-user:default
online         13:47:07 svc:/milestone/sysconfig:default
online         13:47:30 svc:/milestone/multi-user:default
online         13:47:47 svc:/milestone/multi-user-server:default
menkar> who -r
   .       run-level 3  Jan 31 13:47     3      0  S
```

Beispiel 4.11. Milestones eines laufenden Systems (SOLARIS 11 Build 23)

4.7.1 Milestones

Die Service Management Facility arbeitet als Zustandsautomat und wurde ab SOLARIS 10 eingeführt. Die damit miteingeführten Milestones ersetzen seitdem gewissermaßen die Runlevel der legacy SOLARIS Releases. Milestones beschreiben eine Aggregation ausgeführter beziehungsweise gestarteter Fault

Management Resource Identifier (FMRI), beziehungsweise der darin definierten Methoden. Wann diese Methoden ausgeführt werden ist definiert in den jeweiligen Service Manifesten. Die FMRI Methoden befinden sich im Filesystem unter */lib/svc/method*. Die Service Manifeste unter /var/svc/manifest, sortiert in Subdirectories abgelegt für:

Applikationen	in */var/svc/manifest/application*,
Devices	in */var/svc/manifest/device*,
Milestones	in */var/svc/manifest/milestone*,
Netzwerk	in */var/svc/manifest/network*,
Plattformspezifisch	in */var/svc/manifest/platform*,
Sitelokal	in */var/svc/manifest/site* und
System	in */var/svc/manifest/system*.

Die Methoden werden nicht aus dem Filesystem heraus beim Systemstart gestartet oder ausgeführt, sondern in das System in eine SQL Datenbank (SQLite) geladen und dann weiter durch die Service Management Facility verwaltet. Der Ladevorgang der Service Manifeste kann manuell initiiert werden, oder wird bei einem Systemboot durch die Methode *svc:/system/manifest-import* importiert. Eine Modifikation dieser XML-Files hat somit direkt keinen Einfluß auf das Systemverhalten. Soll eine Modifikation bei laufendem Betrieb durchgeführt werden, derart, daß diese Modifikation sofort und persistent wirksam wird, so ist das Kommando *svccfg(1M)* interaktiv zu verwenden, wie in Abschnitt 7.1 zur Service Management Facility ab Seite 423ff beschrieben.

Die Milestones beschreiben also den jeweils erreichten Systemstatus. Ist ein Milestone erreicht, so sind alle in ihm deklarierten Methoden ausgeführt worden und haben keine Fehlermeldung zurückgeliefert. Bei SOLARIS 11 Build 23 wird unterschieden in sechs Milestones: name-services, network, devices, sysconfig, multi-user und multi-user-server, die nachfolgend einzeln vorgestellt werden.

4.7.1.1 Milestones in der Übersicht

4.7.1.1.1 milestone/name-services

Der Milestone *name-services* beschreibt die Aggregation der startbaren Netzwerkinformationsdienste wie NIS (früher YP), NIS+, LDAP und DNS. Es werden dazu die jeweils in der Manifesten definierten Startupmethoden ausgewertet. Eine FMRI ist erfolgreich, wenn der Methodenstart keine Fehlermeldung zurückgeliefert hat, auch dann, wenn der Service entsprechend der Konfigurationsvorgabe nicht gestartet wurde. Dies entscheidet jedoch der Service beziehungsweise das Service Startscript selbst, beispielsweise aufgrund nicht vorhandenen Konfigurationsfiles des betreffenden Dienstes, wie es beispielsweise bei *nis* und *nisplus* der Fall ist.
Es müssen zur Erreichung des *name-services* Milestones folgende Services mit allen ihren Abhängigkeiten gestartet sein:

dns Der DNS Service wurde erfolgreich gestartet mit der beschriebenen Abhängigkeit *optional_all* für den Service:
svc:/network/dns/client

ldap Der LDAP Service wurde erfolgreich gestartet mit der beschriebenen Abhängigkeit *optional_all* für den Service:
svc:/network/ldap/client

nis_client Der NIS Service wurde erfolgreich gestartet mit der beschriebenen Abhängigkeit *optional_all* für den Service:
svc:/network/nis/client

nisplus Der NIS+ Service wurde erfolgreich gestartet mit der beschriebenen Abhängigkeit *optional_all* für den Service:
svc:/network/rpc/nisplus

Ob ein Service NIS+ oder NIS tatsächlich läuft, wird durch die Startupmethode festgestellt, der Durchlauf der Methoden hat bei Erfolg keine Fehlermeldung geliefert.

4.7.1.1.2 milestone/network

Beschreibt die Konfiguration der Netzwerkinterfaces, wie es im Abschnitt 6.4.1 zur Initialisierung der Netzwerkumgebung bei OpenSolaris ab Seite 371 genauer beschrieben ist.
Es müssen zur Erreichung des *network* Milestones folgende Services mit allen ihren Abhängigkeiten gestartet sein:

loopback Das bzw. die Loopbackinterfaces (lo0...) wurden erfolgreich konfiguriert mit der beschriebenen Abhängigkeit *require_all* für die Services:
svc:/network/loopback

physical Die Netzwerkinterfaces wurden erfolgreich geplumbed und konfiguriert mit der beschriebenen Abhängigkeit *require_all* für die Services:
svc:/network/physical

4.7.1.1.3 milestone/devices

Im *devices* Milestone werden alle Devicekonfigurationen eingefahren.

4.7.1.1.4 milestone/single-user

Beschreibt die Seviceaggregation für den so genannten Singeluserbetrieb, in dem beispielsweise Wartungsarbeiten etc. durchgeführt werden können, die voraussetzen, daß nur der Rootuser oder ein einziger beliebiger anderer User, der lokal definiert ist und ausreichende Rechte besitzt, am System arbeiten kann. Dieser Milestone entspricht dem traditionellen Runlevel S.
Es müssen zur Erreichung des *single-user* Milestones folgende Services mit allen ihren Abhängigkeiten gestartet sein:

sysidtool Die Systemidentifikation der Maschine mit der beschriebenen Abhängigkeit *require_all* für die Services:
svc:/system/sysidtool:net
svc:/system/sysidtool:system

nodename Konfiguration des Nodenames mit der beschriebenen Abhängigkeit *require_all* für den Service:
svc:/system/identity:node

filesystem-minimal Initialisierung der wesentlichsten Filesysteme mit der beschriebenen Abhängigkeit *require_all* für den Service:
svc:/system/filesystem/minimal

milestone-devices Der erfolgreiche Import von Devices mit der beschriebenen Abhängigkeit *require_all* für den Service:
svc:/milestone/devices

manifests Import von Manifesten mit der beschriebenen Abhängigkeit *require_all* für den Service:
svc:/system/manifest-import

loopback-network Konfiguration der Loopbackdevices mit der beschriebenen Abhängigkeit *require_all* für den Service:
svc:/network/loopback

network Netzwerkkonfiguration mit der beschriebenen Abhängigkeit *require_all* für den Service:
svc:/milestone/network

Als Startmethode wird, mit einem Timeoutwert zeitlich grob geschätzt, die Methode */sbin/rcS start* ausgeführt. Es werden dementsprechend auch alle so genannten legacy_run Services des korrespondierenden Legacyrunlevels gestartet.

4.7.1.1.5 milestone/sysconfig

Laden der Systemkonfiguration, das sind Einstellungen für Hostnamen, Sprachumgebung (*locale*), Zeitzone, etc.

milestones mit der beschriebenen Abhängigkeit *require_all* für den Service:
svc:/milestone/single-user

4.7.1.1.6 milestone/multi-user

Entspricht dem traditionellen Multiuserbetrieb ohne Serverdienste, wie er beispielsweise bei LegacySOLARIS im Runlevel 2 definiert war.
Es müssen zur Erreichung des *multi-user* Milestones folgende Services mit allen ihren Abhängigkeiten gestartet sein:

milestones mit der beschriebenen Abhängigkeit *require_all* für die Services:
svc:/milestone/single-user
svc:/milestone/sysconfig
svc:/milestone/name-services

fs mit der beschriebenen Abhängigkeit *require_all* für den Service:
svc:/system/filesystem/local

kdmconfig Consolekonfiguration bei x86 Systemen mit der beschriebenen Abhängigkeit *optional_all* für den Service:
svc/platform/i86pc/kdmconfig

rpcbind rpcbind-Services mit der beschriebenen Abhängigkeit *optional_all* für den Service:
svc:/network/rpc/bind

syslog Start des Syslogservices mit der beschriebenen Abhängigkeit *optional_all* für den Service:
svc:/system/system-log

Als Startmethode wird, mit einem Timeoutwert zeitlich grob geschätzt, die Methode */sbin/rc2 start* ausgeführt. Es werden dementsprechend auch alle so genannten legacy_run Services des Legacyrunlevels, zumindest gestartet.

4.7.1.1.7 milestone/multi-user-server

Dieser Milestone definiert den so genannten Multiuserrunlevel, bei dem auch Serverdienste aktiviert sind. Der Milestone korrespondiert mit dem Legacyrunlevel 3 älterer SOLARIS Releases, wie beispielsweise das LegacySOLARIS 9.
Zur Erreichung des *multi-user-server* Milestones müssen folgende Services mit allen ihren Abhängigkeiten gestartet sein:

multi-user mit der beschriebenen Abhängigkeit *require_all* für den Service:
svc:/milestone/multi-user

Als Startmethode wird, mit einem Timeoutwert zeitlich grob geschätzt, die Methode */sbin/rc3 start* ausgeführt. Es werden dementsprechend auch alle so genannten legacy_run Services des Legacyrunlevels, zumindest gestartet.

4.7.1.2 Systemstart unter SMF Verwaltung

Der Maschinenstart läßt sich auf der Systemconsole verfolgen, indem dem OBP *boot* Kommando die Option *-m verbose* mitgegeben wird. Es wird dann in die Verboseausgabe der Service Management Facility eingeschaltet und es werden alle ausgeführten Methoden auf der Systemconsole ausgegeben. So erhält man ein erstes Gefühl über den Systemstartup. Dies ist in Beispiel 4.14 ausgeführt. Das Beispiel zeigt einen Verbose-Boot, bei dem jede gestartete Methode aufgelistet wird. Es ist auch zu erkennen, daß bei Anzeige des Console Loginpromptes durchaus noch wesentliche Methoden gestartet werden, wie beispielsweise NFS Dienste und andere Multiuserdienste. Das bedeutet auch, daß nach Anzeige des Loginpromptes noch kein vollständiger Netzwerkzugriff auf die Maschine gegeben ist, da noch nicht alle Dienste gestartet sind.

Eine erheblich detailliertere Übersicht erhält man jedoch mit dem Boot durch Aufruf des OBP Kommandos *boot -m debug*. Ein Beispiellisting wäre mit über 270 Zeilen zum Abdruck zu lang, daher hier nur ein kurzer Auszug in Beispiel 4.12 in dem ein Filesystemserver erkannt, aktiviert und damit in das Servicemonitoring und das Startup eingefügt wird und Beispiel 4.13, wo ein Service, der nicht weiter initialisiert war, hier SLVM (Suns SoftRAID), der erkannt wurde, als nicht konfiguriert erkannt wurde und damit nicht eingefügt wird und seitens der Service Management Facility als *enabled/online* deklariert wird. Diese Methode ist, obwohl der SLVM Service nicht gestartet wurde, ohne Fehlermeldung durchlaufen worden, was auch korrekt ist, da der SLVM Service tatsächlich auf dem Beispielrechner nicht konfiguriert war. Ein Debug-Boot ist sehr langwierig und als Defaulteinstellung nicht wirklich empfehlenswert.

```
Jan 31 17:24:17/5: svc:/system/filesystem/usr:default   ↙...
      ↪ is a transient-style service
Jan 31 17:24:17/5: svc:/system/filesystem/usr:default:  ↙...
      ↪ inserted instance into restarter list
```

Beispiel 4.12. Einfügen einer Instanz

```
Jan 31 17:24:17/10: Graph noting svc:/system/metainit:default  ↙...
      ↪ uninitialized -> uninitialized.
Jan 31 17:24:17/10: Graph engine: Refreshing svc:/system/metainit:default.
Jan 31 17:24:17/10: Enabling svc:/system/metainit:default.
Jan 31 17:24:17/16: Restarter: Not changing state of  ↙...
      ↪ svc:/system/metainit:default for enable command.
```

Beispiel 4.13. Nicht konfigurierter Dienst wird übergangen

```
Rebooting with command: boot -m verbose
Boot device: /pci@1f,4000/scsi@3/disk@0,0:a  File and args: -m verbose
SunOS Release 5.11 Version snv_23 64-bit
Copyright 1983-2005 Sun Microsystems, Inc.  All rights reserved.
Use is subject to license terms.
[ system/filesystem/root:default starting (root file system mount) ]
[ network/pfil:default starting (packet filter) ]
[ network/loopback:default starting (loopback network interface) ]
[ milestone/name-services:default starting (name services milestone) ]
[ network/physical:default starting (physical network interfaces) ]
Dec 13 17:10:51/52: system start time was Tue Dec 13 17:10:26 2005
[ system/identity:node starting (system identity (nodename)) ]
[ milestone/network:default starting (Network milestone) ]
Hostname: endeavour
[ system/boot-archive:default starting (check boot archive content) ]
[ system/filesystem/usr:default starting (read/write root ↙...
    ↪ file systems mounts) ]
[ system/device/local:default starting (Standard Solaris ↙...
    ↪ device configuration.) ]
[ system/keymap:default starting (keyboard defaults) ]
[ system/filesystem/minimal:default starting (minimal ↙...
    ↪ file system mounts) ]
[ system/manifest-import:default starting (service manifest import) ]
[ system/coreadm:default starting (system-wide core file ↙...
    ↪ configuration) ]
[ system/name-service-cache:default starting (name service cache) ]
[ system/identity:domain starting (system identity (domainname)) ]
[ system/rmtmpfiles:default starting (remove temporary files) ]
[ system/sysevent:default starting (system event notification) ]
[ system/power:default starting (power management) ]
[ system/picl:default starting (platform information and control) ]
[ application/print/cleanup:default starting (print cleanup) ]
[ system/cryptosvc:default starting (cryptographic services) ]
[ system/device/fc-fabric:default starting (Solaris FC fabric ↙...
    ↪ device configuration.) ]
[ milestone/devices:default starting (device configuration milestone) ]
[ network/initial:default starting (initial network services) ]
[ network/service:default starting (layered network services) ]
```

Beispiel 4.14. Mitschnitt eines Verboseboots, Teil I

```
[ milestone/single-user:default starting (single-user milestone) ]
[ system/filesystem/local:default starting (local file system mounts) ]
[ system/cron:default starting (clock daemon (cron)) ]
[ system/sysidtool:net starting (sysidtool) ]
[ application/font/fc-cache:default starting ↙...
      ↪ (FontConfig Cache Builder) ]
[ network/rpc/bind:default starting (RPC bindings) ]
[ network/nfs/status:default starting (NFS status monitor) ]
[ system/sysidtool:system starting (sysidtool) ]
[ network/nfs/nlockmgr:default starting (NFS lock manager) ]
[ milestone/sysconfig:default starting ↙...
      ↪ (Basic system configuration milestone) ]
[ system/sac:default starting (SAF service access controller) ]
[ system/utmp:default starting (utmpx monitoring) ]
[ network/inetd:default starting (inetd) ]
[ system/console-login:default starting (Console login) ]

endeavour console login: Dec 13 17:11:21/228: network/nfs/ ↙...
      ↪ server:default starting
Dec 13 17:11:21/229: network/nfs/client:default starting
Dec 13 17:11:21/232: system/filesystem/volfs:default starting
Dec 13 17:11:22/236: system/filesystem/autofs:default starting
Dec 13 17:11:22/240: system/dumpadm:default starting
Dec 13 17:11:22/241: system/system-log:default starting
Dec 13 17:11:22/242: network/ssh:default starting
Dec 13 17:11:23/244: system/fmd:default starting
Dec 13 17:11:23/246: milestone/multi-user:default starting
Dec 13 17:11:25/251: application/dtprintinfo:default starting
Dec 13 17:11:25/253: milestone/multi-user-server:default starting
Dec 13 17:11:25/252: system/intrd:default starting
Dec 13 17:11:27/255: application/graphical-login/dtlogin: ↙...
      ↪ default starting
Dec 13 17:11:28/257: system/zones:default starting
```

Beispiel 4.14. Mitschnitt eines Verboseboots, Teil II

Die Funktions- und Arbeitsweise der Service Management Facility ist im Abschnitt 7.1 ab Seite 423 genauer beschrieben. An dieser Stelle nur so weit: Die Service Management Facility erlaubt einen kontrollierten Start eines Dienstes, wie beispielsweise den Start eines Servicedaemons derart, daß bei Ausfall oder abnormer Termination des Services, dieser automatisch nachgestartet wird. Damit verfügt ein OpenSolaris basiertes Rechnersystem über ein Verfügbarkeitsniveau, wie es sonst für eine einzelne Rechnernode in einem Clustersystem typisch ist. Dieses Verfahren beschreibt eine enorme Weiterentwicklung in diesem Bereich und bietet über seine schedulerbasierte Implementation eine extrem hohe Betriebssicherheit, denn wenn der Unix Scheduler ausfällt, braucht man sich um nichts mehr zu bemühen, sondern darf ausnahmsweise Rebooten. Diese schedulerbasierte Implementation ist damit allen schellscriptbasierten Varianten eines Monitoring- und Restartingservices vorzuziehen, da es in seiner Funktion im Gegensatz zu umfangreichen Shellscripten atomar ist.

4.7.1.3 Wechsel der Milestones

Da nun seit SOLARIS 10 die Runlevel im Prinzip keine umfassende Aussage über den Systemstatus mehr geben, führt es auch nur teilweise zu dem gewünschten Erfolg durch Aufruf des Kommandos *init(1M)* gefolgt von dem gewünschten Zielrunlevels auch die dazugehörenden Dienste zu deaktivieren. Es ist stattdessen der Milestone zu ändern.
Der aktuelle Milestone eines System ist einstellbar mit

svcadm milestone <milestone-identifier>

So ist beispielsweise der Milestone *multi-user* erreichbar durch
svcadm milestone milestone/multi-user
Das System wird den Zustand nach kurzer Zeit erreichen.

Der Defaultlevel ist einstellbar unter Zuhilfenahme der Option *-d* bei dem Aufruf des Kommandos *svcadm(1M)*.

4.8 Systemboot Recovery

Bei Modifikation der Kernelkonfigurationsdatei */etc/system* als auch bei Modifikationen an den rc-Files oder den Konfigurationsfiles für Treiber kann es immer passieren, daß sich Schreibfehler, falsche Syntax, falsche Parameter oder andere Fehlerquellen einschleichen. Je nach Qualität des Fehlers kann ein Neustart des Systems dadurch beeinträchtigt oder verhindert werden. Um aus dieser Situation heraus ein Recovery durchzuführen bedarf es einiger Kenntnisse, von denen hier im wesentlichen der interaktive Boot als auch die Möglichkeit eines dokumentierten Durchlaufs der Startscripte benannt seien.

Um eine SOLARIS-Maschine in irgendeiner Art und Weise restaurieren zu können, ist es sinnvoll eine SOLARIS Boot-CD-ROM, oder einen Installserver parat zu haben. Ein solcher Boot darf dann natürlich kein Installationsboot werden!

Von CD: `{0} ok boot cdrom -s`
Von Netz: `{0} ok boot net`

(Vorsicht, ein: `boot net - install` führt bei entsprechend konfiguriertem Installserver einen Installationsboot durch!)

4.9 System Stop

Rolf M Dietze

Gestoppt wird das System mit den Kommandos:

init 0 Abarbeiten aller Schritte durch *rc0* in */etc/rc0.d*, ok-Prompt, Maschine eingeschaltet.
init 1 Abarbeiten aller Schritte durch *rc1* in */etc/rc1.d* in den Singleuser-Runlevel "1", alle Filesysteme bleiben gemountet. Bei Systemen ab SOLARIS 10 entspricht dies einer Anfrage an *smf(5)* das System in den Zustand *svc:/milestone/single-user:default* zu bringen.
init S Abarbeiten aller Schritte durch *rcS* in */etc/rcS.d* in den Singleuser-Runlevel "S", alle Filesysteme bleiben gemountet
init 5 Abarbeiten aller Schritte durch *rc5* in */etc/rc5.d.* Die Maschine wird anschließend abgeschaltet, wenn dies die Hardware zuläßt oder unterstützt.
init 6 Abarbeiten aller Schritte durch *rc6* in */etc/rc6.d* Die Maschine wird anschließend rebootet wie bei einem normalen Systemstart.
halt direkter Stop ohne Abarbeitung weiterer rc-Schritte
reboot reboot der Maschine durch ordnungsgemäßen Stop und Neustart. *reboot* kann Optionen an den Bootloader übergeben.
shutdown(1M) entsprechend den mitgegebenen Optionen.

Wobei die drei angegebenen Methoden im folgenden beschrieben werden.

4.9.1 *init(1M)*

Ein Halt kann mit dem Kommando *init 0* bzw. *init 5* initiiert werden. *init 0* führt die rc-Prozedur */sbin/rc0* aus, arbeitet alle Stopscripte in */etc/rc0.d* ab und hält das System auf dem ok-Prompt.

init 5 führt die rc-Prozedur */sbin/rc5* aus, arbeitet alle Stopscripte in */etc/rc0.d* ab und schaltet das System aus, wenn dies unterstützt wird.

4.9.2 *halt(1M), poweroff*

Sowohl das Kommando */usr/sbin/halt* als auch */usr/sbin/poweroff* halten das SOLARIS-System an, */usr/sbin/poweroff* schaltet anschließend auch ab, wenn unterstützt.

Es kann sinnvoll sein, wenn das SOLARIS-System aus irgendeinem Grund keinen sync mehr durchführen soll, *halt -n* zu nutzen. Siehe hierzu auch die Manualpages von *halt(1M)* und *sync(1M)*.

```
nova# halt
Dec  5 01:23:15 nova halt: halted by root
Dec  5 01:23:15 nova syslogd: going down on signal 15
syncing file systems... done
Program terminated
{0} ok
```

Beispiel 4.15. *halt* eines Systems unter SOLARIS 11

```
# poweroff
Dec  5 02:11:50 nova poweroff: poweroffed by root
Dec  5 02:11:51 nova syslogd: going down on signal 15
syncing file systems... done
```

Beispiel 4.16. *poweroff* eines Systems unter SOLARIS 11

4.9.3 *reboot(1M)*

Wenn nach dem Shutdown gleich wieder ein Boot erfolgen soll, etwa nach dem Einspielen von Patches, kann auch das Kommando *reboot(1M)* verwendet werden. Es führt einen Halt und einen anschließenden Neustart aus, indem *reboot* einen entsprechenden Request an das OBP-Bootprogramm übergibt. Da eine solche Requestübergabe stattfinded, kann *reboot(1M)* auch andere Parameter mit übergeben, etwa das Bootdevice, den zu erreichenden Runlevel etc. Als Beispiel hierzu vielleicht:

```
nx1# reboot -- disk1
```

Beispiel 4.17. Reboot vom Devicealias "disk1"

```
nx1# reboot -- -sw
```

Beispiel 4.18. Reboot in den Singleuser-Level

```
nx1# reboot -- "net - install"
```

Beispiel 4.19. Reboot mit Autoinstallation

Das letzte Beispiel 4.19 führt natürlich nur zu einem Erfolg, wenn ein Installserver aufgesetzt und korrekt konfiguriert ist. Dazu mehr im Kapitel 4.11 "Automatische Installation, Installserver" ab Seite 78. Interessant ist hier die Übergabe als String: "net - install", damit die Shell diesen nicht auswertet.

4.9.4 *shutdown(1M)*

shutdown(1M) ist das klassische Programm, um ein UNIX-System anzuhalten. Es ermöglicht, Mitteilungen über einen Systemhalt an alle Benutzer per Broadcast zu senden, erlaubt es die Zielrunlevel anzugeben und eine Zeitspanne, in der das System angehalten werden soll. Per Default wird das System in den Singleuser Runlevel gefahren, in dem der Zugang nur noch über die Systemkonsole möglich ist. In Beispiel 4.20 wird dies für SOLARIS 9 dargestellt. Im Kontrast hierzu in Beispiel 4.21 der Shutdown eines SOLARIS 11 Systems.

```
tradewind# shutdown

Shutdown started.    Sat Feb 28 06:49:06 MET 2002

Broadcast Message from root (console) on ↙...
      ↪ tradewind Sat Feb 28 06:49:06...
The system tradewind will be shut down in 1 minute

Broadcast Message from root (console) on ↙...
      ↪ tradewind Sat Feb 28 06:49:36...
The system tradewind will be shut down in 30 seconds

Do you want to continue? (y or n): y

Broadcast Message from root (console) on  ↙...
      ↪ tradewind Sat Feb 28 06:50:10...
THE SYSTEM tradewind IS BEING SHUT DOWN NOW ! ! !
Log off now or risk your files being damaged

Changing to init state s - please wait
#
#
INIT: New run level: S
The system is coming down for administration.  Please wait.
Unmounting remote filesystems: /vol nfs done.
Print services already stopped.
Killing user processes:
 done.

INIT: SINGLE USER MODE

Type control-d to proceed with normal startup,
(or give root password for system maintenance):
single-user privilege assigned to /dev/console.
Entering System Maintenance Mode

Feb 28 06:51:03 su: 'su root' succeeded for root on /dev/console
Sun Microsystems Inc. SunOS 5.9       Generic May 2002
# halt
syncing file systems... done
Program terminated
{0} ok
```

Beispiel 4.20. Systemhalt mit *shutdown*, SOLARIS 9

```
nova# shutdown

Shutdown started.    Mon Dec  5 01:05:52 MET 2005

Broadcast Message from root (console) on nova Mon Dec  5 01:05:52...
The system nova will be shut down in 1 minute

showmount: nova: RPC: Program not registered
Broadcast Message from root (console) on nova Mon Dec  5 01:06:22...
The system nova will be shut down in 30 seconds
Do you want to continue? (y or n):   y
Broadcast Message from root (console) on nova Mon Dec  5 01:07:09...
THE SYSTEM nova IS BEING SHUT DOWN NOW ! ! !
Log off now or risk your files being damaged


Changing to init state s - please wait
# svc.startd: The system is coming down for administration.  Please wait.
svc.startd: Killing user processes: done.
Requesting System Maintenance Mode
(See /lib/svc/share/README for more information.)
SINGLE USER MODE

Root password for system maintenance (control-d to bypass): ^D
svc.startd: Returning to milestone all.

nova console login:
```

Beispiel 4.21. Systemhalt mit *shutdown*, SOLARIS 11

4.10 Übersicht zur manuellen Solarisinstallation

Rolf M. Dietze

Die manuelle Installation von SOLARIS wie im Anhang in Abschnitt A.1 ab Seite 923 detailliert dokumentiert, beziehungsweise SOLARISEXPRESS wird anhand eines seit langem erfolgreich eingesetzten Installationsscriptes durchgeführt. Dieses Installationsscript geht von inerten Kenntnissen des Aufbaus und der internen Abhängigkeiten des Systems voraus. Da bei SCHILLIXnicht auf diese Kenntnisse aufgebaut werden kann und das im Prinzip betriebsnotwendige SUN Paketsystem noch nicht unter die CDDL gestellt wurde, ist der SCHILLIX Installationsmechanismus vom SOLARIS Installationsmechanismus abweichend und zur Zeit noch in Entwicklung befindlich. Die Installation von SCHILLIXist daher zur Zeit noch so variabel in seiner Ausführung, daß hier auf die SCHILLIX online Information verwiesen werden muß. Bei SOLARIS Distributionen von OpenSolaris ist der Installationsprozess im wesentlichen in fünf Phasen unterteilt:

sysidcfg: Die Systemidentifikation, wie sie beim Autoinstallserver durch Bereitstellung des *sysidcfg* Scriptes abgearbeitet wird. Der Aufbau und die Erstellug eines *sysidcfg* Files werden im Abschnitt zum Autoinstallserver in 4.11.2.3 ab Seite 85ff beschrieben. Hier in Übersicht, die Konfigurationsinformationen, die bei einer manuellen Installation abgefragt werden:
- Sprachumgebung (locale) Zur Sprachauswahl
- Terminaltyp der Console Zur Bildschirmnavigation bei der Installation
- Netzwerkkonfiguration zur Einrichtung der Netzwerkinterfaces, falls während der Installation ein Netzwerkzugriff möglich sein soll, oder aus Bequemlichkeitsgründen.
- Hostname zur Referenzierung des Netzwerkinterfaces über die */etc/hosts*
- IP-Adresse und Netzmaske des selektierten Netzwerkinterfaces
- Statische Routen (bei Bedarf)
- Aktivierung von Kerberosdiensten
- Einstellung des zu nutzenden Netzwerkinformationsdienstes
- Einstellung der Zeitzone
- Einstellung der Systemzeit
- Einstellung des Rootpasswortes

Preinstallation: Die Konfigruation zusätzlicer Software, Einstellung bestimmter Diesnte etc. wie es in den Preinstallscripten des Autointallservers definiert werden kann. Wenn beim Autoinstallserver auf Preinstallscripten verzichtet wird, so werden an dieser Stelle die Defaulteinstellungen übernommen.

Festplattenkonfiguration: Wie es beim Autoinstallserver durch das Klassenfile definiert ist

Softwarecluster: Auswahl des Softwareclusters des zu installierenden Betriebssystems, wie es auch im Klassenfile des Autoinstallservers definiert wird, inclusive der Paketselektionen und Deselektionen Siehe hierzu auch den Abschnitt zu Softrwareinstallcluster in Tabelle 4.4 auf Seite 91 als auch die Beschreibung des Classfiles zur Selektion/Deselektion von Softwarepaketen in Abschnitt 4.11.2.4.6 ab Seite 90ff.

Postinstallation: Die zusätzliche Konfiguration von Einstellungen Betriebsparametern etc. wie beispielsweise das Aktivieren oder Deaktivieren des Powermanagements, wie es beim Autoinstallserver durch die optionalen Postinstallscripten ausgeführt werden kann. Auch hier wird im Defaultfall nichts weiter konfiguriert, bis auf das zuvor genannte Powermanagement.

Die Installation von SPARCSolaris und x86 Solaris unterscheidet sich kaum. Unterschiede sind

Bootload SPARCSolaris setzt, zur Zeit zumindest noch, auf den Lademechanismus der OpenFirmware auf, wie es im Systemstart im Abschnitt 4 beschrieben ist.

x86 SOLARIS setzt neuerdings auf einen GRUB basierten Systemlademechanismus auf.

Plattenpartitionierung SPARCSOLARIS arbeitet mit standard Plattenpartitionierung
x86 SOLARIS muß sowohl eine Fdisk Partitionierung als auch innerhalb der 4 FDisk Partitionen eine Standardplattenpartitionierung durchführen. Dazu kommen Serviceparttionen für den x86SOLARIS Boot

Bis auf Unterscheide durch Architektur von CPU und I/O-System sind im Betrieb und in der Installation von SPARCSOLARIS und x86SOLARIS keine weiteren Unterschiede bemerkbar.

Um denjenigen, die mit der Installation eines SOLARIS Systems nicht vertraut sind eine Übersicht über die Installation zu geben, ist eine Standardinstallation auf ASCII/Textbasis für SPARC Systeme (Abschnitt A.1 ab Seite 923 und auf GUI Basis für x86 basierte Systeme (Abschnitt A.2.2 ab Seite 956 im Anhang A beigefügt. Auch die Installation, ob Text- oder GUI basiert unterscheidet sich im Ablauf nicht, wie dies im Anhang ab Seite 923 zu sehen ist.

Im nächsten Abschnitt wird der Autoinstallationsserver von OPENSOLARIS detailliert beschrieben, was jedoch auch detaillierte Kenntnisse üer Systeminstallation, Boot und Betrieb voraussetzt.

4.11 Automatisierte Installation von Solaris

Rolf M Dietze

Die Installation eines SOLARIS Rechners erfolgte bis jetzt manuell, beispielsweise von CDRom. Es musste vor der Installation spezifiziert werden, welche IP-Adresse, locale, root-Passwort, Namensdienst, etc. die zu installierende Maschine bekommen oder nutzen sollte, welches SOLARIS-Installationscluster zu installieren ist, welche Festplatte für die Installation zu wählen und wie sie zu partitionieren ist und so fort.

All diese Angaben können entweder manuell und interaktiv während der Installation erfolgen, oder aber über Netz von einem oder verschiedenen Servern beantwortet werden.

Zur Anwendung kommt in jedem dieser Fällen die selbe Technologie, der von Sun “JumpStart” genannte Installserver, unabhängig davon ob die Installation von einem lokalen Medium oder über Netz durchgeführt wird.

4.11.1 Installserver

Das Verfahren für eine Installation über ein lokales Netz (LAN) sieht in groben Zügen wie folgt aus: Ein als Client bezeichneter Rechner/Domain wird mit dem Kommando “boot net - install” dazu veranlasst seine IP-Adresse zu

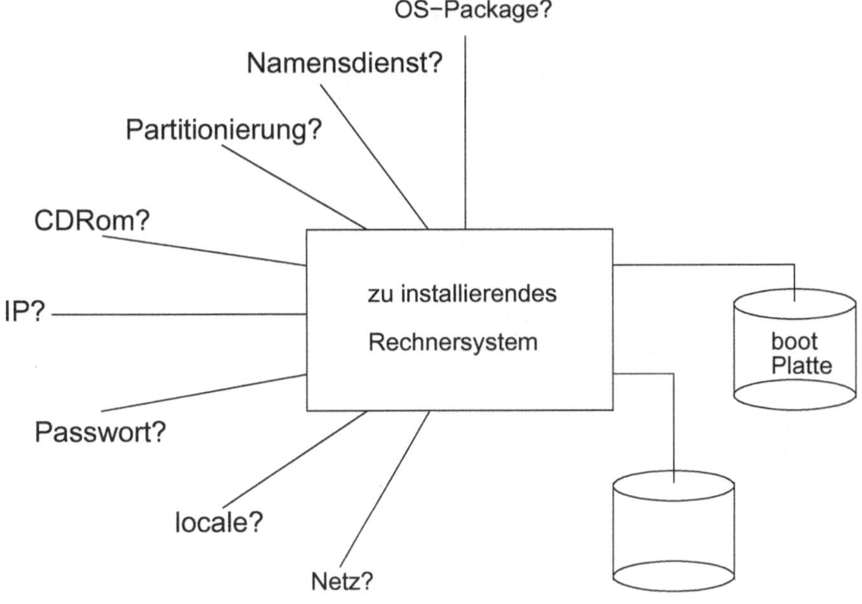

Abb. 4.1. Installation?

erfragen, per tftp einen Bootblock zu laden, Informationen zur eigenen Konfiguration zu erfragen, die notwendigen Verzeichnisse per NFS zu mounten und die Installation zu beginnen.

Die Bezeichnungen Installserver, JumpStart Server oder Auto-Installserver werden dabei in der synonym angetroffen.

4.11.1.1 Funktion

Vereinfacht formuliert müssen bei der automatischen Installation ein oder mehrere Server im Netz des Installclients Informationen über

MAC- und IP-Adresse des Clients
Einen Bootblock (per tftp-Service)
Ein entsprechend freigegebenes SOLARIS-Filesystem
Regel- und Konfigurationsdateien
System-locale (Sprachumgebung)
root-Passwort
Plattenpartitionierung
Auswahl der Bootplatte
Auswahl des Installationsclusters

vorhalten. Die Informationen oder Dienste können auf unterschiedlichen Rechnern teils parallel gehalten werden.

Wenn die vorgehaltenen Informationen fehlerhaft, unvollständig, nicht erreichbar sind oder vollkommen fehlen, so werden bei der Installation die fehlerhaften oder fehlenden Informationen interaktiv abgefragt oder auf die manuelle Installation verzweigt.

In diesem Fall ist zu überprüfen, ob alle Konfigurationsfiles lesbar sind (Export-Rechte auf dem/den Installserver/Servern) oder die Konfigurationsfiles unvollständig oder syntaktisch inkorrekt sind. Zur Fehlersuche siehe auch das Kapitel 4.11.3.3 auf Seite 97 mit dem Ablaufdiagramm auf Seite 98.

4.11.1.2 Serverkomponenten

Dazu werden folgende Serverkomponenten benötigt:

RARP-Server Der RARP-Server stellt den Clients ihre IP-Adressen zur Verfügung. Mit dieser IP-Adresse können die Clients ihren Bootblock vom TFTP-Server erhalten.

TFTP-Server Der TFTP-Server stellt den Clients unter dem Verzeichnis "/tftpboot" einen Bootblock unter der Adresse des Clients zur Verfügung. Siehe hierzu auch Kapitel 7.9 ab Seite 564

BOOTPARAMS-Server Der Bootparams-Server stellt den Clients Informationen über notwendige Pfade und Dateien zur Verfügung. Dies ist der Punkt der Administration bei neuen Clients. Die Administration wird von Sun durch die Scripte "add_install_client" und "rm_install_client" erleichtert.

ROOT-Server Der ROOT-Server stellt dem Client das netz-gebootete Betriebssystem während der Installation per NFS zur Verfügung. Auf entsprechende Freigaben ist zu achten.

Alle vier Serverkomponenten können auf dem gleichen Rechner aufgesetzt sein. Für eine automatische Installation werden durch den Bootparams-Server Informationen über den Clientrechner aus einer Datei "sysidcfg" per Client zur Verfügung gestellt. Dazu kommen Informationen über die zu installierenden Pakete bzw. Softwarecluster per Host oder Architektur etc. Diese Informationen werden in den so genannten Klassenfiles notiert. Die Zuordung der Klassenfiles zu einer Rechnerklasse (Architektur, Hostname etc) wird in der "rules.ok"-Datei spezifiziert.

Bevor jedoch auf die einzelnen Komponenten, wie beispielsweise Rules- und Konfigurationsfiles eingegangen werden soll, folgt zunächst ein Überblick über den Installboot eines Installclients.

4.11.1.3 Ablauf der automatischen Installation eines Clients

Der Ablauf des Netzbootes und der Systeminstallation lässt sich kurz skizzieren:

1. Anfrage nach eigener IP-Adresse über RARP (Reverse ARP).

2. Laden des Bootimages per *tftp*.
3. Übernahme von Informationen vom Bootparams-Server.
4. Mount des root-Verzeichnisses vom ROOT-Server.
5. Ausführen der Startupscripte aus dem Root-Verzeichnis.
6. Starten der Installation mit *suninstall*.
   Vorgaben der Rules werden zur Autoinstallation hier herangezogen.
   Durch Modifikation in den Startscripten ist eine Anpassung möglich.
7. Eigentliche Installation.
   Wenn die Rules passten, Autoinstallation.
   Wenn die Rules nicht passten, manuelle Installation.

Siehe hierzu das Flowchart zum Ablauf der automatischen Installation 4.2, das diesen Vorgang visualisiert.

Das Flowchart zum Ablauf der automatischen Installation 4.2 auf Seite 82 zeigt die zwei Phasen in der Autoinstallation. Zum einen die Identifikation des Systems und den Netzboot, und daran anschließend den Einsprung in die Installationsscripte. Mit einem "*" ist der mögliche Einsprungpunkt in ein anderes Installationsscript als das von Sun vorgegebene "install" eingezeichnet. An dieser Stelle kann auf ein eigenes Installationsscript, beispielsweise zur Wiederherstellung aus einem Backup, verzweigt werden. Auf der rechten Seite des Flowcharts sind die per *bpgetfile* erfolgenden Anfragen an den *bootparamd* angedeutet . Siehe hierzu auch Kapitel 4.11.3.3.4 auf Seite 99.

der Netzboot detaillierter beschrieben.

4.11.1.4 Installation Phase 1: Netzboot

Zunächst kennt der Client nur seine MAC-Adresse. Er muß die ihm zugeordnete IP-Adresse erfragen, und einen Bootblock laden. Dies ist ein minimaler Kernel, *miniroot* genannt, der (in einer Stringvariablen) ein komplettes Image eines auf das notwendigste geschrumpften Filesystems enthaelt. Dieses Image wird seinerseits in ein Damit steht dann genug an Netzwerkfunktionalitaet und Hilfsprogrammen zur Verfügung um den Pfad zum "richtigen" root-Filesystem zu erfragen, root-Filesystem und ggfs swap ueber die entsprechenden Teile der miniroot drueberzumounten, und dann aus dem NFS gemounteten /kernel die fehlenden Teile des kernels dynamisch nachzuladen. Aus der solchermaßen komplettierten Umgebung kann dann die Installation gestartet werden. Folgendes Timelinediagramm visualisiert die Abfolge:

4.11.1.5 Installation Phase 2: Installationsscripte

Die Phase zwei besteht im wesentlichen aus der Ausführung zum einen der Scripte in */usr/sbin/install.d* des NFS–gebooteten Installclientbetriebsssystems und natürlich zum anderen der Ausführung der */etc/rcS* des Installclients, welche von der normalen */etc/rcS* stark abweicht. Das Script */etc/rcS* ist bekanntermaßen ein Link auf */sbin/rcS*.

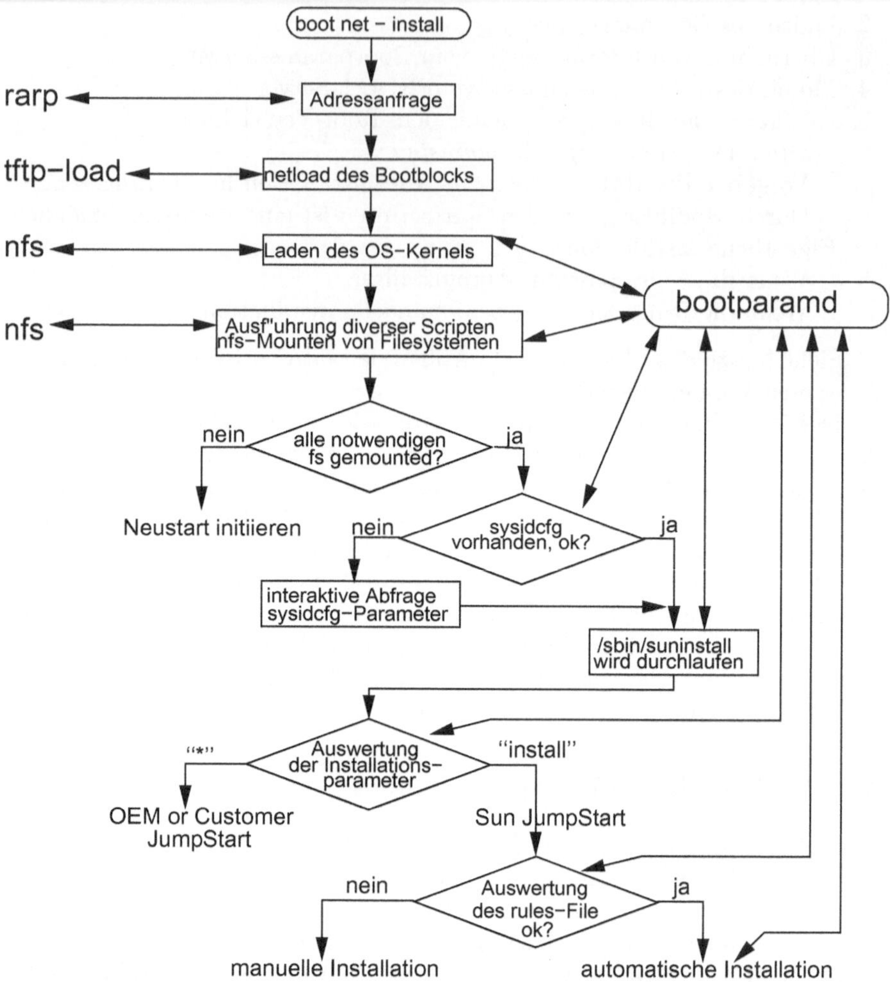

Abb. 4.2. Ablauf der automatischen Installation

Das NFS–gebootete Betriebssystem des Installclients während der Installation befindet sich auf dem Installserver im Unterverzeichnis *.../Tools/Boot* in der Verzeichnisstruktur des durch das Script setup_install_server erzeugten Verzeichnisbaumes, welcher eine Kopie des Installationsbetriebssystems der CDROM im Unterverzeichnis *s0* darstellt.

Bevor nun im einzelnen die Server-Komponenten beschrieben und konfiguriert werden, zunächst ein Blick auf die Konfigurationsfiles.

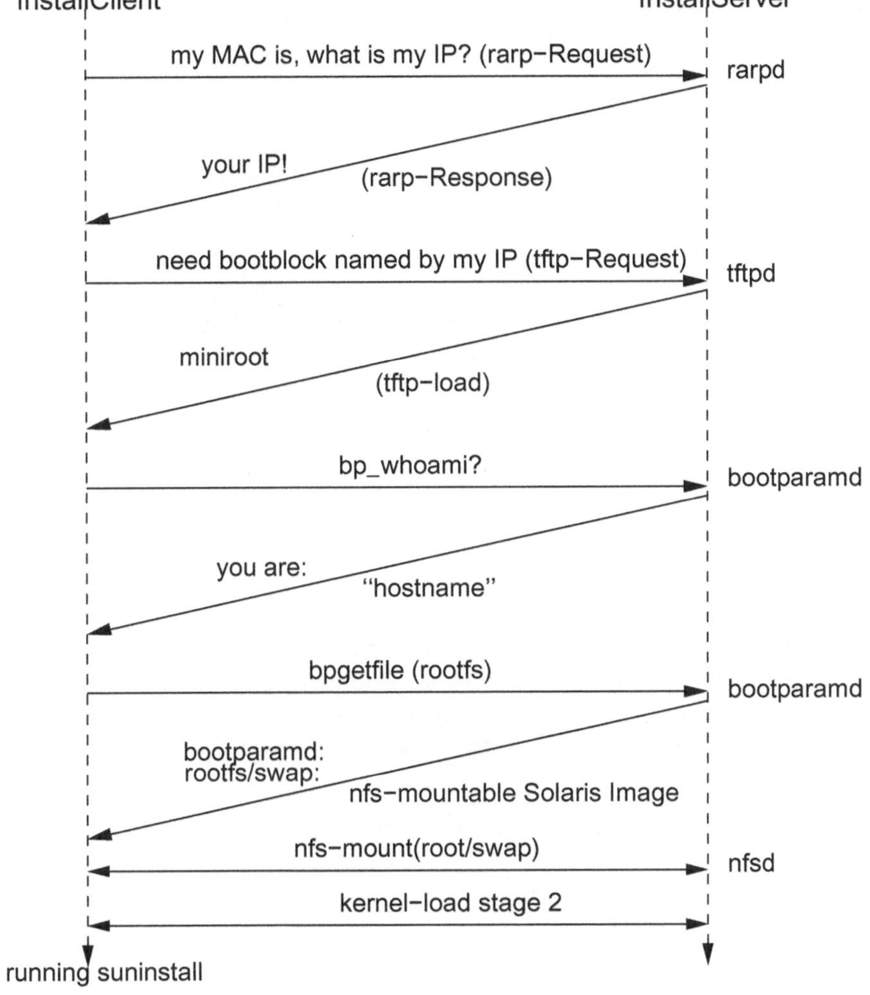

Abb. 4.3. Ablauf des Netzboots

4.11.2 Konfigurationsdateien des Installservers

Der Installserver benötigt einige Konfigurationsfiles. Diese sind zum Teil mandatory, zum Teil optional. Nachfolgend in Tabelle 4.3 eine Übersicht (NS: Nameservice, zulässig sind nur NIS, NIS+ oder DHCP). Sie sind per Client bzw. Clienttyp zu erstellen oder anzupassen.

KonfigFile	Position im FS	Opt/Man	Funktion
hosts	/etc oder NS	optional	IP-Namensauflösung, erspart Angabe bei *add_install_client*
ethers	/etc oder NS	optional	MAC-Adressenauflösung, erspart Angabe bei *add_install_client*
bootparams	/etc oder NS	mandat.	Info für Client über Pfade und Dateinamen.
sysidcfg	*z.B. /export/isrv/jump*	optional	Systemidentifikation, bei Fehlen: Interaktive Abfrage
rules.ok	*z.B. /export/isrv/jump*	optional	Regeldatei für automatische Installation, bei Fehlen: Interaktive Abfrage

Tabelle 4.3. Konfigurationsdateien des Installservers

4.11.2.1 */etc/hosts* und */etc/ethers*

Über die Datei */etc/ethers*, siehe als Beispiel Listing 4.5, oder die entsprechende Map eines Namensdienstes, löst der Server die RARP-Anfrage des Clients auf: Mit der MAC-Adresse des Clients erhält der Server aus dieser Datei den dazugehörigen Hostnamen. Mittels der Datei (oder der entsprechenden Map) */etc/hosts*, siehe Listing 4.6, kann hierzu die dazugehörige IP-Adresse selektiert werden und die RARP-Anfrage des Clients beantwortet werden.

```
...
8:0:20:1:2:3  client
...
```

Listing 4.5. /etc/ethers

```
...
10.10.10.10   client
...
```

Listing 4.6. /etc/hosts

4.11.2.2 */etc/bootparams*

Resourcefile des *rpc.bootparamd(1M)*. Das Resourcefile enthält jeweils pro Zeile eine Reihe von durch Blanks getrennten Informationsfeldern.

Der SOLARIS-Installserver unterstützt folgende Parameterfelder:

Feld	Parameter	Bedeutung
1		Client-Hostname
2	root	Pfad zum NFS-Solaris Basisverzeichnis
3	install	Pfad zum zu installierenden SOLARIS-System (Pakete)
4	boottype	Typ des Installboots
5	sysid_config	Pfad in das Verzeichnis in dem das sysidcfg-File liegt
6	install_config	Pfad zu den Rules- und Klassen- und Konfigurationsfiles
7	rootopts	Optionen für das root-Verzeichnis, Blocksize-Lesegröße

Wie auch diverse andere Konfigurationsfiles, Verzeichnisse etc wird auch das *bootparams*-File durch das Konfigurationsscript *add_install_client* modifiziert.

Ein Beispiel für einen */etc/bootparams*-Eintrag ist folgender:

```
nx2 root=nx1:/export/install/sol_11_b23s/Solaris_11/Tools/Boot ↙...
    ↪ install=nx1:/export/solaris/sol_11_b23s ↙...
    ↪ boottype=:in ↙...
    ↪ sysid_config=nx1:/export/jump ↙...
    ↪ install_config=nx1:/export/jump ↙...
    ↪ rootopts=:rsize=32768
```

Der Eintrag muß einzeilig sein!!

4.11.2.3 Systemidentifikation: *sysidcfg*

In dem Konfigurationsfile *sysidcfg*, es muß exakt diesen Filenamen haben, stehen Informationen zur locale, Datum, Zeitserver, Consoltyp, IP-Adresse, Namensdienstinformationen (NIS, NIS+, etc) etc. Wenn hier Informationen fehlerhaft sind oder fehlen fragt der Client diese während des Starts interaktiv ab.

Sollen mehrere *sysidcfg*-Files verwendet werden, etwa per Client eines oder per Abteilung etc. eines, so sind diese *sysidcfg*-Files in verschiedene Verzeichnisse zu legen und bei der Konfiguration einer Install-Client Umgebung per Client festzulegen.

Das *sysidcfg*-File erspart die interaktive Eingabe der Systemidentifikation und enthält folgende Informationen:

Variable	Bedeutung
name_service	Namensdienst (NIS, NIS+, OTHER, NONE)
network_interface	Primäres Netzwerkinterface
root_password	Verkryptetes Root-Passwort (keine Sonderzeichen!)
system_locale	Defaultlocale des Rechners
terminal	Inhalt der TERM-Variablen
timezone	Zeitzone
timeserver	entweder localhost, damit keine Anfrage oder Name/IP des Timeservers
security_policy	NONE, Kerberos, ...

Das *sysidcfg*-File wurde von Version zu Version erweitert, so daß bei einer neueren Release unter Umständen Informationen fehlen und die Systemidentifikation beim Installationsboot nochmals explizit interaktiv um die fehlenden Positionen durchgeführt wird, was die automatische Installation letztendlich mit interaktiven Elementen unterbricht.

Eine Beispiel-*sysidcfg*-Datei hat beispielsweise den in Listing 4.7 dargestellten Aufbau.

```
name_service=NONE
security_policy=NONE
system_locale=en_US
timeserver=localhost
timezone=MET
terminal=vt100
network_interface=primary
   {protocol_ipv6=no
    netmask=255.255.255.0
    default_route=192.168.10.2}
root_password=u6HwujOCMRF5U
```

Listing 4.7. sysidcfg

Wobei bei der Auswahl des root-Passwords auf ein gutmütiges Passwort ohne Sonderzeichen in dem gecrypteten String in der *sysidcfg*-Datei zu achten ist. Das Passwort ist z.B. aus der */etc/shadow* von einem geeigneten Account zu entnehmen, dessen uncrypted Version des Passwortes bekannt ist. Das obige Beispiel einer *sysidcfg*-Datei enthält ein solches gutmütiges root-Passwort, in diesem Fall ist das Klartext-Passwort **root**.

Zu den Keywords im einzelnen:

```
name_service=NONE                        Referenz auf Files

name_service=<NIS|NIS+>                  Benutzung von (NIS)
             {domainname=<ypdomain>
              name_server=<ypserver|IP>}
```

```
name_service=DNS                          Benutzung von DNS
            {domainname=<domain_name>
            name_server=IP,IP,IP               max 3
            search=domain_name,domain_name,    max 6, < 250 Zeichen
                   domain_name,domain_name,
                   domain_name,domain_name

network_interface=NONE                    kein Netz
network_interface=<primary|[if]>          erstes Netzwerkinterface,
                  {hostname=<hostname>    statisch
                   ip_address=<ip>
                   netmask=<netmask>       Server-netmask beachten!
                   protocol_ipv6=<yes|no>}

network_interface=<primary|[if]>          erstes Netzwerkinterface,
                  {dhcp                   dhcp
                   protocol_ipv6=<yes|no>}

root_password=somevaluecryptedfromshadowfile

security_policy=NONE

security_policy=kerberos                  domain ist eine FQDn
              {default_realm=domain admin_server=domain
               kdc=domain1,domain2,domain3}

system_locale=en_US                       depending on
                                          Auswahl aus /usr/lib/locale

terminal=terminfo-entry

timezone=timezone-entry

timeserver=localhost                      keine weiteren Frage

timeserver=<hostname|IP>                  xntp-Timeserver
```

Die Reihenfolge ist nicht relevant, das erste Aufkommen eines Keywords hat Gültigkeit, nachfolgende gleiche Keywords werden nicht berücksichtigt.

4.11.2.4 Regel- und Klassenfiles

Das Regelwerk des Installservers wird durch das so genannte rules.ok-File gesteuert:

4.11.2.4.1 rules.ok

Das *rules.ok*-File enthält Informationen über Pre- und Postinstallscripts sowie Klassenfiles per Client oder Clientclasse etc. (Client ist durch z.B. Hostname

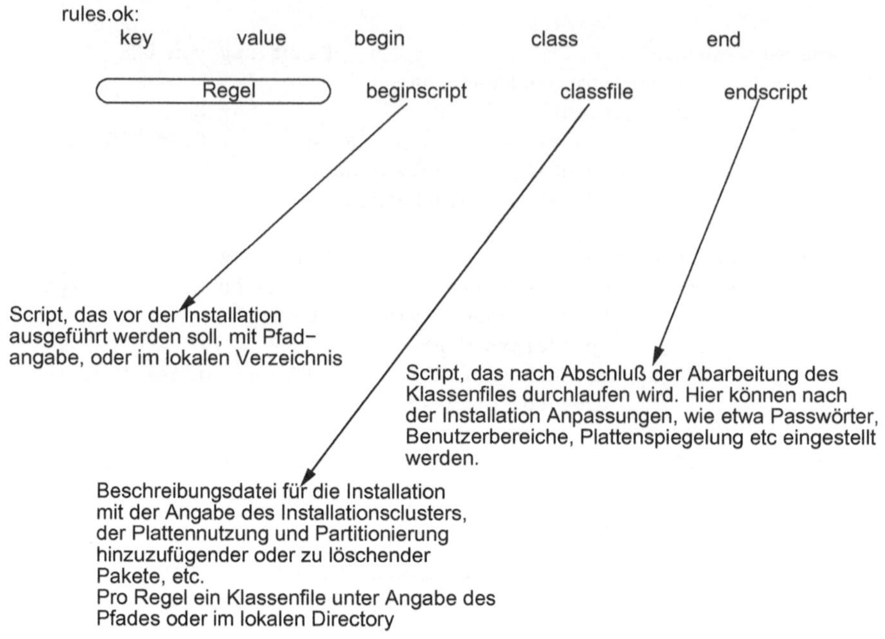

Abb. 4.4. Regelwerk des Installservers

spezifiziert. Eine Clientklasse ist z.B. durch die Architektur (sun4u1, sun4u, ...) spezifiziert).

Das rules-File - nach einem *check*-lauf wird es mit Checksumme in rules.ok umbenannt - enthält die Regeln für eine automatische Installation. Es hat immer die Form:

key value begin class end

wobei die Bedeutung der einzelnen Felder wie folgt aufgeschlüsselt werden kann:

Feld	Bedeutung
key	ein Key, der auf die Regel passt. Das kann der Hostname, die Plattengröße, die Architekturbezeichnung, der Domainname etc. sein
value	String auf den der Inhalt des Keys passen muß
begin	Pfad zum Begin-Script (Script vor der Installation)
class	Pfad zu den Klassen-Scripte (HD-Partitionierung, Packages etc.)
end	Pfad zu den Postinstall-Scripten (Scripte nach der Installation)

Die korrekte Konfiguration dieser Dateien ist z.B. mit der Applikation *pfinstall(1M)* testbar.

Zum besseren Verständnis hier ein einfaches Beispiel:

```
disksize rootdisk 999-2999 - 2g -
disksize rootdisk 3000-4999 - 4g -
disksize rootdisk 5000-9999 - 9g -
disksize rootdisk 10000-36000 - 36g -
hostname sunrise  - sunriseclassfile -
any - - rest -
# version=2 checksum=11664
```

Es referenziert auf 6 Klassenfiles: 1g, 4g, 9g, 36g, sunriseclassfile und rest.

In den nachfolgenden beiden Abschnitten werden die Felder im einzelnen beschrieben.

4.11.2.4.2 key-value Felder

Die Key und Value Felder können kombiniert werden über

&&: Verundung einzelner Keys (AND)
!: vor einem Key negiert seinen Wert (logical NOT)

Kommentare werden durch ein #-Zeichen eingeleitet und gelten bis zum nächsten <CR>.

4.11.2.4.3 key-Feld

Als Keys werden folgende Belegungen unterstützt:

any	immer true
arch	Abhängigkeit von der Maschinenarchitektur
domainname	true, wenn Client einer bestimmten Domain angehört
disksize	Auswahl nach Plattengröße
hostname	Auswahl nach Hostname
installed	
karch	Abhängigkeit von der CPU-Architektur
memsize	Abhängigkeit von der Speichergröße
model	Abhängigkeit vom Rechnermodell (z.B.: SUNW,Sun-Fire-15000)
network	Abhängigkeit vom Netzwerk
totaldisk	Abhängig von den Gesamtplatten des Rechners

Kombinierbar, wie in 4.11.2.4.2 beschrieben.

4.11.2.4.4 value-Feld

Das Feld, das dem Key-Feld folgt, hält die Werte, auf die der bzw. die Keys gematcht werden. So ist der einfachste Fall:

```
any -
```

Im Einzelnen:

Key	Value
arch	Ergebnis von *arch*
domainname	ein gültiger Domainname
disksize	z.B.: 2000-3999 (Platten zwischen 2GB und 4GB)
hostname	Hostname des Clients
karch	Ergebnis von *arch -k*
memsize	z.B.: 512-4096 (RAM im Bereich von 0.5GB bis 4GB)
model	Nach Bezeichnungen in z.B. */usr/platform* z.B.: SUNW,UltraAX-MP

4.11.2.4.5 Begin/End-Scripte

Die Begin- und End-Scripte werden entsprechend der UNIX-Filetypen angegeben und liegen im gleichen Verzeichnis wie das rules.ok-File oder sie müssen mit vollem Pfad im rules.ok-File spezifiziert sein. Es wird unterschieden in:

begin-Script: Script, das vor der Auswertung und Abarbeitung des Klassenfiles ausgeführt wird. Typischerweise leer (spezifiziert durch ein "-" in dem betreffenden Feld)
end-Script: Script, das nach der Auswertung und Abarbeitung des Klassenfiles ausgeführt wird. Oft leer (-), wird jedoch öfters für nach-Konfigurationen verwendet.

4.11.2.4.6 class-File

Das Klassenfile beschreibt alle Informationen, die während einer manuellen Installation angegeben werden mußten:

Solaris-Installcluster, Partitionierung, Systemtype, Installtype, locale etc.

Im einzelnen werden folgende Keywords unterstützt:

install_type	initial_install — upgrade
system_type	standalone — dataless — server
partitioning	default — existing — explizit
cluster	clustername add — delete
package	packagename add — delete
usedisk	Name der Platte
dontuse	Platte, die nicht benutzt werden darf
locale	System locale
num_clients	Nummerische Anzahl an Clients
client_swap	Größe des NFS-Swapspace für Clients
client_arch	Architektur unterstützter Clients
filesys	Platte Größe Filesystem Parameter

Zum besseren Verständnis ein Beispiel:

```
install_type    initial_install
system_type     standalone
partitioning    explicit
filesys         rootdisk.s0     2048    /
filesys         rootdisk.s1     4096    swap
filesys         rootdisk.s4     1024
filesys         rootdisk.s6     100     /globaldevices
filesys         rootdisk.s7     10
filesys         rootdisk.s3     free    /export
cluster         SUNWCall
```

Hier wird eine initiale Installation eines Standalone-Systems mit expliziter Partitionierung der Rootdisk unter Angabe von Größe und Mountpunkt der definierten Filesysteme mit der Angabe eine volle Installation durchzuführen, beschrieben.

Hierzu ist es notwendig die SOLARIS-Install-Cluster zu kennen. Dies sind:

SUNWCreg	Core System Support
SUNWCuser	Enduser Support
SUNWCprog	Develloper Support
SUNWCall	Entire Distribution
SUNWCXall	Entire Distribution mit OEM-Support

Tabelle 4.4. SOLARIS-Install-Cluster

Was im wesentlichen den bei einer manuell durchgeführten Installation die Auswahl der Softwaresets ist.

4.11.2.5 Test der Konfiguration

Wie schon kurz angesprochen, kann mit der Applikation *pfinstall(1M)* die Konfiguration der Klassenfiles getestet werden.

Das Kommando selbst befindet sich unter */usr/sbin/install.d/* und hat die Optionen:

pfinstall <Option> <Klassenfile>

-D	Dryrun-Test gegen die lokale Bootplatte, es wird jedoch keine Modifikation vorgenommen
-d	Test gegen ein VTOC-File (*prtvtoc(1M)*)
-c	Pfad zum Distributionsverzeichnis der SOLARIS-Release

Vorsicht: Bei einem Test auf dem Installserver sollte bei einem Testlauf für ein Klassenfile gegen die lokale Bootplatte die Option -D verwendet werden. Ältere Versionen von *pfinstall(1M)* schreiben ohne diese Option auf die Bootplatte mit entsprechenden Folgen für das System.

Ein Test eines Klassenfiles **uII_sparc** unter Verwendung der Installserverinstallation unter */export/isrv/sol9_803* erfolgt mit einem Test gegen die lokale Bootplatte mit folgendem Kommando:

```
nx1# /usr/sbin/install.d/pfinstall -D ↙...
      ↪ -c /export/isrv/sol9_803 uII_sparc
Parsing profile
       0: install_type    initial_install
       1: locale          en_US
       2: system_type     standalone
       3: partitioning    default
       4: cluster         SUNWCall

Processing default locales

Processing profile
        - Selecting cluster (SUNWCall)
... Test run complete. Exit status 0.
```

Gleiches Klassenfile getestet gegen ein VTOC-File einer 9GB Festplatte im folgenden:

```
nx1# /usr/sbin/install.d/pfinstall -d 9g.vtoc ↙...
      ↪ -c /export/isrv/sol9_803 uII_sparc
Parsing profile
        0: install_type    initial_install
... Verifying  disk configuration

Verifying space allocation
- Total software size: 2641.00 Mbytes

Preparing system for Solaris install

Configuring disk (c0t0d0)
           - Creating Solaris disk label (VTOC)
                slice:  0  (           /)  tag:  0x2  flag  0x0
                slice:  1  (        swap)  tag:  0x3  flag  0x1
                slice:  2  (     overlap)  tag:  0x5  flag  0x0
                slice:  3  (            )  tag:  0x0  flag  0x0
                slice:  4  (        /var)  tag:  0x2  flag  0x0
                slice:  5  (        /usr)  tag:  0x2  flag  0x0
                slice:  6  (            )  tag:  0x0  flag  0x0
                slice:  7  (            )  tag:  0x0  flag  0x0

Creating and checking UFS file systems
        + Creating / (c0t0d0s0)
        + Creating /var (c0t0d0s4)
```

```
        + Creating /usr (c0t0d0s5)
... Test run complete. Exit status 0.
```

4.11.3 Installserver, Installation

Der Installserver kann auf verschiedene Hosts verteilt werden und beliebig in den Filesystemen der Server identisch auf allen Servern positioniert werden.

Zur Vereinfachung der Installationsbeschreibung seien folgende Vorgaben gegeben:

> Installserver, Bootparam- und Bootserver sowie Arp- und Tftpboot-Server seien auf ein und demselben Host installiert.
> Installserver Verzeichnis:
>   /export/isrv
> Rootverzeichnis des Installclients:
>   /export/isrv/sol[version]_[release]/Solaris_[version]/Tools/Boot
> JumpStart Konfigurationsverzeichnis (rules-File etc.):
>   /export/isrv/jump
> sysidcfg-File:
>   /export/isrv/jump/sysidcfg

Im weiteren wird vereinfachend davon ausgegangen, daß ein lokales CDRom-Laufwerk in dem Rechner zur Verfügung steht, der die Funktion eines Installservers übernehmen soll.

4.11.3.1 Installation der Solaris Installserver-Software

Bevor der Installserver konfiguriert werden kann muß die Installserver- Software geladen werden. Dazu ist die Solaris Server CD 1 (von 2) geeignet bereitzustellen. Sollte die Bereitstellung über ein lokales CDRom-Laufwerk erfolgen, ist dies beispielsweise dem *vold(1)* zu überlassen, sollte der Mount manuell durchgeführt werden, so sind alle notwendigen Slices zu mounten. So eine Bereitstellung über Netz erfolgen soll, sind die Exportfreigaben für alle notwendigen Slices zu berücksichtigen. Ein Beispiel für die Installation aus über Netz gemounteten CD-Images ist in Kapitel 5.17.2.1 auf Seite 341 gegeben.

Nach Einlegen der Solaris-CD ist in das Verzeichnis /cdrom/cdrom0/s0 zu wechseln und das Installscript unter Solaris_[version]/Tools wie folgt aufzurufen:

```
sunrise# ./setup_install_server /export/isrv/sol_[version]_[release]
```

Damit wird die Solaris-CD an die o.g. Stelle kopiert, dieser Vorgang dauert recht lange. Das Targetdirectory kann innerhalb der lokalen Filesysteme frei gewählt werden, für die Namensgebung hat es sich bewährt die numerische Solaris Version und Versionsnummer, sowie gegebenenfalls noch eine Unterscheidung nach x86 und Sparc in der Namensgebung zu verankern um nicht bei der paralellen Installation mehrerer Releases die Orientierung zu erschweren. Die Einschränkung auf ein lokales Medium ergibt sich durch die Notwendigkeit, daß der JumpStart Server die entsprechenden Verzeichnisse später an die zu installierenden Clients exportieren können muß.

Mögliche Probleme:
Die CD wurde manuell kopiert und es fehlen die Dateien */cdrom/cdrom0/s0/.??**, ein Blick in das entsprechende Verzeichnis sollte bei einer SOLARIS 9 Release folgendes zeigen:

```
ls -a /cdrom/cdrom0
./                  Copyright          installer*        .volume.inf
../                 .install/          .slicemapfile
.cdtoc              .install_config@   Solaris_9/
```

Oder die NFS-Freigaben und Pfade stimmen nicht.

Nachdem die erste CDRom geladen wurde, ist die CD 2 (von 2) zu laden. Dazu ist die zweite CDRom, wie zuvor die erste, geeignet bereit zu stellen, entweder lokal oder über Netz mit korrigierten NFS-Freigaben. Es sei an dieser Stelle ein lokales CDRom-Laufwerk genommen.

Installation der CD 2 (von 2):

Es ist in das Verzeichnis */cdrom/cdrom0/Solaris_[version]/Tools* zu wechseln und

```
sunrise# ./add_to_install_server /export/isrv/sol_[version]_[release]
```

einzugeben. Nach einer längeren Installationszeit ist das Filesystem der CDRom 2 (von 2) mit dem Installserver im Zielverzeichnis gemerged. Damit sollte im Zielverzeichnis, hier */export/isrv/sol[version]_[release]* folgendes stehen:

```
ls -a /cdrom/cdrom0
./                  Copyright          installer*        .volume.inf
../                 .install/          .slicemapfile     .volume.inf.2
.cdtoc              .install_config@   Solaris_9/
```

Listing 4.8. /export/isrv/sol9_803

Im Fall einer Installation von SOLARISEXPRESS (SOLARIS 11) sieht das Verzeichnis nach der Installation der ersten vier CDs wie in Listing 4.9 dargestellt aus.

Die Dateien und Verzeichnisse haben folgende Bedeutungen:

.cdtoc: Inhaltsverzeichnis der CDRom, als Beispiel siehe 4.10 und 4.11

.install: Verzeichnis für die Installationsumgebung für Java, locales etc.

.install_config: Link auf das Default-Installserver Verzeichnis, von dem aus beliebige Sun-Systeme installiert werden können.

.slicemapfile: Gibt an, auf welchen Slices (s0, s1,...) die jeweiligen Bootblöcke für die unterstützten CPU-Typen/Maschinen liegen.

```
ls -a /cdrom/cdrom0
./                          .volume.inf.2
../                         .volume.inf.3
.cdtoc                      .volume.inf.4
.install/                   Copyright
.install_config@            JDS-THIRDPARTYLICENSEREADME
.slicemapfile               Solaris_11/
.volume.inf                 installer*
```

Listing 4.9. /export/isrv/sol_11_b23s

.volume.inf: Information über installiertes Volume (CD 1 von 2), z.b.:
`VI"SOL_9_803_SPARC"`
.volume.inf.2: Information über installiertes Volume (CD 2 von 2), z.b.:
`VI"SOL_9_803_SPARC_2"`

```
#
# @(#) dot.cdtoc 1.11@(#)
#
PRODNAME=Solaris
PRODVERS=9
PRODDIR=Solaris_9/Product
```

Listing 4.10. .cdtoc sol_9

```
#
PRODNAME=Solaris_4
PRODVERS=11
PRODDIR=Solaris_11/Product
```

Listing 4.11. .cdtoc sol_11_b23s

4.11.3.2 Konfiguration von Clients

Clients im Kontext des Installservers sind alle über Netz oder CDRom zu installierenden Hosts. Der Installserver stellt bei einer Installation die Informationen zur Systemidentifikation (sysidcfg), Begin- und End-Scripte vor und nach der Installation sowie durch sein Klassenfile die Regeln zur Partitionierung der Festplatten, der Auswahl der Softwarepakete und zur Funktion des zu installierenden Hosts bereit. Bei einer CDROM-Installation werden das zu bootende Betriebsystem und die Softwarepakete von der eingelegten CD, bei einer Netzinstallation über Netz, geladen.

```
#
# @(#) sparc.dot.slicemapfile 1.13@(#)
#

#
#
# a slice map file for install CD boot slices - maps platform (or not)
# or karch to an install boot slice.
#
# entries are one of:
# x "" <'uname -i'>     exclude platform (must preceed "m" entries)
#                       used if the platform is not really in a karch
# p <slice> <'uname -i'> platform token entry (must preceed "m" entries)
# m <slice> <'uname -m'> karch entry
#

m       2       sun4c
m       3       sun4m
m       4       sun4d
m       5       sun4u
m       5       sun4us
m       6       sun4v
```

Listing 4.12. .slicemapfile sol_11_b23s

Bevor ein Netzboot versucht werden kann sind die zu unterstützenden Clients mit dem Script *.../Solaris_9/Tools/add_install_client* bekanntzugeben.

Das Script *add_install_client* erzeugt alle notwendigen Einträge unter */tftpboot* (Bootimages der Clients) und in der Datei */etc/bootparams*. Wenn die betreffenden Clients in */etc/hosts* und */etc/ethers* bekannt sind vereinfacht sich die Bekanntgabe auf folgende Kommandozeile:

```
add_install_client <Client_Name><Architecture>
```

Folgender Aufruf konfiguriert einen Installclient, unter der Annahme, daß `sunrise` der Installserver sei, das SOLARIS-Image unter */export/isrv/sol_9_803* liegt, korrekte Einträge in den Dateien */etc/hosts, /etc/ethers* existieren, daß *sysidcfg*-File unter */export/isrv/jump* liegt, und die Rules- und Klassenfiles auch unter */export/isrv/jump* liegen:

```
sunrise# add_install_client -s sunrise:/export/isrv/sol9_803 \
     -c sunrise:/export/isrv/jump \
     -p sunrise:/export/isrv/jump nx2 sun4u
```

Damit sollte dann folgende Zeile in */etc/bootparams* stehen:

```
nx2  root=sunrise:/export/isrv/sol9_803/Solaris_9/Tools/Boot  ↙...
     ↪  install=sunrise:/export/isrv/sol9_803 boottype=:in  ↙...
     ↪  sysid_config=sunrise:/export/isrv/jump  ↙...
```

```
↪ install_config=sunrise:/export/isrv/jump ↙...
↪ rootopts=:rsize=32768
```

Der *add_install_client*-Call richtet auch den tftp-Boot und die NFS-Freigaben für die Konfiguration ein. Es wird jedoch nicht überprüft, ob die Pfade zu den Konfigurationsfiles rules.ok, sysidcfg und die der Klassenfiles, Start- und Endscripte existieren, korrekt sind und NFS-exportiert sind!

Dieser Eintrag muß in einer einzigen Zeile stehen oder durch \ getrennt sein, da der bootparamd jeweils eine Zeile bis zum nächsten <CR>liest.

4.11.3.2.1 Start des Netz-Installboots

Der Netz-Autoinstallboot wird vom OBP-Prompt des Clients mit dem Kommando

```
boot net - install
```

initiiert. Es ist auf die Leerstelle zwischen (-) und (install) zu achten!

4.11.3.3 Fehlerdiagnose – Überprüfung der Installation und Konfiguration

Wenn eine Autoinstallation über Netzwerk fehl schlägt, so ist Schritt für Schritt zu überprüfen, ob die Installation und Konfiguration korrekt ist.

Wenn der Netboot Autoinstall fehl schlägt, können die möglichen Fehlerquellen überprüft werden:

Es kann zu Debuggingzwecken während der Autoinstallation ein *snoop -d <interface>* auf dem Installserver für das Netzwerkinterface ausgeführt werden, über das die Installation läuft.

4.11.3.3.1 Überprüfung des arp/rarp-Services

Wenn eine Netzwerkadresse nicht aufgelöst werden kann, so ist zu überprüfen, ob die Einträge in */etc/hosts, /etc/ethers* stimmen, Mehrfachangaben enthalten etc. Es kann unter Verwendung des Kommandos *arp(1)* überprüft werden, ob die entsprechende MAC-Adresse bekannt ist. Das Protokoll *rarp* ist nicht routingtransparent.

Weiterhin bestehen Fehlerquellen in inkorrekten Adress- und Netzangaben (IP-Adresse, Netzmaske, Routing).

4.11.3.3.2 Überprüfung des tftp-Service

Zum einen ist zu überprüfen, ob der *tftp*-Service durch den *inetd(1M)* überhaupt gestartet wird.

Weiterhin sind die Zugriffsmöglichkeiten von außen zu testen (Vorsicht, nicht vom gleichen Host im gleichen Verzeichnis!)

Eine weitere Fehlerquelle sind auch die Files unter */tftpboot*. Dazu ein Überblick über die Struktur:

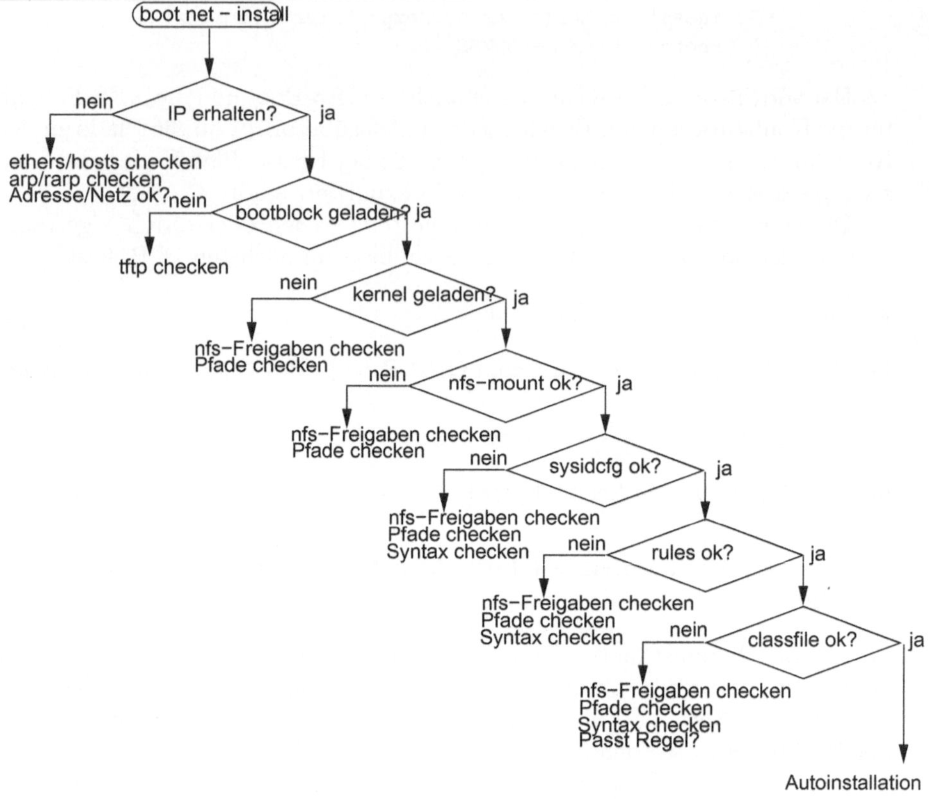

Abb. 4.5. Autoinstall Fehlerbehandlungen

Zu jeder IP-Adresse eines InstallClients muß ein Link unter dem Filenamen der HEX-konvertierten IP-Adresse des Clients auf den SOLARIS-Bootblock existieren:

```
sunrise# ls -l /tftpboot
...
lrwxrwxrwx 1 root other  26 Sep 12 2003 0A0A640D ->  ↙...
      ↪ inetboot.SUN4U.Solaris_9-1
lrwxrwxrwx 1 root other  26 Sep 12 2003 0A0A640D.SUN4U ->  ↙...
      ↪ inetboot.SUN4U.Solaris_9-1
...
```

Es muß ein Solaris-Bootblock existieren:

```
sunrise# ls -l /tftpboot
...
-rwxr-xr-x 1 root other  131424 Sep 12 2003  ↙...
      ↪ inetboot.SUN4U.Solaris_9-1 ...
```

Es muß ein Link von *tftpboot* auf das aktuelle *tftpboot*-Verzeichnis existieren (damit das root-Verzeichnis für *tftp* definiert ist):

```
sunrise# ls -l /tftpboot/tftpboot
lrwxrwxrwx 1 root other       1 Sep 12  2003  ↙...
    ↪ /tftpboot/tftpboot -> ./
```

Die Zugriffsrechte sind zu überprüfen.

4.11.3.3.3 Überprüfung der NFS*-Zugriffsrechte*

Das Kommando *add_install_client(1M)* konfiguriert unter anderem auch die NFS-Zugriffsrechte. Hierbei definiert es jedoch nur einen share für das Verzeichnis, in dem die beim *add_install_client(1M)* angegebene Solaris Release liegt. Auch wird das Directory, in dem die Konfigurationsfiles wie z.B. sysidcfg oder rules.ok liegen nicht mit exportiert. An dieser Stelle ist daher in vielen Fällen die */etc/dfs/dfstab* manuell anzupassen. Es sollte somit für das zu bootende (Net)-SOLARIS-Image und die Installationspakete folgender share definiert sein:

```
sunrise# share
-           /tftpboot    ro,anon=0   "sunrise:/tftpboot"
-           /export/isrv    ro,anon=0   "sunrise:/export"
```

Wobei die Option `ro,anon=0` wichtig ist, da Remotezugriffe unter der UID root erfolgen.

Das Kommando *add_install_client(1M)* konfiguriert jedoch keine NFS-Zugriffsrechte für das Konfigurationsdirectory in dem rules.ok, sysid.cfg etc. liegen.

Die entsprechenden Einträge in der */etc/dfs/dfstab* haben folgendes Aussehen:

```
share -F nfs -o ro,anon=0 -d "sunrise:/tftpboot"        /tftpboot
share -F nfs -o ro,anon=0 -d "sunrise:/export/isrv"     /export/isrv
```

4.11.3.3.4 Überprüfung der bootparams-Konfiguration

Alle Informationen über

sysidcfg
SOLARIS-root-Filesystem
SOLARIS-Package-Filesystem
install_type
rules.ok, Klassenfiles und
Begin- und EndScripte

werden durch den bootparams-Service vom Client aus vom bootparams-Server erfragt. Auf der Clientseite kann somit notfalls manuell mit dem leider undokumentierten Kommando *bpgetfile*, das Anfragen über das BOOTPARAM Protokoll an den bootparams Server stellt, getestet werden, ob der bootparams-Server geeignete, korrekte Informationen überträgt.

Syntax

```
bpgetfile [-debug] [-retries <max>] ↙...
    ↪ [<keyword> [<nameserver> [<clientname>]]]
```

Optionen

-debug Gibt zusätzliche Informationen aus. Defaultmäßig deaktiviert.
-retries Gibt an, wie oft die Anfrage wiederholt werden soll falls sie unbeantwortet bleibt. Default ist 2.
keyword Das vom bootparamd zu beantwortende Keyword. Für eine Liste der gültigen Schlüsselwörter siehe auch die Datei */etc/bootparams* auf dem Installserver.
nameserver Als default wird die Anfrage per Broadcast gesendet
clientname Default ist der Host, auf dem *bpgetfile* aufgerufen worden ist.

Beispiel:

```
0 1 dhs@nx1> bpgetfile root
sunrise 192.168.10.2 /export/install/sol_11_b23s/Solaris_11/Tools/Boot
0 1 dhs@nx1> bpgetfile config
sunrise 192.168.10.2 /export/jump
```

4.11.4 Worksheet: Autoinstallserver

Ein einfaches Worksheet zum Setup eines JumpStart Servers.

- Gewährleisten Sie ca. 2 bis 4 GB Platz für den Installserver unter dem von Ihnen gewählten Pfad. In diesem Beispiel */export/isrv*.
- Erzeugen Sie die Verzeichnisse */export/isrv/jump* und */export/isrv/sol[version]_[release]*.
- Spielen Sie die SOLARIS-CDs 1 (von 2) und 2 (von 2) unter */export/isrv/sol[version]_[release]* ein (ca 1.5 Stunden).
- Erstellen Sie für den von Ihnen automatisch zu installierenden Client die notwendigen Einträge in den Dateien */etc/hosts*, */etc/ethers* auf dem von Ihnen aufzusetzenden Installserver.
- Erstellen Sie die Dateien *rules*, *rules.ok*, ein Klassenfile, und ein *sysidcfg*-File für Ihren Client und führen Sie das Kommando *check* aus um das *ruls.ok*-File zu erzeugen.
- Registrieren Sie Ihren Installclient mit dem Kommando *add_install_client*
- Führen Sie ein `boot net - install` erfolgreich auf Ihrem Client durch. Ihr Client sollte die nächste Stunde keine einzige Eingabe bis zum Ende der Installation erwarten.
- Im Fehlerfall: Skizzieren Sie Ihren Debugging-Prozess:..................

Hiermit sollte die Implementation des Autoinstallservers praktisch erfahren worden sein. Auch wenn der Debuggingprozess in der ersten Zeit unter Umständen aufwendig ist/war, so erspart ein Auto-Installserver im Betrieb ein Mehrfaches dieser Zeit. Das Debugging umfasst nahezu alle Ebenen eines SOLARIS-Servers.

5

Festplatten und Filesysteme

OpenSolaris bildet nahezu alle Datenstrukturen auf Filesysteme ab. In Filesystemhierarchien werden sowohl die klassischen Nutzdaten, als auch logische Strukturen, wie beispielsweise Informationen für und über laufende Prozesse verwaltet. Die Struktur dieses Kapitels versucht in der Reihenfolge diese Klassifizierung zu berücksichtigen und beginnt mit

- Strukturen auf *raw devices*, diese lassen sich als eine Folge von Blöcken beschreiben. Einleitend sind hier das Unix Filesystem, *ufs* und *ufs+* ab Seite 104, sowie das Memory basierte Filesystem *tmpfs* ab Seite 112 beschrieben. Es folgt die
- Abbildung logischer Strukturen auf Filesystemebene. Hierunter fallen vor allem die dynamischen Filesysteme, die vom Kernel oder grundlegenden Systemprozessen verwaltet werden.
  - Das Device Filesystem, beschrieben ab Seite 117, ermöglicht den Zugriff auf Devices über Handles im Filesystem.
  - Das Prozeß Filesystem ab Seite 129 ist ein dynamisches Filesystem, das den Zugriff auf Prozesse und deren Datenstrukturen über Handles im Filesystem ermöglicht.
  - Kernel Object Filesystem ab Seite 136
  - Das Contract Filesystem ab Seite 130, mit Solaris 10 neu hinzugekommen, wird vom Scheduler verwaltet und dient unter anderem der Interprozesskommunikation zwischen SMF und dem Scheduler.
- Eine Besonderheit stellt das *lofs* loopback Filesystem dar, das der Replikation einer Filesystemhierarchie an anderer Stelle dient, ab Seite 136. In diesem Zusammenhang ist auch das legendäre Translucent Filesystem *tfs* auf Seite 138 von Interesse.
- Administrativer Umgang mit Filesystemen und Festplatten
  - Administration von Festplatten 147
  - Administration von Filesystemen 155
  - Baumstruktur (Navigation in Filesystemen) ab Seite 165
- RAID und Storagepools

- SLVM / SDS ab Seite 225
- ZFS ab Seite 291
- Der loopback File Treiber *lofi*, das Filesystem im Filesystem ist ab Seite 340 beschrieben.

Das Cache Filesystem ist über einen Daemon implementiert, nicht über einen Filesystem Treiber. Aus diesem Grund ist es trotz der Namensgebung als "Filesystem" unter Systemdiensten in Abschnitt 7.6 ab Seite 531 eingeordnet.

5.1 Strukturen auf *raw devices*

Bei dem Begriff *Filesystem* kommen wohl als erstes die klassischen Dateisysteme in den Sinn, die zur Organisation von Daten auf Datenträgern implementiert worden sind. Sie zeichnen sich dadurch aus, daß sie eine Ordnungsstruktur auf Basis eines Block Devices implementieren, d.h. innerhalb einer sequentiellen Folge von Datenblöcken eine Filesystemhierarchie ablegen

5.1.1 Implementation des Unix Filesystems, *ufs*

Tatjana S Heuser

Das Filesystem ist die wichtigste Komponente in UNIX, fast alle Operationen werden letztendlich auf diese Struktur abgebildet. Eine sichere Navigation durch das Filesystem stellt den Schlüssel zum Umgang mit diesem Betriebssystem dar. Nachfolgend seien am Beispiel des *ufs*, des UNIX *Filesystems*, die grundlegenden Begriffe und Datenstrukturen erklärt.

In Abbildung 5.1 ist die logische Struktur einer Festplatte mit zwei Partitionen[1] zur Veranschaulichung und Begriffsdefinition abgebildet. Die Festplatte definiert sich in diesem Beispiel bereits abstrahiert von der physikalischen Organisation des Mediums als eine zusammenhängende Anzahl von $n + 1$ Blöcken, da n der letzte Block ist, und die Zählung bei 0 beginnt[2]. Die Struktur einer Festplatte unter UNIX wird durch einen *Boot Block* eingeleitet, dem eine oder mehrere *Partitionen* folgen. Eine Partition ist hierbei eine zusammenhängende Anzahl von N Blöcken einer festgelegten Größe k.

Innerhalb eine Partition befindet sich die Binnenstruktur eines UNIX File-Systems (ufs). Jedes Filesystem beginnt seinerseits mit einem Superblock, der von der Inode Tabelle und den Datenblöcken gefolgt wird.

---

[1] Von der UFS Partition wurde insofern abstrahiert, als die UFS-spezifischen Cylindergruppen, auf die hier nicht weiter eingegangen wird, nicht dargestellt sind. Die Abbildung repräsentiert daher eher eine V7FS Partition. Vgl. auch Abbildung E.1 auf Seite 1036 und Text.

[2] Eine "Festplatte" dieser Definition läßt sich auch mittels des *lofi* Treibers definieren, siehe hierzu Abschnitt 5.17 ab Seite 340

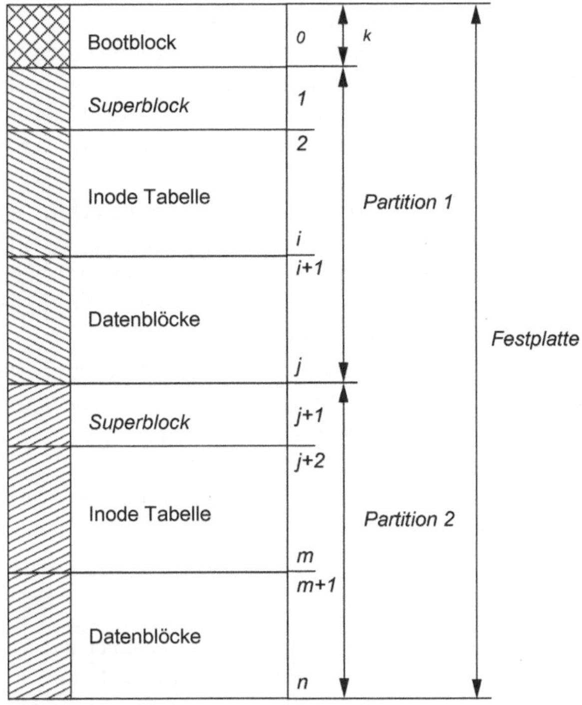

Abb. 5.1. Struktur einer Festplatte mit Partitionen

5.1.1.1 Der Superblock

Im Superblock stehen unter anderem:

- Anzahl der Blöcke im Filesystem.
- Anzahl der freien Blöcke im Filesystem.
- Beginn der *free-block list.*
- Beginn der *free-inode list.*
- ...sowie weitere wichtige Informationen über das Filesystem.

Die Integrität des Superblockes entscheidet über die weitere Verwendbarkeit des Filesystems auf diesem Medium. Daher gibt es von diesem Superblock ein Backup pro Zylinderkopfgruppe.

5.1.1.2 Inodes

Für jeden *Knoten* in der Baumstruktur des Filesystem Trees existiert ein Indexeintrag innerhalb der *Inode (index-node)* Liste, die vor den Datenblöcken steht. Die Sortierung dieser *Inode*–Liste auf dem Medium ist unabhängig von der eingangs vorgestellten Baumstruktur, die *Inodes* selbst enthalten hierüber auch keine Informationen.

Aus diesem Grund kann das Programm *fsck*, das eingesetzt wird um bei Inkonsistenzen des Filesystems reparierend einzugreifen, zwar in der Regel die Files wieder herstellen, die Directorystruktur ist jedoch verloren gegangen. Daher wird zu dem Ausweg gegriffen, alle geretteten Files in ein Systemdirectory, *lost+found* zu legen, von wo sie manuell oder im Abgleich gegen ein Backup zugeordnet werden können.

Die hierarchische Struktur des Filesystem Trees ergibt sich aus der Information in den Datenblöcken der Knoten vom Typ *d*, für *directory*. Ein Directory enthält eine Liste von Dateinamen, und einen Zeiger auf den Index Eintrag des dazugehörigen Files in der Inode–Tabelle. Hierzu ist es notwendig, zunächst den Aufbau der Inodes zu verstehen.

Im Filesystem gibt es verschiedene Typen von Knoten, die sich in ihren Eigenschaften unterscheiden. Die Stuktur des Inode–Eintrages ist jedoch unabhängig vom Typ. In der Inode–Struktur stehen (nur) die administrativen Informationen, um den Knoten zu identifizieren und zu handhaben. In der nachfolgenden Tabelle 5.1 werden die wichtigsten Felder der in-core Inodes im einzelnen vorgestellt.

Name	Beispiel	Bedeutung
device nr	5	Eindeutige Nummer des Filesystems
inode nr	48	Eindeutige Index Nummer des Knotens
file type	regular file	Typ des Knotens
mode	-rw-r-r–	Zugriffsrechte
user	ufaxx	Name des Eigentümers
group	ufa	Gruppe, der die Datei gehört
atime		Datum des letzten Zugriffs *(access)*
mtime		Datum der letzten Modifikation der Datei
ctime		Datum der letzten Modifikation des Inodes *(change)*
nlinks	1	Anzahl der Links
size	522 bytes	Größe der Datei
block count	2	Anzahl der 512-byte Blöcke die das File belegt
direct blocks	120098,120099	Liste der Blöcke
single indirect blocks	0	Falls diese nicht ausreicht: Liste der Listen der Blöcke
double indirect blocks	0	Falls diese nicht ausreicht: ...
triple indirect blocks	0	Falls diese nicht ausreicht: ...

Tabelle 5.1. vereinfachte in-core-inode-struktur

5.1.1.2.1 device nr

Jedes gemountete Filesystem hat eine eigene *Device Nummer*. Diese ist jedoch nicht persistent, sondern wird beim *mount* des Filesystems vergeben. Erst mit der Angabe des devices werden die *Inode-Nummern* systemweit eindeutig.

5.1.1.2.2 Inode nr

Jedes Filesystem hat eine Liste von Inodes. Die Nummer geht aus der Position des Inodes in dieser Liste hervor. Aus Performancegründen werden die Inodes in einen Cache gelesen. An dieser Stelle, den so genannten *in-core inodes*, wird explizit die Nummer des Inodes mit festgehalten. Hier steht auch die beim mount vergebene *device nr*, die nicht Bestandteil des Inodes in der Disk Struktur ist.

5.1.1.2.3 file type

Bei UNIX werden letztendlich alle Strukturen auf das Filesystem abgebildet. Hierzu sind gegenwärtig neun Typen von Files definiert.

An dieser Stelle sind besonders die beiden Typen `d` für directory, und `f` für eine „normale" Datei von Bedeutung.

Der Referenz halber seien die restlichen Typen in Tabelle 5.2 aufgezählt.

Name	ls(1)	-F	find(1)	Bedeutung
IFREG	-		f	ordinary file (plain file, flat file)
IFDIR	d	/	d	directory
-	D	>	D	Door
IFLNK	l	@	l	symbolic link
IFBLK	b	(#)	b	block special
IFCHR	c	(%)	c	character special
IFIFO	p	|	p	named pipe (FIFO)
IFSOCK	s	=	s	socket

Tabelle 5.2. *Inode*–Type

Der jeweilige Name bezieht sich auf die Definition in der Include-Datei `/usr/include/sys/fs/ufs_inode.h` und ist daher nur für Filetypen definiert, die auf ein ufs (Unix File System) abgebildet werden. Zu den Spalten *ls(1)* und *find(1)* siehe die Abschnitte 5.8.3 respektive 5.8.4.

5.1.1.2.4 mode

Die Zugriffsrechte auf einen Knoten werden über die so genannten *modes* definiert. Es wird unterschieden zwischen Leserechten, Schreibrechten und Ausführrechten, genannt `rwx`, kurz für *read, write, execute*. Diese Rechte können für drei Zielgruppen vergeben werden:

user Dieser Eintrag bezeichnet den Eigentümer des Knotens wie er in Feld 2 der *Inode*-Struktur definiert ist. Siehe hierzu auch Abschnitt 5.1.1.2.5 auf Seite 108. Anstelle von *user* wird dieser Eintrag manchmal auch als *owner* bezeichnet gefunden, was teilweise zu Verwechselungen mit *others* führt.

group Dieser Eintrag bezeichnet die Benutzergruppe, der der Knoten zugeordnet ist wie sie in Feld 2 der *Inode*-Struktur definiert ist. Siehe hierzu auch Abschnitt 5.1.1.2.5 auf Seite 108.

others Für alle Benutzer, die nicht zu *user* oder *group* gehören werden die unter *others* definierten Zugriffsrechte angewandt. Die Gruppe *others* wird gelegentlich auch als *world* bezeichnet.

Damit ergeben sich für eine einzelne Datei folgende Zugriffsrechte, wie sie auch von *ls* (s. Abschnitt 5.8.3) angezeigt werden:

Typ	user	group	others
`-`	`rwx`	`rwx`	`rwx`

Typ bezieht sich hierbei auf die im vorgehenden Abschnitt 5.2 in der Spalte *ls* aufgeführten File Typen.

5.1.1.2.5 user,group

Ebenfalls im *Inode* steht die Information welchem Benutzer, und welcher Benutzergruppe die Datei gehört. Im allgemeinen ist der Benutzer auch Mitglied der Gruppe, dies ist jedoch keine Voraussetzung. Diese Informationen werden benötigt um die Zugriffsrechte, siehe den vorhergegangenen Abschnitt 5.1.1.2.4, anwenden zu können.

5.1.1.2.6 timestamps

Im *Inode* werden auch die Zeitinformationen zu der Datei gehalten. Dies sind im einzelnen:

5.1.1.2.7 atime

Als *access time*, kurz *atime* wird der Zeitpunk des letzten Zugriffes geführt. Es ist daher möglich festzustellen, wann eine Datei zuletzt gelesen worden ist. Dieser Zeitstempel ist jedoch auch modifizierbar, wovon einige Backup Programme Gebrauch machen, damit die Datensicherung nicht unter Umständen wesentliche Zeitinformationen verfälscht.

5.1.1.2.8 mtime

Die *modification time* bezieht sich auf den letzten Schreibvorgang auf die Datei. Auch dieser Zeitstempel ist durch Programme modifizierbar.

5.1.1.2.9 ctime

Die *Inode change time* wird über das „Leben“ einer Datei mitgeführt. Bei Kopiervorgängen und Datensicherungen ist darauf zu achten, daß diese drei Zeiten nicht verfälscht werden.

5.1.1.2.10 link count

Im link count wird die Anzahl Zeiger auf diesen Inode mitgeführt. Erst, wenn die letzte Referenz auf den Inode gelöscht worden ist, dürfen die von diesem Inode referenzierten Datenblöcke sowie der Inode selbst freigegeben werden. Bei diesen Referenzen handelt es sich um zusätzliche Directory–Einträge, die auf dasselbe File verweisen. Siehe hierzu auch Kapitel 5.7.1, Seite 167.

5.1.1.2.11 size

Die Geschwindigkeit, mit der Zugriffe auf Filesysteme stattfinden, ist eine kritische Größe bei der Performance von UNIX Systemen, da fast alle Operationen auf Filesystem Strukturen abgebildet sind. Zur Beschleunigung dieser Operationen werden Cache Strukturen eingesetzt, um häufig benutzte Informationen auf möglichst effiziente Weise im Memory zu halten. Eine dieser Strukturen ist der *in-core Inode Cache.*

Alle Informationen, die direkt in der *Inode*–Struktur stehen, stehen nach dem ersten Zugriff zunächst im in–core Cache und sind damit ohne erneuten Plattenzugriff besonders effizient und schnell wieder verfügbar. Aus diesem Grund wurden Informationen, die für besonders häufig benutzte Kommandos und System Calls benötigt werden, mit in die *Inode*–Struktur aufgenommen. Hierzu gehört auch die Größe der Datei in bytes. Sie wird vom system call *stat(2)* benötigt, von *ls(1)* mit angezeigt, und wäre ansonsten nur durch Addition der Größe aller belegten Blöcke und zusätzliches Durchsuchen des letzten Blockes nach dem `EOF`, der End-of-File Markierung, zu ermitteln.

5.1.1.2.12 block count

Hier steht die Anzahl der durch die Datei belegten Blöcke.

5.1.1.2.13 Blocklisten

Nachfolgend werden die verschiedenen Inode Blocklisten beschrieben. Zur einfachereren Zuordnung sind sie in Abbildung 5.2 dargestellt.

5.1.1.2.14 direct blocks

An dieser Stelle steht eine Liste der ersten durch die Datei belegten Blöcke. Dies hat zur Folge, daß für Zugriffe auf kleine Dateien die Liste der benötigten Blöcke bereits im in-core Inode Cache steht. Der Zugriff auf kleine Dateien ist damit erheblich beschleunigt.

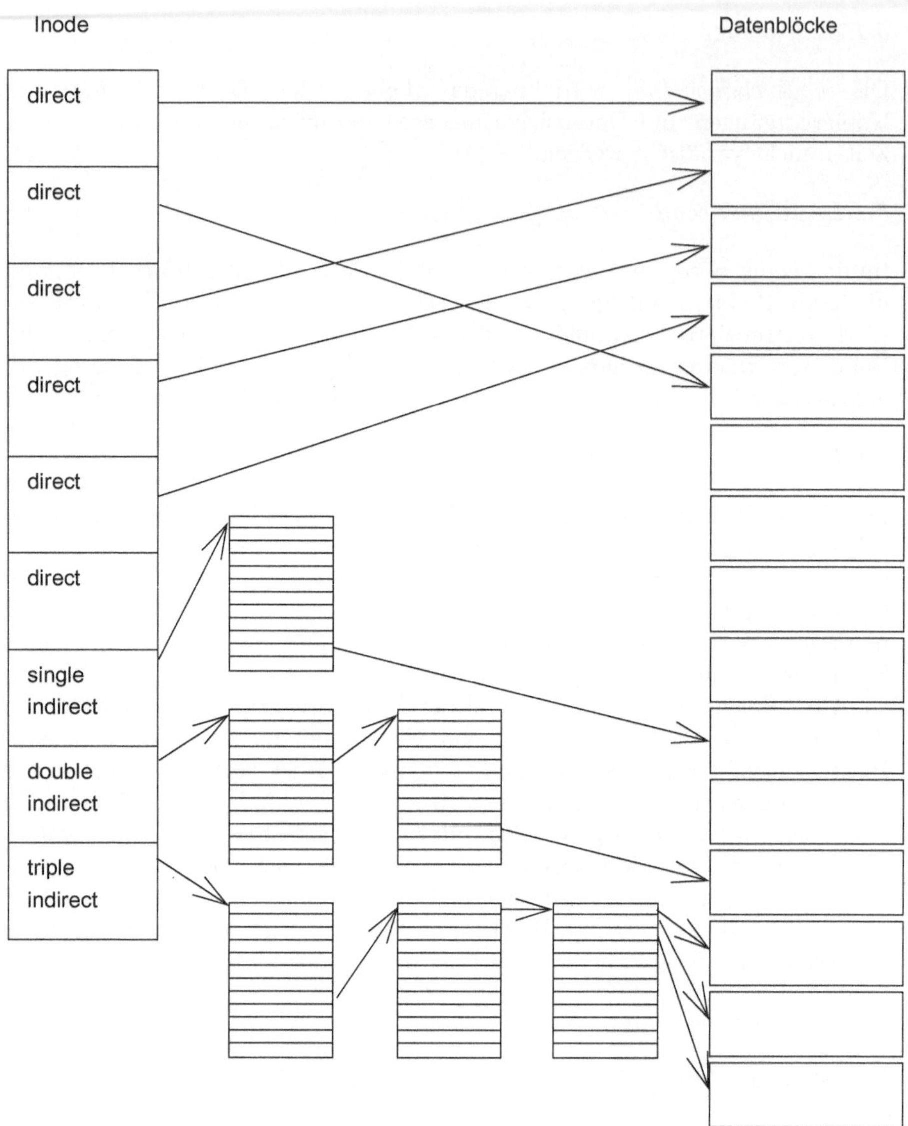

Abb. 5.2. Disk Inode Blockliste

5.1.1.2.15 single indirect blocks

Da der Platz in der Inode-Struktur, wie auch im Cache, begrenzt ist, werden längere Blocklisten mittels eines sehr simplen Mechanismus referenziert. In der single indirect block list steht eine Liste von Blöcken, die ihrerseits wieder die Liste der Blöcke der Datei enthalten.

5.1.1.2.16 double indirect blocks

Je größer die Datei wird, umso mehr Indirektionsstufen werden hinzugenommen. Sobald die Liste der single indirect Blocks voll ist, wird auf double indirect blocks zurückgegriffen. Diese enthalten eine Liste von Blöcken, deren Inhalt als *single indirect block list* zu interpretieren ist.

5.1.1.2.17 triple indirect blocks

Analog hierzu die Stufe der triple indirect blocks. Sobald die Liste der double indirect Blocks voll ist, wird auf triple indirect blocks zurückgegriffen. Diese enthalten eine Liste von Blöcken, deren Inhalt als *double indirect block list* zu interpretieren ist.

5.1.2 Loggendes Filesystem, ufs+

Rolf M Dietze

Ein Filesystemlog bzw. ein loggendes Filesystem, wie es beispielsweise durch IBM mit dem journaled Filesystem, kurz JFS, eingeführt wurde, hat den Vorteil, daß die Stati modifizierender Operationen im Filesystem, Schreiboperationen schlechthin, quasi mitgeführt werden, solange eine Operation noch nicht vollständig abgeschlossen wurde. Seit SOLARIS 7 bietet SUN ein Filesystemlog für das *ufs(7FS)* an. Das Logging ist als Option beim Mount eines Filesystems anzugeben:

```
mount -o logging /dev/dsk/c0t0d0s3 /var
```

Für die Speicherung des Filesystem Logs werden temporär die freien Blöcke der jeweiligen *ufs+* Partition genutzt. Es werden, etwas vereinfacht, die in Abbildung 5.3 dargestellten Einzelschritte durchgeführt, um die Transaktion abzusichern.

1. Daten werden in das Filesystem geschrieben
   Gleichzeitig wird im Log mitgeführt, welche Daten geschrieben werden
2. Wenn ein Schreibvorgang beendet wurde, wird dies zurückgemeldet
3. Nach der positiven Rückmeldung wird der Log-Eintrag gelöscht.

Im Fall eines Fehlers kann die Transaktion in folgenden Einzelschritten wieder rückabgewickelt werden:

1. Werden Filesystemoperationen entsprechend der Log-Einträge rückgängig gemacht
2. Wird der Log-Eintrag nachträglich gelöscht
3. Ist das Log bereits leer, müssen keine weiteren Reparaturvorgänge mehr veranlaßt werden.

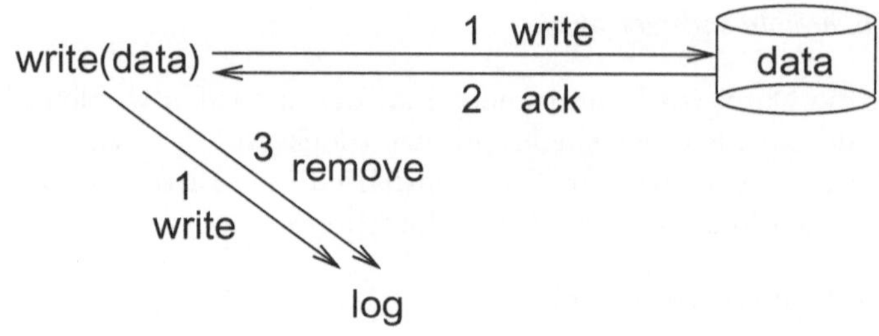

Abb. 5.3. Transaktionsablauf *ufs+*

In allen drei Phasen wird das ufs+ Filesystem somit konsistent gehalten. Das Filesystemlog hat den wesentlichen Vorteil, daß ein geloggtes Filesystem keinen *fsck(1M)*-Durchlauf braucht, da es von sich aus konsistent ist. Dies gibt sowohl den Vorteil eines schnellen boots/reboots einer Maschine, als auch die Sicherheit, bei einem ungeplanten Systemstop zumindest keine Datenverluste durch inkonsistente Filesysteme erwarten zu müssen.

In Zeiten vor SOLARIS 7 wurde an dieser Stelle gerne das Veritas Filesystem genutzt, welches im Gegensatz zum ufs+ nicht für die root-Partition einsetzbar ist. Hier sitzt auch der entscheidende Vorteil für ufs+: ein Filesystemlog der root- und Systemfilesysteme wird unterstützt.

Das *ufs+* Dateisystem ist nicht als eigenes, von *ufs* getrenntes Filesystem implementiert. SOLARIS verwendet in jedem Fall ein ufs+. Falls das Log mittels `mount -o nologging` deaktiviert worden ist, wird lediglich kein Log mitgeführt und damit das Defaultverhalten eines *ufs* erzielt.

In Zeiten vor SOLARIS 7 wurde an dieser Stelle gerne das Veritas Filesystem genutzt, welches im Gegensatz zum ufs+ nicht für die root-Partition einsetzbar ist. Hier sitzt auch der entscheidende Vorteil für ufs+: ein Filesystemlog der root- und Systemfilesysteme wird unterstützt.

Mittlerweile werden *ufs* Filesysteme, auch das *root* Filesystem, per Default loggend gemountet, solange noch genügend freie Blöcke zur Verfügung stehen, um das Log zu schreiben.

5.1.3 Memory Filesystem (tmpfs)

UNIX-Systeme lagern temporäre Dateien unter */tmp*. Temporär ist hierbei so definiert, daß die Datei längstens während der Laufzeit des Prozesses der sie angelegt hat, und damit im längsten Fall während der *uptime* des Systems existiert.

Zu "historischen" Zeiten, als dieses Filesystem noch ein reguläres, festplattenbasiertes Directory auf dem *root*-Filesystem war, war es einer der häufigeren Gründe für ungeplante Systemausfälle. In den Startup Scripten älterer UNIX-Releases findet sich daher regelmäßig ein Löschvorgang über den Inhalt von */tmp*. Damit nicht die *uptime*[3] eines Systems durch den stetig wachsenden Füllstand von */tmp* begrenzt war, wurden als weiterer Workaround gerne automatische housekeeping-Löschvorgänge eingeführt, die Dateien ab einem festzulegenden Alter löschten, sofern Benutzer oder deren unplanmäßig terminierte Prozesse es versäumt hatten dieses selbst zu erledigen.

Es lag nahe, das im Bereich einfacher Desktop Rechner schon länger genutzte Konzept von RAM-Disks anzuwenden, da ein Überdauern der Daten über den nächsten Reboot des Systems nicht gefordert war. Hinzu kam, daß eine UNIX-Maschine bei knappem Speicher einen swap-Bereich benötigte, der vor allem bei den Implementationen (und Hauptspeichergrößen) der damaligen Zeit über der Größe des Hauptspeichers lag. So lange dieser swap-Speicher nicht genutzt wurde, lag er brach. Die Einführung des *tempfs(7FS)* machte sich dieses Verhalten zu nutze, indem der swap Bereich quasi "von hinten" als Auslagerungsplatz für eine Ramdisk genutzt wurde, und sich im virtuellen Speicherbereich der tatsächlich genutzte Hauptspeicher und das Filesystem für die temporären Daten entgegenwuchsen.

Dieses Verfahren brachte mehrere Vorteile mit sich. Die Zugriffszeiten für die in der Regel überproportional häufig genutzten temporären Dateien erhöhten sich erheblich, vor allem da die File Allocation vollständig im Memory ablief, während gleichzeitig die verschleißintensiven Operationen auf der Bootplatte reduziert und durch "plattenfreundlichere" Zugriffe in größeren Einheiten ersetzt wurden.

Mit der Implementation als eigener Filesystemtyp war es ebenfalls möglich, intelligentere Startegien bei wachsendem Füllstand zu entwickeln. Nachdem die Probleme der ersten Releases beseitigt waren, liefen die Systeme damit deutlich stabiler als zuvor.

Mittlerweile wird das *tmpfs* auch für weitere Verzeichnisse verwendet, die unter dieses Anforderungsspektrum fallen:

```
nova# df -h -F tmpfs
Filesystem             size   used  avail capacity  Mounted on
swap                   4.7G   1.0M   4.7G     1%    /etc/svc/volatile
swap                   4.7G     0K   4.7G     0%    /tmp
swap                   4.7G    32K   4.7G     1%    /var/run
```

5.2 Abbildung logischer Strukturen auf Filesystemebene

Basierend auf den vorgehend beschriebenen Filesystemen werden im weiteren logische Strukturen in Filesystemstrukturen umgesetzt, um als Teil des Filesystem Trees abgebildet (und gemountet) werden zu können. Bis auf das Device Filesystem, *devfs* sind diese Strukturen sämtlich memorybasiert.

---

[3] Zeit zwischen Systemstart und Stop, auch gerne als Vergleichsmaß für die Stabilität eines Systems oder auch Betriebssystems in generell gewertet

5.2.1 Abbildung des dynamischen Kernels im Filesystem

Rolf M Dietze

Die Administration von UNIX-Systemen gleicht sich in vielen Punkten oder ist zumindest ähnlich. Als Ausnahme fallen im wesentlichen die nicht moderierten und nicht standardisierten UNIX-Systeme heraus, die teilweise wieder vom Markt verschwunden sind oder standardisiert werden, bzw. wo eine Standardisierung durch die Entwickler propagiert wird.

Die Administration von SUN Systemen, gleich welcher Maschinenklasse, definiert ihre Besonderheiten im wesentlichen im Umgang mit der suneigenen Hardware, dem dynamischen Kern des Betriebssystems und dem Device Filesystem.

Die Lage von Konfigurationsdateien, der Systemstart/stop etc. sind standardisiert. In vielen Fällen werden Innovationen von SUN-SOLARIS in andere UNIX-Derivate eingearbeitet, wie etwa das Device Filesystem bei FreeBSD 5++, NFS/rcp, doors, sockets etc. Seit einiger Zeit ist ein Rückfluß von Ideen und Konzepten der freien UNIX-Welt in die Entwicklung von SOLARIS zu verzeichnen, jedoch ist dies nur verzögert möglich, das diese Innovationen für den Einsatz in produktionskritischen Umgebungen erst entsprechend zu überarbeiten sind.

Das Kernelabbild ist kein Filesystem in dem Sinn, und gehört damit im Prinzip nicht in ein Kapitel zu Filesystemen. Jedoch ist die streng strukturierte Ablage des Kernels, bestehend aus Modulen, Treibern, Treiberkombinationsfiles, Binaries in in sowohl 64 als auch 32 bit Versionen fuer die verschiedenen unterstützten Maschineneklassen ein wesentlicher Bestandteil des Systems, und an fester Stelle im root-Filesystem des Systems abgelegt. Hier wird nun das Abbild des Solaris Kernels in seiner Gesamtheit im Filesystem beschrieben.

Die nachfolgenden Beschreibungen zum Device Filesystem sind dann in der Tat wieder Beschreibungen echter Filesysteme.

5.2.1.1 Solaris dynamischer Kernel

Der SOLARIS Betriebsystem Kern besteht aus einem kleinen statischen Core und vielen dynamisch ladbaren Modulen. Der so aufgebaute dynamische Kern hat den Vorteil, kleiner zu sein als ein statischer Kern, in den alle Module fest einkompiliert sind. Die dynamisch ladbaren Module können beliebig während der Laufzeit geladen und verworfen werden. Es wird beim Systemboot zunächst der statische Kern (Core) geladen, und anschließend die notwendigen bzw. geforderten (*/etc/system*) Module dazugeladen.

Zunächst ein einfacher Überblick über das Filesystem, in dem der Betriebssystemkern selbst als 32Bit- und 64Bit- Binaries und die Moduldirectories liegen:

In den Moduldirectories sind jeweils Unterverzeichnisse zu finden, in denen die Module in der 64Bit Version vorliegen: sparcv9.

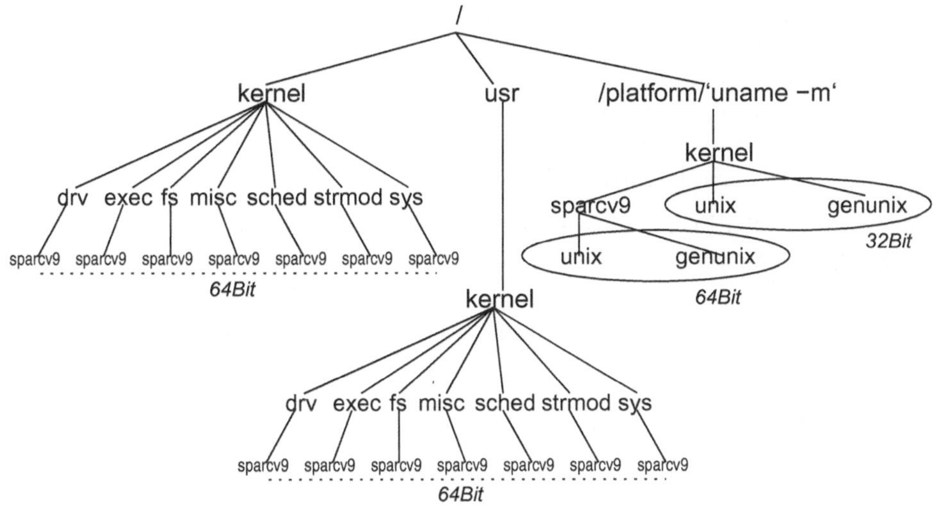

Abb. 5.4. Kernel Filesystem Überblick

Der Kern selbst liest seine Konfiguration aus der */etc/system*.

Zunächst zu den Unterverzeichnissen unter */kernel* und */usr/kernel*. In den einzelnen Verzeichnissen unter *kernel* liegen in flacher Hierarchie die Treibermodule in ihrer 32Bit Architektur und die Konfigurationsfiles für die jeweiligen Module als *modname.conf*. In den Unterverzeichnissen *sparcv9* liegen die Treibermodule in der 64Bit Implementierung. Die 64Bit Module werden mit den *.conf-Files im 32Bit Verzeichnis konfiguriert. Dies sei am Beispiel des Treibers für Festplatten dargestellt.
Der Festplattentreiber liegt unter:

- */kernel/drv/sd* als 32Bit-Treiber und in
- */kernel/drv/sparcv9/sd* als 64Bit-Treiber.
- Das Konfigurationsfile liegt unter */kernel/drv/sd.conf*.

Dies führt immer gerne wieder zu Irritationen, wenn ein Modul nur in seiner 64Bit Variante installiert wird und fälschlicher Weise das Konfigurationsfile in *kernel/sparcv9* angelegt wird.
Zu den Unterverzeichnissen:

drv Device Treiber Module
sd, st, ip, ip6

exec Ausführbare Fileformate
a.out, elf

fs Filesystemtreibermodule
ufs, sockfs, nfs, hsfs, lofs

misc misc-Modules
vlan, usb, sds-Treibermodule, mpxio

sched Module für Schedulerklassen
TS (Timeschareingschedulerklasse)
strmod Streammodule
usbms, usbkbm (USB: Maus/Keyboard)
sys Systemcallinterfaces für Applikationen
rpcmod, shmys, semsys, pipe

Die beiden Verzeichnisse */kernel* und */usr/kernel* unterscheiden sich vom Zeitpunkt zu dem sie benötigt werden:

/kernel/ Module für den Systemboot
/usr/kernel/ Module die nach dem initialen Boot geladen werden.

5.2.1.2 */etc/system*

Die */etc/system* ist das Konfigurationsfile des Betriebssystemkerns von SOLARIS. Alle Kernelparameter haben Defaults, Grundeinstellungen, die in diesem File modifizierbar und setzbar sind (z.B. Einstellung sharedmem etc. für Datenbanksysteme) Das Kernelkonfigurationsfile wird nur während des Systemstarts in der Phase 3 3 gelesen. Wenn die */etc/system* korrupt ist, wird das System lesen was es kann und den Rest ignorieren. Sollten die Einträge syntaktisch korrekt aber inhaltlich fatal sein, wird das System nicht weiter booten können. Siehe auch den Abschnitt zu Bootrecovery, 4.8 auf Seite 72.

5.2.1.2.1 Fileformat /etc/system

Die */etc/system* hat einen relativ einfachen Aufbau. Nachfolgend seien die einzelnen Schlüsselwörter beschrieben. Ein praktisches Beispiel für die Verwendung dieser Einträge ist im Kapitel 5.15.8, SDS Bootdisk Mirror, auf Seite 275 zu finden. Eine entsprechend modifizierte */etc/system* ist in Listing 5.17 auf Seite 278 zitiert.

rootfs Roottyp (FS von dem gebootet werden soll)
rootdev Rootdevice (Device von dem gebootet werden soll).
forceload Forciert das Laden eines Modules während des Starts
exlude Gibt an, welche Module zur Bootzeit nicht geladen werden sollen
moddir Suchpfad für die Modulverzeichnisse
set variable=value Syntax zum Setzen von Variablen
set module:variable=value Syntax zum Setzen von Variablen geladener oder ladbarer Module (Siehe Einstellungen für Datenbanken, Abschnitt 5.2.1.2.1).

Das Kommentarzeichen in dieser Datei ist ein *
Nicht zu verwechseln mit dem UNIX-typischen #!

Variablen und Konstanten werden gesetzt unter Angabe des Moduls, der Variablen/Konstanten und des Parameters. So wird die Größe des Shared Memories gesetzt durch:

```
shmsys:shmmax=20000
```

Kerneleigene Variablen werden gesetzt durch

```
set nautopush=32
```

Einstellungen für Datenbanken, ein Beispiel für die */etc/system*

Als praktisches Beispiel für die Syntax in der */etc/system* sei hier ein Fall für Anpassungen für Datenbanken wie beispielsweise ORACLE exemplarisch angegeben. Dazu sind Variablen in den Modulen *shmsys* und *semsys* umzusetzen. Zum Beispiel wie folgt:

```
set shmsys:shminfo_shmmax=494967295 * oder passend:}
set shmsys:shminfo_shmmin=1
set shmsys:shminfo_shmmni=100
set shmsys:shminfo_shmseg=10
set semsys:seminfo_semmni=100
set semsys:seminfo_semmsl=1000
set semsys:seminfo_semmns=3000
set semsys:seminfo_semopm=100
set semsys:seminfo_semvmx=32767
```

Die tatsächlichen Werte für das Zielsystem sollten angepasst sein.

5.2.1.2.2 Auto-pty

Ab SOLARIS 8 ist die Anzahl der ptys (xterms, loginshells, telnetsessions etc.) nicht mehr auf 48 beschränkt. In früheren OS-Releases mußte dazu die Variable *pt_cnt* und *npty* in */etc/system* entsprechend gesetzt werden.

Jetzt beschreibt die Variable *pt_cnt* (Default =0, abgeschaltet) das Minimum an ptys und die Variable *pt_max_pty* die maximale Anzahl an ptys.

In der Defaultkonfiguration, d.h. *pt_cnt, pt_max_pty* nicht in */etc/system* gesetzt, wird die Grenze benutzbarer ptys so eingestellt, daß die Anzahl der pty-structs 5% des Kernelmemories belegt. Eine Veränderung der Größe des Hauptspeichers hat somit auch eine Veränderung der Anzahl an möglichen ptys zur Folge

5.2.2 Solaris Device Filesystem

Rolf M Dietze

SOLARIS stellt, wie es Konzept bei der Entwicklung von UNIX war und ist, alle Devices im Filesystem dar. Seit Zeiten des OBP (Siehe Kapitel 4.1, Open Boot PROM auf Seite 33) auch Komponenten wie CPUs, Speicher, diverse ASICs etc. Gleichzeitig bedeutet dies, das für jedes neu hinzukommende Device der Filesystemeintrag für dieses Device nachgezogen werden muß, beziehungsweise für jedes dem System entzogene Device der Filesystemeintrag konsequenterweise gelöscht werden muß. Diese Anforderung führte mit Einführung von SOLARIS 2.0 zu Werkzeugen in Form von Programmen, deren Aufgabe die Filesystemdarstellung der dem Rechner hinzugefügten oder von ihm entfernten Devices war, beziehungsweise die Filesystemdarstellung der Devices nachziehen musste, also neue Filesystemknoten einfügen bzw. löschen musste. SOLARIS 2.0 hat die Information über die existenten Devices aus den Ergebnissen der Deviceprobes des OBP übernommen. Das Devicediscovery war somit primär eine Aufgabe des OBP. Das OBP hat das Deviceprobing als Softwaremodul in der eigenen Initialisierungsphase geladen und ausgeführt. Der damit vom OBP erzeugte Devicetree, wie er im Kapitel 4.1.7 vorgestellt wurde, ist Grundlage zur Erzeugung der Filesystem-Geräte-Einträge. SOLARIS selbst hatte kein eigenes Deviceprobing. So nicht unterstützte I/O-Karten eingesetzt wurden, musste die Adresse bekannt sein um nachträglich einen Treiber für die entsprechende Karte zu laden. Gleichzeitig bedeutete dies, das I/O-Karten, die nicht vom OBP erkannt wurden, auch nicht als Bootdevices oder für zum Boot notwendige Dienste (Framebuffer, multiserielle Interfaces, etc.) verwendet werden können, da sie für den OS-Kern nicht sichtbar sind.

Das Management des Device Filesystems hat sich in den Entwicklungsjahren seit SOLARIS 2.0 extrem entwickelt. Während zu Zeiten von SOLARIS 2.0 lediglich Festplatten und Tapedrives sicher dynamisch hinzugefügt und entfernt werden konnten, hat sich das Device Filesystem Management zusammen mit der Entwicklung DR-fähiger OBPs für die verschiedenen SUN Systeme soweit entwickelt, das zum aktuellen Zeitpunkt unter Beachtung von Betriebssystembelangen (device busy) nicht nur Festplatten und Bandlaufwerke dynamisch hinzugenomen und gelöscht werden können, sondern es können I/O-Karten, Memory, CPUs, ganze Systemboards und I/O-Busse dynamisch eingebunden und wieder auskonfiguriert werden, um eine Umkonfiguration oder gar eine Reparatur durchführen zu können, ohne den Rechner dazu anhalten und abschalten zu müssen. Die Entwicklung in diesem Bereich wurde leider abgebremst. Zielsetzung bei der Entwicklung der Serengeti MSG-Klasse (SF3800 ... SF6800) war es, eine SOLARIS über mehrere über Linkinterfaces verbundene Einzelsysteme zu legen, so das für diesen Extremfall eine Möglichkeit bestehen muß. sowohl Prozesse und deren Speicherreferenzen, als auch I/O-Devices, soweit von einem einzelnen Rechner in diesem Verbund zu nehmen, das er abgeschaltet werden kann, während das SOLARIS weiterhin auf den Ressourcen der übrigen Rechner läuft. Aus diesen Überlegungen stammt die Device Filesystem Rootnode */N0* bei den oben genannten SUNFire 3800 bis SUNFire 6800 Systemen.

5.2.2.1 Device Filesystem und Dynamische Rekonfiguration

Da die dynamische Rekonfiguration (DR) hier angesprochen ist und wesentlich auf das dynamische Device Filesystem (und ein DR-fähiges OBP) aufsetzt, sei hier die Idee und Funktionsweise der dynamischen Rekonfiguration kurz angesprochen.

Mit der Entwicklung der Starfire durch Cray, welche später durch Zukauf der Sparc-Devision durch SUN von SUN als UE10000 vermarktet wurde, wurde der Mechanismus der dynamischen Rekonfiguration entwickelt und zum

Alltagswerkzeug: Es war erstmals möglich, während des laufenden Betriebes unter dem Betriebssystem nahezu alle CPUs, Memory, I/O-Devies von einem Board zu einem anderen permanent zu verschieben. Bei Bedarf konnten einer laufenden SOLARIS Hardwareressourcen ohne Unterbrechung des SOLARIS entzogen werden, auf den so gewonnenen Hardwareressourcen ein unabhängiges neues OS geladen, konfiguriert, getestet und genutzt werden. Wenn eine laufende SOLARIS-Instanz, auch Domain genannt, mehr CPUs oder Memory oder zusätzliche I/O-Karten, etwa für Backups, braucht, kann die Hardwareresource im laufenden Betrieb der Domain gebracht werden.

Die Nachfolgerin dieser Maschine ist konzeptionell die Ende 2001 vorgestellte SUNFire 15000, inzwischen nur noch als SF15k vermarktete Maschine mit dem Spitznamen Starcat und ihre kleine Schwester, die SF12k. Beide seit kurzem durch die Nachfolger SF20/25k mit neuen CPUs und etwas Redesign zurückgedrängt.

Mit der Einführung der Ultra Enterprise 3500 bis 6500 wurde, unabhängig von der Starfire, welche zu dieser Zeit noch ein System der Cray Research war, das OBP und die Devicefilesystemadministration mit SOLARIS 2.5 verbessert, um in SOLARIS 7 einen guten Zwischenstand zu erreichen. Es war auf diesen Maschinen in der (jetztigen) Mittelklasse möglich, I/O-Boards nachträglich einzukonfigurieren oder herauszukonfigurieren. Jedoch musste noch viel administrative Vorsicht walten.

Die UE3500 bis 6500 Maschinenklasse wurde durch die SUNFire 3800 bis SUNFire 6800 ersetzt. Die SF6800 entspricht in ihrer Leistung in etwa der UE10000, wenn sie auch nicht die Flexibilität dieser im Prinzip legendären/historischen Maschine hat.

Mit der deutlichen Weiterentwicklung des OBP und des Device Filesystem Managements profitieren zunehmend die Kleinsysteme bei SUN von der Flexibilität des dynamischen Filesystems.

Die sich im Umgang mit Maschinen der HSG/MSG Klasse automatisch ergebenden Erwartungen an die Flexibilität von Betriebssystem und Hardware, damit die hohe Erwartungshaltung gegenüber Rechnern, lassen schnell vergessen, daß Altsysteme wie etwa Ultra1, Ultra10, UE3000 bis 6000 etc. diese Flexibilität nicht haben. So wundert man sich immer wieder, wenn man einer solchen lowend Maschine "hardwareverträglich" Hardware zufügt oder entnimmt und sie wieder recovern läßt, daß die neue Hardware nicht erkannt wird. Grund dafür ist das OBP dieser alten Maschinenserie: Es erkennt die neue Hardware, die es dem darüberliegenden SOLARIS als Ergänzung für das Device Filesystem zur Verfügung stellen muß nicht. Es muß erst ein Reset des OBP gefahren werden, damit dieses den neuen Devicetree aufbaut, und es muß das SOLARIS, welches für die Maschineklasse keine dynamischen Devicetrees vom OBP erwartet, den Devicetree neu vom OBP übernehmen und einpflegen.

Unter "harwareverträglich" werden Arbeiten wie das Zufügen und Ziehen von Hardwareressourcen bei Systemen verstanden die nur bedingt, wenn überhaupt, Hotplug-fähig sind.

Vorsicht

Vergewissern Sie sich bei mechanisch/elektrischen Arbeiten auch an DR-fähigen Maschinen, ob die von Ihnen auszutauschende, oder hinzuzufügende Komponente HPC (hot plug capable) ist. Sie können eine Maschine durch Fehlbedienung nachhaltig zerstören.

5.2.2.2 Konfigurationsdateien

Zu jedem (erkannten) Device einer unter SOLARIS laufenden Maschine existiert in einer Baumstruktur unter dem Verzeichnis */devices* ein Knoten. Die Hierarchie ergibt sich aus dem Hardwarepath zum jeweiligen Device aus Sicht des OBP. In der Rootnode sind somit physikalische Devices, wie CPUs, Memory etc. sichtbar. Die auf der Ebene des OBP sichtbaren Knoten für aliases, packages etc. werden nicht an SOLARIS übergeben. Der sich ergebene Devicetree wird in einer Konfigurationsdatei abgelegt, welche eine Grundlage für die Instanziierung der Devices für SOLARIS darstellt. Diese Konfigurationsdatei */etc/path_to_inst* wird automatisch generiert und ist systemrelevant. Aus Kompatibilitätsgründen wird das Verzeichnis */dev* zur Zeit weiter mitgeführt.

5.2.2.2.1 /etc/name_to_major

Devices im UNIX-Environment werden nicht durch ihren Namen, sondern durch Major- und MinordeviceID beschrieben. Die MajordeviceID beschreibt die Geräteklasse, etwa

7 für einen *hme* Netzwerkadaptertreiber,
32 für einen *sd* (SCSI Disk) Plattentreiber,
33 für einen *st* (SCSI Tape) Treiber.

Wenn ein neuer Gerätetreiber mit Hilfe des Programmes *add_drv(1M)* installiert wird, dann wird ihm durch *add_drv(1M)* automatisch eine noch nicht verwendete Nummer zugeordnet.

Ein bestimmtes Gerät einer Klasse wird durch die MinordeviceID beschrieben. Als Beispiel sei ein Terminal an dem seriellen Port B mit der MinordeviceID *1* genannt. Major- und MinordeviceID lassen sich mit dem Kommando *ls(1)* anzeigen:

```
nx1# ls -lL /dev/term/*
crw-rw-rw-   1 root      sys       20,  0 Sep 12  2003 /dev/term/a
crw-rw-rw-   1 root      sys       20,  1 Oct 20 23:31 /dev/term/b
```

Wenn man die Ausgabe genauer betrachtet so erkennt man, daß es sich bei */dev/term/a* und /dev/term/b um Characterdevices handelt (kleines "c" im Accessfield), und die MajordeviceIDs für beide "20" ist "20" beschreibt damit die Geräteklasse. Das Gerät */dev/term/a* und /dev/term/b sind durch die MinordeviceIDs "0" respektive "1" beschrieben.

Mit dieser Kenntnis lassen sich die Geräte eines SOLARIS-Rechners grob sortieren. Um jedoch die Major/MinorIDs auf das physikalische Gerät mappen zu können, reicht diese Information noch nicht. Festplatten unter SOLARIS beispielsweise sind zum einen unter */dev/dsk*, */dev/rdsk* entsprechend der Partition zu finden, wobei eine Platte in acht Partitionen aufgeteilt ist:

Controller	Target	LUN	Partition
c0	t0	d0	s0

Zum anderen unter dem Gerätepfad unter

```
/devices/Pfad-zum-Plattencontroller/sd@<targetID>,<LUN>:<Partition>
```

Ein *ls -l*, was die Links expandiert, zeigt wo die physikalische Platte tatsächlich eingetragen ist (man denke an *chown(1M)* für Festplatten, die Datenbanken überlassen werden):

```
nx1> ls -l /dev/dsk/c0t0d0s7
lrwxrwxrwx 1 root   root    42 Feb 29 23:33 /dev/dsk/c0t0d0s7 ->
                              ../../devices/pci@4,4000/scsi@6,1/sd@0,0:h
```

So ist für eine FCAL-Platte mit dem Kompatibilitätspfad */dev/dsk/c4t0d0* für jede Partition *s0* bis *s7* eine MinorID vergeben. Die vergebene MajorID beschreibt FCAL-Platten an diesem Rechner:

```
nx1> ls -lL /dev/dsk/c4t0d0s?
brw-r-----   1 root   sys    118,488 May 25 10:58 /dev/dsk/c4t0d0s0
brw-r-----   1 root   sys    118,489 May 25 10:58 /dev/dsk/c4t0d0s1
brw-r-----   1 root   sys    118,490 May 25 10:58 /dev/dsk/c4t0d0s2
brw-r-----   1 root   sys    118,491 May 25 10:58 /dev/dsk/c4t0d0s3
brw-r-----   1 root   sys    118,492 May 25 10:58 /dev/dsk/c4t0d0s4
brw-r-----   1 root   sys    118,493 May 25 10:58 /dev/dsk/c4t0d0s5
brw-r-----   1 root   sys    118,494 May 25 10:58 /dev/dsk/c4t0d0s6
brw-r-----   1 root   sys    118,495 May 25 10:58 /dev/dsk/c4t0d0s7
```

Wenn das System Meldungen über z.B. defekte Platten ausgibt, wird für die eindeutige Beschreibung der betroffenen Platte die Instanznummer verwendet.

Ein anderes Beispiel, bei dem MinorIDs entsprechend einer Funktion ausgewählt werden, sind Tapedrives. Während hingegen in früheren Zeiten zwischen "rewinding" und "nonrewinding" Tapedrives unterschieden wurde, kommt bei modernen Tapedrives Kompression in verschiedenen Leveln hinzu. Für jede dieser Funktionen wird eine MinorID vergeben:

```
nx1> ls -lL
total 0
crw-rw-rw-   1 root     sys        33,777 May 35 20:30 0
crw-rw-rw-   1 root     sys        33,841 May 31 19:01 0b
crw-rw-rw-   1 root     sys        33,845 May 31 19:01 0bn
crw-rw-rw-   1 root     sys        33,793 May 31 19:01 0c
crw-rw-rw-   1 root     sys        33,857 May 31 19:01 0cb
crw-rw-rw-   1 root     sys        33,861 May 31 19:01 0cbn
crw-rw-rw-   1 root     sys        33,797 May 31 19:01 0cn
crw-rw-rw-   1 root     sys        33,785 May 31 19:01 0h
crw-rw-rw-   1 root     sys        33,849 May 31 19:01 0hb
crw-rw-rw-   1 root     sys        33,853 May 31 19:01 0hbn
```

```
crw-rw-rw-   1 root     sys        33,789 May 31 19:01 0hn
....
crw-rw-rw-   1 root     sys        33,781 May 31 19:01 0n
crw-rw-rw-   1 root     sys        33,793 May 31 19:01 0u
crw-rw-rw-   1 root     sys        33,857 May 31 19:01 0ub
crw-rw-rw-   1 root     sys        33,861 May 31 19:01 0ubn
crw-rw-rw-   1 root     sys        33,797 May 31 19:01 0un
```

Auch hier werden Systemmeldungen die Geräteinstanz und nicht die MinorID enthalten.

Zu guter Letzt sei erwähnt, daß SOLARIS die BSD-Kompatibilitätsdevices bereitstellt. Dies sind in gleicher Weise Links von */dev/sd⟨Instance⟩* in */dev/dsk/...*. Dabei werden die Partitionen 0 bis 7 auf die Buchstaben a bis h gemappt:

```
nx1> ls -l /dev/sd15?
lrwxrwxrwx  1 root  root  12 Feb 29 23:19 /dev/sd15a -> dsk/c0t0d0s0
lrwxrwxrwx  1 root  root  12 Feb 29 23:19 /dev/sd15b -> dsk/c0t0d0s1
lrwxrwxrwx  1 root  root  12 Feb 29 23:19 /dev/sd15c -> dsk/c0t0d0s2
lrwxrwxrwx  1 root  root  12 Feb 29 23:19 /dev/sd15d -> dsk/c0t0d0s3
lrwxrwxrwx  1 root  root  12 Feb 29 23:19 /dev/sd15e -> dsk/c0t0d0s4
lrwxrwxrwx  1 root  root  12 Feb 29 23:19 /dev/sd15f -> dsk/c0t0d0s5
lrwxrwxrwx  1 root  root  12 Feb 29 23:19 /dev/sd15g -> dsk/c0t0d0s6
lrwxrwxrwx  1 root  root  12 Feb 29 23:19 /dev/sd15h -> dsk/c0t0d0s7
```

5.2.2.2.2 /etc/path_to_inst

Die Konfigurationsdatei */etc/path_to_inst* wird durch Rekonfigurationskommandos dynamisch generiert und repräsentiert die sichtbaren Devices des Systems wie beispielsweise serielle/parallele Interfaces, I/O-Karten für Massenspeichersysteme, Netzwerkkarten, Graphikkarten, Bus-, Bridge- und Portbausteine als auch Pfadinformationen zu Pseudodevices etc.

Während der Initialisierungsphase des Betriebssystems oder beim neu Laden eines Treibermoduls wird die Treiberinstanz aus den Einträgen in der */etc/path_to_inst* entwickelt.

Manuelle Modifikationen und Konfigurationen an der */etc/path_to_inst* sollten nur mit Vorsicht, Bedacht, Verständnis und einer Sicherheitskopie durchgeführt werden. Das Arbeiten an der *path_to_inst* ohne Sicherheitskopie ist geeignet tiefes Verständnis für Inhalt, Aufbau, Relevanz, Mechanismus und Bedeutung dieser Datei und von Devicepfaden und ihrem Aufbau zu erlangen oder die Reinstallation des Systems zu üben. Das Fileformat ist denkbar einfach:

"OBP-Devicepath" Instanznummer "Treibername"

Der Eintrag

```
"/pci@4,4000/scsi@6,1/sd@1,0" 16 "sd"
```

beschreibt demnach ein Gerät der Geräteklasse *sd* (SCSIDisk) mit der Instanznummer *16*. Der OBP-Path besagt, daß die Festplatte die Targetadresse *1* und die LUN *0* hat und an dem SCSI-Controller *scsi@6,1*, einem Dualchannel SCSI-Controller, angeschlossen ist und im PCI-Bus *pci@4,4000* steckt.

Um einen solchen, in diesem Beispiel extrem simplen, Devicepath zu dekodieren benötigt man:

- Eine Information oder Übersicht über die PCI, SBus, SafariAIDs oder anderer verwendeter Bussysteme des Hostrechners und deren Adressen und Slotassignments,
- eine Übersicht über die Namen verwendeter Hostbusadapter,
- eine Übersicht über Gerätenamen,
- eine Übersicht über Geräteadressen und Adressierung,
- eine Übersicht über Treibernamen,
- eine Übersicht über Instanznummern
- und etwas Erfahrung

Nachfolgend in einer stark verkleinerten Übersicht in Listing 5.1 ein Auszug aus einer */etc/path_to_inst*, etwas zusammengekürzt auf die im folgenden erklärten Punkte, die im Anschlüß im Detail besprochen werden.
Der erste Blick zeigt, daß die Maschine vier unabhängige PCI-Busse hat:

1. `/pci@1f,4000`
2. `/pci@1f,2000`
3. `/pci@4,4000`
4. `/pci@4,2000`

Die Numerierung geht aus der Instanznummer des PCI-Buses und der Bridge hervor. Bei diesem Beispiel haben die beiden PCI-Bridges Controller für je einen PCI-Bus mit einem 66MHz-Slot und einen Controller für einen zweiten PCI-Bus mit 3 33MHz-Slots:

- `/pci@1f,4000 0 pcipsy`
- `/pci@1f,4000/pci@3 0 pci_pci` Slot Nummer 3
- `/pci@1f,2000 1 pcipsy`
- `/pci@4,4000 2 pcipsy`
- `/pci@4,2000 3 pcipsy`

Gleichzeitig ist hier auch gleich zu erkennen, welche Busse zusammengehören, bzw. welche PCI-Busse an welcher Bridge hängen.
Weiter zu diesem Beispiel. Zuerst werden die onboard Devices für Netzwerk

```
"/pci@1f,4000/network@1,1" 0 "hme"
```

für das environmental Monitoring (Temperatur, Spannung etc.)

```
"/pci@1f,4000/ebus@1/i2c@14,600000" 0 "i2c"
"/pci@1f,4000/ebus@1/i2c@14,600000/adc@0,9e" 0 "i2cadc"
"/pci@1f,4000/ebus@1/i2c@14,600000/adc@0,9c" 1 "i2cadc"
"/pci@1f,4000/ebus@1/i2c@14,600000/adc@0,9a" 2 "i2cadc"
"/pci@1f,4000/ebus@1/i2c@14,600000/gpio@0,78" 0 "i2cgpio"
"/pci@1f,4000/ebus@1/i2c@14,600000/gpio@0,70" 1 "i2cgpio"
```

```
#
#       Caution! This file contains critical kernel state
#
"/options" 0 "options"
"/pseudo" 0 "pseudo"
"/pci@1f,4000" 0 "pcipsy"
"/pci@1f,4000/network@1,1" 0 "hme"
"/pci@1f,4000/ebus@1" 0 "ebus"
"/pci@1f,4000/ebus@1/su_pnp@14,3803f8" 0 "su_pnp"
"/pci@1f,4000/ebus@1/su_pnp@14,3602f8" 1 "su_pnp"
"/pci@1f,4000/ebus@1/se@14,400000" 0 "se"
"/pci@1f,4000/ebus@1/fdthree@14,3203f0" 0 "fd"
"/pci@1f,4000/ebus@1/ecpp@14,340278" 0 "ecpp"
"/pci@1f,4000/ebus@1/power@14,724000" 0 "power"
"/pci@1f,4000/ebus@1/i2c@14,600000" 0 "i2c"
"/pci@1f,4000/ebus@1/i2c@14,600000/adc@0,9e" 0 "i2cadc"
"/pci@1f,4000/ebus@1/i2c@14,600000/adc@0,9c" 1 "i2cadc"
"/pci@1f,4000/ebus@1/i2c@14,600000/adc@0,9a" 2 "i2cadc"
"/pci@1f,4000/ebus@1/i2c@14,600000/gpio@0,78" 0 "i2cgpio"
"/pci@1f,4000/ebus@1/i2c@14,600000/gpio@0,70" 1 "i2cgpio"
"/pci@1f,4000/pci@3" 0 "pci_pci"
"/pci@1f,4000/pci@3/SUNW,qlc@4" 0 "qlc"
"/pci@1f,4000/pci@3/SUNW,qlc@4/fp@0,0" 0 "fp"
"/pci@1f,4000/pci@3/SUNW,qlc@4/fp@0,0/ses@w5080020000048bab,0" 32 "ses"
"/pci@1f,4000/pci@3/SUNW,qlc@4/fp@0,0/ses@w5080020000048bac,0" 33 "ses"
"/pci@1f,4000/pci@3/SUNW,qlc@4/fp@0,0/ssd@w22000020373e0953,0" 0 "ssd"
....
"/pci@1f,4000/pci@3/SUNW,qlc@5" 1 "qlc"
"/pci@1f,4000/pci@3/SUNW,qlc@5/fp@0,0" 1 "fp"
"/pci@1f,4000/pci@3/SUNW,qlc@5/fp@0,0/ses@w5080020000048bab,0" 34 "ses"
"/pci@1f,4000/pci@3/SUNW,qlc@5/fp@0,0/ses@w5080020000048bac,0" 35 "ses"
....
"/pci@1f,4000/pci108e,7063@2" 0 "sunpci2drv"
"/pci@1f,2000" 1 "pcipsy"
"/pci@1f,2000/ethernet@1" 0 "skge"
"/pci@4,4000" 2 "pcipsy"
"/pci@4,4000/scsi@6" 0 "glm"
"/pci@4,4000/scsi@6/sd@0,0" 0 "sd"
....
"/pci@4,4000/scsi@6,1" 1 "glm"
"/pci@4,4000/scsi@6,1/sd@0,0" 15 "sd"
"/pci@4,4000/scsi@6,1/sd@1,0" 16 "sd"
....
"/pci@4,2000" 3 "pcipsy"
"/pci@4,2000/ethernet@1" 1 "skge"
"/scsi_vhci" 0 "scsi_vhci"
```

Listing 5.1. Beispiel einer */etc/path_to_inst*

und dann wird der erste FCAL-Adapter, ein QLogic (qlc) Adapter, aufgelistet. Der besseren Lesbarkeit wegen ist die schon etwas längere Zeile mit einem "↙..." umgebrochen, in der Originaldatei wird auf Zeilenlängen keine Rücksicht genommen.

```
"/pci@1f,4000/pci@3/SUNW,qlc@4" 0 "qlc"
"/pci@1f,4000/pci@3/SUNW,qlc@4/fp@0,0" 0 "fp"
"/pci@1f,4000/pci@3/SUNW,qlc@4/fp@0,0/ses@w50800200000048bab,0" ↙...
    ↪ 32 "ses"
```

Die letzte Zeile, die hier */ses@w50800200000048bab,0" 32 "ses"* enthält, listet schon den ersten ses-Pfad[4] zu einem FCAL-Festplatten Array auf. Nachfolgend kommen die Platten mit ihren WWN[5] Nummern:

```
"/pci@1f,4000/pci@3/SUNW,qlc@4/fp@0,0/ssd@w22000020373e0953,0" ↙...
↪ 0 "ssd"
```

Damit ist für die Festplatte mit der WWN 22000020373e0953 mit der LUN 0 bekannt, daß sie vom System als ssd0 bezeichnet wird.

Mit dieser Information ist es ohne den komplexeren Layer des Multiplexed-IO direkt möglich, eine gesuchte Festplatte gezielt zu finden. Unter der Kenntnis des Namens- und Adressierungsschemas eines A5200 FCAL-Arrays ist es sogar möglich, unter Zuhilfenahme der Reihenfolge des Auftretens in der *path_to_inst*, gezielt die richtige Klappe zu öffnen und die gesuchte Platte physikalisch zu benennen, um sie beispielsweise für Wartungszwecke austauschen zu lassen.

Ein weiteres Durchsuchen der Fragmente der Beispiel-*/etc/path_to_inst* bringt dann noch folgende Informationen über im System installierte PCI-Karten:

Es ist eine SunPCI-Karte vorhanden. Eine SunPCI-Karte ist ein kompletter Intel-PC auf einer PCI-Steckkarte, auf der ein M$-Windows oder in neueren Versionen ein Linux installiert werden kann. Die Monitorausgabe wird in einem "Fenster" auf dem X-Windows Desktop dargestellt.

```
"/pci@1f,4000/pci108e,7063@2" 0 "sunpci2drv"
```

Dazu kommen noch zwei Netzwerkkarten, für die ein skge[6]-Treiber geladen wurde. Es ist zu erkennen, daß beide Karten jeweils an einem eigenen PCI-Bus "hängen", der keinen weiteren PCI-Slot hat. Aus der Rechnerdokumentation wird man für diese Maschine entnehmen, daß dies die beiden 66MHz-PCI-Busse sind:

```
"/pci@1f,2000/ethernet@1" 0 "skge"
"/pci@4,2000/ethernet@1" 1 "skge"
```

Auch sind der onboard SCSI-Controller mit seinen SCSI-Platten und deren Instanznummer zu finden:

```
"/pci@4,4000/scsi@6" 0 "glm"
"/pci@4,4000/scsi@6/sd@0,0" 0 "sd"
....
"/pci@4,4000/scsi@6,1" 1 "glm"
"/pci@4,4000/scsi@6,1/sd@0,0" 15 "sd"
"/pci@4,4000/scsi@6,1/sd@1,0" 16 "sd"
```

[4] Serial Enterprise Storage, gezeigt in Abschnitt B.4.5 auf Seite 995

[5] World Wide Number, eine weltweit eindeutige Adresse für FCAL-Devices, beschrieben in Abschnitt B.4, ab Seite 982

[6] Syskonnect Gigabit Ethernet

Aus der Rechnerdokumentation ist, sofern zugänglich[7], wieder zu entnehmen das */pci@4,4000/scsi@6,1* der interne SCSI-Bus und */pci@4,4000/scsi@6* der externe SCSI-Bus ist.

In dem Beispiellisting ist ein Eintrag für Multiplexed IO (MPxIO, siehe Abschnitt 5.18 auf Seite 344) zu erkennen:

```
"/scsi_vhci" 0 "scsi_vhci"
```

MPxIO ist eine als Treiber implementierte Software, die eine redundante Anbindung von FCAL-Festplattensubsystemen an Hostrechner ermöglicht. Voraussetzung hierfür ist die Verwendung von unterstützten FCAL-Hostbusadaptern, wie beispielsweise den im Beispielsystem verwendeten QLA2202 von QLogic als Crystal+ OEM-Adapter von SUN erhältlich.

5.2.2.2.3 /etc/devlink.tab

Eine weitere Konfigurationsdatei, referenziert von dem Kommando *devlinks(1M)*, was letztendlich durch den Befehl *devfsadm(1M)* ersetzt wurde, ist die Datei */etc/devlink.tab*. Sie beschreibt, in welcher Art Links von */devices* nach */dev* erzeugt werden sollen. An dem nachfolgenden Beispiel sei der Aufbau und die Syntax kurz erklärt, die Datei selbst enthält bereits eine Kurzdokumentation der einzelnen Felder.

```
# devfs-spec     Dev-Namespec     Extra-Link
#
type=ddi_pseudo;name=sunray       \M0
type=ddi_pseudo;name=utadem       \M0
type=ddi_pseudo;name=utserial     \D
type=ddi_pseudo;name=utparallel \D
```

Die Einträge müssen mindestens zwei Felder haben und können sich über maximal drei Felder erschließen. Aus obigem Beispiel seien hier einige Einträge aufgeführt, die restlichen Einträge werden identisch interpretiert:

- Der Eintrag

Devicefilesystem Special	Name unter */dev*	Extra (2ter) Link
`type=ddi_pseudo`	`name=sunray`	kein extra Link

  erzeugt folgenden Link:

  `/dev/sunray -> ../devices/pseudo/sunray@0:sunray`

- Der Eintrag

Devicefilesystem Special	Name unter */dev*	Extra (2ter) Link
`type=ddi_pseudo`	`name=utparallel`	kein extra Link

[7] Früher waren SUN Systeme gut dokumentiert, Treibernamen, Busadressen etc. konnte ein interessierter Kunde aus dem Field Service Handbuch entnehmen. Dieses wird jedoch seitens SUN inzwischen nicht mehr öffentlich zugänglich gemacht, der Kunde ist daher zusätzlich zum Kaufpreis seiner Systeme auf einen Wartungsvertrag angewiesen.

Erzeugt folgenden Link

```
/dev/utparallel -> ../devices/pseudo/utparallel@0:utparallel
```

Festplatten, Tapedrives etc. sind hier nicht vertreten, wie viele andere Standarddevices. Die SUNRay-Umgebung muß zur Zeit über die *devlink.tab* aufgelöst werden, sie ist (leider noch) kein Standardprodukt in der SOLARIS Auslieferung.

5.2.2.2.4 Zugriffsrechte im Device Filesystem

Die Datei */etc/minor_perm* enthält eine Liste von Zugriffsrechten, sowie Eigentümer und Gruppe für alle Treiber. Der Inhalt steuert Eigentümer, Gruppe und Zugriffsrechte der Geräteknoten im Device Filesystem unter */devices*. Die Einträge dieser Datei werden durch Parameter beim Aufruf des Programmes *add_drv(1M)* festgelegt. Nachfolgend sei das Format erklärt.

name	:	minor_name	permissions	owner	group
utparallel	:	*	0600	bin	bin

ergibt folglich für das oben bereits zitierte Beispiel:

```
crw-------   1 bin      bin      183,  0 Dec  4 20:54 /devices/\
                                         pseudo/utparallel@0:utparallel
```

5.2.2.3 Device Filesystem, Abbildung im Filesystem

Alle Einträge in der */etc/path_to_inst* werden im Filesystem unter */devices* niedergelegt. Die Hierarchie des */devices*-Filesystems entspricht der Reihenfolge der Erreichbarkeit durch das OBP. So ist die oberste Hierarchieebene der (PCI-)Bus, die nächste die Bridge, darunter die I/O-Karte usw. In Abb. 5.5 eine Übersicht über das */devices*-Filesystem einer SUN UltraAX-MP+ in Form eines Baumdiagramms:

In diesem Baumdiagramm sind deutliche Vereinfachungen gemacht worden, da sonst der Platz dieser Seite nicht ausreicht oder der Text nicht mehr erkennbar ist. Die hier als pseudodevices abgekürzten Devices sind beispielsweise die Clonedevices wie etwa die Netzwerkschnittstelle */dev/hme*, die auf */devices/pseudo/clone@0:hme* verweist und die Treiberinstanznummer aus der */etc/path_to_inst* ableitet. In jedem "Bus"-Verzeichnis befinden sich die entsprechenden Kontrollnodes des Busses, im Verzeichnis des i^2c-Controllers befinden sich diverse Handles für AD-Converter zur Spannungs- und Temperaturmessung, unter den FCAL-Controller-Verzeichnissen befinden sich die einzelnen FCAL-Platten, wobei FCAL-Devices eine Besonderheit darstellen: Bei FCAL-Devices wird die WWN-Nummer mit in die Pfadinformation geschrieben. Bei plain-SCSI-Platten ist dies nicht der Fall. FCAL-Platten sind damit unter Umständen noch busy, wenn der FCAL-Controller per DR[8] aus der Anlage herauskonfiguriert werden soll!

Letztendlich kommt der Devicetree bei den eigentlichen Geräten an, siehe hierzu die Erklärungen unter Abschnitt 5.2.2.2.2.

[8] Dynamische Rekonfiguration, siehe Abschnitt 8.5.4 auf Seite 666.

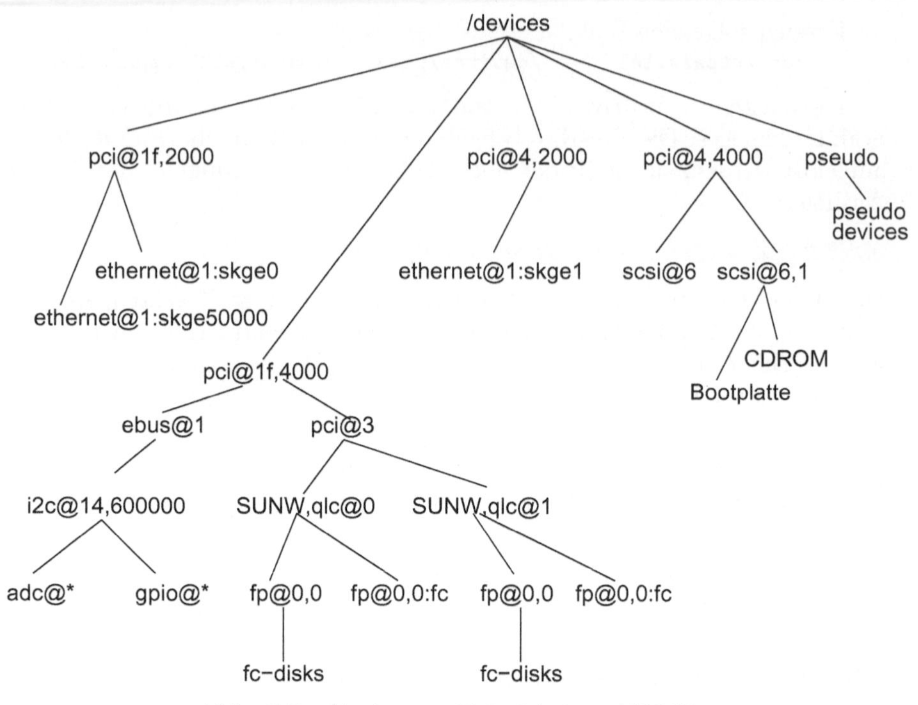

Abb. 5.5. */devices* am Beispiel einer AX-MP+

5.2.2.4 Device Filesystem Management

Seit SOLARIS 8 wird das Devicefilesystemmanagement zuverlässig durch *devfsadm* als Userkommando unter Unterstützung des *devfsadmd(1)*-Daemonprozesses durchgeführt.

Als Administrationsinterface zum Device Filesystem sollte im Prinzip nur die Verwendung von

devfsadm ohne weitere Optionen zur neu Generierung der Devicepfade und zum Update der */etc/path_to_inst* und
devfsadm -C zur Bereinigung von Devicepfaden und */etc/path_to_inst*

benutzt werden. Ja nach Bedarf oder Zustand des Systems kann es notwendig werden, in diesen Mechanismus manuell einzugreifen.

Der Aufruf von *devfsadm(1)* hat zur Folge, daß das System alle dem OBP bekannten Devices, für die Treiber erkannt wurden, einhängt. Die Benutzung von *drvconfig(1), devlinks(1), disks(1), tapes(1), ttys(1)* etc. wird aus Kompatibilitätsgründen noch beibehalten, intern jedoch auf *devfsadm(1)* abgebildet.

Soll ein neues Gerät eingebunden werden, so ist demnach lediglich *devfsadm* aufzurufen. Wird das Gerät danach nicht erkannt, so ist Ursachenforschung zu betreiben: Ist das Gerät eingeschaltet, kaputt, reserviert, angeschlossen, etc?

Ein Gerät kann auch durch einen Reboot der Maschine eingebunden werden, was allerdings eine Betriebsunterbrechung darstellt.

Vom OBP-Prompt:

```
{128} ok boot -r
```

Aus dem laufenden SOLARIS heraus durch einen reboot:

```
nx1# reboot -- -r
```

Aus dem laufenden SOLARIS heraus durch einen reboot:

```
nx1# touch /reconfigure
nx1# reboot
```

Sollte nach einem Clear des Device Filesystems durch den Aufruf von *devfsadm -C* ein vermeintlich intaktes und präsentes Gerät fehlen, so ist von einem Fehlerfall auszugehen.

Bei einem manuellen Eingriff in das Device Filesystem Management ist zu beachten, daß alle Einträge sowohl in der */etc/path_to_inst* als auch die Einträge im Filesystem unter */devices* als auch unter */dev* relevant sind und miteinander korrespondieren. Soll beispielsweise ein I/O-Adapter gelöscht werden, so sind alle Verweise/Links in das */devices* Filesystem zu beseitigen, die entsprechenden Knoten im */devices*-Filessytem sind nachzuziehen und letztendlich ist die */etc/path_to_inst* selbst nachzuziehen. Eine Modifikation aktiver Devicepath-Komponenten wird so lange nicht erfolgreich sein, solange nicht aller Traffic über diesen Adapter angehalten wurde und der Adapter freigeschaltet wurde. Hier liegt auch der sportliche Teil der dynamischen Rekonfiguration vergraben, insbesondere bei Speicherbänken und CPU...

5.2.3 Prozeß Filesystem

Das Procfilesystem ist ebenfalls ein in-Core Filesystem, das durch das System bereitgestellt wird. Es enthält Informationen über den Laufzeitzustand aller Prozesse. Unter */proc* findet man Zahlen. Diese Zahlen referenzieren auf ein Programm im Speicher unter der Prozeß ID, für die das referenzierte Unterverzeichnis erzeugt wurde. In den Unterverzeichnissen, einem per PID, befinden sich "Files" mit der Information darüber, in welchem Zustand der ensprechende Prozeß ist, ob es dazu Light-weight Prozesse gibt etc.:

```
nx1# ls /proc
0/      1030/  1333/  1375/  1427/  1580/  2307/  354/
...
nx1# ls /proc/1580
as         ctl        lpsinfo    map        priv       sigact     xmap
auxv       cwd        lstatus    object     psinfo     status
contracts  fd         lusage     pagedata   rmap       usage
cred       ldt        lwp        path       root       watch
```

Ein weiterer Blick in lwp zeigt die Anzahl der lightweigt Prozesse:

```
nx1# ls /proc/1580/lwp
1/  2/  3/
```

Also in diesem Fall drei.

5.2.4 Contract Filesystem

Rolf M Dietze

Mit OpenSolaris-basierten Betriebssystemdistributionen wie SolarisExpress, Sun-Solaris 11 und SchilliX kommen zwei neue Filesysteme hinzu, das Contract Filesystem, kurz *ctfs(7FS)* und das Object Filesystem, kurz *objfs(7FS)*. An dieser Stelle wird das Contract Filesystem beschrieben.

Das Contract Filesystem stellt das Interface zu dem in OpenSolaris neuen Contract Subsystem dar. Das Contract System wird von der Service Management Facility genutzt. Die Service Management Facility startet Services, für die Processe der Services werden so genannte Contract IDs vergeben. Die Contract IDs sind im Contract Filesystem zur Auswertung abgelegt. Das Contract Filesystem, tyischerweis gemountet unter */system/contract*, kann mehrfach gemountet werden. Durch die Option das Contract Filesystem mehrfach mounten zu können, ist es auch *chroot*-Umgebungen möglich, das Contract Subsystem zu nutzen, indem ein weiterer Mountpunkt für das Contract Filesystem innerhalb der *chroot*-Umgebung genutzt werden kann, siehe auch Abschnitt 8.19, Zones ab Seite 669.

Per Default wird das Contract Filesystem mit dem in Listing 5.2 dargestellten Eintrag zur Systemstartzeit der Globalzone gemountet.

```
...
ctfs     -        /system/contract        ctfs     -       no      -
...
```

Listing 5.2. ctfs: *vfstab*-Eintrag

Das Contract Filesystem hält eine Filesystemstruktur, dargestellt in Abbildung 5.6, auf die mit Standardcalls wie *open(2)*, *close(2)* etc. zugegriffen werden kann. Dazu kommt der Zugriff über die *libcontract(3LIB)*. Bei Zugriff muß der zugreifende Prozeß in der Lage sein, mit *Largefiles* umzugehen.

In dem Verzeichnis */system/contract/process* existiert zunächst für jeden Contract ein Unterverzeichnis mit den in Abbildung 5.6 genannten Files *ctl*, *status* und *events*. Dazu kommen in */system/contract/process* die Files:

bundle: Beim Öffnen wird ein Filedeskriptor zurückgegeben, der auf alle Events aller Contracts vom gleichen Typ (zur Zeit *process*) verweist

pbundle: Beim Öffnen wird ein Filedeskriptor zurückgegeben, der auf alle events aller Contracts vom gleichen Typ (zur Zeit *process*) des aufrufenden Prozesses verweist.

latest: Liefert einen Filedeskriptor auf den letzten geöffneten Contract

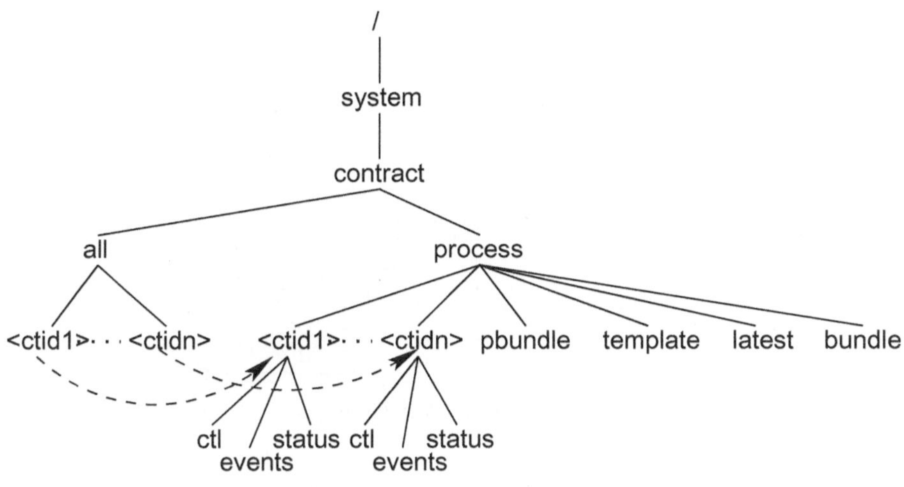

Abb. 5.6. SMF Dateibaum Übersicht

template: Beim Öffnen wird ein Filedescriptor auf eine neue Contract Template geliefert.

Zu jeder Contract ID existiert, wie in Listing 5.3 dargestellt, ein Softlink von */system/contract/all* auf ein zur Contract ID korresponidierendes Directory unter */system/contract/process*. In */system/contract/all* zeigt ein *ls -l* folglich Referenzen wie die folgende:

```
lr--r--r--   1 root  root    13 Dec  2 17:17 14 -> ../process/14/
```

Listing 5.3. CTID Softlink

In den Verzeichnissen */system/contract/process/<ctid>* existieren jeweils drei Dateien, die jeweils Filedeskriptoren zurückliefern:

ctl: Das Controlfile zu dem betreffenden Contract.
status: Das Statusfile zu dem betreffenden Contract.
events: Die Events des betreffenden Contracts.

Das Administrationsinterface zum Contract Filesystem setzt sich aus drei Kommandos zusammen:

ctrun(1): Ausführung eines Prozesses in einem Prozeß Contract.
ctstat(1): Anzeige aktiver Prozeß Contracts.
ctwatch(1): Überwachung von Events in einem Contract oder einer Gruppe von Contracts.

Die grundlegende Arbeitsweise erinnert an Prozessgruppen, wobei die Contract ID letztendlich eine Art Gruppenidentifikator darstellt. Im Groben kann man sich das Subsystem etwa anhand der Abbildung 5.7 vorstellen, wobei ein

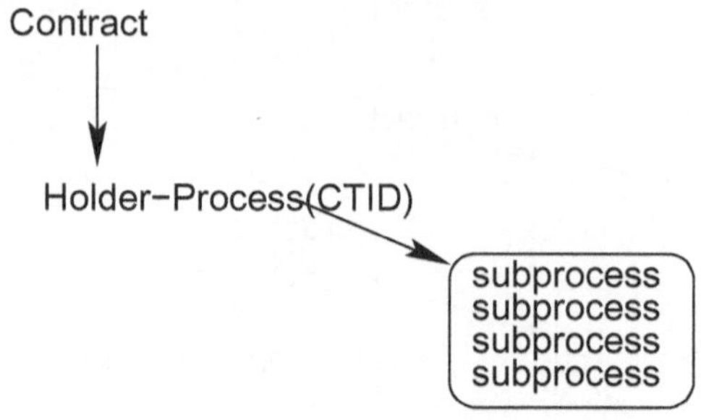

Abb. 5.7. SMF Contract

in das Contract Subsystem eingebrachter Prozeß seinerseits weitere Prozesse erzeugen kann. Sowohl der aufrufende Prozeß als auch alle Subprozesse werden vom Contractsystem überwacht, die Ergebnisse werden dem Holder (aufrufender Prozeß in Graphik 5.7) mitgeteilt, was mit *ctwatch* durch den Administrator mit abgefragt werden kann.

Da das Contract Subsystem sowohl eine Arbeits- beziehungsweise Überwachungsbasis für die in Abschnitt 7.1 ab Seite 423 beschriebene Service Management Facility darstellt, als auch in Zusammenhang mit Features des so genannten Predictive Self Healing von Bedeutung ist, sollen hier die oben genannten drei Programme des Administrationsinterfaces kurz dargestellt werden. Auf das Libraryinterface und damit die Implementation und die Einbindung in eigene Programme sowohl des Contract Filesystems als auch der Service Management Facility wird an dieser Stelle nicht weiter eingegangen.

5.2.4.1 *ctrun(1)*

Das Kommando *ctrun(1)* ermöglicht den Zugang zum Contract Subsystem. Aufgerufen zusammen mit einem in das Contract Subsystem einzubringenden Programm erhält der aufrufende Prozess, in diesem Fall *ctrun(1)* selbst als so genannter Holder (of Contract) eine Contractummer, unter der Signale oder Events, die dem in das Contract Subsystem eingebrachten Prozeß wiederfahren, mitgeteilt werden. Ein einfacher Aufruf ist beispielsweise

```
nova> ctrun vi textfile&
<ctrun-pid>
```

Dieser Aufruf bringt noch nicht viel. Um Events etc. abzufangen sind entsprechende Optionen beim Aufruf zu setzen. Da auf *ctrun(1)* in dem Abschnitt zur Service Management Facility weiter eingegangen wird, hier eine Zusammenfassung der Optionen von *ctrun(1)*.

Syntax

```
ctrun [options] command [ arguments]
```

Optionen

-i event,[event ...] Gibt zusätzliche Informationen aus. Defaultmäßïg deaktiviert.

-f event,[event ...] Gibt an, wie oft die Anfrage wiederholt werden soll falls sie unbeantwortet bleibt. Default ist 2.

Unter *event* werden folgende Schlüsselwörter akzeptiert:

fork Ein neuer Prozeß wurde dem Contract hinzugefügt.

exit Ein Prozeß aus dem Contract ist terminiert.

core Ein Prozeß aus dem Contract ist mit einem Coredump terminiert. (Default: informative)

empty Der Contract ist leer, da der letzte Prozeß des Kontraktes terminiert ist.

hwerr Ein Prozeß aus dem Contract ist von einem Hardwarefehler betroffen. (Default: fatal)

-l lifetime steuert das Verhalten von *ctrun* selbst. Die Lebensdauer kann für den gerade gestarteten *ctrun* wie folgt gesetzt werden:

child Wenn das Kommando terminiert, terminiert auch *ctrun*, selbst wenn der Contract weitere Prozesse enthält.

contract *ctrun* läuft während der gesamten Lebensdauer des Contracts. Dies ist das Defaultverhalten.

none *ctrun* terminiert sofort nach Starten des Contracts, der Contract bekommt den Status "orphan".

-o option,[option] steuert im Gegenzug die Lebensdauer der Prozesse innerhalb des Contracts.

noorphan Wenn *ctrun* terminiert, werden alle prozesse des Contracts ebenfalls terminiert. Wenn *ctrun* sofort nach Starten des Contracts terminieren soll (Option "-l none"), wird diese Option ignoriert.

pgrponly Im Fall eines fatal errors wird allenfalls die Prozessgruppe des betroffenen Prozesses terminiert.

-r count Anzahl der Restarts falls das den Contract begründende Kommando fehlschlägt. Default ist, das Kommando nicht erneut zu starten. Falls *ctrun* aufgrund der gesetzten *lifetime* Option zu diesem Zeitpunkt bereits terminiert ist, ist diese Option gegenstandslos.

-t Subcontracts werden bei einem Restart (siehe Option *-r* auf den neuen Contract transferiert.

-v || -V Erzeugt für jeden event und jede durchgeführte Aktion eine Ausgabe. *-V* erweitert diese Ausgabe auf ein der *-v* Option von ctwatch entsprechendes Format.

5.2.4.2 *ctstat(1)*

Das Kommando *ctstat(1)* listet aktive Contracts auf. Zu jedem aufgelisteten Contract wird die Zone[9] angegeben in der er läuft, der Typ des Contracts (gegenwärtig *process*) wie in */system/contract/process* gegeben, der Status des Contracts, der aufrufende Prozeß durch seine PID als so genannter Holder, Events, QTime und NTime (s.u.). Eine typische Ausgabe auf einem unter SUN OS 5.11 snv_23, OPENSOLARIS laufenden System in Beispiel 5.1 angegeben.

```
nova> ctstat
CTID    ZONEID  TYPE    STATE   HOLDER  EVENTS  QTIME   NTIME
1       0       process owned   0       0       -       -
4       0       process owned   1       0       -       -
5       0       process owned   7       0       -       -
18      0       process owned   7       0       -       -
22      0       process owned   7       0       -       -
[..]
50      0       process owned   7       0       -       -
51      0       process owned   7       0       -       -
64      0       process orphan  -       0       -       -
70      0       process owned   7       0       -       -
75      0       process orphan  -       0       -       -
76      0       process orphan  -       0       -       -
77      0       process owned   7       0       -       -
79      0       process orphan  -       0       -       -
84      0       process owned   7       0       -       -
99      0       process owned   7       0       -       -
102     0       process owned   7       0       -       -
```

Beispiel 5.1. Ausgabe von *ctstat*

Ein kurzer Check auf die PID des Holder-Prozesses zeigt, daß überwiegend die Service Management Facility das Contract System nutzt (Beispiel 5.1 wurde um eine Reihe von Zeilen, die sich von den vorhergehenden nur in der Contract ID unterschieden, gekürzt).

```
nova> ps -p 7 -o pid,ctid,args
  PID  CTID COMMAND
    7     4 /lib/svc/bin/svc.startd
```

Im Kapitel 7.1 wird gezeigt, daß dies durchaus seinen Grund hat, es handelt sich dabei um die Systemdienste.

Syntax

```
/usr/bin/ctstat [-a] [-i contractid...]
   [-t type...] [-v] [interval [count]]
```

[9] Zones sind in Abschnitt 8.19 auf Seite 670beschrieben.

Optionen

-a Anzeige aller Contracts
-i Anzeige der Contracts mit den benannten IDs.
-v verbose

Felder:

Die Felder verstehen sich analog zur Ausgabe von *ps(1)*.

CTID Die ContractID des zugehörigen Kontraktes.
ZONEID Die ID der Zone in der der aufrufende Prozeß lief.
TYPE Typ des Kontraktes.
STATE Der Status des Kontraktes

5.2.4.3 *ctwatch(1)*

Das Kommando *ctwatch(1)* stellt ein einfaches Tool zur Auflistung von Events und Statusänderungen von Contracts oder Contractgruppen dar. Aufgerufen mit der ID eines Contracts, wird alles zu diesem Contract aufgelistet was gerade eintritt.

```
nova> ctwatch 220
CTID    EVID    CRIT ACK CTTYPE   SUMMARY
220     115     info no  process  process 8783 was created
220     116     info no  process  process 8783 exited
220     119     info no  process  process 8789 was created
220     120     info no  process  process 8790 was created
220     121     info no  process  process 8791 was created
220     122     info no  process  process 8791 exited
220     137     info no  process  process 9609 exited
220     138     info no  process  process 8766 exited
```

Beispiel 5.2. Beobachten eines Contracts mittels *ctwatch*

Syntax

```
/usr/bin/ctwatch  [-f]  [-r]  [-v]
     contract-type...  |  contract-id...
```

Optionen

- -f Normalerweise fängt *ctwatch* mit der Ausgabe ab dem Zeitpunkt an, ab dem es aufgerufen wurde. Mit der Option *-f* (für *"front"*), wird *ctwatch* veranlaßt alle zurückliegenden Ereignisse, die noch in der event Queue des Contracts liegen, mit auszugeben.
- -r Rein informative und bereits bestätigte *critical events* können systemseitig unterdrückt werden. Mittels der Option *-r*, für *reliable* wird *cwatch* veranlaßt, diese dennoch auszugeben. Für die erfolgreiche Verwendung dieser Option benötigt *ctwatch* das `{PRIV_CONTRACT_EVENT}` Privileg.
- -v Ausführliche Beschreibung der events.

Felder:

Die Felder sind teilweise bereits bei *ctstat* erklärt, an dieser Stelle seien daher nur die zusätzlichen Felder zu *ctstat* aufgeführt.

- EVID Die EventID des Ereignisses.
- CRIT die Klassifizierung des Ereignisses in *info, crit* oder *neg.*
- ACK Mittels dieses Flags wird aufgezeigt, ob der Event bereits bestätigt worden ist.
- CTTYPE Der Typ des Kontraktes wird von *ctstat* als TYPE aufgelistet, von *ctwatch* als CTTYPE.
- Summary In Abhängigkeit vom Typ eine Zusammenfassung des Ereignisses.

5.2.5 Kernel Object Filesystem

Ein weiteres neues Filesystem ist das Object Filesystem (objfs). Es wird während des Systemboots unter */system/object* gemounted und beschreibt den Zustand aller aktuell im Kernel geladenen Module. Der Zustand der unter */system/object* zu findenden Files und Directories ist dynamisch und beschreibt den aktuellen Systemzustand. Die Struktur folgt dem Muster in Abbildung 5.8.

Da im laufenden Betrieb Module durch den Betriebssystemkern dynamisch geladen und verworfen werden, ändert sich der Inhalt des Filesystems unregelmäßig, so daß Applikationen, die regelmäßige Scans des Object Filesystems durchführen, variierende Informationen erhalten werden.

5.2.6 Loopback Filesystem

Wenn in einem Filesystem ein Link von einem Verzeichnis in ein anderes Verzeichnis gelegt wird, so referenziert das zweite Verzeichnis auf das erste. Zur Veranschaulichung sei ein Link von */export/solaris/src* derart nach

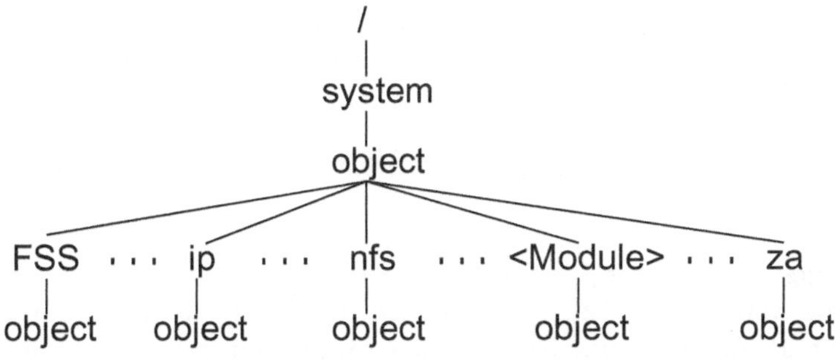

Abb. 5.8. Struktur des Object Filesystems

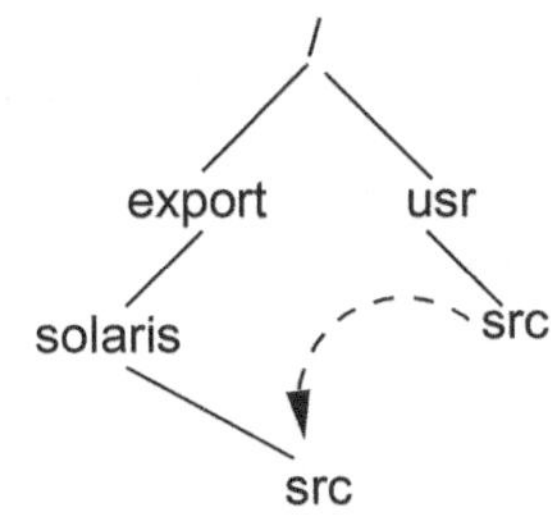

Abb. 5.9. Link

/usr/src gelegt, daß ein Zugriff auf */usr/src* auf das Verzeichnis unter */export/solaris/src* umlenkt:

Der Nebeneffekt eines solchen Links ist, daß diese Umlenkung durch einen Link oftmals zum Nachteil für die jeweilige Anwendung ausgelegt wird. So wird beispielsweise bei der Plattenplatzbelegung von */usr/src* in obigem Beispiel nicht der Platz unter */export/solaris/src*, sondern der unter */usr* angezeigt. Bei einer Installation von Softwarepaketen bedeutet dies unter Umständen, daß die Installationsroutine mit der Information über zu wenig Plattenplatz unter */usr* terminiert, wobei jedoch der im tatsächlichen Zielverzeichnis zur Verfügung stehende Platz nicht berücksichtigt wird.

Das *lofs(7FS)* stellt einen für eine Applikation transparenten Mount eines Filesystems in einen anderen Punkt eines Filesystems dar. So bewirkt folgendes Kommando, daß die im obigen Beispiel noch durch Links aufgebaute Verzeichnisstruktur nun den tatsächlich freien Speicherplatz unter */export/solaris/src* mitgeteilt bekommt:

```
nx1# mount -F lofs /export/solaris/src /usr/src
nx1# df -k
.......
/dev/md/dsk/d100      245045441 230766357 9378176   97%   /export
/export/solaris/src   245045441 230766357 9378176   97%   /usr/src
.......
```

Mit der Weiterentwicklung des Automounters, der in Kapitel 7.7 auf Seite 535 dargestellt ist, wurde das *lofs(7FS)* systemseitig vermehrt eingesetzt.

5.2.7 Legendär: Das Translucent Filesystem (bis SunOS 4.1.4)

Tatjana S Heuser

Mittels des *Translucent Filesystems* war es bis zu SunOS 4.1.4 möglich, Filesysteme übereinander zu mounten. Ab dem Moment des Mountens stand damit über einem bereits vorhandenen Filesystem Tree eine weitere Ebene zur Verfügung, durch die hindurch alle Files und Directories des darunterliegenden Dateibaumes "hindurchschienen". Ein File oder Directory mit identischem Namen im obersten Layer hatte dabei zur Folge, daß die Datei oder das Verzeichnis gleichen Namens in der darunterliegenden Ebene nicht mehr sichtbar war.

Auf diese Art und Weise ließen sich sehr einfach Versionsstände sichern und dennoch zur weiteren Bearbeitung vorhalten. Auch im Umgang mit Medien, deren Schreiboperationen langsam, begrenzt oder aus anderen Gründen nicht gewünscht waren, war dieses Filesystem extrem hilfreich.

- Mount eines auf magnetoptischem Medium gelegenen Versionsstandes, überlagert durch ein mittels TFS gemountetes UFS.
- Mount eines Sourcecode-Verzeichnisbaumes von NFS, CD-ROM, etc., überlagert durch ein schnelles lokales Filesystem, um das Projekt zu compilieren, zu installieren, gegebenenfalls lokale Anpassungen vorzunehmen, ohne das Original zu modifizieren.
- "Einfrieren" von Dateibäumen zu einem festgelegten Zeitpunkt mit der Option, weiterhin auf den Daten zu arbeiten, Modifikationsstände ebenfalls nach einem entsprechenden Zeitraum einzufrieren, und indem das obere Verzeichnis ohne das darunterliegende gemountet wurde, die Modifikationen getrennt vom Original evaluieren zu können.
  Zumindest teilweise ist diese Funktionalität ab SolarisExpress build 29 mittels *zfs snapshots* realisierbar, die ebenfalls eine Möglichkeit bieten, auf eingefrorenen Versionsständen modifizierend weiterzuarbeiten.

Leider ist das Translucent Filesystem mit Release von Solaris 2 in Vergessenheit geraten und nicht mehr in der Auslieferung enthalten.

5.3 NFS, Network Filesystem

Rolf M Dietze

The Network is the Computer

SUN

SUN hat viele inzwischen alltäglich gewordene Protokolle und Kommandos erfunden und entwickelt. Zu ihnen gehört auch der NFS–Dienst. Im Jahre 1985 von SUN entwickelt, ist der NFS–Service ein Service, der von einem Server bereitgestellte Filesysteme einem Client derart zur Verfügung stellt, daß dieser das NFS–Verzeichnis entsprechend der Konventionen des Clientsystems nutzen kann, unabhängig von der Struktur des Servers oder des Filesystems des Servers. Der NFS–Service ist damit vom Betriebssystem unabhängig. NFS setzt auf das ebenfalls durch SUN entwickelte RPC[10] auf.

5.3.1 Begriffsdefinition

Bevor weiter auf den NFS–Service eingegangen wird, hier kurz ein paar Begriffsdefinitionen:

- NFS: Kurzform von Network Filesystem
- RPC: Kurzform von Remote Procedure Call
- Ein NFS-Server ist ein Rechner, der Filesysteme über das NFS–Protokoll zur Verfügung stellt.
- Ein NFS-Client ist ein Rechner, der Filesysteme eines NFS–Servers über das NFS–Protokoll importiert.

5.3.2 Funktion

Sei eine Datei in einem durch einen Server zur Verfügung gestellten Filesystem mit dem Pfad

```
dua0::dir\src\decfile
```

oder ein anderes File auf einem anderen Server nach dessen Konventionen beschrieben mit

```
c:\windows\pcfile
```

Ein Clientsystem referenziert diese Dateien beispielsweise als

```
/usr/local/unstable/windows/pcfile
/usr/site/src/decfile
```

So ist diesen Repräesentationen eines gemeinsam: Es gibt eindeutig beschriebene Pfade, unterteilt in Verzeichnisse und Unterverzeichnisse bis hin zur Zieldatei. Diese eindeutig beschriebenen Pfade haben den einfachen Aufbau:

---

[10] Remote Procedure Calls

Rootnode Delimiter Directory Delimiter Directory Delimiter File

Der NFS–Service übergibt von Server zu Client immer nur ein Stück des Pfades. Zuerst die Rootnode, dann das erste Unterverzeichnis, dann das nächste Unterverzeichnis, bis zum Schluß das eigentliche File übergeben wird. So eigenartig und kompliziert das klingen mag, aber in vielen Fällen ist das Mittel der Abstraktion der Weg zum Ziel von mehr Systemunabhängigkeit und damit mehr Portierbarkeit oder gar Heterogenität. Das NFS Protokoll ist eines der ältesten Protokolle in diesem Umfang und nutzt zur Abstraktion nicht das Mittel eines Abstraktionslayers, sondern vielmehr eine Art Benutzerinterface im Sinne eines Rede-Antwort Spieles, denn so unterschiedlich Pathdelimiter in Verzeichnisbäumen auch sein mögen, der Weg in ein Verzeichnis führt über ein Kommado und die Angabe des Verzeichnisses, in das gewechselt werden soll. Wenn also ein Client über ein Netzwerk einen Server anfragt *wechsle Verzeichnis1* und der Server daraufhin an den Client zurückliefert *ok, in Verzeichnis1* so kann dann der Client wieder an den Server aus Verzeichnis1 heraus anfragen *wechsele Verzeichnis2*, was der Server wieder bestätigt. Auf diese Art und Weise, quasi zu Fuß durch einen Verzeichnisbaum zu traversieren ersparen sich Client und Server sich darüber einigen zu müssen, ob die Trennzeichen in einem Verzeichnisbaum nun \, /, :, ␣ oder andere sein müssen. Der Trick ist die Traversierung des Verzeichnisbaumes von Knoten zu Knoten. So kann der Server unabhängig davon welche Vorstellung ein NFS-Client von Aufbau und Struktur des angefragten Verzeichnisbaumes hat selbst den Verzeichnisbaum serverseitig in beliebiger Art und Weise lokal gespeichert halten. Das kann ein Verzeichnisbaum sein, jedoch mit ":" als Trennzeichen zwischen den Knoten obwohl der Client als Trennzeichen "/" verwendet. Der Server kann den Verzeichnisbaum auch in einer Datenbank halten. Es ist lediglich Aufgabe des Servers auf die Anfrage der Traversion von einem Knoten in den nächst darüber oder darunter liegenden Knoten diese Anfragen knotenweise zu beantworten. Die Umsetzung des clientseitigen Kommandos *wechsele Verzeichnis* in eine für den Server verständliche Struktur ist eine Frage der clientseitigen Umsetzung ohne nähere Kenntnisse über das Ablageformat oder Verfahren des Servers.

5.3.3 NFS in Solaris Releases bis Solaris 9

Clientseitig wurde bis SOLARIS 9 der NFS Client Support durch das Script */etc/init.d/nfs.client* durch Aufruf mit dem Subkommando *start* gestartet oder durch Aufruf mit dem Subkommando *stop* gestoppt. Der NFS Client Support wurde üblicherweise im Runlevel 2 automatisch während des Systemstarts aktiviert, durch scriptgesteuerte Ausführung des entsprechenden Startscriptes */etc//rc2.d/S73nfs.client* durch das Systemsteuerungskommando */sbin/rc2*, initiiert durch *init(1M)* auf Basis der */etc/inittab*.

5.3.4 NFS ab OpenSolaris

Auch beim NFS Client Support ist die Service Management Facility[11] dienstaktivierendes und überwachendes Instrument des Rechnersystems. Um den NFS Service zu aktivieren sind drei Service Management Facility basierte Dienste notwendig:

Service	Aufgabe	
statd	*svc:/network/nfs/status*	Lockstatus Überprüfung
lockd	*svc:/network/nfs/nlockmgr*	Network Lock Daemon, Filelocking
clientnfs	*svc:/network/nfs/client*	Clientseitige NFS Unterstützung

Die Services werden durch ihre jeweiligen Startmethoden gestartet, die in den Listings 5.5, 5.4 und 5.6 zur Referenz jeweils dargestellt sind. Methoden, die sowohl für den Start als auch den Stop verwendet werden, werden im Aufruf entsprechend parameterisiert.

```
<exec_method
            type='method'
            name='start'
            exec='/usr/lib/nfs/lockd'
            timeout_seconds='60' />
```

Listing 5.4. Aktivierungsaufruf des Lockmanagers

```
<exec_method
   type='method'
   name='start'
   exec='/usr/lib/nfs/statd'
   timeout_seconds='60' />
```

Listing 5.5. Aktivierungsaufruf des Status Monitors

Wobei der NFS Clientsupport die in Tabelle 5.3.4 aufgelisteten Abhängigkeiten besitzt, verständlicher Weise *filesystem, bind* und *network*, wobei ein *bind* Restart durchgreift.

Weitere Abhängigkeiten, in Tabelle 5.3.4 aufgelistet, sind für Zusatzfunktionalitäten teilweise optional gesetzt. Das betrifft sowohl den NFS V4 Support, Securitymechanismen als auch die Einbindung in einen Netzwerkinformationsdienst. Die weitere Erklärung zur Server Seite von NFS erfolgt in Abschnitt 7.5 auf Seite 510.

[11] Die Service Management Facility ist in Abschnitt 7.1 ab Seite 423 beschrieben

```
<exec_method
    type='method'
    name='start'
    exec='/lib/svc/method/nfs-client %m'
    timeout_seconds='3600' />
```

Listing 5.6. Start/Stop des Clients mit Parameter start bzw. stop

Abhängigkeit	Restart	Service
require_any	error	*svc:/milestone/network*
require_all	restart	*svc:/network/rpc/bind*
require_all	error	*svc:/network/nfs/status*
require_all	error	*svc:/system/filesystem/minimal*
require_all	error	*svc:/system/filesystem/local*
require_all	error	*svc:/system/filesystem/nlockmgr*

Tabelle 5.3. Abhängigkeiten NFS Client

Abhängigkeit	Restart	Service
optional_all	error	*svc:/network/nfs/cbd*
optional_all	error	*svc:/network/nfs/mapid*
optional_all	none	*svc:/network/rpc/keyserv*
optional_all	none	*svc:/network/rpc/gss*
require_all	refresh	*svc:/milestone/name-services*

Tabelle 5.4. Weitere Abhängigkeiten NFS

5.3.5 Nutzung des NFS Client Services

Ein NFS Client kann bei zusätzlichen aktiviertem Service gleichzeitig auch NFS Server sein. Hierbei wird, wenn der NFS Client auf sich selbst als NFS Server zugreift, allerdings ein Loopbackmount[12] ausgeführt. Bei anderen NFS Anfragen, die nicht die gleiche Maschine als Quelle und Ziel haben, wird das NFS Protokoll in oben skizzierter Art und Weise verwendet.

Durch Aktivierung des NFS Client Supportes werden die Binaries

/usr/lib/nfs/statd Statusmonitor
/usr/lib/nfs/lockd Filelocking

gestartet.

Ein NFS-Mount wird durch Aufruf des Kommandos *mount(1M)*, welches seinerseits das Overlay *mount_nfs* aufruft, ausgeführt. Als Quelle ist der NFS Server, ein ":" und der Pfad in clientlokaler Syntax zu nennen. Die clientseitige Nutzung des NFSService gestaltet sich damit relativ einfach. Sei z.B.

[12] Zum Loopback Filesystem siehe Abschnitt 5.2.6

ein NFSServer unter dem Hostnamen *pyxis* bekannt, der ein Verzeichnis */export/sunbin* exportiert, so kann ein Host *nova* dieses Verzeichnis von *pyxis* unter */usr/local* mounten mit dem Kommando:

```
nova# mount -F nfs pyxis:/export/sunbin /usr/local
```

Es kann bei Eindeutigkeit auf die Angabe des Filesystemtypes (-F nfs) verzichtet werden, es sind jedoch die Zugriffsrechte des NFS Servers zu wahren. Ist unbekannt, welche Verzeichnisse ein NFS Server exportiert, so kann man dieses erfragen:

```
nova# dfshares pyxis
RESOURCE                              SERVER  ACCESS    TRANSPORT
   pyxis:/export                      pyxis   -         -
```

5.3.6 Volume Management Filesystem

Das *volfs* ist ein Dateisystem das vom *vold*, dem Volume Management Daemon angelegt und verwaltet wird um Wechselmedien im Filesystem zugänglich zu machen.

Für vom *vold* erkannte Wechselmedien wird analog zum Devicefilesystem ein Device unter dem Pfad */vol/dev* erzeugt, zudem werden unter dem Pfad */vol/rdsk* bzw. */vol/dsk* die zugehörigen Devicenodes angelegt.

Die Funktionsweise des *vold* und die Handhabung von Wechselmedien unter SOLARIS sind im Abschnitt 7.4 ab Seite 505 beschrieben.

5.4 Filesysteme für Wechselmedien und Datenaustausch

Jörg E Schilling

Bei den Dateisystemen die vornehmlich in Hinblick auf Wechselmedien implementiert worden sind, handelt es sich ebenfalls um Filesysteme auf Raw Devices, wie sie bereits in Abschnitt 5.1 aufgeführt worden sind.

5.4.1 Universal Disk Format (UDF)

Mit SOLARIS 8 wurde ein Universal Disk Format (UDF) eingeführt. Es ist ein De-facto-Industriestandard für optische Medien. UDF-Filesysteme werden durch *mount* und das Überladen mit *mount_udf(1)* gehandhabt. Das UDF-Filesystem erlaubt den Informationsaustausch mit:

- CD-ROM
- DVD-ROM
- Floppies, CF-Karten (seit SOLARIS 9) etc.

5.4.2 Das ISO-9660 Filesystem

Das ISO-9660 Filesystem unter Solaris heißt traditionell *hsfs* (High Sierra Filesystem). Das High Sierra Filesystem war der Vorläufer des ISO-9660 Filesystemstandards und ist von den CD-ROM Pionieren Apple und Sun bereits 1988 verwendet worden. Der entgültige ISO-9660 Standard wurde jedoch auch schon im Jahre 1988 verabschiedet. Das High Sierra Filesystem kann daher als kurzfristige Übergangslösung angesehen werden.

Zum Zeitpunkt der Drucklegung dieses Buches unterstützt das *hsfs* Filesystem Modul von Solaris folgende Filesystemtypen:

HSFS Das historische High Sierra Filesystem wird weiterhin unterstützt.

ISO-9660 Solaris unterstützt einen im folgenden näher beschriebenen Subset des ISO-9660 Standards von 1988.

Rock Ridge Die Rock Ridge Erweiterungen zu ISO-9660 (auch unter der Abkürzung RR bekannt) ermöglichen es, fehlende Posix Eigenschaften den ISO-9660 Filesystemattributen hinzuzufügen. *Rock Ridge* wurde im Jahre 1990 von einem Gremium aus diversen Firmen verabschiedet. Da die Rock Ridge Erweiterungen jedem Directoryeintrag einer Datei angehängt werden, besteht eine sehr enge Verknüpfung zwischen dem ISO-9660 Filesystem und den *Rock Ridge* Erweiterungen.

Rock Ridge ermöglicht folgende zusätzliche Eigenschaften:

Lange Dateinamen: Jede Pfadnamenkomponente kann bis zu 255 Zeichen zu 8 Bit lang werden. ISO-9660–1988 unterstützt nur 31 Zeichen pro Pfadnamen-Komponente. Filenamen, die bei *Rock Ridge* verwendet werden, sind in ihrem Zeichensatz nicht eingeschränkt.

Beliebige Dateitypen: ISO-9660 unterstützt nur normale Files und Directories.

Symbolische Links: Zur Implementierung von symbolischen Links gibt es eine spezielle Rock Ridge Eigenschaft, die das Ziel von symbolischen Links kodiert.

Posix Zugriffsrechte: Die traditionellen Unix Zugriffsrechte werden unterstützt.

Posix owner/group: Es werden 32 Bit für Eigentümer und Gruppe jeder Datei mitgeführt.

Alle Posix Zeitstempel: Die drei Zeiten *ctime*, *mtime* und *atime* werden als 32 Bit Wert archiviert.

Directories beliebiger Schachtelungstiefe: ISO-9660 in der Version von 1988 erlaubt eine maximale Schachtelungstiefe von 8 Directories.

Leider unterstützt *Rock Ridge* nicht die Kodierung von *inode Nummern* die für die korrekte Darstellung von Hardlinks nötig wären. Aus diesem Grunde ist die Erkennung der Zusammengehörigkeit von verlinkten Files nicht möglich.

Die zusätzlichen Eigenschaften von *Rock Ridge* ermöglichen es, daß das Filesystem als Rootfilesystem eines UNIX-Systems verwendet werden kann.

Das SOLARIS *hsfs* Filesystemmodul unterstützt folgende ISO-9660 Eigenschaften nicht:

Interleaved Files: Diese ISO-9660 Eigenschaft wird verwendet, um Audio- und Videodaten bei so genannten *Green-Book CDs* so ineinander zu verschachteln, daß zum Lesen keine extra Kopfbewegungen nötig werden.

Associated Files: Diese ISO-9660 Eigenschaft wird verwendet, um *Resource-Forks* bei Apple Systemen zu kodieren.

Multi-Extent Files: Mit Hilfe dieser ISO-9660 Eigenschaft können Dateien von nahezu beliebiger Länge archiviert werden. Ein einzelnes *Extent* einer Datei ist auf (4 GB −2 KB) begrenzt.
Die aktuelle *hsfs* Implementierung von SOLARIS unterstützt keine Dateien mit einer Größe, die oberhalb von (2 GB − 1 Byte) liegt.

SOLARIS unterstützt bislang auch noch nicht die so genannten *Joliet* Erweiterungen. Bei *Joliet* handelt es sich (im Gegensatz zu ISO-9660 und *"Rock Ridge"*) nicht um einen Standard. *Joliet* wird jedoch im Umfeld von Microsoft Systemen relativ häufig verwendet, obwohl *Joliet* im Gegensatz zum älteren *Rock Ridge* diverse Einschränkungen hat.

Für diverse der aktuellen Beschränkungen in dieser Filesystemimplementierung sind Erweiterungen bis zur Freigabe der endgültigen SOLARIS 11 Version geplant.

Filenamen in ISO-9660 bestehen ausschließlich aus Großbuchstaben und enthalten immer einen Punkt. Bei Dateien, die keinen Punkt im Filenamen enthalten, wird ein Punkt an den Namen angehängt.

Da Filenamen bei UNIX typischerweise aus Kleinbuchstaben bestehen und nicht auf einen Punkt enden, wird im *hsfs* Filesystemcode eine Umsetzung der Filenamen durchgeführt.

SOLARIS unterstützt auch das Mounten von Multi-Session CDs, allerdings nur dann, wenn das CD-ROM Laufwerk den herstellerspezifischen Sony SCSI Kommandosatz implementiert. Dies trifft auf Laufwerke der Hersteller Sony, Toshiba und Plextor zu. Mit Hilfe der Multi-Session Erweiterungen ist es möglich den Inhalt eines ISO-9660 Filesystems um neue Dateien zu erweitern.

Die *hsfs* Implementierung bietet folgende Mount-Optionen:

nrr Eventuell vorhandene *Rock Ridge* Erweiterungen werden ignoriert.

notraildot Bei ISO-9660 Filenamen, die auf einen Punkt enden, wird der Punkt abgeschnitten.

nomaplcase ISO-9660 Filenamen werden nicht automatisch in Kleinbuchstaben umgesetzt

nosuid Ein eventuell gesetztes *suid* oder *sgid* Bit in den *Rock Ridge* Zugriffsrechten wird ignoriert.

5.4.3 Das FAT-Filesystem (pcfs)

Das FAT-Filesystem (von File Allocation Table) heißt unter SOLARIS traditionell *pcfs*, denn zum Zeitpunkt des ersten Erscheinens unter SUNOS um 1988 war es das einzige im PC-Umfeld bekannte Filesystem.

Da zu diesem Zeitpunkt die einzige sinnvolle Nutzung dieses Filesystems darin bestand, geringe Datenmengen mit Hilfe von Disketten zu transportieren, ist die Implementierung für heutige Wünsche nicht unbedingt optimal. Die Zugriffe auf die File Allocation Table blockieren das gesamte Betriebssystem und bestimmte Directoryoperationen können das System sogar in einen Deadlock bringen. Aus diesem Grund wird die *pcfs* Implementierung im Rahmen der Erweiterungen und Umbauten für SOLARIS 11 zur Zeit von Grund auf neu geschrieben. Dies ist vor allem deshalb nötig, weil das FAT-Filesystem dank des Siegeszugs der Digitalkameras immer häufiger verwendet wird und auch weil dabei die verwendeten Filesystemgrößen stetig steigen.

Die *pcfs* Implementierung wurde zuerst nur für Sparc basierte Systeme geschrieben, die nicht über eine Unterstützung für die im PC-Bereich übliche *fdisk* Partitionierung verfügen. Daher ist im *pcfs* Filesystemcode Unterstützung für die *fdisk* Partitionierung integriert. Auf Sparc-Systemem kann auf die FAT-Filesysteme nur über das im *pcfs* eingebaute Partitionierungssystem zugegriffen werden. Auf x86- und x64-Systemen kann dazu auch die Partitionierungsunterstützung des Festplattentreibers verwendet werden. Dazu wird dann ein Gerätename verwendet, der auf *p0* ... *p4* endet. Die Endung *p0* entspricht der gesamten Platte, die Endungen *p1* ... *p4* bezeichnen die vier primären *fdisk* Partitionen.

Um die in das *pcfs* eingebaute Unterstützung für *fdisk* Partitionen anzusprechen, muß dem Devicenamen beim *mount(2)* eine Zeichenfolge angehängt werden, die einer DOS Partition entspricht. SOLARIS unterstützt folgende Suffixe:

- :c Mit einem Suffix aus dieser Liste wird die primäre DOS Partition selektiert. Die Partition `:c` (bzw. `:1`) benennt dabei aber nicht die erste primäre Partition, sondern die erste Partition aus der Liste der primären Partitionen, auf der sich ein FAT-Filesystem befindet. Wenn dieser Suffix verwendet wird, dann sind Modifikationen an Dateien in diesem Filesystem jedem Benutzer gestattet.
- :d ... :z Mit einem Suffix aus dieser Liste wird eine *extended* DOS *Partition* selektiert. Da SOLARIS nur Partitionen berücksichtigt, die ein FAT-Filesystem tragen, kann es nötig sein, ein wenig zu experimentieren, um die passende Partition zu finden. Wenn dieser Suffix verwendet wird, dann sind Modifikationen an Dateien in diesem Filesystem jedem Benutzer gestattet.
- :boot Die primäre Partition, die die *fdisk* Signatur 0xBE (die neue SOLARIS Boot Signatur) besitzt. Wenn dieser Suffix verwendet wird, dann sind Modifikationen an Dateien in diesem Filesystem nur dann gestattet, wenn

der betreffende Prozeß sämtliche Prozessprivilegien besitzt, was einem *root* Benutzer gleichzusetzen ist.

Es ist damit zu rechnen, daß im Rahmen der Überarbeitung des FAT-Filesystems auch die Behandlung der *fdisk* Partitionen erneuert wird und eventuell eine Implementierung entsteht, die unabhängig von der *pcfs* Filesystemimplementierung ist.

Die SOLARIS *pcfs* Implementierung unterstützt sowohl FAT-Filesysteme die nur kurze Filenamen nach den DOS 8.3 Konventionen enthalten, als auch solche, die den mit Windows-95 neu eingeführten Regeln entsprechen. In letzterem Fall können auch neue lange Filenamen angelegt werden. Die SOLARIS *pcfs* Implementierung legt dabei zusätzlich kurze Filenamen nach DOS 8.3 Regeln an.

5.5 Administration von Festplatten

Rolf M Dietze

Die Administration von Festplatten beschreibt Aufgaben wie das Hinzufügen von Festplatten oder Entfernen von Festplatten zum/vom System, die Formatierung, Partitionierung, das Schreiben von Labels wie auch das Erkennen von Plattennamen. Letzteres wird hier nur angerissen und im Kapitel 5.2.2 SOLARIS Device Filesystem ab Seite 117 genauer beschrieben.

Files

Binary und Konfigurationsdatei zu *format(1M)* sind zu finden unter:

Binary	*/usr/sbin/format*
Konfigurationsfile	*/etc/format.dat*

5.5.1 Formatierung und Partitionierung von Festplatten unter Solaris

In der SOLARIS Betriebssystemumgebung wird mit dem Systemkommando *format(1M)*, mit Erfolg ausführbar nur durch den Benutzer *root*, auf den *raw-devices* von Festplatten gearbeitet. *format(1M)* wird benutzt, um Festplatten zu partitionieren, zu testen, bei Notwendigkeit zu formatieren.
Einige Rahmendaten vorweg:

- Festplatten sind unterteilbar in 8 Partitionen s0 bis s7
- Partitionsgrenzen dürfen nicht überlappend definiert werden
- Bei Applikationen, die auf Rawdevices zugreifen (z.B. Datenbanken) sollte der Cylinder "0" geschützt werden, da hier die Partitionsdaten stehen. *ufs* berücksichtigt dies bereits.

Das *format(1M)* Programm kann generell nur 8 Partitionen anlegen oder modifizieren. Auf Sparc Systemem entspricht dies der maximalen Anzahl von Partitionen, auf PC basierten Systemen sind jedoch bis zu 16 Partitionen realisierbar. Wenn mehr eine Partition jenseits der Partition s7 auf einem PC angelegt oder modifiziert werden soll, dann geht dies nur mit dem Programm *fmthard(1M)*.

format(1M) ist eine menügeführte Applikation. Die Menüs teilen sich auf in Plattenauswahl gleich nach Aufruf, siehe nachfolgendes Beispiel, das Disk Menu nach Selektion einer Platte, im konkreten Beispiel wurde c0t0d0 ausgewählt, und die anschließenden Untermenüs in denen Parameter für die einzelnen Operationen gesetzt werden.

```
 nx1 # format
Searching for disks...done

AVAILABLE DISK SELECTIONS:
    0. c0t0d0 <SUN36G cyl 24620 alt 2 hd 27 sec 107>  disk
       /pci@4,4000/scsi@6,1/sd@0,0
    1. c0t1d0 <SUN36G cyl 24620 alt 2 hd 27 sec 107>  disk1
       /pci@4,4000/scsi@6,1/sd@1,0
    2. c3t32d0 <SUN9.0G cyl 4924 alt 2 hd 27 sec 133>
       /pci@1f,4000/pci@3/SUNW,qlc@4/fp@0,0/ssd@w21000020371b0baa,0
    3. c3t33d0 <SUN9.0G cyl 4924 alt 2 hd 27 sec 133>
       /pci@1f,4000/pci@3/SUNW,qlc@4/fp@0,0/ssd@w21000020371b0fa9,0

Specify disk (enter its number):
```

Beispiel 5.3. format(1M) Festplattenauswahl

```
Specify disk (enter its number): 0
selecting c0t0d0: mpack
[disk formatted]
Warning: Current Disk has mounted partitions.

FORMAT MENU:
        disk       - select a disk
        type       - select (define) a disk type
        partition  - select (define) a partition table
        current    - describe the current disk
        format     - format and analyze the disk
        repair     - repair a defective sector
        label      - write label to the disk
        analyze    - surface analysis
        defect     - defect list management
        backup     - search for backup labels
        verify     - read and display labels
```

```
        save       - save new disk/partition definitions
        inquiry    - show vendor, product and revision
        volname    - set 8-character volume name
        !<cmd>     - execute <cmd>, then return
        quit
format>
```

Meistbenötigt sind aus der dieser Auswahl die Untermenüs:

disk	Auswahl einer anderen Platte aus der Eingangsliste
type	Auswahl eines Defaultplattenlabels aus der */etc/format.dat*
partition	Anzeige/Modifikation der Partitionstabelle
label	Zurückschreiben der modifizierten Einträge/Partitionierung
inquity	Anzeige der Platteninformation entsprechend scsi(inquiry)
volname	Name der Platte
quit (CTRL-D)	Verlassen des Programms

Nachfolgend sei die Partitionierung einer Festplatte als Mitschrift skizziert. Zur Zeit ist nach obigem Beispiel noch die Platte c0t0d0 selektiert. Es soll die Platte c3t32d0 partitioniert werden, im nachfolgenden Beispiel wird sie selektiert.

```
format> inq
Vendor:   FUJITSU
Product:  MAJ3364M SUN36G
Revision: 0804
format> cur
Current Disk = c0t0d0: disk
<SUN36G cyl 24620 alt 2 hd 27 sec 107>
/pci@4,4000/scsi@6,1/sd@0,0

AVAILABLE DISK SELECTIONS:
    0. c0t0d0 <SUN36G cyl 24620 alt 2 hd 27 sec 107>  mpack
       /pci@4,4000/scsi@6,1/sd@0,0
    1. c0t1d0 <SUN36G cyl 24620 alt 2 hd 27 sec 107>  disk1
       /pci@4,4000/scsi@6,1/sd@1,0
    2. c3t32d0 <SUN9.0G cyl 4924 alt 2 hd 27 sec 133>
       /pci@1f,4000/pci@3/SUNW,qlc@4/fp@0,0/ssd@w21000020371b0baa,0
    3. c3t33d0 <SUN9.0G cyl 4924 alt 2 hd 27 sec 133>
       /pci@1f,4000/pci@3/SUNW,qlc@4/fp@0,0/ssd@w21000020371b0fa9,0

Specify disk (enter its number)[0]: 2
selecting c3t32d0
[disk formatted]
format>
```

Jetzt ist die Platte c3t32d0 ausgewählt. Es folgt die Partitionierung und das eigentlichen “Labeln” um die modifizierten Daten, in diesem Fall die Partitionierung zurück zu schreiben.

```
format> partition

PARTITION MENU:
        0      - change '0' partition
        1      - change '1' partition
        2      - change '2' partition
        3      - change '3' partition
        4      - change '4' partition
        5      - change '5' partition
        6      - change '6' partition
        7      - change '7' partition
        select - select a predefined table
        modify - modify a predefined partition table
        name   - name the current table
        print  - display the current table
        label  - write partition map and label to the disk
        !<cmd> - execute <cmd>, then return
        quit
partition>
```

Im gezeigten "partition"-Menü kann nun die alte Partitionstabelle ausgewählt werden, oder unter Angabe der Partitionsnummer die Größe der Partition gesetzt werden. Per Default ist unter dem Eintrag von Partition "2" die gesamte Platte verfügbar. Die Partition "s2" kann modifiziert werden, wenn die Anzahl der Partitionen knapp wird. Der Veritas Volumemanager beispielsweise wird dann jedoch nicht mehr korrekt mit dieser Platte arbeiten können. Zur Partitionierung

```
partition> print
Current partition table (original):
Total disk cylinders available: 4924 + 2 (reserved cylinders)

Part      Tag  Flag   Cylinders        Size          Blocks
  0      root   wm     0 - 4917       8.42GB    (4918/0/0) 17660538
  1 unassigned  wu     0              0         (0/0/0)           0
  2    backup   wu     0 - 4923       8.43GB    (4924/0/0) 17682084
  3 unassigned  wu     0              0         (0/0/0)           0
  4 unassigned  wu     0              0         (0/0/0)           0
  5 unassigned  wu     0              0         (0/0/0)           0
  6 unassigned  wu     0              0         (0/0/0)           0
  7     stand   wu  4918 - 4923      10.52MB    (6/0/0)       21546

partition> 0
Part      Tag  Flag   Cylinders        Size          Blocks
  0      root   wm     0 - 4917       8.42GB    (4918/0/0) 17660538
```

```
Enter partition id tag[root]:
Enter partition permission flags[wm]:
Enter new starting cyl[0]:
Enter partition size[17660538b, 4918c, 4917e, 8623.31mb, 8.42gb]: 2gb
partition> p
Current partition table (unnamed):
Total disk cylinders available: 4924 + 2 (reserved cylinders)

Part      Tag  Flag    Cylinders        Size            Blocks
  0       root  wm      0 - 1168        2.00GB    (1169/0/0)  4197879
  1 unassigned  wu      0               0         (0/0/0)           0
  2     backup  wu      0 - 4923        8.43GB    (4924/0/0) 17682084
  3 unassigned  wu      0               0         (0/0/0)           0
  4 unassigned  wu      0               0         (0/0/0)           0
  5 unassigned  wu      0               0         (0/0/0)           0
  6 unassigned  wu      0               0         (0/0/0)           0
  7      stand  wu   4918 - 4923       10.52MB    (6/0/0)       21546

partition> 1
Part      Tag  Flag    Cylinders        Size            Blocks
  1 unassigned  wu      0               0         (0/0/0)           0

Enter partition id tag[unassigned]: swap
Enter partition permission flags[wu]:
Enter new starting cyl[0]: 1169
Enter partition size[0b, 0c, 1169e, 0.00mb, 0.00gb]: 2gb
partition> p
Current partition table (unnamed):
Total disk cylinders available: 4924 + 2 (reserved cylinders)

Part      Tag  Flag    Cylinders        Size            Blocks
  0       root  wm      0 - 1168        2.00GB    (1169/0/0)  4197879
  1       swap  wu   1169 - 2337        2.00GB    (1169/0/0)  4197879
  2     backup  wu      0 - 4923        8.43GB    (4924/0/0) 17682084
  3 unassigned  wu      0               0         (0/0/0)           0
  4 unassigned  wu      0               0         (0/0/0)           0
  5 unassigned  wu      0               0         (0/0/0)           0
  6 unassigned  wu      0               0         (0/0/0)           0
  7      stand  wu   4918 - 4923       10.52MB    (6/0/0)       21546
partition> 4
Part      Tag  Flag    Cylinders        Size            Blocks
  4 unassigned  wu      0               0         (0/0/0)           0

Enter partition id tag[unassigned]: home
Enter partition permission flags[wu]:
Enter new starting cyl[0]: 2338
Enter partition size[0b, 0c, 2338e, 0.00mb, 0.00gb]: 2580c
partition> p
```

```
Current partition table (unnamed):
Total disk cylinders available: 4924 + 2 (reserved cylinders)

Part      Tag  Flag   Cylinders        Size           Blocks
  0      root  wm       0 - 1168       2.00GB    (1169/0/0)  4197879
  1      swap  wu    1169 - 2337       2.00GB    (1169/0/0)  4197879
  2    backup  wu       0 - 4923       8.43GB    (4924/0/0) 17682084
  3 unassigned wu       0              0         (0/0/0)           0
  4      home  wu    2338 - 4917       4.42GB    (2580/0/0)  9264780
  5 unassigned wu       0              0         (0/0/0)           0
  6 unassigned wu       0              0         (0/0/0)           0
  7     stand  wu    4918 - 4923      10.52MB    (6/0/0)       21546

partition> label
Ready to label disk, continue? y

partition> ^D
nx1 #
```

Die Partitionsgrößen können auf unterschiedliche Art und Weise angegeben werden. In Tabelle 5.5 sind die Einheiten angegeben, in denen Partitionsgrößen beschrieben werden können. In Beispiel 5.4 ein Auszug aus dem vorhergehenden Beispiel, in dem davon Gebrauch gemacht wurde.

```
Enter partition size[0b, 0c, 2338e, 0.00mb, 0.00gb]: 2gb
Enter partition size[0b, 0c, 2338e, 0.00mb, 0.00gb]: 2580c
```

Beispiel 5.4. Angabe der Partitionsgröße

Kurzform	Einheit
b	Blöcke
c	Cylinder
mb	MegaByte
gb	GigaByte
$	Alles bis zum Ende der Festplatte

Tabelle 5.5. Legende zu Beispiel 5.4

5.5.2 *format.dat*

Das Kommando *format(1M)* bietet im Menüpunkt "Type" an, vordefinierte Plattenlabels zu verwenden. Diese Plattenlabels sind in der Konfigurationsdatei */etc/format.dat* definiert. Diese Konfigurationsdatei ist von ihrer Struktur her recht alt. Sie stammt aus Zeiten, in denen die Festplatten noch mit der Anzahl der Zylinder, Köpfe, Sektoren etc. zu beschreiben waren. Seit Verwendung von embedded Festplattencontrollern wie etwa SCSI sind diese Angaben zumindest verwirrend, stellt doch eine embedded-Controller Festplatte adressierbaren Festplattenplatz unter der Angabe von Blöcken zur Verfügung.

Das Format ist relativ einfach. Ein Eintrag besteht aus zwei Teilen, einem *disk_type*-Teil, der die physikalische Festplatte beschreibt und einem *partition*-Teil, der die Defaultpartitionierung beschreibt. Dabei sind die in den jeweiligen Tabellen 5.6 und 5.7 angegebenen Felder definierbar.

disk_type	
ctrl	Controllertyp, z.B. SCSI
fmt_time	Anzahl der Durchläufe
pcyl	Anzahl der physikalischen Zylinder
ncyl	Anzahl der Datencylinder
acyl	Anzahl der alternate Cylinder
nhead	Anzahl der Köpfe
nsect	Anzahl der Sektoren
rpm	Angabe der Plattendrehzahl

Tabelle 5.6. format.dat: disk_type felder

partition	
disk	Labelname der Festplatte
ctrl	Controllertyp, z.B. SCSI
0 .. 7	Partition, wobei 0: s0 bis 7: s7 angesprochen werden

Tabelle 5.7. format.dat: partition felder

Das Format für die Partitiondaten in Tabelle 5.7 0 .. 7 hat folgenden Aufbau:

```
<Partitionsnummer> <Startcylinder> <Anzahl der Cylinder>
```

Die Datensätze *disk_type* und *partition* werden über den Namen, der gleich nach dem "="-Zeichen anzugeben ist (hier "SUN2.9G"), zusammengeführt. In Beispiel 5.7 wurden die beiden Records gemeinsam dargestellt um dies zu verdeutlichen:

5.5.3 Label per Commandline

Die Benutzung von *format(1M)* für wenige Festplatten ist komfortabel und einfach. Spätestens wenn mehrere Festplatten in einem Plattenarray gleich

```
disk_type = "SUN2.9G" \
  : ctlr = SCSI : fmt_time = 4 \
  : ncyl = 2734 : acyl = 2 : pcyl = 3500 : nhead = 21 : nsect = 99 \
  : rpm = 5400

partition = "SUN2.9G" \
  : disk = "SUN2.9G" : ctlr = SCSI \
  : 0 = 0, 195426 : 1 = 94, 390852 : 2 = 0, 5683986 : 6 = 282, 5097708
```

Listing 5.7. Auszug aus */etc/format.dat*

partitioniert werden sollen, ist die Benutzung von *format(1M)* hinderlich und langsam. Hier empfielt sich die Verwendung zweier Kommandos, die als Voraussetzung einen Handle auf die zu bearbeitenden Festplatten erwarten. Es sind dies:

prtvtoc(1M) Lesen eines Labels (Partitionstabelle) einer Festplatte
fmthard(1M) Schreiben eines Labels auf eine Festplatte
— *ohne jede weitere Warnung!* —

Beide Kommandos setzen root-Rechte voraus.

```
nx1# prtvtoc /dev/rdsk/c0t0d0s0
* /dev/rdsk/c0t0d0s0 (volume "wega_t0") partition map
*
* Dimensions:
*      512 bytes/sector
*      107 sectors/track
*       27 tracks/cylinder
*     2889 sectors/cylinder
*    24622 cylinders
*    24620 accessible cylinders
*
* Flags:
*    1: unmountable
*   10: read-only
*
*                          First     Sector    Last
* Partition  Tag  Flags    Sector     Count    Sector  Mount Directory
       0      2    00          0    8389656   8389655  /
       1      3    01    8389656   16779312  25168967
       2      5    00          0   71127180  71127179
       3     11    01   25168968   45923544  71092511  /usr/local
       7      6    00   71092512      34668  71127179
nx1#
```

Beispiel 5.5. *prtvtoc*

Die Ausgabe erfolgt auf stdout. Sichern kann man das Plattenlabel durch Umlenkung der Ausgabe in eine Datei:

```
prtvtoc /dev/rdsk/c0t0d0s0> vtoc
```

Das so erzeugte File "vtoc" kann nun als Konfigurationsdatei für *fmthard(1M)* dienen, um dieses Label auf eine andere (Spiegel?)-Platte zu schreiben:

```
nx1# fmthard -s vtoc /dev/rdsk/c0t2d0s0
fmthard:  New volume table of contents now in place.
```

Wie gesagt: true Unix, keine Warnung, just do it!

5.5.4 Hinzufügen und Entfernen von Festplatten unter Solaris

Zur Wiederholung:

SOLARIS arbeitet mit einem dynamisch konfigurierten Kern und einem dynamischen Devicefilesystem. Das Anschließen einer Festplatte um diese anschließend nutzen zu können reicht nicht aus. Es ist dem Devicefilesystem mitzuteilen, daß eine neue Festplatte hinzugekommen ist, so daß ein entsprechender Devicenode erzeugt werden kann. Dies kann auf unterschiedliche Weise bewerkstelligt werden:

- Durch einen Neuboot der Maschine mit dem Bootkommando
  boot -r
  auf dem ok-Prompt.
- Durch einen Rekonfigurations-Reboot, indem zuerst ein *touch /.reconfigure* ausgeführt wird, und anschließend das Kommando *reboot* ausgeführt wird.
- Durch einen Reboot mit Übergabe der *-r*-Option an *boot*:
  reboot – -r
- Ohne jegliche Systemunterbrechung durch Aufruf des Kommandos
  devfsadm

Wenn eine Festplatte aus der Systemkonfiguration zu entfernen ist, so ist sie physikalisch aus dem System zu lösen (auszubauen, elektrisch abzukoppeln) und anschließend ist das Kommando *devfsadm -C* zur Bereinigung der Devicenodes auszuführen.

5.6 Administration von Filesystemen

Rolf M Dietze

Unter Filesystemadministration wird hier die Erstellung, Parametermanipulation als auch die Integritätsprüfung verstanden. Die Benutzung von Filesystemen ist Bestandteil der Beschreibung von *mount(1M)* im Kapitel 5.6.4.1, die Grundlagen und der Aufbau sind in Kapitel 5.1.1 ab Seite 104 beschrieben.

Es wird an dieser Stelle auf das ufs+, das logging Filesystem, das seit SOLARIS 7 verfügbar ist, eingegangen, obwohl die Einstellung und Nutzung durch eine Option beim *mount(1M)*-Aufruf gegeben wird.

5.6.1 Erzeugung eines Filesystems, *newfs*

Zur Erzeugung eines Filesystems auf einem Blockdevice, (Festplatte, Raidvolume, lofi-File) ist dessen Rawdevice anzugeben. Das Kommando *newfs(1M)* ist ein vereinfachendes Frontend zum eigentlichen *mkfs(1M)*-Kommando, welches das Filesystem erzeugt. *newfs(1M)* unterstützt daher alle *mkfs(1M)*-Optionen

```
nx1# newfs /dev/rdsk/c0t1d0s6
newfs: /dev/rdsk/c0t1d0s6 last mounted as /global/.devices/node@1
newfs: construct a new file system /dev/rdsk/c0t1d0s6: (y/n)? y
/dev/rdsk/c0t1d0s6:      410238 sectors in 142 cylinders ↙...
      ↪ of 27 tracks, 107 sectors
        200.3MB in 9 cyl groups (16 c/g, 22.57MB/g, 10816 i/g)
super-block backups (for fsck -F ufs -o b=#) at:
 32, 46368, 92704, 139040, 185376, 231712, 278048, 324384, 370720,
```

Beispiel 5.6. newfs

Im Beispiel 5.6 ist ein Filesystem von 200MB erzeugt worden, aufgelistet wurden der Superblock und seine Backupkopien, die für *fsck(1M)* dann interessant werden wenn der erste Superblock defekt ist.

So das Filesystem nicht mit Optionen erzeugt wurde, die vom Default abweichen (inode-Zahl, Blockgröße etc.), kann auf ein x-beliebiges UFS-Filesystem ein *newfs*-Lauf mit der Option *-N* angesetzt werden, ohne die neue Superblockinformation tatsächlich zu schreiben. Dies ist ein Weg, die Positionen der Backupblöcke bei korrupten Filesystemen zu erkunden, da selten jemand mitschreibt, welche Backupblöcke geschrieben wurden.

Das Kommando *fsck(1M)* unterstützt weitere Optionen zur Anpassung des zu erzeugenden Filesystems an die gewünschten Vorgaben. Hierbei ist jedoch dringend zu beachten, daß solche vom Default abweichenden Einstellungen dokumetiert werden, da im Wartungsfall durch eine falsche Behandlung des Filesystems der Inhalt unwiederbringlich verloren ist. Dies betrifft insbesondere Optionen zur Blockgröße, Anzahl der Bytes per Inodes etc. Es ist unkritisch die Optimierung auf Geschwindigkeit oder Platz oder *Minfree/* umzusetzen, was auch jederzeit nachträglich modifiziert werden kann. Siehe hierzu der Abschnitt zu *tunefs(1M)*, 5.6.2.

Hier jedoch einige Optionen, die in Spezialfällen Verwendung finden:

- *-T* Modifiziert Parameter, so daß eine Vergrößerung des Filesystems über ein Terabyte möglich ist. Insbesondere wird die Fragmentgröße auf die Blockgröße hochgesetzt, so daß keine Fragmente mehr geschrieben werden.
- *-m* Minimum an reserviertem Platz, ab welchem Filesystemfüllstand nonroot-Benutzer nicht mehr schreiben können.

-*opt* Optimierung [space,time]
-*v* Verboseausgabe der Parameter an *mkfs*

5.6.2 Nachträgliche Modifkation von Parametern, *tunefs*

Soll nun nachträglich eine Option des Filesystems modifiziert werden, so geht das, nicht bei allen Optionen, mit dem Kommando *tunefs(1M)*. Im nachfolgenden Beispiel 5.7 wird beispielsweise der Parameter für Minfree auf 2% gesetzt. Minfree ist die Größe, die angibt, wieviel Freespace im Filesystem gehalten werden muß. um bei einem vollen Filesystem noch Platz für Filesystemarbeiten für den root-User zu haben. Minfree schränkt damit ab einem gesetzten Füllstand ein, ab wann nonroot-User keine Files mehr schreiben können.

```
nx1# tunefs -m 2 /dev/rdsk/c0t0d0s6
```

Beispiel 5.7. tunefs

5.6.3 Integritätscheck, *fsck*

Eine der Grundaufgaben eines Administrators ist die Pflege von Filesystemen. Wenn ein Filesystem auffällig langsam wird, Dateien "verschwinden", Operationen etwas "hakeln", dann kann es notwendig werden, das darunter liegende Filesystem zu überprüfen. Dies kann bei defekten Platten, Controllern, etc. liegen. Bei jedem Systemboot wird eine Filesystemüberprüfung durchgeführt, es sei denn, das Filesystem ist als loggendes Filesystem konfiguriert.

Da die Organisation der Daten innerhalb eines Filesystems je nach Filesystemtyp erhebliche Unterschiede aufweisen kann gibt es für jeden überprüfbaren Filesystemtyp einen eigenen fsck, der über die Option -*F* selektiert wird.

Eine Filesystemüberprüfung kann ausgeführt werden unter Angabe des so genannten Raw-Devices. Wird *fsck(1M)* aufgerufen, ohne daß das zu überprüfende Filesystem angegeben wird, werden alle in der */etc/vfstab*, siehe Abschnitt 5.6.4.3 aufgeführten Filesysteme überprüft. Das Programm *fsck(1M)* kann interaktiv gefahren werden, wobei jeder Filesystemdefekt angezeigt wird und gefragt wird, oder er repariert werden soll, oder nicht-interaktiv unter Angabe der Option -*y*, was gleichbedeutend mit einem "yes" auf alle Anfragen von *fsck(1M)* ist. Die Angabe des Mountpunktes entsprechend des Eintrages in der */etc/vfstab* wird von *fsck(1M)* unter Zuhilfenahme der */etc/vfstab* expandiert, d.h. das device-to-check wird geprüft.

Defekte Filesysteme, die repariert und damit modifiziert werden müssen, dürfen während der Reparatur nicht aktiv sein (filesystem busy). Diese Bedingung ist für fast alle Filesysteme, wenn auch mit Aufwand bzw. Downtime verbunden, realisierbar. Lediglich die Reparatur des root-Filesystems gestaltet sich schwieriger, da es bei laufendem System immer aktiv sein wird.

In Beispiel 5.8 sei hier die Überprüfung mit automatischer Reparatur aufgeführt. Mit Einführung der Shadow Inodes ist eine weitere Phase hinzugekommen in der die Konsistenz und Zuordnung der ACLs überprüft wird.

```
nx1# fsck -y  /dev/rdsk/c0t1d0s6
** /dev/rdsk/c0t1d0s6
** Last Mounted on
** Phase 1 - Check Blocks and Sizes
** Phase 2 - Check Pathnames
** Phase 3a - Check Connectivity
** Phase 3b - Verify Shadows/ACLs
** Phase 4 - Check Reference Counts
** Phase 5 - Check Cyl groups
2 files, 9 used, 192781 free (21 frags, 24095 blocks, ↙...
    ↪ 0.0% fragmentation)
```

Beispiel 5.8. fsck mit automatischer Reparatur

Sollte der Superblock defekt sein, so kann alternativ wie in Beispiel 5.9 auch der zu verwendende Backupblock unter Angabe der Blocknummer mit Hilfe der Option `-b=` angegeben werden.

```
nx1# fsck -y -o b=92704 /dev/rdsk/c0t1d0s6
Alternate super block location: 92704.
** /dev/rdsk/c0t1d0s6
** Last Mounted on
** Phase 1 - Check Blocks and Sizes
** Phase 2 - Check Pathnames
** Phase 3a - Check Connectivity
** Phase 3b - Verify Shadows/ACLs
** Phase 4 - Check Reference Counts
** Phase 5 - Check Cyl groups
2 files, 9 used, 192781 free (21 frags, 24095 blocks, ↙...
    ↪ 0.0% fragmentation)

***** FILE SYSTEM WAS MODIFIED *****
```

Beispiel 5.9. Verwendung einer Kopie des Superblockes durch *fsck*

Hier wurde das Filesystem modifiziert, da der *fsck*-Lauf von einem alternativen (Backup)-Superblock aus durchgeführt wurde und nach dem Durchlauf der Superblock mit den Informationen des Backupsuperblocks korrigiert wird. Im gezeigten Beispiel 5.9 war dies jedoch gegenstandslos, da das Filesystem neu und leer war.

Wenn bei bei einem *fsck*-Lauf Fehler angezeigt und korrigiert wurden, dann muß *fsck* auf jeden Fall danach noch einmal aufgerufen werden. Dies ist nötig, weil *fsck* nicht unbedingt alle Fehler bei einem Durchlauf finden kann und bei dem Versuch extrem zerstörte Filesysteme zu reparieren durchaus auch andere Probleme erzeugen kann.

Wenn ein Filesystem gecheckt werden soll das eine noch nicht abgearbeiten Log enthält, dann mountet *fsck* dieses Filesystem zunächst read-only auf einem temporären Mountpunkt (z.B. /tmp/.rlg.123456/.rlg.123456) was den den Betriebssystemkern dazu veranlaßt den Log-Inhalt abzuarbeiten. Dies kann unter Umständen ziemlich lange dauern. Wird zu diesem Zeitpunkt *fsck* durch `^C` abgebrochen, dann bleibt das Filesystem auf diesem temporärem Mountpunkt gemountet und muß manuell abgemountet werden bevor ein weiterer *fsck* Lauf möglich ist.

5.6.4 Mount und Umount von Filesystemen

Ein grundlegender Mechanismus auf einer UNIX-Plattform ist die Erreichbarkeit oder Präsenz aller Geräte, Partitionen, etc. im Filesystem. So sind die auf einer Festplatte liegenden Filesysteme, die beispielsweise die Heimatverzeichnisse für die Benutzer enthalten, als auch die auf einer anderen Platte liegenden Dokumentationsdateien nur dann erreichbar, wenn sie in dem Gesamtfilesystem ab dem root-Verzeichnis / erreichbar beziehungsweise sichtbar sind. Dazu müssen sie "gemountet" werden.

Der Vorgang des Mountens von Filesystemen sei an dem oben angesprochenen Beispiel vorgeführt:

Es sollen die Filesysteme der Benutzer und die der Dokumentation unter */export/home* und */export/docs* gemountet werden. Es sei angenommen, daß die Homeverzeichnisse auf /dev/dsk/c1t0d0s2 liegen und die Dokumentation auf /dev/dsk/c1t1d0s2 liegt. Damit sei die Startsituation wie folgt visualisiert:

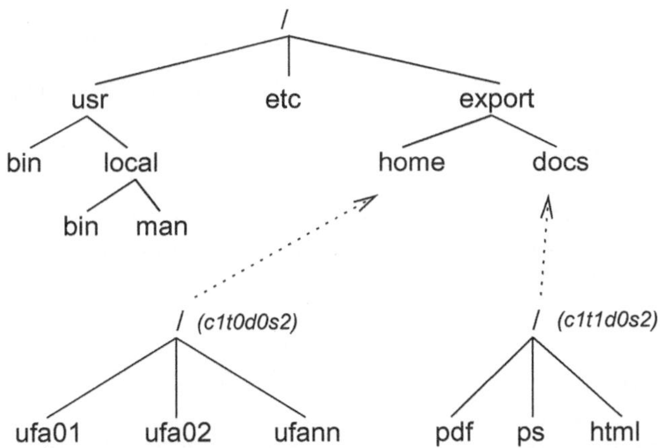

Abb. 5.10. Filesystem /, home und doc nicht gemountet

1. Zunächst wird /export/docs *readonly* gemountet:

```
nx1# mount -o ro /dev/dsk/c1t1d0s2 /export/docs
```

   Ein nochmaliger Aufruf von *mount(1)* zeigt das Ergebnis, auch visualisiert in Abbildung 5.11.

```
nx1# mount
...
/export/docs on /dev/dsk/c0t1d0s2 read/setuid/intr/         ↙...
       ↪ largefiles/xattr/onerror=panic/dev=80001e          ↙...
       ↪ on Wed Mar 31 10:11:16 2002
...
```

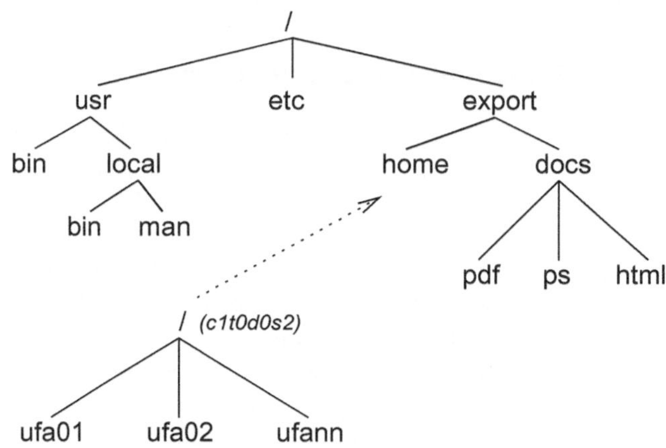

Abb. 5.11. fs: docs gemountet

2. Als nächstes ist */export/home* mit Filesystemlog zu mounten:

```
nx1# mount -o logging /dev/dsk/c1t0d0s2 /export/home
```

   Ein nochmaliger Aufruf von *mount(1)* zeigt das Ergebnis, visualisiert in Abbildung 5.12.

```
nx1# mount
...
/export/home on /dev/dsk/c1t0d0s2 read/write.setuid/intr/         ↙...
       ↪ largefiles/xattr/logging/onerror=panic/dev=800012        ↙...
       ↪ on Wed Mar 31 10:11:16 2002
...
```

5.6.4.1 mount

Das Kommando *mount(1M)* wird benutzt, um Filesysteme zu mounten, das Kommando *umount(1M)* um Filesysteme wieder aus dem Dateibaum herauszunehmen. Sofern das Verzeichnis, in das der Dateibaum hineingemountet

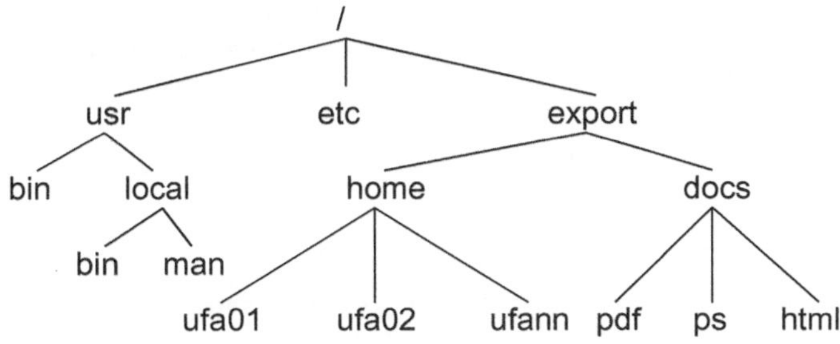

Abb. 5.12. fs: home gemountet

wird bereits Daten enthält, so werden diese durch den Mountvorgang überlagert, und sind während der Dauer des Mountes nicht sichtbar. Bereits offene Filehandles auf diese Daten sind jedoch für die Prozesse, die diese Filehandles halten weiter zugänglich, bis zu dem Moment in dem der Prozess, der sie geöffnet gehalten hat diese Filehandles schließt.

5.6.4.2 mnttab

Seit SOLARIS 8 ist die Datei */etc/mnttab* zur Erhaltung der Konsistenz als Memoryfilesystem unter Kernelkontrolle implementiert. Damit ist vor einem Mount des Filesystems *mnttab* keine Übersicht über gemountete Filesysteme gegeben (*df -k, mount*, etc). Sofern */etc/mnttab* mittels *umount* dem Zugriff entzogen wird, beispielsweise aufgrund eines fehlerhaften administrativen Scriptes, so liefern daher diese Kommandos keine Ausgabe zurück, die gemounteten Filesysteme sind jedoch weiterhin vorhanden, auch können weiterhin mounts erfolgreich durchgeführt werden. Das Kommando *umount* ist ebenfalls in der Lage Filesysteme unzumounten, warnt jedoch, daß der erwartete Eintrag in der */etc/mnttab* nicht vorhanden ist. In Beispiel 5.11 ist dieses Verhalten gezeigt. Da verschiedene systemrelevante Scripte, z.b. gesteuert durch *smf* auf die durch die */etc/mnttab* gewonnenen Informationen über gemountete Filesysteme angewiesen sind, wird davon abgeraten dieses Experiment auf einem Produktivsystem durchzuführen.

5.6.4.3 */etc/vfstab*

Vorweg die Erklärung einer Resourcedatei, die in tabellarischer Form alle zu mountenden Filesysteme enthält, einen Key, ob ein Filesystem während des Bootvorgangs gemountet werden soll und auf welchen raw/cooked Devices die Filesysteme liegen.

Ohne vollständige Angabe der zu mountenden Platte greift *mount(1M)* auf die */etc/vfstab* zu, um Sourcepath, Targetpath und Mountoptionen zu ermitteln. Die */etc/vfstab* wird während des Systemboots ausgelesen und beschreibt, welche Filesysteme wie, wohin und mit welchen Optionen gemountet

```
nx1# df /etc/mnttab
Filesystem            kbytes    used   avail capacity  Mounted on
mnttab                     0       0       0     0%    /etc/mnttab
nx1# umount /etc/mnttab
nx1# mount /dev/lofi/1 /mnt/
nx1#ls /mnt
lost+found/
nx1# umount /mnt
umount: warning: no entries found in /etc/mnttab
nx1#ls /mnt
nx1#df
nx1#
```

Beispiel 5.11. Systemverhalten ohne */etc/mnttab*

werden sollen. Dazu wird ein Shellscript ausgeführt, was alle Filesysteme die in */etc/vfstab* stehen und deren Mount-at-Boot-Feld auf "yes" steht mountet: */bin/mountall*

Zum Aufbau der */etc/vfstab*, Diese Datei enthält in jeder Zeile ein zu mountendes Filesystem. Jede Zeile besteht aus 7 Feldern, durch Leerzeichen oder TABs getrennt. Ihre Bedeutung wird an einem Beispiel in Tabelle 5.8 gezeigt und mit nachfolgender Tabelle 5.9 erläutert.

#device	device	mount	FS	fsck	mount	mount
#to mount	to fsck	point	type	pass	at boot	options
/dev/dsk/c0t0d0s0	/dev/rdsk/c0t0d0s0	/	ufs	1	no	logging
/dev/dsk/c0t0d0s3	/dev/rdsk/c0t0d0s3	/usr/local	ufs	2	yes	logging

Tabelle 5.8. Auszug /etc/vfstab

Feld	Kommentar	Bedeutung
1	device to mount	cooked Device, das gemountet werden soll
2	device to fsck	raw Device, durch *fsck(1M)* zu prüfen
3	mount point	Mountpunkt im Filesystem
4	FS type	Filesystemtyp (ufs, pcfs, hsfs, tmpfs)
5	fsck pass	Wann soll das Filesystem gecheckt werden
6	mount at boot	Soll das Filesystem zur Bootzeit gemountet werden
7	options	Mountoptionen

Tabelle 5.9. Bedeutung der Felder aus Tabelle 5.8

- Felder 1, 2, 3, 4 erklären sich von selbst.

- Feld 5: Gibt durch einen ganzzahligen Wert an, wann während der Bootphase ein Filesystem zu überprüfen ist. Alle Filesysteme mit gleicher Nummer werden gleichzeitig überprüft, in der durch den numerischen Wert angegebenen Reihenfolge. Vorsicht also, wenn z.B. c0t0d0s0 und c0t0d0s3 auf z.B. "1" stehen: Dies bedeutet, daß beide Filesysteme gleichzeitig überprüft werden, auf der gleichen Plattenspindel!
- Feld 6: (mount at boot) steht für die Filesysteme / und */usr* auf no, da sonst während des Bootvorganges eine Fehlermeldung auftritt, daß das Filesystem schon gemountet ist. Zur Beschreibung siehe hier auch Kapitel 4 SOLARIS Systemstart: / und */usr* werden bereits während der initialen Bootphase gemountet und sind in dem Moment, in dem *mountall(1M)* alle in der */etc/vfstab* gelisteten Filesysteme mounten will, bereits vorhanden und aktiv.
- Feld 7: Eine kommaseparierte Liste von Mountoptionen
  per Default read/write, setuid, intr, largefile, onerror=panic
  : setuid: setuid-Executables können die uid umsetzen
  : logging: Einschalten des Filesystemlogs
  : forcedirectio: FS-Cache umgehen, z.B. bei Datenbanken

Im weiteren sei hier wieder auf die Manualpage verwiesen.

5.6.4.4 *mount(1M)* im Detail

Das Kommando *mount(1M)* überlädt einen für das jeweils zu mountende Filesystem spezialisierten Mount. So gibt es für jeden Filesystemtyp unter */usr/lib/fs* ein Mount-/Unmountkommando, das ausgeführt wird, wenn erkannt wurde, was für ein Filesystemtyp gemountet/umountet werden soll:

/usr/lib/fs/$FSTyp/[mount,umount]

Dazu kommen filesystemspezifische Kommandos für Live-Update, showmount etc.

Für den Administrator reduziert sich diese Vielfalt technisch auf den Aufruf von

```
mount [-F <fstyp>] /SourcePath /TargetPath
```

Da bei SOLARIS im Filesystemheader die IO-Primitiven des jeweiligen Filesystems bzw. bei nicht-Solaris Filesystemen im Filesystemtreiber enthalten sind, ist es oftmals nicht notwendig, den Filesystemtyp bei Verwendung des Kommandos *mount(1M)* mit anzugeben:

```
nx1# mount /dev/dsk/c0t1d0s0 /mnt
nx1# mount /dev/dsikette0 /pcdiskette
nx1# mount nfsserver:/export/doc /usr/doc
```

Eine weitere Form des Aufrufs von *mount(1M)* ergibt sich, wenn für den gewünschten Mount ein Eintrag in der */etc/vfstab* vorhanden ist. Sei z.B. in der sl /etc/vfstab zusätzlich zu den standardmäßigen Einträgen der Eintrag:

```
/dev/dsk/c0t0d0s3 /dev/rdsk/c0t0d0s3 /usr/local ufs 2 yes logging
```

vorhanden, so reicht der Aufruf von:

```
nx1# mount /usr/local
```

um */usr/local* read/write und logging von */dev/dsk/c0t0d0s3* zu mounten.

Es ist möglich, einem gemounteten Filesystem ohne es zu umounten, Mountoptionen nachträglich zuzuschalten. Das geht mit dem Subkommando *remount* etwa wie folgt:

```
nx1# mount -o rw,remount /export/home
```

Hier wird bei gemountetem Filesystem */export/home* nachträglich die Schreiboption gesetzt. Verifizierbar sind gesetzte Mountoptionen durch den options- und parameterfreien Aufruf von *mount(1M)*:

```
nx1# mount
.....
/export on /dev/dsk/c1t0d0s2 read/write/setuid/intr/largefiles/
logging/xattr/onerror=panic/dev=1540064 on Mon Apr  5 17:29:40 2004
```

Gleiches gilt für Optionen wie logging, directio etc.

5.6.4.5 *umount*

Um ein Filesystem zu umounten, muß es inaktiv sein, d.h. es dürfen keine Prozesse laufen, die dieses Directory als *current working directory* nutzen. Dies sind häufig Prozesse, die von einer interaktiven Shell gestartet worden sind während der Benutzer sich gerade in diesem Verzeichnis "aufhielt", d.h. während es das zu dem Zeitpunkt gültige *current working directory* der Shell war[13]. Es dürfen auch keine NFS-Freigaben gesetzt sein, da das Filesystem sonst aktiv ist. Ein umount wird mit dem Kommando *umount(1M)* unter Angabe des absoluten Pfades im Filesystem durchgeführt:

```
nx1# umount /export/home
```

Es kommt immer wieder vor, daß ein Prozeß läuft, der in einem Verzeichnis gestartet wurde, das umountet werden sollte. Damit ergeben sich zwei Fragen:

Wie heißt der Prozess, der in dem betreffenden Filesystem gestartet wurde?
Wie lassen sich Jobs terminieren, die das betreffende Verzeichnis aktiv halten?

So der gestartete Prozeß greifbar ist, läßt er sich mit dem Kommando *fuser(1M)* finden und terminieren.

[13] Daemon-Prozesse wechseln aus diesem Grund prinzipiell ihr Arbeitsdirectory nach */*.

```
nx1# fuser /export/home      # Welche Prozesse arbeiten in /export/home
0242c 3456c 1134c
nx1# fuser -k /export/home # so wird man sie z.B. los
```

Wenn ein Filesystem nicht umountbar ist (Filesystem busy) und mit *fuser(1)* aktive Prozesse nicht erkennbar oder nicht terminierbar sind, so kann mit einer Option der umount forciert werden:

```
umount -f <filesystem>
```

5.6.4.6 Zusammenfassend zu Mountoperationen

- Filesysteme müssen an einem Mountpunkt gemountet sein, um verfügbar zu sein.
- Ein Mountpunkt ist typischerweise ein Verzeichnis, bei einen Spezial-Filesystemen sind auch andere Filetypen denkbar.
- Ist das Verzeichnis nicht leer, dann werden die im Verzeichnis vorhandenen Dateien durch den Mount Unsichtbar.
- Mountpunkte werden immer mit absoluten Pfaden angegeben
- Mountpunkte dürfen im Moment des umount nicht *busy* sein.
- An einem Mountpunkt (Directory) kann immer nur ein Filesystem gemountet werden[14].
- Es wird beim Mount festgelegt, ob ein Filesystem beschrieben werden darf, oder nur zum Lesen verfügbar ist.
- Weitere Optionen während des Mountvorganges können das Verhalten des Filesystems ändern (logging, largiles, etc.)
- Das Arbeiten in Filesystemen unterschiedlicher Typen (ufs, hsfs, nfs, pcfs) ist für den Benutzer transparent, d.h. das Userinterface ändert sich nicht.

5.7 Aufbau des Filesystem Trees

Tatjana S Heuser

Das Filesystem wird durch eine Baumstruktur repräsentiert. Ausgehend vom *root*-directory, repräsentiert durch den /, gliedert sich das Dateisystem in einzelne Knoten, die ihrerseits zu weiteren Knoten verzweigen können.

Ein Auszug aus einem typischen UNIX–Filesystem ist in Abb. 5.13 zu finden.

Regel:

Jeder Knoten darf nur einen Vorgänger haben.

---

[14] Eine Ausnahme hierzu stellte das *Translucent Filesystem (tfs)* dar, siehe hierzu Abschnitt 5.2.7.

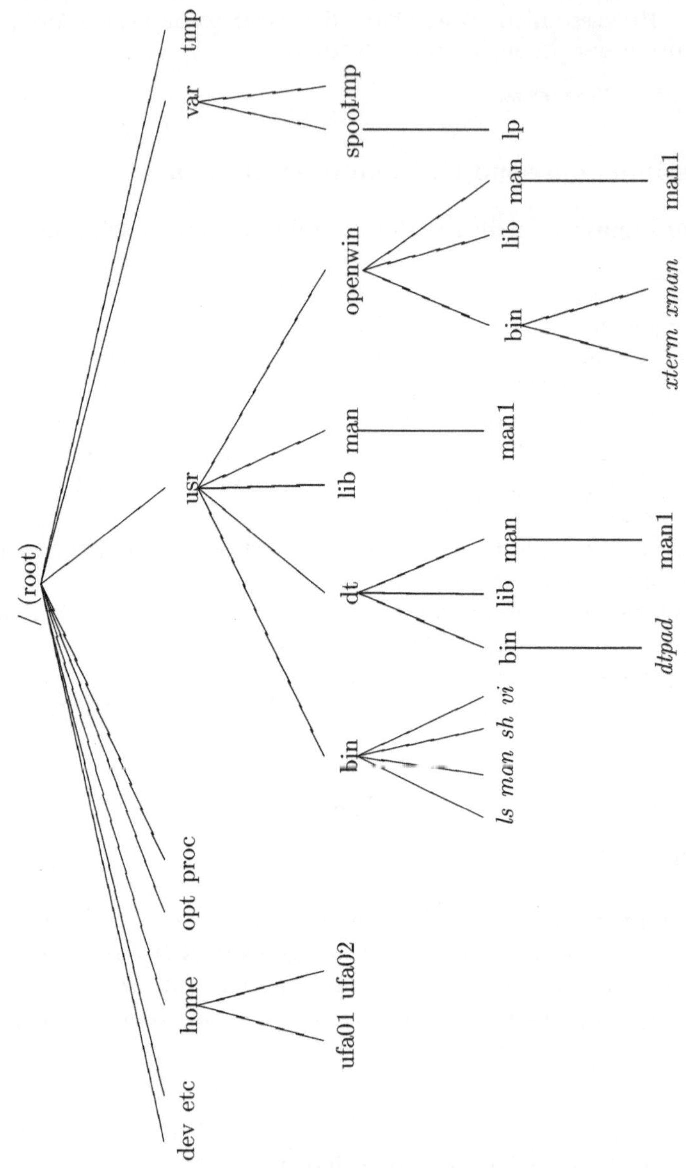

Abb. 5.13. UNIX–Filesystem: Benutzersicht

5.7.1 Directories

Die hierarchische Struktur des Filesystem Trees ergibt sich aus der Information in den Datenblöcken dieser Knoten vom Typ *d*, für *directory*. Ein Directory enthält eine Liste von Dateinamen, und einen Zeiger auf den Index Eintrag des dazugehörigen Files in der inode–Tabelle. Um herauszufinden welchen Typ der referenzierte Knoten hat, muß daher der dazugehörige Index Eintrag gelesen werden.

Da auf diese Art Inhalt und Verzeichniseintrag voneinander getrennt sind, ist es möglich und zulässig, zusätzliche Verzeichniseinträge für andere Files anzulegen, um unter anderem Namen auf sie zugreifen zu können. Hierzu wird ein neuer Verzeichniseintrag im Directory generiert, der auf den selben inode verweist. Ein solcher, sogenannter *hard link*, ist vom originalen Directoryeintrag im Nachhinein nicht zu unterscheiden. Die Anzahl der Hard Links auf einen Knoten wird in seinem Link Count (siehe das Feld *nlinks* im inode, beschrieben unter 5.1.1.2.10 auf Seite 109), mitgeführt.

Um die strukturelle Integrität des Filesystems nicht zu gefährden sind solche Links auf Directories nicht zulässig. Es gibt jedoch die Sonderformen `.` und `..`, als integralen Bestandteil der Filesystemstruktur mit definierter Bedeutung:

. ist ein Verzeichniseintrag (innerhalb der Datenblöcke des Directories), der auf den inode des Directories selbst verweist.

.. ist ein Verzeichniseintrag, der auf den inode des Vorgängers, des *parent directories* zeigt.

5.7.2 Directories und Pfade

Ein Knoten, der weitere Knoten enthalten kann, wird *Directory*, im Deutschen auch Verzeichnis, genannt. Aus Sicht der enthaltenen Knoten wird das übergeordnete Directory *parent directory* genannt. Jedes Directory hat genau ein *parent directory*, in der Graphik 5.13 durch den nach oben verbundenen Knoten dargestellt. Das *parent directory* von `ufa01` ist `home`, das von `home` ist `/`, und das von `/` ist, um dieser Struktur zu genügen, wieder `/`.

5.7.3 Absolute und relative Pfadangaben

Da jedes Directory vom dazugehörigen *parent directory* aus eindeutig zu finden ist, erfolgt die Adressierung über eine Pfadangabe. Ausgehend vom obersten *directory* `/`, über den jeweiligen Nachfolger bis hin zum gesuchten Knoten werden die Namen der *directories* hintereinander geschrieben. Als Trennzeichen wird ein `/` verwandt. Das Directory `ufa01` aus Abbildung 5.15 wird daher über `/export/home/ufa01` angesprochen.

Eine Pfadangabe, die mit dem root directory startet, wird als absolute Pfadangabe *(absolute path)* bezeichnet, da die Position eines directories oder

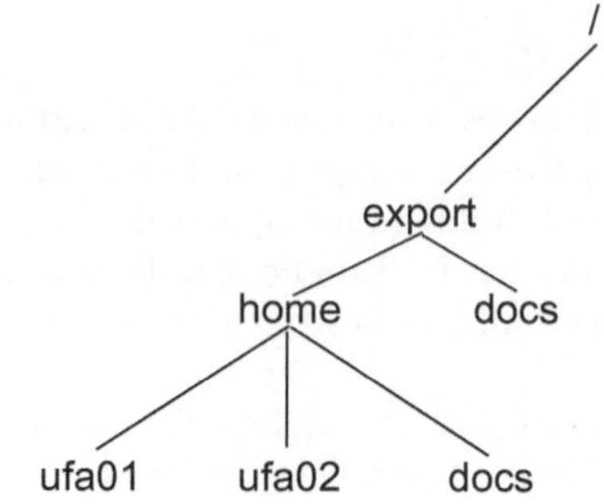

Abb. 5.14. Kleiner Filesystemausschnitt

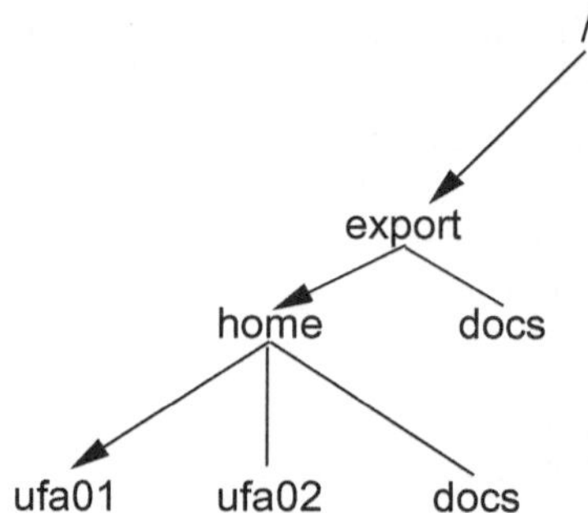

Abb. 5.15. UNIX–path: /export/home/ufa01

einer Datei im Filesystem hierdurch eindeutig beschrieben ist. Ein absoluter Pfad ist daher immer am führenden / zu erkennen.

Ein Benutzer, beziehungsweise seine Prozesse nehmen im Filesystem zu jeder Zeit einen definierten Standpunkt innerhalb eines Directories ein. Ausgehend von dieser Position kann der Pfad zu einem anderen Directory oder einer Datei auch relativ beschrieben werden. Als Startpunkt für relative Pfadangaben dient der Eintrag . im aktuellen Directory, der das Directory zeigt, in dem er selbst steht.

Aus Sicht eines Benutzers dessen aktuelles Verzeichnis gerade /export/home ist, d.h. der in obiger Graphik 5.15 auf dem Wort „home“ steht, kann er das Verzeichnis `ufa01` auch relativ zu seiner aktuellen Position als „ufa01“ ansprechen. In dieser Form geht das jedoch nur für nachfolgende Knoten. Aus diesem Grund gibt es einen Weg auf dem das übergeordnete Verzeichnis, das *parent directory*, wie ein untergeordnetes Verzeichnis angesprochen werden kann. Dies wird über den Eintrag .. erreicht, der per Definition immer auf das *parent directory* verweist.

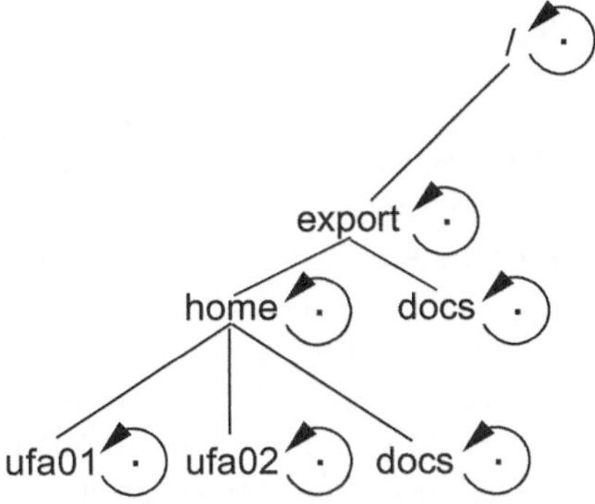

Abb. 5.16. UNIX–path: .

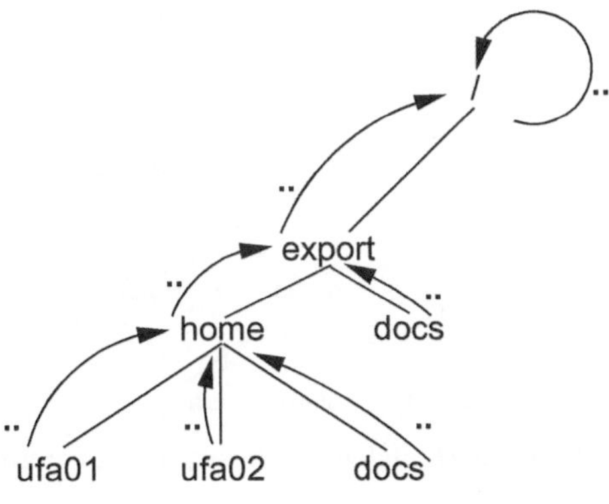

Abb. 5.17. UNIX–path: ../../..

Zusammenfassung:

In jedem Directory lassen sich zwei administrative Einträge finden, . und . ., wobei

- der Eintrag . auf das Directory selbst, und
- der Eintrag . . auf das Parent Directory verweist.

Beim ufs sind dies *hard links*, bei neueren Filesystemen werden diese Einträge aber typischerweise nur emuliert.

Ausgehend von dem Directory *ufa01* kommt man daher mit der Pfadangabe . . ein Directory höher, nach *home*, und von dort wiederum mit . . nach *export*, und von *export* mittels . . nach /. Da das übergeordnete Directory aus Sicht des Nachfolgers immer . . heißt, kann der gesamte Weg von *ufa01* nach / als . . / . . / . . angegeben werden.

Verständnisfragen

Es hat sich vor allem für Umsteiger von anderen Betriebssystemen immer wieder als entscheidend herausgestellt, die Navigation im UNIX-Dateisystem sicher zu beherschen. Da die eigene Vorstellung entscheidend durch die verwendeten Metaphern im Umgang mit zuvor genutzten Betriebssystemen geprägt werden, kann hier eine grundlegende Quelle für Mißverständnisse und Unsicherheiten im täglichen Umgang mit UNIX Filesystemen und Betriebssystemstrukturen liegen. Aus diesem Grund ist dieser Abschnitt (5.7) vergleichsweise ausführlich gestaltet, um auch als Anleitung und Arbeitsmaterial beispielsweise für die Einführung neuer Mitarbeiter genutzt werden zu können. Die nachfolgenden Bewegungen innerhalb des kleinen Filesystemausschnittes aus Abbildung 5.18 sollten inzwischen keine Schwierigkeiten mehr bereiten,die Lösungen stehen auf Seite 171.

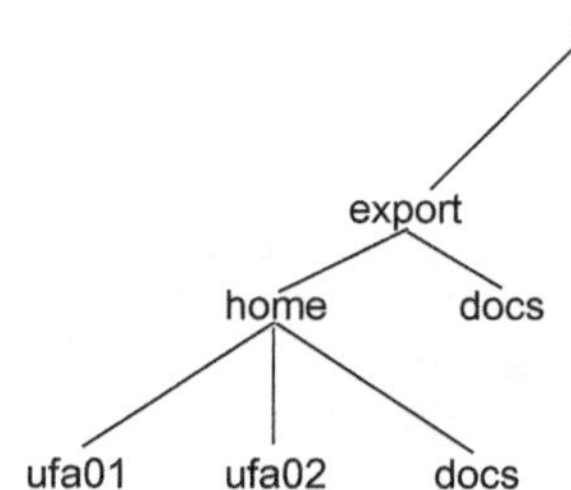

Abb. 5.18. Kleiner Filesystemausschnitt

1. Wie heißt der Weg von *ufa02* nach */*?

2. Wohin führt, ausgehend vom Directory *ufa01*, der relative Pfad `../../docs`?

3. Wohin führt, ausgehend vom Directory *home*, der relative Pfad `../docs`?

4. Wohin führt, ausgehend vom Directory *home*, der relative Pfad `./docs`?

5. Wohin führt, ausgehend vom Directory *ufa01*, der relative Pfad `../../../../..`?

Lösungen zu den Verständnisfragen

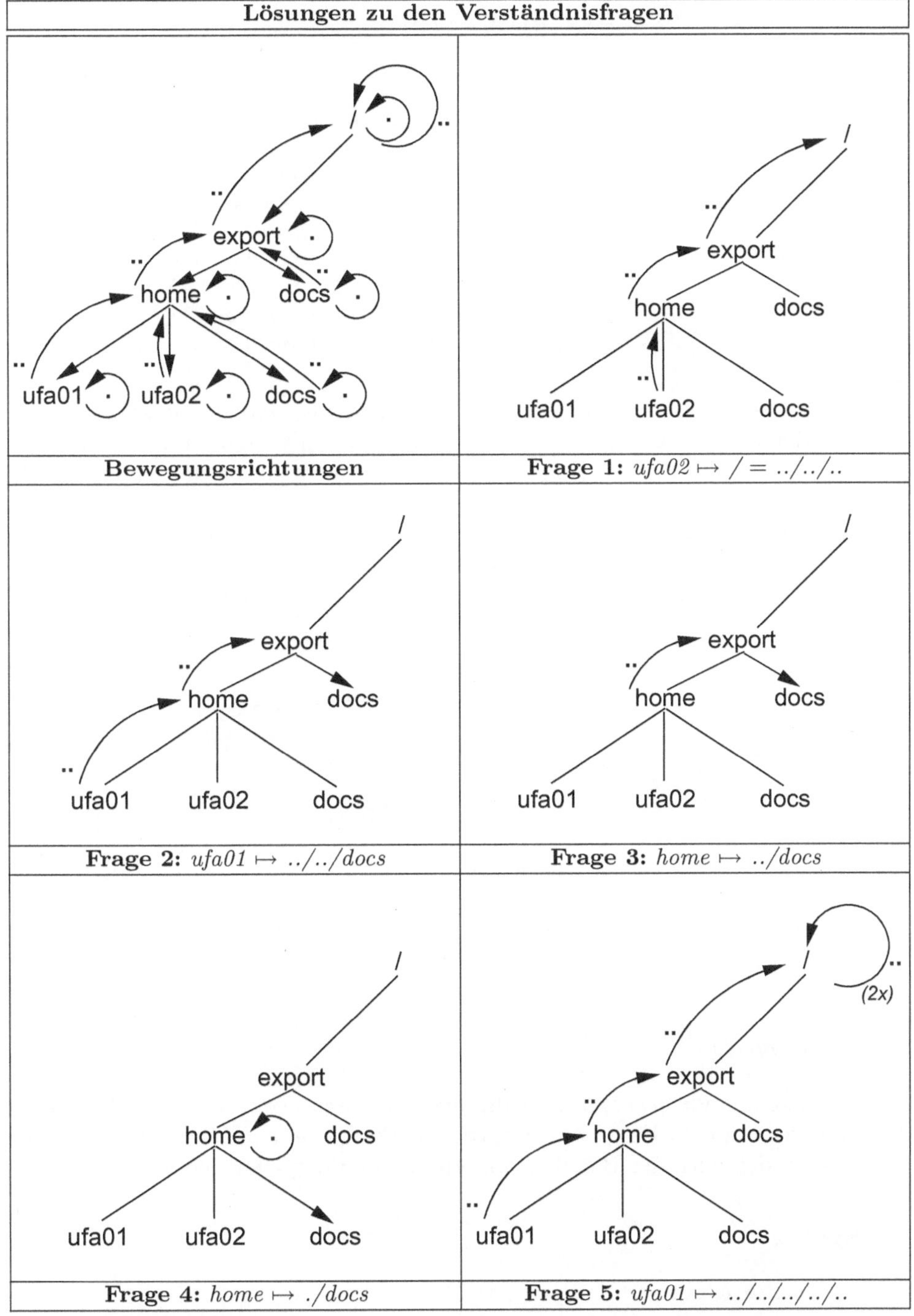

Bewegungsrichtungen

Frage 1: *ufa02* ↦ / = ../../..

Frage 2: *ufa01* ↦ *../../docs*

Frage 3: *home* ↦ *../docs*

Frage 4: *home* ↦ *./docs*

Frage 5: *ufa01* ↦ ../../../../..

Tabelle 5.10. Lösungen zu den Verständnisfragen von Seite 170

5.8 Navigation im Filesystem

Tatjana S Heuser

I'm N-ary the tree, I am,
N-ary the tree, I am, I am.
I'm getting traversed by the parser next door,
She's traversed me seven times before.
And ev'ry time it was an N-ary (N-ary!)
Never wouldn't ever do a binary. (No sir!)
I'm 'er eighth tree that was N-ary.
N-ary the tree I am, I am,
N-ary the tree I am.

In diesem Filesystem Tree hat jeder Prozess, und damit auch die Shell des Benutzers, einen „Standort". Vergleichbar mit Figuren auf einem Spielplan kann jeder Prozess (Figur) entlang der Linien ziehen um seinen Standort zu wechseln. Nachdem die Struktur des Filesystem Trees im letzten Kapitel erläutert worden ist werden nachfolgend die Kommandos vorgestellt, mit denen sich Benutzer im Dateisystem bewegen können.

Grundlage der Beispiele ist ein kleiner, überschaubarer Dateibaum

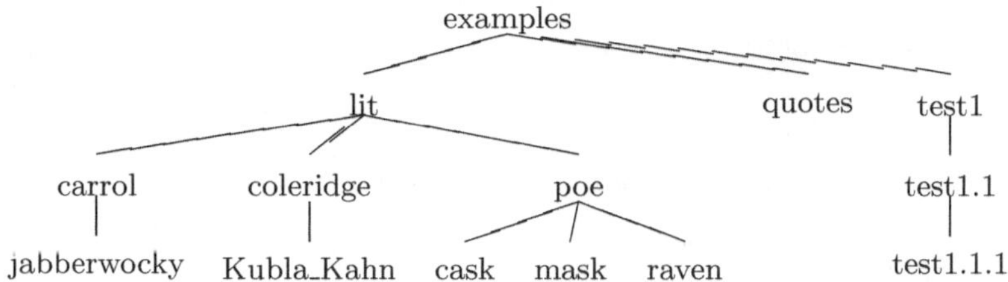

Abb. 5.19. UNIX–Filesystem: Dateibaum für Beispiele zu den Kommandos

5.8.1 *pwd(1)*

Das Kommando *pwd(1)*, kurz für *print working directory* dient der „Standortbestimmung". Es gibt den aktuellen Pfad, das *current workink directory* aus, an dem sich der Benutzer innerhalb des Filesystems gerade aufhält.

Syntax

```
/usr/bin/pwd
```

Beispiel:

Anhand der Abbildung 5.15 auf Seite 168, nachfolgend zur Erinnerung noch einmal in verkleinerter Form abgebildet, ist dies illustriert.

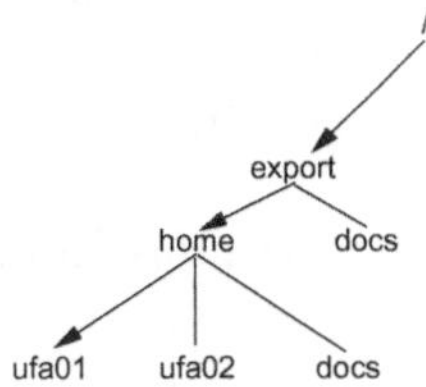


```
dhs@nx1> pwd
/export/home/ufa01
```

5.8.2 cd(1)

Mit *cd*, kurz für *change directory* wird in das angegebene Directory gewechselt. Diese Änderung des Standpunktes im Filesystem kann durch *pwd* überprüft werden. Hervorzuheben ist, daß *cd* ein sogenanntes *shell-builtin* ist, d.h. eine Funktion die vom Kommandointerpreter, der *shell*, zur Verfügung gestellt wird.

Syntax

```
cd [directory]
```

Tipp:

Nur `cd`, ohne Angabe von Optionen, führt zurück in das Home Directory des Benutzers. Dies ist durch den Inhalt der Environment Variable *$HOME* definiert.

Beispiel:

```
0 1 dhs@nx1> cd
0 1 dhs@nx1> pwd
/home/dhs
0 1 dhs@nx1> cd ..
0 1 dhs@nx1> pwd
/home
```

5.8.2.1 Der directory stack der csh

Wird die csh oder eine verwandte shell, wie die tcsh, eingesetzt, so steht ein komfortabler directory stack zur Verfügung.

Mit *pushd*, kurz für *push directory*, wird in das angegebene Directory gewechselt. Das vorherige Directory wird auf einem Stack „gemerkt'", so daß durch ein nachfolgendes *popd* wieder zu dem Ausgangsdirectory zurückgekehrt werden kann. Diese Änderung des Standpunktes im Filesystem kann durch *pwd* überprüft werden.

Der Inhalt des Stacks kann durch das Kommando *dirs* angezeigt werden.

5.8.2.2 Der directory stack der ksh

Die Korn Shell führt die zuletzt besuchte Directory automatisch mit. In das vorhergegangene Directory kann mittels des Kommandos:

```
cd -
```

gewechselt werden.

5.8.3 *ls(1)*

Bugs: Has almost as many options as ls.

Um Informationen über die in einem Directory enthaltenen Knoten anzuzeigen dient vor allem das Kommando *ls(1)*. Es listet die Knoten mit Namen und weiteren Informationen, die es aus dem Directory Eintrag und dem Inode des betreffenden Knotens gewinnen kann, in menschenlesbarer Form tabellarisch auf.

Syntax

```
/bin/ls [-optionen] [knoten...]
```

Optionen

Das Kommando *ls* unterscheidet zwischen zwei Ausgabeformaten, einem kurzen, in dem die Nodes jeweils nur durch ihren Namen repräsentiert werden, und einen langen, ausführlichen, bei dem in tabellarischer Form Zusatzinformationen angezeigt werden. Das Kommando *ls* hat mehr Optionen als das Alphabet Buchstaben. Daher seien an dieser Stelle nur die gebräuchlichsten eingeführt. Um eine gewisse Übersicht zu ermöglichen sind sie nach Ausgabeformat und Kontext, und nicht alphabetisch sortiert. Wie auch bei anderen viel benutzten und wenig reflektierten Programmen lohnt es sich, die Manualpage nachzulesen.

Format: lang

Die nachfolgenden Optionen bedingen eine ausführliche Ausgabe in tabellarischer Form.

-l *long* Stellt eine ausführliche Auflistung aller für Menschen interpretierbarer Felder aus Directoryeintrag und Inode in tabellarischer Form dar. Zu den einzelnen Feldern und ihrer Bedeutung siehe auch die Manual page *ls(1)*.

-g *group* Wie *-l*, anstelle von Eigentümer und Gruppe wird jedoch nur die group angezeigt.

Format: name

Die folgenden Optionen beeinflussen nur die Darstellungsweise bei einer Auflistung einzelner Dateinamen ohne Zusatzinformation.

-C *column* (default) mehrspaltig tabelliert.

-x *cross* Sortierung in Zeilen anstatt in Spalten.

-1 Eine Datei pro Ausgabezeile. In der Regel wird diese Form der Ausgabe vor allem dann benötigt, wenn *ls* in einer *pipe* (siehe Abschnitt 11.4.1.4, benutzt wird.

-f *force* Listet Directories in der Reihenfolge der Einträge aus, ohne nachträglich zu sortieren.

-m Gibt die Dateinamen in Form einer kommaseparierten Liste aus.

Format: alle

Folgende Optionen gelten unabhängig vom Ausgabeformat:

-a *all* – Zeigt auch Einträge an, die mit einem Punkt beginnen und daher sonst unterdrückt worden wären.

-d *directory* Listet, falls das Argument ein Directory war, nicht den Inhalt, sondern den Eintrag für dieses Directory auf.

-h *human readable* Stellt die Größenangaben in der jeweils passenden Einheit dar (Kilobyte, Megabyte, Gigabyte, Terrabyte).

-i *i-node* Stellt jedem Eintrag die Inode-Nummer voran.

-r *reverse* Kehrt die Reihenfolge der Sortierung um.

-L *Link* Verfolgt soft Links, und stellt, an Stelle der Informationen aus dem lokalen Inode, die des Knotens dar, auf den der Link verweist.

-R *recursive* Steigt rekursiv in Subdirectories hinab und listet deren Inhalt mit auf.

-@ Markiert Dateien mit *extended attribute files* mit Hilfe eines @.

-v Listet zu jeder Datei die über ACLs verfügt diese ACLs auf. Diese Option ist neu bei SOLARIS nach Einführung der NFSv4 ACLs.

Zeitinformationen

– ctime, mtime, atime
Bei der tabellarischen Langform zeigt *ls* eine Zeitinformation mit an. Diese entspricht normalerweise dem Zeitpunkt, zu dem die Datei zuletzt modifiziert worden ist *(mtime)*. Die anderen beiden Zeitinformationen, die der Inode beinhaltet, sind über separate Optionen abrufbar.

-u *use* Zeigt den Zeitpunkt des letzten Zugriffs *das Feld atime aus dem Inode* an.
-c *ctime* Zeigt den Zeitpunkt der letzten Modifikation des Inodes (creation, mode change, ...) an.
-t *time* Sortiert nach Zeitstempel anstelle alphabetisch nach dem Dateinamen.

Wenn der Name eines anderen Knotens, falls notwendig mit absolutem oder relativem Pfad angegeben wird, wird dieser aufgelistet.

Tipp:

Die Option *-F* hängt an den Filenamen noch ein weiteres Zeichen, das nicht zum Namen des Knotens gehört an. Diesem Zeichen kann der Typ des Knotens entnommen werden. In der folgenden Tabelle sind diese Zeichen in der dritten Spalte aufgelistet. In der zweiten Spalte stehen, wie bereits in Abschnitt 5.1.1.2.3 vorgestellt, die von ls -l als erstes Zeichen im Mode Feld mit angezeigten File Typen. Siehe hierzu auch Abschnitt 5.1.1.2.4 auf Seite 107

Name	ls(1)	-F	find(1)	Bedeutung
IFREG	-		f	ordinary file (plain file, flat file)
IFDIR	d	/	d	directory
-	D	>	D	Door
IFLNK	l	@	l	symbolic link
IFBLK	b	(#)	b	block special
IFCHR	c	(%)	c	character special
IFIFO	p	|	p	named pipe (FIFO)
IFSOCK	s	=	s	socket

Beispiele

Einige Beispiele zu *ls* sollen verdeutlichen wie mittels dieses Kommandos die in Kapitel 5.7 beschriebene Struktur des Dateisystems nachvollzogen werden kann. Auf Seite 199 ist der Dateibaum zu diesen Beispielen aufgezeichnet.

```
dhs@nx1> ls
lit      quotes  test1

dhs@nx1> /bin/ls -F
lit/     quotes/  test1/

dhs@nx1> ls -l lit
total 6
drwxr-xr-x   2 ufa00    ufa       512 Mar 29 15:44 carrol
drwxr-xr-x   2 ufa00    ufa       512 Mar 29 14:46 coleridge
drwxr-xr-x   2 ufa00    ufa       512 Apr 12 21:35 poe

dhs@nx1> ls -R lit
lit:
carrol/     coleridge/  poe/

lit/carrol:
jabberwocky

lit/coleridge:
Kubla_Kahn

lit/poe:
cask    masque  raven
```

Rechts:

Tree mit Inode-Nummern. Anhand der Inode-Informationen können die Hardlinks . und .. aus Beispiel 5.12 nachvollzogen werden.

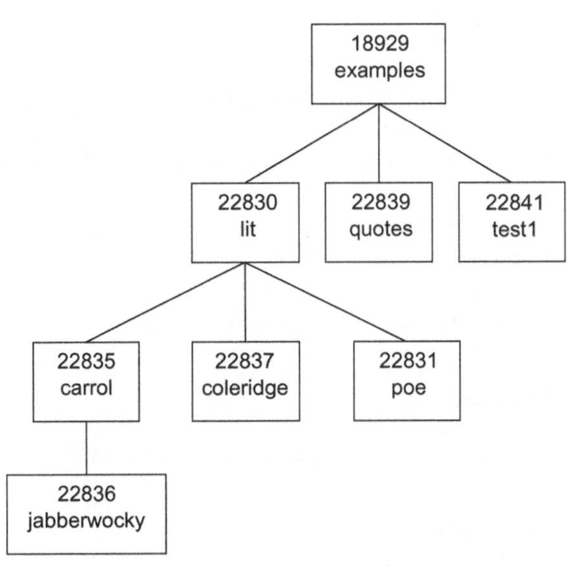

```
dhs@nx1> ls -lai
total 10
  22829 drwxr-xr-x   5 ufa00    ufa      512 Apr  6 03:36 ./
  18929 drwxr-xr-x  13 ufa00    ufa      512 Apr 12 01:13 ../
  22830 drwxr-xr-x   5 ufa00    ufa      512 Mar 29 15:48 lit/
  22839 drwxr-xr-x   2 ufa00    ufa      512 Apr  6 03:36 quotes/
  22841 drwxr-xr-x   3 ufa00    ufa      512 Apr  6 00:40 test1/

dhs@nx1> ls -lai lit
total 10
  22830 drwxr-xr-x   5 ufa00    ufa      512 Mar 29 15:48 ./
  22829 drwxr-xr-x   5 ufa00    ufa      512 Apr  6 03:36 ../
  22835 drwxr-xr-x   2 ufa00    ufa      512 Mar 29 15:44 carrol/
  22837 drwxr-xr-x   2 ufa00    ufa      512 Mar 29 14:46 coleridge/
  22831 drwxr-xr-x   2 ufa00    ufa      512 Apr 12 21:35 poe/

dhs@nx1> ls -lai lit/carrol
total 8
  22835 drwxr-xr-x   2 ufa00    ufa      512 Mar 29 15:44 ./
  22830 drwxr-xr-x   5 ufa00    ufa      512 Mar 29 15:48 ../
  22836 -rw-r--r--   1 ufa00    ufa     1071 Mar 29 15:47 jabberwocky
```

Beispiel 5.12. *ls* mit Inode-Informationen

5.8.4 *find(1)*

Das wohl mächtigste Hilfsmittel zur Navigation innerhalb des Filesystem Trees ist das Kommando *find(1)*. Es ist in der Lage, Dateien nicht nur anhand des Namens, sondern unter Hinzuziehung fast aller Felder der Inode-Struktur aufzufinden. Hinter der auf den ersten Blick harmlosen Syntax verbergen sich hierzu umfangreiche und komplexe Ausdrücke, um dies zu formulieren. Die Vorstellung erfolgt daher an dieser Stelle in Etappen und Beispielen.

Grundlage der Beispiele ist wieder der überschaubare Dateibaum, der Eingangs auf Seite 172 vorgestellt wurde.

Syntax

```
find [-H] [-L] path... expression
```

Optionen

Ab SOLARIS 10 sind zwei Optionen zu *find* neu hinzugekommen, in denen definiert werden kann, wie *find* sich bei der Verfolgung symbolischer Links verhalten soll:

-H Alle symbolischen Links die auf der Kommandozeile aufgefunden werden, werden verfolgt und daher nicht als symbolische Links betrachtet, sondern als die Dateien, auf die der betreffende Link zeigt.

-L Alle symbolischen Links werden verfolgt. Dies schließt die Links, die auf der Kommandozeile aufgefunden wurden, und die Links, die beim Absuchen des Dateibaums gefunden wurden, ein.

path

Bei der Suchanfrage muß der Bereich des Filesystems, der durchsucht werden soll, explizit angegeben werden. Es wird, anders als beispielsweise bei *ls*, keine implizite Annahme getroffen, daß bei einer fehlenden Pfadangabe das aktuelle Verzeichnis gemeint sein könnte.

Beispiele für Pfadangaben:

.	Suche ab dem aktuellen Directory
/home	Suche ab dem Directory /home
/usr/bin /usr/local/bin	Durchsucht die beiden angegebenen Verzeichnisse

expression

Das Kommando *find* folgt nicht der gängigen UNIX–Kommandostruktur. Optionen in diesem Sinn hat es nicht, die Suchanfrage wird jedoch in Ausdrücken, so genannten *expressions* formuliert, deren Kontext durch Stichwörter, vergleichbar den Optionen definiert wird.

-type *filetype* Gleich zu Beginn ist wieder die Tabelle mit den Filetypen aufgeführt, da die Option, die Suche nach dem Typ einzuschränken, in der Praxis und in den nachfolgenden Beispielen viel genutzt wird.

Name	ls(1)	-F	find(1)	Bedeutung
IFREG	-		f	ordinary file (plain file, flat file)
IFDIR	d	/	d	directory
-	D	>	D	Door
IFLNK	l	@	l	symbolic link
IFBLK	b	(#)	b	block special
IFCHR	c	(%)	c	character special
IFIFO	p	|	p	named pipe (FIFO)
IFSOCK	s	=	s	socket

-name *filename* /Sucht nach Dateien des Namens *filename.*

```
dhs@nx1> find . -name jabberwocky
./lit/carrol/jabberwocky
```

-nouser, -user *user* Sucht ab dem angegebenen Verzeichnis nach Dateien, die niemandem, oder einem namentlich bzw. mit seiner numerischen UID angegebenen Benutzer gehören. Von Bedeutung ist dies beispielsweise, wenn ein Benutzer aus dem System gelöscht werden soll, und sichergestellt werden soll, daß alle seine Dateien in einem separaten abschließenden Backup erfaßt werden.

-nogroup, -group *group* Analog zu dem vorhergehend beschriebenen Ausdruck *-nouser*.

-inum *inode* Sucht nach Knoten mit der angegebenen Inode-Nummer.

-size *size* Sucht nach Files der angegebenen Größe. Default ist, sofern keine andere Einheit angegeben wird, eine Angabe in Blöcken.

```
dhs@nx1> find . -type f -size 1 -ls
22840 -rw-r--r--  1 dhs  ufa  308 Mar 29 18:09 ./quotes/n-ary
22763 -rw-r--r--  1 dhs  ufa  324 Mar 26 00:57 ./quotes/ ↙...
      ↪ making-files
```

Beispiel 5.13. Suche nach Dateien einer bestimmten Größe

Auffällig ist, daß in Beispiel 5.13, obwohl beide Files auf den ersten Blick kleiner erscheinen als ein Block (512b), *find* sie als Ergebnis liefert. Da sie jedoch technisch einen ganzen Block belegen, selbst wenn sie ihn nicht zur Gänze ausfüllen, gibt *find* sie an dieser Stelle aus.

-mtime *zeit* ... mit dem in Tagen angegebenen *modification* Zeitraum.

```
dhs@nx1> find . -type f -mtime 3 -print
```

Sucht Dateien, die vor 3 Tagen zuletzt modifiziert wurden. Werden, so wie in diesem Fall, keine gefunden, so erfolgt auch keine Ausgabe.

-atime *zeit* ... mit dem in Tagen angegebenen *access* Zeitraum.

-ctime *zeit* ... mit dem in Tagen angegebenen Zeitraum seit der letzten Änderung (*change*) des Inodes.

```
dhs@nx1> find . -type f -atime -4 -print
./lit/carrol/xanadu
```

Sucht Dateien, die im Zeitraum innerhalb der letzten vier Tage gelesen worden sind.

-newer *file* In vielen Fällen reicht die Genauigkeit in 24h-Schritten, die die drei „time“ Optionen anbieten, nicht aus. Hier kommt diese Option zum Tragen, mit der die *mtime* aller Dateien mit der *mtime* eines angegebenen *timestamp-file* verglichen werden. In der Praxis findet dies häufiger Anwendung, da in vielen Fällen Dateien aus einem Kontext heraus gesucht werden. Dieses Timestamp File kann für diesen Zweck eigens angelegt werden, mittels eines zweiten solchen (zeitversetzten) Files kann der Zeitraum eingegrenzt werden, um beispielsweise alle Dateien zu suchen, die während der Anwesenheit eines Servicemitarbeiters einer Fremdfirma modifiziert worden sind. Dies ist in Beispiel 5.14 exemplarisch gezeigt.
Das im *find* statement in Beispiel 5.14 verwendete Ausrufezeichen, oder „Bang“, bewirkt eine Negierung des nachfolgenden Ausdruckes. Gesucht wird also alles *neuer als 15:20, und nicht neuer als 18:20.* Der „Blank“ nach dem „Bang“ ist von Bedeutung, da eine Shell mit Historyfunktion

```
dhs@nx1> touch -t 200403291520 tmp/start
dhs@nx1> touch -t 200403291820 tmp/stopp
dhs@nx1> ls -l tmp
total 0
-rw-r--r--   1 dhs  ufa      0 Mar 29 15:20 start
-rw-r--r--   1 dhs  ufa      0 Mar 29 18:20 stopp
dhs@nx1> find lit -type f -newer tmp/start ! -newer tmp/stopp
lit/poe/masque
lit/poe/cask
lit/carrol/jabberwocky
```

Beispiel 5.14. Suche nach Dateien auf Basis ihrer Zeitangaben

(die durch ein ! eingeleitet wird, siehe auch das Kapitel 11.8) versucht, das Ausrufezeichen zu interpretieren und eine Fehlermeldung ausgibt. Bei einer Shell ohne History-Funktionalität bekommt *find* die Option zwar überreicht, moniert dann jedoch selbst das fehlende Leerzeichen. Der besseren Lesbarkeit halber wird die Kommandozeile daher noch einmal mit hervorgehobenen Leerzeichen dargestellt:

```
find␣lit␣-type␣f␣-newer␣tmp/start␣!␣-newer␣tmp/stopp
```

Auf das Kommando *touch*, das in Beispiel 5.14 genutzt wurde, wird in Abschnitt 5.10.1 auf Seite 197 weiter eingegangen.

Einschränkungen des Suchverhaltens

Normalerweise traversiert *find(1)* den gesamten Filesystem (Sub-)Tree, der unter *path* angegeben wurde. Dies kann sehr schnell zu einer ungewünscht weitreichenden Suchtiefe führen, wenn beispielsweise über ein Netz gemountete Ressourcen mit für eine Suche herangezogen werden, die nur lokale Dateien zum Ziel hatte. Es gibt daher mehrere Optionen, die dieses Verhalten beeinflussen und die Suchtiefe weiter einschränken.

-depth Umkehrung des Rekursionsverhaltens. Während *find* normalerweise den Namen von Directories, die es traversiert, sofort ausgibt, und dann den Inhalt des Directories bearbeitet, so wird hingegen bei Angabe von *-depth* zuerst in die Tiefe rekursiert, um dann die Directorynamen beim „Aufstieg" auszugeben.

```
dhs@nx1> find test1 -print
test1
test1/test1.1
test1/test1.1/test1.1.1
```

Default – Die Ausgabe des Directories erfolgt, wenn man sich die Abbildung des Filesystem Trees auf Seite 172 vergegenwärtigt, von „oben" nach „unten".

```
dhs@nx1> find test1 -depth -print
test1/test1.1/test1.1.1
test1/test1.1
test1
```

...und mit *-depth* von „unten“ nach „oben“.

-local Verfolgt keine über Netz gemounteten Ressourcen, sofern sie in der Konfigurationsdatei */etc/dfs/fstypes* deklariert sind. DFS steht für *Distributed FileSystem* und wird im Zusammenhang mit NFS *(Network Filesystem)* in Abschnitt 7.5 ab Seite 510 genauer erklärt.

-xdev *cross-device* Verhindert, daß *find* über Mountpoints traversiert, und beschränkt die Suche somit auf das Filesystem, auf das sie angesetzt worden ist. Diese Option wird sehr häufig benötigt.

-mount Synonym zu *-xdev*.

-follow Verfolgt auch Links. Endlosschleifen werden vermieden, da *find* sich den Ausgangspunkt des Links merkt.

Operatoren

Die einzelnen Ausdrücke können mittels der nachfolgenden Operatoren miteinander verknüpft werden.

-a *AND*, logische Verknüpfung zweier Ausdrücke durch *und*, dies ist der Default und *-a* kann daher auch entfallen.

-o *OR*, logische Verknüpfung zweier Ausdrücke durch *oder*.

! *NOT*, Negierung des nachfolgenden Ausdruckes.

(...) Mehrere Ausdrücke können mittels einer Klammer zusammengefaßt werden. *!:* Da die Shell diese Klammern ebenfalls benutzt, müssen sie mit einem Escape-Zeichen maskiert werden, soll *find* sie zu sehen bekommen.

Aktionen

In einigen der bisher gezeigten Beispiele war bereits angedeutet, daß *find* auf die gefundenen Files auch Aktionen durchführen kann. Genau genommen ist die Ausgabe des (gefundenen) Filenamens bereits eine dieser Aktionen, die Defaultaktion. In der Manualpage zu *find(1)* sind Aktionen auch an dem Zusatz *“always (yields) true”* zu erkennen. Einige häufig verwendete Aktionen sind hier zusammengefaßt.

-exec *command* Führt für jedes gefundene File ein Kommando aus. Diesem Kommando kann der Filename der gefundenen Datei als Argument mit übergeben werden. Wenn statt des Terminators `\;` ein `+` verwendet wird, dann wird nicht für jedes gefundene File ein Kommando ausgeführt, sondern es werden solange Filenamen gesammelt, bis die maximale Argumentlänge eines Kommandos erreicht ist. Die Verwendung von

```
-exec <command> {} +
```

ist dabei dem Kommando

```
find dir | xargs <command>
```

vorzuziehen, weil damit auch Filenamen die Leerzeichen oder Newlines enthalten korrekt verarbeitet werden können.

```
dhs@nx1> find lit -type f -exec grep midnight {} \; -a -print
on, until at length there commenced the sounding of midnight upon
./lit/poe/masque
Once upon a midnight dreary, while I pondered, weak and weary,
./lit/poe/raven
It was now midnight, and my task was drawing to a close.  I
./lit/poe/cask
```

durchsucht beispielsweise das Verzeichnis *lit* aus dem Beispielverzeichnisbaum nach Dateien, die das Wort "midnight" enthalten. Ohne das nachgeschaltete mittels `-a` verundete `-print` wäre jedoch nur die Ausgabe von *grep*, ohne nachfolgende Angabe des Dateinamens ausgegeben worden.

-ok Wie *-exec*, fragt jedoch vor Ausführung des angegebenen Kommandos für jedes File explizit nach.

-ls Listet jedes gefundene File im Format von *ls -lid* aus. In Beispiel 5.13 war diese Aktion bereits verwendet worden.

-print Schreibt den Namen jedes gefundenen Files nach stdout (*default*).

-cpio *device* Schreibt das gefundene File im *cpio* Format. Zu *cpio(1)* siehe Abschnitt 5.11.8 auf Seite 206.

-ncpio *device* Schreibt das gefundene File im Format von *cpio -c*.

Nachbemerkung

Intern unterscheidet *find(1)* nicht zwischen Suchausdruck, weiteren Bedingungen und Aktionen, sondern arbeitet als ein „Linearer Automat“. Alle diese Konstrukte können miteinander verknüpft werden. Dies ist der Grund, warum alle diese Ausdrücke einen boolschen Wert zurückgeben. So lange eine Bedingung „true“ ergibt, wird die nächste Bedingung auch bearbeitet, so lange, bis eine der Bedingungen „false“ ergibt.

Da alle der oben vereinfachend als „Aktionen“ bezeichneten Konstrukte „true“ ergeben, können sie beliebig aneinander gereiht, oder aber bei komplexeren Konstrukten eingestreut werden, z.B. um eine Ausgabe zur Fehlersuche zu erzwingen.

5.8.5 *du(1)*

Das Kommando *du(1)*, kurz für *disk usage*, ermittelt den durch eine Datei oder einen ganzen Subtree belegten Platz im Filesystem.

Syntax

```
du [-Optionen] [file or directory]
```

Optionen

-h *human readable* Passt die Einheit der Größenordnung an.
-k *kb* Benutzt KiloBytes als Einheit.
-s *sum* Gibt nur die Summe an.
-o *only* (alternativ zu *-s*): Addiert den innerhalb der Subdirectories belegten Platz nicht zur Summenangabe des Parent Directories.
-d Geht nicht über Filesystemgrenzen.
-L *links* Verfolgt Softlinks.

Beispiele

Am folgenden Beispiel (siehe wieder den Verzeichnisbaum auf Seite 199) kann die Arbeitsweise von *du* nachvollzogen werden. Es beginnt mit den Subdirectories um dann, beim jeweiligen Parent, die Summe der Subdirectories aufaddieren zu können.

```
dhs@nx1> du
70      ./lit/poe
6       ./lit/carrol
8       ./lit/coleridge
86      ./lit
62      ./quotes
2       ./test1/test1.1/test1.1.1
4       ./test1/test1.1
6       ./test1
156     .
```

Beim nachfolgenden Beispiel über denselben Teilbaum wurde die Aufsummierung der einzelnen Teilbäume in der Ausgabe für das jeweilige *parent directory* unterbunden.

```
dhs@nx1> du -o
70      ./lit/poe
6       ./lit/carrol
8       ./lit/coleridge
2       ./lit
62      ./quotes
2       ./test1/test1.1/test1.1.1
2       ./test1/test1.1
2       ./test1
2       .
```

Default ist eine Angabe in 512b Blöcken, ohne Nennung der Einheit. In der Praxis ist dies bei einer manuellen Interpretation eine häufige Ursache für Irrtümer. Eine sinnvolle Option ist daher die Option *-h*, mit der die Größenangaben entsprechend umgerechnet werden, und die zugrunde gelegte Einheit mit angegeben wird.

```
dhs@nx1> du -s
156     .
dhs@nx1> du -sk
76      .
dhs@nx1> du -sh
76K     .
```

5.8.6 *df(1)*

Das Kommando *df(1)* zeigt an, wieviel Platz im angegebenen Filesystem noch zur Verfügung steht.

Syntax

```
df [directory, filesystem, ...]
```

Optionen (Anzeige):

Die Anzeige der Informationen läßt sich mit den folgenden Optionen beeinflussen:

-h *human readable* Passt die Einheit der Größenordnung an.
-b *bytes* Benutzt Bytes als Einheit.
-k *kb* Benutzt KiloBytes als Einheit.
-e *entries* Zeigt an wieviele freie inodes noch zur Verfügung stehen.
-n *name* Zeigt nur den FStyp des jeweiligen Filesystems an.

Optionen (target):

Ohne Parameter aufgerufen zeigt *df(1)* die Informationen für alle gemounteten Filesysteme an. Dieses Verhalten läßt sich mittels der nachfolgenden Optionen einschränken oder aber, z.B. um nicht gemountete Filesysteme, erweitern.

-a *all* Geht über alle gemounteten Filesysteme, selbst wenn diese in der Liste der gemounteten Filesysteme, */etc/mnttab* explizit auf „ignore" gesetzt sind.
-l Schränkt *df(1)* auf lokale Filesysteme ein, d.h. Netzwerkfilesysteme werden nicht angesprochen.
-n Gibt nur den Namen des Dateisystemtypes an.
-F FSType Schränkt *df(1)* auf alle Filesysteme des benannten Typs ein.
-k *kb* Benutzt KiloBytes als Einheit.

Beispiele

```
dhs@nx1> df -ln
/                   : ufs
/devices            : devfs
/system/contract    : ctfs
/proc               : proc
/etc/mnttab         : mntfs
/etc/svc/volatile   : tmpfs
/system/object      : objfs
/dev/fd             : fd
/var                : ufs
/tmp                : tmpfs
/var/run            : tmpfs
/opt                : ufs
/export/home        : ufs
/cdrom/syshbkcd     : hsfs
/home/dhs           : lofs
```

Beispiel 5.15. Liste der lokalen, gemounteten Filesystemtypen

Die verschiedenen Typen von lokalen Filesystemen, wie sie in Beispiel 5.15 auf Seite 186 aufgelistet sind, sind Gegenstand der jeweiligen Abschnitte ab Seite 103.

5.9 Basis Unix Zugriffsrechte – Permissions

Tatjana S Heuser

Zugriffsrechte auf Dateien und Directories werden traditionellerweise unter UNIX auf Filesystemebene über den vergleichsweise einfachen und grobmaschigen Mechanismus der *file access permissions* vergeben.

5.9.1 Modi

5.9.1.1 Zugriffsrechte auf Dateien

Auf Dateiebene sind über die sogenannten File-Permissions folgende Rechte für jede Benutzerklasse (owner,group,others) vergebbar:

`r--` Das Leserecht erlaubt es dem berechtigten Benutzer, den Inhalt der Datei zu lesen.

`-w-` Das Schreibrecht erlaubt dem berechtigten Benutzer, in die Datei zu schreiben.

`--x` Ein gesetztes Ausführrecht erlaubt dem berechtigten Benutzer diese Datei als Programm auszuführen. Sollte es sich um ein Shell Script handeln, so ist zur Ausführung das Leserecht notwendig.

Eine Rolle spielen jeweils auch die Zugriffsrechte auf das übergeordnete Directory. Um beispielsweise eine Datei innerhalb des selben Verzeichnisses umzubenennen ist es nicht erforderlich sie zu lesen. Sie müssen jedoch den neuen Dateinamen innerhalb des Directories eintragen, benötigen daher also Schreibrechte für dieses. Desgleichen um eine Datei zu löschen.

5.9.1.2 Zugriffsrechte auf Directories

Für Directories gelten die gleichen Mode-bits wie für Dateien, sie haben jedoch im Kontext eines Directories eine andere Bedeutung.

`r--` Das Leserecht erlaubt es dem berechtigten Benutzer, den Inhalt des Verzeichnisses, d.h. die Directoryeinträge, zu lesen.
`-w-` Das Schreibrecht erlaubt dem berechtigten Benutzer, Directoryeinträge zu schreiben, d.h. neue Dateien anzulegen, oder bestehende umzubenennen oder zu löschen.
`--x` Ein gesetztes Ausführrecht erlaubt dem berechtigten Benutzer dieses Directory zu „betreten“ um es zu traversieren. Damit ist es gleichzeitig eine Nebenvoraussetzung für Lese,- und Schreibrechte.

5.9.1.3 Default File Permissions

Die File-Permissions werden automatisch initialisiert wenn ein Knoten im Filesystem neu angelegt wird. Defaultmäßig sind sie dann:

`-rw-rw-rw-` für Files
`drwxrwxrwx` für Directories

Dieser, sehr freizügige Umgang mit den Zugriffsrechten macht natürlich jede Abstufung zunichte. Es ist also explizit eine Vergabe der gewünschten Permissions pro fs-node notwendig.

Um dies zu vereinfachen ist es möglich die Defaulteinstellungen, mit denen neu angelegte Knoten versehen werden, zu ändern.

Hierzu wird eine Bitmaske verwandt, die sogenannte *umask*.

Um ihre Arbeitsweise zu verstehen ist es notwendig, die interne Darstellung der File-Permissions zu kennen. Jedes einzelne Zugriffsrecht wird durch ein Bit in einem Bitfeld dargestellt:

user	group	others	octal	
r w x	r w x	r w x	7 7 7	Bedeutung der Bits
0 0 0	0 0 0	0 0 0	0 0 0	
1 1 1	1 1 1	1 1 1	7 7 7	
1 0 0	0 1 0	0 0 1	4 2 1	Wertigkeit der Bits
1 1 1			7	$4+2+1=7=$ `rwx`
	1 0 1		5	$4+0+1=5=$ `r-x`
		0 0 1	1	$0+0+1=1=$ `--x`
1 1 0			6	$4+2+0=6=$ `rw-`
	1 0 0		4	$0+0+0=4=$ `r--`
		0 0 0	0	$0+0+0=0=$ `---`

Mittels der *umask* kann festgelegt werden, welche der Bits „ausmaskiert" werden sollen wenn ein neuer Knoten im Filesystem angelegt wird. Eine *umask* von beispielsweise 027 bewirkt, daß ein neues Directory die permissions `rwxr-x---` erhält, ein File die permissions `rw-r-----`.

Die initiale umask für alle Prozesse wird mittlerweile durch *login* vergeben, der globale Defaultwert von 022 kann in /etc/default/login geändert werden. Jeder Benutzer kann sich mittels des Kommandos *umask*, siehe Abschnitt 5.9.2 die für ihn gültige *umask* anzeigen lassen und ändern.

5.9.2 *umask(1)*

Das Kommando *umask(1)* ist ein Shell-Builtin mittels dessen die *umask(1)* angezeigt und modifiziert werden kann.

Syntax

```
umask ⌊wert⌋
```

Optionen

-S *symbolic* – Korn shell only

Beispiel:

```
dhs@nx1> umask 0000
dhs@nx1> touch new-1
dhs@nx1> ls -l new-1
-rw-rw-rw-   1 dhs  ufa      0 Apr 20 16:30 new-1
dhs@nx1> umask 0027
dhs@nx1> touch new-2
dhs@nx1> ls -l new-2
-rw-r-----   1 dhs  ufa      0 Apr 20 16:32 new-2
dhs@nx1> mkdir new-3
dhs@nx1> ls -ld new-3
drwxr-x---   1 dhs  ufa      0 Apr 20 16:33 new-3
```

Übungen:

1. Lassen Sie sich ihre *umask* von der Bourne Shell, C–Shell, und Korn–Shell anzeigen.
2. Was wird Ihnen von diesen drei Shells jeweils für *umask -S* angezeigt?

Lösung:

1) und 2)

Nacheinander Aufruf der jeweiligen Shell, Eingabe von *umask*, *umask -S*, Terminieren der Subshell.

```
dhs@nx1> sh
$ umask
0022
$ umask -S
$ exit

dhs@nx1> ksh
$ umask
022
$ umask -S
u=rwx,g=rx,o=rx
$ exit

dhs@nx1> csh
dhs@nx1> umask
22
dhs@nx1> umask -S
umask: Improper mask.
dhs@nx1> exit
dhs@nx1>
```

5.9.2.1 s-Bit

Neben den bereits vorgestellten Triplets aus Mode Bits gibt es noch die sogenannten *SUID (set user id)* und *SGID (set group id)* bits. Ein Programm, dessen *setuid*–bit gesetzt ist, wird unter der *Effective User ID (EUID)* des Benutzers ausgeführt, dem dieses Programmfile gehört. Dieser *set-user-id* Mechanismus erlaubt es, Benutzern für die Dauer der Ausführung eines solchen Programmes, Rechte zu geben die sie sonst nicht hätten. Analog gilt dies auch für das *setgroupid*–bit.

Die Packungsbeilage zu Risiken und Nebenwirkungen dieses Mechanismus wurde mehrfach von der Geschichte geschrieben. Die Einrichtung von Role Based Access ist in sicherheitskritischen Umgebungen der Verwendung der setuid Bits deutlich vorzuziehen. Role Based Access stellt ein sauber in das System integriertes und sicheres Konzept zu einer fein granulierten Vergabe von Zugriffs,- und Ausführungsrechten dar. Role Based Access, ist in Kapitel 9.2 ab Seite 690 beschrieben.

Als Beispiel für ein Programm, dessen Funktionieren von diesem Mechanismus abhängt sei hier *passwd(1)* genannt, das dem Benutzer erlaubt das Passwort zu seinem eigenen Benutzereintrag zu ändern, ohne daß er gleichzeitig auch die Passwörter der restlichen Benutzer zu sehen bekommt oder gar ändern könnte. Sowohl SUID als auch SGID Bit sind gesetzt:

```
0 1 dhs@nx1> ls -l /usr/bin/passwd
-r-sr-sr-x   1 root     sys        21964 Apr  6  2002 /usr/bin/passwd
```

Ein SGID Bit, das bei einem Directory gesetzt ist, bewirkt, daß alle Files die darin erzeugt werden initial die selbe Group Id gesetzt bekommen, wie das Directory.

5.9.2.2 t-bit

Das sogenannte sticky-bit wird durch den Buchstaben *t* dargestellt und hat heutzutage bei Directories folgende Bedeutung: Es bewirkt, daß nur der Eigentümer eines Files dieses auch wieder löschen kann, selbst wenn die write-permissions des Directories selbst auch für andere offen stehen. Ein Beispiel hierfür ist das Directory */tmp*. Dort kann zwar jeder Benutzer des Systems neue Files anlegen, ein einmal angelegtes File darf jedoch nur von seinem Eigentümer wieder gelöscht werden.

```
0 1 dhs@nx1> ls -ld /tmp
drwxrwxrwt  16 root     sys         4880 Apr 21 16:27 /tmp/
```

Wenn ein File mit dem sticky-bit versehen wird, dann ist dies ein Hinweis an die Hintergrundspeicherverwaltung im Kern diese Datei nicht im Schreibcache zu halten. Damit wird unter bestimmen Bedingungen doppeltes Caching verhindert. Dies wird benötigt, wenn in das File geswappt wird oder wenn sich im File ein Filesystem befindet welches mit *lofiadm*[15] in ein Blockdevice verwandelt wurde.

5.9.3 *chmod(1)*

Wie bereits in Abschnitt 5.1.1.2.4 auf Seite 107 beschrieben sind die Zugriffsrechte auf einen Knoten über die sogenannten *modes* definiert. Es wird zwischen Leserechten, Schreibrechten, und Ausführrechten, genannt `rwx`, kurz für *read, write, execute*, unterschieden. Siehe hierzu auch Kapitel 5.9.1 auf Seite 186. Von *ls(1)* werden diese wie folgt angezeigt:

Typ	user	group	others
-	rwx	rwx	rwx

Mittels des Kommandos *chmod* können diese Modi gesetzt und modifiziert werden.

[15] Zu *lofiadm* siehe den Abschnitt 5.17, *Images von Filesystemen* auf Seite 340

Syntax

```
chmod mode file
```

Optionen

-R *recursive* Rekursiv, steigt jedoch nicht in über Softlinks verlinkte Directories hinab.
-f *force* Fehlermeldungen werden unterdrückt.

Die zu setzenden Permissions werden hierbei entweder octal, wie auf Seite 188 beschrieben, gesetzt, oder aber durch Angabe symbolischer Modi modifiziert.

Durch Voranstellen eines vierten Modus werden bei Bedarf setuid, setgid, und sticky bit gesetzt:

4	setuid
2	setuid
1	sticky

Bei der symbolischen Form wird das zu setzende Zugriffsrecht in der Form „wer darf was" definiert:

wer bezieht sich dabei auf **u**ser, **g**roup, **o**thers oder aber **a**ll, sofern alle drei triplets auf einmal gesetzt werden sollen.
darf gibt an ob Rechte erweitert (+), entzogen (−) oder gesetzt (=) werden sollen.
was definiert das Recht das gesetzt werden soll (**r**ead, **w**rite, e**x**ecute, **s**ticky/setuid, oder das **t**–bit.

Ab SOLARIS 11 lassen sich mit Hilfe von chmod auch Access Control Listen (ACLs) setzen oder verändern. Dazu wird ein symbolischer Modus verwendet der mit einem großen a beginnt. Zum Zeitpunkt des Redaktionsschlusses dieses Buches war das entgültige Format durch SUN noch nicht festgelegt.

Beispiel:

Nachfolgend ist in Beispiel 5.16 die Anwendung von *chmod* demonstriert.

Übungen:

Die Antworten und Lösungen befinden sich auf Seite 208.

5.1. Erzeugen Sie eine leere Datei und setzen Sie Ihr den Mode 4711.

5.2. Interpretieren Sie das Ergebnis.

5.3. Was hätten Sie in der symbolischen Notation angeben müssen um den Mode 4711 zu setzen?

5.4. Welche *umask* war für den Benutzer **dhs** gesetzt als er das Verzeichnis *ufa* in Beispiel 5.16 erzeugt hat?

```
dhs@nx1> mkdir ufa
dhs@nx1> ls -ld ufa
drwxr-x---    2 dhs  ufa     512 Apr 21 13:42 ufa
dhs@nx1> chmod g+w ufa
dhs@nx1> ls -ld ufa
drwxrwx---    2 dhs  ufa     512 Apr 21 13:42 ufa
dhs@nx1> chmod +t ufa
dhs@nx1> ls -ld ufa
drwxrwx--T    2 dhs  ufa     512 Apr 21 13:42 ufa
dhs@nx1> chmod o+rx ufa
dhs@nx1> ls -ld ufa
drwxrwxr-t    2 dhs  ufa     512 Apr 21 13:42 ufa
```

Beispiel 5.16. Anwendung von *chmod*

5.9.4 Access Control Lists

Mittels *Access Control Lists* ist eine feinere Abstufung der Zugriffsrechte auch aus Benutzersicht möglich. Um eine Access Control List anzulegen werden keine *root–permissions* benötigt.

Die Unterteilung der Zugriffsrechte in owner, group, world bedeutet, daß die Zugriffsregelung über die traditionellen Mechanismen nicht differenziert nach Benutzern oder mehreren Gruppen einstellbar sind.

Gesetzt den Fall, es gibt drei Dateien *file1..3*, die für *world* unlesbar sind, gleichzeitig sollen in */home/ufa01/pub* weitere öffentlich lesbare Files stehen und es gibt eine Gruppe von zehn Usern, *ufa01* bis *ufa10*, von denen

- ufa01 bis ufa10: Leserecht auf */home/ufa/pub/[file1,file2,file3]*
- ufa01, ufa02: Schreib/Lese-Recht auf */home/ufa01/pub/file1*
- ufa03, ufa04: Schreib/Lese-Recht auf */home/ufa01/pub/file2*
- ufa06, ufa08: Schreib/Lese-Recht auf */home/ufa01/pub/file3*

haben sollen, so ist dies mit der Einrichtung und Konfiguration einer UNIX-Gruppe nicht mehr zu bewerkstelligen, da alle alles Lesen aber nur ausgewählte User ausgewählte Files Schreiben sollen. An dieser Stelle setzen Access Control Lists, ein zum UNIX-System erweiternder, fileorientierter Zugriffskontroll- und Steuermechanismus, ein.

Dieser Access Control List Mechanismus, kurz acl, wird per File in einer so genannten Shadow Inode gehalten wie sie in Abbildung 5.20 dargestellt ist.

5.9.4.1 Manipulation von Access Control Lists

POSIX Access Control Listen*acls*, wie sie auf UFS verwendet werden, werden ausgelesen mit

```
getfacl ⟨ file⟩
```

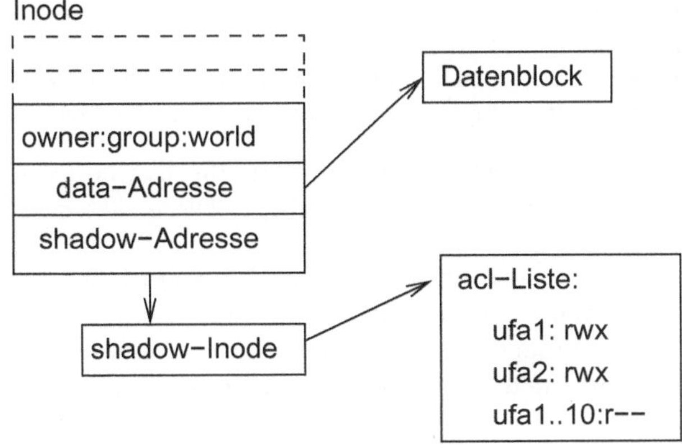

Abb. 5.20. Shadow Inode

und gesetzt mit

`setfacl`	*-m* acl_Eintrag	Erzeugen und Modifizieren von *acls*
	-f konffile	*acl*-Konfigfile auf Files ansetzen
	-d acl_Eintrag	Löschen von *acl*-Einträgen
	-s acl_Eintrag	Ersetzen von *acl*-Einträgen
	-r	*acl*-Maske neu berechnen

acl-Einträge sind Komma "," separierte Listen von Rechten für User, Group, World und acl-Maske. Dabei gelten die in Tabelle 5.11 aufgeführten Abkürzungen:

u:UID:Recht	User-Rechte (r/w/x-Einträge)
g:GID:Recht	Gruppen-Rechte (r/w/x-Einträge)
o:Recht	World-Rechte (r/w/x-Einträge)
m:Recht	acl-Maske auf die r/w/x-Einträge

Tabelle 5.11. *setfacl* Abkürzungen.

Einträge für User/Group referenzieren auf die Einträge in der Datei */etc/passwd* respektive der Datei */etc/group* beziehungsweise ihrem Äquivalent im verwendeten Namensdienst.

NFSv4 ACLs (SOLARIS 11) verden mit Hilfe von *ls -v* ausgelesen und mit Hilfe von *chmod* gesetzt.

5.9.4.2 Beispiel:

```
dhs@nx1> setfacl -s user:ufa00:rw-,user::rwx,group::rw-,mask:r--,other:---
Xanadu
```

```
dhs@nx1> ls -l
total 12
-rw-r--r--+  2 dhs  ufa    2144 Mar 29 13:57 Kubla_Kahn
-rw-r--r--+  2 dhs  ufa    2144 Mar 29 13:57 Xanadu
```

Durch des + Zeichens zeigt *ls* an, daß über die file-modes hinaus noch eine Access Control List für das File vorliegt. Diese läßt sich mit *getfacl(1)* betrachten.

Auf einem *tmpfs*, siehe auch Abschnitt 5.1.3 auf Seite 112 können keine Shadow Inodes angelegt werden, und damit auch keine Access Control Lists. Nicht jedes Backupprogramm ist in der Lage diese Informationen auch zu sichern. Eine *tar* Implementation, die hierzu in der Lage ist, ist *star*, beschrieben ab Seite 759.

```
dhs@nx1> getfacl Xanadu
# file: Xanadu
# owner: dhs
# group: ufa
user::rwx
user:ufa00:rw-            #effective:r--
group::rw-                #effective:r--
mask:r--
other:---
```

5.9.5 *chown(1)*

Der Eigentümer einer Datei, der in der *Inode*-Struktur steht (beschrieben in Abschnitt 5.1.1.2.5), kann selbstverständlich geändert werden. Aus Sicherheitsgründen ist dies jedoch dem administrativen Benutzer *root* oder von diesem authorisierten Personen vorbehalten.

Der Administrator kann diese Operation jedoch auch allen Benutzern erlauben, indem durch eine Änderung an der Systemkonfigurationsdatei */etc/system* das Defaultverhalten des Systems modifiziert wird. Dies geschieht, indem die Konfigurationsvariable *rstchown* (für restrict chown) auf 0 (für *false*) gesetzt wird. Diese Konfiguration setzt jedoch mehrere Sicherheitsmechanismen

```
# 1: only a process running as UID 0 may change the owner of a file,
#    a process may not change the group of a file
#    it is not currently a member of.
set rstchown=1
```

Listing 5.8. /etc/system: rstchown

außer Kraft.

chown kann im selben Durchgang auch die Gruppenzugehörigkeit umsetzen, hierfür gibt es jedoch auch das separate Kommando *chgrp*, dessen

Defaultverhalten ebenfalls von dem in Listing 5.8 gezeigen Parameter *rstchown* definiert wird.

Syntax

```
/usr/bin/chown owner[:group] file
```

Optionen

-R *recursive* Rekursiv, steigt jedoch nicht in über Softlinks verlinkte Directories hinab.
-f *force* Fehlermeldungen werden unterdrückt.
-h *here* So es sich um einen Symlink handelt, wird der Eigentümer des Links, nicht seines Zieles umgesetzt.

Beispiel:

Die Anwendung des Kommandos *chown* durch den Benutzer *root* wird in Beispiel 5.17 kurz demonstriert.

```
root@nx1# ls -l lit/coleridge
total 12
-rw-r--r--   2 dhs  ufa    2144 Mar 29 13:57 Kubla_Kahn
-rw-r--r--   2 dhs  ufa    2144 Mar 29 13:57 Xanadu

root@nx1# chown doc:other lit/coleridge/Xanadu

root@nx1# ls -l lit/coleridge
total 12
-rw-r--r--   2 doc    other  2144 Mar 29 13:57 Kubla_Kahn
-rw-r--r--   2 doc    other  2144 Mar 29 13:57 Xanadu
```

Beispiel 5.17. Anwendung von *chown*

Verständnisfragen

Die Antworten und Lösungen zu den Fragen befinden sich auf Seite 208.

5.5. Können Sie erklären, warum sich der Eigentümer der Datei `Kubla_Kahn` in Beispiel 5.17 geändert hat, obwohl nur das File `Xanadu` geändert worden ist?

5.6. Wie können Sie ihre Vermutung belegen?

5.9.6 *chgrp(1)*

Ein Benutzer kann mehreren Gruppen angehören. Innerhalb dieses Rahmens darf er die Gruppenzugehörigkeit einer Datei ändern, sofern er Eigentümer der Datei ist. Für den administrativen Benutzer gilt diese Einschränkung nicht, er kann die Datei jeder beliebigen Gruppe, auch solchen die nicht namentlich eingetragen sind, übereignen.

Dieses Verhalten wird von derselben Variable modifiziert wie bei *chown*. Ist *rstchown* auf `0` gesetzt, dürfen auch Benutzer Dateien beliebigen anderen Gruppen übereignen.

Zugehörigkeiten zu Gruppen, sowie das Mapping zwischen Gruppenname und numerischer GroupID *gid*, stehen in der Datei `/etc/group`, sofern keine Netzwerkinformationsdienste für diese Konfigurationsdateien eingesetzt werden.

Syntax

```
chgrp group file
```

Optionen

-R *recursive* Rekursiv, steigt jedoch nicht in über Softlinks verlinkte Directories hinab.
-f *force* Fehlermeldungen werden unterdrückt.
-h *here* So es sich um einen Symlink handelt, wird der Eigentümer des Links, nicht seines Zieles umgesetzt.

Beispiel:

In Beispiel 5.17 wird die Anwendung von *chgrp* kurz demonstriert. Anhand der nachfolgenden Fragen sollte die Funktionsweise nachvollzogen werden können.

Verständnisfragen zu Beispiel 5.18

Die Antworten und Lösungen zu den Fragen befinden sich auf Seite 208.

5.7. Worauf bezieht sich das Datum 1. April?

5.8. Wurde es durch den im obigen Beispiel durchgeführten *chgrp* verändert?

5.9. Welche Zeitstempel hat der im obigen Beispiel durchgeführte *chgrp* modifiziert?

5.10. Wie können Sie dies verifizieren?

```
root@nx1# ls -l lit/coleridge
total 12
-rw-r--r--   2 doc     other  2144 Mar 29 13:57 Kubla_Kahn
-rw-r--r--   2 doc     other  2144 Mar 29 13:57 Xanadu

root@nx1# chgrp -R ufa lit/coleridge

root@nx1# ls -la lit/coleridge
total 16
drwxr-xr-x   2 dhs     ufa     512 Apr  1 14:49 ./
drwxr-xr-x   5 dhs     ufa     512 Mar 29 15:48 ../
-rw-r--r--   2 doc     ufa    2144 Mar 29 13:57 Kubla_Kahn
-rw-r--r--   2 doc     ufa    2144 Mar 29 13:57 Xanadu
```

Beispiel 5.18. Anwendung von *chgrp*

5.10 Zeitinformationen

5.10.1 *touch(1)*

Mittels des Kommandos *touch(1)* können die drei Zeitinformationen im inode eines Knotens im Filesystem verändert werden. Sollte der angesprochene Knoten nicht existieren, legt *touch* eine leere Datei vom typ *f* an und versieht sie mit den gewünschten Zeitinformationen.

Syntax

```
/usr/bin/touch [Optionen] file
```

Optionen

-a Access Time
-c Inode Change Time
-m Modification Time
-t *time* Zeitangabe
-r *reference-file* Holt sich die Zeit vom angegebenen Referenzfile.

Format der Zeitangabe:

```
[[CC]YY]MMDDhhmm[.SS]
```

Feld	Bereich	Bedeutung	
CC	19 – 20	Jahrhundert	*(century)*
YY	00 – 99	Jahr	*(year of the century)*
MM	01 – 12	Monat	*(month of the year)*
DD	01 – 31	Tag	*(day of the month)*
hh	00 – 23	Stunden	*(hour of the day)*
mm	00 – 59	Minuten	*(minute of the hour)*
SS	00 – 61	Sekunden	*(second of the minute)*

Beispiel:

Ein praktisches Beispiel der Anwendung war bereits in der Beschreibung zu *find*, Abschnitt 5.8.4 auf Seite 178 gezeigt.

```
dhs@nx1> touch -t 200404190930 start

dhs@nx1> ls -l start
-rw-r--r--    1 dhs  ufa      0 Apr 19 09:30 start

dhs@nx1> touch -t 203801190514 end-of-time
dhs@nx1> ls -l end-of-time
-rw-r--r--    1 dhs  ufa      0 Jan 19 2038 end-of-time

dhs@nx1> touch -t 203801190515 until-the-time_ts-wrap-around
touch: bad time specification
```

Beispiel 5.19. Anwendung von *touch*

5.11 Operationen am Filesystem

Tatjana S Heuser

> *Making files is easy under the* UNIX *operating system. Therefore, users tend to create numerous files using large amounts of space. It has been said that the only standard thing about all* UNIX *systems is the message–of–the–day telling users to clean up their files.*
>
> System V.2 administrator's guide

5.11.1 *mkdir(1)*

Verzeichnisse, auch Directories genannt, werden mittels *mkdir* erzeugt. Historisch gliederte sich dieser Vorgang in einzelne Schritte die hier beschrieben werden, da sie die Struktur sehr gut verdeutlichen.

1. Mittels *mknod* wird ein file vom typ *d* erzeugt. Das Ergebnis ist ein leeres Directory, ohne die Einträge . und .. – *cd* in dieses Directory hinein wäre zwar möglich, der relative Pfad nach „oben" ist jedoch nicht vorhanden.
2. Mittels *chown* wird das Directory, das noch root gehört, dem Eigentümer übereignet.
3. Mittels *ln* wird im leeren Directory der hardlink . der auf das Directory selbst zeigt, erzeugt.
4. Mittels *ln* wird im Directory der hardlink .. der auf das übergeordnete Verzeichnis, das parent directory zeigt, erzeugt.

Dieses mehrstufige Vorgehen beinhaltet eine Sicherheitsproblematik. Um *mknod d* aufrufen zu dürfen, musste das mkdir Kommando mit den Rechten des administrativen Benutzers *root* ausgeführt werden, es war deswegen *setuid root.* Da erst das leere Directory erzeugt wurde, und anschließend in einem zweiten Schritt übereignet wurde, ergab sich die Möglichkeit einer *race condition.* Wenn das Directory gelöscht und stattdessen ein *hard link* auf eine beliebige andere Datei angelegt wurde bestand die Chance, daß *chown* anschließend diese Datei übereignet. Durch verstärkte Belastung des Systemes und entsprechende Prioritätenvergabe konnte das Antwortverhalten so manipuliert werden, daß ein solcher Angriff binnen kurzer Zeit zu einem Erfolg führen musste.

Um 1980 wurde daher ein *system call* für mkdir eingeführt und die Option *d* für *mknod()* deaktiviert.

Syntax

```
mkdir [directory]
```

Optionen

-p *path* Mittels der Option *-p* wird *mkdir* veranlaßt fehlende Directories auf dem Pfad zu erzeugen.

Beispiel:

Die Sequenz

```
dhs@nx1> mkdir -p /tmp/test1/test1.1/test1.1.1
```

erzeugt mit einem Kommando die in Abb. 5.21 dargestellte

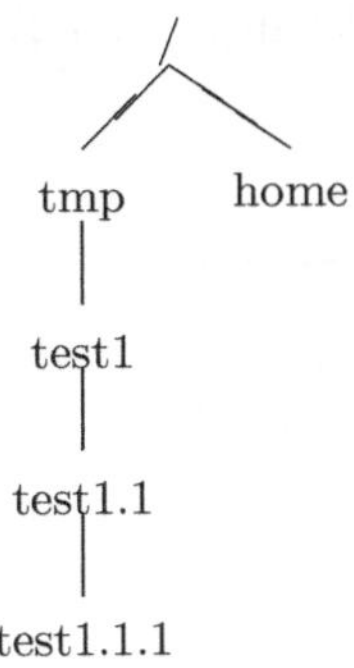

Abb. 5.21. UNIX–Filesystem: Beispiel *mkdir*

Struktur. Intern wird es folgendermaßen abgearbeitet:

```
mkdir /tmp/test1
mkdir /tmp/test1/test1.1
mkdir /tmp/test1/test1.1/test1.1.1
```

Verständnisfragen

5.11. Können Sie sich eine alternative Abarbeitung mittels einzelner *mkdir*-Aufrufe vorstellen, die zum gleichen Ergebnis kommt?

5.11.2 *rmdir(1)*

Im Gegensatz zu *rm* löscht *rmdir* nicht rekursiv, sondern ist nur in der Lage leere Directories zu entfernen. Die Hardlinks `.` und `..`, die jedes Directory enthalten mußwerden hierbei nicht mitgezählt, da sie nur die Verkettung des Directories innerhalb des Filesystem Trees sicherstellen, obwohl genau genommen durch sie kein Directory wirklich „leer" ist. Sie werden entsprechend automatisch mit gelöscht.

Syntax

```
rmdir [directory]
```

Optionen

-p *path* löscht rekursiv.

Beispiel:

Analog zu *mkdir* kann *rmdir* ebenfalls einen Pfad leerer Directories rekursiv löschen, dies sei am Beispiel des in Abb. 5.21 aus Seite 199 gezeigten Verzeichnisbaumes erläutert:

```
dhs@nx1> cd /tmp
dhs@nx1> rmdir -p test1/test1.1/test1.1.1
```

Diese Sequenz kann dargestellt werden als würde sie folgendermaßen abgearbeitet:

```
cd /tmp
cd test1/test1.1
rmdir test1.1.1
cd ..
rmdir test1.1
cd ..
rmdir test1
```

Verständnisfragen

5.12. Können Sie sich eine alternative Abarbeitung mittels einzelner *rmdir*-Aufrufe vorstellen, die zum gleichen Ergebnis kommt?

5.11.3 *rm(1)*

Mittels *rm* werden Files und Directories gelöscht. Gelöscht heißt in diesem Fall, daß die Dateien wirklich „weg" sind, es ist kein Mechanismus vorgesehen, sollte der Anwender seine Meinung später ändern. UNIX-charakteristisch wird das Kommando sofort ausgeführt, es führt normalerweise keine Abfrage durch.

Das Verhalten von *rm* ist im Vergleich zu früheren Implentierungen deutlich verändert. Im POSIX Standard ist inzwischen festgelegt, daß *rm* die Directories . und .. nicht mehr löschen *darf*. Dieses Verhalten wurde so inzwischen auch unter SOLARIS implementiert.

Implementationen, die sich nicht an POSIX orientieren, sei es weil sie diesem Standard nicht folgen, oder aber vor der jeweiligen Festlegung entstanden sind, verhalten sich an dieser Stelle anders. Sie traversieren das Filesystem von unten her, und „ribbeln" es rekursiv auf, wenn sie auf .. losgelassen werden.

Dieses Verhalten wird in zahlreichen Warnungen und Anekdoten beschrieben, und war auch SOLARIS Versionen, die vor Definition dieses Standards entstanden sind, zu eigen.

Syntax

```
/usr/bin/rm [name]
```

Optionen

-f *force* löscht auch durch ihre Modi geschützte Files.
-i *interaktiv* es wird für jede Datei einzeln gefragt.
-rR *rekursiv* löscht den gesamten Pfad. *-R* und *-r* sind hierbei synonym.

Mittels der Option *-i* läßt sich eine interaktive Abfrage erzwingen, *rm* fragt in diesem Fall für jede Komponente einzeln nach ob sie gelöscht werden soll.

Es können jedoch nur Files gelöscht werden, deren Permissions (s. Kapitel 5.9 ab Seite 186) dies zulassen. Um auch schreibgeschützte Dateien zu löschen, dient die Option *-f*. Voraussetzung ist selbstverständlich, daß das Verzeichnis *in* dem die Datei liegt, für den löschenden Prozeß mit Schreibberechtigungen versehen ist.

Wenn dann noch der rekursive *-r* Modus aktiviert wird, löscht *rm* den gesamten Pfad.

Beispiel:

```
dhs@nx1> rm -rf /tmp/test1/test1.1
```

Löscht die Verzeichnisse `test1.1.1` und `test1.1` zusammen mit ihrem Inhalt, nicht jedoch das darüber liegende Directory `test1`.

5.11.4 *Links*

The perversity of nature is novhere better demonstrated than by the fact that, when exposed to the same atmosphere, bread becomes hard while crackers become soft.

Clovis' Consideration of an Atmospheric Anomaly

Mit Links werden unter UNIX Directoryeinträge, unter anderem Datei und,– oder Pfadnamen bezeichnet, die eine andere Datei im Filesystem referenzieren.

Diese Referenzierung kann auf zwei verschiedene Arten geschehen:

5.11.4.1 Hardlinks

Wie in Kapitel 5.7.1 auf Seite 167 beschrieben, können zu Files weitere Verzeichniseinträge angelegt werden. Diese unterscheiden sich technisch nicht vom originalen Eintrag, sie bestehen ebenfalls aus (einem neu wählbaren) Dateinamen und der Inode-Nummer, anhand derer der Inode und damit die Datenblöcke zu der Datei gefunden werden. Innerhalb des selben Filesystems kann dieser Verzeichniseintrag in einem beliebigen Directory erzeugt werden, die Datei ist damit von zwei verschiedenen Directories aus „sichtbar“.

Problematisch wäre in einem solchen Fall der Löschvorgang: Keiner der beiden Verzeichniseinträge enthält einen Hinweis auf den anderen, obwohl zum Zeitpunkt des Anlegens das „Original“ bekannt war. Wenn jetzt beim Löschen erst der zu löschende *Inode* entfernt wird, und dann Blockliste und Daten, wären alle weiteren Einträge auf dieses File verwaist.

Aus diesem Grund wurde der *Inode Reference Counter*, in der Tabelle auf Seite 106 als *nlinks* für *number of links* bezeichnet, eingeführt. In Abschnitt 5.1.1.2.10 auf Seite 109 ist er beschrieben.

Zur Erzeugung eines *hard links* wird daher zuerst der Zähler *nlinks* incrementiert und anschließend der neue Verzeichniseintrag, bestehend aus Dateinamen und Inode-Nummer, angelegt.

Wenn jetzt eine Datei gelöscht werden soll, deren *Inode Counter* größer ist als 1, so entfernt *rm*, siehe Abschnitt 5.11.3, nur den Verzeichniseintrag, und decrementiert den *Inode Counter* im zugehörigen Inode. Da alle weiteren Hardlinks auf den selben Inode verweisen ist die Änderung für diese sofort sichtbar.

Wenn anhand des Directorylistings zu erkennen ist, daß ein File mehrere Hardlinks besitzt, so ist es nur durch eine Suche nach der Inode-Nummer des Files über *alle* Directories des Filesystems möglich, den Pfad zu den weiteren Einträgen zu finden. Das Programm für solche Aufgaben heißt bezeichnender Weise *find(1)*, eine Kurzbeschreibung ist auf Seite 178 zu finden.

Bei einigen Filesystemen (z.B. UFS) lassen sich auch Hardlinks auf Directories anlegen. Da das Anlegen von Hardlinks auf Directories schwere topologische Schäden an einem Filesystem auslösen kann, ist diese Operation nur besonders berechtigten Personen (typischerweise root) und nur unter Verwendung des Programms *link(1M)* gestattet. Hardlinks auf Directories lassen sich auch nur von besonders berechtigten Personen (typischerweise root) und nur unter Verwendung des Programms *unlink(1M)* beseitigen. Wegen der auftretenden Probleme ist dringenst davon abzuraten Hardlinks auf Directories anzulegen.

5.11.4.2 Soft Links

Hardlinks können die Grenzen des Filesystems nicht überschreiten. Auch dürfen bei einigen Filesystemen keine beliebigen Hardlinks auf Directories verweisen. Aus diesem Grund wurden zusammen mit dem Fast Filesystem (heute UFS) 1981 unter BSD-4.2 Soft Links, auch symbolische Links genannt, eingeführt. Bei diesen handelte es sich um normale Files, vom Typ *l*, die als Daten einen beliebigen Pfadnamen enthalten. Auf modernen Filesystemen muß aber ein symbolischer Link nicht unbedingt ein File mit den üblichen Metadaten sein, sondern kann im Extremfall auch komplett innerhalb einer Direktory implementiert sein. Die Existenz des verlinkten Knotens wird hierbei nicht überprüft, er muß weder existieren noch zugänglich sein.

5.11.5 *ln(1)*

Mit dem Kommando *ln* werden sogenannte Links erzeugt. Ein Link ist die Referenzierung einer Datei im Filesystem von einer anderen Stelle (Directory) des Filesystems aus.

Syntax

```
ln [directory]
```

Optionen

-s *symbolic* Erzeugt symbolische Links.
-f *force* Verzichtet auf Rückfragen.
-n *not* Überschreibt keine bereits existenten Dateien.

Beispiel:

```
dhs@nx1> cd lit/coleridge
dhs@nx1> ln Kubla_Kahn Xanadu
total 12
-rw-r--r--   2 dhs  ufa    2144 Mar 29 13:57 Kubla_Kahn
-rw-r--r--   2 dhs  ufa    2144 Mar 29 13:57 Xanadu
```

5.11.6 *mv(1)*

Um Dateien zu verschieben bzw. umzubenennen kommt *mv(1)* zum Einsatz.

Um eine Datei innerhalb des selben Filesystems umzubenennen sind keine Lese,- oder Schreibrechte auf die Datei selbst notwendig. Sowohl Ursprungs,- als auch das Zieldirectory müssen für den ausführenden Benutzer jedoch schreibbar sein, da nur ein neuer Verzeichniseintrag für diese Datei angelegt wird. Wenn eine Datei umbenannt werden soll die sich in einer sticky-Directory befindet, dann muß man Eigentümer der Datei sein um sie umbenennen zu können.

Erst wenn die Datei in ein anderes Filesystem verschoben werden soll ist es notwendig, daß die Datei für den durchführenden Benutzer lesbar ist, da *mv* in diesem Fall die Datei an den Zielort kopiert und im ursprünglichen Filesystem löscht.

Syntax

```
mv von... nach
```

Optionen

-i *interaktiv* Fragt, bevor es Files überschreibt.
-f *force* Fragt nicht ...

Mittels `--` kann das Ende der Optionen angezeigt werden, um zu verhindern, daß *mv* einen nachfolgenden Dateinamen, der mit einem `-` beginnt, als Option interpretiert.

Beispiel:

```
dhs@nx1> ls -li jabberwocky
22836 -r--r--r--  1 dhs  ufa   1071 Mar 29 15:47 jabberwocky
dhs@nx1> mv jabberwocky Jabberwocky
22836 -r--r--r--  1 dhs  ufa   1071 Mar 29 15:47 Jabberwocky
```

Verständnisfragen

5.13. Fallen Ihnen, außer der oben angegebenen Option -- noch andere Möglichkeiten ein um zu verhindern, daß ein Dateiname, der mit einem - beginnt, als (Kette von) Option(en) interpretiert wird?

5.11.7 *cp(1)*

Syntax

```
cp von... nach
```

Optionen

-i *interactive* Fragt nach, bevor bereits existente Dateien überschrieben werden.
-r *rekursiv* Kopiert ein Verzeichnis mitsamt dessen Inhalt, auch wenn sich dieser über mehrere Filesysteme erstrecken sollte.
-r *rekursiv* dito, jedoch werden pipes als solche dupliziert, anstatt zu versuchen deren Inhalt zu lesen und am Zielort zu schreiben...
-p *preserve* Erhält Zugriffsrechte,- und zeiten soweit dies technisch möglich und zulässig ist. Siehe hierzu auch *chown(1)*, Seite 194.

Achtung:

cp ist, ebenso wie *mv*, besonders anfällig für Unfälle. Wird vergessen ein Ziel anzugeben, so wird dies inzwischen(!) abgefangen, sofern das letzte angegebene File kein Directory ist. War jedoch beabsichtigt, mehrere Dateien zu kopieren und die letzte angegebene ist ein Directory, so wird *cp* selbstverständlich die ersten $n-1$ Dateien in dieses Directory kopieren. Dies ist vor allem dann überraschend, wenn der Benutzer nur einen Wildcard angegeben hatte.

Beispiel:

```
dhs@nx1> ls -li Jabberwocky
22836 -r--r--r--  1 dhs  ufa    1071 Mar 29 15:47 Jabberwocky
dhs@nx1> cp Jabberwocky jabberwocky
dhs@nx1> ls -li jabberwocky
82471 -r--r--r--  1 dhs  ufa    1071 Apr 21 10:29 jabberwocky
```

Es gibt neben *cp* noch weitere Methoden einen kompletten Verzeichnisbaum zu kopieren, diese bedienen sich eines Archivprogrammes wie *cpio* (S. 206) und *tar* (S. 207).

5.11.8 *cpio(1)*

cpio, kurz für *copy in – out* kopiert files in ein sogenanntes *cpio* Archiv. Dessen Format ist nicht standardisiert und variiert daher von Vendor zu Vendor. Zum Austausch von Daten ist es daher nur eingeschränkt zu empfehlen.

SUN verwendet dieses Format teilweise für SOLARIS System,- und Patch Installationspakete.

Syntax

```
cpio -[io][optionen]
cpio -p[optionen] zieldirectory
```

Optionen

-d *directory* Erzeugt fehlende Directories.
-p *pass* Kopiert innerhalb desselben Prozesses hinein und wieder hinaus. Alternative zu *cp*, die insbesondere bei mehrfacher Anwendung auf das selbe Directory keine geänderten Dateien mit Versionen älteren Datums überschreibt.
-a *atime* Setzt die Access Time des Files wieder zurück, damit sie nicht durch die Archivierung verfälscht wird.
-m *mtime* Die Kopie erhält dieselbe Modification Time wie das Original.
... Weitere Optionen siehe Manualpage.

Klassischerweise wird *cpio* in einer *pipe* (s.Seite 843) mit *find(1)* verwandt. Siehe hierzu auch unten stehendes Beispiel.

Beispiel:

```
dhs@nx1> find lit -depth -print | cpio -pmad /tmp
112 blocks
dhs@nx1> !!
cpio: Existing "/tmp/lit/poe/masque" same age or newer
cpio: Existing "/tmp/lit/poe/raven" same age or newer
cpio: Existing "/tmp/lit/poe/cask" same age or newer
cpio: Existing "/tmp/lit/carrol/jabberwocky" same age or newer
cpio: Existing "/tmp/lit/coleridge/Kubla_Kahn" same age or newer
0 blocks
5 error(s)
```

5.11.9 *tar(1)*

tar(1), für Tape Archiver, ist das klassische Werkzeug um zum einen Bandarchive zu schreiben, zum anderen jedoch auch Archivdateien anzulegen und auszupacken. Das Format ist eines der ersten die einem Standardisierungsprozess unterworfen worden sind. Inzwischen sollten alle gängigen Implementierungen dem aktuell gültigen POSIX Standard folgen, nur wenige implementieren ihn jedoch korrekt. Siehe hierzu auch *star* in Abschnitt 9.10.5 auf Seite 759. SUNtar implementiert den POSIX Standard seit SOLARIS 10 korrekt.

Syntax

```
tar [ctx]f archiv.tar  [files-to-archive]
```

Die etwas ungewöhnliche Syntax bedarf der Aufmerksamkeit, will man sich nicht versehentlich eine der zu archivierenden Dateien mit dem Archiv überschreiben.

Optionen

-c *create* Packt alle unter files-to-archive angegebenen Dateien in ein neues Archiv namens archiv.tar
-t *table-of-contents* Zeigt den Inhalt von Archiv.tar an
-x *extract* Extrahiert Archiv.tar in das aktuelle Directory.
-f *file* Benutzt archiv.tar als archiv file, statt das unter der Environment Variable `$TAPE` angegebene Bandlaufwerk.

Beispiel:

```
dhs@nx1> tar cf /tmp/lit.tar lit
dhs@nx1> tar tvf /tmp/lit.tar
drwxr-xr-x 201/1     0 Apr 17 13:41 2004 lit/
drwxr-xr-t 201/1     0 Apr 12 21:35 2004 lit/poe/
-rw-r--r-- 201/1 13902 Mar 29 15:23 2004 lit/poe/masque
-rw-r--r-- 201/1  7096 Mar 29 15:19 2004 lit/poe/raven
-rw-r--r-- 201/1 13112 Mar 29 15:21 2004 lit/poe/cask
drwxr-xr-x 201/1     0 Mar 29 15:44 2004 lit/carrol/
-rw-r--r-- 201/1  1071 Mar 29 15:47 2004 lit/carrol/jabberwocky
drwxr-xr-x 201/1     0 Apr 14 14:49 2004 lit/coleridge/
-rwxr----- 201/1  2144 Mar 29 13:57 2004 lit/coleridge/Kubla_Kahn
-rwxr----- 201/1     0 Mar 29 13:57 2004 lit/coleridge/Xanadu ↙...
      ↪ linked to lit/coleridge/Kubla_Kahn
```

5.12 Antworten zu den Verständnisfragen

Quer durch das Kapitel wurden anhand der Beispiellistings Fragen gestellt, zur Funktionsweise des Filesystems, der Zusammenhänge von *inode* und angezeigten Informationen und der Bedeutung der Felder im *inode*. Fragen dieser Art kommen vergleichsweise auch in den Zertifizierungen von SUN, oder auch anderen UNIX-basierten Zertifizierungen vor. Zu ihrer Beantwortung ist es notwendig zu wissen welche Informationen im *inode* stehen, und wie sie interpretiert werden. Wenn die Beantwortung an einigen Stellen etwas schwerer fällt, wird daher empfohlen, die entsprechenden Inhalte ab Seite 105 erneut durchzulesen. Wenngleich alle Fragen nach Kenntnis der grundlegenden Struktur von Filesystem und Inode beantwortbar sein können, mag es in einigen Fällen leichter sein, sie nicht nur aus der Kenntnis der Datenstruktur heraus zu beantworten, sondern erst nachdem das Kommando vorgestellt wurde, mittels dessen sich diese Abbildung im Dateisystem erzeugen läßt.
Nachfolgend die Antworten.

5.1 Beispielsweise folgendermaßen:

```
dhs@nx1> touch test
dhs@nx1> chmod 4711 test
dhs@nx1> ls -l test
-rws--x--x   1 dhs  ufa       0 Apr 21 16:26 test
```

5.2 Die Datei ist ausführbar und *set-uid on execution.*

5.3 u+rwxs um die Permissions des owners zu setzen, go=x für group und others.

5.4 In Beispiel 5.16 war für *group* kein Schreibrecht gesetzt, für *others* gar keine Rechte. Dies entspricht einer *umask* von 027.

Die nächsten beiden Antworten beziehen sich auf das Beispiel 5.17 auf Seite 195.

5.5 Wie am link counter ersichtlich, handelt es sich bei den Dateien `Kubla_Kahn` und `Xanadu` um Hardlinks. Da sie in Größe, Modification Time, und Link Count übereinstimmen ist zu vermuten, daß es sich um das selbe File handelt.

In der Directory Struktur steht neben dem Namen des Files ein Pointer auf den Inode des Files. Owner und Group sind im Inode gesetzt, dieser ist bei Hardlinks pro File nur einmal vorhanden, von einer Änderung des Eigentümers ist der andere Link daher automatisch mit betroffen, selbst wenn er sich an anderer Stelle im selben Filesystem befinden sollte.

5.6 Indem mittels *ls -i* die Inode-Nummer angezeigt und verglichen wird.

Die nachfolgenden Antworten beziehen sich auf das Beispiel 5.18 auf Seite 197.

5.7 Die Modification Time des angezeigten Directories, *lit/coleridge.*

5.8 Nein

5.9 Die *ctime (Inode Change Time)*, da die Group im Inode mitgeführt wird, und dieser daher modifiziert worden ist. Da beide Files nur einen Inode besitzen, hat sich aus „Sicht“ des Directories die *ctime* sowohl der Dateien `Kubla_Kahn` und `Xanadu` geändert.

5.10 Mittels ls -lc

5.11 Mittels einzelner *mkdir*-Aufrufe ließe sich der in Abb. 5.21 auf Seite 199 dargestellte Baum unter anderem folgendermaßen erzeugen:

```
cd /tmp
mkdir test1
cd test1
mkdir test1.1
cd test1.1
mkdir test1.1.1
```

5.12 Mittels einzelner *rmdir*-Aufrufe ließe sich der in Abb. 5.21 auf Seite 199 dargestellte Baum unter anderem folgendermaßen wieder entfernen:

```
cd /tmp
rmdir test1/test1.1/test1.1.1
rmdir test1/test1.1
rmdir test1
```

5.13 Der Name der Datei kann beispielsweise um einen vorangestellten absoluten oder relativen Pfad ergänzt werden, da das - nur zu Beginn des Dateinamens problematisch ist.

5.13 Extended File Attribute

Jörg E Schilling

Zusammenfassung. Extended File Attribute unter Solaris

Im Herbst 2001 erweiterte SUN die UFS Implementierung unter SOLARIS 9 um eine sehr interessante Eigenschaft: Die *Extended File Attribute.*

Die Implementierung von *Extended File Attributen* eröffnet eine neue Dimension im Namensraum der Filesysteme. Jeder Datei und jeder Directory wird damit ein kompletter Namensraum mit beliebigen Dateien zugeordnet.

5.13.1 Ein Beispiel zur Demonstration von Extended File Attributen

Um *Extended File Attribute* verstehen zu können, hilft es sich die Funktion an einem Beispiel anzusehen. Da vorrausgesetzt wird daß noch keine *Extended*

File Attribute auf dem System existieren, werden wir zunächst ein File mit *Extended File Attributen* versehen.

Extended File Attribute werden zur Zeit von TMPFS, UFS und ZFS unterstützt. Die Tests müssen also innerhalb eines dieser Filesysteme durchgeführt werden. Selbstverständlich ist es auch möglich, *Extended File Attribute* auf einem NFS-*Filesystem* zu erzeugen, falls der NFS-*Server* mindestens SOLARIS 9 verwendet und das von ihm exportierte Filesystem selbst *Extended File Attribute* unterstützt.

Das zentrale Programm, das uns erlaubt Kommandos im Attribut-Namensraum einer Datei auszuführen heißt *runat(1)*.

Wir suchen uns für unsere Tests eine leere Directory in der *Extended File Attribute* unterstützt werden und in der wir die notwendigen Rechte besitzen Dateien zu erzeugen. Dann legen wir dort eine Datei an, in dem wir z.B. eine beliebige bereits existierende Datei dorthin kopieren.

```
# cp /etc/termcap .
# ls -@
-rw-r--r--   1 root     bin       136738 Nov 17 18:18 termcap
# du -k termcap
144        termcap
# ls -i termcap
   817882 termcap
#
```

Wie wir mit Hilfe von *ls -@* feststellen konnten, enthält die Datei zur Zeit keine *Extended File Attribute,* benötigt 144 kB auf dem Filesystem und hat die inode-Nummer 817882 zugeordnet.

Nun starten wir eine Shell, deren aktuelle Workingdirectory die *Attribut-Directory* unserer Testdatei ist.

```
# runat termcap
# ls -ia
    817883 drwxr-xr-x   2 root     bin          512 Dec 26 22:19 .
    817882 -rw-r--r--   1 root     bin       136738 Dec 26 22:19 ..
```

Wie wir sehen, befindet sich unsere Shell in einer Directory mit der inode-Nummer 817883 deren "Parent-Directory" keine Directory sondern eine Datei mit der inode-Nummer 817882 ist. Wie man auch leicht anhand der Dateigröße feststellen kann, ist der ".." Eintrag der *Attribut-Directory* in der wir uns gerade befinden identisch mit unserer gerade erzeugten Testdatei. Dies können wir auch dadurch verifizieren daß wir uns den Inhalt dieser Datei z.B. mit

```
# more ..
```

ansehen.
Wenn wir nun eine Datei in die *Attribut-Directory* kopieren, z.B. durch:

```
# cp /etc/group .
```

dann sieht die *Attribut-Directory* nun folgendermaßen aus:

```
# ls -la
drwxr-xr-x   2 root     bin          512 Dec 26 22:37 .
-rw-r--r--   1 root     bin       136738 Dec 26 22:19 ..
-rw-r--r--   1 root     bin          275 Dec 26 22:37 group
#
```

Wir verlassen nun unsere aktuelle Shell durch Eingabe von *exit* und sehen uns unsere Testdatei noch einmal an:

```
# ls -@
-rw-r--r--@  1 root     bin       136738 Dec 26 22:19 termcap
# du -k termcap
146         termcap
#
```

Bei der Verwendung von *ls -@* wird den Zugriffsrechten der Datei ein @ angehängt, als Zeichen dafür daß diese Datei nun *Extended File Attribute* enthält. Wie man sieht, ist der durch die Datei benötigte Speicherplatz auf dem Filesystem durch das Anlegen der *Extended File Attribute* um 2 kByte gewachsen. Das ist auf den auf den benötigten Speicherplatz der *Attribut-Directory* und den durch die darin vorhandene Datei zurückzuführen. Wir können die *Extended File Attribute* auch wieder beseitigen. Dies kann z.B. mit Hilfe folgender Anweisung geschehen:

```
# runat termcap rm group
# ls -@
-rw-r--r--   1 root     bin       136738 Dec 26 22:19 termcap
# du -k termcap
144         termcap
```

Die Kennzeichnung ist wieder verschwunden und auch der Speicherplatzbedarf ist wieder bei der Größe die wir vor dem Anlegen der Attribute feststellen konnten.

5.13.2 Die Funktionsweise von Extended File Attributen

Jeder Datei und jeder Directory, auf einem Filesystem das *Extended File Attribute* unterstützt, kann eine versteckte *Attribut-Directory* zugeordnet werden.

Wenn versucht wird die *Attribut-Directory* zu öffnen und diese existiert noch nicht, dann wird sie automatisch erzeugt. Wird die *Attribut-Directory* wieder geschlossen und ist zu diesem Zeitpunkt bis auf die Einträge "." und ".." leer, dann wird die *Attribut-Directory* wieder automatisch zerstört. Wurden jedoch in der Zwischenzeit Dateien in der *Attribut-Directory* angelegt, dann bleibt sie erhalten und zugeordnet.

Diese Art der Implementierung würde es prinzipiell erlauben beliebige Dateitypen und auch Subdirectories in der *Attribut-Directory* anzulegen sowie jeder Datei, die sich im Attribut-Namensraum (also auch den Dateien innerhalb einer *Attribut-Directory)* befinden, selbst auch *Extended File Attribute* zuzuordnen. Dies würde jedoch beliebig komplexe Strukturen ermöglichen. Daher wurde die aktuelle Implementierung künstlich in der Funktionalität so eingeschränkt, daß nur einfache Dateien in einer *Attribut-Directory* angelegt werden können. Andere Dateitypen, Subdirectories sowie das Anlegen von *Extended File Attributen* für Dateien im Attribut-Namensraum wurden verboten.

Da es sich hier aber um eine künstliche Beschränkung handelt, kann diese Beschränkung nötigenfalls jederzeit wieder aufgehoben werden.

Folgende Filesystem-Operationen sind darüberhinaus aus Sicherheitsgründen verboten:

link Das Anlegen von Hard-Links zwischen Dateien aus dem Basis-Namensraum des Filesystems und dem Attribut-Namensraum des Filesystems.

rename Das Umbenennen von Dateien zwischen dem Basis-Namensraum des Filesystems und dem Attribut-Namensraum des Filesystems oder umgekehrt.

5.13.3 Extended File Attribute und die Unterstützung durch Standardkommandos

Folgende Standardkommandos implementieren Unterstützung für *Extended File Attribute:*

cp(1) Das *cp* Kommando kopiert defaultmäßig keine *Extended File Attribute.* Wenn jedoch die Optionen *-p* oder *-@* angegeben werden, werden *Extended File Attribute* mitkopiert.

du(1) Das *du* Kommando berücksichtigt den Platzbedarf von *Extended File Attributen.*

find(1) Das *find* Kommando implementiert einen primary Operator *-xattr* mit dessen Hilfe auf das Vorhandensein von *Extended File Attributen* getestet werden kann.

fsck(1) Das *fsck* Kommando aus SOLARIS Versionen die aus der Zeit vor Einführung der *Extended File Attribute* stammt bewegt alle *Attribut-Directories* nach *lost+found.* Dies läßt sich jedoch durch einen *fsck* Lauf auf einer ausreichend aktuellen SOLARIS Version wieder reparieren.

fsdb Der Filesystem-Debugger kann mit *Attribut-Directories* umgehen.

ls(1) Das *ls* Kommando implementiert die -@ Option zum Anzeigen von Dateien mit *Extended File Attributen.* Leider ist die Syntax etwas unglücklich gewählt. Wenn das Kommando *ls -l@* aufgerufen wird, dann wird die -@ Option ignoriert.

mv(1) Das *mv* Kommando berücksichtigt *Extended File Attribute.* Wenn *mv* verwendet wird um Dateien zwischen unterschiedlichen Dateisystemen zu bewegen, dann wird das *cp* Kommando so aufgerufen, daß die Attribute mitkopiert werden. Falls das Zieldateisystem keine Unterstüzung für *Extended File Attribute* aufweist, bricht der Vorgang mit einer Fehlermeldung ab und die Originaldatei bleibt erhalten.

cpio(1)

pax(1)
tar(1) Die Archivierungsprogramme unterstützen alle das Archivieren und Extrahieren von *Extended File Attributen* wenn die Option -@ verwendet wird. Anderenfalls werden *Extended File Attribute* ignoriert.

Einige Programme sind innerhalb des *Attribut-Namensraums* (d.h. in Verbindung mit *runat)* nicht nutzbar da der *Attribut-Namensraums* keine Verbindung zum globalen Namensraum hat der auf einem beschreibbaren Pfad basiert.

pwd(1) Das *pwd* Programm ist nicht nutzbar falls man sich nicht im *Attribut-Namensraums* einer Directory befindet, da in diesem Fall der ".." Eintrag der *Attribut-Directory* nicht vom Typ Directory ist.
man(1) Das *man* Kommando versucht zu Beginn die aktuelle Directory zu ermitteln und bricht dann ab.
tcsh(1) Das Programm *tcsh* beschwert sich darüber daß es die aktuelle Directory nicht ermitteln kann und führt danach ein *chdir* in das Homeverzeichnis des Benutzers durch. Daher ist mit dem *tcsh* ein Arbeiten innerhalb der *Attribut-Directory* unmöglich.
zsh(1) Das Programm *zsh* gibt zwar keine Fehlermeldung aus, führt aber dennoch ein *chdir* in die root-Directory durch. Daher ist mit dem *zsh* ein Arbeiten innerhalb der *Attribut-Directory* unmöglich.

5.13.4 Anwendungen für Extended File Attribute

Zur Zeit existieren keine offiziellen Anwendungen für *Extended File Attribute* unter Solaris. Es wäre aber z.B. denkbar Icon-Bilder für eine graphische Oberfläche in *Extended File Attributen* zu speichern.

Da die SOLARIS Implementierung für *Extended File Attribute* die universellste bekannte Implementierung ist, könnten ähnliche Eigenschaften anderer Betriebssysteme darauf abgebildet werden.

AppleResource-Fork

Der bei Apple Systemen bekannte *Resource-Fork* könnte auf eine spezielle Datei in der *Attribut-Direktory* abgebildet werden. Dazu müsste allerdings ein passender Filename für diesen Zweck gefunden und reserviert werden.

Linux Extended Attribute

Unter LINUX gibt es die Möglichkeit Namens-Werte Paare in der Form

```
mtrusted.md5sum=4a07f7c3aa711b675fe6b8c4a874f3f0
```

oder

```
user.mime_type=something
```

zu verwenden wobei die maximale Summe aller dieser Attribute 64 kB nicht überschreiten darf. Hier sind zwei unterschiedliche Abbildungen auf das SOLARIS Modell möglich.

Name Hier wird aus jedem LINUX Attribut namen ein Filename im Solaris Attribut-Namensraum und der dazugehörige Wert zum Dateiinhalt. Der Nachteil dieser Implementierung wäre ein verhältnismäßig hoher Speicherplatzbedarf auf dem Filesystem.

Linux-Attribute Hierbei wird der gesamte LINUX Attribut-Raum für eine Datei in eine spezielle Datei des SOLARIS Attribut-Namensraums abgebildet. Dazu müsste allerdings ein fester Filename im SOLARIS Attribut-Namensraum festgelegt werden. In dieser Datei wäre dann eine Folge von:

Länge Name=Wert\ n

Dadurch würde weniger Platz im Filesystem für diese Abbildung benötigt.

Im Sinne einer baldigen sinnvollen Nutzbarkeit dieses interessanten Merkmals von SOLARIS ist es zu hoffen, daß bald eine Einigung zu diesem Thema erreicht wird. add

5.14 Access Control Listen unter Solaris

Jörg E Schilling

Zusammenfassung. Access Control Listen unter Solaris

Unter SOLARIS sind zwei unterschiedliche ACL Implementierungen verfügbar. Für UFS basierte Filesysteme werden *POSIX 1003.1e ACLs* unterstützt und für ZFS basierte Filesysteme werden NFS*v4 ACLs* implementiert.

Posix

Seit SOLARIS 2.5 gibt es eine Unterstützung für die *POSIX 1003.1e* Variante von Access Control Listen. Diese Variante von ACLs erlaubt es, Rechte auf Basis der klassischen UNIX-Zugriffsrechte an Benutzer zu vergeben, die über das klassische *user/group/other* Modell hinausgehen, sich aber an dieses Modell anlehnen. Die *POSIX 1003.1e* Variante von ACLs kann auf dem UFS-Filesystem sowie auf über NFS exportierten UFS Filesystemen genutzt werden. Im Falle eines NFS Exports müssen allerdings NFS Server und NFS Client unter SOLARIS betrieben werden, denn hier wird eine herstellerspezifische Protokollerweiterung verwendet.

Im ZFS-Filesystem ist die *POSIX 1003.1e* Variante von Access Control Listen nicht implementiert.

Der Name *POSIX 1003.1e* ACLs suggeriert dabei, daß es sich um einen verabschiedeten Standard handelt. Der *POSIX 1003.1e* Standardentwurf wurde jedoch um den Januar 1988 zurückgezogen. Interessanterweise haben jedoch sowohl FREEBSD als auch LINUX im Jahre 2001 eine ACL Implementierung auf Basis des *POSIX 1003.1e* Entwurfs eingeführt.

NFSv4

Seit der Einführung von ZFS mit SOLARIS 11 Build 27 ist auch eine Unterstützung von Access Control Listen nach dem NFSv4 Modell verfügbar. NFS*v4 ACLs* sind sowohl auf dem ZFS-Filesystem (lokal) als auch über NFSv4 (remote) nutzbar.

Die Access Control Listen im NFS*v4 ACL* Modell sind nicht nach dem *POSIX 1003.1e* Vorbild angelegt, sondern orientieren sich an den ACLs wie sie unter Win–NT–5.0 bekannt sind. Die Anlehnung an das Win–NT Vorbild geht dabei soweit, daß die einzelnen ACL-Definitionen bitweise identisch sind.

Der wesentliche Unterschied zwischen den *POSIX 1003.1e* ACLs und den ACLs nach dem NFS*v4* Modell liegt darin, daß das Rechtesystem der NFS*v4 ACLs* erheblich feinkörniger ist als das klassische UNIX Rechtesystem, welches nur Lesen, Schreiben und Ausführen kennt, und darin, daß das NFS*v4 ACL* Modell es nicht nur zuläßt Rechte zu akkumulieren, sondern es auch ermöglicht, Rechte gezielt zu verweigern.

5.14.1 UNIX Zugriffsrechte

Das historische UNIX Rechtemodell, das im Wesentlichen auf Erlaubnissen basiert, kennt drei Erlaubnisrechte:

Lesen (r Wertigkeit 4)

Ist dieses Recht für eine Datei vorhanden, dann darf die Datei gelesen werden (der Systemaufruf *read* ist möglich).

Ist dieses Recht für eine Directory vorhanden, dann darf der Inhalt der Directory aufgelistet werden (ein *readdir* Aufruf ist möglich).

Schreiben (w Wertigkeit 2)

Ist dieses Recht für eine Datei vorhanden, dann darf die Datei beschrieben werden. Dies beinhaltet sowohl das Schreiben in die Datei als auch das vergrößernde Anhängen von Daten.

Ist dieses Recht für eine Directory vorhanden, dann dürfen in der Directory neue Dateien angelegt werden, vorhandene Dateien gelöscht oder umbenannt werden.

Ausführen (x Wertigkeit 1)

Ist dieses Recht für eine Datei vorhanden, dann darf die Datei ausgeführt werden.

Ist dieses Recht für eine Directory vorhanden, dann darf diese Directory durchsucht werden. Das bedeutet, daß ein *chdir* in die Directory möglich ist, daß Dateien in der Directory geöffnet werden dürfen und daß ein *stat* auf Dateien in der Directory erlaubt ist.

Diese drei Grundrechte gibt es in dreifacher Ausführung:

user Die Rechte, für den Eigentümer der Datei. Diese Zugriffsrechte gelten dann, wenn der Zugreifende der Eigentümer der Datei ist.

group Die Rechte, für die Gruppe der Datei. Diese Zugriffsrechte gelten dann, wenn eine der Gruppen, in denen der Benutzer ist, mit der Gruppe identisch ist die der Datei zugeordnet ist.

other Die Rechte, die für alle anderen Nutzer gelten.

Die anderen Bits (s-uid, s-gid, sticky), die meist auch zu den UNIX Rechten gerechnet werden sind eigentlich keine Rechte, denn sie regeln keine Zugriffsrechte sondern steuern das Verhalten bei der Nutzung der Datei.

5.14.2 Posix ACLs

POSIX 1003.1e ACLs beruhen darauf, das historische UNIX Rechtemodell um weitere Erlaubnisse zu erweitern. Dazu erfolgt folgende Umsetzung der klassischen UNIX Zugriffsrechte auf die ACLs:

user $\mapsto$ user::rwx
Die Rechte des Eigentümers der Datei werden in die Rechte eines anonymon Nutzers umgesetzt, wobei die Identität des Nutzers dem Eigentümer der Datei entspricht. Wird die Datei mit Hilfe von *chown* einem anderen Nutzer zugeordnet, dann gelten die Zugriffsrechte für diesen neuen Eigentümer.

group $\mapsto$ group::rwx
Die Rechte der Gruppe der Datei werden analog in die Rechte einer anonymen Gruppe umgesetzt.

other $\mapsto$ other::rwx
Die Rechte, die für alle anderen Nutzer gelten.

mask:rwx Alle Rechte die für andere Nutzer als den Eigentümer der Datei eingetragen sind werden vor der Auswertung noch mit der *mask* verknüpft. Sie legt die *maximalen* Rechte für andere Nutzer fest.

Aus dieser Festlegung ergibt sich, daß eine Datei, die nur über die UNIX Basiszugriffsrechte verfügt, 4 ACL-Einträge benötigt.

Um weiteren Benutzern Zugriffsrechte auf eine Datei zu geben, können Rechteeinträge für nichtanonyme Benutzer oder Gruppen hinzugefügt werden. Dies kann durch eine Anzahl von ACL-Einträgen in der folgenden Form geschehen:

user:joe:rwx Ein Eintrag dieser Form fügt eine Zugriffserlaubnis für den Benutzer mit dem Namen *joe* den bisherigen Zugriffsrechten hinzu.

group:painters:rwx Ein Eintrag dieser Form fügt eine Zugriffserlaubnis für Benutzer die in der Gruppe *painters* sind den bisherigen Zugriffsrechten hinzu.

Natürlich lassen sich anstelle des Platzhalters *rwx* beliebige unter UNIX übliche Rechtekombinationen verwenden.

Damit die ACLs nutzbar werden, wird eine automatische Vererbung von Zugriffsrechten benötigt. Anderenfalls müsste man bei jedem neu erzeugten File sämtliche im Projekt benötigten Zugriffsrechte von Hand aufsetzen. Um eine solche Vererbung zu erreichen, kann man jeder Directory zusätzlich zu den ACL-Einträgen die zur Auswertung der aktuellen Zugriffsrechte verwendet werden, noch so genannte *default* ACLs zuordnen.

default:user::rwx Damit werden die Zugriffsrechte bestimmt, die ein neu angelegtes File für seinen Erzeuger bietet.

default:group::rwx Damit werden analog die Zugriffsrechte bestimmt, die ein neu angelegtes File für seine Gruppe bietet.

default:other:rwx Damit werden die Zugriffsrechte bestimmt, die ein neu angelegtes File für andere nicht genannte Benutzer bietet.

default:mask:rwx Damit wird die Maske bestimmt, die bei neu angelegten Files verwendet wird, um die maximalen Rechte für alle Nutzer festzulegen, die nicht der Eigentümer der Datei sind.

default:user:joe:rwx Durch beliebige Einträge dieser Art kann man weiteren Nutzern (in diesem Falle dem Benutzer *joe)* automatisch Rechte an neuen Dateien zugestehen.

default:group:painters:rwx Durch beliebige Einträge dieser Art kann man weiteren Benutzergruppen (in diesem Falle der Gruppe *painters)* automatisch Rechte an neuen Dateien zugestehen.

5.14.3 NFSv4 ACLs

NFSv4 ACLs basieren nicht auf dem historischen UNIX Rechtemodell sondern auf einem Modell, das feinkörnigere Rechte verwendet und das neben der Akkumulation von Zugriffserlaubnissen auch die Möglichkeit bietet, einzelnen Benutzern Rechte zu verweigern. Auch sind die Vererbungsmöglichkeiten gegenüber dem POSIX ACL Modell erweitert. Da bislang nur eine Alpha-Version der ZFS-Implementierung verfügbar ist, kann in diesem Buch nur der Stand, der zum Zeitpunkt der Drucklegung galt, dokumentiert werden. Die verfügbaren Rechte sind im Einzelnen:

read_data Das Recht, den Inhalt einer Datei zu lesen.

list_directory Das Recht, den Inhalt einer Directory aufzulisten. Es wird das gleiche Bit verwendet wie bei *read_data*.

write_data Das Recht, den Inhalt und die Größe einer Datei zu modifizieren.

add_file Das Recht, eine neue Datei in einer Directory anzulegen. Es wird das gleiche Bit verwendet wie bei *write_data*.

append_data Das Recht, neue Daten an eine bestehende Datei anzuhängen.

add_subdirectory Das Recht, eine Subdirectory innerhalb einer Directory anzulegen. Es wird das gleiche Bit verwendet wie bei *append_data*.

read_xattr Das Recht, Extended File Attribute zu lesen oder den Inhalt der Attribut-Directory aufzulisten (siehe man *fsattr(5))*.

write_xattr Das Recht, Recht Extended File Attribute zu erzeugen oder den Inhalt der Attribut-Directory zu modifizieren (siehe man *fsattr(5))*.

execute Das Recht, eine Datei auszuführen.

read_attributes Das Recht, die Standardattribute einer Datei zu lesen. Das entspricht dem Recht, den *stat(2)* Systemaufruf für diese Datei anzuwenden.

write_attributes Das Recht, die Zeitstempel einer Datei auf beliebige Werte zu setzen siehe man *utime(2)* und *utimes(2)* sowie *futimesat(2)*.

delete Das Recht, eine Datei zu löschen.

delete_child Das Recht, eine Datei innerhalb einer Directory zu löschen.

read_acl Das Recht, die ACL einer Datei zu lesen.

write_acl Das Recht, die ACL einer Datei zu verändern oder das Recht *chmod(2)* auf die UNIX Basiszugriffsrechte auszuführen.

write_owner Das Recht, den Eigentümer oder die Gruppe einer Datei zu verändern (siehe man *chown(1)* und *chgrp(1))*.

synchronize Das Recht, eine Datei lokal auf dem Server mit synchronen Lese- und Schreib-Vorgängen zu verwenden.

Jedes der oben aufgelisteten Rechte läßt sich einem Benutzer sowie einer Gruppe oder dem Rest (other) gewähren oder verweigern.

Bei den NFSv4 ACLs werden zur Kontrolle der Vererbung nicht, wie bei den POSIX ACLs, separate ACL-Einträge verwendet, die dann ausschließlich Vererbungsmerkmale enthalten. Stattdessen lassen sich jedem ACL-Eintrag Vererbungsmerkmale in Form von Vererbungsflags zuordnen. Folgende (teilweise kombinierbare) Vererbungsvarianten sind für jeden ACL-Eintrag möglich:

file_inherit Die Rechte werden an alle neu in der Directory erzeugten Files vererbt.

dir_inherit Die Rechte werden an alle neu in der Directory erzeugten Directories vererbt.

inherit_only Wenn dieses Vererbungsflag am ACL-Eintrag einer Directory verwendet wird, dann wirkt dieser ACL-Eintrag nicht bei der

Directory selbst, sondern wird nur vererbt. Daher muß dieses Flag immer in Verbindung mit *file_inherit* oder *dir_inherit* verwendet werden.

no_propagate Wenn dieses Vererbungsflag am ACL-Eintrag einer Directory verwendet wird, dann wirkt dieser ACL-Eintrag nicht bei der Directory selbst, sondern wird an die Dateien in Directories vererbt die sich direkt innerhalb dieser Directory befinden. Eine Weitervererbung an weitergehende Directory-Ebenen findet aber nicht mehr statt. Dieses Flag muß immer in Verbindung mit *file_inherit* oder *dir_inherit* verwendet werden.

Wenn einem ACL-Eintrag kein Vererbungsflag zugeordnet ist, dann wird dieser Eintrag in keiner Weise weitergegeben.

Da die NFS*v4 ACLs* sowohl *allow* als auch *deny* Einträge ermöglichen, ist die Reihenfolge bei der Auswertung der einzelnen Einträge wesentlich.

Ein einzelner Rechte-Eintrag wird nach folgenden Regeln aufgebaut:

```
owner@:<Rechte>:<allow|deny|audit|alarm>[:vererbungs flags]
group@:<Rechte>:<allow|deny|audit|alarm>[:vererbungs flags]
everyone@:<Rechte>:<allow|deny|audit|alarm>[:vererbungs flags]
user:<User-Name>:<Rechte>:<allow|deny|audit|alarm> ↙...
      ↪ [:vererbungs flags]
group:<Gruppen-Name>:<Rechte>:<allow|deny|audit|alarm> ↙...
      ↪ [:vererbungs flags]
```

owner@ group@ everyone@ Legt die Rechte für den Eigentümer der Datei, die Gruppe der Datei sowie für die anderen Nutzer fest.

user:<User-name> Mit einem Eintrag der einen expliziten Usernamen enthält lassen sich Rechte für weitere namentlich bekannte Nutzer festlegen.

group:<Gruppen-name> Mit einem Eintrag der einen expliziten Gruppennamen enthält lassen sich Rechte für weitere namentlich bekannte Gruppen festlegen.

Die Rechte bestehen aus einem einzelnen Recht oder durch eine Auflistung von mehreren durch '/' getrennten Einzelrechten. Dabei werden für die Einzelrechte die Texte verwendet, die wir vorher besprochen haben.

Die Typeinträge können dabei folgende Werte annehmen:

allow Wenn eine Übereinstimmung der Nutzer oder Gruppenspezifikation des ACL Eintrages mit dem aktuellen Nutzer vorliegt und das gewünschte Recht im ACL Eintrag gefunden wurde, dann wird das gewünschte Recht gewährt.

deny Wenn eine Übereinstimmung der Nutzer oder Gruppenspezifikation des ACL Eintrages mit dem aktuellen Nutzer vorliegt und das gewünschte Recht im ACL Eintrag gefunden wurde, dann wird das gewünschte Recht verwehrt und die weitere Suche nach Rechten abgebrochen.

audit Wenn eine Übereinstimmung der Nutzer oder Gruppenspezifikation des ACL Eintrages mit dem aktuellen Nutzer vorliegt und das gewünschte Recht im ACL Eintrag gefunden wurde, dann wird der Zugriff im Systemlog mitprotokolliert. Dieser Typ ist zur Zeit nicht in SOLARIS implementiert.

alarm Wenn eine Übereinstimmung der Nutzer oder Gruppenspezifikation des ACL Eintrages mit dem aktuellen Nutzer vorliegt und das gewünschte Recht im ACL Eintrag gefunden wurde, dann wird durch den Zugriff ein systemspezifischer Alarm ausgelöst. Dieser Typ ist zur Zeit nicht in SOLARIS implementiert.

Wenn ACLs vom Typ *audit* oder *alarm* existieren, dann müssen alle diese Einträge geprüft werden. Auch dann, wenn die Rechte-Suche vorher durch einen *deny* Eintrag abgebrochen wurde.

Die Vererbungsflags werden entweder gar nicht spezifiziert oder bestehen aus einem einzelnen bzw. einer durch '/' getrennten Liste aus Einzelnen Vererbungsflags.

5.14.4 Die Auswertung von NFSv4 ACLs

Wenn ein bestimmtes Recht überprüft werden soll, dann wird die Liste der ACL Einträge solange von vorn nach hinten durchsucht, bis ein Treffer (eine Übereinstimmung der Benutzer ID mit einem Eintrag oder eine Übereinstimmung einer Gruppe aus der Liste der Gruppen des Nutzers mit einem Eintrag und eine gleichzeitige Übereinstimmung bei einem Einzelrecht) auftritt. Sobald dabei ein *deny* Eintrag gefunden wird, wird die Suche abgebrochen und das Recht verwehrt. Wird dabei ein *allow* Eintrag gefunden, dann wird die Suche abgebrochen und das Recht gewährt. Falls bei der Suche das Ende der ACLs erreicht wird, wird das Recht auch verwehrt.

Wenn ACLs vom Typ *audit* oder *alarm* existieren, dann müssen alle diese Einträge geprüft werden. Auch dann, wenn die Rechte-Suche vorher durch einen deny Eintrag abgebrochen wurde.

5.14.5 Das Auflisten von ACLs mit Hilfe von ls

Seit Einführung der Unterstützung von NFSv4 ACLs mit SOLARIS 11 Build 27 ist das *ls* Kommando in der Lage, nicht nur die Tatsache der Existenz von ACLs anzuzeigen, sondern kann die ACLs auch komplett auflisten. Dazu wird die Option *-v* verwendet. Für eine Datei, die nur die historischen UNIX-Basisrechte besitzt und sich auf einem ZFS-basierten Filesystem befindet, sieht ein typischer Eintrag folgendermaßen aus:

```
# ls -v file
-rw-r--r--   1 root     root      140800 Nov 24 23:40 file
     0:owner@:execute:deny
     1:owner@:read_data/write_data/append_data/write_xattr/  ↙...
```

```
   ↪ write_attributes/write_acl/write_owner:allow
2:group@:write_data/append_data/execute:deny
3:group@:read_data:allow
4:everyone@:write_data/append_data/write_xattr/execute/ ↙...
   ↪ write_attributes/write_acl/write_owner:deny
5:everyone@:read_data/read_xattr/read_attributes/ ↙...
   ↪ read_acl/synchronize:allow
```

Diese Ausgabe ist leider nahezu unlesbar. Wir schlagen daher eine alternative Ausgabe vor, die folgendermaßen aussehen könnte:

```
# ls -v  file
-rw-r--r--   1 root     root       140800 Nov 24 23:40 file
     0:owner@:    ---x-- --------:deny
     1:owner@:    rwa--- -X-M-Ao-:allow
     2:group@:    -wax-- --------:deny
     3:group@:    r----- --------:allow
     4:everyone@:-wax-- -X-M-Ao-:deny
     5:everyone@:r----- x-m-a--s:allow
```

Wir verwenden dabei (wie bei den klassischen UNIX Rechten) ein festes Format der Form:

```
rwaxdD xXmXaAos
^^^^^^ ^^^^^^^^
|||||| |||||||+- synchronize
|||||| ||||||+-- change owner
|||||| |||||+--- write ACL
|||||| ||||+---- read ACL
|||||| |||+----- write metadata
|||||| ||+------ read metadata
|||||| |+------- write xattr
|||||| +-------- read xattr
|||||+---------- delete child
||||+----------- delete
|||+------------ execute
||+------------- append oder add Subdir
|+-------------- write oder add File
+--------------- read oder list
```

Die erste Gruppe beschreibt dabei Rechte auf die Datei selbst und die zweite Gruppe beschreibt Rechte auf die Meta-Daten der Datei. Die Buchstaben der ersten Gruppe entsprechen folgenden zur Zeit von SUN verwendeten Namen:

r read_data bei Files, list_directory bei Directories
w write_data bei Files, add_file bei Directories
a append_data bei Files, add_subdirectory bei Directories
x execute
d delete

D delete_child

Die Buchstaben der zweiten Gruppe entsprechen folgenden zur Zeit von SUN versendeten Namen:

x read_xattr
X write_xattr
m read_attributes
M write_attributes
a read_acl
A write_acl
o write_owner
s synchronize

Für die Vererbungsflags schlagen wir folgende Form vor:

```
FDIn
^^^^
|||+- no_propagate
||+-- inherit_only
|+--- dir_inherit
+---- file_inherit
```

Damit könnten Zeilen die Vererbungshinweise enthalten, folgendermaßen aussehen:

```
6:owner@:          -w---- --------:deny: F---
7:owner@:          r----- --------:allow:F---
```

Wie man sieht, ist eine tabellarische Ausgabe erheblich schneller und einfacher zu erfassen als die von SUN vorgeschlagene Variante, falls man sich vorbereitend ein wenig mit dem Thema beschäftigt hat. Damit jeder die alternative Version der Ausgabe testen kann, haben wir ein modifiziertes *ls* unter

ftp://ftp.berlios.de/pub/schillix/ls.tar.bz2

als Quellcode hinterlegt. Die alternative Ausgabe der modifizierten Version läßt sich aktivieren, wenn man statt *ls -v* *ls -V* verwendet.

5.14.6 Das Verwalten von ACLs mit Hilfe von chmod

Um die NFS*v4 ACLs* zu setzen oder zu modifizieren, wird anders als bei den *POSIX ACLs* nicht ein neues Kommando eingeführt, sondern es wurde das *chmod(1)* Kommando so erweitert, daß es sowohl *POSIX ACLs* als auch NFS*v4 ACLs* bearbeiten kann.

Zur Bearbeitung von ACLs wird dabei an der Stelle in der Kommandozeile, an der sonst die historischen UNIX Rechte angegeben werden, ACLs verwendet. Damit eine ACL-Beschreibung von einer historischen UNIX Rechtebeschreibung unterschieden werden kann, ist ihr ein 'A' vorangestellt. Folgende Varianten der Beschreibung von ACLs sind dabei möglich:

A[index]-
: Wenn die Form *A-* verwendet wird, dann werden alle bislang bestehenden ACLs gelöscht. Wird die Form mit einem Index verwendet (also z.B. *A1-)*, dann wird ein ACL Eintrag mit einem bestimmten Index in der Liste gelöscht. Eine Liste der möglichen Indizes läßt sich mit Hilfe von *ls -v* erlangen.

A-acl_spezifikation
: Mit dieser Variante der ACL-Beschreibung wird der ACL-Eintrag gelöscht, der der angegebenen *acl_spezifikation* entspricht.

A[index]+acl_spezifikation
: Erlaubt den bestehenden ACL-Einträgen weitere hinzuzufügen. Wenn die Form *A+acl_spezifikation* gewählt wird, denn werden die neuen Einträge allen bisher bestehenden Einträgen vorangestellt. Wenn die Form mit einem Index (also z.B. *A1+acl_spezifikation)* gewählt wird, denn werden die neuen Einträge dem Eintrag mit dem angegebenen Index vorangestellt.

A[index]=acl_spezifikation
: Wenn die Form *A=acl_spezifikation* gewählt wird, dann ersetzen die neuen Einträge sämtliche bereits bestehenden ACL-Einträge der Datei. Wenn die Form mit einem Index (also z.B. *A1=acl_spezifikation)* gewählt wird, dann ersetzen die neuen Einträge eine gleich große Anzahl von alten Einträgen beginnend mit dem angegebenen Index.

Die Funktionsweise des *chmod* Kommandos in Verbindung mit ACLs läßt sich am besten anhand eines Beispiels nachvollziehen. Wir sehen uns dazu zunächst die aktuellen ACLs einer Beispieldatei an:

```
# ls -v zfs-file
-r--r--r--   1 root     root           0 Dec 30 00:08 zfs-file
    0:owner@:append_data/execute:deny
    1:owner@:read_data/write_xattr/write_attributes/write_acl:allow
    2:group@:write_data/append_data/execute:deny
    3:group@:read_data:allow
    4:everyone@:write_data/execute:deny
    5:everyone@:read_data/read_xattr/read_attributes/read_acl:allow
```

Nun fügen wir mit Hilfe von *chmod* zwei ACL-Einträge vor dem Eintrag mit dem Index 2 hinzu:

```
# chmod A2+user:lp:execute:deny,user:lp:write\_data:allow zfs-file
```

Die neuen ACLs für die Datei sehen nun wie folgt aus:

```
# ls -v file
-r--r--r--+  1 root     root           0 Dec 30 00:08 zfs-file
    0:owner@:append\_data/execute:deny
    1:owner@:read_data/write_xattr/write_attributes/write_acl:allow
    2:user:lp:execute:deny
    3:user:lp:write_data:allow
    4:group@:write_data/append_data/execute:deny
```

```
5:group@:read_data:allow
6:everyone@:write_data/execute:deny
7:everyone@:read_data/read_xattr/read_attributes/read_acl:allow
```

Die aktuelle Version des *chmod* Kommandos kann nicht nur NFS*v4* ACL-Einträge bearbeiten, es können auch POSIX ACL-Einträge analog zum *setfacl* Kommando verwendet werden. So läßt sich z.B. bei einer Datei auf einem UFS-Filesystem, die bislang nur über klassische UNIX Rechte verfügt:

```
# ls -v ufs-file
-rw-r--r--   1 root     root           0 Dec 30 00:56 ufs-file
     0:user::rw-
     1:group::r--              #effective:r--
     2:mask:r--
     3:other:r--
```

Nun fügen wir mit Hilfe von *chmod* einen ACL-Eintrag vor dem Eintrag mit dem Index 2 hinzu:

```
# chmod A2+user:lp:rw- ufs-file
```

Die neuen ACLs für die Datei sehen nun wie folgt aus:

```
# ls -v ufs-file
-rw-r--r--+  1 root     root           0 Dec 30 00:56 ufs-file
     0:user::rw-
     1:user:lp:rw-             #effective:r--
     2:group::r--              #effective:r--
     3:mask:r--
     4:other:r--
```

Wie man sieht, spielt die Reihenfolge bei POSIX ACLs keine beeinflußbare Rolle. Das System sortiert die Einträge automatisch so, daß eine korrekte Auswertung möglich ist.

5.14.7 Die integrative Wirkung der NFSv4 ACLs

Ausgehend von der Tatsache, daß die NFS*v4 ACLs* eine bitweise Kopie der Win–NT–5.0 ACL Definitionen darstellen, bietet sich ein SOLARIS basierter Fileserver als hervorragendes integratives System an, um Nutzern, im POSIX, wie auch im Microsoft Universum mit einem Filebaum auf Basis eines einheitlichen Rechtesystems zu versorgen.

Es bleibt zu hoffen, daß es nicht lange dauern wird, bis die freie *Samba*-Fileserversoftware mit nativer Unterstützung für NFS*v4 ACLs* ausgestattet wird.

5.15 Sun Logical Volume Manager, SLVM

Rolf M Dietze

Die Handhabung von ein, zwei, drei vielleicht sogar vier Festplatten stellt in der Regel kein Problem dar. Interessanter wird es bei 100 und mehr Festplatten. Dazu kommen im Feld professionellen Einsatzes Anforderungen wie

- Größe der Festlatten, bzw. des Festplattenplatzes
- Geschwindigkeit im Zugriff
- Sicherheit gegen den Ausfall einzelner Festplatten
- Geringer Preis
- Übersicht und Wartbarkeit und damit auch
- Einfache Administration im Gegensatz zur Handhabung hunderter Einzelplatten

Das Thema des zu geringen Platzes auf einer einzelnen Festplatte läßt sich betriebssystemseitig auffangen, indem viele viele kleine Festplatten ineinander gemountet werden und die Anwendungs- und Benutzerdaten auf diese vielen kleinen Einzelplatten verteilt werden können. Auch wenn dies eine Möglichkeit ist, mit kleinen Festplatten viel Speicherplatz bereitzustellen, so ist dies doch ein administratorischer Albtraum. Eine Sicherung gegen Einzelausfall ist damit auch nicht gegeben, hier müßten klassische Backupmechanismen eingesetzt werden.

Applikationsseitig wurden die Probleme der im Vergleich zum Bedarf immer zu geringen Plattengröße, der Geschwindigkeit und auch der Redundanz schon früh angegangen. Geoinformationssysteme und Datenbanken boten Mechanismen zur Verteilung von Daten in so genannten Containerfiles, die dann wiederum über mehrere Festplatten verteilt wurden. Auch boten diese Applikationen Mechanismen, die Inhalte der Containerfiles in anderen Containern zur Redundanz doppelt oder mehrfach aufzubewahren und mit dem aktuellen Datenstand konsistent zu halten. Aus diesen Ansätzen haben sich unterschiedliche Startegien entwickelt, nur bleibt die Frage, warum eine Applikation Startegien zur Ablage von Applikationsdaten implementieren muß. wenn es auf der anderen Seite Aufgabe des Betriebssystems ist, die Ressourcen des Rechnersystems in Gänze den Applikationen bereitzustellen. Dazu gehört auch der Festplattenspeicher. Eine weitere Frage ist auch, wieso eine Applikation Rechnerressourcen für sich verwaltet, während andere Applikationen auf dem gleichen Rechnersystem daran nicht Teil haben können. Kurzum die Verwaltung von Festplattenspeicher über Datenbanken oder andere Unternehmensapplikationen paßt nicht in ein modernes Betriebssystemumfeld, es ist Aufgabe alleine des Betriebssystems, den zur Verfügung stehenden Festplattenplatz bereitzustellen.

Unabhängig davon mag es für Datenbanken sinnvoll sein, zur Redundanz ihrer Containerfiles, diese Containerfiles mehrfach in den Filesystemen zu halten. Welche Vorteile Mehrfachhaltung von Containerfiles hat, ist auch einem reinen Betriebssystemadministrator spätestens dann verständlich, wenn er sich um die Problematik des Single-Point-of-Failure von OPENSOLARIS bemüht, wie es im Desasterrecovery des Repositoryfiles der Service Management Facility in 7.1.5 beschrieben ist.

Dazu gibt es verschiedene Ansätze. So beispielsweise den Ansatz des asnychronen Storagepools (ASP) in der OS/400-Welt, wo eine Verteilung von zu schreibenden Daten gleichmäßig auf alle Platten in einem solchen ASP verteilt werden, derart, daß eine Verteilung auf möglichst alle Plattenspindeln stattfindet. Man hat damit eine Stripe-like Performance, nur folgt die Fileablage dabei nicht den strengen Regeln eines Stripes. Vielmehr sind die Datenblöcke gleichverteilt. Das Konzept bietet Vorteile bei der Erweiterung, indem lediglich Festplatten dazugesteckt werden müssen. Der ASP kann dann nach Anforderung eine Umverteilung durchführen. Ein Filesystem im traditionellen Sinn ist das nicht mehr, es ist dann eine DB/2-Datenbank, die die Ablage und Verwaltung von Daten durchführt und selbst die Lastbalance über alle Festplatten durchführt. Bei diesem Konzept ist die Datenbank quasi das Filesystem. Ein anderer Ansatz hat sich in der filesystembasierten und -orientierten UNIX-Welt manifestiert. Hier wird ein Satz Festplatten durch ein Adressierungskonzept zusammenverschaltet, das es erlaubt, von der Einzelfestplatte zu abstrahieren. Es können Kopien gehalten werden, derart, daß bei Ausfall einer Einzelplatte sofort und für die Applikation oder den Anwender unbemerkt mit der Kopie gearbeitet werden kann. Diese Technologie wird als RAID-Technologie bezeichnet. Die die Plattenadressierung und Verwaltung durchführende Software kann Bestandteil des Betriebssystems oder ein spezialisiertes externes System sein.

Die neueste Entwicklung im SOLARIS 11 Umfeld ist jedoch vom Konzept wieder mit dem traditionellen ASP vergleichbar: *zfs*.

Zunächst wird jedoch die mit SOLARISEXPRESS, SUN-SOLARIS und OPEN-SOLARIS mitgelieferte RAID Software, genannt SOLARIS Logical Volume Manager, kurz SLVM beschrieben. Diese RAID Software ist recht lange in Betrieb und wurde sukzessive weiterentwickelt. SLVM ist die Weiterentwicklung von Solstice Disk Suite (SDS), welches vormals auch unter der Bezeichnung Online Disk Suite (ODS) im SUN- SOLARIS Umfeld bekannt war.

Im weiteren wird unterschieden in Concats, Stripes, Raid-5, verallgemeinert RAID-Sets genannt, und Gruppen von RAID-Sets genannt Disksets.

5.15.1 Theorie der RAID-Technologie

Die Kurzform RAID steht für Redundant Array of Inspensive Disks, also eine "redundante Anordnung billiger Festplatten". Es handelt sich dabei um eine Konstruktion in Hardware oder Software, die es ermöglicht, mehrere Festplatten derart zusammenzufassen, daß sie untereinander redundant sind und sie die Gesamtkapazität des erzeugten RAID-Devices erhöhen, in einigen Konfigurationsfällen auch den Durchsatz. Es ist die Aufgabe des RAID-Systems, ein solches Ensemble aus Festplatten nach außen, einem Hostsystem gegenüber, so darzustellen, als ob es sich um eine einzige Festplatte handelt.

Das RAID-System muß dabei alle I/O-Requests, Paritätsgenerierung, Redundanz und das Lesen und Schreiben von Daten auf die zur Verfügung gestellte "RAID-Platte" handhaben.

5.15.1.1 RAID Levels

Die Art der Redundanzerfüllung wird in so genannten RAID-Levels eingeteilt. RAID-Levels werden unterschieden in 0 bis 5. Es werden nicht immer alle RAID-Levels von allen RAID-Systemen unterstützt und nicht alle RAID-Levels sind voll redundant. Im weiteren sind Performance- und Redundanzanforderungen mit der Entscheidung für den RAID-Level und die Implementation durch das RAID-System eng verknüpft.

RAID 0 Stripe, Abb. 5.22: Mehrere Festplatten sind zu einem Ensemble verknüpft, derart, daß auf alle Festplatten eines Stripes chunkweise parallel gelesen/geschrieben werden.
Die Konfiguration ist die I/O-seitig schnellste und CPU-seitig lastärmste Konfiguration, sie bietet jedoch keinerlei Redundanz. Bei Ausfall einer Platte ist das gesamte RAID-Volume korrupt. Der Durchsatz ist letztendlich begrenzt durch den Durchsatz durch das I/O-System.

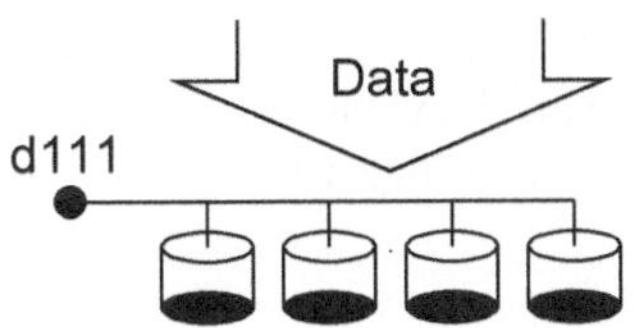

Abb. 5.22. Stripe, paralleles Schreiben auf alle HDUs

RAID 0 Concat, Abb. 5.23: Mehrere Festplatten sind zu einem Ensemble verknüpft, derart, daß die Festplatten eines Concats Platte für Platte chunkweise sequentiell gelesen/geschrieben wird.
Die Konfiguration ist I/O-seitig im Durchsatz auf den Durchsatz einer Platte im Concat begrenzt und CPU-seitig lastärmste Konfiguration, sie bietet jedoch auch keinerlei Redundanz. Bei Ausfall einer Platte ist das gesamte RAID-Volume korrupt.

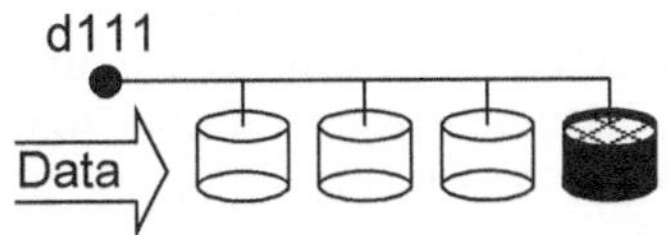

Abb. 5.23. Concat, sequentielles Auffüllen aller HDUs

RAID 1, Abb. 5.24: Wird als Spiegel oder Mirror bezeichnet. Es hängt vom RAID-System ab, wieviele Submirrors ein Mirror Device haben kann. Diese Konfiguration ist redundant, da alle Submirrors den gleichen Dateninhalt halten. Bei Ausfall eines Submirrors bleibt die Integrität des Mirror Devices so lange erhalten, wie mindestens noch ein integrer Submirror existiert. Der I/O-Durchsatz wird durch die darunterliegenden Submirror im wesentlichen limitiert. Der Spiegel selbst ist im allgemeinen recht schnell und belastet die CPU nur wenig.

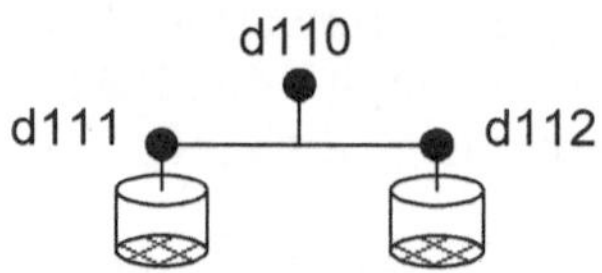

Abb. 5.24. Mirror, gleicher Inhalt auf beiden Seiten

RAID 3, Abb. 5.25: Ein RAID-3 ist eine Art Stripe mit einer festen Paritätsplatte. Es bietet Redundanz derart, daß bei Ausfall einer Platte im RAID-3 diese unter Zuhilfenahme der Paritätsplatte wieder errechnet werden kann. Die Paritätsberechnung belastet die CPU nachhaltig, der doppelt hohe I/O-Traffic auf die eine feste Paritätsplatte senkt den Durchsatz deutlich. Ein RAID-3 kann Einfachfehler auffangen, bedarf mindestens dreier gleich großer Platten und hat eine Nettokapazität von $n - 1$ Platten.

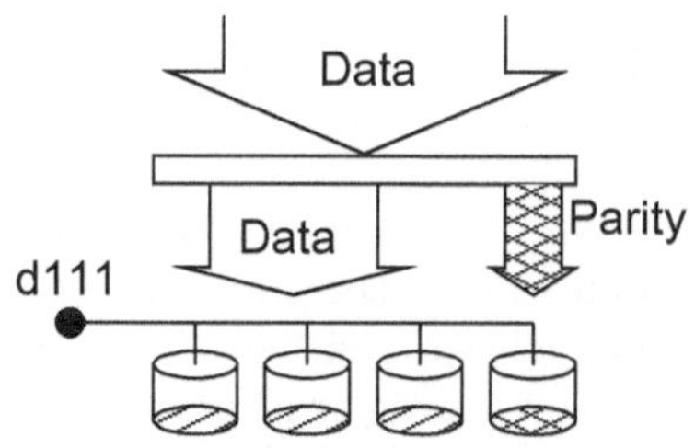

Abb. 5.25. RAID 3, feste Paritäts-HDU

RAID 5, Abb. 5.26: Das RAID-5 ist eine Weiterentwicklung des Paritätsplattenkonzeptes bei RAID-3 Konfigurationen. Die Last auf die Paritätsplatte wird gewissermaßen verteilt auf alle Platten im RAID. die Paritätsinformation ist zyklisch chunkweise über alle Platten im RAID-5 verteilt. Ein RAID-5 kann Einfachfehler auffangen, bedarf mindestens dreier gleich großer Platten und hat eine Nettokapazität von $n - 1$ Platten. Eine Weiterentwicklung zum RAID 5 ist das mit ZFS eingeführte RAID-Z, das die

Schreiblöcher, die bei einem RAID 5 bei Ausfall des Systemes entstehen können, konzeptionell vermeidet.

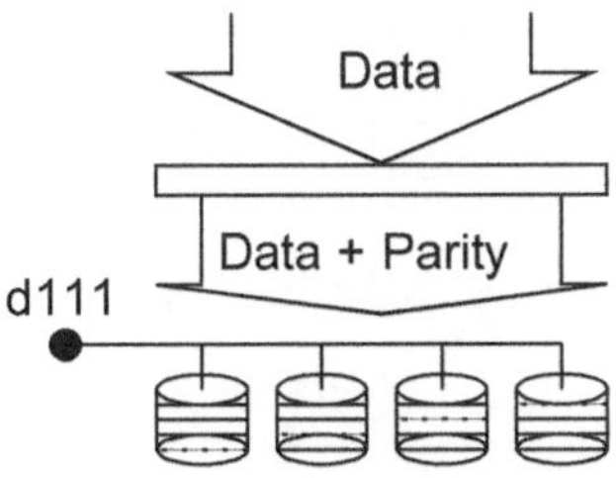

Abb. 5.26. RAID 5

RAID 0 + 1, Abb. 5.27 und 5.28: Ein so genannter mirrored stripe/concat. Ein 0 + 1 RAID ist in zwei Layers aufgeteilt. Der Spiegel selbst und die gespiegelten Submirrors, welche ihrerseits Stripes oder Concats sind. Beide Submirror sollten die gleiche Größe haben. Wenn eine Platte in einem Stripe ausfällt, bleibt der Spiegel konsistent, solange mindestens ein konsistenter Submirror vorhanden ist. Die Anzahl der Submirror ist im allgemeinen durch die RAID-Implementation begrenzt. Diese Konfiguration ist mehrfachredundant, kostet aber so viele Platten wie Submirror gespiegelt werden sollen.

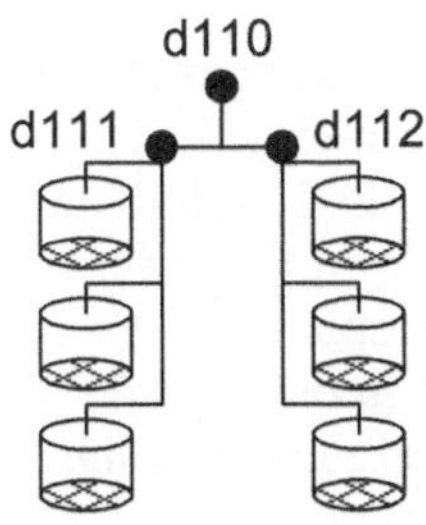

Abb. 5.27. Mirror-Stripe

Funktionstüchtig natürlich auch mit darunterliegenden Concats:

RAID 1 + 0, Abb. 5.29: Ein striped mirror. Das ist gewissermaßen die Antwort aus dem Feld zu single-disk-failure-resistance in der 0+1 Konfiguration. Ein 1+0-RAID ist ein Stripe über einzelne gespiegelte Platten, derart, daß die Einzelspiegel für sich Einfachredundanz liefern, und der Stripe die durchsatzstarke Plattenverteilung und Vergrößerung. In der Praxis implementieren nicht alle RAID-Systeme bei 1 + 0-RAIDs die vollen Vorteile dieser Konfiguration.

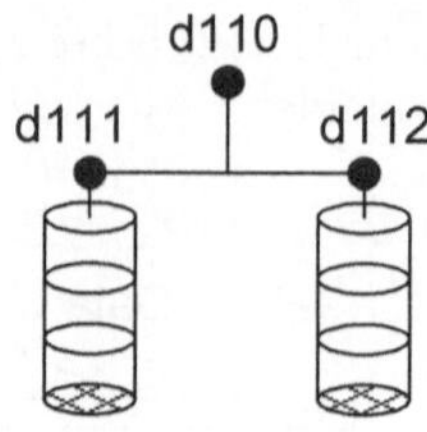

Abb. 5.28. Mirror-Concat

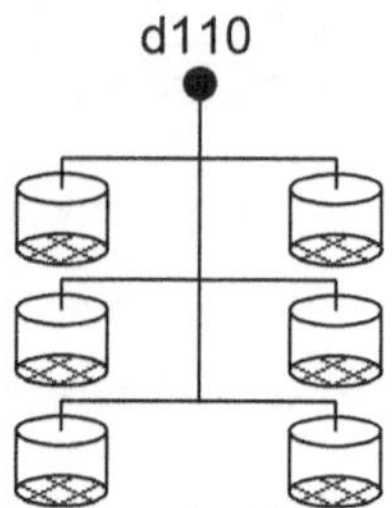

Abb. 5.29. Stripe-Mirror

Mit dieser kurzen Beschreibung der unterschiedlichen RAID-Level folgt eine Betrachtung der RAID-Systeme selbst.

5.15.2 RAID Systeme

Während Stripes schnell, aber nicht redundant, Spiegel redundant, aber teuer, jedoch in der Kombination gern eingesetzt werden, weil hoch performant und wenig CPU-belastend, so sind die RAID-3 und RAID-5 Konfigurationen doch deutlich billiger, dafür jedoch vergleichsweise langsam. Müssen doch für jeden Chunk die Paritäten nachgerechnet und geschrieben werden.

Da das Disk Management in einem RAID-System von den restlichen Aufgaben des Hostrechners weitestgehend isolierbar bzw./ isoliert ist, hat sich die Variante entwickelt, das RAID-System vom Hostrechner zu isolieren in eine zusätzliche physikalische Einheit. Es wird somit unterschieden in:

Soft RAID Systeme, Abb. 5.30: Ein Hostrechner betreibt nebenbei zusätzlich eine Software, die die RAID-Operationen abarbeitet und eine als *Just a bunch of disks (jbod)* bezeichnete Festplattenkonfiguration ansteuert. Bei der Verwendung von SoftRAID-Systemen wird häufig auf Stripes, Concats und Spiegel zurückgegriffen, da RAID-5 Konfigurationen zu CPU- und I/O-intensiv und damit zu langsam sind. Bei reinem Lesezugriff ist das RAID-5 eine kostengünstige Alternative, denn beim Lesen wird keine Parität erzeugt, womit sowohl I/O-Last als auch CPU-Last sehr stark sinken und das RAID damit eine einem Stripe vergleichbare Performance liefert.

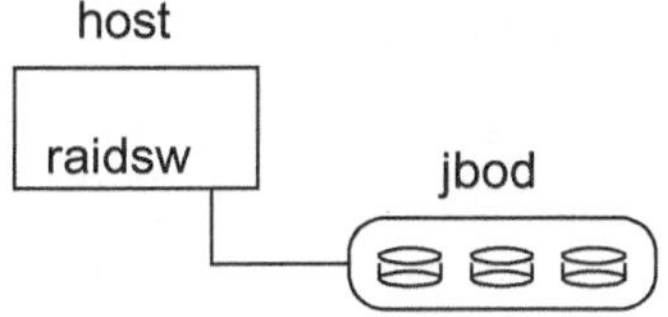

Abb. 5.30. Softraid

Hard RAID Systeme, Abb. 5.31: Ein embedded Controller in einem Festplattensystem ist einzig auf die Durchführung von RAID-I/O-Operationen optimiert. Die Parität wird in einen Cache geschrieben und kontrolliert auf die Bereiche der Paritätschunks, abhängig von der Disksubsystembelastung, geschrieben. Hier werden sehr häufig RAID-5 Konfigurationen gewählt. Ein wesentlicher Vorteil von HardRAID-Systemen ist voll-

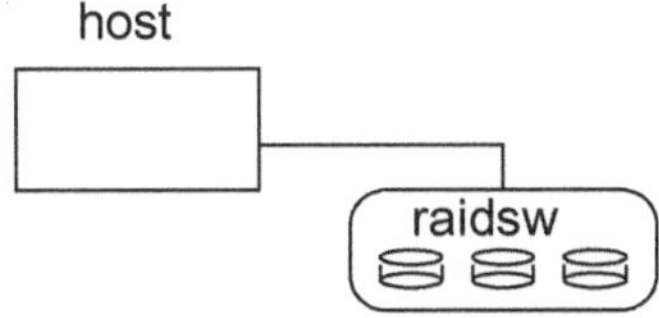

Abb. 5.31. Hardraid

ständige Unabhängigkeit vom Hostrechner und seinen möglichen CPU-, Speicher, I/O-Karten und sonstigen Defekten und von Softwareupgrades und Patches des Hostrechners. Nachteilig ist die geringe Flexibilität und die fehlende Eingriffsmöglichkeit bei Defekten des RAID-Controllers selbst.

Embedded Controller, Abb. 5.32: Eine weitere Form der HardRAIDs sind Embedded Controller auf Hostadapterkarten, die mit eigenem Controller und eigener RAID-Software versehen, in den Hostrechner eingebaut werden. Während Soft- und HardRAID es erlauben, daß RAID-Sets von einem Rechner auf einen anderen Rechner umgeschaltet werden können, eine Grundforderung für Cluster-Systeme, so ist diese Umschaltung bei diesen I/O-Karten basierten embedded RAID-Systemen meist problematisch, da die RAID-Konfiguration auf der Karte vorliegt.

Die generell beste Lösung gibt es kaum. SoftRAID-Systeme bieten ein hohes Maß an Flexibilität, sind aber von der Stabilität des Hostsystems abhängig, auf dem die RAID-Software läuft. Damit sind SoftRAID-Systeme immer wieder ein interessanter Punkt bei Upgrades, Updates und Patches zum Betriebssystem.

Typische Beispiele für SoftRAID-Systeme im Sun-Umfeld sind zum einen der SUN Logical Volume Mananger (lvm), früher bekannt unter den Bezeich-

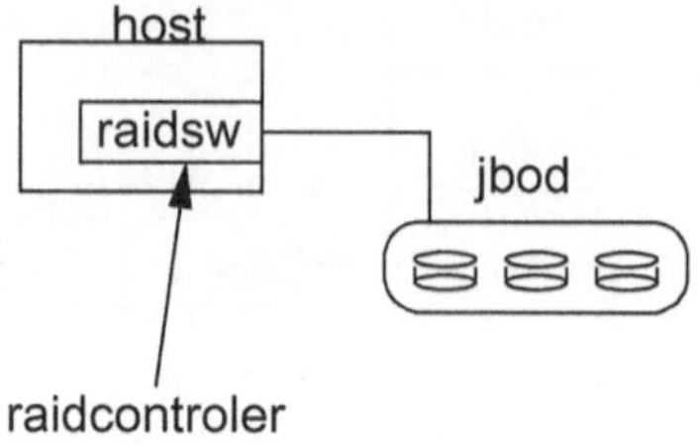

Abb. 5.32. embedded Hardraid

nungen Solstice Disksuite (SDS) und Online Disksuite (ODS), und natürlich auch das Fremdprodukt von Veritas, der Veritas Volume Manager, oft nur kurz als vx oder vxvm bezeichnet.

Die Liste der Hardware RAID-Systemanbieter ist lang. SUN selbst hat immer Storagesysteme mit Hardware RAID angeboten, auch in Kooperation mit HDS oder neuerdings Storagesysteme von STORAGETEK.

5.15.3 SLVM Installation

Das mit SOLARIS/OPENSOLARIS ausgelieferte Software RAID-System verteilt sich wie in Abbildung 5.33 dargestellt über die Filesysteme einer SOLARIS-Maschine.

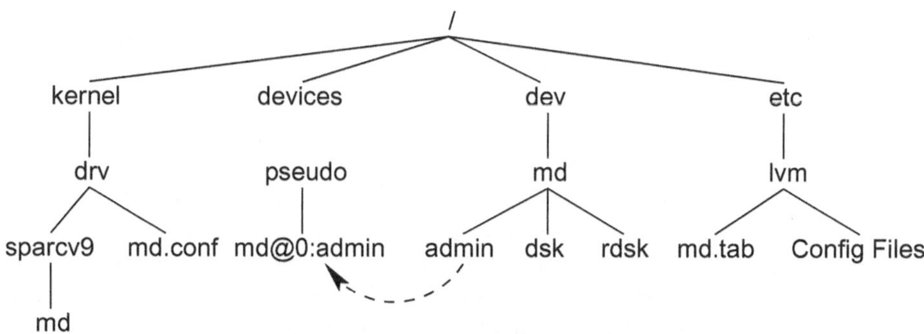

Abb. 5.33. SLVM im Filesystem Tree

Die Installation mit Hilfe des SUN-Package Systems ist sehr einfach. Aus dem Sparc/x86-Packages-Verzeichnis zu SLVM/SDS sind folgende Pakete notwendig:

system SUNWmdr Solaris Volume Manager, (Root)

system SUNWmdu Solaris Volume Manager, (Usr)

Mittels *pkgadd -d . SUNWmdr SUNWmdu* können diese Pakete, sofern sie nicht bereits an Bord sind, installiert werden.

Für die GUI-Administration können die Pakete *SUNWmdar* und *SUNWdau* hinzugenommen werden:

system SUNWmdar Solaris Volume Manager Assistant (Root)
system SUNWmdau Solaris Volume Manager Assistant (Usr)

Ebenfalls mit *pkgadd -d . SUNWmdar SUNWmdau* zu installieren. Gerade bei einfachen Softwaresystemen wie SLVM ist die GUI-Administration eher ein Weg den Administrator zu bremsen und von den Konzepten abzulenken. Es sei auch angemerkt, daß eine Administration per Kommandozeile notfalls über die Shell-History nachvollzogen werden kann, während hingegen GUI-Administration in den seltensten Fällen nachvollziehbar oder dokumentierbar ist. Daher werden GUIs hier nicht beschrieben, der Leser mag sich bei Interesse durchklicken.

Zur Anmerkung, die Pakete:

system SUNWvolr Volume Management, (Root)
system SUNWvolu Volume Management, (Usr)

gehören zum Wechselmedien Volume Management (z.B. CD-ROM unter *vold(1M)* Kontrolle) und stehen in keinem Zusammenhang mit dem SLVM. Diese Pakete sind für den SLVM nicht von Relevanz.

Danach ist ein *reboot(1M)* notwendig, um die SLVM-Treiber zu laden. Noch zu Zeiten der 4.2.1-Release wurden dabei auch die Einträge für d0 bis d127 in den */dev/md/[rdsk,dsk]*-Verzeichnissen erstellt. Die */dev/md/[dsk,rdsk]/d0* bis *d127* existierten damit bereits, ohne daß Metadevices angelegt waren. Bei der 11.11er Release werden die Devicenodes nicht schon in Reserve angelegt, sondern erst bei der expliziten Erzeugung. Sollten bei SDS 4.2.1 mehr als 128 Metadevices per Diskset oder mehr als vier Disksets notwendig werden, so mussten in der */kernel/drv/md.conf* die Parameter *nmd*, Number of Metadevices, und *md_nsets*, Number of Metasets, modifiziert werden. Die Datei */kernel/drv/md.conf* führt die Parameter noch mit, der Administrator wird jedoch darauf hingewiesen, daß sie obsolet sind:

```
#
#pragma ident   "@(#)md.conf    2.2     04/04/02 SMI"
#
# Copyright 2004 Sun Microsystems, Inc.  All rights reserved.
# Use is subject to license terms.
#
# The parameters nmd and md_nsets are obsolete.  The values for these
# parameters no longer have any meaning.

name="md" parent="pseudo" nmd=128 md_nsets=4;
```

Listing 5.9. */kernel/drv/md.conf*

wobei die Parameter wie folgt belegt sind:

name="md"	Name des Treibers	nicht ändern
parent="pseudo"	parent	nicht ändern
nmd=128	number of metadevices	anpassen (max 1024)
md_nsets=4	number of metasets	anpassen (max ?)

Bei Modifikationen in */kernel/drv/md.conf* ist ein *reboot(1M)* notwendig.

Bei der Verwendung von Disksets, wie beispielsweise im SunCluster-Umfeld, müssen die Statusinformationen der Nodes und der Sets von Node zu Node übergeben werden können. Dazu gehört insbesondere auch die Information, ob ein Diskset importiert ist. Auch müssen die Nodes untereinander Disksets übergeben können. Oftmals wird dazu empfohlen, in den */.rhosts* der Nodes einen autorisierungsfreien Zugang von Diskset-Node zu Diskset-Node zu gewähren. Es ist jedoch vollständig ausreichend, den Benutzer *root* zusätzlich der Gruppe *sysadmin* zuzuordnen. */etc/group* sollte folgenden Eintrag haben:

```
sysadmin::14:
```

ändern auf:

```
sysadmin::14:root
```

Damit ist die Installation abgeschlossen. Es bleibt zu überprüfen, ob

Konfigurationsverzeichnis	*/etc/lvm/**
Adminfile	*admin ->../../devices/pseudo/md@0:admin*
bei erzeugten Metadevices	/dev/md/dsk/d* & /dev/md/rdsk/d*

vorhanden sind, die Binaries *metainit(1), metastat(1), metadb(1)* ... soweit vorhanden sind, die */kernel/drv/md.conf* soweit den Vorstellungen entspricht und das Modul *md* geladen ist.

5.15.3.1 */etc/lvm/md.tab*

In den nachfolgenden Ausführungen wird oftmals auf die SLVM-Konfigurationsdatei */etc/lvm/md.tab* hingewiesen. Die */etc/lvm/md.tab* enthält optional die auf dem Rechnersystem einzustellende RAID-Konfiguration. Sie stellt in keiner Weise den aktuellen Konfigurationsstatus dar. Die Datei */etc/lvm/md.tab* bietet den Vorteil, daß bei der Einrichtung die Konfiguration in Ruhe notiert werden kann und dann bei der Erzeugung der RAID-Sets auf diese so notierte Konfiguration verwiesen werden kann. Die Syntax in der */etc/lvm/md.tab* folgt damit auch sehr nah der Kommandozeileneingabe. Sie ist zeilenweise aufgebaut, geht eine Konfiguration über das Zeilenende hinaus, kann bei Bedarf das Zeichen \ gesetzt werden, um SLVM mitzuteilen, daß die nachfolgende Zeile noch zur Konfiguration gehört.

Es können definiert werden:

RAID-*Set*	*Keyword*	*Konfiguration und Device*
Statedatabase	mddb01, mddb02 ...	Partitions
Metadevice	d...	n m Partitions m Partitions ...
Metadevice	d...	-m d...
DiskSet Metadevice	setname/d...	n m Partitions m Partitions...
Hot Spare Pool	hdp001, hsp...	Partitions

Um die aktuelle SLVM-Konfiguration in */etc/lvm/md.tab*-konformer Notation zu erhalten, ist das Kommando *metastat(1M)* mit der Option *-p* zu verwenden.

Ordnung und Struktur hat sich gerade bei Softraidsystemen deutlich bewährt. Es sei daher aus langjähriger Praxis angeraten, bei Arbeiten mit SLVM das Konfigurationsfile sauber vorzubereiten und bei Umstellungen geplant zu arbeiten. Das spart in der Gesamtheit sehr viel Zeit, insbesondere, da Operationen wie Spiegelsynchronisation, Raid-Berechnungen etc. einmal initiiert, nicht immer unterbrechbar sind.

In der Abschnitt 5.15.5 einige Beispiele aufgeführt. Seitens SolarisExpress wird eine Beispielkonfigurationsdatei ausgeliefert, die die Möglichkeiten soweit aufzeigt. Eine weitere gute Hilfestellung ist die Manualpage zur *md.tab*.

5.15.4 SLVM: Statedatabase

Die Konfigurationsdaten über SLVM-Metadevices liegen in so genannten Statedatabases. Die Statedatabases sind kleine Partitionen einzelner Festplatten, die SLVM als Rawdevice bekanntgegeben werden. Es gibt nur einen Weg der Administration: Die Benutzung des Kommandos *metadb(1M)*. Ein Schreiben des Rawdevices mit Hexeditoren etc. wird von SLVM nicht unterstützt, bei einem Versuch dies zu tun, wird entweder das Rawdevice überschrieben oder als fehlerhaft erkannt, und nicht weiter berücksichtigt. Aus Redundanzgründen ist es empfehlenswert, mehr als eine Statedatabase zu konfigurieren. Im Gegensatz zu älteren Releases der SLVM/SDS-RAID-Software ist es bei der zur Zeit aktuellen Version 11.11,REV=2005.09.07.01.10 möglich, mit nur einer gültigen oder existenten Statedatabase zu booten. Zuvor waren mindestens drei Statedatabasereplika zu wählen. Jedoch, sollten mehr als 50% der Statedatabases ausfallen, so bootet das System mit folgender Fehlermeldung in den Runlevel 3:

```
SPARCengine AXdp (2 X UltraSPARC-II 296MHz), No Keyboard
OpenBoot 3.25, 1024 MB memory installed, Serial #11195150.
Ethernet address 8:0:20:aa:d3:e, Host ID: 80aad30e.

Boot device: /pci@1f,4000/scsi@3/disk@0,0:a  File and args:
SunOS Release 5.11 Version snv_23 64-bit
Copyright 1983-2005 Sun Microsystems, Inc.  All rights reserved.
Use is subject to license terms.
Hostname: endeavour
Insufficient metadevice database replicas located.

Use metadb to delete databases which are broken.
```

```
Ignore any Read-only file system error messages.
Reboot the system when finished to reload the metadevice database.
After reboot, repair any broken database replicas which were deleted.
[ system/metainit:default misconfigured (see 'svcs -x' for details) ]

endeavour console login:
```

Da die Maschine in den Runlevel 3 bootet, sind Netzzugänge etc. konfiguriert und es kann ohne Zugang zur Systemconsole restauriert werden. Seitens SOLARIS wird nach der Reparatur der Statedatabases ein *reboot(1M)* vorgeschlagen.

Gesetzt den Fall, das externe Festplattenarray, in dem auch Statedatabases definiert sind, war zum Zeitpunkt des Systemboots nicht erreichbar, weil der Storageanschluß weg oder das Festplattenarray ausgeschaltet war, so ist es möglich, einen erneuten Reboot der Maschine bei angeschlossenem und eingeschaltetem Festplattenarray zu initiieren. Es bestehen gute Chancen, damit die Situation wieder aufzufangen. Sollten jedoch in einem solchen Fall schon irgendwelche Schreibzugriffe auf die Statedatabases stattgefunden haben (Löschen oder Erzeugen von Objekten, Plattenausfall in einem RAID-Volume etc.), löst der Reboot die Situation nicht mehr auf. Es ist die in Abschnitt 5.15.4.5 auf Seite 241 benannte Reparatur der Statedatabases durchzuführen.

Die Wahl und Konfiguration von Statedatabases unterliegen folgenden Bedingungen:

- Es ist mindestens eine Statedatabase zu konfigurieren (früher 3!)
- Maximal 50 Statedatabases werden unterstützt,
  zuzüglich weiterer 50 Statedatabases per Diskset.
- Statedatabases müssen in einer eigenen Partition liegen. Eine Kombinati on mit einem Filesystem oder anderen Rawdatainformationen etc. in der gleichen Partition ist nicht unterstützt.
- Mehrere Statedatabasereplika können in einer Partition liegen
- Eine Reparatur einer Statedatabase ist nicht möglich. Eine defekte Statedatabase ist zu löschen und neu anzulegen.
- Bei einem Systemboot bei Ausfall von mehr als 50% aller Statedatabases bootet das System mit einer Fehlermeldung in den Runlevel 3 (früher in Runlevel S). Der SOLARIS Volume Manager befindet sich in einem solchen Fall in einem "degraded state".
- Mittels der Variablen `md:mirrored_root_flag` in der Konfigurationsdatei */etc/system* kann beeinflußt werden, wie sich der SOLARIS Volume Manager im Fall defekter oder fehlender Statedatabases verhält.

  Per Default verlangt der SOLARIS Volume Manager ein Quorum von 50% zuzüglich einer Statedatabase, um zu starten.

  Ist die Variable gesetzt, erfüllt bereits eine einzige gültige Statedatabase dieses Kriterium. Diese Verwendung ist nicht supported.

```
# Volume Manager: Default is to require majority
# of state database replica to start
# If set, force SLVM to start if any valid statedb replicas
#         are available
set md:mirrored_root_flag =0
```

Listing 5.10. /etc/system: md:mirrored_root_flag

Alle Statedatabases innerhalb einer Gruppe, root oder Diskset, werden durch SLVM selbst synchronisiert und aktuell gehalten und halten im Mittel immer den gleichen Konfigurationsstand. Ein Eingriff in diesen Mechanismus ist nicht unterstützt. Da nicht alle Statedatabases ständig und gleichzeitig synchronisiert werden, ist der Stand nicht immer identisch. Dies bleibt dem Administrator jedoch immer und jederzeit verborgen. Die in SLVM gehaltenen Redundanzen und Updateverfahren für die Statedatabases haben in über 10 Jahren Betriebsgeschichte keine Probleme gezeigt. (In den Anfangszeiten gab es jedoch deutliche Probleme damit).

5.15.4.1 Das *metadb(1M)* Kommando

Die Administration des Statedatabases erfolgt ausschließlich durch das Kommando *metadb(1M)*. Es erzeugt, listet und löscht Statedatabases. Es werden folgende Optionen unterstützt:

-a Attach, Einrichten einer Statedatabase (-replika)
-c n, Es sind Anzahl n Replika der Statedatabase in der gleichen Partition zu erzeugen
-d Delete, Löschen einer Statedatabase
-f Force, Forcieren einer Operation
-i Inquiry, Statusabfrage (Gibt nur eine zusätzliche Erklärung aus)

Das Anzeigen ist jedem User möglich, wohingegen das Erzeugen und Löschen dem root-User oder einem User mit entsprechender Rollendefinition vorbehalten ist.

Der grundsätzliche Aufruf sieht wie folgt aus:

```
metadb [Options] [rawdevice, rawdevice, .., rawdevice]
```

Werden keinerlei Optionen oder Devices angegeben, so wird eine Statusanzeige ausgegeben.

5.15.4.2 Anlegen von Statedatabases

Es ist die Möglichkeit gegeben, alle Informationen auf der Kommandozeile einzugeben oder die Konfigurationsinformation in der */etc/lvm/md.tab* zu notieren. Die Verwendung des Konfigurationsfiles erspart Schreibarbeit.

Zunächst sei darauf hingewiesen, daß die erste Statedatabase per Force zu erzeugen ist. Alle weiteren Statedatabases können in der Regel ohne die Force-Option erzeugt werden.

Eine Statedatabase wird erzeugt durch Nutzung der Option *-a*, bei der ersten zu erzeugenden Statedatabase mit der Zusatzoption *-f*. Soll mehr als eine Kopie der Statedatabase auf der gewählten Rawpartition erzeugt werden, so kann die Anzahl der Statedatabases auf dem Device durch die Option *-c n*, wobei *n* die Anzahl der Statedatabases auf der Partition angibt, angegeben werden.

Zur Erzeugung der ersten Statedatabase auf der Platte c0t0d0 in der Partition 7 in einfacher Ausfertigung ist folgendes Kommando einzugeben:

```
nx1# metadb -a -f c0t0d0s7
```

Die Angabe des Plattentags (c0t0d0s7) ist ausreichend. Erst bei Disksets ist die Angabe des vollständigen Pfades notwendig. Kurz überprüft:

```
nx1# metadb -i
        flags           first blk       block count
     a       u          16              8192            /dev/dsk/c0t0d0s7
r - replica does not have device relocation information
o - replica active prior to last mddb configuration change
u - replica is up to date
l - locator for this replica was read successfully
c - replica's location was in /etc/lvm/mddb.cf
p - replica's location was patched in kernel
m - replica is master, this is replica selected as input
W - replica has device write errors
a - replica is active, commits are occurring to this replica
M - replica had problem with master blocks
D - replica had problem with data blocks
F - replica had format problems
S - replica is too small to hold current data base
R - replica had device read errors
```

Hier wurde gleich der Hilfetext mit aufgelistet (Option *-i*), was eine weitere Erklärung der Flags erspart. Die obige Ausgabe zeigt, daß eine aktive Replika einer Statedatabase im Zustand *up to date* ab Block Nummer 16, 8192 Blöcke lang auf dem Device */dev/dsk/c0t0d0s7* konfiguriert ist. Mit der Erzeugung oder Löschung einer Statedatabase wurde bis SDS/SLVM in der Release 4.2.1 zusätzlich die */etc/system* um die Beschreibung der Statedatabases modifiziert. Bei der Release 11.11 ist dies nicht mehr der Fall.
Wenn in der */etc/lvm/md.tab* folgende Information steht:

```
mddb01 c0t0d0s7
```

ist nachfolgendes Kommando ausreichend:

```
nx1# metadb -a -f mddb01
```

Was bei einem Device nicht unbedingt sinnvoll erscheinen mag, wird bei der Verwendung mehrerer Festplatten deutlich einfacher. Insbesondere vermeidet ein ordentliches Arbeiten Konfigurationsfehler. Es existiert beispielsweise folgender */etc/lvm/md.tab*-Eintrag:

```
mddb02 c2t16d0s7 c2t17d0s7 c2t18d0s7 c2t20d0s7 c2t21d0s7
mddb03 c3t0d0s7 c3t1d0s7 c3t2d0s7 c3t3d0s7 c3t4d0s7 c3t5d0s7
```

Dann reicht hier der Aufruf von

```
nx1# metadb -a mddb02 mddb03
```

Das Ergebnis mit *metadb(1M)* kurz überprüft zeigt:

```
nx1# metadb
        flags           first blk       block count
     a m  pc luo        16              8192            /dev/dsk/c0t0d0s7
     a        u         16              8192            /dev/dsk/c3t0d0s7
     a        u         16              8192            /dev/dsk/c3t1d0s7
     a        u         16              8192            /dev/dsk/c3t2d0s7
     a        u         16              8192            /dev/dsk/c3t3d0s7
     a        u         16              8192            /dev/dsk/c3t4d0s7
     a        u         16              8192            /dev/dsk/c3t5d0s7
     a        u         16              8192            /dev/dsk/c2t16d0s7
     a        u         16              8192            /dev/dsk/c2t17d0s7
     a        u         16              8192            /dev/dsk/c2t18d0s7
     a        u         16              8192            /dev/dsk/c2t19d0s7
     a        u         16              8192            /dev/dsk/c2t20d0s7
     a        u         16              8192            /dev/dsk/c2t21d0s7
```

Es ist zu sehen, daß c0t0d0s7 die Master-Replika ist (m), patched in Kernel (p), in der Statusdatei */etc/lvm/mddb.cf* verzeichnet ist und erfolgreich erreicht wurde (l), up to date (u) ist und schon aktiv vor der letzten Veränderung der *mddb*-Konfiguration existent war. Dies ist der Fall nach einem Reboot einer Maschine.

Sollen beispielsweise drei Statedatabasereplika auf Partition c1t0d0s7 liegen, so ist dies konfigurierbar bei der Erzeugung durch folgendes Kommando:

```
nx1# metadb -a -c 3 c1t0d0s7
```

Oder über nachfolgenden */etc/lvm/md.tab*-Eintrag

```
mddb04 -c 3 c1t0d0s7
```

der mit dem Kommando:

```
nx1# metadb -a mddb04
```

aktiviert wird.
Kurz kontrolliert:

```
nx1# metadb
        flags           first blk       block count
     a        u         16              8192            /dev/dsk/c1t0d0s7
     a        u         8208            8192            /dev/dsk/c1t0d0s7
     a        u         16400           8192            /dev/dsk/c1t0d0s7
```

Es ist zu erkennen, daß alle drei Statedatabases in der gleichen Partition liegen, jedoch an unterschiedlichen Startblöcken beginnen. Man hat damit zwar drei Replika, in den meisten Fällen fällt jedoch die ganze Festplatte aus. Dieses Konstrukt, mehrere Replika in eine Partition zu legen, kommt aus Zeiten, in denen das alte SDS/ODS noch mindestens drei Replika für einen erfolgreichen Maschinenstart brauchte, jedoch nur ein oder zwei Festplatten in der Maschine existent waren, welche per SDS gespiegelt wurden. Es ist leicht zu erkennen, daß unter *firstblock* jeweils der erste Block, ab dem eine Statedatabase steht, angezeigt wird. Die Folgestartblöcke ergeben sich aus der Länge der Statedatabase:

Statedatabase	Startblock	Startblock + Länge = Neuer Startblock
Nr 1	16	8192
Nr 2	8208	$(16 + 8192 = 8208)$
Nr 3	16400	$(8208 + 8192 = 16400)$

Sollte eine Partition nicht existent sein oder bereits als Statedatabase konfiguriert sein, so erfolgt eine Fehlermeldung und die Erzeugung der Statedatabases innerhalb des Kommandos wird abgebrochen.

Sollte sich auf der für die Statedatabase ausgewählten Partition ein Filesystem oder andere Rawdata-Informationen (Datenbank etc.) befinden, so wird dies nicht berücksichtigt, es gibt keine Fehlermeldung und die Partition ist anschließend eine Statedatabase. Der Vorgang ist nicht vollständig reversibel, d.h., die Ursprungsdaten sind ohne Backup nicht wiederherstellbar.

5.15.4.3 Erzeugen von Statedatabases in Disksets

Zuvor muß ein Diskset existent sein. Die Erzeugung eines Disksets hat in der Regel auch die Erzeugung von Statedatabases innerhalb des Disksets zur Folge. Dennoch kann es Situationen geben, in denen ein manueller Eingriff notwendig ist. Die Arbeitsweise entspricht der außerhalb von Disksets, daher hier nur ein Beispiel. Es soll eine Statedatabase im Diskset *sd1* auf der Festplatte *c17t22d0s7* erzeugt werden. Dazu ist folgendes Kommando einzugeben:

```
nx1# metadb -s ds1 c17t22d0s7
```

5.15.4.4 Löschen von Statedatabases

Um Statedatabases zu löschen, ist die Option *-d* zu verwenden. Auch beim Löschen kann auf die in der */etc/lvm/md.tab* definierte Konfiguration zugegriffen werden, nur sind selten alle Statedatabases defekt, es sei denn, ein vollständiges Plattenarray fällt aus.

Es ist bei folgender Konfiguration die erste und letzte Statedatabase in der Liste zu löschen:

```
        flags           first blk     block count
    a         u         16            8192            /dev/dsk/c4t0d0s7
    a         u         16            8192            /dev/dsk/c4t1d0s7
    a         u         16            8192            /dev/dsk/c1t0d0s7
```

```
        a       u       8208            8192            /dev/dsk/c1t0d0s7
        a       u       16400           8192            /dev/dsk/c1t0d0s7
```

Zunächst die erste Zeile:

```
nx1# metadb -d c4t0d0s7
nx1# metadb
        flags           first blk       block count
        a       u       16              8192            /dev/dsk/c4t1d0s7
        a       u       16              8192            /dev/dsk/c1t0d0s7
        a       u       32              8192            /dev/dsk/c1t0d0s7
        a       u       48              8192            /dev/dsk/c1t0d0s7
```

Dann die letzte Zeile:

```
nx1# metadb -d c1t0d0s7
nx1# metadb
        flags           first blk       block count
        a       u       16              8192            /dev/dsk/c4t1d0s7
```

Was ist passiert? Es kann als Handle für eine Statedatabase nur die Partition verwendet werden. Eine genaue Spezifikation, welche der Replika innerhalb der Partition zu löschen ist, ist nicht gegeben. Damit wurden alle drei Replika in der Partition c1t0d0s7 gelöscht.

Vorsicht, wird die letzte Statedatabase gelöscht, ist auch die Metadeviceinformation gelöscht. Die letzte Statedatabase ist mit der Force-Option *-f* zu löschen.

5.15.4.5 Reparatur von Statedatabases

Eine direkte Reparatur von Statedatabases wird nicht unterstützt. Wenn eine Statedatabase korrupt ist, ist sie zu löschen, die darunterliegende Platte bei tatsächlichen Defekten zu tauschen und die Statedatabase in dieser Partition erneut zu erzeugen. Im nachfolgenden Beispiel werden die defekten Statedatabases in den Partitionen c3t1d0s7, c3t3d0s7, c3t4d0s7 und c3t5d0s7 "repariert"

```
nx1# metadb
        flags           first blk       block count
        a m  pc luo     16              8192            /dev/dsk/c0t0d0s7
        a    pc luo     16              8192            /dev/dsk/c3t0d0s7
        aW   pc luo     16              8192            /dev/dsk/c3t1d0s7
        a    pc luo     16              8192            /dev/dsk/c3t2d0s7
        aW   pc luo     16              8192            /dev/dsk/c3t3d0s7
        aW   pc luo     16              8192            /dev/dsk/c3t4d0s7
        aW   pc luo     16              8192            /dev/dsk/c3t5d0s7
        a    pc luo     16              8192            /dev/dsk/c2t16d0s7
        a    pc luo     16              8192            /dev/dsk/c2t17d0s7
        a    pc luo     16              8192            /dev/dsk/c2t18d0s7
        a    pc luo     16              8192            /dev/dsk/c2t19d0s7
        a    pc luo     16              8192            /dev/dsk/c2t20d0s7
```

```
     a    pc luo      16             8192                /dev/dsk/c2t21d0s7
nx1# metadb -d c3t1d0s7 c3t3d0s7 c3t4d0s7 c3t5d0s7
nx1# metadb
        flags            first blk      block count
     a m  pc luo      16             8192                /dev/dsk/c0t0d0s7
     a    pc luo      16             8192                /dev/dsk/c3t0d0s7
     a    pc luo      16             8192                /dev/dsk/c3t2d0s7
     a    pc luo      16             8192                /dev/dsk/c2t16d0s7
     a    pc luo      16             8192                /dev/dsk/c2t17d0s7
     a    pc luo      16             8192                /dev/dsk/c2t18d0s7
     a    pc luo      16             8192                /dev/dsk/c2t19d0s7
     a    pc luo      16             8192                /dev/dsk/c2t20d0s7
     a    pc luo      16             8192                /dev/dsk/c2t21d0s7
```

Anschließend wurden die defekten Platten getauscht, so daß im folgenden die Statedatabases neu erzegt werden können:

```
nx1# metadb -a c3t1d0s7 c3t3d0s7 c3t4d0s7 c3t5d0s7
nx1# metadb
        flags            first blk      block count
     a m  pc luo      16             8192                /dev/dsk/c0t0d0s7
     a    pc luo      16             8192                /dev/dsk/c3t0d0s7
     a        u       16             8192                /dev/dsk/c3t1d0s7
     a    pc luo      16             8192                /dev/dsk/c3t2d0s7
     a        u       16             8192                /dev/dsk/c3t3d0s7
     a        u       16             8192                /dev/dsk/c3t4d0s7
     a        u       16             8192                /dev/dsk/c3t5d0s7
     a    pc luo      16             8192                /dev/dsk/c2t16d0s7
     a    pc luo      16             8192                /dev/dsk/c2t17d0s7
     a    pc luo      16             8192                /dev/dsk/c2t18d0s7
     a    pc luo      16             8192                /dev/dsk/c2t19d0s7
     a    pc luo      16             8192                /dev/dsk/c2t20d0s7
     a    pc luo      16             8192                /dev/dsk/c2t21d0s7
```

Die "Statedatabasereparatur" ist damit abgeschlossen, ein Reboot ist nicht notwendig. Jedoch würde nach einem Reboot die Ausgabe gleichmäßiger im Bereich der Flags aussehen.

5.15.5 Konfigurationen

SLVM unterstützt Stripes, Concats, Mirrors und RAID-5 Konfigurationen. Die Konfigurationssyntax ist systemnah und einfach und wird im folgenden an Beispielen vorgestellt. Zunächst Grundsätzliches.

SLVM-Devices sind unter dem Pfad */dev/md/dsk* und */dev/md/rdsk* zu finden und werden durchnumeriert. In älteren SDS-Releases war die Anzahl der initial unterstützten Metadevices auf 127 gesetzt. Wurden mehr Metadevices benötigt, so mußte */kernel/drv/md.conf* angepasst werden. Diese Anpassung entfällt mit SLVM V11.11. Das Konfigurationsfile ist /etc/lvm/md.tab. SLVM hat eigene Repositories unter */etc/lvm/*. Um Arbeiten zu können ist eine Statedatabase *metadb* zu erzeugen, anschließend können Metadevices, so werden die SLVM Devices genannt, erzeugt werden.

Ein SLVM-Device (Metadevice) kann eine einzelne Partition oder ein Raidvolume sein, wie es in den folgenden Beispielen aufgezeigt wird. Der Administrator ist in der Namensgebung der RAID-Sets frei, sofern er der Form *d<Number>* für die Elemente bzw. RAID-Sets folgt. Von deutlichem praktischem Vorteil ist jedoch, eine sinnvolle Ordnung in die Bezeichnung der RAID-Sets und Elemente einzuführen und durchzuhalten. So hat es sich als praktisch erwiesen, für Mirrors *d*0* und die zugehörenden Submirrors *d*1, d*2, d*3...* zu wählen. Für Stripes, Concats und RAID-5 Metadevices kann ein nicht auf der Ziffer 0 endender Identifikator gewählt werden. Das hat bei Auflistungen wie *df -k iostat -x 1* etc. den Vorteil, daß der Administrator mit einem Blick zwischen redundanten Mirrors und nichtredundanten Stripes/Concats unterscheiden kann. Abgesehen davon ist die Ausgabe des SLVM-Status dadurch erheblich einfacher lesbar. Die Beispiele in diesem Buch folgen dieser Konvention, die in Tabelle 5.12 aufgelistet ist.

mirror	d*0
submirrors	d*1, d*2
stripes/concats	d*[1..9]

Tabelle 5.12. Namenskonventionen für RAID-Sets

Nach dieser Konvention sind beispielsweise *d11, d12* immer die Submirrors des Mirror Devices *d10* und die Metadevices *d261, d 262* damit die Submirrors des Mirror Devices *d260* und so fort. Die letzte Ziffer eines Stripes oder eines Concats ist dabei immer ungleich Null. Eine Ausnahme können RAID-5 Metadevices darstellen, da sie in sich redundant sind.

Eine Metadevice kann, wenn es nicht in Gebrauch und nicht offen ist, jederzeit mit dem Kommando *metaclear(1M)* gelöscht werden. So löscht ein *metaclear <Metadevice>* ein Metadevice, ein *metaclear -a -f* ohne weitere Angaben löscht alle Metadevices ohne störende zusätzliche Abfragen und Warnungen. Bei der Verwendung von Allquantoren ist in der Regel Vorsicht geboten.

Vorbedingungen: SLVM arbeitet traditionell nach einem Zeilen/Spalten Schema. Die Elemente, aus denen RAID-Sets, also die Metadevices, erzeugt werden, sind Partitionen von Festplatten. Die Festplatten sind somit vor einer Verwendung durch SLVM manuell zu partitionieren. Typischerweise haben in einer RAID-Konfiguration alle oder zumindest große Mengen von Platten die gleiche Partitionierung, um administratorische Irrtümer zu vermeiden. Bei einer SLVM Konfiguration wird in solchen Fällen oftmals eine Festplatte passend partitioniert und in einer Schleife von dieser die Partitionsinformation gelesen und auf andere Platten geschrieben, oder es wird gleich ein *vtoc*-File erzeugt und per Shellscript auf die Platten geschrieben, wie es in Abschnitt

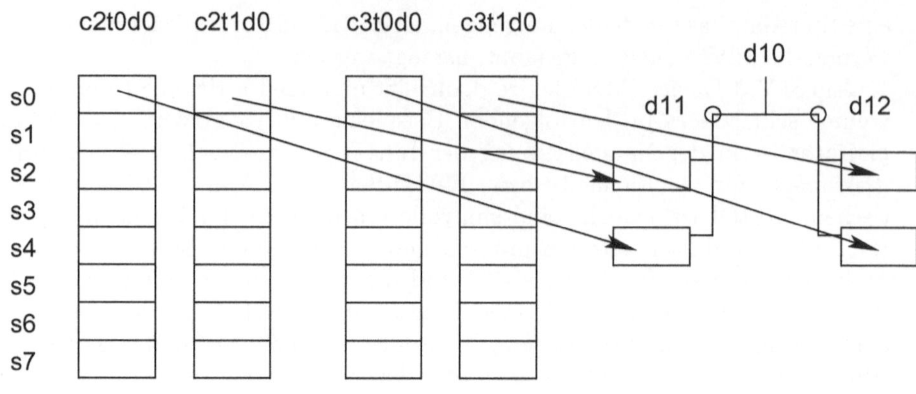

Abb. 5.34. Partitionszuordnung

5.5.3 auf Seite 153 kurz dargestellt ist. Anschließend kann aus den Partitionen das SLVM Metadevice zusammengesetzt werden, was in Abbildung 5.34 für einen Mirror aus Stripes motiviert ist und im folgenden für die unterstützten RAID-Level erklärt wird.

Erst bei Softpartitions wird dieses starre Zeilen/Spalten Schema verlassen.

5.15.5.1 Stripe/Concat

Stripes und Concats sind in der Konfiguration sehr ähnlich, was in den ersten Anwendungen bzw. bei den ersten Experimenten in der Regel für Verwirrung sorgt.

Vorbedingung für Stripes ist die gleiche Größe aller Partitionen im Stripe. Wenn verschieden große Partitionen verwendet werden, siegt die kleinste Partition, wie dies in Abbildung 5.35 dargestellt ist.

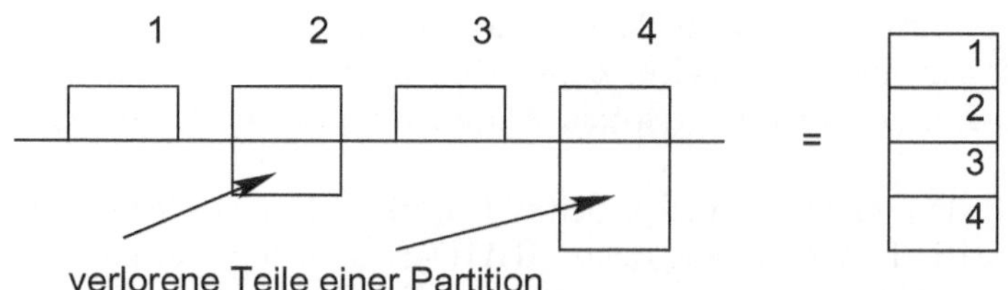

Abb. 5.35. Stripe: Unvorteilhafe Partitionierung bei Stripedefinitionen

Anders bei Concatenationen (Concats). Hier wird ohnehin jede Partition einzeln für sich gefüllt und dann auf die nächste Partition gewechselt, wie es in Abbildung 5.36 dargestellt ist. Bei einer Concatenation ist die nutzbare Gesamtgröße des Metadevices gleich der Summe der Größe der Einzelpartitionen.

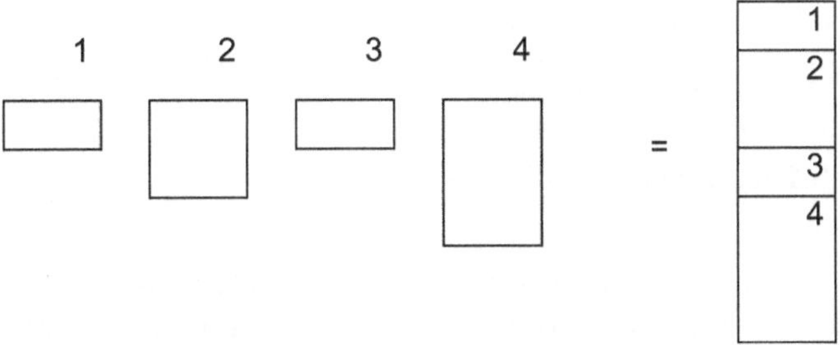

Abb. 5.36. Concat: Unterschiedliche Partitionsgrößen werden aufaddiert

Das Konfigurationsformat ist für Stripes und Concats identisch, in Beispiel 5.20 ein minderperformanter Concat über 4 Partitionen/Platten und im Vergleich ein hochperformanter Stripe über 4 Platten in Beispiel 5.21.

```
metainit   d101 4 1  c1t0d0s0 1 c1t1d0s0 1 c1t2d0s0 1 c1t3d0s0
   ^        ^   ^ ^     ^          ^          ^          ^

Kommando    |   | |  Platte 1   Platte 2   Platte 3   Platte 4
            |   | Anzahl der Platten im Stripe
            |   Anzahl der Platten im Concat
           Metadevicename
```

Beispiel 5.20. Concat über 4 Partitionen

```
metainit   d102 1 4  c1t0d0s0  c1t1d0s0  c1t2d0s0  c1t3d0s0
            ^   ^ ^     ^         ^         ^         ^

            |   | |  Platte 1  Platte 2  Platte 3  Platte 4
            |   | Anzahl der Platten im Stripe
            |   Anzahl der Platten im Concat
          Metadevicename
```

Beispiel 5.21. Stripe über 4 Partitionen

5.15.5.2 Stripe aus Concats

In der Kombination läßt sich nun auch ein Stripe aus Concats aufbauen. In Beispiel 5.22 soll ein Stripe aus zwei Concats mit je zwei Platten konfiguriert werden:

```
                  v erstes Concat          v zweites Concat
metainit   d103 2 2  c1t0d0s0  c1t1d0s0  2  c1t2d0s0  c1t3d0s0
   ^         ^  ^ ^     ^         ^            ^         ^

Kommando     |  | |  Platte 1  Platte 2     Platte 3  Platte 4
             |  | Anzahl der Platten im Stripe
             |  Anzahl der Platten im Concat
           Metadevicename
```

Beispiel 5.22. Stripe aus Concats

Späterhin bei der Konfiguration eines Spiegels über die Bootplatte wird ein Beispiel gezeigt, das hier der Vollständigkeit halber nicht fehlen darf. Es ist möglich, ein Stripe/Concat über eine einzige Partition zu definieren. Damit wird dem physikalischen Device einer Partition ein SLVM-Metadevicename gegeben, um dieses Device spiegeln zu können. Das Beispiel zeigt zwei Partitionen, denen je ein Metadevicename aufdefiniert wurde:

```
metainit   d11 1 0 c0t0d0s0
metainit   d12 1 0 c0t1d0s0
```

Ein Stripe über 3 Festplatten, in diesem Fall auf Partition 0, wird mit folgendem Kommando erzeugt:

```
menkar# metainit d111
d111: Concat/Stripe is setup
```

Was in der */etc/lvm/md.conf* folgenden Eintrag voraussetzt:

```
d111 1 3 c2t20d0s0 c2t21d0s0 c2t22d0s0
```

Der so erzeugte Stripe ist mit dem Kommando *metastat(1M)* zu erkennen, wie in Beispiel 5.23 dargestellt.

```
 metastat d111
d111: Concat/Stripe
    Size: 12579273 blocks (6.0 GB)
    Stripe 0: (interlace: 1024 blocks)
        Device       Start Block  Dbase  Reloc
        c2t20d0s0          0      No     Yes
        c2t21d0s0       3591      No     Yes
        c2t22d0s0       3591      No     Yes

Device Relocation Information:
Device     Reloc Device ID
c2t20d0    Yes   id1,ssd@n20000020371bf82c
c2t21d0    Yes   id1,ssd@n20000020371bfc19
c2t22d0    Yes   id1,ssd@n20000020372286cb
```

Beispiel 5.23. Stripe über drei Platten auf Partition 0

Zum besseren Vergleich wird mit dem */etc/lvm/md.tab*-Eintrag

```
d126 3 1 c3t3d0s0 1 c3t4d0s0 1 c3t5d0s0
```

ein Concat aus drei Partitionen aufgesetzt. Da *d126* in der */etc/lvm/md.tab* definiert ist, reicht ein einfacher *metainit(1M)* Aufruf, gefolgt von einem *metastat(1M)* Aufruf zur Kontrolle, wie in Beispiel 5.24 durchgeführt.

```
metainit d126
d126: Concat/Stripe is setup
0 1 root@endeavour pts/1 ~ 19# metastat d126
d126: Concat/Stripe
    Size: 12586455 blocks (6.0 GB)
    Stripe 0:
        Device      Start Block  Dbase    Reloc
        c3t3d0s0         0       No       Yes
    Stripe 1:
        Device      Start Block  Dbase    Reloc
        c3t4d0s0       3591      No       Yes
    Stripe 2:
        Device      Start Block  Dbase    Reloc
        c3t5d0s0       3591      No       Yes

Device Relocation Information:
Device   Reloc  Device ID
c3t3d0   Yes    id1,ssd@n20000020371b846f
c3t4d0   Yes    id1,ssd@n20000020371b0fa9
```

Beispiel 5.24. Concat über drei Partitionen

Die Ausgabe bestätigt die Darstellung in Beispiel 5.20: Es wurden drei Stripes mit einer Breite von eins erzeugt und in einem Concat zusammengefügt. Um dieses Zusammenspiel aus Concat und Stripe besser zu verdeutlichen, sei folgender Eintrag in der */etc/lvm/md.tab*:

```
d127 4 2 c3t3d0s1 c3t4d0s1 2 c3t5d0s1 c3t6d0s1 2 c3t7d0s1 c3t8d0s1 \
       2 c3t9d0s1 c3t10d0s1
```

Es ist damit ein Concat der Breite vier auf vier Stripes der Breite zwei aufgesetzt. Initialisiert mit *metainit(1M)* und überprüft mit *metastat(1M)* zeigt sich das in Beispiel 5.25 dargestellte Ergebnis, also nach Vorhersage: Vier Stripes zusammengefaßt in einem Concat.

Stripes und Concats alleine bieten keinerlei Redundanz. Sie stellen lediglich einen Mechanismus dar, Festplatten performant oder minder performant zu einer großen "Festplatte" zusammenzuschließen. Redundanz bietet erst der Mirror oder mit Abstrichen auch ein RAID-5.

```
menkar# metainit d127
d127: Concat/Stripe is setup
menkar# metastat d127
d127: Concat/Stripe
    Size: 33575850 blocks (16 GB)
    Stripe 0: (interlace: 1024 blocks)
        Device     Start Block  Dbase   Reloc
        c3t3d0s1          0     No      Yes
        c3t4d0s1          0     No      Yes
    Stripe 1: (interlace: 1024 blocks)
        Device     Start Block  Dbase   Reloc
        c3t5d0s1          0     No      Yes
        c3t6d0s1          0     No      Yes
    Stripe 2: (interlace: 1024 blocks)
        Device     Start Block  Dbase   Reloc
        c3t7d0s1          0     No      Yes
        c3t8d0s1          0     No      Yes
    Stripe 3: (interlace: 1024 blocks)
        Device      Start Block  Dbase  Reloc
        c3t9d0s1           0     No     Yes
        c3t10d0s1          0     No     Yes

Device Relocation Information:
Device    Reloc Device ID
c3t3d0    Yes   id1,ssd@n20000020371b846f
c3t4d0    Yes   id1,ssd@n20000020371b0fa9
c3t5d0    Yes   id1,ssd@n20000020371ba65d
c3t6d0    Yes   id1,ssd@n20000020371b6762
c3t7d0    Yes   id1,ssd@n20000020371b7a86
c3t8d0    Yes   id1,ssd@n20000020371bf7b5
c3t9d0    Yes   id1,ssd@n2000002037228331
c3t10d0   Yes   id1,ssd@n20000020371b7b90
```

Beispiel 5.25. Vier Stripes in einem Concat

5.15.5.3 Mirror

Spiegel (Mirrors) werden aus SLVM-Metadevices erzeugt, wie sie zuvor als Stripes oder Concats erzeugt wurden. Bei der SLVM Release 11.11 sind vierfach Spiegel unterstützt. Es gibt zwei Varianten, Spiegel aufzusetzen:

1. Beide Seiten des Spiegels werden initialisiert, es wird ein Eintrag in die Metadb geschrieben. Die initiale Integrität des Spiegels ist nicht gewährleistet.
   Dieses Verfahren wird benutzt, wenn neue leere Spiegel aufgesetzt werden sollen, da nach der Initialisierung des Spiegels ohnehin ein Filesystem erzeugt wird, womit dann der Spiegel konsistent ist.
2. Es wird eine Seite des Spiegels initialisiert. Diese Seite des Spiegels kann Daten enthalten, die später gespiegelt werden sollen. Anschließend wird manuell die zweite Hälfte des Spiegels an die erste "angehängt", woraufhin SLVM die erste Spiegelhälfte auf die zweite Spiegelhälfte synchronisiert.

Spiegel unterliegen folgenden Bedingungen:

- Wenn ein Spiegel nach Variante 1 aufgesetzt wird, müssen beide Submirrors die gleiche Größe bieten.
- Wenn ein Spiegel nach Variante 2 aufgesetzt wird, reicht es aus, wenn der per *metattach(1M)* angehängte Submirror mindestens die Größe des Mirror Devices bietet oder größer ist.
- Das Leseverhalten ist mit den Optionen *-r/-g* beeinflußbar auf Lesen vom ersten Submirror oder Round Robin, d.h. wechselseitiges Lesen.
- Das Schreibverhalten ist mit der Option *-S* auf serielles Schreiben einstellbar.

Es seien folgende Einträge in der */etc/lvm/md.tab* verzeichnet:

```
d111 1 3 c2t20d0s0 c2t21d0s0 c2t22d0s0
d112 1 3 c3t3d0s0 c3t4d0s0 c3t5d0s0
```

Damit lassen sich zwei jeweils drei Partitionen breite Stripes aufsetzen, die in Beispiel 5.26 gespiegelt werden.

```
menkar# metainit d111
d111: Concat/Stripe is setup
menkar# metainit d112
d112: Concat/Stripe is setup
menkar# metainit d110 -m d111 d112
metainit: d110: WARNING: This form of metainit is not recommended.
The submirrors may not have the same data.
Please see ERRORS in metainit(1M) for additional information.
d110: Mirror is setup
```

Beispiel 5.26. Aufsetzen eines Spiegels – Variante 1

Die Fehlermeldung in Beispiel 5.26 weist darauf hin, daß bei dieser Art der Initialisierung des Spiegels Daten verloren gehen. Zu empfehlen nur bei Neuinitialisierung ohne Datenübernahme oder wenn sichergestellt ist, daß alle Submirrors konsistent sind, siehe auch Abschnitt 5.15.11.2.

Nachdem der Spiegel aus Beispiel 5.26 aufgesetzt ist, ist auf d110 beispielsweise ein Filesystem erzeugbar:

```
nx1# newfs -m 2 /dev/md/rdsk/d110
.........
```

Der gleiche Mirror nach Variante 2 aufgesetzt erlaubt den Erhalt des Inhalts des Stripes *d111*, dargestellt in Beispiel 5.27.

```
menkar# metainit d111
d111: Concat/Stripe is setup
menkar# metainit d112
d112: Concat/Stripe is setup
menkar# metainit d110 -m d111
d110: Mirror is setup
menkar# metattach d110 d112
d110: submirror d112 is attached
```

Beispiel 5.27. Aufsetzen eines Spiegels – Variante 2

Bei Variante 2 entsprechend Beispiel 5.26 bleibt der Inhalt des Filesystems oder Metadevices d101 erhalten. Dieses Verfahren wird bei der Erstellung des Bootplattenspiegels verwendet, da auf dem Submirror ja eine SOLARIS-Installation steht, die natürlich erhalten bleiben muß.

Bei beiden Varianten ist das Endergebnis wieder mit dem Kommando *metastat(1M)* überprüfbar und liefert folgendes Ergebnis:

```
metastat d110
d110: Mirror
    Submirror 0: d111
      State: Okay
    Submirror 1: d112
      State: Resyncing
    Resync in progress: 55 % done
    Pass: 1
    Read option: roundrobin (default)
    Write option: parallel (default)
    Size: 12579273 blocks (6.0 GB)
```

```
d111: Submirror of d110
    State: Okay
    Size: 12579273 blocks (6.0 GB)
    Stripe 0: (interlace: 1024 blocks)
        Device        Start Block  Dbase          State Reloc Hot Spare
        c2t20d0s0          0       No              Okay   Yes
        c2t21d0s0       3591       No              Okay   Yes
        c2t22d0s0       3591       No              Okay   Yes


d112: Submirror of d110
    State: Resyncing
    Size: 12579273 blocks (6.0 GB)
    Stripe 0: (interlace: 1024 blocks)
        Device       Start Block  Dbase          State Reloc Hot Spare
        c3t3d0s0          0       No              Okay   Yes
        c3t4d0s0       3591       No              Okay   Yes
        c3t5d0s0       3591       No              Okay   Yes


Device Relocation Information:
Device     Reloc Device ID
c2t20d0    Yes   id1,ssd@n20000020371bf82c
c2t21d0    Yes   id1,ssd@n20000020371bfc19
c2t22d0    Yes   id1,ssd@n20000020372286cb
c3t3d0     Yes   id1,ssd@n20000020371b846f
c3t4d0     Yes   id1,ssd@n20000020371b0fa9
c3t5d0     Yes   id1,ssd@n20000020371ba65d
```

5.15.5.3.1 Migration von Datenbeständen

Gesetzt den Fall, es gibt zwei gespiegelte Festplattenarrays, wie in Abbildung 5.37 dargestellt, und es soll der gesamte Datenbestand auf die beiden Arrays drei und vier migriert werden. Ein beliebtes Verfahren, Datenbestände

Abb. 5.37. Datenmigration Ausgangssituation

von einem Festplattenarray auf ein anderes Festplattenarray zu migrieren ist, es Mehrfachspiegel zu nutzen. Bei SLVM Release 11.11 vereinfacht sich dies durch die Verwendung von Vierfachspiegeln. Es wird temporär ein Vierfachspiegel, wie in Abbildung 5.38 dargestellt, aufgesetzt und abgewartet, bis alle Submirrors synchronisiert sind. Anschließend werden die beiden Arrays eins

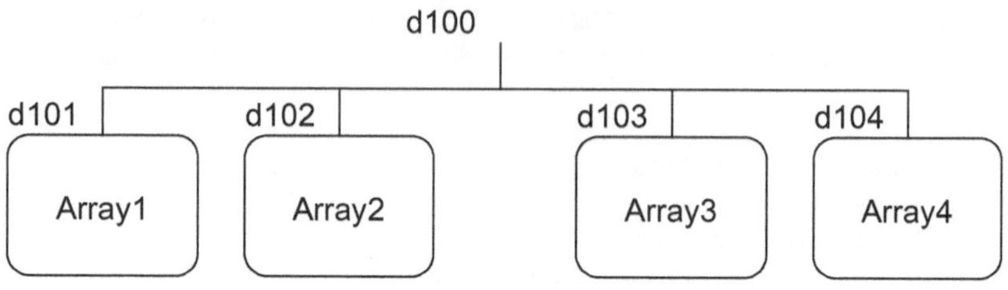

Abb. 5.38. Datenmigration mittels Vierfachspiegel

und zwei detached und aus der Konfiguration genommen. Alle Datenbestände konnten mit diesem Verfahren im laufenden Betrieb von den Arrays eins und zwei auf die Arrays drei und vier migriert werden, ohne die Sicherheit von gespiegelten Datenbeständen aufgeben zu müssen.

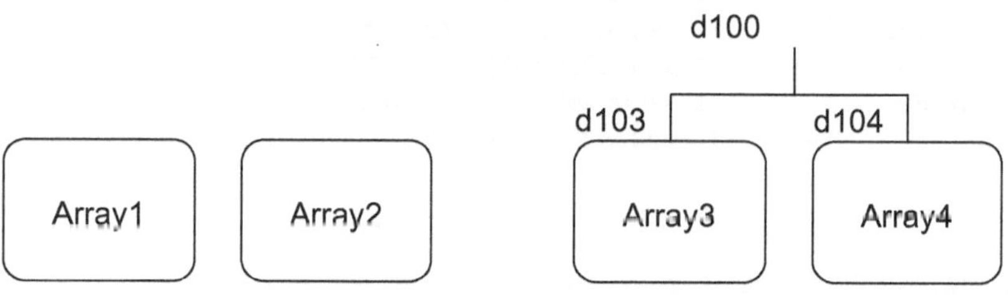

Abb. 5.39. Datenmigration Ergebnis

5.15.5.4 RAID-5

SLVM bietet Raid-5 Softraidkonfigurationen an. RAID-5 Metadevices bieten einen einem Stripe vergleichbaren guten Lesedurchsatz, beim Schreiben erhöht sich jedoch die CPU-Belastung bei deutlich sinkendem Metadevice-Plattendurchsatz. In der SLVM Release 11.11 kann ein SLVM RAID-5 bei einem Einfachausfall (Ausfall einer Partition des RAID-5) weiterhin gelesen und geschrieben werden. Raid-5 Devices werden wie folgt konfiguriert:

```
menkar# metainit d100 -r c2t16d0s0 c2t17d0s0 c2t18d0s0 c2t19d0s0
d100: RAID is setup
```

Überprüfbar mit dem Kommando *metastat(1M)*:

```
menkar# metastat d100
d100: RAID
    State: Okay
    Interlace: 1024 blocks
    Size: 12546954 blocks (6.0 GB)
Original device:
    Size: 12549120 blocks (6.0 GB)
        Device          Start Block  Dbase        State Reloc  Hot Spare
        c2t16d0s0          13841          No        Okay    Yes
        c2t17d0s0          13841          No        Okay    Yes
        c2t18d0s0          13841          No        Okay    Yes
        c2t19d0s0          13841          No        Okay    Yes

Device Relocation Information:
Device     Reloc Device ID
c2t16d0    Yes    id1,ssd@n20000020371b3e91
c2t17d0    Yes    id1,ssd@n200000203708ce21
c2t18d0    Yes    id1,ssd@n20000020371bf5cf
c2t19d0    Yes    id1,ssd@n20000020371bf830
```

5.15.5.5 Ersetzung von Raid Komponenten

Wenn eine Komponente (Platte/Partition) ausgefallen ist, wird dies in der Ausgabe von *metastat(1M)* angezeigt. Genauer wird auf den Austausch von Komponenten im Abschnitt 5.15.6 eingegangen. In älteren SDS-Releases wird zusätzlich ein Reparatur- bzw. Austauschkommando in der Ausgabe angeboten, das von einem Austausch mit einer Partition an anderer Stelle ausgeht. Wenn eine defekte Komponente unter gleichem Namen/Adresse ersetzt werden soll, so geht das wie nachfolgend beschrieben. Es wird angenommen, daß das Metadevice d100 die defekte Komponente c1t2d0s0 enthält. Es wird weiter angenommen, daß die Komponente c1t2d0s0 durch eine neue Platte ersetzt wurde und das Plattenlabel neu geschrieben wurde:

```
metareplace -e d100 c1t2d0s0
```

Dieses Verfahren, eine ausgefallene Festplatte zu tauschen, unter gleicher Adresse eine Ersatzplatte einzusetzen und diese in die alte SLVM RAID-Set Konfiguration einzubringen, ist in Bereichen typisch, in denen mit so genannten Festplattenarrays, JBoD-Devices, gearbeitet wird, bei denen so genannte SCA Festplatten (SCA: Single Attachment) eingesetzt werden, deren Adresse auf dem Massenspeicherbus durch den Steckplatz im Array definiert ist.

5.15.5.6 Metadevices on Lofi

Die hier beschriebenen Experimente sind mehr als Proof-of-Concept denn als Ratschlag für produktiven Einsatz anzusehen. Sie zeigen insbesondere, daß ein Administrator bei der Konfiguration von Metadevices und RAID-Sets unter Verwendung von SLVM recht große Freiheiten hat. Auf der anderen Seite

wurden ähnliche Experimente mit ZFS durchaus öffentlich vorgetragen, ist es doch ein UNIX typisches Verfahren, sich solche Mechanismen experimentell zu erarbeiten.
Wie in Abschnitt 5.17 beschrieben, ist es möglich, ein File dem System als Blockdevice bereitzustellen. Um zum einen zu zeigen, daß SLVM eine recht stabile und tolerante RAID-Software ist, und zum anderen zu zeigen, daß SLVM auf recht unterschiedlichen Devicetypen arbeitet, werden im folgenden leere Files erstellt, per *lofiadm(1M)* als Blockdevice bereitgestellt, um auf diesen *lofi*-Blockdevices SLVM RAID-Sets aufzusetzen.

Es werden sechs Containerfiles mit einer Größe von je einem Gigabyte erzeugt wie folgt:

```
endeavour# foreach i (1 2 3 4 5 6)
foreach what? mkfile 1g /mnt/1g${i}&
foreach what? end
```

Anschließend werden die Containerfiles als Blockdevice zur Verfügung gestellt wie folgt:

```
endeavour# foreach i (1g?)
foreach what? lofiadm -a /mnt/$i
foreach what? end
/dev/lofi/1
/dev/lofi/2
/dev/lofi/3
/dev/lofi/4
/dev/lofi/5
/dev/lofi/6
endeavour3# lofiadm
Block Device                File
/dev/lofi/1                 /mnt/1g1
/dev/lofi/2                 /mnt/1g2
/dev/lofi/3                 /mnt/1g3
/dev/lofi/4                 /mnt/1g4
/dev/lofi/5                 /mnt/1g5
/dev/lofi/6                 /mnt/1g6
```

Anschließend werden aus den *lofi*-Devices "Metalofidevices", also SLVM Metadevices konstruiert. Ein Mirror über die Containerfiles *1g1* und *1g2* und ein Concat aus den Containerfiles *1g3*, *1g4*, *1g5* und *1g6*. Da SLVM ohne Vorgabe eines Devicepath immer von */dev/rdsk* ausgeht, muß in diesem Fall der vollständige Pfad angegeben werden, und man muß sich dessen, was man tut, sicher sein, eine Kontrolle wird leider noch unterdrückt (5.15.5.6).

```
endeavour# metainit d101 1 1 /dev/rlofi/1
d101: Concat/Stripe is setup
endeavour#metainit d102 1 1 /dev/rlofi/2
d102: Concat/Stripe is setup
endeavour# metainit d100 -m d101 d102
metainit: d100: WARNING: This form of metainit is not recommended.
The submirrors may not have the same data.
```

```
Please see ERRORS in metainit(1M) for additional information.
d100: Mirror is setup
```

Es ist nun ein Filesystem auf dem neuen Mirror Device zu erstellen. Das geht bekanntlich wie folgt:

```
endeavour# newfs -m 2 /dev/md/rdsk/d100
newfs: construct a new file system /dev/md/rdsk/d100: (y/n)? y
/dev/md/rdsk/d100:      2097000 sectors in 3495 cylinders of 1 tracks,
       600 sectors
      1023.9MB in 219 cyl groups (16 c/g, 4.69MB/g, 2240 i/g)
super-block backups (for fsck -F ufs -o b=#) at:
 32, 9632, 19232, 28832, 38432, 48032, 57632, 67232, 76832, 86432,
 2006432, 2016032, 2025632, 2035232, 2044832, 2054432, 2064032,
 2073632, 2083232, 2092832,
```

Der Vollständigkeit halber wird das Experiment auch mit einem Concat durchgeführt:

```
endeavour# metainit d123 4 1 /dev/rlofi/3 1 /dev/rlofi/4 1 \
/dev/rlofi/5 1 /dev/rlofi/6
d123: Concat/Stripe is setup
endeavour# newfs -m 2 /dev/md/rdsk/d123
...
endeavour# mount /dev/md/dsk/d100 /export/mirror
endeavour# mount /dev/md/dsk/d123 /export/concat
endeavour# df -k
Filesystem            kbytes    used   avail capacity  Mounted on
/dev/dsk/c0t0d0s0   30868299 3308754 27250863   11%    /
...
/dev/dsk/c2t16d0s2   8705501 6303234 2315212    74%    /mnt
/dev/md/dsk/d100      983656    1041  962942     1%    /export/mirror
/dev/md/dsk/d123     4125337    4113 4038718     1%    /export/concat
```

Da SLVM auf Containerfiles aufsetzbar ist, läßt sich dies auch mehrfach layern. Es wird folgerichtig ein Containerfile in dem aus über SLVM zusammengesetzten Concat, der mit Filesystem unter */export/concat* gemountet wurde, ein weiteres Containerfile erzeugt, aus welchem ein weiteres SLVM Metadevice gebaut wurde:

```
endeavour# mkfile 1g /export/concat/1g_con
endeavour# lofiadm -a /export/concat/1g_con
/dev/lofi/7
endeavour# newfs -m 2 /dev/md/rdsk/d201
newfs: construct a new file system /dev/md/rdsk/d201: (y/n)? y
/dev/md/rdsk/d201:   2097000 sectors in 3495 cylinders of 1 tracks,
      600 sectors
 1023.9MB in 219 cyl groups (16 c/g, 4.69MB/g, 2240 i/g)
super-block backups (for fsck -F ufs -o b=#) at:
 32, 9632, 19232, 28832, 38432, 48032, 57632, 67232, 76832, 86432,
 2006432, 2016032, 2025632, 2035232, 2044832, 2054432, 2064032,
```

```
 2073632, 2083232, 2092832,
endeavour# mount /dev/md/dsk/d201 /export/multi
endeavour# df -k
Filesystem           kbytes    used    avail capacity Mounted on
/dev/dsk/c0t0d0s0 30868299 3308754 27250863    11%    /
...
/dev/dsk/c2t16d0s2 8705501 6303234 2315212     74%    /mnt
/dev/md/dsk/d100     983656    1041  962942     1%    /export/mirror
/dev/md/dsk/d123    4125337    4113 4038718     1%    /export/concat
/dev/md/dsk/d201     983656    1041  962942     1%    /export/multi
```

Leider ist die Auflistung der Konfiguration derzeit noch nicht möglich, da das Kommando *metastat(1)* die Pfadangabe */dev/lofi/** nicht auswerten kann:

```
endeavour# metastat
metastat: endeavour: /dev/lofi/1: Invalid argument
metastat: endeavour: /dev/lofi/2: Invalid argument
metastat: endeavour: /dev/lofi/3: Invalid argument
metastat: endeavour: /dev/lofi/4: Invalid argument
metastat: endeavour: /dev/lofi/5: Invalid argument
metastat: endeavour: /dev/lofi/6: Invalid argument
metastat: endeavour: /dev/lofi/7: Invalid argument
metastat: endeavour: /dev/lofi/8: Invalid argument
```

So genannte layered Volumes werden im SoftRAID Umfeld oft diskutiert. Die oben beschriebene Erstellung von "multilayer"ed Volumes hat hingegen rein akademischen Charakter und wird nicht wirklich empfohlen. Sollten anschließend lose Schrauben um die geopferte Festplatte liegen, sollte dies nicht wirklich verwundern.

So eigenartig das Experiment wirken mag, wer auf die Idee kommt SLVM auf iScsi-Platten aufzusetzen, baut im Prinzip ähnliche Konstrukte.

5.15.6 Hot Spare Pools

RAID Systeme haben viele Vorteile, der Durchsatz wird bei breiten Stripes merkbar erhöht, die Redundanz ist verbessert etc. Jedoch wenn eine Festplatte in einem Zweifachspiegel ausfällt, ist keine Redundanz mehr gegeben. Fällt in einem solchen Fall später auch die zweite Spiegelhälfte aus, ist der Datenbestand auf den Festplatten nicht mehr mit Bordmitteln im laufenden Betrieb restaurierbar. Um das Ausfallrisiko zu verringern, muß dafür gesorgt werden, daß alle ausgefallenen Festplatten aus einer RAID-Konfiguration ersetzt werden. Am besten automatisch, womit vordefinierte Spareplatten von Interesse sind, die im Falle eines Ausfalls einer Festplatte diese automatisch ersetzen. Da dies im laufenden Betrieb passieren soll, wird hier auch von Hotsparefestplatten gesprochen.

Jedes gute Softraidsystem bietet solche Spare- oder auch Hotsparefestplatten an. Je nach Implementierung werden dabei die Hotspareplatten entweder global definiert, und gelten damit als automatischer Ersatz für alle Festplatten im Softraidsystem (zumindest innerhalb einer Volumegroupe) ohne eine weitere Einschränkung, für welche ausgefallenen Festplatten die Sparplatte einspringen darf, als auch in Pools definiert und einem bestimmten RAID-Set zugeordnet.

Der im SUN-Umfeld oftmals eingesetzte Veritas Volume Manager definiert Ersatzplatten lediglich als Spare ohne besondere Zuordnung. Die Spareplatten können dann im Bedarfsfall jede ausgefallene Festplatte in der Volumegroupe in der sie definiert sind, ersetzen. Die Aufteilung der Festplatte in so genannte Subdisks, die dann die ausgefallenen Subdisks[16] ersetzen, wird vom Volume Manager selbst durchgeführt. Dies birgt bei Verteilung von RAID-Sets über verschiedene Standorte den Nachteil, daß beispielsweise die erste Spiegelhälfte in einem Rechenzentrum in Dorf A und die zweite Spiegelhälfte in einem Rechenzentrum in Dorf B untergebracht zur Folge haben kann, daß bei Ausfall einer Festplatte in Dorf A eine Hotspareplatte aus Dorf B einspringt. Beide Spiegelhälften und die Spareplatten sind selbstverständlich in der gleichen Volumegroupe. Das Beispiel mag überraschen, ist aber im Bereich so genannter Campuscluster eine alltägliche Konfiguration.

SLVM definiert so genannte Hot Spare Pools (HSP), denen die Hotsparefestplatten genauer gesagt Hot Spare Partitions, zugeordnet werden. Die Hot Spare Pools wiederum werden den eigentlichen RAID-Sets zugeordnet (Abildung 5.40). Dieses Verfahren birgt den Vorteil, daß in jedem Fall vorher bekannt ist, welche Ersatzplatten im Fehlerfall einspringen. Der Administrator kann somit im Voraus auf Zugänglichkeit/Wartbarkeit und Performance im Fehlerfall planen.

Eine Hot Spare ist letztendlich eine einzelne Partition, wie auch das möglicherweise ausfallende Element eines Stripes, Concats oder Raid-5 eine Partition ist. Es können somit auf einer Festplatte, auf der Partitionen für Raid-Sets konfiguriert wurden, auch Partitionen als Hot Spares definiert werden. Typischerweise wird dies jedoch nicht praktiziert. Es werden in der Regel dedizierte Festplatten partitioniert und als Hot Spare in Hot Spare Pools eingebracht. SLVM partitioniert sich die Festplatten nicht selbst. Es ist Aufgabe des Administrators, die als Hot Spare Platten eingeplanten Festplatten sinnvoll zu partitionieren (etwas anders funktioniert dies bei Softpartitions).

Da der Administrator selbst die zum Ersatz bestimmten Platten partitionieren muß und in Hot Spare Pools einteilen muß, ist das Auswahlverfahren der geeigneten Hot Spare Partition im Falle eines Fehlers genauer zu betrachten. Dazu ist zu bedenken, daß ein Hostspare Pool mehreren RAID-Sets zugeordnet werden kann. Bei einer Liste von Hot Spare Partitionen in einem Hostsparepool wird nach dem first-fit Prinzip verfahren. In Abbildung 5.41 ist dargestellt, daß bei Ausfall einer Partition die erste Hostspare Partition aus dem Pool genommen wird, die passt. In dem gezeigten Beispiel eine Partition,

[16] Subdisks sind grob gesagt “Partitionen” des Volume Managers, siehe auch Softpartitions unter SLVM.

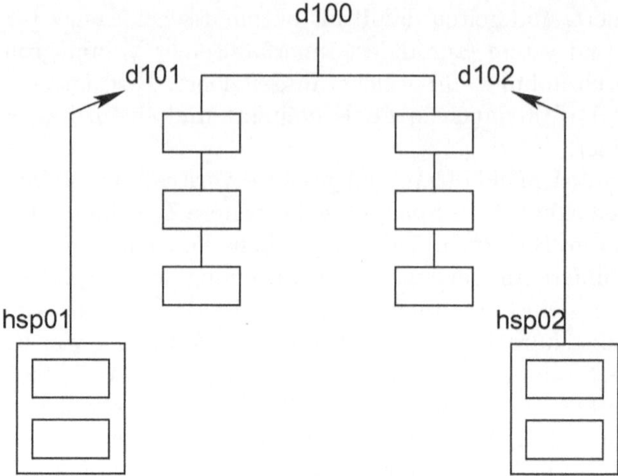

Abb. 5.40. Hotsparepoolzuordnung

die größer ist, als die ausgefallene Partition aus einem RAID-Set. Somit ist in diesem Fall die große Hot Spare Partition vergeben worden, obwohl eine in der Größe passende Hot Spare Partition vorhanden gewesen wäre. Wenn nun eine weitere Partition aus einem RAID-Set ausfällt, die nur durch die große Partition ersetzbar gewesen wäre, so ist keine passende Hot Spare Partition mehr vorrätig.

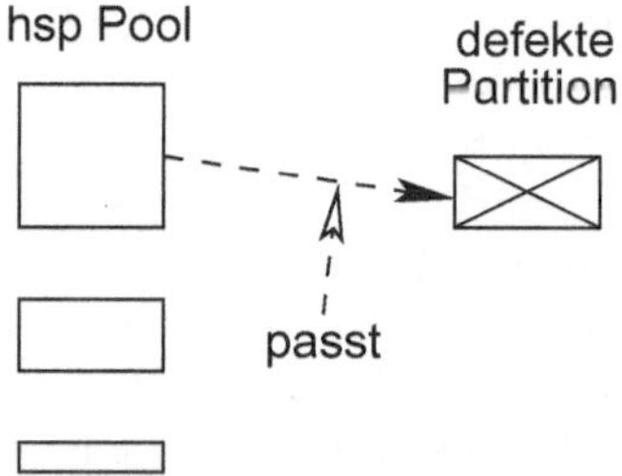

Abb. 5.41. Hotsparepoolzuordnung – first fit

Vorteilhafter ist eine Hot Spare Pool Definition wie sie in Abbildung 5.42 dargestellt ist, beginnend mit kleinen Partitionen. Hier wird die erste Hot Spare Partition in dem Pool nicht selektiert, da sie zu klein ist. Die zweite Partition in der Poolkonfiguration passt und wird selektiert. Die große dritte Partition bleibt folglich frei für andere Notfälle.

Weiterhin besteht die Möglichkeit, ein und dieselbe Sparepartition gleichzeitig unterschiedlichen Hot Spare Pools zuzuordnen. Im Falle eines Platten-

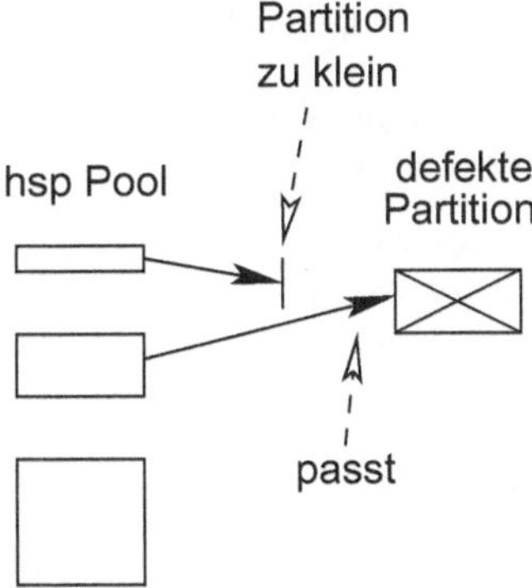

Abb. 5.42. Hotsparepoolzuordnung – optimiert

fehlers in mehreren RAID-Sets, denen unterschiedliche Hostspare Pools mit den gleichen Partitionen zugeordnet sind, entsteht damit eine Racecondition, sodaß nicht sicher vorhersagbar ist, welches RAID-Set welche Hot Spare Partition aus den Pools bekommt. In solchen Fällen von Mehrfacheinbindung einzelner Sparepartitionen in unterschiedliche Hot Spare Pools wird durchaus im ersten Pool eine beispielsweise aufsteigende Reihenfolge und im zweiten Pool eine abfallende Reihenfolge der Definition der Sparepartitions in den Pools gewählt. Inwieweit es sinnvoll ist, bei heutigen Festplattenpreisen solche Konstruktionen zu definieren, bleibt jedem selbst überlassen.

Sollte bei einem Plattenfehler in einem RAID-Set der dazu definierte Hot Spare Pool keine freien Sparepartitionen mehr enthalten, wird mit der Synchronisation einer Hot Spare solange gewartet, bis wieder eine Hot Spare Partition im Pool verfügbar ist, entweder durch Ersatz der ausgefallenen Partitionen und einen vollendeten Replace oder durch weiteres Hinzufügen von Sparepartitionen in den entsprechenden Pool. Eine Art Hot Relocation wie es beim Veritas Volume Manager möglich ist, bei der aus der Menge der ungenutzten Platten im Notfall eine Spareplatte erzeugt bzw. definiert wird, wird von SLVM nicht unterstützt. In Veritas Volume Manager Umgebungen wird diese Hot Relocation oftmals explizit abgeschaltet, da unerwünscht beziehungsweise nicht immer praktikabel.

5.15.6.1 Administration von Hot Spare Pools

Wie bei der Erzeugung von Statedatabases, Metadevices und RAID-Sets können Hot Spare Pool Zuweisungen direkt von der Kommandozeile erzeugt und gelöscht werden oder über entsprechende Einträge in der */etc/lvm/md.tab* definiert werden. Bei Initialisierung von Hot Spare Pools, beim Hinzufügen oder Löschen von Hot Spare Festplatten respektive Partitionen ist es eine erhebliche Arbeitserleichterung über Pooldefinitionen in der */etc/lvm/md.tab* zu arbeiten. Im folgenden werden jeweils beide Versionen an Beispielen gezeigt.

5.15.6.1.1 Erzeugung eines Hot Spare Pools

Ein Hot Spare Pool wird erzeugt durch Hinzufügung der ersten Hot Spare Partition. Von Kommandozeile wie folgt:

```
nx1# metainit hsp001 c2t26d0s0 c2t26d0s1 c2t26d0s3 c2t26d0s4
hsp001: Hotspare pool is setup
```

Kurz überprüft:

```
endeavour# metastat
hsp001: 4 hot spares
        Device      Status      Length                  Reloc
        c2t26d0s0   Available    4197879 blocks Yes
        c2t26d0s1   Available    4197879 blocks Yes
        c2t26d0s3   Available    4197879 blocks Yes
        c2t26d0s4   Available    4197879 blocks Yes

Device Relocation Information:
Device    Reloc Device ID
c2t26d0   Yes   id1,ssd@n20000020371bfd40
```

Oder definiert über die */etc/lvm/md.tab* wie folgt:

```
hsp002 c3t10d0s0 c3t10d0s1 c3t10d0s3 c3t10d0s4
```

Gefolgt von dem Kommadoaufruf:

```
nx1# metainit hsp002
hsp002: hotspare pool is setup
```

Wenn bei einem RAID-Set für das ein Hot Spare Pool definiert wurde, eine Partition ausfällt, springt sofort eine Hot Spare Partition aus dem definierten Hot Spare Pool ein. Da nur immer eine SLVM-Volumeoperation gleichzeitig abgearbeitet werden kann, wird bei einem Ausfall einer zweiten Partition im gleichen fehlerhaften RAID-Set diese Partition so lange im Status *Maintenance* verbleiben, bis die vorherige ausgefallene Partition gegen die Hot Spare Partition synchronisiert wurde. Der aktuelle Zustand wird in der *metastat(1M)*-Ausgabe im Mirror Device angezeigt, wie folgt:

```
d100: Mirror
    Submirror 0: d101
      State: Okay
    Submirror 1: d102
      State: Resyncing
    Resync in progress: 8 % done
    Pass: 1
    Read option: roundrobin (default)
    Write option: parallel (default)
    Size: 12579273 blocks (6.0 GB)
```

Hier ist Submirror 1 *d102* in Bearbeitung. Bei einer genaueren Betrachtung von Submirror *d102* wird der Benutzer auch informiert, welche Partition gerade ersetzt wird:

```
d102: Submirror of d100
    State: Resyncing
    Hot spare pool: hsp002
    Size: 12579273 blocks (6.0 GB)
    Stripe 0: (interlace: 1024 blocks)
        Device      Start Block  Dbase        State Reloc Hot Spare
        c3t0d0s0            0    No       Resyncing   Yes c3t10d0s0
        c3t1d0s0         3591    No            Okay   Yes
        c3t2d0s0         3591    No     Maintenance   Yes
```

Hier ist deutlich zu sehen, daß *c3t0d0s0* durch *c3t10d0s0* gerade ersetzt wird und daß *c3t2d0s0* im Status *Maintenance* verweilt, da bereits der Sync von *c3t0d0s0* läuft.

5.15.6.1.2 Einbindung weiterer Partitionen in einen Hotspare Pool

Soll eine weitere Hot Spare Partition einem Hot Spare Pool zugewiesen werden, so ist dies beispielsweise für die Partition c2t17d0s0 mit dem Hot Spare Pool hsp001 mit folgendem Kommando möglich:

```
endeavour# metahs -a hsp001 c2t17d0s0
hsp001: Hotspare is added
```

5.15.6.1.3 Entfernen einer Partition aus einem Hot Spare Pool

Mit dem folgenden Kommando wird die im vorangegangenen Beispiel hinzugefügte Partition c2t17d0s0 wieder aus dem Hot Spare Pool hsp001 entfernt.

```
endeavour# metahs -d hsp001 c2t17d0s0
```

Wird *all* an Stelle des Namens des Hot Spare Pool (hsp001) angegeben, so wird die angegebene Partition aus allen Hot Spare Pools herauskonfiguriert.

5.15.6.1.4 Ersetzen einer Partition in einem Hot Spare Pool

Soll eine, einem oder mehreren Hot Spare Pools zugeordnete Partition, direkt eins zu eins gegen eine andere ausgetauscht werden, so ist es nicht notwendig, sie dazu vorher zu löschen. Im nachfolgenden Beispiel wird die Partition c2t17d0s0 durch die Partition c1t12d0s0 ersetzt. Die neue Partition nimmt damit dann auch in der Reihenfolge der Partitionen in dem Hot Spare Pool dieselbe Position ein, die die alte Partition c2t17d0s0 innehatte. Der längere Weg, die Partition c1t12d0s0 zuerst zu löschen und anschließend c1t12d0s0 hinzuzufügen, hätte hingegen die Reihenfolge der Partitionen im Hot Spare Pool verändert, da die in der Reihenfolge nach der Partition c2t17d0s0 liegenden Hot Spare Partitionen aufgerückt wären.

```
endeavour# metahs -r hsp001 c2t17d0s0 c1t12d0s0
```

5.15.6.1.5 Löschen eines Hot Spare Pools

Ein Hot Spare Pool kann, wenn er nicht benutzt wird, unter Angabe des Poolnamens gelöscht werden. Für den Hot Spare Pool hsp002 geht dies mit folgendem Aufruf:

```
endeavour# metaclear hsp002
hsp002: Hotspare pool is cleared
```

5.15.6.1.6 Anbinden eines Hot Spare Pools an RAID*-Sets*

Anbindung bei der Erzeugung eines RAID*-Sets* Der einfachste Weg RAID-Set mit Hot Spare Pools zu definieren, ist, die Poolzuordnung schon bei der Initialisierung des RAID-Sets durchzuführen. Mit der in Listing 5.11 dargestellten */etc/lvm/md.tab* lässt sich beispielsweise ein Spiegel aus zwei Stripes erzeugen, für die jeweils Hot Spare Pools hsp001 und hsp002 definiert sind.

```
hsp001 c2t26d0s0 c2t26d0s1 c2t26d0s3 c2t26d0s4
hsp002 c3t10d0s0 c3t10d0s1 c3t10d0s3 c3t10d0s4

d110 -m d111 d112
d111 1 3 c2t20d0s0 c2t21d0s0 c2t22d0s0 -h hsp001
d112 1 3 c3t3d0s0 c3t4d0s0 c3t5d0s0 -h hsp002
```

Listing 5.11. *md.tab*, Spiegel aus zwei Stripes mit Hot Spare Pools

Mit nachfolgender Kommandosequenz kann diese Konstruktion dann aufgesetzt und aktiviert werden:

```
endeavour# metainit hsp001
hsp001: Hotspare pool is setup
endeavour# metainit hps002
hsp002: Hotspare pool is setup
endeavour# metainit d111
d111: Concat/Stripe is setup
endeavour# metainit d112
d112: Concat/Stripe is setup
endeavour# metainit d110
metainit: d110: WARNING: This form of metainit is not recommended.
The submirrors may not have the same data.
Please see ERRORS in metainit(1M) for additional information.
d110: Mirror is setup
```

Nachdem sowohl Hot Spare Pools, hier *hsp001* und *hps002* entsprechend der Informationen aus der in Listing 5.11 dargestellten */etc/lvm/md.tab* aufgesetzt wurden, wurden entsprechend der */etc/lvm/md.tab* zunächst Metadevice *d111* und *d112* aufgesetzt. Anschließend wurde der Mirror selbst, *d110*, aufgesetzt. Kurz überprüft mit *metastat(1M)*:

```
endeavour# metastat d110
d110: Mirror
   Submirror 0: d111
     State: Okay
   Submirror 1: d112
     State: Okay
   Pass: 1
   Read option: roundrobin (default)
   Write option: parallel (default)
   Size: 12579273 blocks (6.0 GB)

d111: Submirror of d110
   State: Okay
   Hot spare pool: hsp001    <------------ Hot Spare Pool
   Size: 12579273 blocks (6.0 GB)
   Stripe 0: (interlace: 1024 blocks)
       Device        Start Block  Dbase          State Reloc Hot Spare
       c2t20d0s0          0       No              Okay   Yes
       c2t21d0s0       3591       No              Okay   Yes
       c2t22d0s0       3591       No              Okay   Yes

d112: Submirror of d110
   State: Okay
   Hot spare pool: hsp002    <------------ Hot Spare Pool
   Size: 12579273 blocks (6.0 GB)
   Stripe 0: (interlace: 1024 blocks)
       Device       Start Block  Dbase          State Reloc Hot Spare
       c3t3d0s0          0       No              Okay   Yes
       c3t4d0s0       3591       No              Okay   Yes
       c3t5d0s0       3591       No              Okay   Yes

Device Relocation Information:
Device     Reloc Device ID
c2t20d0    Yes   id1,ssd@n20000020371bf82c
c2t21d0    Yes   id1,ssd@n20000020371bfc19
c2t22d0    Yes   id1,ssd@n20000020372286cb
c3t3d0     Yes   id1,ssd@n20000020371b846f
c3t4d0     Yes   id1,ssd@n20000020371b0fa9
c3t5d0     Yes   id1,ssd@n20000020371ba65d
```

Es ist zu erkennen, daß die Hot Spare Pools definiert sind für die beiden Stripes *d111* und *d112*. Die definierten Hot Spare Pools sind:

```
endeavour# metastat hsp001 hsp002
hsp001: 4 hot spares
       Device       Status       Length                       Reloc
       c2t26d0s0    Available     4197879 blocks Yes
       c2t26d0s1    Available     4197879 blocks Yes
       c2t26d0s3    Available     4197879 blocks Yes
       c2t26d0s4    Available     4197879 blocks Yes
```

```
hsp002: 4 hot spares
        Device       Status       Length                    Reloc
        c3t10d0s0    Available     4197879 blocks Yes
        c3t10d0s1    Available     4197879 blocks Yes
        c3t10d0s3    Available     4197879 blocks Yes
        c3t10d0s4    Available     4197879 blocks Yes

Device Relocation Information:
Device     Reloc Device ID
c2t26d0    Yes   id1,ssd@n20000020371bfd40
c3t10d0    Yes   id1,ssd@n20000020371b7b90
```

Keine der als Hot Spare definierten Partitionen ist in Benutzung, bei allen ist der Status als *Available* deklariert.

Anbindung bei bestehenden RAID-*Sets* Wenn das Metadevice bereits existiert, ist der Hot Spare Pool mit dem Kommando *metaparam (1M)* an das entsprechende Metadevice zu definieren. Zunächst wird ein Mirror aus zwei Stripes aufgesetzt:

```
endeavour# metainit d101
d111: Concat/Stripe is setup
endeavour# metainit d102
d112: Concat/Stripe is setup
endeavour# metainit d100
metainit: d110: WARNING: This form of metainit is not recommended.
The submirrors may not have the same data.
Please see ERRORS in metainit(1M) for additional information.
d110: Mirror is setup
```

Anschließend werden die beiden Hot Spare Pools direkt an die Submirrors, die Stripes *d101* und *d102*, attached:

```
endeavour# metaparam -h hsp001 d101
endeavour# metaparam -h hsp002 d102
```

Kurz überprüft, ist zu erkennen, daß die Konfiguration des Mirrors *d100*, bei dem die Hot Spare Pools nachträglich definiert wurden, der Konfiguration aus Abschnitt 5.15.6.1.6 entspricht. Dies bestätigt nachfolgende Ausgabe von *metastat(1M)* für *d100*:

```
endeavour# metastat d100
d100: Mirror
   Submirror 0: d101
     State: Okay
   Submirror 1: d102
     State: Okay
   Pass: 1
   Read option: roundrobin (default)
   Write option: parallel (default)
   Size: 12579273 blocks (6.0 GB)
```

```
d101: Submirror of d100
   State: Okay
   Hot spare pool: hsp001    <------------ Hot Spare Pool
   Size: 12579273 blocks (6.0 GB)
   Stripe 0: (interlace: 1024 blocks)
       Device        Start Block  Dbase         State Reloc Hot Spare
       c2t16d0s0          0       No             Okay   Yes
       c2t17d0s0       3591       No             Okay   Yes
       c2t18d0s0       3591       No             Okay   Yes


d102: Submirror of d100
   State: Okay
   Hot spare pool: hsp002    <------------ Hot Spare Pool
   Size: 12579273 blocks (6.0 GB)
   Stripe 0: (interlace: 1024 blocks)
       Device       Start Block  Dbase         State Reloc Hot Spare
       c3t0d0s0          0       No             Okay   Yes
       c3t1d0s0       3591       No             Okay   Yes
       c3t2d0s0       3591       No             Okay   Yes
```

5.15.6.1.7 Ersatz von RAID*-Set Partitionen bei Hot Spare Verwendung*

Gesetzt den Fall, der zuvor definierte Mirror *d100* sei wie folgt defekt:

```
d100: Mirror
    Submirror 0: d101
      State: Resyncing
    Submirror 1: d102
      State: Okay
    Resync in progress: 8 % done
    Pass: 1
    Read option: roundrobin (default)
    Write option: parallel (default)
    Size: 12579273 blocks (6.0 GB)


d101: Submirror of d100
    State: Resyncing
    Hot spare pool: hsp001
    Size: 12579273 blocks (6.0 GB)
    Stripe 0: (interlace: 1024 blocks)
        Device        Start Block  Dbase          State Reloc Hot Spare
        c2t16d0s0          0       No              Okay   Yes
        c2t17d0s0       3591       No         Resyncing   Yes c2t26d0s0
        c2t18d0s0       3591       No              Okay   Yes
```

```
d102: Submirror of d100
    State: Okay
    Hot spare pool: hsp002
    Size: 12579273 blocks (6.0 GB)
    Stripe 0: (interlace: 1024 blocks)
        Device      Start Block  Dbase        State Reloc Hot Spare
        c3t0d0s0          0      No            Okay   Yes c3t10d0s0
        c3t1d0s0       3591      No            Okay   Yes
        c3t2d0s0       3591      No            Okay   Yes c3t10d0s1
```

Das Beispiel zeigt, daß die beiden Submirrors *d101* und *d102* Defekte aufweisen. Bei *d101* läuft noch ein Sync auf eine Partition aus dem Hot Spare Pool *hsp001* und bei dem Submirror *d102* sind beide Syncs schon durch. Der Sync des Spiegels ist bei 8%. Erst wenn der Sync auf *d100* abgeschlossen ist, lassen sich weitere SLVM-Operationen auf *d100* ausführen, wie beispielsweise ein Ersatz der fehlerhaften Festplatten.

An dieser Stelle muß ein Administrator viel Zeit einplanen. Für jeden einzelnen *metareplace(1M)* einer fehlerhaften Komponente ist der jeweils vollständige Sync der ersetzten Partition abzuwarten. Um ein *metareplace(1M)* für zum Beispiel c3t10d0s0 im Mirror *d100* durchzuführen, ist folgendes Kommando einzugeben:

```
endeavour# metareplace -e d100 c3t10d0s0
```

Es erfolgt keine weitere Bestätigung, ein *metastat(1M)* zeigt jedoch, daß der Mirror selbst in Sync ist und für die ersetzte Partition wird der Status *Resyncing* angegeben. Erst wenn ein Resync vollständig abgearbeitet ist, kann der nächste Ersatz einer fehlerhaften Partition erfolgen. Bei umfangreichen Konfigurationen und großen RAID-Sets kann dies Stunden bis Tage dauern.

Als kurzes Beispiel wird ein RAID-5 erzeugt und ein Filesystem darauf angelegt, anschließend wird das Filesystem unter */mnt* gemountet, eine Festplatte aus dem Array gezogen, und einmal kurz auf */mnt* geschrieben, um SLVM einen Defekt erkennen zu lassen:

```
nova# metainit d120 -r c3t3d0s0 c3t4d0s0 c3t5d0s0 c3t6d0s0 -h hsp001
d120: RAID is setup
.....
nova# newfs /dev/md/rdsk/d120
.....
nova# mount /dev/md/dsk/d120 /mnt
nova# cp -Rp /usr/share/man /mnt
```

Dabei wird *c3t4d0s0* aus dem System entfernt. Nach einer Linkinitialisierung (LIP[17] da FCAL-Platten) wird in der Ausgabe von *metastat(1M)* auf den Defekt hingewiesen:

```
d120: RAID
    State: Resyncing
    Resync in progress: 55.0% done
```

[17] Link Initialisation Protocol

```
        Hot spare pool: hsp001
        Interlace: 1024 blocks
        Size: 12546954 blocks (6.0 GB)
    Original device:
        Size: 12549120 blocks (6.0 GB)
            Device      Start Block  Dbase        State Reloc  Hot Spare
            c3t3d0s0      13841         No         Okay   Yes
            c3t4d0s0      13841         No    Resyncing   Yes c2t26d0s0
            c3t5d0s0      13841         No         Okay   Yes
            c3t6d0s0      13841         No         Okay   Yes

    Device Relocation Information:
    Device     Reloc Device ID
    c3t3d0     Yes   id1,ssd@n20000020371b846f
    c3t4d0     Yes   id1,ssd@n20000020371b0fa9
    c2t26d0    Yes   id1,ssd@n20000020371bfd40
    c3t5d0     Yes   id1,ssd@n20000020371ba65d
    c3t6d0     Yes   id1,ssd@n20000020371b6762
```

Um nach "Reparatur" der Festplatte diese wieder in die alte RAID-5 Konfiguration zu bringen und die Hot Spare wieder freizugeben, ist folgendes Kommando abzusetzen

```
nova#  metareplace -e d120 c3t4d0s0
d120: device c3t4d0s0 is enabled
```

Das Kommando *metareplace* erlaubt auch das Austauschen zweier Festplatten wie in nachfolgendem Beispiel kurz aufgezeigt:

```
nova# metareplace d100 c2t16d0s0 c2t17d0s1
d100: device c2t16d0s0 is replaced with c2t17d0s1
```

Bei sofortiger Betrachtung der *metastat(1M)* Ausgabe fällt auf, daß das alte Device (c2t16d0s0) sofort aus dem RAID-Set gelöst wird und das neue Device über das jeweilige Redundanzverfahren (Mirror, RAID-5) einsynchronisiert wird.

```
nova# metastat d100
d100: RAID
    State: Resyncing
    Resync in progress:  2.8% done
    Interlace: 1024 blocks
    Size: 12546954 blocks (6.0 GB)
Original device:
    Size: 12549120 blocks (6.0 GB)
        Device      Start Block  Dbase        State Reloc  Hot Spare
        c2t17d0s1     10250         No    Resyncing   Yes
        c2t17d0s0     13841         No         Okay   Yes
        c2t18d0s0     13841         No         Okay   Yes
        c2t19d0s0     13841         No         Okay   Yes
```

Während dieser Operation besteht damit unter Umständen keine weitere Redundanz, es sei denn es wurde beispielsweise über Dreifachspiegel eine weitere Sicherheit zugeschaltet.

5.15.7 SLVM Devices über MPxIO

Redundanz ist nur soweit gegeben, wie Hardware mehrfach ausgelegt vorliegt. Wenn, wie in Abbildung 5.43 dargestellt, ein Spiegel zwischen zwei Festplattenarrays aufgesetzt wird, so schützt dies vor Plattenausfällen. Sollte eine der FCAL-Leitungen ausfallen, so springt auch der Spiegel ein, um den Ausfall abzufangen. Jedoch wäre ein Abfangen über den Mechanismus des Spiegels an dieser Stelle letztendlich nicht notwendig, wenn die FCAL-Controllerleitungen redundant ausgelegt wären.

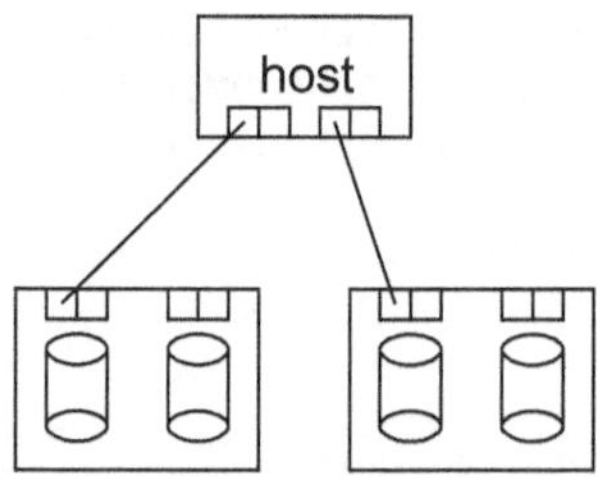

Abb. 5.43. Simple Mirror, Singlehost attached

Sollte eine Redundanz für Festplatten-I/O-Leitungen berücksichtigt werden war zu dieser Zeit die aus der UE1000/Starfire-Welt bekannte Software Alternate Pathing (AP) eine angebotene Lösung, jedoch mit wenig Flexibilität, einigen Eigenarten und ohne Lastverteilung über die redundanten Storage-Leitungen. Die Alternate Pathing Software war letztendlich eine Entwicklung, um im Umfeld dynamisch konfigurierbarer Systeme alternative Storageanbindungen bieten zu können, derart, daß ein Storageadapter im Rahmen einer DR-Dekonfiguration aus der Domainkonfiguration im laufenden Betrieb herauskonfiguriert werden konnte, siehe hierzu auch Abschnitt 8.5.4.

Die in Abbildung 5.44 dargestellte Konfiguration, bei der auch die FCAL-Leitungen redundant ausgelegt sind und eine Lastverteilung des I/O über beide FCAL-Leitungen geboten wird, wurde in dieser Art und Weise relativ lange nicht durch Einsatz von Solaris Betriebssystem Bordmitteln realisiert. Hier musste letztendlich immer auf Fremdprodukte, wie beispielsweise den Veritas Volume Manager ausgewichen werden (xvdmp: Volume Manager Multipathing), Fremdprodukte die eine softwareseitige Unterstützung der mehrfachredundanten Anbindung von Storage Systemen boten. Erst mit dem Aufkommen des Multiplexed IO, in der Sun-Literatur oftmals mit MPxIO abgekürzt, wurde eine solche redundante Storageanbindung, ohne Mirrorsoftware einsetzen zu müssen, schon in Solaris 8 im Alphastadium eingeführt.

Wer die Zeiten der Installation und Konfiguration mit den notwendigen Patches und der durchaus relevanten Reihenfolge aus Zeiten SOLARIS 8 noch in Erinnerung hat, dem sei gesagt, MPxIO ist leicht zu konfigurieren, handzuhaben und zu administrieren, wie auch in Abschnitt 5.18, Multiplexed I/O ab Seite 344, beschrieben.

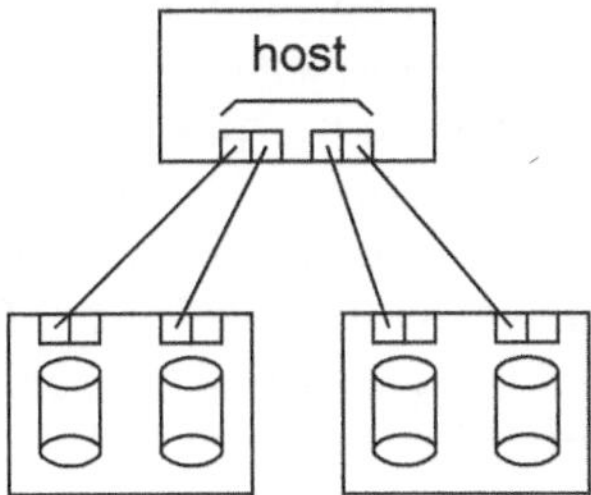

Abb. 5.44. Simple MPxIO-Mirror, Singlehost attached

Die in Abbildung 5.44 dargestellte Konfiguration läßt sich unter OPENSOLARIS sogar unterhalb von SLVM-Devices Spiegeln mit der zusätzlichen Redundanz und Lastverteilung über je zwei redundante Storageanbindungen per Festplattenarray realisieren. Um die Konfiguration, die im Folgenden exemplarisch an einem einfachen Spiegel über zwei Stripes vorgeführt wird, besser zu verstehen, soll kurz das Layering in Abbildung 5.45 betrachtet werden.

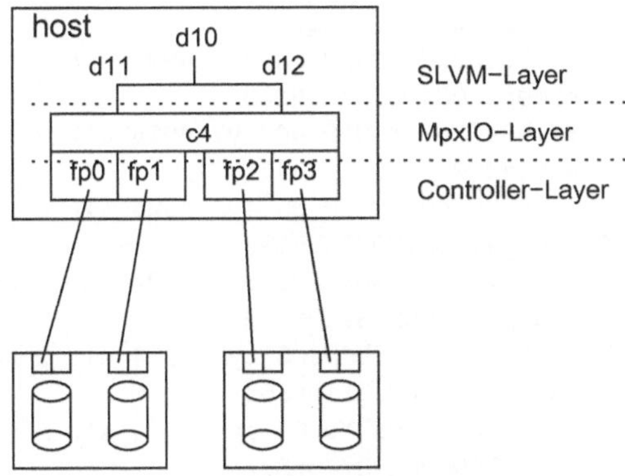

Abb. 5.45. Layering: MPxIO-Mirror, Singlehost attached

Die Adapter/Treiber *fp0/fp1* und *fp2/fp3* sind jeweils redundant an das gleiche Storagearray angeschlossen. Es kann eine Lastbalance zwischen *fp0/fp1* und *fp2/fp3* stattfinden und im Falle eines Ausfalls einer Storageleitung geht nur der Durchsatz herunter. Die so redundant zusammengefaßten Storageanbindungen der über *fp0/fp1* und über *fp2/fp3* erreichbaren Festplatten, als Festplatten eines virtuellen Controllers *c4* (Vorsicht hier überlappen Namensräume physikalischer Controller (z.B.: */dev/dsk/c3** mit virtuellen Namensräumen, hier */dev/dsk/c4**), siehe hierzu auch Abschnitt 5.18). Die geeigneten Festplatten werden nun softwareseitig per SUN Logical Volume Manager zu Stripes innerhalb eines Arrays zusammengefügt, um letztendlich gespiegelt zu werden. Hierbei ist zu beachten, daß alle Platten hier über einen virtuellen Controllerkanal (c4) angesprochen werden, während hingegen für die physikalische Spiegelaufteilung die Festplatten an den Controllern *c2/c3* mit den Festplatten unter den Controllern *c5/c6* gespiegelt werden sollen. Zur Information: Es ist zu unterscheiden zwischen den FCAL-Controller Treibern (*fp0/fp1/fp2/fp3*) und den Festplattenpfaden (Controllern) */dev/dsk/c2*, /dev/dsk/c3*, /dev/dsk/c5*, /dev/dsk/c6**, wobei */dev/dsk/c4** der oben genannte virtuelle *MPxIO*-Pfad ist.

Um nun herauszufinden, welche Festplatten über welche Controller erreichbar in welchen Festplattenarrays zu finden sind, muß mit etwas Bordwerkzeug gearbeitet werden. Zunächst sei in Beispiel 5.28 eine Übersicht der zu benutzenden MPxIO-Festplatten zu sehen.

```
 1. c4t20000020371B0FA9d0 <SUN9.0G cyl 4924 alt 2 hd 27 sec 133>
    /scsi_vhci/ssd@g20000020371b0fa9
 2. c4t20000020371B3E91d0 <SUN9.0G cyl 4924 alt 2 hd 27 sec 133>
    /scsi_vhci/ssd@g20000020371b3e91
 3. c4t20000020371B7A86d0 <SUN9.0G cyl 4924 alt 2 hd 27 sec 133>
    /scsi_vhci/ssd@g20000020371b7a86
 4. c4t20000020371B7B90d0 <SUN9.0G cyl 4924 alt 2 hd 27 sec 133>
    /scsi_vhci/ssd@g20000020371b7b90
 5. c4t20000020371B61DBd0 <SUN9.0G cyl 4924 alt 2 hd 27 sec 133>
    /scsi_vhci/ssd@g20000020371b61db
 6. c4t20000020371B846Fd0 <SUN9.0G cyl 4924 alt 2 hd 27 sec 133>
    /scsi_vhci/ssd@g20000020371b846f
 7. c4t20000020371B889Dd0 <SUN9.0G cyl 4924 alt 2 hd 27 sec 133>
    /scsi_vhci/ssd@g20000020371b889d
 8. c4t20000020371B6762d0 <SUN9.0G cyl 4924 alt 2 hd 27 sec 133>
    /scsi_vhci/ssd@g20000020371b6762
 9. c4t20000020371BA65Dd0 <SUN9.0G cyl 4924 alt 2 hd 27 sec 133>
    /scsi_vhci/ssd@g20000020371ba65d
10. c4t20000020371BF5CFd0 <SUN9.0G cyl 4924 alt 2 hd 27 sec 133>
    /scsi_vhci/ssd@g20000020371bf5cf
```

Beispiel 5.28. *format*-Listing bei eingeschaltetem MPxIO Support, Teil 1

Aus Beispiel 5.28 ist nicht ohne weiteres zu erkennen, welche Festplatten über welchen Controller erreichbar sind. Erst die Anwendung von *stmsboot(1M)* erlaubt eine controllerorientierte Auflistung bei Verwendung der

```
11. c4t20000020371BF7B5d0 <SUN9.0G cyl 4924 alt 2 hd 27 sec 133>
    /scsi_vhci/ssd@g20000020371bf7b5
12. c4t20000020371BF82Cd0 <SUN9.0G cyl 4924 alt 2 hd 27 sec 133>
    /scsi_vhci/ssd@g20000020371bf82c
13. c4t20000020371BF830d0 <SUN9.0G cyl 4924 alt 2 hd 27 sec 133>
    /scsi_vhci/ssd@g20000020371bf830
14. c4t20000020371BFC19d0 <SUN9.0G cyl 4924 alt 2 hd 27 sec 133>
    /scsi_vhci/ssd@g20000020371bfc19
15. c4t20000020371BFD40d0 <SUN9.0G cyl 4924 alt 2 hd 27 sec 133>
    /scsi_vhci/ssd@g20000020371bfd40
16. c4t20000020372286CBd0 <SUN9.0G cyl 4924 alt 2 hd 27 sec 133>
    /scsi_vhci/ssd@g20000020372286cb
17. c4t200000203708CE21d0 <SUN9.0G cyl 4924 alt 2 hd 27 sec 133>
    /scsi_vhci/ssd@g200000203708ce21
18. c4t200000203722927Ed0 <SUN9.0G cyl 4924 alt 2 hd 27 sec 133>
    /scsi_vhci/ssd@g200000203722927e
19. c4t2000002037265F23d0 <SUN9.0G cyl 4924 alt 2 hd 27 sec 133>
    /scsi_vhci/ssd@g2000002037265f23
20. c4t2000002037260FE2d0 <SUN9.0G cyl 4924 alt 2 hd 27 sec 133>
    /scsi_vhci/ssd@g2000002037260fe2
21. c4t2000002037220102d0 <SUN9.0G cyl 4924 alt 2 hd 27 sec 133>
    /scsi_vhci/ssd@g2000002037220102
22. c4t2000002037228331d0 <SUN9.0G cyl 4924 alt 2 hd 27 sec 133>
    /scsi_vhci/ssd@g2000002037228331
```

Beispiel 5.28. *format*-Listing bei eingeschaltetem MPxIO Support, Teil 2

-l Option (siehe hierzu den Abschnitt 5.18 zu MPxIO). In Tabelle 5.13 ist die Controllerzuordnung aufgeschlüsselt und entsprechend des Beispieles zusammengefaßt. Hierbei sind alle Festplatten an den Controllern *c2/c3* in einem Festplattenarray und alle Festplatten an den Controllern *c5/c6* in einem zweiten Festplattenarray. Wer A5200er Photon Plattenarrays kennt, vermutet richtig, wenn er annimmt, daß es sich hierbei um ein im Split-Mode betriebenens Array handelt, bei dem beide Arrayhälften voneinander unabhängig wie eigenständige Festplattenarrays betrachtet werden können.

Mit dieser aufbereiteten Information ist nun bekannt, welche der Festplatten an dem virtuellen durch den *MPxIO*-Layer bereitgestellten Controller *c4* in welchem der beiden Arrays liegen, somit zu einem Stripe zusammengefaßt und dann gespiegelt werden sollen. Da bei den verwendeten Legacy-Storage FCAL-Arrays bei mehr als zehn gleichzeitig angesprochenen Festplatten in einem Loop der Durchsatz merklich sinkt, werden zehn Festplatten in einem Loop in einen Stripe definiert, jeweils eine Festplatte als Hot Spare definiert und miteinander gespiegelt. Die */etc/lvm/md.tab* sollte dann das in Beispiel 5.12 auf Seite 273 gezeigte Aussehen haben. Initialisiert wird entweder mit *metainit -a*, wenn sonst nichts weiter definiert ist, oder Schritt für Schritt,

Array 1

non-STMS device name	STMS device name	non-STMS device name
/dev/rdsk/c2t16d0	/dev/rdsk/c4t20000020371B3E91d0	/dev/rdsk/c3t16d0
/dev/rdsk/c2t17d0	/dev/rdsk/c4t200000203708CE21d0	/dev/rdsk/c3t17d0
/dev/rdsk/c2t18d0	/dev/rdsk/c4t20000020371BF5CFd0	/dev/rdsk/c3t18d0
/dev/rdsk/c2t19d0	/dev/rdsk/c4t20000020371BF830d0	/dev/rdsk/c3t19d0
/dev/rdsk/c2t20d0	/dev/rdsk/c4t20000020371BF82Cd0	/dev/rdsk/c3t20d0
/dev/rdsk/c2t21d0	/dev/rdsk/c4t20000020371BFC19d0	/dev/rdsk/c3t21d0
/dev/rdsk/c2t22d0	/dev/rdsk/c4t20000020372286CBd0	/dev/rdsk/c3t22d0
/dev/rdsk/c2t23d0	/dev/rdsk/c4t20000020371B61DBd0	/dev/rdsk/c3t23d0
/dev/rdsk/c2t24d0	/dev/rdsk/c4t20000020371B889Dd0	/dev/rdsk/c3t24d0
/dev/rdsk/c2t25d0	/dev/rdsk/c4t200000203722927Ed0	/dev/rdsk/c3t25d0
/dev/rdsk/c2t26d0	/dev/rdsk/c4t20000020371BFD40d0	/dev/rdsk/c3t26d0

Array 2

non-STMS device name	STMS device name	non-STMS device name
/dev/rdsk/c5t0d0	/dev/rdsk/c4t2000002037220102d0	/dev/rdsk/c6t0d0
/dev/rdsk/c5t1d0	/dev/rdsk/c4t2000002037260FE2d0	/dev/rdsk/c6t1d0
/dev/rdsk/c5t2d0	/dev/rdsk/c4t2000002037265F23d0	/dev/rdsk/c6t2d0
/dev/rdsk/c5t3d0	/dev/rdsk/c4t20000020371B846Fd0	/dev/rdsk/c6t3d0
/dev/rdsk/c5t4d0	/dev/rdsk/c4t20000020371B0FA9d0	/dev/rdsk/c6t4d0
/dev/rdsk/c5t5d0	/dev/rdsk/c4t20000020371BA65Dd0	/dev/rdsk/c6t5d0
/dev/rdsk/c5t6d0	/dev/rdsk/c4t20000020371B6762d0	/dev/rdsk/c6t6d0
/dev/rdsk/c5t7d0	/dev/rdsk/c4t20000020371B7A86d0	/dev/rdsk/c6t7d0
/dev/rdsk/c5t8d0	/dev/rdsk/c4t20000020371BF7B5d0	/dev/rdsk/c6t8d0
/dev/rdsk/c5t9d0	/dev/rdsk/c4t2000002037228331d0	/dev/rdsk/c6t9d0
/dev/rdsk/c5t10d0	/dev/rdsk/c4t20000020371B7B90d0	/dev/rdsk/c6t10d0

Tabelle 5.13. Zuordnung physikalische Controller zu virtuellen Controllern

erst die Hot Spare Pools, dann die beiden Stripes, dann der Mirror, danach kann ein Filesystem darauf erzeugt und getestet werden.

Die *metastat d100*-Ausgabe ist in Beispiel 5.13 aufgezeigt. Hierbei seien folgende Tests motiviert: Es sollte Last auf dem Mirror Device erzeugt werden, dann sollten nacheinander jedoch wechselseitig die Controller-Leitungen *c2* gezogen, wieder gesteckt, ein *metastat*-Listing ausgegeben werden, anschließend *c3* gezogen und wieder gesteckt werden. Damit wurde ein Controllerausfall simuliert, wobei jedoch kein durch den SLVM-Mirror aufgetretener Fehler zu erkennen seien sollte. Das gleiche kann mit den Controller-Leitungen von *c5/c6* durchgeführt werden, ebenfalls ohne weitere Ausfälle. Es sind auf der Console respektive im Log selbstverständlich Fehlermeldungen der Art

```
Dec 23 01:30:08 endeavour scsi: ↙...
    ↪ WARNING: /scsi_vhci/ssd@g20000020371b7b90 (ssd44):
Dec 23 01:30:08 endeavour SCSI transport failed: ↙...
    ↪ reason 'tran_err': retrying command
```

zu erwarten.

```
d100 -m d101 d102
d101 1 10 c4t20000020371B3E91d0s2 c4t200000203708CE21d0s2 \
          c4t20000020371BF5CFd0s2 c4t20000020371BF830d0s2 \
          c4t20000020371BF82Cd0s2 c4t20000020371BFC19d0s2 \
          c4t20000020372286CBd0s2 c4t20000020371B61DBd0s2 \
          c4t20000020371B889Dd0s2 c4t200000203722927Ed0s2 -h hsp001
d102 1 10 c4t2000002037220102d0s2 c4t2000002037260FE2d0s2 \
          c4t2000002037265F23d0s2 c4t20000020371B846Fd0s2 \
          c4t20000020371B0FA9d0s2 c4t20000020371BA65Dd0s2 \
          c4t20000020371B6762d0s2 c4t20000020371B7A86d0s2 \
          c4t20000020371BF7B5d0s2 c4t2000002037228331d0s2 -h hsp002
hsp001 c4t20000020371BFD40d0s2
hsp002 c4t20000020371B7B90d0s2
```

Listing 5.12. *md.tab*: Definition eines Mirrors aus zwei Stripes auf *MPxIO*-Layer

```
d100: Mirror
  Submirror 0: d101
    State: Okay
  Submirror 1: d102
    State: Okay
  Pass: 1
  Read option: roundrobin (default)
  Write option: parallel (default)
  Size: 176781339 blocks (84 GB)
```

Listing 5.13. *metastat*: Ausgabe eines gespiegelten Stripes über dem MPxIO Layer, Teil I

Aus einem noch nicht weiter nachvollziehbarem Grund hält der SLVM in seinem Repository nicht immer den vollen Gerätepfad, beispielsweise

/dev/dsk/c4t2000002037228331d0s2,

sondern in manchen Fällen nur den Festplatten-Tag, d.h.

c4t2000002037228331d0s2.

Es wird noch evaluiert, ob das Verhalten deterministisch ist und welche Auswirkungen es haben kann.

```
d101: Submirror of d100
  State: Okay
  Hot spare pool: hsp001
  Size: 176781339 blocks (84 GB)
  Stripe 0: (interlace: 1024 blocks)
    Device                              StartBlk Dbase State Reloc Hot Spare
    /dev/dsk/c4t20000020371B3E91d0s2         0   No    Okay   Yes
    /dev/dsk/c4t200000203708CE21d0s2      3591   No    Okay   Yes
    /dev/dsk/c4t20000020371BF5CFd0s2      3591   No    Okay   Yes
    /dev/dsk/c4t20000020371BF830d0s2      3591   No    Okay   Yes
    /dev/dsk/c4t20000020371BF82Cd0s2      3591   No    Okay   Yes
    /dev/dsk/c4t20000020371BFC19d0s2      3591   No    Okay   Yes
    /dev/dsk/c4t20000020372286CBd0s2      3591   No    Okay   Yes
    /dev/dsk/c4t20000020371B61DBd0s2      3591   No    Okay   Yes
    /dev/dsk/c4t20000020371B889Dd0s2      3591   No    Okay   Yes
    /dev/dsk/c4t200000203722927Ed0s2      3591   No    Okay   Yes
```

Listing 5.13. *metastat*: Ausgabe eines gespiegelten Stripes über dem MPxIO Layer, Teil II

```
d102: Submirror of d100
  State: Okay
  Hot spare pool: hsp002
  Size: 176781339 blocks (84 GB)
  Stripe 0: (interlace: 1024 blocks)
    Device                              StartBlk Dbase State Reloc Hot Spare
    /dev/dsk/c4t2000002037220102d0s2         0   No    Okay   Yes
    /dev/dsk/c4t2000002037260FE2d0s2      3591   No    Okay   Yes
    /dev/dsk/c4t2000002037265F23d0s2      3591   No    Okay   Yes
    /dev/dsk/c4t20000020371B846Fd0s2      3591   No    Okay   Yes
    /dev/dsk/c4t20000020371B0FA9d0s2      3591   No    Okay   Yes
    /dev/dsk/c4t20000020371BA65Dd0s2      3591   No    Okay   Yes
    /dev/dsk/c4t20000020371B6762d0s2      3591   No    Okay   Yes
    /dev/dsk/c4t20000020371B7A86d0s2      3591   No    Okay   Yes
    /dev/dsk/c4t20000020371BF7B5d0s2      3591   No    Okay   Yes
    /dev/dsk/c4t2000002037228331d0s2      3591   No    Okay   Yes
hsp001: 1 hot spare
    Device                              Status      Length          Reloc
    /dev/dsk/c4t20000020371BFD40d0s2    Available   17682084 blocks  Yes

hsp002: 1 hot spare
    Device                              Status      Length          Reloc
    /dev/dsk/c4t20000020371B7B90d0s2    Available   17682084 blocks  Yes
```

Listing 5.13. *metastat*: Ausgabe eines gespiegelten Stripes über dem MPxIO Layer, Teil III

5.15.8 SDS Bootdisk Mirror

Das Aufsetzen eines Bootdisk Mirrors mit dem SUN LVM ist, sofern die Reihenfolge der Arbeitsschritte eingehalten wird, schnell und einfach erledigt. Nachfolgend ist es exemplarisch durchgeführt.

Partition 7, per Konvention die SDS Statedb-Partition, sollte ca. 12 MB groß sein und auf Cylindergrenzen enden. Um die Dinge einfach zu halten, wird im folgenden davon ausgegangen, daß *c0t0d0* die Bootplatte ist und auf *c0t1d0* gespiegelt werden soll. Damit ist */etc/lvm/md.tab* wie in nachfolgendem Listing 5.14 gezeigt, zu modifizieren.

```
# statedatabases
mddb01 -c 3 c0t0d0s7
mddb02 -c 3 c0t1d0s7
# /
d10 -m d11
d11 1 1 c0t0d0s0
d12 1 1 c0t1d0s0
# swap
d20 -m d21
d21 1 1 c0t0d0s1
d22 1 1 c0t1d0s1
# /export
d30 -m d31
d31 1 1 c0t0d0s3
d32 1 1 c0t1d0s3
```

Listing 5.14. */etc/lvm/md.tab* root mirror

Danach ist nacheinander folgendes einzugeben:

1. `metadb -af mddb01`
2. `metadb -af mddb02`
3. `metainit -af`
4. `metaroot d10`

Die */etc/vfstab* sollte gemäß Listing 5.15 angepasst werden, sonst geht der *Reboot* daneben. Ab SOLARIS 10 kommen noch Einträge für *ctfs*[18] und *objfs*[19] hinzu. Im konkreten Anwendungsfall sind sinngemäß die lokalen Filesysteme zu ergänzen, da in Listing 5.15 zusätzliche, host-spezifische Filesysteme nicht berücksichtigt sind. Im Listing ist dies durch "..." angedeutet.

Eine letzte Kontrolle der */etc/system* sollte mindestens die in Listing 5.16 dargestellten Einträge zeigen. Zum Vergleich ist hierzu auch eine */etc/system* mit Bootplattenspiegel unter SDS 4.2.1 unter SOLARIS 9 im Listing 5.17 dargestellt. In dieser legacy-Version wurden noch alle möglicherweise notwendigen

[18] contract file system

[19] Kernel object filesystem

```
#device            device             mount   FS    fsck mount   mount
#to mount          to fsck            point   type  pass at boot options
#
fd                 -                  /dev/fd fd    -    no      -
/proc              -                  /proc   proc  -    no      -
/dev/md/dsk/d10 /dev/md/rdsk/d10 /       ufs   1    no      logging
/dev/md/dsk/d20 -                  -       swap  -    no      -
...
swap               -                  /tmp    tmpfs -    yes     -
/dev/md/dsk/d30 /dev/md/rdsk/d30 /export ufs   2    no      logging
...
```

Listing 5.15. */etc/vfstab* mit md root mirror

Treiber mittels *forceload*, siehe hierzu auch Listing 5.17 auf Seite 278, geladen und es wurden zu der Zeit auch noch Einträge für die Statedatabases durch SDS eingefügt. Zur Erklärung der Statedatabaseeinträge bei legacy-SDS: Es wird das Major- und das Minordevice, gefolgt vom Startblock der Statedatabasereplika eingetragen. Der Name des Majordevices, *sd*, wird aus der */etc/name_to_major*, siehe Abschnitt 5.2.2.2.1, referenziert.

```
* Begin MDD root info (do not edit)
rootdev:/pseudo/md@0:0,10,blk
* End MDD root info (do not edit)
```

Listing 5.16. */etc/system* bei md root mirror

Sollte die von *metaroot* in die */etc/system* eingetragene *mddb_bootlist1* oder der Rootdevice-Eintrag *rootdev:/pseudo/md@0:0,10,blk* verändert werden, wird es sehr schnell zu Notoperationen am System kommen.

Bevor die Spiegel eingesynched werden, ist jetzt ein *Reboot* dringend notwendig. Wird der *Reboot* vergessen/unterlassen, ist eine Neuinstallation des Systems unvermeidbar.

Nach dem *Reboot* können nun wie folgt die Systemspiegel eingehangen werden:

metattach d10 d12
metattach d20 d22
metattach d30 d32

Das sollte es gewesen sein, mit *metastat* überprüfen.

```
6# metastat
d20: Mirror
    Submirror 0: d21
      State: Okay
    Submirror 0: d22
```

```
      State: Okay
    Pass: 1
    Read option: roundrobin (default)
    Write option: parallel (default)
    Size: 8389656 blocks (4.0 GB)

d21: Submirror of d20
    State: Okay
    Size: 8389656 blocks (4.0 GB)
    Stripe 0:
        Device      Start Block  Dbase          State Reloc Hot Spare
        c0t0d0s1           0     No              Okay   Yes

d22: Submirror of d20
    State: Okay
    Size: 8389656 blocks (4.0 GB)
    Stripe 0:
        Device      Start Block  Dbase          State Reloc Hot Spare
        c0t1d0s1           0     No              Okay   Yes

d30: Mirror
    Submirror 0: d31
      State: Okay
    Submirror 0: d32
      State: Okay
    Pass: 1
    Read option: roundrobin (default)
    Write option: parallel (default)
    Size: 62714412 blocks (29 GB)

d31: Submirror of d30
    State: Okay
    Size: 62714412 blocks (29 GB)
    Stripe 0:
        Device      Start Block  Dbase          State Reloc Hot Spare
        c0t0d0s3           0     No              Okay   Yes

d32: Submirror of d30
    State: Okay
    Size: 62714412 blocks (29 GB)
    Stripe 0:
        Device      Start Block  Dbase          State Reloc Hot Spare
        c0t1d0s3           0     No              Okay   Yes

d10: Mirror
    Submirror 0: d11
      State: Okay
    Submirror 0: d12
      State: Okay
    Pass: 1
    Read option: roundrobin (default)
```

```
    Write option: parallel (default)
    Size: 62714412 blocks (29 GB)

d11: Submirror of d10
    State: Okay
    Size: 62714412 blocks (29 GB)
    Stripe 0:
        Device      Start Block  Dbase         State Reloc Hot Spare
        c0t0d0s0          0      No             Okay   Yes

d12: Submirror of d10
    State: Okay
    Size: 62714412 blocks (29 GB)
    Stripe 0:
        Device      Start Block  Dbase         State Reloc Hot Spare
        c0t1d0s0          0      No             Okay   Yes

Device Relocation Information:
Device   Reloc  Device ID
c0t0d0   Yes    id1,sd@SFUJITSU_MAJ3744M_SUN72G_00M96301____
c0t1d0   Yes    id2,sd@SFUJITSU_MAJ3744M_SUN72G_00M96301____
```

```
exclude:        drv/ohci
* Begin MDD root info (do not edit)
forceload: misc/md_trans
forceload: misc/md_raid
forceload: misc/md_hotspares
forceload: misc/md_stripe
forceload: misc/md_mirror
forceload: drv/pcipsy           * system dependent
forceload: drv/simba            *
forceload: drv/glm              *
forceload: drv/sd               *
rootdev:/pseudo/md@0:0,10,blk
* End MDD root info (do not edit)
* Begin MDD database info (do not edit)
set md:mddb_bootlist1="sd:31:16 sd:31:1050 sd:31:2084"
* End MDD database info (do not edit)
```

Listing 5.17. */etc/system* bei md root mirror unter SOLARIS 9, SDS 4.2.1

5.15.9 SLVM Softpartitionen

SOLARIS unterstützt acht physikalische Partitionen pro Festplatte, wobei Partition *s2* als so genannte Backuppartition die gesamte Festplatte beschreibt. In "Notfällen" kann auch diese Partition konfiguriert und verwendet werden.

Mit der Auslieferung von Solstice DiskSuite 4.2.1 für SOLARIS 8 implementiert durch Patch 108693-06 für SDS 4.2.1., und damit dann auch in der Release 11.11 des SLVM, besteht die Möglichkeit, unter Verwendung von SLVM so genannte Softpartitionen einzurichten. Sie entsprechen in etwa den Subdisks beim Veritas Volume Manager. Es können maximal 2147483647 Softpartitionen erzeugt werden. Sie werden per Software gehandhabt, was die Limitierung durch die Anzahl der physikalischen Partitionen umgeht.

Softpartitionen sind durch einen neuen Kerneltreiber, *md_sp*, implementiert. Die Administration der Softpartitionen erfolgt mit den erweiterten Optionen des Kommandos *metainit* und *metattach*. Zur Kontrolle, ob er geladen ist, kann *modinfo* verwendet werden:

```
host# modinfo | grep md_sp
228 78328000 4743 - 1 md_sp (Meta disk soft partition module)
```

Die Kommandos *metainit* und *metattach* wurden wie folgt modifiziert:

```
metainit <softpart> -p [-e] <component> <size>
metainit <softpart> -p <component> -o <offset> -b <size>

metattach softpart size
```

Neu hinzugekommen ist das Kommando *metarecover*.

```
metarecover [-n] [-v] component -p [-d|-m]
```

5.15.9.1 Erzeugung von Softpartitionen

Softpartitionen können auf unterschiedliche Weise erzeugt werden:

Neue Platte, feste Größe

Gegeben sei eine unbenutzte Festplatte und eine bekannte Größe der zu erzeugenden Softpartition:

```
host# metainit d0 -p -e c1t0d0 200m
```

Hiermit wird eine Softpartition *d0* mit der Größe 200MB auf der Festplatte */dev/dsk/c1t0d0* erzeugt.

Benutzte Festplatte, feste Größe

Gegeben sei eine bereits benutzte Festplatte, erzeugt werden soll eine Softpartition fester Größe:

```
host# metainit d1 -p c1t0d0s0 200m
```

Hiermit wird eine Softpartition *d1* mit der Größe 200MB auf der Festplatte */dev/dsk/c1t0d0* erzeugt. Bei Bedarf und Platz können weitere Softpartitionen erzeugt werden. Eine Überlappung einzelner Softpartitionen wird durch SLVM verhindert.

Benutzte Festplatte, fester Offset, feste Größe

Gegeben sei eine bereits benutzte Festplatte, erzeugt werden soll eine Softpartition ab einem festen Block.

```
host# metainit d2 -p c1t0d0s0 -o 4096 -b 2048
```

Mittels diesen Kommandos wird eine Softpartition *d2* erzeugt, die auf der Festplatte *dev/dsk/c1t0d0* ab Block Nummer 4096 beginnt und eine Größe von 2048x512Bytes hat.

5.15.9.2 Spiegelung von Softpartitionen

Es ist nicht möglich, Softpartitionen direkt zu spiegeln, sie müssen erst zumindest in einem Einfach-Stripe konfiguriert sein. Im folgenden Beispiel 5.29 wird ein SLVM-Mirror *d20* aus den Submirrors *d21, d22*, die ihrerseits aus Softpartitionen *d10, d11* erzeugt wurden, aufgesetzt:

```
# metainit d10 -p c1t0d0s0 100m
d10: Soft Partition is setup
# metainit d21 1 1 d10
d21: Concat/Stripe is setup
# metainit d20 -m d21
d20: Mirror is setup

# metainit d11 -p c2t0d0s0 100m
d11: Soft Partition is setup
# metainit d22 1 1 d11
d22: Concat/Stripe is setup
# metattach d20 d22
d20: submirror d22 is attached
```

Beispiel 5.29. Spiegelung von Softpartitionen

Die Ausgabe von *metastat* zu diesem Beispiel 5.29 ist nachfolgend dargestellt.

```
# metastat d20
d20: Mirror
     Submirror 0: d21
      State: Okay
     Submirror 1: d22
      State: Okay
     Pass: 1
     Read option: roundrobin (default)
     Write option: parallel (default)
     Size: 204624 blocks
```

```
d21: Submirror of d20
     State: Okay
     Size: 204624 blocks
     Stripe 0:
         Device              Start Block  Dbase State        Hot Spare
         d10                           0     No  Okay

d10: Soft Partition
     Component: c1t0d0s0
     State: Okay
     Size: 204800 blocks
           Extent              Start Block              Block count
                0                        1                   204800

d22: Submirror of d20
     State: Okay
     Size: 204624 blocks
     Stripe 0:
         Device              Start Block  Dbase State        Hot Spare
         d11                           0     No  Okay

d11: Soft Partition
     Component: c2t0d0s0
     State: Okay
     Size: 204800 blocks
           Extent              Start Block              Block count
                0                        1                   204800
```

5.15.9.3 RAID5 aus Softpartitionen

Ein RAID5 kann direkt aus Softpartitionen erzeugt werden:

```
# metainit d1 -p c1t0d0s0 10m
d1: Soft Partition is setup
# metainit d2 -p c1t1d0s0 10m
d2: Soft Partition is setup
# metainit d3 -p c1t2d0s0 10m
d3: Soft Partition is setup
# metainit d4 -p c1t3d0s0 10m
d4: Soft Partition is setup
# metainit d10 -r d1 d2 d3 d4
d10: RAID is setup
```

Dementsprechend einfacher sieht die Ausgabe von *metastat* aus:

```
# metastat d10
d10: RAID
     State: Okay
     Interlace: 32 blocks
     Size: 59472 blocks
Original device:
    Size: 60384 blocks
        Device                    Start Block  Dbase State        Hot Spare
        d1                               330   No    Okay
        d2                               330   No    Okay
        d3                               330   No    Okay
        d4                               330   No    Okay


d1: Soft Partition
    Component: c1t0d0s0
    State: Okay
    Size: 20480 blocks
        Extent                    Start Block                  Block count
             0                              1                        20480

d2: Soft Partition
    Component: c1t1d0s0
    State: Okay
    Size: 20480 blocks
        Extent                    Start Block                  Block count
             0                              1                        20480

d3: Soft Partition
    Component: c1t2d0s0
    State: Okay
    Size: 20480 blocks
        Extent                    Start Block                  Block count
             0                              1                        20480

d4: Soft Partition
    Component: c1t3d0s0
    State: Okay
    Size: 20480 blocks
        Extent                    Start Block                  Block count
             0                              1                        20480
```

5.15.9.4 Layering

Die Erzeugung von Softpartitionen auf SLVM-Metadevices statt auf physikalischen Platten wird Layering genannt. Um beispielsweise Softpartitionen *d11, d12* auf einem Mirror Device *d40* zu erzeugen, ist folgendes zu tun:

```
# metainit d11 -p d40 100m
d11: Soft Partition is setup
# metainit d12 -p d40 100m
d12: Soft Partition is setup
```

Softpartitionen können nicht auf Softpartitionen definiert werden.

5.15.9.5 Vergrößern von Softpartitionen

Definierte Softpartitionen können vergrößert werden. Siehe hierzu folgendes Beispiel:

```
host# metainit d1 -p c1t0d2s0 100m
d1: Soft Partition is setup
host# metastat d1
d1: Soft Partition
    Component: c1t0d2s0
    State: Okay
    Size: 204800 blocks    <-------- blockcount beachten
        Extent                 Start Block                Block count
             0                           1                     204800

host# metattach d1 50m
d1: Soft Partition has been grown
host# metastat d1
d1: Soft Partition
    Component: c1t0d2s0
    State: Okay
    Size: 307200 blocks    <-------- blockcount beachten
        Extent                 Start Block                Block count
             0                           1                     307200
```

5.15.9.6 Löschen von Softpartitionen

Softpartitionen werden analog zu traditionellen SLVM-Metadevices mit *metaclear* gelöscht.

5.15.9.7 Auflistung der Softpartitionen

Soll herausgefunden werden, welche Softpartitionen auf einer Festplatte in einer bestimmten Slice konfiguriert sind, so ist das Kommando *metarecover* zu verwenden:

```
host# metarecover -v -n /dev/rdsk/c1t0d0s0 -p
Verifying on-disk structures on c1t0d0s0.
The following extent headers were found on c1t0d0s0.
  Name  Seq#    Type            Offset            Length
```

```
      d0      0  ALLOC             0         40691
      d1      0  ALLOC         20211         81281
    NONE      0    END      13454359             1
    NONE      0   FREE         29641      13454301
Found 2 soft partition(s) on c1t0d0s0.
```

Wird mit der Option *-n* ein SLVM-Metadevice angegeben, so werden die layered Softpartitionen angezeigt.

5.15.10 SLVM Disk Sets

Die Konfigurationsinformationen einer SLVM-Konfiguration stehen in den Statedatabases. Soll nun eine SLVM-Konfiguration wie in Abbildung 5.46 von einem anderen Rechner übernommen werden, so muß dieser andere Rechner insbesondere die Konfigurationsinformationen übernehmen, um daraus die Konfiguration selbst nachvollziehen und laden zu können.

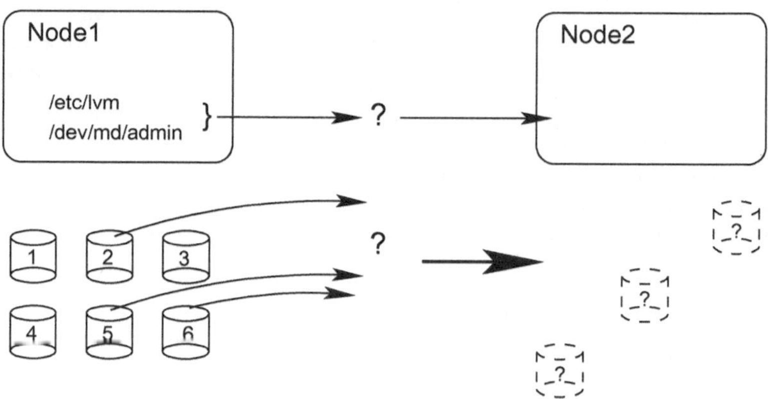

Abb. 5.46. Übergabe von SLVM-Konfigurationen

Wenn ein Administrator jedoch ein mit SLVM-RAID-Sets konfiguriertes Festplattenarray von einem Rechner an einen anderen Rechner übergibt, sind die Statedatabases für diesen zweiten Rechner nicht existent oder konsistent. Es ist kein Mechanismus gegeben, der es erlaubt, eine SLVM-Konfiguration auf einem Sekundärsystem aus den Statedatabases zu übernehmen oder zu migrieren. Sollte dennoch die Notwendigkeit bestehen, eine SLVM-Konfiguration von einem Rechner an einen Reserve- oder Redundanzrechner zu übergeben, wie dies im Clusterumfeld automatisiert durchgeführt wird, so ist ein Mechanismus notwendig, bei dem die SLVM-Konfigurationsinformationen zusammen mit den zu dieser Konfiguration gehörenden Elementen, den Festplatten auf denen Stripes/Concats, Spiegel oder RAID-5 Volumes definiert sind, geschlossen an den definierten Sekundärrechner übergeben werden. Siehe hierzu auch

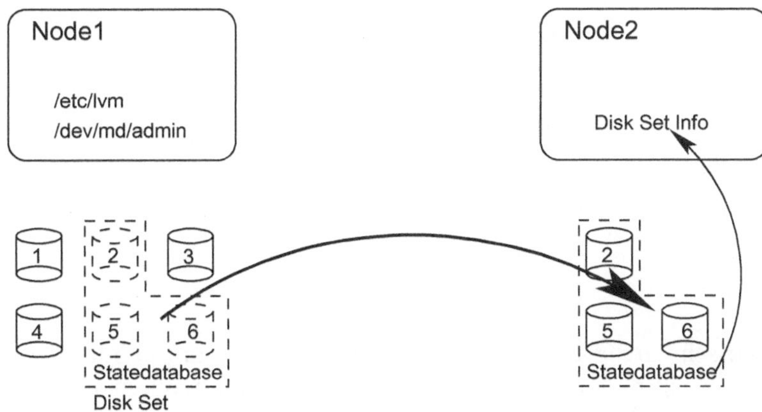

Abb. 5.47. Disk Set Partitionierung

Abbildung 5.47. Diese Anforderungen werden von Disk Sets erfüllt. Disk Sets definieren ein Set von Festplatten, einen seteigenen Satz von Statedatabases, setlokale Stripe/Concat, Mirror, RAID-5 und Hot Spare Pool Konfigurationen und eine Liste von Hosts beziehungsweise Rechnernodes, an die diese Informationen und die Disk Sets übergeben werden können. Voraussetzungen sind:

- Alle Rechnernodes, zwischen denen Disk Sets verschoben werden sollen, müssen über Netzwerk miteinander kommunizieren können.
- Der User *root* muß auf allen Rechnernodes, zwischen denen Disk Sets verschoben werden sollen, der UNIX-group *sysadmin: 14* angehören.
- Alle Rechnernodes, zwischen denen Disk Sets verschoben werden sollen, müssen Zugang (Storageanschluß) zu den betreffenden Festplatten haben.
- Es können nur vollständige Disk Sets an Sekundärnodes übergeben werden.
- Disk Sets müssen vor der Verschiebung definiert worden sein.
- Disk Sets können nur "ganze Festplatten" also alle Partitionen der jeweiligen Platte aufnehmen.
- Bei dem Import einer Festplatte in ein Disk Set wird diese durch SLVM neu partitioniert.

Um ein Disk Set zu definieren, muß zunächst das Set selbst erzeugt werden, wobei die Sekundärnodes bereits netzwerkseitig sichtbar und erreichbar sein sollten (Gruppe sysadmin für root!). Anschließend werden die Festplatten in das Disk Set gegeben, aus denen die RAID-Sets im Disk Set definiert werden sollen. Bei diesem Vorgang wird die betreffende Festplatte neu partitioniert. Die Disk Set Partitionierung folgt dem Schema in Abbildung 5.48. Hierbei ist zu beachten, daß obwohl die Partition, die die Statedatabase enthält, Partition Nummer 7 ist, diese Partition dennoch ab Cylinder 0 beginnt. Das bedeutet, daß die Datenpartitionen physikalisch hinter der Statedatabasepartition liegen. Nach dem Festplattenimport und der damit unweigerlich und

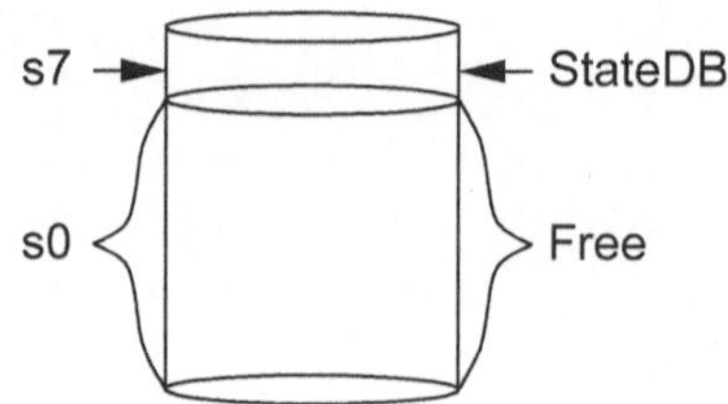

Abb. 5.48. Disk Set Partitionierung

automatisch durchgeführten Partitionierung können im Datenbereich die Partitionen an eigene Vorstellungen angepasst werden. Es sollten jedoch nicht die Partitionen modifiziert werden, in denen die Statedatabases stehen, bzw. die dafür seitens SLVM reserviert wurden. Vorsicht, bei einem OS-Update auf SOLARIS 8 bei gleicher SDS-Release wurden bei Disk Sets die Statedatabase-Partitionen einen Cylinder vergrößert. Die dahinter liegenden Datapartitions wurden hiervon betroffen.

5.15.10.1 RAID-Set Administration in Disk Sets

Alle SLVM-Funktionen, die bis jetzt außerhalb von Disk Sets durchgeführt wurden, arbeiten identisch in Disk Sets. Es ist lediglich bei dem Aufruf des Kommandos die Option *-s <disksetname>* mitzuführen, wobei *disksetname* den Namen des Disk Sets, auf dem die Operation stattfinden soll, spezifiziert.

Dies bedeutet, daß in Disk Sets Stripes, Concats, Mirrors, RAID-5 und Hot Spare Pools definiert werden können, bis hin zur Administration von Statedatabases. Dies sei hier nur kurz an einem Beispiel gezeigt, die grundlegenden Funktionen wurden zuvor beschrieben. Es soll ein Mirror aus einem Stripe aus zwei Festplatten in einem Disk Set *nfs* zwischen den Rechnernodes *nova* und *endeavour* erzeugt werden. Dazu ist zunächst die Konfigurationsdatei */etc/lvm/md.tab* wie folgt zu modifizieren:

```
# nfs-mirror:
nfs/d10 -m nfs/d11 -m nfs/d12
#
nfs/d11 1 2 /dev/rdsk/c2t0d0s0 /dev/rdsk/c2t1d0s0
nfs/d12 1 2 /dev/rdsk/c3t0d0s0 /dev/rdsk/c3t1d0s0
```

Danach ist das Diskset zu initialisieren:

```
endeavour# metaset -s nfs -a -h  endeavour nova
endeavour# metaset -s nfs -a /dev/rdsk/c2t0d0s0 /dev/rdsk/c2t1d0s0
endeavour# metaset -s nfs -a /dev/rdsk/c3t0d0s0 /dev/rdsk/c3t1d0s0
endeavour# metaset -s nfs -t
endeavour# metainit -s nfs -a -f
```

Anschließend kann auf dem soeben erzeugten SLVM Mirrored Stripe ein Filesystem erzeugt werden. Die SLVM Disk Sets werden dabei numeriert, die Namen der Disk Sets über einen Link der Disk Set Nummer zugewiesen. Das oben erzeugte SLVM RAID-Set *d10* in dem Disk Set *nfs* ist folglich mit folgendem Kommando mit einem Filesystem zu initialisieren:

```
endeavour# newfs /dev/md/nfs/rdsk/d10
```

Sollte es Probleme bei der Erzeugung des Filesystems geben, ist mit dem Kommando *metaset (1M)* zu überprüfen, ob das Disk Set auf der Rechnernode importiert ist, auf der das Filesystem erzeugt wird. Das geht wie folgt:

```
endeavour# metaset

Set name = nfs, Set number = 1
Host
endeavour  Yes
nova
Drive      Dbase
c2t0d0s0   Yes
c2t1d0s0   Yes
c3t0d0s0   Yes
c3t1d0s0   Yes
```

Soll das Disk Set *nfs* von Node *endeavour* an Node *nova* übergeben werden, so geht dies mit den Optionen *-r, -t, -f* mit den Bedeutungen:

metaset [options]
  -r release, Disk Set wird freigegeben
  -t takeover, Disk Set wird importiert
  -f Force-Option

5.15.11 Troubleshooting SLVM

Es existiert eine Dokumentation über die definierten SLVM RAID-Sets, jedoch sind die Konfigurationsdateien, gar das gesamte Rechnersystem, an dem die RAID-Sets definiert waren, unwiederbringlich ausgefallen? Es wurde ein RAID-Set irrtümlich mit *metaclear(1M)* gelöscht? Was nun?

Solange auf die RAID-Sets, beziehungsweise auf die Einzelkomponenten der gelöschten oder anderweitig verlorengegangenen RAID-Sets noch nicht geschrieben wurde, hat der Administrator in der Regel noch recht gute Chancen, die Konfiguration, oder vielmehr die Datenbestände, zu retten. Dies setzt jedoch die Kenntnis über die Konfiguration der betroffenen RAID-Sets voraus.

5.15.11.1 Rettung eines Stripes/Concats

Wenn die Konfigurationsinformation für einen Stripe verlorengegangen ist, so ist mindestens die Reihenfolge der Festplattenpartitionen notwendige Voraussetzung, einen Stripe wieder aufzusetzen. Wie in Abbildung 5.49 dargestellt, kann auch wenn sich die Controllernummer oder die Targetnumerierung geändert hat, aus der Information über die Reihenfolge der Stripe wieder aufgesetzt werden.

5.15.11.1.1 Stripe

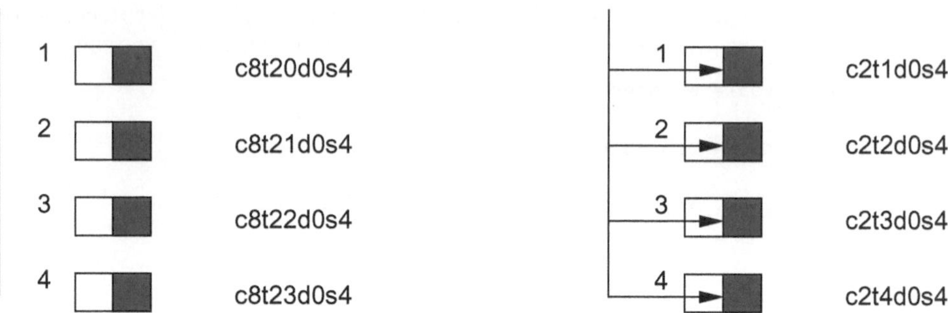

Abb. 5.49. Stripe: Reihenfolge entscheidet

Sollte sich der Administrator in der Reihenfolge geirrt haben und er hat noch nicht auf den Stripe geschrieben, salopp gesprochen, SLVM hat es noch nicht gemerkt, so kann der falsche Stripe auch wieder aufgelöst werden und erneut korrekt initialisiert werden unter Verwendung des Kommandos *metainit*. Das Kommando *metainit(1M)* schreibt im Prinzip nur die Konfiguration in die Statedatabase. Es kann folgendes versucht werden:

```
endeavour# metainit d50 1 4 c8t20d0s4 c8t21d0s4 c8t22d0s4 c8t23d0s4
endeavour# newfs /dev/md/rdsk/d50
 .......
endeavour# mount /dev/md/dsk/d50 /mnt
endeavour# cd /usr;tar cf - share/man|(cd /mnt&&tar xf -)
 .......
endeavour# umount /mnt
endeavour# metaclear d50
```

Das Festplattenarray ist nun an eine andere Maschine anzuschließen und wird dort zufälligerweise unter anderen Adressen gesehen. Jedoch ist die Reihenfolge der Platten bekannt. Damit ist dann beispielsweise folgendes möglich:

```
nova# metainit d20 1 4 c2t1d0s4 c2t2d0s4 c2t3d0s4 c2t4d0s4
nova# mount /dev/md/dsk/d20 /mnt
nova# ls /mnt
<bekannter Output....>
```

5.15.11.2 Rettung eines Mirrors

Letztendlich besteht ein Mirror aus gespiegelten Stripes oder Concats. Somit sind im Grunde die unter dem Mirror liegenden Stripes/Concats zu restaurieren. Im zweiten Schritt ist dann das Mirror Device selbst zu restaurieren. Dies kann auf zwei Arten geschehen, hier an einem 2-fold Mirror aus zwei 4-fold Stripes exemplarisch gezeigt, und beliebig erweiter- und anpassbar:

5.15.11.2.1 Offensive Methode

Unter der Voraussetzung, daß auf die Submirrordevices nicht weiter schreibend zugegriffen wurde und die Submirrors in der richtigen Reihenfolge wieder restauriert wurden, kann ein Mirror auch gemäß nachfolgend beschriebener Vorgehensweise offensiv restauriert werden. Dies geschieht per *metainit(1M)* auf die Submirrors, woraufhin unter der Annahme, daß ohnehin alle Submirrors konsistent sind, das Mirror Device per *metainit -m* reinitialisert werden kann. Das in Abbildung 5.50 dargestellte Verfahren vermeidet einen Sync zwischen den Submirrors bei der Reinitialisierung.

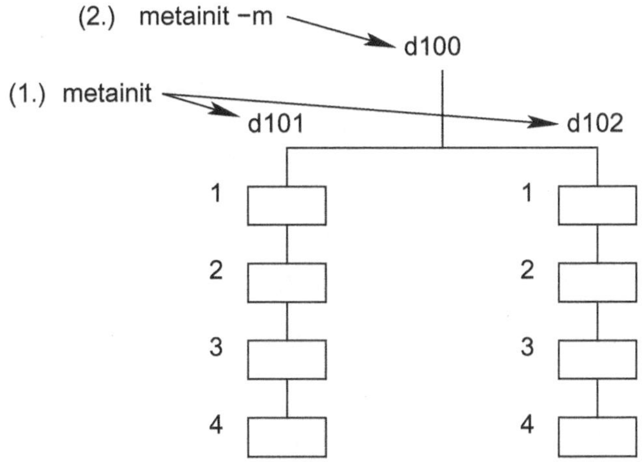

Abb. 5.50. Mirrorrestaurierung straight forward

Jeder weitere I/O-Request über des restaurierte Mirror Device arbeitet dann auf konsistentem Mirror. Letztendlich wird durch die nachfolgende Kommandierung lediglich die Statedatabase geschrieben, die Submirrordevices werden zunächst nicht weiter ausgewertet:

```
#  metainit d101 1 4 c2t1d0s4 c2t2d0s4 c2t3d0s4 c2t4d0s4
#  metainit d102 1 4 c3t1d0s4 c3t2d0s4 c3t3d0s4 c3t4d0s4
#  metainit d100 -m d101 d102
```

Auf das letzte *metainit(1M)* Kommando erfolgt die typische Fehlermeldung, da SLVM selbst nicht entscheiden kann, welche der Submirrors konsistent sind. Diese Entscheidung hat letztendlich der Administrator durch die oben genannte Kommandierung getroffen.

5.15.11.2.2 Defensive Methode

Die defensivere Methode der Restaurierung ist nur scheinbar sicherer. Hier wird zunächst ein Submirror restauriert und dann die restlichen Submirrors neu aufgesetzt und per *metattach(1M)* mit dem als ersten restaurierten Submirror-Stripes oder -Concats synchronisiert. Die Risiken sind je-

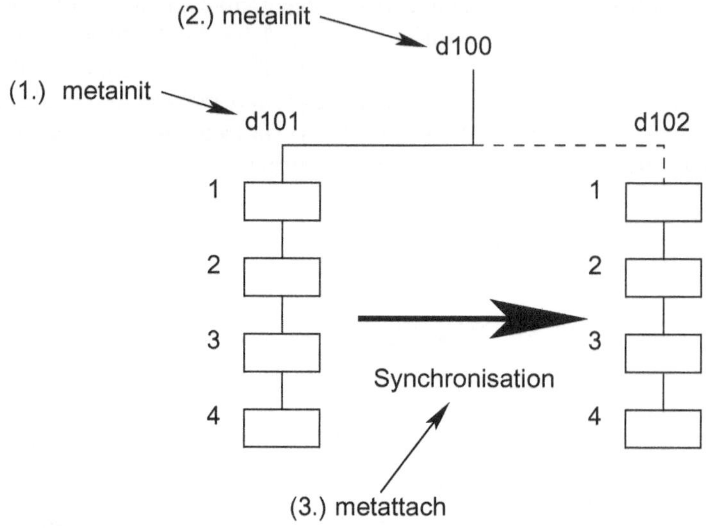

Abb. 5.51. Disk Set Partitionierung

doch ähnlich hoch. Es muß vorausgesetzt werden, daß der erste restaurierte Submirror konsistent ist. Es wird der zweite, durchaus konsistente Submirror durch das *metattach(1M)* riskiert und vollständig vom ersten Submirror überschrieben. Sicherer wäre es, zunächst beide Submirrors zu reinitialisieren und dann untereinander auf Konsistenz zu überprüfen. Wenn diese Konsistenzprüfung positiv ausfällt, kann der Mirror selbst wieder aufgesetzt werden.

Die Restaurierungsschritte sind dann:

```
# metainit d101 1 4 c2t1d0s4 c2t2d0s4 c2t3d0s4 c2t4d0s4
# metainit d102 1 4 c3t1d0s4 c3t2d0s4 c3t3d0s4 c3t4d0s4
# metainit d100 -m d101
# metattach d100 d102
```

5.15.11.3 Rettung eines RAID-5

Bei der Restaurierung eines RAID-5 RAID-Sets ist zu beachten, daß ein *metainit RAID -r* sofort eine Berechnung eines RAID-5 zur Folge hat, und dabei das RAID-5 ausnullt.

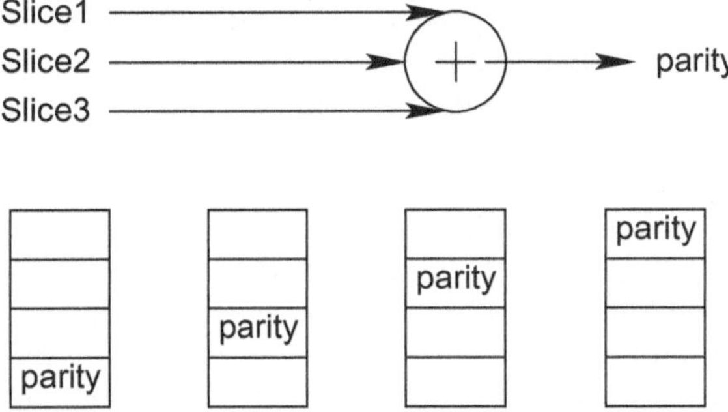

Abb. 5.52. Disk Set Partitionierung

Wenn also ein RAID-5 wie folgt angelegt, geschrieben und anschließend SLVM-seitig gelöscht wurde:

```
nova# metainit d130 -r c3t10ds0 c3t11d0s0 c3t12d0s0
nova# newfs /dev/md/rdsk/d130
.....
nova# mount /dev/md/dsk/d130 /mnt
nova# cd /usr/share; tar cf - man |(cd /mnt&& tar xf -)
nova# umount /mnt; metaclear d130
```

Dann hat nachfolgender Aufruf eine Zerstörung des Inhaltes der RAID-5 zur Folge:

```
nova# metainit d130 -r c3t10ds0 c3t11d0s0 c3t12d0s0
```

Richtig wäre ein *metainit(1M)* Aufruf wie folgt:

```
nova# metainit d130 -r c3t10ds0 c3t11d0s0 c3t12d0s0 -k
```

Damit wird lediglich die RAID-5 Konfiguration wieder in die Statedatabase eingetragen, die RAID-5 Neuberechnung bleibt aus.

5.16 Zettabyte Filesystem, ZFS

Rolf M Dietze

Im Laufe der Zeit hat das herkömmliche Storagekonzept ausgedient. Kam ein Rechnersystem in den Anfangszeiten mit ein bis zwei Diskettenlaufwerken aus und nutzten als Datenträger für Ein- und Ausgangsdaten Lochkarten[20], so waren späterhin Festplatten mit 5 bis 10 GByte groß. Oftmals wurden diese nach heutigen Maßstäben winzigen Festplatten auch noch partitioniert und in jeder Partition wurde noch ein Filesystem erzeugt. Lange Zeit waren alle

[20] Ein im Grunde recht zukunftsweisendes Konzept des Herrn Hollerith, siehe Nanostorage bei IBM.

Platzprobleme mit Filesystemen von maximal 2 GByte gelöst. Die Anforderungen an Storage in Bezug auf Platz als auch Geschwindigkeit haben sich jedoch deutlich verändert. Heutzutage sind Einzelfestplatten mit 300 bis 500 GByte dermaßen klein in Bezug auf den Platzbedarf, daß kaum ein professionell mit Datenvolumina arbeitendes Rechnersystem ohne eine Festplatten RAID-Lösung auskommt, in der Einzelplatten zu großen RAID-Sets zusammengefaßt werden. Auch hohe Zugriffsgeschwindigkeiten wurden gefordert, denn viele Anwendungen und Einsatzbereiche von Rechnersystemen sind erst durch schnellen und großen Speicher denkbar, wie etwa interaktives Arbeiten mit komplexen Geo-Informationssystemen bei der Suche nach Bodenschätzen oder der Auswertung von Wetterinformation zur Vorhersage normaler als auch außergewöhnlicher klimatischer Ereignisse bis hin zu intensiven Datenbankanwendungen und Datamining.

Auf der Ebene der Festplatten entwickelten sich die Produkte von Einzelfestplatten in Einzelgehäusen zu Storagearrays wie etwa den altbekannten Multipacks, einem Desktopgehäuse mit bis zu 12 Festplatten an einem SCSI-BUS oder dem D1000 (vgl. Abschnitt B.2 auf Seite 982), die Rackmountversion eines 12 fach Festplatten-SCSI Arrays hin zu flexiblen FCAL basierten Storagelösungen auf JBod Basis mit einer Verwaltung über ein SoftRAID System, etwa A5x00 Photon Arrays und SLVM (vgl. Abschnitte SUN Logical Volume Manager 5.15 ab Seite 225 beziehungsweise A5000er Storage Array ab Seite 982). Die Entwicklung steht gegenwärtig bei Storage Area Networks (SAN) mit integrierten RAID Controllersystemen, an die oder in denen große Anzahlen von Festplatten eingebaut sind, etwa Systeme wie HDS 9xxx, oder das recht leistungsfähige Raidcontrollersystem TUGMaster der HDS, an welches Storagesysteme der verschiedensten Hersteller und unterschiedlicher Architekturen angeschlossen werden können, derart, daß das System nach außen, hostseitig, ein einheitliches hochredundantes Plattensubsystem bereitstellt, ohne daß der Administrator über Details Kenntnis haben muß. Im Low-Cost Bereich haben sich hingegen SAN/SATA RAID-Systeme etabliert, die hostseitig ein FCAL SAN-Device darstellen, intern jedoch mit minderperformanten SATA Festplatten arbeiten. Wer sich die Preisunterschiede zwischen reinen FCAL Systemen, FCAL RAID-Controllern mit FCAL Festplatten und FCAL/SATA RAID-Systemen ansieht, wird die Unterschiede erkennen. Es dürfte selbstverständlich sein, daß die Handhabung von Hunderten, gar Tausenden von Einzelfestplatten über ineinandergemountete Einzelfilesysteme planungs-, wartungs- und administrationstechnisch an Unfug grenzt.

An dieser Stelle kamen SoftRAID Systeme zum Einsatz. SoftRAID Systeme boten einen Mechanismus, mit dem einzelne Festplatten zusammengefaßt werden konnten und dem Betriebssystem als eine logische große Festplatte dargestellt werden konnte. Ein solches SoftRAID System ist beispielsweise der SUN Logical Volume Manager, kurz SLVM, der im Abschnitt 5.15 ab der Seite 225 eingehend beschrieben ist. Im SUN Umfeld hat sich im weiteren auch das SoftRAID System von Veritas etabliert, der Veritas Volume Manager, oft kurz vxvm geschrieben, der jedoch eine Lizensierung per Lizenzcode erwartet.

SLVM arbeitet auch bei "schlechtestem Wetter" und ohne jegliche Lizenztokens, wie selbstverständlich auch das gesamte OpenSolaris inklusive aller Filesysteme etc. Mit der durch die Konfiguration von RAID-Sets einhergehenden Größe der logischen Platten und des durch die Verteilung auf möglichst viele Festplattenspindeln erhöhten Durchsatzes, was entsprechend der verwendeten Controller und Festplatten in seiner Stripebreite geplant und der Architektur angepasst sein sollte, kamen neue Anforderungen an Filesysteme auf: Schnell, bei einem Filesystemfehler ausreichend tolerant und möglichst groß. Sowohl auf der SoftRAID Ebene als auch auf der Filesystemebene wurden nun Thematiken wie das dynamische Vergrößern oder Erweitern eines Filesystems als auch, bedingt durch die Größe der Filesysteme und die damit notwendige Zeit von Vollbackups ein Verfahren ein Snapshot eines Filesystems erzeugen zu können, das dann offline gesichert werden kann, angesprochen und damit auch gefordert.

Zunächst aufgrund von Geschwindigkeitsanforderungen und der Tatsache, daß das ursprüngliche UFS keinen Filesystemlogmechanismus bot, der gerade im Cluster-Umfeld von wesentlicher Bedeutung bei Takeovers oder Failovers ist[21], und späterhin vermutlich wegen eines gewissen mangelnden Zutrauens zum eigenen UFS+, das ab Solaris 7 ein Filesystem Log bot und zum Release von Solaris 8 im Hinblick auf Geschwindigkeit nochmals deutlich überarbeitet wurde, hat sich im SunSolaris Umfeld das Veritas Filesystem, kurz vxfs, zumindest im mittleren bis Highendbereich in einigen Bereichen, typischerweise im Umfeld von Clustersystemen, etabliert. Nachteile externer Software, gerade auf der Ebene wesentlicher Systemdienste wie Filesysteme etc. ist oftmals, daß sie, wenn lizenztokenabhängig, einen herstellerseitig gewollten und programmierten Versagensmechanismus haben, der dann eintritt, wenn aus welchen Umständen auch immer, das Lizenztoken korrupt oder verlorengegangen ist, was durch Plattenfehler passieren kann, oder beim Notstart des Systems über Netzwerk, Band, vorgefertigte Recovery-CDs, was auch immer. In solchen Situationen ist es von Vorteil die notwendigen Lizenzcodes auch am Neujahrstag um 0300 Uhr morgens parat zu haben, wenn schon Lizenztoken gedongelte Software auf Systemebene produktionskritisch eingesetzt wird.

Mittlerweile ist auch im Filesystembereich bekannt, daß das Solaris-eigene und lizenztokenfreie UFS+ sowohl ein Filesystemlog bietet als auch schnell geworden ist und ein Snapshotmechanismus bietet, sodaß auch wieder hauseigene Software im Bereich des Filesystems eingesetzt werden kann.

Kurzum es sind in einem traditionellen Unix-Environment vier Ebenen der Administration von Festplatten und Filesystemen zu unterscheiden, die in Abbildung 5.53 analog von unten nach oben dargestellt sind:

Hardwaremanagement: Festplatten Ein- und Ausbau, Wartung, Pfadzuordnung, Loopzuordnung etc.

[21] Der Log Mechanismus unter SDS/SLVM ist ein Mechanismus einer externen RAID-Software und nicht des Filesystems UFS selbst.

Device Management: Management auf dem SOLARIS Devicelayer, Handhabung und Beeinflussung der Devicepfade, Einbringen und Partitionieren von Festplatten etc.

RAID-*Management*: Erzeugen und Konfigurieren von RAID-Sets typischerweise mit genauer Vorstellung der gewünschten Zielgröße des auf den RAID-Sets zu erzeugenden Filesystems, Erweitern von RAID-Sets bei gestiegenem Platzbedarf etc.

Filesystem Layer: Erzeugen, Verwalten, Warten und Pflegen, Reparieren Exportieren, Mounten, Limitieren von Filesystemen, bei Bedarf Vergrößern, Sichern von Inhalten, eventuell Snapshoterstellung etc.

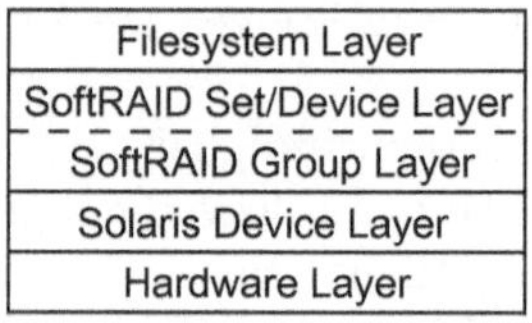

Filesystem Layer
SoftRAID Set/Device Layer
SoftRAID Group Layer
Solaris Device Layer
Hardware Layer

Abb. 5.53. Traditionelle Administrationslayer

Andere Systeme, wie beispielsweise OS/400, kennen an dieser Stelle einfachere und auch ältere Konzepte. Dort werden Festplatten in unterschiedlichen Arten von asynchronen Storage Pools (ASP) eingesetzt. Die Storage Pools unterscheiden sich in ihrer Anwendung, ob System (Boot), Daten oder so genannte Independent Storage Pools (iASP). Sie bieten eine Gleichverteilung auf alle Spindeln im Pool um damit einen möglichst hohen Durchsatz zu bieten. Abweichend von einem RAID, respektive Stripe Konzept ist die Entscheidung zur Datenverteilung auf den ASP-Platten eine last- und durchsatzabhängige Entscheidung, während ein Stripe eine definierte Schreibreihenfolge einhält. Ob der fehlenden Redundanz in einem solchen Storage Pool steht man im Falle eines Festplattenfehlers allerdings vor dem Problem eines vollständigen Datenverlustes, wie auch bei Stripes, weshalb auch hier Redundanzkonzepte anzusetzen sind. Auf diesen ASPs wird eine Datenbank gestartet, kardinaler Bestandteil des OS/400, was eine rundum-sorglos Ablage von Informationen auf den Plattensystemen bietet. Das Konzept eines Storage Pools wird auch bei ZFS genutzt, SOLARIS-seitig wird jedoch ein POSIX Filesystem bereitgehalten und keine Datenbank, womit die Vorteile des OS/400-Konzeptes durch die Datenablage in einer Datenbank hier nicht genutzt wurden.

Interessant ist in diesem Zusammenhang auch ein Vergleich mit den traditionellen SoftRAID Systemen: Wenn ein Ensemble von Festplatten, deren Set-inerte Ordnungsstruktur zur Garantie der Funktion erhalten bleiben muß von einem Hostsystem zu einem anderen Hostsystem migriert werden soll, so müssen auch die Metadaten der Set-inerten Ordnungsstruktur mit dem Ensemble fehlerfrei mitmigriert werden. Daher ist es sinnvoll, im Bereich von SoftRAID Systemen diese Set-inerte Ordnungsstruktur innerhalb des Disksets (SLVM) oder der Volume Group (VxVm) bzw. innerhalb des iASP mitzuführen. Das unterscheidet in jedem Fall hostunabhängige Festplattenensembles von solchen, die nicht von Host zu Host migriert werden können. Diese Feststellung wird bei ZFS in diesem Abschnitt von Interesse sein.

Unter diesen teils historisch entwickelten Randbedingungen, als auch den Erfahrungen in der Administration von SoftRAID Systemen und Filesystemen wurde es Zeit, dieses administrationsaufwendige Problem anzugehen. In diesem Zusammenhang ist ZFS zu sehen. ZFS definiert die Begriffsammlung Storage-, Raid-, Filesystemadministration um zum Space-Management. Die Administration reduziert sich wie in Abbildung 5.54 motiviert, auf die Administration auf Storage Pool Ebene und die Administration auf Filesystem Ebene, wobei bei der Zuordnung zwischen Filesystem und darunter explizit liegendem RAID-Set beziehungsweise RAID-Device umgedacht werden muß.

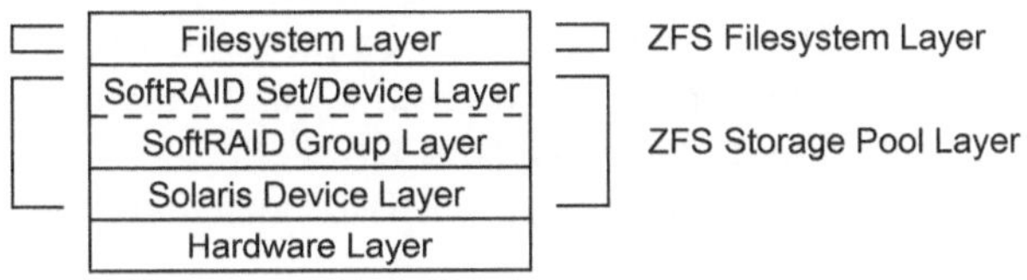

Abb. 5.54. ZFS Administrationslayer

Da gerüchteweise sich das On-Disk-Format des ZFS möglicherweise noch leicht ändern kann, das Konzept als solches jedoch definiert ist, wird im weiteren nicht das gegenwärtige On-Disk-Format beschrieben, sondern die administrative Sicht. Welche möglichen Nebeneffekte eine Modifikation des On-Disk-Formates in Bezug auf Versionsupdates hat, ist nicht vorhersagbar, da insbesondere noch nicht feststeht, ob überhaupt Änderungen eingefügt werden. Dies ist bei einem Upgrade im Vorfeld zu prüfen. Aus langjähriger Erfahrung im Umgang mit SUN Software ist mit sehr hoher Verläßlichkeit davon auszugehen, daß bei Modifikationen gleich welchen Charakters diese deutlich, eingehend und verständlich dokumentiert sind, und es mit Sicherheit ein zertifiziertes Upgradeverfahren geben wird. Diese Dokumentation zu lesen liegt in der alleinigen Verantwortung des Administrators. Es sei an dieser Stelle nur nachdrücklich daran erinnert, solche Upgradedokumentation und die Verfahrensbeschreibungen für Upgradeverfahren zu lesen.

5.16.1 Neuigkeiten im Überblick

Die wesentliche Neuerung ist das zwei Ebenen Administrationsmodell, aufgeteilt in Pooladministration und Filesystemadministration. Eine Neuerung, an die sich ein Administrator gewöhnen muß ist die Tatsache, daß ein Filesystem in seiner Größe nicht von vornherein beschränkt ist. Es kann im Laufe der Benutzung so groß wie der Storage Pool werden. Wenn das Filesystem diese Größe erreicht hat, kann der Pool erweitert werden. Dies hat völlig neue Verhaltensweisen beim Setzen von Quotas zur Folge. Dazu später.

Storage Pool: ZFS definiert das Konstrukt eines Festplattenpools. Ein Festplattenpool ist ein Pool von single-Stripe, RAID-Z oder Mirror definierten Festplatten, die nicht partitioniert oder anderweitig vorbereitet werden müssen. Managementoperationen wie das Einbringen von Festplatten, Auflisten von Inhalten und Status etc. auf dem Festplattenpool werden durch das Kommando *zpool(1M)* ausgeführt.

copy-on-write: Der Zugriffsmechanismus in ZFS ist ein copy-on-write Mechanismus, was insbesondere bedeutet, daß alte Blöcke von Daten nicht überschrieben werden. Wird ein Datensatz modifiziert, so wird er gelesen, modifiziert und an anderer Stelle wieder geschrieben. Diese wenn auch einfache Idee erleichtert vieles beziehungsweise kennt die klassischen Probleme von Filesystemen auf Einzelfestplatten oder RAID-Sets nicht. Wird der Storage Pool vergrößert, so wird im Moment des Schreibens der neu gewonnene Platz genutzt. Soll ein Snapshot erstellt werden, so werden die Datasets, die in dem Snapshot liegen, vor der Löschung bewahrt. Eine Modifikation hat durch copy-on-write automatisch eine Kopie der betreffenden Datasets zur Folge.

Posix Filesystem: In diesem Festplattenpool wird ein Posix-Filesystem definiert. Eine Filesysteminkonsistenz wird durch das Erhalten des alten Datenblocks vermieden, was auch das Logging betrifft. Besonderheiten sind die durch Files emulierten Directoryeinträge "." und "..", das transaktionsbasierte Modell als auch die ACL Implementation, die auf Anwenderwunsch recht Microsoft-nah implementiert sind, siehe hierzu auch den Abschnitt 5.14 zur ACL Implementation auf Seite 314. Das ZFS Filesystem erinnert in seiner Administration an die Kommandosyntax des Veritas Volume Managers und in seinem Aufbau an die Filesystemimplementation zu WoFS[22], die mit aus diesem Grund in ihrer Implemetationsbeschreibung im Anhang E aufgenommen wurde.

Filesystemverwaltung: Ein in einem Storage Pool angelegtes Filesystem ist sofort nach Kommandoeingabe verfügbar. Es ist in seiner Größe offen und nur durch die Gesamtgröße des Pools begrenzt. Es können mehrere Filesysteme in einem Pool definiert werden. Sie teilen sich den Gesamtplatz des Pools und sind jedes für sich von vornherein nicht im einzelnen beschränkt. Dies erspart weitestgehend die Administration bei zu vergrößernden Filesystemen.

Vergrößerung des Pools: Zur nachträglichen Vergrößerung des Pools sind im laufenden Betrieb Einzelplatten in der gewünschten Konfiguration in den Storage Pool zu importieren. Der neue Festplattenplatz steht sofort poolweit zur Verfügung.

---

[22] Diplomarbeit von Jörg E Schilling an der TU Berlin im Mai 1991

Vergrößerung der Filesysteme: Ist in einem Pool zu wenig Platz, werden Festplatten nachgesteckt. Es ist nicht notwendig, das Filesystem beziehungsweise die Filesysteme zu vergrößern, sie sind ohnehin nicht weiter in der Größe eingeschränkt und können nach der Erweiterung des Storage Pools ohne weitere administratorische Eingriffe bis zur neuen maximalen Storage Pool Größe wachsen. Ein Relayout, in dem alle im Filesystem bereits existierenden Files gleichmäßig auf die neue Anzahl Festplattenspindeln verteilt wird, wird nicht unterstützt, bei einer erneuten Schreiboperation werden lediglich die modifizierten und (per copy-on-write) neu geschriebenen Filesystemblöcke auf alle freien Spindeln verteilt.

Die Administration von ZFS ist gewöhnungsbedürftig, es ist ein eigenes Subsystem mit voll integriertem Kommandosatz und Funktionsumfeld. Die Administration ist auf die beiden Layer Storage Pools und Filesystem aufgeteilt. Es folgt somit eine getrennte Beschreibung der Administration auf dem Storage Pool Layer in Abschnitt 5.16.3.1 und auf dem Filesystemlayer in Abschnitt 5.16.4.3.

5.16.2 Beschreibung des Beispielsetups

Für die nachfolgenden Beispiele zur Administration von ZFS wurde eine Beispielkonfiguration, bestehend aus einer Enterprise 220R und einem über vier QLC2200 FCAL Controller attachtem A5200er Photon 5.55 im Split-Backplane Mode in einer MPxIO Konfiguration gewählt. In Abbildung 5.55 ist dieses Setup skizziert, in Tabelle 5.14 ist die Zuordnung der physikalischen zu den logischen Controllern aufgelistet, die den nachfolgenden Beispielen zugrunde liegt.

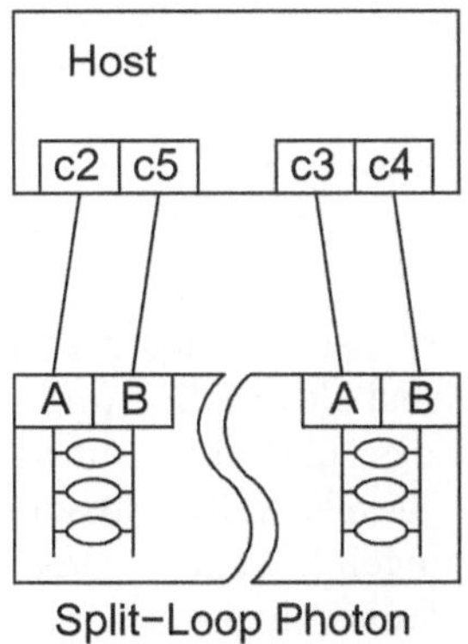

Abb. 5.55. Beispielsetup zu ZFS

Dies soll nicht bedeuten, daß ZFS nur auf mehrfachredundant angebundenen FCAL StorEDGE Arrays konfigurierbar und einsetzbar ist. ZFS ist von der Architektur des verwendeten Host Busses unabhängig und ist auch auf IDE-, SCSI-Devices, Containerfiles etc. einsetzbar. Nur bietet das Experimentieren auf mittel-professionellen Komponenten mehr Möglichkeiten zum Testen.

Array 1		
non-STMS device name	STMS device name	non-STMS device name
/dev/rdsk/c2t0d0	/dev/rdsk/c6t2000002037220102d0	/dev/rdsk/c5t0d0
/dev/rdsk/c2t1d0	/dev/rdsk/c6t2000002037260FE2d0	/dev/rdsk/c5t1d0
/dev/rdsk/c2t2d0	/dev/rdsk/c6t2000002037265F23d0	/dev/rdsk/c5t2d0
/dev/rdsk/c2t3d0	/dev/rdsk/c6t20000020371B846Fd0	/dev/rdsk/c5t3d0
/dev/rdsk/c2t4d0	/dev/rdsk/c6t20000020371B0FA9d0	/dev/rdsk/c5t4d0
/dev/rdsk/c2t5d0	/dev/rdsk/c6t20000020371BA65Dd0	/dev/rdsk/c5t5d0
/dev/rdsk/c2t6d0	/dev/rdsk/c6t20000020371B6762d0	/dev/rdsk/c5t6d0
/dev/rdsk/c2t7d0	/dev/rdsk/c6t20000020371B7A86d0	/dev/rdsk/c5t7d0
/dev/rdsk/c2t8d0	/dev/rdsk/c6t20000020371BF7B5d0	/dev/rdsk/c5t8d0
/dev/rdsk/c2t9d0	/dev/rdsk/c6t2000002037228331d0	/dev/rdsk/c5t9d0
/dev/rdsk/c2t10d0	/dev/rdsk/c6t20000020371B7B90d0	/dev/rdsk/c5t10d0
Array 2		
non-STMS device name	STMS device name	non-STMS device name
/dev/rdsk/c3t16d0	/dev/rdsk/c6t20000020371B3E91d0	/dev/rdsk/c4t16d0
/dev/rdsk/c3t17d0	/dev/rdsk/c6t200000203708CE21d0	/dev/rdsk/c4t17d0
/dev/rdsk/c3t18d0	/dev/rdsk/c6t20000020371BF5CFd0	/dev/rdsk/c4t18d0
/dev/rdsk/c3t19d0	/dev/rdsk/c6t20000020371BF830d0	/dev/rdsk/c4t19d0
/dev/rdsk/c3t20d0	/dev/rdsk/c6t20000020371BF82Cd0	/dev/rdsk/c4t20d0
/dev/rdsk/c3t21d0	/dev/rdsk/c6t20000020371BFC19d0	/dev/rdsk/c4t21d0
/dev/rdsk/c3t22d0	/dev/rdsk/c6t20000020372286CBd0	/dev/rdsk/c4t22d0
/dev/rdsk/c3t23d0	/dev/rdsk/c6t20000020371B61DBd0	/dev/rdsk/c4t23d0
/dev/rdsk/c3t24d0	/dev/rdsk/c6t20000020371B889Dd0	/dev/rdsk/c4t24d0
/dev/rdsk/c3t25d0	/dev/rdsk/c6t200000203722927Ed0	/dev/rdsk/c4t25d0
/dev/rdsk/c3t26d0	/dev/rdsk/c6t20000020371BFD40d0	/dev/rdsk/c4t26d0

Tabelle 5.14. Zuordnung physikalischer Controller zu virtuellen Controllern

Während der Experimente ist das Hostsystem mehrmals mit einem *panic* ausgefallen, wobei sich die Ausfälle auf die Storagepools, respektive das Schreiben auf virtual Devices (vdevs) und nicht auf die Filesysteme selbst bezogen. Das war nach den Crashs jeweils weiterhin konsistent. Dieses Verhalten ist jedoch nicht weiter beunruhigend, ist doch das Setup nur für Fehlerfälle und forcierte Ausfälle aufgesetzt und eingesetzt worden, die Software selbst noch in der Entwicklung und die durchgeführten Tests eher Crashtests in ihrem Charakter.

5.16.3 Storage Pools

Gewöhnungsbedürftig ist das Konzept der Storage Pools. Ein Storage Pool besteht aus virtual Devices. Mit Definition eines virtual Devices (vdev) ist ein Storage Pool erzeugt. Virtual Device ist die Bezeichnung des kleinsten Storageobjektes. Es werden vier Typen von virtual Devices unterstützt, wobei es zwei Grundtypen und zwei konstruierte Typen gibt:

Simple Disk:
: Grundtyp. Eine einfache im SOLARIS Devicelayer sichtbare Festplatte. Das kann sowohl eine einzelne Festplatte sein als auch eine durch einen Hardware RAID-Controller bereitgestellte logische Festplatte sein.

Simple Container:
: Grundtyp. Ein Containerfile, wie es beispielsweise durch das Kommando *mkfile(1M)* erzeugbar ist. ZFS unterstützt die Nutzung von Containerfiles, auch wenn es verständlicher Weise explizit nicht empfohlen ist, dies zu tun.

RAID-*Z*:
: Konstruierter Typ. Ein RAID-Z wird beim Erzeugen eines Pools oder beim Hinzufügen in einen Pool aus einem Ensemble von Grundtypen definiert.

Mirror:
: Konstruierter Typ. Ein Mirror wird beim Erzeugen eines Pools oder beim Hinzufügen in einen Pool aus einem Ensemble von Grundtypen definiert. Es wird unterstützt, nachträglich Komponenten des Grundtyps zu attachen oder zu detachen, wie es bei SoftRAID Systemen typisch ist.

Auf Basis der virtual Devices wird innerhalb eines Storage Pools immer ein Stripe aufgesetzt, wobei bei einer Erweiterung des Pools die neue volle Stripebreite erst für neu geschriebene Datasetobjekte genutzt wird, es wird weder eine automatische Umverteilung gestartet, noch ist ein Supportkommando[23] vorgesehen, um eine solche Umverteilung aller bereits existenter Datasetobjekte, die nicht neu geschrieben werden, auf alle neu erreichbaren Festplattenspindeln zu verbreitern. Ein automatisches Rebalancieren wie man es etwa bei den Storagepools bei OS/400 kennt ist damit letztendlich bei ZFS nicht unterstuetzt, jedoch gilt in jedem Fall der copy-on-write Mechanismus.

Dieses Verhalten ist mit dem copy-on-write Mechanismus hinreichend erklärt, denn wenn ein Datasetobjekt geschrieben wird, neu oder durch Modifikation, so wird es nicht an die alte Stelle zurückgeschrieben beziehungsweise überschrieben, sondern kommt an einen neuen Ort im Storage Pool. Damit ist eine konzeptionell hohe Robustizität des Filesystems gegeben, die Filesystemchecks spart. Dazu kommt ein Mechanismus, der die Robustizität eines RAID-Systems bei weitem übersteigt: Ein defekter Block auf einer Festplatte führt zur Inkonsistenz des Datensatzes der zum Teil auf dem defekten Block steht. Bei ZFS als auch anderen SoftRAID Systemen wird in diesem Fall

[23] Zum Vergleich das Kommando STRASPBAL (Start ASP Balance) bei OS/400, das ein Ausbalancieren der Plattenbelegung auf alle Spindeln initiiert.

von dem noch intakten Submirror gelesen. Bei ZFS wird zusätzlich der vom intakten Submirror gelesene Block auf den defekten Submirror geschrieben, da die Defekte durch die embedded Controller oftmals ausgemappt werden und die Festplatte damit im Prinzip wieder intakt ist. Dieser von SUN als Selbstheilungsprozess beschriebene Vorgang stellt in der Tat eine Verbesserung der Verfügbarkeit dar und ist im Umfeld von Softwarelösungen selten, wenn überhaupt zu finden. Anders bei professionellen HardwareRAID Systemen, wo dieses Retry-Verfahren durchaus eingesetzt wird.

Die Wahl der Konfiguration der virtual Devices unterliegt den Mechanismen wie sie im Abschnitt 5.15.1, Theorie der RAID-Technologie auf den Seiten 226ff dargelegt wurden.

Ein wesentlicher Unterschied in der Definition und Konfiguration im Storge Layer ist der etwas andere Umgang mit RAID-Sets. Im klassischen Administrationsumfeld muß wie etwa in Abbildung 5.56 dargestellt, ein RAID-5 oder Stripe oder ein Mirror definiert werden, der in seiner Größe den Zielvorstellungen über die Größe des auf dem erzeugten RAID-Set zu initialisierenden Filesystem oder einer anderen Zielanwendung wie beispielsweise Datanbankrawdevices, entsprechen muß. Es besteht in der klassischen Administration eine eins-zu-eins Zuordnung von RAID-Set zu Filesystem und von RAID-Set Größe zu Filesystemgröße.

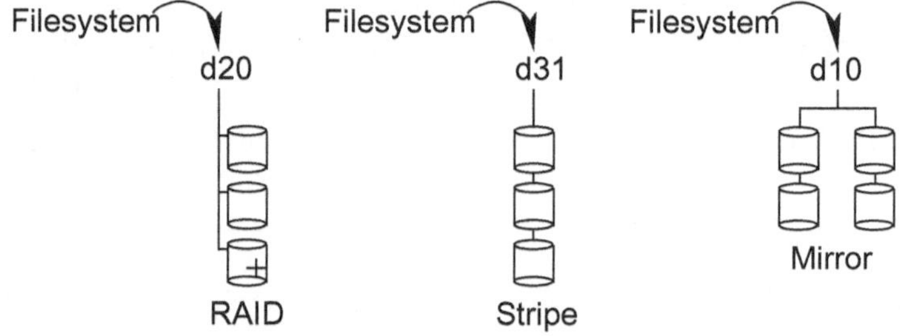

Abb. 5.56. Klassische RAID-Konfiguration 1:1 RAID:Filesystem

Im ZFS Umfeld wird diese eins-zu-eins Zuordnung aufgegeben. Auf Basis der definierten virtual Devices werden, wie in Abbildung 5.57 motiviert, die einzelnen virtual Devices in einem Stripe zusammengefaßt und als ein Storageobjekt im ZFS Storage Pool Layer bereitgestellt.

Kurz: Ein Storage Pool ist immer ein einziger Stripe von virtual Disks.

Damit ist bei ZFS auch definiert, in welcher Art und Weise gespiegelt wird: Striped Mirror.

Auf diesem ZFS Storage Pool Layer werden im weiteren Datasets definiert, wobei Datasets unterschiedliche Typen haben können. Der Datasettyp Filesystem ist nur einer der unterstützten Typen. Der Einfachheit halber wird im weiteren jedoch nur noch von Filesystemen gesprochen. Auf einem Storage Pool können mehrere Filesysteme konfiguriert werden. Die Filesysteme sind in ihrer Größe letztendlich in Summe über alle Filesysteme innerhalb eines Storage Pools nur durch die Gesamtgröße des Storage Pools oder eine explizit per Filesystem gesetzte Quota begrenzt.

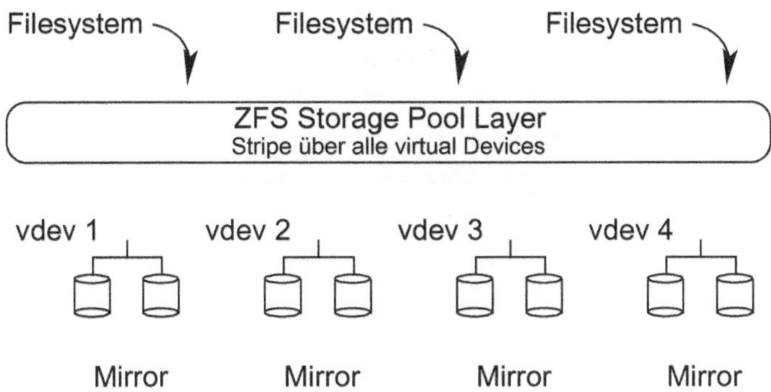

Abb. 5.57. Ein Storage Pool faßt alle vdevs zu einem Stripe zusammen

Soll aus irgendeinem Grund ein Storage Pool nur aus einem Stripe aus Einzelplatten bestehen, so ist ein Storage Pool zu erzeugen, der nur einzelne Festplatten enthält, wie dies in Abbildung 5.58 dargestellt ist. Auf diesem einen großen Stripe lassen sich dann mehrere Filesysteme, alle jeweils über alle Spindeln verteilt, erzeugen.

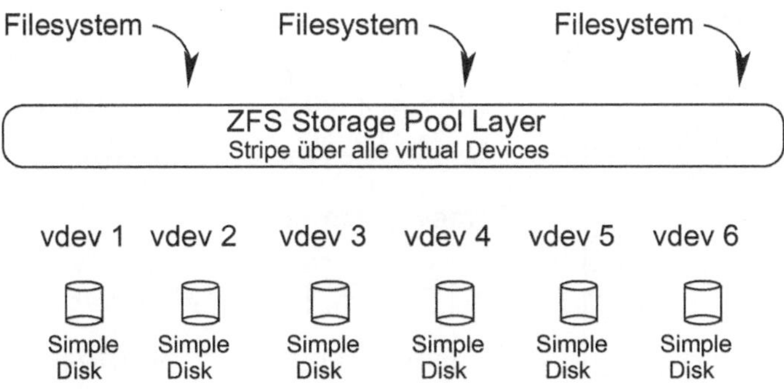

Abb. 5.58. Ein Storage Pool Stripe aus Simple Disks

Sollen nun zusätzlich andere Filesysteme auf Mirrors aufgesetzt werden und weitere Filesysteme auf RAID-5 Sets aufgesetzt werden, und es werden RAID-5 (Z) und Mirror Devices definiert und in den gleichen Storage Pool hinzugefügt, etwa wie dies in Abbildung 5.59 motiviert ist, so steht das Ergebnis in krassem Kontrast zur Zielvorstellung. Auf die in Abbildung 5.59 gezeigte Art und Weise ist es nicht möglich, verschiedene Filesysteme auf verschiedene RAID-Sets zu definieren. Das gezeigte Beispiel ist in seinem Ergebnis eher verunglückt. Es ist in seiner Gesamtheit ein Stripe aus einem RAID-Z, zwei Simple Disks und einem Mirror vdev erzeugt worden, also mitnichten redundant und auch nur minder performant.

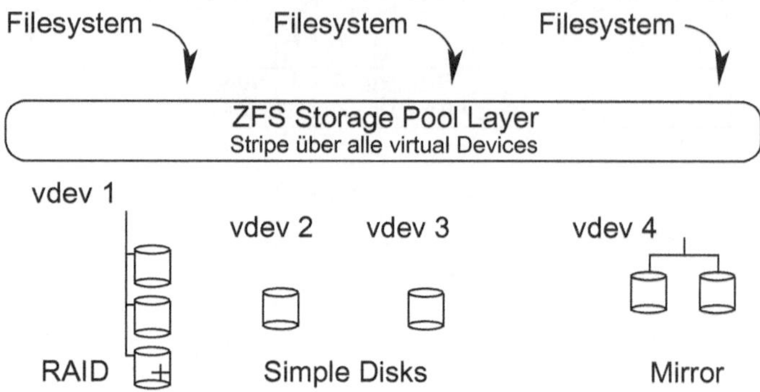

Abb. 5.59. Fehlerhaft: Redundanzfreie Konfiguration eines Storage Pools

Um tatsächlich einen Simple Disk Stripe, ein RAID-Z und ein Mirror parallel für unterschiedliche Filesysteme zu definieren, sind, wie in Abbildung 5.60 dargestellt, drei unabhängige Storage Pools zu erstellen. In jedem der einzelnen Storage Pools ist dann das gewünschte Filesystem zu definieren.

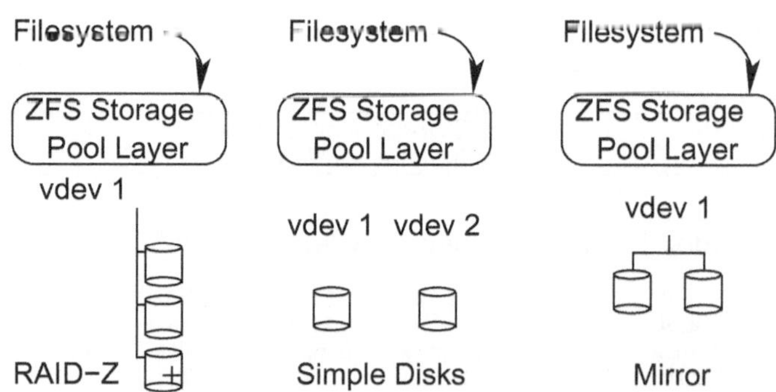

Abb. 5.60. Getrennte Pools mit differenten RAID-Set Definitionen

Im Unterschied zur klassischen eins-zu-eins Konfiguration von RAID-Set zu Filesystem und RAID-Setgröße zu Filesystemgröße ist bei ZFS nicht das bestehende RAID-Set zu erweitern und anschließend das Filesystem zu erweitern. Bei weiterem Platzbedarf sind lediglich weitere virtual Devices in den zu klein gewordenen Storage Pool hinzuzufügen. Die neu hinzugefügten virtual Devices werden sofort bei den nächsten Schreiboperationen als Freispeicher verwendet, und zwar derart, daß ab der Erweiterung für jeden Schreibzugriff die Stripebreite der vorhandenen Altbreite zuzüglich der neuen Komponenten ist. Ein Relayout ist nicht notwendig. Jedoch werden die Altdaten, auf die nicht schreibend zugegriffen wird, nicht in den Genuß eines breiteren Stripes kommen (copy-on-write Prinzip).

5.16.3.1 Administration von Storage Pools

Zur Administration von Storage Pools wird im ZFS Storagemanagementsystem das Kommando *zpool(1M)* bereitgestellt. Es erlaubt administratorische Operationen wie das Erzeugen von Storage Pools, das Definieren von virtual Disks in den unterstützten Formaten, jeweils gestriped, als auch das Monitoring der Belegung der Storage Pools als auch ihres Integritätsstatus. *zpool(1M)* ist ein Kommando mit vielen operativen Subkommandos, die das Ansehen, Erzeugen oder Modifizieren von Storage Pools ermöglichen. Die Subkommandos sind:

create [-fn] [-R root] [-M mountpoint] pool vdev...
: Erzeugt einen Storage Pool aus den angegebenen virtual Devices, wobei den jeweiligen virtual Devices als Keyword
mirror Nachfolgende vdevs werden gespiegelt.
raidz Nachfolgende vdevs werden in ein RAID-Z Verbund gesetzt.
vorangestellt werden kann. Wird kein Keyword vor die vdevs gestellt, werden die nachfolgenden vdevs als Einzel-vdevs hinzugefügt. Damit ist keine Redundanz definiert. Storage Pools werden ohne Angabe von Mountpunkt respektive Pfadbeschreibungen stets unter dem Namen des Storage Pools unter das root-Verzeichnis / gemountet. Die Option *-f* unterdrückt die Überprüfung, ob das Device bereits in Benutzung ist. Ein striped Mirror wird demnach erzeugt durch:
zpool create mirror vdev vdev... mirror vdev vdev ...
Ein striped RAID-z wird demnach erzeugt durch:
zpool create raidz vdev vdev... raidz vdev vdev ...

destroy [-f] pool
: Löschung eines Storage Pools in klassischer UNIX-Manier: Keine störenden Rückfragen, inklusive aller definierten Filesysteme, Mountpunkte etc. Gewissermaßen rückstandslos. Sollten dennoch Nachfragen auftreten, so läßt sich dies mit der Option *-f* unterdrücken.
So angenehm dieser einfache Weg ist, gegenwärtig gibt es keinen Undo-Mechanismus, was eine gewisse Grundvorsicht in der Benutzung empfehlenswert erscheinen läßt.

add [-fn] pool vdev...
: Hinzufügen eines virtual Devices. Unter Angabe des Ziel Pools, der Konfiguration (Mirror/RAID-Z/) können weitere Devices dem Pool hinzugefügt werden. Die Option *-f* unterdrückt die Überprüfung, ob das Device

bereits in Benutzung ist. Gegenwärtig ist es nicht möglich, Storage Pools zu verkleinern (kein *delete/remove*).

list [-H] [-o field[,field]] [pool] ...*

Auflistung der definierten Pools, ihrer Größen, dem belegten/freien Platz, der Kapazität und der alternativen Root. Eine Anpassung der Ausgabe ist möglich durch die Option *-o*, gefolgt von:

name:	Name des Storage Pools
size:	Größe des Storage Pools
used:	Belegter Platz
available:	Noch belegbarer Platz
capacity:	Belegung in %
health:	Healthstatus des Pools
root:	Alternative Root

iostat [-v] [pool] ... [interval [count]]

Anzeige von I/O-Statistiken. Unter Verwendung der Option *-v* erhält man eine Übersicht über definierte RAID-Level, vdev Belegungen, I/O-Operationen per Platte.

status [-xv] [pool] ...

Anzeige des Healthstatus, also ob defekte Komponenten im Storage Pool existieren. Unter Verwendung der Option *-x* erfolgt nur bei Defekten eine Ausgabe, *-v* bietet eine informativere Ausgabe.

offline pool device ...

Deaktivierung eines vdevs. Es ist jeweils der Storage Pool und das vdev zu benennen.

online pool device ...

Reaktivierung eines vdevs. Es ist jeweils der Storage Pool und das vdev zu benennen.

attach [-f] pool device new_device

Attach eines vdevs an ein anderes vdev zur Erzeugung eines Mirrors. Nur unterstützt für Mirrors, nicht für RAID-Z

detach pool device

Detach eines vdevs aus einer Mirrorkonfiguration. Nur unterstützt für Mirrors, nicht für RAID-Z

replace [-f] pool device [new_device]

Austausch eines defekten vdevs unter Angabe des Pools und des zu ersetzenden, bzw. des ersetzenden Devices

scrub [-s] pool ...

Durchliest den Storage Pool und überprüft Checksummen. Im Fall von Defekten wird umkopiert. Das Scrubbing ist in seiner Funktion dem resilvering recht ähnlich. In der Statusausgabe erfolgt die Ausgabe des Fortschritts in Percent. Die Option *-s* stoppt den Prozeß ab.

export [-f] pool

Ermöglicht den Export eines Storage Pools zum Portieren des Pools an einen anderen Rechner. (vgl:VxVm: vxdg deport)

import [-d dir] [-f] [-o options] [-a] [-R root] pool — id [newpool]
Ermöglicht den Import eines zuvor exportierten Storage Pools (vgl:VxVm: vxdg import). In unterschiedlichen Parameterisierungen und mit unterschiedlichen Optionen auch unter anderem Namen, an anderen Mountpunkten etc.

Nachfolgend werden die Subkommandos und Operationen vorgestellt. Es wurde die in Abschnitt 5.16.2 ab Seite 297ff beschriebene Beispielkonfiguration verwendet.

5.16.3.1.1 Auflisten von Konfigurationen und Status

Zunächst zu den List-Funktionen die eine Übersicht über Storage Pool Definitionen, Größen, Status etc. geben

zpool list
zpool list Listet alle importierten und verfügbaren Storage Pools auf. Es besteht die Möglichkeit durch Verwendung der Option *-H* die Ausgabe eines Tabellenheaders zu vermeiden, um das Kommando besser in eigene Scripten aufnehmen zu können. Es ist, wie zuvor beschrieben, die Möglichkeit gegeben unter Verwendung der Option *-o* *<Feldname>* in kommaseparierter Liste die Tabellenspalten auszugeben, die von Interesse sind, in der angegebenen Reihenfolge. Eine Beispielausgabe mit Tabellenheader ist in Beispiel 5.30 zu sehen, die Feldnamen können, klein geschrieben, auch einzeln spezifiziert werden s.o.

```
endeavour# zpool list
NAME                    SIZE    USED   AVAIL    CAP  HEALTH     ALTROOT
new2                   16.8G   45.5K   16.7G     0%  FAULTED    -
new3                   16.8G   48.5K   16.7G     0%  ONLINE     -
```

Beispiel 5.30. Auflistung der importierten Pools

Wobei SIZE die Gesamtgröße, USED den belegten Platz, AVAIL den noch zur Verfügung stehenden Platz, CAP die Kapazität in %, HEALTH den Status des Pools und ALTROOT die alternative Root angeben.

zpool iostat
Der I/O Status eines Pools gibt ähnlich dem Kommando *iostat(1M)* die Lese- und Schreibperformance und zusätzlich die Belegung an, wie in Beispiel 5.31 dargestellt. Unter Verwendung der Option *-v* erfolgt eine detailliertere Ausgabe, heruntergebrochen auf die einzelnen vdevs und Festplatten, wie in Beispiel 5.32 aufgezeigt.

```
endeavour# zpool iostat
                 capacity     operations    bandwidth
pool           used  avail   read  write   read  write
----------    -----  -----  -----  -----  -----  -----
pm1           45.5K  16.7G      0      0    638    432
pm2           48.5K  16.7G      0      0    712    424
----------    -----  -----  -----  -----  -----  -----
```

Beispiel 5.31. *zpool iostat*

```
endeavour# zpool iostat -v
                               capacity     operations    bandwidth
pool                          used  avail   read  write   read  write
-------------------------    -----  -----  -----  -----  -----  -----
new2                         45.5K  16.7G      0      0    637    432
  c6t2000002037260FE2d0s0        0  8.38G      0      0    253    183
  c6t200000203708CE21d0s0    45.5K  8.37G      0      0    383    248
-------------------------    -----  -----  -----  -----  -----  -----
new3                         48.5K  16.7G      0      0    711    423
  c6t2000002037265F23d0s0        0  8.38G      0      0    261    191
  c6t20000020371BF5CFd0s0    48.5K  8.37G      0      0    449    232
-------------------------    -----  -----  -----  -----  -----  -----
```

Beispiel 5.32. *zpool iostat -v*

5.16.3.1.2 Aufsetzen eines Stripes

Ein Stripe stellt den schnellsten RAID Level dar, jedoch frei von jeglicher Redundanz. Da alle virtual Devices in einem Storage Pool immer in einem Stripe zusammengefaßt werden, werden hierzu folgerichtig nur Einzelfestplatten beziehungsweise Containerfiles auf der Kommandozeile angegeben. Ein Beispiel für einen Stripe über vier Festplatten ist in Beispiel 5.33 aufgeführt.

```
endeavour# zpool create p1 c6t20000020371B7A86d0 ↙...
    ↪ c6t20000020371BF830d0 c6t20000020371B6762d0 ↙...
    ↪ c6t20000020371B889Dd0
endeavour# zpool iostat -v
                           capacity     operations    bandwidth
pool                     used  avail   read  write   read  write
------------------------ -----  -----  -----  -----  -----  -----
p1                       33.0K  33.5G      0      0      0  2.29K
  c6t20000020371B7A86d0      0  8.38G      0      0      0    576
  c6t20000020371BF830d0      0  8.38G      0      0      0    578
  c6t20000020371B6762d0      0  8.38G      0      0      0    576
  c6t20000020371B889Dd0  33.0K  8.37G      0      0      0    608
------------------------ -----  -----  -----  -----  -----  -----
```

Beispiel 5.33. Erzeugung eines Stripes

5.16.3.1.3 Aufsetzen eines Zweifachspiegels

Redundanz ist erst durch beispielsweise eine Spiegelung von virtual Devices gegeben. Ein Mirror kann schon beim Erzeugen eines Storage Pools definiert werden, wie in Beispiel 5.34 gezeigt. Ein anderer Weg ist das nachträgliche Einspiegeln per *attach*. Es kann nun ein Submirror ausfallen, ohne daß der Applikationslayer, beispielsweise das Filesystem, die Defekte bemerkt. Jedoch sollte sich der verbliebene zweite Submirror nicht auch noch dazu entschließen auszufallen. Das Filesystem wäre dann verloren.

```
endeavour# zpool create -f p3 mirror c6t2000002037260FE2d0 ↙...
    ↪ c6t200000203708CE21d0
endeavour# zpool iostat -v
                           capacity     operations    bandwidth
pool                     used  avail   read  write   read  write
------------------------ -----  -----  -----  -----  -----  -----
p3                       33.0K  8.37G      0      0      0     35
  mirror                 33.0K  8.37G      0      0      0     35
    c6t2000002037260FE2d0    -      -      0      0     50    687
    c6t200000203708CE21d0    -      -      0      0     50    687
------------------------ -----  -----  -----  -----  -----  -----
```

Beispiel 5.34. Erzeugung eines 2-fach Spiegels

5.16.3.1.4 Aufsetzen eines Mehrfachspiegels

Ein Zweifachspiegel bietet Einfachredundanz, d.h., es kann ein Submirror ausfallen, ohne daß die Applikationsschicht eine Inkonsistenz erkennt. Fällt der zweite Submirror eines Zweifachspiegels aus, ist der Defekt nicht mehr verbergbar. Hier hilft es, von vornherein Mehrfachspiegel aufzusetzen, wie dies bei der Initialisierung eines Storage Pools in Beispiel 5.35 dargestellt ist. Auch hier gilt: Nachträglich können Spiegel per *attach* eingebunden werden, was insbesondere bei Administrationsfehlern hilfreich sein kann.

```
endeavour# zpool create -f p2 ↙...
    ↪ mirror c6t20000020371BF5CFd0 c6t20000020371BA65Dd0 ↙...
    ↪     c6t20000020371BF82Cd0 c6t2000002037220102d0
endeavour# zpool iostat -v
                              capacity     operations    bandwidth
pool                        used  avail   read  write   read  write
-------------------------  -----  -----  -----  -----  -----  -----
p2                         33.0K  8.37G      0      0      0     34
  mirror                   33.0K  8.37G      0      0      0     34
    c6t20000020371BF5CFd0      -      -      0      0      0    663
    c6t20000020371BA65Dd0      -      -      0      0      0    663
    c6t20000020371BF82Cd0      -      -      0      0      0    663
    c6t2000002037220102d0      -      -      0      0     48    663
-------------------------  -----  -----  -----  -----  -----  -----
```

Beispiel 5.35. Erzeugung eines 4-fach Spiegels

5.16.3.1.5 Aufsetzen eines Stripe-Mirrors

Nicht immer ist eine gespiegelte Festplatte ausreichend groß. In diesem Fall müssen mehrere Festplatten in einem Stripe zusammengeschaltet werden. Soll dies redundant sein, so ist der Stripe zu spiegeln. Die Diskussion, ob ein RAID-01 oder ein RAID-10 besser sei, wird bei ZFS recht einfach entschieden: Es wird RAID-01, striped Mirror, unterstützt, bei der Erzeugung definierbar wie in Beispiel 5.36 mit vier Festplatten exemplarisch gezeigt. Man achte auf die Kommandierung

mirror dev dev mirror dev dev...

```
endeavour# zpool create -f p4 ↙...
    ↪ mirror c6t2000002037 1B61DBd0 c6t2000002037228331d0 ↙...
    ↪ mirror c6t20000020371B0FA9d0 c6t20000020372286CBd0
endeavour# zpool iostat -v
                              capacity     operations    bandwidth
pool                        used  avail   read  write   read  write
------------------------   -----  -----  -----  -----  -----  -----
p4                         35.0K  16.7G      0      0      0     46
  mirror                       0  8.38G      0      0      0      0
    c6t20000020371B61DBd0      -      -      0      0      0    684
    c6t2000002037228331d0      -      -      0      0      0    684
  mirror                   35.0K  8.37G      0      0      0     46
    c6t20000020371B0FA9d0      -      -      0      0      0    733
    c6t20000020372286CBd0      -      -      0      0      0    733
------------------------   -----  -----  -----  -----  -----  -----
```

Beispiel 5.36. Erzeugung eines Stripes aus 2 Mirrors

5.16.3.1.6 Aufsetzen eines RAID-*Z*

Auch wenn Spiegeln der performanteste Weg zur Redundanz ist, er ist auch der teuerste. Eine preisgünstige Alternative in Bezug auf die Anzahl der verwendeten Festplatten ist eine RAID-Z-Konfiguration, die der RAID-5 Konfiguration recht ähnlich ist. Sie ist am Beispiel 5.37 eines RAID-Z aus drei Festplatten aufgelistet. Bei einer RAID-Z Konfiguration sind mindestens zwei Devices im RAID anzugeben (nicht drei, wie man vermuten könnte).

```
endeavour# zpool create -f p6 raidz c6t20000020371BFC19d0 ↙...
    ↪ c6t20000020371B3E91d0 c6t20000020371BFD40d0
endeavour# zpool iostat -v
                              capacity     operations    bandwidth
pool                        used  avail   read  write   read  write
------------------------   -----  -----  -----  -----  -----  -----
p6                         58.0K  25.2G      0      0      0     42
  raidz                    58.0K  25.2G      0      0      0     42
    c6t20000020371BFC19d0      -      -      0      0      0    790
    c6t20000020371B3E91d0      -      -      0      0     59    789
    c6t20000020371BFD40d0      -      -      0      0      0    791
------------------------   -----  -----  -----  -----  -----  -----
```

Beispiel 5.37. Erzeugung eines RAID-Z

5.16.3.1.7 Aufsetzen eines striped RAID-*Z*

Es ist im Prinzip nicht unbedingt notwendig, dieses Beispiel zu liefern, jedoch dürfte gerade im SLVM-Umfeld an der Möglichkeit der Konstruktion eines Stripes aus einzelnen RAID-Zs gezweifelt werden. Wie bereits gesagt, wird in ZFS über alle virtual Devices gestriped. Auch RAID-Zs sind, jedes für sich, virtual Devices. Damit ist die in Beispiel 5.38 gezeigte Konfiguration definierbar.

```
endeavour# zpool create pr ↙...
  ↪ raidz c6t2000002037220102d0 c6t2000002037260FE2d0 ↙...
  ↪     c6t2000002037265F23d0 ↙...
  ↪ raidz c6t20000020371B3E91d0 c6t200000203708CE21d0 ↙...
  ↪     c6t20000020371BF5CFd0 ↙...
  ↪ raidz c6t20000020371B846Fd0 c6t20000020371B0FA9d0 ↙...
  ↪     c6t20000020371BA65Dd0 ↙...
  ↪ raidz c6t20000020371BF830d0 c6t20000020371BF82Cd0 ↙...
  ↪     c6t20000020371BFC19d0
endeavour# zpool iostat -v
                              capacity     operations    bandwidth
pool                        used  avail   read  write   read  write
-------------------------  -----  -----  -----  -----  -----  -----
pr                         58.0K   101G      0      3      0  6.39K
  raidz                        0  25.2G      0      0      0      0
    c6t2000002037220102d0      -      -      0      2  8.84K   114K
    c6t2000002037260FE2d0      -      -      0      3  8.84K   114K
    c6t2000002037265F23d0      -      -      0      3  8.84K   114K
  raidz                        0  25.2G      0      0      0      0
    c6t20000020371B3E91d0      -      -      0      2  8.84K   114K
    c6t200000203708CE21d0      -      -      0      2  8.84K   114K
    c6t20000020371BF5CFd0      -      -      0      2  8.84K   114K
  raidz                        0  25.2G      0      0      0      0
    c6t20000020371B846Fd0      -      -      0      3  8.84K   114K
    c6t20000020371B0FA9d0      -      -      0      3  8.84K   114K
    c6t20000020371BA65Dd0      -      -      0      3  8.84K   114K
  raidz                    58.0K  25.2G      0      3      0  6.39K
    c6t20000020371BF830d0      -      -      0      5  8.84K   117K
    c6t20000020371BF82Cd0      -      -      0      5  8.84K   117K
    c6t20000020371BFC19d0      -      -      0      5  8.84K   117K
-------------------------  -----  -----  -----  -----  -----  -----
```

Beispiel 5.38. Striped RAID-Z

So eigenartig die Konstruktion aussehen mag, bietet sie doch auf Basis der einzelnen RAID-Z vdevs eine gewisse Mindestredundanz.

5.16.3.1.8 Aufsetzen von Kombinationsvolumes

Zu solchen Kunstgriffen greift man meistens nur bei Platznot. Es ist möglich, Storage Pools als Kombination aus Spiegeln, RAID-Z oder Simple Disks zu erstellen. Es ist jedoch zu bedenken, daß das RAID-Z aus dieser Konfiguration nicht mehr entfernt werden kann.

```
endeavour# zpool create -f p5 ↙...
    ↪ mirror c6t200000203722927Ed0 c6t20000020371B846Fd0 ↙...
    ↪ raidz c6t2000002037265F23d0 c6t20000020371BF7B5d0 ↙...
    ↪     c6t20000020371B7B90d0
endeavour# zpool iostat -v
                              capacity     operations    bandwidth
pool                         used  avail   read  write   read  write
-------------------------   -----  -----  -----  -----  -----  -----
p5                          58.0K  33.6G      0      0      0     40
  mirror                        0  8.38G      0      0      0      0
    c6t200000203722927Ed0       -      -      0      0      0    733
    c6t20000020371B846Fd0       -      -      0      0      0    733
  raidz                     58.0K  25.2G      0      0      0     40
    c6t2000002037265F23d0       -      -      0      0      0    753
    c6t20000020371BF7B5d0       -      -      0      0      0    752
    c6t20000020371B7B90d0       -      -      0      0      0    754
-------------------------   -----  -----  -----  -----  -----  -----
```

Beispiel 5.39. Stripe-Zusammenfassung unterschiedlicher RAID Layouts

5.16.3.1.9 Hinzufügen von virtual Devices in Storage Pools

Wie bereits gesagt, ist die Erweiterung eines Storage Pools jederzeit möglich. Als Beispiel sei der Storage Pool *pm*, gezeigt in Beispiel 5.40, um ein weiteres Mirror Device zu erweitern. Kommandosequenz und Resultat sind in Beispiel 5.41 gezeigt.

```
endeavour# zpool iostat -v
                              capacity     operations    bandwidth
pool                         used  avail   read  write   read  write
-------------------------   -----  -----  -----  -----  -----  -----
pm                          33.0K  8.37G      0      0      0  1.81K
  mirror                    33.0K  8.37G      0      0      0  1.81K
    c6t2000002037220102d0       -      -      0      1  2.55K  34.8K
    c6t20000020371B3E91d0       -      -      0      1  2.55K  34.8K
-------------------------   -----  -----  -----  -----  -----  -----
```

Beispiel 5.40. Erweiterung eines Storage Pools um ein Mirror Device

```
endeavour# zpool add pm ↙...
      ↪ mirror c6t2000002037260FE2d0 c6t200000203708CE21d0
endeavour# zpool iostat -v
                              capacity     operations    bandwidth
pool                        used  avail   read  write   read  write
------------------------- -----  -----  -----  -----  -----  -----
pm                        51.0K  16.7G      0      0      0  1.62K
  mirror                  51.0K  8.37G      0      0      0  1.62K
    c6t2000002037220102d0     -      -      0      1  1.41K  19.9K
    c6t20000020371B3E91d0     -      -      0      1  1.41K  19.9K
  mirror                      0  8.38G      0      0      0      0
    c6t2000002037260FE2d0     -      -      0     13  42.9K   553K
    c6t200000203708CE21d0     -      -      0     14  42.9K   553K
------------------------- -----  -----  -----  -----  -----  -----
```

Beispiel 5.41. Erweiterung des Storage Pools aus 5.40 um ein Mirror Device

Jedoch Vorsicht, ein Weglassen oder Vergessen des Keywords *mirror* hat Folgen, wie in Abschnitt5.16.3.1.14 aufgezeigt.

5.16.3.1.10 Import/Export von Storage Pools

Es gibt einige Gründe, weshalb vollständige Festplatten Ensembles mit allen darauf befindlichen Daten von einem System an ein anderes übergeben werden sollen. Sei es ein Umzug, eine Migration auf ein Ersatz- oder Upgradecomputersystem oder sei es eine Konfiguration, in der sich mehrere Rechner in einem engen Verbund den Storage teilen sollen wie etwa in einer Clusterumgebung. Bei einem solchen Move der gesamten Konfiguration eines Storage Pools muß ein Verfahren gewählt werden, das nicht nur ein "Umstecken" der Festplatten bietet. Es muß vielmehr die gesamte Verwaltungsinformation, quasi das "wie die Platten zusammengehören" mit übergeben werden. Im Umfeld von Software RAID-Systemen werden dazu Volume Groups beziehungsweise Disk Sets gewählt, die dann vor der Übergabe an einen anderen Host auf dem aktuellen Host erst deaktiviert werden, dann exportiert werden müssen und auf dem Zielsystem wieder importiert werden und aktiviert (Filesystemcheck, Mount etc.) werden müssen. Diese Funktionalität bieten die Subkommandos *import* und *export*. Der Export und der Import sind unspektakulär. Es ist jeweils

zpool export <pool> für den Export und
zpool import <pool> für den Import

anzugeben. Interessanter ist es zu erkennen, welche Storage Pools noch nicht importiert sind und ob und wie sie importierbar sind. Dazu ist, wie in Beispiel 5.42 zu sehen, das Kommando *zpool import* ohne weitere Angaben oder Optionen aufzurufen. Dies veranlaßt ZFS alle Festplattenheader zu scannen und herauszufinden, welche exportierten Storage Pools für das System sichtbar sind. Sollten nicht alle dazugehörenden Festplatten erreichbar sein, oder sollte der Pool nicht korrekt exportiert worden sein, so wird eine entsprechende Fehlermeldung ausgegeben. In diesem Fall kann versucht werden, den betreffenden Storage Pool per force (Option *-f*) zu importieren. Sollten jedoch Fehler existieren, die eine Datenintegrität beeinflussen, ist der Pool zur Zeit nicht importierbar.

```
endeavour# zpool import
  pool: pm2
    id: 6265183673112791490
 state: ONLINE
action: The pool can be imported using its name or numeric identifier.
config:

        pm2                         ONLINE
          c6t2000002037260FE2d0s0   ONLINE
          c6t200000203708CE21d0s0   ONLINE

  pool: pm1
    id: 8677895989978020749
 state: ONLINE
action: The pool can be imported using its name or numeric identifier.
config:

        pm1                         ONLINE
          c6t2000002037220102d0s0   ONLINE
          c6t20000020371B3E91d0s0   ONLINE
```

Beispiel 5.42. Es stehen zwei Pools für einen Import bereit

Sollte es notwendig sein, den Storage Pool Namen zu ändern, so kann dies beim Import durch Nennung des neuen Pool Namens geschehen. In Beispiel 5.43 wird dies am Beispiel eines Storage Pools aus einem Mirror gezeigt. Da alle ZFS Filesysteminformationen innerhalb des Storage Pools stehen, werden beim Import, auch unter neuem Namen (dann jedoch unter anderem Toplevel Verzeichnis), alle Filesysteme in ihrer definierten Hierarchie wieder bereitgestellt respektive gemountet.

```
df -k
Filesystem              kbytes     used   avail capacity  Mounted on
...
pm3                   17426432        8 17426386     1%    /pm3
pm3/demo              17426432        8 17426386     1%    /pm3/demo
...
endeavour# zpool export pm3
endeavour# zpool import pm3 new3
endeavour# df -k
Filesystem              kbytes     used   avail capacity  Mounted on
...
new3                  17426432        8 17426386     1%    /new3
new3/demo             17426432        8 17426386     1%    /new3/demo
...
```

Beispiel 5.43. Export und Neuimport unter anderem Storage Pool Namen

Damit läßt sich der Mechanismus des Exports und Imports auch verwenden, um den Namen eines Storage Pools zu modifizieren. Es dürfen keine zwei importierten Pools gleiche Namen haben. Die Importfunktion verhindert Namensgleichheiten beim Import.

5.16.3.1.11 Fehlersituationen, vDev-Errors

Wenn virtual Devices Fehler aufzeigen und der entsprechende RAID Level den Gerätefehler deckt, besteht die Möglichkeit, zum einen, eine Information über den Fehlerstatus und zum anderen eine Reparaturfunktion einzuleiten. Zunächst die Statusanzeige in Beispiel 5.44.

```
endeavour# zpool status -x
  pool: new2
 state: FAULTED
status: One or more devices could not be opened.  There are
        insufficient replicas for the pool to continue functioning.
action: Attach the missing device and online it using 'zpool online'.
   see: http://www.sun.com/msg/ZFS-8000-3C
 scrub: none requested
config:

        NAME                          STATE     READ WRITE CKSUM
        new2                          FAULTED      0     4     0
          c6t2000002037260FE2d0s0     FAULTED      0     4     0  cannot open
          c6t200000203708CE21d0s0     ONLINE       0     0     0
```

Beispiel 5.44. Erkannter Hardwarefehler

Das Subkommando *status* unterstützt die Option *-x*. Wird sie verwendet, werden nur die defekten Storage Pools aufgelistet mit ihren Defekten. Ohne Verwendung der *-x*-Option werden alle Storage Pools aufgelistet.

5.16.3.1.12 Replacementoperationen

Nachdem in Beispiel 5.44 ein Fehler erkannt wurde, sollte er beseitigt werden. Dazu wird das Subkommando *replace* verwendet. Die Statusanzeige sagt sodann aus, wie weit der Replacementprozess ist. Dies ist für den in Beispiel 5.44 aufgetretenen Fehler exemplarisch in Beispiel 5.45 ausgeführt.

```
endeavour# zpool replace new2 c6t2000002037260FE2d0s0    ↙...
     ↪ c6t2000002037228331d0
endeavour# zpool status -v
zpool status -v
  pool: new2
 state: ONLINE
 scrub: resilver completed with 0 errors on Sat Dec 31 20:13:38 2005
config:

        NAME                        STATE     READ WRITE CKSUM
        new2                        ONLINE       0     0     0
          c6t2000002037228331d0s0   ONLINE       0     0     0
          c6t200000203708CE21d0s0   ONLINE       0     0     0
```

Beispiel 5.45. Ersetzen eines defekten Devices

Hier wurde ein virtual Device durch ein anderes ersetzt. Wenn es durch sich selbst ersetzt wird, sprich durch ein Device unter der gleichen Targetadresse, entspricht das dem *metareplace -e* bei SLVM. Es wird dann das Device wieder einsynchronisiert, das unter dem alten Slot erreichbar ist. Interessant ist dies für Storage Array Systeme mit festen Platten IDs per Slot.

5.16.3.1.13 Attach/Detach

Es können nachträglich bei Einzelfestplatten oder Mirrors weitere Submirrors hinzugenommen (attached) oder weggenommen (detached) werden, solange der Zustand des virtual Devices konsistent ist. D.h., es können virtual Devices an ein Simple Disk Device oder einen Mirror attached werden, es können virtual Devices von einem bestehenden intakten Mirror detached werden, bis nur noch eine intakte Kopie vorhanden ist. Diese letzte Kopie ist nicht aus dem Storage Pool entnehmbar. In Beispiel 5.46 ist ein vollständiger attach/detach gezeigt. Es ist jeweils anzugeben, an welches virtual Device attached werden soll.

```
endeavour# zpool iostat -v
                              capacity     operations    bandwidth
pool                        used  avail   read  write   read  write
------------------------   -----  -----  -----  -----  -----  -----
pm                         35.0K  16.7G      0      0    811  10.6K
  c6t2000002037220102d0        0  8.38G      0      0    405  5.12K
  c6t200000203726OFE2d0    35.0K  8.37G      0      0    405  5.46K
------------------------   -----  -----  -----  -----  -----  -----
```

Beispiel 5.46. zpool attach/detach, Teil I

```
endeavour# zpool attach pm c6t200000203726OFE2d0 c6t200000203708CE21d0
endeavour# zpool iostat -v
                              capacity     operations    bandwidth
pool                        used  avail   read  write   read  write
-------------------------  -----  -----  -----  -----  -----  -----
pm                         71.0K  16.7G      0      0    854  6.00K
  c6t2000002037220102d0        0  8.38G      0      0    342  5.69K
  mirror                   71.0K  8.37G      1      3  12.6K  7.70K
    c6t200000203726OFE2d0      -      -      0      0    930  7.62K
    c6t200000203708CE21d0      -      -      0      6  8.26K   150K
-------------------------  -----  -----  -----  -----  -----  -----
```

Beispiel 5.46. zpool attach/detach, Teil II

```
endeavour# zpool attach pm c6t2000002037220102d0 c6t20000020371B3E91d0
endeavour# zpool iostat -v
                              capacity     operations    bandwidth
pool                        used  avail   read  write   read  write
-------------------------  -----  -----  -----  -----  -----  -----
pm                         89.0K  16.7G      0      0    416    381
  mirror                       0  8.38G      0      0      0      0
    c6t2000002037220102d0      -      -      0      0    279  5.74K
    c6t20000020371B3E91d0      -      -      0      4  15.0K   194K
  mirror                   89.0K  8.37G      0      0  1.87K  1.72K
    c6t200000203726OFE2d0      -      -      0      0    758  6.35K
    c6t200000203708CE21d0      -      -      0      1  1.25K  23.3K
-------------------------  -----  -----  -----  -----  -----  -----
```

Beispiel 5.46. zpool attach/detach, Teil III

```
endeavour# zpool detach pm c6t2000002037220102d0
endeavour# zpool iostat -v
                            capacity     operations    bandwidth
pool                       used  avail   read  write   read  write
-------------------------  -----  -----  -----  -----  -----  -----
pm                         124K  16.7G      0      0    566  5.16K
  c6t20000020371B3E91d0       0  8.38G      0      0  1.11K  23.2K
  mirror                   124K  8.37G      0      0    935  1.39K
    c6t2000002037260FE2d0     -      -      0      0    617  6.27K
    c6t200000203708CE21d0     -      -      0      0    626  14.4K
-------------------------  -----  -----  -----  -----  -----  -----
```

Beispiel 5.46. zpool attach/detach, Teil IV

5.16.3.1.14 Administrationsfehler

Gesetzt den Fall, es existiert ein Storage Pool aus einem Mirror und es soll ein weiterer Mirror hinzugefügt werden, um Platz zu gewinnen. Es wird also ein *add* ausgeführt und leider das Keyword *mirror* vergessen. Es kommt dann zu einer Situation, wie in Beispiel 5.47 aufgezeigt.

```
endeavour# zpool iostat -v
                            capacity     operations    bandwidth
pool                       used  avail   read  write   read  write
-------------------------  -----  -----  -----  -----  -----  -----
pm                        33.0K  8.37G      0      2      0  4.58K
  mirror                  33.0K  8.37G      0      2      0  4.58K
    c6t2000002037220102d0     -      -      0      4  6.46K  88.1K
    c6t20000020371B3E91d0     -      -      0      4  6.46K  88.1K
-------------------------  -----  -----  -----  -----  -----  -----
endeavour# zpool add -f pm c6t2000002037260FE2d0 c6t200000203708CE21d0
endeavour# zpool iostat -v
                            capacity     operations    bandwidth
pool                       used  avail   read  write   read  write
-------------------------  -----  -----  -----  -----  -----  -----
pm                        51.0K  25.1G      0      2  3.55K  47.8K
  mirror                  51.0K  8.37G      0      0      0  2.03K
    c6t2000002037220102d0     -      -      0      1  1.77K  25.0K
    c6t20000020371B3E91d0     -      -      0      1  1.77K  25.0K
  c6t2000002037260FE2d0       0  8.38G      0      1  6.77K  87.3K
  c6t200000203708CE21d0       0  8.38G      0      2  6.77K  87.3K
-------------------------  -----  -----  -----  -----  -----  -----
```

Beispiel 5.47. Administrationsfehler: Erweiterung um Stripe

Es wurden in den aus einem Mirror bestehenden Storage Pool zwei Einzelplatten konfiguriert, womit der Storage Pool in zwei Punkten frei von jeglicher

Redundanz ist. Was nun? Die Lösung, um die Mirror-Redundanz zu erhalten, ist das nachträgliche Attachen zweier weiterer Festplatten an die beiden Einzelplatten, wie es in Beispiel 5.48 aufgezeigt ist. Jedoch Vorsicht, virtual Devices können Storage Pools gegenwärtig nicht entnommen werden. Ein anderer Weg ist ein Zwischenkopieren, Auflösen des Storage Pools, erneutes Aufsetzen und Zurückkopieren.

```
endeavour# zpool attach pm c6t2000002037260FE2d0 c6t20000020371BF5CFd0
endeavour# zpool attach pm c6t200000203708CE21d0 c6t2000002037265F23d0
endeavour# zpool iostat -v
                              capacity     operations    bandwidth
pool                        used  avail   read  write   read  write
-------------------------  -----  -----  -----  -----  -----  -----
pm                          107K  25.1G      0      0      0    460
  mirror                    107K  8.37G      0      0      0    460
    c6t2000002037220102d0      -      -      0      0    183  3.52K
    c6t20000020371B3E91d0      -      -      0      0    183  3.52K
  mirror                       0  8.38G      0      0      0      0
    c6t2000002037260FE2d0      -      -      0      0    198  4.08K
    c6t20000020371BF5CFd0      -      -      0      1  4.43K  75.1K
  mirror                       0  8.38G      0      0      0      0
    c6t200000203708CE21d0      -      -      0      0    198  4.08K
    c6t2000002037265F23d0      -      -      0     13  37.9K   489K
-------------------------  -----  -----  -----  -----  -----  -----
```

Beispiel 5.48. Nachträglich attachte Submirrors

Damit wäre die Redundanz gerettet. Ob jedoch die verwendeten Festplatten für diese Aktion vorgesehen waren und nicht woanders fehlen, sei dahingestellt.

5.16.3.1.15 Löschen von Storage Pools

Das Löschen von Storage Pools mit allen Inhalten hält nicht weiter auf und verläuft störungsfrei, wie in Beispiel 5.49 gezeigt.

```
endeavour# zpool destroy pm
endeavour# zpool iostat -v
no pools available
```

Beispiel 5.49. Löschen von Storage Pools

Es können nur Storage Pools gelöscht werden, die in das System importiert sind.

5.16.4 ZFS Datasets

ZFS unterstützt drei Formen von Datasets

Filesystem: Ein POSIX konformes Filesystem mit umfangreichem ACL Support, siehe auch Abschnitt 5.14 ab Seite 214
Snapshot: Ein eingefrorener Stand eines Filesystems
Volume: Ein als Blockdevice unter */vol/zvol/[dsk|rdsk]/** sichtbares Volume

Bei den bisher vorgestellten Filesystemen konnten die Begriffe Directorystruktur und Filesystem synonym verwendet werden, ohne das Verständnis zu beeinträchtigen.

Die synonyme Verwendung von Directorystruktur und Filesystem kann im ZFS das Verständnis jedoch vollständig blockieren. Während in Directorystrukturen Accessmodi, NFS Shares, Access Permissions, etc. in beliebiger Ebene der Directorystruktur durch die jeweiligen Kommandos (*chmod, share* ...) gesetzt werden können, so werden Properties im ZFS in Gesamtheit auf das jeweilige Filesystem gesetzt. Damit vererbt sich das Verhalten automatisch auf alle darunterliegenden Directories.

Die Directorystruktur ist das Abbild aller Filesysteme in einer einheitlichen Struktur, der Leitgedanke von UNIX, während hingegen ein Filesystem immer durch die physikalischen Grenzen des Mediums begrenzt ist.

Das neue bei ZFS ist, daß in einem Storage Pool mehrere Filesysteme auch (aber nicht zwingend) in einer Hierarchie untereinander erzeugt werden können.

ZFS Filesysteme folgen den POSIX Vorgaben und sind daher mit einigen in den Abschnitten zu UFS, HSFS etc. beschriebenen nicht POSIX konformen Filesystemen nicht kompatibel. Auffallend ist zunächst, daß die Einträge "." und ".." als Files emuliert werden. Dazu kommt, daß das Kommando *zfs(1M)* ähnlich dem *zpool(1M)* Kommando diverse Subkommandos bietet, dazu jedoch mehr in den folgenden Abschnitten. Alle ZFS Filesystem Informationen werden in dem Storage Pool gehalten, in dem sie erzeugt wurden. Es ist daher nicht notwendig, ein ZFS Filesystem in der */etc/vfstab* einzutragen. Vielmehr stört ein solcher Eintrag. Wenn ein Storage Pool exportiert und, möglicherweise auf einer anderen Maschine, wieder importiert wird, so sind alle ZFS Filesysteminformationen mit exportiert oder importiert worden, insbesondere Informationen über definierte Quotas, Mountpunkte und Optionen, NFS-Exporte etc. All dies läßt sich mit dem gleichnamigen Kommando *zfs(1M)* bewerkstelligen.

5.16.4.1 ZFS Subkommandos

Die Administration im ZFS Filesystem Storage Management Subsystem besteht aus den Bereichen des Aufrufs von Subkommandos und des Setzens und Lesens von Eigenschaften. Hier zu den Subkommandos.

Das ZFS Subsystem unterstützt eigene Subkommandos, die teilweise in der Funktion mit Kommandos außerhalb des ZFS Environments funktionsähnlich oder identisch sind oder mit ihnen im Kontrast stehen. So unterstützt ZFS in seiner Umgebung Kommandos wie *iostat, mount, share/unshare*, die in ZFS Wirkung haben und nach außen Services bereit stellen, wie das NFS Exportieren von Filesystemen. Wobei, wenn ZFS-seitig der NFS Export deaktiviert ist, immer noch der SOLARIS eigene NFS Exportmechanismus per *share, unshare* oder per Spezifikation in der */etc/dfs/dfstab* greift. Es gibt Kommandos wie *create, destroy, etc.* die auf den ersten Blick von einem UNIX *mkdir* oder *rm -rf* nur schwer unterscheidbar sind.

ZFS eigene Kommandos werden immer innerhalb des ZFS-Kommandos aufgerufen, also *zfs <Subcommand> [<Options>]*. Die ZFS eigenen Kommandos in Übersicht

create: Erzeugen eines Filesystems, erzeugt gleichzeitig den Mountpoint und führt den Filesystemmount aus. Per Default im root Verzeichnis (*/*) unter dem Namen des durch *zpool* erzeugten Pools in dem das Filesystem erzeugt wird. Das Kommando create wird ebenfalls, mit der zusätzlichen Option *-V*, zur Erzeugung eines Volumes verwendet. Siehe hierzu den Abschnitt ZFS als Blockdevice, 5.16.4.4.

destroy: Löschen eines Filesystems, eines Snapshots oder eines Clones, bei Bedarf rekursiv. Gleichzeitig wird der Mountpunkt und etwaige Properties des zu löschenden Filesystems mit gelöscht.

list: Auflisten von ZFS Verzeichnissen, im weiteren parameterisierbar.

mount: ZFS-seitiger Mount eines ZFS-Verzeichnisses.

unmount: ZFS-seitiger Umount eines ZFS-Verzeichnisses.

backup: ZFS-seitiger Backup eines ZFS-Verzeichnisses auf ein Sekundärmedium (Band etc.).

snapshot: ZFS-seitiges Erzeugen eines Snapshots eines Filesystems.

rollback: ZFS-seitiger Rollback eines ZFS-Verzeichnisses aus einem Snapshot

restore: ZFS-seitiger Restore eines ZFS-Verzeichnisses von einem Sekundärmedium (Band etc.).

rename: ZFS-seitiges Umbenennen (ähnlich *mv*) eines Filesystems.

share: ZFS-seitiger NFS Share eines Filesystems.

unshare: ZFS-seitiger NFS Unshare eines Filesystems.

5.16.4.2 ZFS Properties: Setzen und Lesen von Eigenschaften

Die Administration im ZFS Filesystem Storage Management Subsystem besteht aus den Bereichen des Aufrufs von Subkommandos und dem Setzen und Lesen von Eigenschaften. Hier zu den Eigenschaften.

Das Verhalten als auch Optionen, Reservierungen, Einschränkungen des ZFS werden über Properties geregelt. Zunächst ist zu unterscheiden, ob eine Eigenschaft eine lokale Eigenschaft ist, ob sie vererbt wurde oder eine defaultmäßig gesetzte Eigenschaft ist. Eine so genannte lokale Quelle für eine Eigenschaft beschreibt eine explizit gesetzte Eigenschaft, während eine vererbte Eigenschaft gegeben ist durch die Parentinstanz. Zu den Eigenschaften, genannt Properties, im Einzelnen. Es ist wieder zu unterscheiden in setzbare und nur lesbare Eigenschaften.

Es mag zunächst irreführend sein, jedoch ist es ein Unterschied, ob ein Directory im Storage Pool mit einer Shell mit dem Kommando *mkdir* erzeugt wurde oder ob es durch das ZFS Kommando *create* erzeugt wurde. In beiden Fällen kann in dem erzeugten Verzeichnis gearbeitet werden. Nur, ein per *mkdir* erzeugtes Directory ist nur ein Knoten im Directorytree, während hingegen ein per *zfs create* erzeugtes Directory ein Filesystem beschreibt. Der Unterschied wird erst deutlich, wenn man einem solchen Directory Eigenschaften zuweisen will. Eigenschaften können auf die per *zfs create* erzeugten Filesysteme definiert werden. Nur lesbare Eigenschaften können von den per *zfs create* erzeugten Directories gelesen werden. Die Eigenschaften auf ZFS Filesysteme sind das administrative Werkzeug in Storage Pools.

Eigenschaften:

Nachfolgend beschriebene Eigenschaften können gesetzt, modifiziert und gelesen werden. Sie sind das administrative Werkzeug im ZFS Filesystem Storage Management Subsystem.

atime: Ein boolscher Wert [on|off].
Durch Setzen der *atime* kann spezifiziert werden, ob ein Lesezugriff die *access time* ändert.

checksum: Ein String Wert. Default: on.
Beschreibt, ob die Integrität der Elemente eines Datasets über Checksummen automatisch geprüft werden. Unterstützt werden zur Zeit:
- *on*: Automatische Auswahl der Checksummenverfahrens
- *off*: Abschalten des checksummenbasierten Filesystemintegritätschecks
- *fletcher2*: Festlegung des Checksummenalgorithmus auf fletcher2
- *fletcher4*: Festlegung des Checksummenalgorithmus auf fletcher4
- *sha256*: Festlegung des Checksummenalgorithmus auf sha256

compression: Ein String Wert. Default: off.
Beschreibt, ob ein Dataset automatisch komprimiert werden soll. unterstützt wird zur Zeit
- *on*: Automatische Wahl des Kompressionsmechanismus
- *lzjb*: Der zur Zeit einzige implementierte Kompressionsmechanismus

device: Ein boolscher Wert, Default: on.
Kontrolliert, ob eine in dem betreffenden Filesystem befindliche Devicenode geöffnet werden kann.

exec: Ein boolscher Wert, Default: on.
Kontrolliert, ob ein in dem betreffenden Filesystem liegendes ausführbares Programm ausgeführt werden kann.

mountpoint: Ein String Wert.
Definiert den Mountpunkt des Filesystems und seiner Subfilesysteme oder zeigt ihn an.

quota: Ein numerischer Wert.
Erlaubt das Setzen von Quotas für ein Filesystem.

readonly: Ein boolscher Wert, Default: off.
Erlaubt das Sperren von Schreibzugriffen auf ein Filesystem.

recordsize: Ein numerischer Wert. Default 128k.
Erlaubt einen Eingriff in die automatische Verwaltung von Recordsizes durch ZFS im Fall von spezifischen Zugriffsmechanismen von Datenbanken etc. Die setzbaren Werte sind nicht frei definierbar.

reservation: Ein numerischer Wert.
Ermöglicht die Reservierung eines für ein Filesystem belegbaren Speicherplatzkontingentes. Insbesondere, wenn viele Verzeichnisse in einem Storage Pool untergebracht sind, kann diese Property hilfreich sein.

sharenfs: Ein String Wert.
Erlaubt das NFS-Exportieren von ZFS Filesystemen. Wird die Property deaktiviert, greifen die klassischen Methoden des NFS Service wie in Abschnitt 7.5 auf den Seiten 510 beschrieben.

setuid: Ein boolscher Wert, Default: on.
Erlaubt die Auswertung/Nutzung des SetUID-Bits für das betreffende Filesystem zu ignorieren oder zu unterstützen.

snapdir: Ein String Wert, Default visible.
Erlaubt die Sichtbarkeit des *.zfs* Verzeichnisses zu steuern. Es werden zwei Belegungen unterstützt:
visible: sichtbar
hidden: nicht sichtbar
Ein boolscher Wert hätte zumindest bei der gegenwärtigen Verwendung ausgereicht.

volsize: Ein numerischer Wert.
Spezifiziert die logische Größe eines Volumes.

volblocksize: Ein numerischer Wert. Default: 8k.
Spezifiziert die Blocksize innerhalb eines Volumes, welche nachträglich bei belegtem Volume nicht ohne Datenverlust modifiziert werden kann.

zoned: Ein boolscher Wert, Default true.
Erlaubt die Einschränkung von in SOLARIS Zones zu verwendenden Filesystemen nur auf die Verwendung in non-global Zones.

Nur lesbare Eigenschaften

Das sind prinzipiell Informationen, die man von einem Filesystem erhalten kann. Zeitpunkte der Erstellung des Filesystems etc. Unterstützt sind:

available: Liefert eine Zahl zurück.
Sie beschreibt den einem Dataset im Storage Pool zur Verfügung stehenden Platz zur Belegung, limitiert, nicht nur durch die Größe des Pools, sondern auch durch Quotas des eigenen oder Reservations anderer Filesysteme im gleichen Storage Pool.

creation: Liefert eine Zahl zurück.
Sie nennt den Zeitpunkt zu dem das Dataset erzeugt wurde.

origin: Liefert einen String zurück.
Er beschreibt den Snapshot, aus dem der Filesystem-Clone erstellt wurde.

compressratio: Liefert eine Zahl zurück.
Sie nennt den für ein Dataset erreichten tatsächlichen Kompressionsfaktor.

referenced: Liefert eine Zahl zurück.
Sie bescheibt den für ein Dataset im Zugriff befindlichen Anteil am Storage Pool

type: Liefert einen String zurück.
Unterstützte Dataset Typen sind: Filesystem, Snapshot, Volume.

used: Liefert eine Zahl zurück.
Sie beschreibt den durch das Filesystem belegten Platz. Dabei werden Platzreservierungen nicht mit eingerechnet, wenn es sich dabei nicht um Platzreservierungen von Sub-Filesystemen handelt. Wenn in einem Filesystem ein Subfilesystem erzeugt wurde und für dieses eine Platzreservierung definiert wurde, so wird diese Platzreservierung bei der Anzeige des belegten Platzes mit einberechnet.

5.16.4.3 Administration von ZFS Datasets

Die Administration ist verhältnismäßig übersichtlich gehalten und wird nachfolgend an Beispielen kurz gezeigt. Wie zuvor bereits im Abschnitt 5.16.1 zur Übersicht von ZFS beschrieben, müssen ZFS Filesysteme nicht vergrößert werden, sie sind in ihrer Größe nur durch die zur Verfügung stehende Storage Pool Größe und definierte Quotas beschränkt. Diese Beschränkungen können im laufenden Betrieb modifiziert werden. D.h. ZFS Filesysteme belegen soviel

Platz in einem Storage Pool, wie sie benötigen, denn so ist eine Koexistenz mehrerer Filesysteme, Volumes und Snapshots in einem Storage Pool sichergestellt. Zu ZFS wird gesagt, es würde die Filesystemadministration deutlich vereinfachen, da ZFS selbst alle notwendigen Methoden enthält und teilweise ausführt, die zum automatischen Mount, zu NFS Freigaben etc. notwendig sind. Dazu kann man verschiedene Einstellungen haben. Wenn alle Informationen über ein Filesystem in einem im Fehlerfall nur erschwert bearbeitbaren Storage Pool liegen, der es einem Administrator nur unter deutlicher Kenntnis der Datenstrukturen überhaupt erlaubt, auf Bitebene einzugreifen, ist dies sicher nicht jedermanns Geschmack. Denn wenn ein Storage Pool ausreichend defekt ist, ist auch keine Kenntnis über möglicherweise existente Filesysteme mehr vorhanden. Auch kann man davon ausgehen, daß man in einer solchen Situation wenig retten kann. Ein Ausweg mag es sein, jeweils einen Storage Pool per Filesystem zu nutzen um das Risiko zu verteilen und damit zu verringern. Eine sichere ressourcefilebasierte Administration durch Verwendung von strukturierten Einträgen in */etc/vfstab* und */etc/dfs/dfstab* wird jedenfalls nur begrenzt empfohlen, da hier unterschiedliche Konzepte im Betrieb derart kollidieren, daß auch die Flexibilität des Systems behindert ist. Hier mag jeder selbst experimentieren und für sich entscheiden.

Es sei an dieser Stelle gewarnt, die Konzepte nicht durcheinander zu bringen. So kann ein Filesystem erzeugt werden, obwohl es bereits eine Verzeichnisstruktur gleichen Namens an der gleichen Stelle im ZFS Filesystem gibt, das bereits weitere Files enthält. ZFS unterstützt das Übermounten von Filesystemen nur im so genannten legacy-Mode. Das ZFS Filesystem wird in diesem Fall zunächst erzeugt, dann aber unter Angabe der nachfolgend zitierten Fehlermeldung *nicht* gemountet:

> *cannot mount "<your new filesystem>": directory is not empty use legacy mountpoint... filesystem successfully created, but not mounted*

Diese Fehlermeldung sollte man ernst nehmen, denn wenn der Grund dafür, also das nicht unterstützte Übermounten, vor dem nächsten Reboot nicht beseitigt wird, so hat man spätestens bei diesem nächsten Reboot die Gelegenheit auf der Systemconsole das Problem zu beseitigen, denn das System wird bei Ausführung des Starts von *filesystem/local* bei der Methode *fs-local* aufhören und damit nicht den *multi-user-server* Milestone erreichen. Und da somit keine Netzwerkzugriffsmöglichkeiten gestartet wurden, ein Login per *rsh/ssh/telnet* dementsprechend nicht gegeben ist, benötigt der Administrator dann Zugang zur Systemconsole[24] um den Fehler beseitigen zu können. Inwieweit das den Überlegungen zu einer vereinfachten Administration mit

[24] In dem Fall ist es sinnvoll, auf traditionelle Zugriffskonzepte auf SUN Systemkonsolen zurückgreifen zu können, um sich nicht zu Fuß in Person vor irgendeinen Systemmonitor in irgendeinem, möglicherweise weiter entfernten, Keller bewegen zu müssen. Hier sind zu nennen die Benutzung von Terminalkonzentratoren, auf die die seriellen Consolleitungen der Maschinen (in der Regel traditionellerweise ttya) gelegt werden, beschrieben im Anhang in Abschnitt D.2 ab Seite 1016, respektive LOM, Systemcontroller, wie sie beispielsweise bei der 280R (Beschrie-

ZFS folgt, obliegt in seiner Beurteilung dem Administrator. Wenn man also in dieser Situation einen Blick auf die Console wirft, wird einem das Problem sofort geschildert, wie in Beispiel 5.50 gezeigt.

```
cannot mount '/pm/demo/d1': directory is not empty
use legacy mountpoint to allow this behavior, or use the -O flag
svc:/system/filesystem/local:default: WARNING: /usr/sbin/zfs ↙...
      ↪ mount -a failed: exit status 1
Jan  1 13:59:00 svc.startd[7]: svc:/system/filesystem/local: ↙...
      ↪ default: Method "/lib/svc/method/fs-local" failed with ↙...
      ↪ exit status 95.
[ system/filesystem/local:default failed fatally ↙...
      ↪ (see 'svcs -x' for details) ]
```

Beispiel 5.50. Fehler bei der Erzeugung eines *zfs* führt zu Reboothänger

Immerhin bekommt man ein Console-Login Prompt und kann sich einloggen, kann den Fehler beseitigen, die nicht ausgeführte Methode nachziehen und den gewünschten Milestone-Level kommandieren per *svcadm(1M)*. Zunächst jedoch eine in Beispielen geführte Übersicht über die Administration von ZFS Filesystemen.

5.16.4.3.1 Erzeugen eines Filesystems

Zunächst, ein Filesystem wird erzeugt mit dem Subkommando *create* und wird damit persistent, unter dem bei dem *create*-Aufruf angegebenen Filesystemnamen, innerhalb des Storage Pools gemouted. Ein Beispiel hierzu ist in 5.51 gezeigt. Es ist nicht notwendig, einen Eintrag in der */etc/vfstab* für einen automatischen Mount bei Boot/Reboot einzusetzen, die Erzeugung setzt auch gleich im Storage Pool selbst die Mountinformation. Es gibt dafür keine Konfigurationsdatei.

```
endeavour# zfs create pm/demo
endeavour# df -k
...
pm                   34852864        8 34852820     1%     /pm
pm/demo              34852864        8 34852820     1%     /pm/demo
...
```

Beispiel 5.51. Erzeugung eines Filesystems

ben in Abschnitt D.5 auf Seite 1026) zur Verfügung stehen, oder LOM-light bei neueren Systemen. In der MSG bzw. HSG Rechnerklasse ist das Problem des Zugangs zu den Systemconsolen durch Verwendung der zum Betrieb notwendigen Systemcontroller (beschrieben in Abschnitt D.4 ab Seite 1023 konzeptionell geregelt.

```
endeavour# ls -lai /pm/demo
total 4
     3 drwxr-xr-x   2 root     sys          2 Dec 31 21:05 ./
     3 drwxr-xr-x   3 root     sys          3 Dec 31 21:05 ../
     1 dr-xr-xr-x   3 root     root         3 Dec 31 21:09 .zfs/
```

Beispiel 5.52. Ein erstes ZFS Filesystem

Spalte Nummer sechs gibt bei Directories dabei die Anzahl der Dateien in dem Directory an. Wenn beispielsweise ein Directory *testdir* angelegt wird und in diesem Directory 9 Files erzeugt werden, steht die Anzahl der Files erwartungsgemäß auf 11 (9 Files + "." + ".." = 11), dies ist in Beispiel 5.53 zu sehen.

```
endeavour# (cd testdir;touch 1 2 3 4 5 6 7 8 9)
endeavour# ls -l
total 2
drwxr-xr-x   2 root     root          11 Dec 31 21:26 testdir/
```

Beispiel 5.53. Die Größe eines Directories beschreibt die Anzahl der Files

5.16.4.3.2 Erzeugen eines Subfilesystems

Es können in Filesystemknoten weitere Subfilesysteme erzeugt werden. Da beispielsweise Einschränkungen wie Quotas oder Reservierungen jeweils für ein Filesystem gelten, ist ein Subfilesystem ein hilfreiches administratives Mittel, auch für abweichende NFS Definitionen. Auch hier wird des Subfilesystem sofort gemountet. Die Erzeugung in Beispiel 5.54 erfolgt analog zur Erzeugung eines beliebigen Toplevel Filesystems.

```
endeavour# zfs create pm/demo/subdemo
endeavour# df -k
...
pm                   34852864        8 34852801     1%     /pm
pm/demo              34852864       10 34852801     1%     /pm/demo
pm/demo/subdemo      34852864        8 34852801     1%     /pm/demo/subdemo
...
```

Beispiel 5.54. Erzeugung eines Subfilesystems

Für das nächste Beispiel und weitere Experimente zu Quotas und Reservations wird im folgenden eine Filesystemstruktur aufgebaut. Es wird zunächst ein Storage Pool erzeugt, der Einfachheit halber genannt *export*. Anschließend werden mehrere Filesysteme darin erzeugt. Siehe Beispiel 5.55.

```
endeavour# zpool create export ↙...
    ↪ mirror c6t2000002037228331d0 c6t200000203722927Ed0 ↙...
    ↪ mirror c6t20000020371B7B90d0 c6t20000020371BFD40d0
endeavour# zfs create export/home
endeavour# zfs create export/home/ufa00
endeavour# zfs create export/home/ufa01
endeavour# zfs create export/home/ufa02
endeavour# zfs create export/applications
```

Beispiel 5.55. Erzeugung einer Filesystemstruktur

In diesem Beispiel soll kurz verglichen werden, was letztendlich anders ist im Gegensatz zur klassischen Administration. Es wurden einzelne ZFS Filesysteme erstellt. Und zwar für jeden Benutzer *ufa??* ein eigenes. Dazu mußten nicht drei Festplatten oder Partitionen oder RAID-Volumes existieren, es wurde ein und derselbe Storage Pool verwendet. Die erzeugten Subfilesysteme (*applications, home, home/ufa??* können so jedes für sich den im Storage Pool bereitgestellten Gesamtplatz nutzen. Soll hier eine Platzeinschränkung, etwa der Useraccounts eingestellt werden, so läßt sich das mit Quotas auf Filesystembasis einstellen. Wie das geht wird in Abschnitt 5.16.4.3.9 und in Abschnitt 5.16.4.3.8 gezeigt.

5.16.4.3.3 Auflistung von ZFS *Filesystemen*

Um eine Übersicht über existierende Filesysteme zu erhalten, kann entweder das altbekannte Kommando *mount(1M)* verwendet werden, alternativ kann *df -k* beziehungsweise *df -h* verwendet werden unter Berücksichtigung, daß ZFS Filesysteme immer in ZFS Storage Pools sind, und die definierten Storage Pools bekannt sind, oder durch einfache Nutzung des Subkommandos *list* wie in Beispiel 5.56 gezeigt.

```
endeavour> zfs list
NAME                    USED  AVAIL  REFER  MOUNTPOINT
export                 92.0K  16.6G   9.5K  /export
export/applications       8K  16.6G     8K  /export/applications
export/home            34.0K  16.6G  10.0K  /export/home
export/home/ufa00         8K  16.6G     8K  /export/home/ufa00
export/home/ufa01         8K  16.6G     8K  /export/home/ufa01
export/home/ufa02         8K  16.6G     8K  /export/home/ufa02
pm                     5.47M  33.2G  8.50K  /pm
pm/demo                5.42M  33.2G  5.41M  /pm/demo
pm/demo/subdemo           8K  33.2G     8K  /pm/demo/subdemo
```

Beispiel 5.56. Auflistung von ZFS Filesystemen

Das Beispiel 5.56 zeigt gleich mehrere Informationen auf. Zunächst ist zu sehen, daß zwei Storage Pools in diesem Beispiel existieren, in denen jeweils mehrere Filesysteme erzeugt wurden. Im Storage Pool *pm* existieren zwei Filesysteme *demo* und *demo/subdemo*. Diese beiden Verzeichnisse sind unter dem Poolnamen in der Filesystemhierarchie des Rechners gemountet. Des weiteren existiert ein Storage Pool */export*, der auf gleicher Ebene zwei Filesysteme, *home* und *applications* hält, und unter *home* existieren jeweils in eigenen Filesystemen einzelne Filesysteme, gedacht für Useraccounts.

5.16.4.3.4 Löschen eines Filesystems

Filesysteme und ihre Inhalte können gelöscht werden. Sie sind dann auch unwiederbringlich gelöscht. Zur Löschung eines Filesystems ist das Subkommando *destroy* zu verwenden. Sollen mehrere ZFS Filesysteme gelöscht werden, so kann dies rekursiv mit der Option *-r* erreicht werden. Bei der Löschung von ZFS Filesystemen ist zu unterscheiden, daß in einem ZFS Filesystem erzeugte Directorystrukturen durch Löschung des Filesystems mit gelöscht werden. Existieren jedoch in einem ZFS Filesystem weitere ZFS Subfilesysteme, so sind diese vorher zu löschen oder rekursiv mit dem Parentfilesystem zu löschen. Das Löschen selbst ist so unspektakulär wie nachhaltig:

zfs destroy <yourzfsfs> oder bei rekursiver Anwendung
zfs destroy -r <yourzfsfs>, was alles restlos bis zum angegebenen Parentfilesystem löscht.

5.16.4.3.5 ZFS *Snapshots*

Ein Snapshot eines Filesystems ist gewissermaßen eine "Sicherheitskopie" des Filesystems, Kopie des Filesystems, die nur gelesen werden kann. Snapshots können auf Filesystemebene erzeugt werden, sie liegen dann im Wurzelverzeichnis des jeweiligen Filesystems unter *.zfs*. Durch den copy-on-write Mechanismus ist die Erzeugung eines Snapshots keine längere Operation, sondern lediglich ein Mechanismus, Altblöcke des Filesystems nicht wieder frei zu geben. Ein Snaptshot belastet damit nicht den Durchsatz des Filesystems sondern benötigt lediglich Platz.

Erzeugen eines Snapshots
Ein Snapshot wird erzeugt durch Verwendung des Subkommandos *snapshot* unter Angabe des Filesystems und einer Identifikationsinformation, beispielsweise ein Datum, ein Wochentag, ein besonderes Ereignis oder eine andere sinnvolle Information. Nach Erzeugung ist der Snapshot wiederzufinden unter *<fstopnode>/.zfs/snapshots/info* wobei *info* die zuvor gewählte Identifikationsinformation ist. In Beispiel 5.57 ist das kurz gezeigt.

```
endeavour# zfs snapshot export/home/ufa00@globus
endeavour# ls -l /export/home/ufa00/.zfs/snapshot
total 2
drwxr-xr-x   3 root     sys              3 Jan  1 15:22 globus/
```

Beispiel 5.57. Erzeugung eines Snapshots

Auflistung von Snapshots

Die Auflistung aller für ein Filesystem existierender Snapshots ist durch Verwendung des Subkommandos *list* unter Nutzung der Option *-t snapshot* möglich. Wie bereits in der Gesamtkommandobeschreibung motiviert, gibt die Option *-t* die Möglichkeit der Einschränkung des *list*-Kommandos auf einen der drei Dataset Typen. Ein Beispiel ist in 5.58 gezeigt.

```
endeavour# zfs list -t snapshot
NAME                           USED  AVAIL  REFER  MOUNTPOINT
export/applications@newyearsday 0    -      2.19G  -
export/home/ufa00@1.1.06       23.0K -      41.1M  -
export/home/ufa00@sunday       15.5K -      41.1M  -
pm/demo@grits_tests            0     -      5.41M  /mnt
```

Beispiel 5.58. Eine Liste über alle Snapshots

Die Auflistung erfolgt über alle Snapshots aller Filesysteme aus allen importierten Pools.

Zurückspielen eines Snapshots

Wenn ein Snapshot existiert und aus irgendeinem Grund wieder in das normale Filesystem zurückgespielt werden muß im Sinne eines Restores, so ist das Kommando *rollback* zu verwenden. Dabei wird überprüft, ob aktuellere Snapshots für das Filesystem existent sind. Wenn aktuellere Snapshots existieren, so ist die Option *-r* zu verwenden, die gleichzeitig die aktuelleren Snapshots löscht. In dem nachfolgenden Beispiel 5.59 ist dies gezeigt. Unter Bezugnahme auf Beispiel 5.58 ist das Snapshot *export/home/ufa00@1.1.06* älter, also vorher entstanden als das Snapshot *export/home/ufa00@sunday*.

```
endeavour# zfs rollback export/home/ufa00@1.1.06
cannot rollback to 'export/home/ufa00@1.1.06': ↙...
      ↪ more recent snapshots exist
use '-r' to force deletion of the following snapshots:
export/home/ufa00@sunday
endeavour# zfs rollback -r export/home/ufa00@1.1.06
endeavour# zfs list -t snapshot
NAME                           USED  AVAIL  REFER  MOUNTPOINT
export/applications@newyearsday 0    -      2.19G  -
export/home/ufa00@1.1.06       0     -      41.1M  -
pm/demo@grits_tests            0     -      5.41M  /mnt
```

Beispiel 5.59. Forciertes Rollback eines Snapshots

Bei einem forcierten Rollback sind somit alle Snapshotstände nach dem Snapshot, auf das das Rollback erfolgte, gelöscht worden und können nicht wieder hergestellt werden. Dies ist durchaus zu beachten. Es ist somit keine gute Idee, Snapshots statt eines Backups als Archivierungsmechanismus zu sehen, es sei denn, man arbeitet mit Clones.

Anzumerken ist noch, daß wie in Beispiel 5.59 zu sehen, *zfs list* selbst keinerlei Datumsinformationen zu den Snapshots liefert. Es obliegt daher der administratorischen Sorgfalt , die Reihenfolge der Snapshots zu beachten.

Umbenennen eines Snapshots

ZFS Snapshots können umbenannt werden. Ein Umbenennen ist in dem Sinne keine *mv*-Operation. In Beispiel 5.60 ist dies kurz gezeigt. Die Umbenennung muß an der gleichen Position im Filesystem erfolgen.

```
endeavour# zfs rename export/home/ufa00@globus export/home/ufa00@sunday
endeavour# ls -l /export/home/ufa00/.zfs/snapshot
total 2
drwxr-xr-x   3 root     sys              3 Jan  1 15:22 sunday/
```

Beispiel 5.60. Umbenennen eines Snapshots

Löschen eines Snapshots

Das Löschen eines Snapshots erfolgt identisch zum Löschen eines Filesystems unter Verwendung des Subkommandos *destroy* etwa wie folgt:

zfs destroy <snapshotfilesystem>

Es ist dabei zu beachten, daß beim Löschen eines Filesystems die Snapshots in diesem Filesystem als Filesystem Children zu sehen sind. Es ist daher rekursiv zu löschen. Im weiteren sind auch Clones von Snapshots bei der Löschung eines Snapshots gesondert zu löschen.

5.16.4.3.6 Clonen eines ZFS *Filesystems*

Ein ZFS Filesystem Clone ist eine Form der Kopie eines Standes eines Filesystems und läßt sich nur aus Snapshots erstellen. Bedingt durch die copy-on-write Methode, die dem ZFS Filesystem zu Grunde liegt, verbraucht ein ZFS Filesystem Clone zunächst keinen weiteren Platz im Filesystem. Erst beim ersten Schreibzugriff wird beim Schreiben auf einen anderen Block kopiert beziehungsweise geschrieben. In nachfolgendem Beispiel 5.61 wurde aus einem Snapshot von *ufa00* ein Clone, *ufann*, erzeugt, in dem mit dem Altstand des *ufa00*-Filesystems weitergearbeitet werden kann.

```
endeavour# zfs list -t snapshot
NAME                        USED  AVAIL  REFER  MOUNTPOINT
...
export/home/ufa00@1.1.06   357K      -  41.1M  -
...
endeavour# zfs clone export/home/ufa00@1.1.06 export/home/ufann
endeavour# zfs list
NAME                        USED  AVAIL  REFER  MOUNTPOINT
...
export/home               10.0G  4.38G  10.5K  /export/home
export/home/ufa00         42.1M  4.38G  41.8M  /export/home/ufa00
export/home/ufa00@1.1.06   357K      -  41.1M  -
export/home/ufa01            8K  14.4G     8K  /export/home/ufa01
export/home/ufa02            8K  4.38G     8K  /export/home/ufa02
export/home/ufann             0  4.38G  41.1M  /export/home/ufann
...
```

Beispiel 5.61. Erzeugen eines ZFS Clones

Gelöscht wird ein Clone wie jedes ZFS Filesystem. Es ist das Kommando

zfs destroy <poolname>/<pathtofs>

aufzurufen. Wie bereits im Punkt 5.16.4.3.4, Löschen von ZFS Filesystem angesprochen, halten Clones ein Filesystem busy derart, daß es erst gelöscht werden kann, wenn auch alle Clones des Filesystems gelöscht sind.

5.16.4.3.7 Anzeige der Properties

Eine Übersicht, ob ein Filesystem gemountet ist, Quotas oder Reservations gesetzt sind, NFS Exportrechte vergeben sind etc. ist durch Verwendung des Subkommandos *get all* möglich, wie es in Beispiel 5.62 gezeigt ist. Es ist möglich die Ausgabe seinen Vorstellungen anzupassen, wie in der Kommandoübersicht zuvor beschrieben.

Es ist möglich die Anzeige auf die Property einzuschränken, die man abfragen möchte, indem das Subkommando *get* weiter ausgeprägt verwendet wird. Es werden folgende Optionen unterstützt:

-s: Angabe des Source Wertes (vgl. Spalte "SOURCE" in 5.62)
local: Lokal gesetzt
default: Defaultwert entsprechend Aufstellung in 5.16.4.2
inherited: Vererbter Wert
temporary: temporary definierte Werte
none: Alle read-only Werte, mit "-" deklariert (vgl. 5.62)

Sollen bei der Ausgabe der Properties nur die lokal gesetzten Properties ausgegeben werden, so läßt sich das auf der Kommandozeile spezifizieren. Als Beispiel sei hier eine Auflistung aller lokal gesetzten Properties im Beispiel

5.64 dargestellt. Das Beispiel ist beliebig erweiterbar, oftmals siegt in der Praxis dann doch ein einfaches *zfs get all <pool >| grep <Property>*.

```
endeavour> zfs get all pm
NAME            PROPERTY        VALUE                   SOURCE
pm              type            filesystem              -
pm              creation        Sat Dec 31 21:05 2005   -
pm              used            5.47M                   -
pm              available       33.2G                   -
pm              referenced      8.50K                   -
pm              compressratio   1.00x                   -
pm              mounted         yes                     -
pm              quota           10G                     local
pm              reservation     none                    default
pm              recordsize      128K                    default
pm              mountpoint      /pm                     default
pm              sharenfs        off                     default
pm              checksum        on                      default
pm              compression     on                      local
pm              atime           on                      default
pm              devices         on                      default
pm              exec            on                      default
pm              setuid          on                      default
pm              readonly        off                     default
pm              zoned           off                     default
pm              snapdir         visible                 default
pm              aclmode         groupmask               default
pm              aclinherit      secure                  default
```

Beispiel 5.62. Anzeige der Properties eines Filesystems

Zur Erleichterung der Benutzung von Ausgaben aus einem Property Listing ist es möglich, den Header auszublenden, als auch die Spalte, deren Inhalt von Interesse ist, selektiv anzuzeigen. Die Option *-H* unterdrückt die Headerausgabe, die Option *-o* erlaubt eine selektive Auswahl der anzuzeigenden Spalten oder Properties. Damit läßt sich beispielsweise ausgeben, ob für ein Filesystem eine Quota gesetzt ist in zwei Weisen. Es kann gewissermaßen die komplette Zeile der Property Liste ausgegeben werden, was auch schneller mit *grep(1)* geht, oder es kann nur der Quota-Wert ausgegeben werden. Beide Varianten sind in Beispiel 5.63 kurz gezeigt.

```
endeavour# zfs get quota export/home/ufa01
NAME                PROPERTY      VALUE                      SOURCE
export/home/ufa01  quota           15.0G                       local
endeavour# zfs get -H -o value quota export/home/ufa01
15.0G
```

Beispiel 5.63. Ausgabe der Quota eines Filesystems

```
endeavour> zfs get -s local all pm
NAME                PROPERTY      VALUE                      SOURCE
pm                  quota         10G                        local
pm                  compression   on                         local
```

Beispiel 5.64. Anzeige einer Auswahl an Properties eines Filesystems

5.16.4.3.8 Reservieren einer Storage Area

Filesystemspeicherplatz kann auf dem Level eines Filesystems innerhalb eines Storage Pools reserviert werden. Eine Reservierung von Speicherplatz bedeutet, daß dem Filesystem das über eine Reservierung verfügt, im Storage Pool der reservierte Speicherbereich mit Sicherheit bleibt. Es kann bei ausreichendem Platzangeboot im Storage Pool (bei Berücksichtigung anderer platzverbrauchender Reservierungen) jedoch auch größer werden als reserviert. Ein Beispiel für eine Reservierung ist in 5.65 gezeigt.

```
endeavour# zfs set reservation=10G export/home/ufa01
endeavour# df -h
Filesystem          size  used  avail capacity  Mounted on
...
export/home/ufa01    17G    8K    14G      1%    /export/home/ufa01
...
```

Beispiel 5.65. Reservierung von Speicherplatz Teil I

Zur Erläuterung: Es wurde zunächst die Property einer Reservation gesetzt. Eine Überprüfung auf den belegbaren Platz im Filesystem per em df(1) trägt der Reservierung Rechnung. (*df* zeigt auch, daß ein ZFS Filesystem nicht sofort den im Storage Pool zur Verfügung stehenden Gesamtplatz verwendet, sondern eher klein gehalten wird und bei Bedarf automatisch wächst). Bekannterweise lassen sich Properties zu Filesystemen per *zfs get* ... auflisten, was hier die Reservierung mit 10GByte anzeigt.

```
endeavour# zfs get all export/home/ufa01
NAME                 PROPERTY       VALUE                     SOURCE
export/home/ufa01  type           filesystem                 -
export/home/ufa01  creation       Sun Jan  1 14:44 2006      -
export/home/ufa01  used           8K                         -
export/home/ufa01  available      14.4G                      -
export/home/ufa01  referenced     8K                         -
export/home/ufa01  compressratio  1.00x                      -
export/home/ufa01  mounted        yes                        -
export/home/ufa01  quota          none                       default
export/home/ufa01  reservation    10.0G                      local
export/home/ufa01  recordsize     128K                       default
export/home/ufa01  mountpoint     /export/home/ufa01         default
export/home/ufa01  sharenfs       off                        default
export/home/ufa01  checksum       on                         default
export/home/ufa01  compression    off                        default
export/home/ufa01  atime          on                         default
export/home/ufa01  devices        on                         default
export/home/ufa01  exec           on                         default
export/home/ufa01  setuid         on                         default
export/home/ufa01  readonly       off                        default
export/home/ufa01  zoned          off                        default
export/home/ufa01  snapdir        visible                    default
export/home/ufa01  aclmode        groupmask                  default
export/home/ufa01  aclinherit     secure                     default
```

Beispiel 5.65. Reservierung von Speicherplatz Teil II

5.16.4.3.9 Setzen von Quotas

Weitaus öfter ist es allerdings notwendig einem Benutzer den belegbaren Speicherplatz zu begrenzen, denn Reservierungen führen Benutzer von sich mit den verschiedensten Methoden aus, sei es Altstände ihrer Files nicht auf- oder auszuräumen oder das klassische *mkfile 500G myspace*. Das Setzen von Quotas wird ebenfalls über das Manipulieren von Properties durchgeführt, wie es in Beispiel 5.66 gezeigt ist. Um dem Filesystem ein Grow über 15GByte zu verbieten, wird es in diesem Beispiel darauf limitiert.

```
endeavour# zfs set quota=15G export/home/ufa01
endeavour# zfs get all export/home/ufa01
NAME                PROPERTY       VALUE                  SOURCE
export/home/ufa01  type           filesystem               -
export/home/ufa01  creation       Sun Jan  1 14:44 2006    -
export/home/ufa01  used           8K                       -
export/home/ufa01  available      14.4G                    -
export/home/ufa01  referenced     8K                       -
export/home/ufa01  compressratio  1.00x                    -
export/home/ufa01  mounted        yes                      -
export/home/ufa01  quota          15.0G                    local
export/home/ufa01  reservation    10.0G                    local
export/home/ufa01  recordsize     128K                     default
export/home/ufa01  mountpoint     /export/home/ufa01       default
export/home/ufa01  sharenfs       off                      default
export/home/ufa01  checksum       on                       default
export/home/ufa01  compression    off                      default
export/home/ufa01  atime          on                       default
export/home/ufa01  devices        on                       default
export/home/ufa01  exec           on                       default
export/home/ufa01  setuid         on                       default
export/home/ufa01  readonly       off                      default
export/home/ufa01  zoned          off                      default
export/home/ufa01  snapdir        visible                  default
export/home/ufa01  aclmode        groupmask                default
export/home/ufa01  aclinherit     secure                   default
```

Beispiel 5.66. Setzen von Quotas

Die zuvor gesetzte Reservierung als auch die Quota sind in der Propertyliste des entsprechenden Filesystems zu sehen. Aus dem Beispiel geht hervor, daß Reservierung und Obergrenze in Form einer Quota gleichzeitig setzbar sind. Übersteigt die gewünschte Reservierung die bereits gesetzte Quota, so erfolgt eine Fehlermeldung und die Reservierung wird nicht ausgeführt.

5.16.4.3.10 Mountoptionen

Es ist etwas gewöhnungsbedürftig, Pfade von zu mountenden oder zu umountenden Filesystemen ohne "/" anzugeben. Alle mount/umount Calls sind Pool-lokal, die Topnode ist der Name des Storage Pools, in dem sich das Filesystem befindet.

mount/umount

Zunächst, auch ein ZFS Filesystem ist mountbar und umountbar [25]. Die Subkommandos zum mount und umount sind *mount* und *unmount* und haben

[25] Zur Verwirrung unter ZFS *unmount* zum umounten eines Filesystem, statt UNIX-typisch *umount*.

UNIX-ähnliches Verhalten. Der Aufruf *zfs mount* listet alle gemounteten ZFS Filesysteme auf, der Aufruf von *zfs mount -a* mountet alle non-legacy ZFS Filesysteme und erwartungsgemäß umountet ein *zfs unmount -a* alle non-busy ZFS Filesysteme. Bei so genannten legacy Filesystemen ist der Filesystemtyp bei *mount/* mit *-F zfs* anzugeben. Auch ist es möglich unter Nutzung der Option *-O* tatsächlich nicht leere Verzeichnisse und Verzeichnisstrukturen mit Filesystemen zu übermounten.

legacy mount

Wenn Filesysteme traditionell gehandhabt werden sollen, beispielsweise über Einträge in der */etc/vfstab*, oder das Übermounten von nicht leeren Filesystemnodes oder Filesystemen kann die Option *legacy mount* eingesetzt werden. Insbesondere ist zur Zeit bei non-Grub gebooteten Systemen, bei denen kein ZFS Filesystemsupport im Bootloader existent ist, für ZFS basierte Filesysteme für beispielsweise */usr* ein legacy-mount Verhalten zu setzen. Das legacy-mount Verhalten wird gesetzt durch den Aufruf

zfs set mountpoint=legacy <poolname>/<path-to-fs>.

Es wird dann folgerichtig nicht mit *zfs mount ...* sondern mit

mount -F zfs <poolname>/<path-to-fs>

gemountet. Soll ein legacy-mount ZFS Filesystem während des System Boots gemountet werden oder aus anderen Gründen in die */etc/vfstab* eingetragen werden, so ist der Filesystemtyp in der vierten Spalte auf *zfs* zu setzen, das *device-to-mount* ist der Poolfilesystembezeichner und das *device-to-check* ist als "-" zu definieren. Ein gültiger *vfstab*-Eintrag ist damit:

pm/demo - /export/demo zfs - yes -

Persistenter Mount

Grundsätzlich sind in Storage Pools erzeugte ZFS Filesysteme nach einem Reboot wieder gemountet. So ganz persistent ist das Verhalten jedoch nicht. Wird ein ZFS Filesystem per *zfs unmount ...* umountet, so ist es dennoch nach einem Reboot wieder gemountet. Mountpunkte sind abfragbar etwa wie in Beispiel 5.67.

```
endeavour# zfs get mountpoint pm/demo
NAME              PROPERTY        VALUE                       SOURCE
pm/demo           mountpoint      /pm/demo                    default
```

Beispiel 5.67. Abfrage eines Mountpunktes

Ein Mountpunkt ist jedoch auch nachträglich umsetzbar, derart, wie es schon zur Zeit der Erzeugung des Filesystems unter Verwendung der Option *-m* setzbar ist. Dies ist in Beispiel 5.68 aufgezeigt. Die Modifikation des Toplevelmountpunktes läßt auch alle Subfilesysteme mit umziehen.

```
endeavour# zfs set mountpoint=/mnt pm/demo
endeavour# zfs get mountpoint pm/demo
NAME              PROPERTY      VALUE                       SOURCE
pm/demo           mountpoint    /mnt                        local
endeavour# df -k
Filesystem              kbytes    used    avail capacity  Mounted on
...
pm                    34852864       8 33048469     1%    /pm
pm/demo               34852864 1804280 33048469     6%    /mnt
pm/demo/subdemo       34852864       8 33048469     1%    /mnt/subdemo
...
```

Beispiel 5.68. Umsetzen eines Mountpunktes

5.16.4.3.11 NFS-*Optionen*

ZFS unterstützt Properties für den NFS Export. In der klassischen Administration mußte hierzu die */etc/dfs/dfstab* editiert werden, und in dieser Datei quasi der *share*-Call eingetragen werden. Bei ZFS Filesystemen wird diese Option auch im Storage Pool beziehungsweise im Filesystem gehalten. Auch hier gilt, NFS-Properties gelten filesystemlokal, jedoch, wird ein ZFS Filesystem exportiert, so wird diese Property per Default an alle Subfilesysteme vererbt. Man kann jedoch entsprechende Rechte in den Subfilesystemen anpassen. Im folgenden Beispiel 5.69 wurde ein ZFS Share definiert und alle Subfilesysteme übernahmen diesen Share. Nachträglich wurde die read-only Property für ufa00 gesetzt.

```
endeavour# zfs set sharenfs=rw export/home
endeavour# share
-             /export/home   rw   ""
-             /export/home/ufa02   rw   ""
-             /export/home/ufa01   rw   ""
-             /export/home/ufa00   rw   ""
endeavour# zfs set sharenfs=ro export/home/ufa00
endeavour# share
-             /export/home   rw   ""
-             /export/home/ufa02   rw   ""
-             /export/home/ufa01   rw   ""
-             /export/home/ufa00   ro   ""
```

Beispiel 5.69. Setzen von NFS-Shares in ZFS Filesystemen

Auch das ZFS Subkommando *share* als auch *unshare* haben ein dem klassischen Verhalten ähnliches Verhalten. So kann unter Verwendung der Option *-a* ein *shareall* oder *unshareall* erreicht werden. Die Property *sharenfs* kann explizit abgeschaltet werden, indem sie auf *off* gesetzt wird. Es wird dann das betreffende Filesystem bei einem Reboot nicht automatisch NFS geshared.

5.16.4.3.12 Automatische Compression

Ein interessantes Feature ist die Möglichkeit, ein Filesystem auf Compression zu setzen, d.h., der Inhalt des Filesystems wird in komprimierter Form abgelegt. Dies jedoch bedarf selbstverständlich weiterer CPU Ressourcen, denn die Kompression und Dekompression wird durch die CPUs des Hostsystems durchgeführt. Definiert ist dies recht schnell durch

zfs set compression=on <pool>/<pathtofs>

5.16.4.4 ZFS als Blockdevice

So genannte Emulated Volumes sind ZFS Volumes, die dem Betriebssystem wie ein Blockdevice zur Verfügung stehen und unter */dev/zvol/[dsk|rdsk/* bereitstehen. Gleichbedeutend ist damit definiert, daß Emulated Volumes nur in der so genannten Global Zone eingesetzt werden können (Vergleiche hier auf *lofi* Filesystem in Abschnitt 5.17).

Ein Emulated Volume wird erzeugt durch Verwendung des Subkommandos *create* mit der Option *-V* unter Angabe der Größe des zu erzeugenden Volumes. Ein Beispiel ist in 5.70 gezeigt.

```
endeavour# zfs create -V 2gb pm/volme
endeavour# zfs list
NAME                    USED  AVAIL  REFER  MOUNTPOINT
...
pm                     3.72G  30.5G     0K  /pm
pm/demo                1.72G  29.5G  1.72G  /mnt
pm/demo@grits_tests     9.5K      -  5.41M  -
pm/demo/subdemo           8K  29.5G     8K  /mnt/subdemo
pm/volme               7.00K  31.5G  7.00K  -
...
```

Beispiel 5.70. ZFS Emulated Volume

Für Emulated Volumes wird auch gleich eine Reservation Propery gesetzt, die dem Volume die bei der Erzeugung spezifizierte Größe zusichert, auch wenn diese Reservation nicht im *zfs list* sichtbar ist. Die Properties des erzeugten Volumes sind in Beispiel 5.71 für das in Beispiel 5.70 erzeugte Volume aufgezeigt.

```
endeavour# zfs get all pm/volme
NAME         PROPERTY        VALUE                    SOURCE
pm/volme     type            volume                   -
pm/volme     creation        Mon Jan  2  4:25 2006    -
pm/volme     used            7.00K                    -
pm/volme     available       31.5G                    -
pm/volme     referenced      7.00K                    -
pm/volme     compressratio   1.00x                    -
pm/volme     reservation     2G                       local
pm/volme     volsize         2G                       -
pm/volme     volblocksize    8K                       -
pm/volme     checksum        on                       default
pm/volme     compression     off                      default
pm/volme     readonly        off                      default
```

Beispiel 5.71. Automatische Reservation bei Volumes

5.16.4.5 ZFS Backup

ZFS fährt ein Posix-konformes Filesystem. Archivierungsprogramme, die nicht Posix-konform sind, werden bei der Sicherung eines ZFS Filesystems daher nicht unbedingt fehlerfrei arbeiten, d.h. ein mit solchen Archivierungsprogrammen gesichertes ZFS Filesystem ist, wieder ausgepackt, zum ursprünglichen Filesystem unter Umständen divergent. Das kann ACLs, Timestamps, große Dateien, was auch immer, betreffen und wäre bei der Verwendung nicht Posix-konformer Archivierungsprogramme vorab zu überprüfen. Ein Beispiel hierzu ist GNU-tar in seiner gegenwärtig aktuellen Version. Gleiche Vorsicht ist bei der Verwendung von Backupsystemen zu wahren, die ihrerseits nicht Posix-konforme Archivierungstools[26] verwenden. Die AMANDA Backup Software setzt direkt auf GNU-tar auf, ein Austausch gegen ein parameterisierungsidentisches tar-Archivierungsprogramm, das Posix-konform arbeitet, erlaubt den sofortigen Einsatz des Tools.

Die einfachste Form eines Backups ist der aus einem existierenden Snapshot. Es können inkrementelle Backups oder Vollbackups erstellt werden, zu verwenden ist dazu das Builtin Programm *backup*.

Mit den ZFS Bordmitteln wird ein Backup erzeugt durch Aufruf des Kommandos

zfs backup <poolname>/<filesystem>@<tag> > /dev/rmt/<tape>

Das ZFS Backuptool schreibt auf StdOut und liest von StdIn. Damit ist es nach Belieben möglich, ein Backup beim Schreiben über eine Pipe auf ein

[26] Veritas Backup, Legato Networker (mangels Lizenz nicht in einer aktuellen Version getestet) und andere Backup-Lösungen setzen teilweise auf GNU-tar, teilweise mit eigenen Modifikationen, auf. Vor Verwendung empfiehlt sich daher ein Test wie ihn beispielsweise Elisabeth Zwicky in (Zwicky, 1991) durchgeführt und beschrieben hat.

Kompressionsprogramm zu komprimieren und auch über Netzwerk zu verteilen. Damit ist eine Kompression möglich mit

zfs backup <poolname>/<filesystem>@<tag>|compress > /export/file.Z

5.17 Images von Filesystemen, ein Filesystem im Filesystem

Rolf M Dietze, Tatjana S Heuser

Der Loopback File Treiber *lofi(7D)* ermöglicht es, ein File als Blockdevice zu referenzieren. Es stellt damit einen Weg dar, ein Image eines Filesystems, z.B. eine mit *dd(1)* abgezogene Floppy oder CD-ROM zu mounten, als wäre der Datenträger und das entsprechende Blockdevice vorhanden. Der Loopback File Treiber stellt selbst kein Filesystem dar, sondern einen Treiber, der Devices assoziiert, über die dann ihrerseits auf ein Filesystem zugegriffen werden kann.

Dies ist insbesondere bei der Erstellung und Handhabung von CD-ROM Images, PC-Bootdisketten, oder allgemein dem Umgang mit Distributionsdatenträgern von Nutzen. Auch lassen sich hiermit Testszenarien erstellen, gesicherte Partitionen zur forensischen Analyse bereithalten und vieles mehr. Die Anwendungsbeispiele und auch die Manualpage mögen hierzu ein paar Anregungen geben.

Die Namensgebung ist etwas verwirrend, und Verwechselungen mit dem *lofs(7FS)*, dem Loopback Filesystem, das einen bereits vorhandenen Teilbaum des Filesystems an anderer Stelle als virtuelles Filesystem zugänglich macht, liegen nahe.

Die Handhabung zum Mount von Filesystemimagefiles unterteilt sich in zwei Phasen:

1. Bereitstellen des Filesystemimages als Blockdevice
2. Mount des Blockdevices

5.17.1 *lofiadm(1M)*

Mittels des Kommandos */usr/sbin/lofiadm(1M)* wird eine Datei einem Devicenode zugeordnet, so daß bekannte Kommandos zur Administration von Filesystemen auf darauf angewendet werden können, wie etwa *newfs(1M)*, fsck(1M) oder *mount(1M)*.

Syntax

```
lofiadm -a file [device]
lofiadm -d file || device
lofiadm [file || device]
```

Optionen

Ohne Optionen oder nur mit einem Datei,- oder *lofi*-Devicenamen aufgerufen werden die vergebenen Assoziationen gelistet. Ansonsten gilt:

-a (*add*) Legt ein Block Device an, und assoziiert dieses mit der Datei *file*. Sofern kein Device angegeben wird, wird das nächste freie vergeben.

-d (*delete*) Die Assoziation zwischen der Datei und dem Block Device wird aufgelöst und das Block Device wieder entfernt. Da die Zuordnung eindeutig war, ist es ausreichend den Namen der Datei oder des Devices anzugeben.

5.17.2 Anwendungsbeispiele

Die Liste der nachfolgend genannten Beispiele ist bei weitem nicht erschöpfend, gibt jedoch eine Vorstellung der Möglichkeiten, die sich durch diesen Treiber ergeben.

5.17.2.1 Installation von CD-Images

Auf einem NFS-exportierten Filesystem liegen die Images der Installations-CDs aus denen ein JumpStart Server (Siehe auch Kapitel 4.11) aufgesetzt werden soll.

1. Für das Beispiel wurden auf dem JumpStart Server Directories unter */mnt* als Mountpunkte angelegt.
   ```
   sunrise# mkdir /mnt/galaxy /mnt/cd-1 /mnt/cd-2
   ```
2. Auf dem Server, auf dem der JumpStart Server installiert werden soll, wird das Distributionsdirectory, in diesem Fall von einem NFS-Server *galaxy*, gemountet.
   ```
   sunrise# mount -F nfs -o ro galaxy:/export/install /mnt/galaxy
   ```
3. Mittels lofiadm werden die ersten beiden CDs assoziiert.
   ```
   sunrise# lofiadm -a /mnt/dist/11/sol-nv-b23-x86-v1.iso
   /dev/lofi/1
   sunrise# lofiadm -a /mnt/dist/11/sol-nv-b23-x86-v2.iso
   /dev/lofi/2
   sunrise# lofiadm
   Block Device    File
   /dev/lofi/1     /mnt/galaxy/dist/11/sol-nv-b23-x86-v1.iso
   /dev/lofi/2     /mnt/galaxy/dist/11/sol-nv-b23-x86-v2.iso
   ```
4. Diese Devices können nun analog zu einem "normalen" Block Device gemountet werden.
   ```
   sunrise# mount -F hsfs -o ro /dev/lofi/1 /mnt/cd-1
   sunrise# mount -F hsfs -o ro /dev/lofi/2 /mnt/cd-2
   sunrise# # df -h -F hsfs
   Filesystem          size   used  avail capacity  Mounted on
   ```

```
/dev/lofi/1          327M   327M      OK    100%      /mnt/cd-1
/dev/lofi/2          497M   497M      OK    100%      /mnt/cd-2
```

5. Start der Installation von der ersten CD. Es wird analog zur in Kapitel 4.11.3.1 auf Seite 93 durchgeführten Installation davon ausgegangen, daß das Installserver Verzeichnis unter */export/isrv* liegt.
```
sunrise# cd /mnt/cd-1/Solaris_11/Tools
sunrise# ./setup_install_server /export/isrv/sol_11_b23i
```
6. Mit der zweiten CD wird die Installation fortgesetzt.
```
sunrise# cd /mnt/cd-2/Solaris_11/Tools
sunrise# ./add_to_install_server /export/isrv/sol_11_b23i
```
7. Anschließend können die CD-Images wieder freigegeben werden.
```
sunrise# cd /export/isrv/sol_11_b23i
sunrise# umount /mnt/cd-1 && lofiadm -d /dev/lofi/1
sunrise# umount /mnt/cd-2 && lofiadm -d /dev/lofi/2
sunrise# umount /mnt/galaxy
```
8. Clients können jetzt mittels *add_install_client* konfiguriert werden, siehe Kapitel 4.11.3.2 auf Seite 95.

5.17.2.2 Diskettenimages

Aufgrund der begrenzten Lebensdauer magnetischer Datenträger und des hohen administrativen Aufwandes der Einzelsicherung von Disketten ist es in vielen Fällen sinnvoll diese gesammelt zu sichern, indem von vorhandenen Exemplaren Images erstellt und als einzelne Dateien abgelegt und archiviert werden. Auf diese Art und Weise sind die Disketten in laufende Backup-Schemata integrierbar, und unterliegen der Konsistenzkontrolle, die im Rahmen eines lebenden Filesystems implementierbar ist. Die schleichende und bis zum nächsten Gebrauch unbemerkte Datenkorruption auf Wechselmedien ist damit als Risikofaktor ausgeschaltet.

Bei Bedarf kann dann das Image auf einen Datenträger geschrieben und eingesetzt werden, um beispielsweise einen Lizensierungsmechanismus erneut zu durchlaufen, oder ein System, das hierzu auf diese Medien angewiesen ist, zu booten.

Während der Lebensdauer des Images im System ist der Inhalt jederzeit mittels des *loopback* Treibers zugreifbar, solange Treiber für das verwendete Datenformat vorliegen. Für PC-FAT Filesysteme ist dies der Fall.

Im nachfolgenden Beispiel soll eine Diskette, die bereits Lesefehler aufweist, ausgelesen werden. Anschließende Restaurationsversuche können dann am Image durchgeführt werden, um weitere Fehler durch das gealterte Medium auszuschließen.

1. Die in ein lokales Floppylaufwerk eingelegte Diskette wird mittels *dd(1M)* in ein Image geschrieben. Im angegebenen Beispiel soll *dd* Lesefehler ignorieren, und Daten, die nicht gelesen werden konnten durch Nullbytes ersetzen, um die Struktur des Datenträgers trotz der Fehler so gut wie möglich abzubilden.

```
nx1# dd if=/dev/rdiskette/0 of=./errors.pcfs conv=noerror,sync
```

2. Wie bei allen forensischen Daten empfiehlt es sich, auf einer Kopie weiterzuarbeiten. Eine Kopie des Images wird daher erstellt und einem *lofi*-device zugeordnet.
   ```
   nx1# cp errors.pcfs /tmp/try1.pcfs && chmod 0400 errors.pcfs
   nx1# lofiadm -a /tmp/try1.pcfs
   /dev/lofi/1
   ```
3. Es kann jetzt versucht werden, ob *fsck(1M)* in der Lage ist, das korrupte Image zu reparieren. Für alternative Herangehensweisen können weitere Kopien angelegt und mit den zur Verfügung stehenden Hilfsmitteln bearbeitet werden. Da *fsck(1M)* auf das *raw-device* zugreift, muß */dev/rlofi/...* angegeben werden.
   ```
   nx1# fsck -F pcfs /dev/rlofi/1
   ** /dev/rlofi/1
   ** Scanning file system meta-data
   ...
   ```
4. Wenn *fsck(1M)* zufolge die Struktur des Filesystems wieder intakt ist, kann das Image gemountet werden, um das Resultat der Bemühungen auf inhaltliche Verwertbarkeit zu überprüfen.
   ```
   nx1# mount -F pcfs /dev/lofi/1 /mnt
   ```

Analog läßt sich die Restaurierung der einzelnen Partitionen "sterbender" Festplatten bewerkstelligen. Das Auslesen der Rohdaten kann sich im konkreten Fall bei entsprechender Anzahl von Defekten auch bei vergleichsweise kleinen Platten bereits über Tage hinziehen.

5.17.2.3 Partitionsimages

Insbesondere in der forensischen Analyse ist es von Vorteil auf Kopien von Images der zu analysierenden Partitionen zugreifen zu können.

Ein weiterer Anwendungsfall ist die Verwendung der Partitionsimages, um Konfigurationen testen zu können, oder um zu installierender Software eine geschlossene Umgebung mit definiertem Inhalt und Platzangebot zur Verfügung zu stellen.

Zu Testzwecken lassen sich in vielen Fällen auch Gruppen von Partitionen simulieren, um beispielsweise Konfiguration und Recovery-Techniken an SoftRaid Systemen verifizieren zu können, selbst wenn dafür nicht die eigentlich notwendige Anzahl von Festplatten oder Partitionen zur Verfügung steht. Da in solchen Testszenarien nur selten große Datenmengen bewältigt werden müssen, sondern eher konzeptionelle Überlegungen im Vordergrund stehen, reicht es häufig aus mittels *mkfile* Partitionen in Minimalgröße anzulegen, und diese per *lofiadm* Devices zuzuordnen, die dann mit dem SoftRaid System verwendet werden. Am Beispiel des *SLVM*, ist dies in Kapitel 5.15.5.6 auf Seite 5.15.5.6 demonstriert.

Anzumerken ist, daß derartige Konfigurationen vergleichsweise intensive Belastung eines Teilbereiches einer Festplatte, verbunden mit häufigen, vom

System nicht unbedingt optimierbaren Bewegungen des Schreib/Lesekopfes der Festplatte mit sich bringen. Aussagen zur Performance von SoftRaid Systemen lassen sich damit daher nicht unbedingt treffen, auch ist diese Art der Beanspruchung der Lebensdauer der betroffenen Festplatte nicht gerade förderlich.

5.18 Solaris I/O Multipathing, MPxIO

Rolf M Dietze

Multiplexed IO, kurz MPxIO genannt, kommt im Prinzip aus der Welt der dynamisch partitionierbaren Maschinen. In Abbildungen 5.61 und 5.62 sei kurz das Problem gezeigt. Es existiere eine Domain, das ist im traditionellen SUN-Umfeld ein Teil eines harwareseitig partitionierbaren Rechnersystems, auf dem eine eigenständige SOLARIS-Instanz läuft, konfiguriert aus Systemboards mit CPUs und Memory, und IO-Boards mit den notwendigen IO-Karten. Im Beispiel 5.61 soll nun das IO-Board 2 aus der Domain A bei laufendem Betrieb, also ohne Systemunterbrechung, ohne Suhtdown/Reboot und ohne das Abschalten des Systems herauskonfiguriert und beispielsweise in Domain B importiert werden. Eines der ersten Rechnersysteme, die dies elektrisch zuließen, waren die Maschinen der Ultra Enterprise 10000 Klasse, einer unter dem Codenamen Starfire von Cray Research entwickelten Maschine, siehe hierzu auch Abschnitt 8.5.4 auf Seite 666.

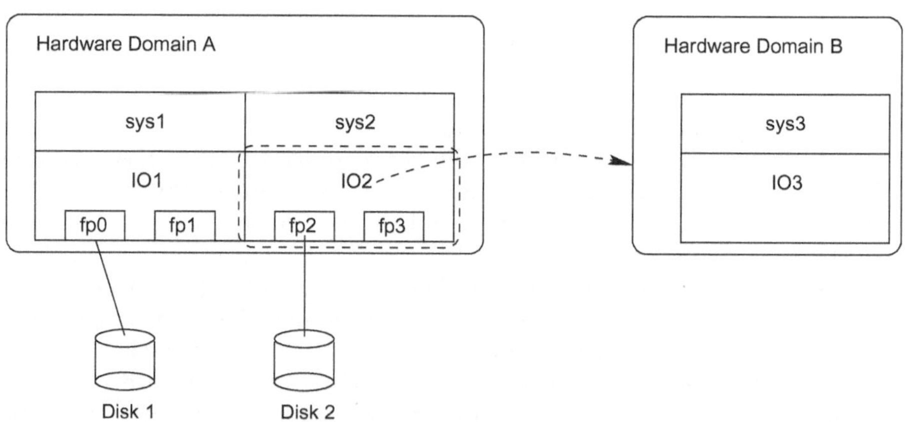

Abb. 5.61. Physikalische Storageanbindung blockiert die Dekonfiguration eines IO-Boards

Mit der Möglichkeit Komponenten zumindest elektrisch von System zu trennen oder in das System einzubringen ist nur ein Teil des Problems gelöst.

Ein weiteres Problem ist die aktive Nutzung der Komponenten der herauszulösenden Systemteile durch das laufende Betriebssystem. Hier muß letztendlich betriebssystemseitig ein Mechanismus gewählt werden, der es erlaubt Memory, CPUs oder eben auch IO-Komponenten zu deaktivieren. Diese Deaktivierung von IO-Komponenten ist im Bereich von Netzwerkkarten etc. recht unproblematisch. Was ist jedoch, wenn die in Abbildung 5.61 mit Disk 2 bezeichnete Festplatte nicht im laufenden Betrieb herausgelöst und über einen anderen Controller angesteuert werden kann, weil beispielsweise interaktive Prozesse, etwa Datenbanken, darauf laufen, deren Betriebsunterbrechung in keinem Fall akzeptabel ist?

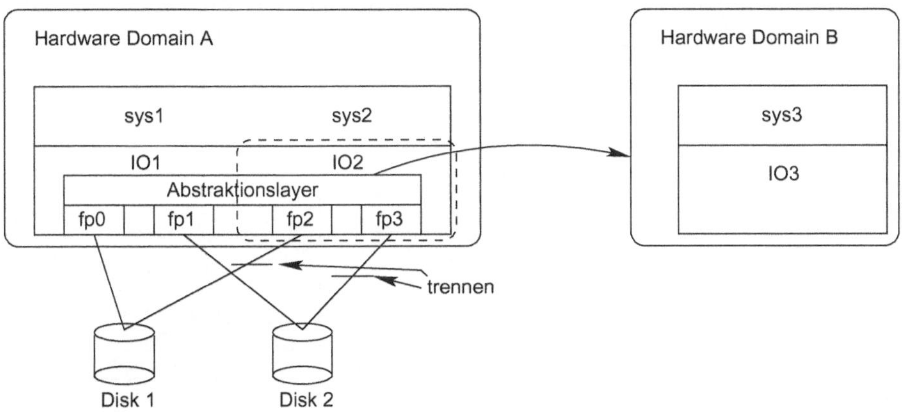

Abb. 5.62. Mehrfache physikalische Anbindung erleichtert die Dekonfiguration eines IO-Boards

Schon mit der Einführung der UE10000 wurde ein Softwareprodukt mit angeboten, das es ermöglichen sollte, alternative Pfade zu Storagesystemen nutzen zu können, genannt AP oder auch Alternate Pathing. Alternate Pathing bot jedoch wenig automatische Reaktionen an, unterstützte keinerlei Lastverteilung über die Storageleitungen und war auf zwei Anbindungen begrenzt. Eine nachträgliche Einbringung des Alternate Pathing selbst oder gar anderer Storageleitungen beziehungsweise Pfaden war immer mit einer Betriebsunterbrechung verbunden, zumal Installation und Konfiguration nicht immer fehlerfrei abliefen. Dazu kam, daß das System eine eigene Statedatabase irgendwo im System benötigte u.s.w. Bei der in Abbildung 5.62 motivierten Dekonfiguration hätte eine weitere Storageanbindung an IO-Board 1 stattfinden müssen und vor der Dekonfiguration ein "AP-Switch" von IO-Controllern von IO-Board 2 auf IO-Controller auf IO-Board 1 stattfinden müssen. Es bestand in einem solchen "AP-Switch" auch ein gewisses Restrisiko: Bei einem Switch wurde durch die Alternate Pathing Software nicht getestet, ob der Storagekanal auf den die Kommunikation geschaltet werden sollte existierte und gültig war. Das hatte unweigerlich Betriebsunterbrechungen bei Fehlern zur Folge, wenn etwa die unter AP-Kontrolle stehenden Bootplatten bei einem AP-Switch über nicht mehr existente Storagekanäle verlaufen sollten, der Administrator dies allerdings erst vollständig erkannte, als das System nicht mehr an seine Boot- bzw. OS-Platten kam. Ab und zu war es auch ein interessantes Unterfangen, "verlorengegangene" Controllerpfade [27] aus der Konfiguration zu nehmen. In einigen Bereichen wurde bei der oben geschilderten Problemsituation auch auf dynamic Multipathing (DMP) des Veritas Volume Managers zurückgegriffen, im Fall einer Umkonfiguration musste dann jedoch der Administrator "fliessend Vertias sprechen" und alle relevanten Controllerkanäle vor einer Dekonfiguration Veritas-seitig dekonfigurieren. Im Bereich der dynamischen Rekonfiguration von IO-Boards mit aktiven Storagekanälen gab es zu Alternate Pathing jedoch keine gerne supportete Alternative.

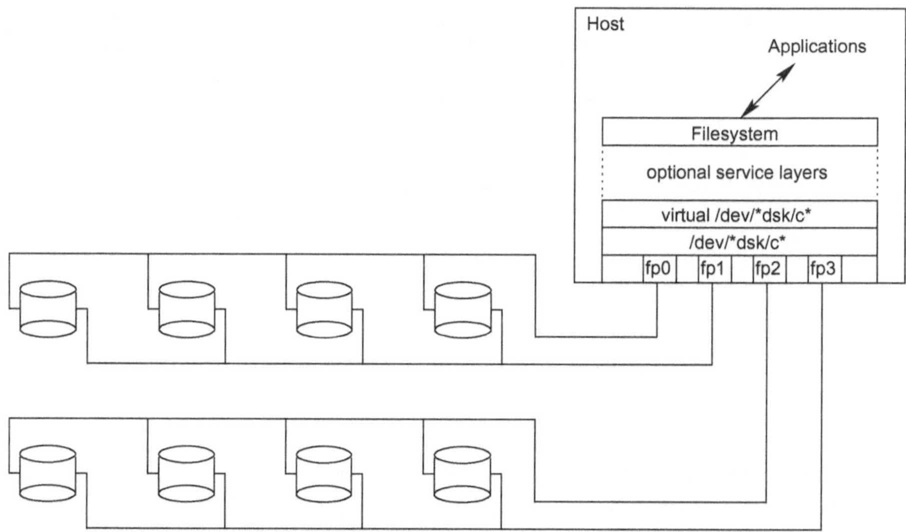

Abb. 5.63. Redundante Storageanbindung, virtueller Storagekanal

Mit der Einführung von Multiplexed IO änderte sich vieles. Auch hier war der Schlüssel zur Problemlösung die Virtualisierung (folglich Abbildung 5.63). Während bei Veritas dynamic Multipathing und bei Alternate Pathing letztendlich eine Software auf der Ebene der Festplattenpfade, also des SOLARIS Device Layers versuchte, die Umkonfiguration zu verbergen (so auch die Raidmanager Software *rm6* die mit den Storagearrays RSM2000, A3x00 und der Haushaltsvariante A1000 ausgeliefert wurde, bei der die Pfade unter */devices* modifiziert wurden und die Kompatibilitätslinks nachgezogen wurden), wird

[27] Wer es kennt erinnert sich, wer es nicht kennt verwende MPxIO

bei Multiplexed IO ein Abstraktionslayer eingeführt, der applikationsseitig einen virtuellen Storagecontroller darstellt. Es besteht so kein Zugriff mehr auf die physikalischen Festplattencontroller, sondern es wird auf einen physikalisch nicht existenten Storagecontroller zugegriffen, wobei der Multiplexed IO Layer die redundanten physikalischen Pfade verwaltet und bei Aus- oder Wegfall eines Storagekanals den IO-Traffic selbstständig und automatisch auf den verbliebenen redundanten Kanal einschränkt. Dazu muß im Multiplexed IO Layer einer Pfad- bzw. Festplattenadressverwaltung stattfinden. Die Besonderheit bei dieser SUN-Lösung im Vergleich zu Alternate Pathing ist die Lastverteilung über die redundanten Kanäle und, wenn schon mit Alternate Pathing verglichen wird, die sehr flexible und fehlertolerante Handhabung und Verwaltung in einem eigenen Layer ohne lästige Statedatabases, die nach einer AP-Umschaltung nicht mehr erreichbar sind oder gar Umschaltungen auf nicht mehr existente oder defekte Controlleranbindungen. Bei Alternate Pathing konnten immer nur zwei Kanäle zusammengeschlossen werden. Bei Multiplexed IO werden alle Storagekanäle in einem Abstraktionslayer zusammengefaßt, derart, das es dem Anwender beziehungsweise der Applikation letztendlich verborgen ist, über welchen physikalischen Kanal die Kommunikation verläuft. Auf den Multiplexed IO Layer können weitere Layer aufsetzen.

Mit Multiplexed IO wird somit wie in Abbildung 5.64 dargestellt ein wei-

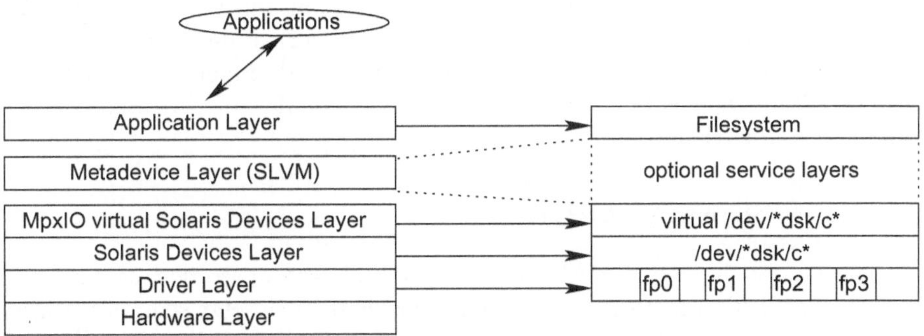

Abb. 5.64. Multiplexed IO Layering

terer Layer zwischen der Hardware und dem Filesystem beziehungsweise der durch Applikationen genutzten Devices geschoben. Als Unterstes die Hardware, auf die im Driver Layer die Treiber für die so genannten Hostbus Adapter, kurz HBA, zugreifen. In der SUN-Welt sind das die *fp*-Treiber. über die Hostbus Adapter werden die einzelnen erreichbaren Festplatten referenziert. Wobei wie schon im Abschnitt 5.2.2 vorgestellt, die einzelnen Festplattencontroller für sich nochmals numeriert sind mit einer Controllernummer, die im Plattennamen auftaucht (vgl. */dev/dsk/c20t0ds0*). Auf diesem Festplattencontrollerlayer, auch SOLARIS Device Layer genannt setzt Multiplexed IO mit einem eigenen Layer auf. Zur Verwirrung jedoch mit einem zum SOLARIS Devices Layer identischen Namensraum. Es wird so beispielsweise aus den beiden untereinander redundanten Pfaden */dev/dsk/c2t0d0s0* und */dev/dsk/c3t0s0s0* ein logischer Pfad mit dem Namen */dev/dsk/c4t0d0s0* erzeugt. Das Mapping zwischen *c2*, *c3* und *c4* ist nur dem Multiplexed IO Layer bekannt und muß von ihm direkt erfragt werden. Auf den Multiplexed IO Layer können weitere Layer aufsetzten, insbesondere da der Namensraum identisch zum SOLARIS Device Layer gewählt wurde. So kann ein SLVM-Layer auf Multiplexed IO aufgesetzt werden, wie dies auch in Abschnitt 5.15.7, SLVM Devices über MPxIO, beschrieben ist, als auch ein Mediator-Layer und Cluster-Device-Layer bei der Verwendung von DiskSets etc. Multiplexed IO stellt somit dem System unter dem Namen von SOLARIS-Festplatten Festplatten mit redundanter Storagekanalanbindung transparent für die Endapplikationen zur Verfügung.

Multiplexed IO löst zwei Probleme auf einmal. Der Highend Systembereich in dem mit dynamisch konfigurierbarer und partitionierbarer Hardware die Domainkonfiguration verändert werden soll ist dabei nur ein Feld. Ein weiterer Einsatzbereich ist auf einfachen Systemen gegeben bei der mehrfach redundanten Ansteuerung von Festplattensubsystemen oder der mehrfach redundanten Ansteuerung gespiegelter Festplattensubsysteme. Vergleiche hier auch den Abschnitt 5.15.7 SLVM Devices über MPxIO. Die dort vorgestellte Einstellung der Spiegelung zweier Storagearrays, wobei jedes für sich zweifach redundant an des Hostsystem angeschlossen ist, hat den Vorteil, daß bei Ausfall einer Storageleitung kein Spiegelfailover mit Verlust der Spiegelredundanz eintritt. In diesem Fall sind die Storageleitungen redundant über Multiplexed IO gehalten, während hingegen echte Festplattenfehler über die Spiegelredundanz abgefangen werden.

5.18.1 Arbeiten mit MPxIO

Zunächst, der Einsatz von Multiplexed IO muß geplant werden, es muß durch Multiplexed IO unterstützte Controllerhardware eingesetzt sein, der Administrator sollte Devicepfade lesen und erkennen können und sich nicht zu schnell verwirren lassen. Der Multiplexed IO Layer wird über ein Kommando administriert: *stmsboot(1M)*. Der Rest ist die Anwendung bekannter Kommandos, das Auslesen, Interpretieren und Modifizieren von Konfigurationsdateien und das Jagen von Devicepfaden etc.

Das MPxIO-Treiber-Konfigurationsfile ist */kernel/drv/scsi_vhci.conf* und wird in Listing 5.18 in seinen wesentlichen Teilen auszugsweise wiedergegeben.

Zunächst ist im Konfigurationsfile der Treibername mit *scsi_vhci* definiert. Es besteht die Option das Loadbalancing ein oder aus zu schalten, im oben zitierten Beispiel ist es mit *round-robin* eingeschaltet, auszuschalten wäre die Lastbalance durch Umsetzung auf `load-balance="none"`. Gesetzt den Fall, nach einem Controllerpfadausfall wird der betroffene Controller repariert und steht dem System in gleicher Art und Weise wieder zur Verfügung, ist mit

```
name="scsi_vhci" class="root";
load-balance="round-robin";
auto-failback="enable";
# device-type-scsi-options-list =
# "<Vendor ID>", "symmetric-option";
#
# symmetric-option = 0x1000000;
```

Listing 5.18. */kernel/drv/scsi_vhci.conf*

dem Setzen von *auto-failback* eine automatische Reaktivierung eines ausgefallenen Storagekanals möglich. Sollte non-SUN Storage Hardware oder non-SUN-supportete Storagehardware eingesetzt werden, ist ein Eintrag für dieses Storagesystem in der Konfigurationsdatei */kernel/drv/scsi_vhci* vorzunehmen, in dem der Inquiry-String des Storagesystems mit der *symmetric-option* einzutragen ist. Es sind alle Character des Inquiry-Strings in Anführungszeichen zu setzen, auch Leerzeichen. Wenn dies soweit alles stimmt und controllertreiberseitig keine Excludes gesetzt wurden, kann die Rechneranlage auf den Betrieb unter Multiplexed IO umgestellt werden, was einen Reboot initiiert und auch benötigt. Es ist das Kommando *stmsboot -e* abzusetzen, was zur weiteren Konfiguration und Einrichtung einen Reboot vorschlägt. Dem ist zu folgen. Daraufhin rebootet das System, führt während des Reboots eine Umkonfiguration aus um dann aus dieser Umkonfiguration sogleich noch einen Reboot selbst zu initiieren. Dieses Verhaten ist in Listing 5.72 in seinen einzelnen Schritten kurz dargestellt.

```
endeavour# stmsboot -e
WARNING: This operation will require a reboot.
Do you want to continue ? [y/n] (default: y) y
The changes will come into effect after rebooting the system.
Reboot the system now ? [y/n] (default: y)
svc.startd: The system is coming down.  Please wait.
svc.startd: 70 system services are now being stopped.
svc.startd: The system is down.
syncing file systems... done
```

Beispiel 5.72. MPxIO Setup, Teil 1, Setup

Zu den Controllerpfaden: Das betrachtete Beispielsystem hatte hierbei von Anfang an vier Stück QLogic 2200 FCAL Controller, womit die Controllernummern *c2*, *c3*, *c4* und *c5* mit physikalischen Controllern belegt sind, *c0* und *c1* beschreibt die beiden Onboard-Controller. Damit werden die durch dem Multiplexed IO Layer bereitgestellten Festplatten mit redundanten Gerätepfaden unter der Controllerid *c5* bereitgestellt. Ein *format*-Listing,

```
Rebooting with command: boot
Boot device: /pci@1f,4000/scsi@3/disk@0,0:a  File and args:
SunOS Release 5.11 Version snv_23 64-bit
Copyright 1983-2005 Sun Microsystems, Inc.  All rights reserved.
Use is subject to license terms.
stmsboot: configuring devices
Hostname: endeavour
stmsboot: /etc/vfstab was not modified as no changes were needed.
syncing file systems... done
rebooting...
Resetting ...
```

Beispiel 5.72. MPxIO Setup, Teil 2, erster Reboot

```
Rebooting with command: boot
Boot device: /pci@1f,4000/scsi@3/disk@0,0:a  File and args:
SunOS Release 5.11 Version snv_23 64-bit
Copyright 1983-2005 Sun Microsystems, Inc.  All rights reserved.
Use is subject to license terms.
stmsboot: configuring devices
Hostname: endeavour

endeavour console login:
```

Beispiel 5.72. MPxIO Setup, Teil 3, zweiter Reboot

wie es für das Beispielsystem in Listing 5.73 gezeigt ist, verbirgt alle Controllerpfade zu Festplatten die unter Kontrolle und Verwaltung des Multiplexed IO Layers liegen.

Dem Administrator stellt sich somit sofort die Frage, welches physikalische Device nun welchem MPxIO-Device zugeordnet ist. Das Kommando *stmsboot(1M)* bietet hierfür die Optionen *-L* und *-l<controllerID>* an. Während *-L* alle Devices und deren Mapping in den MPxIO Layer aufzeigt, ist unter Verwendung der *-l* Option unter Angebe des interessierenden Plattencontrollers eine eingeschränkte Auflistung möglich. In Listing 5.19 ist exemplarisch eine Auflistung der Pfade und des Mappings aller an Controller *c2* hängenden Festplatten aufgelistet.

Das Beispiel ist an einer UE220R durchgeführt worden, die über vier FCAL Hostbusadapter an ein im Splitloop betriebenes A5200 FCAL-StorEDGE Array angeschlossen ist (vergleiche Legacy Storage, Abschnitt B.4). Damit ist unter Verwendung der Ausgaben von *stmsboot -l [<Controller>* für die physikalischen Controller *c2, c3, c4* und *c5* in der in Listing 5.19 dargestellten Art und Weise eine sortierte Liste des Mappings zwischen den jeweils zwei physikalischen und dem logischen MPxIO-Device in Tabelle 5.15 darstellbar. Es sein nochmals darauf hingewiesen, daß die Festplatten unter den Pfaden */dev/[dsk,rdsk]/[c2*,c3*,c4*,c5*]* die physikalischen Festplatten sind und die

```
AVAILABLE DISK SELECTIONS:
    0. c0t0d0 <SUN36G cyl 24620 alt 2 hd 27 sec 107> mpack
       /pci@1f,4000/scsi@3/sd@0,0
    1. c6t20000020371B0FA9d0 <SUN9.0G cyl 4924 alt 2 hd 27 sec 133>
       /scsi_vhci/ssd@g20000020371b0fa9
    2. c6t20000020371B3E91d0 <SEAGATE-ST39102FCSUN9.0G-0D29-8.43GB>
       /scsi_vhci/ssd@g20000020371b3e91
    3. c6t20000020371B7A86d0 <SUN9.0G cyl 4924 alt 2 hd 27 sec 133>
       /scsi_vhci/ssd@g20000020371b7a86
    4. c6t20000020371B7B90d0 <SUN9.0G cyl 4924 alt 2 hd 27 sec 133>
       /scsi_vhci/ssd@g20000020371b7b90
    5. c6t20000020371B61DBd0 <SUN9.0G cyl 4924 alt 2 hd 27 sec 133>
       /scsi_vhci/ssd@g20000020371b61db
    6. c6t20000020371B846Fd0 <SUN9.0G cyl 4924 alt 2 hd 27 sec 133>
       /scsi_vhci/ssd@g20000020371b846f
    7. c6t20000020371B889Dd0 <SUN9.0G cyl 4924 alt 2 hd 27 sec 133>
       /scsi_vhci/ssd@g20000020371b889d
    8. c6t20000020371B6762d0 <SUN9.0G cyl 4924 alt 2 hd 27 sec 133>
       /scsi_vhci/ssd@g20000020371b6762
    9. c6t20000020371BA65Dd0 <SUN9.0G cyl 4924 alt 2 hd 27 sec 133>
       /scsi_vhci/ssd@g20000020371ba65d
   10. c6t20000020371BF5CFd0 <SUN9.0G cyl 4924 alt 2 hd 27 sec 133>
       /scsi_vhci/ssd@g20000020371bf5cf
```

Beispiel 5.73. *format* unter MPxIO Verwaltung, Teil 1

unter */dev/[dsk,rdsk]/c6** bereit gestellten Festplatten einen rein logischen, nur durch MPxio bereitgestellten Pfad haben. Wenn in dieser Konfiguration weitere Massenspeichercontroller in das Rechnersystem eingesetzt werden (dies ist bei einer bei einer UE220R nicht möglich, da dieses System nur vier Slots besitzt), so wird als nächster freier Controllername *c7* gewählt. Vorsicht bei Umbauten, es mischt sich hier der Namensraum des SOLARIS Device Layers mit dem des MPxIO Device Layers und kann beziehungsweise wird zu Verwechselungen führen. Insbesondere im Clusterumfeld, wo hier noch die Mediator-Layers und die Globaldevice-Layers dazukommen ist bei Erweiterungen etwas Vorsicht und Planung geboten.

Wenn man sich Tabelle 5.15 auf Seite 353 genauer ansieht, so wird klar, warum es notwendig ist, sich über die Zuordung von physikalischen zu logischen Devices im klaren zu sein, würde man doch sonst Gefahr laufen in das gleiche Array zu spiegeln oder auf dem gleichen Controller minderperformante und minderredundante Spiegel aufzusetzen. Die Kompatibilitätslinks von */dev/[dsk,rdsk]/c6**, also in diesem Beispiel die MPxIO-Devices führen, wie in Beispiel 5.74 gezeigt, zu den Devicefilesystemeinträgen des *scsi_vhci*.

FCAL-Festplatten werden bekanntlich in der */etc/path_to_inst* verzeichnet. So auch die MPxIO-Layer Festplatten. Dies ist zur Veranschaulichung nochmals in Listing 5.20, auf Seite 354, dargestellt, wobei hier die FCAL-

```
11. c6t20000020371BF7B5d0 <SUN9.0G cyl 4924 alt 2 hd 27 sec 133>
    /scsi_vhci/ssd@g20000020371bf7b5
12. c6t20000020371BF82Cd0 <SUN9.0G cyl 4924 alt 2 hd 27 sec 133>
    /scsi_vhci/ssd@g20000020371bf82c
13. c6t20000020371BF830d0 <SUN9.0G cyl 4924 alt 2 hd 27 sec 133>
    /scsi_vhci/ssd@g20000020371bf830
14. c6t20000020371BFC19d0 <SUN9.0G cyl 4924 alt 2 hd 27 sec 133>
    /scsi_vhci/ssd@g20000020371bfc19
15. c6t20000020371BFD40d0 <SUN9.0G cyl 4924 alt 2 hd 27 sec 133>
    /scsi_vhci/ssd@g20000020371bfd40
16. c6t20000020372286CBd0 <SUN9.0G cyl 4924 alt 2 hd 27 sec 133>
    /scsi_vhci/ssd@g20000020372286cb
17. c6t200000203708CE21d0 <SEAGATE-ST39102FCSUN9.0G-0D29-8.43GB>
    /scsi_vhci/ssd@g200000203708ce21
18. c6t200000203722927Ed0 <SUN9.0G cyl 4924 alt 2 hd 27 sec 133>
    /scsi_vhci/ssd@g200000203722927e
19. c6t2000002037265F23d0 <SUN9.0G cyl 4924 alt 2 hd 27 sec 133>
    /scsi_vhci/ssd@g2000002037265f23
20. c6t2000002037260FE2d0 <SEAGATE-ST39102FCSUN9.0G-0D29-8.43GB>
    /scsi_vhci/ssd@g2000002037260fe2
21. c6t2000002037220102d0 <SEAGATE-ST39102FCSUN9.0G-1129-8.43GB>
    /scsi_vhci/ssd@g2000002037220102
22. c6t2000002037228331d0 <SUN9.0G cyl 4924 alt 2 hd 27 sec 133>
    /scsi_vhci/ssd@g2000002037228331
```

Beispiel 5.73. *format* unter MPxIO Verwaltung, Teil 2

```
endeavour# stmsboot -l 2
non-STMS device name                    STMS device name
---------------------------------------------------------------
/dev/rdsk/c2t6d0               /dev/rdsk/c6t20000020371B6762d0
/dev/rdsk/c2t5d0               /dev/rdsk/c6t20000020371BA65Dd0
/dev/rdsk/c2t0d0               /dev/rdsk/c6t2000002037220102d0
/dev/rdsk/c2t1d0               /dev/rdsk/c6t2000002037260FE2d0
/dev/rdsk/c2t7d0               /dev/rdsk/c6t20000020371B7A86d0
/dev/rdsk/c2t9d0               /dev/rdsk/c6t2000002037228331d0
/dev/rdsk/c2t4d0               /dev/rdsk/c6t20000020371B0FA9d0
/dev/rdsk/c2t3d0               /dev/rdsk/c6t20000020371B846Fd0
/dev/rdsk/c2t2d0               /dev/rdsk/c6t2000002037265F23d0
/dev/rdsk/c2t8d0               /dev/rdsk/c6t20000020371BF7B5d0
/dev/rdsk/c2t10d0              /dev/rdsk/c6t20000020371B7B90d0
```

Listing 5.19. Auflisten des MPxIO-Mappings physikalisch-logisch

Festplatten herausgelassen wurden und nur der Auszug mit den Einträgen des MPxIO-Layers zum bersseren Verständnis wiedergegeben ist.

non-STMS device name	STMS device name	non-STMS device name
Array 1		
/dev/rdsk/c2t0d0	/dev/rdsk/c6t2000002037220102d0	/dev/rdsk/c5t0d0
/dev/rdsk/c2t1d0	/dev/rdsk/c6t2000002037260FE2d0	/dev/rdsk/c5t1d0
/dev/rdsk/c2t2d0	/dev/rdsk/c6t2000002037265F23d0	/dev/rdsk/c5t2d0
/dev/rdsk/c2t3d0	/dev/rdsk/c6t20000020371B846Fd0	/dev/rdsk/c5t3d0
/dev/rdsk/c2t4d0	/dev/rdsk/c6t20000020371B0FA9d0	/dev/rdsk/c5t4d0
/dev/rdsk/c2t5d0	/dev/rdsk/c6t20000020371BA65Dd0	/dev/rdsk/c5t5d0
/dev/rdsk/c2t6d0	/dev/rdsk/c6t20000020371B6762d0	/dev/rdsk/c5t6d0
/dev/rdsk/c2t7d0	/dev/rdsk/c6t20000020371B7A86d0	/dev/rdsk/c5t7d0
/dev/rdsk/c2t8d0	/dev/rdsk/c6t20000020371BF7B5d0	/dev/rdsk/c5t8d0
/dev/rdsk/c2t9d0	/dev/rdsk/c6t2000002037228331d0	/dev/rdsk/c5t9d0
/dev/rdsk/c2t10d0	/dev/rdsk/c6t20000020371B7B90d0	/dev/rdsk/c5t10d0
Array 2		
non-STMS device name	STMS device name	non-STMS device name
/dev/rdsk/c3t16d0	/dev/rdsk/c6t20000020371B3E91d0	/dev/rdsk/c4t16d0
/dev/rdsk/c3t17d0	/dev/rdsk/c6t200000203708CE21d0	/dev/rdsk/c4t17d0
/dev/rdsk/c3t18d0	/dev/rdsk/c6t20000020371BF5CFd0	/dev/rdsk/c4t18d0
/dev/rdsk/c3t19d0	/dev/rdsk/c6t20000020371BF830d0	/dev/rdsk/c4t19d0
/dev/rdsk/c3t20d0	/dev/rdsk/c6t20000020371BF82Cd0	/dev/rdsk/c4t20d0
/dev/rdsk/c3t21d0	/dev/rdsk/c6t20000020371BFC19d0	/dev/rdsk/c4t21d0
/dev/rdsk/c3t22d0	/dev/rdsk/c6t20000020372286CBd0	/dev/rdsk/c4t22d0
/dev/rdsk/c3t23d0	/dev/rdsk/c6t20000020371B61DBd0	/dev/rdsk/c4t23d0
/dev/rdsk/c3t24d0	/dev/rdsk/c6t20000020371B889Dd0	/dev/rdsk/c4t24d0
/dev/rdsk/c3t25d0	/dev/rdsk/c6t200000203722927Ed0	/dev/rdsk/c4t25d0
/dev/rdsk/c3t26d0	/dev/rdsk/c6t20000020371BFD40d0	/dev/rdsk/c4t26d0

Tabelle 5.15. Zuordnung physikalischer Controller zu virtuellen Controllern

```
endeavour# ls -l /dev/dsk/c6t20000020371B7A86d0s0
lrwxrwxrwx   1 root     root          47 Dec 24 03:15 ↙...
    ↪ /dev/dsk/c6t20000020371B7A86d0s0 ->  ↙...
    ↪ ../../devices/scsi_vhci/ssd@g20000020371b7a86:a
```

Beispiel 5.74. MPxIO Kompatibilitätslink (im Original einzeilig)

Ist eine Information gefragt, welche IO-Adapter im System konfiguriert und unterstützt sind, so ist dies mit dem Kommando *cfgadm -a* auflistbar und in 5.21 auf Seite 355 in Ausschnitten dargestellt. Ein Fabricdevice unterscheidet sich dabei von einem Private-Device durch den String *fs-fabric* im Type-Feld. Sollten Devices mit LUNs ungleich 0 aufgelistet werden, so ist dem *cfgadm*-Kommando noch die Option *-o show_SCSI_LUN* mitzugeben. Es sind dabei jeweils für den Controller der Typ und die über diesen Controller erreichbaren Festplatten aufgelistet. Soll ein Controller bei adäquater Hardware aus dem System konfiguriert werden, so sind, wenn softwareseitig keine offenen Handles mehr bestehen, alle unter einem Attachmentpoint hängenden Devices rekursiv dekonfigurierbar unter Verwendung des Kom-

```
"/scsi_vhci" 0 "scsi_vhci"
"/scsi_vhci/ssd@g20000020371bf830" 44 "ssd"
"/scsi_vhci/ssd@g20000020371bf7b5" 45 "ssd"
"/scsi_vhci/ssd@g20000020371b889d" 46 "ssd"
"/scsi_vhci/ssd@g20000020371b7b90" 47 "ssd"
"/scsi_vhci/ssd@g20000020371bf5cf" 48 "ssd"
"/scsi_vhci/ssd@g20000020371b6762" 49 "ssd"
"/scsi_vhci/ssd@g20000020371bfd40" 50 "ssd"
"/scsi_vhci/ssd@g20000020371ba65d" 51 "ssd"
"/scsi_vhci/ssd@g20000020371bf82c" 52 "ssd"
"/scsi_vhci/ssd@g2000002037220102" 53 "ssd"
"/scsi_vhci/ssd@g200000203708ce21" 54 "ssd"
"/scsi_vhci/ssd@g20000020371b7a86" 55 "ssd"
"/scsi_vhci/ssd@g20000020371b61db" 56 "ssd"
"/scsi_vhci/ssd@g2000002037228331" 57 "ssd"
"/scsi_vhci/ssd@g20000020372286cb" 58 "ssd"
"/scsi_vhci/ssd@g2000002037260fe2" 59 "ssd"
"/scsi_vhci/ssd@g200000203722927e" 60 "ssd"
"/scsi_vhci/ssd@g20000020371b0fa9" 61 "ssd"
"/scsi_vhci/ssd@g20000020371bfc19" 62 "ssd"
"/scsi_vhci/ssd@g20000020371b846f" 63 "ssd"
"/scsi_vhci/ssd@g20000020371b3e91" 64 "ssd"
"/scsi_vhci/ssd@g2000002037265f23" 65 "ssd"
```

Listing 5.20. */etc/path_to_inst* mit Festplatten unter MPxIO

mandos *cfgadm -c unconfigure c<controllerid>*.Soll hingegen nur ein einzelnes Device dekonfiguriert werden so geht das durch Aufruf von *cfgadm -c unconfigure <device>*. Beispielsweise wird ein an Atachmentpoint_Id *c2* definiertes Device *21000020371b0fa9* aus Listing 5.21 durch Aufruf von *cfgadm -c unconfigure c2::21000020371b0fa9* dekonfiguriert.

Sollte es notwendig sein, ein einzelnes Device unter MPxIO Verwaltung zu stellen oder dessen Verwaltung upzudaten, so ist es möglich unter Angabe beider redundanter Pfade mit dem Kommando *cfgadm -c configure c*::<device> c*::<device>* das Device nachzubereiten.

Ein Update der Konfiguration und der Einträge in der */etc/vfstab* ist durch Aufruf von *stmsboot -u* forcierbar. Sollte der Multiplexed IO Support wieder deaktiviert werden müssen, so ist dies ebenfalls mit dem Kommando *stmsboot* vorzunehmen, dann mit der Option *-d*. Ein Reboot folgt und des wird im Weiteren wieder nur mit den physikalischen Festplattenpfaden gearbeitet.

5.18.1.1 Per Port Einstellungen

Es gibt die Möglichkeit MPxIO-Support global oder per Port zu aktivieren, wobei die per Port Einstellungen die höhere Priorität geniessen. Die Konfiguration ist im *fp*-Treiberkonfigurationsfiel */kernel/drv/fp.conf* durchzuführen.

```
# cfgadm -al
Ap_Id                   Type         Receptacle   Occupant     Condition
c0                      scsi-bus     connected    configured   unknown
c0::dsk/c0t0d0          disk         connected    configured   unknown
c0::dsk/c0t6d0          CD-ROM       connected    configured   unknown
c1                      scsi-bus     connected    unconfigured unknown
c2                      fc-private   connected    configured   unknown
c2::21000020371b0fa9    disk         connected    configured   unknown
c2::21000020371b6762    disk         connected    configured   unknown
...
c3                      fc-private   connected    configured   unknown
c3::220000203708ce21    disk         connected    configured   unknown
c3::22000020371b3e91    disk         connected    configured   unknown
...
c4                      fc-private   connected    configured   unknown
c4::210000203708ce21    disk         connected    configured   unknown
c4::21000020371b3e91    disk         connected    configured   unknown
...
c5                      fc-private   connected    configured   unknown
c5::22000020371b0fa9    disk         connected    configured   unknown
c5::22000020371b6762    disk         connected    configured   unknown
```

Listing 5.21. Anzeige der Attachmentpoints (Ausgabe gekürzt)

Zunächst läßt sich MPxIO global ein,- oder aus schalten durch die in Listing 5.22 dargestellte Option

```
mpxio-disable="no"    oder
mpxio-disable="yes"
```

Listing 5.22. */kernel/drv/fp.conf*

Ist eine per Port Konfiguration gewünscht, so ist zunächst der betreffende *fp*-Port zu identifizieren und als Softlink von */dev/fc/fp** zu verifizieren, also beispielsweise:

```
endeavour# ls -l /dev/fc
lrwxrwxrwx  1 root  root   50 Dec 23 19:22 fp0 ->  ↙...
      ↪  ../../devices/pci@1f,4000/SUNW,qlc@2/fp@0,0:devctl
lrwxrwxrwx  1 root  root   46 Dec 23 19:22 fp1 ->  ↙...
      ↪  ../../devices/pci@1f,4000/scsi@4/fp@0,0:devctl
lrwxrwxrwx  1 root  root   46 Dec 23 19:22 fp2 ->  ↙...
      ↪  ../../devices/pci@1f,4000/scsi@5/fp@0,0:devctl
lrwxrwxrwx  1 root  root   50 Dec 23 19:22 fp3 ->  ↙...
      ↪  ../../devices/pci@1f,2000/SUNW,qlc@1/fp@0,0:devctl
```

Soll nun beispielsweise MPxIO für die Ports *fp0* und *fp3* deaktiviert werden, so ist in das Treiberkonfigurationsfile */kernel/drv/fp.conf* der in Listing 5.23 zitierte Eintrag einzubringen und ein Reload der Konfiguration zu erzwingen.

```
name="fp" parent="/pci@1f,4000/SUNW,qlc@2" port=0 mpxio-disable="yes"
name="fp" parent="/pci@1f,2000/SUNW,qlc@1" port=0 mpxio-disable="yes"
```

Listing 5.23. */kernel/drc/fp.conf*, MPxIO deaktiviert

Da die portspezifischen Einträge vor der globalen Definition Vorrang haben, kann das gleiche Ergebnis (fp1 und fp2 unter MPxIO Verwaltung, fp0 und fp3 nicht) mit den in Listing 5.24 dargestellten Einträgen erzielt werden: Es wird global MPxIO disabled und portlokal für fq1 und fp2 eingeschaltet.

```
disable=mpxio="yes";
name="fp" parent="/pci@1f,4000/scsi@4" port=0 mpxio-disable="no"
name="fp" parent="/pci@1f,2000/scsi@5" port=0 mpxio-disable="no"
```

Listing 5.24. */kernel/drc/fp.conf*, alternativer Eintrag

Die Bezeichnung *scsi@?* ist in einer anderen Firmware der Karten begründet, es sind OEM-Karten und keine generischen SUN-Karten.

Prädestiniert für diese Technik sind in der Tat vor allem FCAL Lösungen, da die Festplatten von sich aus zwei Controller an Bord haben. Mit Redundanzeinschränkungen geht das auch mit SCSI Systemen, da diese per Definition Dual Port fähig sind.

6

Solaris Netzwerk Umgebung

Nahezu die gesamte Netzwerkadministration und Konfiguration wird durch die Verwendung des Kommandos *ifconfig(1M)* und Anwendung seiner umfangreichen Paramenter und Optionen geleistet. Es erhöht jedoch nicht das Verständnis für die Netzwerkadministration oder den Umgang mit *ifconfig* wenn an dieser Stelle all Optionen und Parameter des Kommandos aufgelistet und erklärt werden. Vielmehr muß zunächst des Verständnis zur Einbindung eines Rechners in ein Netzwerk und damit seine Aufgabenstellung und Funktion umrissen, wie auch die damit einhergehende Begriffswelt abgeklärt werden.

Es erscheint sinnvoll, dann ersteinmal die grundlegenden Funktionen und Abhängigkeiten zu beschreiben und anschließend die Netzwerkadministration in logischen Funktionsgruppen zu beschreiben. DHCP wird gerade umfangreich umgestellt, weshalb es gegenwärtig nicht sinnvoll erscheint, es zu beschreiben.

6.1 Client-Server Environment

Rolf M Dietze

Der Slogan, der den Grund für den usprünglichen Erfolg von Sun charakterisiert trifft bereits die Kernaussage:

The Network is the Computer

Einer der ersten Mechanismen, die SUN Microsystems seit Anbeginn zum Leitgedanken prägte, war die Verteilung von Aufgaben, Jobs, auf unterschiedliche und dennoch zusammenarbeitende Rechnersysteme, auf Server, die Services, oder Dienste anboten und erbrachten und Clients, die diese Services anfragten und nutzten. Dabei wurden Ressourcen von verteilten Systemen am Punkt des Verbrauchs, der Anwendung flexibel und nach Anforderung, respektive bei Bedarf am Clientsystem zusammengezogen. Es war die Vorstellung alles mit allem zu verbinden, derart, das jedes einzelne Rechnersystem im Netzwerk angebotene Services jederzeit nutzen konnte, etwa wie bei der Nutzung eines Telefonsystems, bei dem der Client, der Telefonbenutzer durch Wahl einer Telefonnummer, quasi einer Servicenummer, einen Service erreicht, wie beispielsweise eine Wetteransage oder eine Kommunikation etc. SUN baute die Idee des in der Regel allzeit verfügbaren Telefonservices zum Begriff des Web-Tones in der EDV-Welt aus.

So existieren in einem Netzwerk NFS Server, die Filesysteme bereitstellen, Printserver die Ausdrucke bearbeiten, etc. In der Regel werden diese Services von Daemon-Prozessen angeboten, die auf einer Servicenummer horchen und warten, wann sie ihren Service ausführen dürfen. Viele dieser Services sind inzwischen standardisiert oder allgemein verständlich vorausgegenommen. Jedoch erst eine offengelegte Standardisierung stellt sicher, daß ein angefragter Service auch genau so ausgeführt oder geboten wird, wie sich das anfragende Clientsystem dies vorstellt. An dieser Stelle ist es sinnvoll offene Standards zu definieren und zu nutzen, so daß man nicht von einer bestimmten Software in einem ganz bestimmten Releasestand abhängig ist um beispielsweise den selbst erstellten eigenen Text lesen zu dürfen, weil dieser Text nicht in einem standardisierten Format sondern in einem chaotischen Binaerdumpformat abgelegt ist.

Was unterscheidet einen Server von einem Client? Kann ein Server ein Client sein, kann ein Client ein Server sein? Es wurden des öfteren von einigen EDV-System Anbietern Versuche gemacht Server- und Clientfunktionalitäten soweit voneinander zu trennen, daß sie unterschiedlich teuer verkauft werden konnten. Es läßt sich sagen:

Server bieten Dienste an
Clients fragen Dienste an und nutzen sie.

In einem UNIX-Umfeld, in dem ein Client über einen Serviceport aus IP Adresse und Portnummer auf einen Port zugreift und prinzipiell nicht mehr unterscheiden muß, ob er sich damit selbst adressiert oder irgendeine andere Maschine im Netzwerk ist dieses Adressierungskonzept auch maschinenlokal in Verwendung, indem eine Maschine über die reservierte Adresse 127.0.0.1 immer sich selbst adressieren kann. Softwarepakete wie das in der UNIX-Welt flächendeckend genutze X WINDOWS bauen auf diese Adresse auf, im Abschnitt 6.4, Network Environment, ist auch zu sehen, wie früh daher diese als *localhost* bezeichnete Adresse im Systemstartup bereits aktiviert wird. Anders ist dies im Bereich von Betriebssystemen, die gewissermaßen ohne Netzwerk groß geworden sind, bei denen Netzwerk immernoch einen gewissen Charakter an Fremdheit hat.

In der UNIX-Welt werden Services durch Daemon-Prozesse implementiert, die auf Serice Ports "horchen", ob sie angefragt werden. Durch dieses Vorgehen bedingt unterscheiden sie nicht in lokale und remote Anfrage. Damit kann ein Server auch ein Client und umgekehrt, sein, sogar für Dienste, die das System selbst anbietet was in Darstellung 6.1 veranschaulicht ist. Es können gleichzei-

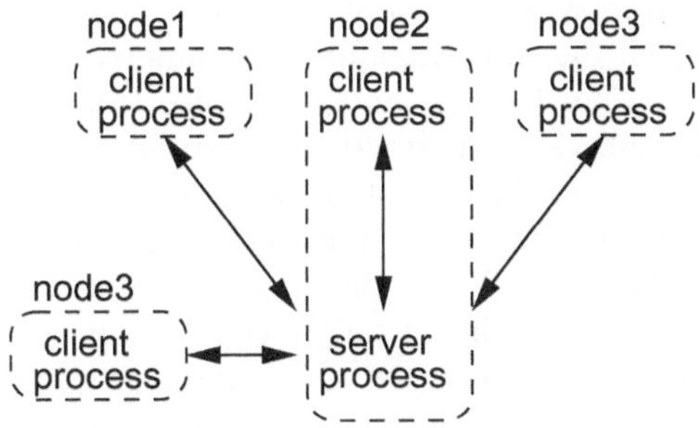

Abb. 6.1. Client-Server Model

tig mehrere Clientanfragen, sogar von der gleichen Maschine, eingehen, zumal auf dieser auch mehrere Benutzer arbeiten können.

Was für Serverdienste gibt es?

Printserver	Druckdienste.
Fileserver	Filesystemdienste (NFS Server).
FTP-server	Bietet einen Dienst zum Transfer von Dateien an.
Timeserver	Bietet eine einheitlich definierte Zeit im Netzwerk. Bei entsprechender Konfiguration oder Hardwareausstattung auch die Zeitsynchronisation mit externen Quellen.
Mailserver	Zur zentralisierten Mailversendung oder Empfang.
Nameserver	Bietet den Service der Namens- zu IP-Adreßermittlung.
Datenbankserver	Site-spezifische Dienste.
Backupserver	Site-spezifische Dienste.
...	

Solche oder andere Dienste werden von der Clientseite angefragt um Dateien zu speichern, zu laden, zu versenden, um Rechenjobs zu verteilen etc. Das Client–Server Modell ist in der Tat mehr ein Modell des verteilten Rechnens mit den Vorteilen dedizierte Dienste netzwerkweit zur Verfügung zu haben, falls ein Benutzer einer Workstation einen solchen Dienst nutzen möchte.

Da nun ein Client sehr wohl Server seines eigenen Dienstes sein kann half die mutwillige lizenzbasierte Aufteilung dem Anwender nicht, mußte er doch einen Client als Server lizensieren, weil er einen lokalen Drucker betrieb und diesen netzwerkweit bereitstellt, oder weil er lokal liegende Daten über Netzwerk einem Kollegen zur Verfügung stellen wollte. Mit einer solchen Aufteilung wurde durch das überaus flexible Konstrukt eines alles mit allem verbindenden Netzes was komplexes, last- und aufgabenverteilendes Arbeiten erst ermöglichte, eine feine Linie gezogen um einige Komponenten teurer zu verkaufen, ohne daß diese Komponenten tatsächlich adaequat mehr konnten. Bei SUN wurde die Server- und Clientfunktionalität nicht getrennt. Lizenztechnisch wurde zwar zwischenzeitlich an eine andere Lösung gedacht, aber es wurde dann durch die Maschinenklasse definiert, was ein Server ist, denn eine Maschine, die viele Dienste anbietet sollte leistungmäßig entsprechend ausgelegt sein. So gab es zwar Server Releases und Client Releases des Betriebssystems, jedoch war das Client Release dem Server Release in der Basis identisch. Die Server Release wurde mit Zusatzsoftware, wie einem SoftRAID (SDS[1]) und ähnlichem erweitert. Die Lizenzmodelle variierten von Maschinenklasse basiert über Anzahl an CPUs etc. bis hin zur CDDL, womit das Betriebssystem im Prinzip frei nutzbar ist und sich der Anwender Gedanken über einen für sich geeigneten Servicevertrag machen muß.

6.2 Netzwerk-Grundlagen

Rolf M Dietze

Der Weg, den ein Packet vom Startpunkt zum Zielpunkt geht ist nicht immer der gleiche, jedoch sind Startpunkt und Zielpunkt eindeutig definiert:

- Die Zielsystemadressierung wird durch die IP-Adresse definiert
- Die Zielapplikationsadressierung wird durch die Portnummer definiert

Der Datenstrom zwischen zwei Rechnersystemen ist aufgeteilt in numerierte Pakete. Für den Zielrechner ist es von sekundärer Relevanz, welchen Pfad ein einzelnes Paket genommen hat, als es vom anfragenden Rechner kam. Der Empfängerrechner muß nur die Pakete wieder in die richtige Reihenfolge bringen, damit letztendlich die Zielapplikation den Datenstrom geordnet übermittelt bekommt.

6.2.1 Grundlagen zur Adressierung

Es soll ein Paket von dem Rechner mit der IP-Adresse 10.10.100.2 und einer Netzmaske von 255.255.255.0 an einen Rechner mit der IP-Adresse 10.10.100.39 und der Netzmaske von 255.255.255.0 übermittelt werden.

Beide Rechner befinden sich in dem 10.10.100.0er Netz. Alle Rechner im Netz werden sich das IP-Paket ansehen und nach Netz und Netzmaske entscheiden ob sie es weiter auswerten oder verwerfen. Das Zielsystem wird das Paket auswerten und der Zielapplikation übermitteln.

Wenn ein Rechner mehr als ein Interface besizt, muß entschieden werden, über welches Interface das Paket den lokalen Rechner verläßt, um im Zielnetz den Zielrechner zu erreichen. Auch hierbei wird das Paket entsprechend Netz, also entsprechend IP-Adresse/Netzmaske über das richtige Interface geroutet.

[1] Inzwischen unter dem Namen SLVM Bestandteil von OPENSOLARIS und ab Seite 225 beschrieben.

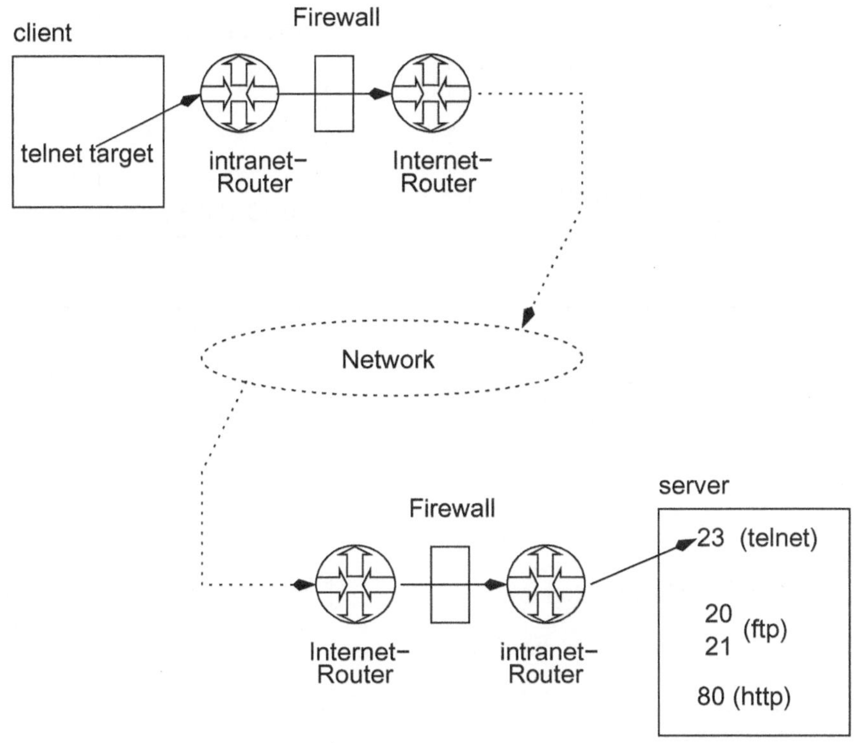

Abb. 6.2. Pfad zum Ziel

Auch hier sei angenommen, daß ein Paket von dem Rechner mit der IP-Adresse 10.10.100.2 und einer Netzmaske von 255.255.255.0 an einen Rechner mit der IP-Adresse 10.10.100.39 und der Netzmaske von 255.255.255.0 übermittelt werden soll. Das Paket geht in das 10.10.100.0er Netz, der Rechner im 10.10.200.0er Netz wird das Paket im Idealfall nicht zu sehen bekommen.

Was nun, wenn mehrere Interfaces eines Rechners, wie in Abbildung 6.5 skizziert, im gleichen Netz liegen? Diese Situation ist in den seltensten Fällen wirklich erwünscht.

Es ist möglich, sich mit Hostrouten zu retten, was aber im Alltag wegen der komplexen Routingeinträge sehr unpraktisch ist.

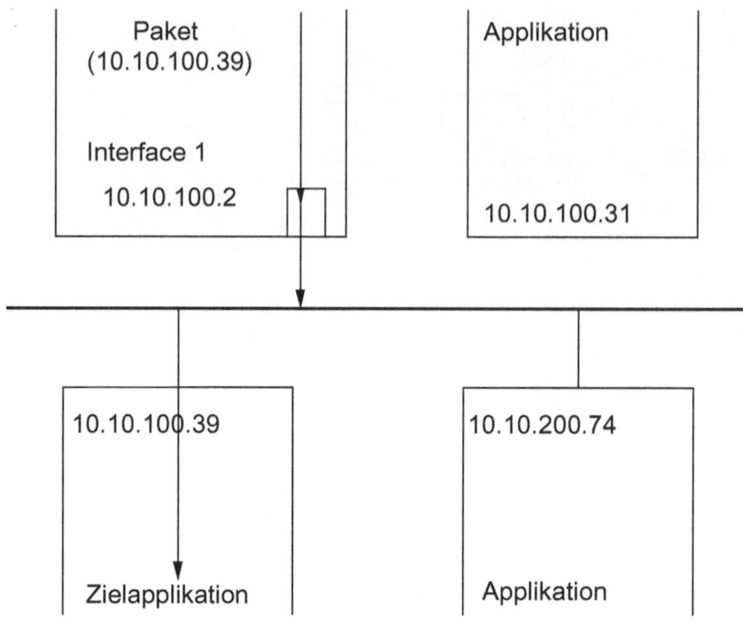

Abb. 6.3. Adressierung

6.2.2 Anmerkung zu Hostnamen

Hostnamen und Nodenamen müssen einer Konvention folgen, damit sie internetweit fehlerfrei erkennbar, lesbar, auswertbar und referenzierbar sind. Die Anforderungen an Hostnamen wurden erstmals in RFCs[2] als Regeln für ARPANET Hostnamen festgelegt, wonach ein Hostname des Formates

<let-dig-hyp>

mit einem Buchstaben (letter) beginnen muß, mit einem Buchstaben oder einer Ziffer (digit) enden darf, und in der Mitte nur Buchstaben, Ziffern oder Bindestriche (hyphen) enthalten darf. Zulässig ist nach RFC810[3] sowohl Groß,- als auch Kleinschreibung, eine Unterscheidung findet jedoch nicht statt. In RFC1123[4] wurde die Definition dahingehend erweitert, daß auch Ziffern einen Hostnamen einleiten dürfen. In der in RFC1178[5] veröffentlichten Richtlinie zur Namensgebung wird hiervon jedoch abgeraten, mit der Begründung,

---

[2] Request For Comments, eine Dokumentserie, deren Ursprung etwa zeitgleich mit der Installation der ersten vier vernetzten Knoten des ARPANETs im Herbst 1969 liegt. (Piscitello and Chapin)

[3] Feinler et al. (RFC0810, DoD Internet Host Table Specification 1982)

[4] Braden (RFC1123, Requirements for Internet Hosts – Application and Support 1989c)

[5] Libes (RFC1178, Choosing a Name for Your Computer 1990b)

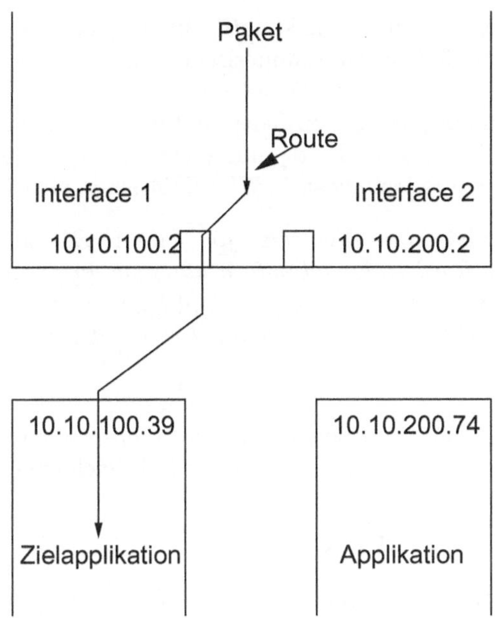

Abb. 6.4. Adressierung bei multiplen Interfaces

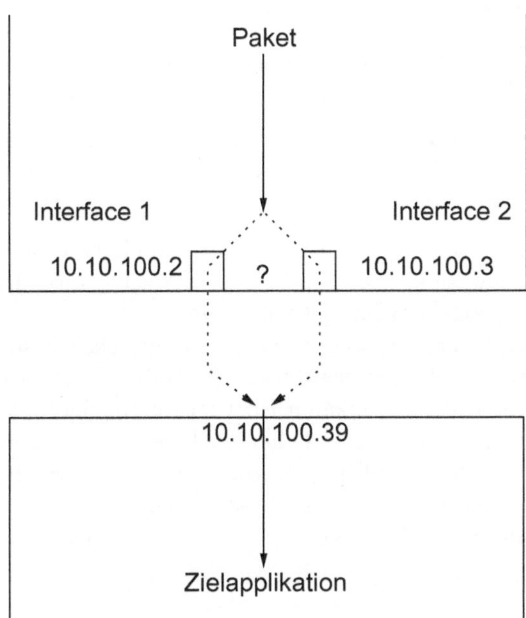

Abb. 6.5. Welche Route?

daß es Implementationen geben könnte, die anhand des ersten Zeichens die Unterscheidung treffen ob eine numerische Adresse oder ein Hostname vorliegt.

Auch erschien zum damaligen Zeitpunkt eine Limitierung der Länge eines Namens notwendiger als die Festlegung einer Mindestlänge, und so hat denn auch der oft zitierte Beispielhost *F.ISI.ARPA* einen eher kurzen Hostnamen.

> *The labels must follow the rules for ARPANET host names. They must start with a letter, end with a letter or digit, and have as interior characters only letters, digits, and hyphen. There are also some restrictions on the length. Labels must be 63 characters or less.*
>
> RFC1035[6]

Bereits in RFC952[7] wurden Ein-Buchstaben-Namen jedoch ausgeschlossen, mittlerweile werden als Minimallänge drei Zeichen gefordert.

6.2.3 Anmerkung zu IP-Adressen

Definiert in RFC1122[8] ist jede Adresse im 127'er Netz eine loopback Adresse, und darf nicht auf ein externes Interface geroutet werden. Als Konvention wird hierzu per Default fast immer die Adresse

```
127.0.0.1  localhost
```

verwendet. Die Adresse des "localhost" wird auf das so genannte loopback-Interface eines Rechners gelegt und ist bei jedem Rechner lokal zu setzen:

> Jeder Rechner in einem Netzwerk kann die Adresse 127.0.0.1 auf einem Netzwerkinterface, das von außen, also seitens des Netzwerks, nicht sichtbar ist, führen.

UNIX-Systeme wie SOLARIS-Rechner führen eine solche localhost-Adresse. Embedded Systeme eher selten, im Wintel-Bereich optional, da dort die lokale Kommunikation propräritär abgehandelt wird.

Das loopback-Interface ist seitens des Netzwerkes, also von außen, nicht sichtbar und soll es auch nicht sein! Seine Aufgabe ist es, durch Referenzierung des *localhost* immer auf den lokalen Host zu referenzieren, also über standard Netzwerkzugriffe dennoch immer sicher das lokale Rechnersystem zu erreichen.

Im weiteren sei folgende Information ausreichend, um zunächst die Konfiguration von Netzwerkinterfaces zu beschreiben:

Eine vollständige IP-Adresse liegt in einem Bereich

```
von  0.0.0.1  bis  223.255.255.254
```

---

6 Mockapetris (RFC1035, 1987c)

7 Harrenstien et al. (RFC0952, DoD Internet Host Table Specification 1985)

8 Postel (RFC0229, Requirements for Internet Hosts – Communication Layers 1971b)

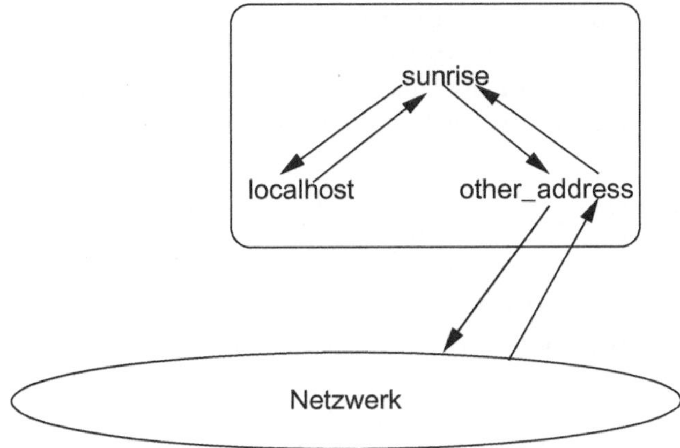

Abb. 6.6. Zugriffe auf Netzwerkinterfaces

unter Angabe der Netzmaske und der Broadcastadresse des Netzes.

Der oben angegebene Adreßrange ist der maximal mit dem Kommando *ifconfig(1M)* setzbare Bereich. Es ist darin nicht berücksichtigt, daß dieser Bereich aufgeteilt ist in unterschiedliche Netze (mit entsprechenden Broadcast Adressen und Netzmasken), von denen einige frei verwendbar sind und deswegen nicht geroutet werden, andere Netze fest vergeben sind etc.

Im Abschnitt 6.4, ab Seite 370, wird gezeigt, wo die betreffenden Informationen auf einem SUN-SOLARIS Rechnersystem eingetragen werden, beziehungsweise zu modifizieren sind.

6.2.4 Der IPv4-Adreßraum

Seitens der Hardware werden Netzwerkinterfacekarten bereitgehalten. Damit ein Netzwerkinterface in einem Netzwerk eingesetzt werden kann, der Rechner letztendlich am Netzwerk kommunikativ partizipieren kann, muß ein Netzwerkinterface eine Adresse des Netzwerkes bekommen.

Diese IP-Adresse muß in jedem Fall eindeutig sein.

Um diese Eindeutigkeit zu erreichen, werden IP-Adressen zentral verwaltet und vergeben.

Der globale Adressbereich ist gemäß RFC1812[9] folgendermaßen vorstrukturiert:

Netz	Anzahl der Netze/Hosts
1–127	bis zu 127 Class-A
128–191.0–255	16384 Class-B
192–223.0–255.0–255	2097152 Class-C
224–239.0–255.0–255.0–255	Class-D Multicast

[9] Baker (RFC1812, Requirements for IP Version 4 Routers 1995)

Aus jedem Adressbereich ist in RFC 1918[10] jeweils ein Subnetz definiert, das nicht explizit zugeteilt wird und nicht geroutet werden darf. Damit stehen diese, in Tabelle 6.1 genannten, Netze zum internen Gebrauch und als Beispiele für Dokumentationen zur allgemeinen Verfügung.

Bereich	Prefix Notation	Anzahl der Netze	Klasse
10.0.0.0 – 10.255.255.255	10/8	1	A
172.16.0.0 – 172.31.255.255	172.16/12	16	B
192.168.0.0 – 192.168.255.255	192.168/16	256	C

Tabelle 6.1. Private Address Space nach RFC1918

Zugeteilte oder freie Adressen müssen also einem Netzwerkinterface zugeordnet werden. Diese Zuordnung ist persistent definierbar, also nach einem System Reboot immer noch vorhanden, oder dynamisch (on the fly) während der Laufzeit des Systems setzbar. Einmal als so genannte statische Adresse, der traditionelle, in der UNIX-Welt meistgebräuchlichste Weg, oder durch ein Netzwerkadressenzuteilungsdienst, der dynamisch arbeitet und Rechnern, die sich ohne eigene IP-Adresse eine Adresse suchend melden eine IP-Adresse zuteilt, dem Dynamic Host Configuration Protocol, kurz DHCP.

Eine vollständige Adressangabe beinhaltet folgende Informationen:

- IP-Adresse des Hosts
- IP Netzmaske des Netzes
- IP Broadcast Adresse des Netzes

6.3 Das TCP/IP Schichtmodoll

Tatjana S Heuser

Im Gegensatz zum stark abstrahierenden OSI–Modell, das ausgehend von theoretischen Modellüberlegungen in Gremien festgelegt worden ist, hat das in der Praxis gewachsene TCP/IP, oder Internet–Protokoll Modell, beschrieben erstmalig unter diesem Namen 1981 in RFC 791[11] von Jon Postel, nur fünf Schichten, dargestellt in Abbildung 6.7. In diesem Modell sind die Funktionen der "oberen" Schichten 5 (Application), 6 (Presentation) und 7 (Session) des OSI-Modells in einer Schicht, dem Application Layer, zusammengefaßt. Entsprechend implementieren nach diesem Modell entworfene Anwendungen, die auf dem TCP/IP Protokollstack aufbauen, die Funktionalitäten dieser drei Schichten selbst und gehen davon aus, direkt über den Dienst der Transportschicht zu kommunizieren.

[10] Rekhter et al. (RFC1918, Address Allocation for Private Internets 1996)

[11] Postel (RFC0791, Internet Protocol 1981e)

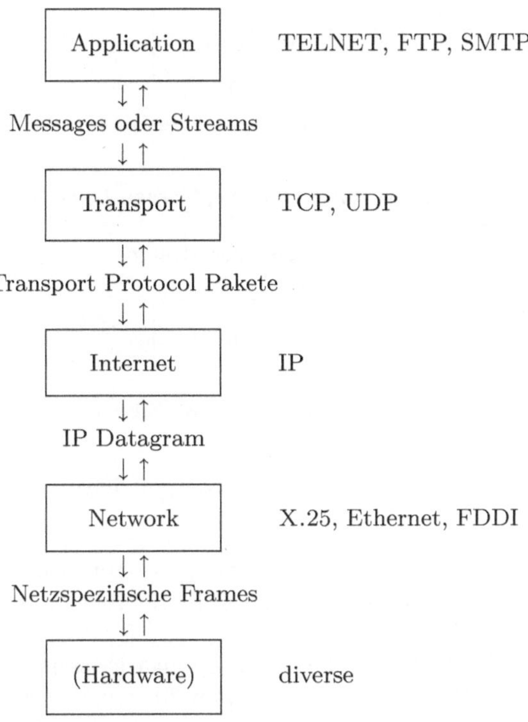

Abb. 6.7. TCP Schichten und PDUs

Die Aufgaben der einzelnen Schichten sind unter anderem in RFC 1122[12] zusammenfassend beschrieben. Nachfolgend ist hier nur eine kurze Übersicht der einzelnen Schichten gegeben.

6.3.1 Application Layer

Auf der obersten Schicht sind die Prozesse angesiedelt, die die Kommunikation initiieren. Eine Applikation interagiert mit einem der Protokolle der Transportschicht ihrer Wahl um Daten zu senden oder zu empfangen. Die Applikation ist ist selbst dafür zuständig, die Daten im „passenden“ Format für das gewählte Transportprotokoll zu überreichen.

6.3.2 Transport Layer

Das Transport Layer ist, wie sein Äquivalent im OSI–Modell, für die End–zu–End Verbindung zwischen Prozessen auf den Endsystemen zuständig.

[12] Braden (RFC1122, Requirements for Internet Hosts – Communication Layers 1989b)

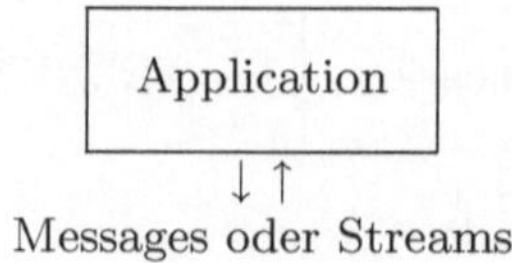

Abb. 6.8. TCP Application Layer

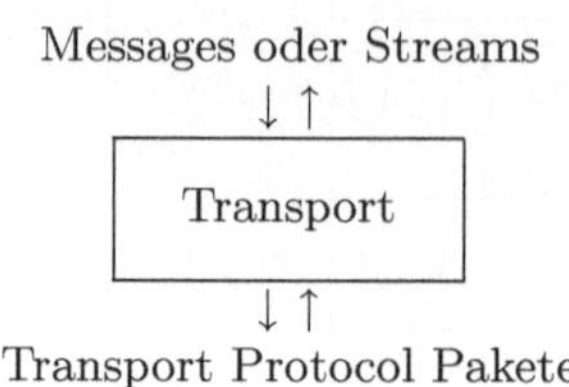

Abb. 6.9. TCP Transport Layer

TCP stellt einen transportgesicherten Bytestrom zur Verfügung.

UDP übermittelt Datagramme, deren Reihenfolge oder Vollständigkeit jedoch nicht gewährleistet ist.

Die meisten TCP/IPProtokolle der Applikationsschicht, wie zum Beispiel TELNET oder FTP, nutzen TCP. UDP wird von Programmen/Protokollen benutzt, bei denen eine schnelle Übertragung mit wenig Zeitverzögerung durch Zwischensysteme wichtiger ist als der Verlust einzelner Pakete. Hierzu zählen beispielsweise Sprach,– oder Videoapplikationen.

6.3.3 Internet Layer

Die Internet Schicht handhabt die Kommunikation zwischen den Endsystemen. Sie erhält ein Paket von der Transportschicht zusammen mit der Zieladresse, an die dieses Paket gerichtet ist. Das Paket wird in ein IP Datagramm verpackt, und unter zuhilfenahme der Routingtabellen an ein Interface (bzw. dessen Treiber) gegeben.

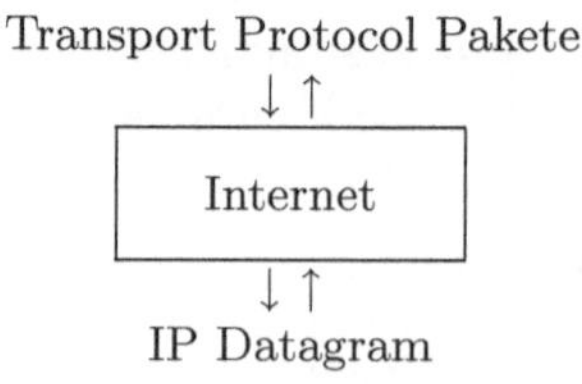

Abb. 6.10. TCP Internet Layer

Eingehende Pakete werden dahingehend überprüft, ob sie für das System selbst gedacht sind, oder aber anhand der Routingtabellen weitergeleitet werden müssen.

Auf ICMP Kontroll Pakete reagiert diese Schicht eigenständig.

6.3.4 Network Layer

Die Netzwerkschicht bekommt IP Datagramme, und überträgt diese über ein bestimmtes Netz (Physical Layer). Die Hardware, die dieses Netz repräsentiert ist, anders als im OSI-Modell, in diesem Modell nicht definiert.

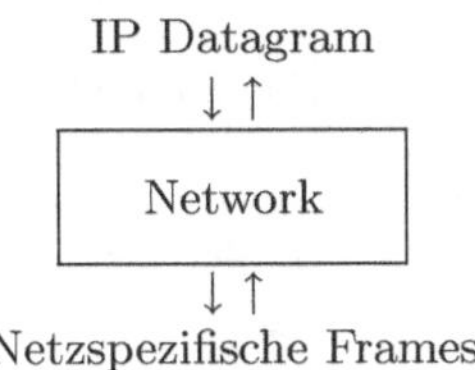

Abb. 6.11. TCP Network Layer

Ein Netzwerk Interface kann beispielsweise ein Gerätetreiber sein, oder aber auch ein komplexeres Subsystem, das ein eigenes Data Link Protokoll (Abschnittsicherungsprotokoll) implementiert.

6.3.5 Physical Layer

Das Internet Protokoll Modell spezifiziert nur Softwarebestandteile, keine Hardware. Die Schicht 1 ist daher nicht weiter definiert. In der Praxis werden für die Schicht 1 die Normen der Bitübertragungsschicht des OSI–Modells analog verwendet.

6.3.6 Grenzen im TCP/IP Modell

In diesem Modellierungskonzept gibt es nach Comer[13], zwei deutliche Grenzen:

- Den Übergang zwischen Kernel und Benutzerprogrammen.
- Den Übergang zwischen physikalischer Adressierung und IP–Adressierung.

Protokolle und Anwendungen oberhalb der „Adreßgrenze“ haben keine Kenntnis von physikalischen Adressen, wie MAC–Adressen. Sie kennen und verwenden nur IP–Adressen.

[13] Comer (Internetworking with TCP/IP, Band 1, Principles, Protocols and Architectures 2000, p191f)

Anwendersoftware	Application	Software außerhalb des Betriebssystemskerns
Kernel	Transport	Protokollmodule innerhalb des Kerns
	Internet	IP–Adressen
Interface	Network	Physikalische (MAC) Adressen
	(Hardware)	

Abb. 6.12. Grenzen/Übergänge im TCP/IP–Modell nach Comer

Die Kenntnis dieser Grenzen erleichtert die manchmal schwierige Zuordnung von Protokollen. Ein Protokoll wie ARP, das auf Basis von MAC–Adressen arbeitet, gehört demzufolge in die Netzwerk Schicht und ist kein Teil von IP.

6.4 Network Environment

Rolf M Dietze

Wo steht bei einem Sun SPARC Rechner die MAC, beziehungsweise Ethernet Adressse? Auf dem Systemboard.

SunOS verwertete anfangs nur die in dem so genannten NVRAM (früher ein Eeprom) hinterlegte MAC-Adresse und gab diese MAC-Adresse auf alle Ethernet Interfaces eines Rechners. Das bedeutete für den laufenden Betrieb, daß ein Sun Rechnersystem unter SunOS beziehungsweise Solaris auf mehreren (allen) physikalischen Ethernet Interfaces ein und die selbe MAC-Adresse hatte. Sollten nun alle Ethernet Interfaces im gleichen Netz, womöglich noch auf dem gleichen Switch aufgelegt, konfiguriert werden, waren die Routingengines der Switches verblüfft auf mehreren Ports unter gleicher Adresse angefragt zu werden und reagierten darauf recht unterschiedlich von der Blockade bis zum Absturz. Es kamen zunächst auch Ethernet Erweiterungskarten auf den Markt, die keine eigene Ethernet MAC-Adresse hatten. Späterhin wurden Karten mit lokalen MAC Adressen ausgelierfert. Sollen alle Interfaces solcher Karten mit lokal verzeichnen MAC-Adressen eine eindeutige MAC-Adresse im Betrieb haben, so ist die OBP Environmentvariable

local-mac-address? auf *true*

zu setzen. Das Verhalten ist historisch bedingt und bis jetzt beibehalten worden.

Die MAC-Adresse eines SUN Rechnersystems läßt sich auf unterschiedlichen Wegen ermitteln:

- Im OBP: Beispielsweise durch Aufruf des Kommandos *banner*, wie in Beispiel 6.1 kurz gezeigt.
- Bei laufendem OS mit dem Kommando */sbin/ifconfig*, gezeigt in Beispiel 6.2.

```
<#1> ok banner
SPARCstation 20 MP (2 X RT625), No Keyboard
ROM Rev. 2.22, 512 MB memory installed, Serial #7663016.
Ethernet address 8:0:20:74:ed:a8, Host ID: 7274eda8.
<#1> ok
```

Beispiel 6.1. Bannerausgabe zeigt die MAC-Adresse

Bei laufendem OS bei einem Rechenr mit einer onboard *le0* und eingesetzter *hme* Netzwerk Karte ohne die Variable *local-mac-address?* auf *true* zu setzen:

```
leda# ifconfig -a
lo0: flags=1000849<UP,LOOPBACK,RUNNING,MULTICAST,IPv4> mtu 8232 index 1
        inet 127.0.0.1 netmask ff000000
hme0: flags=1000843<UP,BROADCAST,RUNNING,MULTICAST,IPv4> mtu 1500 index 2
        inet 223.255.255.254 netmask ffffff00 broadcast 223.255.255.255
        ether 8:0:20:74:ed:a8
```

Beispiel 6.2. *ifconfig* zeigt die MAC-Adresse

6.4.1 Initialisierung der Netzwerkumgebung bei OpenSolaris

Die Initialisierung der Netzwerkumgebung bei OPENSOLARIS, d.h. das automatische Aufsetzen und Konfigurieren von Netzwerkinterfaces, Adressen etc. wird durch das Abarbeiten von Service Methoden durch den *svc.startd(1M)* der Service Management Facility erbracht. Die Service Management Facility stellt einen neuen Mechanismus des kontrollierten Startens und Abarbeitens von Service Methoden (Scripten) dar und ist im Abschnitt 7.1 ab Seite 423ff. beschrieben. Die Service Management Facility bietet einen in der UNIX-Welt neuartigen Mechanismus des Parallelstartens von Startupscripten an, deren unterenander definierte Abhängigkeiten es erlauben, definierte Abfolgen von Scriptaufrufen zu ermöglichen. Diese Abhängigkeiten werden hier genannt. Ohne besondere Kenntnis der Service Management Facility sei zumindest kurz gesagt, daß die Abhängigkeiten letztendlich die Ausführungsreihenfolge bestimmen.

Bei OPENSOLARIS wird zum Systemboot durch *init(1M)* die Service Management Facility geladen, die einen regel- und dependencybasierten Start aller weiteren Systemkomponenten durchführt. Dazu gehört auch der Start der Netzwerkumgebung. Systemkomponenten werden bei OPENSOLARIS durch Methoden gestartet, wie es im Abschnitt zur Service Management Facility in 7.1 ab Seite 423 beschrieben ist. Die Netzwerkstartupmethoden sind bei SOLARISEXPRESS Nevada Release 11 Build 28:

Loopback Network Interface

Das Loopback Interface wird gestartet durch die Servicedescription
svc:/network/loopback:default
welche die Startupmethode */lib/svc/method/net-loopback* ohne weitere Dependendies ausführt.

Physical Network Interfaces

Die Initialisierung der physikalischen Netzwerkinterfaces wird durch die Servicedescription
svc:/network/physical:default
durch den Aufruf der Methode */lib/svc/method/net-physical* ausgeführt. In diesem Initialisierungsschritt werden nacheinander

Linkaggregationen
: gestartet, womit Netzwerkinterfaces für das Systemkommando *ifconfig(1M)* sichtbar sind,

IPv4
: Alle IPv4 Interfaces entsprechend der Konfiguration der */etc/hostname.<if>* werden gestartet, danach

IPv6
: Alle IPv6 Interfaces entsprechend der Konfiguration der */etc/hostname6.<if>* werden gestartet, danach

DHCP
: werden alle auf DHCP konfigurierten Interfaces initialisiert und gestartet, spezifiziert durch die Konfigurationsfiles */etc/dhcp.<if>*.

Defaultrouter
: Anschließend wird bei Existenz einer */etc/defautlrouter* statisches Routing mit den in der */etc/defautlrouter* eingetragenen Routen aktiviert. Die DHCP Autokonfiguration im vorherigen Schritt erlaubt auch das Setzen von Routen.

System Identity (Nodename)

Setzt die Systemidentifikation, den Nodename etc. und setzt die bereits vollständig gestarteten Systemservices

- *svc:/network/loopback:default* und
- *svc:/network/physical:default*

voraus. Die ausgeführte Startmethode ist
/lib/svc/method/identity-node

Packet Filter

Das Aufrufen des Startscripte
/lib/svc/method/pfil
setzt den Start der Servicedescription
svc:/network/physical:default
voraus.

Initial Network Services

Startet unter Voraussetztung des Erreichens des Milestones
svc:/milestone/network
die weiteren Netzwerkdienste durch Ausführung des Methodenscriptes
/lib/svc/method/net-init
Es werden der Reihe nach

- IPSec initialisiert,
- Routen initialisiert,
- TCP-Sequenznummernpolicies realisiert, wobei in der Konfigurationsdatei */etc/default/inetinit* die Sequenznummerngenerierung spezifiziert werden kann durch Setzung des Parameters *TCP_STRONG_ISS* auf
  0 Sequenzielle Sequenznummern
  1 Verbesserte Sequenznummerngenerierung im zufälliger Incrementvarianz
  2 Sequenznummernerzeugung nach RFC 1948[14]
- Initialisierung von IPv4 Tunnels
- Initialisierung von IPv6 Tunnels
- Start des IPv4-zu-IPv6 Routingservice

Layered Network Services

Integritätschecks für DHCP Antworten, Start von DNS-Services und IPQoS.

Der erfolgreiche Start der Services

svc: /network/loopback
svc: /network/physical

wird in dem Milestone *svc:/milestone/network:default* zusammengefaßt.

[14] Bellovin (RFC1948, Defending Against Sequence Number Attacks 1996)

6.4.2 Initialisierung der Netzwerkumgebung bis Solaris 9

Die automatische Konfiguration der Netzwerkumgebung bei OpenSolaris als auch bis zu Solaris 9 unterscheidet sich durch die Art und Weise, wie die Konfiguration abgearbeitet wird. Bei dem Start einer Solaris 9 Maschine wird die Netzwerkumgebung aus den gleichen Konfigurationsdateien wie bei OpenSolaris automatisch konfiguriert, jedoch hier durch das sequentielle Abarbeiten der entsprechenden *rc*-Scripte.

1. In dem Script rcS/S30network.sh wird das so genannte loopback Interface gesetzt.
   Des weiteren wird für jede Datei in */etc*, die mit *hostname.* beginnt und mit dem Treibernamen eines Netzwerkinterfaces endet, das referenzierte Interface aktiviert mit der durch die lokale */etc/hosts* aufgelösten IP-Adresse. Hier wird auch für jedes Interface, das mit dem Schlüsselwort *dhcp* beginnt und mit dem Treibernamen und der Instanznummer eines Netzwerkinterfaces endet ein DHCP-Client Dienst gestartet.
   Es wird also jeweils eine Datei

/etc/hostname.qfe0	ein Interface *qfe0*
/etc/hostname.qfe1	ein Interface *qfe1*
/etc/hostname.hme0	ein Interface *hme0*
/etc/hostname.hme1	ein Interface *hme1*
/etc/hostname.eri0	ein Interface *eri0* und
/etc/hostname.qe0	ein Interface *ge0*

   konfigurieren.
2. Das Script */etc/rc2/S30sysid.net* wird ausgeführt, sofern es eine Datei */.UNCONFIGURED* (und eine Datei *sysidnet*) gibt, um die grundlegende Netzwerkkonfiguration durchzuführen und abzuschließen. (Typischerweise geschieht dies nach der Systeminstallation)
3. In dem Script */etc/rc2/S69inet* wird der Teil der Netzwerkkonfiguration abgearbeitet, der vor dem Start der Netzwerkinformationsdienste NIS oder NIS+ durchgeführt werden kann und muß. Das betrifft beispielsweise IPsec, die Einstellung des Defaultrouters, Routing etc.
4. Im Script */etc/rc2/S72inetsvc* wird NIS, DNS, IPQoS etc. gestartet

6.4.2.1 Initialisierung von Netzwerkinterfaces

Es ist oftmals unklar, wie Netzwerkinterfaces bei einem Systemstart erkannt und initialisiert werden. Es wird das Vertändnis deutlich vereinfachen, einen detaillierten Blick in Startupverhalten, -vorgehen und -scripting zu werfen. Für die Netzwerkinitialisierung sei hier die Startupmethode */lib/svc/method/net-physical* empfohlen. Ein kurzer Überblick zeigt, daß zuerst die Linkaggregationen gestartet und dann alle durch die Konfigurationsfiles */etc/hostname.<if>* definierten Netzwerkinterfaces gestartet werden. Wie? Woher? Ein Blick in einen Scriptausschnitt in Listing 6.3 zeigt das recht einfache Verfahren

```
interface_names="'echo /etc/hostname.*[0-9] 2>/dev/null'"
if [ "$interface_names" != "/etc/hostname.*[0-9]" ]; then
    ORIGIFS="$IFS"
    IFS="$IFS."
    set -- $interface_names
    IFS="$ORIGIFS"
    while [ $# -ge 2 ]; do
        shift
        if [ "$1" = "xx0" ]; then
            #
            # For some unknown historical reason the xx0
            # ifname is ignored.
            #
            shift
            continue
        fi
        if [ $# -gt 1 -a "$2" != "/etc/hostname" ]; then
            while [ $# -gt 1 -a "$1" != "/etc/hostname" ]; do
                shift
            done
        else
            inet_list="$inet_list $1"
            shift
        fi
    done
fi
```

Beispiel 6.3. Konfiguration der physikalischen Netzwerkinterfaces

Es ist ersichtlich, daß im ersten if-Loop über alle Konfigurationsfiles, die mit *hostname* beginnen und mit einem "."- *"irgendetwas"*, gefolgt von einer Nummer weitergehen, als zu konfigurierende Interfaces interpretiert werden. In dem in 6.3 gezeigten Scriptausschnitt wird eine Liste *inet_list* erstellt, die dann in dem in Listing 6.4 zitierten Ausschnitt abgearbeitet wird, womit ein *ifconfig plumb* fü jedes Interface aus der Liste durchgeführt wird.

Nachdem alle IP Interfaces geplumbed sind, werden die IP-Adressen konfiguriert. Die in Listing 6.5 gezeigte *while*-Schleife führt diese Konfigurationen aus, indem der Inhalt der */etc/hostname.<if>*-Dateien gelesen und ausgewertet wird, solange der Argumentvektor größer null ist. Das Konstrukt einer *while*-Schleife, in der der Argumentvektor durch Anwendung der Operation *shift* modifiziert wird, ist im Abschnitt 11.7, Bourne Shell Scripte ab Seite 849 genauer erklärt. Hier sei nur kurz dargelegt, daß *shift* den Argumentvektor (siehe Seite 869) um ein Wort verschiebt und das betreffende Wort verwirft. Nach jeder Anwendung von *shift* ist folgerichtig der Argumentvektor ein Element kleiner. Im Argumentvektor des Interfacekonfigurationsscriptes liegen alle erkannten Interfaces, die nun jeweils bearbeitet und anschließend

```
if [ -n "$inet_list" ]; then
    set -- $inet_list
    while [ $# -gt 0 ]; do
        /sbin/ifconfig $1 plumb
        if /sbin/ifconfig $1 inet >/dev/null 2>&1; then
            inet_plumbed="$inet_plumbed $1"
        else
            inet_failed="$inet_failed $1"
        fi
        shift
    done
    [ -n "$inet_failed" ] && warn_failed_ifs "plumb IPv4" $inet_failed
fi
```

Beispiel 6.4. *ifconfig plumb* für jedes Interface

aus dem Argumentvektor geworfen werden. Bei genauer Betrachtung des Codefragmentes in 6.5 ist zu erkennen, daß die Konfigurationfiles demnach eine *ifconfig*-Syntax enthalten können, wie dies im Abschnitt Multipathed IP 6.5.2 ab Seite 405 gezeigt und verwendet wird. Dazu kommt, daß wenn eine */etc/hostname.lo0* existent ist, diese ebenfalls ausgewertet wird, was in einigen Konfigurationsfällen explizit gewünscht wird (vgl. SUNCluster 3.*).

```
if [ -n "$inet_plumbed" ]; then
    i4s_fail=
    echo "configuring IPv4 interfaces:\c"
    set -- $inet_plumbed
    while [ $# -gt 0 ]; do
        inet_process_hostname /sbin/ifconfig $1 inet \
            </etc/hostname.$1 >/dev/null
        [ $? != 0 ] && i4s_fail="$i4s_fail $1"
        echo " $1\c"
        shift
    done
    echo "."
    [ -n "$i4s_fail" ] && warn_failed_ifs "configure IPv4" $i4s_fail
fi
```

Beispiel 6.5. Übergabe der *hostname.**-Dateien an *ifconfig(1M)*

6.4.2.2 Netzwerkumgebung

Zunächst eine Übersicht wo, an welcher Stelle, welche Informationen, über welche Teile der Netzwerkkonfiguration einer Sun–SOLARIS–Maschine stehen, wann und von wem sie gelesen, und wann geschrieben werden. Der einfachste Weg zu einer Übersicht ist ein Diagramm, wie es in Abboldung 6.4.2.2 dargestellt ist.

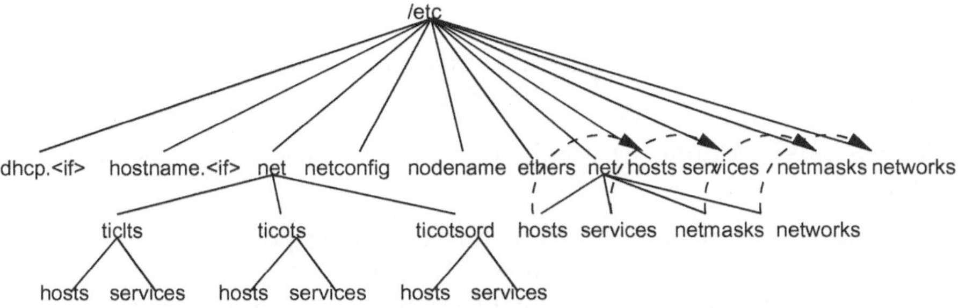

Abb. 6.13. Netzwerk: Übersicht zu den Konfigurationsfiles

Die gültigen Tabellen für die allgemein bekannten *host, networks, netmasks, services* etc. liegen im Verzeichnis */etc/inet*. Aus Kompatibilitätsgründen werden Links dieser Tabellenfiles an die traditionell bekannte Position im Filesystem unter */etc* gehalten:

```
pinta> cd /etc && ls -l hosts networks netmasks services
lrwxrwxrwx 1 root  root    12 Feb 29 23:12 hosts -> ./inet/hosts
lrwxrwxrwx 1 root  root    15 Feb 29 23:12 netmasks -> ./inet/netmasks
lrwxrwxrwx 1 root  root    15 Feb 29 23:12 networks -> ./inet/networks
lrwxrwxrwx 1 root  root    15 Feb 29 23:12 services -> ./inet/services
```

Beispiel 6.6. Kompatibilitätslinks füer */etc/hosts* ff.

Ein Auflösen dieser Links in Kopien, wie es beispielsweise durch fehlerhaft durchgeführte (Teil-) Backups oder Scripte passieren kann, führt zu Inkonsistenzen, die je nach eingesetztem Produkt subtile bis fatale Nebenwirkungen haben können.

6.4.3 Files

Eine kurze Beschreibung der einzelnen Dateien:

/etc/nodename	Nodename des Rechners
/etc/hosts	IP-Adressen zu Hostnamen Zuweisungstabelle
/etc/ethers	(Bei Bedarf) Zuweisung MAC zu Hostname
/etc/hostname.<if>	Zuweisung des Hostnamen per Interfacekarte
/etc/dhcp.<if>	Anfrage nach einer IP-Adresse per Interfacekarte (per DHCP)

/etc/networks	Netzwerk zu Netzwerknamen Zuweisungstabelle
/etc/netmasks	Netzmasken per Netz
/etc/inet/hosts	Hosttabelle (siehe */etc/hosts*)
/etc/inet/ipnodes	IPv6-Hosts
/etc/inet/netmasks	Netzmasken per Netz (*/etc/netmasks*)
/etc/inet/networks	Netzwerk zu Netzwerknamen Zuweisungstabelle (*/etc/networks*)

Bis SOLARIS 9 wurden weiterhin nachfolgend aufgeführte hosts-Files mitgeführt:

/etc/net/ticlts/hosts	Datagram-Mode Transport Provider, local transport, connectionless
/etc/net/ticots/hosts	Virtual Circuit Mode Transport Provider, local transport, Verbindungsorientiert
/etc/net/ticotsord/hosts	Verbindungsorientierter Virtualtransportmode Transportprovider.

Sie werden hier nur zur Referenz für Altreleases aufgeführt, in OPENSOLARIS-Releases sind die oben genannten Konfigurationsfiles unter */etc/net/*/hosts* ersetzt durch das Konfigurationsfile */etc/netconfig*.

6.4.3.1 */etc/nodename*

Ein UNIX-Rechnersystem wird im allgemeinen über einen Nodenamen referenziert oder angesprochen. Der Nodename ist der so genannte Rechnername. Diesr Nodename ist in der Datei *nodename* unter */etc* festgelegt. Das Format ist sehr einfach: In der */etc/nodename* steht in der ersten Zeile eine Zeichenkette, die den Maschinennamen beschreibt. Ein Beispiel:

```
pinta> cat /etc/nodename
pinta
```

Der aktuelle Nodename läßt sich auch per Kommando mit der Applikation *uname(1)* anzeigen:

```
pinta> uname -n
pinta
```

Leider wird nicht immer genau unterschieden zwischen den durch ein Informationsrepository referenzierbaren IP adressbasierten Hostnamen eines Rechners über sein oder seine Netzwerkinterfaces und dem Nodenamen eines Rechners. Daher hier zur Unterscheidung:

Nodename: Der Name des Rechners ungeachtet jeglicher IP Adreßreferenzen und definierter IP-Interfaces. Es besteht keine Referenz zwischen einer IP-Adresse und dem Nodename eines Rechners in der */etc/hosts*.

hostname: Es wird typischerweise ein Hostname per IP-Interface gesetzt. Hostname und die zugeordnete IP-Adresse werden in der Datei */etc/hosts* in Zusammenhang gesetzt. Siehe hierzu Abschnitt 6.4.3.2 auf Seite 380.

Bei Rechnersystemen mit nur einem Netzwerkinterface und nur einer IP-Adresse werden Nodename und Hostname oft identisch gesetzt. Wenn ein Rechner mehrere Netzwerkinterfaces hat, wird oftmals der Nodename und der Hostname des ersten konfigurierten Interfaces identisch gesetzt (bedingt durch die Installation), während hingegen die übrigen Interfaces oftmals andere Hostnamen erhalten. Eingebürgert haben sich zwei verschiedene Konventionen:

- Für das zweite Interface:
  <hostname>-gw
  Ein Beispiel: *pinta-gw*
- Per Interface Namensgebung:
  <hostname>-<if>
  Ein Beispiel: *pinta-qfe1*

Die Benennung des zweiten Interfaces mit "-gw" geht auf RFC952[15] zurück, wobei zum damaligen Zeitpunkt nicht zwischen *nodename* und primären Hostnamen unterschieden worden ist.

> *A host which serves as a GATEWAY should have "-GATEWAY" or "-GW" as part of its name. Hosts which do not serve as Internet gateways should not use "-GATEWAY" and "-GW" as part of their names.*
>
> RFC952

Die IP-Adressen eines Rechners, die auf Ehternetinterfaces definiert sind, lassen sich mit dem Kommando *ifconfig -a* auflisten:

```
pinta> ifconfig -a
lo0: flags=1000849<UP,LOOPBACK,RUNNING,MULTICAST,IPv4> ↙...
      ↪ mtu 8232 index 1
    inet 127.0.0.1 netmask ff000000
hme0: flags=1000843<UP,BROADCAST,RUNNING,MULTICAST,IPv4> ↙...
      ↪ mtu 1500 index 2
    inet 10.10.201.10 netmask ffff0000 broadcast 10.10.255.255
skge0: flags=1000843<UP,BROADCAST,RUNNING,MULTICAST,IPv4> ↙...
      ↪ mtu 1500 index 3
    inet 10.10.100.2 netmask ffffff00 broadcast 10.10.100.255
```

Beispiel 6.7. *ifconfig -a*

[15] Harrenstien et al. (RFC0952, DoD Internet Host Table Specification 1985)

Der Nodename alleine wird mit mit *uname -u* erfragt, alle Informationen über OS-Release, CPU-Typ, Kernelpatchlevel, Plattformtyp und Nodename mit dem Kommando *uname -a*.

```
pinta> uname -n
pinta
pinta> uname -a
SunOS pinta 5.9 Generic_112233-11 sun4u sparc SUNW,Sun-Fire-480R
```

Beispiel 6.8. *uname(1)*

In Beispiel 6.8 wird informiert, daß der Rechner unter SunOS 5.9 läuft, sein Nodename *pinta* ist, der Kernel *Generic_112233-11* geladen ist (mit Angabe des Patchlevels), die CPU-Type eine *sun4u* also UltraSPARC ist, daß es sich dabei um ein *sparc*-System handelt und die Plaftform eine *SUNW,Sun-Fire-480R* ist.

Oftmals wird nur ungenau zwischen dem einen einzigen Nodename eines Rechners und seinen möglicherweise mehreren Hostnamen (einer per IP-Adresse) unterschieden. Dazu tragen auch traditionelle Kommandos wie *hostname(1)* bei:

```
pinta> hostname
pinta
```

Beispiel 6.9. *hostname(1)*

Sowohl mit *uname -S* als auch mit *hostname* sind Nodename/Hostname setzbar, jedoch nicht persistent.

6.4.3.2 */etc/hosts*

Die Datei */etc/hosts* ist ein Link auf dei Datei */etc/inet/hosts*, welche eine Tabelle zur Zuordnung von Hostnamen zu IP-Adressen ist. Sie wird zeilenweise von oben nach unten gelesen bis ein passender Eintrag gefunden ist. Bei Doppeleinträgen wird somit nur der erste passende Eintrag ausgewertet. Hierbei ist zu bedenken, daß nicht alle Applikationen korrekterweise die */etc/inet/hosts* auswerten, sondern teilweise noch die */etc/hosts*. Ist also der Softlink von */etc/inet/hosts* zur */etc/hosts* nicht gelegt oder durch irgend ein Scriptingfehler durch eine Hosts-Datei ersetzt worden, können die Ergebnisse divergieren. Applikationen die korrekter Weise die Hostnamesauflösung über den Name Service Cache Daemon abwickeln werden in jedem Fall die Einträge der */etc/inet/hosts* neben anderen mit erhalten.

Die Tabelle ist zweispaltig ausgelegt, zunächst ist die IP-Adresse zu nennen, gefolgt von dem oder den Hostnamen oder Hostnamenaliaseinträgen. Sie folgt also folgendem Format:

```
# IP            Hostname, Hostaliasname
# x.x.x.x       examplehost examplealias1 examplealias2, ...
10.10.10.100 sunrise loghost mailhost dumphost
10.10.10.101 lector cipher riddle
10.10.10.102 prtserv
10.10.10.100 pc04 # doppelter Eintrag, IP schon vergeben!
```

Das Beispiel zeigt bereits, wie Kommentare eingeleitet werden:

> Ein # an beliebiger Position in einer Zeile hat zur Folge, daß alle nachfolgenden Einträge in der gleichen Zeile als Kommentar gewertet werden. Dies gilt bis zum nächsten <CR>.

Auf Einträge in der Hosttabelle wird in diversen Situationen (Kommandos, Scripte etc.) zugegriffen. Während des Systemstarts, als auch in anderen Betriebsmodi eines Rechners, in denen kein Netzwerkinformationsdienst läuft, ist diese Datei die einzige Zuordnung von Hostname und IP-Adresse und umgekehrt. Gerade ältere Scripte verwenden in diesem Fall die Referenzierung über den Kompatibilitätslink */etc/hosts*.

Die IP-Adresse aller Ethernet Interfaces eines SOLARIS-Rechners lassen sich mit dem Kommando *ifconfig(1M)* mit der Option *-a* anzeigen, gezeigt in Beispiel 6.10.

Es werden das loopback-Interface (lo0), das physikalische Interface hme0, diverse logische Interfaces[16] auf hme0 (hme0:1 .. hme0:3) und zwei Ethernet Interfaces eines Drittherstellers skge0 und skge50000 mit ihren IP-Adressen und anderen Informationen, die im folgenden erklärt werden, angezeigt.

Soll nur ein bestimmtes Interface angezeigt werden, so ist, analog zu Beispiel 6.11, *ifconfig(1M)* mit dem Namen des Interfaces aufzurufen:

6.4.3.3 */etc/ethers*

Die Datei */etc/ethers* ist eine Tabelle zur Zuordnung von MAC-Adressen zu Hostnamen. Zusammen mit passenden Informationen aus der */etc/hosts* (oder einem netzwerkinformationsdienstbasierten hosts-Eintrag) wird die Zuordnung von MAC-Adresse zu IP-Adresse durchgeführt.

MAC-Adressen werden zentral vergeben pro Ethernet Netzwerkinterface. Das bedeutet, jedes Ethernet Netzwerkinterface hat eine eigene eindeutige MAC Adresse.

Auch die */etc/ethers* ist eine zweispaltige Tabelle, in deren erster Spalte die MAC-Adresse und in deren zweiter Spalte der Hostname steht. Auch in der

[16] Die Konfiguration logischer Interfaces wird in Abschnitt 6.4.4.4 beschrieben

```
wega> ifconfig -a
lo0: flags=1000849<UP,LOOPBACK,RUNNING,MULTICAST,IPv4> ↙...
    ↪ mtu 8232 index 1
    inet 127.0.0.1 netmask ff000000
hme0: flags=1000843<UP,BROADCAST,RUNNING,MULTICAST,IPv4> ↙...
    ↪ mtu 1500 index 2
    inet 10.10.201.10 netmask ffff0000 broadcast 10.10.255.255
hme0:1: flags=1000843<UP,BROADCAST,RUNNING,MULTICAST,IPv4> ↙...
    ↪ mtu 1500 index 2
    inet 10.10.201.11 netmask ffff0000 broadcast 10.10.255.255
hme0:2: flags=1000843<UP,BROADCAST,RUNNING,MULTICAST,IPv4> ↙...
    ↪ mtu 1500 index 2
    inet 10.10.201.18 netmask ffff0000 broadcast 10.10.255.255
hme0:3: flags=1000843<UP,BROADCAST,RUNNING,MULTICAST,IPv4> ↙...
    ↪ mtu 1500 index 2
    inet 192.168.10.2 netmask ffffff00 broadcast 192.168.10.255
skge0: flags=1000843<UP,BROADCAST,RUNNING,MULTICAST,IPv4> ↙...
    ↪ mtu 1500 index 3
    inet 10.10.100.2 netmask ffffff00 broadcast 10.10.100.255
skge50000: flags=1000843<UP,BROADCAST,RUNNING,MULTICAST,IPv4> ↙...
    ↪ mtu 1500 index 4
    inet 192.168.128.1 netmask ffffff00 broadcast 192.168.128.255
```

Beispiel 6.10. *ifconfig -a*

```
nx2> ifconfig ge0
ge0: flags=1000843<UP,BROADCAST,RUNNING,MULTICAST,IPv4> ↙...
    ↪ mtu 1500 index 3
    inet 10.10.100.2 netmask ffffff00 broadcast 10.10.100.255
```

Beispiel 6.11. *ifconfig <if>*

/etc/ethers werden Kommentare durch das Zeichen # eingeleitet und gelten bis zum nächsten <CR>. Das Format folgt damit folgendem Beispiel:

# MAC	# Hostname
# ??.??.??.??.??.??	examplehost
8:0:20:1:2:3	sunrise # sunray server
8:0:20:1:3:a0	lector
0:a3:b4:24:1:e7	prtserv # Netzwerkdrucker

Tabelle 6.2. Beispiel */etc/ethers*

Wobei, wie in dem Beispiellisting 6.2 zu sehen, die führenden Nullen unterdrückt werden können. Der Bereich dieser hexadezimalen Zahlen geht von 00 bis ff.

6.4.3.4 */etc/hostname.<if>*

Für das Setzen von statischen IP-Adressen, die nach einem Boot automatisch gesetzt sein sollen wird für jedes zu konfigurierende Interface eine Datei */etc/hostname.<if>* erzeugt, wobei *if* hier für den Treibernamen, gefolgt von seiner Instanznummer, stehen soll. Als Beispiel:

Interface	Nr.	Type	Datei
hme	0	10/100 MBit	*/etc/hostname.hme0*
eri	0	10/100 MBit	*/etc/hostname.eri0*
hme	1	10/100 MBit	*/etc/hostname.hme1*
ge	0	1000 MBit	*/etc/hostname.ge0*
bge	0	10/100/1000 MBit	*/etc/hostname.bge0*

Das Beispiel beschreibt Namen für Dateien für diverse SUN Ethernet Interfaces. Die so definierten Interfaces sind IPv4-Interfaces. IPv6-Interfaces werden statisch unter Verwendung des */etc/hostname6.<if>* konfiguriert.

Im Defaultfall ist der Aufbau der Datei vergleichsweise einfach, im einfachsten Fall steht ein durch die */etc/hosts* aufgelöster Hostname darin, der über die */etc/hosts* zu einer IP-Adresse erweitert wird, wie es in Beispiel 6.12 gezeigt ist. Sofern der Hostname jedoch nicht aufgelöst werden kann, kann das entsprechende Interface beim Startup des Systems[17] nicht initialisiert werden.

```
pinta# cat /etc/hostname.hme0
pinta
```

Beispiel 6.12. Beispiel *hostname.<if>* Datei

Es ist auch unterstützt in der */etc/hostname.**-Datei IP Adresssen direkt zu nennen, beispielsweise, wenn dafür kein *hostname* Eintrag in der */etc/inet/hosts* verzeichnet ist. Gleiches gilt für */etc/hostname6.<if>* für die Startupkonfiguration von IPv6 Interfaces, jedoch mit Namensauflösung über die Konfigurationsdatei */etc/inet/ipnodes*. Es sei an dieser Stelle dringend empfohlen, Interfacehostnamen über */etc/inet/hosts* aufzulösen und nicht über einen Netzwerkinformationsdienst, der zum Zeitpunkt des Systemstarts noch nicht verfügbar ist. Gleiches gilt für die Referenzierung von Defaultroutereingrägen etc.

Wenn beispielsweise weitere logische IP-Adressen[18] dazukommen sollen, so kann ein */etc/hostname.<if>*-file, wie in Beispiel 6.13, bereits komplexer aufgebaut sein.

[17] siehe Abschnitt 6.4.2.1

[18] Die Konfiguration logischer Interfaces wird in Abschnitt 6.4.4.4 beschrieben

```
wega# cat /etc/hostname.hme0
loghost netmask + up
addif hsrv netmask + up
addif cmsrv netmask + up
```

Beispiel 6.13. Statische Konfiguration logischer IP-Adressen

6.4.3.5 */etc/networks*

In der Datei */etc/networks* werden Netzwerknamen Netzen zugeordnet. So hat das traditionelle 10er Netz aus historischen Gründen[19] den Namen arpa (bzw. Arpanet). Diese Zuordnung erfolgt in tabellarischer Form nach folgender Syntax:

Netzwerkname Netzwerknummer Nicname

Ein Beispiel einer */etc/networks* aus einer SOLARIS-Umgebung sei in Beispiel 6.14 aufgezeigt. Es ist zu erkennen, daß nur ein Teil der vollen Netzadresse eingetragen sein kann (in Beispiel 6.14 an der mit "arpanet" beginnenden Zeile zu sehen). Bei der Auswertung wird das Netz gegen Einträge in der */etc/networks* gematched und bei Erfolg angewendet. Auch hier wird ein Kompatibilitätslink von */etc/inet/networks* nach */etc/networks* gehalten.

```
#ident  "@(#)networks   1.4     92/07/14 SMI"   /* SVr4.0 1.1   */
#
# The networks file associates Internet Protocol (IP) network numbers
# with network names.  The format of this file is:
#
#   network-name        network-number  nicnames . . .
#

#
# The loopback network is used only for intra-machine communication
#
loopback        127

#
# Internet networks
#
arpanet           10              arpa    # Historical
SunRay-skge50000  192.168.128.0   SunRay  # SUNRAY ADD - DO NOT MODIFY
```

Beispiel 6.14. */etc/networks*

[19] Die Vergabe der ersten Netze ist in RFC739, (Postel (RFC0739, Assigned Network Numbers 1977)) dokumentiert.

Alle Netzwerke, die mit 10. beginnen werden demnach mit *arpa* benannt. Das 192.168.128er Netz wird mit *SunRay* bezeichnet. (In RFC 1918[20] sind ist das 192.168/16'er Netz als Netz für interne Zwecke definiert worden. Desgleichen das ehemalige Arpanet, 10/8.)

6.4.3.6 */etc/netmasks*

Der Kompatibilitätslink */etc/netmasks* verweist auf die Datei */etc/inet/netmasks*. Die *netmasks* ist nicht nur kosmetischer Natur wie etwa die *networks*.
Sie gibt die auf dem System verwendeten Netzmasken für die konfigurierten Netze beziehungsweise Netzwerkinterfaces an und arbeitet als zweispaltige Tabelle nach folgender Syntax:

Netzwerknummer Netzmaske

In Beispiel 6.15 ist dies für drei Netze dargestellt

```
# The netmasks file associates Internet Protocol (IP) address
# masks with IP network numbers.
#
#   network-number      netmask
#
# The term network-number refers to a number obtained from the
# Internet Network Information Center.
#
# Both the network-number and the netmasks are specified in
# "decimal dot" notation, e.g:
#
#       128.32.0.0 255.255.255.0
#
10.10.100.0     255.255.255.0
172.124.10      255.240.0.0
192.168.128.0   255.255.255.0 # SUNRAY ADD - DO NOT MODIFY
```

Beispiel 6.15. Beispiel */etc/networks*-Datei

Das Beispiel gibt vor, daß wenn ein Netzwerkinterface im beispielsweise 10.10.100.0er Netz konfiguriert wird, es per Default die Netzmaske 255.255.255.0, also eine /24er Netzmaske, bekommt, während für das 172.124.10er Netz eine /12er Netzmaske gesetzt wurde. Dies wird beispielsweise beim Systemstart gelesen, beziehungsweise benutzt. Netzmasken können per *ifconfig(1M)* explizit mit gesetzt werden. Dies geht auch in der */etc/hostname.<if>*, wie es in 6.5 zu erkennen ist oder im Abschnitt zur */etc/hostname.<if>*-Syntax in 6.4.3.4.

---

[20] Siehe Tabelle 6.1 auf Seite 366

Die Netzmaske per Interface läßt sich, wie in Beispiel 6.1 gezeigt, mit dem Kommando *ifconfig(1M)* anzeigen:

```
pinta> ifconfig ge0
ge0: flags=1000843<UP,BROADCAST,RUNNING,MULTICAST,IPv4> mtu 1500 index 4
   inet 192.168.128.1 netmask ffffff00 broadcast 192.168.128.255
```

Listing 6.1. Anzeige der Netzmaske mit *ifconfig(1M)*

6.4.3.7 */etc/netconfig*

Die Konfigurationsdatei */etc/netconfig* ist eine siebenspaltige Tabelle, in der in jeder Zeile eine vollständige Netzwerkbeschreibung steht, die durch Applikationen ausgewertet werden können. Sie ersetzt die noch in SOLARIS 9 vorgehaltenen Konfigurationsfiles unter */etc/net/ticlts/hosts*, */etc/net/ticots/hosts* und */etc/net/ticotsord/hosts*.

```
# The "Network Configuration" File.
#
# Each entry is of the form:
#
#       <network_id> <semantics> <flags> <protofamily> <protoname> \
#               <device> <nametoaddr_libs>
...
udp6      tpi_clts      v  inet6    udp  /dev/udp6      -
tcp6      tpi_cots_ord  v  inet6    tcp  /dev/tcp6      -
udp       tpi_clts      v  inet     udp  /dev/udp       -
tcp       tpi_cots_ord  v  inet     tcp  /dev/tcp       -
rawip     tpi_raw       -  inet     -    /dev/rawip     -
ticlts    tpi_clts      v  loopback -    /dev/ticlts    straddr.so
ticotsord tpi_cots_ord  v  loopback -    /dev/ticotsord straddr.so
ticots    tpi_cots      v  loopback -    /dev/ticots    straddr.so
```

Listing 6.2. */etc/netconfig*

Die sieben Spalten der in Listing 6.2 zitiertem Datei haben folgende Bedeutung:

network_id: eindeutiger String, der das Netz bezeichnet.

semantics: String, der die Dienstschnittstelle des Netzes beschreibt.

- *tpi_clts*: Verbindungslose (datagrammbasierte) Transportschnittstelle.
- *tpi_cots*: Verbindungsorientiere Transportschnittstelle.
- *tpi_cots_ord*: Verbindungsorientierte Transportschnittstelle, unter Beibehaltung der Paketreihenfolge

flags:	Gegenwärtig wird nur *v*, für *visible* unterstützt.
protofamily:	eindeutiger String, der die Protokollfamilie bezeichnet, z.b. *inet, lat, x25, appletalk, ...*
protoname:	eindeutiger String, der das Protokoll beschreibt. Gegenwärtig werden die folgenden Eintäge unterstützt: *tcp*: Transmission Control Protocol *udp*: User Datagram Protocol *icmp*: Internet Control Message Protocol –: keines der vorherstehend genannten Protokolle.
device:	Voller Pfadname des Netzwerk Devices, das zur Anbindung an den Transport Provider dient.
nametoaddr_libs:	An dieser Stelle können Libraries angegeben, die die Namensauflösung übernehmen. Ein "-" bedeutet, daß keine Libraries existieren, bzw. die Auflösung nicht über Libraries erfolgt. Dies trifft auf die Protokollfamilie *inet* zu, hier geschieht die Namensauflösung über den in der Konfigurationsdatei */etc/nsswitch.conf* angegebenen Namensdienst.

6.4.4 Administration von Netzwerkinterfaces, Upper Layer

Zunächst muß ein Interface sichtbar sein. Soll das Interface dynamisch in die Maschine konfiguriert werden, sollte der *devfsadmd(1M)* laufen. Die IP-seitige Administration von Netzwerkinterfaces umfaßt das Aufsetzen des Interfaces, das Konfigurieren von IP-Adressen, von VLans, IP Tunnels, Multipath Gruppen etc. und wird ausschließlich mit dem Kommando *ifconfig(1M)* durchgeführt. Erwartungsgemäß komplex ist das Kommando *ifconfig(1M)* mit seinem großen Spektrum an Optionen und Subkommandos. Im weiteren soll hier nur die Konfiguration von Interfaces, VLans und in Abschnitt 6.5.2 ab Seite 405 die Konfiguration von Multipath IP Gruppen vorgestellt werden.

6.4.4.1 Erzeugung eines Interfaces

Um einem Netzwerkinterface unter SUN-SOLARIS eine IP-Adresse zuzuweisen, muß das Interface zunächst konfiguriert werden: Der Netzwerkadaptertreiber muß geladen ("geplumbt") werden. Der Name und die Instanznummer des Adapters sollte dazu bekannt sein. Die allgemeiner Syntax ist

ifconfig <ifname><instance>plumb

Beispielsweise kann ein Interface mit der Instanznummer *0* und dem Namen *eri* wie folgt erzeugt werden:

```
ifconfig eri0 plumb
```

Ob das Plumbing des IP Interfaces erfolgreich war, läßt sich mit dem Aufruf des Kommandos *ifconfig* überprüfen:

```
pinta# ifconfig -a
lo0: flags=1000849<UP,LOOPBACK,RUNNING,MULTICAST,IPv4> mtu 8232 index 1
    inet 127.0.0.1 netmask ff000000
eri0: flags=1000843<UP,BROADCAST,RUNNING,MULTICAST,IPv4> mtu 1500 index 2
    inet 0.0.0.0 netmask ffff0000 broadcast 10.10.255.255
```

Oder auch unter Angabe des Interfaces:

```
pinta# ifconfig eri0
eri0: flags=1000843<UP,BROADCAST,RUNNING,MULTICAST,IPv4> mtu 1500 index 2
   inet 0.0.0.0 netmask ffff0000 broadcast 10.10.255.255
```

6.4.4.2 Löschung eines Interfaces

Ein IP Interface wird vollständig gelöscht mit dem Subkommando *unplumb*

ifconfig <ifname><instance>unplumb

Das Kommando *ifconfig* wird damit keine weiteren Informationen zu dem betreffenden Interface mehr ausgeben können. Es ist auch nicht notwendig vor einem *unplumb* die Interfacekonfiguration zurückzusetzen.

6.4.4.3 IP-Adresse auf physikalischem Interface

Als physikalisches Interface wird in diesem Zusammenhang das Interface betrachtet, das unter der Bezeichnung *<drivername><instance>* geführt wird. Also etwa *hme0, hme1, hme127, bge19, ce3* .... Physikalische Interfaces werden plumbed und unplumbed.

6.4.4.3.1 On the fly

Um eine IP-Adresse einem Interface zuzuordnen, ist das Kommando *ifconfig(1M)* zu verwenden. Jede unvollständige Angabe zu Netzmaske und Broadcastadresse wird durch ihren Netzwerkdefault beziehungsweise die in */etc/netmasks* gesetzten Werte ergänzt.
Das Aufsetzen eines IP Interfaces mit Adresse erfolgt in zwei Schritten:

1. Erzeugen des Interfaces (Laden des Streamdrivers)
2. Setzen von Parametern.

Das Erzeugen eines Interfaces wurde zuvor beschrieben in Abschnitt 6.4.4.1. Das Setzen von Parametern wie IP-Adresse, Netzmaske, Broadcastadresse und Betriebszustand ist unter Angabe des Interfaces als Liste wie im Beispiel 6.16 gezeigt, durchzuführen. Das Ergebnis läßt sich wieder mit *ifconfig(1M)* anzeigen.

In Beispiel 6.16 wurden vier Schritte ausgeführt, die prinzipiell auch nacheinander ausgeführt werden können:

1. hme0 bekommt die IP-Adresse, die durch die */etc/hosts* aufgelöst für pinta-gw ersetzt wird.

```
pinta# ifconfig hme0 pinta-gw netmask 255.255.255.0 \
       broadcast 10.10.100.255 up
pinta# ifconfig hme0
hme0: flags=1000843<UP,BROADCAST,RUNNING,MULTICAST,IPv4> mtu 1500 index 2
    inet 10.10.100.10 netmask ffffff00 broadcast 10.10.100.255
```

Beispiel 6.16. Setzen von Interfaceparametern mittels *ifconfig(1M)*

2. Die Netzmaske wird auf 255.255.255.0 gesetzt
3. Die Broadcastadresse wird auf 10.10.100.255 gesetzt
4. Das Interface wird quasi online gesetzt *up*

Je nach Aufgabe und Umgebung kann es sinnvoll sein, diese vier Schritte aufzuteilen. Nach dem nächsten *reboot* ist eine so gesetzte Adresse nicht mehr gesetzt.

6.4.4.3.2 Persistent

Solle eine IP-Adresse so gesetzt werden, daß sie nach einem Systemstart automatisch konfiguriert werden soll, so ist die Datei */etc/hostname.<if>* zu modifizieren.

Der Aufbau von */etc/hostname.<if>* ist bereits in 6.4.3.4 beschrieben worden. Sei nun also das Interface qfe0 mit einer durch Einträge in der */etc/hosts* IP/Hostnamen Adresse für pinta-gw aufgelösten Adresse so zu konfigurieren, daß nach einem Systemstart qfe0 mit der zu pinta-gw gehörenden (und über die *hosts* augfgelösten) IP-Adresse gesetzt ist, so ist lediglich die Datei */etc/hostname.qfe0* anzulegen und der Name pinta-gw einzutragen, wobei in Beispiel 6.17 entsprechende Werte in */etc/netmasks* gesetzt seien.

```
pinta# cat > /etc/hostname.qfe0
pinta-gw
^D
pinta# reboot
...
pinta> ifconfig qfe0
hme0: flags=1000843<UP,BROADCAST,RUNNING,MULTICAST,IPv4> mtu 1500 index 2
    inet 10.10.201.10 netmask ffff0000 broadcast 10.10.255.255
```

Beispiel 6.17. Setzen einer IP-Adresse, persistent

Die Datei */etc/hostname.<if>* wird nur während des Systemstarts gelesen. Eine Änderung in dieser Datei wird folgerichtig erst nach einem Reboot wirksam

6.4.4.4 Logische Interfaces

Ein logisches IP Interface ist ein Konstrukt, das es erlaubt, einem physikalischen Interface mehrere eindeutige und von einander unabhängige IP Adressen zu geben. Es werden automatisch die notwendigen Routingeinträge angepaßt.

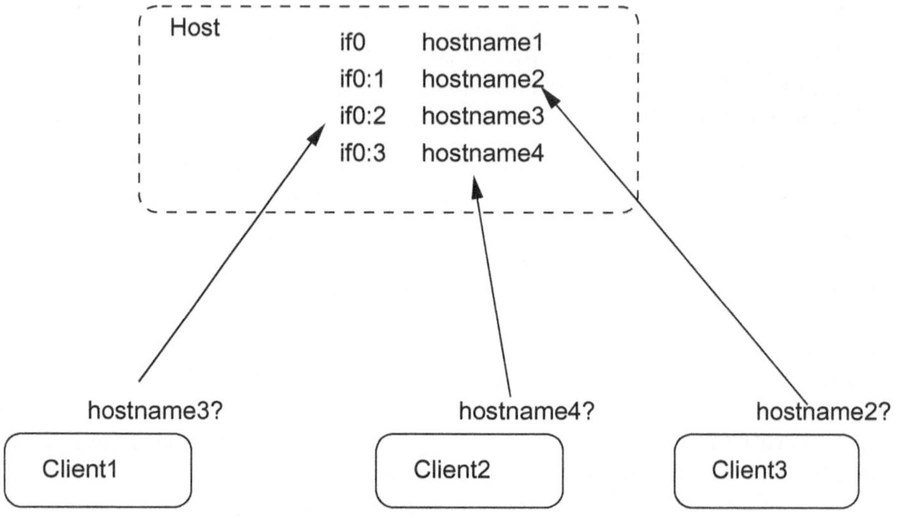

Abb. 6.14. Adressierung logischer Hosts

Logische IP-Adressen werden mit dem Kommando *ifconfig(1M)* erzeugt und lassen sich erkennen durch ihre nachgestellte logische Interfacenummer:

hme0 pysikalisches Interface
hme0:2 erstes logisches Interface auf *hme0*
hme0:3 zweites logisches Interface auf *hme0*
hme0:4 drittes logisches Interface auf *hme0*
....

Ein Anwendungsbereich logischer Interfaces kann eine einem Serviceprozess oder Dienst zugeordnete IP-Adresse sein, die unter Umständen auf ein anderes Ethernetinterface verlegt werden soll, oder auch ein temporärer Hostingservice eines Services auf einem anderen Rechner, ohne diesen wesentlich umkonfigurieren zu müssen. Auch kann durch den Move einer IP-Adresse von einem physikalischen Interfaceadapter auf einen anderen als logisches Interface während einer Umkonfiguratione eines Rechenrs sinnvoll sein. Die auf dem logischen Interface definierte IP-Adresse ist von allen Seiten identisch einer Adresse auf einem physikalischen Interface erreichbar. In diesem Zusammenhang sei auch auf die Konfiguration von VLans verwiesen. SunCluster-Umgebungen verwenden exzessive logische Interfaces. Seit SunCluster 3.1 zum einen für

Netzwerkinterfaceredundanzgruppen und seit Anbegin von SUNClustern für die IP-Adressen der durch das SUNCluster hochverfügbar zu haltenden Dienste, die netzwerkseitig lediglich über eine IP-Adresse und einen Netzwerkport bekannt sind.

6.4.4.4.1 On the fly

Zusammen mit der Einführung von IPMP[21], dem Multipathed IP System von SUN, ist seit SOLARIS 8 eine neue Syntax zur Konfiguration von logischen Interfaces beziehungsweise logischen IP-Adressen hinzugekommen.

Einrichtung logischer Interfaces im "new-mode"

Seit SOLARIS_8 ist die Vergabe eines logischen Interfaces auf Subkommandos von *ifconfig* verlegt worden. Die Subkommados sind:

addif: Hinzufügen eines logischen Interfaces
removeif: Löschen eines logischen Interfaces

Bei Verwendung dieser Methode zur Definition von logischen Interfaces wird das nächste jeweils freie Interface verwendet. Sollen beispielsweise auf hme0 zwei logische Interfaces erzeugt werden mit den über */etc/hosts* referenzierten Hostnamen loghst1 und loghst2, so ist folgende Kommandoreihe einzugeben:

```
pinta# ifconfig hme0 addif loghst1 netmask + up
pinta# ifconfig hme0 addif loghst2 netmask + up
```

Beispiel 6.18. Anlegen eines logischen Interfaces mit *ifconfig addif*

```
pinta> ifconfig -a
lo0: flags=1000849<UP,LOOPBACK,RUNNING,MULTICAST,IPv4> mtu 8232 index 1
    inet 127.0.0.1 netmask ff000000
hme0: flags=1000843<UP,BROADCAST,RUNNING,MULTICAST,IPv4> mtu 1500 index 2
    inet 10.10.100.10 netmask ffff0000 broadcast 10.10.255.255
hme0:1: flags=1000843<UP,BROADCAST,RUNNING,MULTICAST,IPv4> mtu 1500 index 2
    inet 10.10.201.11 netmask ffff0000 broadcast 10.10.255.255
hme0:2: flags=1000843<UP,BROADCAST,RUNNING,MULTICAST,IPv4> mtu 1500 index 2
    inet 10.10.201.18 netmask ffff0000 broadcast 10.10.255.255
```

Beispiel 6.19. Kontrolle der in Beispiel 6.18 angelegten logischen Interfaces

Das Subkommando, mit dem die logischen Interfaces wieder dekonfiguriert werden können heißt analog zu *addif removeif*. In Beispiel 6.20 werden die in Beispiel 6.18 angelegten logischen Interfaces wieder entfernt. Überprüfbar ist dies wiederum mit *ifconfig -a*.

[21] IPMP wird in Abschnitt 6.5.2 ab Seite 405 beschrieben

```
pinta# ifconfig hme0 removeif loghst1
pinta# ifconfig hme0 removeif loghst2
```

Beispiel 6.20. Löschen eines logischen Interfaces mit *ifconfig removeif*

Einrichtung logischer Interfaces im "legacy-mode"

Zur Zeit wird die alte Methode zur Erzeugung eines logischen Interfaces noch unterstützt. Danach ist erst das logische Interface zu erzeugen und anschließend zu parametrisieren. In Beispiel 6.21 ist dies für ein logisches Interface zusätzlich auf *hme0* gezeigt.

```
pinta# ifconfig hme0:1 plumb
pinta# ifconfig hme0:1 10.10.201.10 netmask 255.255.0.0 up
```

Beispiel 6.21. Anlegen eines logischen Interfaces mit *ifconfig*, legacy mode

6.4.4.4.2 Persistent

Um eine solche Konfiguration von logischen Interfaces auch bei einem Systemstart automatisch konfigurieren zu lassen, ist die */etc/hostname.<if>* des entsprechenden Interfaces wie folgt zu konfigurieren:
Es ist pro logischem Interface eine Zeile der Form

addif <IP/Name> netmask <Maske> up

in die entsprechenden */etc/hostname.<if>* Konfigurationsdateien der betreffenden physikalischen Interfaces zu setzen, wie es in Beispiel 6.22 gezeigt ist. Der Eintrag für die Konfiguration des physikalischen Interfaces muß in der ersten Zeile in dieser Datei stehen, andernfalls wird versucht, die Option *addif* als Hostname des Interfaces zu konfigurieren.

```
pinta netmask + up
addif hsrv netmask + up
addif cmsrv netmask + up
addif wega-gw netmask + up
```

Beispiel 6.22. */etc/hostname.<if>* definiert logische Interfaces

Wie in Abschnitt 6.4.1 auf Seite 371 geschildert, werden Dateien, die der Namenskonvention */etc/hostname.<if>* folgen, während des Systemstarts[22] ausgelesen und ausgewertet.

[22] Der Systemstart ist in Abschnitt 4 beschrieben

6.4.4.4.3 Logische Interfaces in Zones

Bei der Konfiguration von Zones, beschrieben in den Abschnitten 8.5.5 ab Seite 669 und 9.12 ab Seite 784, wird auch von logischen Interfaces Gebrauch gemacht. Nachfolgend sind in Beispiel 6.23 die logischen Interfaces in der globalen Zone, und in 6.24 einer der Zones aufgelistet, um eine Vorstellung von der praktischen Verwendung zu geben. In der globalen Zone sind die Interfaces der einzelnen Zones als logische Interfaces definiert, und den jeweiligen Zones *mza* und *mzb* zugeordnet.

Das führt in Konsequenz zu der durchaus irreführenden Konfiguration von in diesem Fall zu drei konfigurierten Interfaces (dem physikalischen und zwei logischen) auf lo0, jeweils mit der gleichen localhost Adresse.

```
0 1 root@menkar pts/2 ~ 8# ifconfig -a
lo0: flags=2001000849<UP,LOOPBACK,RUNNING,MULTICAST,IPv4, ↙...
      ↪ VIRTUAL> mtu 8232 index 1
        inet 127.0.0.1 netmask ff000000
lo0:1: flags=2001000849<UP,LOOPBACK,RUNNING,MULTICAST,IPv4, ↙...
      ↪ VIRTUAL> mtu 8232 index 1
        zone mza
        inet 127.0.0.1 netmask ff000000
lo0:2: flags=2001000849<UP,LOOPBACK,RUNNING,MULTICAST,IPv4, ↙...
      ↪ VIRTUAL> mtu 8232 index 1
        zone mzb
        inet 127.0.0.1 netmask ff000000
hme0: flags=1000843<UP,BROADCAST,RUNNING,MULTICAST,IPv4> ↙...
      ↪ mtu 1500 index 2
        inet 10.10.100.3 netmask ffffff00 broadcast 10.10.100.255
        ether 8:0:20:c4:b3:34
hme0:1: flags=1000843<UP,BROADCAST,RUNNING,MULTICAST,IPv4> ↙...
      ↪ mtu 1500 index 2
        zone mza
        inet 10.10.100.70 netmask ffffff00 broadcast 10.10.100.255
hme0:2: flags=1000843<UP,BROADCAST,RUNNING,MULTICAST,IPv4> ↙...
      ↪ mtu 1500 index 2
        zone mzb
        inet 10.10.100.71 netmask ffffff00 broadcast 10.10.100.255
```

Beispiel 6.23. Interfaces der globalen Zone

Aus der Perspektive der Zone sind nur die ihr jeweils zugeordneten logischen Interfaces sichtbar, die in Beispiel 6.24 gezeigte Ausgabe ist daher im Prinzip aus Beispiel 6.23 bereits ableitbar.

```
mza# ifconfig -a
lo0:1: flags=2001000849<UP,LOOPBACK,RUNNING,MULTICAST,IPv4, ↙...
    ↪ VIRTUAL> mtu 8232 index 1
        inet 127.0.0.1 netmask ff000000
hme0:1: flags=1000843<UP,BROADCAST,RUNNING,MULTICAST,IPv4> ↙...
    ↪ mtu 1500 index 2
        inet 10.10.100.70 netmask ffffff00 broadcast 10.10.100.255
```

Beispiel 6.24. Interfaces einer Zone

6.4.4.5 Start/Stop eines Interfaces

IP Interfaces können ohne Änderung der Konfiguration während des Betriebes gestartet und gestoppt werden. Dazu stellt *ifconfig(1M)* die Subkommandos *up* und *down* bereit, als auch *private*, was eine weitere Propagation der Adresse unterbindet.

up	*ifconfig ... up* Interface aktivieren
down	*ifconfig ... down* Interface deaktivieren
private	*ifconfig ... private* Interface wird durch in.routed nicht propagiert

6.4.4.6 Erzeugen eines VLans

Ein VLan, oder auch virtual Lan, ist ein Konstrukt, das es erlaubt, mehrere logische Netzwerke in einem Netzwerk zu definieren, die sich untereinander quasi nicht sehen. Es wird beispielsweise in Switches definiert, derart, daß aus der Menge aller physikalischen Netzwerkports des Switches eine Untermenge an Ports zusammengefaßt wird, derart, daß alle Ports in dieser Untermenge keinen Port in der Restmenge der Ports und kein Port aus der Restmenge einen Port in der Untermenge an Ports erreichen kann. Eine solche Untermenge wird VLan genannt. Je nach Switch Hersteller ist es möglich mehrere VLans in einem Switch zu konfigurieren. Soll nun von einem in VLans aufgeteilten Switch auf einen weiteren, ebenfalls in VLans aufgeteilten Switch weiterverteilt werden, so muß im Prinzip jeweils eine Leitung eines Vlans aus dem ersten Switch auf einen Port im ausgewählten VLan des Zielswitches verbunden werden. Dieser Verkabelungsaufwand wird vermieden durch die Definition eines so genantes VLan Tagging. Hierbei wird für ausgezeichete Ports definiert, daß sie Pakte anderer VLans transferieren dürfen. Jedoch haben diese Pakete so genannte Tags, die angeben, aus welchem VLan sie kommen und wo sie hin sollen. Der Zielswitch muß dann das getaggte Paket in das korrespondierende VLan weiterleiten. Dieses Verfahren spart Netzwerkleitungen. Die Einbindung von Hostrechnern in solche VLans erfolgt mittels Kabelanschluß, wobei für jedes auf dem Switch definierte VLan, in dem der Hostrechner sichtbar sein soll, eine dedizierte Host-VLan Verbindung zu etablieren ist.

Eine hostseitige Weiterentwicklung ist die Unterstützung des VLan Tagging Standards für hostseitige Netzwerkinterfaces. So kann nun auch ein Rechner Tagged VLan Pakete über physikalische Interfaces versenden, die der

Switch dann in das korrespondierende VLan weiterleitet. Dazu muß das Rechnerinterface eine VLan Tag ID im Packetheader mitgeben. Bei OPENSOLARIS wird das über besonders zu konfigurierende logische Interfaces auf VLan-aware physikalischen Netzwerinterfaces respektive Ports realisiert.

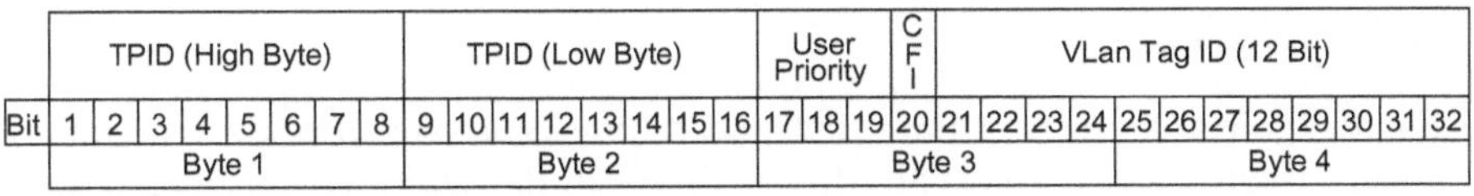

	TPID (High Byte)								TPID (Low Byte)								User Priority			CFI	VLan Tag ID (12 Bit)											
Bit	1	2	3	4	5	6	7	8	9	10	11	12	13	14	15	16	17	18	19	20	21	22	23	24	25	26	27	28	29	30	31	32
	Byte 1								Byte 2								Byte 3								Byte 4							

Abb. 6.15. Aufbau eines tagged VLan Paketheaders

Das logische Interface für ein VLan ist wie folgt zu berechnen:
Eine VLan Tag ID ist 12 Bit breit und wird direkt nach der MAC Ziel- und Startadresse eines Ethernetpaketes eingefügt. Der Tag Header besteht aus insgesammt vier Bytes, wobei die ersten beiden Bytes den Ethernet Tag Protocol Identifier von 0x8100 (TPID) beschreiben und die zweiten beiden Bytes die Tag Control Information (TCI) bestehend aus Benutzerpriorität, CFI-Bit und der Tag ID des VLans. Dies ist zur Übersicht in Abbildung 6.15 dargestellt. Um nun die VLan Interfacenummer zu erhalten ist wie folgt zu verfahren:

$$1000 * (VLanTagID) + Interfaceinstanz = VLanLogicalPPA$$

Wobei die VLanLogicalPPA in der Bezeichnung der Bedeutung einer Instanznummer eines Interfaces gleichkommt. Es ist VLanLogicalPPA die zum spezifizierten VLan korrespondierende logische PPA und die VLan Tag ID die Tagnummer des VLans. PPA beschreibt den Pysical Point of Attachment, also den Anschlußpunkt, welcher bei einem physikalischen Ethernetinterface gleich der Instanznummer ist.

Soll beispielsweise auf einem Broadcom Gigabit Ethernetinterface mit der Instanznummer 0, also ein *bge0*, ein IP Interface in einem VLan mit der VLan ID 10 konfiguriert werden, so ist wie folgt zu verfahren:

$$1000 * (VLanTagID) + Interfaceinstanz = VLanLogicalPPA$$
$$1000 * 10 + 1 = 10001 \Rightarrow bge10001$$

Bei Nutzung von tagged VLan Interfaces muß das verwendete Netzwerkequipment, Switches etc., VLan tagging unterstützen.

6.4.4.6.1 On the Fly

Im laufenden Betrieb läßt sich das zuvor im Beispiel für ein auf ein *bge1* Interface zu konfigurierendes VLan 10 in bekannter Art und Weise mit *ifconfig(1M)* erzeugen, wie in Beispiel 6.25 mit einer IP-Adresse von 192.168.10.72 mit /24er Netzmaske gezeigt.

```
nova# ifconfig bge10001 plumb
nova# ifconfig bge10001 192.168.10.72/24 up
```

Beispiel 6.25. Konfiguration eines VLans mit *ifconfig(1M)*

6.4.4.6.2 Persistent

Es ist eine Konfigurationsdatei */etc/hostname.<vlanport>* zu erzeugen und der geeigente Hostname innerhalb dieses VLans in der Datei zu spezifizieren oder es ist direkt die VLan IP Hostadresse in der */etc/hostname.<vlanport>* anzugeben. Mit zuvor berechnetem Beispiel eines *bge1*-Interfaces im VLan 10 muß eine Datei */dev/hostname.bge10001* erzeugt werden, in der ein über die */etc/inet/hosts* auflösbarer Hostname oder direkt eine IP-Adresse steht. Im Beispiel 6.26 ist das kurz dargestellt. Nach einem Systemboot wird das entsprechende VLan Interface bereit stehen.

```
nova# cat >/dev/hostname.bge10001
nova-vlan10
^D
nova# cat >>/etc/inet/hosts
192.168.10.72   nova-vlan-10
^D
nova# reboot
```

Beispiel 6.26. Persistente Einstellung eines VLan Interfaces

6.4.4.7 IPFC, IP über FCAL

FCAL Adapter sind im Prinzip Storage Adapter. Das FCAL Protokoll ist letztendlich auch nur ein Transportprotokoll wie es beispielsweise auch das im Networklayer liegende Ethernetprotkoll ist. Es spricht nichts dagegen, in FCAL Pakete statt SCSI Frames auch IP Frames (IPFC) zu legen. Auch das umgegkehrte Verfahren SCSI Frames in IP Frames zu legen, von IBM in die Welt gesetzt unter dem Namen iSCSI, wird inzwischen unter OPENSOLARIS standardmäßig unterstützt.

IPFC beschreibt die Nutzung eines FCAL Storage Area Networks (SAN) für IP Netzwerkkommunikation und erlaubt so die in Abbildung 6.4.4.7 dargestellte (IP) Vernetzung zwei oder mehrerer Hosts über ein campusweites SAN. Es erspart den Einkauf preiswerter Netzwerkhardware, wenn ohnehin bereits teueres FCAL Equipment gebäudeübergreifend liegt. Die Vorteile sind überzeugend, hat man doch als Nebeneffekt ein Netzwerk über 1, 2, 4 oder mehr Gigabit Durchsatz. Jedoch sollte mit Routingeinträgen vorsichtig umgegangen werden, verbindet man doch auf diese Art und Weise unter Umständen mehrere möglicherweise fein säuberlich getrennt Netzwerke miteinander und kann, zumindest hausintern, bei Irrtümern recht schnell große Berühmtheit erlangen. Die Warnung mag vielleicht übertrieben klingen, aber IPFC stellt ein Netzwerkinterface zur Verfügung und alle Bedingungen und Möglichkeiten für und mit dem Umgang mit Netzwerkinterfaces haben hierbei ihre Gültigkeit. Entsprechende Sorgfalt muß gewahrt sein. Sogar Multipathed IP[23] ist konfigurierbar, was sowohl Redundanz als auch, zumindest outbound, Lastverteilung bietet.

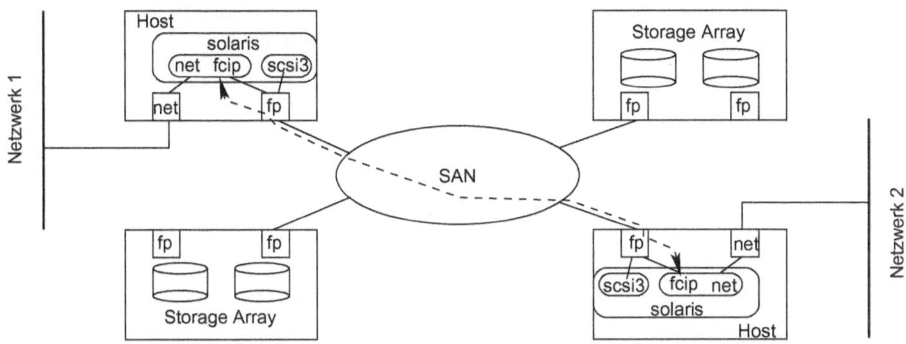

Abb. 6.16. Netzwerkpfad durch Storage Area Networks

Um IP über FCAL Interfaces zu konfigurieren werden zum einen dafür unterstützte FCAL/SAN I/O-Karten benötigt[24] und zum anderen muß der Name des resultierenden IPFC Adapters entwickelt werden.

Zur Entwicklung des Adapternamens: Der Adapter, der zu plumben ist, hat den Namen *fcip<instance>*. Die Instanznummer ist zu entwickeln. Bei SUN Sparc Systemen geht dies recht einfach. Es wird die PCI Slotnummer, die Anzahl an fp-Ports auf der betreffenden FCAL-Karte und die I/O-Bord Slotnummer gebraucht. In Gleichung 6.1[25] wird daraus die Busnummer in dezimal berechnet. Es wird der Hexadezimalwert dieser Busnummer benötigt.

$$Slot\# * \#Ports\_on\_Card + IOBord\_Slot\# = Bus\# \tag{6.1}$$

Leider ist das SUN Systems Handbook nur noch in Teilen öffentlich zugänglich, womit sich Kunden bei der Vorauswahl an zu beschaffender Hardware schon häufiger gegen SUN Hardware entschieden haben. Setzt man

[23] Multipathed IP ist in Abschnitt 6.5.2 ab Seite 405 beschrieben.

[24] Ohne Anspruch auf Vollständigkeit: Z.B. QLC2200 und QLC2300 basierte FC-Adapter

[25] Die einfache Art der Berechnung ist chassisabhängig und in dieser beschriebenen Art den Mittel- und Highend Klasse Maschinen vorbehalten.

hierfür jedoch SUN Hardware und hat trotzdem einen Zugang zur Systemdokumentation, läßt sich der richtige Pfad zur gesuchten I/O-Karte dort finden. Ein Beispiel:

Gesetzt den Fall, es befindet sich unter

/devices/pci@1e,600000/pci@2/SUNW,qlc@4/fp@0,0

der gesuchte Adapter. D.h. es wird die QLogic FCAL I/O-Karte *SUNW,qlc@4* in PCI Bus *1e,600000* im PCI Slot *2* verwendet. Dies ist besipielsweise auch mit dem Kommando *prtdiag(1M)* verifizierbar, wie in Beispiel 6.27 auszugsweise gezeigt. Mit dieser Information ist die Instanznummer des Fiberchannelports aus der */etc/path_to_inst* zu entnehmen, wie ebenfalls in Beispiel 6.27 gezeigt.

```
saturn# prtdiag
...
pci    33         PCI2  SUNW,qlc-pci1077,2200 (scsi-+
                  okay  /pci@1e,600000/pci@2/SUNW,qlc@4
...
saturn# grep "pci@1e,600000/pci@2/SUNW,qlc@4" /etc/path_to_inst \
   | grep \"fp\"
"/pci@1e,600000/pci@2/SUNW,qlc@4/fp@0,0" 2 "fp"
                                         ^gesuchte Instanznummer
```

Beispiel 6.27. Bestimmung der Instanznummer

Die gesuchte Instanznummer ist hier *2*, womit der Name des IPFC Interfaces gefunden ist: *fcip2*. Damit läßt sich nun das IPFC IP Interface plumben und konfigurieren, wie in Besipiel 6.28, gezeigt.

```
saturn# ifconfig fcip2 plumb
saturn# ifconfig fcip2 fcip2 174.192.10.10/24 up
saturn# ifconfig -a
fcip2: flags=1001843<UP,BROADCAST,RUNNING,MULTICAST ↙...
     ↪ MULTI_BCAST,IPv4> mtu 65280 index 5
        inet 174.192.10.10 netmask ffffff00 broadcast 174.192.10.255
        ether 0:e0:8b:24:64:10
saturn# ping 174.192.10.17
174.192.10.17 is alive
saturn# telnet 174.192.10.17
Trying 174.192.10.17
Connected to endeavour.
Escape character is '^]'.
login:^D
```

Beispiel 6.28. IP over FCAL/SAN

IPFC ist transparent für die meisten IP typischen Konfigurationen, was nicht umfassend getestet wurde. Bei erfolgreichem Plumbing erscheint auf der Systemconsole beziehungsweise in */var/adm/messages* eine entsprechende Mitteilung, wie sie beispielsweise für oben gezeigte Konfiguration in Beispiel 6.29 ausgegeben wird.

```
Dec 31 23:13:55 saturn ip: [ID 856290 kern.notice] ip: ↙...
      ↪ joining multicasts failed (7) on fcip2 -  ↙...
      ↪ will use link layer broadcasts for mul
```

Beispiel 6.29. Consolemeldung bei fcip-plumbing

6.4.5 Wechsel des Hostnamens

Der Hostname eines Rechenrsystems wird bei der Installation des Systems initial gesetzt. Soll er nachträglich geändert werden, so sind Konfigurationsfiles in den verschiedensten Positionen im Filesystem zu modifizieren.
Es gibt unterschiedliche Wege den Wechsel des Hostnames durchzuführen.

Der offizielle Weg führt unweigerlich zu einem Reboot, der alltäglich praktizierte erlaubt eine Umsetzung während des laufenden Betriebes, erfordert jedoch genaue Kenntnis über die Zusammenhänge und Abhängigkeiten zwischen Hostnames und Nodename.

6.4.5.1 Empfohlene Methode

SUN empfiehlt bei einem Wechsel des Hostnames den betreffenden Rechner in einen "as-manufactured" Status zu fahren. Danach ist ein neu-Boot notwendig, bei dem während des Systemstarts die Systemidentifikation interaktiv abgefragt und damit auch neu eingestellt werden kann. Der "as-manufactured" Status wird mit dem Kommando *sys-unconfig(1M)* erreicht.

Dabei wird:

1. */etc/inet/hosts* gesichert nach */etc/inet/hosts.saved*,
2. */etc/vfstab* gesichert in */etc/vfstab.orig* wenn nfs-Mounts gesetzt sind,
3. die default */etc/inet/hosts*-Datei restauriert,
4. der/die Hostnamen in */etc/hostname.<if>* gelöscht,
5. */etc/defaultdomain* gelöscht,
6. die Zeitzone auf PST8PDT in */etc/TIMEZONE* gesetzt,
7. alle Netzwerkinformationsdienste abgeschaltet,
8. */etc/inet/netmasks* gelöscht,
9. */etc/defaultrouter* gelöscht,
10. der root-Passworteintrag in */etc/shadow* gelöscht,
11. */etc/.rootkey* gelöscht,
12. */etc/resolv.conf* gelöscht,

13. LDAP abgeschaltet durch Löschung von Files in */etc/ldap*
Anschließend wird das System heruntergefahren.

Wie zu vermuten ist dieses in seinen Auswirkungen recht umfangreiche Programm nur durch den Benutzer *root* ausführbar.

6.4.5.2 Praktikabler Weg

Nicht durch SUN empfohlen aber ausreichend ist je nach Umfang der beabsichtigten Umstellung in der Regel die

1. Modifikation der Nodename und Hostnameinformationen in den Files:
   /etc/hostname.<if>
   /etc/nodename
   /etc/inet/hosts
   /etc/net//services*
2. Bei Bedarf ist
   /etc/defaultdomain
   /etc/defaultrouter
   sowie der verwendete Namensdienst
   anzupassen.
3. Bis SOLARIS 9 mußten zusätzlich noch die Konfigurationsdateien
   /etc/net//hosts*
   auf den neuen Hostnamen umgestellt werden, bei OPENSOLARIS werden diese Konfigurationsdateien nicht weiter benötigt. Sie wurden ersetzt durch ein anderes auf der */etc/netinfo* asierendes Verfahren (die */ec/netinfo* ist nicht weiter umzustellen, sie enthält keine Hostnameninformationen).
4. Anschließend ist mit *uname(1)* und *hostname(1)* weiter zu verfahren.
5. Alle von dem Hostnamen, Nodenamen abhängigen Dienste sind über den neuen Hostnamen in Kentnis zu setzen (*kill -1 ...* oder Restart der Applikation).

6.5 Redundanz von Netzwerkinterfaces

Rolf M Dietze

Ein Serversystem ist in der Regel über Netzwerkleitungen in ein Netzwerk eingebunden. Wenn eine Netzwerkleitung ausfällt ist in der Regel der Server für seine Clients nicht mehr sichtbar. Je nach Client-Server Anwendung kann das unterschiedliche Recoveryprozeduren zur Folge haben. Vom einfachen Abwarten bis sich der NFS Server wieder meldet bis zu vollständigen Client Restarts, weil entweder das Clientsystem ohnehin Rebootet wird wenn irgendetwas nicht geht, oder im UNIX-Umfeld, zumindest bei Statful Verbindungen, ein Restart der Clientanwendung. Solche Netzwerkausfälle passieren meistens versehentlich beim "Aufräumen" von Netzwerkverteilerschränken, haben jedoch unter Umständen Folgen. Für solche Fälle wurde recht schnell eine Redundanz für Netzwerkanbindungen interressant. Hostseitige Netzwerkredundanz wurde zunächst der Clusterwelt vorbehalten. Erst mit SOLARIS 8 (ca. 4/01) wurde ein Mechanismus angeboten, der sowohl eine Lastverteilung für outbound Traffic bietet, damit also eine Lastverteilung über alle entsprechend konfigurierten Interfaces, als auch die geforderte Redundanz bietet.

Die Vorgänger waren Softwarepakete wie das aus SUNCluster 2* bekannte NAFO Softwarepaket, das oftmals außerhalb des SUNClusters eingesetzt wurde, wo Netzwerkredundanz gefordert wurde, als auch die so genannte Trunking Software, die im Prinzip nicht als Netzwerkredundanzsoftware geplant und entwickelt wurde, sondern vielmehr ein Zusammenfassen mit Lastverteilung mehrerer Netzwerkinterfaces eines Rechner bot, wenn der netzwerkseitig eingesetzte Switch damit umgehen konnte. Da beide Softwarelösungen teilweise noch eingesetzt werden, wird NAFO im Anhang im Abschnitt C.1 ab Seite 1001ff. beziehungsweise SUN Trunking im Anhang im Abschnitt C.2 ab Seite 1005ff. zur Referenz kurz beschrieben. In diesem Zusammenhang sei auch das aus der UE10000 Welt bekannte Alternate Pathing (AP) in Abschnitt C.3 auf Seite 1007 genannt.

6.5.1 Administration von Netzwerkinterfaceaggregationen

Rolf M Dietze

Schon beim Systemstart werden bei der Konfiguration der physikalischen Interfaces zuerst die Data Link Aggregationen konfiguriert. Dazu wird während des Systemstarts in der Servicedescription *svc:/network/physical:default* durch Start der Methode */lib/svc/method/network/net-physical* das Kommando *dladm(1M)* mit dem undokumentierten Parameter *up-aggr* ausgeführt. Es startet die zuvor erzeugten so genannten Data Link Provider Interface Aggregationen, das sind Netzwerkinterfacegruppen ähnlich Sun-Trunking (vgl. Anhang C.2). Data Link Provider Interfaces (DLPI) beschreiben einen Generalisierungslayer über spezifischen Interfaces oder besser Interfaceprotokollen wie IP, Tokenring, FDDI, Ethernet, ISDN und anderen Protokollen. DLPI V2 ist ein Open Group Technical Standard, frei einsehbar unter *www.opengroup.org/pubs/catalog/c811.htm.*

Die DLPI Aggregation wird administriert wie ein IP Interface, jedoch unter dem Namen aggr<key>. Somit ist beispielsweise für eine DLPI Aggregation *aggr1* die Sequenz:

Konfiguration des IP Service	*ifconfig aggr1 plumb*
Konfiguration einer IP-Adresse	*ifconfig aggr1 10.10.10.10/24 up*

einzugeben um ein IP Interface auf eine DLPI Aggregation zu konfigurieren und damit über eine Interfacegruppe Pakete zu versenden und zu empfangen. Dazu bedarf es seitens des Netzwerkswitches einer Konfigurationsmöglichkeit mehrere Switch Ports zu einer Aggregation zusammezufassen. Bei Cisco ist hierzu eine gesonderte Software zu beschaffen, bei beispielsweise Nortel Networks ist diese Software bereits an Bord. Bei anderen Switch Herstellern ist dies zu verifizieren.

dladm(1M) erlaubt die Konfiguration des Data Link Layers eines Interface zu einem DLPI (V2) Interface, das dann geplumbed und anschließend mit einer IP-Adresse versehen werden kann. Es werden drei Objekttypen unterschieden:

link: Die durch einen Namen referenzierbaren Data Links.
aggr: Eine durch einen Key referenzierte Aggregation von Netzwerkinterfaces.
dev: Networkdevice benannt aus Treibername und Instanz wie beispielsweise *hme0, qfe3, dots*.

Es können mehreren Interfaces ein Data Link zugewiesen werden oder, per Default, ein Data Link per Interface. Das Kommando *dladm(1M)* bietet acht Subkommandos zur Anzeige, Erzeugung und Administration und Konfiguration von Data Link Aggregationen. Diese sind im einzelnen:

show-link:

Anzeige aller, oder der spezifizierten Data Links. Im Beispiel:

```
nova# dladm show-link
hme0  type: legacy  mtu: 1500  device: hme0
qfe0  type: legacy  mtu: 1500  device: qfe0
qfe1  type: legacy  mtu: 1500  device: qfe1
qfe2  type: legacy  mtu: 1500  device: qfe2
qfe3  type: legacy  mtu: 1500  device: qfe3
```

Zum Vergleich auf einer Maschine, deren Interfaces bereits in einer Gruppe zusammengefaßt wurden:

```
mirago# dladm show-link
bge0  type: non-vlan  mtu: 1500 device: bge0
bge1  type: non-vlan  mtu: 1500 device: bge1
aggr1 type: non-vlan  mtu: 1500 aggregation: key 1
```

show-dev:

Statusanzeige aller, oder der spezifizierten Devices. Im Beispiel:

```
nova# dladm show-dev
hme0  link: unknown  speed: 100  Mbps  duplex: full
qfe0  link: unknown  speed: 10   Mbps  duplex: half
qfe1  link: unknown  speed: 100  Mbps  duplex: full
qfe2  link: unknown  speed: 0    Mbps  duplex: unknown
qfe3  link: unknown  speed: 100  Mbps  duplex: half
```

Zum Vergleich auf einer Maschine, deren Interfaces bereits in einer Gruppe zusammengefaßt wurden:

```
mirage# dladm show-link
bge0  link: up       speed: 1000 Mbps  duplex: full
bge1  link: up       speed: 1000 Mbps  duplex: full
```

show-aggr:
Statusanzeige aller, oder der spezifizierten DLPI Aggregationen. (Beispiel unter *create-aggr*)

create-aggr:
Erzeugung einer Aggregation von Netzwerkinterfaces. Unter Angabe eines Keys[26] von 1 bis 999 kann ein Data Link aus allen in der Eingabesequenz angegebenen Devices erzeugt werden. Im Beispiel:

```
mirage# dladm create-aggr -d bge0 -d bge1 1
mirage# dladm modify-aggr -P L3,L4 1
mirage# dladm show-aggr
key: 1 (0x0001) policy: L3,L4   address: 0:d:60:9a:a4:a (auto)
   device address          speed    duplex link  state
   bge0   0:d:60:9a:a4:a  100 Mbps full   up    attached
   bge1   0:d:60:9a:a4:b  100 Mbps full   up    attached
mirage# ifconfig aggr1 plumb
mirage# ifconfig aggr1 mirage/24 up
...
aggr1: flags=1000843<UP,BROADCAST,RUNNING,MULTICAST,IPv4>
mtu 1500 index 9
 inet 10.10.100.61 netmask ffffff00 broadcast 10.10.100.255
 ether 0:d:60:9a:a4:a
```

delete-aggr:
Löschen der angegebenen Aggregation.

add-aggr:
Hinzufügen von Devices zur angegebenen Aggregation.

remove-aggr:
Löschen von Devices aus einer angegebenen Aggregation.

up-aggr:
(Zur Zeit undokumentiert) Start einer bereits erzeugten Aggregation

down-aggr:
(Zur Zeit undokumentiert) Stop(?) einer bereits erzeugten Aggregation.

modify-aggr:
Modifikation der Parameter einer Aggregation.

show-aggr:
Anzeige aller oder der spezifizierten Aggregation.

Bei der Nutzung der Subkommandos sind nachfolgende Optionen von Bedeutung:

-k key, –key=key Key im Bereich von 1 bis 999, unter dem die Aggregation referenziert werden kann.

[26] Anmerkung des Autors: Der Key einer Aggregation hat für die Namensgebung der Aggregation die gleiche Bedeutung wie die Instanznummer bei Ethernetinterfaces

-d dev, –dev=dev Angabe des Devices aus Devicenamen und Instanznummer (z.B.: hme0)

-P policy, –policy=policy Angabe der Portauswahlpolicy zur Lastverteilung des outbound Traffic auf die Interfaces der Aggregation. Bei Spezifikation von *L2* wird das Device für outbound Traffik auf basis von Source und Ziel-MAC-Adresse des Paketes ausgewählt, bei Angabe von *L3* wird das Outbound Device auf Basis der Source- und Ziel-IP-Adresse des Paketes. Die Angabe von *L4* bedingt die Deviceauswahl auf Source- und Zieladresse des so genannten Upperlevel Layers. Die Parameter können, kommasepariert, kombinert werden.

-l mode, –lacp-mode=mode Specifiziert ob LACP benutzt werden soll und in welchem Modus (active/passiv). Deaktivieren durch Setzen Modus auf *off*.

-T time, –lacp-timer=time LACP Timerwert

-u address, –unicast=address Angabe einer Unicastadresse für eine Aggregation.

-L, –lacp Gibt an, ob detaillierte LACP Informationen angezeigt werden sollen.

-s,–statistics Ausgabe von Statistiken bei Aufruf der *show*-Kommandos *show-link, show-aggr* oder *show-dev.*

-i interval, –interval=interval Angabe des Statstikintervalls

-t,–temporary Die Verwendung dieser Option spezifiziert, ob eine Modifikation temporär sein soll.

-R root-dir,–root-dir=root-dir Erlaubt die Angabe eines alternativen Rootverzeichnisess.

-p,–parseable Spezifiziert alternatives, parsierbares Anzeigeformat.

-? Ausgabe einer Kurzhilfe.

Es werden nicht alle Ethernetinterfaces unterstützt. Getestet wurde mit on-board *bge* Interfaces auf einer IBM eServer xSeries x336 und einem NORTEL NETWORKS BayStack. Legacy Interfacekarten wie beispielsweise Quad-Fast-Ethernet Karten (*qfe**) können nicht in einer DPLI Aggregation zusammengefaßt werden. Jedoch können die Interfacestati angezeigt werden, wie die Beispiele in der Kommandobeschreibung zeigen.

Data Link Provider Interface Aggregationen werden administriert wie physikalische Netzwerkinterfaces. Das bedeutet auf, daß nach Erzeugung per *dladm create ...* das Aggregationsinterface bei einem Boot aus einer Konfigurationsdatei */etc/hostname.aggr<key>*, wobei *key* die Keynummer der Aggregation ist, automatisch konfiguriert werden, es können logishe Interfaces auf den Aggregationen konfiguriert werden und die Data Link Provider Interface Aggregationen sind in IPMP Interfacegruppen konfigurierbar.

Data Link Aggregationen sind in SOLARISEXPRESS SOLARIS 11 Build 28 neu hinzugekommen und noch vergleichsweise unbekannt.

6.5.2 IPMP: Multipathed IP

Rolf M Dietze

Mit Einführung von SOLARIS 8 (ca. 4/01) wurde Multipathed IP, kurz IPMP, eingeführt. IPMP erlaubt es, mehrere Netzwerkadapter eines Hostsystems in eine Redundanzgruppe (IPMP-Gruppe, Interfacegruppe) aufzunehmen, derart, daß alle Interfaces der IPMP Redundanzgruppe im Falle eines Link-Fehlers eines Interfaces die IP-Adressen des betreffenden Interfaces übernehmen können. Weiterhin wird eine Lastverteilung ermöglicht. Das zeitliche IPMP-Verhalten ist abhängig von der Systemlast des Hostrechners.

In den folgenden Beispielen wird bei der Erklärung des Verhaltens von tatsächlichen Interfaces wie z.B. qfe, hme, ge etc. auf *if?* abstrahiert.

6.5.2.1 Lastverteilung

IPMP führt bei outbound Traffic (Node-to-Net) eine Lastverteilung über alle Interfaces in der Redundanzgruppe aus. Inbound Traffic (net-to-Node) wird hingegen nur über das Interface gerouted, auf dem die Ziel-IP-Adresse aktuell definiert ist. Eine Umschaltung der Interfaces innerhalb der IPMP Redundanzgruppe ist für den IP-Netzwerktraffic transparent. Es kann jedoch zu Verzögerungen bei der Erreichbarkeit des Hostrechners kommen, wenn intelligente Netzwerkhardware den Interfacewechsel erst verspätet erkennt.

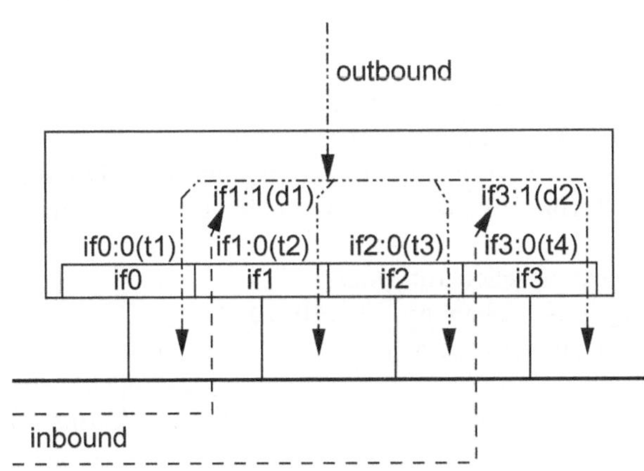

Abb. 6.17. Lastverhalten bei IPMP

6.5.2.2 Fehlererkennung und Redundanz

IPMP ermöglicht, wie bereits angeführt, eine Erkennung von Fehlern bei Netzwerkverbindungen. Im Fehlerfall wird IPMP, soweit möglich, für Redundanz sorgen. IPMP kann nicht für Redundanz sorgen wenn keine weiteren intakten Interfaces in der Redundanzgruppe sind.

Zur Überwachung und Fehlererkennung wird der *in.mpathd* die ersten zehn Netzwerknodes, vornehmlich Switches und Router, im weiteren auch andere Hosts, in einer Liste zusammenstellen und die Erreichbarkeit zu diesen Netzwerknodes über die so genannte Testadresse mit ICMP[27]-Testpaketen (echo-Pakete) fortlaufend testen. Sind die Test-Nodes nicht mehr erreichbar, so wird der *in.mpathd* die IP-Adressen des betroffenen, vermutlich defekten Interfaces auf ein anderes Netzwerkinterface in der IPMP Redundanzgruppe verlegen.

Beachte: Wenn keine testbaren Nodes im Netz erreichbar sind wird auch kein ICMP-Reply Paket gesendet bzw. vom *in.mpathd* empfangen. Für IPMP sind damit alle Interfaces in der Redundanzgruppe auf dem Status *failed*, IPMP wird damit auch keine IP-Adressenübernahme initiieren. Dieser Zustand kann z.B. durch Abschalten des Switches, auf dem alle IPMP-Interfaces liegen, herbeigeführt werden, aber auch fehlende Testnodes (abgeschaltete Rechner, Notebooks etc.) haben dieses Verhalten zur Folge. Eine Node ist auch nicht erreichbar, wenn sie in einem anderen Netz liegt (IP-Adresse/Netzmaske).

6.5.2.3 Neue Subcommands für *ifconfig(1)*

Das Kommando *ifconfig(1)* weist mit der Einführung von IPMP neue Subcommands und Flags auf:

addif
: Hinzufügen eines logischen Interfaces:

```
ifconfig hme0 addif 10.10.10.2 up
```

Erzeugt ein hme0:1 mit o.g. IP-Adresse und aktiviert das logische Interface. Das Interface hme0 muß zuvor existent und verfügbar sein.

removeif
: Löschen eines logischen Interfaces:

```
ifconfig hme0 removeif 10.10.10.2
```

Löscht zuvor erzeugtes hme0:1

deprecated
: Die mit *deprecated* im System bekannt gegebene Adresse wird nach außen nicht propagiert.

failover/-failover
: Gibt an, ob eine IP-Adresse durch IPMP auf einen redundanten Netzwerkadapter übernommen werden soll oder nicht.

group
: Definiert eine Interfacegruppe durch einen Gruppennamen. Alle Interfaces, die in eine Gruppe definiert werden sollen müssen den gleichen Gruppennamen haben

[27] Beschrieben in Postel (RFC0792, Internet Control Message Protocol 1981f))

hme0 wird in die Interfaceredundanzgruppe *test* definiert:

`ifconfig hme0 group test`

qfe0 wird dieser Interfaceredundanzgruppe dazugefügt:

`ifconfig qfe0 group test`

standby
: Definiert ein Interface/logisches Interface als Standby-Interface

6.5.2.4 Konfigurationsmöglichkeiten

Es gibt zwei verschiedene Konfigurationen für IPMP:

active-active ab Abschnitt 6.5.2.7, Seite 411
: Alle Interfaces einer IPMP Redundanzgruppe können eigene IP Adressen parallel anbieten. Im Fehlerfall werden die IP-Adressen des ausgefallenen Interfaces auf andere Interfaces in der Redundanzgruppe verlegt.

active-passive ab Abschnitt 6.5.2.6, Seite 409
: Ein Interface in der IPMP Redundanzgruppe bietet eine IP-Adresse an. Alle übrigen Interfaces der Gruppe bieten keine eigenen IP-Adressen an, stehen jedoch im Redundanzfall bereit, die Adressen des ausgefallenen Interfaces zu übernehmen.

6.5.2.5 Bedingungen/Pfade

Bevor im weiteren auf Konfiguration und Arbeitsweise eingegangen wird, hier zunächst die Vorbedingungen, Konfigurationsfiles und Binaries in Übersicht.

6.5.2.5.1 Vorbedingungen

1. Im OBP muß die Variable
   `local-mac-address=true`
   gesetzt sein.
2. Ein Interface kann nur in einer IPMP-Gruppe definiert werden
3. Jedes Interface benötigt eine Test-IP
4. Es können nur Interfaces innerhalb einer Gruppe untereinander IP-Adressen übernehmen.
5. Es müssen testbare Nodes vorhanden sein

6.5.2.5.2 Konfigurationsfiles

- */etc/default/mpathd*
- */etc/hostname.**
- */etc/hosts* optional

6.5.2.5.3 Binaries

- */usr/[s]bin/ifconfig*
- *in.mpathd*

6.5.2.5.4 Das IPMP Konfigurationsfile

Das Verhalten bezüglich Fehlererkennungszeitraum, Failback etc. ist in dem Konfigurationsfile */etc/defaults/mpathd* einstellbar. Die Defaultkonfiguration ist in Listing 6.3 dargestellt.

```
[...CDDL Header, siehe separates Listing 3.1 auf Seite 29 ...]

#
# Copyright 2000 Sun Microsystems, Inc.  All rights reserved.
# Use is subject to license terms.
#
# ident "@(#)mpathd.dfl 1.4     05/06/10 SMI"
#
# Time taken by mpathd to detect a NIC failure in ms.
# The minimum time that can be specified is 100ms.
#
FAILURE_DETECTION_TIME=10000
#
# Failback is enabled by default. To Disable failback
# turn off this Option
#
FAILBACK=yes
#
# By default only interfaces configured as part of
# multipathinggroups are tracked. Turn off this
# option to track all networkinterfaces on the system
#
TRACK_INTERFACES_ONLY_WITH_GROUPS=yes
```

Listing 6.3. /etc/defaults/mpathd

Die Optionen sind weitestgehend selbsterklärend und im in Listing 6.3 dargestellten Konfigurationsfile ausführlich kommentiert:

FAILURE_DETECTION_TIME
: Zeit, in der ein Ausfall erkannt werden soll. Lastabhängig, Mitteilung auf der Console bei Nichterreichen des Zeitlimits.

FAILBACK
: Beschreibt, ob bei Wiederverfügbarkeit eines ausgefallenen Interfaces automatisch auf diese zurückgeschaltet werden soll.

TRACK_INTERFACES_ONLY_WITH_GROUPS
: Überwachung von Interfaces in einer Redundanzgruppe, bzw. aller Interfaces auch außerhalb der Redundanzgruppe (nur Überwachung, Redundanz ist nur in der Redundanzgruppe gegeben).

6.5.2.5.5 Das Interfacekonfigurationsfile

Seit SOLARIS 10/04 werden – durch IPMP – mehrere Einträge in den Interface Konfigurationsdateien */etc/hostname.<if>* ausgewertet. Unter Benutzung des neuen *ifconfig*-Subcommands *addif* werden mit dem qfe0 Beispielkonfigurationsfile in Listing 6.4 zwei logische Adressen zusätzlich aufgesetzt.

```
nova
addif 10.20.200.5 netmask 255.255.255.0 broadcast 10.20.200.0 up
addif 10.20.200.6 netmask 255.255.255.0 broadcast 10.20.200.0 up
```

Listing 6.4. /etc/hostname.qfe0 – logische Interfaces für IPMP

Hierbei sei `nova` ein Hostname, der in der lokalen */etc/hosts* aufgelöst ist. Obiges Beispiel zeigt zwei verschiedene Möglichkeiten IP-Adressen in den Interfacekonfigurationsfiles anzugeben: Als numerischen Wert und als Identifier, der über */etc/hosts* aufgelöst wird. Sollte bei einer IP-Adresse kein Wert für Netmask oder Broadcast angegeben werden, so werden zunächst */etc/networks, /etc/netmasks* ausgewertet bzw. Defaultwerte für die jeweilige Netzwerkklasse (Class A, B, C) angenommen. In den Netzwerkkonfigurationsfiles können weitere *ifconfig* Optionen angegeben werden, siehe hierzu auch die folgenden IPMP-Beispiele.

6.5.2.6 active-passive Verhalten

Es sei gemäß Abbildung 6.18 ein Interface *if0* active und zwei Interfaces *if1, if2* passive/standby konfiguriert.

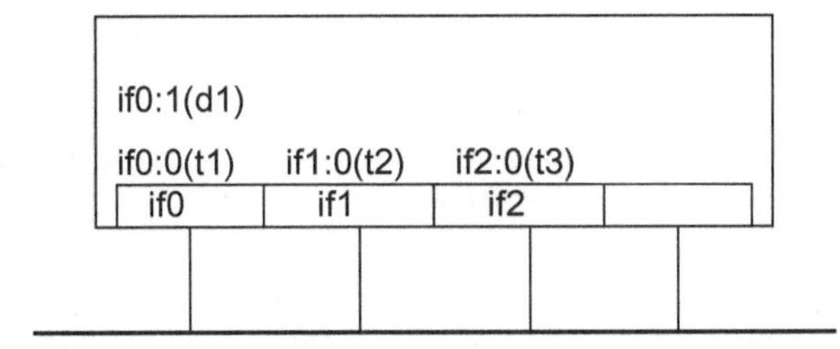

Abb. 6.18. active-passive, ok

Nach einem Fehlerfall auf *if0* wird das nächste Interface in der IPMP Redundanzgruppe die IP-Adresse *d1* von *if0:1* übernehmen, dargestellt in Abbildung 6.19. Es wird damit dann *if1:1* mit der IP-Adresse d1 konfiguriert und über if0:0 mit der Test-IP-Adresse t1 getestet, ob *if0* wieder verfügbar ist.

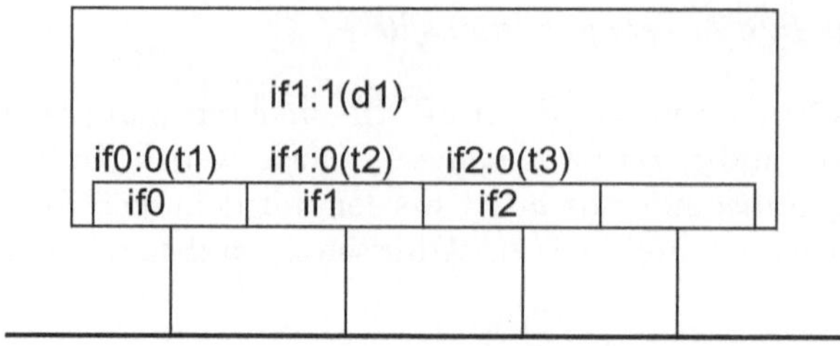

Abb. 6.19. active-passive, failover

Nachdem *if0* wieder verfügbar ist und das Defaultverhalten des *in.mpathd* nicht verändert wurde, wird *d1* wieder auf das Interface *if0* verlegt.

6.5.2.6.1 active-passive online

Obiges Beispiel soll zunächst wieder online, d.h. ohne *reboot* mit Auswertung der Interfacekonfigurationsfiles, ausgeführt werden. Da auch in diesem Beispiel nicht vorgesehen ist, die Interfacekonfigurationsfiles zu modifizieren, ist auch hier nach einem *reboot* die Konfiguration auf den Ausgangszustand zurückgesetzt.

Konfiguration des ersten Interfaces mit einer Testadresse (10.20.100.1) und einer Datenadresse(10.20.100.2) und gleichzeitiger Definition einer Redundanzgruppe (qfetest):

```
nova# ifconfig qfe0 plumb
nova# ifconfig qfe0 10.20.100.1 netmask 255.255.255.0 \
     broadcast 10.20.100.0 group qfetest -failover deprecated up
nova# ifconfig qfe0 addif 10.20.100.2 netmask  255.255.255.0 \
     broadcast 10.20.100.0 up
```

Beispiel 6.30. Konfiguration des ersten (aktiven) IPMP Interfaces

Hinzu kommen nun die Standby-(Redundanz)-Interfaces qfe1 und qfe2, jeweils mit Testadressen (10.20.100.3, 10.20.100.4):

```
nova# ifconfig qfe1 plumb
nova# ifconfig qfe1 10.20.100.3 netmask 255.255.255.0 broadcast 10.20.100.0\
     group qfetest -failover deprecated standby up
nova# ifconfig qfe2 plumb
nova# ifconfig qfe2 10.20.100.4 netmask 255.255.255.0 broadcast 10.20.100.0\
     group qfetest -failover deprecated standby up
```

Beispiel 6.31. Konfiguration der weiteren (passiven) IPMP Interfaces

Das angegebene Beispiel ist nun vollständig konfiguriert. Jedoch ist diese Konfiguration nicht *reboot*-resistent.

6.5.2.6.2 active-passive statisch

Obiges Beispiel soll nun wieder auch nach einem *reboot* erhalten bleiben, bzw. automatisch während des Systemstarts erzeugt werden. Hierzu sind wieder die Interfacekonfigurationsfiles zu modifizieren, da diese während des Systemstarts durch das Startupscript */etc/init.d/inetsvc* ausgewertet werden.

Es sind folgende Konfigurationsfiles zu erstellen, bzw. zu modifizieren:

/etc/hostname.qfe0 in Listing 6.5, Test- und Datenadresse wie oben.
/etc/hostname.qfe1 in Listing 6.6, Testadresse/Standby.
/etc/hostname.qfe2 in Listing 6.7, Testadresse/Standby.

```
10.20.100.1 netmask 255.255.255.0 broadcast 10.20.100.0 group qfetest \
            -failover deprecated standby up
addif 10.20.100.2 netmask 255.255.255.0 broadcast 10.20.100.0 up
```

Listing 6.5. /etc/hostname.qfe0 – active-passive

```
10.20.100.3 netmask 255.255.255.0 broadcast 10.20.100.0 group qfetest \
            -failover deprecated standby up
```

Listing 6.6. /etc/hostname.qfe1 – active-passive

```
10.20.100.4 netmask 255.255.255.0 broadcast 10.20.100.0 group qfetest \
            -failover deprecated standby up
```

Listing 6.7. /etc/hostname.qfe2 – active-passive

Nach einem *reboot* sollten alle oben konfigurierten Interfaces sichtbar sein und das Redundanzverhalten von IPMP im active-passive-Mode gegeben sein.

6.5.2.7 active-active Verhalten

Es seien gemäß Abbildung 6.20 drei Interfaces *if0, if1, if2, if3* active konfiguriert. Auf allen drei Interfaces sind somit aktive IP-Adressen konfiguriert, die im Gegensatz zur active-passive-Konfiguration parallel angesprochen werden können. In einer active-active-Konfiguration sind alle Interfaces gleichzeitig nutzbar und gegeneinander redundant.

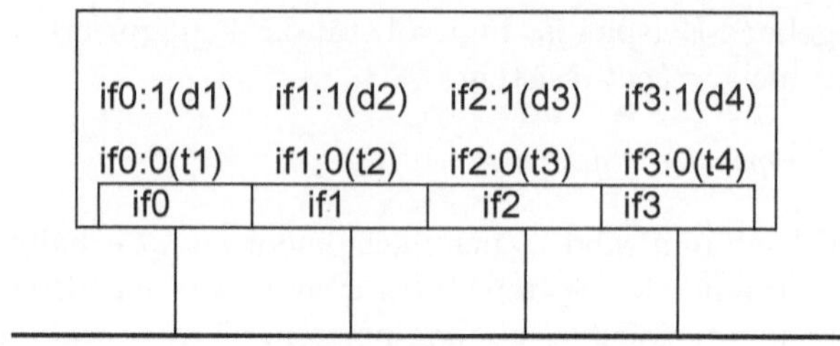

Abb. 6.20. active-active, ok

Nach einem Fehlerfall auf *if0* wird das nächste Interface in der IPMP Redundanzgruppe die IP-Adresse *d1* von *if0:1* übernehmen. Es wird damit dann *if1:2* mit der IP-Adresse d1 konfiguriert und über *if0:0* mit der Test-IP-Adresse *t1* getestet, ob *if0* wieder verfügbar ist.

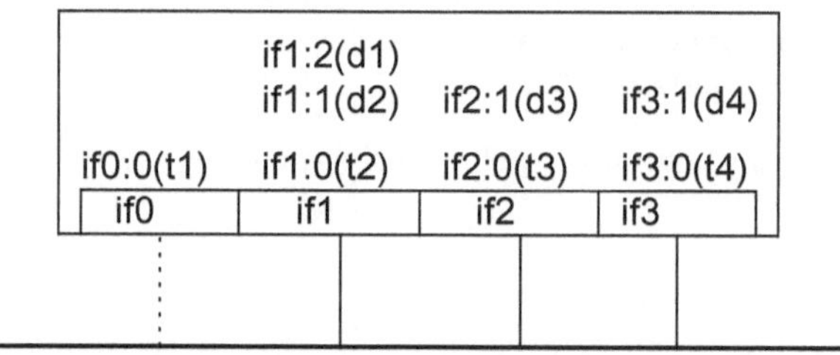

Abb. 6.21. active-active, failover

Interface *if1* führt im Fehlerfall von *if0 d1* und *d2* gleichzeitig als so genannte logische Interfaces.

Nachdem *if0* wieder verfügbar ist und das Defaultverhalten des *in.mpathd* nicht verändert wurde, wird *d1* wieder auf das Interface *if0* verlegt.

6.5.2.7.1 active-active online

Zunächst soll obiges Beispiel online, d.h. ohne *reboot* mit Auswertung der Interfacekonfigurationsfiles, ausgeführt werden. Da in diesem Beispiel nicht vorgesehen ist, die Interfacekonfigurationsfiles zu modifizieren, ist nach einem *reboot* die Konfiguration auf den Ausgangszustand zurückgesetzt.

Konfiguration des ersten Interfaces mit einer Testadresse (10.20.100.1) und einer Datenadresse(10.20.100.2) und gleichzeitiger Definition einer Redundanzgruppe (qfetest):

```
nova# ifconfig qfe0 plumb
nova# ifconfig qfe0 10.20.100.1 netmask 255.255.255.0 \
     broadcast 10.20.100.0 group qfetest -failover deprecated up
nova# ifconfig qfe0 addif 10.20.100.2 netmask  255.255.255.0 \
     broadcast 10.20.100.0 up
```

Hinzu kommen nun die weiteren Interfaces *qfe1, qfe2* und *qfe3*, jeweils mit Testadressen (10.20.100.3, 10.20.100.5, 10.20.100.7) und Datenadressen (10.20.100.4, 10.20.100.6, 10.20.100.8):

```
nova# ifconfig qfe1 plumb
nova# ifconfig qfe1 10.20.100.3 netmask 255.255.255.0 \
      broadcast 10.20.100.0 group qfetest -failover deprecated up
nova# ifconfig qfe1 10.20.100.4 netmask 255.255.255.0 \
      broadcast 10.20.100.0 up
nova# ifconfig qfe2 plumb
nova# ifconfig qfe2 10.20.100.5 netmask 255.255.255.0 \
      broadcast 10.20.100.0 group qfetest -failover deprecated up
nova# ifconfig qfe2 10.20.100.6 netmask 255.255.255.0 \
      broadcast 10.20.100.0 up
nova# ifconfig qfe3 plumb
nova# ifconfig qfe3 10.20.100.7 netmask 255.255.255.0 \
      broadcast 10.20.100.0 group qfetest -failover deprecated up
nova# ifconfig qfe3 10.20.100.8 netmask 255.255.255.0 \
      broadcast 10.20.100.0 up
```

6.5.2.7.2 active-active statisch

Die Beispielkonfiguration soll nun auch nach einem *reboot* erhalten bleiben, bzw. automatisch während des Systemstarts erzeugt werden. Hierzu sind die Interfacekonfigurationsfiles zu modifizieren, da diese während des Systemstarts durch das Startupscript */etc/init.d/inetsvc* ausgewertet werden.

Es sind folgende Konfigurationsfiles zu erstellen, bzw. zu modifizieren:

/etc/hostname.qfe0 in Listing 6.8, Test- und Datenadresse wie oben.
/etc/hostname.qfe1 in Listing 6.9, Test- und Datenadresse wie oben.
/etc/hostname.qfe2 in Listing 6.10, Test- und Datenadresse wie oben.
/etc/hostname.qfe3 in Listing 6.11, Test- und Datenadresse wie oben.

```
10.20.100.1 netmask 255.255.255.0 broadcast 10.20.100.0 group qfetest \
                 -failover deprecated up
addif 10.20.100.2 netmask 255.255.255.0 broadcast 10.20.100.0 up
```

Listing 6.8. /etc/hostname.qfe0 – active-active

Nach einem *reboot* sollten alle oben konfigurierten Interfaces sichtbar sein und das Redundanzverhalten von IPMP im active-active-Mode gegeben sein.

6.6 Routing

Rolf M Dietze

```
10.20.100.3 netmask 255.255.255.0 broadcast 10.20.100.0 group qfetest \
            -failover deprecated up
addif 10.20.100.4 netmask 255.255.255.0 broadcast 10.20.100.0 up
```

Listing 6.9. /etc/hostname.qfe1 – active-active

```
10.20.100.5 netmask 255.255.255.0 broadcast 10.20.100.0 group qfetest \
            -failover deprecated up
addif 10.20.100.6 netmask 255.255.255.0 broadcast 10.20.100.0 up
```

Listing 6.10. /etc/hostname.qfe2 – active-active

```
10.20.100.7 netmask 255.255.255.0 broadcast 10.20.100.0 group qfetest \
            -failover deprecated up
addif 10.20.100.8 netmask 255.255.255.0 broadcast 10.20.100.0 up
```

Listing 6.11. /etc/hostname.qfe3 – active-active

Im SOLARIS Umfeld wird ein Rechnersystem mit mindestens zwei physikalischen Netzwerkinterfaces als Multihomed Server und potentiell als Router angesehen Es ist zu unterscheiden in

Statisches Routing Routen werden aus einer Konfigurationsdatei gelesen und während des Betriebes nur manuell modifiziert. Während des Systemstarts wird die Konfigurationsdatei */etc/defaultrouter* gelesen und ausgewertet. Sie ist manuell zu erzeugen und zu pflegen, SOLARIS schreibt selbst nicht in die */etc/defaultrouter*, folgerichtig laufen auf einem auf statisches Routing konfigurierten Maschine keine Daemon-Prozesse laufen, die dynamische Routingprotokolle bedienen, Routingtabellen erzeugen oder modifizieren. Alle Routingkonfigurationen werden manuell und statisch eingestellt.

Dynamisches Routing Routen werden dynamisch während des Betriebes gelernt, hinzugefügt und verworfen. Es läuft folgerichtig ein Daemon-Prozeß, der ein dynamisches Routingprotokoll unterstützt. Die Konfigurationsdatei */etc/defaultrouter* darf in diesem Fall nicht existent sein beziehungsweise muß gelöscht oder leer sein, anderenfalls ist das System damit auf statische Defaultrouten eingestellt.

6.6.1 Einstellung des Defaultrouters

Der Defaultrouter ist die jenige Maschine oder der Router, der alle Routen zu Systemen kennt beziehungsweise weiterleiten soll, die nicht explizit auf dem Rechenr gesetzt wurden oder nicht im gleichen Netz liegen.
Der Defaultrouter kann persistent durch Angabe in der Konfigurationsdatei */etc/defaultrouter* durch Eintragung eines vorzugsweise über die */etc/hosts*

referenzierten Hostnames oder einer IP-Adresse gesetzt werden. Weitere Routen können dort eingetragen werden, jede in einer eigenen Zeile. Die Konfiguratiosdatei */etc/defaultrouter*, wird beim Systemstart gelesen und ausgewertet. Die Defaultroute kann on-the-fly gesetzt und gelöscht werden mit:

```
pinta# route add default <gatewayhost> 1    # Defaultroute gesetzt
pinta# route delete default <gatewayhost> 1 # Defaultroute geloescht
```

Beispiel 6.32. Manuelle Definition einer Defaultroute

6.6.1.1 Startupverhalten bis Solaris 9

Soll eine SOLARIS 9 Maschine nicht routen, so läßt sich das durch Erzeugung einer leeren Datei */etc/notrouter* bewerkstelligen. Beim Systemstart wird im Startupscript *S69inet* auf die Datei */etc/notrouter* getestet. Wenn sie existiert, wird das ip_forwarding abgeschaltet, wenn sie nicht existiert wird das ip_forwarding angeschaltet.
Wenn beim Systemstart

Machine is an IPv4 router

auf die Systemconsole ausgegeben wird, so ist die Maschine ein IPv4 Router und setzt dies fest durch das Kommando

```
/usr/sbin/ndd -set /dev/ip ip_forwarding 1
```

Soll hingegen das IP Forwarding im laufenden Betrieb abgeschaltet werden, ist

```
/usr/sbin/ndd -set /dev/ip ip_forwarding 0
```

auszuführen. Eine mit mehreren Netzwerkinterfaces ausgestattete Maschine wurde zu alten Zeiten grundsetzlich als Router konfiguriert, es sei denn man deaktivierte diesen Mechanismus wie zuvor beschrieben.

6.6.2 Konfiguration eines Routers unter OpenSolaris

Mit OPENSOLARIS wird die Auswertung des Existenz der Datei */etc/notrouter* nicht weiter unterstützt und das Routing ist per Default deaktiviert. Auch wenn *ndd(1M)* weiterhin zur Verfügung steht, ist eine Konfiguration des Routingservices ist mit dem neu hinzugekommenen Kommando *routeadm(1M)* durchzuführen. Seit OPENSOLARIS ist eine gewisse Veränderung der Administrationskommandos zu erkennen. Weg vom Aufruf eines Programms oder eine Scriptes hin zu komplexen Administrationskommados, die mit den notwendigen Information über die Details, wie beispielsweise Name und Ort den zu verwendenden Daemon-Prozesse etc. zu erkennen. So auch die Konfiguration des Routing. Das Administrationskommando *routeadm(1M)* Konfiguriert IP-Forwarding und Routing für sowohl IPv4 als auch IPv6 und unterstützt folgende Optionen:

-p: Statusausgabe in parsierbarem Format

-R <altroot>: Konfigurationsänderungen werden ab dem angegebenen alternativen Rootverzeichnis ausgeführt (JumpStart etc.)

-e -d -r: Die Optionen *-e* (enable/aktivieren), *-d* (disable/deaktivieren) und *-r* (revert/auf Default zurücksetzen) wirken auf die Variablen

ipv4-forwarding: aktiviert/deaktiviert das IPv4 Forwarding, wie zu SOLARIS 9 Zeiten durch */usr/sbin/ndd -set /dev/ip ip_forwarding <0|1>* ein oder ausgeschaltet wurde.

ipv4-routing: Steuert den Start eines Routing-Daemons. Ist das Konfigurationsfile */etc/defaultrouter* existent, ist das Routing deaktiviert. Bei Aufruf mit der Option *-e* wird der */usr/sbin/in.routed* gestartet.

ipv6-forwarding: Ein- beziehungsweise Abschalten des v6 Forwarding.

ipv6-routing: Ein- beziehungsweise Abschalten des v6 Routing, wobei bei einem Start der */usr/lib/inet/in.ripngd* gestartet wird.

Forwarding- oder Routingfunktionalität ist ein *routadm -u* notwendig um die Neueinstellung zu übernehmen.

Da *routeadm(1M)* bei entsprechender Kommandierung von sich aus Routing Daemons sowohl für IPv4 als auch IPv6 startet, ist es sinnvoll, auch eine Konfigurationsmöglichkeit zu bieten, welche Daemon Prozesse das Routing durchführen sollen. Das geht mit der Option *-s <variable=value>*. Die unterstützten Variablen sind:

ipv4-routing-daemon=<Daemon>: Angaben des zu startenden Routing Daemon mit vollständiger absoluter Pfadbeschreibung. Per Default wird */usr/sbin/in.routed* verwendet.

ipv4-routing-daemon-args=<args>: Kommandozeilen- beziehungsweise Aufrufargumente des spezifizierten Routing Daemons

ipv4-routing-stop-command=<args>: Kommando zum stoppen des Routing Daemons. Per Default wird unter Verwendung der Information aus PID-run File der Daemon direkt terminiert mit
kill -TERM "cat /var/run/in.routed.pid"

ipv6-routing-daemon=<Daemon>: Angaben des zu startenden Routing Daemon mit vollständiger absoluter Pfadbeschreibung. Per Default wird */usr/lib/inet/in.ripngd* verwendet.

ipv4-routing-daemon-args=<args>: Kommandozeilen- beziehungsweise Aufrufargumente des spezifizierten Routing Daemons

ipv4-routing-stop-command=<args>: Kommando zum stoppen des Routing Daemons. Per Default wird unter Verwendung der Information aus PID-run File der Daemon direkt terminiert mit
kill -TERM "cat /var/run/in.ripngd.pid"

Damit ist das

dynamische v4 Routing zu aktivieren durch Aufruf des Kommandos
routeadm -e ipv4-routing&& routeadm -u

v4 Forwarding zu aktivieren durch Aufruf des Kommandos
routeadm -e ipv4-forwarding&& routeadm -u
dynamische v6 Routing zu aktivieren durch Aufruf des Kommandos
routeadm -e ipv6-routing&& routeadm -u, v6 Forwarding ist zu aktivieren
v6 Forwarding zu aktivieren durch Aufruf des Kommandos
routeadm -e ipv6-forwarding&& routeadm -u

Deaktiviert werden die Konfigurationen durch Verwendung der *-d* Option. Zur Deaktivierung des IPv4 Routing ist damit folgende Kommandosequenz einzugeben:

routeadm -d ipv4-routing&& routeadm -u

Der aktuelle Status kann sein OpenSolaris recht einfach ermittelt werden durch Aufruf des Kommandos *routeadm* ohne weitere Parameter, wie in Beispiel 6.33 zu sehen.

```
nova> routeadm
              Configuration   Current              Current
                     Option   Configuration        System State
---------------------------------------------------------------
             IPv4 forwarding  enabled              enabled
                IPv4 routing  enabled              enabled
             IPv6 forwarding  disabled             disabled
                IPv6 routing  disabled             disabled

         IPv4 routing daemon  "/usr/sbin/in.routed"
    IPv4 routing daemon args  ""
    IPv4 routing daemon stop  "kill -TERM ‘cat /var/tmp/in.routed.pid‘"
         IPv6 routing daemon  "/usr/lib/inet/in.ripngd"
    IPv6 routing daemon args  "-s"
    IPv6 routing daemon stop  "kill -TERM ‘cat /var/tmp/in.ripngd.pid‘"
```

Beispiel 6.33. Anzeige des aktuellen Routingstatus

6.6.3 Manuelle Manipulation von Routingtabellen

Zur manuellen Manipultaion von Routingtabellen stellt Solaris das Kommando *route(1M)* bereit. Bei doch stark reduziertem Angebot allgemeiner Optionen bietet *route(1M)* eine umfangreiche Struktur mit dem Programmierinterface. Die administrative Nutzung des Kommandos *route(1M)* selbst beschränkt sich auf das Setzen, Löschen und Modifizieren einzelner Routen, Defaultrouten, sowie der Möglichkeit alle Gateway Einträge zu löschen und die in der Routingtabelle eingetragenen Routen anzuzeigen. Eine weitere hilfreiche Funktionalität von *route(1M)* ist das Monitoring der Routingfunktionalität im Sinne von Tableupdate, Lookup-Misses oder drohender Netzwerkpartitionierungen. Mit die einfachsten Aufgaben sind das

Setzen einer Netzroute mit dem Kommando

route add net <Netz><Gateway>

Löschen einer Netzroute mit dem Kommando

route delete net <Netz><Gateway>

Setzen einer Hostroute mit dem Kommando

route add host <Host><Gateway>

Löschen einer Hostroute mit dem Kommando

route delete host <Host><Gateway>

So gesetzte Routingeinträge sind statisch. Das Kommando *route(1M)* unterstützt die

Optionen

- *-f*: Mit den Unteroptionen *inet* für IPv4 und *inet6* für IPv6 wird die entsprechende Routingtabelle von allen Gatewayeinträgen bereinigt. Per Default angewendet auf IPv4 Tabellen. Wird ein *-f* einem Subkommandoaufruf vorangestellt, werden erst die Einträge geflushed bevor das Subkommando ausgeführt wird.
- *-n*: Die Auflösung von Host- und Netzwerksnamen wird nicht durchgeführt, es werden numerische Informationen ausgegeben.
- *-v*: Verbose Mode, detaillierte Ausgabe
- *-q*: Jegliche Ausgabe wird unterdrückt (Scripting)

Und die Subkommandos

- *add*: Hinzufügen einer Route, eines Routingeintrages
- *change*: Modifizieren eines Routingeintrages (Gateway etc.)
- *delete*: Löschen einer Route, eines Routingeintrages
- *flush*: Löschen aller Gatewayeinträge
- *get*: Anzeige einer Route, bzw. eines Routingeintrages für einen Zielpunkt
- *monitor*: Ständiges Monitoring der Routingtabelle auf Modifikationen und Fehlerausgaben.

6.6.4 Überprüfen der Routingfunktionalität

Die Routingeinstellungen können mit dem Kommando *netstat(1M)* aufgelistet werden. die Angabe der Option -r gibt die Routingtabelle aus, wie in Beispiel 6.34 wiedergegeben.

```
wega> netstat -r
Routing Table: IPv4
  Destination           Gateway              Flags  Ref    Use   Interface
-------------------- -------------------- ----- ----- ------ ---------
dsl                  wega-gw              U         1      8  hme0
intra                wega                 U         1     21  skge0
SunRay-skge50000     wega-skge50000       U         1  17367  skge50000
labnet               wega-lab             U         1      0  qfe1
labnet               nova                 U         1      0  qfe1:1
labnet               cmsrv                U         1      0  qfe1:2
224.0.0.0            galaxy               U         1      0  skge0
default              galaxy               UG        1      0
localhost            localhost            UH         541008588  lo0
```

Beispiel 6.34. Ausgabe der Routingtabelle (Namensauflösung)

Wird *netstat* mit den Optionen *-rn* aufgerufen, so wird */etc/networks* nicht ausgewertet und nicht in der Ausgabe mit angezeigt, was bedeutet, daß wie in Beispiel 6.35 gezeigt, in den Destination- und Gateway-Spalten die numerische Ausgabe von Netz und Gateway Host erfolgt. Dies ist von Vorteil, wenn beispielsweise bei der Umkonfiguration zwischenzeitlich keine umfangreichen oder ausreichenden Informationen über das IP zu Host Mapping oder die Netzwerknamen vorhanden ist, weil beispielsweise ein Namensdienst nicht läuft und damit die Ausgabe des *netstat*-Kommandos "hängt".

```
wega> netstat -rn
Routing Table: IPv4
  Destination           Gateway              Flags  Ref    Use   Interface
-------------------- -------------------- ----- ----- ------ ---------
192.168.10.0         192.168.10.23        U         1      8  hme0
10.10.100.0          10.10.100.23         U         1     21  skge0
192.168.128.0        192.168.128.1        U         1  17367  skge50000
10.10.0.0            10.10.0.23           U         1      0  qfe1
10.10.10.0           10.10.10.15          U         1      0  qfe1:1
10.10.100.0          10.10.100.19         U         1      0  qfe1:2
224.0.0.0            10.10.100.1          U         1      0  skge0
10.10.100.0          10.10.100.1          UG        1      0
127.0.0.1            127.0.0.1            UH         541008588  lo0
```

Beispiel 6.35. Ausgabe der Routingtabelle (IP-/Netzadressen)

7

System Services

Typischerweise wird ein Service, z.B. eine Datenbank gestartet durch Aufruf eines Programmes oder durch Aufruf eines Scriptes welches alle zugehörenden Programme mit den notwendigen Aufrufoptionen aufruft. Wenn dieses Programm terminiert, so wird das typischerweise vom Rechnersystem nicht weiter zur Kenntnis genommen. Ein derartig unbewachter Prozeß ist nicht hochverfügbar. Es muß auf den Event einer ungewollten Terminierung durch beispielsweise einen Prozessneustart reagiert werden um eine höhere Verfügbarkeit zu erreichen. Entscheiden ob dieser Prozeß von Relevanz war, kann ein Rechner nicht ohne weitere Informationen. Der Anwender kann nun ein Überwachungsscript oder besser noch Überwachungsprogramm schreiben, welches überwacht, ob beispielsweise der Datenbankprozess noch läuft. Wenn er nicht mehr läuft, so kann das Überwachungsprogramm agieren, durch Nachricht, durch Neustart, etc. Wenn das Überwachungsprogramm abnormal terminiert, dann ist die Überwachung beendet und der überwachte Prozeß kann nun wieder ungesehen terminieren. Vorteilhafter ist ein Prozessüberwachungsmechanismus des Betriebssystems selbst, das für Informationen zu verfügbar zu haltenden Programmen auf eine Regelbasis zugreifen und entsprechend reagieren kann.

In der UNIX-Welt wird ein Rechner i.A. durch einen *init*-Prozeß gestartet. Dieser Prozeß mit der Prozeß ID 1 ist unter UNIX von kardinaler Bedeutung und greift auf eine Resourcetabelle, *inittab*, zu, in der definiert ist, welches Startscript wann ausgeführt wird. Der *init*-Prozess kennt das Schlüsselwort *respawn* zu einem Eintrag in der *inittab*: Wenn ein Script oder Programm als *respawn* deklariert ist, so wird es, wenn es terminiert, in nächster Zeit wieder gestartet. Der Restart wird nicht sehr zeitnah durchgeführt und es gibt keine weitere Fehlerbehandlung. Die Verfügbarkeit ist über diesen Mechanismus erhöht, jedoch ist die Ausweitung des Mechanismus für viele Prozesse ein hoher Aufwand und kann u.U. zu einer Destabilisierung führen.

Die AIX, HP-UX Welt und vor längerer Zeit SUNSOLARIS verwenden diesen Mechanismus auch für Anwenderprogramme intensiv.

Einen völlig anderen Weg geht OPENSOLARIS. Motiviert aus der langjährigen Clustererfahrung wurde die Utility SMF (Service Management Facility) in das Betriebssystem eingebracht, die clustertypisch auf Basis von Start-/Stop-/Monitorprogrammen einen Service per Kommando startet und stoppt und während der Laufzeit des Programms seine Ausführung überwacht. Bei einer nicht durch die SMF-Utility kommandierten Terminierung des Dienstes geht SMF von einer Fehlersituation aus und startet den Service erneut. Hier wurden Faultmonitormechanismen wie sie in der Clusterwelt alltäglich sind auf ein Einzelsystem gebracht, womit die Verfügbarkeit deutlich erhöht wird.

Hardwarebasierte Fehlerquellen

Als weitere Fehlerquelle ist die unter dem Betriebssystem liegende Hardware zu betrachten. Wenn eine Hardwarekomponente ausfällt auf der ein Prozeß läuft (CPU, Speicher, I/O, etc.) so muß der betroffene Prozeß den Ausfall handhaben können oder er produziert Fehler, im besten Fall terminiert er, ohne weiteren Schaden durch Fehlfunktion zu verursachen. IBM abstrahiert bei der iSeries[1] Maschinenklasse von dieser Hardwareschicht durch Abstraktion. Ein Servicelayer dient als Mittler zwischen physikalischer Hardware und Betriebssystem: Der Begriff der Virtualisierung wurde geprägt. Der Servicelayer, TIMI (Technology independent Machine Interface) genannt, stellt dem Betriebssystem virtuelle Ressourcen bereit. Eine virtuelle CPU ist in diesem Zusammenhang letztendlich eine definierte Anzahl von Timeslices einer CPU. Fällt nun eine CPU aus, so werden die zugeordneten Timeslices von anderen CPUs übernommen, ohne daß das Betriebssystem davon Kenntnis hat. Auf dieser Basis bietet IBM Rechneranlagen mit OS/400, AIX und zur Zeit noch LINUX auf OpenPower-Systemen an. Durch diese Virtualisierung wird die Verfügbarkeit erhöht, jedoch, wenn eine Hardwarekomponente während der Nutzung ausfällt, muß auch hier die Applikation damit umgehen können.

Am Besten wäre hier wieder eine Kombination von allem, ein faultmonitorendes Betriebssystem auf virtualisierter Hardware, also etwa OpenSolaris auf TIMI-basierten IBM Rechnern der iSeries Klasse.

Im Hardwareumfeld geht SUN einen anderen Weg, hier arbeitet ein Faultmonitor Prozeß, der grenzwertige Hardwarebetriebsparameter überwacht und entsprechenden Vorabtausch empfiehlt oder die Komponente abschaltet. Zunächst jedoch zu einem innovativen neuen Konzept, der Service Management Facility.

[1] IBM hat die Systeme der iSeries, pSeries und OpenPower auf die gleiche Architektur gestellt. Lediglich ein Prom unterscheidet die Systeme, daher wird im Weiteren nur die sehr flexible iSeries als Vertreter genannt

7.1 Service Management Facility

Rolf M Dietze

Im Laufe der Freigabe von SOLARISEXPRESS/SOLARIS 10 wurde mit der Service Management Facility, kurz SMF, ein Prozeß- beziehungsweise Service-Start/Stop und Überwachungssystem eingeführt, das das Arbeiten mit SOLARIS für den Administrator gravierend verändert. Hat er doch kaum eine Wahlmöglichkeit in der Verwendung dieses neuen, zumindest die UNIX-Welt revolutionierenden Dienstes. Die Service Management Facility ist komplex und einfach zugleich. Sie bietet im Vergleich zu konventionellen UNIX-Betriebssystemen die Vorteile der einfachen Administration, dem Start und Stop von Diensten. Die wesenlicheren Features sind hingegen zweifellos:

- Persistenter Start und Stop von Systemdiensten (Services).
- Berücksichtigung der Abhängigkeiten der Dienste untereinander.
- Faultmonitoring der durch SMF gestarteten Systemdienste.
- Leicht bedienbares einheitliches Administrationsinterface.

Zusammenfassend läßt sich die OPENSOLARIS Service Management Facility in vier Komponenten unterteilen:

Contract Subsystem für das Eventreporting und die Überwachung ob ein Prozeß terminiert ist, dies ist in Abschnitt 7.1.2.1, Arbeitsweise der Service Management Facility, ab Seite 433 beschrieben. Eine kurze Einführung hierzu war ebenfalls im Kapitel Filesysteme in Abschnitt 5.2.4 auf Seite 130, da sich das Contract Subsystem nach außen zunächst als Filesystem präsentiert.

SQLite ein Datastore, der in einem SQL-Repository Informationen zu Diensten, Contract IDs, Parametern etc. hält. Beschrieben wird dieses SMF-Repository in Abschnitt 7.1.6 auf Seite 475.

XML-Files zur Einbindung von Diensten und zur Übergabe von Parametern und Pfaden, beschrieben in den Abschnitten 7.1.2.3, Manifest, auf Seite 438 und 7.1.2, Aufbau und Funktion der SMF-Umgebung auf Seite 431.

Admin Kommandos Die Kommandos *svcs(1), svcadm(1M), svccfg(1M)* fungieren als Interaktionsschnittstelle zur Service Management Facility. In Abschnitt 7.1.3.2, Administration von SMF-gesteuerten Diensten, ab Seite 449 werden sie im Einzelnen beschrieben.

Prinzipiell sind Kommandos wie *cat(1)* oder komfortabler *vi(1)* als administrative Kommandos zur Service Management Facility mit zu nennen, da die XML-Files zu erstellen beziehungsweise zu modifizieren sind.

Wie zuvor kurz angerissen, werden im traditionellen UNIX-Umfeld Dienste während der Startphase initial gestartet, wenn sie terminieren, wird dies in der Regel nicht weiter beachtet, bestenfalls schreibt der terminierende Service eine Information über seine Terminierung in das Systemlog. Anders bei Verwendung der Service Management Facility bei OPENSOLARIS. Hier wird auf Basis von XML-Dateien definiert, wie ein Service gestartet wird, was seine Start- und Stopscripte sind, es werden gegebenenfalls Übergabevariablen mitgegeben und es wird eine Fehlerfallbeobachtungsmethode, genannt FMRI[2], definiert, die den gestarteten Prozeß überwacht. Sollte ein über die Service Management Facility gestarteter Service ungewollt, also nicht über die Service Management Facility gesteuert terminieren, so wird die Service Management Facility den Service mit den definierten Start-Methoden erneut starten. Das Standardbeispiel bei SUNist die Terminierung von *sendmail*, ein Beispiel das folglich hier nicht fehlen darf: Der *sendmail*-Prozeß taucht in Beispiel 7.1

```
sunrise# svccfg enable sendmail
sunrise# pgrep sendmail
<PID1>
<PID2>
sunrise# pkill -9 sendmail
sunrise# pgrep sendmail
<new-PID1>
<new-PID2>
```

Beispiel 7.1. Deaktivierung von *sendmail* – Erster Versuch

unter neuer Prozeß ID in der Prozeßtabelle wieder auf, da er durch die Service Management Facility erneut gestartet wurde. Um, wie in diesem Beispiel, *sendmail* tatsächlich zu stoppen ist der Stop-Auftrag der Service Management Facility mitzuteilen, damit diese sodann den *sendmail*-Daemonprozess stoppen kann. Dazu gibt es ein neues Kommando, demonstriert in Beispiel 7.2.

```
sunrise# svccfg disable sendmail
sunrise# pgrep sendmail
sunrise#
```

Beispiel 7.2. Deaktivierung von *sendmail* – Mittels *smf*

Selbst nach einem anschließend durchführbaren Reboot der Maschine bleibt der so terminierte *sendmail*-Service deaktiviert. Es ist nicht mehr notwendig zum einen den Prozeß selbst zu terminieren und zum anderen daran zu denken, das betreffende Start-/Stop-Script zu deaktivieren. Mit einem einzigen Kommando ist sowohl der Service gestartet als auch gestoppt und das über Systemboots hinweg, also persistent. Während hingegen die Vorteile wie sie

[2] Fault Managed Resource Identifier

in in Abschnitt 7.1 aufgezeigt sind überzeugen, so hält doch auf der anderen Seite ein datenbankbasiertes, komplexes Subsystem Einzug, das die Administration erschwert und die Abhängigkeit des sicheren Betriebes des Systems eben von dieser Datenbank erzeugt. Wie in Abschnitt 7.1.5 beschrieben und an Beispielen vorgestellt, ist ein auf Datenbankbasis startendes Betriebssystem im Falle eines Defektes in dieser Datenbank kaum ohne besondere Verfahren startbar. Das diese Abhängigkeit von einer intakten Datenbank in kritischen Zuständen durchaus problematisch sein kann, sei hier vorsichtig angemerkt: Bei einem geeigneten Defekt im Datenbankfile beziehungsweise im alles enthaltenden Repository der Service Management Facility kann kein über diesen Monitor- und Start-/Stop-Service gestarteter Daemonprozess mehr gestartet werden. Das kann in solchen Fällen problematisch werden, in denen auf einem Produktivsystem keine offene Shell steht, ein erkannter Fehler im Repository auftritt und nun kein *rsh, ssh* oder ähnliches mehr zu einer interaktiven Shell auf dem betroffenen System führt, weil die auf diese Zugangsmechanismen antwortenden Daemonprozesse, durch die Service Management Facility gesteuert, nicht mehr gestartet werden können. Nach aktuellem Stand muß der Administrator ein Repositoryrecoveryverfahren wie in 7.1.5.1 auf Seite 464 beschrieben, durchlaufen, was zu einem automatischen Reboot, mitten im Produktivbetrieb, führt.

7.1.1 Das Contract System als Basis

Es gibt viele Erläuterungen zur Service Management Facility. Warum das alles funktioniert wird selten genauer dargelegt. Daher soll an dieser Stelle, quasi als Vorüberlegung vor den weiteren Ausführungen das bereits im Kapitel Filesysteme vorgestellte Contract Subsystem kurz, gewissermaßen im Experiment beschrieben werden. Zunächst sei an das Contract Filesystem erinnert, wie es in Abschnitt 5.2.4 ab Seite 130, dargestellt wurde. Demnach wird einem Prozess, der einen Contract öffnet, eine Contract ID (CTID) zugewiesen. Der den Contract öffnende Prozeß wird Holder genannt. Alle Events, die Prozessen im Contract wiederfahren, werden an den Holder Prozeß reported. Der Holder Prozeß kann auf Basis dieser Informationen selbst agieren und geeignete Aktionen auf die Events hin ausführen. Die Service Management Facility nutzt dies, um Dienste neu zu starten. Das Verfahren, in Abbildung 7.1 dargestellt, stellt eine Erweiterung der mitzuführenden Informationen beim Prozessmanagement dar. Es wird nicht nur die Prozeß ID eines Prozesses, sondern auch die Contract ID, in der der Prozeß läuft, mitgeführt.

Ohne das Programmierinterface zu nutzen, sprich ein Programm zu schreiben, das die *libcontract(3LIB)* nutzt, kann sich ein Anwender über das Contract Subsystem zumindest durch die Verwendung von *ctrun(1), ctstat(1)* und *ctwatch(1)*[3] ein Bild über die Funktion und Interaktion machen. Eine sehr

[3] Die Programme *ctrun(1), ctstat(1)* und wurden auf den Seiten 132, 134 respektive 135 beschrieben

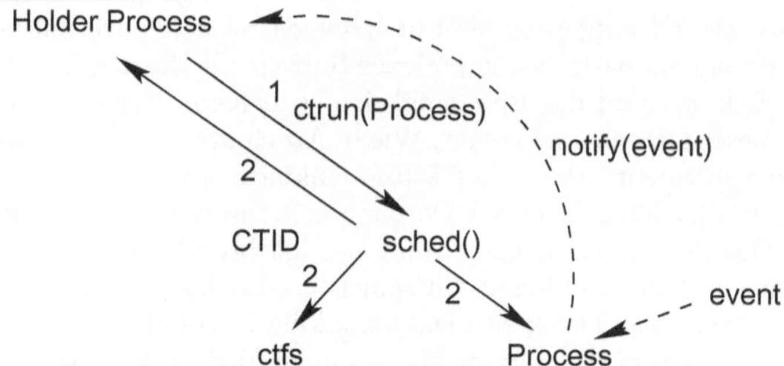

Abb. 7.1. Arbeitsweise des Contract Subsystems

stark vereinfachte Darstellung der Zusammenhänge ist in Abbildung 7.1 dargestellt. Zur Arbeitsweise: Wenn ein Programm unter Kontrolle von *ctrun(1)* aufgerufen wird (Step 1 in Abbildung 7.1), wird dem Programm im Moment des Starts des Subprozesse eine so genannte Contract ID (CTID) zugewiesen (Step 2 in Abbildung 7.1). Das den Contract eröffnende Programm, bei dieser Vorgehensweise *ctrun(1)*, wird als (Contract-) Holder bezeichnet. Alle Events, die der Subprocess empfängt, werden an den Holder Prozeß weitergegeben. Sollte der Subprozess terminieren, gleichgültig aus welchem Grund, so wird auch darüber der Holder Prozeß informiert. Jeder von einem in einem Contract laufenden Prozeß erzeugter (Sub)subprozeß verbleibt im gleichen Contract und der Contract Holder Prozeß wird über diesen *fork(2)* informiert.

Beispiel

Als einfaches Beispiel sich dieses Verhalten mit Bordmitteln anzuschauen sei das beliebig erweiterte Nachspielen des folgenden Experimentes empfohlen.

Zunächst wird in Listing 7.1 ein *xterm(1)* als Subkommando durch *ctrun(1)* im Hintergrund gestartet, die zurückgelieferte Process ID (911) ist die Prozeß ID des *ctrun(1)*. Als Optionen für das Experiment wurden

-i core,empty,fork,hwerr

verwendet, um Benachrichtigungen über Coredumps, das Terminieren des letzten Prozesses des Contracts, den Start von Subprozessen, das Terminieren wegen Hardwarefehlern als auch das Terminieren des aufgerufenen Programms am Holder Prozeß zu erhalten. Ein anschließendes Überprüfen der Contracts durch das Kommando *ctstat(1)* zeigt das Ergebnis: Der Holder Prozeß hat die Prozeß ID 1043, dei zugewiesene Contract ID ist 114. Zur Information folgt auch gleich die Frage nach dem Prozeß mit der Prozeß ID 1043: *ctrun(1)*.

Um einen Überblick zu gewinnen welche Prozesse in welchen Prozessen laufen, läßt sich das Kommando *ptree* unter Angabe der Prozeß ID des Holder Prozesses verwenden (Listing 7.2), der gesamte Stack wird aufgelistet:

```
endeavour> ctrun -i core,empty,fork,hwerr,exit xterm &
[1] 911
endeavour> ctstat
CTID    ZONEID  TYPE    STATE   HOLDER  EVENTS  QTIME   NTIME
1       0       process owned   0       0       -       -
4       0       process owned   1       0       -       -
5       0       process owned   7       0       -       -
.....
114     0       process owned   1043    0       -       -
endeavour>  ps -p 1043
   PID TTY         TIME CMD
  1043 console     0:00 ctrun
```

Listing 7.1. Eröffung eines Contracts

Unter Prozeß ID 7 läuft die Service Management Facility, dazu später mehr. Darauf ist eine *tcsh(1)* gestartet, aus der heraus og. *ctrun*-Aufruf erfolgt ist. Der Subprozess ist das o.g. *xterm(1)* in welchem eine *sh(1)* auf Kommandoeingaben wartet. Unter Angabe der Contract ID (114) läßt sich nun mit

```
endeavour> # ptree 1043
7     /lib/svc/bin/svc.startd
  214   tcsh
    1043  ctrun -i core,empty,fork,hwerr,exit xterm
      1044  xterm
        1045  sh
```

Listing 7.2. Prozesshierarchie

ctwatch(1) tracen, welche Events für den Contract mit der ID 114 eingehen (Listing 7.3). Zunächst passiert nichts, es wird die Titelzeile mit den Spaltentiteln ausgegeben. In dem *xterm*-Subprozess wird eine *tcsh(1)* mit dem

```
endeavour> ctwatch 114
CTID    EVID    CRIT ACK CTTYPE   SUMMARY
```

Listing 7.3. *ctwatch* auf eröffneten Contract

Aufruf *exec tcsh* gestartet. *exec(1)* ersetzt mit dem aufgerufenen Prozess das Prozessenvironment des darunterliegenden Prozesses, somit kein *fork(2)* und folgerichtig keine Events. Jedoch hat sich die Ausgabe von *ptree* geändert (Listing 7.4): Prozeß ID 1045 ist jetzt wie erwartet eine *tcsh(1)*. Eine kurze Zwischenauswertung: In Listing 7.4 wurde per *ps(1)* überprüft, welcher Contract ID die Prozesse 104 4 und 1045 angehören, wie erwartet Contract ID

```
endeavour> ptree 1043
7     /lib/svc/bin/svc.startd
  214   tcsh
    1043  ctrun -i core,empty,fork,hwerr,exit xterm
      1044  xterm
        1045  tcsh
endeavour> ps -e -o ctid,fname,pid |grep 114
  114 xterm      1044
  114 tcsh       1045
```

Listing 7.4. *ptree(1)*

114. Als nächstes wird in der *tcsh(1)* ein weiteres *xterm(1)* aufgerufen, in dem ersten *xterm(1)* anschließend ein *vi(1)*, in dem neuen *xterm(1)* ein *more(1)*. Damit werden Events von *ctwatch(1)* ausgegeben (Listing 7.5). Es wurden

```
CTID    EVID    CRIT ACK CTTYPE   SUMMARY
...     ...     .... .. .......  ....... .... ......
114     115     info no  process  process 1054 was created
114     116     info no  process  process 1055 was created
114     117     info no  process  process 1056 was created
114     118     info no  process  process 1056 exited
114     119     info no  process  process 1057 was created
114     120     info no  process  process 1060 was created
```

Listing 7.5. *ctwatch*

nach Listing 7.5 drei Prozesse erzeugt, einer terminiert und wieder einer erzeugt. Der letzte erzeugte Prozeß ist vermutlich der *vi(1)*. Entsprechend muß sich die Information von *ptree* ändern in Listing 7.6 Das Listing 7.6 zeigt

```
endeavour> ptree 1043
7     /lib/svc/bin/svc.startd
  214   tcsh
    1043  ctrun -i core,empty,fork,hwerr,exit xterm
      1044  xterm
        1045  tcsh
          1054  xterm
            1055  sh
              1060  more /etc/nsswitch.conf
          1057  vi /etc/passwd
```

Listing 7.6. *ptree*

jeweils auf gleicher Einrückungsebene die jeweiligen Childprozesse mit ihren Argumenten, was der oben genannten Aufrufreihenfolge entspricht. Anschließend wird die *sh(1)* mit der Prozeß ID 1055 unter dem *more(1)* durch ein SIGQUIT-Signal beendet (per *kill(1)*, was im Eventlog, in Listing 7.7 dargestellt, sofort erscheint:

```
CTID    EVID    CRIT ACK CTTYPE   SUMMARY
...     ...     .... .. .......  ....... .... ......
114     121     info no  process  process 1055 exited
114     122     info no  process  process 1060 exited
114     123     info no  process  process 1054 exited
```

Listing 7.7. Eventlog

Das Eventlog in Listung 7.7 zeigt, daß in der Reihenfolge

1. 1055 terminierte, das ist die per *kill -9 1055* terminierte *sh(1)*
2. anschließend 1060 terminierte, das war das *more(1)*
3. anschließend 1054, das *xterm(1)*

Damit ist zum einen zu erkennen in welcher Reihenfolge die Prozesse terminierten, zum anderen zeigt das Listing in 7.8, daß der *vi*-Aufruf tatsächlich aus dem ersten *xterm(1)* gestartet wurde. Dazu kommt die Information, daß der Childprozess 1060 automatisch mit der Termination der Shell mit terminiert wurde und daß das die Shell ausführende *xterm(1)*, Prozeß ID 1054, ohne Shell ebenfalls sofort terminierte.

```
endeavour> 1043
7     /lib/svc/bin/svc.startd
  214  tcsh
    1043  ctrun -i core,empty,fork,hwerr,exit xterm
      1044  xterm
        1045  tcsh
          1057  vi /etc/passwd
```

Listing 7.8. Prozeßtree bis zum *vi*-Call

Ein neues *xterm(1)* gestartet in dem *xterm(1)* mit der Prozeß ID 1044 wird im Eventlog sofort mitgeführt, daraus ein telnet(1) auf eine andere Maschine wird auch noch mitgeloggt (Listing 7.9) jedoch alles was auf der anderen Maschine ausgeführt wird, wird selbstverständlich nicht mehr angezeigt. Das Prozessbaumlisting endet damit auch bei dem *telnet*-Call wie in Listing 7.10 gezeigt.

```
CTID    EVID    CRIT ACK CTTYPE   SUMMARY
...     ...     .... ..  .......  ....... .... ......
114     124     info no  process  process 1063 was created
114     125     info no  process  process 1064 was created
114     126     info no  process  process 1065 was created
114     127     info no  process  process 1065 exited
114     128     info no  process  process 1066 was created
```

Listing 7.9. Create des nachfolgenden *telnet(1)*

```
endeavour> ptree 1043
7     /lib/svc/bin/svc.startd
  214   tcsh
    1043  ctrun -i core,empty,fork,hwerr,exit xterm
      1044  xterm
        1045  tcsh
          1057  vi /etc/passwd
          1063  xterm
            1064  sh
              1066  telnet pyxis
```

Listing 7.10. Prozeßtree endet auf lokale Maschine

Aus dem *vi(1)* heraus wurde mittels eines shell-escapes eine weitere Shell gestartet, womit der *vi(1)* mit der Prozeß ID 1057 Parentprozess dieser neu erzeugten Shell ist, was im Prozessbaum in Listing 7.11 ersichtlich und im Eventlog in Listing 7.12 nur als *create* dargestellt wird.

```
endeavour> ptree 1043
7     /lib/svc/bin/svc.startd
  214   tcsh
    1043  ctrun -i core,empty,fork,hwerr,exit xterm
      1044  xterm
        1045  tcsh
          1057  vi /etc/passwd
            1068  /sbin/sh -i
          1063  xterm
            1064  sh
              1066  telnet pyxis
```

Listing 7.11. Prozeßtree *sh* aus *vi* gestartet

Nacheinander wird alles wieder abgebaut, wie es im Eventlog 7.13 zu sehen ist. Die letzte Mitteilung im Eventlog zeigt auf, daß keine Prozesse mehr unter der Contract ID laufen, womit der *ctrun*-Aufruf von 7.1 zurückkehrt.

```
114      129      info no  process  process 1068 was created
```

Listing 7.12. Create einer Shell aus dem *vi*

```
CTID     EVID     CRIT ACK CTTYPE   SUMMARY
...      ...      .... ..  .......  ....... .... ......
114      130      info no  process  process 1066 exited
114      131      info no  process  process 1064 exited
114      132      info no  process  process 1063 exited
114      133      info no  process  process 1068 exited
114      134      info no  process  process 1057 exited
114      135      info no  process  process 1045 exited
114      136      info no  process  process 1044 exited
114      137      crit no  process  contract empty
```

Listing 7.13. Eventlisting bei Auflösung des Contracts

Dieses Mitloggen zeigt, welche create, exit etc. Events an den Holderprozess übermittelt wurden. Der Holderprozess kann auf der Basis dieser Mitteilungen entscheiden, was eine geeignete Reaktion ist. Die gewonnene Erkenntnis hilft beim Verständnis der Service Management Facility, die Service Management Facility ist jedoch nicht der einzige das Contract Subsystem verwendende Prozeß.

7.1.2 Aufbau und Funktion der SMF-Umgebung

Bevor im Detail auf Aufbau und Funktion der Service Management Facility eingegangen wird, soll in Abbildung 7.2 auf Seite 432 zunächst die notwendige Übersicht über die Lage der Ressourcen, Scripte, Binaries, Repositories etc, im Filesystem gegeben werden. Dabei ist zu sehen, daß die Komponenten der Service Management Facility über drei Unterverzeichnisse auf dem Rechnersystem verteilt sind:

/lib/svc Hier liegen die Administrationsprogramme und Scripte zur Administration der Service Management Facility selbst, zusammen mit Defaultfiles, Basismethoden, intern verwendbaren Tools, die direkt auf dem Repository arbeiten als auch Tools, die die Service Management Facility selbst nutzt, um althergebrachte rc-Scripte fahren zu können.

- Das Unterverzeichnis *bin* hält die Binaries der Service Monitor Facility
- Das Unterverzeichnis *method* die Start/Stop Methoden. Hier sind im Fall einer nicht vollständig bootenden Maschine bei ausgefallener Service Management Facility die notwendigen Scripte enthalten, um beispielsweise das

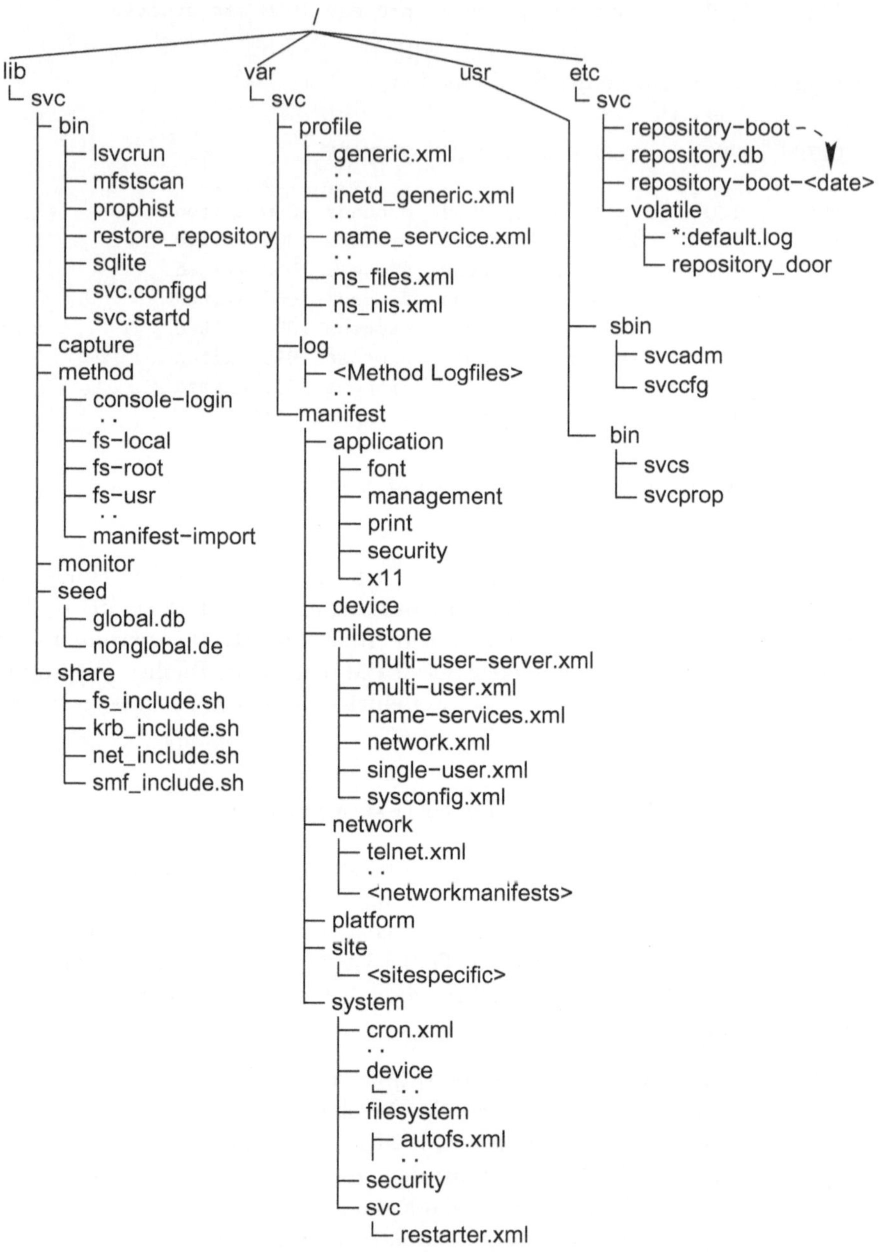

Abb. 7.2. SMF Übersicht

Rootfilesystem read/-write mounten zu können etc. Die Start- und Stopmethoden sind ein legitimer Einstiegspunkt, um bei Service Management Facility Problemen die Dienste manuell aktivieren zu können.

- Das Unterverzeichnis *seed* die Default Repositories
- *share* enthält eine Handvoll Servicescripte.

/var/svc Hier liegen die XML-Dateien, die die Servicebeschreibungen, deren Abhängigkeiten, die Run-Levels etc. in XML beschreiben. Die XML-Files werden im Normalbetrieb nicht weiter verwendet, sie gelten für die initiale Beschreibung und den Import der Servicebeschreibung in das Repository der Service Management Facility

- Das Unterverzeichnis *log* enthält Service Logs
- Das Unterverzeichnis *manifest* enthält die System Service Manifeste. Hier gibt es eine Aufteilung, die zur besseren Übersicht eingehalten werden sollte:
  application: Applikationsmanifeste
  device: Devicemanifeste
  milestone: Milestonemanifeste ("Runlevel")
  network: Netzwerkdienste
  platform: Plattformspezifische Dienste.
  site: Sitelokale, eigene Dienste.
  system: Systemservices (*cron(1)* etc.)

/etc/svc Hier liegt das Repository selbst, die automatisch erstellten Sicherheitskopien, als auch die service_door und Logs zum Repository

In diesem Zusammenhang sei festgehalten:

Startmethode: Ein Programm oder Script, das einen Service starten kann. Durch Aufruf dieses Startprogrammes oder -Scriptes wird der spezifizierte Service gestartet. Zu vergleichen ist dies mit einer Startmethode im Clusterenvironment oder einem klassischen Startscript unter */etc/rc?.d/S**.

Stopmethode: Ein Programm oder Script oder Hinweis, wie der spezifizierte Service gestoppt werden soll. Ein Eintrag *:kill* weist die Service Management Facility darauf hin, den Prozeß selbst zu terminieren, ein Stopscript führt diese Operation direkt aus.

7.1.2.1 Arbeitsweise der Service Management Facility

Im Groben arbeitet die Service Management Facility eng auf Basis des Contract Filesystems. Wie aus Abschnitt 7.1.1 im Prinzip schon ersichtlich, ist in OpenSolaris ein Mechanismus existent, der auf Kernelbasis Events zu Prozessen an ein aufrufendes Programm derart weitergibt, daß dieses aufrufende Programm in der Lage ist eine qualifizierte Information über die Existenz eines Prozesses in der Prozessliste zu erhalten. Kernelbasiert und sicher und nicht per *grep(1), sed(1), awk(1)* etc. aus einem regelmäßig abgerufenen Prozesslisting gebastelt.

Alle durch die Service Management Facility verwalteten Dienste werden in einer kleinen SQL-Datenbank gehalten. In dieser Datenbank beziehungsweis Repository existieren Einträge zu den Diensten, die Informationen über den Service selbst, eventuelle Aufrufoptionen und Parameter, das so genannte Startscript für den Service, das zugehörige so genannte Stopscript für den Service als auch eine Contractnummer, Informationen über Positionen von Logfiles im Filesystem, Abhängigkeiten der Service untereinander und weiterer Parameter enthalten. Dazu kommt die Information ob der jeweilige Service aktiviert ist oder nicht.

Sowohl der Start als auch der Stop eines Dienstes wie auch das so genannte Durchstarten, ein Stop gefolgt von einem Start, als auch das Neueinbringen von Konfigurationsänderungen wird der Service Management Facility kommandiert mit der Utility *svcadm(1M)*. Start und Stop Kommandierungen haben eine Änderung des Aktivierungsstatus für den betreffenden Service in dem Repository zur Folge.

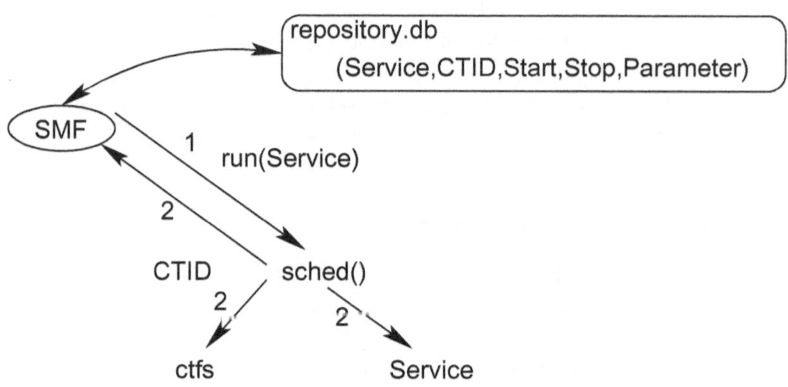

Abb. 7.3. Eröffnen eines Contracts durch SMF

Soll ein Service gestartet werden, so wird der Eintrag zum Aktivierungsstatus im Repository der Service Management Facility auf "aktiviert" gesetzt. Damit wird ein Abfolgemechanismus in Gang gesetzt, wie er in Abbildung 7.3 dargestellt ist. Da für den neu aktivierten Service noch keine Contract ID vorhanden ist, muß der Service durch Ausführung der im Repository für diesen Service spezifizierten Startmethode gestartet werden. Dargestellt in Schritt 1 in Abbildung 7.3, wird zunächst der Service im Contract Subsystem gestartet, etwa so wie in Abschnitt 7.1.1, Contract Subsystem auf Seite 425, bereits beschrieben. Es wird damit der Schritt 2 aus Abbildung 7.3 ausgelöst und der Service, beziehungsweise sein erster Prozeß gestartet, eine Contract ID an die Service Management Facility zurückgegeben, die Contract ID im Contract

Filesystem verzeichnet, siehe hierzu den Abschnitt 5.2.4 zum Contract Filesystem ab Seite 130, und seitens der Service Management Facility die Contract ID im Repository verzeichnet.

Terminiert ein Prozess, so wird dies als Event im Contract Subsystem dem Holder Prozess, damit der Service Management Facility, mitgeteilt (Step 1 in Abbildung 7.4). Daraufhin kann die Service Management Facility unter der gegebenen Contract ID im Repository überprüfen, um welchen Service es sich handelt (Steps 2 und 3 in Abbildung 7.4) und in Step 4 den Service erneut durch Aufruf der Startmethode starten.

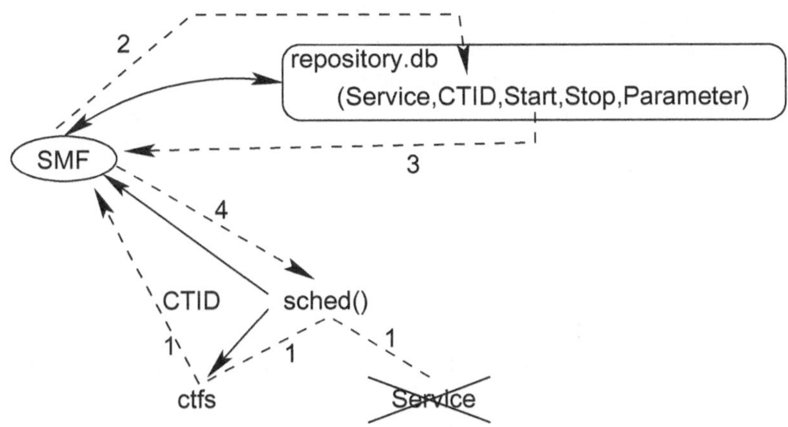

Abb. 7.4. Restart eines ausgefallenen Dienstes

Soll ein Service gestoppt werden, so wird dies wieder direkt der Service Management Facility mitgeteilt. Die Service Management Facility ändert den Aktivierungsstatus in dem Repository und terminiert anschließend den oder die zu dem Service gehörenden Prozesse. Wenn der Prozeß direkt terminiert wird per *kill(1)*, ist damit nur der Prozeß selbst terminiert, nicht jedoch der Repositoryeintrag umgesetzt worden. Die Service Management Facility muß in einem solchen Fall davon ausgehen, daß der Prozeß neu zu starten ist wie im Szenarium des Fehlerfalls in Abbildung 7.4 oben beschrieben.

7.1.2.2 Typen von Diensten

Spätestens beim Auflisten der laufenden Dienste mit dem Kommando *svcs(1)* wird auffallen, daß nicht jeder Service eine Contract ID besitzt, nicht alle Dienste in gleicher Art und Weise zu arbeiten scheinen und nicht alle Dienste direkt einem Prozeß zuordenbar sind. Diese unübersichtliche Situation läßt sich ordnen. Es ist in vier unterschiedliche Dienste zu unterscheiden:

- Dienste, die direkt durch die Service Management Facility gestartet werden. Diesen Diensten ist direkt eine Contract ID zugeordnet. Beispiel *svc:/system/name-service-cache*
- Dienste, die über *inetd(1M)* gestartet werden. Sie erhalten eine Contract ID, wenn *inetd(1M)* den Daemonprozess startet. Beispiel: *telnet* mit dem Daemonprozess *in.telnetd*.
- Servicecollections, Gruppen von Diensten, die in einem Manifest zusammengefaßt sind, zu denen nicht unbedingt ein Daemon gehört. Beispiele: milestones, *svc:/system/filesystem/local*
- Dienste, die noch nicht auf den Betrieb durch die Service Management Facility umgestellt wurden und weiterhin über traditionelle Start- und Stopscripte unter */etc/rc?.d/S** und */etc/rc?.d/K** gestartet und gestoppt werden. Diese Dienste werden durch die Service Management Facility angezeigt, jedoch nicht verwaltet. Damit ist ein schonender Übergang vom alten Start/Stopp Verfahren über die Legacyscripten auf das Service Management Facility basierte Konzept gegeben.

Die Stati der Dienste sind wiederum unterscheidbar in

degraded	Der Service läuft, jedoch nicht in vollem Umfang.
disabled	Der Service ist nicht enabled und läuft nicht.
legacy_run	Ein Service gestartet über rc-Scripte.
maintenace	Es wurde ein Fehlerfall erkannt, der aufgelöst werden muß.
offline	Service ist enabled, läuft jedoch nicht.
online	Service ist enabled und läuft.
uninitialized	Initialer Staus vor der Initialisierung

Der Holderprozess für alle durch die Service Management Facility gestarteten Prozesse ist der *svc.startd(1M)*. Auch wenn die Informationen für den *inetd(1M)* durch die Service Management Facility gehalten werden, der Holderprozess aller durch *inetd(1M)* gestarteten Service ist der *inetd(1M)* selbst. Die Interaktion und Startreihenfolge ist relativ schnell über Prozeß ID *(ps -p)*, Prozessbaum *(ptree <PID>)*, *ctstat* und *svcs -v* zu erkennen und sei hier kurz am Beispiel eines *in.telnetd*-Starts in den folgenden Listings vorgestellt.

Zunächst wird in Listing 7.14 überprüft ob der *telnetd* seitens der Service Management Facility aktiviert ist, es ist zu erkennen, daß der Service aktiviert ist und keine Contract ID gelistet wird.

```
nova> svcs -v| grep telnet
STATE        NSTATE   STIME     CTID   FMRI
...
online       -        22:11:03    -    svc:/network/telnet:default
...
```

Listing 7.14. Erster Test, *telnet* läuft nicht

Anschließend wird von außen eine *telnet*-Verbindung aufgebaut. In Listing 7.15 ist zu sehen, daß nun eine Contrat ID für den *telnetd*-Service aufgelistet wird. Ein Aufruf von *ctstat(1)* nennt auch den Holder Prozeß. Ein *ps -p* auf die Holder Prozeß ID identifiziert den *inetd(1M)*.

```
nova> svcs -v| grep telnet
STATE        NSTATE   STIME     CTID   FMRI
...
online       -        22:11:03  78     svc:/network/telnet:default
...
nova>ctstat
CTID    ZONEID  TYPE    STATE   HOLDER  EVENTS  QTIME   NTIME
...
78      0       process owned   211     0       -       -
...
nova> ps -p 211
   PID TTY         TIME CMD
  211 ?           0:02 inetd
```

Listing 7.15. Service wurde gestartet

Das Zusammenwirken der Komponenten des Systems ist an einer Graphik deutlich beschrieben und schnell verstanden. In Abbildung 7.5 ist zu erkennen, daß die Service Management Facility Anfragen und Änderungen durch das Benutzerinterface entgegen nimmt, wie es in Abschnitt 7.1.3 beschrieben ist. Das Repository aller Dienste ist in einer kleinen SQLite Datenbank gehalten, siehe dazu Abschnitte 7.1.6 auf Seite 475 und leider auch 7.1.5.2 auf Seite 473. Die Service Management Facility startet und überwacht unter Zuhilfenahme des Contract Subsystems (siehe auch Abschnitte 5.2.4 ab Seite 130, und 7.1.1 ab Seite 425) die Präsenz der durch die Service Management Facility gestarteten Prozesse. Der *inetd(1M)* spielt dabei eine Sonderrolle, denn er ist letztendlich Holder Prozeß seiner gestarteten Dienste, wie auch in obigem Beispiel (Listing 7.15 zu *telnet(1)* zu sehen ist.

Ein kurzer Versuch soll bei der Untersuchung helfen, welche Prozesse in welcher Reihenfolge gestartet werden. Dazu wird im Listing 7.16 der Prozeßbaum von *sched()* betrachtet und analysiert. Wie man leicht sieht startet *init(1M)* den *svc.startd(1M)*, auf dessen Ebene werden *svc.configd(1M)*, *cron(1M)*, *statd(1M)*, *lockd(1M)* und der *inetd(1M)* gestartet. Der *svc.startd(1M)* hat im Weiteren die Console-login Dienste gestartet, auf der Console wurde ein Login duzrchgeführt und als Shell läuft in dieser eine *tcsh(1)*, in welcher der *ptree*-Aufruf erfolgte.

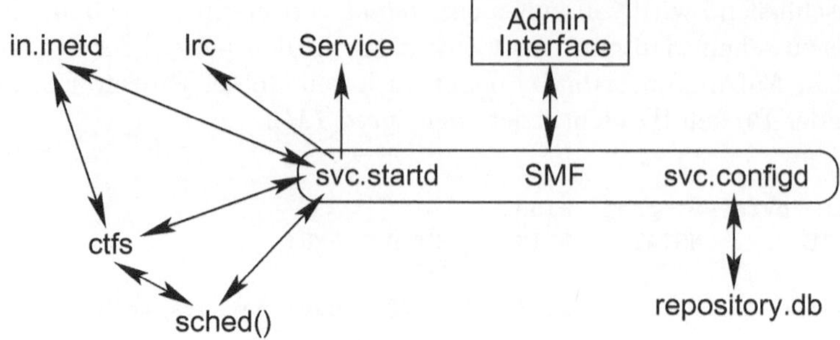

Abb. 7.5. Einbettung und Interaktionen mit der Service Management Facility

```
0     sched
  1     /sbin/init
    7     /lib/svc/bin/svc.startd
      208   /usr/lib/saf/sac -t 300
        213   /usr/lib/saf/ttymon
      215   tcsh
        684   ptree 0
    9     /lib/svc/bin/svc.configd
    91    /usr/lib/sysevent/syseventd
    92    /usr/lib/crypto/kcfd
    97    /usr/sbin/nscd
    99    devfsadmd
    101   /usr/lib/picl/picld
    102   /usr/lib/power/powerd
    195   /usr/sbin/cron
    199   /usr/sbin/rpcbind
    202   /usr/lib/nfs/statd
    204   /usr/lib/nfs/lockd
    211   /usr/lib/inet/inetd start
....
```

Listing 7.16. Prozessbaum von *sched()*

7.1.2.3 Manifest

Ein Manifest ist ein Beschreibungsfile, welches für einen zu managenden Service Servicename, Abhängigkeiten zu anderen Diensten, Start- und Stoppmechanismus, Properties, Referenzen auf Dokumentation etc. enthält. Ein durch die Service Management Facility administrierter Service kann seinerseits aus einer Gruppe von Diensten bestehen. Dies reflektiert sich im Manifest-File. Bevor im weiteren ein möglichst kurzes Manifest Schrittweise durchgegangen wird, muß zunachst dargelegt werden, was Startscripte, Stopscripte und Dependencies sind und was dafür zulässige Parameter und Belegungen sind.

7.1.2.3.1 Start-/Stopmethoden

Eine Startmethode ist im Prinzip ein Arbeitsscript oder Programm, das durch seine Deklaration im Manifestfile als das Verfahren angegeben wird, mit dem ein Service zu starten ist. Stopscripten sind Arbeitsscripte oder Programme, die auf Kommandierung hin oder aufgrund definierter interner Dependencies hin eine Service Stop erwirken. Es stehen zwie Build-in Funktionen zur Verfügung:

:kill: Terminieren des Services durch Stopfunktionalität der Startmethode, Prozesszusammengehöhrigkeit wird über das Contract Subsystem geliefert.
:true: Liefert immer *true* an den Restarterservice zurück.

7.1.2.3.2 Dependencies

Die Service Management Facility startet alle Services mehr oder weniger gleichzeitig und nicht runlevelbasiert. Damit jedoch alle für den Start eines Services notwendigen Voraussetzungen und vorausgesetzten Services in der richtigen Abhängigkeit gestartet werden, werden so genannte Dependencies definiert. Auch werden über die gleichen Dependencies der Servics die betroffenen abhängigen Services mit angehalten, wenn eine Dependencydefinition dies fordert. Dazu wird m Manifest ein Qualifikator gesetzt:

grouping='<qualifikator>'

Die Belegungen sind:

require_all: Alle benannten Services müssen im Zustand *online* oder zumindest *degraded* laufen, oder alle benannten Files existent sind. Anderenfalls wird die Bedingung nicht erfüllt.
require_any: Mindestens einer der benannten Services muß im Zustand *online* oder zumindest *degraded* laufen, oder alle benannten Files existent sind.
optional_all: die benannten Service können in den Zuständen *online*, *degraded*, *disabled*, *maintenance* oder nicht existent sein. Benannte Files müssen jedoch in jedem Fall existent sein wie im Fall *require_all*.
exclude_all: Die benannten Services müssen sich in den Zuständen *disabled* oder *maintenance* befinden oder nicht existent sein. benannte Files dürfen nicht existent sein, anderenfalls wird die Bedingung nicht erfüllt.

Auf Basis dieser Bedingungen wird der Service während des Startups solange zurückgehalten bis alle Bedingungen erfüllt sind oder gestoppt beziehungsweise restartet wenn die Bedingungen nicht erfüllt sind oder wieder erfüllt sind. In diesem Zusammenhang sind auch die Qualifikatioren für die Weitergabe von Dependencies zu sehen, die unter Belegung von

restart_on='<qualifikator>'

definierbar sind wie folgt:

fault: Restart ausführen bei Fehlersituationen
restart: Wenn abhängige Servers restartet werden, so ist auch der lokale Service selbst zu restarten.
refresh: Bei einer Propagierten Konfigurationsänderung abhängiger Services ist der lokale Service selbst zu restarten.
none: Alle mit *none* definierten Restartpolicies haben nur während des Systemstarts gültigkeit. Hiermit wird die Startreihenfolge von Services bei einem Systemboot definiert.

7.1.2.4 Aufbau eines Manifestes

Der grundlegende Aufbau ist in Abbildung 7.6 aufgezeigt. Ein Manifest beginnt mit einem Header, gefolgt von einer Klammerung aller in dem Manifest als zusammenhängend definierten Diensten, dem Service Bundle. Die Service Bundle Klammerung umklammert alle Einträge zwischen *<service_bundle...>* und *</service_bundle>*. Das Service Bundle enthält damit eine Menge an Diensten. Die einzelnen Dienste, wieder umklammert von *<service...>* und *</service>*, haben wieder einen Header, in dem ihr Name bzw. Pfad zur Methode beziehungsweise zum Servicemanifest und ihr Typ verzeichnet ist.

Dieser Header wird gefolgt von Dependency Einträgen, umklammert durch *<dependency>* und *</dependency>*, welche beschreiben, von welchen weiteren Diensten der beschriebene Service abhängt (das definiert auch die Startreihenfolge von Diensten bei dem Systemstart). Dependencies können mit dem Kommando *svcs*[4] *-d*, wie im Beispiel 7.7 gezeigt, aufgelistet werden.

Als nächstes ist mindestens eine Startmethode zum Starten des Dienstes und eine Stopmethode zum Stoppen des Dienstes anzugeben. Die Exec-Methoden sind wiederum durch *<exec_method>* und *</exec_method>* umklammert. Ein so genanntes Longlisting per *svcs -l*, wie auch in Beispiel 7.9 auf Seite 449 zu sehen, zeigt diese Informationen an. Gefolgt von Property Groups, geklammert durch *<property_group>* und *</property_group>*, ist Instanzname und Status verzeichnet.

Zum Schluß folgt in dem Abschnitt zwischen *<template>* und *</template>* die Spezifikation zugehöriger Dokumentation wie beispielsweise Manpages etc., welche mit dem Kommando *svcs -x <Service>* unter den Punkten *See:*, wie in Beispiel 7.4 auf Seite 448 gezeigt, aufgelistet werden.

Zusammenfassend:

Eine vollständige Servicebeschreibung beinhaltet:

- Properties, die den Service selbst und seinen so genannten Restarter definieren,

[4] Das Kommando *svcs* ist in Abschnitt 7.1.3.1.1 ab Seite 446 beschrieben

- eine Instanzbeschreibung,
- Property Gruppen zur Beschreibung der Einbindung,
- Methoden zu Start und Stopp,
- zusätzliche Methoden,
- Dependencies (Abhängigkeiten),
- Beschreibung hinzugefügter abhängiger Dienste,
- Applikationskonfigurationsdaten (argv),
- Dokumentations- und Beschreibungshinweis, in der Regel Manpages.

Die Struktur einer Servicebeschreibung, zur Übersicht vereinfacht dargestellt in Abbildung 7.6 auf Seite 442, läßt sich an einem kleinen einfachen Beispiel leicht erläutern, um ein erstes Vertändnis zu entwickeln. Als Beispiel wird das System Manifest des *cron(1M)*-Dienstes entwickelt, da es von allen Manifesten noch das kürzeste darstellt. Das Manifest beginnt mit einem Header in Listing 7.17, der die Versionsnummer und den Pfad zum dtd-File beschreibt, gefolgt von einem Copyrighthinweis mit Ident-Header zwischen den Kommentarzeichen <!– und –>.

```
<?xml version="1.0"?>
<!DOCTYPE service_bundle SYSTEM ↙...
     ↪ "/usr/share/lib/xml/dtd/service_bundle.dtd.1">
<!--
    Copyright 2004 Sun Microsystems, Inc.  All rights reserved.
    Use is subject to license terms.

    ident       "@(#)cron.xml   1.5     04/12/09 SMI"

    NOTE:  This service manifest is not editable; its contents will
    be overwritten by package or patch operations, including
    operating system upgrade.  Make customizations in a different
    file.
-->
```

Listing 7.17. *cron*: Manifest Header

Weiter geht es mit dem Service Bundle, in dessen Header der Typ, hier "manifest", und der Name, hier mit Paketzugehörigkeit, wie in Listing 7.18 abgebildet, steht.

```
<service_bundle type='manifest' name='SUNWcsr:cron'>
```

Listing 7.18. *cron*: Service Bundle Header

Dem Service Bundle Header folgen die Beschreibungen der zu dem Service Bundle gehörenden einzelnen Systemdienste, im Beispiel *cron* besteht das Ser-

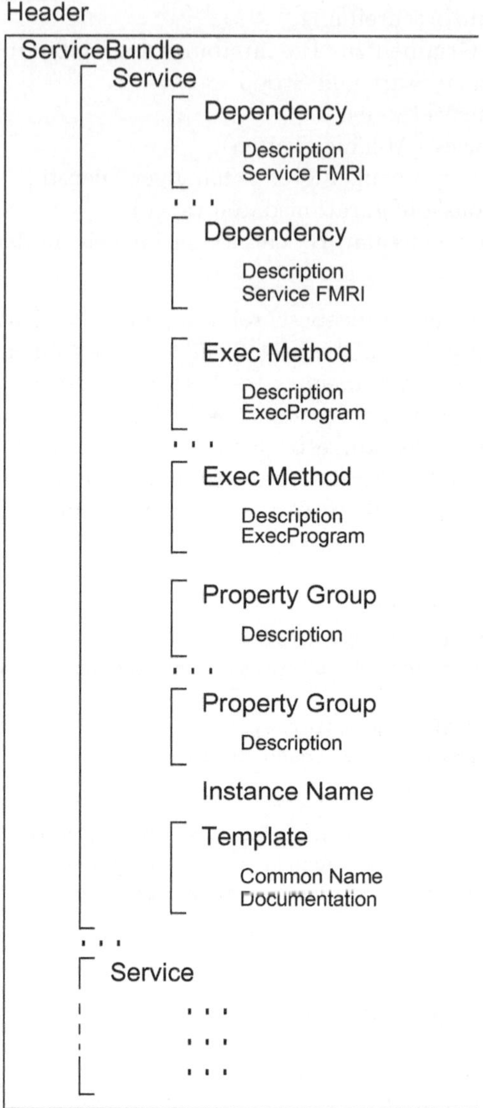

Abb. 7.6. Strukturelemente eines Manifests

vice Bundle aus nur einem Service. Der Service Header als auch die nach dem Header definierten Dependencies sind in Listings 7.19 und 7.20 aufgelistet.

cron(1M) erwartet damit, daß so genannten Milestones *multi-user* und *name-service* erreicht sind und die notwendigen Filesystemdienste verfügbar sind.

```
<service
    name='system/cron'
    type='service'
    version='1'>

    <single_instance />
```

Listing 7.19. *cron*: Service Header

```
    <dependency
        name='usr'
        type='service'
        grouping='require_all'
        restart_on='none'>
        <service_fmri value='svc:/system/filesystem/local' />
    </dependency>

    <dependency
        name='ns'
        type='service'
        grouping='require_all'
        restart_on='none'>
        <service_fmri value='svc:/milestone/name-services' />
    </dependency>

    <dependent
        name='cron_multi-user'
        grouping='optional_all'
        restart_on='none'>
        <service_fmri value='svc:/milestone/multi-user' />
    </dependent>
```

Listing 7.20. *cron*: Dependencies

Es sind bei *cron(1M)* nur Start- und Stopmethoden definiert. Sie definieren wo das Start Script beziehungsweise die Startmethode im Filesystem liegt, welchen Bedingungen sie unterworfen ist, und in welcher Art und Weise der Service gestoppt werden kann, hier per *kill*, alternativ würde der Ort des Stopscriptes im Filesystem angegeben sein.

Listing 7.21 zeigt die Startmethode des Dienstes, Listing 7.22 die Stopmethode.

Gefolgt von Propertygruppen, Instanzname, Status und weiteren Infos wie in Listing 7.23 auf Seite 444 dargestellt, folgt die Definition der Dokumentation in Listing 7.24 auf Seite 444.

In der Dokumentationreferenz werden hier die Manualpages zu *cron(1M)* und *crontab(1)* mit den jeweiligen Manpagesections genannt.

```
<exec_method
    type='method'
    name='start'
    exec='/lib/svc/method/svc-cron'
    timeout_seconds='60'>
    <method_context>
        <method_credential user='root' group='root' />
    </method_context>
</exec_method>
```

Listing 7.21. *cron*: Startmethode

```
<exec_method
    type='method'
    name='stop'
    exec=':kill'
    timeout_seconds='60'>
</exec_method>
```

Listing 7.22. *cron*: Stopmethode

```
<property_group name='startd' type='framework'>
        <!-- sub-process core dumps shouldn't restart session -->
        <propval name='ignore_error' type='astring'
            value='core,signal' />
    </property_group>
    <property_group name='general' type='framework'>
        <!-- to start stop cron -->
        <propval name='action_authorization' type='astring'
            value='solaris.smf.manage.cron' />
    </property_group>
    <instance name='default' enabled='false' />
    <stability value='Unstable' />
```

Listing 7.23. *cron*: Propertygruppen etc.

Mit dem abschließenden *service* und *service_bundle*, in Listing 7.25 auf Seite 445 aufgelistet, ist das Manifest ausreichend definiert.

```
<template>
   <common_name>
       <loctext xml:lang='C'>
       clock daemon (cron)
       </loctext>
   </common_name>
   <documentation>
     <manpage title='cron' section='1M' manpath='/usr/share/man' />
     <manpage title='crontab' section='1' manpath='/usr/share/man'/>
   </documentation>
</template>
```

Listing 7.24. *cron*: Dokumentationshinweis

```
</service>
</service_bundle>
```

Listing 7.25. *cron*: Abschluß des Manifestes

7.1.3 Administration von/mit SMF

In der Laufzeit arbeitet die Service Management Facility nur auf ihrem Repository in */etc/svc/repository.db*. Bei jedem Systemboot wird vor dem Start der Service Management Facility eine Backupkopie des alten Repositories durchgeführt, auf das im Fehlerfall zurückgegriffen werden kann, siehe hierzu auch Abschnitt 7.1.5.1 auf Seite 464. Im normalen Betrieb arbeitet der Administrator mit den im folgenden beschriebenen administrativen Kommandos direkt mit dem Service Management Facility Repository. Modifikationen die er durchführt, werden nur in das Repository geschrieben (Abbildung 7.7). Es existiert kein Klartextfile, in dem die aktuellen Dervice Management Facility Einstellungen eingetragen sind. Die im Filesystem gehaltenen XML-Files unter */var/svc* und */lib/svc* werden nicht durch die Service Management Facility geschrieben. Vielmehr sind diese XML-Files die Quelle für den Import der Dienste in die Service Management Facility Umgebung.

Die Administration in einer Service Management Facility-Umgebung teilt sich auf in vier Bereiche, für die jeweils entsprechende Kommandos bereitgehalten sind, wie in der Übersicht in Abbildung 7.7 und Tabelle 7.1 auf Seite 446, dargestellt.

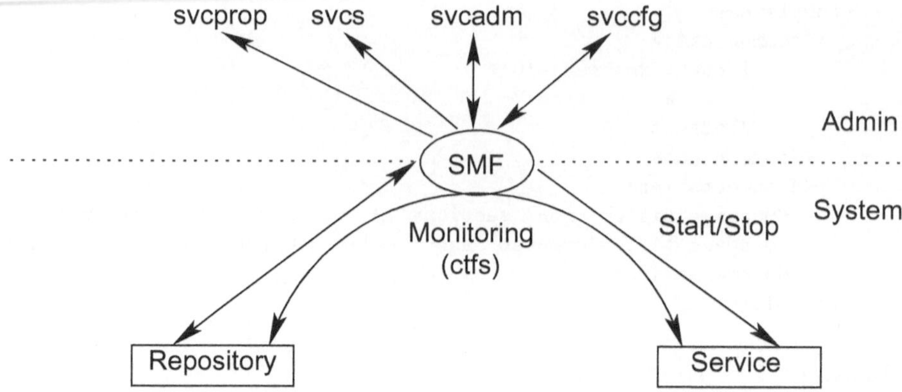

Abb. 7.7. SMF administrative Sicht

Bereich	Kommando	Aufgabe
Information	*svcs(1)*	Abfrage von Service-Statusinformationen
Administration	*svcadm(1M)*	Ein und Ausschalten von einzelnen Systemdiensten.
Konfiguration	*svccfg(1M)*	Konfiguration von Diensten
Information	*svcprop(1M)*	Lesender Zugriff beziehungsweise Auswertung und Ausgabe der Properties von Diensten

Tabelle 7.1. Service Mangement Facility Administration

7.1.3.1 Statusinformationen zu Managed Services

Statusinformationen zu beziehungsweise über Managed Services sind Informationen darüber, ob ein Managed Service läuft, gestoppt wurde oder Probleme hat.

7.1.3.1.1 svcs(1)

Zur Auflistung von Managed Services Stati wird die Applikation *svcs(1)* bereitgestellt.

Syntax

```
svcs [-aHpv?] [-o col[,col]...]  [-R instance_FMRI]...  ↙...
     ↪  [-sS col]... [FMRI | pattern] ...
```

Optionen

- -? gibt eine Hilfeanweisug aus,
- -a zeigt alle aktivierten und deaktivierten Systemdienste an,
- -d zeigt alle abhängigen Dienste an,
- -D zeigt alle Dienste an die vom angegebenen Service abhängen,
- -H unterdrückt die Titelzeile mit den Spaltenbeschreibungen

-l long-Listing zur angegebenen Serviceinstanz,
-o Spaltennummer(n) gibt die definierte Spalte aus
-p gibt die zu einem Service gehörenden Prozesse aus
-R spezifiziert die Restarter Instanz
-s Spaltennummer Sortierung über Spalte
-S Spaltennummer wie *-s* jedoch erfolgt die Ausgabe in umgekehrter Reihenfolge,
-v Verboseausgabe, auch die Contract-ID enthaltend
-x gibt Informationsquellen an (man-Pages, etc.)

Beispiele

Der einfache Aufruf von *svcs(1)* ohne weitere Optionen listet alle Dienste, deren Status, die Startzeit und die Methode auf, wie in Beispiel 7.3 verkürzt abgebildet.

```
STATE          STIME    FMRI
legacy_run     Dec_02   lrc:/etc/rcS_d/S50skge
legacy_run     Dec_02   lrc:/etc/rc2_d/S10lu
legacy_run     Dec_02   lrc:/etc/rc2_d/S20sysetup
legacy_run     Dec_02   lrc:/etc/rc2_d/S31utsyscfg
....
online         Dec_02   svc:/system/filesystem/root:default
online         Dec_02   svc:/system/filesystem/usr:default
...
online         Dec_02   svc:/milestone/devices:default
...
online         Dec_02   svc:/milestone/single-user:default
...
online         Dec_02   svc:/milestone/multi-user:default
online         Dec_02   svc:/network/dhcp-server:default
online         Dec_02   svc:/network/tftp/udp6:default
online         Dec_02   svc:/milestone/multi-user-server:default
...
offline        Dec_02   svc:/application/print/ipp-listener:default
offline        Dec_02   svc:/application/print/rfc1179:default
```

Beispiel 7.3. Welche Dienste laufen?

Dabei wird im Statusfeld unterschieden in

legacy_run basiert auf legacy Start-/Stopscripten unter */etc/rc?.d/**.
online Service läuft.
offline Service läuft nicht.
degraded Service läuft mit verminderten Eigenschaften.
disabled Service ist deaktiviert.

maintenance Service wurde in den Maintenance State gesetzt.
uninitialized Service ist nicht initialisiert.

Zu einem Service kann mit *svcs(1)* angezeigt werden, welche Dokumentation einzusehen ist und wo die Logfiles liegen, gezeigt im Beispiel 7.4

```
menkar# # svcs -x cron
svc:/system/cron:default (clock daemon (cron))
 State: online since Fri Dec 02 17:18:08 2005
   See: cron(1M)
   See: crontab(1)
   See: /var/svc/log/system-cron:default.log
Impact: None.
```

Beispiel 7.4. *svcs -x*

Eine umfangreiche Auflistung aller, oder bei Nennung auf der Kommandozeile, eines Dienstes, ist in Beispiel 7.5 gezeigt. Es wird der Status, die Faultmethode und die ContractID 5.2.4 angezeigt.

```
menkar> svcs -v cron
STATE          NSTATE         STIME    CTID   FMRI
online         -              Dec_02       31 svc:/system/cron:default
```

Beispiel 7.5. *svcs -v*

Unter Verwendung der Option *-o* kann bei korrekter Nennung der Spalte, hier in Beispiel 7.6 die ContractID, die Ausgabe auf bestimmte Spalten eingeschränkt werden.

```
menkarsvcs -v -o CTID cron
CTID
    31
```

Beispiel 7.6. *svcs -v -o*

Mittels der Option *-d* können die Abhängigkeiten eines Dienstes erfragt werden. Der Service *cron* hängt dabei vom lokalen Filesystem ab, da er wie in Abschnit 7.15.5 auf Seite 616 beschrieben auf Konfigurationsdateien unter */etc* und Spooldirectory unter */var* zugreifen muß, sowie den Namensdiensten zur Auflösung der Benutzerkennungen.

Die zu einem Service gehörenden Prozesse lassen sich wie in Beispiel 7.8 gezeigt mit Ihrer Prozeß ID ausgeben. Die Prozeß ID des des aufgelisteten *cron*-Prozesses lautet dabei “211”.

```
menkar> svcs -d cron
STATE          STIME    FMRI
online         Dec_02   svc:/milestone/name-services:default
online         Dec_02   svc:/system/filesystem/local:default
```

Beispiel 7.7. *svcs -d*

```
menkar> svcs -p cron
STATE          STIME    FMRI
online         Dec_02   svc:/system/cron:default
               Dec_02        211 cron
```

Beispiel 7.8. *svcs -p*

Sind umfangreichere Informationen, wie beispielsweise Abhängigkeiten, Methoden, Stati, ContractID etc. von Interesse, so bietet ein Longlisting wie in Beispiel 7.9 diese Informationen an.

```
menkar> svcs -l cron
fmri         svc:/system/cron:default
name         clock daemon (cron)
enabled      true
state        online
next_state   none
state_time   Fri Dec 02 17:18:08 2005
logfile      /var/svc/log/system-cron:default.log
restarter    svc:/system/svc/restarter:default
contract_id  31
dependency   require_all/none svc:/system/filesystem/local (online)
dependency   require_all/none svc:/milestone/name-services (online)
```

Beispiel 7.9. *svcs -l*

Der Pathdescriptor eines Dienstes wird durch Angabe eines Strings verglichen, die Ausgabe erfolgt für alle Einträge, auf die der String matched. Die Angabe von *svcs -l server* gibt alle Server-Instanzen aus, während die Angabe von beispielsweise *svcs -l print/server* nur den Status des Printservices auflistet.

7.1.3.2 Administration von SMF-gesteuerten Diensten

Die wesentliche Vereinfachung in der Bedienung einer OpenSolaris-Maschine mit einer Service Management Facility Umgebung liegt in der Administration von Diensten oder Serverdiensten. Sollte vor Einführung der Service Management Facility ein Service, beispielsweise der FTP Service gestoppt werden, so mußten die entsprechenden Einträge in der */etc/inetd.conf* deaktiviertwerden, der *inetd(1M)* mußte die */etc/inetd.conf* neu einlesen und alle laufenden FTP Prozesse mußten terminiert werden. Mit der Einführung der Service Management Facility beschränkt sich diese Aufgabe auf ein einfaches *svcadm disable ftp*. Dieses eine Kommando ersetzt nicht nur die zuvor genannte Liste an Aufgaben, es bewirkt auch eine persistente Konfigurationsänderung. Bei über *inetd(1M)* gestarteten Prozessen fällt das weniger auf. Interessanter ist die persistente Konfigurationsänderung bei über Start/Stop-Scripte in den */etc/rc?.d*-Verzeichnissen gestarteten Diensten. Hier mußte vor der Einführung der Service Management Facility nicht nur der zugehörende Daemonprozess terminiert werden, sondern es mußte auch noch das zugehörige Start/Stop-Script ausfindig gemacht und deaktiviert werden. Das zu Anfang vorgebrachte Beispiel der Terminierung von *sendmail(1M)* gehört in diese Klasse. Es existieren Manifeste über Gruppen von Diensten und es existieren Dependencies. Daraus läßt sich über die logischen Bezeichner *milestone/single-user* etc. eine Maschine in den gewünschten Runlevel bringen.

7.1.3.2.1 svcadm(1M)

Der administratorische Aufwand zu Start, Stop, Restart etc. reduziert sich auf

Start eines Dienstes:	*svcadm enable <service>*
Stop eines Dienstes:	*svcadm disable <service>*
Durchstarten eines Dienstes:	*svcadm restart <service>*
Statusrefresh in SMF:	*svcadm refresh <service>*
Betriebsstatus umsetzen	*svcadm mark <[maintenance|degraded]><service>*
Aufhebung des Wartungsmodes:	*svcadm clear <service>*
Setzen eines Milestones	*svcadm milestone <milestone>*

Tabelle 7.2. Administration von SMF-gesteuerten Diensten

Gewöhnungsbedürftig mag der Wechsel der "Runlevel" sein. Es wird nicht mehr von Runleveln gesprochen, auch wenn das traditionelle Interface dazu noch existent ist (*init <Runlevel>*), sondern von Milestones. Ein Milestone beschreibt eine Menge von Diensten, die aktiviert sein muß um den betreffenden Milestone zu erreichen. Es wird unterschieden in

Milestone	korrespondierender Runlevel
single-user	S
multi-user	2
multi-user-server	3

Tabelle 7.3. Haupt Milestones

Dieser direkte Vergleich ist vom Konzept her problematisch, soll aber die Vorstellung erleichtern. Das Konzept der Runlevel und das Konzept der Milestones kann in ihrer gegenwärtigen Koexistenz zu Situationen führen, in denen ein Rechnersystem zwar in beispielsweise Runlevel 3 ist, jedoch keinerlei weitere Services enabled wurden, da der *multi-user* Milestone noch nicht erreicht wurde. Es kann sodann mit dem Kommando *svcs(1)* überprüft werden, welche Services in einem *maintenance*-State sind, es muß sodann der Grund für den Fehlerfall beseitigt werden. Danach ist mit einem

svcadm clear <Service-Description>

der *maintenance*-State des betroffenen Services aufzuheben. Damit werden denn alle abhängigen Services gestartet oder restartet und das Rechnersystem kann den Ziel Milestone erreichen.

Weiterhin kommen Service Milestones für Netzwerk, Devices, Namensdienste hinzu. So ändert sich die Kommandierung, um in den ehemaligen Runlevel S zu gelangen auf *svcadm milestone single-user*. Ein call von *svcadm milestone all* startet alles. Der *milestone*-Request ist nicht persistent, es sei denn es wird der Default Milestone geändert durch spezifikation der Option *-d*. Im weiteren haben die Optionen *-v* für verbose output, *-r* recursive, *I, T, s* Einwirkung auf das administrative Verhalten von *svcadm(1M)*, so erlaubt die Anwendung der Option *-t* eine temproäre Änderung, die nach einem Reboot keine Gültigkeit mehr hat und von der persistenten Konfiguration überschrieben wird..

Syntax

```
/usr/sbin/svcadm [-v] enable [-rst] {FMRI | pattern}...
/usr/sbin/svcadm [-v] disable [-st] {FMRI | pattern}...
/usr/sbin/svcadm [-v] restart {FMRI | pattern}...
/usr/sbin/svcadm [-v] refresh {FMRI | pattern}...
/usr/sbin/svcadm [-v] clear {FMRI | pattern}...
/usr/sbin/svcadm [-v] mark [-It] instance_state {FMRI | pattern}...
/usr/sbin/svcadm [-v] milestone [-d] milestone_FMRI
/usr/sbin/svcadm [-v] restarter_FMRI {FMRI | pattern}...
```

7.1.3.3 Auslesen von Serviceparametern

Eine Administration eines Dienstes setzt auch die Kenntnis und die Modifikation von Aufruf- und Konfigurationparametern der zu startenden und zu stoppenden Dienste voraus. Zunächst zum Auslesen von Servicekonfigurationsinformationen.

7.1.3.3.1 svcprop(1)

Mit dem Abschied von rc-Scripten in denen die Parameter zum Aufruf respektive Start eines Service standen müssen bei der Service Administration auf Basis einer Datenbank eben diese Parameter aus der Datenbank gelesen werden. Da wiederum die Service Management Facility der einzige Nutzer der

Datenbank ist und die Ablagestrukturen daher am Besten kennt, muß eine Abfrage der Parameter über die Service Management Facility durchgeführt werden. Unter anderem zu diesem Zweck wird das Kommando *svcprop* bereitgehalten.

Mit *svcprop(1)* werden Parameter aus dem Repository der Service Management Facility ausgelesen. Dazu wird *svcprop(1)* unter Angabe eines Patterns in der Liste der Parameter eines Dienstes oder unter Angabe der Startmethode aufgerufen. Am Beispiel des im nächsten Abschnitt behandelten Parameters für den Terminaltyp der Console, der durch den *ttymon()* für diesen Port gesetzt wird, ist auch schnell die Benutzung des Kommandos *svcprop(1)* erklärt. Es ist vom Consolelogin die so genannte FMRI bekannt: *console-login*. Auszulesen etwa wie in Beispiel 7.10 gezeigt.

```
nova> svcs -v| grep -i cons
online      -       Dec_03    102 svc:/system/console-login:default
```

Beispiel 7.10. Console Login Service

Möchte man nun wissen mit welchen Parametern der Console-Login Service läuft, so kann man die Methode selbst als Identifier für den Aufruf mit *svcprop(1)* nutzen und erhält die Informationen aus Listing 7.11.

Die Abfrage folgt zunächst der "Pfadstruktur" des Dienstes in der Spezifikation: *system/console-login*. Da bei der Nutzung der *svc*-Kommandos von hinten nach vorne gematcht wird, würde die Angabe von *console-login* reichen. Man erhält in diesem Fall eine umfangreichere Ausgabe. Was enthält das Listing? Im Prinzip alles, was die Service Management Facility über den Service an Informationen bereit hält. Zunächst Informationen zum *ttymon*. Beginnend mit der Information für welches Device der Service laufen soll *ttymon/device astring /dev/console* wird unter anderem der String für das Prompt aufgelistet mit

```
ttymon/prompt astring \'uname\ -n\'\ console\ login:
```

Dazu kommt die in Abschnitt 7.1.3.4 gesuchte Information über den Terminaltyp: *ttymon/terminal_type astring sun*

Die *ttymon*-Parameter werden gefolgt von Dependencies der Angabe der Start- und Stopmethoden, hier */lib/svc/method/console-login* als Start- und *stop/exec astring :kill\ -9* als Stopmethode. Die Angabe von *:kill\ -9* referenziert ein hartes Terminieren des Dienstes. Die Prozeß ID und Contract ID liegen der Service Management Facility im weiteren vor. zum Schluß wird noch der Verweis auf Begleitdokumentation, in diesem Fall die Manualpages von *ttymon(1M)* unter Angabe von Manualpfad und Manualsction ausgegeben. Wenn man der Ausgabe folgt ist schnell der Zusammenhang zum korrespondierenden Manifest erkannt. Die Ausgaben von *svcprop(1)* können nun noch nach Bedarf angepaßt werden.

```
nova> svcprop system/console-login
ttymon/device astring /dev/console
ttymon/label astring console
ttymon/modules astring ldterm,ttcompat
ttymon/nohangup boolean true
ttymon/prompt astring \`uname\ -n\`\ console\ login:
ttymon/timeout count 0
ttymon/terminal_type astring sun
fs/entities fmri svc:/system/filesystem/minimal
fs/grouping astring require_all
fs/restart_on astring none
fs/type astring service
identity/entities fmri svc:/system/identity:node
identity/grouping astring require_all
identity/restart_on astring none
identity/type astring service
utmpx/entities fmri svc:/system/utmp:default
utmpx/grouping astring require_all
utmpx/restart_on astring none
utmpx/type astring service
sysconfig/entities fmri svc:/milestone/sysconfig
sysconfig/grouping astring require_all
sysconfig/restart_on astring none
sysconfig/type astring service
general/entity_stability astring Evolving
general/single_instance boolean true
startd/duration astring child
startd/ignore_error astring core,signal
startd/utmpx_prefix astring co
start/exec astring /lib/svc/method/console-login
start/timeout_seconds count 0
start/type astring method
stop/exec astring :kill\ -9
stop/timeout_seconds count 3
stop/type astring method
tm_common_name/C ustring Console\ login
tm_man_ttymon/manpath astring /usr/share/man
tm_man_ttymon/section astring 1M
tm_man_ttymon/title astring ttymon
```

Beispiel 7.11. Properties des Console-Login Dienstes

7.1.3.4 Konfiguration von Diensten

Das Starten und Stoppen von Diensten ist im Prinzip ausreichend behandelt, aber wie werden Serviceparameter geändert?
Einen ersten Eindruck erhält ein Administrator, wenn er nach altbekannter Methode die Terminalemulation für die Systemconsole von *sun* auf beispiels-

weise *vt100* oder *xterm* umsetzen will. Er wird die Datei */etc/inittab* editieren wollen und feststellen das der altbekannte Eintrag aus Listing 7.26 fehlt. Vielmehr sind in der */etc/inittab* nur vier Einträge, wie sie in Listing 7.27 auf Seite 454 aufgeführt sind. Darüber ist jedoch in den Kommentaren ein Tip zum Erfolg aufgezeigt, es ist *svccfg(1M)* zu verwenden.

```
co:234:respawn:/usr/lib/saf/ttymon -g -h ↙...
    ↪ -p "'uname -n' console login: " ↙...
    ↪ -T sun ↙...
    ↪ -d /dev/console ↙...
    ↪ -l console ↙...
    ↪ -m ldterm,ttcompat
```

Listing 7.26. Legacy SOLARIS 9 */etc/inittab*-Eintrag für die Systemconsole

```
...
# For modifying parameters passed to ttymon, use svccfg(1m) to modify
# the SMF repository. For example:
#
#   # svccfg
#   svc:> select system/console-login
#   svc:/system/console-login> setprop ttymon/terminal_type = "xterm"
#   svc:/system/console-login> exit
#
#ident  "@(#)inittab    1.41    04/12/14 SMI"
ap::sysinit:/sbin/autopush -f /etc/iu.ap
sp::sysinit:/sbin/soconfig -f /etc/sock2path
smf::sysinit:/lib/svc/bin/svc.startd    >/dev/msglog 2<>/dev/msglog
                                        </dev/console
p3:s1234:powerfail:/usr/sbin/shutdown -y -i5 -g0 >/dev/msglog 2<
                                        >/dev/msglog
```

Listing 7.27. OPENSOLARIS:*/etc/inittab*

Es ist das administrative Kommando *svccfg(1M)* genauer zu betrachten. Die Kommentare aus der OPENSOLARIS */etc/inittab* in Listing 7.27 korrespondieren mit den Angaben aus Listing 7.11 von Seite 453. Es ist der Service zu selektieren durch *select system/console-login* und danach der Parameter für den Terminaltyp zu modifizieren. Um das Beispiel etwas genauer zu betrachten, zunächst eine Übersicht zum Kommando *svccfg(1M)* selbst.

7.1.3.4.1 Eine Übersicht zu svccfg(1M)

Das Programm *svccfg(1M)* erlaubt die interaktive Modifikation von Parametern beziehungsweise Properties eines Dienstes. Das Kommando *svccfg(1M)*

arbeitet interpreterbasiert und bietet ein *emacs*[5]-artiges Benutzerinterface, welches es erlaubt in der Interpreterkommandozeile mit

CTRL-A	an den Anfang der Eingabezeile zu springen.
CTRL-E	an das Ende der Eingabezeile zu springen.
CTRL-F	buchstabenweise in der Eingabezeile zum Zeilenende zu gehen.
CTRL-B	buchstabenweise in der Eingabezeile zum Zeilenanfang zu gehen.
CTRL-d	Zeichen zu löschen.
CTRL-p	zeilenweise zurück in der History zu scrollen.
CTRL-n	zeilenweise in der History vorzuscrollen.

svccfg(1M) unterstützt nach Aufruf folgende Kommandos, die Aufgabensortiert folgende Funktionen bieten:

General Commands

Kommandos, die *svccfg(1M)* selbst betreffen. Diese sind:

help: Ausgabe einer Usageinformation, Onlinehilfe. Benutzung durch

```
help [command],
```

wobei `command` ein Subkommando des *svccfg(1M)* ist.

set: Stellt das Ausgabeverhalten von *svccfg(1M)* ein. Benutzung durch

```
set [-vV],
```

wobei -v den Verbosemode einschaltet und -V den Verbosemode ausschaltet

repository: Erlaubt es das Repository auf dem *svccfg(1M)* in der aktuellen Session arbeitet zu wechseln. Benutzung durch

```
repository [repositoryfile]
```

end: Durch Eingabe von *end* oder *quit* wird die interaktive *svccfg(1M)* Session beendet. Benutzung durch

```
end
quit
```

Manifest Commands

Kommandos, die auf Manifesten beziehungsweise Servicebeschreibungen arbeiten, Import-, Syntaxcheck-, Export- und Validierungsfunktionalitäten bieten

inventory: Durchsucht ein gegebenes File. Wenn das File ein gültiges Service Bundle enthält wird dieses angezeigt. Benutzung durch

```
inventory [file]
```

validate: Bei Anwendung von *validate* auf ein File wird es gelesen und eine Überprüfung der Korrektheit durchgeführt. Bei fehlerhafter Syntax wird der Lauf abgebrochen. Es findet in jedem Fall keine Modifikation am Repository statt. Benutzung durch

[5] Ein Bildschirmeditor, dessen Control-Sequenzen zum Editieren innerhalb einer Zeile sich in vielen Programmen durchgesetzt haben.

`validate [file]`

import: Bei Anwendung von *import* auf ein XML Beschreibungsfile wird dieses eingelesen, ausgewertet, entsprechende Dependencies gesetzt. Es werden alle in diesem File beschriebenen Dienste und Instanzen geladen. Benutzung durch
`help [command]`,

export: Bei Anwendung des Kommandos *export* auf eine in der Service Management Facility enthaltene FMRI, ein matchendes Pattern beziehungsweise eines Dienstes wird das im System geladene Manifest nach StdOut ausgegeben. Die Verwendung eine StdOut-Umlenkung durch > in eine Datei lenkt das Manifest in eine Datei um. Benutzung durch
`export [file]`

archive: Bei Anwendung des Kommandos *archive* wird ein Dump aller aktuell im System vorliegenden Dienste im XML-Format nach StdOut gegeben. Die Verwendung einer StdOut-Umlenkung durch > in eine Datei lenkt die Gesamtsystembeschreibung in eine Datei um. Benutzung durch
`archive [file]`

Profile Commands

Kommandos, die Auf Service Profilen arbeiten, die filebasierte Modifikation oder Ausgabe von Profilinformationen bieten.

apply: Das Kommando erlaubt es ein Service Profile File zu laden und die darin Spezifizierten Serviceinstanzen zu aktivieren oder deaktivieren. Benutzung durch
`apply [file]`

extract: Das Kommando erlaubt die Ausgabe eines oder aller Service Profile nach StdOut in XML-Syntax. Das Symbol >erlaubt die Umleitung in ein File. Benutzung durch
`extract [file]`

Entity Commands

Kommandos auf Entitäten, also auf definierten Servicebeschreibungen. Hiermit ist ein Auflisten und eine Navigation in den Servicebeschreibungen gegeben. So kann der Anwender diese Entitätitäten auswählen, traversieren, hinzufügen , löschen ...

list: Die Anwendung des Kommandos *list* listet die im aktuellen Konten liegenden Entitäten aus. Benutzung durch
`list [glob_pattern]`,

select: Mit dem Kommando *select* kann in eine Servicebeschreibung gewechselt werden. So kann beispielsweise durch Eingabe von *select system/console-login* in die Console-login-Beschreibung gewechselt werden, wie in obiger Problemstellung zum ändern des Terminaltyps der Console. Benutzung durch `select {name|FMRI|pattern}`

unselect: Die Verwendung des Kommandos *unselect* wechselt in der Entitätenhierarchie eine Ebene zurück. Benutzung durch
`help [command]`,

add: Bei der Verwendung des Kommandos *add* wird eine neue Entität als Subentität der aktuellen Entität (per *select* gewählten Entität) interaktiv erzeugt. Benutzung durch
`add name`

delete: Bei Anwendung des Kommandos *delete* wird ohne weitere Angaben die Subentität der aktuellen per *select* gewählten Entität gelöscht, oder es wird die optional angegebene Entität gelöscht. Benutzung durch
`delete [-f] {name|FMRI|pattern}`

Snapshot Commands

Arbeit mit Snapshots

listsnap: Der Aufruf von *listsnap* listet die verfügbaren Snapshots der selektierten Instanz aus. Benutzung durch
`listsnap`

selectsnap: Bei Verwendung des Kommandos *selectsnap* wird auf den genannten Snapshot gewechselt. Ohne Angabe eines Snapshots wird der aktuell ausgewählte Snapshot deselektiert. Benutzung durch
`selectsnap [snapshot]`

revert: Bei Verwendung des Kommandos *revert* werden die Properties des aktuell ausgewählten Dienstes auf die im Snapshot verzeichneten Werte gesetzt. Ohne die optionale Angabe eines Snapshots wird der aktuell selektierte Snapshot als Basis für die Um-/Rücksetzung der Properties verwendet. Benutzung durch
`revert [snapshot]`

Property Group Commands

Kommandos, die das Auflisten, Hinzufügen und Ändern von Propertygruppen ermöglichen.

listpg: Der Aufruf von *listpg* listet alle Property Gruppen der aktuellen Selektion auf inclusive aller Namen, Typen und Flags. Benutzung durch
`listpg [glob_pattern]`

addpg: Durch Verwendung des Kommandos *addpg* wird in der aktuelle Selektion eine Property Gruppe hinzugefügt. Es sind der Name der Property, der Typ und mögliche Flags zu spezifizieren. Benutzung durch
`addpg name type [P]`

delpg: Löschen einer Property Gruppe in der aktuellen Selektion unter Angabe des Namens der zu löschenden Property. Benutzung durch

```
delpg name
```

Property Commands

Kommandos auf Properties. Hier können Properties aufgelistet, gesetzt oder gelöscht werden. Hier können also Parameter wie die oben gewünschte Terminalemulation für den Console-login gesetzt werden.

listprop: Das Kommando *listprop* angewendet, führt zur Ausgabe der gesetzten Parameter wie es auch ein Aufruf von *svcprop(1)* außerhalb von *svccfg(1M)* ermöglicht. Benutzung durch

```
listprop [glob\_pattern]
```

setprop: Druch Anwendung des Kommandos *setprop* werden Properties eines Dienstes gesetzt beziehungsweise geändert. Hiermit kann somit der Terminaltyp des Dienstes *console-login* umgestellt werden. Benutzung durch

```
setprop pg/name = [type:] value
setprop pg/name = [type:] ([value...])
```

delprop: Die Anwendung des Programms *delprop* führt zur Löschung der aktuell selektierten Propertygruppe oder Property. Benutzung durch

```
delprop pg[/name]
```

editprop: Der Aufruf des Kommandos *editprop* öffnet eine *vi(1)*-Session in der die Properties der aktuellen Selektion in einer Kopie unter */tmp/...* editiert werden können. Der Defaulteditor ist */usr/bin/vi* ein Setzen oder Ändern der Environmentvariablen *EDITOR* beeinflußt die Auswahl des dazu aufgerufenen beziehungsweise verwendeten Editors. Benutzung durch

```
editprop
```

Property Value Commands

Kommandos zur Setzung der Propertyvalues

addpropvalue: Die Anwendung des Kommandos *addpropvalue* führt zur Hinzufügung des spezifizierten Wertes der spezifizierten Property Benutzung durch

```
addpropvalue pg/name [type:] value
```

delpropvalue: Ein Aufruf des Kommandos *delpropvalue* hat eine Löschung aller Werte die dem auf der Kommandozeile eingegebebem Pattern entsprechend Benutzung durch

```
delpropvalue pg/name glob\_pattern
```

setenv: Mit *setenv* lassen sich Environmentvariablen innerhalb von *svccfg(1M)* setzen. Die Environmentvariablen werden behandelt wie eine Property. Die Nutzung der Option *-i* beeinflußt die Instanz, die Benutzung der Option *-m* beeinflußt die spezifizierte Servicemethode , die Verwendung der Option *-s* beeinflußt die Servicedefaultmethodeneinstellung. Alte oder noch bestehende Einstellungen der betreffenden Variablen werden überschrieben. Benutzung durch

```
setenv [-s | -i | -m method] NAME value
```

unsetenv: Das Kommando *unsetenv* löscht etwaige Werte von Environmentvariablen. Die Option *-s* hat zur Folge, daß das Defaultverhalten der Methode verändert wird, die Verwendung der Option *-i* verändert die Instanz und *-m* erlaubt die explizite Spezifikation einer Methode, auf die *unset* wirken soll. Benutzung durch

```
unsetenv [-s | -i | -m method] NAME value
```

svccfg(1M) selbst bietet nicht nur die Nutzung im Interpretermodus. Es ist auch möglich dem Kommando *svccfg(1M)* Optionen und Parameter beim Aufruf von der Kommandozeile aus mitzugeben.

Mit diesem Kenntnisstand läßt sich nun auch der Tip im Kommentarteil der in Listing 7.27 wiedergegebenen */etc/inittab* einer OpenSolaris-Maschine verstehen. Demnach sollen nacheinander folgende Schritte ausgeführt werden:

1. Es ist *svccfg(1M)* im Interpretermodus interaktiv aufzurufen.
2. Es ist die Entity *console-login* zu selektieren.
3. Es ist die Property *ttymon/terminal_type* mit dem Kommando *setprop* auf den Wert *xterm* zu setzen
4. Es ist der *svccfg*-Kommandointerpreter zu verlassen

Das Verfahren läßt sich verallgemeinern, es ist jeweis zunächst zu evaluieren, welcher Service unter welchem Pfad in der Service Management Facility zu finden ist, es ist herauszubekommen, welche Parameter definiert sind und dann ist zu spezifizieren, welche Parameter wie geändert werden sollen. Bei Rollout Services ist eine Anpassung der Standardmanifeste zu überdenken, auf der anderen Seite reicht es aus, nach einer spezialisierten Installation ein angepaßtes Repository nachzuinstallieren, mit dem Nachteil, nicht alle notwendigen Informationen und Anpassungen im Falle eines Defektes des Repositories an Bord der betroffenen Maschine zu haben.

7.1.3.5 Einbindung eigener Dienste

Soll auf einer OpenSolaris Rechneranlage ein eigener Service installiert werden, derart, daß dieser bei einem Systemboot automatisch gestartet werden soll, so ist ein Manifest, eine Start- und eine Stopmethode zu erstellen, ähnlich wie in Clusterumgebungen für einen eigenen Service ein HA-Agent, Start- und Stopmethoden zu erstellen sind.

Zur Einbindung eigener Dienste ändert sich die administratorische Sicht auf die Service Management Facility entsprechend der Abbildung 7.8. Der Administrator muß zur Einbindung eigener oder zusätzlicher nicht per Default

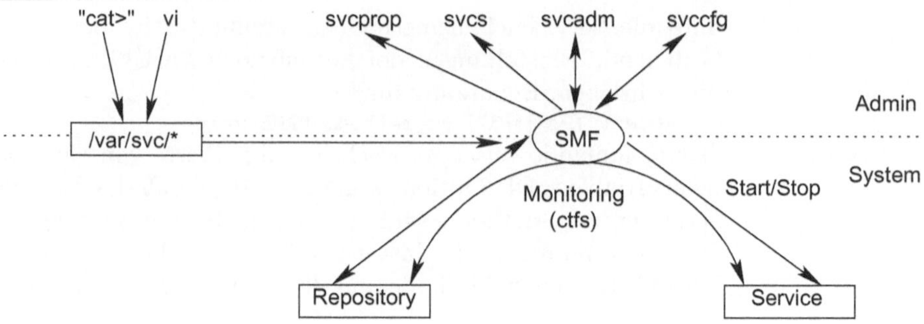

Abb. 7.8. SMF administrative Sicht

installierter Services oder Dienste die XML Resourcefiles, die zum Import des Dienstes in die Service Management Facility notwendig sind, selbst erstellen. Er muß

- eine Startmethode benennen oder schreiben,
- eine Stopmethode benennen oder schreiben,
- ein Servicemanifest schreiben, in dem er mindestens
  - eine Startmethode und
  - eine Stopmethode benennt, und
- es sollten Dependencies definiert werden

Anschließend ist der neue Serice der Service Management Facility bekannt zu geben beziehungsweise zu importieren und anschließend zu enablen. Dazu ist *svccfg import* und *svcadm enable* zu verwenden.

Zur Erstellung des Manifestes ist im Prinzip auf das ca. 760-zeilige DTD-File unter */usr/share/lib/xml/dtd/service_bundle.dtd.1* aufzusetzen, das durch Dateiinterne Kommentare und Hinweise sehr gut beschrieben ist. Da dies in der Praxis deutlich zu umfangreich oder komplex ist, wird in der Regel empfohlen, auf einem bereits existierenden Manifest eines ähnlichen Dienstes aufzusetzen.

7.1.4 Veränderte Systemadministration unter SMF

Die Service Management Facility bietet, wie zuvor gezeigt, ein System zum Start und Stop von Systemdiensten. Die Einstellungen gelten ab Ausführung des entsprechenden *svcadm(1M)* Kommandos und beschreiben gleichzeitig eine persistente Information über die betriebssystemseitige Konfiguration des Rechnerystems. Wie im Abschnitt 7.3 ab Seite 490ff. beschrieben, betrifft die Umstellung auf den Betrieb mit der Service Management Facility auch alle durch den *inetd(1M)* gesteuerte Serives. Mußte bis SOLARIS 9 ein Service zur Ausführung beim Systemboot aus den jeweiligen rc-Scriptverzeichnissen genommen werden, so ist mit der Service Management Facility ein Service durch ein *svcadm disable <service>* für dern nächsten Systemboot zu deaktivieren.

Ist beispielsweise *sendmail(1M)* zu deaktivieren, so ging dies bis SOLARIS 9 durch

mv /etc/rc2.d/S88sendmail /etc/rc2.d/nostart/S88sendmail
pkill -9 sendmail

und ab OPENSOLARIS dementsprechend durch ein simples

svcadm disable sendmail

Gleiches gilt für *inetd(1M)*-Services wie beispielsweise *ftp(1M)*. Mußte bis SOLARIS 9 die */etc/inetd.conf* editiert werden, der *ftp*-Service mußte auskommentiert oder gelösht werden, und anschließend mußte der *inetd(1M)* dazu veranlaßt werden die Neukonfiguration neu einzulesen, typischer Weise durch ein *kill -1 <inetdPID>*. Seit OPENSOLARIS ist dies vereinfacht durch den Aufruf von

inetadm disable ftp

Wobei der Aufruf von *svcadm disable network/ftp* die gleiche Wirkung hat. Hier sei die Eingabe von *svcs -a* empfohlen, um eine Übersicht der durch die Service Management Facility verwalteten Services zu erhalten.

7.1.5 SMF Desaster Recovery

Zuvor wurde in 7.1.3 dargelegt, daß die Service Management Facility im Wesentlichen nur auf das Repository unter */etc/svc/repository.db* zugreift, um als *zu starten* definierte Dienste zu starten und darauf zu achten, diese Dienste nachzustarten, sollten sie abnorm terminieren. In 4.3.5.2 wurde dargelegt, daß die Service Management Facility bei einem Systemboot durch *init(1)* gestartet wird und letztendlich unter Beachtung der definierten Abhängigkeiten das System in den Zielrunlevel bringt. Es kann jedoch passieren, daß das Repositoryfile defekt ist, die Boot-Repositories defekt sind, oder gar */etc/svc* leer ist. Das System kann damit im Prinzip nicht mehr Starten. Auch können keine Daemonprozesse wie *rshd(1M), sshd(1M)* etc. mehr gestartet werden, womit der Zugriff von Außen gesperrt ist.

Wann immer die */etc/svc/recovery.db* korrupt oder fehlerhaft ist und das Service Management Facility dies erkannt hat, typischerweise durch Anfrage zu einem zu startenden Prozeß oder eine direkte Anfrage an Service Management Facility, etwa das Auflisten aller Dienste per *svcs*-Aufruf, wird auf der Systemconsole */dev/console* die in Listing 7.28 zitierte Ausgabe beziehungsweise administrative Aufforderung ausgegeben.

Mit der in Listing 7.28 notierten Ausgabe bzw. Administrationsaufforderung bietet OPENSOLARIS in diesen Fällen Recoveryprozeduren an, die dem Administrator Möglichkeiten an die Hand geben, das Repository zu restaurieren. Dazu ist auf Informationen außerhalb der Service Management Facility zurückzugreifen, womit sich die administrative Sicht auf die Service Management Facility erweitert, um die XML-Files im Filesystem und deren Reimport

```
svc.configd: Fatal error: /etc/svc/repository.db: db error: file is encrypted o
    is not a database

   svc.configd: smf(5) database integrity check of:

       /etc/svc/repository.db
     failed. The database might be damaged or a media error might have
     prevented it from being verified.  Additional information useful to
     your service provider is in:

       /etc/svc/volatile/db_errors

     The system will not be able to boot until you have restored a working
     database.  svc.startd(1M) will provide a sulogin(1M) prompt for recovery
     purposes.  The command:

       /lib/svc/bin/restore_repository

     can be run to restore a backup version of your repository.  See
     http://sun.com/msg/SMF-8000-MY for more information.

   Requesting System Maintenance Mode
   (See /lib/svc/share/README for more information.)
   svc.configd exited with status 102 (database initialization failure)

   Root password for system maintenance (control-d to bypass):
```

Listing 7.28. *smf* Repository Defekt

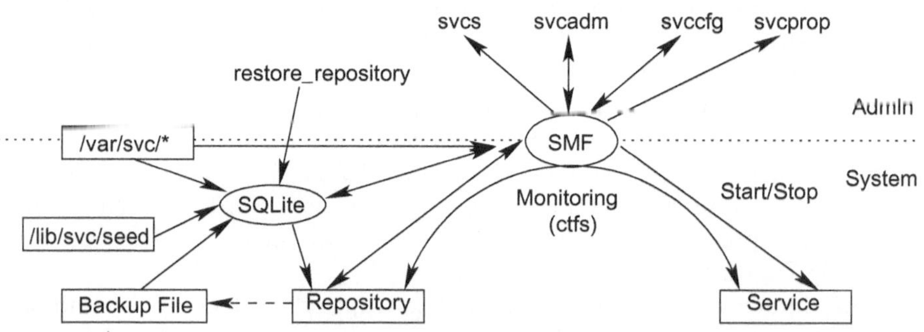

Abb. 7.9. SMF Desaster Recovery Sicht

in das Repository (Abbildung 7.9). Es werden drei unterschiedlich schwere Reparaturverfahren angeboten:

Verfahren	Arbeitsweise
1 *boot*	Restauration aus Boot-Repository
2 *manifest_import*	Restauration aus Manifestimport
3 *-seed-*	Restauration aus Default Repository

Tabelle 7.4. Repository Reparaturverfahren

Das Recovery versucht in erster Linie mit möglichst geringen Folgen eine Neuerstellung des Service Management Facility Repositories. Dazu wird versucht auf die unter */etc/svc* gesicherten Backup Files zurückzugreifen. Ihre Namensgebung und ihre Inhalte sind in Tabelle 7.5 aufgelistet.

repository-boot	Link auf letztes *repository-boot-<date>*
repository-boot-<date>	mehrere Generationen von Backupkopien der *repository.db*
repository-manifest_import	Link auf letztes *repository-manifest_import-<date>*
repository-manifest_import-<date>	mehrere Generationen von Manifestimporten
repository.db	Das Repository selbst

Tabelle 7.5. Backupfiles der Service Management Facility

Wobei darauf hinzuweisen ist, daß diese Files nicht einfach auf das Zielfile */etc/svc/repository.db* kopiert werden kann. Vielmehr ist nach der Restauration der */etc/svc/repository.db* aus einem der Backup Files ein Reinitialisierung notwendig, die jedoch, je nach Alter des Backups, kürzer, vielleicht auch länger dauern kann, als die Initialisierung nach dem ersten Reboot nach der Installation.

Bei Verfahren 1, Restauration aus Boot-Backup, werden die Modifikationen nach dem letzten Systemboot nicht berücksichtigt, da hier aus der Backupkopie des Repository-Files vor dem letzten Systemboot das aktuelle Repository-File erstellt wird. Es wird auf eines der *repository-boot-<date>* Files zurückgegriffen. Alle nach Erstellung der aktuellsten Boot-Backup-Kopie durchgeführten Modifikationen am SMF-Repository sind damit verloren und müssen bei Bedarf manuell nachgefahren werden.

Bei Verfahren 2, wenn kein integres Boot-Repository existiert, kann aus dem letzten Manifestimport restauriert werden. In diesem Fall werden die *repository-manifest_import-<date>* verwendet, und wenn das nicht geht, bleibt als letzte Möglichkeit, das initiale Repository-File von */lib/svc/seed/global.db* nach */etc/svc/repository.db* zu kopieren und den Import aller verzeichneten Dienste erneut durchzuführen. Hierbei gehen allerdings alle Anpassungen die auf dem System durchgrführt wurden verloren, sie sind somit mit *svcadm(1M)* oder *svccfg(1M)* nachzufahren. Sollte aus irgendeinem Grund

/lib/svc/seed/blobal.db auch defekt sein oder nicht mehr existent sein, so kann ein *global.db* von einer anderen Maschine oder aus Backups oder der Systeminstallations-CD verwendet werden.

In jedem Fall ist nach dem Abarbeiten des */lib/svc/bin/restore_repository* ein Reboot notwendig, der auch im Anschluß durch das Restore-Script selbst initiiert wird. Es folgt ein Systemboot mit Import von Diensten, wie es vom ersten Reboot nach einer Systeminstallation her bekannt ist.

Zur Sicherheit des Administrator seien an dieser Stelle alle drei Verfahren kurz exemplarisch durchgeführt.

7.1.5.1 Desaster Recovery Verfahren

Die Vorgehensweise bei einem SMF-Repository Desaster Recovery ist vergleichsweise einfach:

1. Boot der Maschine mit defektem Repository
2. Die Maschine wird den Bootvorgang beim Konsistenzcheck des Repository Files unterbrechen.
3. Es ist das root-Passwort einzugeben
4. Es ist sicherzustellen, daß / read/write gemountet ist. Liegt das root-Filesystem auf SLVM-Spiegeln, so ist zuvor ein "metarecover" zu veranlassen. Dazu ist
   a) (Nur bei SLVM) das Script */lib/svc/method/svc-metainit* aufzurufen, anscliessend ist
   b) das Script */lib/svc/method/fs-root* aufzurufen. Danach ist
   c) das Script */lib/svc/method/fs-usr* aufzurufen.
5. Nachdem das root-Filesystem read/write erreichbar ist, ist */lib/svc/bin/restore_repository* aufzurufen und das Recovery-Verfahren auszuwählen, siehe 7.1.5.
6. Dem Recovery-Script ist Folge zu leisten
7. Es wird ein Reboot initiiert
8. Es folgt ein Boot mit Manifestimport
9. Es sind alle verlorengegangenen Modifikationen an SMF-gesteuerten Diensten nachzufahren.

Es ist zu bedenken, daß zum einen das */etc/svc/repository.db* die korrekten Filepermissions haben sollte:

```
-rw-------   1 root   sys   2418688 Dec  8 22:03 /etc/svc/repository.db
```

Dies gilt auch für die Backupfiles, da aus diesen recovered wird. Zum Anderen wird jeder Aufrunf von */lib/svc/bin/restore_repository* ein interaktives Recovery auf der Systemconsole fordern. Es kann bei einem Defekt der */etc/svc/repository.db* mit hoher Wahrscheinlichkeit passieren, daß zwei Prozesse gleichzeitig interaktive Eingaben auf der Systemconsole erwarten. Das bedeutet, daß zum einen das *restore_repository* einen Teil der interaktiv eingegebenen Zeichenketten annimmt und der Rest bei der auf der Systemconsole laufenden Applikation landet. Dieses Verhalten ist zu beobachten, wenn ein SPARC-basiertes OpenSolaris-System über eine Serielle Console bedient wird, angeschlossen an einen Terminalkonzentrator oder über eine ALOM basierte Console gefahren wird, wie dies im Rechenzentrumsbereich typisch ist. Sollte bei der gleichen Situation die OpenSolaris-Maschine über eine GUI-Console gefahren werden, also statt einer seriellen Console eine dedizierte Tastatur/Maus angeschlossen sein, zweckmäßiger Weise dann auch ein dedizierter Monitor, so merkt derjenige, der auf der GUI-Systemconsole arbeitet davon nicht viel. Im Falle der Verwendung einer GUI-Console läßt sich, bei schon vor dem Repositorydefekt aufgebauter Remoteconnection die supportete Reparaturmethode durch Aufruf von */lib/svc/bin/restore_repository* auch auf gleicher Shell abarbeiten. Spätestens der durch das Recoveryverfahren initiierte Reboot wird nicht nur dem User auf der GUI-Systemconsole auffallen. Hier ist seitens des Administrators entsprechend zu verfahren.

7.1.5.1.1 Desaster Recovery aus Boot-Backup Files

In dem hier aufgezeigten Besipiellauf entsprechend Verfahren 1 in 7.1.5 ist die */etc/svc/repository.db* defekt, es existieren jedoch Boot-Backup-Repositories, die beim letzten Systemboot gesichert wurden. Das Verfahren der Erstellung aus alten Boot-Backups hat den geringsten impact aus das System:

```
Boot device: /pci@1f,4000/scsi@3/disk@0,0:a  File and args:
SunOS Release 5.11 Version snv_23 64-bit
Copyright 1983-2005 Sun Microsystems, Inc.  All rights reserved.
Use is subject to license terms.
/
svc.configd: smf(5) database integrity check of:

    /etc/svc/repository.db

  failed. The database might be damaged or a media error might have
  prevented it from being verified.  Additional information useful to
  your service provider is in:

    /etc/svc/volatile/db_errors

  The system will not be able to boot until you have restored a working
  database.  svc.startd(1M) will provide a sulogin(1M) prompt for recovery
  purposes.  The command:

    /lib/svc/bin/restore_repository

  can be run to restore a backup version of your repository.  See
  http://sun.com/msg/SMF-8000-MY for more information.

Requesting System Maintenance Mode
(See /lib/svc/share/README for more information.)
```

```
svc.configd exited with status 102 (database initialization failure)

Root password for system maintenance (control-d to bypass):


single-user privilege assigned to /dev/console.
Entering System Maintenance Mode

# /lib/svc/bin/restore_repository
See http://sun.com/msg/SMF-8000-MY for more information on the use of
this script to restore backup copies of the smf(5) repository.

If there are any problems which need human intervention, this script will
give instructions and then exit back to your shell.

Note that upon full completion of this script, the system will be rebooted
using reboot(1M), which will interrupt any active services.

The / filesystem is mounted read-only.

This must be rectified before /lib/svc/bin/restore_repository can continue

If / or /usr are on SVM (md(7d)) partitions, first run
    /lib/svc/method/svc-metainit

To properly mount / and /usr, run:
    /lib/svc/method/fs-root
then
    /lib/svc/method/fs-usr

After those have completed successfully, re-run:
    /lib/svc/bin/restore_repository

to continue.

# /lib/svc/method/fs-root
# /lib/svc/method/fs-usr
# /lib/svc/bin/restore_repository

See http://sun.com/msg/SMF-8000-MY for more information on the use of
this script to restore backup copies of the smf(5) repository.

If there are any problems which need human intervention, this script will
give instructions and then exit back to your shell.

Note that upon full completion of this script, the system will be rebooted
using reboot(1M), which will interrupt any active services.

The following backups of /etc/svc/repository.db exist, from
```

```
oldest to newest:

boot-20051208_193532
manifest_import-20051208_194453

The backups are named based on their type and the time what they were taken.
Backups beginning with "boot" are made before the first change is made to
the repository after system boot.  Backups beginning with "manifest_import"
are made after svc:/system/manifest-import:default finishes its processing.
The time of backup is given in YYYYMMDD_HHMMSS format.

Please enter either a specific backup repository from the above list to
restore it, or one of the following choices:

        CHOICE            ACTION
        ----------------  ----------------------------------------------
        boot              restore the most recent post-boot backup
        manifest_import   restore the most recent manifest_import backup
        -seed-            restore the initial starting repository  (All
                            customizations will be lost, including those
                            made by the install/upgrade process.)
        -quit-            cancel script and quit

Enter response [boot]:boot

After confirmation, the following steps will be taken:

svc.startd(1M) and svc.configd(1M) will be quiesced, if running.
/etc/svc/volatile/db_errors
    -- copied --> /etc/svc/repository.db_old_20051208_195427_errors
/etc/svc/repository-boot
    -- copied --> /etc/svc/repository.db
and the system will be rebooted with reboot(1M).

Proceed [yes/no]?
Proceed [yes/no]? yes

Quiescing svc.startd(1M) and svc.configd(1M): done.
/etc/svc/volatile/db_errors
    -- copied --> /etc/svc/repository.db_old_20051208_195427_errors
/etc/svc/repository-boot
    -- copied --> /etc/svc/repository.db

The backup repository has been successfully restored.

Rebooting in 5 seconds.

syncing file systems... done
rebooting...
```

```
Resetting ...

SPARCengine AXdp (2 X UltraSPARC-II 296MHz), No Keyboard
OpenBoot 3.31, 1024 MB memory installed, Serial #10711951.
Ethernet address 8:0:20:a3:73:8f, Host ID: 80a3738f.



Rebooting with command: boot
Boot device: /pci@1f,4000/scsi@3/disk@0,0:a  File and args:
SunOS Release 5.11 Version snv_23 64-bit
Copyright 1983-2005 Sun Microsystems, Inc.  All rights reserved.
Use is subject to license terms.
Hostname: nova
Loading smf(5) service descriptions:   4/126
.....
Loading smf(5) service descriptions:   126/126


nova console login:
```

Danach steht die Maschine wieder bereit. Etwaige Modifikationen, etwa das Stoppen des *sendmail(1M)* Diensten oder die Einbindung eigener Dienste sind wieder manuell nachzufahren.

7.1.5.1.2 Desaster Recovery aus Manifestimport

Wenn aus den letzten Boot-Backup Files kein Recovery mehr möglich ist oder aus anderen Gründen das Recovery aus alten Boot-Backup Files nicht gewünscht ist, kann aus den letzten Manifestimports ein Recovery stattfinden. Das Verfahren ist dem des Recovery aus Boot-Backup Files recht ähnlich, die Anzahl der notwendigen Neuimporte nach dem ersten durch das Recoveryscript initiierten Reboots kann jedoch unterschiedlich sein. Der nachfolgende Beispiellauf zeigt dies:

```
/
svc.configd: smf(5) database integrity check of:

    /etc/svc/repository.db

  failed. The database might be damaged or a media error might have
  prevented it from being verified.  Additional information useful to
  your service provider is in:

    /etc/svc/volatile/db_errors

  The system will not be able to boot until you have restored a working
  database.  svc.startd(1M) will provide a sulogin(1M) prompt for recovery
  purposes.  The command:
```

```
    /lib/svc/bin/restore_repository

  can be run to restore a backup version of your repository.  See
  http://sun.com/msg/SMF-8000-MY for more information.

Requesting System Maintenance Mode
(See /lib/svc/share/README for more information.)
svc.configd exited with status 102 (database initialization failure)

Root password for system maintenance (control-d to bypass):
single-user privilege assigned to /dev/console.
Entering System Maintenance Mode

Dec  8 20:09:33 su: 'su root' succeeded for root on /dev/console
Sun Microsystems Inc.   SunOS 5.11      snv_23  October 2007
# /lib/svc/method/fs-root
# /lib/svc/method/fs-usr
# /lib/svc/bin/restore_repository

See http://sun.com/msg/SMF-8000-MY for more information on the use of
this script to restore backup copies of the smf(5) repository.

If there are any problems which need human intervention, this script will
give instructions and then exit back to your shell.

Note that upon full completion of this script, the system will be rebooted
using reboot(1M), which will interrupt any active services.

The following backups of /etc/svc/repository.db exist, from
oldest to newest:

manifest_import-20051129_134416
manifest_import-20051210_150642
manifest_import-20051210_152223
boot-20051210_153955
boot-20051210_154546
manifest_import-20051210_154555
boot-20051210_155645
boot-20051210_162953

The backups are named based on their type and the time what they were taken.
Backups beginning with "boot" are made before the first change is made to
the repository after system boot.  Backups beginning with "manifest_import"
are made after svc:/system/manifest-import:default finishes its processing.
The time of backup is given in YYYYMMDD_HHMMSS format.

Please enter either a specific backup repository from the above list to
restore it, or one of the following choices:
```

```
        CHOICE              ACTION
        ----------------    ----------------------------------------------
        boot                restore the most recent post-boot backup
        manifest_import     restore the most recent manifest_import backup
        -seed-              restore the initial starting repository  (All
                              customizations will be lost, including those
                              made by the install/upgrade process.)
        -quit-              cancel script and quit

Enter response [boot]: manifest_import

After confirmation, the following steps will be taken:

svc.startd(1M) and svc.configd(1M) will be quiesced, if running.
/etc/svc/repository.db
    -- renamed --> /etc/svc/repository.db_old_20051210_180142
/etc/svc/volatile/db_errors
    -- copied --> /etc/svc/repository.db_old_20051210_180142_errors
/etc/svc/repository-manifest_import
    -- copied --> /etc/svc/repository.db
and the system will be rebooted with reboot(1M).

Proceed [yes/no]? y

Quiescing svc.startd(1M) and svc.configd(1M): done.
/etc/svc/repository.db
    -- renamed --> /etc/svc/repository.db_old_20051210_180142
/etc/svc/volatile/db_errors
    -- copied --> /etc/svc/repository.db_old_20051210_180142_errors
/etc/svc/repository-manifest_import
    -- copied --> /etc/svc/repository.db

The backup repository has been successfully restored.

Rebooting in 5 seconds.
syncing file systems... done
rebooting...
Resetting ...

SPARCengine AXdp (2 X UltraSPARC-II 296MHz), No Keyboard
OpenBoot 3.31, 1024 MB memory installed, Serial #10711951.
Ethernet address 8:0:20:a3:73:8f, Host ID: 80a3738f.



Rebooting with command: boot
Boot device: /pci@1f,4000/scsi@3/disk@0,0:a  File and args:
SunOS Release 5.11 Version snv_23 64-bit
```

```
Copyright 1983-2005 Sun Microsystems, Inc.  All rights reserved.
Use is subject to license terms.
Hostname: nova
Loading smf(5) service descriptions:   1/1


nova console login:
```

Danach steht die Maschine wieder bereit. Etwaige Modifikationen, etwa das Stoppen des *sendmail(1M)* Dienstes oder die Einbindung eigener Dienste sind wieder manuell nachzufahren.

7.1.5.1.3 Desaster Recovery aus Default Repository

In dem hier aufgezeigten Besipiellauf entsprechend Verfahren 3 in 7.1.5 ist die */etc/svc/repository.db* defekt, es existieren keine Boot-Backup-Repositories und keine alten Manifestimporte. Es ist folglich auf einer Default *repository.db* aufzusetzen, welche aus */lib/svc/seed/global.db* kopiert wird. Das Verfahren hat maximalen impact auf das System, alle Modifikationen an durch die Service Management Facility verwalteten Dienste sind verloren und somit nach dem Recovery nachzuziehen:

```
/
svc.configd: smf(5) database integrity check of:

    /etc/svc/repository.db

  failed. The database might be damaged or a media error might have
  prevented it from being verified.  Additional information useful to
  your service provider is in:

    /etc/svc/volatile/db_errors

  The system will not be able to boot until you have restored a working
  database.  svc.startd(1M) will provide a sulogin(1M) prompt for recovery
  purposes.  The command:

    /lib/svc/bin/restore_repository

  can be run to restore a backup version of your repository.  See
  http://sun.com/msg/SMF-8000-MY for more information.

Requesting System Maintenance Mode
(See /lib/svc/share/README for more information.)
svc.configd exited with status 102 (database initialization failure)

Root password for system maintenance (control-d to bypass):
single-user privilege assigned to /dev/console.
Entering System Maintenance Mode
```

```
Dec  8 20:09:33 su: 'su root' succeeded for root on /dev/console
Sun Microsystems Inc.   SunOS 5.11      snv_23  October 2007
# /lib/svc/method/fs-root
# /lib/svc/method/fs-usr
# /lib/svc/bin/restore_repository

See http://sun.com/msg/SMF-8000-MY for more information on the use of
this script to restore backup copies of the smf(5) repository.

If there are any problems which need human intervention, this script will
give instructions and then exit back to your shell.

Note that upon full completion of this script, the system will be rebooted
using reboot(1M), which will interrupt any active services.

repository-*-[0-9]*[0-9]: No such file or directory
There are no available backups of /etc/svc/repository.db.
The only available repository is "-seed-".  Note that restoring the seed
will lose all customizations, including those made by the system during
the installation and/or upgrade process.

Enter -seed- to restore from the seed, or -quit- to exit: -seed-

After confirmation, the following steps will be taken:

svc.startd(1M) and svc.configd(1M) will be quiesced, if running.
/etc/svc/volatile/db_errors
    -- copied --> /etc/svc/repository.db_old_20051208_201034_errors
/lib/svc/seed/global.db
    -- copied --> /etc/svc/repository.db
and the system will be rebooted with reboot(1M).

Proceed [yes/no]?
Proceed [yes/no]? yes

Quiescing svc.startd(1M) and svc.configd(1M): done.
/etc/svc/volatile/db_errors
    -- copied --> /etc/svc/repository.db_old_20051208_201034_errors
/lib/svc/seed/global.db
    -- copied --> /etc/svc/repository.db

The backup repository has been successfully restored.

Rebooting in 5 seconds.

syncing file systems... done
rebooting...
Resetting ...
```

```
SPARCengine AXdp (2 X UltraSPARC-II 296MHz), No Keyboard
OpenBoot 3.31, 1024 MB memory installed, Serial #10711951.
Ethernet address 8:0:20:a3:73:8f, Host ID: 80a3738f.



Rebooting with command: boot
Boot device: /pci@1f,4000/scsi@3/disk@0,0:a  File and args:
SunOS Release 5.11 Version snv_23 64-bit
Copyright 1983-2005 Sun Microsystems, Inc.  All rights reserved.
Use is subject to license terms.
Hostname: nova
Loading smf(5) service descriptions:   9/126
.....
Loading smf(5) service descriptions:   126/126


nova console login:
```

Danach steht die Maschine wieder bereit.

7.1.5.2 SMF Special Issues

Gerade für Rechnersysteme gilt:

> In Anlehnung an Murphy's Law: Was passieren kann passiert auch irgendwann.

Jedoch gilt hier der besondere Vorteil eines guten UNIX-basierten Rechnersystemes, sich, wenn noch eine Shell offen ist, aus fast jeder Situation retten zu können. Es ist nur unter Umständen ausreichend langwierig oder schwierig. Auf jeden Fall sollte ein Administrator in solchen Fällen die Zusammenhänge kennen. Dies gilt auch für den Betrieb der SMF-Umgebung. Die im Folgenden beschriebenen Beobachtungen und Verfahren wurden auf einem System mit ALOM-Console durchgeführt. Bei der Verwendung einer GUI-Console, wie dies bei Workstations ab und zu der Fall ist[6] wird der Benutzer, der auf der GUI-Console arbeitet, keinerlei Warnungen erhalten (Stand SOLARISEXPRESS, SOLARIS 11 snv_23)

Ein beliebiger Benutzer führt wie folgt das Kommando *svcs* aus, um eine Übersicht über laufende Dienste zu bekommen und bekommt stattdessen nachfolgende Fehlermeldung:

```
lisa@endeavour> svcs
svcs: svcs.c:349: Unexpected libscf error: ↙...
      ↪  connection to repository broken.  Exiting.
```

[6] Als Alternativkonzept sei hier SUNRay statt Workstation empfohlen

Gleichzeitig erfolgt auf */dev/console* folgende Ausgabe, bzw. Aufforderung:

```
svc.configd: Fatal error: /etc/svc/repository.db: ↙...
    ↪ db error: file is encrypted or is not a database
svc.configd: smf(5) database integrity check of:
    /etc/svc/repository.db
failed. The database might be damaged or a media error might have
prevented it from being verified.  Additional information useful to
your service provider is in:
    /etc/svc/volatile/db_errors
The system will not be able to boot until you have restored a working
database.  svc.startd(1M) will provide a sulogin(1M) prompt for recovery
purposes.  The command:
    /lib/svc/bin/restore_repository
can be run to restore a backup version of your repository.  See
http://sun.com/msg/SMF-8000-MY for more information.
Requesting System Maintenance Mode
(See /lib/svc/share/README for more information.)
svc.configd exited with status 102 (database initialization failure)
Root password for system maintenance (control-d to bypass):
```

Was ist passiert?	Die Datei */etc/svc/repository.db* ist korrupt.
Folgen?	Kein über Service Management Facility gesteuerter Service wird mehr gestartet oder überwacht. (Jetzt funktioniert auch endlich *pkill -9 sendmail* wieder)
Was ist zu tun?	Es ist das Repository wieder herzustellen.

In einem solchen Fall werden folgerichtig alle Versuche per *rsh(1), ssh(1), telnet(1), ftp(1)* etc. einen Systemzugang zu erhalten abgewiesen, da der korrespondierende Daemonprozess durch das Fehlen Service Management Facility Informationen nicht gestartet wird.

7.1.5.2.1 /etc/svc/repository.db *Onlinerecovery*

Der Reboot von in Produktion befindlichen Rechneranlagen ist in der Regel nicht immer uneingeschränkt zulässig oder zweckmäßig. Mittels der nachfolgend beschriebenen Onlinerecoveryprozedur kann ein Reboot vermieden werden. Unter der Voraussetztung, das

1. eine offene Shell auf der Maschine läuft, an die der Administrator herankommt,
2. Der Aufruf von *su* von beliebigen, respektive den in dieser Shell verfügbaren Useraccounts aus zulässig ist,
3. der Administrator in dieser Shell ein *su* erfolgreich absetzen konnte,
4. irgendwoher eine aktuelle und intakte */etc/svc/repository.db* erhältlich ist (FTP Floppy, USB-Stick, oder anderen zur Verfügung stehenden Austauschmedien oder Pfade)

besteht die Möglichkeit mit nachfolgend beschriebenem Verfahren ohne einen Reboot der Maschine und ohne umfangreichen Neuimport von Manifesten den Betrieb des Systems aufrecht zu erhalten. Dazu ist wie folgt zu verfahren:

1. Bei Bedarf ist ein *su* - unter Verwendung eines geeigneten Passwortes auszuführen, um die notwendigen Berechtigungen zu erhalten.
2. Es ist eine intakte und fehlerfreie */etc/svc/repository.db* bereitzustellen, beispielsweise aus vorgehaltener Kopie.
3. Es ist der */lib/svc/bin/svc.startd* zu terminieren. Er wird vom System wieder neu gestartet. Ab diesem Zeitpunkt läuft die Service Management Facility wieder fehlerfrei, jedoch bleibt die *restore_repository*-Aufforderung bestehen.
4. Es ist die *restore_repository*-Aufforderung auf */dev/console* zu terminieren. Dazu ist der treffende Prozeß *sulogin* aus der Prozeßtabelle zu identifizieren und zu terminieren.
5. Bei Bedarf sind die Linedisciplines auf */dev/console* wieder herzustellen. Am schnellsten kann dies durch *svcadm restart console-login* erreicht werden.

Dieses Verfahren wurde getestet unter SOLARIS *11, SunOS 5.11 snv_23* und unter *SunOS 5.10.1 snv_10* und hat keine Nebeneffekte oder Verklemmungen gezeigt. Dennoch kann an dieser Stelle keine belastbare Garantie für diese Verfahren gegeben werden, es ist zur Zeit nicht von SUN qualifiziert. Eine Überprüfung des Verwendbarkeit dieser Prozedur bei anderen OPENSOLARIS-Releases ist zweckmäßig. Zum Nachstellen ist darauf zu achten, daß ein reines Löschen oder ein Umbenennen des Repositoryfiles nicht ausreichend ist, dieses Verhalten zu testen, denn der Filehandle ist immer noch offen. Es muß schon das Repositoryfile geeigenete Defekte aufweisen. Oftmals weisen Festplatten an den Stellen Defekte auf, an denen man es bemerkt. In den seltensten Fällen bleibt dabei auf die File- oder Repositorystruktur der daruf liegenden Daten erhalten.

Es gilt:

> Der seitens SUN supportete Weg der Restauration der Datenbankdatei */etc/svc/repository.db* ist der mit einem Reboot verbundene Weg über die Recoveryprozedur durch */lib/svc/bin/restore_repository.*

7.1.6 Das SMF-Repository, SQLite

Sollte es immer noch Administratoren geben, die interressiert, was auf ihrem System läuft, wie es startet und wo es Konfigurationsinformationen ablegt, sei gesagt, daß die Service Management Facility als Datastore eine SQL-Datenbank nutzt. Es wurde die freie Implementation (Public Domain) SQLite gewählt, das Binary liegt unter */lib/svc/bin/sqlite*, wie auch in Abbildung 7.2 dargestellt. Die Service Management Facility greift über das API auf die Datenbank, bzw. bei einem Recovery durch das *restore_recovery*-Script mit dem im Script aufgerufenen Kommando *sqllite* zu. SQLite selbst bietet über ein API den Zugriff auf einen SQL-Prozessor, der die an ihn gesendeten SQL-Statements zunächst an einen Tokenizer zur Zerlegung sendet, welcher seinerseits den Parser aufruft. Der dann erzeugte Code wird an den SQL-Prozessor zurückgegeben, welcher die Anfrage an die SQL-Engine weiter gibt.

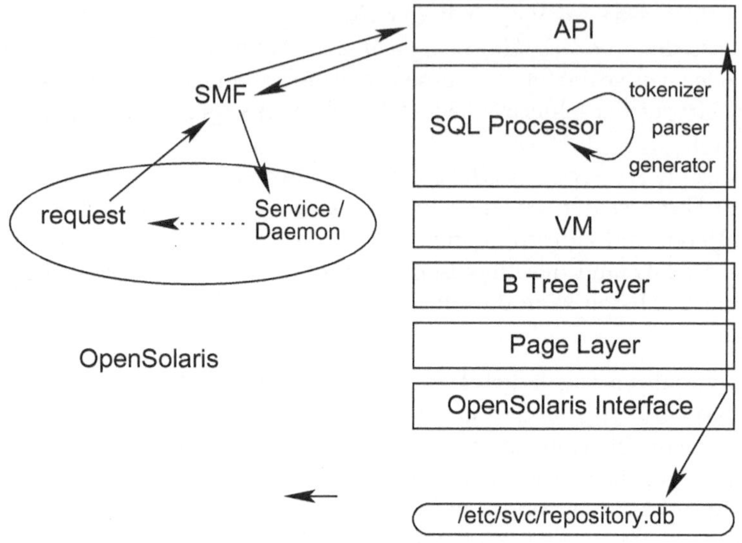

Abb. 7.10. SMF, SQLite-Einbettung

Die Ablage erfolgt in einem B Tree, dessen Seiten gecached werden. Es wird nicht direkt auf das darunter liegende Betriebssystem zugegriffen, sondern über einen Abstraktionslayer. SQLite ist damit für unterschiedliche Betriebssysteme verfügbar. Bei OPENSOLARIS wird SQLite systemseitig gegenwärtig nur als Datastore für die Service Management Facility genutzt.

7.1.6.1 Das Administrationsinterface von SQLite

Zuvor ein vorsichtiger Hinweis: Es ist nicht auszuschließen, daß eine geeigente Modifikation des Datafiles die Funktion der Service Management Facility beeinflußt. Typischerweise achtet eine offene Applikation nicht unbedingt darauf, ob sich das Arbeitsfile darunter ändert, insbesondere wenn sie davon ausgehen kann, die einzige manipulierende Applikation zu sein. Das Risiko ist jedoch auf eine Betriebsunterbrechung durch einen Reboot und eine Recoveryprozedur eingrenzbar, siehe Desaster Recovery der Service Management Facility unter Abschnitt 7.1.5. Das Arbeiten auf Repositoryfilekopien ist daher dringend zu empfehlen.

Datenbanken bieten in der Regel ein Administrations- und ein Userinterface. Da SQLite eine sehr kleine Datenbank ist, sind die administrativen Möglichkeiten sehr stark eingeschränkt, reichen aber für den Verwendungszweck vollständig aus, da der SOLARIS-Administrator ohnehin keine Sicherungskopien auf Datenbankebene durchführen, Schemata ändern oder ähnliches in dem Service Management Facility Repository durchführen muß.

Kommando	Funktion
.databases	Auflistung der angebundenen Datenbankfiles
.dump TABLE	Ausgabe einzelner Tables der Datenbank in plain ASCII
.echo ON—OFF	Wiederholte Asugabe des Kommandos bei Ausführung ein- oder ausschalten
.exit, .quit	Verlassen von SQLite
.explain ON—OFF	Ausgabemodus für EXPLAIN umschalten
.header(s) ON—OFF	Anzeige der Header ein oder aussschalten
.help	Hilfeanzeige
.indices TABLE	Alle Inices anzeigen
.mode MODE	Modusumscahltung, unterstützt ist line, column insert, list und html
.mode insert TABLE	Erzeugung einer Insertanweisung
.nullvalue STRING	Bei Ausgabe soll für leere Felder STRING ausgegeben werden
.output <file>	Alle Ausgaben sollen in die Datei DATAOUT geschrieben werden
.output stdout	Ausgabe erfolgt nach Standard Out
.prompt p1 p2	Ersetzung der Standardprompts *sqlite>* und *...>*
.read <file>	Einlesen und Ausführen einer SQL-Anweisung aus einer Datei
.schema ?TABLE?	Create Anweisungen für Tabellen Ausgeben
.separator STRING	Trennzeichen für List-Ausgaben definieren
.show	Eingestellte Parameter anzeigen
.tables <Pattern>	Tabellen deren Namen dem Pattern entsprechen ausgeben
.timeout value	Gelockte Tabellen sollen value Millisekunden geöffnet werden
.width NUM NUM	Spaltenbreite für Ausgabe setzen

Tabelle 7.6. SQLite Administrationskommandos

Die Kommandos des Administrationsinterfaces sind in Tabelle 7.6 aufgelistet, das SQL-Interface ist in Tabelle 7.7 dargestellt. Es ist zu sehen, daß das angebotene SQL-Interface für die Größe des Datenbanksystems recht umfangreich ist. Besonderheiten sind, daß auf VIEWs nicht geschrieben werden kann und die Möglichkeit besteht unter Verwendung des PRAGMA Kommandos ein Schema zu durchsuchen, die Betriebsweise der Library zu modifizieren, als auch die User- und Schemaversionen zu durchsuchen und ein Debugging durchzuführen. *CHECK* Bedingungen werden zwar gelesen, jedoch bis auf *UNIQUE* und *NOT NULL* nicht erzwungen, das gleiche gilt für *FOREIGN KEY*-Bedingungen. Das Kommando *ALTER TABLE* ist auf die Funktionen

ADD COLUMN und *RENAME TABLE* begrenzt, es werden keine genesteten Transaktionen unterstützt. Die Zugriffsrechtevergabe beschränkt sich auf die UNIX Filepermissions des Databasefiles, hier */etc/svc/repository.db*.

ALTER TABLE	ANALYSE	ATTACH DATABASE
SELECT	UPDATE	ON CONFLICT <Regel>
CREATE INDEX	DROP INDEX	BEGIN TRANSACTION
CREATE TABLE	DROP TABLE	ROLLACK TRANSACTION
CREATE TRIGGER	DROP TRIGGER	COMMIT TRANSACTION
CREATE VIEW	DROP VIEW	END TRANSACTION
VACUUM	COPY	EXPLAIN
DELETE	INSERT	PRAGMA
comment	REINDEX	REPLACE
expression	DETACH DATABASE	

Tabelle 7.7. SQLite sql Interface

7.1.6.2 Tabellen der Service Management Facility

Die Service Management Facility führt zehn Tablespaces in der SQLite Datenbank. Im Vergleich zu den in der Beschreibung in 7.1.3.4.1 dargestellten Operationen auf dem Service Management Facility Repository hier die darunterliegenden Tablespaces. Im Prinzip beschreiben sich die Tablespaces zusammen mit der Beschreibung zu *svccfg(1)* in 7.1.3.4.1 von selbst.

id_tbl	
instance_tbl	Tablespace in dem die Serviceinstanzen gehalten werden
pg_tbl	Start- und Stopmethoden und Parameter etc. (Property Group)
prop_lnk_tbl	Property Table
schema_version	Zur Zeit Version 5 (SOLARISEXPRESS 11 snv_23)
service_table	Tabelle aller durch die Service Management Facility gesteuerten Dienste.
snaplevel_tbl	Tabelle mit Snaplevel
snapshot_lnk_tbl	Snapshots von Properties
snaplevel_lnk_tbl	Snaplevel zu Snapshot Tabelle
value_tbl	Parameter, Variablen, Pfade zu Daemonprozessen, Dependencies

7.2 System Logging

Rolf M Dietze, Tatjana S Heuser

Der Systemkern, wie auch viele Programme, erzeugen Systemmeldungen. Um diesen ein einheitliches Format mit Zeitstempel zu geben, und die Archivierung und Ausgabe dieser Meldungen in chronologisch richtiger Reihenfolge zu ermöglichen gibt es einen eigenen Daemon, den *syslogd(1M)*.

Diesem Daemon wird über ein Konfigurationsfile, */etc/syslog.conf*, definiert wie er eingehende Meldungen zu behandeln hat. Da eine Kategorisierung sowohl nach Quelle, *facility* genannt, als auch nach Level der Meldung stattfindet, ist es möglich innerhalb dieses Rasters Unterscheidungen zu treffen, und beispielsweise alle Meldungen, die der Kategorie *mail* zugeordnet sind, in ein eigenes Logfile auf dem Mailserver zu lenken. Wie in Abbildung 7.11 auf Seite 480 dargestellt, kann dieses Logfile auch auf einem anderen Server liegen. Die möglichen Facilities und Level werden jeweils in eigenen Abschnitten dieses Kapitels erläutert.

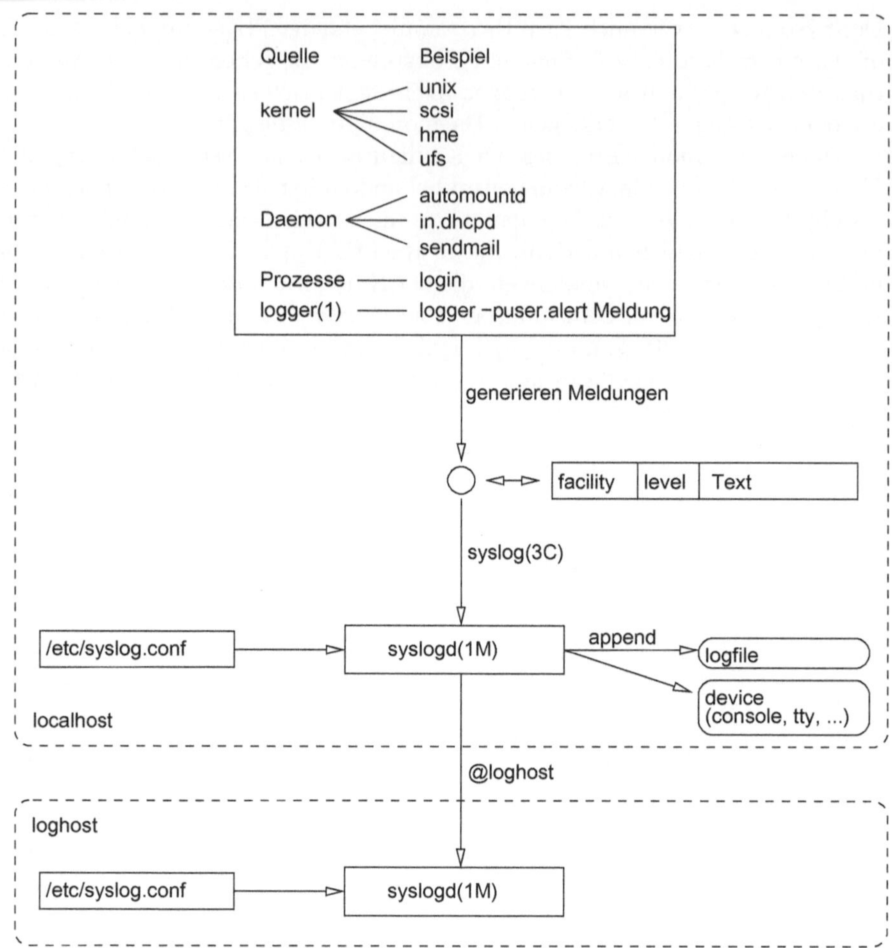

Abb. 7.11. Die Arbeitsweise des Syslog Daemons

Nachfolgend einige Beispiele für *syslog*–Meldungen

Abweichend vom Bildschirmformat erfolgte ein Umbruch auf die Seitenbreite.

```
Feb 30 05:21:03 nx1 ufs: [ID 723968 kern.notice] ↙...
      ↪ alloc /: file system full
```

Eine Mitteilung des Kernels: Das root Filesystem ist vollgelaufen. Der Level ist mit "notice", d.h. signifikant angegeben.

```
Feb 31 17:37:07 nx1 eri: [ID 517527 kern.info] ↙...
      ↪  SUNW,eri1: 100 Mbps full duplex link up
```

Ebenfalls vom Kernel, jedoch nur informativen Charakters: Der 100Base TX link auf Interface *eri1* ist gerade aktiv geworden. Ob hieraus ein Handlungsbedarf entsteht ist nur durch Kenntnis des Betriebes und Kontextes zu klären. Diese Meldung wird zum einen während des Systemstartes erzeugt, wenn das Interface konfiguriert wird (so wie es bei diesem Beispiel der Fall war), kann jedoch bei häufigerem, nicht durch administrative Eingriffe bedingtem Vorkommen ein Hinweis auf Netzprobleme sein.

```
May 35 00:24:34 nx1 login: [ID 446407 auth.crit] ↙...
    ↪  REPEATED LOGIN FAILURES ON /dev/pts/19
```

Eine Meldung von sicherheitsrelevanter Bedeutung: Auf einem lokalen pseudotty fanden fünf vergebliche Versuche statt, sich einzuloggen. Wäre der Versuch von einem externen Host aus, z.B. über Telnet erfolgt, wäre noch die Information `FROM <host>` verzeichnet gewesen.

7.2.1 Netzwerkweites Logging auf einem zentralem Loghost

Die Meldungen der Syslog Daemonen sind besonders in der forensischen Analyse von sicherheits,– und betriebsrelevanten Vorfällen von Bedeutung. Es empfiehlt sich daher aus verschiedenen Gründen, wichtige Meldungen an einer zentralen, besonders gesicherten Stelle mitloggen zu lassen:

- Die Meldungen auch mehrerer Systeme stehen an zentraler Stelle, und sind in der Folge leichter auswertbar, da nicht die Logfiles auf jedem System einzeln abgerufen und ausgewertet werden müssen.
- Die Meldungen auch mehrerer Systeme stehen in chronologischer Reihenfolge, Abhängigkeiten der Systeme voneinander werden deutlich.
- Die Meldungen haben eine einheitliche Zeitbasis. Abweichungen und Manipulationen an einzelnen Systemen sind hierdurch überprüfbar.

Abhängig von der Höhe des Sicherheitsbedarfes kann es an dieser Stelle sogar erforderlich sein, die Meldungen zentral auf einem nicht nachträglich verfälschbaren Medium, beispielsweise einem Teletype Terminal als Console, einem Drucker, einem über serielle Schnittstelle eingebundenem logging device ohne Netzwerkzugang, oder einem WORM–Medium *(Write Once Read Many)* mitloggen zu lassen. Zusammen mit der Option des *syslogd(1M)* Zeitstempel zu generieren, ist hierüber eine gute Verifizierbarkeit der Logdaten gegeben.

Ein Beispiel für eine solche Konfiguration ist in der Graphik 7.12 auf Seite 482 aufgezeigt.

7.2.1.1 Netzwerk Devices

Zahlreiche integrierte Devices sind ebenfalls in der Lage Meldungen an einen netzwerkweiten *syslogd(1M)* abzugeben. Hierzu gehören beispielsweise die Router, Switches und Firewalls des Herstellers Cisco, die T3 Storage Arrays des Herstellers Sun, und die System Controller der msg–Maschinenklasse SF[3800..6800] des Herstellers Sun.

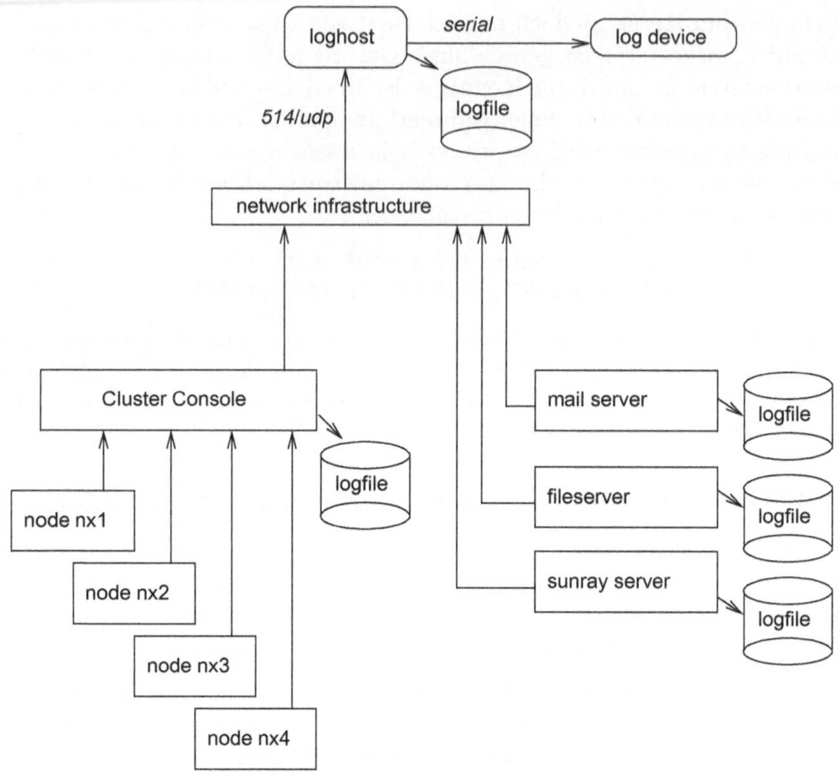

Abb. 7.12. Netzweites Logging auf zentralem Loghost

7.2.1.2 Sicherheitsrelevanter Aspekt

Ein inzwischen relativ bekannter und sehr einfach durchzuführender *Denial–of–service* Angriff, der auch geeignet ist nachfolgende Einbruchsversuche vorzubereiten respektive zu verschleiern, beruht auf diesem Default Verhalten des *syslogd(1M)*. Es ist auch ohne tiefgreifende Systemkenntnisse ein Leichtes, Meldungen an einen „fremden“ *syslogd(1M)* zu senden. Da der Umfang nur durch die Kapazität des dazwischen liegenden Netzes begrenzt wird, ist die Zeitspanne, bis zu der die Partition auf der die Logs auflaufen gefüllt ist, endlich.

Aus diesem Grund ist es ratsam, den durch *syslogd(1M)* verwendeten udp Port 514 an Netzgrenzen beispielsweise mittels eines Paket Filters (Firewall) zu sperren. Auf Systemen, die im Rahmen des eigenen Betriebskonzeptes nicht als *loghost* für andere Systeme definiert sind, empfiehlt es sich zudem, den Konfigurationsparameter `LOG_FROM_REMOTE=NO` zu setzen.

7.2.2 Das Konfigurationsfile */etc/default/syslogd(1M)*

In dieser Datei kann definiert werden ob der lokale *syslogd(1M)* Meldungen von „außen", d.h. anderen Systemen entgegen nimmt. Dies geschieht, wie auch im Template unter */etc/default/syslogd* gezeigt, indem die vorgegebene Option `LOG_FROM_REMOTE` auf `YES` respektive `NO` gesetzt wird. Das default Verhalten des *syslogd(1M)* ist, Meldungen von außen entgegenzunehmen, dies entspricht dem Eintrag

```
LOG_FROM_REMOTE=YES
```

in der Datei */etc/default/syslogd.*

7.2.3 Das Konfigurationsfile *syslog.conf(4)*

Wie Eingangs auf Seite 479 kurz beschrieben und in Abbildung 7.11 auf Seite 480 verdeutlicht, wird in der Konfigurationsdatei des *syslogd(1M)*, der Datei */etc/syslog.conf*, festgelegt, wie eingehende Meldungen behandelt werden sollen.

Die eingehenden Meldungen sind bereits nach Quelle, *facility* genannt, und Alarmstufe, genannt *level*, unterschieden. Innerhalb dieser Kategoriesierung ist es nun möglich, die weitere Bearbeitung zu definieren.

Die einzelnen Konfigurationsbefehle der Datei */etc/syslog.conf* setzen sich aus zwei durch TAB getrennten Feldern zusammen, genannt *selektor* und *aktion.* Der *selektor* besteht aus einer beliebigen, semikolonseparierten Anzahl von Kombinationen aus *facility.level*-Paaren. Die Aktion bezeichnet, was mit der Meldung geschehen soll.

```
#ident  "@(#)syslog.conf           1.5  98/12/14 SMI"   /* SunOS 5.0 */
#
# Copyright (c) 1991-1998 by Sun Microsystems, Inc.
# All rights reserved.
#
# syslog configuration file.
#
# This file is processed by m4 so be careful to quote (`') names
# that match m4 reserved words.  Also, within ifdef's, arguments
# containing commas must be quoted.
#
```

Listing 7.29. Default */etc/syslog.conf* – Header

Im in Listing 7.29 zitierten Header der in SOLARIS 10 ausgelieferten */etc/syslog.conf* wird auf den Makro-Preprozessor *m4(1)* hingewiesen, siehe Abschnitt 7.2.3.4 auf Seite 487.

```
*.err;kern.notice;auth.notice                  /dev/sysmsg
*.err;kern.debug;daemon.notice;mail.crit       /var/adm/messages
*.alert;kern.err;daemon.err                    operator
*.alert                                        root
*.emerg                                        *
```

Listing 7.30. Default */etc/syslog.conf* – Regeln

Die auf den Header folgenden Regeln in Listing 7.30 sind auf allen Systemen gültig. Im nachfolgenden Teillisting 7.31 wird von dem eingangs erwähnten Makro-Preprozessor Gebrauch gemacht. Der Mechanismus der Auswertung ist in Abschnitt 7.2.3.4 beschrieben.

```
# if a non-loghost machine chooses to have authentication messages
# sent to the loghost machine, un-comment out the following line:
#auth.notice            ifdef('LOGHOST', /var/log/authlog, @loghost)
mail.debug              ifdef('LOGHOST', /var/log/syslog, @loghost)
```

Listing 7.31. Default */etc/syslog.conf* – Variablenersetzung

Die Anweisungen im letzten Teil 7.32 der zitierten */etc/syslog.conf* wiederum sind nur für den so genannten *LOGHOST* bestimmt.

```
#
# non-loghost machines will use the following lines to cause "user"
# log messages to be logged locally.
#
ifdef('LOGHOST', ,
user.err                                       /dev/sysmsg
user.err                                       /var/adm/messages
user.alert                                     'root, operator'
user.emerg                                     *
)
```

Listing 7.32. Default */etc/syslog.conf* – Aktionen für den LOGHOST

7.2.3.1 Facility

Die Facilities werden nach Funktionszusammenhängen gruppiert. So bilden beispielsweise alle Prozesse des Mailsystems eine Facility, und sind anhand dieser problemlos in ein separates Logfile sortierbar.

Eine Facility von $*$ bezeichnet alle Facilities. Über die in Tabelle 7.8 aufgeführten hinaus existieren noch für den Systemgebrauch reservierte Facilities,

kern	Meldungen des Kernels
user	Meldungen von Benutzerprozessen. Default
mail	Meldungen des Mail Systems *(sendmail(1M), ...)*
daemon	System Daemonen, wie *in.dhcpd(1M)*, *in.ftpd(1M)*.
auth	Meldungen von Prozessen die einer Authorisierung bedürfen, wie *login(1), su(1M)*
mark	von *syslogd(1M)* erzeugte timestamps.
lpr	Meldungen des Drucksystems.
local[0..7]	8 frei verwendbare Facilities, die zur Kategorisierung nach lokalen Definitionen dienen können.

Tabelle 7.8. Facilities des *syslog*-Daemons

sowie die Kategorien *news,* uucp und *cron*, die jedoch den aktuellen Manualpages zu SOLARIS 10 zufolge gegenwärtig in der Standardauslieferung keine Verwendung finden.

Eine vollständige Auflistung aller 24 Facilities ist im Header file

`/usr/include/sys/syslog.h`

zu finden.

7.2.3.2 Level

In absteigender Wertigkeit hier die Aufstellung der definierten Level. Eine numerisch niedrigere Priorität entspricht einer höheren Wertigkeit, auch *severity* genannt.

Prio	Bezeichnung	Bedeutung
0	emerg	Emergency: „Panic"–Meldungen die umgehend an alle Benutzer geleitet werden sollten.
1	alert	Meldungen, die eine sofortige Reaktion erfordern.
2	crit	Meldungen zu kritischen Zuständen, Gerätefehlern.
3	err	Fehlerzustände
4	warning	Warnungen
5	notice	signifikanter Zustand
6	info	Meldungen mit informativem Character
7	debug	Reserviert für explizite debugging Meldungen

Tabelle 7.9. Level des *syslog*-Daemons

Die Angabe eines Wertes schließt immer alle höherwertigen (in der Tabelle 7.9 darüber stehenden) Level mit ein. So umfaßt der Ausdruck *auth.notice* implizit auch *auth.warning*, *auth.err*, *auth.crit*, *auth.alert*, *auth.emerg.*

Einen Sonderstatus nimmt der Wert *none* als Level ein. Er schließt die mit ihm zusammen angegebene Facility von der Weiterleitung aus.

7.2.3.3 Aktion

Im *action*–Teil des Ausdruckes wird angegeben, was mit den durch die angegebenen facility.level Kombinationen selektierten Meldungen geschenen soll. Folgende Möglichkeiten, oder Kombinationen hieraus, stehen zur Wahl:

1. Es können ein oder mehrere durch Kommata separierte Benutzernamen angegeben werden. Während dieser Benutzer eingeloggt ist, bekommt er diese Meldungen auf das erste Terminal, für das er einen *utmpx(4)* Eintrag hat. Dieses Verhalten ist analog zum Kommando *write(1)*. In menschenlesbarer Form werden die *utmpx(4)* Einträge durch das Kommando *who(1)* angezeigt.
2. Ein * ist eine Sonderform für dieses Verhalten: Er bewirkt, daß die Meldungen an *alle* eingeloggten Benutzer gesandt werden.
3. Es kann ein character Device angegeben werden, auf das die Meldungen geschrieben werden sollen. Beispiele für Logdevices:
   /dev/sysmsg Auf das *sysmsg(7D)* Device ausgegebene Meldungen werden auf das console device /dev/console sowie mittels *consadm(1M)* konfigurierte Geräte geloggt.
   /dev/term/b Meldungen werden auf die serielle Schnittstelle „B“ ausgegeben. Die eingestellten Parameter, wie beispielsweise die Baudrate, der seriellen Schnittstelle können z.B. mittels `stty < /dev/term/b` überprüft werden.
4. Es kann, mit absolutem Pfad, eine Datei angegeben werden, an die die Meldungen angehängt werden sollen. Dieses File muß bereits existieren. Sollte das File nicht existieren, oder nicht unter dem angegebenen, absoluten, Pfad liegen, werden die Meldungen nicht geschrieben. Eine Fehlermeldung wird in diesem Fall nicht erzeugt.
   Es ist sinnvoll und gute Praxis ein solches Logfile im Directory */var/log* anzusiedeln. Die regelmäßige Kontrolle der Logfiles und des Füllstandes des Filesystems auf dem die Logfiles liegen gehört zur Aufgabe des Tagesbetriebes der Systemadministration. Beispiele für Logfiles:
   /var/adm/messages: In der Defaultkonfiguration (abgedruckt auf Seite 483) geht ein Großteil der Meldungen in diese Datei.
   /var/log/authlog: Bereits im Default *syslog.conf* file (abgedruckt auf Seite 483) vordefiniertes Logfile für Meldungen der Kategorie *auth*. Da die entsprechende Zeile defaultmäßig auskommentiert ist, werden die Meldungen nicht in das vorgesehene File geschrieben.
   /var/log/syslog: In der Defaultkonfiguration gehen (nur) die Meldungen des Mailsystems in diese Datei. Ob der Name günstig gewählt ist, ist diskussionswürdig.
5. Es kann mittels der Syntax `@hostname` oder `@xxx.xxx.xxx.xxx` ein Host angegeben werden, an den die Meldungen (über den udp Port 514) weitergeleitet werden sollen.
   @loghost Die Meldungen werden an den Host mit dem Hostnamen (respektive Hostalias) *loghost* weitergeleitet.

6. Es kann ein Konstrukt angegeben werden, das durch den Präprozessor *m4(1)* in einen Ausdruck entsprechend den oben ausgeführten Aktionen umgesetzt wird. Siehe hierzu Abschnitt 7.2.3.4 in diesem Kapitel.

7.2.3.4 Kontrollstrukturen

In der syslog.conf einzubringende Kontrollstrukturen (if, ifdef, include, etc) werden nicht durch *syslog* selbst, sondern durch *m4(1)*, einen Makro-Präprozessor, der hier der Vollständigkeit halber genannt, aber um die Übersichtlichkeit zu wahren nicht weiter erklärt wird.

Bei tiefergehendem Interesse sei hier auf die Manualpage verwiesen, beziehungsweise auf die *"Sendmail-Bibel"* Costales and Allman (2003)

Ein in der Praxis sehr brauchbares Beispiel für die Anwendung einer solchen Kontrollstruktur ist im mitgelieferten Default Konfigurationsfile, zitiert auf Seite 484, zu finden. Mittels des Konstruktes:

```
auth.notice ifdef('LOGHOST', /var/log/authlog, @loghost)
```

werden auf der Maschine, die als Loghost definiert ist, alle Meldungen der Kategorie auth.notice an das Logfile */var/log/authlog* angehängt. Alle anderen Maschinen, die diese Zeile in ihrem Konfigurationsfile aktiviert haben, senden diese Meldungen an den loghost ohne sie lokal zu schreiben.

Um zu verifizieren wie das Konfigurationsfile aussieht, das der *syslogd(1M)* nach der Interpretation durch *m4* „zu sehen" bekommt, kann das Konfigurationsfile manuell durch *m4* geschickt werden:

```
dhs@nx1> /usr/ccs/bin/m4 -D LOGHOST /etc/syslog.conf
```

lautet der Aufruf auf dem loghost selbst. Auf Systemen, die nicht den Hostalias „loghost" tragen sieht der Aufruf für *m4* folgendermaßen aus:

```
dhs@nx1> /usr/ccs/bin/m4 /etc/syslog.conf
```

7.2.4 Initialisierung des Syslog Services

Der Syslog Service wurde traditionell automatisch im Run Level 2 gestartet und las als Bestandteil des eigenen Startvorganges sein Konfigurationsfile ein.

Mit der Verwaltung durch die Service Management Facility wird der Syslog Service parallel zu anderen Diensten gestartet und hat die in Tabelle 7.2.4 aufgelisteten Abhängigkeiten von anderen Diensten. Die Dependency auf *autofs* ist optional, denn *syslogd(1M)* kann auch auf autogemountete Files loggen. Das Einlesen des eigenen Konfigurationsfiles erfolgt weiterhin beim Start des Syslog Dienstes.
Die Start- und Stopmethoden des Syslog-Service sind:

Startmethode: */lib/svc/method/system-log*
Stopmethode: *:kill*

Sollte der Start nach einem Systemcrash mit geschriebenem Crash Dump File (siehe hierzu auch *dumpadm(1M)*) erfolgen, so wird versucht vor dem

Abhängigkeit	Restart	Service
require_all	none	svc:/milestone/sysconfig
require_all	none	svc:/system/filesystem/local
optional_all	none	svc:/system/filesystem/autofs
require_all	none	svc:/milestone/name-services

Tabelle 7.10. Abhängigkeiten des *syslog*-Dienstes

Start des *syslog*-Daemons noch Meldungen aus dem Crash Dump auszuwerten, damit diese in chronologisch richtiger Reihenfolge in den Logfiles erscheinen.

Beim Start legt der *syslogd(1M)* eine Datei */etc/syslog.pid* an, in der die Prozeß ID des gerade gestarteten (und damit laufenden) Syslog Daemons steht.

Anschließend wird durch einen Vergleich der IP-Adresse des eingegebenen *nodenames* mit der dem Eintrag *loghost* zugeordneten IP-Adresse durchgeführt. Wenn beide IP-Adressen übereinstimmen wird nachfolgend m4 mit `-D LOGHOST` aufgerufen, wie in Abschnitt 7.2.3.4 auf Seite 487 für den manuellen Aufruf von *m4(1)* beschrieben. Wenn nicht, wird *m4(1)* ohne diese Definition aufgerufen um das Konfigurationsfile zu parsen. Entsprechend dem resultierenden Konfigurationsfile öffnet *syslogd(1M)* dann die angegebenen Logfiles, und definiert die beschriebenen Filterregeln nach denen die Meldungen aus dem eingehenden Strom von Meldungen heraussortiert werden sollen.

7.2.4.1 Manueller Start des Syslog Services

Manueller Start unter OpenSolaris

Unter OpenSolaris werden Serviceprozesse die unter Kontrolle der Service Management Facility laufen unter Verwendung des Kommandos *svcadm(!)* gestartet. Der Start-Aufruf für den Syslog-Service ist

```
root@nx1# svcadm enable system-log
```

Manueller Start bis Solaris *9*

Unter Solaris 9 ist der manuelle Start des *syslogd(8)* ebenfalls über sein start/stop script realisierbar. Dies geschieht mittels:

```
root@nx1# /etc/init.d/syslog start
```

7.2.4.2 Manueller Stop des Syslog Services

Manueller Stop unter OpenSolaris

Unter OpenSolaris werden Serviceprozesse die unter Kontrolle der Service Management Facility laufen unter Verwendung des Kommandos *svcadm(!)* gestoppt. Der Stop-Aufruf für den Syslog-Service ist

```
root@nx1# svcadm disable system-log
```

Der bis SOLARIS 9 traditionelle Stop per *kill*-Signal führt beim Service Management Facility gesteuerten OPENSOLARIS bekanntlich lediglich zu einem Restart des Services.

Manueller Stop bis SOLARIS *9*

Zur Erinnerung, unter dem alten nicht Service Management Facility gesteuerten SOLARIS 9 konnte der Syslog-Service über zwei Arten gestoppt werden. Entweder analog über das start/stopscrtipt wie folgt:

```
root@nx1# /etc/init.d/syslog stop
```

oder aber indem *syslogd* das Signal SIGTERM. geschickt wird. Intern greift das Stop Script auf dieses Verfahren zurück.

```
root@nx1# kill -TERM 'cat /etc/syslog.pid'
```

Die vordefinierte Reaktion des Programmes hierauf ist, alle Filedescriptoren zu schließen und mit *exit()* zu terminieren.

7.2.4.3 Manueller Restart des Syslog Services

Bei Änderungen am Konfigurationsfile ist es nicht notwendig den *syslogd* zu stoppen und wieder zu starten. Wie die meisten Daemonen reagiert er auf das Hangup Signal *HUP* mit einem erneuten Einlesen seines Konfigurationsfiles.

```
root@nx1# kill -HUP 'cat /etc/syslog.pid'
```

Veranlaßt den *syslogd* dazu, alle offenen Filedescriptoren zu schließen, sein Konfigurationsfile /etc/syslogd.conf neu zu lesen, und die in diesem Konfiguratioonsfile angegebenen Logfiles zu öffnen.

Selbstverständlich ist jedoch auch die Service Management Facility für einen expliziten Restart einsetzbar. Der supportete Weg ist der unter Verwendung von *scvadm(1)*:

```
root@nx1# svcadm restart system-log
```

7.2.5 Manuelle Generierung von Meldungen im System Log

Es kann sinnvoll sein, Meldungen „von Hand" zu erzeugen, sei es um durch eigenes Eingreifen erzeugte oder veränderte Meldungen zur späteren vereinfachten Zuordnung zu kommentieren, oder aber Hinweise zur weiteren Bearbeitung zu hinterlassen. Beispiel 7.12 zeigt das manuelle Anlegen eines Eintrages im Log, zunächst den Aufruf des Kommandos *logger(1)*, gefolgt von der daraus resultierenden Meldung im Logfile (im Fall der Default Konfiguration */var/adm/messages*).

```
dhs@nx1> logger -p user.alert Test logger
May  9 00:24:34 nx1 dhs:  [ID 702911 user.alert]  Test logger
```

Beispiel 7.12. Manuelle Generierung einer Meldung im System Log

7.2.6 Generierung von Meldungen im System Log für einkommende TCP Verbindungen

Damit eingehende TCP Verbindungen im System Log protokolliert werden können, ist der *inetd(1M)* in der Lage entsprechende Meldungen zu generieren und an den *syslogd(1M)* weiterzureichen. Hierzu ist beim Aufruf des *inetd* das Argument *-t* zu übergeben. Im Kapitel 7.3.7 auf Seite 503 ist dies näher beschrieben.

7.2.7 Message ID logging

Für das Log Device *(log(7D))* kann im Konfigurationsfile */kernel/drv/log.conf* mittels des flags `msgid=1` definiert werden, daß Message IDs vergeben werden. Diese erscheinen auch in den Meldungen des Syslog Daemons, und bewirken zudem, daß anstelle der pauschalen Bezeichnung „unix“ für alle Meldungen aus dem Kernel, wo anwendbar, die Namen der einzelnen Kernel Module bzw. Treiber erscheinen. Eine Zuordnung der Meldungen wird hierdurch erheblich vereinfacht. In den bisherigen Beispielen zu *syslogd* Meldungen ist daher dieses Format verwendet worden.
Anschließend das Beispiel der selben Meldung ohne und mit Message ID:

```
Feb 30 05:21:03 nx1 unix: alloc /: file system full
Feb 30 05:21:03 nx1 ufs: [ID 723968 kern.notice] ↙...
     ↪ alloc /: file system full
```

Auf der Console wird die Message ID selbst nicht angezeigt, jedoch weiterhin das Kernel Modul aus dem die Meldung stammt:

```
Feb 30 05:21:03 nx1 ufs: alloc /: file system full
```

7.3 inetd(1M)

Rolf M Dietze, Tatjana S Heuser

Mit zunehmender Zahl an Daemonprozessen auf einem Serversystem steigt die Prozeßlast an. Eine Vielzahl der Daemonprozesse wartet jedoch die meiste Zeit auf Anfragen durch Clientprogramme, ohne in dieser Zeit benötigt zu werden. Sie verbrauchen damit Rechenleistung ohne einen direkten Nutzen.

Aus diesem Grund, um die Prozeßbelastung durch nicht fortlaufend angefragte aber die Maschine belastende Daemonprozesse möglichst zurückzuhalten, wurde ein Mechanismus entwickelt, der auf eine Anfrage eines Dienstes den dazu gehörenden Daemonprozeß im Moment der Anfrage startet. Dieser Daemonprozeß, der im wesentlichen auf den IP-Ports auf Anfragen wartet um bei Bedarf den angefragten Daemonprozeß zu starten, wird *inetd(1M)* genannt.

Je nach verwendetem Transportprotokoll, udp/tcp/rpc, wird der referenzierte Daemonprozeß gestartet und die Kommunikationsendpunkte zwischen Client und Daemon an den Daemon weitergereicht. Der *inetd(1M)* ist ein traditionell bekannter Service in der UNIX-Welt. Aus diesem Grund soll zunächst der traditionelle Weg des Starts eines Daemons über den *inetd(1M)* dargelegt werde. Danach wird der Start eines durch den *inetd(1M)* zu startenden Daemons unter OPENSOLARIS beschrieben.

7.3.1 Funktion des *inetd(1M)*

Im Rahmen der Einführung der Service Management Facility wandelte sich die Aufgabenstellung an den *inetd(1M)*, und auch die Art und Weise, wie der *inetd(1M)* selbst startet und sich initialisiert.

7.3.1.1 Traditionelle Funktion des *inetd(1M)*

Zunächst der traditionelle Weg des *inetd(1M)* basierten Start eines Daemonprozesses, wie es bis einschließlich SOLARIS 9 implementiert war: Der *inetd(1M)* liest beim Start zunächst sein Konfigurationsfile */etc/inetd.conf* aus und hört anschließend generell auf alle IP-Port Anfragen an den lokalen Rechner. Wenn die Anfrage nach einem Daemonprozeß durch den *inetd(1M)* beantwortet werden kann, so wird dieser unter dem durch */etc/services* gelisteten zugehörigen Dienst den Dienst oder Daemonprozeß entsprechend seiner Einträge in der */etc/inetd.conf* starten und die Kommunikationsendpunkte dem gestarteten Daemonprozeß übergeben.

Der Ablauf sei anhand Abbildung 7.13 veranschaulicht: In Schritt 1 fragt ein Clientprozeß auf dem Server einen Daemonprozeß über den Serviceport des Prozesses an. Der *inetd(1M)* horcht auf allen zu überwachenden Ports und nimmt in Schritt 2 diese Anfrage an, sieht in der bei seinem eigenen Start von ihm eingelesenen Tabelle, die sich der *inetd(1M)* aus der */etc/inetd.conf* erstellt hat nach um festzustellen, welcher Service zu starten ist. Anhand der Informationen aus der */etc/services* beziehungsweise */etc/rpc* ist dem *inetd(1M)* die Port zu Service Beziehung bekannt. In Schritt 3 wird dann der passende Daemonprozeß gestartet. der *inetd(1M)* vererbt in Schritt 4 dem zuvor gestarteten Daemonprozeß das Environment mit allen Deskriptoren und damit auch mit der Clientanfrage. Die weitere Client-Server(Daemon) Kommunikation verläuft nun zwischen dem anfragenden Clientprozeß und dem durch *inetd(1M)* gestarteten Serverprozeß weiter. Nach Beendigung der Kommunikation wird der Serverprozeß terminieren. Ein klassisches Beispiel ist der im Abschnitt 7.10 ab Seite 569 beschriebene Aufbau einer Telnetverbindung.

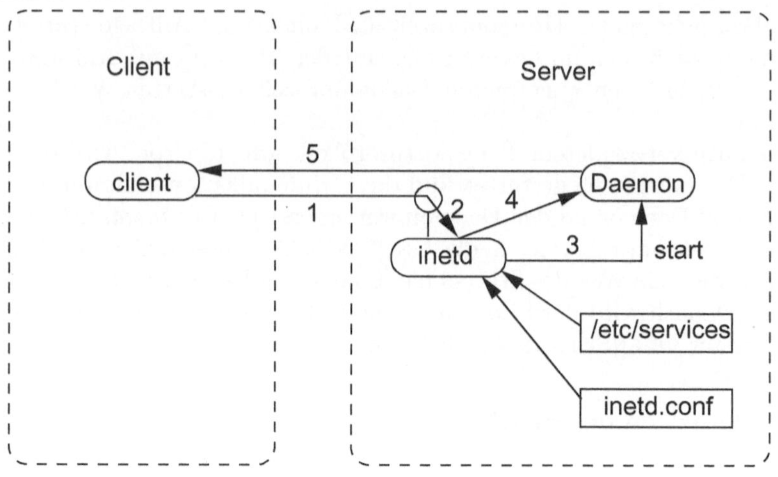

Abb. 7.13. inetd-Anfrage

7.3.1.2 Funktion des *inetd(1M)* unter OpenSolaris

Unter OPENSOLARIS ist der *inetd(1M)* der Restarterprozeß, also der Contract Holder im Sinne des Contract Subsystems. Er arbeitet mit der Service Management Facility eng zusammen, indem alle Informationen des *inetd(1M)* nicht mehr aus einem Konfigurationsfile kommen, sondern online aus dem Repository der Service Management Facility. Seine Aufgabe ist daher nicht nur das Horchen auf den IP-Ports, sondern auch das Verwalten der Servicestati bei administrativen Anfragen. Das Inetd-Environment setzt sich damit aus den Einzelprogrammen *inetd(1M)*, *inetadm(1M)* und zum Import von Konfigurationen *inetconv(1M)* zusammen.

Auch unter OPENSOLARIS horcht der der *inetd(1M)* auf alle IP-Port Anfragen an den lokalen Rechner. Wenn die Anfrage nach einem Daemonprozeß durch den *inetd(1M)* beantwortet werden kann, so wird dieser unter dem durch */etc/services* gelisteten zugehörigen Dienst den Dienst oder Daemonprozeß entsprechend der Informationen, die der *inetd(1M)* durch Anfrage an die Service Management Facility aus dem Service-Repository erhalten hat, starten und die Kommunikationsendpunkte dem gestarteten Daemonprozeß übergeben. Nur, daß unter OPENSOLARIS an dieser Stelle wieder das Contract Subsystem ins Spiel kommt. Der durch den *inetd(1M)* gestartete Daemon ist über das Contract Subsystem gestartet, das bedeutet, der *inetd(1M)* ist der Holderprozeß des beauftragten Dienstes und wird nun Statusinformationen aus dem Contract Subsystem über das Terminieren beziehungsweise weitere überwachte Funktionen erhalten und dementsprechend verfahren. Der Ablauf sei anhand Abbildung 7.14 veranschaulicht: In Schritt 1 fragt ein Clientprozeß auf dem Server einen Daemonprozeß über den Serviceport des Prozesses an. Der *inetd(1M)* horcht auf allen zu überwachenden Ports und nimmt in Schritt

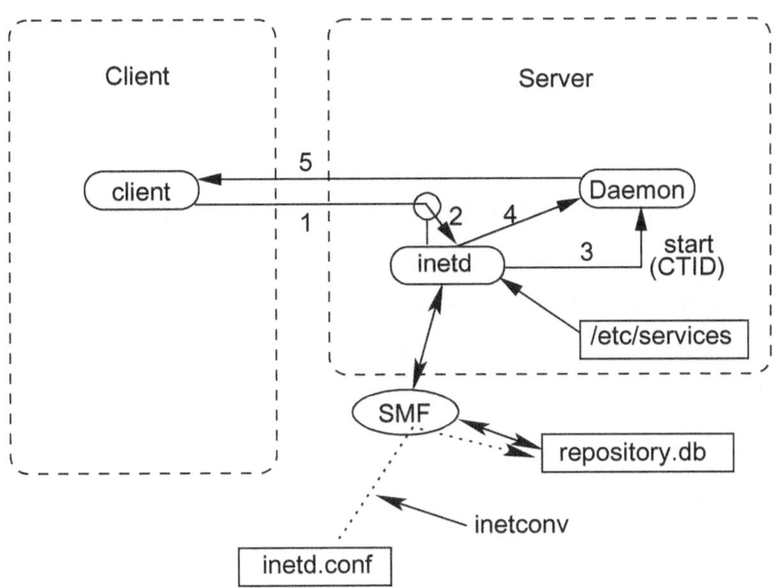

Abb. 7.14. OPENSOLARIS inetd-Anfrage

2 diese Anfrage an, wird aufgrund der Informationen aus der Service Management Facility den spezifizierten Service starten. Anhand der Informationen aus der */etc/services* beziehungsweise */etc/rpc* ist dem *inetd(1M)* die Port-zu-Service Beziehung bekannt. In Schritt 3 wird dann auch hier der passende Daemonprozeß gestartet. Der *inetd(1M)* vererbt wieder in Schritt 4 dem zuvor gestarteten Daemonprozeß das Environment mit allen Deskriptoren und damit auch mit der Clientanfrage. Die weitere Client-Server(Daemon) Kommunikation verläuft nun zwischen dem anfragenden Clientprozeß und dem durch *inetd(1M)* gestarteten Serverprozeß weiter, nur daß jetzt der *inetd(1M)* die Funktionen des Serverprozesses reportet bekommt. Nach Beendigung der Kommunikation wird der Serverprozeß terminieren. Auch hier ist das klassische Beispiel der im Abschnitt 7.10 beschriebene Aufbau einer Telnetverbindung.

7.3.2 Start und Stop des *inetd(1M)*

Seit der Einführung der Service Management Facility in OPENSOLARIS wird der *inetd(1M)* gestartet und gestoppt über den Aufruf von *svcadm(1M)*.

START: Der *inetd(1M)* wird gestartet mit *svcadm enable inetd.*
STOP: Der *inetd(1M)* wird gestoppt mit *svcadm disbale inetd.*
RESTART: Der *inetd(1M)* wird durchgestartet mit *svcadm restart inetd.*

Die Abhängigkeiten und Methoden sind sind in Tabelle 7.11 aufgeführt.

Abhängigkeit	Restart	Service
require_any	error	*svc:/network/loopback*
require_all	error	*svc:/system/filesystem/local*
optional_all	error	*svc:/milestone/network*
optional_all	error	*svc:/network/rpc/bind*

Tabelle 7.11. Abhängigkeiten des Inetds

Die Methoden nach denen der Service gestartet und gestoppt wird sind:

Startmethode:	*/usr/lib/inet/inetd start*
Stopmethode:	*/usr/lib/inet/inetd stop*
Refreshmethode:	*/usr/lib/inet/inetd refresh*

7.3.3 Files

Die zum *inetd(1M)* gehörenden Binaries, Konfigurationsfiles und Repositories sind:

inetd(1M)	inetd-Programm
inetadm(1M)	Nur OPENSOLARIS: Verwaltung der inetd-basierten Dienste
inetconv(1M)	Nur OPENSOLARIS: Konvertierung von Einträgen der */etc/inetd.conf* zu *smf*-Manifesten.
/etc/inetd.conf	Bis SOLARIS 9: Liste der zu startenden Daemonprozesse.
/etc/services	Liste aller IP-Ports und deren Protokollnamen.
/etc/rpc	Liste der RPC-Call Portnummern

7.3.4 Programme, Konfigurations- und Resourcefileformate

Mit dem Schritt zur Integration der Service Management Facility hat sich die Konfiguration des *inetd(1M)* deutlich geändert.

7.3.4.1 Inetd-Programmumgebung

Die zur Inetd-Programmumgebung gehörenden Programme sind der *inetd(1M)* selbst, das Administrationsprogramm *inetadm(1M)* und das Konvertierungsprogramm *inetconv(1M)*. Während der *inetd(1M)* bei OPENSOLARIS letztendlich nicht mehr manuell zu starten ist oder zu veranlassen ist, seine Konfigurationsdatei. die */etc/inetd.conf* einzulesen, denn er wird über die Service Management Facility bedient beziehungsweise verwaltet, sind die Programme *inetadm(1M)* und *inetconv(1M)* das neue Administrationsfrontend und werden daher im folgenden beschrieben.

7.3.4.1.1 inetadm(1M)

Seit Einführung der Service Management Facility mit OpenSolaris ist *inetadm(1M)* ist seit OpenSolaris das Administrationskommando zum Inet-Service. Es erlaubt das Ein- und Ausschalten von *inetd(1M)* gesteuerten Diensten, die Modifikation einzelner Parameter von *inetd(1M)* gesteuerten Diensten als auch eine Übersichtsmöglichkeit aller Properties von *inetd(1M)* gesteuerten Diensten.
Zu den Funktionen im Einzelnen:

?: Ausgabe der Onlinehilfe.
-e {*FMRI|pattern*}: Einschalten eines Dienstes.
-d {*FMRI|pattern*}: Ausschalten eines Dienstes.
-l {*FMRI|pattern*}: Auflistung aller Properties des auf der Eingabezeile spezifizierten Dienstes.
-m {*FMRI|pattern*}... {*name=value*}: Modifizieren der angegebenen Defaultparameter.
-m {*FMRI|pattern*}... {*name=value*}: Modifizieren der angegebenen Parameter. Einstellung der Defaultwerte durch Weglassen des Wertes *value*.
-p: Ausgabe aller Properties aller *inetd(1M)* gesteuerten Dienste in der vorgegebenen Defaulteinstellung.

Eine Überprüfung, ob beispielsweise der Service Telnet aktiviert ist, läßt sich nun über zwei Wege bewerkstelligen. Einmal über die Service Management Facility wie in Listing 7.33 aufgezeigt, ein weiterer Weg ist die Nutzung von *inetadm(1M)* ohne Optionen, wie in Listing 7.34 dargestellt. Ausgeschaltet

```
nova> svcs -v |grep telnet
online          -         20:38:52  - svc:/network/telnet:default
```

Listing 7.33. Statusausgabe über *svcs*

```
inetadm |grep telnet
enabled   online          svc:/network/telnet:default
```

Listing 7.34. Statusausgabe über *inetadm*

kann der Telnet-Service sowohl unter Verwendung von *inetadm(1M)* in Listing 7.35, als auch über *svcadm(1M)* werden, wie in Listing 7.36 werden.

Das Einschalten ist analog mit der Option *-e* bei der Verwendung des Kommandos *inetadm(1M)* auszuführen, wie es selbstverständlich auch mit

```
nova# inetadm -d telnet
nova# inetadm | grep telnet
disabled  disabled        svc:/network/telnet:default
```

Listing 7.35. Deaktivierung des *telnet*-Dienstes durch *inetadm(1M)*

```
nova# svcadm disable telnet
```

Listing 7.36. *telnet*-disabled durch *svcadm(1M)*

```
nova# inetadm -e telnet
nova# inetadm | grep telnet
enabled   online          svc:/network/telnet:default
```

Listing 7.37. Serviceaktivierung per *inetadm*

svcadm disable erreichbar ist. In Listing 7.37 ist die *inetadm(1M)*-Variante mit Test dargestellt.

Das Listing 7.38 zeigt die Ausgabe der Parameter des *inetd(1M)* gesteuerten Dienstes *in.tftpd(1M)*. Es ist zu sehen, daß der aufzurufene Daemonprozeß */usr/sbin/in.tftpd* ist. Auch sind die in der klassischen */etc/inetd.conf*-Datei aufgeführten Parameter wiederzuerkennen: *stream, tcp6*. Dazu kommen Parameter wie *inherit_env*, also Vererbung des Environments, wie in Abbildung 7.14 dargestellt.

7.3.4.1.2 inetconv(1M)

In Abbildung 7.14 ist es bereits angedeutet: Einträge aus der traditionellen */etc/inetd.conf* werden in irgendeiner Form an die Service Management Facility gegeben und das wird durch das Kommando *inetconv(1M)* veranlaßt. *inetconv(1M)* führt dabei eine Übersetzung eines Resourcefiles in ein manifestbeschreibendes XML-File durch und importiert dieses XML-Manifest in das Repository der Service Management Facility. Ohne weitere Optionen wird gelesen aus dem File */etc/inetd.conf* und geschrieben in die Unterverzeichnisse */var/svc/manifest/network/rpc* für RPC-Services und */var/svc/manifest/network* für alle anderen Dienste. Es werden folgende Optionen unterstützt:

- *?*: Anzeigen einer Kurzhilfe.
- *-e*: Enablen der im Resourcefle gelisteten Dienste
- *-f*: Überschreiben eines gleichlautenden Manifests
- *-i*: Angebe einer anderen Resourcedatei als */etc/inetd.conf*
- *-n*: Es erfolgt kein automatischer Import des Manifests
- *-o*: Ausgabe des Manifests in ein alternatives Verzeichnis. Defaultausgabe erfolgt nach */var/svc/manifest/network/rpc* für RPC-Service sonst: */var/svc/manifest/network*

```
nova> inetadm -l tftp/udp6
SCOPE    NAME=VALUE
         name="tftp"
         endpoint_type="dgram"
         proto="udp6"
         isrpc=FALSE
         wait=TRUE
         exec="/usr/sbin/in.tftpd -s /tftpboot"
         user="root"
default  bind_addr=""
default  bind_fail_max=-1
default  bind_fail_interval=-1
default  max_con_rate=-1
default  max_copies=-1
default  con_rate_offline=-1
default  failrate_cnt=40
default  failrate_interval=60
default  inherit_env=TRUE
default  tcp_trace=FALSE
default  tcp_wrappers=FALSE
```

Listing 7.38. *inetadm -l*-Ausgabe

Ein Weg der Erstellung von Inetd-Servicemanifesten ist die Modifikation des */etc/inetd.conf*-Files in geeigneter Art und Weise und ein anschließender Aufruf von *inetconv(1M)*. Wenn in der */etc/inetd.conf* Dienste eingetragen sind, welche bereits importiert wurden, erfolgt eine Fehlermeldung und die betreffende Zeile in der */etc/inetd.conf* wird übersprungen. Anderenfalls wird der eingetragene Service syntaktisch geprüft, in ein Manifest an oben genannten Positionen im Filesystem übersetzt und automatisch importiert und enabled. Um Fehlermeldungen und Nebeneffekte zu vermeiden, kann bein Hinzufügen eines Inetd-basierten Dienstes auch ein einzeiliges alternatives Resourcefile, das in Aufbau und Syntax der Spezifikation des *inetd.conf*-Files entsprechen muß. siehe hierzu auch 7.3.4.2 alternativ kann selbstverständlich ein Inetd-Manifest in XML direkt geschrieben werden. Als Beispiel sei hier kurz der Aufbau des tftp-Manifests von OPENSOLARIS aufgelistet und beschrieben. Als Beispiel für den Import sei ein klassischer tftp-Eintrag für die em inetd.conf gewählt, aufgelistet in Listing 7.39

```
tftp dgram udp6 wait root  /usr/sbin/in.tftpd  in.tftpd -s /tftpboot
```

Listing 7.39. *tftp*-Eintrag zur Erstellung einer inetd-Manifestes

Mit dem in Listing 7.39 aufgezeigtn *inetd.conf*-Eintrag läßt sich in Listing 7.40 ein Manifest für den Tftp-Service erstellen, das sogleich geladen und aktiviert wird.

```
nova# inetconv
tftp -> /var/svc/manifest/network/tftp-udp6.xml
Importing tftp-udp6.xml ...Done
```

Listing 7.40.

Damit ist das nachfolgend aufgelistete Tftp-Manifest entstanden. Wenn man nun zwischen diesem Manifest und der *inetadm -l tftp/udp6* in Listing 7.38 vergleicht, so wird man die Zusammenhänge erkennen.

```
<?xml version='1.0'?>
<!DOCTYPE service_bundle    ↙...
     ↪  SYSTEM '/usr/share/lib/xml/dtd/service_bundle.dtd.1'>
<!--
    Service manifest for the tftp service.
    Generated by inetconv(1M) from inetd.conf(4).
-->
<service_bundle type='manifest' name='inetconv:tftp'>
<service
  name='network/tftp/udp6'
  type='service'
  version='1'>
  <create_default_instance enabled='true'/>
  <restarter>
     <service_fmri value='svc:/network/inetd:default' />
  </restarter>
  <!--
     Set a timeout of 0 to signify to inetd that we don't want to
     timeout this service, since the forked process is the one that
     does the service's work. This is the case for most/all legacy
     inetd services; for services written to take advantage of SMF
     capabilities, the start method should fork off a process to
     handle the request and return a success code.
   -->
  <exec_method
     type='method'
     name='inetd_start'
     exec='/usr/sbin/in.tftpd -s /tftpboot'
     timeout_seconds='0'>
     <method_context>
                              <method_credential user='root' group='root' />
```

```
      </method_context>
   </exec_method>
   <!--
      Use inetd's built-in kill support to disable services.
   -->
   <exec_method
      type='method'
      name='inetd_disable'
      exec=':kill'
      timeout_seconds='0'>
   </exec_method>
   <!--
      Use inetd's built-in process kill support to offline wait type
      services.
   -->
   <exec_method
      type='method'
      name='inetd_offline'
      exec=':kill_process'
      timeout_seconds='0'>
   </exec_method>
   <!--
      This property group is used to record information about
      how this manifest was created.  It is an implementation
      detail which should not be modified or deleted.
   -->
   <property_group name='inetconv' type='framework'>
      <propval name='converted' type='boolean' value='true' />
      <propval name='version' type='integer' value='1' />
      <propval name='source_line' type='astring' value=
'tftp dgram udp6 wait root /usr/sbin/in.tftpd in.tftpd -s /tftpboot'
               />
   </property_group>
   <property_group name='inetd' type='framework'>
      <propval name='name' type='astring' value='tftp' />
      <propval name='endpoint_type' type='astring' value='dgram' />
      <propval name='proto' type='astring' value='udp6' />
      <propval name='wait' type='boolean' value='true' />
      <propval name='isrpc' type='boolean' value='false' />
   </property_group>
   <stability value='External' />
   <template>
      <common_name>
         <loctext xml:lang='C'>
tftp
```

```
      </loctext>
    </common_name>
  </template>
</service>
</service_bundle>
```

Das so erstellte Manifest für den Tftp-Service zeigt, wie es möglich ist mit modernen Konzepten und Methoden aus einem einzeiligen Eintrag in der */etc/inetd.conf* ein über 80-zeiliges XML-Dokument zu erzeugen, um es dann in eine Datenbank zu laden, sodaß diese im Prinzip traditionelle Information wieder dem *in.inetd(1M)*, nun jedoch als Datenbankeintrag, zur Verfügung steht. Anzumerken wäre, daß eine Tendenz zu Multicore-CPUs in der Produktion neuer Rechnersysteme zu erkennen ist.

Kurz erklärt, alles zwischen `<!-- .. -->` sind Kommentare. Das Manifest hat eine Service Bundle Klammerung vom Typ *manifest* mit dem Namen *inetconv:tftp*. Der Service heißt *network/tftp/udp6*, sein so genannter Restarter, also der Holder Prozeß ist die Methode *svc:/network/inetd:default*, die Service Startmethode des Tftp-Services ist der Aufruf */usr/sbin/in.tftp -s /tftpboot* wie er auch in der *inetd.conf* wiederzuerkennen ist, die Stopmethode ist eine interne Methode des Holder Prozesses, ein kill, es wird noch angegeben in welche Property Group der Service gehört und wenn man sich den Spaß machen möchte, kann man zum Schluß selbst noch die Dokumentationsbeschreibung erweitern, beispielsweise um die Manualpages des Tftp-Daemons in der *template*-Klammerung. Mit *<service_bundle>* ist das Manifest geschlossen.

An dieser Stelle sein nochmals auf die Besonderheit hingewiesen, die auch schon im Abschnitt 7.1 deutlich gemacht wurde: Der Contract Holder Prozeß bei *inetd(1M)* basierten Service ist nicht der *svc.startd*, sondern der *inetd(1M)* beziehungsweise die in der Prozeßtabelle wiedergegebene Startmethode des *inetd(1M)*: */usr/lib/net/inetd start.*

7.3.4.2 */etc/inetd.conf*

Das Konfigurationsfile des *inetd(1M)* folgt folgendem Aufbau:

```
IP-Port Typ Protokolltyp Verhalten uid-Umgebung Path Call
```

wobei die einzelnen Felder folgende Bedeutung haben:

IP-Port	bewachter IP-Portnamen entsprechend */etc/services.*
Typ	Übertragungsart (stream oder dgram).
Protokolltyp	udp, tcp oder rpc
Verhalten	nowait, wait
uid-Umgebung	uid, unter der der Daemonprozeß laufen soll.
Path	Aufrufpfad zum zu startenden Daemon.
Call	Aufruf des Daemons mit entsprechenden Optionen.

In dem Feld für den Protokolltyp kann unterschieden werden in udp-basierte Kommunikation, tcp-basierte Kommunikation und in Remote Procedure Calls (rpc). Für rpc-Calls wird die Resourcedatei */etc/rpc* herangezogen, wohingegen für udp und tcp basierte Dienstanfragen das Resourcefile */etc/services* referenziert wird. Ein Beispiel sei:

```
ftp     stream tcp   nowait root   /usr/libexec/ftpd       ftpd -l
#ftp    stream tcp6  nowait root   /usr/libexec/ftpd       ftpd -l
telnet  stream tcp   nowait root   /usr/libexec/telnetd    telnetd
#telnet stream tcp6  nowait root   /usr/libexec/telnetd    telnetd
....
```

Dieses Konfigurationsfile wurde bis SOLARIS 9 beim Start des *inetd(1)* gelesen und die darin spezifizierten Dienste entsprechend beantwortet. Seit OPENSOLARIS wird das */etc/inetd.conf* File zwar in gleicher Syntax, aber nur noch zur interpretation durch *inetconf(1M)* genutzt. *inetconf(1M)* liest dabei seit OPENSOLARIS die */etc/inetd.conf* ein und setzt die darin spezifizierten Informationen für die einzelnen Inetd-gesteuerten Dienste zeilenweise in XML-Manifestfiles um, um sie anschließend in die Service Management Facility zu importieren. Einträge in der */etc/inetd.conf* werden seitdem nicht mehr direkt durch den *inetd(1M)* gelesen und bleiben, soweit sie nicht durch *inetconv(1M)* konvertiert und in die Service Management Facility importiert wurden, im weiteren unbeachtet.

7.3.4.3 */etc/services*

Die Resourcedatei */etc/services* referenziert zu einem Servicenamen den zugehörigen IP-Port. Ihr Aufbau ist zweispaltig, wobei in der ersten Spalte der symbolische Name des Dienstes, und in der zweiten Spalte seine IP-Portnummer unter Angabe des Protokolltyps steht. Ein Beispiel sei:

```
....
ftp-data        20/tcp    #File Transfer [Default Data]
ftp-data        20/udp    #File Transfer [Default Data]
ftp             21/tcp    #File Transfer [Control]
ftp             21/udp    #File Transfer [Control]
ssh             22/tcp    #Secure Shell Login
ssh             22/udp    #Secure Shell Login
telnet          23/tcp
telnet          23/udp
....
```

7.3.4.4 */etc/rpc*

Der *inetd(1M)* ist auch in der Lage, rpc-Calls zu überwachen und bei Referenzierung den angefragten rpc-Service zu starten. Dazu muß der symbolische Name des rpc-Calls zu seiner rpc-Portnummer referenziert werden. Dies ist Aufgabe der Resourcedatei */etc/rpc*. Hier ein Beispiel:

```
....
portmapper      100000  portmap sunrpc rpcbind
rstatd          100001  rstat rstat_svc rup perfmeter
rusersd         100002  rusers
nfs             100003  nfsprog
ypserv          100004  ypprog
mountd          100005  mount showmount
....
```

7.3.5 Verwaltbare Protokolle

Der *inetd(1M)* kann Client-Serveranfragen über folgende Protokolle beantworten:

udp User Datagram Protocol. Einfaches unzuverlässiges Transportprotokoll mit wenig Overhead für schnellen Transport.

tcp Transmission Control Protocol. Flußgesteuertes, bidirektionales bytestream-Protokoll zur gesicherten Datenübertragung im active oder passiv Modus.

rpc Remote Procedure Call-Basierte Dienste wie etwa *rstatd, walld, pcnfsd*

7.3.6 Konfigurationsänderungen in der */etc/inetd.conf*

Bedingt durch die Umstellung zum *smf*-basierten Start von Diensten in OpenSolaris ist die aus Solaris 9 bekannte */etc/inetd.conf* in der aktuellen Auslieferung deutlich verändert.

7.3.6.1 Bis Solaris 9

Wenn Konfigurationsänderungen in der */etc/inetd.conf* vorgenommen werden, so ist dem *inetd(1M)* dies mitzuteilen. Dies kann durch einen Neustart geschehen, besser jedoch ist die Übermittlung eines SIG-HUPs an den *inetd*-Prozeß, sodaß dieser sein Konfigurationsfile bei laufendem Betrieb erneut einliest. Diese Signalisierung kann traditionell oder mit *pkill(1)* durchgeführt werden:

```
nx1# pkill -1 inetd
```

Oder Traditionell:

```
nx1# ps -ef|grep inetd
  100 ?? Is     0:00.00 /usr/sbin/inetd -wW
nx1# kill -1 100
```

7.3.6.2 *inetd(1M)*-Konfigurationsänderungen in OpenSolaris

Mit der Einführung der Service Management Facility in OPENSOLARIS werden Konfigurationsänderungen nur berücksichtigt, wenn sie im Repository der Service Management Facility durchgeführt werden. Zum einen geht dies durch einen Neuimport einer Konfigurationszeile aus der */etc/inetd.conf* oder einer anderen beim Aufruf von *inetconv(1M)* zu spezifizierenden Datei per-Import. Siehe hierzu Abschnitt 7.3.4.1.2 auf Seite 496. Der andere Weg ist die Modifikation einzelner Parameter direkt im Repository der Service Management Facility durch das Kommando *inetadm(1M)*, siehe hierzu die entsprechenden Optionen *-m, -M* des Kommandos *inetadm(1M)* im Abschnitt 7.3.4.1.1 auf Seite 495.

7.3.7 Syslogging des *inetd(1M)*

Der *inetd(1M)* kann seine Aktivitäten dem Systemlogger *syslog(1M)* propagieren. Dazu ist entweder der *inetd(1M)* mit der Option *-t* zu starten, oder aber der Parameter `ENABLE_CONNECTION_LOGGING` in der Konfigurationsdatei */etc/default/inetd* zu setzen, siehe Abschnitt 7.3.8. Zusätzlich ist zu überprüfen, ob der *syslog*-Service auch Mitteilungen der Klasse *daemon.notice* loggt. In der Default Konfiguration, abgedruckt auf Seite 483, ist dies der Fall. Siehe auch das Kapitel 7.2, System Logging, ab Seite 479.

Es kann der *inetd(1M)* on-the-fly terminiert werden und als */usr/sbin/inetd -s -t &* neu gestartet werden, jedoch ist damit das *inetd*-Logging auf die Zeit bis zum nächsten Systemstart begrenzt. Soll der *inetd(1M)* auch nach einem Neustart des Systems Messages an den Systemlogger übermitteln, so ist der *inetd*-Startup zu modifizieren:

Bis SOLARIS 9: In */etc/init.d/inetsvc* ist die Scriptzeile zu suchen, die den Startup des inetd(1M) initiiert. Diese Startupzeile ist so zu modifizieren, daß der inetd mit der Option -t gestartet wird, damit Meldungen an den syslog gehen. Der *inetd(1M)* wird in der letzten Zeile des Scriptes (Zeile 267) gestartet und ist zu modifizieren auf:

```
/usr/sbin/inetd -s -t
```

Um im laufenden Betrieb die Modifikation zu testen und den *inetd(1M)* loggend zu starten ist er durch das Startupscript zu stoppen und neu zu starten:

```
sunrise# /etc/init.d/inetsvc stop; /etc/init.d/inetsvc start
```

Oder unter Service Management Facility Kontrolle unter OPENSOLARIS durch Modifikation der Parameter für den inetd-service beispielsweise interaktiv durch Aufruf von *svccfg(1M)*, Wechsel in die entsprechende Sektion *network/inetd* und Anpassen der Properties, sowie anschließendem Refresh und Restart des Dienstes mit

```
wega# svcadm refresh network/inetd
wega# svcadm restart network/inetd
```

Die Einstellungen, bzw. ob tatsächlich durch *syslog(1M)* mitgeloggt wird, wenn der *inetd(1M)* einen Daemonprozeß startet, lassen sich testen, indem ein durch den *inetd(1M)* überwachter Daemonprozeß angesprochen wird. Dies können z.B. *telnet(1)*, *ftp(1)* oder andere Dienste sein. Hier sei am Beispiel *telnet(1)* ein Test vorgestellt:

1. Zunächst sollte mit der Applikation *tail(1)* das Messagesfile fortlaufend angezeigt werden:
   ```
   dhs@nx1> tail -f /var/adm/messages
   ```

2. Anschließend ist ein Aufruf von *telnet(1)* mit dem eigenen Hostnamen als Zielsystem zu starten:
   ```
   dhs@nx1> telnet <targethost>
   ```

3. Es sollte bei erfolgreicher Konfiguration am Ende des Messages-Files nun eine Eintragung über einen *telnet(1)*-Zugriff erfolgt sein.
   ```
   dhs@nx1> tail -f /var/adm/messages
   May 11 12:20:39 nx1 inetd: [ID 317013 daemon.notice] ↙...
         ↪ telnet[12482] from 127.0.0.1 43638
   ```

4. Die Prozesse *telnet(1)* und *tail(1)* sind wieder zu beenden. Im Fall *telnet(1)* geht dies durch die Tastenkombination Ctrl-], gefolgt von dem Kommando *quit*, das Programm *tail(1)* kann durch Ctrl-C terminiert werden.

7.3.8 Das Konfigurationsfile */etc/default/inetd*

In dieser Datei können Parameter gesetzt werden, mit denen Defaulteinstellungen für den *inetd* definiert werden. Im Template unter */etc/default/inetd* sind die Werte und ihre Defaulteinstellungen aufgeführt und können modifiziert werden:

Die Variable `ENABLE_CONNECTION_LOGGING` verhält sich analog zu der im vorigen Abschnitt vorgestellten Option `-t`. Auf `YES` gesetzt, bewirkt sie, daß *inetd* alle Verbingungen mit der Facility daemon.notice an syslogd loggt. Die Default Einstellung ist `NO`.

Die Variable `ENABLE_TCPWRAPPERS` ermöglicht ein noch ausführlicheres logging: Auf `YES` gesetzt, bewirkt sie, daß alle services, die im Konfigurationsfile */etc/inetd.conf* mit *streams, nowait* angegeben sind, mit der Facility auth.notice (für zugelassene Verbindungen), beziehungsweise auth.warning (für abgelehnte Verbindungen) geloggt werden. Die Default Einstellung ist `NO`. In Service Management Facility Umgebungen sind die Properties für den Servce entsprechend zu setzen.

Das Paket TCP Wrapper ist, ebenso wie der Samba-Dienst, als optionales Paket auf der Companion CD verfügbar, und wird unter /usr/sfw

(SunFreeWare) installiert und ermöglicht eine Zugangskontrolle auf Hostebene pro Protokoll. Ob der gegenwärtig recht vollständigen und leicht einzufahrenden Pakte von *www.blastwave.org* mag auch überlegt werden, Zusatzpakete über den auf zuvor genannter Web-Page gut erklärten Blastwave Installationsmechanismus zu installieren.

7.4 Wechselmedienmanagement

Rolf M Dietze

Filesysteme können in Unix-Umgebungen nur durch den Superuser *root* gemountet und umountet werden, oder durch eine entsprechende Konfiguration in einem *sudo*-Environment zugelassen werden. Bei Wechselmedien ergibt sich damit eine Problematik: nonroot-User wollen CDs, Floppies, CF-Karten, Wechsel-SCSI-Drives oder Zipdrives zum Datenimport oder Export nutzen. Um diese verfügbar zu machen müssen Filesystememountpunkte erstellt werden und die Wechselmedien durch User gemountet werden können. Hierzu brauchen nonroot-User root-Rechte. Sun hat mit der Entwicklung und Bereitstellung des *vold(1M)* ein Instrument bereitgestellt, was diese mounts als auch umounts automatisch beziehungsweise kommandogesteuert ermöglicht.

Der *vold(1M)* ist gutes Beispiel, wie Dienste nach und nach von der alten rc-Script basierten Start-/Stopmethode hin zu einer Service Management Facility basierten Methode der Verwaltung portiert werden. War der *vold(1M)* zu Zeiten Solaris 10 noch ein rc-Script basierter Legacyservice ist er unter Solaris 11 bereits ein Service Management Facility verwalteter Service. In Übersicht 7.12 im Vergleich aufgeführt:

Solaris 10 snv_10	*legacy_run*	*Dec_02*	*lrc:/etc/rc3_d/S81volmgt*
Solaris 11 snv_23	*online*	*17:02:47*	*svc:/system/filesystem/volfs:default*

Tabelle 7.12. Übersicht Volume Management in Solaris 10 und Solaris 11

7.4.1 Abhängigkeiten

Die Abhängigkeiten und Methoden des Volume Management Dienstes unter Solaris 11 sind in Tabelle 7.13 aufgelistet.

Die Start- und Stopmethoden des *vold(1M)* sind:

Startmethode: */lib/svc/method/svc-volfs star*
Stopmethode: *:kill*
Refreshmethode: */lib/svc/method/svc-volfs refresh*

Abhängigkeit	Restart	Service
require_all	none	*svc:/system/filesystem/local*
require_all	none	*svc:/network/rpc/smserver*
require_all	restart	*svc:/network/rpc/bind*

Tabelle 7.13. Abhängigkeiten des Volume Management Daemons

7.4.2 Files

Das automatische Volumemanagement und seine Konfigurationsfiles unter SOLARIS sind unter folgenden Pfaden zu finden:

Binary	Daemonprozess	*/usr/sbin/vold*
Binary	Userrequest	*/usr/bin/volcheck*
Binary	*rmmount*caller	*/usr/bin/volrmmount*
Binary	Mountprozess	*/usr/bin/rmmount*
Script	Start/Stop-Script	*/etc/init.d/volmgt*
Link	Start/Stop-Script	*/etc/rc3.d/S81volmgt*
Configfile	für *vold(1M)*	*/etc/vold.conf*
Configfile	für *rmmount(1M)*	*/etc/rmmount.conf*

7.4.3 Funktion

Entsprechend der Einträge in der Konfigurationsdatei */etc/vold.conf* scannt der *vold* alle Massenspeichergeräte ab und überprüft, ob es sich um Wechselspeichermedien handelt. Für alle erkannten Wechselspeichermedienlaufwerke wird ein Deviceeintrag unter */vol/dev/dsk, /vol/dev/rdsk* angelegt. Entsprechend seiner Konfigurationsdatei wartet der *vold(1M)* auf einen Insert-Event bei den erkannten Laufwerken. Wird ein insert-Event erkannt, wird zunächt der Filesystemtyp erkannt und bei Erfolg anschließend das in der Konfigurationsdatei */etc/vold.conf* unter insert eingetragene Kommando entsprechend Eintrag ausgeführt.

Soll ein Wechselspeichermedium wieder freigegeben werden, so wird das in der Konfigurationsdatei unter eject aufgeführte Kommando ausgeführt. Sollte das betroffene Filesystem busy sein, bricht das Kommando mit einer entsprechenden Fehlermeldung ab.

7.4.4 Start/Stop des *vold*

Das Volumemanagement wird in der Defaultinstallation beim boot im Runlevel 3 gestartet.

Sollte es notwendig werden, das Volumemanagement nachträglich zu stoppen oder zu starten so kann dies auf Systemen ohne SMF-Unterstützung unter Verwendung des Start/Stop-Scriptes durchgeführt werden:

Start: */etc/init.d/volmgt start*
Stop: */etc/init.d/volmgt stop*

Seit Einführung von SMF werden Systemdienste mit dem Kommando *svcadm*, wie in Abschnitt 7.1.3 ab Seite 445 beschrieben, gestartet oder gestoppt. Um somit auf einem Rechnersystem mit SMF-Unterstützung das Volume Management administrieren zu können, ist

zum starten	*svcadm enable volfs* einzugeben,
zum stoppen	*svcadm disable volfs* einzugeben,
zum durchzustarten	*svcadm restart volfs* einzugeben.
Die Konfiguration ist zu refreshen mit	*svcadm refresh volfs*

Jedoch wird bis Solaris 11 snv_23 das alte Interface erhalten, so daß weiterhin ein Start und Stop durch Ausführung der Start und Stopscripte aus /etc/init.d möglich ist. Das Start-/Stopscript führt seinerseits ein *svcadm disable vold* zum Terminieren und *svcadm* enable zum Starten aus.

7.4.5 mount/umount von Wechselmedien

Der *vold(1M)* stellt erkannte und gemountete Wechselmedien im root-Directory unter:

/cdrom für CD-ROMs
/floppy für Floppies
/rmdisk für sonstige Wechselmedien zur Verfügung.

Diese Pfade sind im Konfigurationsfile */etc/vold.conf* definiert und änderbar.

7.4.5.1 CD-ROM

CD-ROMs werden vom *vold(1M)* unter */cdrom/cdrom** zur Verfügung gestellt. Wenn eine CD eingelegt, erkannt und gemountet wurde, so ist sie unter */cdrom/cdrom0*, sofern das System nur ein CD-ROM-Laufwerk unter *vold*-Kontrolle hat, zu erreichen. */cdrom/cdrom0* ist jedoch nur ein Link auf den CD-Volume Namen unter */cdrom/⟨volumename⟩*. So die CD labelfrei ist, wird ein Pseudoname verwendet

Mount einer CD: CD einlegen
Umount einer CD: `eject [<cdrom\#>]` eingeben

Bei multiplen CD-Laufwerken wird für jedes Laufwerk ein */cdrom/cdrom** angelegt. Bei zwei Laufwerken unter *vold*-Kontrolle somit */cdrom/cdrom0* und */cdrom/cdrom1*.

Wird in diesem Fall mit *eject* ohne Angabe des Laufwerks eine CD ausgeworfen, so wird die erste in der Liste der gemounteten Laufwerke ausgeworfen.

Soll jedoch eine bestimmte CD, z.B. die in Laufwerk 2 ausgeworfen werden, so ist *eject* dies mitzuteilen: *eject cdrom1.*

Sollte sowohl eine Floppy als auch eine CD eingelegt und gemountet sein, so hat der Aufruf von *eject* zur Folge, daß erst die Floppy freigegeben wird. Ein zweiter Aufruf von *eject* arbeitet dann das nächste Laufwerk ab.

7.4.5.2 Floppy

Im Gegensatz zu CD-ROMs erfolgt das Mounten von Floppies nicht vollautomatisch:

Mount einer Floppy: Floppy einlegen, *volcheck* eingeben
Umount einer Floppy: `eject [floppy]` eingeben

Ist die Floppy schreibgeschützt, so wird sie readonly gemouted, anderenfalls read/write.

Mit dem Kommando *fdformat(1)* können Floppies formatiert und mit einem DOS-Filesystem versehen werden.

7.4.6 Konfigurationsfiles

Wie in der Fileübersicht bereits dargelegt, existieren zwei Konfigurationsfiles, eines für den *vold(1M)* eines für *rmmount(1M)*.

7.4.6.1 Konfigurationsfile *vold.conf*

Zunächst zu *vold.conf*. Hier wird beschrieben, welche Busse überwacht werden sollen, welche Filesystemtypen berücksichtigt werden sollen und welche Aktionen unterstützt sind. Ein Beispiel sei die in Listing 7.41 dargestellte Defaultkonfigurationsdatei.

Dieses Konfigurationsfile unterteilt sich in fünf Sektionen:

1. Zu benutzende Datenbank
2. Unterstützte Label und korrelierte Laufwerke
3. Liste der Massenspeicher(-Busse) die überwacht werden
4. Aktionen: insert, eject etc. und die durchzuführenden Kommandos
5. Liste der Filesystemtypen, bei denen vold eine Freigabe selbst steuert und vorher einen umount durchführen muß

7.4.6.2 Konfigurationsfile *rmmount.conf*

Das Programm *rmmount(1M)* wird beim mount und umount vom vold aufgerufen und dient dazu das Filesystem zu mounten, respektive die stattdessen eingetragene Aktion durchzuführen. Mittels rmmount kann beispielsweise erreicht werden, daß eine eingelegte CD exportiert wird, oder aber für eine eine CD mit Audiodaten ein entsprechendes Programm gestartet wird um sie

```
# ident "@(#)vold.conf 1.26    00/07/17 SMI"
#
# Volume Daemon Configuration file
#

# Database to use (must be first)
db db_mem.so

# Labels supported
label cdrom label_cdrom.so cdrom
label dos label_dos.so floppy rmdisk
label sun label_sun.so floppy rmdisk

# Devices to use
use cdrom drive /dev/rdsk/c*s2 dev_cdrom.so cdrom%d
use floppy drive /dev/rdiskette[0-9] dev_floppy.so floppy%d
use rmdisk drive /dev/rdsk/c*s2 dev_rmdisk.so rmdisk%d

# Actions
eject dev/diskette[0-9]/* user=root /usr/sbin/rmmount
eject dev/dsk/* user=root /usr/sbin/rmmount
insert dev/diskette[0-9]/* user=root /usr/sbin/rmmount
insert dev/dsk/* user=root /usr/sbin/rmmount
notify rdsk/* group=tty user=root /usr/lib/vold/volmissing -p
remount dev/diskette[0-9]/* user=root /usr/sbin/rmmount
remount dev/dsk/* user=root /usr/sbin/rmmount

# List of file system types unsafe to eject
unsafe ufs hsfs pcfs udfs
```

Listing 7.41. */etc/vold.conf*

abzuspielen. Im Serverumfeld ist diese eher im Desktopbereich gefragte Funktionalität nicht immer erwünscht. Der in das in Listing 7.42 zitierte Konfigurationsfile eingetragene Default bei Einlegen von CD-ROMs, Floppies oder Wechselplatten einen GUI-Filemanager zu starten kann daher an dieser Stelle auch deaktiviert werden.

7.4.7 Ausschluß eines Laufwerks vom Volumemanagement

Es gibt Situationen, in denen ein als Wechselmedienlaufwerk erkanntes Laufwerk explizit vom Volumemanagement ausgeschlossen werden soll oder muß.

Das Defaultkonfigurationsfile des *vold(1M)* enthält Einträge, die auf alle Laufwerke an allen Massenspeicherbussen verweisen:

```
# Devices to use
use cdrom drive /dev/rdsk/c*s2 dev_cdrom.so cdrom%d
use floppy drive /dev/rdiskette[0-9] dev_floppy.so floppy%d
```

```
# ident "@(#)rmmount.conf        1.12    00/08/29 SMI"
#
# Removable Media Mounter configuration file.
#

# File system identification
ident hsfs ident_hsfs.so cdrom
ident ufs ident_ufs.so cdrom floppy rmdisk
ident pcfs ident_pcfs.so floppy rmdisk
ident udfs ident_udfs.so cdrom floppy rmdisk

# Actions
action cdrom action_filemgr.so
action floppy action_filemgr.so
action rmdisk action_filemgr.so

# Mount
mount * hsfs udfs ufs -o nosuid
```

Listing 7.42. */etc/rmmount.conf*

```
use rmdisk drive /dev/rdsk/c*s2 dev_rmdisk.so rmdisk%d
```

Existiert in einem Rechner nun ein CD-ROM-Laufwerk auf Bus 0 mit der Targetadresse 6 (c0t6d0s2) und ein Brenner unter c0t5d0, als auch eine optische Library auf Bus 1 und sollen sowohl Library als auch Brenner vom Volumemanagement ausgeschlossen werden, das CD-ROM-Laufwerk weiter unter *vold*-Kontrolle laufen so sind im aufwendigsten Fall alle Laufwerke einzeln anzugeben. In unserem Fall reicht es, das CD-ROM-Laufwerk anzugeben:

```
# Devices to use
use cdrom drive /dev/rdsk/c0t6d0s2 dev_cdrom.so cdrom%d
use floppy drive /dev/rdiskette[0-9] dev_floppy.so floppy%d
# use rmdisk drive /dev/rdsk/c*s2 dev_rmdisk.so rmdisk%d
```

7.5 NFS, Network Filesystem, Server Side

Rolf M Dietze

Nachdem bereits in Abschnitt 5.3 die NFS Kommunikation zwischen Client und Server motiviert und die clientseitige Nutzung aufgezeigt wurde, soll hier der Hintergrund zu NFS etwas ausgeleuchtet und die Serverseite in Aufbau und Betrieb beschrieben werden. Es wird für die Administratoren, die auch weiterhin Solaris-Releases vor OpenSolaris unterstützen wieder kurz auf die Konfigurationsfiles eingegangen und die Start- und Stopscripte bis Solaris 9 beschrieben. Zunächst jedoch zum NFS[7] Service selbst.

[7] Oftmals irreführend Nitemare Filesystem genannt

7.5.1 Begriffsdefinition

Bevor weiter auf den NFS Service eingegangen wird, hier kurz ein paar Begriffsdefinitionen:

NFS: Kurzform von Network Filesystem
RPC: Kurzform von Remote Procedure Call
XDR: Kurzform von External Data Representation
NFS Server: Ein NFS Server ist ein System, das Filesysteme über das NFS Protokoll zur Verfügung stellt.
NFS Client: Ein NFS Client ist ein Rechner, der Filesysteme eines NFS Servers über das NFS Protokoll importiert und nutzt.

7.5.2 Der NFS Service

Die NFS-Kommunikation ist eine recht flexible und systemunabhängige Kommunikation. Zur Architekturunabhängigkeit wird über ein so genanntes XDR-Protokoll komuniziert, was die unterschiedlichen Darstellungen in Big-endian und Little-endian Maschinen durch ein übergeordenetes Austauschprotokoll in der Datenübergabe standardisiert, sodaß lokal auf dem Zielsystem in das jeweilige Format übersetzt werden kann. Die Kommunikation folgt dabei dem groben Schema von Abbildung 7.15. Ein Filesystem (HSFS/CD-ROM, ufs,

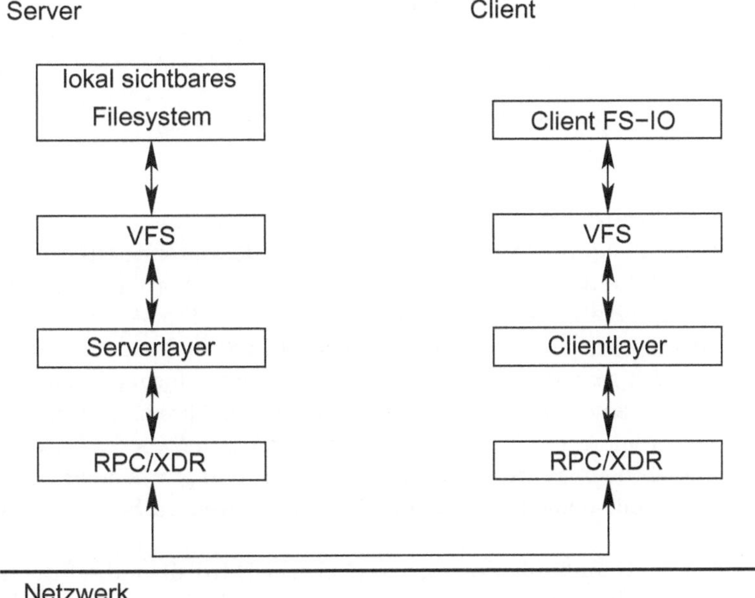

Abb. 7.15. NFS Zugriff auf ein Filesystem

etc.) wird serverseitig NFS-exportiert, und per RPC-Calls als XDR-Paktet bei Clientanfragen versendet. Der anfragende Client bekommt vom NFS Server einen Rootfilehandle, der für den Client quasi die Wurzel des serverseitig exportierten Filesystems darstellt. Der Client kann unter Verwendung des adaequaten Client-Mountprotkolls (Clientlayer) nun das gesamte bereitgestellte Filesystem oder auch nur Teile, Subtrees, des exportierten Filesystems an beliebiger Stelle im lokalen Filesystem mounten. Da die Datenrepresentation architekturunabhängig gestartet ist und der Client ein lokales Mountprotokoll verwendet, ist für den Client oberhalb seines VFS[8] Layers der Zugriff auf das über Netzwerk importierte Filesystem transparent. Der Client merkt gewissermaßen den Unterschied zwischen lokalem und remote Filesystem nicht.

Filelocking und Statusmonitoring wird hierbei durch entsprechende Daemonprozesse realisiert. Zunächst erfolgt die Portauflösung oder Adressierung der dynamisch zugewiesenen RPC-Ports aller notwendigen Services über den RPC-Port-Verzeichnisdienst, den Portmapper. Die zugehörenden Ports sind in Tabelle 7.14 aufgeführt.

Service	Protokoll	Version	Port	Aufgabe
nfs	udp	2 3 4	100003	NFS Service
nfs	tcp	2 3 4	100003	NFS Service
nfs_acl	udp	2 3	100227	NFS ACL Verwendung
nfs_acl	tcp	2 3	100227	NFS ACL Verwendung
nlockmgr	udp	1 2 3 4	100021	Lockmanager
nlockmgr	tcp	1 2 3 4	100021	Lockmanager
status	udp	1	100024	Status Monitor
status	tcp	1	100024	Status Monitor

Tabelle 7.14. NFS: zugehörige Ports

Interessanter ist der Filelockingmechanismus der, insbesondere bei NFS-mounts durch mehrere Clients, bei Filezugriffen der unterstützten Art notwendig ist. In Abbildung 7.16 ist der zeitliche Ablauf im Normalbetrieb zu sehen. Wenn eine Applikation einen Filelock schreiben möchte, so teilt sie dies dem lokalen Lockmanager (*lockd*) mit. Dieser wird in Step 2 zunächst den lokalen *statd*, dieser den remote-*statd* über den Lockrequest informieren, anschließend in Step 4 den remote-*lockd* adressieren um den Lockrequest weiterzugeben, welcher vom remote-*lockd* geschrieben wird. Aufgrund dieses Zusammenwirkens sind auch beim Start des NFS Dienste die entsprechenden Services mit zu starten, womit dementsprechende Abhängigkeiten im Servicemanifest definiert sind.

Bei einem Kommunikationszusammenbruch wird über die Statusmanger der beteiligten Systeme ausgehandelt, welche Locks noch offen sind und re-

[8] Virtual Filesystem

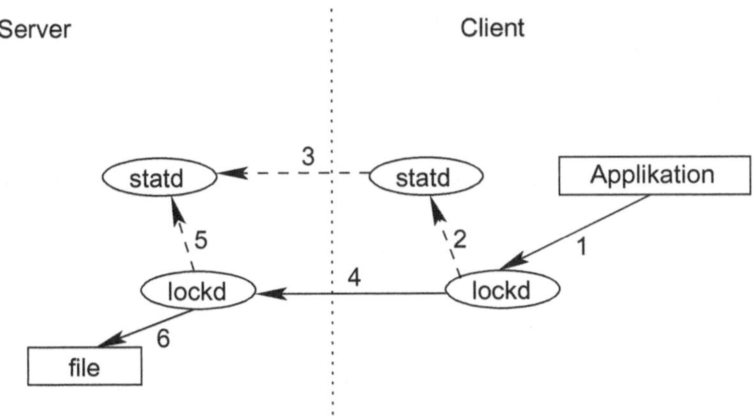

Abb. 7.16. Filelocking im NFS Environment

claimt werden können, woraufhin die Lockmanager die Locks reclaimen und aktualisieren.

7.5.2.1 NFS Service Protokolle

Zur NFS-Suite gehören die NFS-Protokolle, die Mount-Protokolle, das Protokoll des *statd(1M)* und des *lockd(1M)*. Sie sind im Folgenden kurz dargestellt.

NFS 2: Mit der NFS-Protokollversion 2 kam ein Protokoll zur systemunabhängigen netzwerkweiten Bereitstellung von Filesystemen durch einen filesystembeherbergenden Server auf den Markt, das es ermöglichte, daß mehrere Clients, unabhängig von ihrer eigenen Betriebssystemarchitektur auf zentrale Filesystemserver zugreifen. Der Zugriff ist vollständig transparent, der Client mountet das serverseitig bereitgestellte Filesystem und traversiert es mit eigenen Funktionen. Die Architektur und Geräteunabhängigkeit wird erreicht durch die Verwendung von Remote Procedure Calls (RPC) in einem standardisierten Übergabemechanismus zum Datenaustausch, der XDR[9] Implementierung. Das NFS 2 Protokoll ist zustandslos, clientseitig wird das entsprechende Mountprotokoll, MNTv1 benötigt. Es werden Byteweise Datei- beziehungsweise Directoryinformationen übertragen. Da auf UDP-RPC Calls aufgesetzt wird, wird bei ausbleibender Bestätigung ein Datenpaket erneut versendet. Hierbei kann die serverseitige Belastung weiter steigen.

NFS 3: NFS 3, beschrieben in RFC1813 erweitert NFS 2 um 64Bit Dateigrößen und Offsets, ermöglicht die serverseitige Zugriffsüberprüfung. Zur Optimierung wurde die Limitierung Transfergröße gelockert, es konnten uncommittet Writes ausgeführt werden, bei denen im Prinzip keine

[9] eXternal Data Representation

verlässliche Rückmeldung zu einem Schreibzugriff erwartet wurde bevor der nächste Block übertragen wird. NFS 3 ist zustandslos und kompatibel zu NFS 2 Clients und Servern. Clientseitig wird das entsprechende Mountprotokoll, MNTv3 benötigt. In den ersten vier Bytes wird jeweils die Länge der nachfolgenden Objekt-, Datei- oder Directoryinformation übertragen, gefolgt von den Datenblöcken ab Byte 5 in der vorher übertragenen Anzahl/Länge.
Mit Version 3.2 wird File- und Recordlocking und ein Remote Execution Service (REX) eingeführt.

NFS v4: NFS v4 basiert auf der Versionen 2 und 3 und kombiniert im Vergleich zu NFS 2 und NFS 3 integrierte Methoden zum Filelocking und das Mountprotokoll selbst. Es wurde erweitert um aushandelbare Sicherheitsmechanismen, SecureNFS, Zugriff bei Authentifizierung und bei Anfrage verschlüsselt, Verbundoperationen und Clientcacheingfunktionen. Datei- und Directorynamen sind für die Interantionalisierug UTF-8 codiert. Das generelle Filesystemmodell von NFS v4 unterscheidet sich nicht von den Vorgängerversionen. Der Server stellt ein Rootfilehandle zur Verfügung, daß die Wurzel des durch den Server exportierten Filesystems darstellt.
Der NFS v4 Protokollheader besteht aus mehreren Bytes, wobei die ersten vier die Tag-Länge angeben, gefolgt vom Tag selbst. Nachfolgend ist im Protocolheader in 4 Bytes die Minorversion verzeichnet, 0 für NFS v4,gefolgt von einem 4-Byte Operatorargument. Hier liegt eine der wesentlichen Änderungen in dieser Version, denn hier ist auch das Mountprotokoll enthalten. Als Operationen werden untersützt: *access, close, commit, create, delegpurge, delegreturn, getattr, getfh, link, lock, lockt, locku, lookup, lookupp, nverify, open, openattr, openconfirm, opendowngrade, putfh, putpubfh, putrootfh, read, readdir, readlink, remove, rename, renew, restorefh, savefh, secinfo, setattr, setclientid, setclientidconfirm, verify, write.*
Die Besonderheit, daß das Mountprotokoll im NFS v4 Protokoll endhalten ist, bietet den Vorteil, daß nur ein vordefinierter Port verwendet wird, was eine einfache Regel in einer Firewallkonfiguration erlaubt, wenn NFS v4 über Firewallgrenzen hinweg in einem WAN-Setup bereitgestellt werden soll.
Anders als bei den vorhergehenden Versionen des NFS Protokolles wird bei NFS v4 nicht über die BenutzerID (uid), sondern über den Benutzernamen gemappt, mit der Folge, daß bei nicht übereinstimmenden Domains von Server und Client alle Benutzer über *nobody* gemappt werden.

MNTv1: Das Mountprotokoll Version 1 ist clientseitig zur Nutzung des NFS 2 Services notwendig. Das Mountprotokoll wurde seinerzeit vom NFS Protokoll getrennt gehalten um eine Anpassung an Clients zu erleichtern. Auch wenn NFS 2 ein statless Service ist, wird im Mountprotokoll ein stateful Server definiert, da der Server eine Mounttabelle über alle Clients hält, um diese zu benachrichtigen, falls der Server einen Shutdown fährt. Es wird über diese Protokoll lediglich der Filehandle kommuniziert.

Die vier ersten Bytes im Protokollheader enthalten die Länge des Directorypfades, ab Byte 5 folgt der Pfadname in der deklarierten Länge

MNTv3: Es sprengt den Rahmen alle Aspekte der Implementation des v3 Mountprotokolls zur Nutzung des NFS 3 Services zu beschreiben. Das Mountprotokoll in der Version 3 unterstützt unter anderem, daß der Server Zugriffsprivilegien auf selektiv gewählte Clients setzen kann. Auch das zustandabhängige Filelocking wurde verbessert und in ein separates Protokoll verlegt. Der Protokollheader beschreibt wieder in den ersten vier Bytes die Directorypfadlänge und ab Byte 5 den Pfadnamen

Lockd: Das Filelocking bei NFS 3 wird über ein separat implementiertes Network Lock Manager Protokoll *NLM* v4 realisiert. Version 4 unterscheidet sich von der Version 3 Implementation des Lockmanagerprotokolls in der Unterstützung einer *NULL*-Prozedur um das Antwortverhalten des Server zu testen. Es wurden in allen Feldern die Versionsnummern angepasst. Der Protokollheader führt in den ersten vier Bytes die Länge des Lock-Tokens, ab Byte 5 folgt das Lock-Token selbst.

Statd: Aufgabe des Network Status Monitors (in OPENSOLARIS realisiert durch den *statd(1M)*) ist das Lockrecovery bei einem Kommunikationszusammenbruch durch Crash des Servers oder des Clients. Dabei wird ein Status der gesetzten Locks gehalten. Veränderungen werden automatisch an die beteiligten Dienste propagiert. Wenn ein Client eine Kommunikation mit einem Server unterhalten will und von Statusänderungen des Servers unterrichtet werden will, registiert er den Kommunikationswunsch bei seinem lokalen Statusmonitor. Der lokale Statusmonitor propagiert dieses Interesse an den Server. Siehe hierzu auch Abbildung 7.16 von Seite 513. Sollte der Server einen unplanmäßigen Boot durchführen und den Service wieder aufnehmen wollen, wird der serverseitige Statusmonitor alle registrierten Clientstatusmonitore über die Statusänderung unterrichten. Der Statusmonitor des Clients kann daraufhin alle clientlokalen Applikationen über die Statusänderung informieren, sodaß diese ihre Locktokens bei Bedarf wieder anfordern können.

7.5.2.2 Stati und Serviceprogramme

Die Präsenz der notwendigen rpc-Programme läßt sich mit der Applikation *rpcinfo(1M)* erfragen. Ein weiteres Diagnosemittel ist die Applikation *nfsstat(1M)*. Das Programm *nfsstat(1M)* liefert Statistiken über die NFS und RPC Kernel-Interfaces. Auch kann *nfsstat(1M)* einen Reset der statistischen Informationen initiieren. Es werden folgende Optionen unterstützt:

-a Auflistung von ACL-Informationen
-c Anzeige der clientseitigen NFS, RPC und nfs_acl-Informationen wird ausgegeben
-m Ausgabe von Informationen zu spezifizierten NFS-Verzeichnissen
-n Ausgabe der server- und clientseitigen Informationen

-r Ausgabe der RPC Informationen
-s Einschränkung auf Serverinformationen
-v Einschränkung auf eine spezifizierte NFS Version
-z Zurücksetzen aller statistischen Zähler

7.5.2.2.1 showmount(1M)

Die Applikation *showmount(1M)* listet alle NFS Clients auf, die von dem lokalen NFS Server Filesysteme gemountet haben, beziehungsweise nutzen. Nicht aufgelistet werden dabei Clients, die NFS v4 verwenden.

Syntax

```
/usr/sbin/showmount [-ade] [hostname]
```

Optionen

-a Es sollen alle Remotemounts in der Form hostname : directory aufgelistet werden
-d Es sollen die Verzeichnisse aufgelistet werden, die von Clients gemountet wurden
-e Es soll eine Liste aller exportierten Filesysteme ausgegeben werden.

Beispiel:

Auf einer Beispielmaschine *nova*, bei der */export* ohne besondere Einschränkungen exportiert wurde, wird damit die *showmount -e*-Ausgabe etwa wie folgt ausgegeben:

```
nova> showmount -e
export list for nova:
/export (everyone)
```

Die unterschiedlichen Anwendungen der Anzeigeoptionen sind in nachfolgendem Beispiel 7.13 zusammengefaßt. Eine Maschine mit dem Hostnamen *mariner* hat das */export*-Verzeichnis des NFS Servers *nova* gemountet. Irreführend kann dabei die Ausgabe von *showmount -a* interpretiert werden, da sich inzwischen aufgrund der URL[10] Schreibweise die Interpretation als *server:path* aufdrängt. Es sei daher ausdrücklich darauf hingewiesen, daß *showmount -a* an dieser Stelle den Namen des Clients, gefolgt von dem durch den Server exportierten Pfad angibt, also *client:path-on-server.*

7.5.2.2.2 Network Status Monitor

Der Statusmonitor *statd(1M)* führt Statusinformationen unter */var/statmon* mit. So befindet sich im Unterverzeichnis */var/statemon/sm* eine Liste an nach einem Reboot zu kontaktierenden Clients, in */var/statemon/sm.bak* wird eine Liste der Clients geführt, die nach einem Reboot nicht erreicht wurden. So kann der Status Monitor nach einem Boot/Reboot entscheiden, welche Clients von der Statusänderung zu unterrichten sind. Der NFS-Service benötigt den *statd(1M)*, das Binary liegt unter */usr/lib/nfs/statd.*

---

[10] Uniform Resource Locator

```
nova> showmount
mariner
nova> showmount -a
mariner:/export
nova> showmount -d
/export
```

Beispiel 7.13. Anwendung von *showmount*

OPENSOLARIS *Einbindung des Network Status Monitors*

Der Status Monitor wird über die Service Management Facility gestartet und verwaltet. Seine Servicebezeichnung lautet:

svc:/network/nfs/status

Seine Startmethode ist:

```
<exec_method
      type='method'
      name='start'
      exec='/usr/lib/nfs/statd'
      timeout_seconds='60' />
```

In Tabelle 7.15 sind die Abhängigkeiten des Network Status Monitors aufgeführt. Gestoppt wird der Mapping Daemon über einen durch die Service

Abhängigkeit	Restart	Service
require_any	error	*svc:/milestone/network*
require_all	restart	*svc:/network/rpc/bind*
require_all	error	*svc:/system/filesystem/local*

Tabelle 7.15. Abhängigkeiten des Network Status Monitors

Management Facility verwalteten build-in kill-Mechanismus.

7.5.2.2.3 Network Lock Daemon

Der Lockmanager propagiert Filelocks, indem eine clientseitige Applikation den clientseitigen Network Lock Daemon mit einem Lockrequest beauftragt, der clientseitige Lockmanager den serverseitigen Lockmanager über das Network Lock Manager Protokoll, NLM von dem Lockrequest unterreichtet und der serverseitige Lockmanager letztendlich den Lock setzt, wie in Abbildung 7.16 auf Seite 513 dargestellt. Der NFS-Service benötigt den *lockd(1M)*, sein Binary liegt unter */usr/lib/nfs/lockd.*

Syntax

```
/usr/lib/nfs/lockd [-g graceperiod]  [-l listen_min_backlog]
      [-t timeout] [nthreads]
```

Der Lockmanager unterstützt folgende Optionen:

-g Angabe einer "Graceperiod", einer Zeit, die NFS Clients zugebilligt wird, ihre Locks zu reclaimen. Gleichzeitig wird hiermit der NFS v4 Lease Intervall gesetzt. Als Default ist ein Wert von 90 Sekunden definiert. Anstelle dieser Option sollte der Parameter `GRACE_PERIOD` in der Konfigurationsdatei */etc/default/nfs* gesetzt werden.

-l Definiert die Größe des Backlogs, die Anzahl der abzuwartenden gequeueten Requests bevor neue Requests gedroppt werden.

-t Spezifiziert die Zeit, ab der ein Lockrequest an den Server neu versendet wird, Default: 15 Sekunden.

nthreads Maximale Anzahl paralleler Threads des Lockmanagers, Default: 20.

Die Defaulteinstellungen für diese Optionen können in der Konfigurationsdatei */etc/default/nfs* modifiziert werden. In Tabelle 7.16 sind die *lockd* spezifischen Variablen zusammengefaßt.

Variable	Option	Bedeutung
`LOCKD_LISTEN_BACKLOG=32`	-l	Falls ein verbindungsorientiertes Transportprotokoll benutzt wird, wird mit der Option *-l* die Länge der Warteschlange des Network Locking Daemons definiert. Der eingetragene Default von 32 entspricht der Minimalgröße. Sobald die Queue voll ist schlagen weitere Verbindungsanfragen von Clients fehl.
`LOCKD_SERVERS=20`		Die Anzahl paralleler Threads kann auch beim Start des *lockd* als Parameter auf der Kommandozeile angegeben werden.
`LOCKD_RETRANSMIT_TIMEOUT=5`	-t	Zeit in Sekunden, die abgewartet wird bevor eine Anfrage an einen anderen Network Lock Daemon wiederholt wird.
`GRACE_PERIOD=90`	-g	Als Grace Period wird die Zeit bezeichnet, die Clients zugestanden wird um nach einem Reboot des Servers ihre Locks erneut anzumelden.
`#LOCKD_GRACE_PERIOD=90`	-g	Diese *lockd* spezifische Option ist durch die auch für NFSv4 Clients gültige GRACE_PERIOD ersetzt worden.

Tabelle 7.16. Parameter zu *lockd* in */etc/default/nfs*

OPENSOLARIS *Einbindung*

Der Network Lock Daemon *lockd(1M)* wird über die Service Management Facility gestartet und verwaltet. Seine Servicebezeichnung lautet:

svc:/network/nfs/nlockmgr

Seine Startmethode ist:

```
<exec_method
     type='method'
     name='start'
     exec='/usr/lib/nfs/lockd'
     timeout_seconds='60' />
```

In Tabelle 7.17 sind die Abhängigkeiten des Network Lock Daemons aufgeführt. Gestoppt wird der Network Lock Daemon über einen durch die Ser-

Abhängigkeit	Restart	Service
require_any	error	*svc:/milestone/network*
require_all	restart	*svc:/network/rpc/bind*
require_all	error	*svc:/network/nfs/status*
require_all	error	*svc:/system/filesystem/minimal*

Tabelle 7.17. Abhängigkeiten des Network Lock Daemons

vice Management Facility verwalteten build-in kill-Mechanismus.

7.5.2.2.4 NFS *Daemon*

Der NFS-Daemon ist der Prozess, der die Client Filesystem Requests beantwortet. Um den Daemon zu starten muß der startende Benutzer mindestens ausreichende Rechte haben um nach */var/run* schreiben zu können (PID). Das Binary des NFS-Daemons liegt unter */usr/lib/nfs/nfsd.* Ein Aufruf von *share -a* startet den *nfsd* gleich mit (Vorsicht im SMF-Umfeld). Per Default startet der *nfsd* für Protokollversionen 2 und 3 sowohl über UDP als auch über TCP und für Protokollversion 4 über TCP. Ein Mehrfachaufruf des *nfsd* ohne alte *nfsd*-Prozesse zu terminieren führt zu unter Umständen zu Verklemmungen. Startparameter sind in */etc/default/nfs* zu setzen oder zu modifizieren.

Syntax

```
/usr/lib/nfs/nfsd [-a] [-c #_conn] [-l listen_backlog] ↙...
     ↪ -p protocol] -t device] [nservers]—
```

Optionen

-a Startet den *nfsd* über alle Transportprotokolle.
-c Spezifiziert die Anzahl der zulässigen Verbindungen.
-l Spezifiziert die Länge der Connectionqueue, Default: 32.
-p Spezifiziert die unterstützte Protokollversion.
-t Spezifiziert das Device über das kommuniziert werden soll.
nservers Definiert die Anzahl der parallelen Threads, Default: 1.

Wird in der */etc/system* die Variable für den Portmon wie folgt gesetzt:

```
set nfssrv:nfs_portmon = 1
```

so muß ein Client priviligierte Ports kleiner *IPPORT_RESERVERD* für eine NFS-Nutzung verwenden. Die Variable wurde in legacy Releases für das Modul *nfs* genutzt, ist jedoch jetzt Bestandteil des Modules *nfssrv*.

Der *nfsd(1M)* liest Startupoptionen aus */etc/default/nfs*, liest Systemparameter aus der */etc/system* (dies geschieht durch den Kernel während des Systemstartes), schreibt beim Startup seine Prozeß ID etc. nach */var/run* und nutzt die Verzeichnisse */var/nfs/v4_state* und */var/nfs/v4_oldstate* zur Verwaltung der Client Statusinformationen.

OpenSolaris *Einbindung*

Der NFS Daemon *nfsd(1M)* wird über die Service Management Facility gestartet und verwaltet. Seine Servicebezeichnung lautet:

svc:/network/nfs/server

Seine Startmethode ist:

```
<exec_method
     type='method'
     name='start'
     exec='/lib/svc/method/nfs-server start'
     timeout_seconds='3600' />
```

Ein Service Refresh wird durchgeführt durch die Methode:

```
<exec_method
     type='method'
     name='refresh'
     exec='/lib/svc/method/nfs-server refresh'
     timeout_seconds='3600' />
```

Gestoppt wird der NFS Daemon über die Stopmethode der Service Management Facility unter Angabe des Restarterprozesses.

```
<exec_method
     type='method'
     name='stop'
     exec='/lib/svc/method/nfs-server stop %{restarter/contract}'
     timeout_seconds='3600' />
```

Die umfangreichen Abhängigkeiten des NFS Server Daemon Prozesses sind in Tabelle 7.18 aufgelistet.

7.5.2.2.5 nfsd-*Konfigurationsfile*

Der *nfsd(1M)* liest beim Start sein Konfigurationsfile unter */etc/default/nfs* ein. Der Aufbau des Konfigurationsfiles folgt dem Schema *VARIABLE=value* und hat in der Defaultinstallation von SolarisExpress Solaris 11 Build 28 den in Tabelle 7.19 erläuterten Inhalt.

Abhängigkeit	Restart	Service
require_any	error	*svc:/milestone/network*
require_all	error	*svc:/network/nfs/nlockmgr*
optional_all	error	*svc:/network/nfs/mapid*
require_all	restart	*svc:/network/rpc/bind*
optional_all	none	*svc:/network/rpc/keyserv*
optional_all	none	*svc:/network/rpc/gss*

Tabelle 7.18. Abhängigkeiten des NFS Daemons

Zu beachten ist, daß in der Konfigurationsdatei */etc/default/nfs* ebenfalls die Defaultparameter für den Network Locking Daemon, *lockd(1M)* gesetzt werden können, wie in Tabelle 7.16 auf Seite 518 dargestellt.

Die Bedeutung und Belegung der Variablen wurde zuvor in der Beschreibung der Optionen der Programme *nfsd, statd, lockd* beschrieben. In der */etc/default/nfs* sind sie zusammengefaßt um die Administration zu vereinfachen.

7.5.2.2.6 nfsmapid(1M)

Der NFS Mapping Daemon mapped die UserID und GroupID Werte in der NFS Nutzung mit den Solaris UserId und GroupID Einträgen für NFS v4 NFS Mount Requests und Fileshareing. Dazu wird auf den Name Service Cache Daemon Mechanismus zugegriffen um die verwertbaren Werte aus lokalen Files oder Netzwerkinformationsdiensten zu erhalten. Ein Konfigurationpunkt ist die in der */etc/default/nfs* setzbare Variable *NFSMAPID_DOMAIN* (s.o.). Der NFS-Service benötigt den *nfsmapid*-Service. Das Binary steht unter */usr/lib/nfs/nfsmapid.*

OpenSolaris *Einbindung*

Der NFS Mapping Daemon wird über die Service Management Facility gestartet und verwaltet unter der Servicebezeichnung

svc:/network/nfs/rquota

Seine Startmethode ist:

```
<exec_method
     type='method'
     name='start'
     exec='/usr/lib/nfs/nfsmapid'
     timeout_seconds='60' />
```

Gestoppt wird der Mapping Daemon über einen durch die Service Management Facility verwalteten build-in kill-Mechanismus.

Seine Abhängigkeiten sind in Tabelle 7.20 aufgeführt.

Variable	Option	Bedeutung
#NFSD_MAX_CONNECTIONS=	-c	Spezifiziert die Anzahl der zulässigen Verbindungen.
NFSD_LISTEN_BACKLOG=32	-l	Spezifiziert die Länge der Connectionqueue, 32 ist als Default eingetragen.
NFSD_PROTOCOL=ALL	-a|-p	Entspricht der Option -a und startet den *nfsd* über alle Transportprotokolle. Eine explizite Nennung eines Protokolles entspricht der Option -p beim Aufruf des *nfsd*
#NFSD_DEVICE=	-t	Spezifiziert das Device über das kommuniziert werden soll.
NFSD_SERVERS=16	*n*	Die Anzahl paralleler Threads kann auch beim Start des *nfsd* als Parameter auf der Kommandozeile angegeben werden.
GRACE_PERIOD=90	-g	Als Grace Period wird die Zeit bezeichnet, die Clients zugestanden wird um nach einem Reboot des Servers ihre Locks erneut anzumelden.
#NFS_SERVER_VERSMIN=2		Niedrigste Version des NFSProtokolls, die der Server anbieten soll.
#NFS_CLIENT_VERSMIN=2		Minimale Version des NFSProtokolles die der Client mit dem Server versucht auszuhandeln wenn alle höheren Versionen fehlgeschlagen sind. Dieser Wert kann beim Aufruf von mount mit der Option *vers=<version>* spezifiziert werden.
#NFS_CLIENT_VERSMAX=4		Höchste durch den Client unterstützte Version des NFS Protokolles. Da zuerst versucht wird eine Verbindung mit der höchstmöglichen Version auszuhandeln kann es sinnvoll sein, an dieser Stelle eine niedrigere Version einzutragen wenn die Server, von denen Filesysteme über NFS gemountet werden sollen, ohnehin keine höhere Version unterstützen.
#NFS_SERVER_DELEGATION=on		Erlaubt die Verwendung des Version 4 Delegationsfeatures
#NFSMAPID_DOMAIN=domain		Anweisung an den nfsmapid Daemon nicht die DNS-Domain sondern die an dieser Stelle explizit genannte Domain zu verwenden

Tabelle 7.19. Parameter zu NFS in */etc/default/nfs*

Abhängigkeit	Restart	Service
require_any	error	*svc:/milestone/network*
require_all	restart	*svc:/network/rpc/bind*
require_all	refresh	*svc:/milestone/name-service*
require_all	error	*svc:/system/filesystem/minimal*

Tabelle 7.20. Abhängigkeiten des NFS Mapping Daemons

7.5.2.2.7 rquotad(1M)

Quotas sind platzmäßige Filesystembelegungsrestriktionen für Benutzer. Quotas über, beziehungsweise auf NFS exportierten Filesystemen werden NFS Clients dann angezeigt, wenn der */usr/lib/nfs/rquotad* auf dem entsprechenden NFS Server aktiviert ist und läuft. Der NFS-Service benötigt daher den *rquota*-Service.

OpenSolaris *Einbindung*

Der *rquotad* Daemon wird über die Service Management Facility gestartet und verwaltet unter der Servicebezeichnung

svc:/network/nfs/cbd

Seine Startmethode ist:

```
<exec_method
     type='method'
     name='inetd_start'
     exec='/usr/lib/nfs/rquotad'
     timeout_seconds='0'>
     <method_context>
          <method_credential user='root' group='root' />
     </method_context>
</exec_method>
```

Gestoppt wird der *rquotad(1M)* über einen durch die Service Management Facility verwalteten build-in kill-Mechanismus.

Seine Abhängigkeiten sind in Tabelle 7.21 dargestellt.

Abhängigkeit	Restart	Service
require_all	restart	*svc:/network/rpc/bind*

Tabelle 7.21. Abhängigkeiten des Quota Daemons

7.5.2.2.8 nfs4cbd(1M)

Der *nfs4cbd(1M)* stellt die Implementation des NFS Version 4 Callback Daemon dar. Der *nfs4cbd(1M)* stellt clientseitig einen Listenerprozess für den Callback bei einer NFS v4 Mount-Verbindung. Er ist für den clientseitigen NFS-Service unter NFS v4 notwendig.

OPENSOLARIS *Einbindung*

Der NFS v4 Callback Daemon wird über die Service Management Facility gestartet und verwaltet unter der Servicebezeichnung:

svc:/network/nfs/cbd

Seine Startmethode ist:

```
<exec_method
    type='method'
    name='start'
    exec='/usr/lib/nfs/nfs4cbd'
    timeout_seconds='60' />
```

Gestoppt wird der *nfs4cbd(1M)* über einen durch die Service Management Facility verwalteten build-in kill-Mechanismus.

Seine Abhängigkeiten sind in Tabelle 7.22 aufgeführt.

Abhängigkeit	Restart	Service
require_any	error	*'svc:/milestone/network*
require_all	refresh	*svc:/milestone/name-services*
require_all	error	*svc:/system/filesystem/minimal*

Tabelle 7.22. Abhängigkeiten des NFS v4 Callback Daemons

7.5.3 NFS Services unter OpenSolaris

Client und Server sind weiterhin getrennt implementiert und können gleichzeitig auf der selben Maschine gefahren werden, das heißt eine OPENSOLARIS kann sowohl NFS-Server sein als auch selbst NFS-Service anfragen, also als NFS-Client fungieren.

7.5.3.1 Start und Stop des NFS Dienstes ab OpenSolaris

Der NFS Service wird unter OPENSOLARIS, SOLARISEXPRESS, SOLARIS 10 und 11 gestartet durch das Kommando

```
svcadm enable enable nfs/server
```

und wieder gestoppt durch das Kommando:

```
svcadm disable enable nfs/server
```

Bedingt durch die Abhängigkeiten sind bei gestarteten NFS Clientservices folgende Dienste bereits aktiviert:

```
svc:/network/nfs/status:default
svc:/network/nfs/nlockmgr:default
svc:/network/nfs/client:default
svc:/network/nfs/rquota:default
```

Durch die Aktivierung des NFS Servers werden zusätzlich folgende Services aktiviert:

```
svc:/network/nfs/cbd:default
svc:/network/nfs/mapid:default
svc:/network/nfs/server:default
```

Der Service ist jedoch erst vollständig verfügbar, wenn auch Filesysteme exportiert werden. Dies ist durch entsprechende Modifikation der Exportdatei unter */etc/dfs/dfstab* erreichbar. Alle Einträge in dieser Esportdatei werden bei Aktivierung des NFS Services ausgewertet und ebenfalls aktiviert.

7.5.4 NFS in Solaris Releases bis Solaris 9

Vor OPENSOLARIS war der NFS-Service einfach beschrieben. Es gab Konfigurationsfiles, Binaries, Start- und Stopscripte, wie sie in Tabelle 7.23 beschrieben sind. Da der NFS Service als Filesystem implementiert ist, wird clientseitig nur ein Mount durchgeführt. Serverseitig wird der nfsd(1M) benötigt. Filelocking und Statustracing übernehmen *statd* und *lockd* zwischen Client und Server.

Server:	Binary	*/usr/lib/nfs/nfsd*
	Binary	*/usr/lib/nfs/lockd*
	Binary	*/usr/lib/nfs/statd*
	Binary	*/usr/sbin/share*
	Startscript	*/rc3.d/S15nfs.server*
	Stopscript	*/rc0.d/K28nfs.server*
	Stopscript	*/rc1.d/K28nfs.server*
	Stopscript	*/rc2.d/K28nfs.server*
	Stopscript	*/rcS.d/K28nfs.server*
	Konfig-File	*/etc/default/nfs*
	Export-File	*/etc/dfs/dfstab*
	FS-Typen	*/etc/dfs/fstypes*
	Exporterte FS	*/etc/dfs/sharetab*

Tabelle 7.23. Konfigurationsfiles, Binaries und Scripte zu NFS auf SOLARIS 9

Da es sich bei NFS um einen Netzwerkdienst handelt kommen dazu noch die nachfolgenden Files:

RPC-Port */etc/rpc*
IP-Port */etc/services*
für Quotas */etc/inetd.conf*

Die Start- und Stopscripte sind Links auf */etc/init.d/nfs[server, client]*. Sowohl */usr/lib/nfs/statd* als auch */usr/lib/nfs/lockd* wurden in den Start- und Stopscripten mit gestartet oder terminiert. Serverseitig ist die */etc/dfs/dfstab* anzupassen und der NFS-Service durch ein einfaches */etc/init.d/nfs-server start* zu starten.

7.5.4.1 Start und Stop des NFS Dienstes bis Solaris 9

Wie zuvor kurz angedeutet, wird beim Start des NFS Services die Freigabekonfigurationsdatei */etc/dfs/dfstab* getestet und gelesen. Zum Start des NFS Servers sollte diese Datei nicht leer und mit sinnvollen Angaben versehen sein. Der NFS Server wird gestartet mit dem Kommando:

```
/etc/init.d/nfs.server start
```

und gestoppt mit dem Kommando:

```
/etc/init.d/nfs.server stop
```

Per Default ist die Anzahl der gleichzeitigen NFS Anfragen auf 16 gesetzt. Dies kann in der Datei */etc/default/nfs* geändert werden, diese Konfigurationsdatei ist selbsterklärend kommentiert.

7.5.5 Einrichtung eines NFS Servers

Zur Einrichtung eines NFS Servers sind folgende Schritte durchzuführen:

1. Erzeugung, Bereitstellung eines zu exportierenden Verzeichnisses oder Verzeichnisbaumes. Per Konvention unter */export.*
2. Freigabe des Verzeichnisses *share(1M)*, bzw. Anlegung der */etc/dfs/dfstab.*
3. Ausführung des Startscriptes */etc/init.d/nfs.server*

Der NFS Server wird bei einem Boot im Runlevel 3 automatisch gestartet, wenn das Exportkonfidurationsfile */etc/dfs/dfstab* existiert und nicht leer ist.

7.5.5.1 Freigabe von Verzeichnissen für NFS Zugriffe

Verzeichnisse werden unter Verwendung des Kommandos *share(1M)* für die Verwendung unter NFS freigegeben. Bei der Freigabe ist die Filesystemhierarchie zu beachten.

Sei beispielsweise im Filesystem von */export* ein Unterverzeichnis *home* eingerichtet und das Verzeichnis

/export exportiert, so kann
/export/home nicht zusätzlich exportiert werden.

Es ist bereits durch die Freigabe von */export* exportiert worden. Es ist nicht möglich Verzeichnisse unter */export*, die im gleichen Filesystem liegen, von der Freigabe auszunehmen oder mit anderen Zugriffsrechten als das übergeordnete, bereits exportierte Verzeichnis zu exportieren.

Exportfreigaben gelten nur bis zum nächsten physikalischen Mountpunkt auf dem Server. Seien z.B. */export* und */export/home* unterschiedliche Filesysteme, etwa:

/dev/dsk/c0t1d0s2 /export
/dev/dsk/c0t2d0s2 /export/home

so gilt eine Freigabe für */export* nur für */export* und nicht automatisch für */export/home*. In diesem Fall ist */export/home* zusätzlich zu exportieren. Die für */export* gesetzten Optionen werden nicht an */export/home* vererbt, für dieses Verzeichnis müssen eigene Zugriffsrechte, etc. gesetzt werden.

Seit SOLARIS 7 sind Filesysteme die per NFS bereitgestellt werden (shared Filesysteme) gleichzeitig umount-locked. Das heißt ein exportiertes CD-Filesystem muß erst mittels *unshare* freigegeben werden, um die benutzte CD zu unmounten und auszuwerfen.

7.5.5.1.1 share(1M)

Ein Directory wird exportiert durch z.B. folgenden Aufruf:

```
share -F nfs /export
```

Alle exportierten Directories eines NFS Servers und die gesetzten Exportrechte werden durch Aufruf von *share(1M)* ohne Parameter angezeigt:

```
rmd@nx2 pts/6 ~ 53> share
-                  /export   ro,anon=0   "nx2:export"
```

Obiges Beispiel zeigt ein Kommentarfeld, `nx2:export`. Kommentarfelder sind beim export mit der Option "-d" setzbar.

7.5.5.1.2 unshare(1M)

Ein Directory wird deexportiert mit dem Kommando *unshare(1M)* unter Angabe des betreffenden Directories:

```
unshare /export
```

Es können Kommentare und Zugriffsrechte mitgegeben werden, siehe auch die Manualpage *share(1M)*.

7.5.5.1.3 shareall(1M)

Das Kommando *shareall(1M)* exportiert alle Verzeichnisse, die in dem Konfigurationsfile */etc/dfs/dfstab* aufgeführt sind. Das Kommando *unshare(1M)* sperrt die Freigaben wieder entsprechend der Einträge in */etc/dfs/dfstab.*

Das Konfigurationsfile */etc/dfs/dfstab* enthält im Wesentlichen die Aufrufzeilen des Kommandos *share(1M).* In Beispiel 7.14 ist das Verzeichnis */export* des Servers "menkar" read-write ohne weitere Einschränkungen exportiert.

```
# Place share(1M) commands here for automatic execution
# on entering init state 3.
#
# Issue the command '/etc/init.d/nfs.server start' to run the NFS
# daemon processes and the share commands, after adding the very
# first entry to this file.
#
# share [-F fstype] [ -o options] [-d "<text>"] <pathname> [resource]
# .e.g,
# share  -F nfs  -o rw=engineering  -d "home dirs"  /export/home2
share  -F nfs  -o rw  -d "menkar:export"  /export
```

Beispiel 7.14. *share* Kommando in */etc/dfs/dfstab*

7.5.6 NFS Server logging

Seit SOLARIS 8 wird das Logging von NFS Server Aktivitäten unterstützt. Dazu wurde ein log-Daemon *nfslogd(1M)* eingeführt. Jedoch wird das NFS Server Logging nicht bei Systemen unterstützt, die NFS v4 fahren.

Jeder Eintrag im Log enthält einen Timestamp, die IP-Adresse oder wenn auflösbar, den Hostnamen des NFS Clients, File oder Directoryname auf dem gearbeitet wurde und die Art der Operation, input (i) oder output (o). Das NFS Logging ist in zwei Phasen aufgeteilt, die erste wird durch das Kernelmodul ausgeführt, wo Raw-RPC Requests und deren Antworten aufgezeichnet werden, die zweite Phase wird durch den *nfslogd*-Userleveldaemon ausgeführt, indem periodisch die RPC-Buffer ausgelesen und aufbereitet werden. zwischen diesen Aktivitätsphasen befindet sich der Prozeß im Idlemode, welcher durch entsprechene Einträge in der Konfigurationsdatei */etc/default/nfslogd* durch den Parameter *IDLE_TIME* beeinflußbar ist. Die Logtabelle liegt unter */etc/nfs/nfslogtab*, der Arbeitsbuffer wird in der Konfigurationsdatei */etc/nfs/nfslog.conf* eingestellt, per Default steht er auf */var/nfs*:

```
#
global  defaultdir=/var/nfs \
        log=nfslog fhtable=fhtable buffer=nfslog_workbuffer
```

Variable	Bedeutung
`# MAX_LOGS_PRESERVE=10`	Anzahl der maximal zu sichernden Logs
`# MIN_PROCESSING_SIZE=524288`	Minimale Buffergröße bevor eine Verarbeitung gestartet wird
`# IDLE_TIME=300`	Idletime zwischen den Bearbeitungen
`# CYCLE_FREQUENCY=24`	Gibt die Zeit an, mit denen die Logbuffer gecycled werden
`# UMASK=0137`	UMASK der erzeugten Logs und Tabellen

Tabelle 7.24. Parameter zu *nfslogd* in */etc/default/nfslogd*

Die Konfiguration ist in der Datei */etc/default/nfslogd* vornehmbar, sie unterstützt die in Tabelle 7.24 angegebenen Parameter.
Die Konfigurationsdatei ist */etc/nfs/nfslog.conf*

Die Loggingfunktionalität wird durch Optionen beim Aufruf von *share(1)* eingestellt, beispielsweise:

```
host# share -o log=marke /export/home
```

Obiges Kommando setzt einen entsprechenden Eintrag in der Konfigurationsdatei für die Marke "marke" voraus.

7.5.7 NFS Server Security

Abgesehen davon, daß eine netzwerkseitige Kommunikation über IPsec von Vorteil ist, können in */etc/nfssec.conf* die NFS Securitymodes eingestellt werden. Die unterstützten NFS Security Modes sind:

sys: Die einfachste Form: Es werden UNIX User ID und Group ID unverschlüsselt im Klartext über das Netz übertragen und nicht weiter durch den NFS Server authentifiziert. Ein NFS Version 2 Defaultverhalten.

dh: Benutzung des Diffie-Hellman Publickey Verfahrens.

krb5: Verwendung des Kerberos V5 Protokolls zur Authentifizierung der Benutzer, bevor ein Zugriff auf das NFS Filesystem erfolgen kann.

krb5i: Zusätzlich zu *krb5* kommt noch eine Datenpaketintegritätsprüfung hinzu um sicherzustellen, daß die Daten vertrauenswürdig sind.

krb5p: Zusätzlich zu *krb5* und *krb5i* kommt noch eine Encryption für den Datenaustausch des exportierten NFS Filesystems hinzu. Dies erfordert die Einplanung und Bereithaltung serverseitiger als auch clientseitiger Rechenleistung. Wobei ein Serversystem bei ausreichend vielen *krb5p*-Verbindungen adaequat ausgestattet seien sollte.

none: NULL Authentifizierung. NFS Anfragen von Clients werden anonym geführt und serverseitig auf den User *nobody* gemapped.

Ein typischer Eintrag in der */etc/nfssec.conf* ist fünfspaltig, wobei in der ersten Spalte der NFS-Securitymodename, inder zweiten Spalte die NFS-Securitymodenummer, in der dritten spalte der *GSS*-Mechanismus Name, in der Vierten Spalte das *GSS*-Sicherheitsniveau und in der fünften Spalte der Name des *GSS*-Services einzutragen ist. Per Default ist die Sicherheitsprimitive *sys* (AUTH_SYS) eingetragen. Der Eintrag hat damit folgendes Aussehen:

```
none        0    -    -    -    # AUTH_NONE
sys         1    -    -    -    # AUTH_SYS
dh          3    -    -    -    # AUTH_DH
default     1    -    -    -    # default is AUTH_SYS
```

7.5.8 Hanging Server

Es gehört zwar nur bedingt zu einem NFS Server wegen eines offenen und nicht auflösbaren NFS Mounts zu hängen, da er dort selbst nur als NFS Client fungiert, aber durchaus zu den alltäglichen Problemen in diesem Bereich. Das typische Scenario:

1. Benutzer *kay* bringt seinen Lieblingsrechner in ein Netzwerk, auf dem er seine ihm wichtigen Dateien vorhält.
2. Der betreffende Benutzer aktiviert einen NFS Server auf seinem Rechner und nutzt den Automounter für einen automatischen NFS mount seiner exportierten Filesysteme durch ein *ls /net/IP-des-Lieblingsrechners/**.
3. Damit steht ein NFS mount.
4. Der Benutzer nimmt seinen Lieblingsrechner aus dem Netz bevor der Automounter den Mount aufgelöst hat, weil der Benutzer vielleicht eine Shell in dem NFS Verzeichnis offen hatte.
5. Der Server hängt an dem nicht lösbaren, weil busy, NFS Mount.
6. Und nun?

Die ersten Auffälligkeiten sind hängende Ausgaben von *df -k, mount* etc., oder hängende Logins der Benutzer etc. Die ersten Schritte sind die, die den Betreffenden Host aufzeigen. Da hilft beispielsweise ein Blick in die */etc/mnttab*. Der nächste Schritt wäre, den Betreffenden Rechner kurzzeitig wieder in das Netzwerk einzubringen und den NFS Mount zu lösen. Wenn das nicht machbar ist, kann versucht weden einen anderen Rechner unter dieser IP-Adresse temporär einzubringen. Wenn man jedoch bei aktivem NFS Pfad nur noch ein *nfs umount: /net/<somthing>/*: i busy* bekommt, mußman zu anderen Mitteln greifen. Immerhin ist unter Kenntnis des hängenden NFS Mounts aus Fehlermeldung und */etc/mnttab* Eintrag bekannt, welche NFS Mounts zu lösen sind. Und es sind alle Systemkomponenten zu stoppen, die den Pfad busy halten. Diese Komponenten sind dann zu stoppen und dann hat auch ein *umount -f ...* Erfolg:

svcadm disable nfs/client
svcadm disable nfs/server
svcadm disable nfs/status
svcadm disable nfs/nlockmgr
svcadm disable nfs/mapid

svcadm disable nfs/cbd
svcadm disable nfs/rquota
umount -f /net/<something>/export/home/karl

Danach ist alles Step by Step wieder zu aktivieren. Dieses Verfahren ist vergleichsweise grob, spart jedoch den Serverreboot. Da NFS ein stateless Protokoll ist, geht dies ohne große Probleme für die restlichen NFS Clients ab.

7.6 Cache Filesystem

Rolf M Dietze

Filesystemzugriffe auf langsame Filesysteme, das sind CD-ROM-Filesysteme, Netzwerkfilesysteme (NFS) oder andere langsame Filesysteme, können unter Zuhilfenahme eines Cachefilesystems (cacheFS) in der Art beschleunigt werden, indem die ersten Lese-Requests auf dem langsamen Filesystem genutzt werden, die gelesenen Daten in einem als Cache genutzten Filesystem auf der Clientseite abzulegen. Die folgenden Zugriffe auf die im Cache(Directory) liegenden Daten werden dann deutlich schneller aus dem Cache bedient.

7.6.1 Arbeitsweise des CacheFS

Das CacheFS arbeitet mit einer Art zwischengeschaltetem Directory, in dem die Cacheinhalte zwischengepuffert werden. Die schematische Arbeitsweise ist in Abbildung 7.17 aufgezeigt

Das Cache Filesystem ist über einen Daemon implementiert, nicht über einen Filesystem Treiber. Aus diesem Grund ist es trotz der Namensgebung als "Filesystem" unter Systemdiensten eingeordnet. Siehe hierzu auch die Übersicht zu den Filesystemen in Kapitel 5 auf Seite 103.

7.6.2 Begriffsdefinition

Aus der Verwendungs- und Arbeitsweise des CacheFS heraus wird unterschieden in

Front Filesystem: Das gemountete Filesystem, das durch das CacheFS zwischengepuffert ist und durch den Benutzer referenziert wird.

Back Filesystem: Das tatsächlich referenzierte langsame Filesystem auf lokaler Platte, CD-ROM oder Netzwerk, das als CacheFS-referenziertes, zwischenzupufferndes Filesystem gemountet wird.

Konsistenz: der Synchronisationsstand zwischen Front und Back Filesystem.

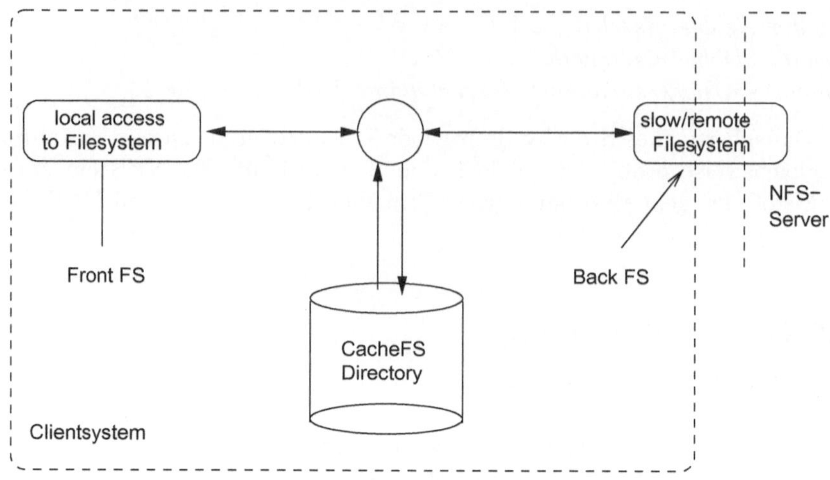

Abb. 7.17. CacheFS

7.6.3 OpenSolaris Einbindung

Gegenwärtig wird der CacheFS Service als so genannter Legacy Run Service aus dem traditionellen rc-Script gestartet. Seine Einbindung in die Service Management Facility ist somit noch offen. Der Service wird zur Zeit geführt als:

legacy_run <some date>lrc:/etc/rc2_d/S73cachefs_daemon

7.6.4 Binaries

Zur Erzeugung und Administration eines CacheFS werden nachfolgende Programme genutzt:

cfsadmin(1M) CacheFS-Filesystemadministration (Erzeugen, Listen, Löschen eines CacheFS)
cachefsstat(1M) CacheFS Statistics
cachefslog(1M) Logging von CacheFS Aktivitäten
cachefswssize(1M) CacheFS Working Size Erkennung bei eingeschaltetem CacheFS-Logging

7.6.5 Aufsetzen eines CacheFS

Das Aufsetzen eines CacheFS für ein langsameres Back Filesystem ist in vier Schritten vollzogen:

1. Erzeugung eines Verzeichnisses für den Cache

2. Erzeugung eines Cache
   Optional: Optimierungsparameter angeben
3. Erzeugung des Mountpunktes für den lokalen Zugriff
4. Mount des Backfilesystems unter Verwendung der CacheFS-Option

Hierbei ist zu bedenken, daß der Cache auf einem schnellen Filesystem liegen sollte. Nur Zugriffe über das Front Filesystem nutzen den Filesystemcache des CacheFS.

CacheFS am Beispiel

Nachfolgend wird gezeigt, wie ein CacheFS Filesystemcache für ein NFS-basiertes Back Filesystem eingerichtet wird.

Zunächst muß ein geeigneter Platz im Filesystem erzeugt beziehungsweise gefunden werden, wo das Cache-Filesystem angelegt werden soll, danach ist der Cache selbst zu erzeugen:

```
nova# mkdir /var/spool/cache
nova# cfsadmin -c /var/spool/cache/cache0
```

Jetzt ist der Mountpunkt für das Front Filesystem zu erzeugen, hier wird das schon existente */mnt* verwendet. Anschließend ist das Back Filesystem unter Angabe des CacheFS und der CacheID, hier test_cache, zu mounten (auf der Kommandozeile sind Kommando und Optionen einzeilig anzugeben, sofern nicht von der Möglichkeit Gebrauch gemacht wird eine eingegebene Zeile mittels eines \ am Ende umzubrechen):

```
nova# mount -F cacheFS -o backfstype=nfs, ↙...
      ↪ cachedir=/var/spool/cache/cache0, ↙...
      ↪ cacheid=test_cache nx2:/export /mnt
```

Damit ist das NFS-Verzeichnis *nx2:/export* über einen CacheFS-Verzeichnis unter */var/spool/cache/cache0* als CacheFS gestütztes Verzeichnis gemountet.

7.6.6 CacheFS Tuning

Das Kommando *cfsadmin -l* listet die Einstellungen des CacheFS und die CacheID aus:

```
nova# cfsadmin -l /var/spool/cache/cache0
cfsadmin: list cache FS information
   maxblocks     90%
   minblocks      0%
   threshblocks  85%
   maxfiles      90%
   minfiles       0%
   threshfiles   85%
   maxfilesize    3MB
   test_cache
```

Diese Parameter lassen sich als Optionen beim Mount des Front Filesystems setzen:

maxblocks Maximaler Platz, der durch CacheFS benutzt werden kann, als hundertster Teil der Blöcke des Frontfilesystems.
minblocks Minimaler Platz, den CacheFS ohne Einschränkungen nutzen kann.
threshblocks Prozentsatz, ab dem CacheFS keine weiteren Blöcke zwischenpuffern darf
maxfiles Maximalzahl an Files, die CacheFS benutzen darf
minfiles Minimale Anzahl an durch CacheFS benutzbarer Files
threshfiles Prozentsatz an Inodes, ab dem CacheFS keine weiteren Inodes mehr nutzen darf.
maxfilesize Größte cachebare Filegröße.

Ein Blick in das CacheFS-Verzeichnis unter */var/spool/cache/cache0* zeigt, daß es einen Softlink unter dem Namen der CacheID in ein Arbeitsverzeichnis im gleichen Directory gibt. Hier zum Beisbiel:

```
nova# ls -l /var/spool/cache/cache0
drwx------  2 root  root   8192 Jan  6 09:44 lost+found/
-rwxrwxrwx  2 root  other   512 Jan 12 16:08 data_cache -> ↙...
      ↪ ./0000000000023ff6
drwxr-xr-x  4 root  other   512 Jan 12 16:08 0000000000023ff6/
```

Ein Blick in das Arbeitsverzeichnis zeigt:

```
nova# ls -a /var/spool/cache/cache0/test_data
./                 .cfs_attrcache/  .cfs_mnt
../                .cfs_fsinfo      .cfs_unmnt
```

In den Dateien *.cfs_mnt* und *.cfs_fsinfo* finden sich weitere Angaben zu dem gecacheten Filesystem. Die Cachestatistiken lassen sich mit *cachefsstat(1M)* anzeigen:

```
nova#  cachefsstat /mnt
          cache hit rate:   100% (0 hits, 0 misses)
      consistency checks:      1 (1 pass, 0 fail)
                modifies:      0
      garbage collection:      0
```

Um statistische Auswertungen über einen Zeitraum machen zu können, können die Zähler mit dem Kommando *cachefsstat -z* zurückgesetzt werden. Damit können genauere Aussagen über das Zugriffsverhalten, bzw. die Hitrate ab diesem Zeitpunkt gemacht werden.

7.6.7 CacheFS Konsistenz

Per Default wird durch CacheFS der Cache konsistent zum Back Filesystem gehalten. Sollte beim Mount des CacheFS Filesystems die Option *demandconst* angegeben worden sein, so ist automatische Konsistenzprüfung deaktiviert. Um manuell eine Konsistenzprüfung einzuleiten ist das Kommando *cfsadmin(1M)* unter Angabe des Mountpunktes des Frontfilesystems zu starten, im Beispiel somit:

```
nova# cfsadmin -s /mnt
```

7.6.8 CacheFS Logging

Zur besseren Anpassung des CacheFS an das I/O-Aufkommen des unter CacheFS-Pufferung gemounteten Back Filesystems ist ein CacheFS-Log einzurichten. Dazu ist ein CacheFS-Log-Verzeichnis zu erstellen und das Log für das Zielverzeichnis, im Beispiel */mnt*, einzuschalten:

```
nova# mkdir /var/spool/cachefslog
nova# cachefslog -f /var/spool/cachefslog/mnt.log /mnt
/var/spool/cachefslog/mnt.log: /mnt
```

Das Logfile läßt sich beliebig während des Betriebes auf ein anderes Logfile umschalten, indem der Befehl *cachefslog -f* unter Angabe des neuen Logfiles wiederholt wird. Der Pfad zum Logfile eines CacheFS-Filesystems wird durch *cachefslog* unter Angabe des Zielverzeichnisses ausgegeben:

```
nova# cachefslog /mnt
/var/spool/cachefslog/mnt.log: /mnt
```

Ein Stop des CacheFS-Logs läßt sich mit der Option *-h* initiieren:

```
nova# cachefslog -h /mnt
not logged: /mnt
```

Was sich mit der Eingabe von:

```
nova# cachefslog /mnt
not logged: /mnt
```

überprüfen läßt. Wenn ein CacheFS-Log eingeschaltet ist, so kann das Kommando *cachefswssize(1M)* die genutzte Cachegröße anzeigen:

```
nova# cachefswssize /var/spool/cachefslog/mnt.log
          total for cache
         initial size:              2354k
             end size:               875k
      high water size:               875k
```

7.7 Automounter, autofs

Rolf M Dietze

A distributed system is one in which the failure of a computer you didn't even know existed can render your own computer unusable.

Leslie Lamport in
<8705281923.AA09105@jumbo.dec.com>

In UNIX-Umgebungen kann benutzertransparent auf lokale wie auch auf Netzwerkverzeichnisse zugegriffen werden. Typischerweise liegen Heimatverzeichnisse der Benutzer auf einem Fileserver und nicht auf der lokalen Maschine. Ist es nun notwendig, auf alle Netzwerkverzeichnisse zugreifen zu können, so müssen diese dem lokalen System durch einen NFS[11] Mount zur Verfügung gestellt werden. Wird dies getan indem alle Netzwerkverzeichnisse beispielsweise beim Systemstart gemountet werden, so kommt man unvermeidlich in die Verfügbarkeit und Benutzbarkeit der Maschine beeinflussende Abhängigkeiten, müssen doch alle möglicherweise benötigten Filesysteme, soweit sie in der lokalen */etc/vfstab* des Clientsystems stehen, zum Zeitpunkt des Starts und während des Betriebes immer verfügbar sein, auch wenn nur durch ungeeignete Suchpfadwahl des Benutzers über mehrere, wenn auch nicht für den Einzelbenutzer relevante NFS-Verzeichnisse die Verzeichnisse angesprochen werden. Der seit langem bekannte Automounter löst diese Abhängigkeiten auf, erzeugt jedoch andere Abhängigkeiten während der Laufzeit. Seine Aufgabe ist es, Netzwerkverzeichnisse erst in dem Moment zu mounten, in dem sie explizit, auch von Benutzern und Applikationen ohne die Berechtigung, NFS-Mounts durchführen zu dürfen, referenziert werden, und nach einer bestimmten Zeit wieder automatisch zu unmounten. Während des Systemstarts sind im günstigsten Fall keine Netzwerkverzeichnisse gemountet. Jedoch gibt es leider immer wieder Konfigurationen, in denen für den Systemstart notwendige Komponenten über ein Netzwerk geladen werden. Ein typisches Beispiel war der allgemeine Sunset eines Sunnetzes, indem die seinerzeit recht beliebte Summertime-CD eingespielt wurde, eine Sammlung vieler nützlicher Tools, die teilweise systemeigene Programme ersetzten. Zur Krönung wurde sie häufig auf einen NFS-Server eingespielt und alle SUN-Clients mußten schon während des Systemstarts NFS-Mounts auf den so installierten NFS-Server ausführen, der unter Umständen zu diesem Zeitpunkt nicht verfügbar war. Im Feld wurde diese Installations- und Verteilungsmethode sogar bei Clustersystemen schon vorgefunden, bei denen die bootenden Clusternodes bereits in diesem frühen Stadium von minderverfügbaren und obendrein mindergewarteten Singlenode NFS-Servern abhingen, weil die ursprüngliche Adhoc-Installation in Vergessenheit geraten war und die Verfügbarkeit der über Netz bereitgestellten Programme nicht evaluiert wurde.

7.7.1 Funktion

Der Automounter überwacht Mountpunkte. Die zu überwachenden Mountpunkte werden in so genannte Automountermaps regelbasiert, jedoch recht frei explizit definiert. Wenn seitens des mit aktiviertem Automounter laufenden Rechnersystems ein Zugriff auf einen überwachten Mountpunkt bemerkt wird, so wird der Automounter in diesem Moment den NFS-Mount

[11] Die Serverseite von NFS wird in Abschnitt 7.5 ab Seite 510 erläutert, die clientseitige Sicht ist in Abschnitt 5.3 ab Seite 139 beschrieben.

für den angefragten Pfad durchführen und nach einer Wartezeit (Default 10 Minuten) bei Nichtreferenzierung diesen NFS-Mount wieder lösen. Dazu benötigt der Automounter oben genannte Konfigurationsdateien (im weiteren beschrieben in Abschnitt 7.7.3.2), in denen die betreffenden Mountpunkte und die dazugehörenden NFS-Mountpfade eingetragen sind. Die Mountpunktüberwachungspunkte beziehungsweise Verzeichnisse werden "keys" genannt. Wird also ein solcher key angesprochen, wird der in den Automountermaps konfigurierte NFS-Mount durchgeführt. Es sind dazu seitens des Mountclients, auf dem der Automomounterservice läuft keine weiteren Berechtigungen notwendig, das automatische Mounten wird durch das Ansprechen des überwachten Mountpunktes, des *keys*, initiiert. Dieser automatische Mount kann von jedem Benutzer, der Zugang zum Clientsystem hat, initiiert werden, er benötigt dazu keine besonderen Rechte. Hierin liegen Vorteil und Gefahr zugleich, was später genauer beschrieben wird.

Der Automounter muß nicht zwangsläufig zusammen mit NFS-Mounts eingesetzt werden. Vielmehr sind auch andere lokale Mountvorgänge über ihn realisierbar. In der Regel erfolgt jedoch der Einsatz des Automounters für NFS zu mountende Filesysteme.

7.7.1.1 Automounter am Beispiel einer Home-Map

Ein Beispiel einer typischen Home-Verzeichnisstruktur, die über einen NFS-Server verteilt wird, sei in Abbildung 7.18 dargestellt. Konventionsgemäß liegen zu exportierende, als Clientsysteme über so genannte NFS-Freigaben zugängliche Filesystem unter */export* des exportierenden Rechners, kurz NFS-Server genannt. Den Pfad zu freigegebenen Verzeichnisstrukturen unter */export* beginnen zu lassen, ist eine zumindest im SUN-Umfeld befolgte Konvention und verbessert die Übersicht auf der Server- als auch Clientseite. Serverseitig, in dem nur unter diesem Verzeichnis NFS-sicherheitstechnisch Sorgfalt walten muß. clientseitig, indem eine gewisse Übersicht gewahrt bleibt. Bei anderen UNIX-Herstellern haben sich andere Konventionen durchgesetzt, jedoch NFS kommt von SUN. Von diesem Beispiel ausgehend wird im weiteren das Verhalten eines Clients beschrieben.

Ein Client, der die Homedirectories der Benutzer *ufa00* bis *ufann* von diesem Server mounten soll, benutzt hierfür im folgenden den Automounter. Es ist nicht zwingend notwendig, diese Aufgabe mit Hilfe des Automounters zu lösen, stellt jedoch eine sehr elegante Lösung dar. Das Directory */home* in Abbildung 7.19 ist als Mountpunkt der entsprechenden Map in der Automounter Konfigurationsdatei des Clients eingetragen, die dazugehörenden NFS-Mountpfade zeigen auf die in Abbildung 7.18 dargestellten Subdirectories */export/home/ufa...* auf dem Server. Dies entspricht dem Beispielkonfigurationsfile auf Seite 546.

Wird jetzt auf dem Client seitens irgendeines Benutzers oder Prozesses ein unterhalb des –noch leeren– Mount Punktes */home* liegendes Directory angesprochen, so wird das entsprechende Directory automatisch unterhalb

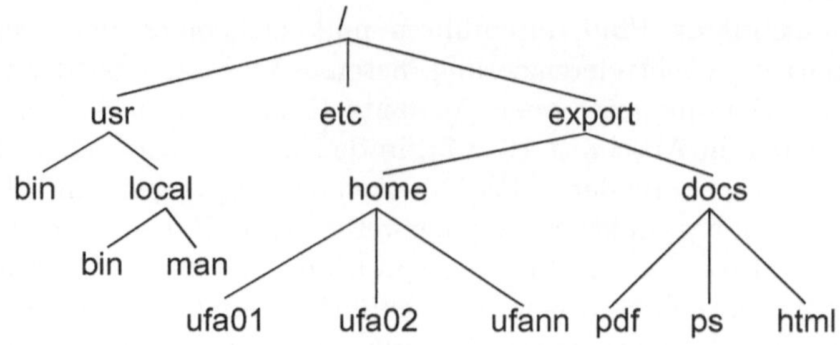

Abb. 7.18. Server Filesystem, */export/home*

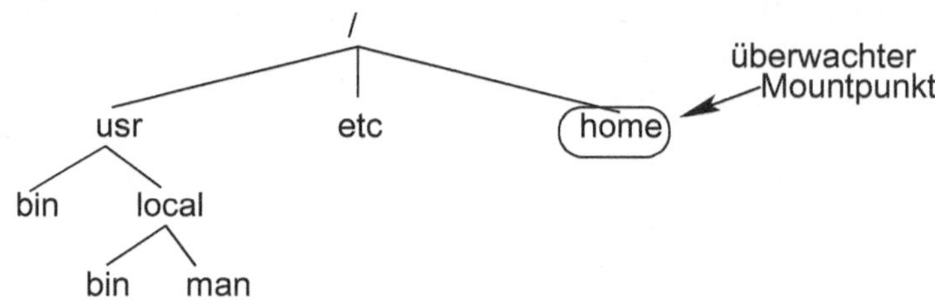

Abb. 7.19. Client Filesystem, Automounter Map *home*

des Mountpunktes, der die Map repräsentiert, gemountet. Das in Listing 7.43 dargestellte Vorgehen ist in Abbildung 7.20 graphisch veranschaulicht

```
dhs@nx1> ls -l /home
total 0
dhs@nx1> ls /home/ufa03/.login
/home/ufa03/.login
dhs@nx1> ls -l /home
total 6
drwxr-xr-x  18 ufa03     ufa        1024 Sep 30  2003 ufa03
```

Listing 7.43. Initiierung eines Mounts

Durch das Kommando `ls /home/ufa03/.login` wurde ein bisher nicht gemountetes Directory unterhalb des "keys" *home* angesprochen. Da der Automounter alle Zugriffe auf dieses Verzeichnis überwacht, hat er reagiert und das benötigte Verzeichnis *ufa03* gemountet:

Wird nun wie in Listing 7.44 aufgezeigt, ein weiteres Homedirectory angesprochen, so wird damit wieder ein durch den Automounter durchgeführter automatischer Mount des korrespondierenden Verzeichnisses des NFS-Servers

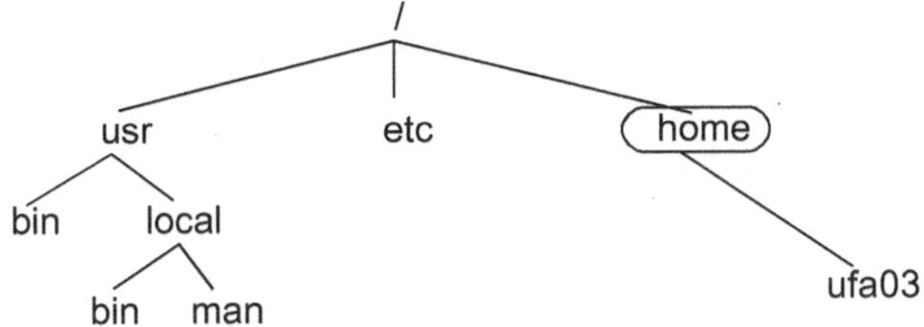

Abb. 7.20. Client Filesystem, ufa03 mounted

an das */home*-Verzeichnis des Clients durchgeführt. Ergebnis ist eine Verzeichnisstruktur, wie sie in Abbildung 7.21 dargestellt ist.

```
0 1 dhs@nx1> ls /home/ufa01/.profile
/home/ufa01/.profile
0 1 dhs@nx1> ls -l /home
total 8
drwxr-xr-x  18 ufa03    ufa       1024 Sep 30  2003 ufa01
drwxr-xr-x  18 ufa03    ufa       1024 Sep 30  2003 ufa03
```

Listing 7.44. Initiierung eines zweiten Mounts

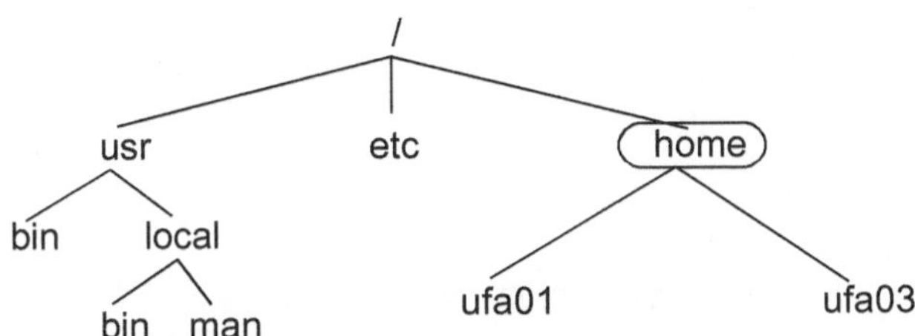

Abb. 7.21. Client Filesystem, ufa01 and ufa03 mounted

Eine hilfreiche Besonderheit des Automounters ist, Filesystemmounts nicht endlos bestehen zu lassen. Nach einer durch einen timeout festgelegten Zeitspanne wird ein Directory, auf das nicht mehr zugegriffen worden ist, wieder unmounted, so daß bei längerer Zeit der Nichtreferenzierung des Unterverzeichnisses, beziehungsweise Homeverzeichnisses */home/ufa03*, der Automounter den Mount wieder auflöst. Damit ist dann, wie in Abbildung 7.22 zu sehen, die Filesystemstruktur wieder etwas vereinfacht.

Der große Vorteil eines automatischen Unmounts bei ausbleibender Referenzierung des Keys ist, daß, von dem Moment des Unmounts an der Client

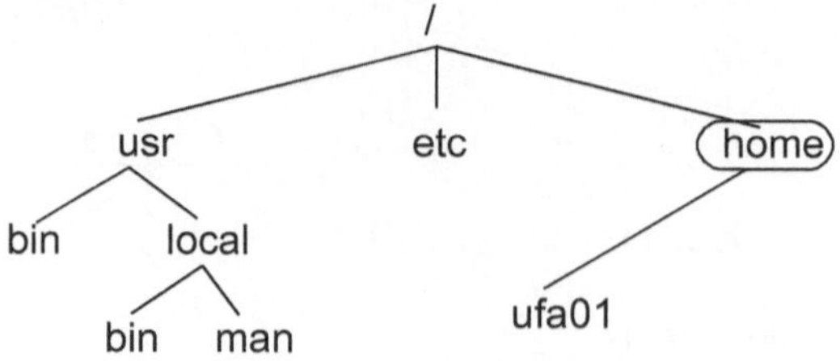

Abb. 7.22. Client Filesystem, ufa03 just unmounted

in seiner Verfügbarkeit nicht mehr von der Verfügbarkeit des Server abhängig ist.

7.7.1.2 Automounter am Beispiel der Hosts-Map

Einen Sonderfall stellt die Automountermap *-hosts* dar, wie sie im Abschnitt 7.7.3.2 referenziert wird. Ex Factory unter */net* in der Mastermap eingetragen bietet diese Map die Möglichkeit, unter dem überwachten Mountpunkt */net* alle durch NFS-Server exportierten Verzeichnisse lokal zu mounten und einzusehen.

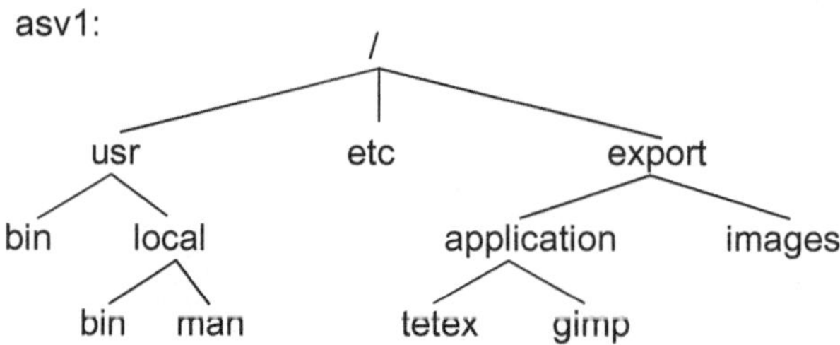

Abb. 7.23. NFS-Server asv1

Diese Spezialmap ist immer Bestandteil der Automounterfunktionalität. Vor SOLARIS 7 bzw. 8 konnten unter */net/<host>* alle NFS-seitig exportierten Filesysteme einer in der lokalen */etc/hosts* des mount-Clients mit einem IP-Hostname Paar verzeichneten Maschine durch ein einfaches Ansprechen des überwachten Mountpunktes automatisch gemountet werden. So wurden beispielsweise durch ein *ls /net/asv1* alle exportierten Filesysteme des NFS Servers *asv1* gemountet. Dies konnte durch beliebige Benutzer des Mount-Clients initiiert werden. Mit den neueren SOLARIS-Releases, so auch mit OPENSOLARIS, ist es ausreichend eine IP-Adresse unter */net* zu referenzieren. Sei also wie in Abbildung 7.23 ein NFS-Server *asv1* im Netz und wie in Abbildung 7.24 ein NFS-Server *asv2* für diesen erreichbar, jeweils mit exportierten Filesystemen jeweils unter /export vorhanden, so kann ein Client diese Server nutzen.

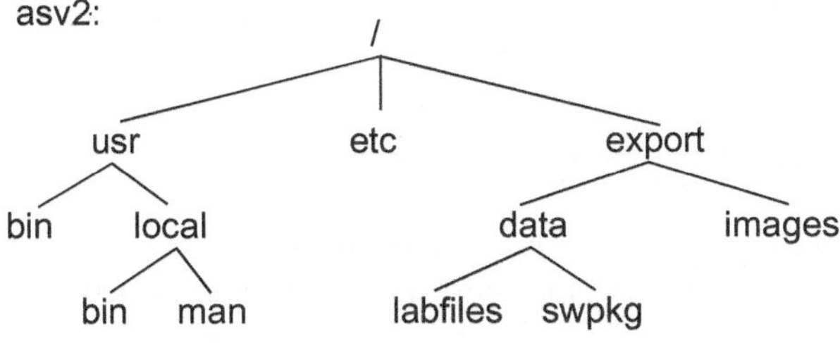

Abb. 7.24. NFS-Server asv2

Es kann auf einem Client ein beliebiger Nutzer, der Zugang zu dem System hat, ein */bin/ls /net/asv1* ausführen, und anschließend beispielsweise ein */bin/ls /net/asv2* ausführen, um auf dem Clientsystem die NFS-gemountete Verzeichnisstruktur zu erhalten, wie sie in Abbildung 7.25 dargestellt ist.

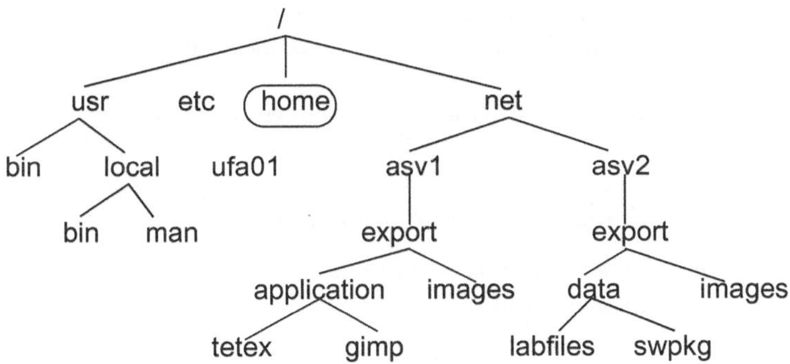

Abb. 7.25. Clientsicht unter */net*

Da ein beliebiger Nutzer diese Mounts initiieren konnte, kann ein Angreifer auch beispielsweise einen Fremdrechner mit in das Netz bringen, auf dem Fremdrechner entsprechende Schreibrechte in den NFS-exportierten Filesystemen setzen und anschließend einen NFS-mount des exportierten Filesystems des Fremdrechners an einem für ihn zugänglichen Clientrechner forcieren. Er kann dann Daten auf den oder von dem Fremdrechner kopieren, Binaries vom Fremdrechner ausführen etc. Sollte er nach Ende seiner Aktivität den Fremdrechner wieder mitnehmen, werden die Clients, die NFS-Filesysteme von diesem Fremdrechner lokal gemountet hatten, zunächst ersteinmal längere Zeit in NFS-Timeouts hängen. Dieses Verhalten, gerade im Zusammenhang mit dem Betrieb des Automounters sollte Administratoren immer gegenwärtig und bekannt sein. Interessenten an Filesystemen und ungeplanten Im- und Exporten von Dateien ist dieses Verhalten bekannt.

Dieses Beispiel soll motivieren, über geeignete Exportrechte auf den NFS-Servern und über entsprechende Sicherheitsvorkehrungen im Netzwerk nachzudenken und die evaluierten Startegien durchzusetzen.

7.7.2 Start und Stop des Automounters

Seit der Einführung der Service Management Facility in OPENSOLARIS wird der Automounter gestartet und gestoppt über den Aufruf von *svcadm(1M)*.

START: Der Automounter wird gestartet mit *svcadm enable autofs*.
STOP: Der Automounter wird gestoppt mit *svcadm disable autofs*.
RESTART: Der Automounter wird durchgestartet mit *svcadm restart autofs*.

Die Abhängigkeiten und Methoden sind in Tabelle 7.25 aufgeführt.

Abhängigkeit	Restart	Service
require_all	none	*svc:/system/filesystem/local*
require_all	restart	*svc:/milestone/name-services*
optional_all	none	*svc:/network/nfs/client*
optional_all	none	*svc:/milestone/multi-user*

Tabelle 7.25. Abhängigkeiten des Automounters

Die Start- und Stopmethoden des Automounters sind:

Startmethode: */lib/svc/method/svc-autofs*
Stopmethode: */lib/svc/method/svc-autofs*

7.7.3 Files

Der Automounter und sein(e) Konfigurationsfile(s) befinden sich unter:

Binary, Command:	*/usr/sbin/automount*	
Daemon:	*/usr/lib/autofs/automountd*	
Mastermap:	*/etc/auto_master*	mandatory
Homemap:	*/etc/auto_home*	optional
Defaultskonfigfile:	*/etc/default/autofs*	

7.7.3.1 *autofs* Konfigurationsfile

Das Konfigurationsfile, in dem die Defaulteinstellungen des Automounters definiert werden, liegt unter */etc/default/autofs* und bietet die in Tabelle 7.26 aufgeführten Konfigurationsmöglichkeiten.

Variable	Option	Bedeutung
AUTOMOUNT_TIMEOUT=600	*-t*	Timeoutzeit, nach der ein durch den Automounter veranlasster Mount nach Inaktivität wieder unmountet wird.
AUTOMOUNT_VERBOSE=FALSE	*-v*	Schaltet den Verbose-Mode des Automounters ein und gibt Informationen über mount/umount etc. aus.
AUTOMOUNTD_VERBOSE=FALSE	*-v*	Verbose Modus des *automountd*. Die Ausgabe erfolgt auf */dev/console*.
AUTOMOUNTD_NOBROWSE=FALSE	*-n*	Ein- oder Ausschalten des Browsens aller *autofs* Mountpunkte.
AUTOMOUNTD_TRACE=0	*-T*	Tracing der RPC-Calls, Ausgabe durch den *automountd*. (Ersatz für den Debuggingmechanismus bis SOLARIS 9, wie er in Abschnitt 7.7.11 auf Seite 549 beschrieben ist).
AUTOMOUNTD_ENV=value		Setzen von Environment Variablen für den Automounter.

Tabelle 7.26. Parameter zu *automount* und *automountd* in */etc/default/autofs*

7.7.3.2 Map-Konfigurationsfiles

Die Konfigurationsfiles des Automounters werden umgangssprachlich Maps genannt und liegen unter */etc* oder werden über einen Netzwerkinformationsdienst netzwerkweit verteilt. Es ist zu unterscheiden in ein Hauptkonfigurationsfile, bezeichnet als Mastermap, üblicherweise eine so genannte Homemap, sitelokaler Erweiterungen in Form weiterer relativer oder absoluter Maps, typischer Vertreter ist eine Directmap für Applikationen oder netzwerkweit bereitgehaltene andere Informationen und in Specialmaps, von denen die *-hosts* zuvor schon vorgestellt wurde. In nachfolgender Übersicht die systemseitig bereitgestellten Automountermaps:

auto_master: Hauptkonfigurationsfile. Hier wird bekannt gegeben, welche weiteren Maps geladen werden sollen und an welchen Mountpunkten diese Maps berücksichtigt werden müssen.

auto_home: Optionale Map zur Referenz auf Homedirectories eingerichteter Benutzer. Sowohl Name als auch Existenz dieser Map ist optional und änderbar in der *auto_master*.

Weiterhin werden so genannte Specialmaps unterstützt. Es gibt derer drei:

-hosts: Implizite Map, die der Referenzierung aller exportierten Verzeichnisse aller in der */etc/hosts* oder in einem Netzwerk Informationsdienst angegebenen Hosts dient.

-xfn: Map für das Federated Naming System (fns), ein Interface zu unterschiedlichen Netzwerkinformationsdiensten mit einheitlicher Schnittstelle

-null: Cancelled eine vorher bekanntgegebene Map

Automountermaps können ausführbar sein. Wenn eine Automountermap ausführbar ist, so wird sie vom Automounter ausgeführt und es wird auf *stdout* ein für den Automounter verwertbarer Output erwartet (Inhalt einer Map). Damit ist es möglich, die Map erst bei Aufruf durch den Automounter durch ein Script generieren zu lassen. In diesem Zusammenhang sind auch die fur den Automounter setzbaren Environment Variablen in */etc/default/autofs*, siehe Tabelle 7.26, von weiterem Interesse.

7.7.4 Begriffsdefinitionen zum Automounter

Es wird unterschieden in statische und dynamische Mounts, wie auch in implizite, explizite, direkte und indirekte Maps.

Ein Mount wird als statisch bezeichnet, wenn er mit dem Kommando *mount(1M)* durchgeführt wurde (Einträge in der */etc/vfstab* sind auch statische Einträge).

Eine Automountermap wird als direkt bezeichnet, wenn Mountpunkte mit voller Pfadangabe eingetragen sind (z.B.: *auto_direct*).

Eine Map wird als indirekt bezeichnet, wenn in ihr nur einfache Files oder Verzeichnisse eingetragen werden (z.B.: *auto_home*).

Eine Automounter-Map wird explizit genannt, wenn sie physikalisch existiert (File im Filesystem) und Informationen über Key und Mountpfad enthält.

Eine Map wird implizit genannt, wenn sie seitens des Automounters in-core bereitgestellt ist und auf Metainformationen basiert.

7.7.5 Gebräuchliche Automountermaps

Zur besseren Übersicht hier kurz in tabellarischer Form eine Auflistung der gebräuchlichsten Maps:

Map	Vorgabe	Konvention	Art
auto_master	mandatory	vorgegeben	explizit
auto_home	optional	default	explizit
auto_direct	optional	userspecific	explizit
-hosts	optional	vorgegeben	implizit
-xfn	optional	vorgegeben	implizit

Zum Einsatzbereich bzw. der Bedeutung der Maps auch hier eine kurze Übersicht:

auto_master: Konfigurationsfile des Automounters. Hier werden die verwendeten Maps definiert
auto_home: Referenzierung der Homedirectories bekannt gegebener Benutzer. Name ist im Prinzip frei wählbar.
auto_direct: Mittlerweile selten genutzter Name einer Map, in der als Ersatz zum statischen Mount feste Pfade eingetragen werden. Es war gebräuchlich die dorthin gemounteten Directories mittels Softlinks anzusprechen.
-*hosts*: Die Verwendung dieser Map erlaubt jedem Benutzer bzw. jeder Applikation durch Referenz auf */net/<hostname>* auf die vom Rechner <hostname> exportierten Verzeichnisse zuzugreifen.
-*xfn*: Wird z.B. durch die Applikation SunRay genutzt.

Es können weitere explizite Maps bei Bedarf erzeugt und eingebunden werden, die Zahl und die Namen der impliziten Maps sind zur Zeit auf zwei begrenzt (*-hosts, -xfn*).

7.7.6 Erstellung und Modifikation der Automountermaps

Es sind durch die Solaris Betriebssysteminstallation bereits zwei Automounter Maps erstellt worden. Zum einen die *auto_master*, zum anderen eine recht simple, weil nur auf die Einträge in Namensdiensten verweisende, *auto_home*.

7.7.6.1 Format der Automountermaps

Der grundsätzliche Aufbau von Automountermaps folgt nachfolgender Struktur:

```
key      -Mountoptions   nfs-Server:Serverpath  Optionen
```

Wobei die unterstützten Mountoptions diejenigen des jeweiligen überladenen mount-Kommandos, z.B. *mount_nfs(1M)*, *mount_cachefs(1M)*, sind.

Ist eine Zeile zu lang oder soll sie aus Übersichtlichkeitsgründen über mehrere Zeilen umgebrochen werden, so ist auch hier ein "\" am Zeilenende anzufügen, damit in der folgenden Zeile weiter gelesen wird. Kommentare werden durch ein vorangestelltes "#" eingeleitet und enden am Zeilenende.

Als Optionen sind browse/nobrowse und suid/nosuid möglich. Die Bedeutungen im Einzelnen:

-browse: Alle möglichen Mountpunkte sind sichtbar, ungeachtet dessen, ob sie gemountet sind oder nicht (Default).
-nobrowse: Browsing wird disabled.
-suid: Setuserid-Programme können ausgeführt werden (Default).
-nosuid: Setuserid-Programme können ausgeführt werden, haben jedoch keine Änderung der userid zur Folge.

7.7.6.2 Beispiele: Automounter Maps

Per Default sind folgende Einträge in der */etc/auto_master* verzeichnet:

```
# Master map for automounter
#
+auto_master
/net            -hosts          -nosuid,nobrowse
/home           auto_home       -nobrowse
/xfn            -xfn
```

Listing 7.45. */etc/auto_master*

Eine *auto_home*-Map hat beispielsweise das in Listing 7.46 dargestellte Aussehen.

```
# Home directory map for automounter
#
#+auto_home
ufa01  tallyho:/export/home/ufa01
ufa02  tallyho:/export/home/ufa02
ufa03  tallyho:/export/home/ufa03
ufa04  tallyho:/export/home/ufa04
ufa05  tallyho:/export/home/ufa05
ufa06  tallyho:/export/home/ufa06
ufa07  tallyho:/export/home/ufa07
ufa08  tallyho:/export/home/ufa08
```

Listing 7.46. Beispiel einer */etc/auto_home*

Die Einträge *+auto_master* und *+auto_home* referenzieren auf die entsprechenden Maps aus Netzwerkinformationsdiensten (NIS, NIS+).

7.7.7 Substitutionen in den Automountermaps

Automountermaps können vereinfacht oder variabel gehalten werden.

7.7.7.1 Mapkey Substitution

Das in Listing 7.46 dargestellte Beispiel einer *auto_home* Map läßt sich weiter vereinfachen, es gibt zwei Vereinfachungsmöglichkeiten:

1. Das Zeichen "&" expandiert auf den Inhalt des key-Feldes.
   Die Zeilen aus dem Beispiel in Listing 7.46 können daher auch nach folgendem Muster geschrieben werden:

```
ufa01        tallyho:/export/home/&
```

Hier wird "&" zu "ufa01" expandiert.

2. Das Zeichen "∗" ist ein key-Value, der alle Bedingungen erfüllt. Z.B. Alle User, wie in folgendem Beispiel aufgezeigt.

Die *auto_home*-Map aus Listing 7.46 läßt sich damit, da Username und Homedirectory gleich benannt sind, wie in Listing 7.47 gezeigt, deutlich vereinfachen.

```
# Home directory map for automounter
#
#+auto_home

*  tallyho:/export/home/&
```

Listing 7.47. Vereinfachung der *auto_home* aus Listing 7.46

7.7.7.2 Variablen Substitution

Der Automounter ist in der Lage, Pfade dynamisch entsprechend nachfolgender Variablenliste zu ersetzen. Damit ist eine Möglichkeit gegeben, Softwaresets entsprechend CPU Typ, Architektur, OS-Revision und anderen Parametern, siehe auch Tabelle 7.27, in den Mountpath einzusetzen, wie dies in heterogenen Umgebungen wünschenswert ist und praktiziert wird.

Variable	Ersetzungsfunktion	Bedeutung	Beispiel
ARCH	Ausgabe von *uname -m*	Architektur	sun4 auf sun4u
CPU	Ausgabe von *uname -p*	CPU-Typ	sparc
HOST	Ausgabe von *uname -n*	Hostname	tallyho
OSNAME	Ausgabe von *uname -s*	OS-Name	SunOS
OSREL	Ausgabe von *uname -r*	OS-Release	5.9
OSVERS	Ausgabe von *uname -v*	OS-Version	
NATISA	Ausgabe von *isainfo -n*	Native Instruction Set Architecture	sparcv9

Tabelle 7.27. Variablenersetzung in Automounter Maps

7.7.8 Auswahl von NFS-Servern

Es gibt Situationen, in denen auf einen NFS-Server verwiesen wird, der gerade nicht erreichbar oder stark belastet ist. Der Automounter erlaubt es, mehrere redundante NFS-Server auch mit Gewichtungen anzugeben. So kann im Fall einer Überlastung oder eines Ausfalls eines NFS-Servers auf einen anderen NFS-Server umgeschaltet werden.

7.7.8.1 Multiple Server

Die Angabe NFS-Server:Serverpath ist aufgeteilbar in den Teil "NFS-Server" und den Teil "Serverpath". NFS-Server gibt den Hostnamen des NFS-Servers an, während Serverpath den Pfad zu dem zu mountenden Directory auf dem Server angibt. Wird nun im Feld "NFS-Server" eine kommaseparierte Liste an Servern angegeben, so kann zwischen diesen gewählt werden:

```
local   tallyho,mayflower:/export/local
```

Soll nun beispielsweise eine Filesystemstruktur von unterschiedlichen NFS-Servern gemountet werden, so ist z.B. folgende Konfiguration denkbar:

```
local    -ro\
   /bin    tallyho,mayflower,wega:/export/local \
   /man    tallyho,mayflower,wega:/export/local
```

Auf der lokalen Maschine mit obigen Automountereinträgen muß ein Directory "local" mit allen Offsets existieren.

7.7.8.2 Gewichtung

Gewichtungen bei der Angabe mehrerer NFS-Server erlauben es, automounterseitig zu entscheiden, einen höher priorisierten NFS-Server einem nieder priorisierten NFS-Server vorzuziehen.

Gewichtungen werden den NFS-Servereinträgen in der entsprechenden Map in runden Klammern nachgestellt. Keine explizite Angabe der Gewichtung wird als eine Gewichtung von "0" (höchste Priorität) angenommen.

Das folgende Beispiel gibt den NFS-Servern *tallyho* und *mayflower* eine hohe Priorität, während *wega* und *nx4* niedrigere Prioritäten zugeschrieben wurden.

```
local -ro tallyho,mayflower,wega(1),nx4(4):/export/local
```

In diesem Beispiel wird *nx4* in den seltensten Fällen als NFS-Server herangezogen

7.7.9 Cachefs in Automountermaps

Wenn ein Verzeichnis "langsam" ist, z.B. wegen einer langsamen Netzanbindung, eines langsamen Plattensystems am NFS-Server oder wegen eines langsamen NFS-Servers schlechthin, so kann auch dem Automounter mitgeteilt werden, das *cachefs*, näher beschrieben in Abschnitt 7.6 ab Seite 531, als lokalen Cache zu nutzen.

Der sinnvollste Einsatz dieser Option ist als Option für eine komplette Map. So wird in folgendem Beispiel ein NFS-Verzeichnis über einen Cache auf dem lokalen Rechner unter Angabe des tatsächlichen Filesystems konfiguriert:

```
/usr/src auto_src        -fstype=cachefs,backfstype=nfs
```

7.7.10 Andere Filesystemtypen unter Automounterkontrolle

Der vom Automounter per Default angenommene Filesystemtyp ist NFS. Jedoch kann unter expliziter Angabe des Filesystemtyps auch auf andere Filesystemtypen, beispielsweise CD-ROM Laufwerke, Floppies oder magnetoptische Laufwerke, zugegriffen werden.

Nachfolgendes Beispiel zeigt diese Variante:

```
cdrom -fstype=hsfs,ro    :/dev/dsk/c0t6d0s2
```

Dies ist als Beispiel zu sehen. Es setzt voraus, daß der *vold(1M)* nicht für Zugriffe auf das o.g. Laufwerk konfiguriert ist. Nachteil dieser Variante des automatischen Mountens einer CD-ROM ist, daß der Mount erst nach 10 Minuten (Default) nach dem letzten Zugriff wieder aufgelöst wird.

Der *vold(1M)* hingegen gibt bei Eingabe des Kommandos *eject <Laufwerkstag>* das CD-Laufwerk sofort wieder frei, sofern es nicht busy ist. Siehe hierzu auch den Abschnitt 7.4, Wechselmedienmanagement ab Seite 505.

7.7.11 Autofs Debugging

Der Automounter bot bis SOLARIS 9 eine einfache und praktische Methode des Debugging. Der Automounter bietet eine spezielle Map, unter der alle von Rechnersystemen *nfs*-exportierten Filesysteme erreichbar sind. Per Default wird diese Map unter */net* referenziert. In der Automounter Konfigurationsdatei */etc/auto_master* ist dies verzeichnet mit

```
# Master map for automounter
#
/net            -hosts
```

Wenn der Benutzer *root* das Kommando */net/=<level>* ausführt, erhält er eine Fehlermeldung, daß obiges Kommando nicht gefunden wurde. Für den Automounter selbst ist dies jedoch ein Signal, Debuginformationen auf der Console auszugeben. Dabei gelten die in Tabelle 7.28 angegebenen Debuglevel.

7.7.11.1 Beispiel: Server nicht erreichbar

Eine automounterinitiierende Anfrage nach *net/mariner/export*, wobei diese Maschine im Netz für diesen Test nicht existent ist, führt nach Einschalten des höchsten Debuglevels zu der in Beispiel 7.15 dargestellten ausführlichen Fehlermeldung seitens des Automount Daemons.

Kommando	Debuglevel
/net/=0	Debugging aus
/net/=1	Debuglevel 1
/net/=2	Debuglevel 2
/net/=3	Debuglevel 3
/net/=4	Debuglevel 4
/net/=5	Debuglevel 5
/net/=6	Debuglevel 6
/net/=7	Debuglevel 7
/net/=8	Debuglevel 8
/net/=9	Debuglevel 9, höchster Debuglevel

Tabelle 7.28. Debuglevel des automounters (bis SOLARIS 9)

```
galaxy# /net/=9
t1      Automountd: trace level = 9
t1        do_lookup1: action=2 wildcard=FALSE error=2
t1      LOOKUP REPLY    : status=2
galaxy# ls /net/mariner/export
t1      LOOKUP REQUEST: Fri Dec  9 21:36:43 2005
t1        name=mariner[] map=-hosts opts=nosuid,nobrowse ↙...
     ↪    path=/net direct=0
t1        mapline: -hosts
t1        do_mapent_hosts: host mariner
t1              ping: mariner timeout=15 request vers=3 min=2
t1        pingnfs: Can't ping via "datagram_v"mariner: RPC error=13
t1              pingnfs FAIL: can't get nfs version
t1        do_lookup1: action=2 wildcard=FALSE error=2
t1      LOOKUP REPLY    : status=2
/net/mariner/export: No such file or directory
galaxy#
```

Beispiel 7.15. Debuglevel 9: Server nicht erreichbar

Zunächst wurde mittels

```
galaxy# /net/=9
```

der Debuglevel 9 aktiviert, was vom Automount Daemon auf der Console quittiert wurde. Mit dem nachfolgenden Kommando

```
galaxy# ls /net/mariner/export
```

wurde dann ein Directory auf dem physikalisch vom Netz getrennten NFS Server *mariner* angesprochen. Der Automountd überwacht Zugriffe auf das Directory em /net, setzt daraufhin die Anfrage um und überprüft mittels eines Testpaketes, ob er den entsprechenden Host *mariner* erreichen kann. Da nach dem gesetzten Timeout von 15 Sekunden keine Antwort gekommen ist, gibt der Automount Daemon den Versuch auf, und eine Fehlermeldung zurück an den Benutzer.

7.7.11.2 Beispiel: Directory nicht existent

Ein erfolgreicher Trace zeigt auch gleich, auf welche NFS-Version sich Client und Server geeinigt haben etc. Der Administrator bekam im Klartext die "Unterhaltung" zwischen Client und Server aufgelistet. Hier ein Beispieltrace bei einer Anfrage nach einem Homeaccount einer Benutzerin, die auf dem nfs-Server nicht weiter eingerichtet ist. Lokal ersetzt der Automounter die vereinfachte Automountermap mit dem Eintrag

```
# Home directory map for automounter
#
*       hsrv:/export/home/&
```

korrekt, kann aber den angefragten Useraccount nicht vom nfs-Server mounten. Der Beispieltrace ist gekürzt, da er im Original alle Retries mit aufzeigt.

```
galaxy# ls /home/lisa
t9      LOOKUP REQUEST: Fri Dec  9 22:24:38 2005
t9        name=lisa[] map=auto_home opts=nobrowse path=/home direct=0
t9        PUSH /etc/auto_home
t9        POP /etc/auto_home
t9        mapline:      hsrv:/export/home/&
t9
        mapline_to_mapent:
t9        (,)    /lisa -
t9              me->map_fsw=hsrv:/export/home/lisa
t9               mntlevel=-1    modify=FALSE    faked=FALSE err=0
t9
        hierarchical_sort:
        (, -1, )
t9
        push_options (return)
        default options=nobrowse
        (, -1, nobrowse)
t9
        parse_fsinfo:
t9        (nfs,nfs)      /lisa -nobrowse
              hsrv:/export/home/lisa
t9              me->map_fsw=
t9               mntlevel=-1    modify=FALSE    faked=FALSE err=0
t9        node mountpoint        travpath=
t9
        set_and_fake_mapent_mntlevel
        (, 0, nobrowse)
t9
        modify_mapents:
t9        (nfs,nfs)      /lisa -nobrowse
              hsrv:/export/home/lisa
t9              me->map_fsw=
```

```
t9              mntlevel=0     modify=FALSE     faked=FALSE err=0
t9         do_lookup1: action=0 wildcard=TRUE error=0
t9       LOOKUP REPLY    : status=0
t1       MOUNT REQUEST:   Fri Dec  9 22:24:38 2005
t1         name=lisa[] map=auto_home opts=nobrowse path=/home direct=0
t1         PUSH /etc/auto_home
t1         POP /etc/auto_home
t1         mapline:      hsrv:/export/home/&
t1
...........
        modify_mapents:
t1         (nfs,nfs)      /lisa -nobrowse
                 hsrv:/export/home/lisa
t1               me->map_fsw=
t1                mntlevel=0     modify=FALSE    faked=FALSE err=0
t1         do_mount1:
t1         (nfs,nfs)     /home/lisa
                 -nobrowse
                 hsrv:/export/home/lisa  penalty=0
t1         nfsmount: input: hsrv[other]
t1               nfsmount: standard mount on /home/lisa :
t1                 hsrv:/export/home/lisa
t1               ping: hsrv timeout=15 request vers=3 min=2
t1               pingnfs OK: nfs version=3
t1         nfsmount: v3=1[0],v2=0[0] => v3.
t1         nfsmount: Get mount version: request vers=3 min=3
t1               nfsmount: mount version=3
t1         nfsmount: mount RPC gave 2 for hsrv:/export/home/lisa
t1               Couldn't mount hsrv:/export/home/lisa, err=5
t1       MOUNT REPLY    : status=2, AUTOFS_DONE
/home/lisa: No such file or directory
galaxy#
```

7.7.11.3 Beispiel: umount eines inaktiven Verzeichnisses

Wenn das Debugging eingeschaltet ist, ist auf der Console auch der automatische umount von autogemounteten Homeaccounts zu sehen:

```
Dec  9 22:26:08 n12 last message repeated 1 time
t1       UNMOUNT REQUEST: Fri Dec  9 22:30:29 2005
t1         resource=hsrv:/export/home/rmd fstype=nfs ↙...
      ↪  mntpnt=/home/rmd mntopts=dev=5500002 indirect
t1               ping: hsrv timeout=15 request vers=3 min=2
t1               pingnfs OK: nfs version=3
t1               nfsunmount: umount /home/rmd
t1               nfsunmount: umount /home/rmd OK
t1         unmount /home/rmd OK
t1       UNMOUNT REPLY: status=0
```

7.7.12 Autofs Debugging unter SolarisExpress

Unter SOLARISEXPRESS ist das Automounterdebugging gegeben durch das Setzen von Parametern in */etc/defaults/autofs*.

Debuglevel: *AUTOMOUNTD_TRACE=<level>*
Verboseflag: *AUTOMOUNT_VERBOSE=TRUE/FALSE*
Verboseflag, Daemon: *AUTOMOUNTD_VERBOSE=TRUE/FALSE*

und kann einem Administrator durchaus von Hilfe sein, da sowohl Informationen über nicht aufgelöste Anfragen, nicht aufgelöste Map-Expansionen etc. als auch Zugriffsrestriktionen des Servers oder nicht herausnehmbare Mountpunkte (busy) des Clients mit angezeigt werden.

7.8 Filetransfer mit *ftp(1)*

Rolf M Dietze, Tatjana S Heuser

Die Applikation *ftp(1)* baut auf eigenem Protokoll, dem File Transfer Protokoll, auf und wird, eingesetzt um Daten von einem Rechner zu einem anderen zu transportieren. Sie besteht aus zwei Teilen, dem Client, aufgerufen in der Regel durch den Benutzer, mit eigenem Kommandointerpreter, mit je nach Implementation unterschiedlich komfortabelen Benutzerinterface, und dem Serverteil, oftmals als *ftpd* oder *in.ftpd* benannt. Das FTP-System benutzt in der Regel ein UNIX-Style Login zur Authentifikation am System. Mit systemseitiger Einführung des Pluggable Authentication Module Systems sind weitere Möglichkeiten gegeben.

7.8.1 FTP Start über *inetd(1M)* ab OpenSolaris

Das Start- und Stopszenario hat sich mit Einführung der Service Management Facility geändert, sodaß bei OPENSOLARISder FTP Dienst zwar weiterhin über den *in.inetd(1M)* gestartet wird, jedoch erhält der *in.inetd(1M)* seit Einführung der Service Management Facility seine Konfigurationsinformationen über das Service Repository.

Unter OPENSOLARIS horcht auch der *in.inetd(1M)* auf allen Ports, um dann den entsprechenden Daemon-Prozeß zu starten. Wenn also wie in Abbildung 7.26 Step 1 und 2 dargestellt, eine FTP Anfrage erkannt wird so wird in diesem Moment der *inetd(1M)* in der Informationsbasis der Service Management Facility nach dem geeigneten Daemonprozess suchen, um ihn anschließend in Step 3 zu starten, eine Contract ID zu erhalten, mit Step 4 das Prozeßenvironment an den FTP Daemonprozeß zu vererben und nun weiterhin über das Contract Subsystem über den Prozeßzustand des gestarteten Daemons informiert zu werden. Sollte im Moment der Referenzierung der Einträge der Service Management Facility diese nicht beantworten können,

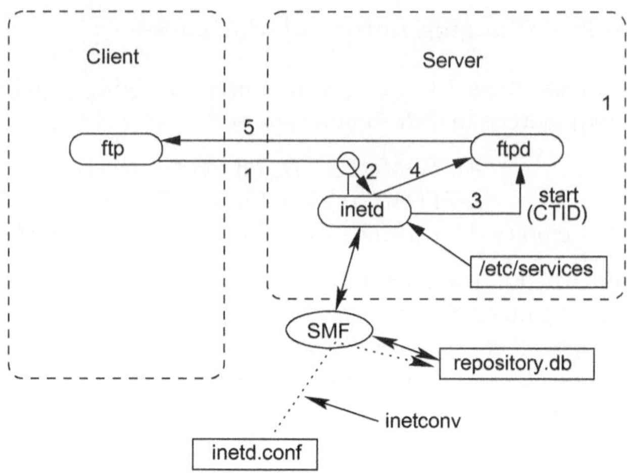

Abb. 7.26. ftp über SMF inetd

kann das Scheitern des Verbindungsaufbaus nach außen nicht mehr verborgen werden und der Client-Prozeß wird eine entsprechende Fehlermeldung erhalten.

Das Verhalten unter OpenSolaris ist nachvollziehbar, indem man sich den Beispielprozessbaum in Listing 7.48 ansieht. Hier wurde der FTP Prozeß mit der Prozeß ID 495 als Childprozess des *inetd* gestartet. Ein Blick in die Ausgabe von *ctstat* in Listing 7.49 zeigt, daß der *inetd* Holderprozess der Contract ID 85 ist. Mit *ps* läßt sich schnell verifizieren, daß der *in.ftpd* in diesem Contract läuft.

```
nova> ptree 495
207   /usr/lib/inet/inetd start
  495   /usr/sbin/in.ftpd -a
```

Listing 7.48. *ftpd* ist Childprozess des *inetd*

Mit der Kenntnis der Prozeß ID der *inetd* mit 207 aus Listing 7.48 läßt sich bei der Ausgabe von *ctstat* in Listing 7.49 damit der *inetd*-Prozeß als Contract Holder für die Contract ID 85 identifizieren, was es ermöglicht, den *ftpd* in gleichem Listing mit dem gezeigten *ps*-Aufruf als Prozeß in diesem Contract des *inetd* zu identifizieren.

Zur Erinnerung, der *inetd(1M)* läuft in einem anderen Contract, er wird auch überwacht und zwar durch den *svc.startd*, der der Contract Holder für diesen Prozeß ist.

```
nova> ctstat
CTID    ZONEID  TYPE    STATE   HOLDER  EVENTS  QTIME   NTIME
...
85      0       process owned   207     0       -       -
...
nova> ps -e -o pid,ctid,fname
  PID  CTID COMMAND
...
  207    40 inetd
...
  495    85 in.ftpd
...
```

Listing 7.49. *inetd* ist Contract Holder des *in.ftpd*

7.8.2 Der traditionelle Start über *inetd(1M)*

Der traditionelle Start des FTP Daemonprozesses *in.ftpd(1M)* erfolgte listenorientiert über den *inetd(1M)*, wie in Abbildung 7.27 dargestellt. Dabei horcht der *inetd(1M)* auf dem FTP Port, um bei Anfrage (Step 2) den *in.ftpd(1M)* in Step 3 zu starten und ihm das Prozeßenvironment zusammen mit der Anfrage zu übergeben (Step 4). Die weitere Kommunikation läuft dann unabhängig vom *inetd(1M)* zwischen FTP Client und FTP Daemon ab. Nach Beendigung der Verbindung terminiert der FTP Daemonprozess.

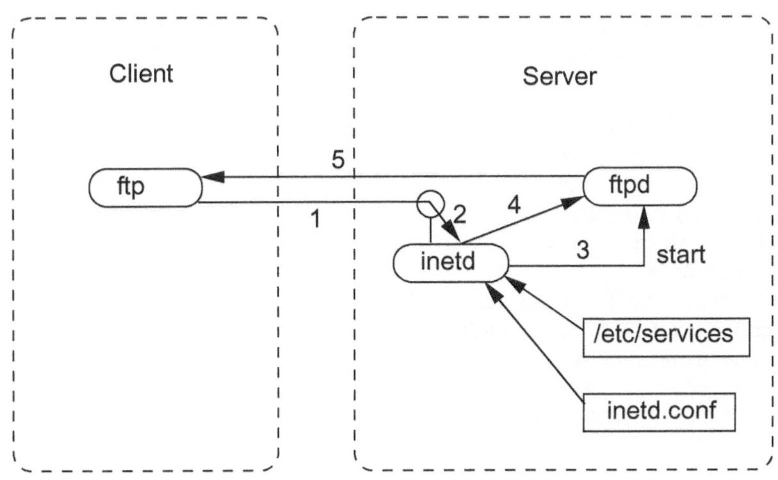

Abb. 7.27. ftp über inetd

Es werden keine Prozeßgruppenabhängigkeiten oder Ähnliches definiert. Der *in.ftpd(1M)* und der den FTP Daemon startende *inetd(1M)* haben keinerlei Referenzen untereinander und laufen unabhängig voneinander weiter, der FTP Daemonprozess wird irgendwann nach Beendigung der Session oder nach Sessiontimeout terminiert, wovon in der traditionellen UNIX-Welt keiner etwas mitbekommt oder informiert wird.

7.8.3 Betriebsmodi des FTP Service

Der FTP Service kennt zwei unterschiedliche Arbeitsmodi, in einem Fall wird über zwei Ports kommuniziert, sonst über nur einen:

aktiv: Kommunikation über Daten- und Kontrollkanal (2 Ports)
passiv: Kommunikation über einen Kanal (1 Port)

Bei einem *ftp*-Verkehr durch eine Firewall ist zu beachten, daß oftmals nur der passiv-Modus zugelassen ist, da das Weiterleiten von Rückantworten über einen anderen als den angefragten Port gerne vermieden wird. Hier muß dann clientseitig auf die passive Kommunikation ausgewichen werden.

7.8.4 Client: *ftp(1)*

Sollen Daten per *ftp(1)* transportiert werden, so wird clientseitig die Applikation *ftp(1)* gestartet. Bei der Angabe eines Hostnamens wird eine Verbindung auf Basis des File Transfer Protokolls zu diesem Host initiiert. Es erfolgt eine Anmeldung mit einer auf dem FTPServer gültigen BenutzerID und einem gültigen Passwort. Anschließend können Files mit *get* heruntergeladen und mit *put* auf den *ftp*-Server geladen werden. In Beispiel 7.16 ist dieser Login Dialog mitprotokolliert. Die der Klartextausgabe der Antwort des Servers

```
wega> ftp nova
Connected to nova.
220 nova FTP server ready.
Name (nova:ufa00):
331 Password required for ufa00.
Password:
230 User ufa00 logged in.
Remote system type is UNIX.
Using binary mode to transfer files.
ftp> pwd
257 "/home/ufa00" is current directory.
```

Beispiel 7.16. FTP Login Dialog

vorangestellte Nummer ist Bestandteil des Protokolls.

7.8.4.1 Onlinehilfe des Clients, Gesamtübersicht

Auf Eingabe eines Fragezeichens hin schickt *ftp* eine Kommandoübersicht, wie sie in Listing 7.50 gezeigt ist.

```
ftp> ?
Commands may be abbreviated.  Commands are:

!               delete          mdir            put             site
$               debug           mget            pwd             status
account         dir             mkdir           quit            struct
append          disconnect      mls             quote           sunique
ascii           form            mode            recv            tcpwindow
bell            get             mput            reget           tenex
binary          glob            nmap            remotehelp      trace
bye             hash            ntrans          rename          type
case            help            open            reset           user
cd              lcd             passive         restart         verbose
cdup            ls              prompt          rmdir           ?
close           macdef          proxy           runique
cr              mdelete         sendport        send
ftp>
```

Listing 7.50. *ftp client* Kommandoübersicht

Mittels ? oder `help` kann, wie in Beispiel 7.17 gezeigt, zu den einzelnen Kommandos ein ausführlicherer Hilfetext angefordert werden.

```
ftp> ? bye
bye             terminate ftp session and exit
ftp> help prompt
prompt          force interactive prompting on multiple commands
ftp> ? passive
passive         toggle passive transfer mode
ftp> ? mget
mget            get multiple files
```

Beispiel 7.17. *ftp client* Hilfstexte

7.8.4.2 Onlinehilfe des Servers

Die von den verschiedenen FTP Implementationen unterstützten Kommandos unterscheiden sich in einigen Details. Mittels der beiden Kommandos **remotehelp site** und **site help** wird der FTP Server veranlaßt, die unterstützten Kommandos anzuzeigen. Die nachfolgende Übersicht zeigt den Kommandoumfang, der von einem SOLARIS 9 *ftpd* in der Defaultinstallation zur Verfügung gestellt wird.

```
ftp> ? site

site      send site specific command to remote server
          Try "remotehelp site" or "site help" for more information

ftp> site help

214-The following SITE commands are recognized (* =>'s unimplemented).
   UMASK          GROUP          INDEX          GROUPS
   IDLE           GPASS          EXEC           CHECKMETHOD
   CHMOD          NEWER          ALIAS          CHECKSUM
   HELP           MINFO          CDPATH
214 Direct comments to ftp-bugs@wega.
```

Beispiel 7.18. *ftp server Hilfstexte*

Diese Kommandos werden an den Server gesandt, indem dem Kommando das Schlüsselwort *site* vorangestellt wird, und durch den Server ausgeführt.

Beispiel:

Mittels des serverseitig angebotenen Kommandos *idle* kann der Timeout für die Verbindung hoch gesetzt werden.

```
ftp> site idle
200 Current IDLE time limit is 900 seconds; max 7200
ftp> site idle 7200
200 Maximum IDLE time set to 7200 seconds
```

Häufig angeboten wird auch die Erweiterung *index*, mittels derer ein ein FTP Server anbieten kann, sein Archiv nach einem bestimmten File zu durchsuchen. Ein gebräuchlicher Aufruf hierfür wäre an einem Beispiel:

```
ftp> site index xphoon.tar
```

7.8.4.3 Implementierte Funktionen des Servers

Mittels des Kommandos *remotehelp* wird die Liste der im *ftp*–Protokoll definierten Funktionen, die durch den Server unterstützt werden, vom Server erfragt. Diese Liste, zitiert in Listing 7.51, bezieht sich auf die Protokollebene, und unterscheidet sich syntaktisch von den Kommandos, die das *ftp*–client–Programm zur Verfügung stellt.

```
ftp> ? remotehelp
remotehelp      get help from remote server
ftp> remotehelp
214-The following commands are recognized (* =>'s unimplemented).
   USER    PORT    TYPE    MLFL*   MRCP*   DELE    SYST    RMD     STOU
   PASS    PASV    STRU    MAIL*   ALLO    CWD     STAT    XRMD    SIZE
   ACCT*   EPRT    MODE    MSND*   REST    XCWD    HELP    PWD     MDTM
   SMNT*   EPSV    RETR    MSOM*   RNFR    LIST    NOOP    XPWD
   REIN*   LPRT    STOR    MSAM*   RNTO    NLST    MKD     CDUP
   QUIT    LPSV    APPE    MRSQ*   ABOR    SITE    XMKD    XCUP
214 Direct comments to ftp-bugs@wega.
```

Listing 7.51. *ftp server* Kommandoübersicht

Diese Kommandos können dem Server über das spezielle Kommando *quote* übermittelt werden. In der Praxis ist dies selten notwendig, da es Aufgabe des FTP Client Programmes ist, die Benutzereingaben entsprechend umzusetzen. Ein Beispiel sei hier nur der Vollständigkeit halber gegeben.

Beispiel:

```
ftp> remotehelp xpwd
214 Syntax: XPWD (return current directory)
ftp> quote XPWD
257 "/export/home" is current directory.
```

Es sei hier noch einmal ausdrücklich darauf hingewiesen, daß die selbe Funktionalität durch das Client Kommando *pwd* implementiert ist.

7.8.4.4 Die wichtigsten Kommandos

Im Prinzip sind oben durch die Onlinehilfe die wichtigsten Kommandos bereits erklärt.

Wie zu sehen, bietet der FTP Dienst eine eigene Kommandoschnittstelle mit eigenem Prompt `ftp>` .

Es können Standardkommandos zur Navigation und Übersicht im Filesystem verwendet werden:

Navigation

cd <Path>, um in ein Verzeichnis zu wechslen
pwd, um den aktuelle Pfad anzuzeigen
ls, um den Inhalt eines Verzeichnisses anzuzeigen.
dir, um den Inhalt eines Verzeichnisses anzuzeigen.
mkdir, rmdir, um Verzeichnisse zu erzeugen/löschen

Statusinformationen:

status Status der Verbindung
type Art des Transfers

Umstellung des Transfers:

prompt Toggelt interactiven Modus
binary Umschaltung auf Binärtransfer
ascii Umschaltung auf ascii(Text)transfer

Übertragung von Dateien oder Dateisystemen:

get Holen einer Datei
mget Holen mehrerer Dateien (Wildcards gültig)
put Senden einer Datei
mput Senden von Dateien

Und einiges mehr. Hier ist der praktische Umgang gefragt.

7.8.5 Server: *in.ftpd(1M)*

Unter dem Namen *in.ftpd* oder auch nur kurz *ftpd* fungiert der serverseitige Prozeß, der FTP Protokoll und Funktionalität gemäß RFC959 (Postel and Reynolds, 1985) implementiert.

7.8.5.1 Standardservice

Der Standard-*ftp*-Service wird durch Start des *in.ftpd(1M)* durch den *inetd(1M)* gewährleistet. Bei Verwendung von SMF ist der *ftpd*-Service

zu starten mit	*svcadm enable ftp*
zu stoppen mit	*svcadm disable ftp*
durchzustarten mit	*svcadm restart ftp*
die Konfiguration zu refreshen mit	*svcadm refresh ftp*

Ein *svcadm disable ftp* hat nicht nur zur Folge, daß alle weiteren FTP Service Anfragen an den *inetd(1M)* von diesem nicht mehr beantwortet werden, es werden gleichzeitig auch alle laufenden FTP Daemonprozesse terminiert und somit auch jeder laufende FTP Verkehr mit sofortiger Wirkung beendet.

Ohne die Verwendung der Service Management Facility oder bei Legacy SOLARIS Releases wird der FTP Service über den in Listing 7.52 wiedergegebenen Eintrag aus der */etc/inetd.conf* bereitgestellt. Bei Neueintrag ist der *inetd(1M)* von der Modifikation zu unterrichten oder durchzustarten.

```
# Ftp - ftp server daemon
ftp     stream  tcp6    nowait  root    /usr/sbin/in.ftpd       in.ftpd
```

Listing 7.52. legacy Ftp Konfiguration in der inetd.conf

In einem durch die Service Management Facility verwaltetnm System ab OPENSOLARIS wird der FTP Service weiterhin durch den *inetd(1M)* gestartet, jedoch auf Basis der Startmethode in seinem Manifest, wie sie in Listing 7.53 wiedergegeben ist.

```
<exec_method
     type='method'
     name='inetd_start'
     exec='/usr/sbin/in.ftpd -a'
     timeout_seconds='0'>
     <method_context>
           <method_credential user='root' group='root' />
     </method_context>
</exec_method>
```

Listing 7.53. OPENSOLARIS Ftp Startmethode

Der *in.ftpd(1M)* fordert den Benutzer auf, sich über BenutzerID und Passwort zu authentifizieren. Die Authentifizierung erfolgt auf UNIX-Basis, anschließend gelten die auf dem Zielsystem eingestellten Zugriffsrechte entsprechend der Anmeldekennung.

Der *in.ftpd* greift auf Resourcefiles unter */etc/ftpd* zu:

/etc/ftpd/ftpaccess:	Steuerung des *ftp*-Betriebs
/etc/ftpd/ftpconversions:	Umsetzungstabelle (siehe Manualpage)
/etc/ftpd/ftpgroups:	Konfigurationsfile für gruppenbasierte Rechte
/etc/ftpd/ftphosts:	Steuert die Zugriffe von definierten Hosts
/etc/ftpd/ftpservers:	Konfiguration für virtuelles Hosting
/etc/ftpd/ftpusers:	Liste der UserIDs, denen der Zugriff über FTP verwehrt werden soll.

Der Zugang erfordert in diesem Modus eine BenutzerID und ein Passwort, das Gültigkeit auf dem FTP Server hat (Files, NIS, etc.

```
wega> ftp nova
Connected to nova.
220 nova FTP server ready.
Name (nova:root): ufa
331 Password required for ufa.
Password: <Passwort des Benutzers ufa00>
230 User ufa00 logged in.
```

```
Remote system type is UNIX.
Using binary mode to transfer files.
ftp> pwd
257 "/home/ufa00" is current directory.
ftp>
```

7.8.5.2 anonymous ftp

Traditionell mußte zur Konfiguration von Anonymous FTP eine gekapselte Sicherheitsumgebung, eine so genannte *chroot*[12]-Umgebung, oder Schutzumgebung, manuell erzeugt werden. Seit SOLARIS 9 gibt es ein einziges Kommando, welches die komplette Konfigurationsarbeit übernimmt und damit wesentlich vereinfacht. Zunächst die Erklärung der traditionellen Methode, die es unabhängig von der Verfügbarkeit von SUN-Scripten auch in anderen OPENSOLARIS-Releases ermöglicht, anonymous FTP aufzusetzen zu können. Zumal sie es erlaubtt, ein grundlegendes Verständnis für die Schutzumgebung zu gewinnen.

7.8.5.2.1 Anonymous FTP*: Konfiguration und Umgebung*

Da der FTP Server mit shared Libraries compiliert wurde, ist von der Systemumgebung all das in die Schutzumgebung zu kopieren, was der FTP Server zum Betrieb benötigt. Die Schutzumgebung für Anonymous FTP beschreibt eine eigene Directorystruktur, die folgende Unterverzeichnisse aufweisen sollte:

ftp Heimat und Arbeitsverzeichnis
Owner: root, Permissions: drwxr-xr-x

ftp/bin Bin-Verzeichnis. Enthält *ls(1)* mit den Accesspermissions 111. Das Verzeichnis muß ein Link nach ftp/usr/bin sein.

ftp/usr/lib Verzeichnis, in dem die notwendigen shared Libraries liegen müssen:
ld.so.1, libc.so.1, libdl.so.1, libmp.so.2, libnsl.so.1,
libsocket.so.1, straddr.so, straddr.so.2,
nss_compat.so.1, nss_dns.so.1, nss_files.so.1, nss_nis.so.1, nss_nisplus.so.1, nss_xfn.so.1

ftp/etc Owner: root, Permissions: d–x–x–x, das Verzeichnis muß Kopien der Dateien */etc/passwd, /etc/group* und */etc/netconfig* enthalten. Die Dateien sollten den Mode 444 haben.

ftp/pub Upload/Download Bereich.
Owner: root, Permissions: drwxr-xr-x

ftp/dev Directory für */dev/[zero,tcp,udp,ticotsord]* Es sind die Major- und MinordeviceIDs dieser Devices unter */dev* zu ermitteln. Sie sind unter *ftp/dev* mit dem Kommando *mknod(1M)* zu erstellen (Devicefiles lassen sich nicht kopieren). Zugriffsrechte sind auf 666 zu setzen, anderenfalls wird *ftp* mit der Fehlermeldung: "permission denied" terminieren.

[12] change root (directory)

ftp/usr/share/lib/zoneinfo ist zu erstellen mit den Zugriffsrechten 555 und dem Eigentümer root zu versehen.
Es ist der Inhalt des Verzeichnisses */usr/share/lib/zoneinfo* in dieses Verzeichnis zu kopieren, damit *ls -l* korrekte Timestamps und Zoneninformationen anzeigen kann.

Anschließend ist die Datei */etc/pam.conf*, um die Zeilen

```
ftp     auth        required      /usr/lib/security/pam_unix.so.1
ftp     account     required      /usr/lib/security/pam_unix.so.1
ftp     session     required      /usr/lib/security/pam_unix.so.1
```

zu modifizieren. Zu guter Letzt ist ein FTP User einzurichten, der keinen interaktiven Zugriff auf das System bekommen sollte.

Damit sind die */etc/passwd* um

```
ftp:x:30000:30000:Anonymous FTP:/export/ftp:/nosuchshell
```

und die */etc/shadow* um

```
ftp:NP:6445::::::
```

zu erweitern.

Als Test kann nach Abschluß der Arbeiten ein Anonymous FTP Zugriff durchgeführt werden.

7.8.5.2.2 Anonymous FTP: Scriptgesteuerte Installation

Seit SOLARIS 9

FTP bietet die Möglichkeit, einen Zugriff mit beliebigem Passwort zuzulassen. Dazu ist eine Umgebung aufzusetzen, die die Zugriffsrechte einschränkt: Es ist das so genannte Anonymous FTP einzurichten.

Für Anonymous FTP wird eine Schutzumgebung eingerichtet, die von außen sichtbar ein Toplevel Verzeichnis, notwendige Libraries, Konfigurationsfiles etc. hat, derart, daß der FTP User nicht unbedingt merkt, daß er in einer chroot-Umgebung arbeitet.

Vor SOLARIS-Releases < SOLARIS 9 mußte hierzu ein komplexes mehrstufiges Verfahren verfolgt werden.

Ab SOLARIS 9 ist das Aufsetzen eines FTP Services deutlich einfacher geworden. Es reicht der Aufruf des Kommandos *ftpconfig(1M)* und es werden alle notwendigen Schritte scriptgesteuert durchgeführt:

```
nova# ftpconfig /export/ftp
Creating user ftp
Creating directory /export/ftp
Updating directory /export/ftp
```

Nachdem anonymous ftp eingerichtet wurde, ist die FTP Anmeldung ohne Passwort unter den BenutzerIDs *anonymous* und *ftp* möglich. Es wird ein Passwort abgefragt, jedoch nicht zur Authentifizierung herangezogen. Jede beliebige UNIX-konforme Angabe eines Passwortes erlaubt damit den Systemzugang in dem durch die Anonymous FTP Umgebung eingeschränkten Bereich.

Als Beispiel hier ein Zugangsmitschnitt auf einen Anonymous FTP Server:

```
wega> ftp nova
Connected to nova.
220 flyer FTP server ready.
Name (nova:ufa00): anonymous
331 Guest login ok, send your complete e-mail address as password.
Password:
230-The response 'mypassword' is not valid
230-Next time please use your e-mail address as your password
230-    for example: joe@wega.network
230 Guest login ok, access restrictions apply.
Remote system type is UNIX.
Using binary mode to transfer files.
ftp> ls
200 PORT command successful.
150 Opening ASCII mode data connection for file list.
bin
dev
etc
pub
usr
226 Transfer complete.
25 bytes received in 0.0073 seconds (3.37 Kbytes/s)
ftp>
```

7.9 Filetransfer mit *tftp(1)*

Rolf M Dietze, Tatjana S Heuser

Die Applikation *tftp(1)* baut auf eigenem Protokoll, dem Trivial File Transfer Protokoll gemäß RFC1350 (Sollins, 1992a) auf, und wird eingesetzt, um Daten von einem Rechner zu einem anderen zu transportieren, ohne jegliche Authentifikation. Damit wird es häufig im Rahmen eines Netzwerk Boots für Bootstrap Prozesse benutzt, um initiale Betriebssystemteile auf den Client zu laden, als auch zum Laden von Konfigurations- oder Betriebssystemimages bei Netzwerkkomponenten von CISCO, NORTEL NETWORKS, AVAYA etc.

7.9.1 Start des *tftp*-Service in Service Manager Facility Umgebungen

Mit Einführung der Service Management Facility in OPENSOLARIS wird auch der *tftp*-Service durch den über die Service Management Facility informierten *inetd(1M)* gestartet. Es wird somit bei einer Anfrage an einen *tftp*-Server wie es in Abbildung 7.28 in Schritt 1 dargestellt ist, der auf allen Ports horchende *inetd(1)* die Anfrage in Schritt 2 abfangen, in Schritt 3 den *in.tftpd* starten und von Contract Subsystem eine Contract ID zurückerhalten, um den *tftpd*-Prozess, dem der *inetd(1)* das geforkte Prozessenvironment in Schritt 4 vererbt hatte, im weiteren zu beobachten. In Schritt 5 findet dann die Kommunikation zwischen *tftp*-Client und *tftpd*-Server statt.

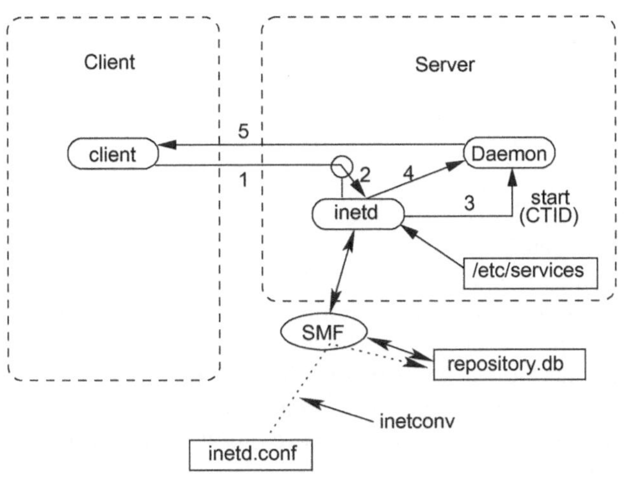

Abb. 7.28. *tftp* über *inetd*

Das Start- und Arbeitsverhalten unter OPENSOLARIS ist nachvollziehbar, indem man sich den Beispielprozessbaum in Listing 7.54 ansieht, hier wurde der tftp-Prozeß mit der Prozeß ID 873 als Childprozess des *inetd* gestartet. Ein Blick in die Ausgabe von *ctstat* in Listing 7.49 zeigt, daß der *inetd* Holderprozess der Contract ID 85 ist. Mit *ps* läßt sich schnell verifizieren, daß der *in.ftpd* in diesem Contract läuft.

```
nova> ptree 495
207   /usr/lib/inet/inetd start
  873   /usr/sbin/in.tftpd -a
```

Listing 7.54. *tftpd* ist Childprozess des *inetd*

Mit der Kenntnis der Prozeß ID des *inetd* mit 207 aus Listing 7.54 läßt sich bei der Ausgabe von *ctstat* in Listing 7.55 damit der *inetd*-Prozeß als Contract Holder für die Contract ID 92 identifizieren, was es ermöglicht, den *tftpd* im gleichen Listing mit dem gezeigten *ps*-Aufruf als Prozeß in diesem

```
nova> ctstat
CTID    ZONEID TYPE    STATE   HOLDER EVENTS QTIME  NTIME
...
92      0      process owned   207    0      -      -
...
nova> ps -e -o pid,ctid,fname
  PID  CTID COMMAND
...
  207    40 inetd
...
  873    92 in.tftpd
...
```

Listing 7.55. *inetd* ist Contract Holder des *in.tftpd*

Contract des *inetd* zu identifizieren. Wieder ist der Contract Holder für den *inetd* der *svc.startd.*

Es wird vom *inetd(1M)* jedoch nicht überwacht, ob die Rechte für das Arbeitsverzeichnis */tftpboot* stimmen oder ob das Verzeichnis überhaupt existent ist. Sollte der *tftp*-Service aufgrund von Fehlern beispielsweise aus mangelnden Rechten oder fehlenden Verzeichnissen verklemmen, so kann das Contract Subsystem dies nicht abfangen, was auch nicht seine Aufgabe ist. Um Verklemmungen von Diensten zu erkennen, wäre ein weiteres, anderes Monitoring zu implementieren.

Sollte der *tftpd*-Daemonprozess wieder Erwarten terminieren, so wird er nachgestartet, was die Verfügbarkeit des Services für Installserver- und Netloadserveraufgaben für oben beschriebene Einsatzbereiche erhöht.

7.9.2 Client: *tftp(1)*

Clientseitig wird der *tftp*-Service genutzt durch Aufruf der Applikation *tftp*, um Daten fileweise zu übertragen. *tftp* wird damit in einem interaktiven Modus gestartet, dessen Eingabebereitschft durch ein Prompt angezeigt wird:

```
tftp>
```

Bei optionaler Angabe eines Hostnamens und zusätzlich eines Ports wird eine Verbindung auf Basis des Trivial File Transfer Protokolls zu diesem Host über den angegebenen Port initiiert.

tftp läßt sich unter Angabe des Targethosts oder ohne Angabe des Targethosts starten. Bei Angabe des Targethosts erfolgt sofort ein Anbindung an den Targethost und es kann, wie in Beispiel 7.19 gezeigt mit get, put etc. gearbeitet werden.

```
nx1> tftp sunrise
tftp> ?
Commands may be abbreviated.  Commands are:

connect         connect to remote tftp
mode            set file transfer mode
put             send file
get             receive file
quit            exit tftp
verbose         toggle verbose mode
trace           toggle packet tracing
status          show current status
binary          set mode to octet
ascii           set mode to netascii
rexmt           set per-packet retransmission timeout
timeout         set total retransmission timeout
blksize         set transfer blocksize to negotiate with the server
srexmt          set preferred per-packet retransmission timeout for server
tsize           toggle sending the transfer size option to the server
?               print help information
tftp> status
Connected to sunrise
Mode: netascii Verbose: off Tracing: off
Rexmt-interval: 5 seconds, Max-timeout: 25 seconds
Transfer blocksize option: off
Server rexmt-interval option: off
Transfer size option: off
tftp>
```

Beispiel 7.19. tfp session

Um nun eine Datei aus */tftpboot* herunter zu laden, ist das Subkommando *get* wie folgt zu verwenden:

```
tftp> get SunRayP1
Received 258531 bytes in 0.1 seconds
tftp>
```

Die Datei *SunRayP1* wurde in 0.1 Sekunden heruntergeladen und es wurden 258531 Bytes gelesen.

Wenn *tftp* ohne Angabe des Targethosts aufgerufen wird, wird keine Verbindung hergestellt. Es kann dann mit Aufruf des Subkommandos *connect* eine Verbindung nachträglich aufgebaut werden oder es ist für jeden Transfer notwendig den Targethost anzugeben:

```
tftp> get sunrise:SunRayP1
Received 258531 bytes in 0.1 seconds
tftp>
```

7.9.3 Server: *in.tftpd(1M)*

Der tftp-Dienst wird bereitgestellt, indem der Daemonprozess *in.tftpd* gestartet wird. Ohne weitere Optionen ist damit ein Zugriff auf alle Filesysteme des Serversystems freigestellt.
Der clientseitige Zugriff erfolgt anonym ohne weitere Authentifizierung. Wegen der fehlenden Authentifikation sollte *tftp* immer gesondert abgesichert werden. Bei SOLARIS-Systemen wird der *in.tftpd* per Default im secure-Mode durch den *inetd* in Legacy-Versionen des SOLARIS mit der Konfigurationszeile in Listing 7.56 und in Service Management Facility basierten Systemen durch die im Manifest definierte Startmethode in Listing 7.57 gestartet

```
# TFTPD - tftp server (primarily used for booting)
tftp dgram udp6 wait root  /usr/sbin/in.tftpd  in.tftpd -s /tftpboot
```

Listing 7.56. /etc/inetd.conf (Auszug)

Die Option *-s* setzt den *in.tftpd* in den secure-Mode. Dies bewirkt, daß mit Ansprechen des *in.tftpd* ein sofortiger Wechsel in das angegebene Homedirectory, hier */tftpboot*, erfolgt und die Zugriffsrechte eingeschränkt sind.

```
<exec_method
     type='method'
     name='inetd_start'
     exec='/usr/sbin/in.tftpd -s /tftpboot'
     timeout_seconds='0'>
     <method_context>
          <method_credential user='root' group='root' />
     </method_context>
</exec_method>
```

Listing 7.57. SMF: *tftpd*-Startmethode

Bei Verwaltung des Rechners durch die Service Management Facility ist der *telnet*-Service

zu starten mit	*svcadm enable tftp*
zu stoppen mit	*svcadm disable tftp*
durchzustarten mit	*svcadm restart tftp*
die Konfiguration zu refreshen mit	*svcadm refresh tftp*

Start und Stoppaufträge ändern die Konfiguration derart, daß der *inetd(1M)* bei der nächsten Anfrage den tftp-Service nicht starten wird und alle laufenden tftpd-Daemonprozesse mit sofortiger Wirkung terminieren wird.

7.10 Zugang über *telnet(1)*

Rolf M Dietze, Tatjana S Heuser

Die Applikation *telnet(1)* ist eine der Pionierapplikationen des Internet, als beginnend mit dem Jahr 1969 das Amerikanische Verteidigungsministerium mit dem Aufbau eines Paketverbindungsnetzees begannen, um primär einen Dateitransfer zwischen Rechnersystemen und eine interaktive Nutzung von Rechnersystemen über größere Entfernungen zu erreichen. TELNET baut auf eigenem Protokoll auf, als *Virtual Terminal Protocol* für das ursprüngliche NCP[13] in intensiver Diskussion entwickelt, und später mit nur wenigen Änderungen und Erweiterungen für den Gebrauch innerhalb der TCP/IP Protokollfamilie adaptiert und in RFC854 (Postel and Reynolds, 1983b) definiert.

TELNET ist neben der traditionellen Verwendung zum Verbindungsaufbau zwischen zwei Rechnersystemen auf dem Standard IP-Port 23 ein universelles Tool, um auch alternative Ports anzusprechen, wie beispielsweise die Adressierung eines seriellen Ports auf einem Terminalserver, das Testen eines HTTP-Servers durch ein *telnet*-Call auf den HTTP-Port oder das Kontaktieren eines Sendmail Prozesses, um mit solchen Zielapplikationen nativ in deren Protokoll zu sprechen.

7.10.1 Telnetservice unter OpenSolaris

Das Start- und Stoppscenario hat sich mit Einführung der Service Management Facility geändert, so, daß bei OpenSolaris der Telnet-Service zwar weiterhin über den *in.inetd(1M)* gestartet wird, jedoch erhält der *in.inetd(1M)* seit Einführung der Service Management Facility seine Konfigurationsinformationen über das Service Repository.

Unter OpenSolaris horcht auch der *in.inetd(1M)* auf allen Ports, um dann den entsprechenden Daemon-Prozeß zu starten. Wenn also, wie in Abbildung 7.29 in den Steps 1 und 2 dargestellt, eine Telnet-Anfrage erkannt wird, so wird in diesem Moment der *inetd(1M)* in der Informationsbasis der Service Management Facility nach dem geeigneten Daemonprozeß suchen, um ihn anschließend in Schritt 3 zu starten, eine Contract ID zu erhalten, mit Schritt 4 das Prozeßenvironment an den Telnet-Daemonprozeß zu vererben und nun weiterhin über das Contract Subsystem über den Prozeßzustand des gestarteten Daemons informiert zu werden. Sollte im Moment der Referenzierung der Einträge der Service Management Facility diese nicht beantworten können, kann das Scheitern des Verbindungsaufbaus nach außen nicht mehr verborgen werden und der Client-Prozeß wird eine entsprechende Fehlermeldung erhalten.

[13] Network Control Protocol, das eigentliche „ARPANET Protokoll", das die Kommunikationsgrundlage zwischen den einzelnen IMPs (Interface Message Processor), die die ersten Knoten im ursprünglichen Netz bildeten, darstellte.

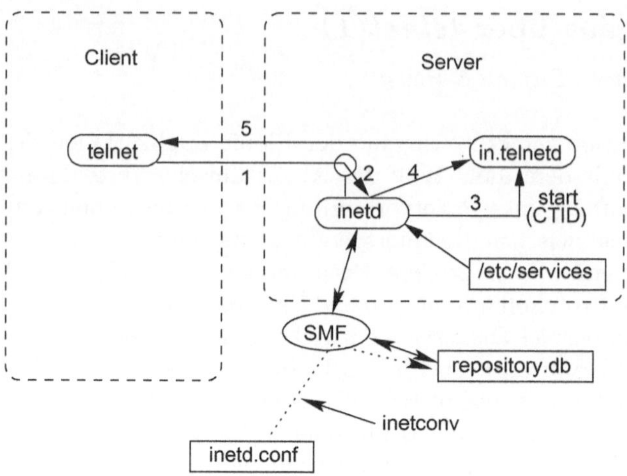

Abb. 7.29. *telnet* über *inetd*/SMF

Das Verhalten unter OPENSOLARIS ist mit einigen wenigen Kommandos nachvollziehbar, durch Überprüfung der Contract ID Nummern, Prozeß IDs etc. Im Prozeßtree in Listing 7.58 ist zu sehen, daß der telnet-Prozeß mit der Prozeß ID 672 als Childprozeß des *inetd* gestartet. Ein Blick in die Ausgabe von *ctstat* in Listing 7.59 zeigt, daß der *inetd* wieder Holderprozeß, diesmal der Contract ID 103 ist. Mit *ps* läßt sich wieder schnell verifizieren, daß der *in.telnetd* in diesem Contract läuft.

```
nova> ptree 495
207   /usr/lib/inet/inetd start
  672   /usr/sbin/in.telnetd
```

Listing 7.58. *telnetd* ist Childprozeß des *inetd*

```
nova> ctstat
CTID    ZONEID TYPE    STATE   HOLDER EVENTS QTIME   NTIME
...
103     0      process owned   207    0      -       -
...
nova> ps -e -o pid,ctid,fname
  PID  CTID COMMAND
...
  207    40 inetd
...
  672   103 in.telnetd
...
```

Listing 7.59. *inetd* ist Contract Holder des *in.telnetd*

Mit der Kenntnis der Prozeß ID des *inetd* mit 207 aus Listing 7.58 läßt sich bei der Ausgabe von *ctstat* in Listing 7.59 damit der *inetd*-Prozeß als Contract Holder für die Contract ID 103 identifizieren, was es ermöglicht, den *telnetd* wieder im gleichen Listing mit dem gezeigten *ps*-Aufruf als Prozeß in diesem Contract des *inetd* zu identifizieren.

7.10.2 Telnet klassisch

SOLARIS zu SOLARIS Kommunikationen als auch Kommunikationen zwischen unterschiedlichen UNIX-Systemen werden serverseitig durch den *inetd(1M)* abgefangen, um den notwendigen *in.telnetd* auf der Kommunikationszielseite zu starten:

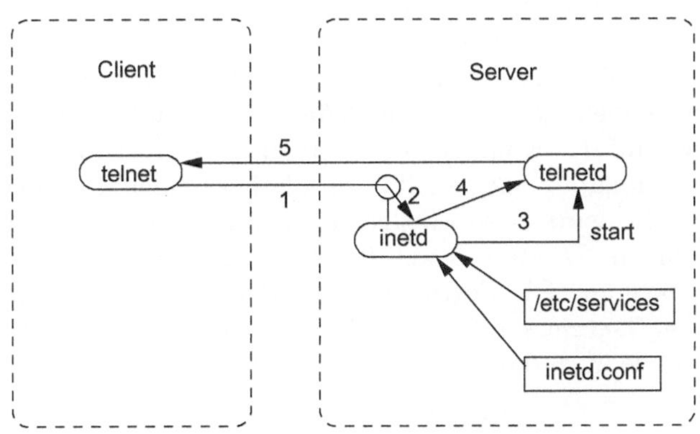

Abb. 7.30. *telnet* über *inetd*, klassisch

7.10.3 Client: *telnet(1)*

Wenn eine interaktive Kommunikation mit einem Zielsystem auf Basis des TELNET Protokolls gewünscht wird, so ist auf Seiten des Clients die Applikation *telnet(1)* zu starten. Bei optionaler Angabe eines Hostnamens und zusätzlich eines Ports wird eine Verbindung zu einem *telnetd(1M)* (oder einem anderen Programm, das auf dem angegebenen IP-Port wartet) auf dem Zielsystem aufgebaut. Der *telnetd(1M)* wird den Verbindungsaufbau durchführen und zur Authentifizierung auf Standardmethoden des Hostsystems zurückgreifen. Damit folgt im allgemeinen, wie in Beispiel 7.20, ein Standard-Login, um nach erfolgreicher Anmeldung eine Shell zu starten.

```
nx1> telnet sunrise
Trying 10.10.100.2...
Connected to sunrise
Escape character is '^]'.
login: dhs
Password:
Last login: Sat Dec 24 23:55:06 from nova
Sun Microsystems Inc. SunOS 5.11 snv_23 October 2007
dhs@sunrise>
```

Beispiel 7.20. telnet login

Beim Start des telnet-Clients wird dem Aufrufenden mitgeteilt, wie die so genannte Escape Sequenz lautet. Per Default: `'^]` (CONTROL–])

Diese Escape Sequenz wird in Beispiel 7.21 verwendet um bei einer laufenden interaktiven *telnet*-Session auf den *telnet*-Prompt, also in den Kommandomodus von *telnet(1)*, zu gelangen.

Um eine Verbindung auf einen anderen IP-Port als den standard Telnetport 23 aufzubauen ist es möglich, *telnet* unter Angabe des Ports auf dem Targetsystem auf der Kommandozeile aufzurufen. In Beispiel 7.22 wird dies für die Verbindung an eine serielle Console über einen Terminalkonzentrator benötigt. Häufig wird diese Möglichkeit zur Fehlersuche bei Kommunikationsproblemen mit Daemonen, die Klartext Protokolle, wie smtp oder http, verwenden, benutzt. Die Portnummer wird über die map services oder die Datei */etc/inet/services* aufgelöst, falls sie nicht bereits numerisch angegeben worden ist, siehe auch das Beispiel 7.23.

7.10.4 Server: *in.telnetd(1M)*

Es wird jeweils ein *telnet*-Server bei jeder auf den *telnet*-Serverport gerichteten Anfrage, bzw. jedem Verbindungsaufbau, gestartet. Der *telnet*-Serverprozeß bleibt so lange aktiv, bis die jeweilige Verbindung wieder abgebaut wird. Der

```
nx1> telnet sunrise
Trying 10.10.100.2...
Connected to sunrise
Escape character is '^]'.
login: dhs
Password:
Last login: Wed Dec 24 00:58:20 from halloween
Sun Microsystems Inc. SunOS 5.11 snv_23 October 2007
dhs@sunrise> ^]
telnet>status
Connected to sunrise
Operating in single character mode
Catching signals locally
Remote character echo
Escape character is '^]'.
dhs@sunrise>
```

Beispiel 7.21. telnet escape

```
nx1> telnet annex 5002
Trying 10.10.100.1...
Connected to annex
Escape character is '^]'.

{1} ok
```

Beispiel 7.22. telnet terminal concentrator

```
nx1> telnet mail smtp
Trying 10.10.100.2...
Connected to mail
Escape character is '^]'.
220 mail ESMTP Sendmail 8.13.4+Sun/8.13.4; Wed, 30 Nov 2005 11:43:25 +0100 (MET)
```

Beispiel 7.23. telnet portname

in.telnetd wird bei Anfrage auf den definierten Port durch den *inetd(1M)* gestartet.

Bei Verwaltung der Dienste durch die Service Management Facility ist der *telnet*-Service

zu starten mit	*svcadm enable telnet*
zu stoppen mit	*svcadm disable telnet*
durchzustarten mit	*svcadm restart telnet*
die Konfiguration zu refreshen mit	*svcadm refresh telnet*

Start und Stoppaufträge ändern die Konfiguration derart, daß der *inetd(1M)* bei der nächsten Anfrage den Telnet-Service nicht starten wird und alle laufenden Telnet-Daemonprozesse mit sofortiger Wirkung terminieren wird.

Auf Service Management Facility verwalteten Rechnersystemen unter OpenSolaris-basierten Betriebssystemen wird der Telnet-Service durch den *inetd(1M)* durch das in seinem zugehörigen Manifest definierten Startmethode gestartet (s.o.), wobei bei SolarisExpress/Solaris 11 snv_23 die in Listing 7.60 wiedergegebe Startmethode Verwendung findet.

```
<exec_method
        type='method'
        name='inetd_start'
        exec='/usr/sbin/in.telnetd'
        timeout_seconds='0'>
        <method_context>
                <method_credential user='root' group='root' />
        </method_context>
</exec_method>
```

Listing 7.60. Telnet Startmethode, OpenSolaris

Die Konfigurationszeile aus der */etc/inetd.conf* lautet somit ohne Verwendung von SMF 7.1.3, oder bei Solaris-Releases pre OpenSolaris:

```
# TELNETD - telnet server daemon
telnet  stream  tcp6  nowait  root   /usr/sbin/in.telnetd   in.telnetd
```

Hierbei ist zu beachten, daß der *in.telnetd* so modifiziert wurde, daß er in der Lage ist, ipv6-Verbindungen aufzubauen. Es wird *in.telnetd* ein AF_INET6 Socket übergeben. Ein derart modifizierter Dienst erfordert keine weitere Definition als ipv4-Dienst.

7.11 Name Service Switch, *nscd(1M)*

Rolf M Dietze

Unter *Name Service* wird ein Dienst verstanden, der namensbasierte Anfragen beantworten kann. Namensbasiert bedeutet beispielsweise: Die Anfrage Welches Home Directory hat Benutzer x?, oder 'Welche IP-Adresse hat Host y?.

Die „Antwort" auf diese Fragen kann, wie bereits bekannt, in lokalen Konfigurationsfiles, wie */etc/passwd* oder */etc/hosts*, stehen. Sie kann jedoch auch über einen so genannten *Name Service* oder „Directory Service", eingedeutscht „Verzeichnisdienst" netzwerkweit zur Verfügung stehen. Solaris kennt an solchen Diensten

NIS, siehe Kapitel 7.12 ab Seite 580,
NIS+, siehe Kapitel 7.13 ab Seite 594,

DNS, und
LDAP.

7.11.1 Arbeitsweise des *nscd(1M)*

Als einheitliche Schnittstelle zu all diesen Diensten, und damit auch der in den entsprechenden lokalen Konfigurationsdateien vorliegenden Informationen, dient der *Name Service Cache Daemon*, *nscd(1M)*. Abbildung 7.31 verdeutlicht den Mechanismus: Der als Cache implementierte Service nimmt In-

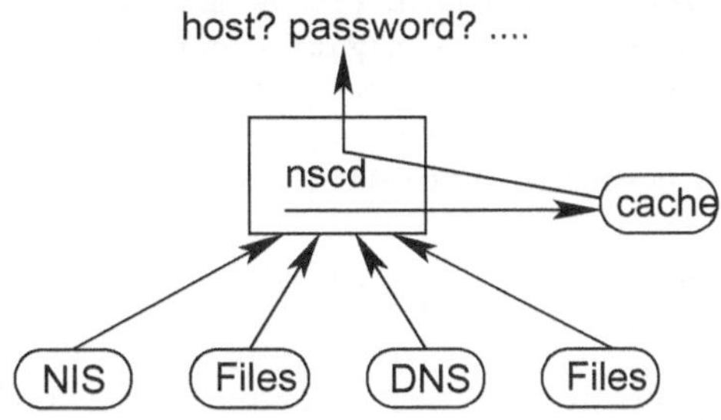

Abb. 7.31. Einheitliche Schnittstelle zu Namensdiensten: nscd

formationen aus den Namensdiensten *files, nis, nis+, dns, ldap* etc. entgegen, speichert sie in Repositories zwischen und beantwortet alle Anfragen nach Inhalten der Namensdienste über eine vereinheitlichte Schnittstelle über Standard libc Aufrufe wie

getpwnam(3C),
gethostbyname(3NSL),
gethostbyaddr(3NSL).

Für jedes Repository wird ein separater Cache gehalten. Ein Eintrag kommt in den Cache, sobald er das erste Mal nachgefragt wird, und wird im Folgenden aus dem Cache beantwortet. Nach einer festsetzbaren Zeit *(time-to-live)* wird der Eintrag im Cache für ungültig erklärt und bei einer erneuten Anfrage wieder bei der ursprünglichen Quelle nachgefragt. Sobald die lokalen Repositoryfiles , z.B. */etc/hosts*, modifiziert werden, wird der Inhalt des entsprechenden Caches ungültig. Die einzige Datei, die nicht im Cache gehalten wird, ist */etc/shadow*.

7.11.2 Statusinformationen des *nscd(1M)*

Um die verwendeten Caches und Informationen über ihre Auslastung auszu-Geben kann das Kommando *nscd* direkt mit der Option *-g* aufgerufen werden, da *nscd* eine Doppelfunktion als Daemon und auch Konfigurationsinterface zu

```
dhs@nx1> nscd -g

    nscd configuration:

             0  server debug level
    "/dev/null"  is server log file

    passwd cache:

           Yes  cache is enabled
          1203  cache hits on positive entries
             0  cache hits on negative entries
            57  cache misses on positive entries
            15  cache misses on negative entries
         94.4%  cache hit rate
    ....
           No  use possibly stale data rather than waiting for refresh
```

Beispiel 7.24. Cacheauslastung des *nscd*

einer bereits laufenden Instanz dieses Daemons übernimmt. Die Abfrage der Statistiken ist als einzige Option zu *nscd* auch normalen Benutzern möglich.

Wie Beispiel 7.24 zeigt, wird kein Logfile geschrieben, da Logs nach */dev/null* gehen und der Debuglevel auf "0" gesetzt ist. Dieses und anderes wird in */etc/nscd.conf* konfiguriert. Ein kurzer Blick in dieses Konfigurationsfile zeigt, daß die spezifischen Parameter jedes Caches dort eingestellt werden können, sowie Name und Pfad zum Logfile und der Debug Level. Gegenwärtig unterstützt *nscd(1M)* Caches für passwd, group, hosts, ipnodes, exec_attr, prof_attr, user_attr.

7.11.3 Defaultresourcefiles des *nscd(1M)*

Damit der Name Service aktiviert ist muß die Datei */etc/nsswitch.conf* entsprechend konfiguriert sein. Es gibt vorkonfigurierte Beispieldateien mit den Namen:

/etc/nsswitch.files	falls nur lokale Konfigurationsfiles unter */etc/** benutzt werden sollen.
/etc/nsswitch.nis	falls NIS, ehemals Yellow Pages genannt, verwendet werden soll.
/etc/nsswitch.nisplus	für SUN's Nachfolgeimplementation zu NIS.
/etc/nsswitch.dns	falls Hostnamen über DNS aufgelöst werden sollen.
/etc/nsswitch.ldap	falls ein LDAP Service angesprochen werden soll.

7.11.4 Syntax des Resourcefiles */etc/nsswitch.conf*

Die Syntax des */etc/nsswitch.conf* Konfigurationsfiles ist sehr einfach gehalten. Es gibt zwei Spalten. Die erste bezeichnet den Cache bzw. das Repository, das gecached werden soll, wie beispielsweise passwd, hosts etc., in der zweiten Spalte steht der referenzierte Informationsdienst über den die jeweilige Information aufgelöst werden soll, als da sind *files, nis, dns, nisplus, ldap.* Welche Datenbanken und Informationsquellen hier eingetragen werden können ist in der Manualpage */nsswitch.conf(4)* detailliert beschrieben, auf eine vollzählige Aufzählung aller Permutationen wird daher hier verzichtet. Die oben aufgeführten Beispiel-Konfigurationsfiles stellen praxisnahe Beispiele dar und können oft mit nur geringen oder gar keinen Modifikationen verwendet werden.

Ein typisches Konfigurationsfile könnte beispielsweise folgendermaßen aussehen:

Cache	Informationsquelle
passwd:	files
group:	files
hosts:	dns files
ipnodes:	files
.....	

Die Einträge der zweiten Spalte können komplexer ausfallen. Wenn beispielsweise anhand des Eintrages für *hosts* im obigen Beispiel ein Host im lokalen Netz gesucht wird, der nicht im DNS eingetragen ist, wird das anfragende Kommando sehr lange warten, sofern der Benutzer es nicht vorher mit CONTROL-C terminiert hat. Daher gibt es die Möglichkeit für diesen Fall abhängig vom Status eine Aktion zu definieren: Wenn zu DNS das so genannte Action Feld als [NOTFOUND=return] definiert ist, so kehrt *nscd(1M)* mit Informationen aus den lokalen Files zurück:

```
hosts dns [NOTFOUND=return] files
```

Impliziert daß falls NIS nicht zur Verfügung steht, die lokale Konfigurationsdatei */etc/hosts* zu Rate gezogen wird. Sollte NIS jedoch den Eintrag nicht finden können, wird sogleich mit einer Fehlermeldung zurückgekehrt.

Das genaue Format dieses Feldes ist:

```
<entry>     ::= <database> ":" [<source>
[<criteria>]]*
<criteria>  ::= "[" <criterion>+ "]"
<criterion> ::= <status> "=" <action>
<status>    ::= "success" | "notfound" | "unavail" | "tryagain"
```

Falls der Return Status TRYAGAIN lautet, ist die Syntax des Aktionsfeldes:

```
<action>    ::= "return"  | "continue" | "forever" | <n>
<n>         ::= 0...MAX_INT
```

Andernfalls:

```
<action>    ::= "return"  | "continue"
```

Die Defaults für DNS und NIS sind:

SUCCESS=return
NOTFOUND=continue
UNAVAIL=continue
TRYAGAIN=continue

und die Defaults für den Rest:

SUCCESS=return
NOTFOUND=continue
UNAVAIL=continue
TRYAGAIN=forever

Wenn ein lokaler Rechner beispielsweise NIS und DNS befragen soll um einen Hostnamen aufzulösen muß die */etc/nsswitch.conf* in der Zeile *hosts* folgendermaßen modifiziert werden:

```
hosts:      nis [NOTFOUND=return] files dns
```

7.11.5 Auslesen von Tabelleninformationen per *getent(1M)*

Der Zugriff auf die durch den *nscd(1M)* gecachten Informationen aus lokalen Files oder anderen Netzwerkinformationsdiensten erfolgt durch das Kommando *getent(1M)*. Es greift auf die Caches der spezifizierten Tabellen zu und liefert eine Information zum genannten Key aus, wenn diese vorhanden ist. Dies erfolgt damit unabhängig davon, ob die Information aus irgend einem Netzwerkinformationsdienst oder aus den lokalen Files stammt. Das Aufrufformat ist folgendes:

```
getent <tablename> <key>
```

Wobei <tablename>eine durch den *nscd(1M)* gecachte Tabelle, wie etwa hosts, passwd etc ist. Einige Beispiele im Beispiel 7.25 zeigen schnell die Funktion. Wenn also das standardisierte Interface des *nscd(1M)* verwendet wird, ist dem anfragenden Prozess im Prinzip verborgen, aus welcher Art Namensdienst die Antwort kommt, oder anders gesagt, ein Programm muß nicht vor der Anfrage wissen, welcher Namensdienst zu verwenden ist und damit eine spezialisierte Anfragefunktion für jeden erdenklichen Namensdienst bereithalten. Im Prinzip eine Art Virtualisierung durch Abstraktion von der Dienstspezifikation.

7.11.6 Service Management Facility Einbindung des *nscd*

Seit Einführung der Service Management Facility in OpenSolaris wird auch der Name Service Cache Daemon über diese Facility verwaltet. Dies läßt sich schnell erkennen, etwa wie in Listing 7.61 zusammengestellt. Demnach wird der Name Service Cache Daemon direkt über die Service Management Facility verwaltet, denn der Holder Prozeß ist der *svc.startd*. Das Ergebnis eine *ptree*-Aufrufes bestätigt dies, in dem beigefügten Beispiel ist die Contract ID 24.

```
nova> getent passwd root
root:x:0:1:Super-User:/:/sbin/sh
nova> getent hosts wega
10.10.100.2     wega
nova> getent group staff
staff::10:
```

Beispiel 7.25. Anfragen mit *getent(1M)* werden durch *nscd(1M)* beantwortet

```
nova> pgrep nscd
98
nova> ps -o fname,pid,ctid -p 98
COMMAND    PID  CTID
nscd        98    24
ctstat |grep 24
CTID    ZONEID  TYPE    STATE   HOLDER  EVENTS  QTIME   NTIME
...
24      0       process owned   7       0       -       -
...
nova> ptree 0
0     sched
  1     /sbin/init
    7     /lib/svc/bin/svc.startd
      205   /usr/lib/saf/sac -t 300
        210   /usr/lib/saf/ttymon
    9     /lib/svc/bin/svc.configd
    85    /usr/lib/sysevent/syseventd
    98    /usr/sbin/nscd                        <-----
```

Listing 7.61. SMF: nscd

Damit läßt sich der Name Service Cache Daemon aktivieren und deaktivieren durch Verwendung des Kommandos *svcadm(1M)*. Einzig, man benötigt den Servicenamen, der anzugeben ist. Der Servicename ist in Listing 7.62 schnell erkannt, da die Contract ID bekannt ist. Das Kommando *svcs(1)* bietet bei Verwendung der Option *-v* ein umfangreiches Listing an, das auch die Contract ID der Services nennt, sofern die Services mit Prozessen verbindbar sind.

Mit der Information aus Listing 7.62 ist der Name Service Cache Daemon mit dem Kommando *svcadm(1M)* verwaltbar wie folgt:

Einschalten des Services:	*svcadm enable name-service-cache*
Ausschalten des Services:	*svcadm disable name-service-cache*
Durchstarten des Services:	*svcadm restart name-service-cache*
Parameterrefresh des Services:	*svcadm refresh name-service-cache*

Die dem System beigefügte Startmethode ist in Listing 7.63 spezifiziert.

```
nova> svcs -v |grep 24
STATE    NSTATE  STIME     CTID FMRI
...
online   -       10:28:12  24   svc:/system/name-service-cache:default
...
```

Listing 7.62. Name des Services mit der CTID 24

```
<exec_method
     type='method'
     name='start'
     exec='/lib/svc/method/svc-nscd'
     timeout_seconds='60' />
```

Listing 7.63. nscd Startmethode

Der Name Service Cache Daemon ist mit den in Tabelle 7.29 aufgeführten Abhängigkeiten definiert. Zu beachten ist die Abhängigkeit von beiden Konfigurationsfiles *nscd.conf* und *nsswitch.conf* für den Start:

Abhängigkeit	Restart	Service
require_all	restart	file://localhost/etc/nscd.conf
		file://localhost/etc/nsswitch.conf
require_all	none	svc:/system/filesystem/minimal
optional_all	none	svc:/milestone/multi-user

Tabelle 7.29. Abhängigkeiten des nscd

7.12 Der Netzwerkinformationsdienst NIS

Rolf M Dietze

NIS, zuvor unter dem Namen *yellow pages* bekannt geworden, ist ein im UNIX-Umfeld traditioneller Namensdienst in einer flachen Struktur.

Der ursprüngliche Name für diesen Netzwerknamensdienst ist aus dem Alltag gegriffen: Die *yellow pages* sind traditionell Telefonbücher, also ein Nachschlagwerk, in dem zu Namen Telefonnummern, Adressen und möglicherweise weitere Informationen stehen.

Also in etwa das, was ein Namensdienst anbietet:

(Host)namen zu IP-Adressen
(User)namen zu UIDs

(User)namen zu Adressen (Homedirecories)

....

Oder schlechthin die so genannten */etc-Files.*

Wegen eines Urheberrechtstreits über den Begriff *yellow pages* wurde der Namensdienst umbenannt in Network Information Service, kurz NIS. Weiterhin sind in den Filesystemen und den Kommandos eines Rechners jedoch Referenzen auf den alten Namen zu finden: *yp*...

NIS wurde von SUN entwickelt, jedoch wegen seiner strukturellen Probleme weiterentwickelt zu NIS+, womit zwischenzeitlich der alte Namensdienst durch SUN auf den Installationsmedien des SOLARIS nicht mehr ausgeliefert wurde. Dies führte in der Praxis zu umfangreichem Protest der Administratoren und damit letztendlich zu Protesten der Kunden.

NIS+ hat sich aus verschiedenen Gründen nicht weiter verbreitet. Nur in wenigen Installationen wird es genutzt, es wird häufig auf das alte NIS zurückgegriffen. Daraufhin wurde zu SOLARIS 2.5 das so genannte NIS-Kit ausgeliefert, NIS für SOLARIS 2.*

In der Folge hat sich bei SOLARIS das alte NIS (yp) gehalten und wird gegenwärtig wieder standardmäßig ausgeliefert, was es dem Administrator erspart, auf freie NIS-Implementationen oder alte Binarypakete aus der Vorzeit vor NIS+ zurückzugreifen.

SUN nutzt weltweit im eigenen Netz NIS (yp).

7.12.1 NIS: Komponenten

NIS ist ein zentralisiertes Namensdienstinformationssystem. Dies beinhaltet den Vorteil, daß alle durch das Namensdienstinformationssystem verteilten Informationen über Hosts, User, NFS-Filesysteme etc. nur an einer einzigen Stelle, zentral, gehalten werden müssen. Clients können dann zentral vorliegende Netzwerknamesndienstinformationen von ihren jeweiligen (Slave)-Servern abrufen. Die Gültigkeit und damit die Verteilung der Namensdienstinformationen ist auf die so genannte NIS-Domain, definiert in der */etc/defaultdomain* eines jeden Rechners, restringiert.

7.12.1.1 NIS-Server

Das Rechnersystem, das die Namensdienstinformationen zentral vorhält und zur Verfügung stellt, wird NIS-Server genannt. Nur auf dem NIS-Server ist es möglich, Modifikationen im Informationsrepository vorzunehmen, derart, daß sie netzwerkweit propagiert werden.

Es kann nur einen geben ...

7.12.1.2 NIS-Client

Die Rechnersysteme innerhalb einer NIS-Domain, die Namensdienstinformationen abrufen wollen, werden NIS-Client genannt.

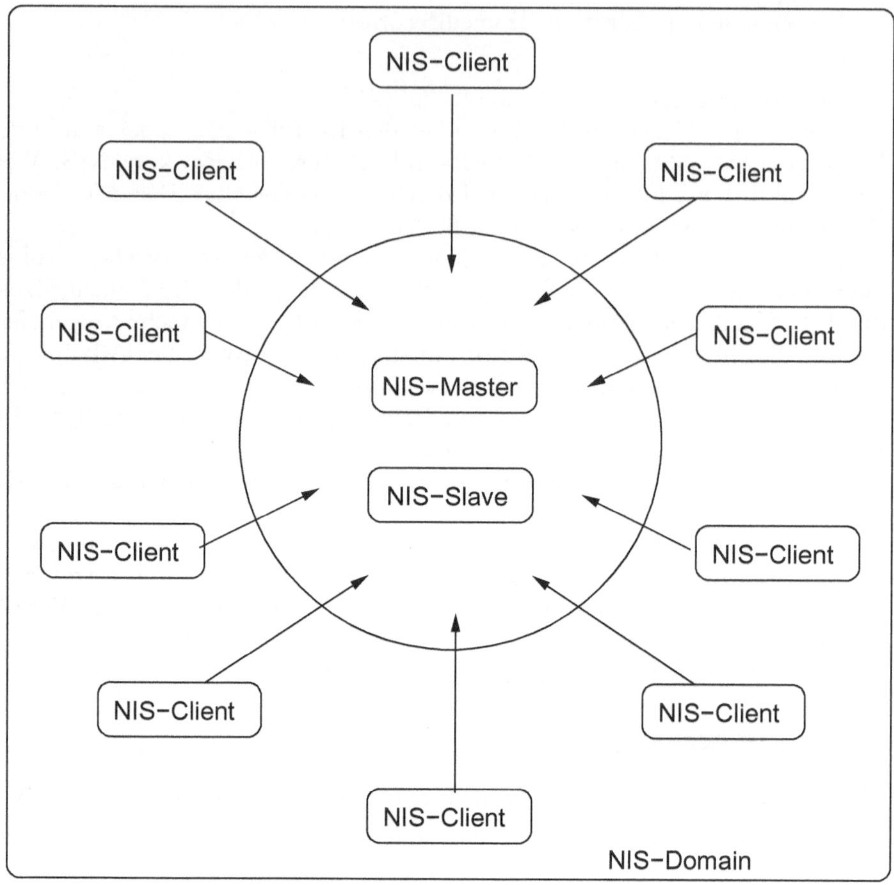

Abb. 7.32. NIS Komponenten

NIS-Clients hängen vollständig von der Verfügbarkeit der Server ab. D.h. wenn der NIS-Server, genauer gesagt der Netzwerkinformationsdienst, ausfällt, kann ein NIS-Client nicht mehr vollständig weiterarbeiten.

Wenn der NIS-Service wieder verfügbar ist, arbeitet der Client ohne weiteres Dazutun weiter.

7.12.1.3 NIS-Slaveserver

Um eine Lastbalance beziehungsweise Entlastung des NIS-Masters zu erreichen und letztendlich auch eine höhere Verfügbarkeit des Namensdienstes im allgemeinen zu erreichen, können so genannte NIS-Slave-Server konfiguriert werden. NIS-Slave-Server bekommen bei einem Update der Repositories des NIS-Master-Servers eine Kopie des Master-Repositories übergeben. Sie können an diesem Repository nichts ändern, können die Informationen daraus jedoch in der entsprechenden NIS-Domain anbieten, derart, daß NIS-Clients Anfragen an die NIS-Slave-Server stellen können. Die NIS-Clients unterscheiden an dieser Stelle nicht zwischen NIS-Master-Server und NIS-Slave-Server.

Die Konfiguration eines NIS-Slave-Servers ist optional. Es kann mehrere von ihnen geben.

7.12.2 NIS:Die Strukturen

Für eine grobe Übersicht soll folgendes Diagramm bei der weiteren Beschreibung von NIS helfen:

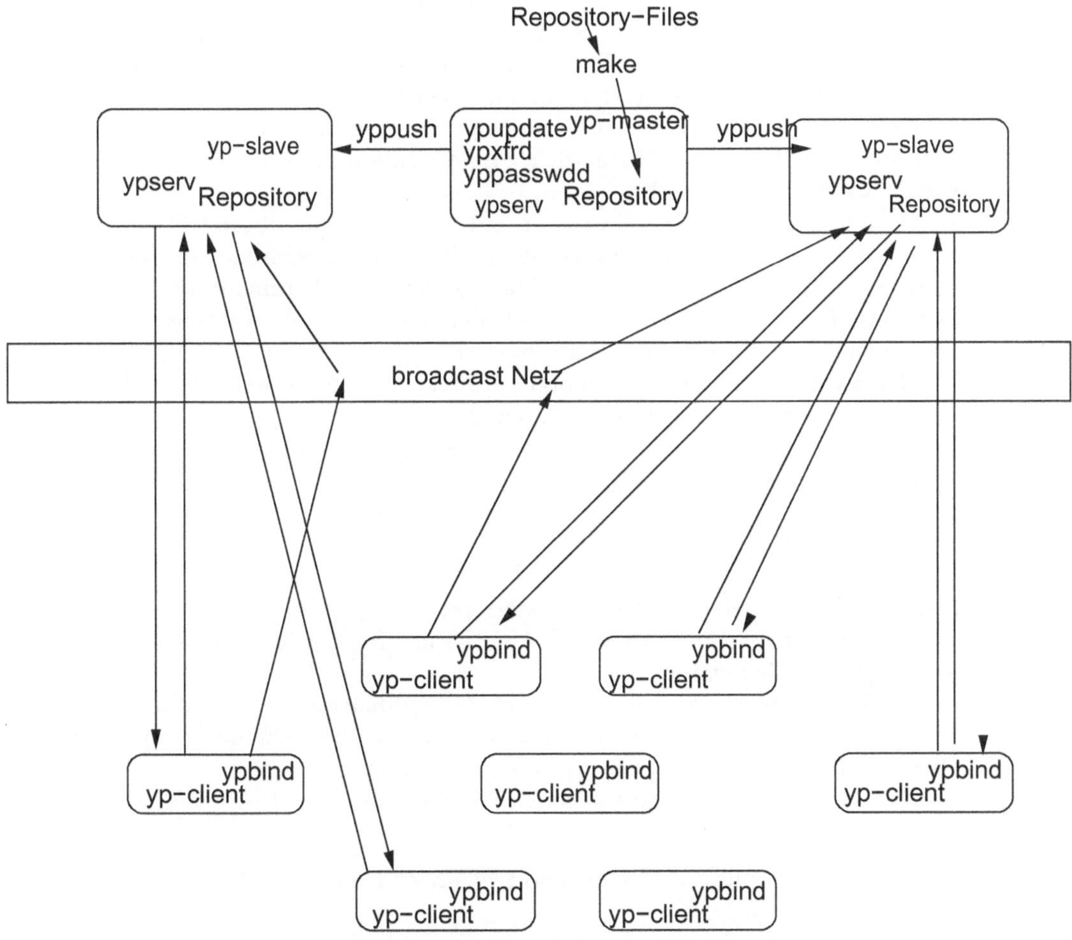

Abb. 7.33. NIS Arbeitsweise

Wobei im folgenden sowohl das Binding des Clients als auch die Kommunikation zwischen Slave- und Master-Server betrachtet werden soll und die daraus typischerweise auftretenden Fehlersituationen angerissen werden.

7.12.2.1 NIS-Client im Detail

Vorweg: Ein NIS-Server, ungeachtet ob Master oder Slave, ist im Fall einer Namensdienstanfrage ein Client seines eigenen Dienstes. Er agiert als NIS-Client und fragt nach einem NIS-Server, nach sich selbst. Folgerichtig muß auch ein NIS-Server Teile der Einrichtung des NIS-Clients haben, wie beispielsweise eine passende */etc/nsswitch.conf*. Dazu später mehr.

Wenn ein NIS-Cient startet, wird er entsprechend der Namensdefinition für die NIS-Domain, die er aus seiner lokalen */etc/defaultdomain* liest, nach zuständigen NIS-Servern fragen. In diesem ersten Schritt wird das Client-Programm *ypbind(1M)* gestartet, um an einen NIS-Server zu binden.

Genauer betrachtet, referenzieren einige Programme, wie *ypcat(1)* etc. direkt auf den NIS-Dienst. Wesentlicher ist die Interaktion mit dem *nscd(1M)* wie in Kapitel (7.11) beschrieben.

Nachdem *ypbind(1M)* gestartet ist und der *nscd(1)* somit seine Caches mit Informationen aus dem Namensdienst updatet, werden Anfragen nach Usern, Hostnamen, NFS-Filesystemen im Management des Automounters etc. aus den Cachefiles des *nscd(1)* beantwortet, der seinerseits alle Anfragen auf den passenden Namensdienst, hier NIS leitet.

Der *nscd(1)* verhindert, daß im NIS-Umfeld gefürchtete vollständige Hängen eines NIS-Clients bei nicht verfügbarem NIS-Server.

7.12.2.2 NIS-Server im Detail

7.12.2.2.1 NIS-Master-Server

Der NIS-Master-Server hält das Masterrepository.

Das Masterrepository wird aus ASCII-Files für die in Tabelle 7.30 aufgezählten Tabellen erstellt:

Die Resourcefiles werden mit dem *vi(1)* modifiziert und die modifizierten ASCII-Files/Tabellen mit einem *make(1)*-Aufruf übersetzt und propagiert. Hierzu eine Übersicht über die relevanten Binaries.

Auf dem NIS-Master-Server laufen folgende für den NIS-Service relevanten Programme:

ypserv Läuft auf Master- und Slave-Server und beantwortet Anfragen von *ypbind*

ypxfrd Läuft nur auf dem Master-Server und überspielt die NIS-Maps auf Anforderung auf die Slave-Server.

/etc/hosts	Hostnamen
/etc/ethers	MAC-Adressen
/etc/netgroup	Netgroupinformationen
/etc/networks	Netzwerknamentabelle
/etc/netmasks	Netzmaskentabelle
/etc/services	Services-Tabelle
/etc/rpc	Tabelle der RPC-Ports
/etc/protocols	Tabelle der bekannten Protokolle
/etc/bootparams	Bootparamstabelle (siehe Installserver, Kapitel 4.11)
mailaliases	Mailalias (siehe Sendmail-Dokumentation)
aliases	aliases (siehe Sendmail-Dokumentation)
sendmailvars	Siehe Sendmailkonfigurationsdokumentation
/etc/timezone	System Timezone
client_info	
/etc/passwd	User-Informationen
/etc/group	Benutzergruppeninformationen
/etc/auto_master	Automountertabelle Mastermap
/etc/auto_home	Automountertabelle Home-Account-Tabelle

Tabelle 7.30. Sourcefiles für das NIS-Masterrepository

rpc.yppasswdd Passwortdaemon. Hiermit wird interagiert, wenn Benutzer in einer NIS-Umgebung ihr Passwort ändern wollen. Es modifiziert die Files *passwd* und *shadow* unter dem konfigurierten Pfad und initiiert ein yppush der Maps auf die Slave-Server

rpc.ypupdated Läuft nur auf dem Master-Server und ist nur dafür zuständig, den Publickey für Secure-RPC zu überspielen.

ypbind Client-Side des NIS-Service. Baut die "Verbindung" zum NIS-Server her, stellt Anfragen an den NIS-Server.
Binding-Infos stehen unter */var/yp/binding/<domain>*

Zur besseren Übersicht über die Pfade auf NIS-Servern, in Abbildung 7.12.2.2.1 ein Auszug aus dem Filesystem:

7.12.2.2.2 NIS*-Slave-Server*

Der NIS-Slave-Server bekommt alle Maps, das Repository, vom NIS-Master-Server. Der NIS-Slave-Server modifiziert die Maps nicht, denn die Maps werden zentral gehalten und administriert. Er verteilt sie nur, d.h., der NIS-Slave-Server beantwortet die Anfragen einer von einem Client der gleichen Domain mit ypbind angefragten Verbindung.

Die Gefahr bei der Nutzung von NIS-Slave-Servern ist, daß die NIS-Slave-Server nicht vollständig durch den *yppush(1M)* aktualisiert wurden und nun Informationen aus einem alten Konfigurationsstand an die anfragenden Clients übermitteln.

Die Konfiguration eines NIS-Slave-Servers ist vollständig optional, erhöht jedoch die Verfügbarkeit erheblich. Auch wird eine Lastverteilung durch den

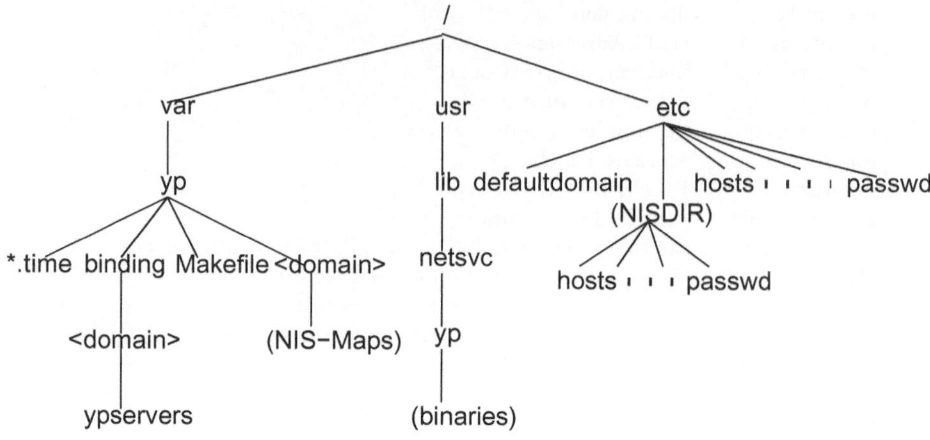

Abb. 7.34. NIS Positionen im Filesystem

Einsatz von NIS-Slave-Servern eingebracht, die bei großen Installationen durchaus von Belang seien können.

Auf dem NIS-Slave-Server laufen folgende für den NIS-Service relevanten Programme:

ypserv(1M) Läuft auf Master- und Slave-Server und beantwortet Anfragen von *ypbind(1M)*

ypbind(1M) Client-Side des NIS-Service. Baut die "Verbindung" zum NIS-Server her, stellt Anfragen an den NIS-Server.
Binding-Infos stehen unter */var/yp/binding/<domain>*

Im weiteren gelten die gleichen Pfade wie auch beim NIS-Master-Server, nur daß die ASCII-Files, aus denen die Maps erzeugt wurden, nicht auf dem/den NIS-Slave-Servern vorliegen.

7.12.3 Aufsetzen einer NIS-Umgebung

Eine NIS-Umgebung wird aufgesetzt, indem zunächst Strukturüberlegungen gemacht werden, um letztendlich eine Informationsdienststruktur zu definieren.

Dann sind alle Informationen über Benutzer, Benutzergruppen (group), nfs-, home-, application-Filesysteme, Hostnamen, Dienste (Drucker etc.), Netzwerkkonfigurationsinformationen, Zugriffsrechte etc. zu sammeln und zusammenzustellen, zu vereinheitlichen, zu sortieren und aufzubereiten.

Danach sind zunächst der NIS-Server und die Slaveserver aufzusetzen und zum Schluß sind die Clients auf den Zugriff über NIS zu konfigurieren.

Während hingegen die vorbereitenden Aufgaben strukturelle Überlegungen sind und damit praktisch in einer Systemumgebung gestellt sind, somit also in der sitespezifischen Praxis ausarbeitbar sind, so sind die Implementationsaufgaben an einem Beispiel Schritt für Schritt durchführbar. An dieser Stelle wird somit ein Annahme über eine Systemumgebung getroffen und entsprechend der Annahme die Umgebung auf einen Betrieb mit dem Netzwerkinformationsdienst NIS konfiguriert und eingestellt.

7.12.3.1 Aufbau einer NIS-Map

Die NIS-Maps liegen unter */var/yp/<domainname>* und folgen der Syntax

```
map.key.pag
map.key.dir
```

Wobei die Dateien mit der Endung *.pag* die eigentlichen Datafiles sind und die Dateien mit der Endung *.dir* eine Art Indexfile, das bei kleinen Maps leer sein kann, darstellen.

In der obigen Auflistung können die Werte von *map* die gültigen Mapnamen annehmen wie beispielsweise *hosts, ethers, passwd* und so weiter.

Der Begriff *key* gibt die Sortierung der Map an: byaddr, byname etc. Maps können mit den Kommandos

`ypcat [-k] <mapname>` vollständig ausgelesen, mit
`ypmatch [-k] <string> <mapname>` durchsucht werden.

7.12.3.2 Aufsetzen eines NIS-Servers

Ein NIS-Master-Server wird mit folgenden Schritten aufgesetzt:

1. Auswahl des NIS-Master-Servers
2. Anpassung der */etc/nsswitch.conf*.
   In Kapitel 7.11 wurde gezeigt, daß eine Beispieldatei *nsswitch.nis* bereitgestellt wird. Es reicht vorerst aus, diese in *nsswitch.conf* umzukopieren.
3. Auswahl eines Domainnamens (nicht länger als 256 Zeichen, 32 Zeichen werden selten überschritten)
4. Domainnamen in die Datei */etc/defaultdomain* schreiben und das Kommando
   `domainname <your-choosen-domainname>`
   ausführen. Hiernach muß die Ausführung von *domainname(1M)* den gesetzten Namen ausgeben.
5. Erstellung oder Übernahme der ASCII-Resourcefiles, praktischer Weise in ein eigenes Verzeichnis. Dies sei z.B. /etc/yp
6. Alle nicht vorhandenen ASCII-Files, also Files die bis jetzt nicht notwendig waren oder nicht gebraucht wurden, wie beispielsweise */etc/ethers, /etc/netgroup* etc. sind als leere Dateien in dem NIS-Master-Server-Sourceverzeichnis zu ertellen *(touch(1))*.
7. Im Fall einer JumpStart-Server Einrichtung ist das Makefile anzupassen, um die system-locale in NIS zu verteilen.

8. Der Master-Server ist zu initialisieren mit dem Kommando
   `ypinit -m`

Anschließend ist der NIS-Service zu starten, in das Verzeichnis */var/yp* zu wechseln und erneut *make(1S)* aufzurufen, um die mail.aliases Map in NIS zu propagieren.

7.12.3.2.1 Start des NIS-*Servers*

Ab OpenSolaris

Der NIS-Service wird im Service Management Facility Environment mit

svc:/network/nis/server

beschrieben. Damit ist der Start des NIS-Service unter OpenSolaris durch Aufruf des Kommandos

svcadm enable nis/server

möglich.

Bis Solaris 9

Um den NIS-Service auf dem NIS-Server zu starten ist folgendes Kommando auszuführen:

```
nx1# /usr/lib/netsvc/yp/ypstart
```

7.12.3.2.2 Stop des NIS-*Servers*

Ab OpenSolaris

Der NIS-Service wird im Service Management Facility Environment mit

svc:/network/nis/server

beschrieben. Damit ist der Stop des NIS-Service unter OpenSolaris durch Aufruf des Kommandos

svcadm disable nis/server

möglich.

Bis Solaris 9

Um den NIS-Service auf dem NIS-Server zu stoppen, ist folgendes Kommando auszuführen:

```
nx1# /usr/lib/netsvc/yp/ypstop
```

Abhängigkeit	Restart	Service
require_all	none	*svc:/system/filesystem/minimal*
require_all	restart	*svc:/network/rpc/bind*
require_all	none	*svc:/system/identity:domain*

Tabelle 7.31. Abhängigkeiten des NIS-Servers

7.12.3.3 Abhängigkeiten des NIS-Servers unter OpenSolaris

Der NIS-Server setzt im Betrieb Mechanismen zum Update, Tableupdate und zum Passwordupdate voraus. Daher wird der NIS-Service die entsprechenden Services über Dependencies mit starten. Zum NIS-Server gehören damit die in Tabelle 7.31 aufgeführten Dienste.

Die Startmethodes des NIS-Servers ist

```
<exec_method
     type='method'
     name='start'
     exec='/lib/svc/method/yp'
     timeout_seconds='300' />
```

Der NIS-Server Service wird über die interne Kill-Methode der Service Management Facility gestoppt.

Weiterhin wird für den Update von Passworten per *yppasswd* der Service

svc:/network/nis/passwd

benötigt, welcher seinerseits die in Tabelle 7.32 genannten Abhängigkeiten besitzt.

Abhängigkeit	Restart	Service
require_all	none	*svc:/system/filesystem/minimal*
require_all	restart	*svc:/network/rpc/bind*

Tabelle 7.32. Abhängigkeiten des NIS-passwd-Servers

Er nutzt die gleiche Startupmethode wie der NIS-Server Service selbst, jedoch mit anderen Timeouts, der genutzte Daemon ist der *yppasswdd.*

Weiterhin wird der *ypupdated(1M)* benötigt, der mit eigenem Servicemanifest die in Tabelle 7.33 genannten Abhängigkeiten beschreibt.

Seine Stopmethode ist wieder die interne kill-Methode der Service Management Facility, die verwendete Startmethode ist:

```
<exec_method
     type='method'
     name='start'
     exec='/usr/lib/netsvc/yp/rpc.ypupdated'
     timeout_seconds='300' />
```

Abhängigkeit	Restart	Service
require_all	none	*svc:/system/filesystem/minimal*
require_all	restart	*svc:/network/rpc/bind*

Tabelle 7.33. Abhängigkeiten des NIS-update-Servers

Zum Tabellentransfer wird der *ypxfrd* verwendet, der ebenfalls mit eigenem Manifest seinerseits Abhänigigkeiten, genannt in Tabelle 7.34, definiert.

Abhängigkeit	Restart	Service
require_all	none	*svc:/system/filesystem/minimal*
require_all	restart	*svc:/network/rpc/bind*

Tabelle 7.34. Abhängigkeiten des NIS-transfer-Servers

Auch hier ist die definierte Stopmethode wieder die interne kill-Methode der Service ManagementFacility, die verwendete Startmethode ist:

```
<exec_method
      type='method'
      name='start'
      exec='/usr/lib/netsvc/yp/ypxfrd'
      timeout_seconds='300' />
```

7.12.3.4 Aufsetzen eines NIS-Clients

Die Konfiguration des NIS Clients ist recht einfach. Er muß wissen, in welcher NIS-Domain er arbeitet und kann sich sodann alle Informationen aus den durch den NIS-Namensdienst verteilten Maps holen.
Die Konfiguration erfolgt in den folgenden Schritten:

1. */etc/nsswitch.conf* ist anzupassen auf NIS-Dienste
2. Alle NIS-Server sollten erreichbar sein, in */etc/hosts* überprüfen, ob alle NIS-Server eingetragen sind
3. Domainname setzen:
   /etc/domainname konfigurieren
   `domainname <your-choosen-domainname>` ausführen
4. NIS-Client initialisieren:
   `ypinit -c`
   Es folgt eine interaktive Abfrage nach den NIS-Servern
5. SOLARIS 9: `/usr/lib/netsvc/yp/ypstart` ausführen
6. OPENSOLARIS: `svcadm enable nis/client`

Im Zusammenhang mit dem Betrieb des NIS-Clients unter OPENSOLARIS sind mit dem Service Management Facility Idenitfier svc:/network/nis/client

über dem mit dem Kommando *svcadm enable|disable nis/client* die NIS Client Services aktivierbar oder deaktivierbar. Der Service hat die in Tabelle 7.35 genannten Abhängigkeiten.

Abhängigkeit	Restart	Service
require_all	none	*svc:/system/filesystem/minimal*
require_all	restart	*svc:/network/rpc/bind*
require_all	none	*svc:/system/identity:domain*
optional_all	none	*svc:/network/nis/server*

Tabelle 7.35. Abhängigkeiten des NIS-Client-Dienstes

Anschließend kann getestet werden, ob der NIS-Service soweit verfügbar ist. Hier sei nur kurz getestet, ob der NIS-Server erkannt wurde:

```
ypwhich -m
```

Sofern der NIS-Server erfolgreich erkannt und an ihn gebunden wurde, erfolgt eine Auflistung der verfügbaren Maps.

7.12.3.5 Aufsetzen eines NIS-Slaveservers

Nachdem der NIS-Master-Server aufgesetzt ist und läuft, kann optional ein NIS-Slave-Server aufgesetzt werden. Das Aufsetzen eines NIS-Slave-Servers kann zu jeder Zeit bei Bedarf geschehen und ist in keinen Zeit- oder Ablaufplan zur Installation und Konfiguration einer NIS-Umgebung eingebunden.

Der Ablauf der Installation und Konfiguration eines NIS-Slave-Server beinhaltet zwei Schritte:

1. Aufsetzen des Slave-Servers als NIS-Client, um ihn in die NIS-Umgebung einzubinden
2. Initialisierung der Slave-Server Funktionalität

Damit im Einzelnen:

1. */etc/nsswitch.conf* ist anzupassen auf NIS-Dienste
2. Alle NIS-Server sollten erreichbar sein, in */etc/hosts* überprüfen, ob alle NIS-Server eingetragen sind
3. Domainnamen setzen:
   /etc/domainname konfigurieren
   `domainname <your-choosen-domainname>` ausführen
4. NIS-Client initialisieren:
   `ypinit -c`
5. `/usr/lib/netsvc/yp/ypstart` ausführen
6. NIS-Slave-Server initialisieren:

```
ypinit -s <your-master-server>
```

7. Wenn der NIS-Slave-Server noch nicht bekannt gegeben wurde (also beim ypinit -m Lauf nicht aufgeführt wurde), so ist der neue Slave-Server NIS bekannt zu geben, damit die Clients ihn anfragen können. Siehe hierzu 7.12.3.6
8. Sicherheitshalber ein stop/start des NIS-Slave-Servers: (Solaris 9)
   ```
   /usr/lib/netsvc/yp/ypstop
   /usr/lib/netsvc/yp/ypstart
   ```
9. Restart des NIS-Slave-Servers unter OpenSolaris:
   ```
   svcadm restart nis/server
   ```
   (Ein Slave ist gewissermaßen ein Master mit geforwardeten Maps)
10. Test mit
   ```
   ypwhich -m
   ```

7.12.3.6 Hinzufügen eines NIS-Slaveservers

Es gibt zwei Möglichkeiten, dies zu tun. Einen durch Sun-Schulung vorgeschlagenen Weg, der eine Neuinitialisierung des Master-Servers bewirkt und einen praktischen Weg, der mehr Kenntnisse der Materie erfordert:

Sun-Edu: Auf dem Nis-Master-Server ist `ypinit -m` erneut aufzurufen. Wenn rückgefragt wird, ob die existierende Konfiguration gelöscht werden soll so ist dies zu bestätigen

Praxis: Es ist die binär-Tabelle ypservers zu zerlegen, um den/die neuen Slaves zu erweitern, zusammenzubauen und wieder zu verteilen.

7.12.4 NIS Administration

Im folgenden werden die wesentlichen administrativen Tätigkeiten im Zusammenhang mit NIS und die benötigten Kommandos vorgestellt.

7.12.4.1 Test der NIS-Umgebung

Ein einfacher Test darauf, ob der NIS-Service verfügbar ist, ist die Überprüfung, ob die notwendigen Binaries laufen und das interaktive Abfragen von Informationen aus dem NIS-Namensdienst. Dazu können die Kommandos:

`ypcat [-k] <mapname>` vollständiges ausgelesen von Maps
`ypmatch [-k] <string> <mapname>` durchsuchen von Maps.

verwendet werden, wie in den Beispielen 7.26 und 7.27 gezeigt..

Auch kann mit *ypwhich(1)* überprüft werden, mit welchen NIS-Servern ein Client arbeitet und welche Maps verteilt werden, gezeigt in Beispiel 7.28

```
nx1# ypcat hosts
10.10.100.100   nx1
10.10.100.101   nx2
10.10.100.102   nx3
10.10.100.103   nx4
10.10.100.104   nx5
10.10.100.105   nx6
10.10.100.106   nx7
10.10.100.107   nx8
```

Beispiel 7.26. Anzeige der NIS-Map *hosts*

```
nx1# ypmatch ufa01 passwd
ufa01:x:1001:1000::/home/ufa01:/usr/bin/csh
```

Beispiel 7.27. Abfrage eines Eintrages aus der NIS-Map passwd.byname

```
nx1# ypwhich
nx0

nx1# ypwhich -m
auto.home       nx0
auto.master     nx0
passwd.byname   nx0
hosts.byname    nx0
timezone.byname nx0
....
```

Beispiel 7.28. Anzeige der gebundenen NIS-Server mit *ypwhich(1)*

7.12.4.2 Tableupdates zwischen Server und Slaveserver

Wann immer Maps auf dem NIS-Master modifiziert oder neu erstellt werden, müssen diese modifizierten oder neuen Maps an die NIS-Slave-Server verteilt werden.

Wann immer ein NIS-Slave-Server einen inkonsistenten Stand seiner zu verteilenden Maps hat, ist es dringend notwendig, die Maps des Slave-Servers auf aktuellen Gleichstand mit dem Master-Server zu bringen, da sonst die Clients, die sich an diesen Slave-Server gebunden haben, andere Informationen bekommen als die Clients, die an andere Slave-Server oder den Master-Server gebunden sind.

Wenn eine Map modifiziert wird, so ist sie mit dem Kommando *make(1S)* zu übersetzen. Dieser *make*-Lauf aktualisiert auch die Slave-Server, die zu dieser Zeit erreichbar sind.

Sollte ein Slave-Server in diesem Moment nicht erreichbar gewesen sein, so gibt es unterschiedliche Möglichkeiten, NIS-Maps zu überspielen:

- Das Kommando *ypxfr(1M)* überträgt einzelne Maps.
  Die Kommandos *ypxfr_1perhour, ypxfr_1perday, ypxfr_2perday* werden üblicherweise *cron*-gesteuert ausgeführt, um Inkonsistenzen nicht erst entstehen zu lassen
- Im schlimmsten Fall kann auf dem Slave-Server mit dem Kommando *ypinit -s your-master* der Slave-Server vollständig aktualisiert werden.

Etwas anders verhält es sich mit dem Update der Passwortdatei. Hierzu wird ein eigener Daemonprozess herangezogen, der nur auf dem Master laufend, die tatsächliche Passwortdatei aktualisiert und auf alle Slave-Server verteilt beziehungsweise in die NIS-Umgebung propagiert:

```
nismaster# rpc.yppasswdd /etc/passwd -m passwd
```

Unter der Annahme, daß der Pfad zu den yp-Binaries */usr/lib/netsvc/yp* inzwischen im Suchpfad eingetragen worden ist.

SUN faßt die Services NFS und NIS unter dem Oberbegriff Open Network Computing (ONC) zusammen.

7.13 Der Netzwerkinformationsdienst NIS+

Rolf M Dietze

NIS+ ist wie auch NIS, ein Netzwerk Informationsdienst. Im Gegensatz zu NIS mit seiner flachen Struktur und der administrativen Abhängigkeit von dem einen NIS-Server, denn es gibt im traditionellen NIS Environment letztendlich keinen automatischen Redundanzmechanismus für den Master, wohl aber Slave Server, ist NIS+ ein hierarchischer Netzwerk Informationsdienst, bei dem administrative Aufgaben innerhalb des NIS+ Trees in mehrere autonome NIS+ Domains unterteilt werden können. Es wird vermutet, das NIS+ in zukünftigen Releases aus der SOLARIS Distribution genommen werden soll. Gegenwärtig ist es jedoch noch Bestandteil von SOLARISEXPRESS/SOLARIS 11. Ob der ungewissen Zukunft wird NIS+ nicht weiter ausführlich behandelt.

NIS+ wurde entwickelt aus der Erfahrung des traditionellen NIS, respektive Yellow Pages. Der traditionelle NIS Service bot, wie oben gesagt, nur eine flache Struktur, siehe hierzu auch Kapitel 7.12. Eine Delegation administrativer Aufgaben ist im NIS-Umfeld nur sehr schwer möglich, da konzeptionell nicht vorgesehen. So bietet NIS+ im Beispiel der in Abbildung skizzierten Firma *chocolate* die Möglichkeit in den Abteilungen *sales* und *logistics* zentral administriert zu werden, jedoch können die *support* Abteilung die Unterabteilungen Labor und QoS autonom zum Rest der Firma administrativ netzwerkinformationstechnisch verwalten, d.h. beispielsweise unabhängig Drucker, weitere Hosts etc. einrichten. Bei NIS müsste in solchen Fällen der Administrator des NIS-Masterservers einbezogen werden, um die neuen Netzwerkinformationen zentral einzupflegen.

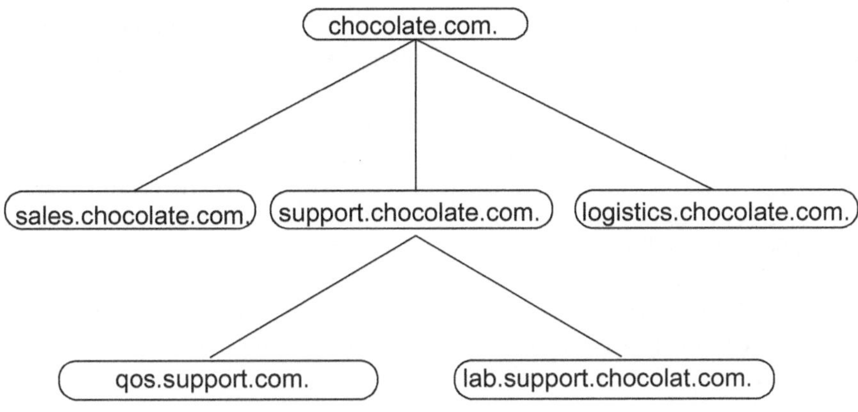

Abb. 7.35. Hierarchische Struktur unter NIS+

NIS+ ist im Gegensatz zu dem statischen NIS ein dynamischer Namensdienst. Er ermöglicht es, Informationen über Hosts, Passwörter, Mailinformationen, Drucker etc. Netzwerkweit zu verteilen, wobei Ablagestruktur und Navigation einem Umgang mit einem Verzeichnisbaum, etwa Filesystemartig nahe kommt und so der Umgang als auch Rechtevergaben etc. einfacher zu handhaben sind. Die Ablage erfolgt in einer Datenbank, respektive einem Repository. Es wurde von SUN als Nachfolger zu dem altebewährten aber in seiner traditionellen Implementation eher limitierenden Aufbau von NIS eingeführt. Da sich NIS+ jedoch nicht weiter verbreitet hat ist auch SUN wieder dazu übergegangen, mit ihrem Betriebssystem SOLARIS wieder standardmäßig alle Komponenten zu NIS per Default auszuliefern. Auch ist es in der Administration von Nachteil auf einem Rechenersystem diverse unterschiedliche Datenbankimplementationen pflegen und verwalten zu müssen, etwa das traditionelle UNIX-Repository, ein anderes System für die Service Management Facility und ein weiteres propreritäres Format für NIS+, insbesondere da NIS+ lange Zeit nur ungenügende Sicherungsmethoden geboten hat, sodaß in der Administration der Sites, die NIS+ tatsächlich einsetzten oder dies vielleicht sogar noch eine Weile tun, die NIS+ Tables grundsätzlich erst in ASCII-Tabellen gedumpt, administriert und dann wieder in NIS+ geladen und propagiert werden. Abschreckend sind auch die für neuere SOLARIS-Kommandos typischen sehr langen Kommandonamen und Eingebezeichenwürmer mit diversen Subkommandos und Optionslisten.

Zusammenfassend läßt sich vielleicht sagen: NIS+ ist in seinen Möglichkeiten in Ablage, Strukturierung, Rechteverteilung, Aufgabendelegation eine im Vergleich zum traditionellen NIS wesentliche Weiterentwicklung, jedoch sind das Repositoryablageverfahren, die immer noch gewöhnungsbedürftigen Sicherungsmechanismen, die letztendlich aus Praktikabilitätsgründen in der Regel administratorisch durch Tabledumps in ASCII-Files ersetzt werden, zusammen mit dem sehr mühsamen Erweitern durch sehr lange Kommandostrings eher von Nachteil. NIS+ ist von der Architektur und Verwaltung her sehr im Bereich großer durch einen Namensdienst zu verwaltenden Netzwerke zu empfehen, wo das traditionelle NIS am Ende bezeihungsweise eine administratorische Herausforderung ist. Jeder, der in einem kleinen Netzwerk mit vielleicht 200 NIS Clients und ca 10 bis 20 NIS-Slave Servern auf dem Master Server einmal ein *make* ausgeführt hat wird vielleicht erahnen können, wie lange ein simples *make* auf einem NIS Master in Netzwerken mit einigen 10000 NIS Clients dauern kann. Das ist unter Umständen ein Thema von Stunden bis Tagen. Auch wenn NIS+ hier, auch bei allen administratorischen Behinderungen, die deutlich bessere Wahl ist, wird im Allgemeinen jedoch gleich auf LDAP umgestellt. Eine Umstellung auf LDAP unterstützt die PC-Fraktion, muß aber nicht unbedingt eine gute Entscheidung sein.

7.13.1 Server Struktur von NIS+

In NIS+ wird unterschieden in

Rootmaster Server: Der Rootmaster Server ist gewissermassen die oberste Instanz in der Hierarchie. Die NIS+ Clients wenden sich an den Rootmaster Server um die gewünschten Informationen zu erhalten.

Replika Server: Replika Server entlasten den Rootmaster, indem sie für die weiteren NIS+ Clients als Informationsquelle dienen.

Client: Die Informationssenke.

In Abbildung 7.36 ist eine kurze Übersicht über die Verteilung von NIS+ Kommandos im Filesystem dargestellt. Es ist zu beachten, daß das NIS+ Subsystem von dem in */var/nis/data/COLD_START_FILE* liegenden Repository File abhängt. Es ist das einzige Repository File des Systems und wird bei Informationsupdate asynchron geschrieben. Es existieren seitens NIS+ keine ASCII-verwertbaren Files oder Tabellen, die die Informationsinhalte und Strukturen darstellen. Um sich zu retten reicht in der Regel eine kalte synchronisierte Kopie diese Files und ein Neustart der NIS+ Umgebung. Es wird dann allerdings der im Repository definierte, unter Umständen alte, Konfigurationsstand verteilt. Besser als nichts.

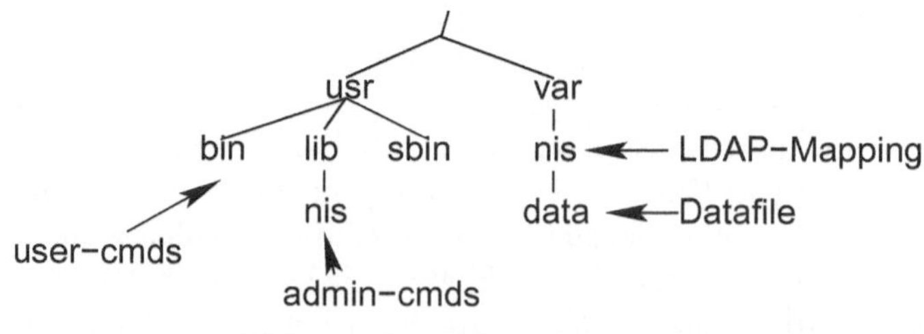

Abb. 7.36. NIS+ im Filesystem

7.13.2 Aktivierung von NIS+

Der NIS+ Dienst wird nach Einrichtung, durch beispielsweise den in 7.64 zitierten Eintrag in der */etc/nsswitch.conf* als Informationsquelle aktiviert:

```
passwd:     files nisplus
group:      files nisplus

hosts:      nisplus [NOTFOUND=return] files

services:   nisplus [NOTFOUND=return] files
networks:   nisplus [NOTFOUND=return] files
protocols:  nisplus [NOTFOUND=return] files
rpc:        nisplus [NOTFOUND=return] files
ethers:     nisplus [NOTFOUND=return] files
netmasks:   nisplus [NOTFOUND=return] files
```

Listing 7.64. *nsswitch.conf mit* NIS+

7.13.3 Durch NIS+ verteilte Tabellen

NIS+ verteilt per administrativer Domain (.org_dir) folgende Tabellen:

hosts	Hostnamentabelle
ethers	Ethernetadressentabelle
netgroup	Netzwerkgruppentabelle
netmasks	Netzwerkmaskentabelle
networks	Netzwerknamentabelle
protocols	IP-Protokolltabelle
rpc	rpc-Tabelle
services	services-Tabelle
timezone	timezone-Tabelle
bootparams	bootparams-Tabelle
cred	Credential-Tabelle
password	Passworttabelle
group	Tabelle der UNIX-Groups
auto_master	Automounter Mastermap
auto_home	Automounter: Pfade zu den Fileservern und Heimatverzeichnissen von Benutzern
mail_aliases	mail_aliases-Tabelle
sendmailvars	Sendmail-Variablen-Tabelle
client_info	Clientinformationen

7.13.3.1 Einige NIS+ Kommandos

NIS+ Tabellen lassen sich unter Angabe ihrer Verwaltungsdomain und dem Tabellennamen ausgeben, wie in Beispiel 7.29 demonstriert.

```
nx1> niscat passwd.org_dir
root:x:0:1:Super-User:/:/sbin/sh
daemon:x:1:1::/:
bin:x:2:2::/usr/bin:
sys:x:3:3::/:
adm:x:4:4:Admin:/var/adm:
lp:x:71:8:Line Printer Admin:/usr/spool/lp:
uucp:x:5:5:uucp Admin:/usr/lib/uucp:
nuucp:x:9:9:uucp Admin:/var/spool/uucppublic:/usr/lib/uucp/uucico
smmsp:x:25:25:SendMail Message Submission Program:/:
listen:x:37:4:Network Admin:/usr/net/nls:
nobody:x:60001:60001:Nobody:/:
noaccess:x:60002:60002:No Access User:/:
nobody4:x:65534:65534:SunOS 4.x Nobody:/:
utwww:x:100:100:ut admin web server cgi user:/tmp:/bin/sh
```

Beispiel 7.29. *Ausgabe einer* NIS+ *Tabelle*

7.14 Druckeradministration

Rolf M Dietze

Das durch Solaris zur Verfügung gestellte Printer Subsystem ist seit Einführung von Solaris 2.0 mehrfach überarbeitet worden. Der letzte große Überarbeitungsschritt fand zum Wechsel zu Solaris 8/9 statt. Der Solaris Printservice unterstützt die Kommunikation zwischen BSD-Print-Services und SolarisPrint-Services. Aber zunächst ...

7.14.1 Eine Übersicht

Es ist zu unterscheiden zwischen Printclients und Printservern:

Ein Printserver ist ein Rechner, der einen lokalen Drucker im Netzwerk zum Druck anbietet.

Ein Printclient ist ein Rechner, der seine Druckaufträge an einen Printserver weiterleitet.

In der Sun Literatur wird unterschieden in

Local Printer	An einen Rechner lokal angeschlossener Drucker, siehe Abschnitt 7.14.4.1.
Network Printer	Ein im Netz sichtbarer Drucker (Printserver extern oder über Printserverkarte im Drucker), siehe Abschnitt 7.14.4.2.
Remote Printer	Ein im Netz verfügbarer, lokal an einen Rechner angeschlossener Drucker oder ein Netzwerkdrucker, siehe Abschnitt 7.14.4.2.

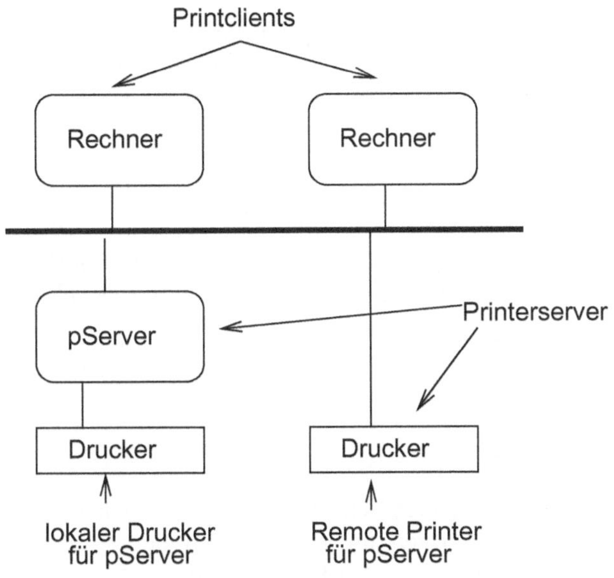

Abb. 7.37. Druckertypen

Für die beiden Printserver in Abbildung 7.37 sind sowohl der Printerserver "pServer" als auch Drucker mit Netzwerkanschluß im Prinzip Network Printer. Jedoch ist der embedded Printserver-Drucker ein Remote Printer für "pServer". "pServer" bietet den beiden Printclients zentralisiertes Printspooling an, womit hier der Remote Printer des "pServers" damit über "pServer" ein Network Printer ist. Bei der Betrachtung von embedded Printservern geht die Begriffsbildung etwas durcheinander.

7.14.2 Benutzung des Druckdienstes

Das BSD Client-Druckkommandos ist aus historischen Gründen noch existent. Solaris ist jedoch auf das System V Drucksystem, umgestellt, das recht umfangreich durch Sun modifiziert wurde.

7.14.2.1 Ausdruck

Gedruckt wird unter SOLARIS mit dem Kommando *lp(1)*, wie folgt:

```
menkar> lp -d optra doku.ps
request id is optra-14 (1 file)
menkar>
```

lp file	Ausdruck von file auf dem Defaultdrucker
-*d name* file	Ausdruck von file auf dem Drucker *name*

Die Optionsliste von *lp(1)* ist lang, die Highscore der Anzahl von Optionen bleibt jedoch bei *ls(1)*. An dieser Stelle wird auf die Manualpage und die lokale Installation verwiesen, da einige Optionen, wie Duplexdruck nicht auf allen Druckern unterstützt werden.

7.14.2.2 Abbruch eines Ausdrucks

Mit dem Kommando *cancel(1)* lässt sich ein Druckjob canceln, solange er noch nicht in der Phase der Übertragung auf den Drucker (*lpsched*$\mapsto$*lpcat*) ist:

```
menkar> cancel optra-14
menkar>
```

7.14.2.3 Statusabfrage

Das Kommando *lpstat(1)* gibt den Status des Zieldruckers oder aller Drucker aus, wenn kein Zieldrucker genannt wurde. Auch hier ist die Optionsliste lang, es soll hier nur kurz aufgezeigt werden, wie einfache Statusinformationen abgefragt werden können. Im weiteren ist das Experiment ein Weg zur Handlingpraxis:

```
menkar> lpstat
optra Status:
  No. of active jobs = 0, No. of waiting jobs = 0.
  IRQ status: Not Available.
menkar>
```

lpstat	Ausgabe der Stati aller eingetragenen Drucker
-d name	Ausgabe des Status des Druckers *name*

Eine Abfrage über alle installierten Drucker kann längere Zeit dauern, da effektiv alle eingetragenen Drucker angefragt werden. So sich Drucker dieser Liste nicht melden, wird ein Timeout abgewartet, bevor der nächste in der Liste der Drucker angefragt wird.

7.14.2.4 Aktivieren und Deaktivieren von Druckern, Verschieben eines Printjobs

Der root-User kann einen Drucker(-dienst) abschalten mit *disable(1)* und wieder anschalten mit *enable(1)*

Ein Deaktivieren eines Druckers ist mit *disable* ⟨*Drucker*⟩ zu erzielen und lässt sich mit *lpstat* überprüfen:

```
mystique# disable optra
printer "optra" now disabled
mystique# lpstat -p optra
printer optra disabled since Thu Feb 29 01:01:05 2003. available.
        unknown reason
```

Ein Aktivieren eines Druckers ist mit *enable* ⟨*Drucker*⟩ zu erzielen und lässt sich mit *lpstat* überprüfen:

```
mystique# enable optra
printer "optra" now enable
mystique# lpstat -p optra
printer optra is idle. enabled since Thu Feb 29 01:13:13 2004. ↙...
     ↪ available.
```

Wenn ein Druck von einem Drucker auf einen anderen Drucker umgeleitet werden soll, so ist das Kommando *lpmove(1)* zu verwenden. Unter Angabe des Druckers lassen sich alle Jobs umdirigieren:

Umlenken eines Jobs von optra auf dj4L

```
mystique# lpmove optra dj4
```

Ist nur ein Job umzudirigieren, so ist als Source der Job und als Target der Zieldrucker zu nennen:

```
mystique# lpmove dj4-56 optra
```

Es ist zulässig, mehrere Printjobs gleichzeitig anzugeben.

Um zu verhindern, daß ein Drucker weitere Druckjobs annimmt, kann auch das Kommando *reject(1)* unter Angabe des Druckers verwendet werden.

7.14.2.5 Ausdruck von ASCII-Files

Der Ausdruck von ASCII-Files, also reinen Textdateien, kann im Raw-Modus durchgeführt werden. SOLARIS-Seitig wird jedoch mit *mp(1)* von Openwindows ein ASCII zu Postscript Filter angeboten, der zum Ausdruck von ASCII-Files verwendet werden kann. Etwa wie folgt:

```
menkar> mp asciifile | lp
```

Der Ausdruck wird dann unter Angabe des Benutzers und des Datums in der grau hinterlegten Kopfzeile ausgedruckt:

mp(1) unterstützt einige Optionen, die in der online-Manualpage umfassend beschrieben werden. Es sei hier exemplarisch auf zwei Optionen eingegangen:

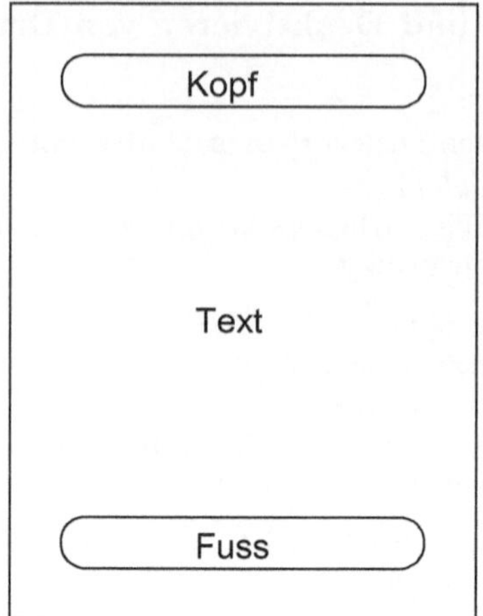

Abb. 7.38. Singlepage mp

mp -s my banner lp	Druckt in die Fusszeile my banner"
mp -l | lp	Druckt im Landscapemode 2 Seiten nebeneinander
mp -ll | lp	Druckt im Landscapemode 1-Seitig
mp -n | lp	unterdrückt Kopf und Fusszeile

So hat ein Ausdruck per

```
mp -l asciifile |lp
```

folgende Layoutstruktur:

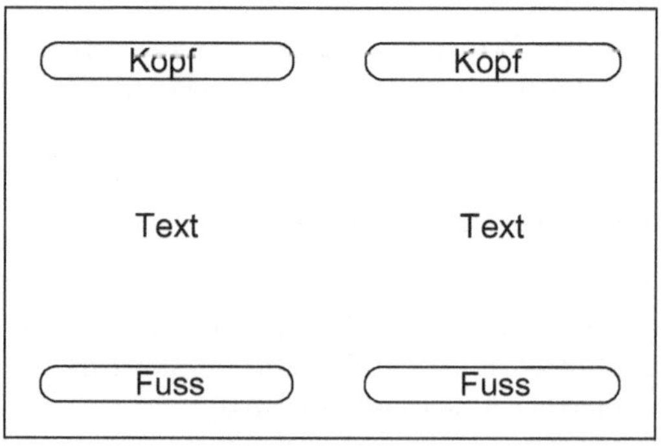

Abb. 7.39. Doublepage Landscape mp

7.14.3 Funktionen des Druckdienstes

Der Druckdienst führt mehrere Funktionen aus bzw. durch. Dies sind:

Initialisierung: Initialisierung des Druckers um einen eindeutigen Zustand des Druckers zu erreichen
Queueing: Zentrale Sammlung von Printjobs und Einzelbeauftragung der gequeueten Jobs nacheinander an einen oder mehrere Drucker. So wird geregelt, daß ein Job durchgehend hintereinander gedruckt wird und nicht mit anderen Druckjobs verschnitten wird.
Tracking: Verwaltung und Nachverfolgung der Stati der einzelnen Printjobs, derart, daß die Jobs durch den Administrator verwaltbar sind.
Fehlermitteilung bei Fehlern in der Jobverarbeitung oder des Druckers

7.14.4 Beschreibung der Einzelnen Druckdienste

Nachfolgend werden die zuvor beschriebenen Druckdieste in Ihrer Funktion beschrieben

7.14.4.1 Lokaler Druckdienst

Zunächst sei ein Drucker lokal an einem SUN-SOLARIS Rechner angeschlossen über den Ausdrucke erstellt werden sollen. Es werden Schritt für Schritt folgende Aktionen abgearbeitet:

- Es wird mit *lp(1)* ein Ausdruck gestartet
- *lp(1)* übergibt den Auftrag an den Scheduler *lpsched(1)*
- *lpsched(1)* spoolt das Druckfile in den lokalen Spoolbereich
- *lpsched(1)* wählt den Zieldrucker aus, überprüft den Inhalt des Druckfiles (Postscript auf Belegdrucker?), wählt ggf. den Defaultdrucker aus.
- *lpsched(1)* filtert den Druckjob
- *lpsched(1)* ruft bei Freiwerden des Zieldruckers das Interfaceprogramm auf.
- Das Interfaceprogramm druckt ggf. eine Bannerpage, und kommuniziert mit dem Drucker über Fehlerstati.
- Das Interfaceprogramm ruft *lpcat* auf um den Druckjob aus dem Spoolverzeicnis zu drucken.

Nachdem der lokale Druck wie oben beschrieben läuft, kann der Rechner diesen Dienst an andere Rechner exportieren.

7.14.4.2 Netzwerkdruckdienst

Je nach anzusprechendem System auf der Gegenseite können verschiedene Mechanismen zur Ausführung kommen.

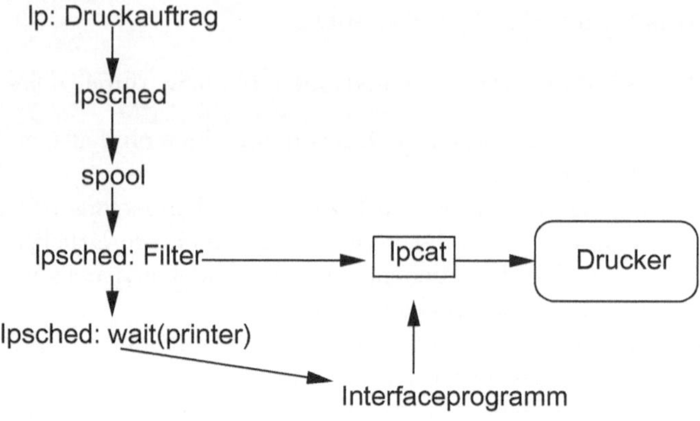

Abb. 7.40. Local Printer

7.14.4.2.1 Druck: SOLARIS-SOLARIS

Zunächst sei beschrieben, wie ein SOLARIS Printclient einen Job an einen SOLARIS Printserver weiterreicht, damit dieser den Printjob ausführt, wie unter Abschnitt 7.14.4.1 beschrieben:

1. Es wird mit *lp(1)* ein Durckauftrag aufgegeben, welcher zunächst in der lokalen Spoolarea zwischengespeichert wird.
2. *lp(1)* kontaktiert den Printserver auf dem IP-für Druckaufträge
3. Auf dem Printserver fängt der *inetd* diesen Request ab, startet den *in.lpd(1M)* und leitet die Verbindung auf den *in.lpd(1M)* um.
4. *in.lpd(1M)* lädt die BSD-Printlibrary, kopiert das zu druckende File in die Spoolarea und beauftragt *lpsched(1)* mit dem Printjob.
5. Weiter geht es wie schon beim lokalen Druck unter 7.14.4.1 beschrieben.

7.14.4.2.2 Druck: SOLARIS-BSD

Weit häufiger ist jedoch die Variante in der ein BSD-Printserver adressiert wird, zu finden. Fast alle embedded Printserver, sei es extern, sei es eine Netzwerkkarte für den Zieldrucker, fahren ein BSD-Printspooling. Folglich nun SOLARIS-Printserver addresseriert BSD-Printserver.

1. Es wird mit *lp(1)* ein Druckauftrag aufgegeben, welcher zunächst in der lokalen Spoolarea zwischengespeichert wird.
2. *lp(1)* kontaktiert den Printserver auf dem IP-Port für Druckaufträge auf dem Printerserver System.

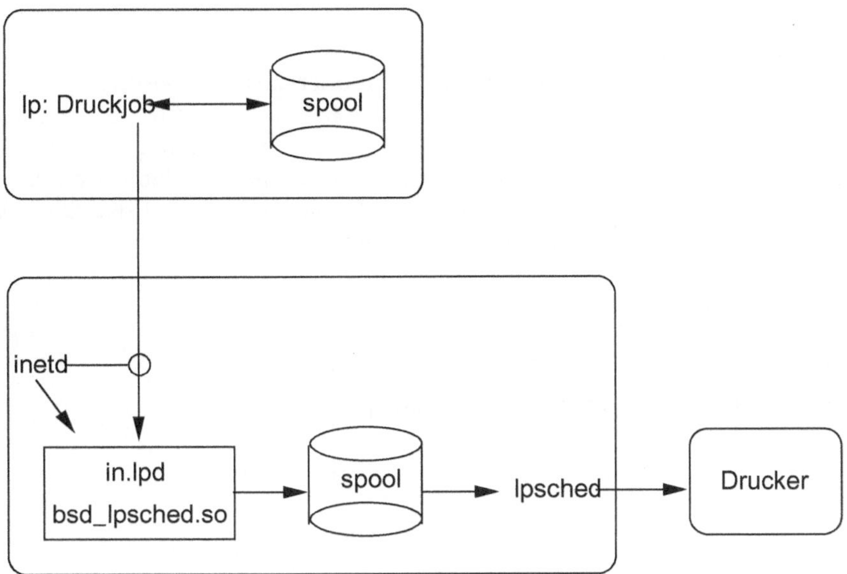

Abb. 7.41. Netzwerkdruck: SOLARIS zu SOLARIS

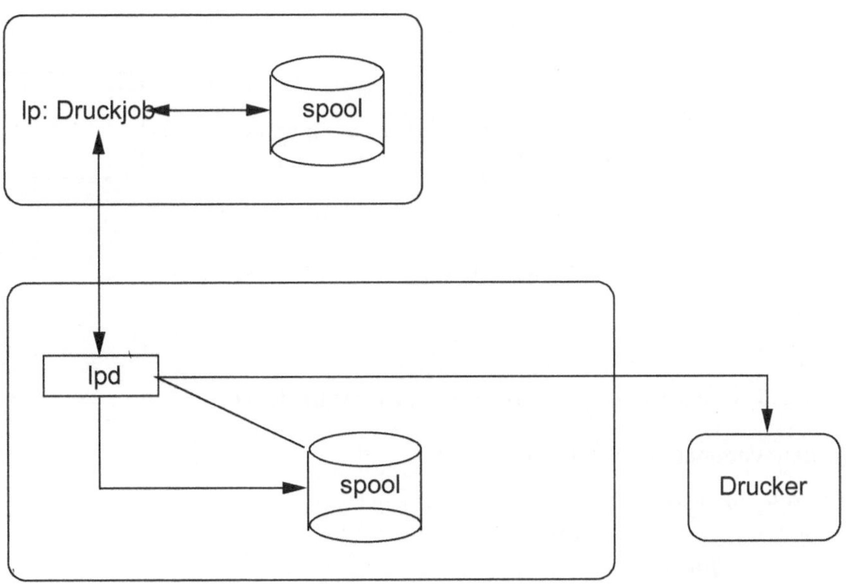

Abb. 7.42. Netzwerdruck: SOLARIS zu BSD

7.14.4.2.3 Druck: BSD-SOLARIS

Das SOLARIS Printer Subsystem ist, konfiguriert als Printserver, auch in der Lage BSD-Printclients Druckdienste anzubieten. Praktisch wird der Kommunikationsaufbauwunsch auf dem lpd-Port vom *inetd* erkannt, SOLARIS-lpd gestartet und die Kommuikation vererbt. Weiter läuft es dann wie schon im Fall SOLARIS zu SOLARIS Druckdienst in Abschnitt 7.14.4.2.1 dargelegt. Dies verhält sich dann wie in Abbildung 7.43 dargestellt.

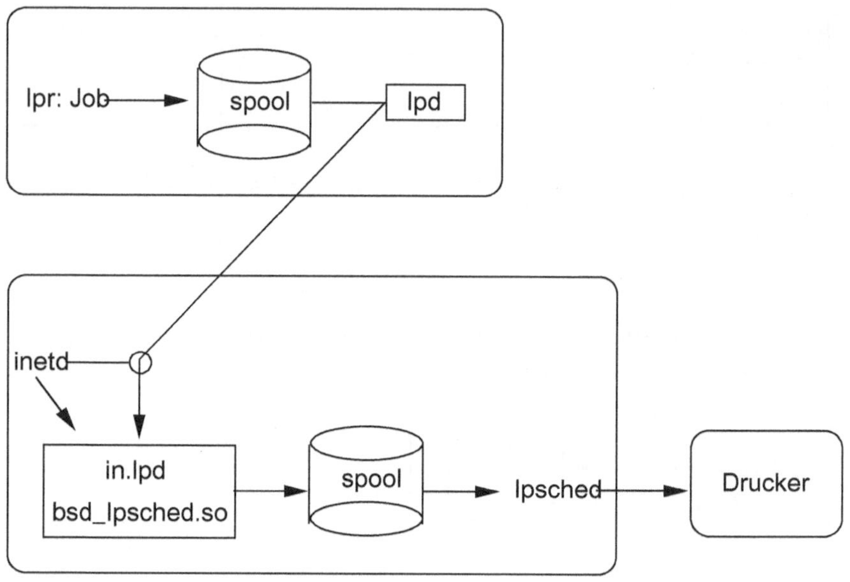

Abb. 7.43. Netzwerdruck: BSDzu SOLARIS

7.14.4.3 Directorystruktur des Printersubsystems

Zu den Verzeichnissen im einzelnen:

/etc/lp	*classes*	
	fd	Filter
	forms	
	interfaces	Interfaceprogramm
	logs	Logfiles (Link nach */var/lp/logs*)
	printers	lokale Drucker
	pwheels	Printwheels

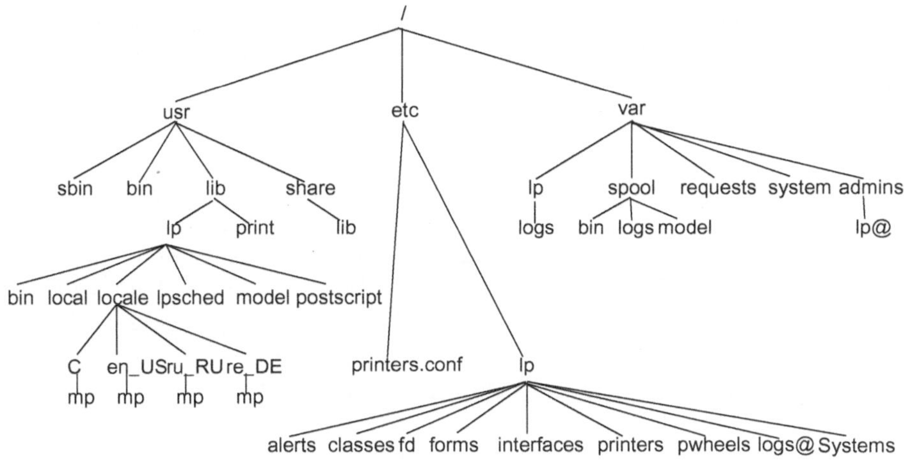

Abb. 7.44. Directorystruktur des Drucksystems

/var/spool/print	Sammelpunkt für clientseitige Requests
/var/spool/lp	Spoolverzeichnis für die Zwischenlagerung von Druckfiles
/usr/share/lib	*terminfo*-Repository
/usr/lib/print	Konvertierungsscripte, *in.lpd*-Daemon, *printd*-Daemon
/usr/lib/lp	*lpsched* Binaries, Filter, Postscriptfilter, *model*-Verzeichnis
/etc/lp	Printerserver Konfigurationsfiles

7.14.4.4 Aufgaben des Tagesbetriebes

Je nach Konfiguration legt das Drucksystem bis zur erfolgten Abarbeitung eines Printjobs größere Mengen an Daten, abhängig vom Umfang des Printjobs und dem eventuellen Ergebnis der Konvertierung in das Ausgabeformat, unter */var/spool* an.

Es ist daher in der Regel sinnvoll, zumindest das Spoolverzeichnis auf einem eigenen, vom *root*-Filesystem verschiedenen, Filesystem zu halten. Auch gehört es zu den Aufgaben des Tagesbetriebes diese Directories regelmäßig, beispielsweise mittels eine *cron(1M)*-Jobs, auf liegengebliebene Jobs zu überprüfen. Es kann passieren, daß Druckjobs aufgrund von Papiergröße, deaktivierten oder umgezogenen Druckern oder anderen Spezifikationen des auszudruckenden Dokumentes nicht gedruckt werden konnten, aber in der Queue bleiben. Anwender schicken den Job in der Regel erneut, im Zweifelsfall auf einen anderen Drucker und vergessen die Sache. Solche Ausdrucke können jedoch durchaus unternehmenskritische Inhalte haben, (Personaldokumente, Rechnungen, ...) von daher entspricht es auch der administratorischen Sorgfallspflicht sich um nicht bearbeitete Printjobs zu kümmern. Auch gibt es durchaus interessante Situationen wenn Rechner von Abteilung zu Abteilung weitergegeben werden, am neuen Standort einen Drucker mit der (vormals versehentlich) verlangten Spezifikation vorfinden, und somit nach der Inbetriebnahme zuerst 200 Seiten Altdokumente der Personalabteilung ausdrucken.

7.14.5 Druckereinrichtung

Nachdem eine Übersicht über die Arbeitsverzeichnisse des Printersubsystems in SOLARIS gegeben ist, kann im Folgenden ein Drckdienst eingerichtet werden. Die Einrichtung kann per Kommandozeile (am schnellsten und detailliertesten) oder per GUI durchgeführt werden. Es stehen zur Zeit noch das alte GUI als auch das neue GUI zur Verfügung.

7.14.5.1 Druckereinrichting: Commandline

Der Printermanager stellt nur einen begrenzten Administrationsrahmen dar. Einige Optionen sind somit nur von der Kommandozeile aus konfigurierbar. An die Administration von der Kommandozeile gewöhnt, ist die Konfiguration eines Printservices für einen Remote=Netzwerk-Drucker mit drei Kommandos bewerkstelligt. Sei "netprt" ein embedded Printserver oder ein Rechner, der seinen lokalen Drucker im Netz anbietet, so ist die Konfiguration eines Netzdruckers "tek" durchzuführen mit:

`mystique# lpadmin -p tek -s netprt`	Drucker einrichten
`mystique# lpadmin -p tek -D "p840"`	Beschreibung
`mystique# lpadmin -d tek`	als Defaultdrucker angeben
`mystique# lpstat -p tek`	nur noch ein Test...

Der Ausdruck einer Bannerpage läßt sich unterdrücken, indem bei jedem Aufruf von *lp(1)* die Option *-o nobanner* mit angegeben wird. Bei Legacyreleases von SOLARIS ließ sich das Defaultverhalten durch ein einfaches *lpadmin -p <Printer>-o nobanner* ändern. Schon bei SOLARIS 9 wurde dies nicht mehr unterstützt. Die Modifikation des Interfacescriptes war lange Zeit ein Workaround, wurde jedoch späterhin auch verhindert bzw. ignoriert. Ein aktueller Workaround ist es, das *lp*-Binary beispielsweise in ein Directory */usr/bin/sunlp* zu verschieben und unter dem Namen */usr/bin/lp* ein Shellscript zu erzeugen, was die gewünschten Printoptionen hält, etwa wie es im Beispiellisting 7.65 gezeigt ist, es ist zu beachten, daß explizit überprüft wird, ob der Druckbefehl "lp" hieß. Dieser Workaround ist sicher kein sehr schöner, jedoch praktikabler Weg. Alternativ kann auch auf ein anders Printersystem gewechselt werden, wie beispielsweise *cups*.

```
#!/bin/lp
/usr/bin/sunlp/lp -o nobanner $*
```

Listing 7.65. lp-Script

Nach der reinen Einrichtung des Druckservices hier eine Übersicht über die Administrationskommandos im einzelnen. Es wird unterschieden in die Kommandos:

- *lpadmin(1M)* Administration und Einrichtung von Druckern
- *lpusers(1M)* Administration von Printqueues.
- *lpstat(1M)* Anzeige von Drucker- und Druckjobstati
- *lpsystem(1M)* Wurde vor SOLARIS 8 verwendet, um einen remote Printservice einzurichten und zu konfigurieren. Hat keine Verwendung mehr seit SOLARIS 8.

Seit SOLARIS 8 werden Drucker nur noch durch das Kommando *lpadmin(1M)* eingerichtet. *lpadmin(1M)* erzeugt die Spoolverzeichnisse, Interfacescripte, Log- und Administrationsfiles als auch die Einträge in der */etc/printers.conf*. Die */etc/printers.conf* ist die Antwort auf das bis dato relativ komplexe Thema Drucktdienst unter SOLARIS. Diese Konfigurationsdatei beschreibt in einer BSD-ähnlichen Art die verfügbaren Drucker. Es reicht jedoch mit nichten, hier einen Eintrag für einen Drucker einzubringen um dann sofort einen entsprechenden Druckdienst in Anspruch nehmen zu können. Es gehören noch die entsprechenden Spoolverzeichnisse, die Interfacescripte etc. dazu, um einen Druckdienst vollständig zu definieren. All dies übernimmt *lpadmin(1M)* als benutzerfreundliches Frontend. Relativ leicht dagegen ist die Umsetzung des Defaultprinters, da es lediglich eine Eintragung in der */etc/printers.conf* ist:

```
....
_default:\
        :use=tek82:
....
```

Um einen eingetragenen Durcker wieder zu löschen ist auf der Kommandozeile *lpadmin(1M)* mit der Option *-x* zu nutzen:

```
mystique# lpadmin -x tek
```

Das in einigen Schulungsunterlagen angegebene Verfahren, das Interfacescript unter */etc/lp/interfaces/printer_name* zu editieren und die Zeile *nobanner=“no“* auf *nobanner=“yes“* zu ändern funktioniert unter SOLARIS 8 ff so einfach nicht mehr, kann aber in Zertifizierungsfragen durchaus noch als richtige Antwort gelten.

7.14.5.2 Druckereinrichtung: *printmgr(1M)*

Das aktuell unterstützte GUI zur Druckereinrichtung und Administration ist der *printmgr(1M)*. Er befindet sich unter */usr/sadm/admin/bin/printmgr*. Als root-User gestartet, öffnet sich zuerst die Namensdienstselektion des Printmanagers entsprechend Abbildung 7.45

Nachfolgend wird am Beispiel eines lokalen Druckers das Vorgehen zur Konfiguration mittels des *printmgr(1M)* veranschaulicht

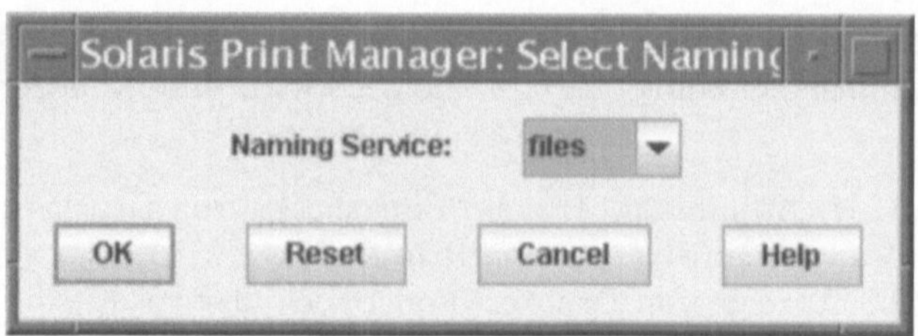

Abb. 7.45. Druckereinrichtung per *printmgr*

Nach Auswahl des Namensdienstes, der Einfachheit halber an dieser Stelle *files* wird die Hauptansicht dargestellt, in der die bereits konfigurierten Drucker aufgelistet sind. In der abschließenden Abbildung 7.14.5.2 zu diesem Beispiel ist diese Ansicht zu sehen. Unter dem Menü *Print Manager* können Voreinstellungen getroffen werden, und im Menü unter der Option *Printer* das Konfigurationsmenü ausgewählt werden.

Add Access to Printer Einrichten eines Netzwerk- oder Remote-Printers, Spooling durch den Netzwerkdrucker.

New Attached Printer Einrichtung eines Druckers, der physikalisch an der Maschine angeschlossen ist, auf der gerade ein Drucker eingerichtet werden soll (lokaler Drucker)

New Network Printer Einrichtung eines Remote-Printers, Spooling, Filter und Queues laufen lokal.

Bei der Installation eines Druckers überprüft das GUI, ob der angesprochene Printerserver (eigenständiger Host oder embedded Printserver) unter dem angegebenen Namen erreichbar ist. Daher ist der Printerserver vorher in die lokale */etc/hosts* einzutragen, bzw. ist sicherzustellen, daß der Printerserver in dem ausgewählten Namensdienst verfügbar ist.

In diesem Beispiel sei *New Attached Printer*, ein lokaler Drucker, ausgewählt. Je nachdem ob PPD-Files zur Druckerbeschreibung verwenden werden sollen (im Menü *Print Manager* selektierbar) führt das zu einem der beiden, im Beispiel in Abbildung 7.46 bereits ausgefüllten, Formulare.

links Sofern PPD-Files zur Druckerbeschreibung verwendet werden, diese werden in der Regel von den Druckerherstellern herausgegeben und beschreiben die Fähigkeiten des Druckers, kann der Hersteller selektiert werden, und in Abhängigkeit vom ausgewählten Hersteller, das Druckermodell, um das passende PPD-File zu selektieren. Nach erfolgreicher Konfiguration wird das selektierte PPD-File nach */etc/lp/ppd/¡printername¿.ppd* kopiert.

rechts Etwas einfacher gestaltet sich die Auswahl bei der Installation eines generischen Druckers, hier ist die Seitenbeschreibungssprache zu selektieren.

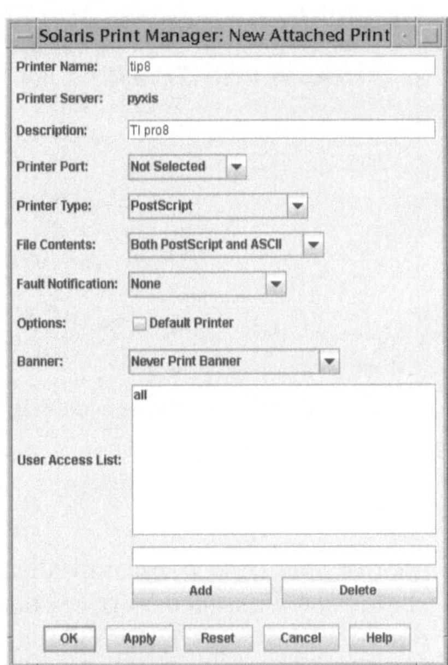

Abb. 7.46. Druckereinrichtung per *printmgr*, Step 3

Dieses Formular mit *OK* (Menü schließt sich) oder *Apply* (Menü bleibt offen) bestätigen und die tatsächliche Einrichtung wird vorgenommen. Anschließend ist in der Druckerübersicht der neue lokale Drucker aufgeführt.

Ob alles vollständig durchgeführt wurde läßt sich mit *lpstat -d "Drucker"* testen, ein Probeausdruck gibt Gewissheit.

Auch der *printmgr* sollte jetzt den neuen lokalen Drucker auflisten, wie in Abbildung 7.14.5.2 dargestellt.

7.15 Batchverarbeitung mit dem *cron*-System

Rolf M Dietze

Unix-Systeme erlauben es, Jobs, also auszuführende Kommandos oder Kommandosequenzen, zeitversetzt zu starten. Sowohl einmalig per *at(1)* als auch wiederholt durch *cron(1)*. Beide Programme gehören zum *cron*-System, dies wird auch daran kenntlich, daß die zugehörigen Konfigurationsdateien mit denen gesteuert werden kann, welche Benutzer dieses System anwenden dürfen, gemeinsam unter */usr/lib/cron* abgelegt werden. Dieser Authorisierungsmechanismus ist, obwohl immer noch funktional, historischen Ursprunges und sollte der Konsistenz halber durch eine geeignete Rollenvergabe mittels des *Role Based Access Control Systems* ersetzt werden, sofern nicht eine Administration im Rahmen heterogener UNIX Umgebungen eine weitere Pflege der

Solaris Print Manager

Print Manager Printer Tools Help

Printer Name	Printer Server	Description
paws	mio2	HP 4m+
tek	pyxis	Do not Xerox my printouts
tip8	pyxis	TI pro8

Default Printer: paws Host: pyxis

Abb. 7.47. Druckereinrichtung per *printmgr*, Übersicht

historischen (und damit auf allen Systemen gleichermaßen verfügbaren) Mechanismen wünschenswert erscheinen läßt. Nachfolgend vor der Beschreibung der Mechanismen in Abbildung 7.48 eine Übersicht über die Lage der zugehörigen Dateien im Dateisystem.

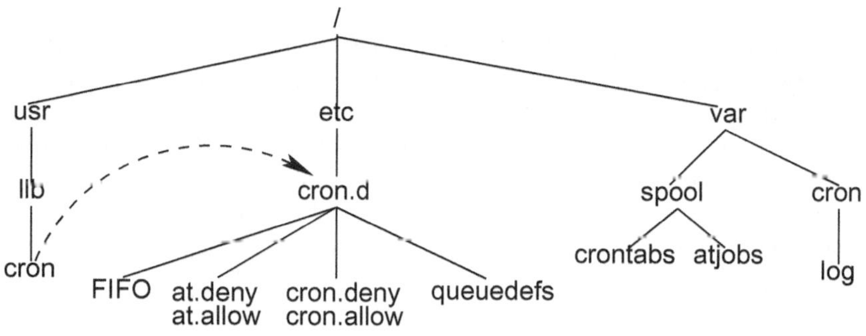

Abb. 7.48. Lage der Dateien des *cron*-Systems

Mittlerweile liegen bei OpenSolaris die Konfigurationsdateien des *cron*-Systems wie in Abbildung 7.48 dargestellt unter */etc/cron.d*. Ein Kompatibilitätslink von */usr/lib/cron* ist entsprechend gesetzt.

7.15.1 Queues des *cron*-Systems

In Tabelle 7.15.1 sind die Queues des *cron*-Systems aufgeführt.

Voreinstellungen für die Art und Weise, in der diese Queues abgearbeitet werden, können in der Datei */etc/cron.d/queuedefs* getroffen werden.

Queue	Beschreibung
a	Defaultqueue für *at*-jobs
b	Defaultqueue für *batch*-jobs
c	Queue für *cron*-jobs
[d–z]	Benutzerdefinierbare Queues

Tabelle 7.36. Queues des *cron*-Systems

7.15.2 Logging des *cron*-Systems

Der *cron* Daemon schreibt sein Log in die Datei *var/cron/log*. Aus dieser Datei geht hervor wann der Daemon gestartet wurde und welche Jobs bearbeitet worden sind.

Mittels *logadm* und dessen Konfigurationsdatei */etc/logadm.conf* wird festgelegt wie dieses Logfile geführt werden soll. Der für *cron* vorgesehene Defaulteintrag, zitiert in Listing 7.66 spezifiziert, daß das Logfile ab Errei-

```
/var/cron/log -c -s 512k -t /var/cron/olog
```

Listing 7.66. Behandlung von *cron*-Logfiles mittels *logadm*

chen einer Größe von 512k in */var/cron/olog* umbenannt werden soll. Hierzu wird die Datei zuerst kopiert um anschließend die Originaldatei auf eine Größe von 0 Bytes zu reduzieren. Dies hat zur Folge, daß ein noch laufender *cron* weiterhin mit seinem offenen Filehandle in die einmal geöffnete Datei unter */var/cron/log* schreibt.

Mit einem Eintrag in */etc/default/cron* wird, wie in Listing 7.67 zitiert, festgelegt, ob *cron* überhaupt ein Logfile führen soll. Dort können des weiteren

```
CRONLOG=YES
```

Listing 7.67. */etc/default/cron*

auch Environment Variablen gesetzt werden, wie beispielsweise Suchpfad oder Locale, die an die zu startenden Jobs vererbt werden.

7.15.3 Zeitgesteuerte Jobs, *at(1)*

Mit *at(1)* kann ein Programm oder Shellscript zu einer vordefinierten Zeit gestartet werden.

7.15.3.1 Files

at(1) befindet sich unter, bzw. greift auf folgende Konfigurationsdateien zu:

/usr/bin/at	Das Programm *at(1)*.
/usr/lib/cron/at.allow	Konfigurationsdatei mit der Liste der zugelassenen Benutzer.
/usr/lib/cron/at.deny	Konfigurationsdatei mit der Liste der gesperrten Benutzer.

Mit *at(1)* zur späteren Ausführung beauftragte Jobs werden ausgeführt, wenn der aufrufende Benutzeraccount:

- nicht gesperrt ist,
- nicht in der */usr/lib/cron/at.deny* verzeichnet ist, oder
- solaris.jobs.user (RBAC) Authorisation hat

Um generell *at(1)* zuzulassen ist ein leeres */usr/lib/cron/at.deny* zu erzeugen. Die Datei */usr/lib/cron/at.deny* ist dann als Negativliste zu führen. Andererseits kann mit einer Positivliste in */usr/lib/cron/at.allow* gearbeitet werden, denn alle BenutzerIDs, die in diesem Konfigurationsfile aufgelistet sind, dürfen *at*-Jobs beauftragen.

7.15.3.2 Job-Aufgabe mit *at(1)*

Die einfachste Form, Batchjobs zeitversetzt zu starten ist es, *at(1)* mit einer Zeitangabe zu starten:

```
nx1> at 2000
at> xterm
at> <EOT>
commands will be executed using /usr/bin/tcsh
job 1080327600.a at Fri Apr 26 20:00:00 2004
```

Wie zu sehen ist, fragt *at(1)* die notwendigen Eingaben mittels eines Promptes ab, hier das zu startende Programm. Die Eingabeaufforderung wird durch die Eingabe von CNTRL-D beendet. Der oben beauftragte Job läßt sich auflisten:

```
nx1> atq
Rank     Execution Date     Owner     Job           Queue   Job Name
  1st   Apr 26, 2002 20:00   rmd      1080327600.a     a      stdin
nx1> at -l
1080327600.a    Fri Apr 26 20:00:00 2004
```

Und unter Angabe der JobID auch löschen:

```
nx1> at -r 1080327600.a
nx1> atq
no files in queue.
```

Die Aufträge für *at*-Jobs werden im Verzeichnis /var/spool/cron/atjobs abgelegt:

```
nx1> ls -l /var/spool/cron/atjobs
total 8
-r-Sr--r--   1 rmd      200          4051 Apr 26 12:24 1080327600.a
```

Wenn man sich den Inhalt dieser Job-Datei ansieht, wird schnell klar, wie *at(1)* arbeitet. Es wird das gesamte Userenvironment übernommen und in ein ausführendes Prozeßenvironment gegeben. Die JobID des *at*-Jobs enthält einen Punkt. Hinter diesem Punkt erfolgt die Angabe der Queue, der der Job zugeteilt wurde. Queues können beim Aufruf von *at(1)* explizit gesetzt werden, wird keine explizite Queue angegeben, so wird der Job in die Queue *a* eingetragen. Zu den Queues siehe Tabelle 7.15.1.

```
nx1>  at -q t 2100
at> <do something meaningfull>
commands will be executed using /usr/bin/tcsh
job 1080331200.t at Fri Mar 26 21:00:00 2004
nx1> atq
Rank      Execution Date      Owner      Job          Queue    Job Name
 1st    Apr 26, 2002 20:00    rmd      1080327600.a     a       stdin
 1st    Apr 26, 2002 21:00    rmd      1080331200.t     t       stdin
```

Beim Aufruf von *at(1)* kann der *at*-Job sich selbst erneut für eine spätere Ausführung eintragen, indem *at(1)* unter Angabe der Startzeit sich selbst startet. Diese Aufgabenstellung läßt sich jedoch einfacher mit *cron(1)*, beschrieben in Abschnitt 7.15.5 auf Seite 616, lösen.

Zeitangaben unter *at(1)* sind teilweise umgangssprachlich. So kann *at(1)* mit der Angabe "tomorrow" (Gleiche Zeit, nächster Tag) oder mit "now + 1 hour" aufgerufen werden. Es sind bei den Zeitangaben 12-Stunden und 24-Stunden Zeitformate zulässig. Einige gültige Aufrufe sind:

```
nx1> at 2130 tomorrow
nx1> at now + 1 hour
nx1> at 0920am Apr 27
nx1> at 1915 Friday
```

7.15.4 Sequenz von Jobs, *batch(1)*

Bei dem Kommando */usr/bin/batch* handelt es sich um ein Shellscript, das Kommandos in eine Warteschlange schreibt die sequentiell abgearbeitet wird. Die einzige Verzögerung, die ein Job hierbei erfährt ist die durch die vorhergehenden Jobs in der Queue bedingte Wartezeit.

Mittels *batch* abgesetzte Jobs werden in die Queue *b* eingetragen, wie auch aus den im Shellscript verwendeten Optionen für *at* hervorgeht. Da *batch* auf

```
/usr/bin/at -qb $*
```

Listing 7.68. Aufruf von *at(1)* in *batch(1)*

das Kommando *at(1)* zurückgreift gelten die Autorisierungen, die bereits für *at(1)* getroffen sind ebenfalls für *batch(1)*.

7.15.5 Periodische zeitgesteuerte Jobs, *cron(1)*

Mit *cron(1)* kann ein Programm oder Shellscript wiederholt oder einfach zu einer vorbestimmten Zeit gestartet werden. Das Programm *cron(1)* wird vornehmlich für wiederkehrende Batchjobs verwendet. Ein einfacher Start ohne Wiederholung läßt sich unter voller Angabe einer Zeitbedingung formulieren, wie z.B. 12.3.2003. Dieses Ereignis sollte nur einmal auftreten. Dieser einmalige Aufruf läßt sich allerdings ebenso mittels *at(1)* durchführen, siehe hierzu den Abschnitt 7.15.3 auf Seite 613.

7.15.5.1 Files

Unter OpenSolarisbefindet sich *cron(1)* unter, bzw. greift auf folgende Konfigurationsfiles zu:

/usr/sbin/cron	Das Programm *cron(1M)*.
/etc/cron.d	Verzeichnis mit Lockfile Queuedefinitionen allow und deny-Files
/etc/cron/d/cron.allow	Konfigurationsdatei mit der Liste der zugelassenen Benutzer.
/etc/cron/d/cron.deny	Konfigurationsdatei mit der Liste der gesperrten Benutzer.
/etc/default/cron	Defaulteinstellungen und Environmentvariablen
/var/spool/cron	Spool Verzeichnis mit den crontabs der Benutzer

Mit *cron(1)* geschedulete Jobs werden ausgeführt, wenn der aufrufende Benutzeraccount:

- nicht gesperrt ist,
- nicht in der */usr/lib/cron/cron.deny* oder
- solaris.jobs.user (RBAC) Authorisation hat

Mittels *cron* abgesetzte Jobs werden in die Queue *c* eingetragen.

7.15.5.2 Job-Aufgabe mit *cron(1)*

Die Benutzerschnittstelle zu *cron(1)* ist *crontab(1)*. Während der root-User unter Verwendung der Option *-l* die Crontabs aller User ansehen und bearbeiten kann ist die Bearbeitung und das Auflisten der Crontabs für nonroot-User eingeschränkt. Das Kommando *crontab(1)* verwendet bei Aufruf den in der Environmentvariable EDITOR definierten Editor. So diese Variable nicht gesetzt ist, wird der Zeileneditor *ed(1)* verwendet. Am Beispiel des crontab Files von *root* wird dies kurz gezeigt um anschließend auf das Format der Konfigurationsdatei einzugehen.

```
nx1# crontab -e
553        Der Zeileneditor ed zeigt nach Aufruf nur die Anzahl der Zeichen.
1,$p       ed-Kommando: Zeige (print) von der ersten zur letzten Zeile.
10 3 * * * /usr/sbin/logadm
15 3 * * 0 /usr/lib/fs/nfs/nfsfind
[...]      Wiedergabe gekürzt
0 3 * * * find /var/opt/SUNWut/cgitokens -type f -mtime +1 -exec rm {} \;
q          ed-Kommando: quit (ohne zu schreiben).
The crontab file was not changed.
nx1#
```

Listing 7.69. *crontab* des Benutzers *root* (gekürzt)

Die Darstellung der gekürzten *crontab* des Benutzers *root* wurde der besseren Verständlichkeit halber in den *ed* Befehlen kommentiert. Die Kommentare sind nicht Bestandteil der Bildschirmausgabe.

Es stellt sich sofort die Frage nach dem Format des Konfigurationsfiles: Es ist aufgeteilt in sechs Felder, beginnend mit dem Minutenfeld, Stunde, Tag des Monats, Monat, Tag der Woche, beendet mit dem Kommandofeld. In Tabelle 7.37 ist der Wertebereich der einzelnen Felder aufgeführt.

```
minute hour day-of-month month day-of-week command
  1      2       3         4        5         6
```

Nr.	Feld	Bedeutung	Wertebereich
1	minute	Minuten der vollen Stunde	0 .. 59
2	hour	Stunde des vollen Tages	0 .. 23
3	day-of-month	Tag des vollen Monats	0 .. 31
4	month	Monat des vollen Jahres	1 .. 12
5	day-of-week	Wochentag	0 (Sonntag) .. 6 (Samstag)
6	command	Aufzurufendes Kommando	oder Shellscript

Tabelle 7.37. Legende zu den Feldern der *crontab*

Die ersten fünf Felder (von Minute bis Wochentag) können Wildcards, Mehrfachangaben und Kombinationsangaben enthalten:

Wert	Bedeutung	Beispiel
$\star$	Jeder gültige Wert	
a	Wert muß "a" entsprechen	a=1, a=9 ...
a,b	Wert muß "a" oder "b" entsprechen	1,9
a-d	Wert muß zwischen "a" und "d" liegen	1-6

Damit läßt sich das root-Crontabfile besser lesen:

```
15 3 * * 0 /usr/lib/fs/nfs/nfsfind
```

bedeutet, daß *nfsfind* um 0315h jeweils am Sonntag ausgeführt wird:

minute	15
hour	3
day-of-month	* (any)
month	* (any)
day-of-week	0 (Sonntag)

Um beispielsweise *nfsfind* um 0315h und 1615h am Montag, Dienstag, Mittwoch und am Sonntag laufen zu lassen wäre folgende Modifikation notwendig:

```
15 3,16 * * 1-3,0 /usr/lib/fs/nfs/nfsfind
```

cron(1) selbst fängt die Standardausgabe ab und sendet den Inhalt per e-Mail an den beauftragenden Benutzer.

7.15.6 Start und Stop des *cron*-Services unter OpenSolaris

Mit Einführung der Service Management Facility in OpenSolaris wird auch der *cron*-Service anders bereitgestellt. Der Service wird identifiziert als

svc:/system/cron

Unter diesem Serviceidentifikator beziehungsweise der letzten eindeutigen Teile des Serviceidentifikators, hier *cron*, kann der *cron*-Service mittels des Kommandos *svcadm(1M)* gestartet und gestoppt werden.
Der *cron*-Service wird gestartet beziehungsweise aktiviert durch Aufruf von

svcadm enable cron

Der *cron*-Service wird gestoppt beziehungsweise dektiviert durch Aufruf von

svcadm disable cron

Natürlich kann auch hier jede Zwischenform von *svc:/system/cron* als Identifier verwendet werden. Ein Aufruf der Form

svcadm enable system/cron

ist einem Aufruf der Form

svcadm enable svc:/system/cron

identisch.

Die Abhängigkeiten des *cron*-Dienstes sind in Tabelle 7.38 dargestellt. Die Startmethodes ist als Script wie in Listing 7.70 zitiert spezifiziert.

Gestoppt wird der *cron*-Service über einen durch die Service Management Facility verwalteten build-in kill-Mechanismus.

Abhängigkeit	Restart	Service
require_all	none	*svc:/system/filesystem/local*
require_all	none	*svc:/milestone/name-services*
optional_all	none	*svc:/milestone/multi-user*

Tabelle 7.38. Abhängigkeiten des *cron*-Dienstes

```
<exec_method
     type='method'
     name='start'
     exec='/lib/svc/method/svc-cron'
     timeout_seconds='60'>
     <method_context>
          <method_credential user='root' group='root' />
     </method_context>
</exec_method>
```

Listing 7.70. SMF Startmethode für *cron*

Rolf Dietze · Tatjana Heuser · Jörg Schilling

OpenSolaris

für Anwender, Administratoren und Rechenzentren

Von den ersten Schritten bis zum produktiven Betrieb auf Sparc, PC und PowerPC basierten Plattformen

Mit 255 Abbildungen und 96 Tabellen

Springer

Rolf Dietze
Mainzer Str. 6
10715 Berlin
rmd@dietze-consulting.de

Tatjana Heuser
Ettaler Str. 2
10777 Berlin
theuser@orbit.in-berlin.de

Jörg Schilling
Seestr. 110
13353 Berlin
schilling@fokus.fraunhofer.de

dhs@opensolaris.in-berlin.de
errata@opensolaris.in-berlin.de
www.opensolaris.in-berlin.de

Bibliografische Information der Deutschen Bibliothek
Die Deutsche Bibliothek verzeichnet diese Publikation in der Deutschen Nationalbibliografie; detaillierte bibliografische Daten sind im Internet über http://dnb.ddb.de abrufbar.

ISSN 1611-8618
ISBN-10 3-540-29236-5 Springer Berlin Heidelberg New York
ISBN-13 978-3-540-29236-4 Springer Berlin Heidelberg New York

Springer ist ein Unternehmen von Springer Science+Business Media
springer.de

Satz: druckfertige Daten durch die Autoren
Herstellung: LE-TEX, Jelonek, Schmidt & Vöckler GbR, Leipzig
Umschlaggestaltung: KünkelLopka Werbeagentur, Heidelberg
Gedruckt auf säurefreiem Papier 33/3142 YL - 5 4 3 2 1 0

Inhaltsverzeichnis

Teil I Intro

X.systems.press

X.systems.press ist eine praxisorientierte Reihe zur Entwicklung und Administration von Betriebssystemen, Netzwerken und Datenbanken.

Teil III Administration und Benutzung

Abbildungsverzeichnis

Tabellenverzeichnis

8

OpenSolaris im Rechenzentrumsbetrieb, ein Vergleich

Rolf M Dietze

SUN SOLARIS ist auf einem langen Weg in den Rechenzentrumsbereich gekommen. Dies ist in soweit betrachtenswert, als das SOLARIS als ein Vertreter von UNIX basierten Betriebssystemen hochgradig flexibel ist und eine weitreichende feingranulare Anpassung an die Verwendungen bietet. Das ist ein Feature, das im Rechenzentrumsbereich nicht unbedingt zu den wünschenswertesten Errungenschaften zählt, ist es doch Aufgabe von Rechenzentren Dataservices hochverfügbar bereitzustellen. Die UNIX typische hohe Flexibilität in Anpassung und Anwendung des Systems ist in diesem Zusammenhang ein Mehr an Komplexität, damit ein Mehr an möglichen unbeabsichtigten Nebeneffekten und damit eher ein erhöhtes Risiko. Im Vergleich mit beispielsweise OS/400 mit einem vergleichsweise einfachen aber dennoch gewöhnungsbedürftigen System- und Administrationskonzept ist dies für UNIX basierte Systeme eher von Nachteil. Der entscheidende Vorteil ist das komplexe, weitreichende und umfangreiche Debugging und Traceing und auch die recht kurze Time-to-Market bei Einführung von neuen Features. Ein Vergleich mit Wintel basierten Systemen wird hier ob der Gesamtstabilität und der hohen Administrations- und Wartungsaufwände und den damit einhergehenden hohen Kosten außer Acht gelassen.

Rechnersysteme werden, grob unterteilt, in drei unterschiedlichen Bereichen eingesetzt. Es sei hier grob unterschieden in

Rechnereinsatz im technisch/wissenschaftlichen Bereich
: Hohe Rechenleistung, keine systemseitigen Limitierungen, flexibel anpassbar, transparent und dokumentiert programmierbar, leicht bedienbar, Unabhängigkeit, Real- und Integerarithmetik

Rechnereinsatz im Bereich von Unternehmensapplikationen
: Sicherheit, Verfügbarkeit, Konsolidierung, Ressourcelimitierung, umfangreiche defactostandardisierte monokulturelle integrierte Softwarepakete, einhergehend mit einer gefährlichen Hersteller- und Plattformbindung.

Desktopsystem
: Ein Universaleinsatz. Oftmals werden betriebliche Unternehmensapplikationen auf einem statusabhängigen Desktopsystem ausgeführt und nur der Datastore und das Backup werden im Backend gehalten. Dies birgt bei Ausfall des Desktops mit seiner vergleichsweise geringen Verfügbarkeit immer die Gefahr inkonsistenter Daten im Backend, da das Desktopsystem beim Ausfall nicht in der Lage ist eine Transaktion ordnungsgemäß zu beenden.
Eine weitere Domäne von Desktopsystemen ist der Homeuserbereich, der jedoch nur schwer zu klassifizieren ist, da der Einsatzbereich omnidirektional und omnipotent ist, bestimmt von Interesse und Kenntnisstand des Anwenders.

Im technisch/wissenschaftlichen Bereich ist vor allem die pure Rechenleistung des Systems gefragt. Dazu kommt ein hoher Ausbildungsstand der Anwender, der auch entsprechend flexible, transparente, dokumentierte, programmierbare und in keinem Punkt einschränkende Systeme fordert, die leicht in der Handhabung sein müssen. In diesem Umfeld hat sich Unix entwickelt, als ein zwar hochkomplexes, dennoch für seine Flexibilität leicht handhabbares System, das in weitem Umfeld durch den Benutzer anpassbar ist. Sun Unix Systeme kommen aus diesem leistungs- und flexibilitätsfordernden Bereich und ist damit bei hochleistungsfähigen Systemen mit einem Betriebssystem angekommen, das alle Leistung dem Benutzer bereitstellt.

Die pure Rechenleistung ist ein Kriterium, das auch im Homeuserbereich seine Gültigkeit hat, auch wenn dort selten Systeme mit mehr als 12 CPUs und mehr als 96 GB Memory eingesetzt werden, was in etwa eine Mittelklassemaschine gegenwärtig bietet. Für den Homeuserbereich unterteilt sich damit die Welt grob in Windows basierte Einsatzbereiche und Unix basierte Einsatzbereiche, wobei die Auswahl einer Unix Umgebung die weiteren im technisch/wissenschafltichen Bereich geschätzten Eigenschaften bietet, was in diesem Bereich den Siegeszug von Linux mit erklärt: Flexibel, schnell, im Sourcecode offen dokumentiert etc. Ein weiterer wesentlicher Unterschied ist die Benutzertopologie in diesem Bereich. Es arbeitet typischerweise nur ein einziger Benutzer auf dem System, zumindest wenn das Rechnersystem kein so genanntes Industriestandardbetriebsystem enthält und über einen Internetanschluß verfügt, denn dann ist der Benutzer auch in diesem Bereich möglicherweise nur ein Gast auf seinem Rechner.

Der Einsatz eines Rechners im Businessbereich für so genannte Unternehmensapplikationen setzt andere Maßstäbe. Die pure Rechneleistung tritt zurück hinter Anforderungen wie Benutzerumgebungsschutz, Verfügbarkeit, definierte Ablaufzeiten, Serverkonsolidierung, Festlegbarkeit von Systemressourcen für dedizierte Unternehmensapplikationen wie Datenbanken, Webserver etc., und restringierte einfache Bedienbarkeit vorselektierter Bereiche. Der Einsatz im Bereich der Unternehmensapplikationen setzt in der Regel nur eine gezielte Ausbildung auf die Verwendung der vorherschenden Endapplikation oder auch nur der Endapplikationsbenutzerschnittstelle voraus. Der Benutzer muß keine oder soll auch keine Kenntnisse über das Gesamtsystem haben.

Die IBM hat dies schon frühzeitig erkannt und mit ihrem recht traditionellen OS/400, zur Zeit auf hochaktuellen Power 5 Dualcore PowerPC CPU basierten iSeries Systemen, definiert als reine Businessmaschine, einen großen Markt mit einem Betriebssystem abgedeckt, dessen Features im Bereich der Unternehmensapplikationen marktrelevant sind:

- Zugriffskontrolle, Zugriffsschutz, Sicherheitsmechanismen,
  Sicherung von Unternehmensdaten und Systemfunktionen.
- Ressourcenmanagement
  Einzelnen Applikationen kann eine definierte Rechnerleistung garantiert werden.
- Große Anzahl gleichzeitig arbeitender Benutzer.
- Hohe Verfügbarkeit
  Hardware und Softwareplattform muß stets fehlerfrei arbeiten.
- Serverpartitionierung
  Die Aufteilung eines Rechners in unabhängige Partitionen.
- Konsolidierung
  Einzelne Rechnersysteme werden zu einem System zusammengefaßt.

Solaris ist in diesem Bereich nicht von Anfang an zu Hause, konnte jedoch aufgrund der hohen Flexibilität, der Netzwerkintegration, des flexiblen Peer-to-Peer Computings und auch aufgrund der hochperformanten Sun Rechnersysteme in diesen Buisnessbereich eintreten und hat Einzug in den Rechenzentrumsbetrieb erhalten, wobei die Flexibilität in der Anpassung des Systems an unvorhergesehene Einsatzbereiche wohl von Vorteil ist, jedoch auf der anderen Seite aus sicherheits- und abrechenbarkeitstechnischen Gründen nicht immer gern gesehen wird. So ist ein hochkomplexes System letztendlich, bedingt durch die hohe Anzahl an Einzelkomponenten und Faktoren, fehleranfälliger als ein schlankes und spezialisiertes Ssytem. Jedoch ist es leichter im Unix Umfeld Systemgrenzen zu setzen, als im OS/400 Umfeld Limitierungen aufzuheben. Die Stabilität und die Art der Durchsetzung der Limitierungen im Unix Umfeld ist dabei gesondert auf ihre einsatzmäßige Zweckmäßigkeit hin zu evaluieren.

Das neue OpenSolaris unterstützt einen großen Teil der im Businessbereich geforderten Features, wenn auch deutlich anders und in vielen Teilen etwas komplizierter als OS/400 mit seinem datenbankbasierten System es einfach und sicher bereitstellt. Von Vorteil mag bei OpenSolaris die Flexibilität in der Anwendung sein, kann doch mit einfachen Mitteln ein zentraler OpenSolaris Server und der Einsatz von X-Terminals oder Suns eigenem SunRay-Konzept gleichzeitig Backend und Dialogstation bzw. GUI-Arbeitsplatz bieten. Im OS/400-Umfeld muß beim Dialogarbeitsplatz und leider auch in Teilen der Administration auf Wintel-PCs mit iSeries Access for Windows zurückgegriffen werden. Und das mit allen Risiken und Nachteilen von Wintel-Umgebungen in einem Produktivbereich.

Ein Vergleich von OS/400 mit OpenSolaris soll hier nicht angestrebt werden, die Systeme sind zu verschieden und bieten jedes für sich viele Vorteile und einige Nachteile. Während OS/400 im Prinzip ein für die Businessanwendungen entwickeltes System darstellt, ist Solaris universell in Einsatz und Anwendung, bedarf jedoch zum Einsatz in einem reinen Businessumfeld einer genaueren Betrachtung der Konfiguration und anwendugsbereichstypischer Einstellungen. Es soll jedoch aufgezeigt werden, inwieweit Konzepte ähnlich oder vergleichbar sind, um von einem Vergleichen von Argumenten und Marketingaussagen zu einem Vergleich von technischen Möglichkeiten, Mitteln und Methoden zu führen. Der Fokus bleibt jedoch auf dem Thema des Buches.

An dieser Stelle soll zunächst das Einsatzfeld beschrieben werden. Es ist zu unterscheiden in Frontendsysteme und Backendsysteme. Die Topologien sollen im folgenden grob skizziert werden. Danach werden die serverseitigen Mechanismen und Problematiken benannt. Zur besseren Vergleichbarkeit werden die Konzepte der IBM iSeries kurz vorgestellt, um anschließend darzulegen, wie die sunseitigen Konzepte und Mechanismen administriert werden können.

8.1 Topologie der Arbeitsumgebung

Rolf M Dietze

Zunächst soll das Arbeits- und Einsatzfeld betrachtet werden. Der typische Büroarbeitsplatz ist ein Desktopsystem, auf dem defaktostandardisierte große Softwarepakete für Textverarbeitung, Tabellenkalkulation, Datenbankzugriff etc. genutzt werden. Es ist dabei irrelevant, wie diese Tools zur Verfügung gestellt werden, kritischer ist zumindest im Bereich der Textverarbeitung und Tabellenkalkulation, die Abhängigkeit von nicht offengelegten Ablageformaten der Anwendungsapplikation, die obendrein unter Umständen stark vom Applikationsreleasestand abhängig sind. Die Anwendungen haben in der Regel triviale Leistungsanforderungen an das Desktopsystem, die Rechenleistung des Desktopsystems wird in der Regel durch das verwendete Benutzerinterface vollständig genutzt.

Im Businessumfeld werden in der Regel unterschiedliche Desktopsysteme eingesetzt.

Fat Clients: Das sind Desktopsysteme, die als vollständig ausgebautes Rechnersystem aufgebaut sind und in der Regel jedes für sich zu administrieren ist. Auf ihnen laufen oftmals die Clientteile einer Client-Server Businessapplikation oder auch eine integrierte Anwendung, die ihre Datenablage über ein Backendserversystem regelt. Typische Vertreter sind Wintel PCs, in Randbereichen zunehmend auch Unix kompatible Systeme.

Thin Clients: Das sind spezialiserte Systeme ohne umfangreiche eigene Massenspeicher oder I/O-Schnittstellen, deren Betriebssoftware oftmals über Netzwerk geladen wird. Hier entfallen lokale Administrationsaufgaben, es ist lediglich der zentrale Loadserver zu administrieren und ein Loadimage im Einzelfall anzupassen. Dieses eine angepasste Loadimage kann dann Netzwerkweit verteilt werden.

Thin Clients sind weiterhin unterscheidbar in

Zustandsabhängig: Hier wird die Anwendersoftware auf dem Thin Client ausgeführt, Betriebssoftware und Applikationen werden über Netz geladen. Typische Vertreter sind MicroPCs oder embedded Systeme mit einer angepassten Betriebssoftware, oftmals UNIX basiert, in einigen fällen jedoch auf Wintel basiert.

Zustandsfrei: Der Thin Client fungiert lediglich als interaktive Displaystation. Die Betriebssoftware der Dialogstations wird über Netz geladen, die Applikation läuft jedoch vollständig auf dem Supportserver des zustandsfreien Thinclients. Typische Vertreter sind die traditionellen X Terminals oder in hoher Flexibilität das SUNRay Konzept, was im laufenden Betrieb den Wechsel des Arbeitsplatzes ermöglicht, da die Applikation an eine mobile Sessionidentifikation und nicht an die Arbeitsstation gebunden ist und auf dem Backend SUNRay-Server läuft. Dieses Verfahren wird als Hot-Desking bezeichnet.

Diese drei unterschiedlichen Arbeitsplatzsystemklassen führen auf vier unterschiedliche Topologien für betriebliche Anwendungssysteme.

Autonomes Desktopsystem: Ist in der Regel nur in Kleinbetrieben mit ein bis zwei Rechnern zu finden, bei denen die Unternehmensapplikation als integriertes Monsterpaket auf dem Desktop arbeitet. Solche Systeme geringer Redundanz und Verfügbarkeit werden hier nicht weiter betrachtet.

Client-Server: Allgemein übliches Verfahren, bei dem der Clientpart der Applikation auf einem Desktop ausgeführt wird und der Server- oder Backendpart auf einem gut oder hochverfügbaren zentralisierten Server ausgeführt wird. Dies ist der traditionelle Anwendungsbereich von Wintel PC Desktopsystemen und Servern. Wenn in diesen Bereich Stabilität und Sicherheit zu bringen ist und es nicht möglich ist, die Clientapplikation auf ein sicheres System zu portieren ist dies der traditionelle Einsatzbereich von OS/400 Serversystemen. Hier ist ein hohes Maß an Sicherheit zum Schutz des Backendsystems vor dem Desktopsystem notwendig, was OS/400 in sehr ausgeprägtem Maße leistet. Dazu kommt die integrierte Datenbank die bei OS/400 ein Betriebssystembestandteil ist und an die Stelle des Filesystems

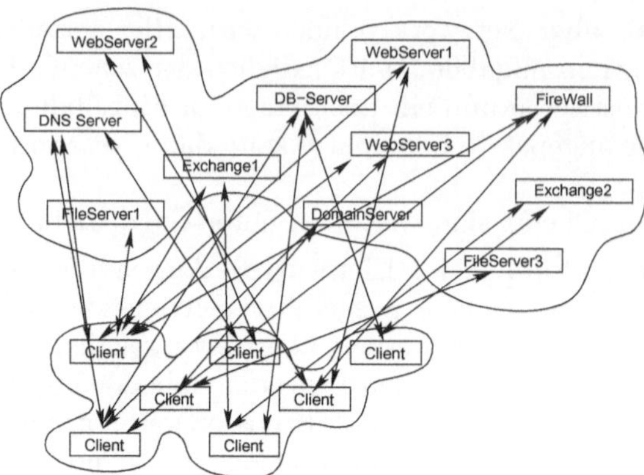

Abb. 8.1. PC Netzwerkarbeitsumgebung

tritt. Diese integrierte Datenbank ist auch gleichzeitig Garant für ein ausgeklügeltes Rechtesystem. Mit OPENSOLARIS wird an dieser Stelle erstmalig eine bis auf das Filesystem durchgreifende ACL[1] Implementation, zusammen mit der Unterstützung von NFS v4[2] angeboten. Hinzu kommt die Unterstützung flexibler, in den meisten Fällen von SUN selbst ins Leben gerufenen und später standardisierten und im Betrieb nachvollziehbaren, Netzwerkinformations- und Datenaustauschprotokollen. Das Debugging in allen Ebenen der Kommunikation und Applikation vom Monitoring der Netzwerkverbindungen, Plattenzugriffen, Systembelastungen bis hin zu flexiblen Applikationsmonitoring und Debuggingfunktionen (Dtrace) ist in diesem Fall eine besondere Stärke des OPENSOLARIS.
Wird an dieser Stelle auf einen OPENSOLARIS basierendes Desktopsystem zurückgegriffen, so kann die Securitypolicy des Servers bsi auf das Clientsystem, quasi back to front, durchgreifen. Es ist jedoch im einzelnen zu prüfen, ob alle Clientapplikationen unter OPENSOLARIS verfügbar sind oder ein kompatibles OpenSource Produkt eingesetzt werden kann. Man gewinnt eine einheitliche leicht administrable Gesamtlösung.
Bei der Verwendung von Thin Clients bleibt architekturabhängig die Abhängigkeit der Integrität der Unternehmensdaten von der Betriebssicherheit des programmausführenden Thinclients, der in der Macht des Anwenders unter Umständen angezapft oder auch einfach ausgeschaltet werden kann.

Thinclient/Server, zustandsabhängig: Ein zustandsabhängiger Thinclient, auf dem, über Netzwerk geladen, die Applikation lokal läuft, regelt

[1] Access Control Lists, beschrieben in Abschnitt 5.14 ab Seite 214.
[2] NFSist in Abschnitt 7.5 ab Seite 510ff beschrieben.

nur das Problem des hohen Administrationsaufwandes vieler Einzelsysteme. In der Praxis werden im Bereich so genannter Unternehmensapplikationen, die in der Regel einen Windows PC voraussetzen, so genannte WBTs (Windows Based Terminals) eingesetzt, die ihre Umgebung durch DHCP Anfrage und Netzboot erhalten. Das Sicherheitsprobem eines Wintel PC und der Abschottung der Backend Server bleiben bestehen. Backendseitig gewinnt man beim Einsatz von OPENSOLARIS die zuvor genannten Monitoring und Debuggingmöglichkeiten, hat aber im Gegensatz zu OS/400 einen erhöhten Aufwand im Security Bereich.

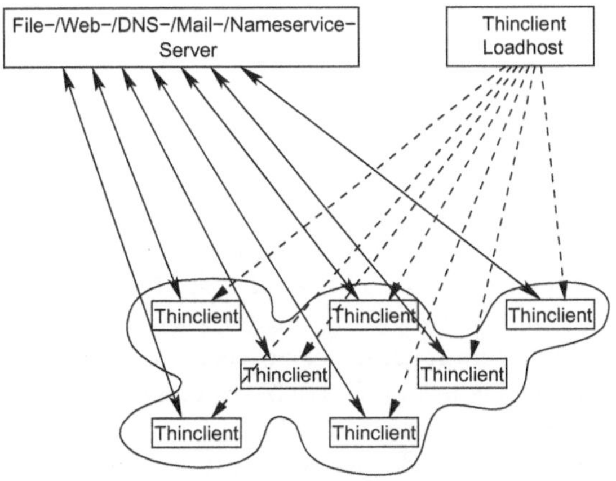

Abb. 8.2. Konsolidierte Umgebung mit zustandsabhängigen Thinclients

Thinclient/Server, zustandsfrei: Betriebserleichterung bringt erst ein zustandsfreier Thin Client, wie etwa ein SUNRay Environment, bei dem der Ausfall einer so genannten Desktop Appliance keine Betriebsunterbrechung und keine Datenintegritätsprobleme mit sich bringt, da die Applikation auf dem, bei Bedarf redundant gehaltenen, SUNRay Server läuft. Das Hot Desking erlaubt es, die Desktop Einheit beliebig zu wechseln, und das bei Mitnahme aller offenen Applikationen und Transaktionen auf eine andere Desktop Appliance. Das ist Redundanz und Verfügbarkeit des Desktops.

Dazu kommt bei einem SUNRay Environment[3] ein Singlepoint of Administration und eine hohe Datensicherheit, da sowohl das SUNRay Netz abgesichert werden kann, als auch dafür Sorge getragen werden kann, daß kein Datentransfersystem ange-

[3] SUNRay ist leider nicht Bestandteil von OPENSOLARIS sondern gegenwärtig eine kostenpflichtige Zusatzsoftware

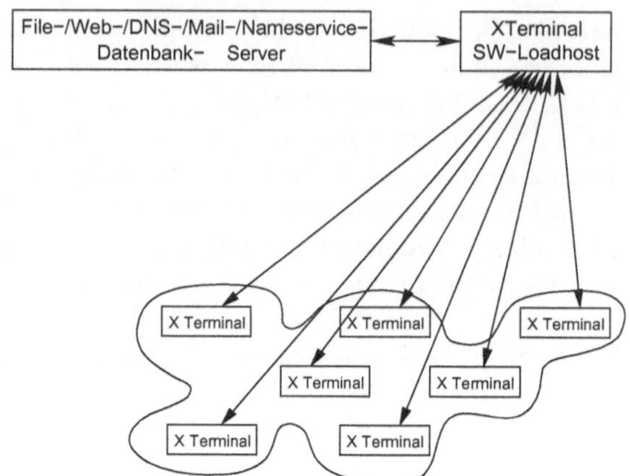

Abb. 8.3. Konsolidierte Umgebung mit zustandsfreien Thinclients

schlossen oder eingbracht werden kann. Und das serverseitig, ein Clientreboot bringt keinen Angriffspunkt.

Das Beispiel in Abbildung 8.1 zeigt die weitere Problematik. Im klassischen PC Serverbereich wird aus Stabilitätsgründen oftmals ein PC Server pro Dataservice genutzt, was in der Regel zu einem umfangreichen Serverpark führt. Ein solcher umfangreicher Serverpark, unter Umständen auch mit Servern unter unterschiedlichen Betriebssystemen, bedarf einer aufwendigen Administration. Es ist entweder ein Administrator notwendig, der alles kann, oder ein Administrator per Betriebsystem, unter Umständen auch einer per Applikation. Im Windows PC Bereich sind oftmals mehrere Administratoren notwendig, da sonst unter Umständen die Zeit nicht für die administratorischen Aufgaben ausreicht.
An diesem Punkt setzt die Konsolidierung ein.

8.2 Anforderungen an Serversysteme

Rolf M Dietze

Bevor jedoch von der Konsolidierung diverser Services beziehungsweise diese die Services erbringenden Server gesprochen werden kann, sollen zunächst die Anforderungen, die an einen leistungsfähigen, zuverlässigen und schnellen Server gestellt werden, ausgearbeitet werden.

Serversysteme müssen den Anforderungen, die sowohl durch Art und Struktur der Anwendung, als auch die Struktur der Clientsysteme gefordert sind, gerecht werden. Das sind

Verfügbarkeit — Eines der wesentlichsten Themen: 24h pro Tag, 365 Tage im Jahr unterbrechungsfreier Dauerbetrieb des Dataservice, weitestgehend unabhängig von Belastungsschwankungen mit adäquater Performance. Die Verfügbarkeit eines Service ist ein multidimensionales Problemfeld. Es geht dabei nicht nur darum, ob ein Rechner läuft oder auch nicht, oder wie lange es dauert, bis er wieder läuft. Diese Problematik wäre mit entsprechend betriebssicherer Hardware in jeder Hinsicht, allerdings mit steigenden Investitionskosten, erfüllbar. Vielmehr ist die Erreichbarkeit beziehungsweise Nutzbarkeit eines Services von Interesse. Programme können aus diversen Gründen abnorm terminieren. Eine Grobklassifizierung sei

Hardware Ausfall eines Programmes aufgrund des Ausfalls einer Hardwarekomponente, lösbar durch Verwendung einer Hardwareabstraktionsschicht, eines automatischen Handling defekter Hardware, eines Restartservices des ausgefallenen Programms, einer Clustersoftware etc.

Software Ausfall eines Programms aufgrund interner Programmfehler, in der Regel durch Neustart regelbar, da insbesondere bei kommerziellen Produkten selten ein Zugriff auf die Sourcen der fehlerrelevanten Teile des Programms besteht oder gar ausreichend Zeit zur Korrektur besteht. Sogar bei einigen Betriebssystemen wird der Weg eines Neustarts bei Fehlern gewählt, oftmals aufgrund fehlender Funktionssicherheit und geringer bis keiner Debuggingfähigkeiten des gewählten Systems. Lösungsweg ist hier oftmals leider nur der Restart des Services beispielsweise durch einen Restartservice oder Clustering.

Sicherheit Sowohl Benutzer sind untereinander und unter Umständen auch voreinander zu schützen, priviligierte Dienste oder Informationen sind in den Zugriffsrechten zu definieren und im Zugriff zu schützen, Zugangs- und Manipulationsschutz, Schutz vor äußeren Einflüssen und Angriffen, Schutz vor ungewolltem Datenimport oder Export, Isolation von Arbeitsbereichen und Daten etc.

Nachvollziehbarkeit Die Nachvollziehbarkeit ist ein wesentliches Thema, auch im Zusammenhang mit Sicherheitsanforderungen. Es ist notwendig nachvollziehen zu können, wer wann was gemacht oder verändert hat. Nicht nur auf Applikationsebene, sondern auch auf Systembetriebsebene. Es muß nachvollziehbar sein, warum eine Applikation oder ein ganzer Server ein bestimmtes Verhalten aufweist oder gar au-

	ßerplanmäßig terminiert etc. Dies bedarf umfangreicher Loggingmechanismen auf Applikations-, Benutzer- und Systemebene.
Debugging	Ein wesentlicher Vorteil der Unix Welt ist das Debugging. Während hingegen in der PC Welt das abnorme Terminieren einer Applikation oder eines ganzen Rechners in der Regel durch einen Neustart und ein gewisses Hoffen damit den Serviceausfall quasi vergessen zu können, bieten Unix Systeme umfangreiche Möglichkeiten des Debugging im laufenden Betrieb oder post-mortem aus Applikations- oder Betriebssystemdumps. In diesem Punkt bietet OpenSolaris mit DTrace ein neuartiges Debuggertool an, das im laufenden Betrieb Informationen über Systemkomponentenzugriffe und Applikationsstati bietet.
Kosten	Oftmals werden in diesem Punkt nur die Anschaffungskosten der Geräte und der Applikationssoftware betrachtet, eventuell weitere Wartungs und Servicevertagskosten, jedoch selten die Lizenzwartungsfolgekosten und noch seltener die Administrationskosten oder die Betriebskosten. Die kostentreibenden Positionen sind oftmals die Personalkosten für die Administration und Wartung als auch die schwer erfaßbaren Folgekosten aufgrund von Systemausfällen oder Minderverfügbarkeiten. Dazu gehören nicht nur die in Service Level Agreements definierten vertraglichen Verbindlichkeiten einer Verfügbarkeit eines Services oder eines Rechenrsystems, sondern auch die Zeiten die Personal quasi bezahlt, untätig warten muß, bis der benötigte backend Dataservice oder auch das Desktopsystem, an dem der Mitarbeiter arbeitet wieder bereit steht. Der Punkt der so genannten Total Cost of Ownership, kurz TCO, also der Gesamtkosten des Besitzes und des Betriebs eines Anwendungssystems in allen seinen Komponenten, ist insbesondere zu Zeiten knapper Budgets ein Punkt, der nicht übersehen werden sollte. Selbst im öffentlichen Bereich tritt bei der Wahl der Softwareproduktivitätstools und der Betriebssysteme in einigen Bereichen ein Umdenken ein.

Schlüsselrolle spielt im Betrieb das Verhältnis zwischen Verfügbarkeit und Kosten. Es ist jedoch nicht immer Erfolgsversprechend, wenn auf Erfahrungsbasis des Betriebs eines betrieblichen Anwendungssystems auf einer unsicheren und fehlerbehafteten minderperformanten und administrations- und aufwandsintensiven Plattform der Umstieg auf eine Alternativplattform geplant wird. Es ist vielmehr zu definieren, welche Anforderungen an ein betriebliches

Anwendungssytem gestellt werden, und dann ist zu überprüfen, wie die definierten Anforderungen mit der Alternativplattform erfüllt werden können. Oftmals wird leider nur in Anzahlen von diskreten Rechnern, Memory oder CPUs verglichen ohne die andere zielplatformspezifische Gesamtperformance, daß Lastverhalten, andere notwendige oder mögliche infrastrukturelle Planungen und die unter Umständen anderen Administrationsaufwände und Kosten mit einzubeziehen.

8.2.0.1 Solaris Verfügbarkeit

Ein im Backend wesentlicher Punkt im Betrieb von rechentechnischen Anlagen ist die Verfügbarkeit der von ihnen erbrachten Sevices beziehungsweise der Ausfallsicherheit der Systeme selbst. Während hingegen IBM in diesem Bereich auf ihr Virtualisierungskonzept bauen, muß SOLARIS, deutlich hardwarenäher als iSeries es jemals erlaubt, andere Mittel nutzen. In diesem Zusammenhang kommt bei OPENSOLARIS die Diskussion auf ein Themenbereich, der vielversprechend Predictive Selfhealing genannt wird. Hier sollen einige Aspekte kurz aufgegriffen werden. Seit langem wird im Bereich des Memorymanagements bei SOLARIS auf ein einfaches Mittel zurückgegriffen, defekte Memoryzellen auszumappen beziehungsweise zu deaktivieren. Bei professioneller Hardware wird ohnehin auf den Einsatz qualitativ hochwertiger Komponenten geachtet, wie dies in der betreffenden Preisklasse bei fast allen Herstellen der Fall ist. So wird im Memorybereich auf ECC-Memory geachtet. Sollte jedoch eine Memoryzelle defekt sein und es sich dabei um eine Speicherkachel handelt, die nochmals woanders vorliegt, etwa die eines im Speicher geladenen Programmes, das auf Festplatte vorliegt, oder gecached Memory oder anderer Auslagerungsspeicher, so wird die betreffende fehlerhafte Zelle deaktiviert und der Inhalt wieder neu vom Sekundärspeicher geladen. Anderenfalls wird der betroffene Prozeß terminiert und es wird eine Core geschrieben. Die defekte Memoryzelle des simms bleibt als defekt markiert. Ähnliche Verfahren greifen auch für CPUs und andere Komponenten. Dort wird beispielsweise eine Temperatur- und/oder Spannungsüberwachung Anlaß für entsprechende Warnungen geben, so daß das System rechtzeitig die entsprechende Komponenten melden und deaktivieren kann.

Auf der Softwareseite, dort also, wo Prozesse unter Umständen abnorm terminieren, greift SOLARIS auf einen schedulerbasierten Reportingmechanismus mit einem nachgeschaltetem SQL-Repository basiertem Dataserviceverzeichnismechanismus zurück, der ein automatisches Nachstarten des ausgefallenen Prozesses oder Services erlaubt. Dieser Mechanismus wird Service Management Facility genannt und wird in Abschnitt 7.1 ab Seite 423ff beschrieben. Nahezu alle Betriebssystemdienste, und somit das Betriebssystem selbst, werden mit diesem Service gestartet und gemonitort, Der Service basiert auf dem schedulerbasierten Contract Subsystem, implementiert als Filesystem, beschrieben in den Abschnitten zum Contract Filesystem (ctfs) in 5.2.4 ab Seite 5.2.4ff und im Abschnitt 7.1 zur Service Management Facility. Es steht mit dem ctfs basierten Monitoring und dem Service Management Facility basierten Neustarten ein Servicemonitor zur Verfügung, wie er im groben mit den so genannten (einfachen) local Probes eines HA-Clustersystems vergleichbar ist, bei denen, allerdings durch eine Zusatzsoftware realisiert, ein Monitoring ob der Präsenz eines bestimmten zu überwachenden Prozesses oder Service durchgeführt wird und bei Fehlerfällen, gesteuert durch die Clustersoftware, eine Reaktion erfolgt, die den ausgefallenen Service reaktiviert. Dies kann ein einfacher Neustart sein oder auch ein Verlegen des ausgefallenen Services mit allen dazugehöhrigen Komponenten auf ein im Clusterverbund stehendes Redundanzsystem. Mit OpenSolaris ist zumindest der local Probe Teil der ha-Verfügbarhaltung eines Dataservices Bestandteil und damit Bordmittel des Betriebssystems selbst. Das Contract Filesystem ist Kernelbestandteil und dementsprechend zuverlässig und stabil, im Gegensatz zu auf dem freien Markt zu findenden Shellscripten oder anderen Zusatztprogrammen, die ihrerseits ausfallgefährdet sind.

Dazu kommt als Bordmittel ein leistungsfähiges Debuggingtool, das schon zu Zeiten des Normalbetriebes an Bord des Systems ist und nicht erst auf das System kopiert und nachgeladen werden muß, DTrace. Es erlaubt mit einfachen Mitteln komplexe Analysen zum Verhalten von Programmen. Jedes Solaris System ist mit einem Pool an Beispielen unter */usr/demo/dtrace* ausgestattet, um die ersten Schritte zu vereinfachen. Das Tool ist zu leistungsfähig, um in einem kurzen Absatz abgehandelt zu werden, daher wird an dieser Stelle auf die Dokumentation des Tools verwiesen.

8.3 Serverkonsolidierung, Überblick und Werkzeuge

Rolf M. Dietze

Ein Client-Server Verteilungsstand, wie er in Abbildung 8.1 auf Seite 626 dargestellt ist, ist im wesentlich aufgrund seiner hohen Betriebs- und Administrationskosten oftmals Anlaß zum Wunsch nach Veränderung und Vereinfachung der IT Infrastruktur. Der gegenwärtige Lösungsansatz heißt Konsolidierung.

Unter Serverkonsolidierung wird die Zusammenfassung von vielen unabhängigen Einzelrechnern bzw. derer erbrachter Dataservices auf wenige, im besten Fall auf ein einziges leistungsfähiges Rechnersystem verstanden. Der Begriff der Konsolidierung wird sehr unterschiedlich verwendet. Ein Versuch der Klassifizierung mag zu folgender Grobstrukturierung führen.

Applikationskonsolidierung	Zusammenfassung von mehreren auf unterschiedlichen Systemen laufenden Dataservies auf wenige, oder besser nur ein einziges System.
Serverkonsolidierung	Zusammenfassung unterschiedlicher Serversysteme inclusive der auf ihnen laufenden Dataservice auf einige wenige oder einen Server.

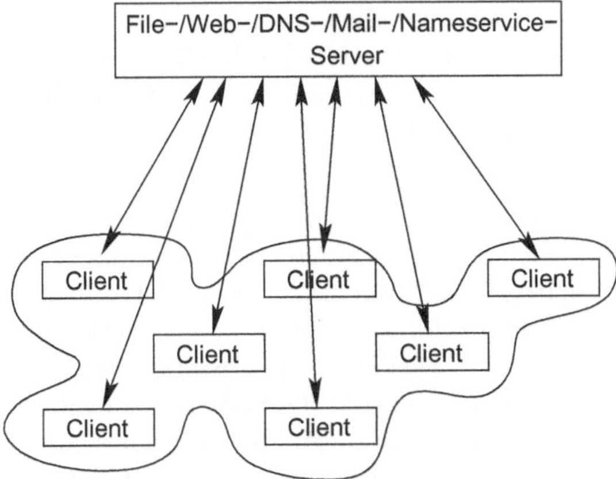

Abb. 8.4. Ziel einer IT Konsolidierung

Plattformkonsolidierung Portierung unterschiedlicher Dataservices auf ein und dieselbe Plattform.

Desktop-/Clientkonsolidierung Ein zugegeben selten gebrauchter Begriff, der die Konsolidierung von Desktoparbeitsplätzen beschreibt.

Die von unterschiedlichen Anbietern offerierten Konsolidierungsstrategien unterteilen sich in die oben genannten drei Hauptgruppen der Servicekonsolidierung, der Serverkonsolidierung und der Plattformkonsolidierung, wobei bei größeren und komplexeren Umgebungen oft trotz allem Mischformen aller Strategien zu finden sind.

8.3.1 Plattformkonsolidierung

Bei einer Plattformkonsolidierung ist zu unterscheiden in

Applikationsplattform Die Auswahl einer untereinander kompatiblen und ausfallfrei zusammenarbeitenden Softwarepaketkollektion eines Herstellers.

Betriebssystemkonsolidierung Die Portierung der unternehmensrelevanten Applikationen im Front- und Backend auf ein Betriebssystem einer nach Möglichkeit einheitlichen Release. Dies erlaubt auf einfache Art und Weise, einen einheitlichen und betriebsweiten sicherheits- und betriebstechnischen Standard zu halten. Von Vorteil ist sicherlich die Auswahl eines problemfreien und absturzsicheren Betriebssystems.

Hardwareplattform Die Auswahl einer einheitlichen Hardwareplattfom oder eines universellen Anbieters entweder qualitativ hochwertiger Komponenten und Systeme, die nur sehr wenig hardwarebedingte Wartungsarbeiten fordern, oder die Auswahl sehr günstiger Systeme und Komponenten, die ausreichend bauidentisch sind, so daß ausgefallene Komponenten oder Rechner einfach durch neue Komponenten und Systeme ersetzt werden können. Bei der Auswahl billiger Systeme sind die Kosten für die Ausfall- und Servicezeiten im Detail zu betrachten.

Die Plattformkonsolidierung ist im Prinzip ein Vorschritt vor der Servicekonsolidierung. Hier wird zum Ziel gesetzt, alle Dataservices oder auch Dataserviceclients (Desktops) auf eine einheitliche Betriebssystem- und Hardwareplattform zu portieren oder zu migrieren. Im IBM OS/400 ist dies somit nur im Backend möglich, da leider keine OS/400 Desktopsysteme angeboten werden. Im Unix Umfeld ist sowohl die Server- als auch die Desktopseite auf ein einheitliches Betriebssystem konsolidierbar, das Wintel Umfeld wird aus zuvor genannten kosten- und betriebstechnischen Gründen hier nicht weiter betrachtet. Eine Plattformkonsolidierung bietet:

- Kostenersparnis in der Administration, da nur eine Systemplattform geschult und gewartet werden muß.
- Kostenersparnis in Logistik und Wartung, da nur eine Hardwareplattform unterstützt werden muß, womit bessere Wartungsvertragsbedingungen verhandelbar sind und die vorzuhaltenden Ersatzkomponenten nicht mehrfach für die unterschiedlichen Plattformen bereitgehalten werden müssen.
- Erhöhte Sicherheit. Bei Wahl einer sicheren Betriebssystemplattform ist die Durchsetzung eines einheitlichen Securitykonzeptes einfacher als das Entwickeln und Druchsetzen vieler unterschiedlicher Konzepte und Strategien, die an den jeweiligen Plattformgrenzen unter Umständen zu Inkompatibilitäten führen.

8.3.2 Servicekonsolidierung

Eine Konsolidierung einer Vielzahl von Einzelservern angebotenen Dataservices oder Applikationen auf nur wenige oder im Idealfall nur einen Server bringt viele Vorteile mit sich, bedingt jedoch auch eine detaillierte Planung und Konzeption des Gesamtsystems. In der Regel sind die diversen Einzelsysteme, die ihre Dataservices erbringen, nicht vollständig ausgelastet, wie es Anwendungen wie Officegrids oder Seti-at-Home zeigen und nutzen. Ein Zusammenfassen aller Dataservices auf einen Rechner bietet so den Vorteil einer besseren Auslastung der Rechnerhardware des konsolidierten Systems. Jedoch sind bei Konsolidierungsüberlegungen verschiedene Punke zu beachten. Ein reines Zusammenrechnen der Gesamtleitungsforderung aller Applikationen in Summe und der Anschaffung eines leistungstechnisch dafür ausreichenden Systems führt nicht unbedingt zu dem erhofften Erfolg, denn wenn ein Dataservice auf einem Einzelsystem als einziger Service läuft, so hat dieser Dataservice exakt die Ressourcen, abzüglich des Betriebssystemoverheads, zur Verfügung, die das Einzelsystem bietet. Wenn nun eine der konsolidierten Dataservices die gesamte Systemleistung in Anspruch nimmt, oder zumindest einen größeren als den vorgesehenen Teil beansprucht, so haben andere Dataservices auf dem konsolidierten System mangels freier Systemressourcen in Summe keine ausreichende Systemleistung zur Verfügung im Ihren Service ausreichend performant anbieten zu können. Wenn also mehrere Dataservices auf einem Rechnersystem konsolidiert werden, so wird unter Umständen ein Mechanismus notwendig, der es erlaubt, den einzelnen Dataservices die gewünschten Ressourcen sicher bereitstellen zu können. Unter Ressourcen bzw. Systemressourcen werden hier CPUs, Memory, I/O, unter Umständen Priorität bzw. Anteile an der Systemleistung betrachtet. Des weiteren muß gegebenenfalls sichergestellt werden, daß sich zum einen die auf einem leistungsfähigen System konsolidierten Dataservices nicht gegenseitig beeinflussen oder bedingen können, zum anderen ist gegebenenfalls eine vollständige Kapselung der Datasrevices notwendig. Sei es, daß die Dataservices in unterschiedlichen Netzen, oder Zeitzonen (beliebter Grund zur Einführung von LPARs) laufen, oder daß die Dataservices von konkurierenden Kunden verwendet werden, so auch im Provider-Bereich etwa, wo für ein leistungsabhängiges Endgeld eine Dienstleistung, Datenbank, Rechnungswesen oder auch nur die Web-Page für 1,50 im Monat angeboten wird. Hier muß sichergestellt werden, daß sich die einzelnen Kundenapplikationen nicht weiter beeinflussen, gar "sehen". Partitionierungskonzepte die eine solche Abschottung gewährleisten können, werden im wesentlichen von IBM, HP und SUN mit unterschiedlichen Lösungsansätzen angeboten. Im Markt der traditionell freien UNIX Betriebssysteme bietet BSD mit seinem *jail* Konzept, einer abgeschlossenen Prozeßgruppe in einer Changerootumgebung, eine Lösung die der Softpartitionierungslösung von SUN nahekommt.

8.3.3 Serverkonsolidierung

Eine Serverkonsolidierung umfaßt nur eine Konsolidierung des Backendbereiches. Die unter Umständen hohen Kosten der Einzelarbeitsplatzadministration und Wartung im Frontend bleiben bestehen.

Die Serverkonsolidierung beschreibt das Zusammenfassen vieler einzelner Rechner auf möglichst wenige zu administrierende Einheiten. Eine einfache und erfolgreiche Lösung, mehrere Systeme zusammenzufassen, waren die zuvor kurz angesprochenen Bladecenter, die letztendlich nichts weiter sind als zumindest herstellereigen standardisierte vollständige Rechnereinschübe, die, jeder für sich, einen vollständigen Rechner mit Komponenten wie CPU, Memory, Festplatte, Netzwerk und SAN/Massenspeicher darstellen, von denen mehrere in einem Rackmountgehäuse zusammengefaßt werden, derart, daß die Stromversorgung, die SAN- Netzwerk- und Systemconsolzugänge über eine Backplane zusammengefaßt werden, im Bladecenter vereint mit den notwendigen redundanten Netzteilen, Netzwerkswitches, SAN Switches etc. Was bleibt ist unter Umständen die Menge der Rechner, jedoch bieten Bladecenter deutliche Vorteile durch ihre sichere Backplaneverdrahtung aller Komponenten, die redundante Netzteilauslegung für alle Komponenten und die

Zusammenfassung der Consolezugänge. Serverblades sind damit in Bereichen beliebt, in denen viele identische Serverblades auf kleinstem Raum zusammegefaßt werden müssen, etwa im Bereich von Webservern etc. Beim Einsatz von Bladecentern ist jedoch zu beachten, daß herstellerabhängig nur bestimmte Architekturen etwa x86/PowerPC oder x86/Sparc oder auch nur x86 Blades eingesetzt werden können. Denn, da Blades nicht standardisiert sind, ist es leider nicht möglich, in einem Bladecenter Intel/x86 Blades von Dell, x86 oder AMD Blades von IBMzusammen mit Sparcblades von Sun, kombiniert mit einer PowerPC Blade wieder von IBM zu kombinieren. Man muß wegen der fehlenden herstellerübergreifenden Austauschbarkeit beziehungsweise fehlender Standardisierung bei Bladecenterchassis, Komponenten und Blades eines Herstellers bleiben. Auch müssen unter Umständen Abstriche in der Leistung und der unterstützten Betriebssysteme gemacht werden. Sun hat sein Bladecenter mittlerweile eingestellt, OpenSolaris hingegen läuft sowohl auf Sparc- als auch auf x86-Blades. Es liegt leider noch keine belastbare PowerPC Portierung auf IBM PowerPC Blades vor.

Eine Serverkonsolidierung bei Sun schließt immer auch eine Plattformkonsolidierung ein, da eine Zusammenfassung von Servern auf einen Aggregationsserver immer eine Zusammenfassung auf Services laufend unter Solaris, mittlerweile auch Linux, geplant auch in einer Linux Kompatibilitätsumgebung, ist. Neben dem klassischen Sun Konzept der Servicekonsolidierung wird auch auf Basis einer Hardwarepartitionierung, bei Sun Domain genannt, eine Zusammenfassung einzelner Rechner auf einen hardwareseitig partitionierbaren Server durch Erzeugung von, beziehungsweise Zerlegung in einzelne Hardwaredomains, in denen dann voneinander unabhängige Solaris Instanzen auch in vollkommen unterschiedlichen Versionen laufen, angeboten. Das Sun Domainkonzept ist recht starr und richtet sich immer an harten Bordgrenzen aus, d.h., alle CPUs eines Systemboards müssen einer Domain zugeordnet werden und können nicht zwischen Domains geshared werden, wie es eine Virtualisierungsschicht zwischen Hardware und Betriebssystem ermöglichen würde. Eine Serverkonsolidierung auf Basis von Solaris Containern (Zones) bedingt die Portierung der Einzelapplikationen auf die gleiche Plattform unter der gleichen Betriebssystem Release.

IBM geht mit der iSeries einen anderen Weg. Hier wird auf Basis einer virtualisierten Hardwareplattform in logische Partitionen aufgeteilt. In diesen logischen Partitionen können nativ unterschiedliche Betriebssysteme der IBM laufen, so also etwa eine Partition AIX, eine Partition OS/400 und eine Partition Linux. Zusätzlich bietet IBM über so genannte integrierte xSeries Serverkarten oder Linkadapterkarten eine Eingliederug bestimmter eigenständiger x86 PCs in die Funktionalität des Power Hypervisors an, so daß diese so angebundenen x86 PCs letztendlich auch über den Powerhypervisor eine Anbindung an virtual Ethernet und über OS/400 einen Zugriff auf ein Diskimage bekommen, derart, daß die iSeries Maschine die x86 PCs verwaltend steuern kann und den x86 PCs auf der anderen Seite beispielsweise redundante Plattenressourcen etc. bieten kann. Da die PC-Bootplatte in solchen Konfigurationen letztendlich als Image seitens der iSeries bereitgestellt wird, kann bei Ausfall der PC Hardware diese schnell getauscht und mit dem alten Image gestartet werden. Da in einem solchen iXS/IXA Konzept seitens der iSeries Platten und Netzwerkressourcen gestellt werden, wäre für einen OpenSolaris Einsatz auf solchen x86 Systemen eine Einbindung der spezialisierten Schnittstellen notwendig, über die Ethernet und Storage seitens der iSeries bereitgestellt würden.

Das Hardwaredomainkonzept von Sun ist nicht ansatzweise so flexibel, wie es das Konzept der LPARs bei IBM ist. Jedoch geht weniger Systemleistung für die Partitionierung verloren. Des weiteren ist es in einer Domain ohne weiteres möglich fremd-Betriebssysteme zu installieren, wenn sie auf der Hardwareplattform laufen und die cvcd-Console nutzen können. Bei IBM's LPARs sorgt der Virtualisierungslayer dafür, daß nur OS/400, AIX oder PPC-Linux in den Partitionen laufen. FreeBSD o.ä werden bei IBM schon durch den Virtualisierungslayer blockiert, im Prinzip eine für den Nutzer und insbesondere für den Eigentümer nur wenig nachvollziehbare Einschränkung.

8.3.4 Desktopkonsolidierung

Desktoparbeitsplätze können nur zusammengefaßt werden, wenn die Anzahl der Benutzer oder Mitarbeiter sinkt. Von diesem Standpunkt her ist eine Desktopkonsolidierung ein Unding, man könnte sonst auch die Konzentartion von Arbeiten oder Zusammenlegung von Aufgaben in die Tätigkeitsfelder weniger Mitarbeiter als Benutzerkonsolidierung bezeichnen. Bei genauerer Betrachtung ist der Desktopbereich jedoch auch ein recht kostenintensiver Bereich, der obendrein sicherheitstechnisch problematisch sein kann, kann doch bei Fat Clients naturbedingt nur schwer sichergestellt werden, ob Daten ungewollt importiert oder exportiert werden, ob Viren in das Netz gelangen etc. Auch wenn das Virenproblem eher als darwinistischer Effekt zur Deselektion gefärdeter Systeme betrachtet werden kann, ist es dennoch sehr kostenintensiv in Bereichen, in denen Wintel basierte Systeme, aus welchen Gründen auch immer, eingesetzt werden. Wenn der Begriff der Konsolidierung auch auf die Zusammenfassung und Vereinheitlichung von Wartungs- und Administrationsarbeiten erweitert werden kann, so ist eine Desktopkonsolidierung eine Thematik, die sich mit der kostentechnisch günstigsten Betriebsweise von Desktopsystemen befaßt. Dazu sind folgende Verfahren unterscheidbar:

Plattformkonsolidierung

Alle Desktopsysteme identisch auszustatten erleichtert die Administration und Wartung erheblich, sind doch damit alle Komponenten der Desktopsysteme, Hardware wie Software, untereinander beliebig austauschbar, was im Fehlerfall Zeit spart. Wenn dann obendrein die Wahl auf ein zuverlässiges Desktopsystem fällt, sind die Administrations- und Wartungsaufwände sehr stark minimiert, was die Kosten in diesem Bereich drückt. Sollte die Wahl dann auf die gleiche Betriebssystembasis wie im Backend fallen, sind Sicherheitsstrategien einfach und sicher durchsetzbar.

Imagerollout

Ein Verfahren, das sich im Wintel PC Desktopbereich durchgesetzt hat. Es beschreibt die Standardisierung der Desktopsoftware inclusive Betriebssystem. Dabei wird ein System mit allen notwendigen Softwarekomponenten und Einstellungen aufgesetzt und dann das Festplattenimage abgezogen und verteilt. Bei jedem softwareseitigen Ausfall des Wintel Desktop PCs wird einfach das standardisierte Image auf das System überinstalliert. Dies erspart mühsame und unter Umständen sicherheitsrelevante und erfolgfreie Mouseclickadministration.

Statusabhängige Thinclients

Ein statusabhängiger Thinclient ist ein Thinclient, das ein vollständiges Betriebssystemimage über Netzwerk oder Flashspeicher etc. läd und dann als vollständiger Client betrieben wird. Der Bereich der statusabhängigen Thinclients hat sich in den letzten Jahren turnusmäßig verbreitert und ist wieder geschrumpft. In Bereichen, in denen Wintel PC basierte Desktopsysteme Verwendung finden, die Administration jedoch auf ein Minimum gesenkt und die Zugriffs- als auch Import- und Exportsicherheit erhöht werden soll, werden so genannte Windows Based Terminals (WBT) eingesetzt. Der große Nachteil dieser statusabhängigen Thinclients ist, daß die Clientapplikation, also der Databaseclient, das Officepaket etc. auf dem Thinclient laufen. EinAusfall des Thinclients kann damit die Applikationsdaten in einem nicht geordneten Zustand hinterlassen. Auch linuxbasierte statusabhängige Thinclientlösungen sind oft zu finden. Ein Erfolgsprodukt im Lowcostbereich sind hier die Igel Terminals des gleichnamigen Herstellers, die eine Unix-like/rdesktop Kombination fahren.

Statusfreie Thinclients

Statusfreie Thinclients sind Desktopsysteme, auf denen keinerlei Anwendersoftware (Word etc.) läuft, sondern nur die Fensterverwaltungssoftware. Die Anwendersoftware läuft in allen Teilen auf einem Backendserver und nicht auf dem Thinclient Desktop. Ein, wenn auch alter aber dennoch typischer, Vertreter sind X Terminals im Unix Umfeld. Im Wintel Umfeld ist dieses einfache und betriebssichere Konzept technisch schwer realisierbar, wenn überhaupt. In vielen Fällen wird das traditionelle X Terminal Konzept nachgebaut, indem beispielsweise so genannte Singleboard Computer (SBC), oftmals OEM PC-Boards, mit einer zurechtgetailorten Unix Umgebung installiert werden, die im Prinzip nur X WindowsServerkomponenten und einige wenige Supportsoftware laden. Es kann dann beispielsweise auf dem Backendserver auch auf Wintel PC Systeme zugergriffen werden, beispielsweise mit rdesktop oder Citrix Metaframe, und die Session auf dem X Terminal zur Interaktion geöffnet werden. Siehe zu dieser Thematik auch den Abschnitt 8.1 ab Seite 624.

8.3.5 Werkzeuge der Ressourcenlimitierung

Im Abschnitt 8.3.2 zur Servicekonsolidierung ab Seite 634ff ist die Problematik der Ressourcenlimitierung bereits angesprochen worden. Es werden je nach Betriebsystem, Möglichkeiten und Techniken des Herstellers unterschiedliche Verfahren angeboten. Im Wintel Umfeld bleibt aufgrund der technischen Voraussetztungen von windows selbst nur die Ressourcenlimitierung an festen Rechnergrenzen, d.h., ein Rechner per Service, wie es bereits in Abbildung 8.1 auf Seite 626 im Backendbereich dargestellt ist. Ähnliche Lösungen, erweitert um UNIX typische chroot-Umgebungen, bietet auch LINUX[4]. An dieser Stelle bietet sich die Verwendung von Bladecenter[5] an, die den wesentlichen Vorteil einer in-Box Verdrahtung im Bereich Stromversorgung, Netzwerk, Storage, KVM/Consoleswitch bieten, allerdings bei recht großer Wärmeentwicklung auf kleinstem Raum. Einen anderen Weg der Abschirmung bietet BSD mit dem Konzept der so genannten *jails* einem abgeschotteten gegen Ausbruch gesicherten chroot Environment, jedoch ist die Sicht auf die Hardware und Kommunikationsinfrastruktur nicht getrennt, was auch bedeutet, daß eine Kommunikationsstruktur zwischen den Umgebungen aufgebaut werden kann. Damit ist die Abschottung durch *jails* in einigen Fällen nicht ausreichend. In keinem Fall werden jedoch die Ressourcen auf Prozesse, Prozeßgruppen etc. limitierend zugewiesen. Im kommerziellen Bereich werden hier andere Lösungen angeboten, wozu hier auch die durch OPENSOLARIS angebotenen Mechanismen gezählt werden, denn sie wurden entwickelt, als SOLARIS noch nicht unter der CDDL stand und sie werden, unter anderen auch durch SUN, im kommerziellen Umfeld eingesetzt. Es ist unterscheidbar in

Hardware Partitionierung

Ein Einzelrechner ist grob betrachtet, eine Hardwarepartition. Im allgemeinen wird unter Hardwarepartitionierung die Aufteilung von Hardwarekomponenten eines Gesamtrechners verstanden, derart, daß jede einzelne Partition für sich eine eigene vollständig unabhängige Betriebssysteminstanz fährt. Die Hardwarepartitionierung setzt dafür geeignete, in der Regel propreritäre Rechnerhardware und entsprechende Verwaltungstools voraus. Hardwarepartitionen sind beispielsweise bei HPdie nPartitions, bei SUN die Domains. Einer der bekanntesten Vertreter hardwarepartitionierbarer Maschinen ist die E10k von SUN beziehungsweise Cray.
Von Nachteil ist das in der Regel grobgranulare und inflexible System der Hardwarepartitionierung selbst.
Von Vorteil ist die harte Abgrenzung der Hardwarepartitionen. Ein Ausfall einer CPU beispielsweise führt nur in der betroffenen Hardwarepartition zu

---

[4] Von Interesse mag hier das Xen Projekt sein.

[5] Ein Bladecenter ist eine Box, die auf engem Raum die Möglichkeit bietet s.g. Serverblades über eine Backplane angeschlossen zu betreiben. Serverblades sind vollständige Rechner aus CPU, Memory, HD, I/O.

irgendwelchen Effekten. Andere Hardwarepartitionen werden davon nicht beeinflußt. Die Hardwarepartitionierung ist in der Regel nicht von einem darunterliegenden Betriebssystem abhängig.

Ressource Partitionierung

Eine Ressourcepartitionierung ist die limitierte, beziehungsweise gesicherte Zuweisung von Systemressourcen an einen Prozeß oder ein Prozeßensemble. Die Mittel und Wege lassen sich klassifizieren in:

Prozessorbindungen:
: Eine Prozessorbindung erlaubt das binden eines Prozesses an einen Prozessor. Der gebundene Prozeß wird, wenn er gescheduled wird, auf den gebundenen Prozessor gescheduled.

Prozessorsets:
: Das sind Gruppen aus Prozessoren, denen nach Erzeugung keine Prozesse zugewiesen werden. Erst wenn ein Prozeß oder ein Prozeßensemble an ein Prozessorset gebunden wird, werden nur die so an das Set gebundenen Prozesse auf den Prozessoren des definierten Prozessorsets gescheduled. Ein an ein Prozessorset gebundener Prozeß oder Prozeßensemble wird auf alle Prozessoren des Prozessorsets gescheduled, an das er gebunden ist.

Ressource/Workmanagement:
: Das Ressource- oder Workmanagement beschreibt ein feingranulares Konzept der Zuweisung von Systemressourcen an Prozesse oder Prozeßensembles. Im Gegensatz zu Prozessorbindungen oder Prozessorsets, werden beim Ressourcemanagement auch Themen wie die Anzahl an Prozessen in einem Ressourcepool, die Anzahl aktiver Prozesse in einem Resourcepool, Zuteilung von Memory, Prioritäten, etc. in Betracht gezogen und verwaltet. Erst das Ressource- oder Workmanagement erlaubt es an Applikationen Systemressourcen derart zuzuweisen, daß diese einen abgesicherten limitierten Ressourcepool an Systemleistung jederzeit bereit haben.

Software Partitionierung

Eine Softwarepartition ist eine durch ein Mittel der Software hergesteller Prozeßcointainer. Im Unix Umfeld in Historie aus dem relativ unsicheren chroot Mechanismus entwickelt, gibt es Implementationen von HP (vPartitions), Sun (Zones) und in Grenzen *jails* bei BSD. Softwarepartitionen stellen im Gegensatz zum chroot Mechanismus eine sichere Abgrenzung des Prozeßcontainers gegen das globale Betriebssystem in dem sie definiert sind, dar. Je nach Implemetation verhalten sich Softpartions im look and feel wie vollständig isolierte eigenständige Systeme, sind aber zu 100% vom Betrieb des Basisbetriebssystems abhängig.

Logische Partitionierung

Die logische Partitionierung setzt auf der Basis einer vollständig virtualisierten Hardware auf, somit also auf einem Hardwareabstraktionslayer. Ein solches Konzept wurde von IBM im Bereich der iSeries Rechnerarchitektur entwickelt und mit Erfolg seit langer Zeit betrieben. Die logische Partitionierung bietet unter dem Nachteil des Verlustes an Rechenleistung durch die Virtualisierung selbst den Vorteil hoher feingranularer Flexibilität und stellt im Prinzip eine hervorragende Plattform für OPENSOLARIS dar, nur daß zur Zeit, bedingt vermutlich auch durch die mangelnde Offenlegung der Systemschnittstellen, nur die IBM hauseigenen Betriebssysteme AIX (UNIX like), OS/400 und PowerPC LINUX (IBM Edition) generisch auf der Plattform laufen, sonst nichts.

8.4 IBM

Rolf M Dietze

SOLARIS-Zones werden oftmals mit IBM's LPARs verglichen. Hier soll eine kurze Informationsgrundlage zu dem LPAR-Mechanismus gegeben werden. Da die Techniken unter OS/400 nicht Zielsetzung dieses Buches sind, wird hierauf jedoch nur sehr kurz und damit bedingt unvollständig eingegangen. Vorab eine Warnung an die reinen UNIX-orientierten Leser: Bei IBM wird alles etwas anders bezeichnet als in der UNIX-Welt. Wer glaubt einen Begriff wiederzuerkennen, der sollte nochmals genauer nachlesen, ob der Begriff in der OS/400-Welt die gleiche Bedeutung wie in der UNIX-Welt hat. Ein Beispiel sei hier der Scheduler unter OS/400. Er sollte nicht mit dem Scheduler unter UNIX verwechselt werden, sondern eher mit *cron(1M)* verglichen werden, und ein Routing Step ist nicht die Bezeichnung für einen Next-Hop bei Netzwerkrouten, sondern er ist vergleichbar mit der Initiierung eines Prozesses. In dem Zusammenhang sei auch mit Vorsicht daran erinnert, daß teilweise im Wintel Umfeld Fachtermini aus der OS/400 oder der UNIX Welt sinnfremd verwendet werden. Da jedoch Wintel Systeme von den Autoren dieses Buches aufgrund der allgemeinen Systemspezifika nicht verwendet werden, ist auf der anderen Seite die Begriffswelt, wie sie hier verwendet wird, UNIX bzw. OS/400 spezifisch. Die begriffliche Verwechselungsgefahr zwischen diesen beiden Systemen wird durch gesonderte Erklärung vermieden.

8.4.1 Workmanagement

Zunächst zu einem im OS/400-Bereich recht alten Mechanismus, bereitgestellt seit 1988, der Zuteilung von Systemressourcen an Services, dem s.g. Workmanagement. Unter OS/400 werden einzelne Prozesse Jobs zugeordnet. Zu diesen Jobs gibt es s.g. Jobdescriptions, im Prinzip eine Beschreibung aus Prozessverhalten, Abarbeitung und Prozessen der Gruppe. OS/400 erlaubt es nun, dem Administrator mittels einer solchen Jobdescription Ressourcen wie verwendbares Memory, CPUs mittels Zeitscheiben etc. bedingend zuzuweisen. Damit ist es möglich, Ressourcen für andere Jobs freizuhalten. Wenn sich im laufenden Betrieb die Anforderungen ändern, beispielsweise die Notwenigkeit entsteht, daß ein bestimmter Job mit deutlich mehr Ressourcen arbeiten soll, wie beispielsweise der hochprofitable und urplötzlich stark angefragte Web-Shop, so können im laufenden Betrieb der korrespondierenden Jobdescription mehr Systemleistungsressourcen zugeordnet und damit auch anderen weniger Systemleistungsressourcen zugeordnet werden. Das Workmanagement erlaubt so beispielsweise eine schnelle und unterbrechungsfreie Reaktion auf sich unvorhersehbar ändernde Lastanforderungen. Dieses Verfahren erlaubt auf der anderen Seite auch die Zusammenfassung verschiedener Services auf einem System und die konkurrierende Zuweisung von Systemressourcen.

Für das Workmanagement müssen Subsysteme erstellt werden, die ihrerseits Jobs, beziehungsweise Jobdescriptions enthalten, in denen der eigentliche auszuführende Task enthalten ist. Nach außen ist das erzeugte Subsystem der Benutzung bereitzustellen. Bei Solaris wird diese automatische Bereitstellung durch das Project-System gewährleistet, bei OS/400 beispielsweise im Profil oder der Workstationdescriptionen. Ein Defaultsubsystem in diesem Zusammenhang ist QInter, das Subsystem, das alle interaktiven Jobs aufnimmt. Ein Subsystem dient somit als ein Container für Jobs gleicher Art und Anwendung, wie beispielsweise alle interaktiven Arbeiten, alle Batchjobs etc., die ein ähnliches Ausführungsverhalten haben. Subsysteme ermöglichen damit Jobgruppierungen. Ein Job wird mit einer Ressourcenlimitierung versehen, indem er in einem entsprechenden Subsystem abläuft und mit anderen Jobs des gleichen Subsystems um die in dem Subsystem zugeordneten Ressourcen konkurriert.

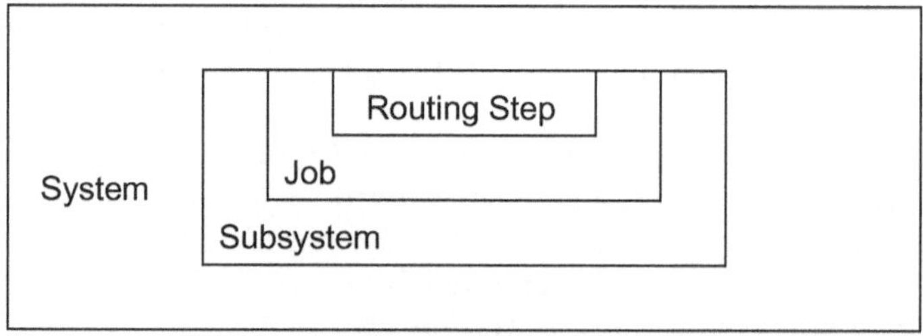

Abb. 8.5. OS/400 Workmanagement

Anders als beispielsweise das Ressourcemanagement unter Solaris, wird bei OS/400 bei Erreichen der limitierenden Grenzen die Applikation nicht abgewiesen. Wenn also eine Applikation gestartet wird, obwohl keine weiteren Ressourcen bereitgestellt sind, wird die Applikation in die JobQueue gesetzt. Sollten entsprechende Ressourcen frei werden oder entsprechend im laufenden Betrieb dazudefiniert werden, so wird die Applikation dann aktiviert. Es kann so beispielsweise definiert werden, daß immer nur zwei Jobs aktiv sind. Der Rest muß dann warten. Beim SOLARIS Ressourcemanagement wird die Applikation abgewiesen. Sind dort Ressourcen verbraucht, beispielsweise die erlaubte Anzahl an Prozessen ist erreicht, so terminiert die neu gestartete Applikation mit einem einfache *vfork failed*, oder einem *no memory* bei Erreichen der Speichergrenzen. Hier reagiert OS/400 applikationsfreundlicher, was vielleicht auch in der Geschichte der Batchverarbeitung begründet sein kann. Es wird halt ein weiterer Job hinten angestellt. Kommt seine Zeit, wird er abgearbeitet. Dieses Verhalten ist UNIX Systemen fremd, was letztendlich auch eine Konsequenz aus dem ursprünglichen Entwicklungsziel eines Time-Sharing-Systems in Konkurrenz zu den damaligen Batch-Systemen sein dürfte.

Das Ressourcenmanagement bei OS/400, hier Workloadmanager genannt, ist ein weit entwickeltes feingranulares System, das in seiner Mächtigkeit Maßstäbe setzt. Es hier in Gänze zu beschreiben, sprengt den Rahmen einer Beschreibung zu OPENSOLARIS. Wer es kennt wird es nur in Grenzen mit dem SOLARIS Resource Management vergleichen wollen. Einige Konzepte und Mechanismen sind jedoch recht ähnlich, so auch die Zielsetzung der Limitierung von Rechnerressourcen in Aufteilung an Applikationen, beziehungsweise Workloads.

8.4.2 Serverpartitionierung

Die Serverpartitionierung hat sich bei IBM über einen langen Zeitraum entwickelt, von einer Hardwarepartitionierung über den entscheidenden Punkt der Hardwarevirtualisierung hin zur logischen Partitionierung der Systeme. Dazu ist das Layering der unterschiedlichen Schichten von Interesse, wie es in Abbildung 8.6 zusammen mit der Softpartitionierung der Phase III dargestellt ist. Zunächst setzt das System mit dem so genannten Powerhypervisor auf der Hardware des Rechners auf. Dieser Powerhypervisor stellt, selbst von einem einfachredundanten, systeminternen embedded Steuerrechner verwaltet, den Virtualisierungslayer der iSeries dar. Der embedded Controller wird bei erweiterten Partitionierungsanforderungen direkt durch die HMC kommandiert. Der Powerhypervisor teilt einer LPAR Systemressourcen wie virtuelle CPUs, Memory, I/O-Adapter, virtuelle I/O-Adapter etc. zu. Eine LPAR läuft direkt auf dem Layer des Powerhypervisors und kann je nach Definition eine eigene Instanz von OS/400, AIX (IBM-UNIX) oder PowerPC-Linux fahren. Für AIX und PowerPC-Linux wird in der LPAR ein OpenFirmware Interface angeboten, OS/400 benötigt dieses Interface nicht, sondern setzt mit dem so genannten SLIC, das ist der System Licensed Internal Code, direkt auf dem Powerhypervisor auf. Auch hier als Hinweis für nicht OS/400 Kenner, der SLIC ist kein Lizenzmanager, wie es der Name vielleich vermuten lässt, sondern vielmehr der Betriebssystem Kernel des OS/400. Der so genannte TIMI

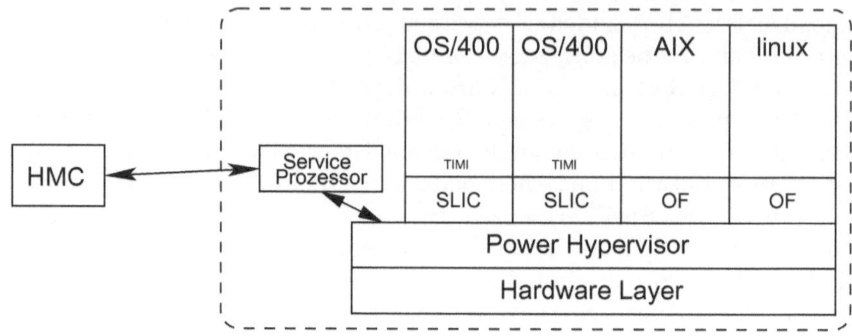

Abb. 8.6. LPAR Phase III

Layer, beschrieben als das Technology Independent Machine Interface, ist im Unix Verständnis mit einem Kernelinterface vergleichbar.

Die HMC ist als Systemconsole eine deutliche Weiterentwicklung, mußte doch bei älteren Systemen immer ein Wintel-PC an den seriellen Systemport der iSeries über eine Slip Verbindung die Systemconsole darstellen. Die klassischen Twinax Terminals, die stattdessen bevorzugt eingesetzt wurden, sind bei aktuellen Systemen nicht weiter unterstützt, womit die im Unix Umfeld typische[6] einfache serielle Consoleanbindung oder die Nutzung eines RSC-Adapters etc. als Systemconsole bei der iSeries so nicht unterstützt ist.

An dieser Stelle ist vielleicht kurz zu erklären, was unter virtueller Hardware zu verstehen ist. Eine virtuelle CPU ist gewissermaßen ein Timeslice einer physikalischen CPU. So wird beispielsweise eine physikalische CPU aufgeteilt in bis zu maximal 10 virtuelle CPUs. Virtuelle I/O-Adapter (Seriell, SCSI, Ethernet) sind zur intra-LPAR-Kommunikation innerhalb der physikalischen Maschine definierbar. Insbesondere stellen die LPARs harte Systemgrenzen dar. Ein in einer LPAR laufendes OS hat keine Sicht auf den Rest der Maschine. Die Konfiguration logischer Partitionen wird neuerdings über eine optionale und damit zusätzlich zu beschaffende Hardware Managementkonsole (HMC)[7] durchgeführt, und kann mehrfachredundant ausgeführt sein. Die Administration der Maschine wird entweder auf Bases einer 5250-Emulation (tty-like) oder über den iSeries Navigator von Wintel-PCs aus durchgeführt. Die Verfügbarkeit und Zuverlässigkeit der zur Administration notwendigen PC-Umgebung wird nicht mit in die Verfügbarkeitsbetrachtung für die iSeries-Plattform mit einbezogen. Die Lösung etwaiger Wintel-PC-typischer Probleme obliegt dem Anwender.

Womöglich in Anbetracht des Administrationsaufwandes von Wintel PC Systemen oder auch um in Bereichen Fuß fassen zu können, in denen keine

---

[6] Selbst die eher Graphik orientierten SGI Systeme etc. nutzen oftmals eine terminalbasierte serielle Console bei Entfernung der Systemtastatur.

[7] Die HMC ist ein xSeries-PC mit einem auf einem PC-Linux basierendem Managementpaket.

Wintel PC Systeme vorgehalten werden, entwickelt IBM ein Web basiertes Administrationsinterface für die iSeries, womit eine gewisse Unabhängigkeit von der Clientplattform erreicht werden soll, denn die iSeries stellt eine solide handliche und im Prinzip leicht administrierbare DB/2 Datenbankmaschine dar, deren Einsatz viele Vorteile auch in reinen UNIX Umgebungen bietet.

Im Kontrast zu den später beschriebenen SOLARIS Zones sind logische Partitionen, kurz LPAR genannt, ein logisches Partitionierungsmittel, bei dem eine Virtualisierungsschicht zwischen den Partitionen und der Hardware liegt. Diese Virtualisierungsschicht ist Bestandteil der Firmware. Die Partitionsgrenzen sind harte Grenzen. Ein Überschreiten ist nicht möglich, da eine logische Partition nicht durch ein Betriebssystem, in diesem Fall OS/400, gehostet wird, sondern direkt auf dem Virtualisierungslayer aufsetzt. Damit ist, auf Basis der Virtualisation Engine ein Aufsetzen auf virtuellen I/O-Interfaces als auch virtuellen CPUs, das sind im Prinzip Timeslices einer physikalischen CPU, eine Weitergabe der Ressourcen möglich, wie es bei einem softwarepartitionierten Rechner möglich ist. Es handelt sich jedoch hierbei um ein Aufsetzen auf einen Firmwarelayer. Die gesamte Partitionsabschirmung wird durch die Firmware und nicht durch ein Betriebssystem geleistet. Ein Vergleich dieses Konzeptes mit denen der Hard- oder Softpartitionierung bei HP oder SUN ist nicht ohne weiteres möglich. Ein Versuch:

Hardpartitionierung: Das Konzept der LPARs ist mit seinen Eigenschaften der absolut harten Partitionsgrenzen für Memory und CPU einer Hardwarepartitionierung ähnlich, jedoch ist die Zuteilung der Hardwareressourcen nicht an Slots, Adressen etc. gebunden. I/O-Adapter können weitestgehend frei zugeordnet oder im Falle der Intranodekommunikation vollständig als virtueller I/O Adapter ausgelegt sein.

Softpartitionierung Das Konzept der LPARs ist mit seinen Eigenschaften der dynamischen Zuteilung von beispielsweise physikalischen CPUs über mehrere Partitionen gleichzeitig auf Basis der virtuellen (Timeslice-) CPUs und der dynamischen Zuteilung, auch von Bruchstücken, von Speicher an LPARs im laufenden Betrieb mit einer Softpartitionierung vergleichbar.

Die logische Partitionierung ist im Prinzip mit einer Kombination der Konzepte und Funktionen der Software- und Hardwarepartitionierung vergleichbar.

Bei LPAR Phase III ist der, die logische Partitionierung einer solchen Maschine ermöglichende, Powerhypervisor-Systemlayer letztendlich ein Microcodesystem, daß eine Rechnerpartitionierung auf Basis von zuordenbaren Ressourcen liefert. Eine LPAR ist im Prinzip ein Container, dem diese Ressourcen zugeordnet werden können. Der Powerhypervisorlayer ist jedoch von den Betriebssystemen der LPARs vollständig entkoppelt. Damit liegt ein Vergleich mit SOLARIS Zones zwar nah, jedoch unterscheiden sie die beiden Konzepte wesentlich in der Tatsache, daß iSeries mit dem Powerhypervisor eine Abstraktionsschicht zwischen Hardware und Betriebssystem gelegt hat, während bei SOLARIS von der eigentlichen Hardware nicht abstrahiert wird. Dort läuft das Solaris direkt auf der Hardware der Maschine und stellt selbst die Ressourcezuweisung an die systemeigenen Prozeßcontainer dar.

Bei einem Blick in die Vorgeschichte der IBM Partitionierung, LPAR Phase II, wurde noch eine OS/400 Servicepartition benötigt, die die Ressourcezuteilung in Form von CPU, Memory etc. realisieren mußte. Hier griff auch ein Ressourcemanagement bei der Zuweisung von Systemleistungen an Partitionen.

Im Vergleich zu der offenen und damit umfangreich dokumentierten Sun Plattform ist die iSeries im Bereich der unteren Systemlayer dem Anwender gegenüber nicht Dokumentiert.

Das LPARIII Konzept ist sehr flexibel und verblüffend einfach bedienbar, die iSeries Plattform ist äußerst stabil, ja geradezu hack-resistent, ist jedoch nicht Inhalt dieses Buches, auch wenn der Autor sich letztendlich eine OpenSolaris Portierung in iSeries-LPARs wünscht.

IBM bietet unter dem Begriff der Serverkonsolidierung Mechanismen an, die es erlauben auf einer iSeries in einzelnen Partitionen voneinander unabhängige OS-Installationen zu fahren, beispielsweise zwei OS/400 Partitionen, drei AIX Partitionen, eine Linux Partition und obendrein als s.g. IXS, IXA-Lösungen die Ein- bzw. Anbindung von Steckkarten, auf denen ein kompletter Wintel-PC bzw. ein Linkadapter zu einem solchen Wintel-PC (xSeries-PC) mit integriert werden können. Die IXA/IXS-Lösung hat deutliche Vorteile gegenüber dem Betrieb eines unabhängigen PCs, ist es doch ein Dienst der iSeries flexiblen hochredundanten Storage dem IXS/IXA-PC, quasi als exportierte über das PC-BIOS sichtbare Festplatte anzubieten, erweitert um virtual Ethernet, also die Einbindung in das über den Hypervisor realisierte memorybasierte Ethernet, kombiniert mit der Einbindung des Usermanagements über die hostende OS/400 Partition. Bei allen Konsolidierungsmöglichkeiten bleibt bei diesem Konzept jedoch der Cocktail aus OS/400, Unix/Linux und Wintel erhalten. Jedes OS benötigt die zur Administration notwendigen Skills zusätzlich zu den notwendigen iSeries/OS/400 Kenntnissen.

8.5 Sun

Rolf M Dietze

Sun hat ein anderes Verständnis von Serverkonsolidierung. Hier wird der OS-Wildwuchs bekämpft und es werden alle Dataservices auf eine OS-Plattform gezogen, was letztendlich den Personalbedarf und die Notwendigkeit von Kenntnissen über die verschiedensten konsolidierten Betriebssysteme deutlich verringert. Ein Problem bei der Konsolidierung mit Sun Solaris basierten Systemen war zunächst die Limitierung von Systemressourcen, bzw. deren garantierte Zuweisung an Dataservices. Ein laufender Dataservice, beispielsweise eine Datenbank, konnte sich aller Systemressourcen ermächtigen, womit weitere auf das Rechnersystem konsolidierte Dataservices mangels Systemressourcen das Nachsehen hatten.

Eine Limitierung der Systemleistung war lange Zeit nur durch Selbstlimitierung der Dataservices und Applikationen selbst erreichbar. Erst später kam der Solaris Resource Manager als Zusatzprodukt hinzu, der in der Anfangszeit als Werkzeug zur Ressourcelimitierung keinen großen Bekanntheitsgrad erreicht hatte, war doch die größte Maschine zu dieser Zeit eine Ultra Enterprise 6500 mit bis zu 30 CPUs mit 30 GB RAM, welche oftmals der Rechenleistung wegen gewählt wurde.

Als an dieser Stelle die seinerzeit von Cray Research übernommene Ultra Enterprise 10000 (E10k), Codename Starfire, auf den Markt kam, war dies eine Maschine mit für damalige Zeiten in diesem Preisbereich nahezu unerschöpflicher Leistung und Größe. Die E10k wurde entwickelt als eine der ersten Sparc basierten Systeme, die eine flexible Hardwareumkonfiguration im laufenden Betrieb bot und deren Hardware quasi in einzelne unabhängige Maschinen partitionierbar war. In die Maschine konnten bis zu 16 so genannte Systemboards eingesetzt werden, auf denen jeweils bis zu 4 CPUs, 4 GB Memory und bis zu 4 I/O-Karten auf zwei Bussen eingesetzt werden konnten. Die Systemboards wurden über einen Crossbarswitch miteinander verschaltet. Das Konzept erwies sich in der Praxis dann doch als relativ unflexibel, mußte doch bei einem Move von CPUs oder Memory das gesamte I/O-System des jeweiligen Systemboards mitgenommen werden.

Mit der E10k kamen Utilities wie *pbind(1M)*, *psrinfo(1M)*, *psradm(1M)* und *psrset(1M)* dazu, die ein Binden von Prozessen an Prozessoren (*pbind(1M)* oder die Erstellung und Administration von Prozessorsets, als Gruppen von Prozessoren, denen Prozesse zugewiesen werden konnten.

Dem Konzept der Hardwarepartitionierung folgten die später auf den Markt gekommenen SUNFire 3800, 4800, 4810 und 6800 und das seinerzeitige Flagschiff, die SUNFire 15000, in einer "halben" Ausstattung als SF12k angeboten und später ersetzt durch die zur Zeit noch aktuellen SF20k/SF25k, welche SF15k-Chassis mit neueren CPUs sind. Bei diesen Systemen waren CPU/Memory und I/O auf unabhängigen Boards, s.g Systemboards und I/O-Boards verteilt. Der Administrator hatte so die Freiheit, ein Systemboard einer anderen Domain zuzuordenen als das I/O-Board, auch wenn es bei der gleichzeitigen Zuweisung und Nutzung beider Boards in unterschiedlichen Domains zu einem Performanceeinbruch auf dem dann im so genannten Split-Expander-Betrieb laufenden Expander bei der SF15k kam.

Die Partitionierung erfolgt bei diesen Maschinen auf einer Hardwarebasis. Es werden fest CPU-Boards und I/O-Boards einer s.g. Domain (Hardwarepartition) zugewiesen. In den Domains wird dann jeweils ein eigenständiges OS installiert und mit den selektierten Dataservices betrieben. Die einer Domain zugewiesenen Systemressourcen sind durch andere Domains nicht automatisch im Zugriff und können nur jeweils einer Domain angehören. Ein automatisches, gleichzeitiges Resourcesharing zwischen den Domains ist nicht gegeben.

In der weiteren Entwicklung wurde im Betriebssystem selbst, im Rahmen einer Maintenance Release von SOLARIS ein Resourcemanagement verankert und als Softpartitionierung einer SOLARIS-Instanz wurden mit SOLARIS 10

Solaris Software Container, späterhin unter dem Begriff Zones, eingeführt. Diese Softpartitionierung verwendet auf modernen Multicore CPU basierten Rechnersystemen wie etwa der Sun T2000, die in diesem Aufbau als 32 Thread Maschine die Leistung einer mittleren SF6900 Konfiguration in einem 2HE Rackmountgehäuse liefert, führt in eine neue Selbstverständlichkeit des Rechnereinsatzes, wie es später im Abschnitt 8.5.5 zu Solaris Containers ab Seite 669 skizziert ist.

Sun Solaris und OpenSolaris unterstützen damit

Hardwarepartitionierung Aufteilung einer Maschine in voneinander hardwareseitig nicht gegenseitig beeinflußbarer Partitionen, die jeweils eine eigene Solaris Instanz fahren.

Workmanagement Eine Ressourcenlimitierung, die eine Einschränkung von Prozessen auf Prozessorsets, Anzahl Threads, LWPs, Memory etc. ermöglicht.

Prozessorsets Gruppen von Prozessoren, denen Prozesse zugewiesen werden können, derart, daß nur die den Prozessorsets zugewiesenen Prozesse auf die Prozessoren des Sets gescheduled werden.

Softpartitionierung Eine softwareseitig logische Konstruktion, die eine eigene Solaris Instanz fährt, jedoch, da eine solche Zone letztendlich eine Schedulerextension ist, immer nur die Software Releaseversion des Basisbetriebssystemes unterstützt. In Solaris Containern kann gegenwärtig nur Solaris selbst laufen. Soll in einer Zone ein anderes Betriebssytem laufen, so ist in der Zone eine Emulationssoftware zu starten, in der das Fremdbetriebssystem läuft. (etwa VMWare).

High Availability Softwarerestarter Wenn Applikationssoftware ausfällt ist der Betreiber in der Regel Machtlos, hat er doch im Prinzip kaum Eingriffsmöglichkeiten. So beliebt in der Regel nur ein Neustart der betriebsrelevanten Unternehmensapplikation. OpenSolaris bietet an dieser Stelle gewissermaßen einen Singlenodecluster. Ein System, das eine Anwendung, Applikation oder Programm bei abnormer Termination schlicht automatisch neu startet. Bei traditionellen Systemen ist hier entweder ein manueller Eingriff notwendig oder ein umfangreiches, teilweise ungesichertes Scripting von Nöten. Das Softwarerestartersystem wird unter der Bezeichnung Service Management Facility geführt und setzt auf Schedulerbasis über das Contract Filesystem auf, wie es in Abschnitt 7.1 ab Seite 423 beschrieben ist.

Dynamic Traceing

Mit OpenSolaris wird ein sehr mächtiges Tool zur Analyse von System und Applikation mitgeliefert unter dem Namen DTrace, Dynamic Traceing. Es erlaubt die Analyse von Verhalten, Zugriff, Ablauf, Verklemmung, Ressourcenbenutzung, Synchronisation etc. und ist als Bordmittel verfügbar. DTrace muß nicht zusätzlich installiert werden, sondern ist mit jedem System bereits an Bord. Es verbraucht im Prinzip keine Systemleistung solange es nicht scharf geschaltet ist. Beispiele hierzu sind auf einem OpenSolaris System unter */usr/demo/dtrace* zu finden.

Um eine Übersicht über die unterschiedlichen Möglichkeiten unter Sun Solaris, OpenSolaris zu erhalten, sei hier ein Blick in Abbildung 8.7 empfohlen.

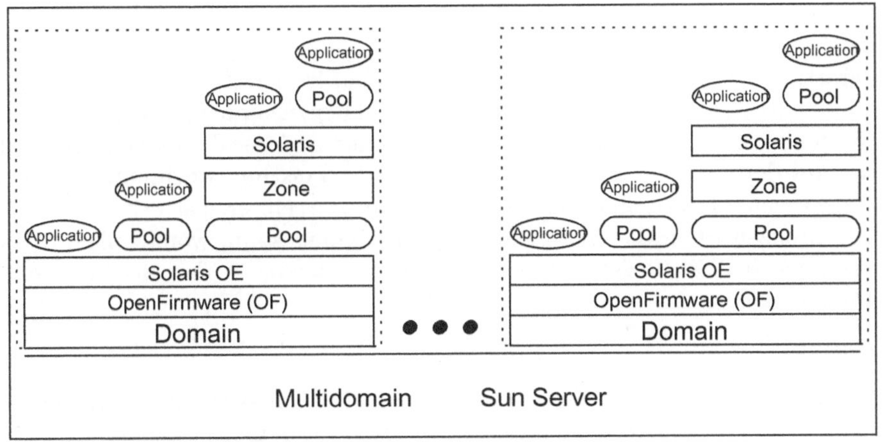

Abb. 8.7. Solaris Partitionierungslayers

Der unterste Layer beschreibt die Hardwarepartitionierung, also den Multidomain Layer. Dieser Multidomainlayer ist in dieser Ausprägung nur auf multidomainfähigen Rechnersystemen gegeben und wird durch einen eigenen Kontrollrechner, ähnlich einer HMC bei iSeries, einen System Service Prozessor (SSP) bei der E10K, oder System Controller (SC) bei den SF3x00 ... SF6x00 Systemen beziehungsweise der SF15k Klasse, wobei bei den Kontrollrechnern unterschieden werden muß in solche, die Steuersoftware auf einem Solaris Rechner fahren und solchen, die ein Applet unter VxWorks zur Hardwareverwaltung fahren, wie es bei den Mittelklassemaschinen implementiert ist, verwaltet.

Hierbei ist anzumerken, daß diese Verwaltungsrechner redundant ausgelegt werden können, wie dies auch bei IBM für die HMC konfigurierbar ist. Jedoch das Bindeglied zwischen Crossbar und SC/SSP, oftmals mit Controlboard etc. bezeichnet, ist bei den Sun Maschinen ebenfalls redundant. Bei den iSeries Maschinen ist dieses Bindeglied zwischen HMC und Powerhypervisor nicht redundant ausgelegt. Dies ist bei der iSeries im Vergleich zur Multidomainrechnerklasse bei Sun, insbesondere da der Powerhypervisor im Prinzip ein weiteres eigenes Betriebssystem zur unterstützung der Virtualisierung fährt, gesondert zu betrachten.

Wird Solaris auf nicht multidomainfähigen Maschinen betrieben, so ist, beziehungsweise entspricht, der unterste Layer der Domainlayer. In der Sun Terminologie wurde ein nicht hardwarepartitionierbarer Rechner, etwa eine UE4500, als Singledomain System bezeichnet. Vereinfacht kann unter dem Domainlayer auch der Hardwarelayer vestanden werden.

Auf dem Hardware- beziehungsweise Domainlayer setzt, wie in Abbildung 8.7 dargestellt, das Betriebssystem selbst auf die OpenFirmware des Systems auf. Es ist nun möglich im laufenden Betriebssystem einzelne Prozesse zu starten oder Ressourcepools zu definieren, in denen Prozesse ablaufen sollen. So weit bis Solaris 9. Seit OpenSolaris ist nun der Zone Layer hinzugekommen, der ein abgesichertes und abgeschottetes Chrootenvironment darstellt, derart, daß Prozesse, die in einer Zone laufen, keinen Zugriff auf Ressourcen außerhalb der Zone oder in andere Zones haben. Damit eine Zone nicht alle Rechenleistung des Systems nutzt, und damit anderen Prozessen und anderen auf dem System konfigurierten Zones die Leistung wegnimmt, kann ein Ressourcepool, also eine Limitierung an Ressourcen, erzeugt werden, in dessen Grenzen dann die entsprechende Zone laufen kann, womit alle Prozesse der Zone in dem Ressourcepool verbleiben müssen, an den die Zone selbst konfiguriert ist.

Domain

Es ist im weiteren zu unterscheiden in den Domainlayer, eine Hardwarepartition, die eine harte Systemgrenze darstellt. Ein multidomainfähiges Sun Rechnersystem bietet mit einer Domain eine Systemgrenze, die bei hardwarebedingten Ausfällen einer Domain alle weiteren Domains vor dem Hardwareausfall derart schützt, als daß diese anderen Domains nicht von der in der benannten Domain ausgefallenen Hardware abhängt. Je nach verwendeter Rechnerhardware können 2 bis 18 Domains definiert werden, in denen dann auch 2 bis 18 voneinander vollständig isolierte Betriebssysteminstanzen laufen. Sollte ein Fremdbetriebssystem, wie etwa FreeBSD, die Besonderheiten einer solchen Domain unterstützen (Virtuelle Console), kann es nach Portierung auf die SPARC Hardwareplattform auch in einer Multidomainmaschine in einer Domain laufen. Ein solcher Port ist dem Autor jedoch nicht bekannt.

Workmanagement

Bei Solaris heißt das Workmanagement Solaris Resource Manager. Es werden darin Pools definiert. Ein Pool beschreibt eine Definition an einzusetzender Hardwareresource, Memory, Prozessorsets, etc., einer Limitierung an Prozessen, LWPs, *fork()*-Calls etc. auf Basis von Tasks (Siehe hierzu Abschnitt 8.5.2). An diese Pools können Prozesse, Applikationen etc. und auch SOLARIS Container gebunden werden, um eine Ressourcenlimitierung zu realisieren.

Zone

Eine Zone ist eine Softpartitionierung des Systems. Sie setzt eine funktionierende so genannte Global Zone voraus und stellt ein abgeschlossenes Prozessenvironment bereit, mit eigener Benutzerverwaltung, eigener Prozessverwaltung etc. Eine Zone stellt nach außen einen eigenständigen Rechner dar, auf den sich Benutzer anmelden können oder die bestimmte Services bereitstellen. Eine Zone stellt damit ein Partitionierungswerkzeug auch für Rechnersysteme dar, die eine Hardwarepartitionierung sonst nicht unterstützen. Damit steht eine Möglichkeit bereit, auf vergleichsweise günstiger Hardwareplattform mehrere unabhängige Systeme parallel fahren zu können.

8.5.1 Prozessorsets

Ein Schritt in eine harte Ressourcenlimitierung ist die Zuweisung von Prozessoren an Prozesse oder umgekehrt. Es kann bei einer solchen definierten Affinität zwischen Prozeß und Prozessor davon ausgegangen werden, das zumindest der betreffende Prozeß nicht andere Prozessoren oder eine größere Anzahl an Prozessoren belastet. Eine direkte Bindung zwischen Prozeß und Prozessor würde letztendlich einen deutlichen Mehraufwand darstellen. Ein Konstrukt aus Prozessoren in Prozessorgruppen erscheint flexibler, denn in eine Prozessorgruppe kann sowohl nur eine einzige CPU als auch mehrere Prozessoren eingebunden werden. Es sind damit auch ein-CPU Prozessorsets möglich, die dann explizit an einen Prozess gebunden werden können und damit das Konzept, der Einzelcpubindung mit enthählt.

Prozessorsetz beziehungsweise Prozessorgruppen murden mit der Einführung von Multiprozessorsystemen unter SOLARIS 2.5.1 bzw. 2.6, als auch mit der Einführung der UE10K, eingeführt.

> Ein Prozessorset ist eine Gruppe von Prozessoren, unabhängig von jeglicher Betrachtungen von Cachespeicher etc.

In Abbildung 8.8 ist dies zur Veranschaulichung dargestellt: Es sind fünf Prozessorsets definiert, vier CPUs, CPU 1, 2, 6, 8, sind nicht gebunden. Auf den ungebundenen vier CPUs laufen alle ungebundenen Prozesse, wie beispielsweise das Betriebssystem selbst, und alle Prozesse die nicht per Kommando oder über *pool*-Beschreibungen an Prozessorsets gebunden werden, siehe hierzu in Abschnitt 8.5.2. Das Beispiel 8.8 zeigt ein ein-CPU-Set, Set2, zwei zwei-CPU-Sets, Set3+5, und zwei drei-CPU-Sets, Set1+4. Den Prozessorsets können in einem weiteren Schritt dann einzelne Prozesse oder Prozeßpools, wie sie späterhin im Abschnitt zu Ressourcemanagement (8.5.2) ab Seite 653

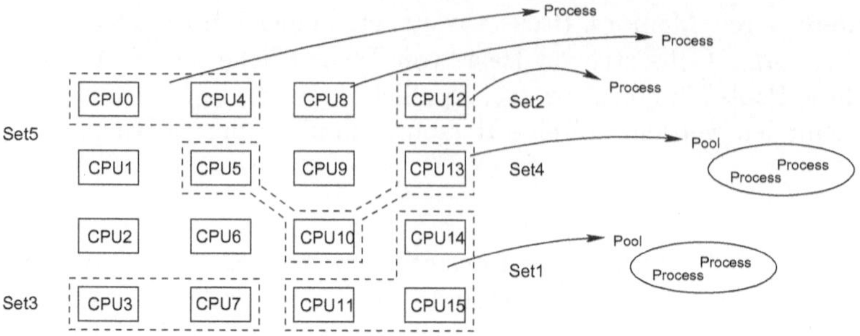

Abb. 8.8. Prozessorsets

beschrieben werden, zugeordnet werden. Das Beispiel zeigt auch, daß Prozessorsets recht frei konfigurierbar sind, die Vergabe der Prozessorsetnummer erfolgt nach der first-come-first-server Strategie, die Nummer des Prozessorsets hat keinen Einfluß auf Prioritäten, Rechte oder Nutzbarkeiten. Im Prinzip ist ein Prozessorset nicht leer, jedoch können leere Prozessorsets entstehen wenn bei der Erzeugung ein Fehlerfall auftritt. Das ist aufzulösen, indem man dem betreffenden leeren Set eine CPU zuweist und das Set anschließend wieder auflöst. Es kann auf einer ein-CPU-Maschine folgerichtig kein Set erzeugt werden, wie auch die Erzeugung eines zwei-CPU-Prozessorsets auf einer Dual-CPU-Maschine fehl schlägt, u.s.w.

CPUs können deaktiviert und aktiviert werden (Diagnostictool, DR, etc.). Ein neu erzeugtes Prozessorset besteht aus den angegebenen CPUs oder aus der ersten freien CPU, wenn bei Erzeugung des Sets keine Prozessoren explizit definiert wurden. Die CPUs des neu erzeugten Sets werden im System nicht weiter zugeteilt und stehen damit mit ihrer vollen Rechenleistung neuen Prozessen offen. Die automatische Zuweisung von Prozessen an Prozessorsets kann realisiert werden, siehe hierzu die Beschreibungen in Abschnitt 8.5.2.

Die Erzeugung von Prozessorsets hat zwei Vorbedingungen:

- Ein Prozessorset muß mindesten eine CPU enthalten.
- Eine CPU muß ungebunden außerhalb der Sets verbleiben (für das OS) Gleichbedeutend mit: Es können in einem n-CPU-System nur n-1 Prozessoren in Prozessorsets konfiguriert werden. Damit ist bei ein-CPU Sets die Anzahl der maximalen Sets von 65536 begrenzt auf n-1 Sets.

Wie zuvor angesprochen, kann der Administrator bei der Auswahl der Prozessoren ohne besondere Einschränkung aus dem Pool an freien Prozessoren wählen. Aus Performancegesichtspunkten sollte bei non-SMP Systemen genauer geplant werden, siehe hierzu auch 8.5.3.2.1 und 8.5.3.2.2. Von Vorzug wären aus Performancesicht Sets auf niedrigen Kommunikationsleveln, also mit Vorzug CPUs an einem Cheeta, dann auf einem Systemboard. Bei mehr CPUs müssen die Systemboardgrenzen verlassen werden.

Bei der Gruppierung von CPU Cores bei Niagara basierten Systemen, oder allgemeiner beschrieben bei Multicore-CPUs, insbesondere wenn sie in sich eine SMP-Domain bilden, ist auf eine Prozessorgruppierung in den SMP-Domain oder CPU Grenzen zu achten, da sonst aufgrund der zwangsweise fehlenden Cache-Prozessoraffinität entsprechend höhere Latenzzeiten in Kauf zu nehmen sind. Gleiches trifft auch auf die Serengeti Systeme zu. Hier sollte nach Möglichkeit auf Bordgrenzen zusammengefaßt werden, wie es in Abbildung 8.16 auf Seite 666 skizziert ist.

Zur Administration von Prozessoren und Prozessorsets stellt SOLARIS drei Kommandos bereit:

psrinfo(1M) Anzeige von Prozessorinformationen (Last etc.)
psradm(1M) Ein- und Ausschalten von CPUs
psrset(1M) Erzeugen, löschen, PID-Bindung an Prozessorsets

Dazu kommt in diesem Rahmen auch:

pbind(1M) Etwas älter, Prozeßbindung an Einzel-CPUs

Die o.g. drei Kommandos sind seit (ca.) SOLARIS 2.5.1 bzw. 2.6 mit Einführung der UE10K verfügbar.

8.5.2 Dynamic Recource Pools, Solaris-Workmanagement

Bei Verwendung umfangreicher und leistungsfähiger Rechnersystemen mit 100++ CPUs und Memory im tera-Bereich ist es in entsprechenden Anwendungsbereichen seit längerem notwendig, diese Ressourcen dediziert zuzuweisen. Ein klassisches UNIX oder SOLARIS System stellt alle Ressourcen gleichberechtigt allen Prozessen bereit. Wenn ein erster Prozeß mehr oder gar alle Ressourcen braucht, so bekommt er diese. Weitere Prozesse können sich teilen, was noch verfügbar ist.

Im Bereich der klassischen Business Maschine, der iSeries unter OS/400 ist seit 1988 der Begriff des Workmanagements geprägt. Hier wird einer s.g. Jobdescription ein Resourcepool an CPU (Timeslices) und Memory zugewiesen. Die Ressourcengrenzen können interaktiv dynamisch variiert werden. Läuft beispielsweise ein Webshop mit einem definierten Resourcepool und eine interne Applikation mit einem anderen Resourcepool, so ist zum einen sichergestellt, daß sich Webshop und interne Applikation nicht die Rechenleistung gegenseitig entziehen (man denke an den allseits abdrehenden Mozilla/Netscape/etc.) zum Anderen kann bei plötzlich ungeplantem Kundeninteresse am Webshop diesem auch im laufenden Betrieb mehr Kapazität (CPU/Memory) bereitgestellt werden, während die internen Applikationen mit geringeren Ressourcen mit geringer Performanz arbeiten. Hier kann der Anwender situationsbedingt die s.g. Workload verschieben. Ein feingranulares ressourcenlimitierendes System ist der SOLARIS Resource Manager(SRM), der es ermöglicht, einen fehlerhaften Prozeß daran zu hindern den gesamten

Speicher oder alle CPU Ressourcen des Systems zu nutzen. Im Zusammenhang mit Zones ist die damit ermöglichte Ressourcelimitierung ein wesentliches Instrument der Server/Service Konsolidierung in Zones mit definierten Systemressourcen.

Begonnen hat die forcierte Limitierung von Ressourcen im Unix Umfeld schon früher, jedoch zunächst aus anderen Gründen. So bieten Unix Systeme seit langer Zeit mit Quotas die Möglichkeiten, Plattenbelegungslimits, oder mit *limit, ulimit* CPU-, Filesize- oder Stacksizelimits zu setzen. Erst mit der UltraEnterprise 10000 ((U)E10k), bei der Sparc-Division der Cray Research entwickelt und durch Sun von der SGI übernommen, kam eine Maschine auf den Markt, die es erlaubte Hardwareressourcen in so genannte Domains zu partitionieren. Eine Domain ist letztendlich ein nach Regeln aus einem Resourcepool von CPUs, Memory und IO zusammenkonfigurierter Rechner, auf dem ein unabhängiges Solaris-OE installiert werden mußte. Es war damit bei Sun erstmalig möglich eine Maschine wie die E10k, mit 64 CPUs, 64 GB Memory und 32 IO-Bussen derart in unabhängige Einzelpartitionen zu konfigurieren, daß eine Partition bzw. Domain aus minimal exakt 4 CPUs, 4 GB Memory und 2 IO-Bussen bestand und während der Laufzeit ein Prozeß in einer solchen Domain bei übermäßigem Ressourcenhunger die Domainschranke nicht überschreiten konnte, es jedoch Möglichkeiten gab, während der Laufzeit, also dynamisch, ohne Reboot weitere Ressourcen zuzuweisen oder abzuziehen, d.h., weitere Systemboards in die Domain hineinzukonfigurieren, wobei beim Abziehen von Ressourcen auf Abhängigkeiten geachtet werden mußte. Weiterhin kam der Begriff des Prozessorsets unter Solaris auf. Ein Prozessorset ist eine Gruppe von Prozessoren, auf die nur die dem Set zugeordneten Prozesse gescheduled werden. Prozessorsets sind damit ein Mittel, CPU-Ressourcen dediziert zu verteilen, um dedizierten Prozessen eine garantierte CPU-Leistung bereitstellen zu können.

Noch weit entfernt von den flexiblen Möglichkeiten des Workmanagements oder der Logischen Partitionen (LPAR) einer iSeries, waren dies die ersten Schritte, eine so genannte Serverkonsolidierung zu unterstützen. Unter dem Begriff Serverkonsoliedierung wird das Zusammenfassen von einzelnen Servern, bzw. der durch sie angebotenen Dienste, auf eine leistungsfähige Maschine betrachtet. Bei der Serverkonsolidierung werden zwei unterschiedliche Wege beschritten: Die Konsolidierung der Einzelsysteme auf einzelne Partitionen oder Domains, quasi ein 1:1-Abbild eines Servers auf eine Domain, oder die Zusammenfassung von Diensten auf einer Maschine. Ein wesentliches Kriterium bei einer Serverkonsolidierung ist die garantierte Bereitstellung von Rechnerressourcen in Terms of CPU, Memory, IO. An dieser Stelle setzt der von Sun zunächst als unbundeld Product vertriebene Solaris Resource Manager, SRM, ein. Mit Solaris 9 wurde der SRM erstmalig als bundeled Product Solaris mitgegeben. OpenSolaris, respektive Solaris 11 nutzt das Ressourcenmanagement, um den so genannten Zones Ressourcen zuweisen zu können, dazu jedoch später. Das Solaris Resourcemanagement erlaubt es nun, CPU-Ressourcen, Shares, Threads, Resident Memory u.a. zu limitieren bzw. Prozeßgruppen zuzuweisen.

Unter OPENSOLARIS werden Prozessorsets und das Ressourcemanagement, welches durch den Solaris Ressourcemanager in das System kam, zusammen und mit der Möglichkeit der automatischen Zuweisung einer Ressourcedefinition an einen Prozeß oder eine Gruppe von Prozessen unter dem Begriff der Dynamic Resource Pools (DRP) bereitgestellt. Wie bei OS/400 über die Bindung einer Jobdescription an beispielsweise eine Workstation o.ä., bietet unter OPENSOLARIS das Project-Environment eine Anbindung eines Resourcepools an Benutzer oder Prozesse, hierzu jedoch später.

Es wird wie folgt unterschieden in Processe, Tasks, Projects und Pools, in Übersicht dargestellt in Abbildung 8.9:

Prozess Ein Prozeß ist ein in Ausführung befindliches Programm

Task Ein Task beschreibt eine Aggregation von Prozessen und aller ihrer Subprozesse (mittels *fork()* erzeugter Prozesse).

Pool Ein Pool ist eine ressourcenlimitierende Zusammenfassung, an die Prozesse oder Prozessumgebungen zugeordnet werden können.

Project Das Project beschreibt die automatische Zuordnung von Ausführungsumgebungen an Pools, so wird etwa bei einem Login eines Users die Ausführungsumgebung des Benutzers einem vordefinierten Pool, also einer Ressourcelimitierung, zugeordnet.

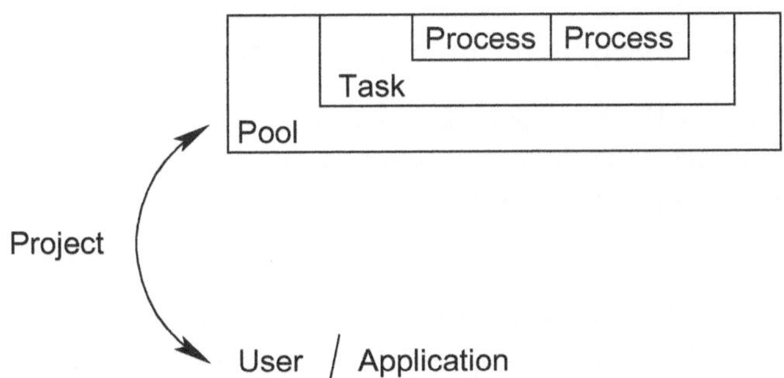

Abb. 8.9. Solaris Resource Management in Übersicht

Das Resourcemanagement unter SOLARIS erlaubt es zunächst auf Basis von Tasks und Projects Prozeßgruppen oder Taskgruppen Ressourcen zu limitieren, sodaß einzelne Prozesse nicht die gesamte Systemleistung verbrauchen können. Die Limitierungsmöglichkeiten sind beschrieben durch:

- Ressourceneinschränkung, derart, daß ein Prozeß bei weiterer Anfrage nach Ressourcen keine positive Antwort erhält.
- Mechanismen des Scheduling, auf Basis des so genannten Fair Share Schedulers (FSS).

- Mechanismen der Partitionierung, der Aufteilung von Workloads auf Systemressourcedefinitionen.

Ein weiterer Schritt ist die Verwendung von Resourcepools, denen Projects auf der einen und beispielsweise Prozessorsets auf der anderen Seite zugeordnet werden können. So läßt sich garantieren, daß Projekte in Pools die zugewiesenen CPUs ausschließlich nutzen können und auf diesen zugewiesenen CPUs keine Konkurenz mit Prozessen außerhalb des Pools bekommen. Späterhin läßt sich ein solcher Pool auch einer so genannten Zone, einer weiteren Solaris-Instanz innerhalb von Solaris, zuweisen. Eine Zone ist, grob gesprochen eine eigenständige Maschine in der Maschine, jedoch auf gleichem Betriebssystemkern auf dem gleichen Scheduler. Hierzu jedoch in Abschnitt 8.5.5 ab Seite 669.

Ein Ressourcemanagement unter Solaris erlaubt eine bindende Zuweisung von Ressourcen wie CPUs, Memory aber auch die Anzahl an Prozessen etc. an eine Prozeßbeschreibung. Das Solaris Ressourcemanagement bedient sich dabei bei der Zuweisung von CPU Ressourcen den Methoden der Prozessorsetz unter Solaris. Die in Abschnitt 8.5.5 beschriebenen Solaris Containers oder Zones bedienen sich bei entsprechender Konfiguration der Methoden und Mechanismen des Solaris Resourcemanagers zur Limitierung von Ressourcen innerhalb einer Zone. Aus diesem Grund sollte das Ressourcenmanagement, das es seit Solaris 9 Bestandteil des Betriebssystemes ist, verstanden sein.

8.5.3 Hardwarepartitionierung: System Domain

Im Sun-Solaris-Umfeld wird von einer Domain als physikalische Hardwarepartition gesprochen. In dieser Terminologie wird ein einzelner in sich geschlossener Rechner, auf dem eine einzige Betriebssysteminstanz läuft , als Single-Domain-System bezeichnet, also etwa eine Blade 2000, eine V440 oder auch ein unter X.86- Solaris laufender AMD/Intel-PC. Der Begriff der Domain kam in der Sun-Welt mit Einführung der UE10000 auf, eine Maschine, die es erlaubte, Hardwarekomponenten voneinander unabhängig zu eigenständigen Systemen, auf denen jeweils eine Solaris-Instanz zu installieren war, zusammenzukonfigurieren. Das war ein wesentlicher Schritt in die Flexibilisierung der Sun-Rechnersysteme. Es kann also verallgemeinert gesagt werden:

> Eine Domain ist ein eigenständiges Konstrukt aus Hardware (CPU, Memory, I/O), auf dem eine eigenständige Solaris-Instanz installierbar und ablauffähig ist. Es kann je nach Maschinentyp sein, daß eine systemkomponentenverbindende Centerplane und weitere Betriebssystempassive Komponenten wie Netzteile und Fans zwischen den Domains geshared werden müssen.

Die Multidomainfähigkeit ist kein Feature des Solaris Betriebssystems, sondern eine Fähigkeit spezialisierter Sun Hardware, die aufgrund der damit einhergehenden Flexibilität in der Planung und im Betrieb in entsprechenden Bereichen von großer Beliebtheit sind, erlaubt es doch das Zusammenfassen aller Teile der Maschine zu einer hochperformanten Singledomainmaschine bis runter zur Aufteilung der Maschine in bis zu 18 voneinander vollständig getrennten und jeweils mit voneinander unabhängigen vollständigen SOLARIS Instanzen aufgesetzten Domains. Auf der anderen Seite muß OPENSOLARIS\SUNSOLARIS damit in der Lage sein, im laufenden Betrieb Systemkomponenten wie CPUs, Memory und I/O-Komponenten physikalisch aus dem laufenden Betriebssystem auszugliedern oder auch in das laufende System einzubinden. Hilfreich sind dabei die Arbeitsmechanismen des UNIX Systemkerns selbst in Bezug auf das Prozess- und Memorymanagement als auch das dynamische Devicefilesystem, wie es in 5.2.2 beschrieben ist. So ist ein Abschalten einer CPU letztendlich ein Markieren der betreffenden CPU als nicht mehr zu schedulen und anschließend ein Abwarten bis kein Thread mehr darauf läuft, ähnliche Mechanismen als auch aktives Umkopieren von Inhalten greifen auch bei der Deaktivierung von Speicher. Das jeweilige Aktivieren der Komponenten ist ungleich leichter, können CPUs doch nach Bereitstellung im System sofort vom Scheduler mit Prozessen versorgt werden. Dazu kommen SOLARIS-seitig beispielsweise Fähigkeiten wie das Umlenken der Systemconsole über virtuelle Consoleverbindungen. Diese spezialisierten Mechanismen sind mit der CDDL-Stellung von OPENSOLARIS auch mit veröffentlicht oder werden es nach Klarstellung lizenztechnischer Abhängigkeiten. Diese Offenheit in der Implementation ist bei Firmen wie IBM, SGI, HPoder anderen mit gleichwertigen oder ähnlich spezialisierten Fähigkeiten oder Mechanismen derer Rechner/Betriebssystemkombinationen zur Zeit noch nicht zu finden. Diese Offenheit bereitet damit auch die Basis für ein solides Vertrauen in die Systeme und Lösungen der SUN MICROSYSTEMS. Diese Offenheit steht in detulichem Kontrast zu der inzwischen in wesentlichen Bereichen für den öffentlichen Zugang gesperrten Hardwaredokumentation für Neukunden oder Nichtwartungsvertragskunden.

8.5.3.1 Starfire Hardwaredomains

Eines der ersten Konzepte zur wirklichen Partitionierung von Rechnersystemen kam mit der CS6400 und der späteren Starfire, beide entwickelt von Cray Research auf. Die Sparcdivision von Cray wurde von SUN aufgekauft und die Starfire unter der Bezeichnung Ultra Enterprise 10000 (E10k) vermarktet. Die E10k war als reine SMP-Maschine aufgebaut mit einem zentralen Crossbar, auf den 16 s.g. Systemboards aufgesteckt werden konnten. Der Crossbar war aufgeteilt in zwei Hälften, jeweils angesteuert über ein s.g. Centerplane Support Board. Beide Centerplane Support Boards zusammen wurden von einem s.g. Controlboard zur Partitionierung und zum Betrieb der s.g. Domains angesteuert. Es gab aus Redundanzgründen ein zweites Controlboard. Es bestand die Möglichkeit, die Systemsteuerung während des Betriebes von einem Controlboard auf das andere Controlboard umzuschalten, jedoch war immer das Controlboard, das bei der Initialisierung adressiert wurde, das Controlboard, welches auch den Systemtakt an das System gab, unabhängig jeglicher späteren Umschaltung der Verwaltung auf ein anderes Controlboard. Dieses Verhalten führte in der Anfangszeit zu durchaus folgenschweren Administrationsfehlern.

Die eigentliche Domainadministration wie beispielswiese konfigurieren, starten und umkonfigurieren wurde über eine s.g. SSP, System Service Prozessor, eine mit einer Steuersoftware versehene Sun-Workstation unter Solaris, vorgenommen. Die SSP kommunizierte zur Kommandierung der E10k Centerplane mit dem aktiven Controlboard über ein dediziertes 10Mbit Netzwerk.

Die kleinste unteilbare Einheit der E10k war ein Systemboard. Ein Systemboard war zur Zeit der E10k ein Einschub, der bis zu vier CPUs, bis zu vier Gigabyte Memory und 4 SBus bzw. 2 PCI I/O-Karten auf zwei Bussen anbot. Es konnte eigenständig nicht betrieben werden, da im Prinzip an Bord eines Systemboards keine Verbindung der CPUS/Memory/I/O-Busse untereinander bestand und hierzu die Centerplane benötigt wurde, wie es in Abbildung 8.10 dargestellt ist.

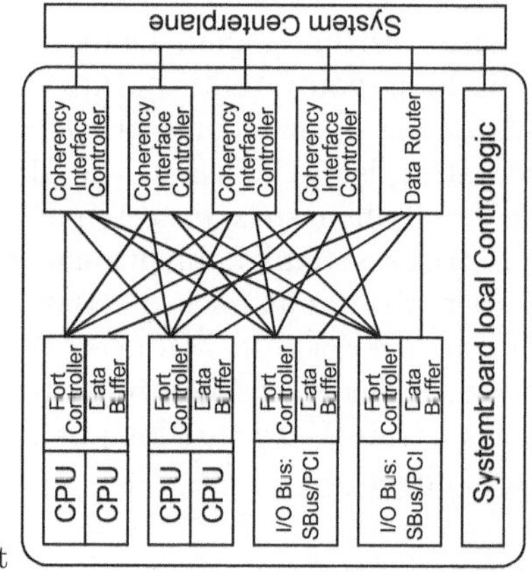

!hbt

Abb. 8.10. UE10k Systemboard, schematisch

Interressant hierbei ist, daß das gesamte 64 CPU Rechnersystem eine SMP Domain darstellte. Bei der weiteren Entwicklung hin zur SF15k Klasse wurde das SMP [8] Konzept zugunsten einer NUMA [9] Architektur wieder verlassen. Bei der Entwicklung der T1/Niagara Prozessoren, bei denen gegenwärtig 8 CPU-Cores per Prozessor bekanntgegeben wurden, wird durch alle 8 Cores

[8] SMP: Symmetric Multiprocessing, die Caches aller CPU halten identischen Inhalt

[9] Non Unified Memory Accress, bei der SF15K als Snoopy Cache Coherency ausgelegt, da das Konsistenthalten des CPUcaches über alle möglichen 72 bzw. 106 CPUs (MAXCat-Boards) hohen Backplanetraffic erzeugen würde.

auf einen CPU lokalen Cachespeicher zugegriffen. Offenbar hat SUN die Technologie des multiportet Memory im Griff.

Die Funktion des Domaining der E10k war relativ straight forward. Es existierte eine Boardliste, in der alle im physikalischen System, der s.g. Plattform, möglichen bereitstehenden Systemboards aufgeführt waren. Wurde eine Domain erzeugt wurde eine Bordmaske erstellt, die angab, welche Systemboards in die erzeugte Domain gehörten. Alle in einer Domain konfigurierten Systemboards wurden über den Crossbar, wie in Abbildung 8.11 dargestellt, vollständig vermascht.

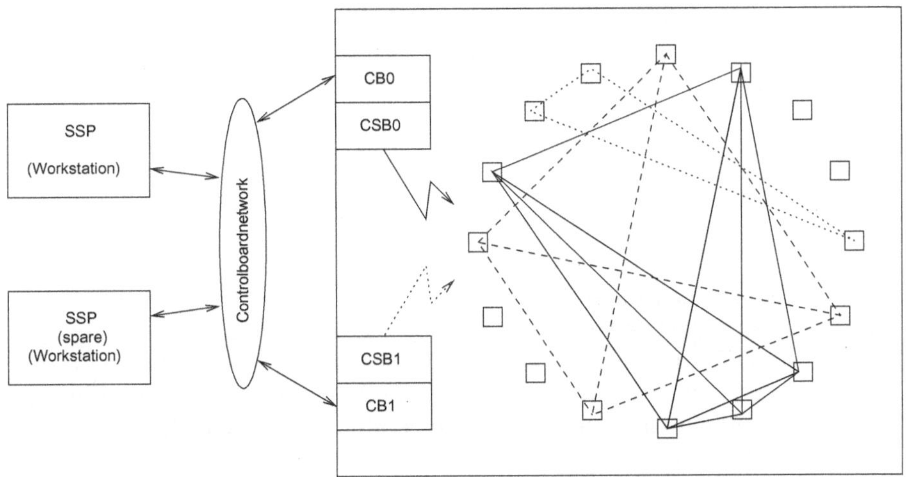

Abb. 8.11. E10k-Multidomainbetrieb

Der Crossbar schedulte nun gewissermaßen alle definierten Domains. So wurde für eine definierte Zeitscheibe die erste Domain, dann die zweite Domain u.s.w. geschaltet, wie in Abbildung 8.12 illustriert. Während eine Domain aktiv war, waren die anderen kurzzeitig inaktiv, vergleichbar mit dem Schedulingmechanismus für Prozesse bei multitasking Betriebssystemen. Die Domainnamen hatten Gültigkeit auf der SSP und waren von den in der Domain vergebenen Hostnamen unabhängig. Sie unterlagen keinen weiteren syntaktischen Regeln als auch Identifier Regeln unterliegen. Es gab lediglich Einschränkungen keine Sonderzeichen zu verwenden und nicht mit einer Ziffer zu beginnen. Domainnamen und Hostnamen konnten unterschiedlich sein, Hostnamen konnten jederzeit umgesetzt werden, so auch die Domainnamen. Der Administrator durfte sich nur bei administrativen Eingriffen in den Betrieb nicht irren.

Das in der Abbildung 8.11 dargestellte Beispiel zeigt drei konfigurierte Domains auf einer E10k, auf denen somit drei voneinander vollständig unabhängige SOLARIS-Instanzen laufen. Es ist auch denkbar, in einer solchen Domain ein anderes Betriebssystem zu installieren, jedoch war dies in den

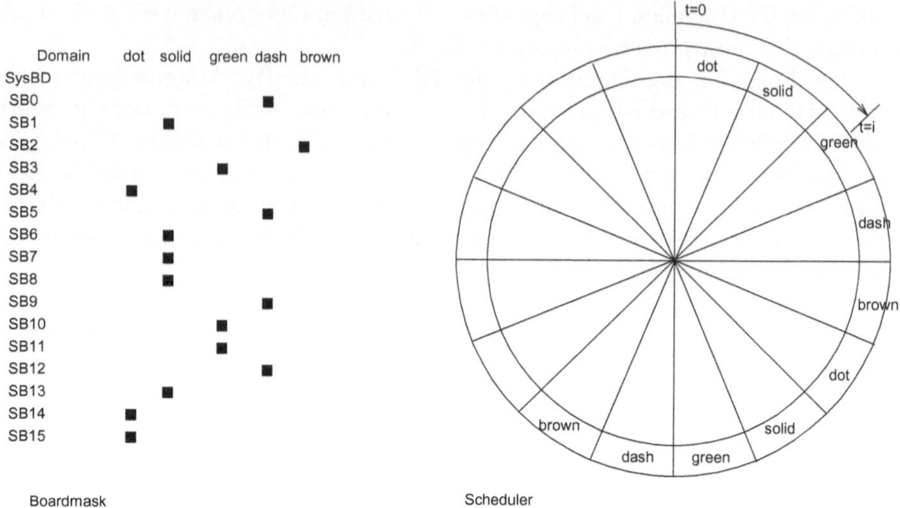

Abb. 8.12. E10k-Multidomainbetrieb

Bereichen, in denen diese Maschinen eingesetzt wurden, unüblich. Das Beispiel zeigt, daß alle Systemboards einer Domain untereinander vollständig vermascht sind. Wenn auf Basis der E10k alle Systemressourcen in eine Domain konfiguriert wurden, erhält man die in Abbildung 8.13 dargestellte hochperformante Konfiguration mit dem damaligen Maximalausbau von 64 CPUs, 64 GB Memory und möglichen 64 I/O-Boards.

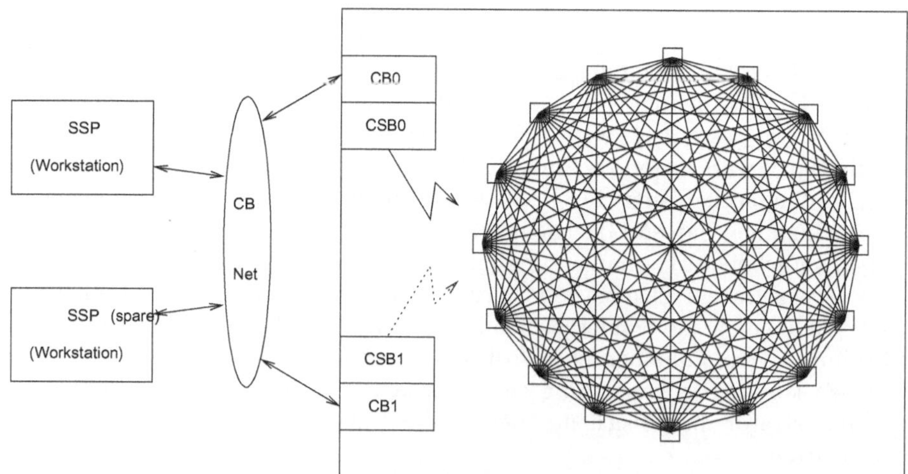

Abb. 8.13. E10k-Singeldomainbetrieb

Die späterhin implementierten Interdomain-Netzwerke, eine emulierte Netzwerkverbindung über den Crossbar war aufgrund des Schedulingmechanismus nicht unbeding als Heartbeatnetzwerk für entsprechende Clusterimplementationen nutzbar. Mit der Aktivierung des Interdomainnetworking waren die letztendlich voneinander getrennten Domains mindestens über den in einem ausgezeichneten Speicherbereich liegenden Interdomainnetworkingbuffer miteinander verbunden, was bei einem crossbarbasierten Crash einer Domain zu einem unmittelbaren Crash aller anderen im gleichen Interdomainnetwork liegenden Domains führte. Begründet ist dieses Verhalten darin, daß für die Interdomainnetzwerkkommunikation über den Crossbar im Memory eines einzelnen Systemboards ein Buffer reserviert wurde, der zu jeder Zeit der aktuell geschedulten Domain verfügbar sein mußte. Damit gab es eine "Verbindung" auf Ebene des Crossbar. Das Interdomainnetworking war ein lange Zeit von Benutzern formulierter Wunsch, vermutlich eher auf Basis der Kenntnis von virtual Ethernet bei IBM/iSeries basiert, denn mit dem Verständnis mit der aus diesem Wunsch resultierenden absichtlichen Destabilisierung des Systems verbunden.

Das Besondere Plus der E10k, als auch der späteren SF15k-Klasse war der Hardwaredebugger, redx geschrieben, Red-Cross gesprochen. Er erlaubt die Analyse der Centerplane und Komponenten der Systemboards bis hin zu den CPU/Memory/IO-Anschlüssen während der Laufzeit als auch aus einem Crossbardump post Mortem. Jedoch sollte sich der Anwender zurückhalten Speicher- oder CPU-Tests auf Komponenten einer laufenden Domain durchzuführen, denn weder das Memorymanagement noch der Scheduler werden über die Durchführung der Tests informiert.

Die Administration der E10k war trotz des komplexen Systems an sich, relativ einfach. Zur Erinnerung: Eine Domain wird, eingeloggt als User *ssp* auf der SSP erzeugt, indem man man aus der Menge freier Systemboards z.B. Systemboards 0, 1, 2, 3, das Kommando

```
ssp@ssp1$ domain_create -d mars  -b 0 1 2 3 -o 2.6 -p solarsystem
```

absetzt. Die Domain wurde dann von der SSP gestartet, indem man die Umgebungsvariable *SUNW_HOSTNAME* auf die zu startende Domain umsetzt, supporteter Art und Weise mit dem Kommando

```
ssp@ssp1$ domain_switch mars
```

und dann die selektierte Domain mit dem Kommando

```
ssp@ssp1$  bringup mars
```

startete. Der Bringup startete gleichzeitig den *netcon_server* für die jeweilige Domain, je nach Notwendigkeit konnte der *bringup* mit den Zusatzoptionen:

-f Force-Bringup ohne Überprüfung des Domain Status
-A [on|off] zum Boot in SOLARIS oder Stop des Starvorganges im OBP-Prompt
-C Zur Konfiguration der Centerplane, wurde i.A. automatisch bei Notwendigkeit durchgeführt.

aufgerufen werden. Bei Bedarf konnten Domains umbenannt werden mit *domain_rename*, was in Altversionen der SSP-Software mit Nebeneffekten behaftet war, oder gelöscht werden mit *domain_remove*, je nach Softwareversion auch bei bestehender Verbindung zwischen SSP und ControlBoard ohne störende Mitteilungen oder Warnungen. Domains konnten ohne besonderen Aufwand, Notfalls aus der *domain_history* wieder neu erzeugt werden, die Betriebssysteminstanz auf den domainlokalen Systemplatten wurde von solchen Aktionen nicht beeinflußt, womit bei geeigneter Konfiguration die Domain wieder ohne irgendwelche Nebeneffekte neu gestartet werden konnte. Die Experimente des Administrators auf der SSP bei bestehender Verbindung zur E10k beeinträchtigten u.U.den Betrieb.

Ein ordentlicher Halt bzw. ein Shutdown konnte nur aus der Domain heraus initiiert werden. Die Systemkonsole war nur über die SSP als ssp-User erreichbar, was in Umgebungen, in denen Domains auf ein und derselben E10k betrieben wurden bedeutete, daß alle Administratoren, die Consolezugriff benötigten, den ssp Userzugang auf der SSP benötigten und so immer Gewalt über die gesamte E10k-Plattform hatten.

8.5.3.2 Safari Bus basierte Sparc-Systeme

Mit der Entwicklung der Serengeti- bzw. Starcat-Klasse wurde die reine SMP Struktur verlassen zu Gunsten einer NUMA Architektur mit s.g. snoopy Cache Coherency. Bei Interesse kann hier in der Literatur zu diesen Maschinen, nachgelesen werden. Hier soll lediglich angemerkt werden, daß die Cacheinhalte der CPUs unterschiedlich sind und daher ein Rescheduling von Prozessen auf gleiche Prozessoren im Hinblick auf Systemperformance von Vorteil ist. Grundsätzlich anders als bei der E10k ist die Handhabung der Domainkonfiguration und der intradomain Board zu Board Kommunikation. Es wird quasi über ein "Netzwerk" kommuniziert bzw. geroutet.

8.5.3.2.1 Sun*Fire 3800 ... 6800 Hardwaredomains*

Der Vollständigkeit halber sei an dieser Stelle noch kurz auf die Serengeti beziehungsweise MSG Maschinenklasse, die SunFire 3800 bis SunFire 6800, hingewiesen, in dieser CPU Konfiguration, inzwischen EOL und im Remarketing als SFx900 mit UltraSPARCIV CPUs wieder auf dem Markt. Es handelt sich dabei um Mittelklassemaschinen mit 8 bis 24 CPUs, die zu Anfang als Systeme mit static System Domains auf dem Markt angeboten wurden. Die dynamische Konfiguration wurde zunächst für den allgemeinen Betrieb im Feld aus Sicherheitsgründen deaktiviert. Auch wurden vor dem Administrator bestimmte administrative Möglichkeiten zur Diagnose etc. auf dem Systemcontroller durch Passwort geschützt, was von Kundenseite nicht unbedingt nachvollziehbar war, ist er doch nach Kauf Eigentümer der Maschine.[10]

[10] Bei anderen Herstellern ist das Verbergen von diagnostischen Mitteln durchaus üblich, bei Sun vergleichsweise selten.

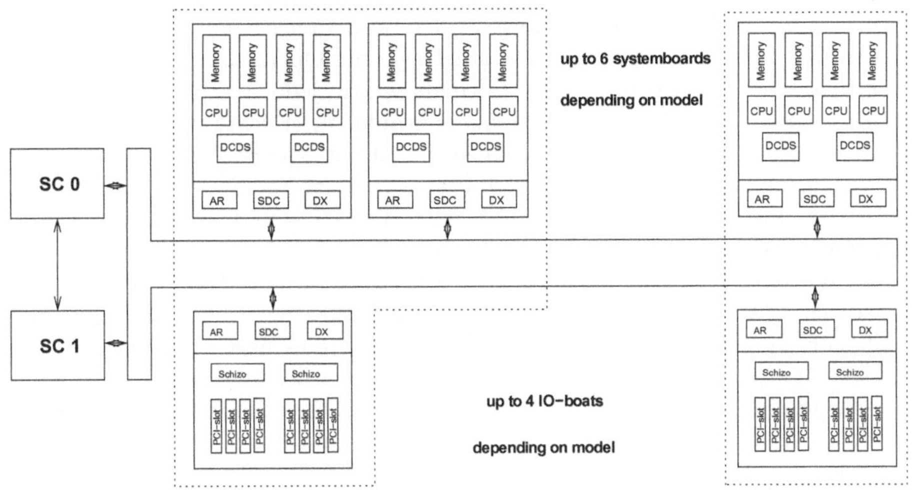

Abb. 8.14. SF3800..6800 Aufbau

Der prinzipielle Aufbau ist in Abbildung 8.14 dargestellt. Eine zentrale Centerplane verbindet Systemboards und I/O-Container miteinander. Unter Steuerung eines System Controllers werden diese Systemboards und I/O-Boards zu Domains, Hardwarepartitionen, zusammengepasst. Die MSG Maschinenklasse bietet dabei drei Intrasystemboardkommunikationsebenen. Die erste und schnellste ist die Kommunikation auf Ebene der Cheeta-Switches zwischen den jeweils zwei angeschlossenen CPUs. Die zweite Ebene ist die Kommunikation innerhalb eines Systemboards, Cheeta zu Cheeta. Die dritte Ebene ist die Kommunikation über den Safari-Bus.

Jeder Kommunikationslevel hat andere Kommunikationspfadabsicherungen. Die Kommunikation über den Safari-Bus ist paritätsgesichert. Innerhalb des Systemboards besteht eine ECC-Absicherung.

Die Maschinen konnten je nach Systemausführung und Single- oder Dual-Grid-Betrieb bis zu 4 Domains namentlich vordefiniert auf A, B, C und D, der Benutzer mußte lediglich von SC aus per *addboard, deleteboard* Systemressourcen in die vordefinierten Domains einbringen oder löschen. Die Domain Systemconsole war auch hier nur über den SC erreichbar und konnten, direkt per telnet unter Angabe der Portnummer adressiert werden, wie es im Anhang zum Zugang zu Systemconsolen D.4.1 ab Seite 1023 beschrieben ist.

8.5.3.2.2 Starcat Hardwaredomains

In der weiteren Entwicklung kam Ende 2001 eine als SUNFire 15000, später kurz SF15k, benannte Maschine mit dem Codenamen Starcat heraus. Bei dieser Maschine wurde vielen Problemen der E10k Rechnung getragen. So wurde auf Basis einer genaueren Rollenbestimmung ein zentraler Administrationsaccount auf dem Steuerrechner, jetzt Systemcontroller oder SC genannt, vermieden. Vielmehr konnte über Unix-Gruppenrechte definiert werden, welchen Domain-, Hardware, Administrations- oder Operatorzugriff einzelne Unix-Benutzer bekommen sollten. Oftmals wurde jedoch analog zur E10k ein Useraccount eingerichtet, der uneingeschränkt alle Rechte über die Maschine hatte. Es wurde der Redundanz in der Systemtakterzeugung, dem Domain-Consolezugang, der Forderung nach flexiblem Start und Stop der Domains von dem SC aus Rechnung getragen, als auch die beiden redundanten SCs direkt in die SunFire 15000 eingebaut, einem SC fest ein Controlboard zugewiesen und eine Trennung von I/O-Board und Systemboard mit CPU/Memory realisiert. Das System bot Platz für 18 s.g. Expander, was letztendlich Safaribackplanes mit Steckplatz für jeweils ein System- und ein I/O-Board bot. Da es für die I/O-Slots s.g. MAXCat CPU-Boards mit jeweils nur 2 CPUs gab und ein echter I/O-Board für Netzwerk, Massenspeicher etc. freigehalten werden mußte, kam die Maschine mit den alten 1 GB Memorymodulen auf 18*4 CPUs Systemboard zzgl. 17*2 CPUs MAXCat und 18*32 GB Memory auf eine seinerzeitige Gesamtausstattung von 106 CPUs und 576 GB Memory. Die MAXCat waren im Busdurchsatz, bedingt durch den 144 Bit breiten Safaribackplanezugang, etwas langsamer als die Systemboard-CPUs mit einer Wortbreite von 288 Bit. Im Gegensatz zur E10k war somit die gesamte SC-SF15k-Netzwerkkommunikation kabelfrei innerhalb des Systemcabinetts fest verdrahtet. Die Netzwerkredundanz der SCs zur Außenwelt wurde durch die System Management Software (sms) unter Verwendung einer logischen IP-Adresse, aufgesetzt auf einer IPMP-Konfiguration, quasi clusterlike, erreicht. Dafür gab es weniger Flexibilität bei der Domainnamensgebung. Zur Erinnerung an die netzwerkseitige SC-Anbindung sei hier kurz auf Abbildung 8.15 referenziert. Unter Kenntnis von IPMP ist zu erkennen, daß auf beiden SCs eines der Controlboardinterfaces zusammen mit dem *hme0* des SC über eine IPMP Interfacegruppe zusammengeschlossen ist und auf der IPMP-Gruppe die IP-Adresse des steuernden Systemcontrollers definiert ist.

Domains existierten grundsätzlich von A bis S, jedoch ohne zugeordnete System- oder I/O-Boards. Die Domainkonfiguration beschränkte sich auf die Zuweisung von Hardwareressourcen zur jeweiligen Domain unter Berücksichtigung der definierten Zugriffsrechte, etwa wie folgt:

```
user@sc$ addboard -d A sb0 io0
```

Die Domain konnte bei ausreichenden Rechten sodann gestartet werden mit dem Kommando

```
user@sc$ poweron -d A
```

Das Kommando *poweron* bot diverse Optionen an, abgestoppt wurde die Domain entweder aus der Domain heraus oder über den Systemcontroller mit dem Kommando *poweroff* mit entsprechenden Optionen. Die Systemcontrollersoftware bietet eine entsprechende Onlinehilfe.

Es wurde bei Sun vermutlich wegen der Deaktivierung der DR-Fähigkeiten der SunFire 3800 bis 6800 in der Auslieferung während der Anfangszeit, unterschieden in static System Domains und dynamic System Domains. Die Unterscheidung hatte im Prinzip keinen weiteren Wert. Eine static System Domain war eine vor dem Domain Bootprozess (Solaris-Boot) konfigurierte Domain, während eine dynamic System Domain eine Domain war, die während der Laufzeit des SOLARIS umkonfiguriert werden konnte. Obiges Beispiel der Domainerzeugung per *addboard* ist demnach die Erzeugung einer static Domain, während bei der SUNFire 15000, so die alte Bezeichnung, auch schon von Anfang 2001 an ein *addboard* bei laufendem SOLARIS in der betreffenden Domain es erlaubte, dynamisch Hardwareressourcen zuzuweisen, womit der Begriff der dynamic System Domain zum Tragen kommt.

Das Feld der SUNFire 15000 und ihrer Nachfolger in der so genannten Highend Server Group, HSG Maschinenklasse, ist umfangreich und kann bei Bedarf an anderer Stelle nachgeschlagen werden. Der prinzipielle Aufbau ist eine Erweiterung der Serengeti-MSG-Klasse, auch wenn beide Plattformen gleichzeitig und von unabhängigen Entwicklungsteams entwickelt wurden. In Abbildung 8.15 ist der Aufbau grob dargestellt

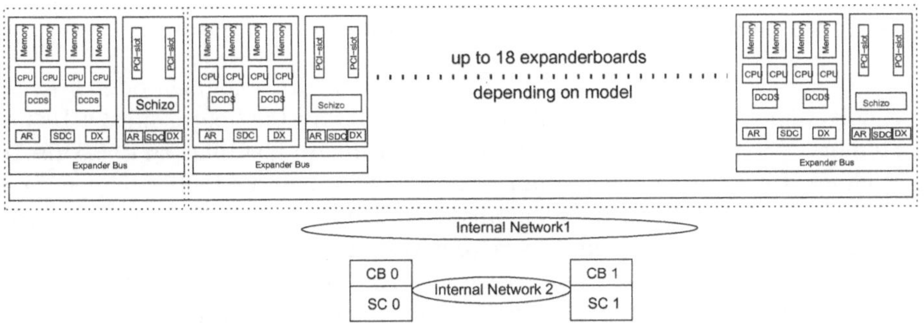

Abb. 8.15. SF3800..6800 Aufbau

Einfacher vorstellbar ist der Aufbau indem man einen Expander als Serengetinode betrachtet und die Starcat-Plattform als ein "Kommunikationsnetz" zwischen 18 dieser Expander ansieht. Dies ist eine starke aber sinnvolle Vereinfachung. Damit ist auch der vierte Kommunikationslevel gegeben, die Expander zu Expander Kommunikation.

In der gemeinsamen Betrachtung stellen sich die Kommunikationslevel wie in Abbildung 8.16 dar. Level 1 ist die Kommunikation zwischen zwei Prozessoren über den gleichen Cheeta, der zweite Level ist der der Intrasystemboardkommunikation, gefolgt von der Kommunikation über den Safari-Bus. Dieser Level wird bei der Starcat erweitert um eine Kommunikation von Expander zu Expander.

Diese Betrachtung der Kommunikationslevel und der jeweils höheren Latenzzeit und den Nebeneffekten der Chacheverwaltung sind bei der Bildung von Prozessorsets in Sektion 9.11 zu beachten.

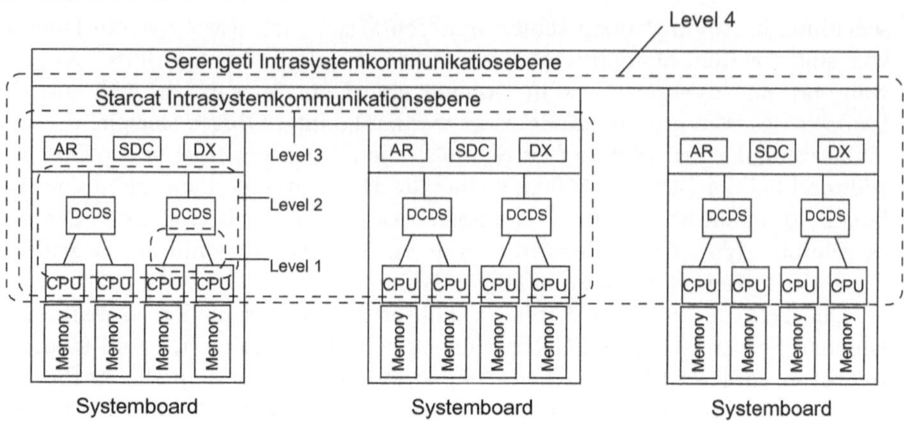

Abb. 8.16. Kommunikationslevel der Safari-Bus Systeme

8.5.4 Dynamische Rekonfiguration, Domainmanagement

Als dynamische Rekonfiguration (DR) wird das Hinzunehmen oder Löschen von Systemressourcen wie I/O-Subsytemen oder Systemboards mit CPUs und Memory während der Laufzeit des in einer Domain installierten Solaris bezeichnet. Es ist erfahrungsgemäß einfacher während der Laufzeit Systemressourcen hinzuzunehmen denn sie aus einer Domain zu entfernen. Die Auslegung eines Solaris-Systems zur Unterstützung von DR bedarf einiger Planung[11], insbesondere bei der Auslegung der I/O-Ressourcen. Wenn, wie in Abbildung 8.17 dargestellt, die zweite Netzwerkschnittstelle aus dem System konfiguriert werden soll, dann ist dies nicht ohne weiteres ohne Betriebsunterbrechung möglich. Es sind in 8.17 *hme0* und *c0* auf weiteren unabhängigen Karten im System vorhanden. Nun kann man die IP Services von *hme1* stoppen und auf *hme0* wieder starten und den Netzwerkstecker umsetzen. Die Aufgabe ist dann mit einer Netzwerkunterbrechung erfüllt, alle zustatandsfreien Verbindungen werden dies nicht weiter zur Kenntnis nehmen, alle zustandsabhängigen Verbindungen müssen neu aufgebaut werden, beispielsweise Datenbankverbindungen. Ist nun auch der Festplattencontroller *c0*, an den die zum Systembetrieb notwendige Boot- und Rootplatte angeschlossen ist, aus dem Rechnersystem zu entfernen, so ist ohne Hilfsmittel spätestens hier eine Betriebsunterbrechung notwendig, es sei denn man nutzt die Bordmittel von Solaris.

[11] Es sei an dieser Stelle darauf hingewiesen, daß die genutzte Hardware DR unterstützen sollte, alle betroffenen Komponenten hotpluggable sein müssesn und es ist auch darauf zu achten, korrekte Firmware- und Patchstände zu halten. Bei einem einfachen Herausziehen oder Stecken von Komponenten wird anderenfalls das Rechenrsystem und die betreffende Komponente persistente, physikalische Defekte davontragen.

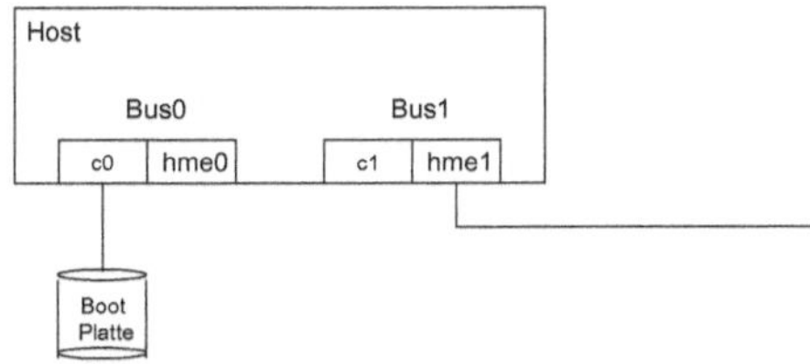

Abb. 8.17. Nicht DR-fähiges Setup

Ziel einer DR-fähigen Auslegung eines Rechners ist es, zu ein- und demselben Target über unterschiedliche voneinander unabhängige I/O-Adapter auf getrennten Systembussen zu gelangen. Die SUNFire 15000 erlaubt das Herauslösen einzelner I/O-PCI-Karten. Die Starfire erlaubt nur das Entfernen eines kompletten Systemboards mit allen CPUs, allem Memory und allen I/O-Karten. Die SF [3,4,6]800 erlaubt das Herauslösen von I/O-Containern. Je nach verwendeter Maschine ist darauf zu achten, daß redundante I/O-Karten auf getrennt entnehmbaren Slots im Rechner verteilt werden. Ein Beispiel für eine DR-fähige Konfiguration sei in Abbildung 8.18 dargestellt. Sowohl Netzwerk als auch Massenspeicher sind redundant angebunden. Bei dieser Konfiguration kann selbst der Controller für die Bootplatte dem System nach entsprechender Administration im laufenden Betrieb entnommen werden. Es gibt unterschiedliche Wege das Setup aus Abbildung 8.17 anzupassen, um in der Lage zu sein, den Adapter c1 im laufenden Betrieb aus der Maschine zu lösen. Wie zuvor beschrieben, sollten dabei redundante Pfade zwischen Host und Target sowohl bei der Netzwerkanbindung als auch bei der Festplattenanbindung existent sein. Im zweiten Schritt ist über die Softwaretools nachzudenken, mit denen ein Pfad jeweils deaktiviert werden kann:

1. Zunächst ist *hme0* und *hme1* in eine IPMP-Gruppe zu überführen, wie dies in Abschnitt 6.5.2, ab Seite 405 beschrieben ist. Damit ist *hme1* jederzeit aus dem System entfernbar.
2. Spiegelung der Bootplatte auf eine zweite Bootplatte an *c0*, wie es in Abschnitt 5.15.8 auf Seite 275 beschrieben ist.
   Es ist dann der Spiegel zu lösen .
   Es sind alle Referenzen auf die Platte an *c1* zu löschen.
   Der Adapter kann herausgelöst werden.
3. Alternativ kann MPxIO für die Bootplatte aktiviert werden (Abschnitt 5.18).
   Bei Verwendung von MPxIO kann der Controller *c1* deaktiviert werden. oder auch einfach abgeschaltet werden. MPxIO fäng dies ab.

Das Beispiel soll in die Problematik einführen und gibt damit keine Einzelfallskonfigurationsempfehlung. Im Einzelfall ist zu planen und zu überprüfen, inwieweit das gewünschte Konzept umsetzbar ist. DR-fähige Konfigurationen beinhalten insbesondere auch den Abgleich der Firmwarestände der betroffenen Komponenten des Systems, des richtigen Patchstandes, und im Falle

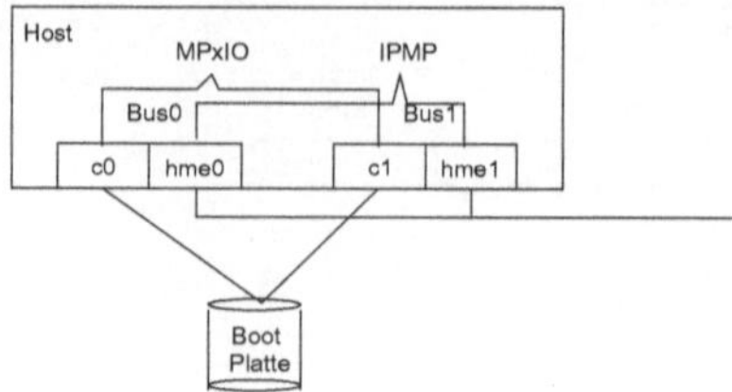

Abb. 8.18. DR-fähiges Setup

der Fremdwartung beziehungsweise der Nutzung von Supportverträgen der Verwendung supporteter Komponenten und Konfigurationen. Die Thematik der dynamischen Rekonfiguration, als des Herauslösens oder Einbringens von CPU und Memory hat im Bereich des Herauslösens von I/O Karten die Entwicklung von Softwarelösungen wie IPMP, beschrieben in Abschnitt 6.5.2 ab Seite 405 und MPxIO, beschrieben in Abschnitt 5.18 ab Seite 344, geführt. Eine Vorstufe zu diesen beiden Softwaresets war die Entwicklung von Alternate Pathing, was in der Erklärung zu MPxIO festplattenseitig und im Anhang unter C.3 ab Seite 1007 netzwerkseitig beschrieben ist.
Voraussetzungen für die Konfiguration einer startfähigen Domain sind im Groben:

- Es können nur ganze Systemboards oder I/O-Boards in eine Domain genommen werden. Ein Shared-Betrieb, wie ihn IBM/iSeries bietet, ist auf Sun-Hardwareplattformen gegenwärtig für die Domaindefinition nicht unterstützt.
- Es muß mindestens eine CPU und ausreichend Speicher zum Systemstart definiert sein (kleinste Speicherdefinition möglich, wenn auch u.U. nicht sinnvoll).
- Es ist ein I/O-Board mit mindestens einer unterstützten Netzwerkkarte in die Domain zu konfigurieren.
- Massenspeicherinterfaces zur Ansteuerung von Festplatten ist optional, wenngleich es sinnvol ist, Massenspeicher-I/O zu konfigurieren (Domain kann als Diskless-Client über Netz gestartet werden).

Aus den unterschiedlichen Hardwarerahmenbedingungen ergeben sich u.U. weitere harte Anforderungen zur Domainkonfiguration, was in den jeweiligen gut geschriebenen Sun-Manuals zur jeweiligen Maschine beschrieben ist.

Die administrativen Kommandos zur dynamischen Konfiguration sind einfach zu verstehen und in der Begleitdokumentation zur Maschine, bzw. zu den Softwarepaketen bei SSP und sms gut erklärt. Zusammenfassend sollte angemerkt werden, daß bei Sun drei unterschiedliche DR-Systeme existieren. In allen drei Fällen werden vom Systemcontroller bzw. von der SSP aus DR Operationen ausgeführt. Ein weiterer Weg ist die DR-Administration aus der Domain heraus, wie sie bei den neueren Maschinen unterstützt wird. Die Möglichkeiten beschränken sich dabei auf die für die Domain sichtbaren Hardwareressourcen das administrative Kommando ist *cfgadm (1M)*. Die SF15k Umgebung bietet als Erweiterung die SC basierte Ausführung eines *cfgadm (1M)*, die dann erweiterte Möglichkeiten aufweist: *rcfgadm (1M)*

Starfire (E10k)

DR-Shell, eigene Shell, die zur Administration auf der SSP durch den User *ssp* aufgerufen wird. In dieser DR-Shell werden dann Kommandos wie *drain, complete_detach, reconfig, init_attach und complete_attach* zur dynamischen Konfiguration benutzt. Selbstverständlich gab es hierfür auch eine recht unglückliche GUI-Variante.

SF 3800... 6800

Applet auf einem Systemcontroller, das Kommandos wie *addboard, deleteboard, showboards* etc. unterstützt. Auf dem Systemcontroller läuft ein VX-Works/RtOS, in dem ein Java-Applet geladen wird, welches die eigentliche Konfigurationsfunktionalität bietet.

SF 15000-Klasse

DR-Kommandos in Syntax der SF3800-6800-Klasse ähnlich, die Steuersoftware System Management Service genannt, kurz SMS, ist jedoch eine unter SOLARIS laufende Software, die stark auf das mit SOLARIS 8 stabilisierte ACL System aufbaut. Der Systemcontroller ist ein kleiner Compact-PCI Sparc-Rechner, bei der SF15k eine CP1500, auf dem ein eigenständiges Standard-SOLARIS läuft. Die CP15000 wird direkt in einen dedizierten cPCI Steckplatz direkt auf dem Controlboard der SF15k plaziert.

8.5.5 Solaris Container, Zones

Einen etwas anderen Weg der Serverpartitionierung geht SUN mit der Implementation der SOLARIS Container, späterhin Zones genannt. Dabei handelt es sich um Prozeß Teams in einem Changerootenvironment, wobei eine Abschirmung zwichen den SOLARIS Prozeßcontainern und der hostenden SOLARIS OE Instanz in der Global Zone als auch zwischen den Zones existiert. Es wird unterschieden in:

Global Zone

Sie beschreibt die SOLARIS Instanz, die alle so genannten nonglobal Zones hostet. Es ist die SOLARIS Instanz, die initial von Festplatte gebootet wird und Zugriff auf alle Ressourcen, Devices, Prozesse etc. des Systems hat, folglich kann es auch nur eine Global Zone in einer Hardwaredomain geben. Die Global Zone stellt den nonglobal Zones Ressourcen in Form von Filesystemen, virtuellen I/O Devices, Memory und CPU Leistung beziehungsweise Zeit zur

Verfügung. Sie verwaltet Rechenleistungszuteilung durch den Solaris Resource Manager. Für die Global Zone sind alle Prozesse der nonglobal Zones sichtbar, sie stellt den nonglobal Zones jeweils eine eigene Solaris Instanz bereit und hat sowohl Sicht als auch Hoheit über durch nonglobal Zones genutzte Ressourcen.

Nonglobal Zone

Die nonglobal Zone ist im Prinzip ein in einem Changerootenvironment laufender Prozeßcontainer mit einer eigenen Solaris Umgebung. Die nonglobal Zones laufen letztendlich auf dem gleichen Kernel wie die Global Zone, sie sind jedoch vom Restsystem weitestgehen abgeschirmt. Es wird keine Möglichkeit unterstützt, die es erlaubt einen Prozeß aus einer nonglobal Zone in eine andere nonglobal Zone zu verlagern. Eine nonglobal Zone hat ihre eigene Root, ihre eigenen Systemressourcedateien, *passwd* etc., ihre eigenen Systemprozesse etc. und einen nonglobal Zone lokalen Rootaccount zur Administration. Aus einer nonglobal Zone herraus ist nichts von anderen nonglobal Zones oder der Global Zone zu sehen, ein in einer nonglobal Zone laufender Prozeß sieht nicht, daß er nur in einer nonglobal Zone läuft. Es werden keine Interprozeßkommunikationsmechanismen zwischen den einzelnen nonglobal Zones oder zwischen nonglobal und Global Zones unterstützt.

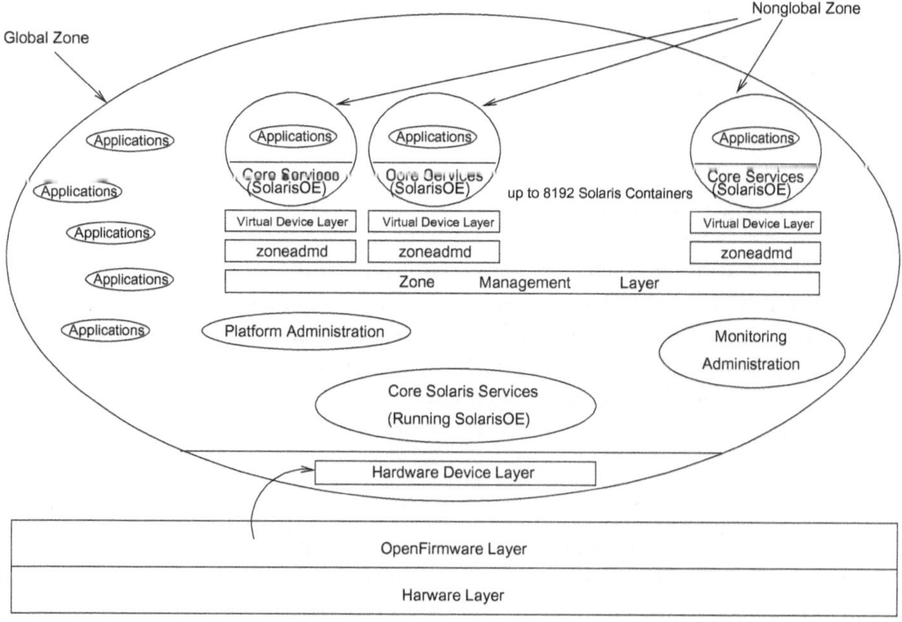

Abb. 8.19. Solaris Container

Einschränkungen und Bedingungen von Zones

SOLARIS Container beschreiben einen Mechanismus, der es erlaubt einen Betriebssystemcontainer zu betreiben, der zunächst den Anschein völliger Unabhängigkeit zum Basissystem, der Global Zone hat. Bei genauerem Hinsehen, wird man feststellen, daß das in einer nonglobal Zone laufende SOLARIS die gleiche Release fahren muß, die auch in der Global Zone gefahren wird. Auch wird man feststellen, daß es Einschränkungen bezüglich der laufenden Prozesse gibt. Es läuft kein vollständiges SOLARIS, es existiert kein */devices*, dafür jedoch existieren */dev* Einträge, es existiert die gesamte */kernel* Filesystemstruktur nicht und dennoch läuft ein SOLARIS.

Wenn man genauer hinsieht, ist dies schnell erklärt: Die nonglobal Zone läuft auf dem gleichen Kernel wie die Global Zone, es wird im Prinzip der gleiche Scheduler genutzt, wobei die nonglobal Zone gewissermaßen eine Schedulerextension ist. Mit Start einer Zone wird gewissermaßen ein Zonescheduler

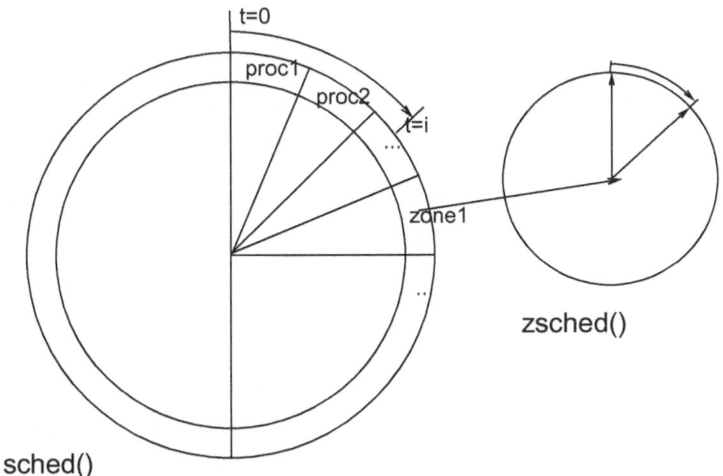

Abb. 8.20. Zone Scheduling

(*zsched()* in Abbildung 8.20) gestartet, der, wann immer die Zone gerade einen aktiven Slot auf der Zeitscheibe der Global Zone hat, nun alle Prozesse der Zone geregelt abarbeitet. Jede Zone hat ihren eigenen Zonescheduler.

Damit ist im Prinzip von selbst erklärt, warum es nicht möglich ist in einer Zone ein anderes Betriebssystem zu laden als in der Global Zone, oder warum die gleiche Betriebssystemrelease in der nonglobal Zone laufen muß, wie in der Global Zone: Eine Zone setzt nicht auf einer virtualisierten Hardware auf, wie es etwa eine LPAR bei IBM/iSeries tut, sie setzt auf einem Servicelayer des Betriebssystems der Global Zone auf und beschreibt ein Changerootenvironment, das soweit geschützt ist, daß ein Ausbruch vermieden werden kann.

Es gibt folgerichtig keinen unterstützten Mechanismus einer IPC oder Socketkommunikation zwischen nonglobal Zones oder zwischen nonglobal Zone und Global Zone, die Memorybufferbasiert ist. Eine Kommunikation zwischen den nonglobal Zones ist immer eine netzwerkverbindungsbasierte Kommunikation. Eine Kommunikation zwischen Global Zone und nonglobal Zone ist nur durch Zugriff auf die Zone Console per *zlogin(1M)* oder per File-I/O in den Zone Verzeichnistree möglich. Die Global Zone stellt den nonglobal Zones das Rootfilesystem der Zone in einem getrennten Filesystem bereit, das gleichzeitig für die betreffende nonglobal Zone das Filesystemenvironment ist, aus dem die Zone nicht ausbrechen kann.

Eine nonglobal Zone beschreibt also genau das, was ihr Name sagt: Einen Solaris Prozeßcontainer, in dem Prozesse ablaufen können. Eine Zone stellt damit ein Aggregationsinstrument für zu konsolidierende Prozesse dar. Es besteht jedoch wie bei jedem auf einem Unix Rechnersystem laufenden Prozeß die Gefahr, daß die Zone, beziehungsweise die in der Zone laufenden Prozesse, alle oder zumindest zu viele Systemressourcen des Basissystems in Anspruch nehmen und verwenden, denn die Prozesse aller Zones laufen auf der gleichen physikalischen Hardware. An dieser Stelle greift das Ressourcemanagement ein, das der Solaris Ressourcemanager bietet. Es kann eine Pooldescription erstellt werden, an die die Zone gebunden werden kann und damit kann sichergestellt werden, daß die betreffende Zone nur die ihr zugewiesenen Systemressourcen nutzen wird.

Die bei Solaris beschriebene Virtualisierungsplattform ist die Bereitstellung eines geschützten Changerootenvironments mit eigenen unabhängigen Verwaltungsmechanismen und die Bereitstellung logischer oder physikalischer Devices. Ein Vergleich mit der Rechnervirtualisierung die IBM bei ihrer iSeries durch den Powerhypervisor und dem darauf liegenden technologieunabhängigen Maschineninterface bietet ist in dieser Entwicklungsphase der Solaris Zones nicht gegeben, denn die iSeries stellt nicht ein Basisbetriebssystem bereit, in dem dann in den Partitionen im Prinzip nur Einzelprozesse laufen, sondern eine logische Partition, in der ein verträgliches, jedoch unabhängiges Betriebssystem installiert und gestartet werden kann. So kann in einer Zone beispielsweise durch Start eines Emulators sicher ein Linux etc. gestartet werden. Gegenwärtig läuft dieses Linux jedoch nicht generisch auf der Rechnerplattform, sondern in einem Emulator welcher, seinerseits ein Prozeß der Zone ist, der wiederum auf den zugewiesenen Ressourcen des Rechners läuft, auf der auch die Global Zone läuft. Bei der iSeries läuft dagegen in den LPARs jeweils unabhängig ein AIX/Unix, ein Linuxoder auch ein OS/400 vollkommen voneinander unabhängig.

Ein direkter Vergleich zwischen IBM's LPARs und Sun's Solaris Containers ist so nicht gerechtfertigt:

LPAR: In einer LPAR läuft ein eigenständiges Betriebssytem. Eine LPAR setzt auf einer Partition virtualisierter Hardware auf.

Zone: Eine Zone ist ein Ensemble von Prozessen, die einen quasi-SOLARIS Rahmen haben. Jedoch setzt die Zone ihrerseits damit auf einem Betriebssystem, der Global Zone auf, das seinerseits wieder zu administrieren ist und damit dem alltäglichen Administrations- und Betriebsrisiko ausgesetzt ist.

8.5.6 Einsatzbereiche

Die Einsatzbereiche der Komponenten Prozessorsets, Ressourcenmanagement und Zones reichen von der Nutzung von Konfigurationsmöglichkeiten im einzelnen, beispielsweise einer Ressourcendefinition für eine Oracle Installation und der Ressourcendefinition für eine SAP Instanz auf einem Rechner über ein definierteres Abrechnungsmodell bis hin zu komplexen Konfigurationen, bei denen Ressourcepools Zones zugeordnet werden, die Zones expliziten Zugriff auf Hardwareressourcen, beispielsweise Netzwerkinterfaces, erhalten und so ein flexibles Werkzeug zu einer Konsolidierung mehrerer Services auf einem Rechnersystem darstellen.

Eine wenn auch provokante so doch realistische Konfiguration ist in Abbildung 8.21 dargestellt. Mit geeignet konfigurierter Ressourcenverwaltung bei der Zuordnung zu Zones lassen sich so beispielsweise sieben voneinander isolierte Webserver, die in sieben isolierten Zones durch sieben unterschiedliche Zonerootuser administriert werden können, auf einer beispielsweise 2U hohen SUN T2000 konsolidieren. Gewissermaßen ein Bladecenter on a Chip bei ca. 70 Watt CPUstrombedarf. Eine Entwicklungstendenz und Aussicht, die die Strom- und Wärmebilanzen in Rechenzentren wesentlich entlasten dürfte.

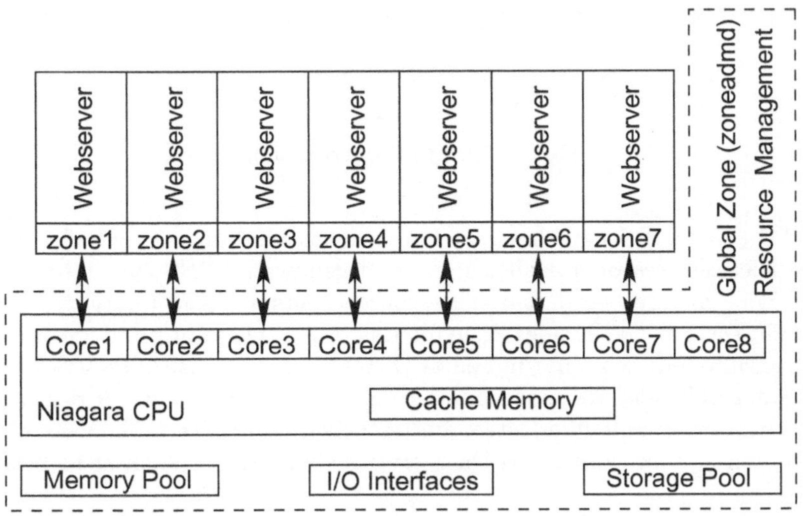

Abb. 8.21. Bladecenter on a Chip

Das Beispiel einer Kollektion von Webservern auf einem einzigen Rechner soll nicht vermuten lassen, daß die maximale Anzahl unterstützter Zones limitiert ist auf eine Zahl von $n - 1$ CPU-Cores. Es ist jedoch ein limitierender Faktor bei der Erstellung von Prozessorsets gegeben, indem ein Prozessor dem System selbst vorbehalten ist und ein Prozessor nur an ein Prozessorset gebunden sein kann. Wenn also Zones mit Ressourceverwaltung derart aufgesetzt werden, daß auch die CPU Ressourcen in festen Sets definiert den Zones zugeordnet werden, dann korreliert die Anzahl der möglichen Zones mit der Anzahl frei verfügbarer Prozessoren.

Es besteht im weiteren auch keine zwingende Notwendigkeit, Systemressourcen für Zones zu limitieren, nur läuft man dann Gefahr, daß eine Zone die bei entsprechender Nachfrage unter Umständen überlastet ist, die gesamten Systemressourcen verbraucht ud damit andere Applikationen und andere Zones mit deren zu erbringenden Diensten damit ausbremst.

Auf der anderen Seite kann es schon bei vergleichsweise kleinen Umgebungen sinnvoll sein, eine Maschine in Zones zu partitioniern. So ist vorstellbar, daß eine Umgebung, wie sie in Abbildung 8.22 dargestellt ist, Dienste wie

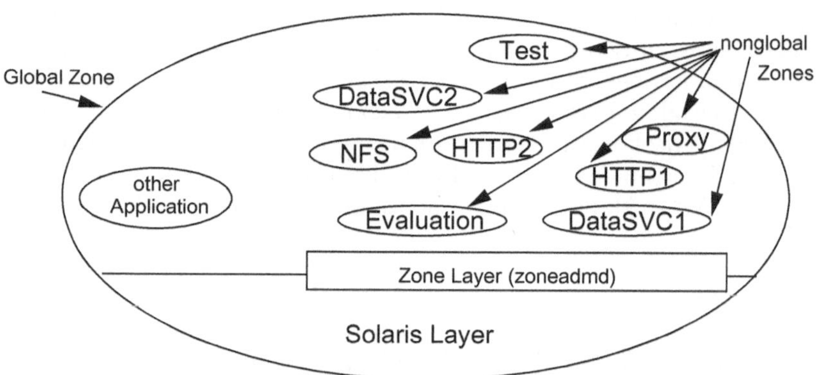

Abb. 8.22. Multizonekonsolidierung

HTTP (Web), Testumgebungen, Evaluationsumgebungen für Software, weitere Dataservices oder vielleicht sogar irgendwann NFS bereitstellt, wobei jede Zone in ihren verfügbaren Ressourcen entsprechend limitiert ist. Wenn nun ein Dataservice in einer Zone überlastet ist, sei es aufgrund von gewollten Anfragen, oder auch aufgrund eines DoS-Attacks[12], so ist in diesem Moment, bei entsprechender Ressourcelimitierung zwar die Zone, in der der betroffene Dataservice läuft überlastet, die restlichen, auf weiteren Zones schützend verteilten Applikationen und Dataservices sind davon jedoch nicht betroffen.

[12] DoS: Denial of Service, Ein Service wird blockiert, indem er mit Anfragen übermäßig beschäftigt wird und so seinen Dienst nicht mehr erbringen kann.

Auf diese Art und Weise kann man einen Dataservice vor dem "Verhungern" schützen, die Netzwerklast bleibt jedoch erhalten.

Eine andere Anwendung mögen im Internet bereitgestellte Services sein, etwa ein Webserver oder ein FTP Server. Solche Systeme werden gehackt und dann oftmals in ihrem Verhalten, ihrer Funktion etc. ungewollt modifiziert.

Da Zones sich bei entsprechender Konfiguration mit minimalsten Mitteln so aufsetzen lassen daß ein Restore einer Zone aus einem gesicherten Backup relativ schnell durchgeführt werden kann, kann im Notfall, etwa bei einem Einbruch in eine Zone, das Rootfilesystem der Zone in ein Backupverzeichis gemoved werden, oder bei Verwendung von ZFS ein Snapshot erzeugt werden, und die Zone schnell aus dem gesicherten Backup restauriert werden. So hat man zu einen die gehackte Zone relativ schnell wieder in einem klaren Initialstand wieder am Netz und kann zum anderen nach den Problemen beziehungsweise Schwachstellen, die den Einbruch ermöglichten, im Snapshot suchen.

Um Einbrüche oder Angriffe zu erkennen, kann ein hostbasiertes IDS[13] eingesetzt werden, das in der Regel das Systemverhalten überwacht etc. um zu entscheiden, ob ein Einbruchsfall vorliegt.

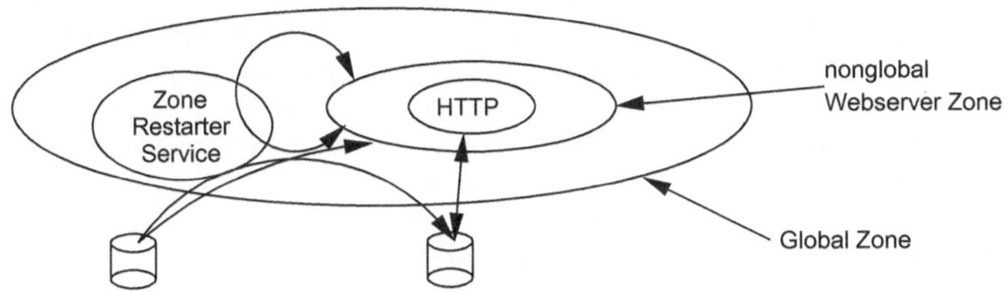

Abb. 8.23. Automatische Restaurierung einer Zone

Es wäre nun denkbar, einen Mechanismus zu implementieren, wie er in 8.23 skizziert ist, der bei Erkennen eines Einbruchs in einen Dataservice einer Zone, beziehungsweise bei Einbruch in eine Zone, die klein gehaltenen variablen Teile einer Zone zu löschen und die Zone aus dem gesicherten Backup wieder herzustellen und "wie neu" zu starten. Es läßt sich dann auch denken, diesen Zone-Restore-Restart-on-Intrusiondetection-Mechanismus mit Bordmitteln des SOLARIS, wie beispielsweise den Autorestarterservices (mit adäquaten Timeouts etc.) vollständig zu automatisieren. Vielleicht hält der Einbrecher inne, wenn er 24 Stunden lang 144-mal die gleiche Maschine auf dem gleichen Weg gehackt hat, die sich dann in 10 Minuten automatisch restauriert beziehungsweise neu aufgesetzt hat und neu gestartet hat. Inwieweit der angebotene Dienst per se für dieses undifferenzierte Restaurationsverfahren geeignet ist, ist jeweils zu evaluieren. Statusfreie Dienste ohne Filesystemabhängigkeiten

[13] IDS:Intrusion Detection System

wie beispielsweise NTP[14] oder ähnliches, beziehungsweise statusfreie Dienste, die nur einen reinen Lesezugriff auf ihre Servicefilesysteme benötigen, wobei diese Filesysteme dann auch nur als Read-Only der Zone bereitgestellt werden müssen und damit nicht restauriert werden müssen, da nicht angreifbar, haben hiermit keine bzw. keine nennenswerten Probleme. Fraglos gewiss ist dabei selbstverständlich die Notwendigkeit, den Einbruch zu analysieren um das System vor weiteren Angriffen zu sichern. Genügend Snapshots zur Analyse dürften bei einen solchen Automatismus in 24 Stunden angefallen sein. Auch sollte der Automatismus ein entsprechendes Logging unterstützen beziehungsweise eine Nachricht an den oder die Systemveranwortlichen senden, damit die Autorestore-Restarts keine Dauereinrichtung auf dem betreffenden Server werden.

8.5.7 Serverpartitionierung und Konsolidierung im Vergleich

HP und Sun bieten die Möglichkeit sowohl Desktopsysteme als auch Backendsysteme auf die gleiche Betriebssystemplatform zu stellen. Im OS/400 Bereich ist eine Konsolidierung nur im Backend gegeben. Im Frontend wird bei IBM, obwohl sie mit AIX ein gutes Unix Betriebssystem bieten, leider ausschließlich auf Wintel basierte PC Desktops mit allen Risiken im professionellen Betrieb gebaut. OpenSolaris bietet die zuvor beschriebenen Serverfeatures und eine komfortable X Windowsbasierte Dialogschnittstelle mit integriertem Officeenvironment (Staroffice), Multimediaapplikationen etc. wie sie auch auf Wintel Systemen gerne eingesetzt werden. Diese X Windowsbasierte Dialogscnittstelle bietet wie jedes Unix/X Windows System die Möglichkeit der Anbindung über X Terminals, bei Sun sogar aus gleicher Hand mit dem komfortablen Hot Desking fähigen SunRay Service.

IBM stellt mit dem Tool der LPARs eine sehr weit entwickelte leistungsfähige Softwarepartitionierung bereit, die eine vollständige Abrenzung der LPARs untereinander realisiert. Die Abgrenzung ist in Maßen so hart realisiert, daß sie in ihrer Konsequenz mit einer hardwarepartitionierung wie etwa nPartitions bei HP oder Zones bei Sun vergleichbar ist, sie ist jedoch in ihrer Ausprägung eine Softwarepartitionierung. Bedingt durch die Natur einer Softwarepartitionierung sind IBM LPARs extrem flexible Partitionierungstools, sie sind jedoch nicht direkt mit Hardwarepartitionen vergleichbar, da es Softwarepartitionen sind. Ein Vergleich von LPARs mit Solaris Zones oder HP vPars liegt inhaltlich näher, hier sind jedoch die Einschränkungen beispielsweise bei Sun auf die Tatsache, daß in einer Softwarepartition letztendlich nur die Softwarerelease des Betriebssystemes der Global Zone gefahren werden kann bedingt dadurch, daß diese Softwarepartitionierungen nicht auf der Basis einer nahezu perfekten Hardwarevirtualisierung laufen, wie es IBM's LPARs tun. IBM hat sich mit der Entwicklung in LPAR/Phase III von der Hardwarepartitionierung weitestgehend entfernt und kann somit ein hochentwickeltes Partitionierungskonzept auf Basis einer auf virtualisierter Hardware arbeitenden

[14] Network Time Protocol

Softpartitionierungsmechanismus auf vergleichsweise preisgünstiger Hardware bieten. SUN geht möglichereise ähnliche Wege, die Vorstellung des Niagara Prozessors, der eine 8 Core SMP CPU-Domain darstellt, die jeder für sich bis zu 4 Threads parallel bearbeiten können, eingebaut in ein System, daß CPU Board und I/O-Board auf getrennten Boards in einem Gehäuse vereint stellt einen Schritt in Richtung günstiger Hardware, die prädestiniert für Softpartitionierung ist. Es steht auch zu erwarten, daß bei Kenntnis der Hardwarepartitionierungskonzepte bei Mittel- und Oberklassemaschinen von SUN, entweder neue Hardwarepartitionierbare Systeme auf den Mark kommen, die in Ihrem Preis/Rechenleistungsverhältnis vermutlich neue Dimensionen eröffnen oder das die Altsysteme wie etwa SF6900 mit ihren 6 Systemboards oder das Chassis der SF25k mit bis zu 18 Systemboards, mit neuen Multicore-CPU basierten Systemboards bestückt, herauskommen, wenn die Bandbreite der Backplanes der Altsysteme hierfür ausreicht. Denkt man an den bereits vorgestellten Niagara in einer solchen Konfiguration als 4-Sockel-Lösung per Systemboard in einer 6-Systemboardslot Mittelklasse SF6900 basierten Maschine, so könnte man von einer 192-Core Maschine in der Rechnermittelklasse ausgehen, mit jeweils bis zu 4 Threads per Core parallel. Was der bis jetzt zumindest öffentlich umnebelte Rock Prozessor in solchen Bereichen bringt, kann erraten und bewettet werden. 32 Cores per CPU? 4 Stück 32-Core CPUs per Systemboard? 18 Systemboards...?

Anderenfalls ist davon auszugehen, daß die zur Zeit noch aktuellen SUNFire 3900 ... 6900 und SF20/25k Systeme mit der Weiterentwicklung Niagara basierter Einstiegssysteme Leistungtechnisch veraltet sind und diese Systeme spätestens mit Erscheinen der Rock Prozessors EOL sind, zumindest jedoch Leistungstechnisch vollkommen veraltet und überholt sind, wozu auch der im Vergleich zum Niagara Prozessor recht hohe Stromverbrauch beiträgt. Der T1 stellt einen Quantumstep dar. Mit der Vorstellung der SUN T2000 auf Roadshows als E10k-on-a-Chip ist der Weg der Entwicklung gezeigt: Zwei Höheneinheiten für ein System mit einem Prozessor, der 8 Cores, je 4 Threads, in einer SMP Domain beherbergt mit einer Leistungsaufnahme von gerade mal 70 Watt. Das T2000 System stellt in dieser Konfiguration mit bis zu 32 GB Ram ausstattbar ein System dar, das die Rechenleistung der ein-Rack-hohen 24 CPU Maschinen im Mittelklassebereich erreicht. Ein solches vergleichsweise günstiges T2000 Rechnersystem erlaubt bei hoher Performance eine flexible Softwarepartitionierung und damit einen einfachenden Weg zu einer Server/Service Konsolidierung. Wenn man also alleine nur auf Basis des bereits vorgestellten T1 Prozessors weiterüberlegt und an Mehrwegemulticcore-CPU Systeme denkt, etwa im Aufbau eines Systems mit mehreren Systemboards, wie SUN sie seither anbietet, sind die Vorstellungen an möglicher Rechnerleistung gesprengt. Sollten diese Vorstellungen noch nicht reichen, so sei darauf hingewiesen, daß SUNauch ihre Sparc CPUs gerade weiterentwickelt.

Wenn man bei der zweiten Überlegung auch hier an die Konzepte des Resourcemanagements und der Anbindung von Resourcepools an SOLARIS Container denkt, ist eine Softpartitionierung eines solchen Systems ein weitreichend Problemlösendes Konzept, erreicht es doch bei sehr hoher Rechenleistungsdichte und sehr weitreichender feingranularer Partitionierung auf dem Weg der Konsolidierung ein sehr hohes Einsparungspotential sowohl an Hardwareressourcen als auch an Platz- und Energiebedarf bei geringeren Personalkosten.

Ein KO-Kriterium zugunsten des Einsatzes von OpenSolaris ist die softwareseitige Verfügbarkeit, gegeben durch die Service Management Facility, beschrieben im Abschnitt 7.1 ab Seite 423, die im Prinzip alle softwarebasierten und in der Software selbst Begründeten ungeplanten Terminierungen durch einen softwarerestart abfängt, so gewissermaßen ein Singlenodeclustersystem darstellt. Im Bereich der Serverpartitionierung ist es vorstellbar, das SUNeinen ähnlichen Weg wie IBM geht und auf Basis der neuen MulticoreCPUs das Konzept der Softwarepartitionierung weiter ausarbeitet. Das Resourcemanagement hat sich sehr deutlich verbessert und die MulticoreCPUs mit den vergleichsweise hohen Anzahlen an Cores per CPU verleiten zu einer Softwarepartitionierung. Die Manualpages zu den Proctools sprechen sprechen schon jetzt von virtuellen CPUs, das 1:1 Threadmodell kann bei solchen Multicore CPUs ein Konzept von Timeslice-Prozessoren wie sie bei IBMals virtuelle CPU definiert sind ersetzen. Die Grundlagen sind gelegt, das CDDL-basierte OpenSolaris Betriebssystem verbirgt dem interessierten und sourcecode lesenden Benutzer im Gegensatz zu der Closedtechnologyinitiative von IBMnichts. Dabei ist nochmals anzumerken, daß OpenSolaris in der Anschaffung umsonst ist. Für die kommerzielle Anwendung beispielsweise in Service Level Agreement basierten Projekten, ist bei Abschluß eines Softwarewartungsvertrages mit dem Hersteller ein kompetenter Ansprechpartner in Problemfällen vorhanden. Ohne Wartungsvertrag bleibt das das Warten auf die nächste Release oder eines Bugfixes aus der Gemeinde, wie es im Bereich freier Betriebssysteme üblich ist.

Ein Vergleich der Systeme und Lösungen ist letztendlich nicht möglich. Jedoch ist eine Auswahl eines Systemkonzeptes auf Basis des Einsatzfeldes möglich. Im Businessbereich ist der iSeries die performante integrierte Datenbank, das feingranulare Workmanagement und das kleine und übersichtliche Basis Betriebssystem OS/400 von Vorteil. Dazu kommte eine sehr weitreichendes und detailliertes datenbankbasiertes Rechtemanagement und ein sehr stabiles Betriebsystem. Dazu kommt auch, daß OS/400 nicht gerade zum hacking einlädt. Je nach Einsatzbereich kann die fast ausschließliche Unterstützung von Wintel PC Systemen sowohl in der Verwaltung und Administration als auch als das unterstützte Desktopsystem von Nachteil sein.

OpenSolaris basierte Systeme, insbesondere der neueren Bauart der Sun Systeme bieten sowohl im Backend als auch im Frontend ein ausgereiftes Unix basiertes System, das nicht nur die reine Rechenleistung bietet, sondern auch Features wie Debugging, Logging, Autorestarter Services (SMF), Security Management, Wintel-ACLs, integriertes RAID Management, so genanntes predictive Selfhealing, als auch ein umfangreiches Angebot an Office, Multimedia, Bildbearbeitungs, TeX-bearbeitungspaketen bietet, ergänzt um ein großes Angebot an OpenSource Softwarepaketen. Es bietet den Vorteil der Offenlegung des Systems auf Sourcecodeebene und der Eigenentwicklung von Software.

Wie zuvor beschrieben, ist ein direkter Vergleich zwischen LPARs und Zones nicht wirklich sinnvoll, auch wenn beide Mechanismen eine Softpartitionierung des Rechnersystems darstellen.

Teil III

Administration und Benutzung

9

Administration

An dieser Stelle erfolgt eine Beschreibung von einzelnen Subsystemen, Systemverwalteraufgaben, Debuggingmethoden, Kunstgriffen aber auch von Mechanismen der Ressourcennutzung und Konsolidierung. Es ist dies das notwendige Handwerkszeug für den Betrieb, aber kein konzeptioneller Kontrapunkt.

9.1 Einrichtung und Verwaltung von System-Benutzern

Rolf M Dietze

SOLARIS gehört zu den Multiuser-Multitaskingbetriebssystemen. Es ist also möglich, daß mehrere Benutzer gleichzeitig auf dem selben Rechner arbeiten. Die gleichzeitigen Zugänge können XTerminals, ASCII-Terminals, Remotelogins, Telnetsessions etc sein.

Damit jeder Benutzer einen "eigenen" geschützten Bereich, bzw. seine bevorzugten Umgebungseinstellungen unabhängig von anderen Benutzern setzen und halten kann, ist es sinnvoll, für jeden Benutzer einen eigenen Useraccount einzurichten. Durch geeignete Wahl der Zugriffsberechtigungen (Fileaccesspermissions) können Inhalte untereinander gesperrt oder freigegeben werden.

Konventionsgemäß liegen Benutzerbereiche auf einem Fileserver unter dem Verzeichnis */export/home* und werden auf einem Rechner unter */home* zur Verfügung gestellt.

9.1.1 Files

Die Verwaltung von Useraccounts auf SOLARIS-Rechenanlagen betrifft die Manipulation der in Tabelle 9.1 genannten Konfigurationsfiles.

Diese drei Ressourcefiles beschreiben Benutzerkennung, Benutzer-ID, Passwort, Gruppenzugehörigkeit, gegebenenfalls Mehrfachzugehörigkeiten zu Gruppen und Pfad zum Heimatverzeichnis. Gegeben durch Sonderbedeutungen der

/etc/passwd	Benutzerbeschreibung
/etc/group	Benutzergruppenzuordnung
/etc/shadow	Passwörter

Tabelle 9.1. Konfigurationsdateien der Benutzerverwaltung

systemeigenen Benutzergruppen damit auch Sonderrechte wie zum Beispiel Verwaltungs- und Administrationsrechte für nonroot-User.

Bei Einrichtung und Nutzung von Rolebased Access[1] kommen weitere Dateien zur Rechteverwaltung hinzu.

9.1.2 Fileformate: *passwd/group/shadow*

Es wird empfohlen, Benutzer nicht manuell einzurichten, sondern dazu Administrations-GUIs mindestens jedoch integrierte Tools zu verwenden. Dennoch sollte man den Aufbau der Ressourcedateien kennen, nicht alleine deswegen, weil man lange Benutzerlisten per Kommandozeile ohnehin schneller einrichtet, als dies per mausgebremstem AdminGUI machbar ist. Auch können GUIs ungewollt terminieren, wobei sie meistens eine faszinierend zerklüftete File-Landschaft hinterlassen. In solchen Fällen sollte man sich zu helfen wissen. Der Vollständigkeit sind hier die gängigsten Methoden dargestellt, zunächst jedoch zu den Konfigurationsfiles.

9.1.2.1 */etc/passwd*

Die */etc/passwd* enthält alle zur Beschreibung eines Useraccounts notwendigen Informationen, in ihrer historischen Funktion sogar die Passwörter in vercrypteter Form. Sie ist und muß benutzerlesbar sein.

Zur Bedeutung der einzelnen Felder hier zunächst ein Beispiel:

```
guest:x:200:200:Gast Benutzer:/home/guest:/bin/sh
  1   2  3   4       5             6          7
```

In Tabelle 9.2 ist die Bedeutung der numerierten Felder genannt.

1	Benutzername (username)
2	Passwort (x: Referenz auf */etc/shadow*
3	Benutzernummer (UserID, uid)
4	Gruppennummer (groupID, gid)
5	s.g. Gecos-Field, Beschreibung von Name, Telephon, Raum, Adresse
6	Pfad zum Homedirectory
7	Erstes auszuführendes Programm nach erfolgtem login

Tabelle 9.2. Bedeutung der Felder der */etc/passwd*

[1] Rolebased Access ist in Abschnitt 9.2 ab Seite 690 beschrieben.

Die *uid* für Normalbenutzer ist eingeschränkt auf ganzzahlige Werte zwischen 100 und 60000.

Die größte *uid* unter SOLARIS ist 2147483647, jedoch haben *uids* über 60000 nur begrenzte Funktionalitäten, bzw. sind älteren Anwendungen gegenüber inkompatibel.

9.1.2.2 */etc/group*

Die UNIX-Gruppenzugehörigkeit wird in der Datei */etc/group* festgelegt. Auch hier die Erklärung der Feldbedeutungen anhand eines Beispiels:

```
daemon::12:root,daemon
     1  2  3    4
```

1 Gruppenname
2 Gruppenpasswort (nicht mehr unterstützt).
3 Gruppennummer (groupID, gid).
4 Benutzer, die dieser Gruppe zugeordnet sind (kommaseparierte Liste).

Tabelle 9.3. Bedeutung der Felder der */etc/group*

Dabei haben die Benutzergruppen Sonderbedeutungen:

0 root-Gruppenrechte
14 Sysadmin

gids zwischen 0 .. 99 und 60001, 60002 sind reserviert, die Anzahl der Gruppen ist auf 32 erweiterbar durch Setzung des Parameters *NGROUPS_MAX* in der */etc/system*

9.1.2.3 */etc/shadow*

Die */etc/shadow*, bei andern UNIX-Derivaten auch */etc/security* oder */etc/security/shadow* o.ä. enthält die Passwörter der eingerichteten Benutzer. Sie ist nur durch den root-User les- und schreibbar. Das Fomat dieser Datei ist wie folgt aufgebaut:

```
user:password:lastchg: min:max:warn: inactive:expire:flag
 1      2        3      4   5   6        7       8     9
```

1 Benutzername (aus der *passwd* Kolummne 1)
2 vercryptetes Passwort
3 letzte Änderung in der Epoche
4 minimaler Zeitaum in Tagen zwischen einer Passwortänderung
5 maximale Anzahl in Tagen für die Gültigkeit eines Passworts
6 Warnperiode:Angabe in Tagen vor Ungültigkeit des Passworts
7 Anzahl der Tage, die ein Useraccount inaktiv sein kann
8 Tag ab dem ein Benutzerzugang gesperrt wird
9 unused

Tabelle 9.4. Bedeutung der Felder der */etc/shadow*

9.1.3 Einrichtung von Useraccounts

Zur Einrichtung von Useraccounts sind im wesentlichen folgende Schritte durchzuführen:

- Erstellen einer Zugangskennung (username/userid)
  Erzeugung eines Eintrages in der */etc/passwd*
  Update der Einträge in der */etc/shadow*
  Alternativ: Eintragung in Netzwerkinformationsdiensten (NIS, NIS+, LDAP, ...)
- Erzeugung eines Heimatverzeichnisses (Homedirectory)
- Einstellung der Eigentums- und Zugriffsrechte auf das Homedirectory
- optional: Setzen eines initialen Passwords
- optional: Bereitstellen einer Umgebung (rcFiles: login/cshrc/X/CDE)

Diese Schritte zur Einrichtung eines Useraccounts können von der Kommandozeile aus durchgeführt werden oder über ein GUI. Das Erstellen von Useraccounts auf der Kommandozeile ist in Lowlevel- und Highlevelverfahren unterteilbar. Begonnen mit dem Lowlevelverfahren sei im folgenden die Useraccounteinrichtung, Modifikation und Löschung beschrieben.

9.1.3.1 Useraccounterstellung, Kommandozeile

Die Einrichtung eines Benutzers auf der Kommandozeile Schritt für Schritt ohne Highlevelkommados, sondern nur mittels der Kommandos *vi(1), mkdir(1), chown(1)* und *passwd(1)* zeigt die Zusammengehörigkeit der einzelnen Schritte und Ressourcefiles am deutlichsten:

- Erstellen einer Zugangskennung:
  - Zunächst ist die */etc/passwd* zu erweitern
  - Anschließend ist die *etc/shadow* anzupassen,
    Dies kann manuell durchgeführt (editieren),
    oder durch Ausführung von *pwconf(8)* automatisch
    durchgeführt werden.

- Erzeugung eines Homedirectories und Einstellung der Rechte:
```
mkdir /export/home/<username>
chown <[uid]>[:<[gid]>] /export/home/<username>
```
  Anstelle der numerischen *uid:gid* können auch *username* und *groupname* verwendet werden, wie in Abschnitt 5.9.5 auf Seite 194 beschrieben.
- Setzen eines Passwords(optional)
```
nova# passwd <username>
Changing local password for <username>:
New password:
Retype new password:
passwd: updating the database...
passwd: done
```

9.1.3.2 Useraccounterstellung mittels des Kommandos useradd(1M)

Vereinfachen läßt sich diese Prozedur durch Verwendung des Programms *useradd(1M)*. Jedoch ist damit keine vollständige Automatisierung in der Erstellung gegeben, denn die Benutzerumgebung muß noch bearbeitet werden. Von Vorteil ist die generierte sichere Syntax der Erweiterungen in den Ressourcefiles und die Überprüfung der Eingabeparameter. Auch ist das Scripting für eine automatiesierte Erstellung, und mit *userdel* Löschung, eines Benutzeraccounts hiermit deutlich vereinfacht.

Syntax

Das Kommando *useradd(1M)* bietet die in Tabelle 9.5 aufgeführten Optionen, und erwartet die Angabe eines Benutzernamens.

```
useradd [Optionen] <loginname>
```

useradd	[*-uuid*]	Eindeutige UID
	[*-ggid*]	Eindeutige GID
	[*-Ggid,[gid]*]	weiter Gruppenzugehörigkeit
	[*-ddir*]	Pfad zum Homedirectory
	[*-m*]	erzeugt Heimatverzeichnis
	[*-sshell*]	initiale Shell
	[*-cKommentar*]	Eintrag im gecos-Filed
	[*-o*]	UserID darf dupliziert werden(!)
	[*-eDatum*]	Gültigkeitszeitraum des Accounts
	[*-fInteger*]	Inaktivitätszeitraum des Accounts
	[*-kdir*]	Pfad zum Seletton-Verzeichnis (*/etc/skel*)

Tabelle 9.5. Optionen von *useradd(1M)*

9.1.4 Löschung von Useraccounts

Ein Useraccount wird gelöscht, indem der Zugang gesperrt, alle Einträge in den Ressourcefiles bezüglich des zu löschenden Benutzers entfernt sowie zum Schluß das Benutzer-Homedirectory gelöscht wird. Diese Aufgaben können manuell durch Editieren der Ressourcefiles oder teilautomatisiert durch die Benutzung von *userdel* durchgeführt werden. Es sind die Dateien */etc/passwd*, */etc/group* und */etc/shadow* zu bearbeiten. Mit *userdel* ist ein Benutzer *guest* z.B. durch

```
nx1# userdel guest
```

löschbar. Soll auch das Homedirectory mit gelöscht werden, so ist die Option *-r* anzugeben.

Files und Directories erstellt durch einen Benutzer bekommen in der Regel die uid/gid des Benutzers, der sie erstellt hat[2]. Will man alle Files oder Directories eines bestimmten Benutzers im Filesystem finden , so kann mit *find(1)* unter der Option *-useruid* danach gesucht werden*Das Kommando find(1) ist in Abschnitt 5.8.4 auf Seite 178 beschrieben.*.

9.1.5 Sperrung eines Useraccounts

Ein Useraccount kann gesperrt werden, d.h. der betreffende User kann sich nicht mehr interaktiv einloggen, indem folgende Einträge modifiziert werden:

- Passwortfeld in */etc/passwd* ungleich “x“ setzen oder
- Passwortfeld in */etc/shadow* umsetzen.

Konventionsgemäß wird bei einem gelockten Account der Klartextstring *LK* in das Passwortfeld in der */etc/shadow* eingesetzt.

9.1.6 Modifikation eines Useraccounts

Auch hier gibt es verschiedene Wege. Zum einen ist es immer möglich, eine Modifikation an den Ressourcefiles durchzuführen, zum anderen stellt SOLARIS das Kommando *usermod(1M)* für Modifikationen zur Verfügung.

usermod erlaubt es, die in Resourcedateien festgelegten Felder für Username, uid, gid, Homedirectory, initiale Shell etc. zu ändern. Als Beispiel hier die Umsetzung der Shell von */bin/sh* auf */bin/csh* für einen Benutzer *guest* gezeigt:

```
nx1# usermod -s /bin/csh guest
```

[2] Zu Ausnahmen siehe mode-bits der Directories

9.1.7 Gruppenadministration

Es können neue Gruppen erstellt werden, Gruppen gelöscht und modifiziert werden.

9.1.7.1 Erzeugung einer Benutzergruppe

Benutzergruppen könen manuell per Texteditor oder mit dem Kommando *groupadd(1M)* erzeugt werden:

```
groupadd [ -g gid [ -o ] ] Gruppenname
```

9.1.7.2 Modifikation einer Gruppe

Eine Gruppe kann durch direkte Bearbeitung des */etc/group*-Files oder durch Benutzung des Kommandos *groupmod(1M)* modifiziert werden:

```
groupmod [ -g gid { -o ]] [ -n Name ] Gruppenname
```

9.1.7.3 Löschen von Gruppen

Letztendlich können Gruppen auch manuell oder per Kommando *groupdel(1M)* gelöscht werden:

```
groupdel Gruppenname
```

9.1.7.4 Systemweite Userresourcefiles

So ein Benutzer in seinem Heimatverzeichnis keine eigenen Initialisierungs- oder Ressourcefiles für die von ihm verwendete Shell hat oder diese nicht lesbar oder erreichabr sind, werden die systemweiten Ressourcefiles als einzige verwendet. Dies sind:

- */etc/profile* für die *sh(1)* und die *ksh(1)*
- */etc/.login* für die *csh(1)* bzw. *tcsh(1)*

Die durch den Benutzer modifizierbaren Ressourcefiles liegen im Homedirectory des Users und sind besipielsweise:

$HOME/.profile für die *sh(1)*
$HOME/.cshrc für die *csh(1)*
$HOME/.tcshrc bzw. *$HOME/.cshrc* für die *tcsh(1)*

9.2 Role Based Access Control, RBAC

Rolf M Dietze

ab Solaris 8

Auf einem in Produktion befindlichen Rechnersystem soll ein Drucker eingerichtet, gewartet, gestartet oder gestoppt werden. Es sollen Useraccounts eingerichtet, gesperrt oder gelöscht werden. Es sind Filesysteme zu überprüfen, zu sichern oder zu manipulieren. Es soll erlaubt werden CD-ROMs zu brennen. Diese und andere Aufgaben und Tätigkeiten auf einem Rechnersystem setzen entsprechende Zugriffsrechte, in den meisten Fällen root-Rechte, voraus, die zur Wahrung der Betriebssicherheit den Benutzern des Systems nicht gegeben sind. Dieses im Unix-Umfeld genutzte einfache Superusermodell hat den Vorteil, daß allen non-root-Usern bei einer ordentlich aufgesetzten und administrierten Maschine alle von ihnen benötigten Ressourcen störungsfrei zur Verfügung gestellt sind.

Soll jedoch ein non-root-User auf einem Rechnersystem administrative Aufgaben übernehmen, so müssen ihm auch die notwendigen administrativen Rechte gegeben werden. Typischerweise ist das so genannte Rootpasswort aus Gründen der Betriebssicherheit nur sehr wenigen verantwortlichen Personen bekannt. Ein Ausweg, non-root-Usern Verwaltungsrechte zu geben ist die intensivere Nutzung der Gruppenrechte. Jedoch reicht ein ausgefeiltes Gruppenrechtemanagement mit entsprechenden setUID/setGID Einstellungen an Programmen bei weitem nicht aus. Ein weiterer Ausweg ist die Nutzung des freien sudo-Tools, einer Schutzumgebung, in der, entsprechend eingestellt, Kommandos unter anderen Systemrechten gestartet werden können, jedoch fehlt bei sudo wiederum die Möglichkeit der weiteren Einschränkung. Dazu kommt eine gewisse Betriebsunsicherheit. Typische Beispiele sind Backup-Scripte, die in einer sudo-Umgebung laufen oder sogar im eigenen Script ein *su(1M)* mit Passwort im Klartext in diesem Script ausführen, mit allen Nebeneffekten und Sicherheitsrisiken. Bei diesem modernen Anforderungsspektrum ist das Suberusermodell in vielen Fällen zu unflexibel.

Solaris bietet seit Solaris 8 den Mechanismus der rollenbasierten Zugriffsrechtevergabe an, genannt Role Based Access oder kurz RBAC. Hiermit ist auch der in der Sun-Dokumentation regelmäßig zu findende Satz "assume root priviledges or assume appropriate role" gemeint. Role Based Access erlaubt die Zuteilung limitierter für definierte administrative Aufgaben notwendiger Zugriffsrechte an non-root Accounts. So auch das oben aufgeführte Beispiel des Backups. Es kann nun ein Backupuser mit entsprechender Rollenbeschreibung eingerichtet werden. Ein weiterer Einsatzbereich ist die Vergabe des Rechtes, Benutzeraccounts zu erstellen, zu löschen oder zu sperren und wieder frei zu geben, ohne root-Rechte haben zu müssen. Doch zunächst in Abbildung 9.1 eine Übersicht über die von Role Based Access verwendeten Resourcefiles.

9.2.1 Repositories des Role Based Access

Die rollenbasierte Zugriffsrechtevergabe wird in den in Graphik 9.1 dargestellten vier Repositories und einem Konfigurations eingestellt:

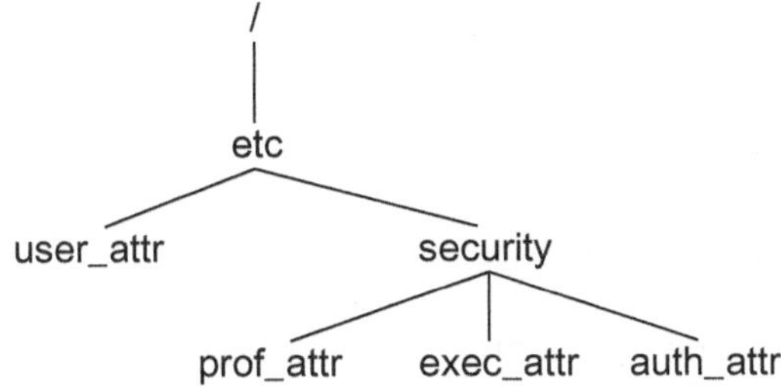

Abb. 9.1. RBAC Filesystem Tree

/etc/user_attr: Assoziation zwischen UIDs und den definierten Rollen sowie den notwendigen Autorisationen und Ausführungsprofilen.
/etc/security/prof_attr: Beschreibt Profile, deren zugeteilte Rechte und Hilfetexte.
/etc/security/auth_attr: Stellt den Zusammenhang zwischen Autorisationen, Attributen und Hilfetexten her.
/etc/security/exec_attr: Beschreibt die priviligierten Operationen.
/etc/security/policy.conf: Definiert Defaults für alle Benutzer.

Der Zusammenhang ist schnell beschrieben: In der Datei *user_attr* befindet sich sowohl die Rollendefinition als auch die Zuordnung zwischen User und Role mit dem definierten Profil. Das Rechteprofil ist definiert in *prof_attr* zusammen mit den zugewiesenen Autorisierungen. Die Berechtigungen selbst sind in der Datei *auth_attr* fein granuliert definiert. Was dann entsprechend ausgeführt wird und mit welchen Rechten, ist in *exec_attr* notiert. Sollen über diese spezifischen Definition hinaus noch Defaults gesetzt werden, die für alle Benutzer gelten sollen, so wird dies in der *policy.conf* definiert.

9.2.1.1 Aufbau der *user_attr*

Die *user_attr* ist eine fünfspaltige Konfigurationsdatei, die jeweils in einer Zeile eine Definition über Benutzer und Rollen hält. Die einzelnen Einträge in einer Zeile werden durch ":" getrennt, wie dies beispielsweise auch in der */etc/passwd* notiert ist. Nachfolgend sind zunächst die Bedeutungen der einzelnen Spalten dargestellt und in Listing 9.1 an einem Beispiel gezeigt.

Nachstehend die Bedeutungen der einzelnen Spalten gemäß obiger Aufstellung.

```
User:Qualifier:Reserved1:Reserved2:Attribute
  1  :    2    :    3    :    4    :    5

rbc::::type=normal;auths=solaris.jobs.admin
lisa::::type=normal;roles=printeradmin
printeradmin::::profiles=Printer Management;type=role
```

Listing 9.1. Aufbau der user_attr

1. User: Useraccount, dem eine Rolle zugeordnet wird.
2. Qualifier: Reserviertes Feld.
3. Reserved1: Reserviertes Feld.
4. Reserved2: Reserviertes Feld.
5. Attribute: Liste der Attribute, durch ";" getrennt. Im Beispiel aus vorstehendem Listing 9.1 *type=normal* und *auth=solaris.jobs.admin* oder *roles=printeradmin*
   type spezifiziert den Typ. Unterstützt sind:
   normal für echte Useraccounts
   role für reine Rollenaccounts
   auth spezifiziert in ","-separierter Liste die Autorisationen aus *auth_attr*. Das unterstützte Wildcardsymbol ist "*".
   profiles ist eine ","-separierte Liste von Profilen aus *prof_attr*
   roles spezifiziert die Zuordnung zu einem User. Im Beispiel in Listing 9.1 die Zuordnung von *lisa* zu *printeradmin*

9.2.1.2 Aufbau der *auth_attr*

Die *auth_attr* enthält alle benutzerzuordenbaren Autorisierungen. Die Datei ist sechsspaltig aufgebaut, die Spalten sind wieder mit ":" getrennt. Dabei haben die einzelnen Spalten folgende Bedeutungen:

```
Name:Reserved1:Reserved2:Kurz-Beschreibung:Lang-Beschreibung.:Attribut
  1  :    2    :    3    :        4        :         5         :   6

solaris.audit.config:::Configure Auditing::help=AuditConfig.html
```

Listing 9.2. Aufbau der auth_attr

Im Einzelnen seien die Felder genauer beschrieben:

1. Name: Bezeichner für eine Berechtigung. Etwa *solaris.system.admin* oder wie im Beispiel in Listing 9.2 *solaris.audit.config* als Bezeichnung der Berechtigung.
2. Reserved1: Reserviertes Feld.
3. Reserved2: Reserviertes Feld.
4. Kurz-Beschreibung, eine Kurzbeschreibung, hier *View Disks*

5. Lang-Beschreibung, ein Feld für eine detaillierte Beschreibung, hier ungenutzt.
6. Attribut: Eine ";"-separierte optionale Liste. Hier ein Verweis auf den Hilfetext.

9.2.1.3 Aufbau der *prof_attr*

Die fünfspaltige Datei *prof_attr* beschreibt die Profile. Ein Profil ist definiert durch seinen Namen, eine Beschreibung und eine Attributliste. Dabei haben die einzelnen Spalten folgende Bedeutungen:

```
Profil:Reserved1:Reserved2:Beschreibung:Attribut
  1   :    2    :    3    :     4      :   5

All:::Execute any command as the user or role:help=RtAll.html
Log Management:::Manage log files:help=RtLogMngmnt.html
```

Listing 9.3. Aufbau der prof_attr

Im Einzelnen:

1. Profil: Name oder Bezeichnung des Profils. Gleiche Profilnamen ordnen die Einträge der *user_attr* dem spezifizierten Profil zu.
2. Reserved1: Reserviertes Feld.
3. Reserved1: Reserviertes Feld.
4. Beschreibung: Ein Feld für eine detaillierte Beschreibung über Aufgabe, Sinn und Zweck des Profiles.
5. Attribute: Eine optionale ";"-separierte Liste an Attributen, hier ein Verweis auf ein Helpfile.

9.2.1.4 Aufbau der *exec_attr*

In der siebenspaltigen Konfigurationsdatei *exec_attr* sind letztendlich die Kommandos eingetragen, die besondere Rechte brauchen bzw. die über den Mechanismus der rollenbasierten Rechtevergabe genutzt werden können. Dabei haben die einzelnen Spalten folgende Bedeutungen:

```
Name:Policy:Typ:Reserved1:Reserved2:Bezeichner:Attribute
  1 :  2   : 3 :    4    :    5    :    6     :    7

All:suser:cmd:::*:
Cron Management:suser:cmd:::/usr/bin/crontab:euid=0
```

Listing 9.4. Aufbau der exec_attr

1. Name: Bezeichner des Rechteprofiles, Gleiche Profilnamen ordnen die Einträge der *prof_attr* dem spezifizierten Profil zu.
2. Policy: Zuordnung der Securitypolicy. Gültige Belegungen zur Zeit:
   solaris: Einhaltung von Privilegienbeschränkungen
   suser: Keine Einhaltung von Privilegienbeschränkungen
3. Typ: Spezifiziert den Typ, gegenwärtig nur *cmd.*
4. Reserved1: Reserviertes Feld.
5. Reserved1: Reserviertes Feld.
6. Bezeichner: Name des auszuführenden Kommandos. Wildcards im Pfad sind zulässig, für weitere Argumente sind Wrapperscripte zu schreiben und hier einzutragen.
7. Attribut: Optionale ";"-separierte Liste. Für *suser*-Policies sind folgende Attribute unterstützt und stellen einen setuID/setgID Mechanismus dar:
   uid= Numerischer Eintrag der UserID unter der das Kommando laufen soll.
   euid= Numerischer Eintrag der effective UserID unter der das Kommando laufen soll.
   gid= Numerischer Eintrag der GroupID unter der das Kommando laufen soll.
   egid= Numerischer Eintrag der effective GroupID unter der das Kommando laufen soll.

Die beiden oben zitierten Beispiele *All:suser:cmd:::*:* und *Cron Management:suser:cmd:::/usr/bin/crontab:euid=0* stehen also für einen Eintrag für alle Kommandos und einen Eintrag für die *crontab(1)* Administration.

Die Zusammenhänge sind anhand einer Graphik wie in 9.2 leichter zu erkennen.

9.2.1.5 Konfigurationsdatei *policy.conf*

Mittels der Datei */etc/security/policy.conf* ist es möglich mittels vorgegebener Schlüsselwörter einige Einstellungen zu den für alle Benutzer geltenden Berechtigungen vorzunehmen. Die Datei ist vom Format

key = value

Nachfolgend eine unvollständige Liste der als gültig erkannten Schlüsselbegriffe

AUTHS_GRANTED	Berechtigungen, die in *auth_attr* definiert sein müssen
PROFS_GRANTED	Profile, die in *prof_attr* definiert sein müssen.
CRYPT_ALGORITHMS_ALLOW	Algorithmen, die zur Generierung neuer Passwörter verwendet werden dürfen.[3]
LOCK_AFTER_RETRIES	Systemlokale Sperrung von Accounts nach wiederholten vergeblichen Anmeldeversuchen

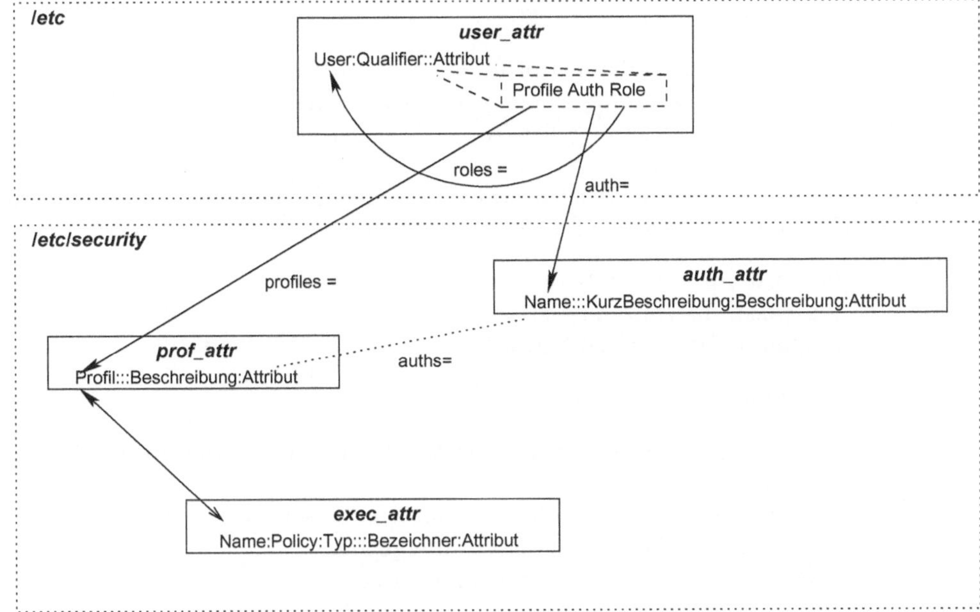

Abb. 9.2. RBAC Dependencies

9.2.2 Mechanismen des Role Based Access

Rolf M Dietze, Jörg E Schilling

Rbac besteht aus zwei Mechanismen, zum einen ein etwas erweiterter su-basierter Mechanismus, das andere eine feingranulare Rechteverwaltung.

Das Kommando *ppriv* listet die verfügbaren Prozessprivilegien aus. So beispielsweise die Grundprivilegien (basic):

```
nx1>  ppriv -vl basic
file_link_any
        Allows a process to create hardlinks to files owned by a uid
        different from the process' effective uid.
proc_exec
        Allows a process to call execve().
proc_fork
        Allows a process to call fork1()/forkall()/vfork()
proc_info
        Allows a process to examine the status of processes other
        than those it can send signals to.  Processes which cannot
        be examined cannot be seen in /proc and appear not to exist.
k
proc_session
        Allows a process to send signals or trace processes outside its
```

`session.`

Benutzern können damit Roles zugeteilt werden, diese Roles/Profiles werden definiert in *prof_attr*, die entsprechenden Rechte werden in *auth_attr* festgeschrieben um letztendlich die in *exec_attr* priviligierten Funktionen ausführen zu können.

Für Shellscripte im Kontext rollenbasierter Zugriffmechanismen sind für die jeweiligen Shellscriptsprachen nachfolgende Shells zu verwenden:

/bin/pfsh für /bin/sh-Scripte
/bin/pfksh für /bin/ksh-Scripte
/bin/pfcsh für /bin/csh-Scripte

Es wird unterschieden in

FILE Privilegien beginnend mit *file* beschreiben Operationsprivilegien auf Filesystemobjekten.
IPC Privilegien: Rechte beginnend mit *ipc* ermöglichen Einschränkungen beim Zugriff auf IPC-Services zu übergehen.
NET Privilegien: Rechte beginnend mit *net* erlauben den erweiterten Zugriff auf Netzwerkfunktionen.
PROC Privilegien: Die Vergabe von mit *proc* beginnenden Rechten erlauben es eingeschränkte Prozessproperties zu modifizieren.
SYS Privilegien geben einem Prozeß uneingeschränkte Rechte auf Systemproperties. Sie beginnen mit *sys*.

Der rollenbasierte Zugriffsmechanismus unterstützt und kombiniert verschiedene Aspekte der Rechtevergabe. Zunächst ist in der oben genannten */etc/security/exec_attr* aufgeführt, welche Berechtigungen auf dem System existieren. Weiterhin werden durch die Securityattribute wie beispielsweise *solaris.jobs.admin* Rechte an bestimmten Objekten oder Kommandos, Dateien, Geräten etc. vergeben, die besser als setuid/setgid Programme explizit regeln können, was ein User der die betreffende Rolle hat, lesen, schreiben oder erzeugen darf. oben genannte jobs-Role erlaubt beispielsweise der schreiben und lesen von nicht eigenen *crontab(1)* Einträgen. Durch Security Attribute kann non-root-Usern die Berechtigung gegeben Kommandos oder Operationen auszuführen, die sie sonst nicht aus- oder durchführen dürften, beispielsweise das Reservieren von Geräten zum Schreiben von CD-ROMs. In diesem Zusammenhang sind die Priviligierten Applikationen zu nennen, die durch ihr Sicherheitsattribut Systemeinschränkungen übergehen können. Diese Voreinstellungen zusammen können im Rechteprofil beschrieben werden, siehe auch Abbildung 9.3 und in der Rollenbeschreibung dem entsprechenden Benutzer zugeordnet werden.

Im Unterschied zu Systemen, die ohne rollenbasierte Zugriffsrechtevergabe arbeiten ist bei Systemen mit einer solchen rollenbasierte Zugriffsrechtevergabe zu erkennen, daß beispielsweise daemon-Prozesse nicht mehr grundsätzlich

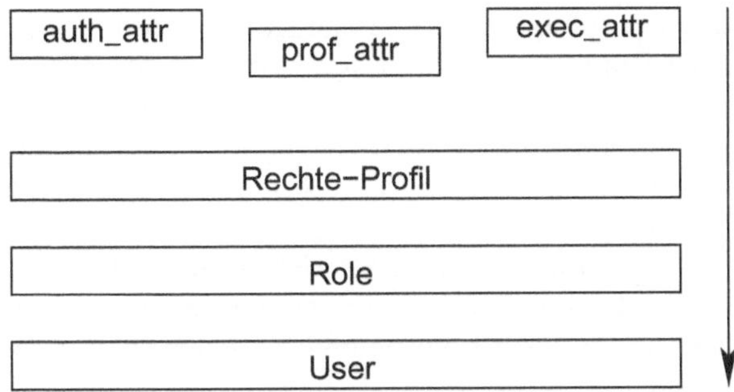

Abb. 9.3. RBAC Verarbeitung

unter der UserID root, sondern als User-Daemon in der Prozesstabelle aufgelistet sind. Gleiches gilt für Logfiles, die dann die Eigentumsrechte des Daemonprozesses haben. Wenn auf einem unter rollenbasiertem Zugriffsrechtevergabevergfahren laufenden System ein Kommando ausgeführt wird, für das die Rollenbeschreibung nicht ausreicht, kann die Profileshell mit dem entsprechenden Programm nicht gestartet werden. Es kommt dann zu der Fehlermeldung *exec failed* statt *not owner* etc.

Um rollenbasierte Zugriffsberechtigungsvoreinstellungen für Benutzer definieren zu können ist die Namenskonvetion für die einzelnen Berechtigungen und deren Granulation zu kennen. So können Cron-Jobs aller User mit der Autorizierung *solaris.jobs.admin* Beauftragt oder modifiziert werden. Autorisationen folgen dem Schema: company.subject.subarea.function, wobei company der fully qualified Domainname der Firma in umgekehrter Schreibweise ist. Bei OpenSolaris.org somit org.Opensolaris. Ein Beispiel: org.OpenSolaris.smf.modify.dependency wäre eine Autorisation SMF-Dependencies zu modifizieren. Eine Ausnahme stellen durch sun.com gelieferte Autorisierungen dar. So wird das Recht zu Maschinenadministration nicht durch *com.sun.system* beschrieben, sondern durch *solaris.system*.

Die gegenwärtig in SolarisExpress 5.11 snv 23 mit der Standardinstallation vordefinierten 126 Autorisierungen sind in der Datei */etc/security/auth_attr* aufgelistet und werden daher hier nicht abgebildet. Exemplarisch ist in Listing 9.5 ein Beispiel zitiert um die Granularität solcher Autorisierungen aufzuzeigen.

```
solaris.jobs.:::Job Scheduler::help=JobHeader.html
solaris.jobs.admin:::Manage All Jobs::help=AuthJobsAdmin.html
solaris.jobs.grant:::Delegate Cron & At Administration::help= ↙...
    ↪ JobsGrant.html
solaris.jobs.user:::Manage Owned Jobs::help=AuthJobsUser.html
```

Listing 9.5. /etc/security/auth_attr (Auszug)

Es ist Listing 9.5 zufolge eine generelle Autorisation für den Job Scheduler möglich, als auch Eingrenzungen auf Job-Administration oder das Weitergeben (grant) von Autorisationen für die Administration von *cron(1M)* oder *at(1)* Jobs. Im weiteren dürfen auch eigene Jobs administriert werden. Der Auszug zeigt auch gut, daß die Kurzbeschreibung in der *auth_attr* ein guter Ansatz zum Verständnis ist.

Als Beispiel sei darauf aufbauend ein User angelegt und mit ausreichenden Rechten ausgestattet um beliebige *crontab(1)* Einträge anzulegen oder zu modifizieren. Es existiert zunächst ein Benutzer *rbc* der anfangs keine besonderen Berechtigungen hat.
Eine Rolle *admin* mit einem *ALL*-Profil wird erzeugt mit:

```
nx1# /usr/sbin/roleadd -P All admin
```

Damit wurde in */etc/user_attr* der Eintrag

```
admin::::type=role;profiles=All
```

erzeugt. Ein Benutzer *admin*, der eine Profileshell benutzt, wurde in die */etc/passwd* eingetragen:

```
admin:x:201:1::/home/admin:/bin/pfsh
```

Ein weiterer Benutzer *lisa* sei existent. Dieser Benutzer wird der Rolle *admin* zugewiesen:

```
nx1# usermod -R admin lisa
```

Mit diesem Kommandoaufruf ist ein neuer Eintrag in der */etc/user_attr* erzeugt worden:

```
lisa::::type=normal;roles=admin
```

Zunächst wird versucht, als User *rbc* die *crontab(1)* des Benutzers *lisa* zu editieren:

```
nx1> id
uid=200(rbc) gid=200
nx1> crontab -e lisa
crontab: you must be super-user to access another user's ↙...
    ↪ crontab file
```

Da der Benutzer *rbc* nicht die Superuserprivilegien und keine ausreichende Rollenbeschreibung hat wird folgerichtig eine Fehlermeldung ausgegeben und verhindert, daß *rbc lisas crontab* ändern kann.

Wenn nun rbc die Rollenberechtigung *solaris.jobs.admin* bekommt, kann er ohne root-Privileges *crontab(1)*-Einträge anderer Benutzer administrieren:

```
nx1# usermod -A solaris.jobs.admin rbc
```

Für den Benutzer *rbc* ist mit obigem Kommando folgender Eintrag in der */etc/user_attr* erzeugt worden:

```
rbc::::type=normal;auths=solaris.jobs.admin
```

```
nx1> id
uid=200(rbc) gid=200—
nx1> crontab -e lisa
```

<Editor Session opens...>

Im Prinzip ist hier bei unbedachter Verwendung ein Sicherheitsloch vorhanden. Der oben genannte User *rbc* hat keinerlei root-Permissions. Er kann jedoch alle *crontabs* editieren. Alle. Auch die von *root*.

9.2.2.1 Das feinkörnige Rechtemodell für Prozesse

Jörg Schilling

Seit SOLARIS 10 gibt es ein erweiterbares, feinkörniges Rechtemodell das zur Zeit 50 verschiedene Rechtetypen steuern kann. Mit Stand Dezember 2005 sind auf SOLARIS 11 folgende Rechte implementiert:

PRIV_CONTRACT_EVENT Ermöglicht einem Prozess sich unbegrenzt auf Kontrakt-Ereignisse zu registrieren und diese zu liefern und zu empfangen.

PRIV_CONTRACT_OBSERVER Ermöglicht einem Prozess auf Kontrakte von Prozessen unter einer anderen Benutzerkennung als der eigenen zuzugreifen.

PRIV_CPC_CPU Ermöglicht einem Prozess den Zugriff auf Hardware Performance Zähler.

PRIV_DTRACE_KERNEL Ermöglicht einem Prozess die Nutzung von DTrace auf Kernel-Ebene.

PRIV_DTRACE_PROC Ermöglicht einem Prozess die Nutzung von DTrace auf Prozess-Ebene.

PRIV_DTRACE_USER Ermöglicht einem Prozess die Nutzung von DTrace auf Benutzer-Ebene.

PRIV_FILE_CHOWN Ermöglicht einem Prozess die User-ID einer Datei auf einen beliebigen Wert zu setzen und die Group-ID einer Datei auf einen Wert zu setzen der nicht in der Liste der eigenen Gruppenkennungen ist.

PRIV_FILE_CHOWN_SELF Ermöglicht einem Prozess seine eigenen Dateien an andere Nutzer zu verschenken.

PRIV_FILE_DAC_EXECUTE Ermöglicht einem Prozess Dateien auszuführen zu denen er nach den Dateizugriffsrechten keine Ausführungserlaubnis besitzt.

PRIV_FILE_DAC_READ Ermöglicht einem Prozess Dateien zu lesen zu denen er nach den Dateizugriffsrechten keine Erlaubnis besitzt.

PRIV_FILE_DAC_SEARCH Ermöglicht einem Prozess Directories zu durchsuchen zu denen er nach den Dateizugriffsrechten keine Erlaubnis besitzt.

PRIV_FILE_DAC_WRITE Ermöglicht einem Prozess Dateien zu beschreiben zu denen er nach den Dateizugriffsrechten keine Erlaubnis besitzt.

PRIV_FILE_LINK_ANY Ermöglicht einem Prozess Hardlinks zu Dateien anzulegen die einem anderen Benutzer gehören.

PRIV_FILE_OWNER Ermöglicht einem Prozess Operationen auf Dateien und Directories durchzuführen die normalerweise nur dem Eigentümer gestattet sind: Modifikation der Zeitstempel, Lösch- und Rename-Vorgänge in Directories die das "save text image after execution" Bit gesetzt haben, Mounten eines "namefs" auf eine Datei, Verändern von ACLs mit Ausnahme der set-uid und set-gid Bits.

PRIV_FILE_SETID Ermöglicht einem Prozess Eigentümer oder Gruppe einer Datei zu ändern oder in die Datei zu schreiben ohne daß dabei die set-uid und set-gid Bits gelöscht werden.

PRIV_GART_ACCESS Ermöglicht einem Prozess ioctl's auf den *agpart* Gerätetreiber auszuführen. Dieses Recht wird normalerweise nur vom X-Server und von Programmen die den PCI Bus scannen benötigt. Dieses Recht wurde mit SOLARIS 11 neu eingeführt.

PRIV_GART_MAP Ermöglicht einem Prozess mmap Vorgänge auf den *agpart* Gerätetreiber auszuführen. Dieses Recht wird normalerweise nur vom X-Server und von Programmen die den PCI Bus scannen benötigt. Dieses Recht wurde mit SOLARIS 11 neu eingeführt.

PRIV_IPC_DAC_READ Ermöglicht einem Prozess System V IPC Message Queues, Semaphore Sets und Shared Memory Segmente und remote Shared Memory Segmente zu lesen zu denen er nach den Dateizugriffsrechten keine Erlaubnis besitzt.

PRIV_IPC_DAC_WRITE Ermöglicht einem Prozess System V IPC Message Queues, Semaphore Sets und Shared Memory Segmente und remote Shared Memory Segmente zu beschreiben zu denen er nach den Dateizugriffsrechten keine Erlaubnis besitzt es sei denn der Eigentümer des Objektes ist 0 und die Effektive Nutzer ID des Prozesses ist nicht auch 0.

PRIV_IPC_OWNER Ermöglicht einem Prozess bei System V IPC Message Queues, Semaphore Sets und Shared Memory Segmente und remote Shared Memory Segmente Rechte und Eigentümer zu verändern zu denen er nach den Dateizugriffsrechten keine Erlaubnis besitzt es sei denn der Eigentümer des Objektes ist 0 und die Effektive Nutzer ID des Prozesses ist nicht auch 0.

PRIV_NET_ICMPACCESS Ermöglicht einem Prozess ICMP Pakete zu senden und zu empfangen.

PRIV_NET_PRIVADDR Ermöglicht einem Prozess privilegierte Netzwerk-Ports zu benutzen.

PRIV_NET_RAWACCESS Ermöglicht einem Prozess RAW Zugriff auf die Netzwerkebene.

PRIV_PROC_AUDIT Ermöglicht einem Prozess audit Datensätze zu erzeugen und seine eigenen audit Datensätze zu lesen.

PRIV_PROC_CHROOT Ermöglicht einem Prozess die root Directory zu wechseln.

PRIV_PROC_CLOCK_HIGHRES Ermöglicht einem Prozess hochauflösende Timer zu verwenden.

PRIV_PROC_EXEC Ermöglicht einem Prozess den exec Systemaufruf zu benutzen.

PRIV_PROC_FORK Ermöglicht einem Prozess Subprozesse zu erzeugen.

PRIV_PROC_INFO Ermöglicht einem Prozess den Status von Prozessen zu untersuchen zu denen er keine Signale senden darf.

PRIV_PROC_LOCK_MEMORY Ermöglicht einem Prozess die Zuordnung von Speicherseiten auf physischen Speicher zu verriegeln.

PRIV_PROC_OWNER Ermöglicht einem Prozess Signale zu anderen Prozessen zu versenden, deren Status einzusehen und zu verändern wenn diese Prozesse nicht mehr Rechte besitzen als die eigenen, sowie beliebige Prozesse an eine CPU zu binden.

PRIV_PROC_PRIOCNTL Ermöglicht einem Prozess Prioritäten und Scheduling Klassen zu verändern. Dies schließt die Verwendung der Realzeit-Klasse ein.

PRIV_PROC_SESSION Ermöglicht einem Prozess Signale zu Prozessen zu vesenden und Prozesse zu tracen die nicht der eigenen Session angehören.

PRIV_PROC_SETID Ermöglicht einem Prozess seine userid zu verändern.

PRIV_PROC_TASKID Ermöglicht einem Prozess sich eine neue Task ID zuzuweisen.

PRIV_PROC_ZONE Ermöglicht einem Prozess Signale zu Prozessen zu vesenden und Prozesse zu tracen die nicht der eigenen Zone zugeordnet sind.

PRIV_SYS_ACCT Ermöglicht einem Prozess das Systemaccounting zu steuern.

PRIV_SYS_ADMIN Ermöglicht einem Prozess Systemadministratoraufgaben zu erledigen wie z.B. das setzen von Hostname und Domainname oder das Verändern von Coreadm Einstellungen.

PRIV_SYS_AUDIT Ermöglicht einem Prozess das Auditing zu administrieren.

PRIV_SYS_CONFIG Ermöglicht einem Prozess diverse Systemkonfigurationsaufgaben durchzuführen wie z.B. das Konfigurieren der Swapgeräte.

PRIV_SYS_DEVICES Ermöglicht einem Prozess Aufrufe in Kernelmodulen durchzuführen die durch drv_priv(9F) gesichert sind, sowie das direkte Öffnen der realen Konsole und das Öffnen von Geräten die vorher Exklusiv geöffnet wurden.

PRIV_SYS_IPC_CONFIG Ermöglicht einem Prozess die Größe eines System V IPC Message Queue Puffers zu verändern.

PRIV_SYS_LINKDIR Ermöglicht einem Prozess Hardlinks auf Directories zu erzeugen und zu löschen.

PRIV_SYS_MOUNT Ermöglicht einem Prozess Dateisysteme zu Mounten und diverse andere Dateisystemspezifische Aufgaben durchzuführen.

PRIV_SYS_NET_CONFIG Ermöglicht einem Prozess diverse Netzwerkspezifische Aufgaben durchzuführen.

PRIV_SYS_NFS Ermöglicht einem Prozess NFS bezogene Systemaufrufe zu tätigen.

PRIV_SYS_RES_CONFIG Ermöglicht einem Prozess Prozessorspezifische Aufgaben zu erledigen wie z.B. das Offline-Nehmen einer CPU.

PRIV_SYS_RESOURCE Ermöglicht einem Prozess ohne Restriktionen setrlimit(2) und setrctl(2) zu verwenden, die maximale Anzahl von Userprozessen zu überschreiten und in einem Dateisystem das oberhalb der *minfree* Grenze operiert Dateien zu vergrößern oder zu erzeugen.

PRIV_SYS_SUSER_COMPAT Ermöglicht einem Prozess eine Aufgabe durchzuführen die in einem alten Kernel Modul, das noch nicht auf das feingranulare Rechtemodell konvertiert wurde, und mit Hilfe der Funktion suser() abgesichert ist.

PRIV_SYS_TIME Ermöglicht einem Prozess die Systemzeit zu verstellen.

Die auf Kommandozeilenebene bzw. innerhalb der Konfigurationsdateien verwendete Nomenklatur für die Rechte läßt sich aus den obengenannten Namen dadurch ableiten daß man den Präfix *PRIV_* entfernt und den Rest des Namens in Kleinbuchstaben wandelt. So wird z.B. aus PRIV_SYS_TIME sys_time.

Eine Liste der Rechte mit einer Englischsprachigen Erklärung befindet sich in der Datei */etc/security/priv_names* die für die Ausgabe des Kommandos

```
ppriv -l -v
```

verwendet wird.

Die Rechte mit den Namen PRIV_FILE_LINK_ANY, PRIV_PROC_EXEC, PRIV_PROC_FORK, PRIV_PROC_INFO und PRIV_PROC_SESSION sind Basis-Privilegien über die alle unprivilegierten Prozesse normalerweise verfügen.

Die Rechte PRIV_PROC_SETID und PRIV_PROC_AUDIT müßen im Grenz Rechte-Satz (Limit-Set) vorhanden sein um ein *set-uid root exec* durchzuführen und dann weitere Rechte zu erlangen.

Jeder Prozess hat unter SOLARIS vier Sätze von Rechten.

I – der vererbbare Rechte-Satz
Die Rechte (inheritable set) die bei einem exec Systemaufruf vererbt werden.

P – der erlaubte Rechte-Satz
Der maximale Satz (permitted set) von Rechten für diesen Prozess.

E – der effektive Rechte-Satz
Die Rechte die zur Zeit wirksam sind (effective set).

L – der Grenz Rechte-Satz
Der maximale Satz von Rechten (limit set) den ein Prozess und seine Nachkommen erlangen können. Änderungen an diesem Satz werden durch den nächsten exec Systemaufruf aktiv.

Normalerweise sind die Sätze *I*, *P* und *E* identisch und der Satz *L* ist normalerweise identisch mit dem kompletten Satz von Rechten.

Prozess Privilegien-Rechte kann man auf verschiedene Weise debuggen. Entweder durch die Verwendung des Kommandos

```
ppriv -D
```

durch die Inspektion der Ausgaben des *truss* Kommandos welches bei jedem gescheiterten Systemaufruf die fehlenden Rechte auflistet, oder durch das globale Aktivieren des Rechtedebugging im Kern durch Einbringen von

```
set priv_debug = 1
```

in */etc/system* oder durch Modifikation der betreffenden Variable mit Hilfe von *mdb*.

9.2.2.2 Die Programme zur Unterstützung des Rechtemodells sind:

Jörg Schilling

/usr/bin/pfexec Das zentrale Kommando zur Implementierung ist das Profile-Exec Programm *pfexec*. In einer komplett auf feingranulare Prozess-Rechteverwaltung umgestellten SOLARIS Installation gibt es nur noch ein einziges suid-root Programm und das ist *pfexec*. Es prüft die Rechte des Nutzers an dem Programm das aufgerufen werden soll. Wenn keine besonderen Rechte für die Paarung Nutzer bzw. Rolle und Programm eingetragen sind, dann wird das Programm mit den Standard-Rechten des Anwenders gestartet. Anderenfalls werden die Rechte aus der Datenbank eingestellt und dann das Programm gestartet.

pfsh pfcsh pfksh Die Profile Shells laufen selbst unprivilegiert. Sie wenden aber die gleichen Tests auf die Programme an wie das Programm *pfexec*. Wenn sich dabei herausstellt, daß das Programm wenn es vom aktuellen Nutzer gestartet wird Sonderrechte benötigt, dann starten die Profile Shells das betreffende Programm indirekt über pfexec. Im Normalfall eines unprivilegierten Programms starten diese Shells die Programme aus Performancegründen direkt.

profiles Dieses Programm erlaubt die Auflistung aller Ëxecution Profileseines Nutzers.

ppriv Das *ppriv* Kommando erlaubt die Rechte von Programmen aufzulisten oder diese Rechte zu verändern, sowie Programme mit veränderten Rechten zu starten.

9.2.2.3 Beispielhaftes Einrichten eines Programms zur Nutzung ohne Root Rechte

Jörg Schilling

Wie man ein privilegiertes Progamm ohne Root Rechte zum Laufen bringt läßt sich am Besten an einem exemplarischen Beispiel erfahren. Wir wählen das Programm *cdrecord* für unsere Beschreibung.

Damit in der Testphase nicht die Sicherheit des laufenden Systems beeinträchtigt wird, richten wir uns zunächst ein neues Profil für einen Testnutzer ein. Durch das Hinzufügen der Zeile

```
testuser::::profiles=CD RW
```

in die Datei */etc/user_attr* machen wir den Testnutzer zum Mitglied des bisher nicht existenten Profils *CD RW*. Damit das Programm *profiles* die Zugehörigkeit zu diesem Profil korrekt darstellen kann, müßen wir folgenden Eintrag in die Datei */etc/security/prof_attr* einfügen:

```
CD RW:::CD-R/RW Recording Authorizations:aut s=solaris.device.cdrw
```

Nun fügen wir die Zeile

```
CD RW:solaris:cmd:::/usr/bin/ppriv: privs=
```

in die Datei */etc/security/exec_attr* ein. Dadurch läßt sich das *ppriv* Programm mit Hilfe von */usr/bin/pfexec* mit den Rechten des Profils *CD RW* starten. Wenn wir nun

```
pfexec ppriv -e -D cdrecord -scanbus
```

unter der user ID *testuser* aufrufen, dann melden uns cdrecord und ppriv, daß cdrecord den SCSI Treiber nicht öffnen kann weil das Recht *file_ ac_read* fehlt. Wir modifizieren daher den Eintrag in */etc/security/exec_attr* so daß er folgendermaßen aussieht:

```
CD RW:solaris:cmd:::/usr/bin/ppriv: privs=file_dac_read
```

um dann anschließend den gleichen Test nochmals durchzuführen. Dieser Test informiert uns darüber, daß keine SCSI Kommandos verschickt werden können weil das Recht *sys_devices* fehlt. Wie erweitern unseren Eintrag erneut

```
CD RW:solaris:cmd:::/usr/bin/ppriv: privs=file_dac_read,sys_devices
```

und stellen nun fest, daß

```
cdrecord -scanbus
```

dadurch für lokale SCSI Geräte prinzipiell schon funktionsfähig geworden ist. Um auf Entfernte Geräte mit Hilfe des RSCSI[4] Protokolls zugreifen zu können wird allerdings noch das Recht *net_privaddr* benötigt um privilegierte Ports benutzen zu dürfen. Die Notwendigkeit zu diesem Recht läßt sich nur durch Kenntnis des Quellcodes herausfinden, denn cdrecord greift automatisch auf eine langsamere Methode mit Hilfe einer Pipe zum Programm *rsh* zurück, falls die Rechte fehlen selbst eine Netzwerkverbindung aufzubauen.

Für das sichere und zuverläßige Beschreiben einer CD werden weitere Rechte benötigt, die es cdrecord erlauben einen *Buffer Underrun* im CD-Brenner deutlich unwahrscheinlicher zu machen. Ein Testlauf, in dem die notwendigen cdrecord Parameter zum Beschreiben einer CD verwendet werden,

[4] Remote SCSI

zeigt uns daß dazu die Rechte *proc_lock_memory* und *proc_priocntl* benötigt werden, die wir auch der Zeile in der Datei */etc/security/exec_attr* hinzufügen. Da wir nun alle notwendigen Rechte gefunden haben (bei anderen Programmen kann das Herausfinden der notwendigen Rechte erheblich aufwendiger werden), können wir in unserer Rechtedefinition */usr/bin/ppriv* durch */usr/bin/cdrecord* ersetzen, so daß der entgültige Eintrag folgendermaßen aussieht:

```
CD RW:solaris:cmd:::/usr/bin/cdrecord: ↙...
    ↪ privs=file_dac_read,sys_devices,net_privaddr, ↙...
    ↪ proc_lock_memory,proc_priocntl
```

Wenn wir nur einzelnen Nutzern die Verwendung des Programms cdrecord erlauben wollen, dann müssen wir für jeden dieser Nutzer einen Eintrag in der Datei */etc/user_attr* anlegen. Wollen wir allen Nutzern die Verwendung des Programms cdrecord erlauben, dann müssen wir eine Zeile:

```
All:solaris:cmd:::/usr/bin/cdrecord: privs=file_dac_read, ↙...
    ↪ sys_devices,proc_lock_memory,proc_priocntl
```

in */etc/security/exec_attr* einfügen. Da der Besitz der beiden Rechte *proc_lock_memory* und *proc_priocntl* in Extremfällen das System etwas stärker belasten könnte, wäre es durchaus denkbar einem normalen Nutzer diese Rechte vorzuenthalten.

9.3 PAM: Pluggable Authentication Module

Rolf M Dietze

Bedingt durch die historische Entwicklung von UNIX haben sich verschiedene Mechanismen und Repositories zur Authentifikation von Zugängen herausgebildet, mit unterschiedlichem Anspruch an Sicherheit und Wartung. Die Applikationen *ftp(1)* und *telnet(1)* greifen zur Authentifikation auf Passwortdateien zurück, ein einfaches Login unter Umständen auch. Ein Smartcard basierter Zugang wird in der Regel über ein vom standard Login unabhängiges Passwortrepository abgearbeitet. Sollen die Authentifikationservices voneinander abhängig sein, in ihrer Art und Weise modifiziert werden oder ähnliches, so ist ein Eingriff in die Programmqelldateien notwendig an der Stelle, an der die Authentifikation implementiert ist. Dieser Mißstand sollte behoben werden, und so wurden Forderungen gestellt, wie ein moderner und flexibler System- und Applikations- respektive Servicezugang implementiert werden soll. Die Forderungen waren:

- Per-applikationsbasierte Konfiguration der Authentifikation. *ftp* soll einen anderen Mechanismus nutzen als *telnet*, der Console-Login soll einen weiteren anderen Mechanismus nutzen.
- Mehrfach verkettete Authentifikationsysteme, etwa Login per Kerberos und RSA.

- Single-Sign-on, Einmalige Anmeldung soll zum Ergebnis haben für weitere Services keine weitere Passworteingabe durchführen zu müssen.
- Es soll möglich sein, den Standardauthentifizierungsmechanismus zu setzen und zu ändern.
- Legacy-Support für Altsysteme.
- Modulares Design für das Account- Session- und Passwortmanagement.
- Unterstützung unterschiedlicher Eingabesysteme. So wird beispielsweise bei *telnet* sowohl die UserID als auch das Password über Netz übertragen, während eine GUI-Applikation UserID und Password unter Umständen in unterschiedlichen Popup Fenstern erwartet.
- Das API für das Authentificationssystem sollte betriebssystemunabhängig sein.
- Die Art und Weise der Eingabe soll invariant zu den darunterliegenden Authentifizierungsmechanismen sein.

Unter dem Kürzel *PAM*, für Pluggable Authentication Module, steht ein flexibler Mechanismus die Authentifikation gegenüber einer Applikation, einem Zugang etc. über austauschbare Module abzuwickeln. Das PAM-Framework ersetzt die Authentifikationsroutinen innerhalb einer Applikation durch leict austauschbare Authentifikationsmodule. Dem Administrator ist mit dem PAM-Framework ein Mechanismus an die Hand gegeben, über den er seine Umgebung leicht an unterschiedliche Sicherheitspolicies anpassen kann und bei Bedarf eine Authentifikationroutine gegen eine andere ersetzen kann. Sei es um andere Möglichkeiten zu nutzen oder um erkannte Sicherheitsdefizite auszuräumen. Durch den Ersatz eines PAM-Moduls gegen ein anderes kann auch schnell auf erkannte Softwarefehler in der Authentifikation, Sicherheitslücken bzw. auf Einbruchsmöglichkeiten reagiert werden.

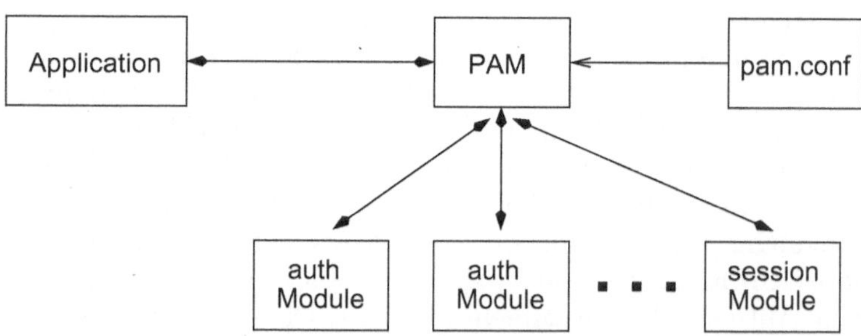

Abb. 9.4. PAM-Authentifikation

Es ist zu unterscheiden in zwei unterschiedliche PAM-Frameworks:

1. SUN-PAM, hierbei werden alle genutzten PAM-Module über die Konfigurationsdatei */etc/pam.conf* zugeordnet, seit ca. 1995 verfügbar, und
2. LINUX PAM, hierbei existiert ein Verzeichnis */etc/pam.d*, in welchem per Service ein Konfigurationsfile existiert.

Im weiteren wird ausschließlich das mit OPENSOLARIS ausgelieferte SUN-PAM beschrieben. Bei dieser Implementation wird wie in Abbildung 9.4 ein Authenticationrequest einer Applikation, wie beispielsweise ein Systemzugang bzw. Login, ein *telnet*- oder *ftp*-Zugang an das PAM-Framework gestellt und der in der */etc/pam.conf* definierte Mechanismus, genauer, die definierten Module zur Authentifizierung genutzt. Die Reihenfolge der in der Datei */etc/pam.conf* spezifizierten Moduleinträge beschreibt gleichzeitig das so genannte Stacking, siehe auch Abschnitt 9.3.1.3 in diesem Kapitel. Zunächst zur Funktion. PAM bietet die Möglichkeit für einen standard-Login, einen Systemzugang einen UNIX-Passwordmechanismus zu nutzen, für *ftp* jedoch ein Singlekeyverfahren und für beispielsweise *telnet(1)* ein anderes Verfahren zu wählen. Bei einem Systemzugang muß unter Umständen auch verifiziert werden, ob zeitliche Einschränkungen bestehen, der Userccount überhaupt noch gültig ist, etc. Des weiteren mag eine Änderung des Passwortes durch den Benutzer unterstützt sein, oder ein Logging für die geöffnete Session gefordert sein. PAM unterstützt dafür vier unterschiedliche Modultypen:

Passwordmanagement: Modifikation und Zugriff auf Passworte und passwortbezogene Attribute. Die Bibliotheksfunktion *pam_chauthtok()* erlaubt die Änderung des Passwortes.

Authentification: Benutzerauthentification, setzen, löschen und updating von Credentials Die Funktion *pam_setcred()* manipuliert User-Credentials, die Funktion *pam_authenticate()* bearbeitet die Authentifizierung.

Accountmanagement: Systemzugang, Passwordaging, Accountgültigkeit und Einschränkungen, wobei durch *pam_acct_mgmt()* geregelt wird, ob ein Benutzer Zugang zu seinem Account bekommt. An dieser Stelle wird beispielsweise auch eine zeitliche Zugangsbeschränkung üeberprüft und gegebenenfalls realisiert.

Sessionmanagement: Überwachung und Handhabung zum Öffnen und Schließen von Sessions mit anschließendem Cleanup. Die beiden Funktionen *pam_open_session()* und *pam_close_session()* bieten ein Interface für das Sessionmanagement und Accounting.

Zu den beschriebenen Modulen unterstützt das PAM-Framwork Interfaces zur Administration wie *pam_start()*, *pam_end()*, *pam_get_item()* und *pam_set_item()*, Fehlermeldungen können mit *pam_strerror()* ausgegeben werden. Die Funktion *pam_start90* bietet eine Callbackfunktion, die beispielsweise die Eingabe eines Passwortes über ein GUI-Dialogfenster ermöglicht. Environmentvariablen werden über *pam_getenvlist()* aufgelistet, mit *pam_putenv()* gesetzt und mit *pam_getenv()* gelesen. Während des Starts einer Applikation werden einige Daten wie beispielsweise der Benutzername im PAM-Framework gehalten, sodaß sie von den Modulen genutzt werden können. Es werden auch opaque (komplexe) Daten unterstützt, die bei der Benutzerkommuniation mit allen Inhalten zurückgegeben werden. Ein Daten- beziehungsweise Informationsaustausch über beispielsweise Username, Password etc. zwischen den ansonsten voneinader unabhängigen Funktionen wird realisiert durch Funktionen wie *pam_get_item()* und *pam_set_item()*. Statusinformationen zu einer PAM-Session können mit Funktionen wie *pam_get_data()* und *pam_set_data()* gelesen oder geschrieben werden.

Unter Verwendung der Funktionen des API kann ein Systemzugang per login unter PAM-Kontrolle wie in Beispiel 9.1 exemplarisch dargelegt und erläutert ablaufen.

```
pam_start("login",uname,&pconv,&phandle);
if (not authenticated)
   if (retries < 5)
      pam_authenticate(phandle,pflags);
error = pam_acct_mgmt(phandle,pflags);
if (error == PAM_AUTHTOK_EXPIRED)
   pam_chauthtok(phandle,pflags);
pam_open_session(phandle,pflags);
pam_setcred(phandle,pflags);
pam_end(phandle);
```

Beispiel 9.1. Login unter PAM-Kontrolle

Zu Begin wird in Beispiel 9.1 mit der Funktion *pam_start* der Service "login" für den in *uname* definierten User aufgerufen, wobei eine Callbackfunktion unter *pconv* spezifiziert wird. Hier kann die entsprechende Interaktion aufgerufen werden. Wenn nun noch keine Authentifizierung erfolgt ist und die Anzahl der Authentifizierungsversuche unter 5 liegt, wird die eigentliche Arbeitsroutine *pam_authenticate* aufgerufen. *pam_authenticate* wird nun die Authentifizierung durchführen, durch beispielsweise der Aufforderung ein Password einzugeben (siehe Callbackfunktion beim Start). Es werden alle gestackten Module aufgerufen, auch dann, wenn das letzte aufgerufene Modul bereits einen Authentifizierungsfehlerstatus gebracht hat, wird die Liste über alle Module auf dem PAM-Stack vollständig abgearbeitet. Es soll damit verhindert werden, daß der Benutzer erkennt, an welchem Modul er gescheitert ist, um Angreifbarkeiten zu vermeiden. Die Funktion *pam_acct_mgmt()* ist für das Accountmanagement zuständig und überprüft, ob überhaupt eine login-Session für den betreffenden Benutzer zulässig ist und überprüft etwaige Einschränkungen im Zugang. Die Funktion *pam_chauthtok()* wiederum tauscht die Authentifizierungstokens mit anderen Modulen aus und wird bei Bedarf die spezifizierte Callbackfunktion aufrufen um ein neues Authentifizierungstoken anzufordern. Jatzt kann die Session gestartet werden und alle erforderlichen User-Credentials werden erneuert, gesetzt oder gelöscht. Zum Schluß wird die Session geschlossen und alle PAM-Ressourcen zurückgesetzt.

9.3.1 Solaris PAM Administration

Zunächst eine Warnung an den Leser: Das Experimentieren mit PAM-Modulen, ihrer Wirkung, Abhängigkeit und Kombinierbarkeit, Schreibfehler an der richtigen bzw. wesentlichen Stelle, neuen oder unbekannten Modulen und Fehler im Stacking können den Benutzer erfolgreich vom Rechnersystem aussperren. Dies gilt auch für den root-Account. Die für solche Fälle sinnvollste Sicherheit ist eine geöffnete root-Shell, mit der die fehlerhaften Modifikationen korrigiert werden können. Anderenfalls benötigt man einen Mechanismus die Konfiguration anderweitig zurückzusetzen (Boot-CDs, Installserver, reserve Bootplatte, o.ä). Das Löschen der */etc/pam.conf* stellt kein sinnvolles Reparaturverfahren dar. Vielmehr ist das Rechnersystem vor seinem Administrator und allen möglich störenden Usern vollständig geschützt. Ohne offene root-Shell oder eine offene Shell eines Users, der eine ausreichende Rollenberechtigung hat oder einem Boot von sekundären Bootgeräten zur Wiederherstellung der Konfigurationsdatei ist nichts zu machen!

Die PAM Implementation unter SOLARIS besteht im Wesentlichen aus der PAM Library selbst unter */usr/lib/libpam.so* (korrekter: */usr/lib/libpam.so* ist ein Softlink auf */lib/libpam.so*), den Modulen unter */usr/lib/security/pam** bzw. */usr/lib/security/sparcv9/pam** für die 64-bit Module und dem Konfigurationsfile */etc/pam.conf*. Zur besseren Übersicht graphisch in Abbildung 9.5 dargestellt.

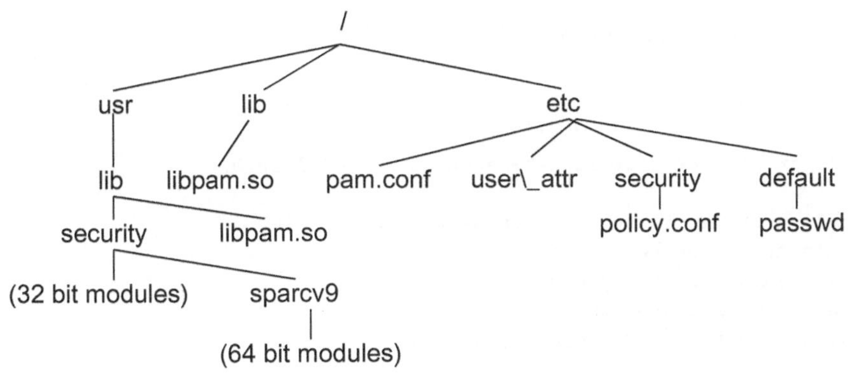

Abb. 9.5. PAM Filesystem Tree

Zum weiteren Verständnis sind drei Dinge notwendig: Das Verständnis zum Aufbau der */etc/pam.conf* und der verwendeten Schlüsselworte, die

Funktion der einzelnen Module und das so genannte Stacking, also die Relevanz der Reihenfolge der Einträge in der */etc/pam.conf*. In dieser Reihenfolge beginnend mit der Konfigurationsdatei, der Erklärung der Module und dem Stacking wird die Standardkonfiguration als Beispiel genommen.

Wie in Abbildung 9.4 dargestellt ist die */etc/pam.conf* die das PAM-System steuernde Konfigurationsdatei. Nach einer Standardinstallation von SolarisExpress 5.11 snv_23 zeigt sie sich wie in Listing 9.6 in sieben Teilen zitiert, mit dem im nachfolgenden Abschnitt 9.3.1.1 erläuterten Aufbau, und definiert damit das Standardauthentifizierungsverhalten:

[CDDL Header, siehe separates Listing 3.1 auf Seite 29]

```
#
#ident "@(#)pam.conf 1.29 05/06/08 SMI"
#
# Copyright 2004 Sun Microsystems, Inc.  All rights reserved.
# Use is subject to license terms.
#
# PAM configuration
#
# Unless explicitly defined, all services use the modules
# defined in the "other" section.
#
# Modules are defined with relative pathnames, i.e., they are
# relative to /usr/lib/security/$ISA. Absolute path names, as
# present in this file in previous releases are still acceptable.
#
# Authentication management
#
```

Listing 9.6. */etc/pam.conf*, Teil I - Header

```
# login service (explicit because of pam_dial_auth)
#
login auth requisite pam_authtok_get.so.1
login auth required pam_dhkeys.so.1
login auth required pam_unix_cred.so.1
login auth required pam_unix_auth.so.1
login auth required pam_dial_auth.so.1
```

Listing 9.6. */etc/pam.conf*, Teil II - login

An Listing 9.6 läßt sich alles notwendige zur Administration von PAM erklären. Zum besseren Verständnis zunächst zum Aufbau der */etc/pam.conf*.

```
#
# rlogin service (explicit because of pam_rhost_auth)
#
rlogin auth sufficient pam_rhosts_auth.so.1
rlogin auth requisite pam_authtok_get.so.1
rlogin auth required pam_dhkeys.so.1
rlogin auth required pam_unix_cred.so.1
rlogin auth required pam_unix_auth.so.1
#
# Kerberized rlogin service
#
krlogin auth required pam_unix_cred.so.1
krlogin auth binding pam_krb5.so.1
krlogin auth required pam_unix_auth.so.1
```

Listing 9.6. */etc/pam.conf*, Teil III - rlogin

```
#
# rsh service (explicit because of pam_rhost_auth,
# and pam_unix_auth for meaningful pam_setcred)
#
rsh auth sufficient pam_rhosts_auth.so.1
rsh auth required pam_unix_cred.so.1
#
# Kerberized rsh service
#
krsh auth required pam_unix_cred.so.1
krsh auth binding pam_krb5.so.1
krsh auth required pam_unix_auth.so.1
```

Listing 9.6. */etc/pam.conf*, Teil IV - rsh

```
#
# Kerberized telnet service
#
ktelnet auth required pam_unix_cred.so.1
ktelnet auth binding pam_krb5.so.1
ktelnet auth required pam_unix_auth.so.1
```

Listing 9.6. */etc/pam.conf*, Teil V - telnet

9.3.1.1 Der Aufbau der PAM-Konfigurationsdatei

PAM wird konfiguriert durch Editieren der in Listing 9.6 zitierten Datei */etc/pam.conf*. Über diese Konfigurationsdatei wird das Verhalten des PAM-Gesamtsystems gesteuert, wie dies in 9.4 dargestellt ist.

```
#
# PPP service (explicit because of pam_dial_auth)
#
ppp auth requisite pam_authtok_get.so.1
ppp auth required pam_dhkeys.so.1
ppp auth required pam_unix_cred.so.1
ppp auth required pam_unix_auth.so.1
ppp auth required pam_dial_auth.so.1
```

Listing 9.6. */etc/pam.conf*, Teil VI - ppp

Die */etc/pam.conf* ist eine mehrzeilige Konfigurationsdatei, die, wie in Tabelle 9.6 dargestellt, in fünf Spalten organisiert ist.

Service	Modul	Controlflag	Modulpfad	Optionen
1	2	3	4	5

Tabelle 9.6. Aufbau der Konfigurationsdatei */etc/pam.conf*

Bei Syntax- oder Formatierungsfehlern einer Zeile in der */etc/pam.conf* schlägt das betreffende Modul, das in der fehlerhaften Zeile spezifiziert wurde, fehl. Die einzelnen Spalten aus Tabelle 9.6 haben folgende Bedeutungen und unterstützen die im folgenden definierten Schlüsselwörter:

Service: Beschreibt den Namen des Dienstes, für den der Eintrag gültig sein soll. Der Servicename OTHER beschreibt einen Service, für den Defaultauthentifizierungsmechanismen genutzt werden sollen, wenn beispielsweise kein passendes Modul für diesen Typ vorhanden ist.

Module: Beschreibt den Modultyp, bzw. seine Funktion. Zur Zeit sind folgende Modultypen definiert:

- *account*: Verwaltet den Zugriff auf Useraccounts nach erfolgreicher Authentisierung. Einschränkungen im System- oder Accountzugriff werden hier behandelt. Dazu gehören zeit- oder geräteabhängige Zugriffe etc.
- *auth*: Benutzeridentifikation durch Passwortabfrage oder andere Mechanismen wie Smartcards, Fingerprintscan, oder ähnliches. Es werden bei Erfolg definierte Privileges gesetzt.
- *password*: Aktualisiert das zu dem betreffenden Benutzer gehörende Authentifikationtoken.
- *session*: Das Session-Modul erlaubt die Einstellung von Zugriffsprivilegien oder Berechtigungen, Einschränkungen etc. Siehe hierzu auch den Abschnitt zu Devicemanagement 5.2.2 auf Seite 117.

Controlflag: Definiert die Reaktion des PAM-Systems auf Erfolg oder Misserfolg einer Authentifizierung. Wesentliches Flag für das so genannte Stacking von PAM-Modulen. Gegenwärtig sind folgende Flags unterstützt:

```
#
# Default definitions for Authentication management
# Used when service name is not explicitly mentioned for authentication
#
other auth requisite pam_authtok_get.so.1
other auth required pam_dhkeys.so.1
other auth required pam_unix_cred.so.1
other auth required pam_unix_auth.so.1
#
# passwd command (explicit because of a different authentication module)
#
passwd auth required pam_passwd_auth.so.1
#
# cron service (explicit because of non-usage of pam_roles.so.1)
#
cron account required pam_unix_account.so.1
#
# Default definition for Account management
# Used when service name is not explicitly mentioned for account management
#
other account requisite pam_roles.so.1
other account required pam_unix_account.so.1
#
# Default definition for Session management
# Used when service name is not explicitly mentioned for session management
#
other session required pam_unix_session.so.1
#
# Default definition for  Password management
# Used when service name is not explicitly mentioned for password management
#
other password required pam_dhkeys.so.1
other password requisite pam_authtok_get.so.1
other password requisite pam_authtok_check.so.1
other password required pam_authtok_store.so.1
#
# Support for Kerberos V5 authentication and example configurations can
# be found in the pam_krb5(5) man page under the "EXAMPLES" section.
```

Listing 9.6. */etc/pam.conf*, Teil VII - other

binding: Wenn bis zum Aufruf eines als binding klassifizierten Modules keine FAILs zurückgegeben wurden wird die Kontrolle sofort an die aufrufende Applikation zurückgegeben, anderenfalls wird der PAM-Stack weiter abgearbeitet.

include: Erlaubt es entsprechend der Angaben zum Modulpfad Konfigurationsinformationen aus der *pam.conf* einzulesen. Es werden 32 include-Levels unterstützt.

optional: Sollte kein Modul des Stacks einen definitiven Erfolg oder Misserfolg liefern, ist das Ergebnis des als optional klassifizierten Moduls relevant für das Gesamtergebnis. Anderenfalls ist das Ergebnis irrelevant.

required: Das Ergebnis des als required klassifizierten Moduls ist relevant für das Endergebnis des Stacks. Alle Module dieser klassifikation müssen ein *success* liefern, anderenfalls ist das Endergebnis *fail*.

requisite: Gleichbedeutend mit required, allerdings wird nicht erst der gesamte Stack abgearbeitet. Die Aufrufende Applikation erhält sofort die Kontrolle zurück. Der Rückgabewert ist damit nachvollziehbar der des ersten als requisite oder required klassifizierten Moduls.

sufficient: Der Erfolg eines als *sufficient* klassifizierten Moduls ist ausreichend, wenn keine vorher als *required* oder *requisite* klassifizierten Module fehlgeschlagen sind. Es werden dann keine weiteren Module im Stack ausgewertet. Ein Fehlschlagen eines als sufficient klassifizierten Moduls hat zur Folge, daß alle folgenden Module abgearbeitet um zu dem Endergebnis zu gelangen. Ein zu früh gesetztes erfolgreiches *sufficient* beendet somit den Stack.

Modulpfad: Pfad zu den Modulen. Es werden zur Zeit absolute Pfade als auch relative Pfade unter dem Basisverzeichnis, bei SUN*/usr/lib/security* unterstützt.

Optionen: Optionen, die an die aufgerufenen Module übergeben werden. Neben den modulspezifischen Optionen werden oftmals die nachfolgend genannten Optionen unterstützt:

debug Debuggingmessages über *syslog()*

no_warn Keine Warnung an Applikation geben

use_first_path Bei *auth* und *passwd*-Modulen. Es soll das Passwort des vorherigen *auth*-Moduls genutzt werden. Bei Fehlschlagen schlägt das Modul ebenfalls fehl.

try_first_path Bei *auth*-Modulen. Es soll das Passwort des vorherigen *auth*-Moduls genutzt werden. Bei Fehlschlagen wird eine erneute Authentifizierung initiiert.

expose_account Es sollen keine Detailinformationen über den Useraccount bekannt gegeben werden.

9.3.1.2 PAM Module

Die eigentlichen Pluggable Modules liegen wie in Abbildung 9.5 gezeigt unter */usr/lib/security/pam** beziehungsweise in der 64-bit-Version unter */usr/lib/security/sparcv9/pam**. Wenn ein Modul ohne weiter Pfadangabe in der *etc/pam.conf* referenziert liegt es in diesen beiden Verzeichnissen, siehe auch den Kommentar:

```
# Modules are defined with relative pathnames, i.e., they are
# relative to /usr/lib/security/$ISA. Absolute path names, as
# present in this file in previous releases are still acceptable.
```

Listing 9.7. Auszug /etc/pam.conf

Die Angabe *$ISA* referenziert das Modul entsprechend des Instruktionssatzes der aufrufenden Applikation. Zu den angebotenen Modulen ist nachfolgend in Tabelle 9.7 auf Seite 715 eine Übersicht gegeben.

audit_binfile	Plugin für *auditd(1M)*, generiert Audit-Logs
audit_syslog	Setzt Auditmeldungen in Syslogmeldungen um
crypt_bsdbf	Einweg Passworthashingmodul, Blowfishalgorithmus
crypt_bsdmd5	Einweg Passworthashingmodul, Blowfishalgorithmus
crypt_sunmd5	Einweg Passworthashingmodul, MD5
pam_allow	Liefert bei Aufruf immer SUCCESS
pam_authtok_check	Passwortüberprüfung entsprechend der eingestellten Policies in */etc/default/password* wie minimale Anzahl von Zeichen, Unterschiede zum vorhergehenden Passwort etc.
pam_authtok_get	Passworteingabeaufforderungsfunktionalität
pam_authtok_store	Funktion auf dem PAM Passwortmanagementstack
pam_deny	Liefert bei Aufruf immer FAIL
pam_dhkeys	Authentifizierung mit Diffie-Hellman Keys für Secure RPC
pam_dial_auth	Authentifizierung bei Dialupzugängen
pam_krb5	Kerberos V5 Authentifizierungsunterstützung
pam_ldap	Authentifizierung über LDAP Directory Server
pam_passwd_auth	Bietet die Funktionalität von *passwd(1)*
pam_rhosts_auth	Erlaubt die Authentifizierung über *.rhosts*
pam_roles	RBAC Überprüfung eines Users
pam_sample	Ein Module, daß das Testen des Frameworks unterstützt
pam_smartcard	Smartcardunterstützung
pam_unix_account	Useraccountvalidation beim Login. überprüft, ob der Useraccount gültig, zeitlich eingeschränkt, gelockt etc. ist
pam_unix_auth	Passwordüberprüfung bei Zugang (Login)
pam_unix_cred	Einstellung der Usercredentials (project etc.)
pam_unix_session	Sessionmanagement, lastlog-Logging
pkcs11_kernel	Zugagang zum Crypoframework des Kernels über ein Private-Interface (RSA)
pkcs11_softtoken	RSA PKCS#11 Softtokenimplementation

Tabelle 9.7. Übersicht PAM-Module

Die Übersicht in Tabelle 9.7 motiviert in gewissem Maße die Frage der hierarchischen Verkettung der Nutzung einzelner Module. So liefert pam_allow immer ein SUCCESS. Es ist zuvor ein Modul abzuarbeiten, das die Authentifizierung durchführt. Wenn vorher keine Authentifizierung durchgeführt wird, wäre mit einem Eintrag

```
login    auth requisite            pam_allow.so.1
```

ohne weitere Einträge für *login* jegliche Vergabe von Passworten irrelevant, da, unbeachtet des eingegebenen Passwortes, immer ein Zugang gewährt würde. Die Verwendung einiger Module sollte daher überdacht, geplant und verifiziert werden. Dazu ist das Stacking der Module zu betrachten.

9.3.1.3 PAM-Stacking

Das Stacking bei der Verwendung von PAM-Modulen beschreibt eine Hierarchie der Module untereinander. Auf Authentifikationsanfrage einer Applikation, beispielsweise ein *rolgin(1)* über Netz, wird das PAM-Subsystem angefragt, grob schematisch in 9.6 zur Veranschaulichung skizziert. Die Module werden dann in der Reihenfolge der Spezifikation in der */etc/pam.conf* abgearbietet. Für die Applikation bleibt sowohl die Reihenfolge als auch der Erfolg oder Misserfolg einer Authentifizierung der Module verborgen um Angreifbarkeiten zu vermeiden. Die Applikation wird nach dem Durchlaufen des gesamten Stacks einen "Sammelbericht" erhalten, der entweder `success` oder `fail` beschreibt.

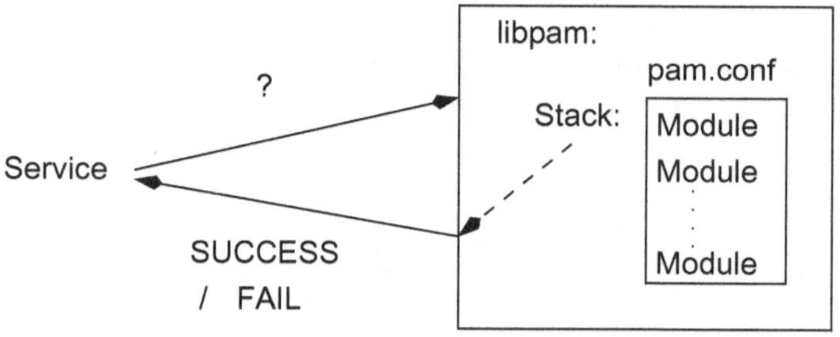

Abb. 9.6. PAM Stackbearbeitung

Bei dem Stacken von Modulen ist das so genannte Controlflag von Bedeutung, das beschreibt, wie im Fall eines Erfolges oder Misserfolges eines einzelnen Moduls im Stack weiter verfahren werden soll. Das Controlflag gibt dabei an, wie das Einzelergebnis den "Sammelbericht" beeinflussen soll.
Ein erstes Beispiel aus der oben genannten default */etc/pam.conf*:

```
rsh      auth sufficient           pam_rhosts_auth.so.1
rsh      auth required             pam_unix_cred.so.1
```

Hier wird überprüft, ob eine Authentifizierung über einen gültigen *.rhosts*-Eintrag eines Benutzers möglich ist, anschließend werden die entsprechenden

Rechte gesetzt. Zur Erinnerung, in der im *$HOME*-Verzeichnis des sich anmeldenden Systembenutzers kann vermerkt werden, ob ein Zugang von einer spezifizierten anderen Maschine als sicher gelten kann und daher ohne Passwortabfrage durchgeführt werden kann. Es kann auch ein trusted User spezifiziert werden, siehe hierzu *rhosts(4)*. Gesetzt den Fall, es existiert für *root* die folgende */.rhosts*,

```
lab lisa
webserver
```

dann ist die Maschine durch den zweiten Eintrag im Prinzip offen. Zumindest muß kein Benutzer, der sich per *rsh(1)* von der Maschine *webserver* als User *root* einloggen will, ein Passwort mehr eingeben. Benutzerin lisa muß, von Maschien *lab* kommend, ebenfalls kein Passwort eingeben. Nachdem die Authentifizierung erfolgreich erfolgt ist, wird das Modul *pam_unix_cred* die notwendigen Rechte setzen, sodaß der Benutzer auf der Maschine mit den zugeteilten Rechten und Ressourcen arbeiten kann. Alternativ lassen sie die beiden Einträge aus der */etc/pam.conf* löschen um die Authorisierung über *.rhosts* zu verhindern. Unter Umständen ist eine Deaktivierung der *in.rshd(1M)*-Services sinnvoll.

In der Defaultkonfiguration ist ein durch Eintrag in der *.rhosts* authentifizierter Zugang für *rlogin(1)* und *rsh(1)* freigeschaltet.

Der interaktive Login wird durch die nachfolgend zitierten Zeilen in der */etc/pam.conf* spezifiziert:

```
login   auth requisite          pam_authtok_get.so.1
login   auth required           pam_dhkeys.so.1
login   auth required           pam_unix_cred.so.1
login   auth required           pam_unix_auth.so.1
login   auth required           pam_dial_auth.so.1
```

Das erste Modul in vorstehend zitierten PAM-Stack ist *pam_authtok_get(5)*. Es fragt das Passwort ab und sichert es in der Variablen *PAM_AUTHTOK*. Die Authentifizierung wird durch das Modul *pam_sm_authenticate(3PAM)* durchgeführt. Anschließend wird ein Modul aufgerufen, das Diffie-Hellman Keys auswertet. Anschließend werden die definierten Credentials gesetzt und die Funktion *pam_unix_auth(5)* überprüft, ob das in *PAM_AUTHTOK* stehende Passwort ok ist. *pam_unix_auth(5)* unterstützt, zur Zeit nur auf Files basierten Passwortinformationen */etc/passwd, /etc/shadow*, das automatische Sperren des Accounts, wenn die Anzahl der fehlerhaften Loginversuche den Wert der Konstanten *RETRIES* überschritten wurde. Ein erfolgreicher Login setzt die Sperre bzw. den Login-Fail-Zähler zurück. Zum Schluß wird das Modul *pam_dial_auth(5)* überprüfen ob das tty, auf dem der Benutzer sich gerade einloggt in der */etc/dialups* verzeichnet ist. Wenn ein Eintrag zutrifft, wird eine Dialupauthentifizierung gegen die entsprechenden Einträge in der Datei */etc/d_passwd*[5] durchgeführt. Wenn *PAM_TTY* nicht in der */etc/dialups* verzeichnet ist, wird das bis dahin stehende SUCCESS nicht beeinflußt. Zur Verdeutlichung des Prozesses sein hier nochmals auf das Beispiel 9.1 hingewiesen.

In diesem Zusammenhang auch ein genauerer Blick auf die Authentifizierungsspezifikation für *rlogin(1)*. In der default */etc/pam.conf* ist die *rolgin*-Authentifizierung wie folgt definiert:

```
rlogin  auth sufficient        pam_rhosts_auth.so.1
rlogin  auth requisite         pam_authtok_get.so.1
rlogin  auth required          pam_dhkeys.so.1
rlogin  auth required          pam_unix_cred.so.1
rlogin  auth required          pam_unix_auth.so.1
```

Bei der Spezifikation der Authentifizierung für *rlogin(1)* ist als erstes Modul *pam_rhosts_auth(5)* definiert. Wenn also eine passende Regel in der *$HOME/.rhosts* des sich über Netzwerk anmeldenden Users gegeben, wird der PAM-Stack nicht weiter ausgewertet und mit SUCCESS durchlaufen. Anderenfalls wird der Stack abgearbeitet wie für den standard Loginprozess bereits beschrieben, jedoch ohne eine Dialupauthentifizierung.

Es sind PAM-Stacks definiert für Accountmanagement, wie beispielsweise

```
other   account requisite      pam_roles.so.1
other   account required       pam_unix_account.so.1
```

Bei dieser Spezifikation muß zunächst üeberprüft werden, ob der entsprechende User eine aussreichende Berechtigung hat, siehe auch Role Based Access, Kapitel 9.2. Anschließend wird das Accountmanagement Modul aufgerufen.

Einige Services werden auch explizit genannt, wenn die aufzurufenden Module für Anwendung andere sind. Ein Beispiel hierfür ist:

```
passwd  auth required          pam_passwd_auth.so.1
```

Beziehungsweise, weil eine unbeaufsichtigte Abarbeitung ohne die Nutzung eines PAM-basierten Rollenprüfers gewünscht ist:

```
cron    account required       pam_unix_account.so.1
```

Der letzte hier beschreibene PAM-Stack ist der für nicht explizit genannte Applikationen spezifiziert durch das Schlüsselwort *other* in der Spalte für Service (erste Spalte) in Listing 9.8.

Hier wird zunächst eine Passworteingabeaufforderung initiiert, gefolgt von einer Diffie-Hellman-Key-Bearbeitung um anschließend Credentials zu setzen und eine standard-UNIX-Authentifizierung durchzuführen.

[5] Bei der Datei */etc/d_passwd* handelt es sich um eine Passwortdatei zur Dialupauthentifizierung. Auf Systemen auf denen diese nicht konfiguriert ist existiert diese Datei nicht.

```
other    auth requisite           pam_authtok_get.so.1
other    auth required            pam_dhkeys.so.1
other    auth required            pam_unix_cred.so.1
other    auth required            pam_unix_auth.so.1
```

Listing 9.8. Auszug *other* /etc/pam.conf

9.3.1.4 Sicherheitsaspekte zur PAM Administration

Zugriffsrechte und integrität aller Komponenten und Module des PAM Systems sind genau zu beachten um nicht ungewollt Zugriff zu ermöglichen. Dazu gehört zunächst das korrekte Ownership und die korrekten Zugriffsrechte auf die Konfigurationsdatei */etc/pam.conf*. Weiterhin ist darauf zu achten, daß Module keine Modifikationen ihrer selbst durch nicht dazu autorisierte User erlauben. Die Problematik der unautorisierten Modifikation ist auf alle Komponenten des PAM System auszudehnen, nicht nur die Module selbst sind gefährdet. Auch die jeweiligen Konfigurationsfiles, verwendete Libraries, etwaige eingebundene Scripten etc. Weiterhin ist auf korrekte Zugriffsrechte auf die Moduleverzeichnisse, allen voran */usr/lib/security* Ownerships sollten bei *root* liegen, die Rechte sollten keine Schreibrechte für Group oder World bieten.

Ein durchaus vorkommendes Problem ist ein falsch klassifiziertes Modul. So kann eine falsche Klassifizierung und Verwendung eines Moduls zu offenen Systemen führen. Nachfolgendes Beispiel wird ungeachtet des verwendeten Passwortes immer einen Zugang erlauben:

```
krlogin auth sufficient          pam_allow.so.1
krlogin auth required            pam_unix_auth.so.1
```

Ebenso offen ist ein Rechnersystem, wenn *pam_allow(5)* einziges Modul ist, das als requisite oder required in einem PAM-Stack klassifiziert ist.

9.4 Packageadministration

Rolf M Dietze

SOLARIS selbst als auch Zusatzsoftware von SUN, softwarepakete aus anderen Quellen oder eigene Softwarepakete können aus Einzelpaketen leicht installiert und gelöscht werden. Dieser Paketmechanismus stellt einen hohen Komfort dar und wurde mit SOLARIS 2.0 als Hautpinstallationsmechanismus gewählt. Mit Hilfe dieses Mechanismus läßt sich bei SUNSOLARIS und SOLARISEXPRESS nicht nur leicht Software nachinstallieren, nachträglich entfernen oder durch Patches aktualisieren, das Paketrepository wird auch im Betrieb, beispielsweise bei der Erzeugung einr Zone unter SUN-SOLARIS oder SOLARIS-EXPRESS genutzt. Da gegenwärtig das SUN Paketsystem nicht in Sourceform unter der CDDL OpenSolaris beigegeben ist, wird an dieser Stelle nur die Verwendung der grundlegenden Kommandos des Sun Paketsystems aufgezeigt und nicht weiter auf die Erstellung von Paketen eingegangen.

Der Umstand, daß Sun das Paketmanagementsystem nicht unter die CDDL gestellt hat und es damit nicht Bestandteil von OpenSolarisist, hat zu konkurrierenden Ideen und Implementationen von anderen freien Paketsystemen, teilweise ohne besondere Beachtung des OpenSolaris Systemenvironments geführt.

9.4.1 Repository und Files

Das Paketsystem arbeitet auf Basis eines Repositories, gelegen unter */var/sadm/install/productregistry*, das in der gegenwärtigen Implementation XML-basiert ist.

Darüber hinaus ist es darauf angewiesen sein globales *pkgmap(4)*-File, gelegen unter */var/sadm/install/contents* konsistent und auf dem Stand der Installation zu halten. In dieser Datei sind die mittels des Paketsystemes aus den einzelnen Paketen installierten Dateien mit ihren Eigenschaften und Checksummen aufgeführt, was beispielsweise den durch das Programm *pkgchk(1M)* angebotenen Konsistenzcheck ermöglicht. Die Schnittstellen um Dateien für das Paketsystem sichtbar hinzuzufügen bzw. zu entfernen heißen *installf(1M)* und *removef(1M)*. In der Praxis ist ein direkter Umgang mit ihnen selten notwendig, auf die nähere Beschreibung wird an dieser Stelle verzichtet.

Während der Installation arbeitet das Paketsystem von Sun mit einem Lockmechanismus, um zu verhindern, daß eine andere Instanz des Paketsystemes, oder des Patchsystemes, das auf die gleichen Dateien zugreifen muß konkurrierend darauf zugreift. Dies war nicht immer der Fall, in der Vergangenheit war es möglich sich die Pakethistory durch parallele Patches, oder aber halb installierte und wieder deinstallierte Pakete nachhaltig zu beschädigen, womit das System nur noch erschwert, wenn überhaupt, administrierbar war.

9.4.2 Auflistung der installierten Softwarepakete

Eine Auflistung aller durch das Paketadministrationssystem installierten Softwarepakete auf einer Sun-Solaris läßt sich mit dem Kommando *pkginfo(1M)* ohne weitere Optionen erzeugen. Nach einem bestimmten Paket lässt sich mit *pkginfo(1M)* unter Angabe des Paketnamens suchen. Detailierte Informationen zu einem installierten Paket lassen sich durch *pkginfo(1M)* durch Verwendung der Option *-l* anzeigen. Hierzu in Beispiel 9.2 die Suche nach einem Paket, das das bordeigene Softraid, neuerdings Solaris Volume Manager (lvm) genannt, enthält.

```
pinta> pkginfo | grep Volume
system    SUNWdthez        Desktop Power Pack Help Volumes
system    SUNWlvma         Solaris Volume Management APIs
system    SUNWlvmg         Solaris Volume Management Application
system    SUNWlvmr         Solaris Volume Management (root)
system    SUNWmdr          Solaris Volume Manager, (Root)
system    SUNWmdu          Solaris Volume Manager, (Usr)
system    SUNWmdx          Solaris Volume Manager Drivers, (64-bit)
system    SUNWvolg         Volume Management Graphical User Interface
system    SUNWvolr         Volume Management, (Root)
system    SUNWvolu         Volume Management, (Usr)
system    SUNWvolux        Volume Management (Usr) (64-bit)
```

Beispiel 9.2. *pkginfo(1M)* – Suche nach einem Paket

Aus Beispiel 9.2 werden nur die Pakete *SUNWmdr SUNWmdu SUNWmdx* gesucht. Die mit "Volume Management" bezeichneten Pakete *SUNWvolg, SUNWvolr, SUNWvolu und SUNWvolux* beinhalten das System zur dynamischen Einbindung von Wechselmedien, das in Abschnitt 7.4 auf Seite 505 beschrieben ist.

Detailiertere Informationen zu den gesuchten Paketen gibt *pkginfo(1M)* mit zusätzlichen Optionen aus:

```
nx1> pkginfo SUNWmdr
system      SUNWmdr         Solaris Volume Manager, (Root)
```

Diese Information ist schon bekannt. Mit der Option *-l* kann jedoch, wie in Beispiel 9.3 gezeigt, bei Kenntnis des Paketnamens dann eine Detailanzeige erfolgen.

9.4.3 Repository installierter Pakete

Das Repository zu installierten, an Bord befindlichen Softwarepaketen ist difizil und sollte, für die Weiterpflege des Systems (Patches etc.) auf jeden Fall vorhanden und intakt sein. Es befindet sich unter

/var/sadm/pkg

In dem Verzeichnis */var/sadm/pkg* befindet sich für jedes installierte Paket ein Unterverzeichnis mit dem Paktenamen, so zum Beispiel das oben gesuchte Softraidpaket SUNWmd[r,u,x]:

```
nx1> ls -d SUNWmd*
SUNWmdb/    SUNWmdbx/   SUNWmdi/    SUNWmdr/    SUNWmdx/
SUNWmdbdm/  SUNWmddr/   SUNWmdix/   SUNWmdu/
```

Beispiel 9.4. Partielles Listing ausgewählter Pakete im Paketrepository

```
nx1> pkginfo -l SUNWmdr
   PKGINST:  SUNWmdr
      NAME:  Solaris Volume Manager, (Root)
  CATEGORY:  system
      ARCH:  sparc
   VERSION:  11.9.0,REV=2002.04.06.15.27
   BASEDIR:  /
    VENDOR:  Sun Microsystems, Inc.
      DESC:  Solaris Volume Manager driver
    PSTAMP:  leo20030929185704
  INSTDATE:  Feb 29 2004 21:48
   HOTLINE:  Please contact your local service provider
    STATUS:  completely installed
     FILES:       39 installed pathnames
                  10 shared pathnames
                   5 linked files
                  11 directories
                  15 executables
               14077 blocks used (approx)
```

Beispiel 9.3. *pkginfo(1M)* – Detailinformationen zu einem Paket

Ein Blick in die Unterverzeichnisse gibt einen Einblick in den Aufbau des Repositories, auch im Zusammenhang mit der Administration von Patches. Dies am Beispiel des SUN Volume Manager Paketes, hiervon nur das rootuser-Paket:

```
nx1> ls SUNWmdr
install/ pkginfo  save/
```

Beispiel 9.5. Unterverzeichnisse eines Paketes

Das File *pkginfo* enthält Detailinformationen zum Paket selbst: Paketname, CPU-Architektur, Patchstand etc. Im Unterverzeichnis *install* befinden sich die Installationsinformationen (Teile des Installpackages) und unter *save* der Altstand vor einem Patchlauf:
Wie im Kapitel zur Patchadministration 9.5 erklärt, läßt sich anzeigen, daß in der Tat ein Patch mit der oben aufgezeigten Nummer installiert ist:
Womit auch gleichzeitig im Vorgriff zu Abschnitt 9.5.2 gezeigt ist, daß hier auch das Patch-Repository liegt.

```
nx1> ls -R
.:
install/  pkginfo   save/

./install:
copyright*  depend      preremove

./save:
113026-14/

./save/113026-14:
undo.Z
```

Beispiel 9.6. Unterverzeichnisse und Dateien eines Paketes

```
pinta> showrev -p |grep 113026
Patch: 113026-10 Obsoletes: 113069-04, 113282-01, 113333-02, 113491-01,
113276-04 Requires: 112233-07, 113454-01, 114127-01 Incompatibles:
Packages: SUNWmdr, SUNWmdu, SUNWmdx, SUNWhea
Patch: 113026-14 Obsoletes: 113069-04, 113282-01, 113333-02, 113491-01,
113276-04, 115506-01 Requires: 112233-09, 113454-01, 113464-06, 114127-01
Incompatibles:  Packages: SUNWmdr, SUNWmdu, SUNWmdx, SUNWhea
```

Beispiel 9.7. Suche nach einem installierten Patch

9.4.4 Aufbau eines Solaris Softwareinstallationspaketes

Der Aufbau eines SOLARIS Paketes ist dem Aufbau eines Patches ähnlich. Es gibt jedoch zwei Arten der Auslieferung. Zum Einen als File im Packagestreamformat, dessen Aussehen im folgenden Abschnitt 9.8 gezeigt wird.

Oder in Form einer Verzeichnishierarchie, die im einzelnen die pkgmap- und pkginfo-Files sowie das Installverzeichnis und das Paketverzeichnis enthält.

Das pkgmap-File gibt detailliert Vorgaben, wo was mit welchen Zugriffsrechten und welchen Eigentümerrechten installiert werden soll und die Checksumme darüber. Auf der Grundlage arbeitet auch der Check eines installierten Paketes mit der Applikation *pkgchk(1M)*.

Das pkginfo-File enthält eine detaillierte Beschreibung des Paktes, seines Inhaltes, Basisverzeichnis, zugehörigkeit, Versionsnummer etc. an. Das pkginfo-File ist späterhin die Basis für Informationen zu installierten Paketen, wie sie durch die Applikation *pkginfo(1M)* abgefragt werden können.

Das Installationsverzeichnis (install) enthält Informationen über Abhängigkeiten in dem File *depend* als auch Copyrightinformationen.

Der Directorytree hat somit die in Abbildung 9.7 gezeigte Struktur.

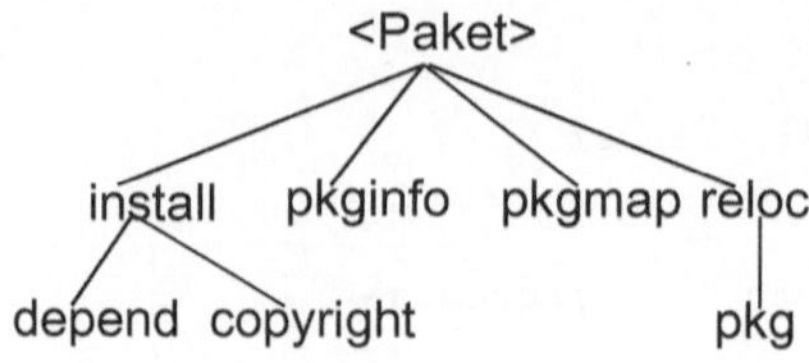

Abb. 9.7. Directorytree eines Paketes

9.4.5 Installation eines Paketes

Pakete im Package-Format werden mit dem Kommando *pkgadd (1M)* installiert. Wenn das zu installierende Paket keine root-Zugriffsrechte benötigt, kann auch ein nonroot-User ein Paket installieren. Die meistbenötigten Optionen sind

pkgadd -d Pfad zum Paket
-v Verbose Ausgaben
-n Unterdrückung der Installationsausgaben

Die Auslieferung von Paketen unterscheidet sich in zwei Varianten:

1. Directory(struktur) enthält alle notwendigen Files und Directories zur Installation, zu erkennen, indem ein *ls(1)* auf das Verzeichnis etwa wie folgt aussehen sollte:
```
pinta# ls SUNWphone/
install/ pkginfo   pkgmap    reloc/
```
2. Single-File: Ein File im Packagestreamformat, daran zu erkennen, daß das File die Zeichenfolge
```
# PaCkAgE DaTaStReAm
```
am Anfang enthält. Dieses "magic cookie" ist der Applikation *file(1)* bekannt in der Konfigurationsdatei */etc/magic* eingetragen, sodaß sich diese Pakete mittels *file <filename>* identifizieren lassen. Gefolgt wird das "cookie" vom Namen des Paketes, und dann dem Ende des Packagestream headers.
In Beispiel 9.8 sind die ersten Zeilen eines solchen Paketes exemplarisch dargestellt. Es folgt der *cpio*-Header. Bedingt durch das Streamformat wird bereits in den ersten Zeilen das *pkginfo(4)*-File dargestellt, womit sich mittels eines einfache *head <filename>* die wesentlichen Informationen zu dem Paket in Erfahrung bringen lassen.

```
# PaCkAgE DaTaStReAm
SMCtop 1 502
# end of header
07070100030dd1000081a40000000a0000000a000000013f0
de19000000b80000008800000007000000000000000000000000fff350886SMCtop/
pkginfoPKG=SM Ctop
NAME=top
ARCH=sparc
VERSION=3.5beta12.5
CATEGORY=application
VENDOR=William LeFebvre et al
EMAIL=steve@smc.vnet.net
PSTAMP=Steve Christensen
BASEDIR=/usr/local
CLASSES=none
```

Beispiel 9.8. Package im Streamformat

Als Sonderfall der Darstellung eines Paketes im Packagestreamformat ist HTTP[6] respektive HTTPS als Transportmechanismus hinzugekommen, sodaß Pakete im Packagestreamformat auch auf einem HTTP-Server abgelegt werden können um von dort zur Installation herangezogen werden zu können. Von Nutzen ist dies beispielsweise bei Administration eines Netzes in dem eine Trennung von Filesystemen gewünscht, HTTP-traffic jedoch zulässig ist.

9.4.5.1 Installation eines Paketes im "Directoryformat"

Die interaktive Installation eines Paketes im "Directoryformat" erfolgt wie im Beispiel 9.9 vorgeführt.

Die Installation mehrerer Pakete im "Directoryformat" kann unter der Angabe der Pakete in der notwendigen Reihenfolge auf der Kommandozeile erfolgen, oder wie in Beispiel 9.10 durch Aufruf von *pkgadd(1M)* mit der Option *-d* für den Pfad zu dem Verzeichnis, in dem die zu installierenden Pakete liegen. Sollte man sich bereits in dem Verzeichnis befinden, in dem die zu installierenden Pakete liegen, so ist als Pfadangabe das aktuelle Verzeichnis "." anzugeben.

Im in Beispiel 9.10 gezeigten Menü erwartet *pkgadd(1M)* nun die Angabe der Pakete, die installiert werden sollen durch Angabe der Paketnummer in der ersten Spalte. Die Paketnummern können durch Leerstellen oder Kommata getrennt werden. Sollen alle angebotenen Pakete installiert werden, so ist einfach die Returntaste zu drücken, da per Default alle Pakete installiert werden sollen. Die Angabe des Strings *all* bewirkt das gleiche, es ist wie angegeben die Defaulteinstellung. In Beispiel 9.11 werden aus der in Beispiel 9.10 angegebenen Liste vier Pakete ausgewählt, die installiert werden sollen.

[6] HyperText Transport Protocol, definiert in Berners-Lee et al. (RFC1945, 1996)

```
pinta# pkgadd -d . SUNWphone

Processing package instance <SUNWphone> from </export/SunForum_3.2/Packages

SunForum Phone User Interface
(sparc) 3.2.0,REV=2001.04.26
Copyright 2000 Sun Microsystems, Inc. All rights reserved.

Using </opt> as the package base directory.
## Processing package information.
## Processing system information.
   118 package pathnames are already properly installed.
## Verifying package dependencies.
## Verifying disk space requirements.
## Checking for conflicts with packages already installed.
## Checking for setuid/setgid programs.

Installing SunForum Phone User Interface as <SUNWphone>

## Installing part 1 of 1.
[ verifying class <none> ]

Installation of <SUNWphone> was successful.
```

Beispiel 9.9. Installation eines in einem Directory vorliegenden Paketes

Wie jedoch zu sehen ist, wird der Benutzer bei dieser interaktiven Installation relativ häufig um Eingaben gebeten, da jedes einzelne Paket erneut zu bestätigen ist, und auch während der Installation der einzelnen Pakete zusätzliche Abfragen gestellt werden können.

9.4.5.2 Reduzierung der interaktiven Abfragen

Mittels der Konfigurationsdatei */var/sadm/install/admin/default* kann definiert werden, wie sich das Paketsystem in Situationen verhalten soll, in denen normalerweise interaktive Abfragen gestellt werden. Der Manualpage *admin(4)* zufolge ist nicht vorgesehen, daß dieses Defaultfile administrativ verändert wird, es sollen Kopien unter anderem Namen angelegt werden, die dann bei jedem Aufruf von beispielweise *pkgadd* mittels der Option *-a* explizit angegeben werden müssen.

Darüber hinaus ist es möglich mittels des Programmes *pkgask(1M)* die Antworten auf paketspezifische Abfragen in eine Datei zu schreiben, die bei weiteren Installationen desselben Paketes mittels der Option *-r <responsefile>* an *pkgadd* übergeben werden kann und dann als Eingabe auf die paketspezifischen Fragen genommen wird. Bei jeder Änderung der Abfragescripte seitens des Paketerstellers ist diese Datei mit den Antworten erneut zu erstellen. In der Praxis findet dieses Verfahren wegen der eher umständlichen

```
pinta# pkgadd -d .

The following packages are available:
  1  SUNW5dat       Traditional Chinese (zh_TW.BIG5) SunForum
                    (sparc) 3.2.0,REV=2002.01.29
  2  SUNWcdat       Simplified Chinese (zh-EUC) SunForum
                    (sparc) 3.2.0,REV=2002.01.29
  3  SUNWdat        SunForum Core Application
                    (sparc) 3.2.0,REV=2001.05.02
  4  SUNWdatu       SunForum Xserver Extension and Runtime Libraries
                    (sparc) 3.2.0,REV=2001.04.24
  5  SUNWdedat      German (de) SunForum
                    (sparc) 3.2.0,REV=2002.01.29
 ..  ...
 12  SUNWkeep       SunKeeper Application
                    (sparc) 1.0.0,REV=2001.04.24
 13  SUNWkodat      Korean (ko) SunForum
                    (sparc) 3.2.0,REV=2002.01.29
 14  SUNWphone      SunForum Phone User Interface
                    (sparc) 3.2.0,REV=2001.04.26

Select package(s) you wish to process (or 'all' to process
all packages). (default: all) [?,??,q]:
```

Beispiel 9.10. Paketauswahl aus Menü

Handhabung kaum Anwendung, erheblich häufiger werden hingegen Produktinstallationen mit traditionellen Mitteln kopiert und verteilt, oft ohne die Packagehistory des jeweiligen Systems entsprechend anzupassen, was die weitere Administration und Wartung, vor allem in.Bezug auf Patches, erschwert.

9.4.5.3 Installation eines Paketes im Packagestreamformat

Ein Paket im Fileformat oder Packagestreamformat wird analog zur Installation im "Directoryformat" installiert, indem als Pfad nicht das Directory, sondern die Datei, in der sich das Paket befindet angegeben wird.

Es ist inzwischen ebenfalls möglich, an dieser Stelle eine URL anzugeben, von der das Paket als Stream gelesen wird.

9.4.6 Deinstallation eines Paketes

Deinstalliert werden Pakete mit dem Kommando *pkgrm(1M)* unter Angabe des Paketnamens. Bei Abhängigkeiten werden Warnungen ausgegeben, die durch Bestätigungen "auf eigene Gefahr" übergangen werden können. Bei einer Deinstallation eines Paketes wird das Paket aufgelistet und zur Bestätigung der Löschung Interaktion durch Benutzereingabe erwartet. Um beispiels-

```
Select package(s) you wish to process (or 'all' to process
all packages). (default: all) [?,??,q]: 3 4 12 14

Processing package instance <SUNWdat> from </SunForum_3.2/Packages>

SunForum Core Application
(sparc) 3.2.0,REV=2001.05.02
Copyright 1998-2001 Sun Microsystems, Inc. All rights reserved.

DC-Share for Unix.
Copyright (c) Data Connection Ltd. 1996-2001.
All rights reserved.

Contains software Copyright 1997.
E.I. du Pont de Nemours and Company.

Contains software Copyright (c) 1992-1996.
Regents of the University of Michigan. All rights reserved.

Using </opt> as the package base directory.
## Processing package information.
## Processing system information.
   359 package pathnames are already properly installed.
## Verifying package dependencies.
## Verifying disk space requirements.
## Checking for conflicts with packages already installed.
## Checking for setuid/setgid programs.

Installing SunForum Core Application as <SUNWdat>

## Installing part 1 of 1.
[ verifying class <none> ]

....
Do you want to continue with the installation of <SUNWdatu> [y,n,?]
```

Beispiel 9.11. Installation der aus Beispiel 9.10 ausgewählten Pakete

weise das zuvor eingespielte Paket *SUNWphone* interaktiv wieder zu löschen kann wie in Beispiel 9.13 auf Seite 730 verfahren werden.

Vorsicht, *pkgrm(1M)* ohne Angabe von zu löschenden Paketen fängt in der Liste der installierten Pakete oben an. Das ist die gesammte Softwarebasis des Rechners. Es wird jedoch für jedes Paket einzeln eine Bestätigung gefordert.

9.4.7 Überprüfung von installierten Paketen

Da die zur Installation eines Paketes notwendigen Beschreibungsdateien nach der Installation im Repository gehalten werden, kann ein installiertes Paket auf Integrität überprüft werden, indem mit dem Kommando *pkgchk(1M)* unter

```
pinta# pkgadd -d ./rcs-5.7-sol9-sparc-local

The following packages are available:
  1  SMCrcs      rcs
                 (sparc) 5.7

Select package(s) you wish to process (or 'all' to process
all packages). (default: all) [?,??,q]: <CR>

Processing package instance <SMCrcs> from </tmp/rcs-5.7-sol9-sparc-local>

rcs
(sparc) 5.7
Walter F. Tichy et al
Using </usr/local> as the package base directory.
## Processing package information.
## Processing system information.
   1 package pathname is already properly installed.
## Verifying disk space requirements.
## Checking for conflicts with packages already installed.

The following files are already installed on the system and are being
used by another package:
  /usr/local/bin <attribute change only>
  /usr/local/doc <attribute change only>
  /usr/local/man <attribute change only>
  /usr/local/man/man1 <attribute change only>

Do you want to install these conflicting files [y,n,?,q] y <CR>
## Checking for setuid/setgid programs.

Installing rcs as <SMCrcs>

## Installing part 1 of 1.
/usr/local/bin/ci
....
[ verifying class <none> ]

Installation of <SMCrcs> was successful.
```

Beispiel 9.12. Installation eines Paketes im Packagestreamformat

Angabe des Paketnamens einer Überprüfung gegen die Beschreibungsdatei durchgeführt wird. Werden keine Fehler erkannt, kehrt das Kommado ohne weitere Ausgabe zurück.

Alle variablen Dateien des Softwarepaketes werden naturbedingt zu Fehlerausgaben bei *pkgchk(1M)* führen, da sie sich seit der Installation inhaltlich geändert haben und damit auch die verzeichenete Checksumme nicht mehr stimmen kann.

```
pinta# pkgrm SUNWphone

The following package is currently installed:
   SUNWphone        SunForum Phone User Interface
                      (sparc) 3.2.0,REV=2001.04.26

Do you want to remove this package? [y,n,?,q] y

## Removing installed package instance <SUNWphone>
## Verifying package dependencies.
## Processing package information.
......

/opt/SUNWdat/images <shared pathname not removed>
/opt/SUNWdat/config/sf-ldap-config
/opt/SUNWdat/config <shared pathname not removed>
/opt/SUNWdat <shared pathname not removed>
## Updating system information.

Removal of <SUNWphone> was successful.
```

Beispiel 9.13. Entfernen eines Paketes aus dem System

9.4.8 Überprüfung einer einzelnen Datei im System

Mittels des Kommandos *pkgchk(1M)* läßt sich ebenfalls leicht verifizieren ob eine Datei zu einem mittels des Paketmechanismus installierten Paket gehört. Falls dies der Fall ist, können Vergleiche mit dem "Sollzustand" hergestellt werden, und gegebenfalls Abhängigkeiten anderer installierter Pakete aufgelistet werden. Am Beispiel eines Verzeichnisses, eines Binärprogrammes und einer Konfigurationsdatei ist dies in den nachfolgenden Beispielen 9.14 - 9.16 kurz für den einzelfallbezogenen interaktiven Gebrauch demonstriert.

```
pyxis> pkgchk -l -p /etc/ssh
NOTE: Couldn't lock the package database.
Pathname: /etc/ssh
Type: directory
Expected mode: 0755
Expected owner: root
Expected group: sys
Referenced by the following packages:
        SUNWsshdr      SUNWsshr
Current status: installed
```

Beispiel 9.14. Verifikation einer Directory im System

```
pyxis> pkgchk -l -p /sbin/sh
NOTE: Couldn't lock the package database.
Pathname: /sbin/sh
Type: regular file
Expected mode: 0555
Expected owner: root
Expected group: root
Expected file size (bytes): 95472
Expected sum(1) of contents: 48494
Expected last modification: Mar 05 00:30:40 2005
Referenced by the following packages:
        SUNWcsr
Current status: installed
```

Beispiel 9.15. Verifikation eines Binärprogrammes im System

```
pyxis> pkgchk -l -p /etc/name_to_major
NOTE: Couldn't lock the package database.
Pathname: /etc/name_to_major
Type: editted file
Expected mode: 0644
Expected owner: root
Expected group: sys
Referenced by the following packages:
        SUNWcsd
Current status: installed
```

Beispiel 9.16. Verifikation eines Konfigurationsdatei anhand des Paketsystemes

9.5 Patches

Rolf M Dietze

Ein Betriebssystem ist letztendlich eine große Menge teilweise sehr komplexer Programme. Probleme können in den Einzelapplikationen als auch in ihrem ganzheitlichen Zusammenwirken auftreten. Immer wieder beliebt sind Angriffe auf Rechnersysteme, was auch hier letztendlich das Entdecken einer Schwachstelle, eines Fehlers schlechthin ist. Die erkannten Fehler oder Schwachstellen einiger Applikationen oder mehr sind nachträglich auf einem SOLARIS-System nach aktuellem Kenntnisstand korrigierbar durch das Einspielen von Patches.

9.5.1 Auflistung aller installierten Patches

Zuerst stellt sich die Frage, welche Patches auf einem Rechner installiert sind und welchen Patchlevel der Kern hat.

Eine Auflistung aller installierten Patches erhält man mit dem Kommando *showrev(1M)*, welches die Revision-Informationes für die Maschine selbst, die installierte Software (Softwarepakete) als eine Information zu den installierten Patches nebst Revision ausgibt.

Das Kommando *showrev(1M)*, aufgerufen ohne weitere Optionen, gibt Informationen zur Maschine aus, das sind Hostname, HostID, Kernelversion und Betriebssystemversion, Applikations- und Kernelarchitektur und den Hardware Hersteller, soweit bekannt, aus, wie es im Beispiel 9.17 gezeigt ist.

```
nova$ showrev
Hostname: nova
Hostid: 80a3738f
Release: 5.11
Kernel architecture: sun4u
Application architecture: sparc
Hardware provider: Sun_Microsystems
Domain:
Kernel version: SunOS 5.11 snv_28
```

Beispiel 9.17. *showrev* Maschineninformationen

Das Kommando *showrev(1M)* kann auch Informationen zur Version des installierten Openwindows nennen, wie in Beispiel 9.18 dargestellt

```
pyxis> showrev -w

OpenWindows version:
Solaris X11 Version 6.6.3 23 February 2005
```

Beispiel 9.18. Ausgabe von *showrev -w*

Um jedoch den vollständigen Patchstand des aus Paketen aufgesetzten SUN SOLARIS und aller weiteren installierten zusätzlichen im SUN Paketformat eingespielen Paketen aufzulisten ist das Kommando *showrev(1M)* mit der Option *-p* aufzurufen, wie es in Beispiel 9.19 auszugsweise dargestellt ist. Dazu wird *showrev(1M)* selbst, die Paketinformationen und alle anhängenden Patchinformationen unter */var/sadm* auswerten. existiert diese Informationsbasis nicht mehr, so ist das System nicht mehr administrierbar. Bei Fehlen der Pakageinformtionen ist ein SUN SOLARIS System, daß das Packagesystem voraussetzt in weiten Teilen unbrachbar, da beispielsweise zur Administration von Zones etc. auf diese Information zurückgegriffen wird.

```
pyxis> showrev -p
Patch: 112233-07 Obsoletes: 112737-03, 113150-03, 113156-01,
113163-01, 113714-01, 113740-04, 113963-01, 113218-09, 114382-01,
Requires: Incompatibles: Packages: SUNWcar, SUNWcsu, SUNWcsr,
SUNWcsxu, SUNWcarx, SUNWmdb, SUNWpmu, SUNWmdbx, SUNWnisu, SUNWpd,
SUNWpdx, SUNWpmux, SUNWhea
Patch: 112908-08 Obsoletes: 112726-03 Requires: 112907-01 Incompatibles:
Packages: SUNWcar, SUNWcarx, SUNWkrbu, SUNWkrbux, SUNWgssk, SUNWcstl,
SUNWcstlx, SUNWg sskx
.......
```

Beispiel 9.19. Ausgabe von *showrev -p*

Ist es notwendig den Patchstand eines bestimmten Softwarepaketes oder einer Software zu erfahren, ist die ausgegeben Liste auszuwerten. Diese Liste ist unter Umständen lang. Um nun einen gesuchten Patch herauszufiltern gibt es verschiedene Möglichkeiten. Die in der Praxis genutzten sind:

- Ausgabeumleitung in eine Datei, anschließend im Editor oder Pager suchen, oder per *grep(1)* durchsuchen lassen.
- `showrev-p` | grep patchID

9.5.2 Repository installierter Patches

Die Ausgabe einer Liste aller installierten Patches setzt ein Repository voraus, in dem die installierten Patches aufgeführt sind. Dieses Repository befindet sich unter:

/var/sadm

Sollte das Repository aus irgendwelchen Gründen korrupt sein, beeinträchtigt bzw. behindert dies die weitere Pflege der Maschine. Die Files in */var/sadm* sind Verzeichnisse und Plainfiles, die mit den bekannten Methoden der Sicherung 9.10 gesichert und restauriert werden können. Das Patch und Paketrepository ist in gewisser Weise unabhängig vom System selbst. Das bedeutet, daß bei Fehlen einer Information diese nachträglich manuell wieder restauriert werden kann ohne das oder die betreffenden Pakete oder Softwareumgebungen selbst vollständig überinstallieren zu müssen. Eine Rücksicherung aus einem zuvor erstellten Archiv des Repositories oder eine Kopie von einem in den fraglichen Punkten identisch aufgebauten Systems reichen hier vollständig aus.

9.5.3 Aufbau eines Patches

Ein Patch hat im allgemeinen eine Patchnummer gefolgt von einem "-" gefolgt von der Versionsnummer des Patches also etwa:

113276-04

Alle zu einem Patch gehörenden Komponenten sind im Allgemeinen in einem Verzeichnis in einer definierten Ordnung untergebracht, dessen Verzeichnisname die vollständige Patchnummer (inklusive -Revision) ist. Für o.g. Patch gibt es also ein Verzeichnis wie in Beispiel 9.20, in dem alle Komponenten des Patches zusammengefügt ausgeliefert werden.

```
pinta> ls 113276-04
patchinfo*          README.113276-04    SUNWmdr/            SUNWmdx/
```

Beispiel 9.20. Directory Listing eines Patches

Das Kommando *patchadd(1M)* durchsucht dieses Verzeichnis nach einer Datei mit dem Namen *patchinfo*, eine Textdatei, die in einem für bzw. durch *patchadd(1M)* vorgegebenen Format aufgebaut ist und Informationen über Patchpaket, Version, Cluster, OS-Version, CPU-Typ (sparc/i386) etc. enthält, wie in Beispiel 9.21 aufgezeigt. Nach einem Plausibilitätscheck auf die Patchversion, die Existenz des Softwarepaketes etc. wird der Patch durch *patchadd(1M)* eingespielt. Bei einigen Patches ist ein Reboot notwendig, bei anderen nicht. In der Regel wird ein Reload der gepatchten Binaries notwendig, da nur die Dateien auf der Festplatte gepatched werden, nicht jedoch die geladenen Programme. Im Falle von Systemprogrammen, die letztendlich nicht ohne das Sysem zu stoppen terminiert werden können, ist dann ein Reboot notwendig. Dies trifft auch für einige Treiber zu.

```
pinta¿ more patchinfo PATCHINFOVERSION="1.0"
PATCHID=113276-04
PATCH_CORRECTS='BaseOS.SolarisVolumeManager-5.9 ↙...
    ↪ BaseOS.SolarisVolumeManager.64-5.9'
PATCH_ARCH='sparc'
PATCH_OS='SunOS'
PATCH_OSRELEASE='5.9'
PATCH_PROPERTIES='clientroot singleuser rebootafter'
PATCH_REQUIRES="113454-01 113026-03"
```

Beispiel 9.21. *patchinfo*-File des Patches 113276-04

Als Informationquelle für den Benutzer als auch Administrator ist jedem Patch ein Informationsfile über den Pathc selbst und sein Zusammenwirken im System beschrieben, ein so genanntes Readme. Es wird in der Regel die Patch ID im Namen mitführen in der Form *README.<patchID-Version>*. Es enthält Informationen, was alles durch den Patch gepatcht/getauscht wird, was dieser Patch bewirken soll und wie man diesen Patch installiert.

Weiterhin befindet sich in dem Verzeichnis ein Unterverzeichnis für jedes zu patchende Paket im Paketformat, hier *SUNWmdr* und *SUNWmdx*, die letztendlich auf konventionelle Art im Zuge der Installation des Patches, geführt durch *patchadd(1M)* installiert werden.

9.5.4 Installation eines Patches

Ein Patch wird von dem Benutzer *root* mit dem Kommando *patchadd(1M)* installiert. Patches erwarten als Vorbedingung unter Umständen weitere Patches, die zuvor eingefahren worden sein sollten. In Beispiel 9.22 ist die einfache Installation eines Patches gezeigt.

Das Programm *patchadd(1M)* überprüft vor der Installation eines Patches, ob dieser bereits installiert ist, das zu patchende Programmpaket überhaupt installiert ist und alle Patches, von denen der aktuelle Patch abhängt.

Common Pitfall: Wenn das Patchverzeichnis und alle Komponenten in diesem Patchverzeichnis einem anderen Benutzer als root gehören, terminert *patchadd(1M)*

9.5.5 Deinstallation eines Patches

Ein Patch wird, wie in Beispiel refbsp:patchrm gezeigt, vom root-User deinstalliert, mit dem Kommando *patchrm(1M)*:

```
nx1# patchadd 111711-06

Checking installed patches...
Verifying sufficient filesystem capacity (dry run method)...
Installing patch packages...

Patch number 111711-06 has been successfully installed.
See /var/sadm/patch/111711-06/log for details

Patch packages installed:
  SUNWlibC

nx1#
```

Beispiel 9.22. Installation eines Patches

```
nx1# patchrm 111711-06

Checking installed patches...

Backing out patch 111711-06...

Patch 111711-06 has been backed out.

nx1#
```

Beispiel 9.23. Deinstallation eines Patches

Es kann möglich sein, daß bei der Deinstallation Abhängigkeiten erkannt werden, die dann manuell aufgelöst werden müssen und es kann sein, daß ein Patch nicht deinstallierbar ist, weil z.B. bei der Installation des Patches aus Platzgründen darauf verzichtet wurde, den Altstand des zu patchenden Softwarepaketes an Bord zu behalten. Dies passiert oftmals bei großen Patchclustern, wie z.B. den recommended Patchclustern, da unter Umständen die Systemfilesysteme zu klein sind.

9.5.6 Patchcluster

Von Zeit zu Zeit werden von SUN zu den aktuellen, bzw. den noch unterstützten Betriebssystemversionen und Softwaresets, sei es SUNRay, SUNCluster etc., so genannte Patchcluster herausgegeben. Diese unterscheiden sich teilweise in *free Collections* und Wartungsvertragskundenleistungen (*nonfree Collection*). Patchcluster bestehen aus Einzelpatches nach oben beschriebenem Aufbau. Bei Patchclustern ist auch zu beachten, daß Patches wie bereits angesprochen, andere Patches zur Vorbedingung haben. Bei der Installation wäre somit die richtige Reihenfolge zu beachten. Es gibt für die Einspielung mehrerer Patches ein Automatisierungsverfahren:

Das mit dem Patchcluster mitgelieferte Script *install_cluster* arbeitet alle Patches ab, die in einem File *patch_order* stehen, in der Reihenfolge, in der sie in diesem *patch_order*-File stehen. Der Patchcluster kann dann durch den Aufruf des *install_cluster*-Scriptes unbeaufsichtigt und unbetreut eingespielt werden. Manche recommended Patchcluster waren für Installationslaufzeiten von einer Stunde und mehr (je nach Maschinenleistung), durchaus berühmt.

Bei Patchclustern, wie auch bei einzelnen Patches, ist in der mitgelieferten Dokumentation beschrieben welche Punkte des Systemes betroffen sind. Es liegt in der Verantwortung des Administrators, diese Dokumentation mit seiner lokalen Installationsdokumentation zu vergleichen, um gegebenenfalls lokale Modifikationen nach Einspielen des Patches wiederherstellen zu können.

9.5.6.1 Patchorderfile

Das *patch_order*-File hat einen sehr einfachen Aufbau. Sollen z.B. die Patches

345123-06 245112-09 und 110001-01

installiert werden (Zahlen fiktiv), so ist in ein File mit dem Namen *patch_order* jeweils in eine Zeile untereinander die Liste der drei Patches einzutragen. Das Patchorderfile hat dann folgendes Aussehen:

```
nx1# more patch_order
345123-06
245112-09
110001-01
```

9.5.6.2 Installcluster

Um nun das Patchorderfile zu nutzen muß es im gleichen Verzeichnis liegen, in dem zum einen alle Patches, die installiert werden sollen, liegen, als auch das *install_cluster*-Script. Wenn diese Vorbedingungen gegeben sind, kann ein Patchcluster durch Aufruf des *install_cluster*-Scriptes ohne weitere Interaktion installiert werden:

Zum Schluß erfolgt eine Ausgabe der Listen der installierten und der nicht installierten Patches. Anschließend ist abhängig von der Art der Patches ein *reboot* notwendig. Im Allgemeinen bei recommended Patchclustern, im Detail bei Patches an Programmpaketen die zum Zeitpunkt des Patchens nicht gestoppt und anschließend wieder gestartet werden konnten, da dann die Binaries und Libraries nicht neu geladen wurden.

Die Bedeutung der Returncodes einer solchen Patchcluster-Installation geben an, ob der Patch installiert wurde, er bereits auf dem System installiert war, ob das zu patchende Softwarepaket nicht installiert ist, etc.

Es ist zu überprüfen, in welchem Runlevel der Patch bzw. Patchcluster zu installieren ist. Üblicherweise ist für einen recommended Patchcluster der Single-User-Runlevel empfohlen.

```
nx1# ./install_cluster

Patch cluster install script for Solaris 9 Recommended

*WARNING* SYSTEMS WITH LIMITED DISK SPACE SHOULD *NOT* INSTALL PATCHES:
With or without using the save option, the patch installation process
will still require some amount of disk space for installation and
administrative tasks in the /, /usr, /var, or /opt partitions where
patches are typically installed.  The exact amount of space will
depend on the machine's architecture, software packages already
installed, and the difference in the patched objects size.  To be
safe, it is not recommended that a patch cluster be installed on a
system with less than 4 MBytes of available space in each of these
partitions.  Running out of disk space during installation may result
in only partially loaded patches.  Check and be sure adequate disk space
is available before continuing.

Are you ready to continue with install? [y/n]: y <CR>

Determining if sufficient save space exists...
Sufficient save space exists, continuing...
Installing patches located in /9_Recommended
Using patch_order file for patch installation sequence
Installing 114008-01...
  Installation of 114008-01 failed. Return code 2.
Installing 112998-03...
.....

The following patches have been installed on the System:
        112233-07
        112975-02
        113573-02
        114375-06
        112601-07
        112998-03
        ...

The following patches were not able to be installed:
        114008-01
        ...

For more installation messages refer to the installation logfile:
  /var/sadm/install_data/Solaris_9_Recommended_log

Use '/usr/bin/showrev -p' to verify installed patch-ids.
Refer to individual patch README files for more patch detail.
Rebooting the system is usually necessary after installation.
```

Beispiel 9.24. Installation eines Patchclusters, Teil I

9.6 Anzeige der Systembelastung

Rolf M Dietze

Ein System unter Last hat ein anderes Verhalten als ein System das idle läuft. Um zu kontrollieren, welche Prozesse ein System wie stark belasten oder ob und auf welcher Festplatte wieviel I/O-Last ist, gibt es einige Bordmittel, die kurz dargelegt werden sollen. Dieser Abschnitt hat nicht zur Aufgabe, umfangreiche Mittel der Performanceanalyse vorzustellen[7]. Es sollen nur die Alltagsmittel beschrieben werden, die einen ersten Eindruck geben können.

Die hier vorgestellten Kommandos sind geeignet kurze Zeitabschnitte zu beobachten. Sollte eine Beobachtung über längere Zeit mit automatischer Prokollierung gewünscht sein, so sei hier auf den System Activity Reporter *sar(1)* verwiesen.

9.6.1 CPU-Belastung

CPU-Belastung läßt sich unter anderem mit dem Kommando *mpstat(1M)* anzeigen. Die Anzeige der CPU-Belastung läßt sich einschränken auf ausgewählte Prozessorsets, Auflistung sortiert nach Prozessorset etc. Siehe hierzu auch die Manualpage zum Kommando *mpstat(1M)*. Als Beispiel hier die Ausgabe auf einer völlig lastfreien 4-CPU Maschine:

```
nx1# mpstat
CPU minf mjf xcal intr ithr csw icsw migr smtx srw syscl usr sys wt idl
  0    0   0  303 1114 1014   9    0    0    0   0     8   0   0  0 100
  1    1   0    2  102  100  14    0    0    0   0    11   0   0  0 100
  2    1   0    3  102  101  12    0    0    0   0    13   0   0  0 100
  3    0   0    2  104  102  10    0    0    0   0    11   0   0  0 100
```

Beispiel 9.25. CPU Auslastung eines unbelasteten 4-CPU Systems

Dazu kommen seit Solaris 8 die Kommandos:

- *cpustat*: Monitoring des Systemdurchsatzes
- *cputrack*: Monitoring von Prozessen und LWPs

für das Monitoring von UltraSPARC-CPUs

9.6.2 Prozessbelastung

Die zuvor genannte Methode, die CPU-Belastung anzuzeigen, gibt einen Hinweis auf die MP-Skalierbarkeit aller Prozesse, bzw. bei MP-Rechnern eine Übersicht über Gleichmäßigkeit der Systembelastung. Oftmals ist es jedoch interessanter, welche Prozesse eine Maschine unter Last setzen, insbesondere, wenn diese Prozesse scheinbar keine Operationen mehr ausführen.

[7] Eine Übersicht über die Mittel zu Debugging und Performanceanalyse ist in Kapitel 10 gegeben.

Um die Belastung eines Rechners durch die laufenden Prozesse anzuzeigen, läßt sich *ps(1)* unter Angabe weiter Optionen verwenden. Übersichtlicher ist jedoch die Ausgabe der Utility *prstat(1M)*. Auch hier ein Beispiel für die Ausgabe:

```
nx1 # prstat
  PID USERNAME SIZE   RSS STATE  PRI NICE      TIME  CPU PROCESS/NLWP
  826 root      31M   27M sleep   59    0  0:02:41 0.3% Xsun/1
 1905 rmd     4688K 4392K cpu0    59    0  0:00:00 0.1% prstat/1
  354 root    4096K 2288K sleep   59    0  0:00:02 0.0% automountd/3
 1875 rmd     4440K 3144K sleep   59    0  0:00:00 0.0% xterm/1
 1876 rmd     2792K 2136K sleep   59    0  0:00:00 0.0% tcsh/1
 1343 rmd       73M   36M sleep   49    0  0:00:12 0.0% .netscape.bin/1
  583 root      96M   38M sleep   59  -10  0:00:08 0.0% java/23
 1198 rmd     4408K 3080K sleep   49    0  0:00:01 0.0% xterm/1
 1124 rmd     4416K 3088K sleep   49    0  0:00:02 0.0% xterm/1
 1111 rmd     4352K 3056K sleep   59    0  0:00:00 0.0% xterm/1
 1109 rmd     3824K 2488K sleep   59    0  0:00:01 0.0% twm/1
 1104 rmd     1912K 1272K sleep   59    0  0:00:00 0.0% ksh/1
 1118 rmd     2792K 2088K sleep   59    0  0:00:00 0.0% tcsh/1
 1078 rmd     7296K 3480K sleep   59    0  0:00:00 0.0% solregis/1
 1093 rmd     2536K 1648K sleep   59    0  0:00:00 0.0% tcsh/1
 1090 rmd     4032K 2096K sleep   59    0  0:00:00 0.0% sdt_shell/1
 1061 rmd     3176K 2032K sleep   59    0  0:00:00 0.0% utaudio/5
 1065 rmd     2440K 1464K sleep   59    0  0:00:00 0.0% utslaunch/1
 1195 rmd     1728K  704K sleep   59    0  0:00:00 0.0% rlogin/1
 1182 rmd     4672K 3312K sleep   59    0  0:00:00 0.0% ttsession/1
 1091 rmd     2416K  768K sleep   59    0  0:00:00 0.0% dsdm/1
 1194 rmd     1728K 1256K sleep   59    0  0:00:00 0.0% rlogin/1
 1173 rmd     4400K 3064K sleep   49    0  0:00:02 0.0% xterm/1
Total: 23 processes, 121 lwps, load averages: 0.04, 0.03, 0.04
```

Beispiel 9.26. prstat

Die CDE GUI-Variante ist *sdtprocess(1)*. Beide Prozessmonitor- und Displaykommandos sind basieren auf Ideen des Opensourceprogramms *top*.

9.6.3 *truss(1)*

Um zu entscheiden, ob ein Prozeß "hängt" kann z.B. auch *truss(1)* in Zusammenarbeit mit o.g. Prozessmonitoren verwendet werden. Die Interpretation der Ausgabe erfordert einige Erfahrung und Grundkenntnisse der Systemprogrammierung. Ob ein Prozeß arbeitet, idle ist, oder regelmäßig etwas abfragt (pollt) ist jedoch auch dem weniger Geübten ersichtlich. Der Vollständigkeit halber in Beispiel 9.27 ein Beispielaufruf eines Prozesses, der wartet, nach einer kurzen Zeit etwas tut und anschließend wieder wartet, sowie in 9.28 eines

```
nx1# truss -p 1
pause()                         (sleeping...)
pause()                                             Err#4 EINTR
setcontext(0xFFBFFBC8)
alarm(0)                                            = 0
stat("/etc/inittab", 0xFFBFFB88)                    = 0
open("/etc/inittab", O_RDONLY)                      = 1
ioctl(1, TCGETA, 0xFFBFF954)                        Err#25 ENOTTY
fstat64(1, 0xFFBFF9C8)                              = 0
fstat64(1, 0xFFBFF870)                              = 0
read(1, " a p : : s y s i n i t :".., 8192)         = 1083
read(1, 0x00109644, 8192)                           = 0
llseek(1, 0, SEEK_CUR)                              = 1083
close(1)                                            = 0
stat("/etc/inittab", 0xFFBFFB88)                    = 0
open("/etc/inittab", O_RDONLY)                      = 1
ioctl(1, TCGETA, 0xFFBFF954)                        Err#25 ENOTTY
fstat64(1, 0xFFBFF9C8)                              = 0
fstat64(1, 0xFFBFF870)                              = 0
read(1, " a p : : s y s i n i t :".., 8192)         = 1083
read(1, 0x00109644, 8192)                           = 0
llseek(1, 0, SEEK_CUR)                              = 1083
close(1)                                            = 0
alarm(300)                                          = 0
pause()                         (sleeping...)
```

Beispiel 9.27. truss eines pollenden Prozesses

Prozesses, der aktiv arbeitet.

```
nx1# truss -p 1345
execve("/usr/dt/bin/dtcm", 0xFFBFFD74, 0xFFBFFD7C)  argc = 1
resolvepath("/usr/dt/bin/dtcm", "/usr/dt/bin/dtcm", 1023) = 16
resolvepath("/usr/lib/ld.so.1", "/usr/lib/ld.so.1", 1023) = 16
stat("/usr/dt/bin/dtcm", 0xFFBFFB48) = 0
open("/var/ld/ld.config", O_RDONLY) Err#2 ENOENT
stat("/usr/dt/lib/libDtWidget.so.2", 0xFFBFF48C) = 0
open("/usr/dt/lib/libDtWidget.so.2", O_RDONLY) = 3
fstat(3, 0xFFBFF48C) = 0
........
```

Beispiel 9.28. truss eines aktiven Prozesses

9.6.4 I/O-Belastung

Die I/O-Belastung läßt sich mit dem Kommando *iostat(1M)* recht komfortabel anzeigen. *iostat(1M)* zeigt Terminal-, Platten- und Bandstatistiken an, als auch die CPU-Nutzung. In der ersten Ausgabezeile wird immer der aggregierte Gesamtwert seit letztem Boot angezeigt, die Folgezeilen zeigen den im gewählten Zeitinterwall aggregierten Wert an. In Tabelle 9.8 sind einige vielbenutzte Optionen im Überblick zusammengefaßt.

iostat	-c	CPU-Nutzung user/system/iowait/idle
	-x ⟨#⟩	Wiederholungsrate in Sekunden
	-n	Angabe der Platten unter ihren physikalischen Namen
	-p	Anzeige des IOs auf Partitionen
	-M	Anzeige in MB/s
	-t	Anzahl der Zeichen/Sekunde für Terminals

Tabelle 9.8. Optionen von *iostat(1M)*

Eine typische Ausgabe zur zwischenzeitlichen Überprüfung von Platten-I/O um z.B. zu kontrollieren, ob ein Kopierprozess weiterhin aktiv ist oder "hängt" sei z.B.:

```
nx1# iostat -x 1
                       extended device statistics
device        r/s    w/s    kr/s    kw/s wait actv   svc_t  %w  %b
md100         0.0    0.0    0.0     0.0  0.0  0.0     0.0   0   0
md101         0.0    0.0    0.0     0.0  0.0  0.0     0.0   0   0
md102         0.0    0.0    0.0     0.0  0.0  0.0     0.0   0   0
sd15          0.0    0.0    0.0     0.0  0.0  0.0     0.0   0   0
sd17          0.0    0.0    0.0     0.0  0.0  0.0     0.0   0   0
sd21          0.0    0.0    0.0     0.0  0.0  0.0     0.0   0   0
                       extended device statistics
device        r/s    w/s    kr/s    kw/s wait actv   svc_t  %w  %b
md100         0.0    0.0    0.0     0.0  0.0  0.0     0.0   0   0
md101         0.0    0.0    0.0     0.0  0.0  0.0     0.0   0   0
md102         0.0    0.0    0.0     0.0  0.0  0.0     0.0   0   0
sd15          0.0    0.0    0.0     0.0  0.0  0.0     0.0   0   0
sd17          0.0    0.0    0.0     0.0  0.0  0.0     0.0   0   0
sd21          0.0    0.0    0.0     0.0  0.0  0.0     0.0   0   0
..........
```

Beispiel 9.29. iostat

Wenn die Aktivität auf einem Bus angefragt werden soll, so können diese Performancedaten mit *busstat*, zur Zeit unterstützt für Adress Controller der

UE10000, SYSIO SBus Chips, PCI Interfacechips, Safari-Busse, SunFire und Schizo. Die Liste wächst.

9.7 Erstellung einer Systemkopie

Rolf M Dietze

Es sind diverse Situationen vorstellbar, bei denen eine Kopie des aktuellen Systems von einer Platte auf eine andere transportiert werden soll, derart, daß von der Zielplatte das exakt gleiche System gestartet werden soll. Sei es, daß die Bootplatte zu klein ist, eine Sicherheitskopie in Reserve liegen soll oder was auch immer. Die Vorgehensweise ist denkbar einfach, es ist nur darauf zu achten, daß auf der Zielplatte die Partitionierung erhalten bleibt, die gewünscht ist.
Zunächst ist die Belegung und Aufteilung der aktuellen Bootplatte zu überprüfen. Das folgende Beispiel 9.30 zeigt die Belegung einer Beispielmaschine unter SOLARIS 9:

```
menkar# df -k
Filesystem            kbytes      used    avail capacity Mounted on
/dev/dsk/c0t0d0s0    2056211   1955485    39040     99%  /
/proc                      0         0        0      0%  /proc
mnttab                     0         0        0      0%  /etc/mnttab
fd                         0         0        0      0%  /dev/fd
swap                 5711376        32  5711344      1%  /var/run
swap                 5711728       384  5711344      1%  /tmp
/dev/dsk/c0t2d0s2  245045441 229488199 10656334     96%  /export
/dev/dsk/c0t0d0s3   10167928    587620  9376950      6%  /usr/local
```

Beispiel 9.30. Volles *root*-Filesystem

Das root-Filesystem ist relativ voll belegt. Eine Installation weiterer Softwarepakete als auch die Installation von OS-Patches kann hier unter Umständen fehlschlagen, und sei es, daß nicht ausreichend Platz für die Paket- und Patchinformationen im Verzeinis */var/sadm* vorhanden ist.

Es sei eine zusätzliche Festplatte c0t1d0 vorhanden, die die gewünsche Größe aufweist.

Es folgt die Partitionierung mit z.B. *fdisk(1M)*, wie im Kapitel Plattenadministration beschrieben. Anschließend sind Filesysteme zu erzeugen und die neuen Filesysteme zu mounten. Diese leeren Filesysteme der neuen Systemplatte seien z.B. unter */mnt/root* und */mnt/local* gemountet.

Es ist zu erkennen, daß */export* und */usr/local* unter / gemountet sind, wie auch sonst. Würde nun rekursiv mit z.B. *cp(1)* / auf */mnt/root* kopiert werden, so würde unweigerlich auch */usr/local* und */export* auf */mnt/root* kopiert werden, was wahrscheinlich die Filesystemgröße von */mnt/root* überschreitet. Hier ist ein Kopierverfahren zu wählen, was die Filesystem- bzw. Partitionsgrenzen nicht verläßt. Denkbar wäre ein *find(1)*-Konstrukt gekoppelt mit *cpio(1))* oder *ufsdump*. Letzteres ist auf UFS-Filesysteme eingeschränkt, was mit Sicherheit für das Root-Filesystem zutrifft. Für dieses Beispiel sei *ufsdump(1M)* gewählt.

Die eigentliche Filesystemkopie / auf */mnt/root* erfolgt durch ein gleichzeitiges Sichern und Rücksichern über eine Pipe. Da das Filesystem */usr/local* im Beispiel ebenfalls auf der unter *c0t0* angeschlossenen Festplatte liegt, muß es bei einem Austausch der Bootplatte ebenfalls umkopiert werden. Bei Bedarf sind die Mount-Einträge in der */etc/vfstab* anzupassen.

9.7.1 Cookbook

Zu den Schritten im einzelnen:

1. Feststellen der Größen der Ursprungsfilesysteme. (*df -k*)
2. Festlegen der Größen der Zielfilesysteme.
3. Partitionieren der Zielplatte. (*format(1M), fmthard(1M)*)
4. Erzeugen der Filesysteme auf der Zielplatte. (*newfs(1M)*)
5. Mounten der Zielverzeichnisse. (*mount(1M)*)
6. Filesystemweise kopieren, im Beispiel der Filesysteme *root und /usr/local*:
   ```
   ufsdump 0f - / |(cd /mnt/root&& ufsrestore xf -)
   ufsdump 0f - /usr/local |(cd /mnt/local&& ufsrestore xf -)
   ```
7. Bei Bedarf Anpassung der */etc/vfstab*.
8. Umstecken der Platte, boot von der Kopie.

Sollte etwas vergessen worden sein, so ist jederzeit ein Rückbau oder ein Boot von z.B. der Installations CD mit z.B. *boot cdrom -s* möglich. Nachfolgend kann repariert werden.

9.8 Verwaltung von Corefiles

Rolf M Dietze

Ein Programm, das im UNIX-Umfeld unvorhergesehen terminiert oder terminiert wird schreibt ein so genanntes Corefile. Ein Corefile ist ein Memoryimage des letzten zur Terminierung führenden Programms oder Programmteils, oder bei absichtlicher externer Terminierung den Teil des gerade ausgeführten Codes. Ein solches Corefile kann späterhin zur Analyse der Absturzursache herangezogen werden und liefert für eine solche Analyse wertvolle Informationen. Wenn sicher ist, daß eine solche Analyse nicht vorgesehen ist oder stattfinden wird so kann das Schreiben von Cores kommplett unterbunden werden. So Interesse an einer Analyse besteht, oder aus Gründen des Monitoring Corefiles benötigt werden, stellt OPENSOLARIS das Kommando *coreadm(1M)* bereit um Corefiles zu administrieren.

Das Kommando *coreadm(1M)* erlaubt es, Filepatterns und Pfade für von Prozessen erzeugte Corefiles zu modifizieren, als auch das Schreiben eines Corefiles zu unterbinden oder zu ermöglichen, vorzudefinieren, was wie geschrieben wurde etc. Die aktuelle Konfiguration wird in das Konfigurationsfile */etc/coreadm.conf* gesichert.

Die bei SOLARIS vorgenommene Defaulteinstellung für *coreadm* ist:

- Per-Prozess-Corefile: core
- Per-Prozeß Corefilepfad ist enabled (dump in lokales Directory)
- setuid-Programme erzeugen kein Corefile
- Kein globaler Corefilepfad

coreadm(1M) steht unter der Verwaltung der Service Management Facility unter dem Servicenamen

svc:/system/coreadm:default,

wird gestartet und gestoppt durch Nutzung der *svcadm*-Subkommandos *enable* und *disable* und hat die in Tabelle 9.9 genannten Abhängigkeiten:

Abhängigkeit	Restart	Service
require_all	none	svc:/system/filesystem/minimal

Tabelle 9.9. Abhängigkeiten des *coreadm*-Dienstes

Synopsis

Das Kommando *coreadm* unterscheidet drei Aufrufformen

coreadm [-g pattern] [-g pattern] [-i pattern] [-i pattern] [-d option] [-e option]

-d: Deaktivierung einer Corefileoption, Mehrfachverwendung mit unterschiedlichen Corefileoptionen ist unterstützt

-e: Einschalten einer Corefileoption Mehrfachverwendung mit unterschiedlichen Corefileoptionen ist unterstützt

-G: Globaler Fileinhalt kann definiert werden, nutzbar durch *root* oder bei *sys_admin* Rechten

-g: Globales Filenamepattern (muß mit "/" beginnen) nutzbar durch *root*oder bei *sys_admin* Rechten

-I: Setzt per-Prozeß Filenameinhalt, nutzbar durch *root* oder mit *sys_admin* oder *proc_owner* Rechten.

-i: Setzt per-Prozeß Filenamepattern, nutzbar durch *root* oder mit *sys_admin* oder *proc_owner* Rechten.

coreadm [-p Option] [-P Option] [PID]

-P: Setzt per-Prozeß Corefile Inhalt, durch *root* oder den Prozessaufrufer nutzbar.

-p: Setzt per-Prozeß Corefilenamen auf das gegebene Pattern, durch *root* oder den Prozessaufrufer nutzbar.

coreadm -u

-u: Systemweiter Update der Konfiguration

global: Globale Corefilepatterns werden für Coredumps erlaubt
global-setid: setid-Prozesse mit globalen Patterns werden zugelassen.
log: Es soll ein syslog-Eintrag erzeugt werden, wenn ein Coredump geschrieben wird.
process: Coredumps mit per-Prozess-Patterns sind zulässig
proc-setid: setid Coredumps mit per-Prozeß Corepatterns werden zugelassen.

Die durch *coreadm(1M)* benutzten Variablen sind zur Übersicht in Tabelle 9.10 aufgelistet und erlauben die Formulierung eines Filenamens eines Corefiles. So würde beispielsweise die Angabe eines globalen Filenamepatterns von

/var/core/%z.%f.%p

für einen Prozeß in der Zone *wega-1*, mit der Prozeß ID 230948 und dem Namen *mozilla*, ein Corefile der Form

/var/core/wega-1.mozilla.230948

erzeugen.

Variable	Bedeutung
%d	Directroyname des ausfürbaren Files
%f	Name des ausführbaren Files
%g	GID
%m	Maschinenname entsprechend *uname -m*
%n	Nodename entsprechend *uname -n*
%p	PID
%t	Zeit, dezimal
%u	UID
%z	Name der SOLARIS Zone in der der Prozeß lief
%%	das Zeichen %

Tabelle 9.10. *coreadm* Variablen

Die aktuelle Konfiguration für Coredumps läßt sich anzeigen, indem *coreadm* ohne Parameter oder Optionen aufgerufen wird. Die Konfiguration für bestimmte, laufende Prozesse kann man auflisten, indem *coreadm* mit der Prozeß ID aufgerufen wird, also etwa $$ für den aktuellen Prozeß.

Das Konfigurationsfile für *coreadm* ist */etc/coreadm.conf*. Von einer Modifikation von Hand wird abgeraten, da *coreadm* selbst diese Datei pflegt und modifiziert.

Ein weiteres interressantes Beispiel ist die Einschränkung auf bestimmte Binaries beziehungsweise Binaries, die aus bestimmten Verzeichnissen stammen und bei der Ausführung unplanmäßig terminierten. Hierzu ist die Variable *%d* zu verwenden. Das Beispiel in 9.32 zeigt dies für Programme, die aus dem Verzeichnis */usr/sfw/bin* stammen. In dieser Art und Weise läßt sich eine Filesystemstruktur aufbauen, in der Corefiles pfadsortiert abgelegt werden können.

```
nova# mkdir -p /var/cores/usr/sfw/bin
nova# coreadm -G all -g /var/cores/%d/%f.%p
```

Beispiel 9.32. Pfadbasierte Ablage von Corefiles

Ohne Angabe weiter Optionen listet *coreadm(1M)* die aktuelle Konfiguration aus, wie die in Beispiel 9.33 dargestellt.

```
nova# coreadm
    global core file pattern: /var/core/%z.%d.%f.%p
    global core file content: all
      init core file pattern: core
      init core file content: default
           global core dumps: enabled
      per-process core dumps: enabled
     global setid core dumps: enabled
per-process setid core dumps: disabled
    global core dump logging: enabled
```

Beispiel 9.33. Ausgabe der aktuellen Coredump Konfiguration

9.9 Consolemanagement

Rolf M Dietze

UNIX Systemconsolen werden oftmals als defaultmäßiges Ausgabegerät für Systemfehlermeldungen genutzt, einige Meldungen werden nur auf der Systemconsole ausgegeben und nicht in Logdateien geschrieben. Einige Operationen setzen eine Systemconsole voraus etc. Messageausgaben, die nur auf die Systemconsole geschrieben wurden, kann man im Prinzip nur noch abschreiben, wenn man sie erhalten möchte. Soll eine scriptbasierte Reaktion auf eine Systemmeldung erfolgen, so ist dies nicht möglich, wenn die Systemmeldung nur auf die Systemconsole geschrieben wird. Ein Rechnersystem hat üblicherweise nur eine Systemconsole, was das Monitoring der Maschine durch mehrere Personen erschwert.

Seit SOLARIS 8 wurde betriebssystemseitig eine Möglichkeit bereitgestellt, die die zuvor genannten Problematiken adressiert. OPENSOLARIS bietet damit eine Möglichkeit, den Console-I/O auf weitere ttys umzulenken. Damit ist es nun möglich, Systemmeldungen, die nur auf das Consoledevice geleitet werden an ein anderes tty zu lenken, das auf einem beliebigen Desktopsystem geöffnet wurde, mit *tail -f <device>* fortlaufend beobachtet werden kann, oder direkt an eine Monitoringapplikation gegeben werden kann, die dann meldungsbasiert Aktionen ausführen kann. Zur Einrichtung und Verwaltung wurde das Kommando *consadm(1M)* eingeführt. Eine Neuerung mit der Einführung des Mechanismus der Console-I/O Redirektion ist in diesem Zusammenhang die Umlenkung von Messages des *syslog(1M)* nicht mehr auf */dev/console* sondern auf */dev/sysmsg*. Die physikalische Systemconsole wird in diesem Zusammenhang gleichbehandelt, ist jedoch unabdingbar zum Systemstart und zur Verwaltung. Weiterhin kann ein mit *consadm(1M)* eingerichtetes Umleitungsdevice keine Messages erhalten, die explizit auf die Systemconsole */dev/console* gelenkt werden. Alle Messages aus einer abnormen Termination des Systems (*panic*) werden ebenfalls nur auf der physikalischen Systemconsole ausgegeben und können nicht mit *consadm(1M)* umgelenkt werden.

Die Möglickeiten sollen kurz in einem Beispiel kurz erläutert werden. Ist es beispielsweise notwendig, ein weiteres Terminal als Console bekanntzugegeben ist wie in Beispiel 9.34 zu verfahren, sofern die Console nur vorübergehend benötigt wird.

```
nx1# consadm -a /dev/term/c
```

Beispiel 9.34. Temporäre Console-I/O Umlenkung auf */dev/term/c*

Damit diese Einstellung auch über den nächsten Reboot hinaus erhalten bleibt muß das Flag *-p* angegeben werden.

```
nx1# consadm -a -p /dev/term/d
```

Beispiel 9.35. Persistente Console-I/O Umlenkung auf */dev/term/d*

Mittels *-d* für *delete* kann die Einstellung wieder rückgängig gemacht werden, *-p* für *persistent* wirkt synonym zum vorherigen Beispiel 9.35.

```
nx1# consadm -d -p /dev/term/d
```

Beispiel 9.36. Persistente Löschung der Console-I/O Umlenkung auf */dev/term/d*

Werden keinerlei Optionen gesetzt listet *consadm* die derzeit aktiven Consolen auf. Auch diese nur lesende Funktionalität ist auf den Benutzer *root* oder eine entsprechend definierte Rolle beschränkt.

```
nx1# consadm
/dev/term/c
/dev/term/d
```

Beispiel 9.37. Anzeige der aktiven Consolen

Nicht zu verwechseln ist hierbei der Status welche dieser Consolen auch nach einem Reboot noch persistent sind.

```
nx1# consadm -p
/dev/term/d
```

Beispiel 9.38. Anzeige der persistenten Consolen

Mit der Konfiguration des ersten zusätzlichen Consoledevices wird ein Daemon-Prozeß gestartet, der im Hintergrund alle zusätzlichen Consoledevices beobachtet. Ist ein zusätzliches Consoledevice nicht mehr verfügbar, weil beispielsweise die Verbindung unterbrochen wurde, so wird das Device durch den Daemon aus der Liste der aktiven Consoledevices genommen. Als persistent definierte zusätzliche Consoledevices verbleiben in diesem Fall in der Liste der konfigurierten Consoledevices. Sind zusätzliche Consoledevices als persistent definiert, so stehen sie in ihrer Konfiguration auch nach einem Reboot zur Verfügung. Der *consadm*-Daemon terminiert bei Schliessung des letzten zusätzlichen Consoledevices.

consadm(1M) wird seit OpenSolaris durch die Service Management Facility verwaltet, der Serviceidentifier ist *svc:/system/consadm*, die Startmethode ist */lib/svc/method/svc-consadm*. Es besteht eine *require_all* Abhängigkeit von *svc:/system/filesystem/minimal*, die keinen Restart bedingt.

Abhängigkeit	Restart	Service
require_all	none	svc:/system/filesystem/minimal

Tabelle 9.11. Abhängigkeiten des *consadm*-Dienstes

9.10 Backup und Recovery

Rolf M Dietze und Jörg E Schilling

Eine der wesentlichsten, jedoch häufig gern übersehenen Aufgaben in der Administration ist die Sicherung von Filesystemen oder Directorystrukturen bis hin zu Singlefiles. SOLARIS stellt dazu einige in der UNIX-Welt typische Kommados zur Verfügung, die ein Sichern auf und das Rücksichern von Speichermedien oder Dateien ermöglichen. Die Nutzung dieser Kommandos geht jedoch häufig über den ursprünglichen Verwendungsbereich hinaus, wie beispielsweise die Kopie eines Betriebssystems von einer Festplatte auf eine andere wie in Kapitel 9.7 beschrieben.

Zunächst jedoch ein unerlässliches Tool zum Arbeiten mit Bandlaufwerken:

9.10.1 *mt*

Rolf M Dietze und Jörg E Schilling

mt(1) Magnetic Tape Control, wurde um 1980 unter BSD-UNIXeingeführt. Es dient der Steuerung von Bandlaufwerken sowie der Abfrage des aktuellen Status von Laufwerken. Bandlaufwerke sind sequenzielle Speichermedien. Auf einem Band befinden sich Sequenzen von Datenblöcken die durch Filemarken getrennt sind. Ein "Bandfile"bezeichnet dabei den Bereich zwischen zwei Filemarken auf dem Medium. Das Datenformat der Datenbereiche auf dem Band wird dabei durch das verwendete Backup-Programm bestimmt. Wenn beispielsweise eine Systemsicherung der drei Partitionen *root*, *var* und *export* nacheinander auf ein Band geschrieben werden, so sieht das "Inhaltsverzeichnis" des Bandes wie folgt aus:

Filenummer	Inhalt
0	root-FS
1	var-FS
2	export-FS

Tabelle 9.12. Reihenfolge der Backup-Files auf dem Sicherungsband

Die Sicherungs- und Rücksicherungsroutinen können tyischerweise diese drei Files nicht selbstständig einzeln anspringen. Sie lesen oder schreiben immer von bzw. auf die Position an der sich das Medium gerade befindet. Es ist Aufgabe des Benutzers, dafür zu sorgen, daß das Medium zu Begin des Backups oder der Restoreoperation korrekt positioniert wurde.

Dabei ist zu beachten, daß es unterschiedliche Möglichkeiten gibt auf ein Bandlaufwerk zuzugreifen. Wird der Defaultgeräteeintrag */dev/rmt/0* für das erste Bandlaufwerk im System verwendet, dann wird das Medium nach jeder Benutzung (also immer dann wenn eine *close(2)* Operation durchgeführt wird) auf den Anfang zurückgespult. Würde man daher ein Band mit Hilfe des Kommandos:

```
mt -f /dev/rmt/0 fsf 2
```

um zwei Bandmarken vorspulen, dann wäre keine Wirkung dieses Kommandos feststellbar, denn beim *close(2)* am Ende des Programmlaufes würde der Bandtreiber das Band wieder an den Anfang zurückspulen. Um das zu vermeiden muß daher bei allen Operationen die nicht an den Anfang zurückgespult werden soll, die nicht zurückspulende Variante des Geräteeintrags für das Bandlaufwerk verwendet werden.

Um nach einer Sicherung der drei oben angesprochenen Partitionen das File mit der Nummer 2, also das Filesystem unter */export* zurückzuspielen, ist File Nummer 2 vor dem Start des Restoreprogramms anzufahren. Mit *mt(1)* geht das wie folgt:

```
nx1> mt -f /dev/rmt/0hn afsf 2
....warten...
nx1>
```

Das Kommando terminiert, nachdem das File 2 angefahren wurde. Statt des „asf“ Kommandos (Absolute Space Filemark) kann das Band auch zurückgespult werden und danach um 2 Bandmarken vorgespult werden, also z.B.:

```
mf -t /dev/rmt/0hn rewind
mf -t /dev/rmt/0hn fsf 2
```

9.10.1.1 Gebräuchliche Kommandos

Nachfolgend eine Zusammenstellung der am häufigsten benötigten Sub-Kommandos.

mt -f /dev/rmt/⟨tape⟩	fsf ⟨number⟩	vorwärts über ⟨number⟩ EOFs
	bsf ⟨number⟩	rückwärts über ⟨number⟩ EOFs Nach *bsf* steht das Band am Anfang des Bandfiles vor der übersprungenen Bandmarke.
	nbsf ⟨number⟩	rückwärts über ⟨number⟩ Files, dies entspricht einem bsf über <number +1 >EOF-Marken, gefolgt von einem *fsf*
	eom	an das Ende des Bandes
	rewind	an den Anfang des Bandes
	offline	rewind + Bandauswurf (wenn möglich), oder Band unzugreifbar schalten.
	erase	Band löschen
	status	Status ausgeben

Ein Beispiel: Es befindet sich ein Band in dem unter dem Pfad */dev/rmt/0hn* erreichbaren Bandlaufwerk, die Environmetvariable *$TAPE* sei entsprechend gesetzt. Der Status des Laufwerkes gibt an, daß ein Tape geladen ist und auf File 0 und Block 0, das Drive ist ein DDS4 DAT-Laufwerk von HP:

```
nx1# mt st
HP DDS-4 DAT (Sun) tape drive:
   sense key(0x6)= Unit Attention   residual= 0   retries= 0
   file no= 0   block no= 0
```

Das Tapedrive soll das Tape ein File weiter spulen:

```
nx1# mt fsf
nx1# mt stat
HP DDS-4 DAT (Sun) tape drive:
   sense key(0x0)= No Additional Sense   residual= 0   retries= 0
   file no= 1   block no= 0
```

Das Tapedrive soll an das Ende der Reihe aufgezeichneter Files spulen und hinter der letzten *EOF*-Marke stehen bleiben, um beispielsweise ein zusätzliches File/Backup anzuhängen:

```
nx1# mt eom
nx1# mt status HP DDS-4 DAT (Sun) tape drive:
  sense key(0x8)= No Additional Sense   residual= 0   retries= 0
  file no= 8   block no= 0
```

Das Band soll zurückgefahren werden:

```
nx1# mt rewind
nx1# mt status HP DDS-4 DAT (Sun) tape drive:
  sense key(0x8)= No Additional Sense   residual= 0   retries= 0
  file no= 0   block no= 0
```

Und ausgeworfen werden:

```
nx1# mt offline
nx1# mt stat
/dev/rmt/0hbn: no tape loaded or drive offline
```

Zum Schluß soll das Band zur Demonstration erst wieder ein File weiter gespult werden:

```
nx1# mt fsf
nx1# mt stat
HP DDS-4 DAT (Sun) tape drive:
   sense key(0x0)= No Additional Sense   residual= 0   retries= 0
   file no= 1   block no= 0
```

Um zu zeigen, daß ein Band auch aus einer beliebigen Position heraus zurück gespult und anschließend ausgeworfen werden kann, sei *mt(1)* mit dem Subkommando *rewoffl* aufgerufen:

```
nx1# mt rewoffl
nx1# mt stat
/dev/rmt/0hbn: no tape loaded or drive offline
```

Es ist abhängig vom Bandlaufwerk ob das Bandlaufwerk auch in der Lage ist fileweise oder recordweise vor und zurückzuspulen. So können QIC Bandlaufwerke nicht blockweise oder fileweise zurückspulen.

9.10.2 *ufsdump(1M)*

Das Arbeiten mit *ufsdump(1M)* und *ufsrestore(1M)* beschränkt sich, wie der Name es vermuten läßt, auf UFS-Filesysteme. *ufsdump(1M)* setzt explizit eine UFS-Filesystemstruktur voraus und sichert blockweise. *ufsrestore(1M)* ermöglicht es allerdings auf beliebige POSIX-konforme Filesysteme zu schreiben.

Da *ufsdump(1M)* ein Inhaltsverzeichnis an den Anfang des Bandes schreibt, kann es einen Teil der Nachteile des Mediums Band damit wieder wettmachen. Zur Überprüfung ob eine bestimmte Datei sich auf dem Medium befindet ist nicht das gesamte Band zu lesen sondern lediglich der vordere Teil mit dem Inhaltsverzeichnis.

ufsdump(1M) ermöglicht es, UFS-Filesysteme, im folgenden sei dies nicht mehr explizit gesagt sondern angenommen, nach einem Backupplan zu sichern. Die Unterscheidung in Full- und Incremental-Backup nach Dumpdates wird von *ufsdump* bereitgestellt. Mit *ufsdump(1M)* werden Filesysteme (von Ausnahmen abgesehen) partitionweise gesichert. D. h. wenn eine root-Partition gesichert werden soll, so reicht es aus, das entsprechende Filesystem der Partition anzugeben, etwa / für z.B. *c0t0d0s0*. *ufsdump(1M)* wird dann eine Sicherung von der darunterliegenden Partition, hier der *c0t0d0s0* durchführen und nicht, wie etwa *tar(1)* eine Sicherung aller ab der root findbaren Filesysteme. Wenn man *ufsdump(1M)* als Parameter einen Directorynamen übergibt, dann führt *ufsdump(1M)* auf dem dazugehörigen Filesystem eine Sicherung ab dieser Directory durch. Für Spezialfälle lassen sich auch einzelne Dateinen auf diese Weise sichern in dem ein Filename als Parameter verwendet wird.

9.10.2.0.1 Dumplevel

ufsdump(1M) unterstützt bis zu 10 so genannter Dumplevel. So kann ein level-2-Dump von einem level-3-Dump gefolgt werden, wobei im level-3-Dump nur die Files gesichert werden, die seit dem zuvor durchlaufenen level-2-Dump modifiziert wurden. Bei Verwendung von Dumpleveln $\neq 0$ sollte die Datei */etc/dumpdates* beschrieben werden indem die 'u' Option verwendet wird.

Optionen

-l *ufsdump(1M)* unterstützt mit der Option *-l* Tapewechsler in der Autoloadfunktion bei Erreichen des Bandendes das Band auszuwerfen und anschließend bis zu zwei Minuten zu warten bis der Autoloader ein anderes Band eingelegt hat und das Bandlaufwerk wieder online ist. Sollte der Autoloadvorgang länger als zwei Minuten dauern, so wird *ufsdump(1M)* einen Prompt anzeigen und auf das nächste Band warten.

-n Mit der Option *-n* wird *ufsdump(1M)* alle Mitglieder der UNIX-Gruppe *sys* warnen, wenn eine manuelle Eingabe anfragt.

-v Mit der Option *-v* wird nach dem Schreiben eine Verifikation durchgeführt, was Zeit kostet.

-u Diese Option bewirkt, daß ein *update* der Datei */etc/dumpdates* durchgeführt wird, um nachfolgende inkrementelle Sicherungen zu ermöglichen.

ufsdump(1M) ist ein Sicherungsprogramm das 1981 zusammen mit dem BSD Fast Filesystem erstellt wurde. Es unterstützt die Angabe das Types des Bandlaufwerkes in Blocksize, Bytes-per-inch, Size etc. Die Ausgabe von *ufsdump(1M)* kann mit der Option *-f* beliebig umgeleitet werden. Zum einen auf bestimmte Tapedrives, zum anderen in Files oder nach *stdout*, wie es beispielsweise bei der Betriebssystemkopie von Platte zu Platte in Kapitel 9.7 genutzt wurde. Auch ist die Angabe eines remote-Verzeichnisses oder Laufwerks an dieser Stelle unterstützt.

So läßt sich die root-Partition eines SOLARISRechners mit folgendem Kommando auf /dev/rmt/0h sichern:

```
nx1# ufsdump 0f /dev/rmt/0h /
 DUMP: Date of this level 0 dump: \Sun\ 04 Apr 2004 08:30:18 PM MEST
 DUMP: Date of last level 0 dump: the epoch
 DUMP: Dumping /dev/rdsk/c0t0d0s0 (nx1:/) to /dev/rmt/0.
 DUMP: Mapping (Pass I) [regular files]
 DUMP: Mapping (Pass II) [directories]
 DUMP: Writing 32 Kilobyte records
 DUMP: Estimated 22048 blocks (100.77MB).
 DUMP: Dumping (Pass III) [directories]
 DUMP: Dumping (Pass IV) [regular files]
 DUMP: Tape rewinding                     <---- Rueckspulvorgang!
 DUMP: 200414 blocks (99.97MB) on 1 volume at 473 KB/sec
 DUMP: DUMP IS DONE
```

Hier wurde nicht /dev/rmt/0hn verwendet so daß das Band am Ende der Sicherung an den Anfang gespult wird. Da "u" nicht gesetzt wurde, wird die Datei /etc/dumpdates nicht aktualisiert so daß dieser Dump nicht als Ausgangspunkt für inkrementelle Dumps zu gebrauchen ist.

ufsdump archiviert sowohl ACLs als auch Extended Attribute der Dateien. Daher ist *ufsdump* in der Lage sämtliche möglichen Eigenschaften einer Datei auf dem UFS-Filesystem zu archivieren.

Sicherungen mit *ufsdump* werden optional in */etc/dumpdates* geloggt. Diese Datei enthält pro Zeile die Angabe des Filesystems bzw. der Partition die gesichert wurde und wann. Eine typische */etc/dumpdates* ist in Listing 9.9 dargestellt.

```
/dev/rdsk/c0t0d0s0  0 Thu Oct 9  23:20:41 2001
/dev/rdsk/c0t0d0s4  0 Thu Oct 9  24:00:00 2001
/dev/rdsk/c0t1d0s2  0 Fri Oct 10 12:34:56 2001
```

Listing 9.9. Beispiel einer */etc/dumpdates*

Bei inkrementellen Backups wird *ufsdump(1)* die Datei */etc/dumpdates* nach dem letzten Backup durchsuchen und entsprechend berücksichtigen. Sollte ein Backup aus irgendwelchen Gründen fehlschlagen (Mediaerrors etc.) so wird */etc/dumpdates* nicht aktualisiert! Achtung: in */etc/dumpdates* steht die lokale Uhrzeit. Sollte die Zeitzone für den Benutzer der die Dumps durchführt zwischen zwei inkrementellen Dumps verändert werden, dann werden einige Dateien auf dem der Umstellung folgenden inkrementellen Dump fehlen.

Eine Beschreibung von Backup-Plänen sowie der Vorgehensweise bei der Wiederherstellung von Filesystemen aus inkrementellen Backups befindet sich im Abschnitt 9.10.5 über inkrementelle Backups mit star. Dabei ist allerdings zu beachten, daß *ufsdump* nur Dump-Level von 0-9 unterstützt und die Dump-Level in den star Beispielen entsprechend angepaßt werden müßen.

9.10.3 *ufsrestore*

ufsrestore(1M) schreibt Daten von einem per *ufsdump(1M)* erstellten Sicherungsband auf eine Festplatte zurück. Dies kann eine volle Rücksicherung sein oder interaktiv, fileweise durchgeführt werden.

ufsrestore(1M) bietet unter anderen folgende Optionen:

ufsrestore *-f* Angabe des Tapedrives
-x nichtinteraktiv auspacken
-r Rekursives Extrahieren in das Aktuelle Directory
-R Fortführung einer *-r*-Extraktion

Als Beispiel für ein interakives Restore mit *ufsrestore(1M)* sei hier ein unbekanntes Tape genommen, das in /dev/rmt/0hn liegt und mit dem Aufruf von *ufsrestore -if /dev/rmt/0hn* zunächst erkundet und dann zurückgesichert wird:

```
# ufsrestore -if /dev/rmt/0hbn
ufsrestore > ls
.:
 var/
ufsrestore > cd var
ufsrestore > ls
./var:
 tmp/
ufsrestore > cd tmp
ufsrestore > pwd
./var/tmp
ufsrestore > ls
```

```
./var/tmp:
 ap_2_1/
ufsrestore > cd ap_2_1
ufsrestore > ls
./var/tmp/ap_2_1:
 SUNWapdoc/   SUNWapr/     SUNWapssp/   SUNWapu/
ufsrestore > cd /var
ufsrestore > add tmp
Warning: ./var: File exists
Warning: ./var/tmp: File exists
ufsrestore > extract
You have not read any volumes yet.
Unless you know which volume your file(s) are on you should start
with the last volume and work towards the first.
Specify next volume #: 1
set owner/mode for '.'? [yn] n
Directories already exist, set modes anyway? [yn] n
ufsrestore > ^D
```

Wie zu sehen, bietet *ufsrestore(1M)* einen Interpreter-Prompt an, der einige UNIX-bekannte Kommandos emuliert:

ls pwd cd

ufsrestore(1M) bietet auch eine Onlinehilfe an, die mit *"?"* ausgegeben werden kann, dargestellt in Listing 9.10.

```
ufsrestore > ?
Available commands are:
   ls [arg] - list directory
   marked [arg] - list items marked for extraction from directory
   cd arg - change directory
   pwd - print current directory
   add [arg] - add 'arg' to list of files to be extracted
   delete [arg] - delete 'arg' from list of files to be extracted
   extract - extract requested files
   setmodes - set modes of requested directories
   quit - immediately exit program
   what - list dump header information
   verbose - toggle verbose flag (useful with ''ls'')
   paginate - toggle pagination flag (affects ''ls'' and ''marked'')
   setpager - set pagination command and arguments
   help or '?' - print this list
```

Listing 9.10. Onlinehilfe von *ufsrestore(1M)*

Gerade bei der Suche nach einer Datei in inkrementellen Dumps über unter Umständen mehrere Bänder erreicht dieses Verfahren jedoch die Grenzen der Praktikabilität. Hier ist eine erhebliche Erleichterung zu erzielen, wenn die Dump-Archive nicht nur jeweils am Anfang des Dumps auf Band, sondern zusätzlich in eine Datei auf einem online verfügbaren Filesystem geschrieben werden. Dies ist bei der Erstellung des Backups mittels *ufsdump* anzugeben. Mittels dieses Archives ist *ufsrestore* dann in der Lage, die gesicherten Filesysteme zu traversieren, ohne daß hierzu ein Band eingelegt werden muß. Nicht zuletzt ist dies auch ein Aspekt der Materialbeanspruchung.

Zusammenfassend: Im interaktiven Mode kann mit *cd, pwd, ls* navigiert werden, mit *add* ein zu extrahierendes File oder Directory ausgewählt werden und letztendlich mit *extract* von Band auf Platte geschrieben werden. *add* kann mehrfach aufgerufen werden um mehrere Files oder Verzeichnisse in die Liste der zu extrahierenden Files aufzunehmen, die Liste der zu extrahierenden Files läßt sich mit *marked* anzeigen.

Soll eine nicht interaktive Rücksicherung durchgeführt werden, so ist *ufsrestore(1M)* mit der Option *-x* aufzurufen:

```
nx1# ufsrestore xf /dev/rmt/0hn
You have not read any volumes yet.
Unless you know which volume your file(s) are on you should start
with the last volume and work towards the first.
Specify next volume #: 1
set owner/mode for '.'? [yn] y
```

Damit ist das Archiv wieder zurück auf die Festplatte geschrieben.

Soll nun ein Restore über ein dump-Archiv, das über verschiedene Dumplevel gefahren, wurde zurückgesichert werden, so ist

- zuerst der level-0 Dump mit der *-r*-Option in dem Verzeichnis zurückzuspielen, in dem das Archiv letztendlich wieder eingefahren werden soll.
- danach ist der nächst höhere Level mit der *-r*-Option im gleichen Verzeichnis zurückzuspielen.
- für jeden weiteren Dump-level ist diese Rücksicherung zu wiederholen

Damit ist nach wiederholten *ufsresore(1M)*-Läufen, einen für jeden Dumplevel, die Sicherung wieder eingefahren worden.

9.10.4 *tar(1)*

Ein weiteres Verfahren der Sicherung ist die Verwendung des Kommados *tar(1)*. *tar(1)* erschien erstmalig um 1979 im UNIX Umfeld. Im Rahmen der „TAR-Wars" zwischen Anfang und Mitte der 1990er Jahre (in denen versucht wurde *cpio* gegen *tar* zu positionieren) wurde zwar letztlich ein Programm namens *„pax"* an Stelle von *tar* und *cpio* standardisiert, aber das einzige Archiv-Format das zur Zeit noch als zukunftssicher gilt und durch das POSIX Gremium mit den POSIX.1-2001 Standard als das auch weiterhin beliebig erweiterbare Archiv-Format standardisiert wurde ist letztlich das *tar*-Format. Obwohl es die SUN-*tar* Implementierung war die die Grundidee für die POSIX.1-2001 Erweiterungen des *tar* Formats hervorbrachte, ist die SUN-*tar* Implementierung selbst bislang noch nicht in der Lage die endgültig standardisierte Variante der Erweiterungen zu erzeugen oder zu lesen.

Es gibt tar Implementationen für nahezu jedes Betriebssystem. Es ist standardisiert, filesystemunabhängig, Bordmittel nahezu aller UNIX-Derivate und zu sich selbst kompatibel über Versionssprünge indem Versionssprünge nicht dazu führen, daß eine vollständige Unlesbarkeit des Archives entsteht. Statt dessen sind im Extremfalle einzelne Dateien nicht verarbeitbar. *tar(1)* arbeitet mit standard Filesystemzugriffsmethoden und ignoriert typischerweise die Existenz von Mountpunkten. Dies bedeutet insbesondere, daß ein tar create-Lauf von beispielsweise / eine Sicherung über alle gemounteten Filesysteme erstellt, schlimmstenfalls weit über die Terrabytegrenze....

Es gibt fünf Operationsmodi

tar c	Schreiben eines Archives (c: create)
tar r	Austauschen von Files im Archiv (r: replace)
tar u	Anhängen von Files an das Archiv (u: update)
tar t	Test des Archives (t: test)
tar x	Lesen eines Archives (x: extract)

In diesen Modi wird eine erweiterte Ausgabe mit der Option *v* angeboten, unter Verwendung der Option *f* ist I/O-Device benennbar. Wird anstelle eines physikalischen Devices oder eines Files ein "-" gewählt, so liest *tar* von *stdin* oder schreibt nach *stdout*.

Ein Beispiel: Es soll */var/sadm* gesichert werden, hier in ein File:

```
nx1# tar cf varsadm.tar /var/sadm
```

Will man dieses Archiv ansehen, eine Inhaltsübersicht erhalten, so kann mit

```
nx1# tar tvf varsadm.tar
drwxr-xr-x   0/3     0 Mar 30 15:28 2004 /var/sadm/
dr-xr-xr-x   0/2     0 Apr  3 22:13 2004 /var/sadm/install/
dr-xr-xr-x   0/2     0 Sep 12 19:09 2003 /var/sadm/install/admin/
-r--r--r--   0/3   193 Apr  7 01:03 2002 /var/sadm/install// ↙...
       ↪ admin/default
dr-xr-xr-x   0/2     0 Apr  3 22:13 2004 /var/sadm/install/logs/
...
```

Ein Zurückschreiben ist durch Aufruf des Kommandos

```
nx1# tar xf varsadm.tar
```

möglich. Beachte die absolute Pfadangabe bei diesem Archiv. Sie macht dieses Archiv für eine sinnvolle Verwendung praktisch unbrauchbar, denn eine Extraktion wäre nur auf dem Originalpfad möglich.

Sinnvoller ist es daher die Sicherung folgendermaßen durchzuführen:

```
# cd /
# tar cf varsadm.tar var/sadm
```

Dann sieht die Inhaltsübersicht folgendermaßen aus:

```
nx1# tar tvf varsadm.tar
drwxr-xr-x   0/3     0 Mar 30 15:28 2004 var/sadm/
dr-xr-xr-x   0/2     0 Apr  3 22:13 2004 var/sadm/install/
dr-xr-xr-x   0/2     0 Sep 12 19:09 2003 var/sadm/install/admin/
-r--r--r--   0/3   193 Apr  7 01:03 2002 var/sadm/install/ ↙...
      ↪ admin/default
dr-xr-xr-x   0/2     0 Apr  3 22:13 2004 var/sadm/install/logs/
...
```

Das *tar*-Programm unter SOLARIS erlaubt es sowohl ACLs als auch Extended Attribute zu archivieren und wiederherzustellen. Da dabei aber Formaterweiterungen verwendet werden die von anderen *tar* Implementierungen nicht verstanden werden, ist es nötig diese Erweiterungen mit Hilfe spezieller Optionen (-p im Create Modus für das Archivieren von ACLs und -@ für das Archivieren von Extended Attributen) bei Bedarf einzuschalten.

Beim Archivieren von ACLs mit Hilfe des SUN *tar(1)* Programms ist allerdings Vorsicht geboten. Das SUN *tar* Program archiviert zum Haupteigentümer einer Datei zwar wie im Standard vorgesehen Benutzername und Benutzernummer, für ACL-Einträge hingegen werden nur die Benutzernamen archiviert. Für den Fall, daß auch nur ein Benutzer- oder Gruppen-Name aus einer ACL nicht in der Passwort oder Gruppendatenbank des extrahierenden Systems gefunden werden kann, wird bei SUN-tar die Extraktion der gesamten ACL einer Datei verweigert. Wir empfehlen daher zum Archivieren von Dateien mit ACLs die Verwendung des Programms star.

9.10.5 Star basierter Backup

Spezielle Backup-Programme wie z.B. *ufsdump* archivieren alle Eigenschaften von Dateien. Dies ist ein wichtiges Unterscheidungskriterium zu anderen Archivierungsprogrammen wie den üblichen *cpio* und *tar* Implementierungen die nur die Basiseigenschaften (Metadaten) der Dateien aufzeichnen.

Das Archivieren von mehr als den Basiseigenschaften der Dateien war früher nicht möglich da weder die *cpio* Archiv-Formate noch das *tar* Archiv-Format Raum boten um die dazugehörigen Metadaten zu speichern. Mit der Definition der POSIX.1-2001 Erweiterungen[8] für das *tar* Format wurde es möglich eine beliebige Menge beliebiger Metadaten zu einer Datei zu archivieren. Im August 2001 hat das Program *star* als erste *tar*-Implementierung eine Unterstützung für die erweiterten POSIX.1-2001 tar-Header eingebaut. Schon im November 2001 wurde eine POSIX.1-2001 basierte Unterstützung

---

[8] Das TAR basierte Archiv-Format mit diesen Erweiterungen wird im POSIX-Standard *pax* Format genannt, siehe Abschnitt 9.10.4 auf Seite 757.

für das Archivieren von ACLs implementiert. In der folgenden Zeit wurde *star* um die Fähigkeit zusätzliche Metadaten zu archivieren erweitert, so daß *star* nun alle relevanten[9] Metadaten archiviert.

Star archiviert alle drei Zeitstempel nanosekundengenau, alle sonstigen Felder des *struct stat* ohne Überlaufsprobleme, beliebige File-Typen, ACLs, Directory-Listen mit Filenamen und Inode-Nummern (die auch die nicht archivierten Dateien beinhalten), Extended File Flags (wie sie bei *BSD und LINUX vorhanden sind) und ist in der Lage sowohl mit Hard-gelinkten Directories als auch mit "Sparse-Files" (Dateien mit "Löchern" die keinen Speicherplatz auf dem Medium verbrauchen) umzugehen. Extended File Attribute nach dem LINUX Modell werden gleichfalls unterstützt.

Dadurch ist *star* in der Lage, mindestens eine mit *ufsdump* vergleichbare Backupqualität zu liefern. Der Vorteil der mit *star* erzeugten Backups, gegenüber jenen die mit *ufsdump* erzeugt wurden, ist jedoch dadurch begründet, daß die *star* basierten Backup-Archive von jeder Standardkonformen tar-Implementierung extrahiert werden können. Lediglich für das automatische Löschen und Umbenennen von Dateien während des Zurückspielens inkrementellen Backups wird *star* benötigt.

Insgesamt hat ein star *basiertes Backup folgende Vorteile:*

Standard Ein Standard Archivformat, das auf dem *tar* Format basiert, erlaubt eine zukunftssichere Extraktion auf beliebigen Plattformen. Die POSIX.1-2001 Archiv-Format Erweiterungen zum *tar* Format ermöglichen es beliebige zusätzliche Meta-Daten zu archivieren ohne andere Archivierungsprogramme zu beeinträchtigen.

Erweiterte Selektionsmethoden Dadurch daß man nicht auf das beschränkte Kommandozeileninterface des *ufsrestore* Programms angewiesen ist, werden die erweiterten Möglichkeiten der Fileselektion, die bei diversen tar-Programmen implementiert sind, für das Extrahieren sowie für das Extrahieren von Einzeldateien unter anderem Namen aus einem Backup verfügbar.

Fehlerkontrolle Die *errctl=* Option von *star* erlaubt es beliebige Fehlersituationen beim Backup gezielt zu ignorieren. Das kann z.B. benutzt werden um zu bewirken, daß eine log-Datei die während des Backups größer geworden ist, nicht zu einem Ungültigwerden des gesamten Backups führt.

Filesystemsynchronisierung *Star* erlaubt es nicht nur inkrementelle Backups anzulegen sondern auch ein Filesystem nach einem anderen Filesystem, das als "Master" dient, zu synchronisieren und auf diese Weise z.B. "Hot Standby" Systeme zu implementieren.

[9] Da es zur Zeit noch keine Anwendungen für die Extended File Attribute unter Solaris gibt, ist das Fehlen einer Archivierungsmöglichkeit für diese Attribute zur Zeit offensichtlich noch nicht produktionsrelevant, so daß die Implementation dieses Features für *star* noch aussteht.

9.10.5.1 Inkrementelle Backups mit star

Star ist nicht wie *ufsdump* auf das Archivieren eines einzigen Filesystemtyps (im Falle von *ufsdump* UFS) festgelegt, sondern kann auf alle Filesysteme angewendet werden die ausreichend POSIX-konform sind. Sobald die Schnittstelle zu den NFSv4 ACLs ausreichend stabil geworden ist wird *star* auch sie unterstützen und *star* kann dann anstelle eines nicht existenten *zfsdump* Programms verwendet werden.

Star ist zur Zeit geeignet, wie *ufsdump,* mit einem Lauf Backups von einzelnen vollständigen Filesystemen zu erzeugen. Dazu muß das Backup an einem Mountpunkt starten und darf keine Files vom Backup ausnehmen bzw. Ausnahmen nur nach eng definierten Regeln machen. Damit unterscheidet sich die Arbeitsweise von *star* bei *star* basierten Backups deutlich vom der typischen tar-Nutzung, bei der Mountpunkte ignoriert werden und stattdessen logische Directory-Bäume archiviert werden.

9.10.5.2 Erzeugen eines Level 0 Backups

Um einen Level-0 Backup von dem Filesystem /export/home anzufertigen kann das in Beispiel 9.39 gezeigte Kommando verwendet werden:

```
# star -c -xdev -sparse -acl level=0 -wtardumps f=/dev/rmt/0n ↙...
      ↪ -C /export/home .
star: No such file or directory. Warning no /etc/tardumps.
Type of this level 0  dump: full
Date of this level 0  dump: Thu Jan  5 23:58:49 2006
Date of last level 0  dump: the epoch
star: 41649 blocks + 0 bytes (total of 426485760 bytes = 416490.00k).
Dump record  level 0  dump: Thu Jan  5 23:58:49 2006 written
```

Beispiel 9.39. Level-0 Backup mittels *star(1)*

Die Warnung in der ersten Zeile wird nur ausgegeben wenn die Datei */etc/tardumps* noch nicht existiert. Die letzte Zeile enthält einen Hinweis auf den Eintrag in */etc/tardumps*, der in diese Datei als Resultat des fehlerfreien Backups geschrieben wurde.

Um eine höhere Archivierungsgeschwindigkeit zu erreichen, ist es zu empfehlen die Blockgröße gegenüber dem Default von 10 kB zu erhöhen. Bei den meisten aktuellen Bandlaufwerken ist eine Blockgröße von 256 kB (mit Hilfe der Option bs=256k) optimal.

9.10.5.3 Erzeugen eines Level 10 Backups

Ein Backup mit einem höheren Level als 0 wird gewöhnlich als inkrementeller Backup bezeichnet weil darin nur die Dateien und Meta-Informationen archiviert werden, die benötigt werden um bei einem Restore aus dem dem Zustand des letzten Level 0 Backups, den aktuellen Zustand des Filesystems wieder herstellen zu können.

Nachdem ein Level 0 Backup existiert, kann wie in Beispiel 9.40 gezeigt, ein Backup mit höheren Level angelegt werden. Dazu liest *star* den Zeitstempel des letzten Backups mit niedrigerem Level (hier ein Level 0 Backup) aus der Datei */etc/tardumps* und archiviert alle Dateien die seitdem modifiziert wurden.

```
# star -c -xdev -sparse -acl level=10 -wtardumps f=/dev/rmt/0n ↙...
     ↪ -C /export/home .
Type of this level 10 dump: full
Date of this level 10 dump: Fri Jan  6 00:02:47 2006
Date of last level 0  dump: Thu Jan  5 23:58:49 2006
star: 16 blocks + 0 bytes (total of 163840 bytes = 160.00k).
Dump record  level 10 dump: Fri Jan  6 00:02:47 2006 written
```

Beispiel 9.40. Level-10 Backup mittels *star(1)*

Auch hier ist aus Effizienzgründen gegebenenfalls die Blockgröße auf den selben Wert zu erhöhen, der auch beim Level 0 Backup verwendet wurde.

9.10.5.4 Backup Pläne

Damit Backups zuverlässig zur Wiederherstellung von Filesystemen verwendet werden können, ist es zu empfehlen nach festgelegten Backup Plänen vorzugehen. Zuzätzlich ist es sinnvoll bestimmte Bänder aus den Backup Zyklen für längere Zeit aufzuheben.

Komplettbackups (Level 0) sollten regelmäßig durchgeführt werden, z.B. einmal im Monat, mindestens jedoch einmal im halben Jahr. Da ein voller Backup relativ viel Zeit und viel Band benötigt ist es sinnvoll inkrementelle Backups mit höherem Dump-Level in kürzeren Intervallen durchzuführen. Die Tabelle 9.13 zeigt eine Dump-Level Liste die verwendet werden kann wenn einmal im Monat volle Backups durchgeführt werden.

	So	Mo	Di	Mi	Do	Fr
Woche 1:	**0**	10	10	10	10	5
Woche 2:	10	10	10	10	10	5
Woche 3:	10	10	10	10	10	5
Woche 4:	10	10	10	10	10	5

Tabelle 9.13. Beispiel eines monatlichen Dump Level Planes

Nachdem ein Level 5 Backup erfolgreich durchgeführt wurde, kann theoretisch das Band auf dem sich die Level 10 Backups der Woche davor befinden für andere Zwecke wiederverwendet werden. Für den Fall, daß das Backup auch dazu verwendet werden soll um Zwischenzustände von Dateien vor versehentlichem Löschen oder anderen durch Menschen verursachten Schäden zu sichern, dann müßen diese Bänder selbstverständlich so lange aufgehoben werden wie eine Wiederherstellung eines Zwischenzustandes gewünscht wird.

In dem Level 10 Backup vom Montag der ersten Woche befinden sich alle Änderungen die seit dem Level 0 Backup vom Sonntag angefallen sind. Im Level 10 Backup vom Donnerstag der ersten Woche befinden sich auch alle Änderungen aus den vorherigen Level 10 Backups die seit Level 0 Backup vom Sonntag angefallen sind. Das gleiche trifft auf den Level 5 Backup vom Freitag zu. Die Level 10 Backups aus den folgenden Wochen enthalten nur noch die Unterschiede zum Filesystemzustand vom Level 5 Backup vom Freitag der Vorwoche, nicht aber zum initialen Level 0 Backup.

Die Level-10 Backups die nach den Level-0 bzw. Level-5 Backups durchgeführt werden, werden unabhängig von der Backup-Woche von Tag zu Tag größer, da sie auch alle Informationen der jeweils vorhergehenden inkrementellen Backups gleichen Levels mit enthalten. Wird dieses Anwachsen der Backupgröße nicht gewünscht, dann ist der in Tabelle 9.14 folgende Backup-Plan sinvoll.

	So	Mo	Di	Mi	Do	Fr
Woche 1:	**0**	20	30	40	50	5
Woche 2:	10	20	30	40	50	5
Woche 3:	10	20	30	40	50	5
Woche 4:	10	20	30	40	50	5

Tabelle 9.14. Beispiel eines Dump Level Planes mit tageweisen Inkrementen

Dann ist aber zu beachten, daß in ungünstigsten Fall 7 inkrementelle Backups eingespielt werden müßen falls ein Crash vor dem Dump am Freitag in der zweiten oder einer folgen Woche eintritt.

Auch hier können, nachdem ein Level 5 Backup erfolgreich durchgeführt wurde, theoretisch die Backups mit einem Level größer als 5 aus der Vorwoche gelöscht werden.

Um genügend Sicherheit gegen menschlich bedingte Datenverluste zu haben ist es zu empfehlen tägliche Backups vorzuhalten die mindestens eine Woche zurückreichen.

Da *star* und *ufsdump* die gleichen Grundstrategien verwenden. können die gerade beschriebenen Backuppläne auch in Verbindung mit *ufsdump* verwendet werden. Es ist lediglich zu beachten, daß *ufsdump* nur Backup-Level im Bereich zwischen 0 und 9 unterstützt und daher die Backuplevel-Werte entsprechend angepaßt werden müßen. Auch das Zurückspielen der inkrementellen Backups erfolgt bei *ufsrestore* in der gleichen Reihenfolge wie bei der Verwendung von *star* basierten inkrementellen Backups.

9.10.5.5 Das Zurückspielen von inkrementellen Backups

Das Zurückspielen eines Level 0 Backups sollte in einer leeren Directory geschehen. Das Vorhandensein der Directory *lost+found* stellt dabei kein Problem dar. *Star* ist zur Zeit nicht in der Lage ein Restore in eine Directory durchzuführen wenn dort Subdirectories mit aktiven Mountpunkten vorhanden sind.

Das Zurückspielen einer Gruppe von Archiven aus einem inkrementellen Backup beginnt immer mit dem Zurückspielen des Level 0 Backups. Danach werden, in aufsteigender Reihenfolge der Backup-Level, die jeweils neuesten inkrementellen Backups aller vorhandenen Backup-Level eingespielt.

Wir nehmen bei unserem folgenden Beispiel an, daß nach dem zuerst beschriebenen Backup-Plan gesichert wurde und ein Crash vor dem Donnerstags Dump in der 3. Woche stattgefunden hat. Zum Wiederherstellen des letzten erhaltenen Zustandes (dem Zustand vom Mittwoch der dritten Woche) wird folgende Prozedur durchgeführt:

Level 0 Das Zurückspielen startet mit dem Zurückspielen des aktuellsten Level-0 Dumps in einer leeren Directory. Danach wird, wie oben beschrieben, von jedem vorhandenen Backup-Level der aktuellste Dump (bei aufsteigender Reihenfolge der Dump-Level) zurückgespielt.

Level 5 Nach dem der Level-0 Backup zurückgespielt wurde, wird der Level-5 Dump vom Freitag der zweiten Woche eingespielt.

Level 10 Nachdem der Level-5 Backup erfolgreich eingespielt wurde, folgt zum Abschluß das Zurückspielen des Level-10 Backups vom Mittwoch der dritten Woche.

Wenn bei der Verwendung unseres zweiten Backup-Plans ein Crash vor dem Backup am Freitag der zweiten Woche auftritt, dann ist ein Restore in der folgenden Reihenfolge nötig:

Zuerst der Level 0 Backup vom Sonntag der ersten Woche, dann der Level 5 Backup vom Freitag der ersten Woche. Danach die Backups mit Level 10, 20, 30, 40 und 50 von Sonntag bis Donnerstag der zweiten Woche.

9.10.5.6 Zurückspielen eines Level 0 Backups

Das Einspielen eine Level 0 Backups geschieht mit dem folgenden Kommando:

```
# cd /dir-to-extract
# star -xpU -restore f=/dev/rmt/0n
Validating this dump against restored filesystem...
Dump level 0 on empty filesystem, starting restore.
Removing all in 'star-tmpdir'.
star: 41649 blocks + 0 bytes (total of 426485760 bytes = 416490.00k).
```

Während Laufzeit des Restores hat *star* eine Datei mit dem Namen *star-lock* in der aktuellen Directory angelegt und am Ende wieder gelöscht. Damit wird verhindert daß mehrere Restore Vorgänge gleichzeitig durchgeführt werden können. Dies wird zwar nicht unbedingt bei gewöhnlichen Restore-Vorgängen benötigt, aber wenn *star* wie später beschrieben zum Synchronisieren von Filesystemen verwendet wird, dann geschieht dies typischerweise aus *cron jobs* heraus und man muß damit rechnen daß ein zweiter Lauf gestartet wird bevor der Alte beendet wurde.

Nach dem der Level 0 Dump in eine leere Directory zurückgespielt wurde befinden sich in der aktuellen Directory, zusätzlich zu den Dateien aus dem Dump, folgende Dateien die *star* angelegt hat.

```
drwx------   2 root     other        512 Jan  6 01:34 star-tmpdir
-rw-------   1 root     other     557379 Jan  6 01:36 star-symtable
```

Die Datei *star-symtable* enthält eine Datenbank mit sämtlichen Filenamen sowie den alten und den neuen inode Nummern. Diese Informationen werden von *star* benötigt um, beim Einspielen der folgenden Dumps, gelöschte und umbenannte Files erkennen zu können. Die Directory *star-tmpdir* wird von *star* verwendet um, während eines Restore-Vorgangs eines Backups mit Level 1 oder höher, umbenannte Dateien "zwischenzuparken" bevor bekannt ist wie der neue Filename lautet.

9.10.5.7 Zurückspielen eines höheren Backups

Bevor *star* mit dem Einspielen eines Level 1 (oder höher) Backups beginnt, wird geprüft ob das betreffende Backup auch zu den bereits eingespielten Backups paßt und ob die Reihenfolge des Einspielens der Backups korrekt ist.

```
# cd /dir-to-extract
# star -xpU -restore f=/dev/rmt/0n
Validating this dump against restored filesystem...
Dump is valid, starting restore.
Removing all in 'star-tmpdir'.
star: 835 blocks + 0 bytes (total of 8550400 bytes = 8350.00k).
```

Die Meldung "Dump is valid, starting restore." bestätigt, daß der gewählte Backup zu den bereits eingespielten Backup-Archiven paßt.

Nach dem Extrahieren dieses Backups sind alle Files die, auf dem Filesystem von dem das Backup stammt, nicht umbenannt sondern gelöscht wurden in *star-tmpdir* verblieben. Weil das Restore erfolgreich war, sind diese Dateien danach automatisch von *star* als im Original gelöschte Dateien identifiziert worden und daher gleichfalls gelöscht worden.

9.10.5.8 Synchronisieren von Filesystemen mit star

Star kann auch verwendet werden um ein Filesystem nach einem Muster zu synchronisieren. Damit dies möglich wird, muß zunächst der aktuelle Zustand des Muster-Filesystems mit Hilfe eines Level-0 Backups und Restores kopiert werden.

Zum Erzeugen der initialen Kopie wird folgendes Kommando verwendet:

```
star -c -xdev -sparse -acl -link-dirs level=0 -wtardumps \
-C /filestem-mount-point . |\
star -xpU -restore -C /extract-target-dir
```

Um im Folgenden die wiederholte Synchronisation des Zielfilesystems nach dem Muster-Filesystem durchzuführen, wird eine modifizierte inkrementelle Backup-Restore Prozedur verwendet bei der das im *create mode* arbeitende *star* mit der Option *-cumulative* aufgerufen wird. Dies geschieht mit folgendem Kommando:

```
star -c -xdev -sparse -acl -link-dirs level=1 -wtardumps \
-cumulative -C /filestem-mount-point . | \
star -xpU -restore -C /extract-target-dir
```

Diese Prozedur kann beliebig häufig wiederholt werden und sorgt dafür, daß jeweils die Deltas zur letzten Synchronisierung auf dem Zielfilesystem nachgeführt werden.

9.10.5.9 Star Backups mit Hilfe von Snapshots

Backups von Filesystemen die in schreibender Benutzung sind sollten vermieden werden. Da bei SOLARIS *Filesystem-Snapshots* unterstützt werden, sollten alle Backups mit *star* nicht direkt von den zu sichernden Filesystemen durchgeführt werden sondern von *read-only* Mounts eines zum betreffenden Filesystems gehörenden Filesystem-Snapshots. Dabei muß beachtet werden, daß alle Dateien die in dem Zeitraum erzeugt oder modifiziert wurden, der zwischen dem Anlegen des Snapshots und der Durchführung des eigentlichen Backups liegt, bei einem folgenden inkrementellen Backup fehlen können. Um dies zu verhindern, kann die Option *dumpdate=name* von *star* verwendet werden.

Ein Filesystem-Snapshot kann aber nur sicherstellen, daß sich das Filesystem selbst in einem konsistenten Zustand befindet. Wenn das System, auf dem der Backup durchgeführt werden soll nicht als Fileserver agiert, dann macht es Sinn auf dem System sämtliche Systemservice-Programme herunterzufahren bevor der Filesystemsnapshot angelegt wird. Damit wird sichergestellt, daß sich auch der Inhalt aller Dateien in einem konsistenten Zustand befindet. Nachdem der Filesystemsnapshot angelegt wurde können die Servive-Programme wieder gestartet werden. Die Unterbrechung der Service-Programme ist also nur für eine kurze Zeit nötig. Systemservice-Programme die auf lokale Filesysteme eines Fileservers zugreifen sollten gleichfalls während des Aufsetzens des Filesystemsnapshots heruntergefahren werden.

Wenn das System auf dem der Backup durchgeführt werden soll als Fileserver agiert, dann kann es trotz des Filesystemsnapshots passieren daß einzelne Dateien auf dem Backup sich in einem inkonsistenten Zustand befinden, falls nicht vor Anlegen des Filesystemsnapshots mögliche Systemservice- oder Anwender-Programme auch auf den Clienten des Fileservers heruntergefahren wurden.

Um mit den Randbedingungen von Filesystemsnapshots umgehen zu können, verfügt *star* über spezielle Optionen. Das folgende Beispiel zeigt wie man einen Backup mit Hilfe eines Filesystemsnapshots durchführt:

```
# echo > /tmp/snapstamp
# mount -r ‘fssnap -F ufs -o \
backing-store=/var/tmp/home.snap /export/home‘ /mnt
# star -c -xdev -sparse -acl level=0 -wtardumps  \
dumpdate=/tmp/snapstamp fs-name=/export/home \
f=/dev/rmt/0n -C /export/home .
star: No such file or directory. Warning no /etc/tardumps.
Type of this level 0  dump: full
Date of this level 0  dump: Thu Jan  5 23:58:49 2006
Date of last level 0  dump: the epoch
star: 41649 blocks + 0 bytes (total of 426485760 bytes = 416490.00k).
Dump record  level 0  dump: Thu Jan  5 23:58:49 2006 written
# umount /mnt
# fssnap -F  ufs -d /export/home
# rm /var/tmp/home.snap
```

Die Datei */tmp/snapstamp* wird erzeugt um einen Zeitstempel aus der Zeit kurz vor dem Erzeugen des Filesystemsnapshots zu haben. Nach dem Anlegen eines Filesystemsnapshots vom Filesystem /export/home, wird dieser Snapshot auf den Mountpunkt /mnt gemountet. Das folgende *star* Kommando erzeugt einen Level 0 Backup von dem Filesystem und übernimmt dabei, infolge der Verwendung der Option *dumpdate=/tmp/snapstamp,* den Zeitstempel aus der Zeit kurz vor der Erzeugung des Filesystemsnapshots. Dieser Zeitstempel wird für den Eintrag in */etc/tardumps* und den Archiv-Header verwendet.

Durch die Verwendung der Option *fs-name=/export/home* verwendet *star* für den Eintrag in */etc/tardumps* und den Archiv-Header nicht den wirklichen Mountpunkt */mnt* des archivierten Snapshots, sondern */export/home* so daß eine korrekte Zuordnung des Backups zum Filesystem möglich ist.

9.10.5.10 Die Funktionsweise inkrementeller Backups mit star

Das Grundprinzip das *star* bei den inkrementellen Backups verwendet lehnt sich an das langjährig erprobte Grundprinzip von *ufsdump* an. Der Zeitpunkt des letzten Backups wird in einer Datei */etc/tardumps* archiviert und beim nächsten inkrementellen Backup werden alle Dateien archiviert deren Zeitstempel *st_mtime* oder *st_ctime* einen neueren Wert aufweist als der Zeitstempel des letzten Backups vom Referenzlevel. Da *star* alle Meta-Daten der Dateien archiviert, kann *star* wie *ufsrestore* mit Hilfe einer Datenbank während des Restore-Prozesses umbenannte und gelöschte Dateien identifizieren.

Die Datei */etc/tardumps* hat folgendes Format:

```
/ 0 1095023831.853982 Sun Sep 12 23:17:11 2004
/export/home 0 1095026944.289965 Mon Sep 13 00:09:04 2004
/mnt 0P 1096924192.165304 Mon Oct  4 23:09:52 2004
/mnt 1P 1096935113.887915 Tue Oct  5 02:11:53 2004
```

In der ersten Spalte befindet sich der Mount-Punkt des Filesystems welches gesichert wurde. In der zweiten Spalte befindet sich der Backup-Level der Sicherung, wenn es sich dabei um einen partiellen Backup handelt (d.h. der Level-0 Backup enthält nicht sämtliche Dateien eines Filesystems), dann wird dem Level ein *P* angehängt. In der dritten Spalte befindet sich der Zeitstempel des Backups in Sekunden seit dem 1.1.1970 GMT (auf Mikrosekunden genau). Die letzte Spalte enthält wie die Datei /etc/dumpdates die Zeit noch einmal als ASCII String in lokaler Zeit. Im Gegensatz zu /etc/dumpdates ist diese Zeit jedoch nur als Kommentar zur besseren Lesbarkeit zu verstehen. Eine Abhängigkeit von der eingestellten Zeitzone wie bei *ufsdump* existiert nicht.

9.10.5.11 Verfügbarkeit von Star

Das Programm *star* ist zur Zeit noch nicht Bestandteil einer SUN SOLARIS Installation aber es wird in zukünftigen SUN SOLARIS Versionen verfügbar sein. *Star* ist Bestandteil der OpenSolaris Distribution *SchilliX* und kann auf SUN SOLARIS von *Blastwave.org* installiert werden.

9.10.6 Das Archiv-Format von *cpio(1)*

Jörg E Schilling

Bei der Benutzung von cpio zum Backup muß zunächst zwischen dem Programm *cpio(1)* und dem „Archiv-Format“ *cpio* unterschieden werden.

Es gibt allerdings nicht nur ein *cpio* Archivformat sondern drei zueinander inkompatible Formate.

9.10.6.1 Das UNIX-V7 cpio Format

Von diesem Format ist komplett abzuraten, denn

- Die maximale Pfadnamenlänge beträgt 255 Zeichen
- Das Format is binär und leidet daher an Byteorderinkompatibilitäten
- Die maximale Filegröße beträgt 2 GB
- Für die Inodes und Device-IDs sind nur 16 Bit verfügbar.

9.10.6.2 Das Posix.1-1988 Format

Dieses Format ist zwar standardisiert, es hat jedoch dennoch einige Probleme:

- SVr4 basierte Implementierungen begrenzen die Pfadnamenlänge künstlich auf 255 Zeichen.
- Die maximale Filegröße beträgt 8 GB
- Für die Inodes und Device-IDs sind nur 18 Bit verfügbar.

9.10.6.3 Das SVr4 crc Format

Dieses Format ist nicht standardisiert und hat lediglich andere Probleme als das POSIX.1-1988 Format:

- Die maximale Filegröße beträgt 4 GB
- Für die Inodes und Device-IDs sind nur 32 Bit verfügbar.

Alle *cpio* Formate haben ein prinzipielles Problem: Hardlinks werden durch die Übereinstimmung der Werte von *st_ino* und *st_dev* im Archiv identifiziert. Da nahezu alle cpio Implementierungen lediglich die unteren Bits der Inode-Nummern übertragen, werden häufig Hard-Links fehlerhaft zugeordnet.

Da modernere Filesysteme wie z.B. ZFS erweiterte Wertebereiche für diverse Variablen im struct stat einführen sind die statischen *cpio* Formate stark gefährdet in naher Zukunft komplett unbrauchbar zu werden.

Das Programm *cpio(1)* ist unter SOLARIS nicht nur in der Lage die *cpio*-Formate zu schreiben und zu lesen, sondern es unterstützt auch das *tar* Format. Eine praktische Bedeutung hat diese Eigenschaft eher nicht, es sei denn man möchte *tar*-Archive mit dem Kommandozeileninterface des *cpio(1)* Programms bearbeiten.

Da das *cpio* Format unter SOLARIS aber eine undokumentierte Eigenschaft bei der Extraktion hat, ist auch das *cpio(1)* Programm für Backups problematisch. Das Programm *cpio(1)* benennt alte Dateien vor der Extraktion um und bricht dabei Hard-Links auf falls nicht sämtliche Hard-Links einer Datei im Archiv vorhanden sind und auch extrahiert werden. Durch diese undokumentierte Eigenschaft ist SUN allerdings in der Lage Life einen Systemupgrade durchzuführen ohne daß das Erneuern der *libc(3LIB)* oder des *cpio(1)* Binaries selbst während der Extraktion zu einem Absturz des *cpio(1)* Programms oder gar des gesamten Systems führt.

9.10.7 *fssnap(1M)*

Rolf M Dietze, Jörg E Schilling

Ein Sichern eines Filesystems in einem Multiuser-Runlevel hat immer zur Folge, daß alle offenen Files, also die Files, die während der Sicherung modifiziert werden, unter Umständen nicht in ihrer letzten Version im Backup sind. Je nach verwendetem Backupprogramm können dadurch jedoch weitere Inkonsistenzen auf dem Backup entstehen. Es muß minimal damit gerechnet werden, daß eine Datei beschrieben wird während diese Datei vom Backupprogramm zu Backupmedium transferiert wird. In diesem Fall ist der Inhalt dieser Datei inkonsistent. Zusätliche Probleme können dadurch entstehen, daß Dateien gelöscht werden oder neue Dateien angelegt werden. Backupprogramme die den kompletten Dateibaum am Beginn des Backuplaufes ermitteln werden hier stärker betroffen als Programme die den Backup Directoryweise organisieren.

Mit dem Kommando *fssnap(1M)* läßt sich ein so genannter Snapshot eines Filesystems erzeugen. Mit einem Snapshot läßt sich ein invariantes virtuelles Filesystem herstellen, das dem Zustand des original Filesystems zum Erzugungszeitpunkt entspricht. *fssnap*-Snapshots, so wie sie unter SOLARIS für UFS-Filesysteme implementiert sind, sind nicht bootresistent. Sie werden dadurch implementiert, daß ein File angelegt wird in dem die alten Versionen von Blöcken gehalten werden die sich auf dem Original in der Zwischenzeit verändert haben. Der Snapshot wird in einem File auf einem so genannten backing-store Filesystem gehalten.

9.10.7.1 Erzeugung eines Filesystem Snaps

Bevor ein neuer ein neuer Snapshot angelegt wird sollte geprüft werden ob das backing-store Filesystem in der Lage ist „sparse" Files (also Files mit Löchern die keinen Speicherplatz benötigen) zu verarbeiten und ob das backing-store Filesystem über genügend freien Speicher verfügt um die erwarteten Änderungen am Original-Filesystem während des Backupvorgangs aufnehmen zu können. Auch sollte das backing-store Filesystem in der Lage sein einzelne Dateien von der Größe des Hintergrundspeichers des zu sichernden Filesystems zu tragen.

Nach dieser Prüfung ist der Snapshot zu erzeugen. Das Kommando *fssnap(1M)* erwartet die Angabe des zu sichernden Filesystemtyps mit der Option *-F*, den Pfad zum backing-store und das zu sichernde Filesystem. Soll beispielsweise das Filesystem */usr* in einem Snapshot gesichert werden, dessen Snapshotfile unter */var/tmp/usr.snap* liegt, so ist folgendes Kommando auszuführen:

```
nx1# fssnap -F ufs -o backing-store=/var/tmp/usr.snap /usr
/dev/fssnap/1
```

Eine Limitierung der Größe des Snapshotfiles ist soweit möglich mit der Angabe maxsize=⟨size⟩ limitierbar. Zur Kontrolle kann, wie in Beispiel 9.41 gezeigt, der Status überprüft werden.

9.10.7.2 Sicherung eines Filesystem Snaps

Gesichert wird nicht das backing-store File, sondern das Snapshotdevice, wie das in Beispiel 9.42 für das Programm *ufsdump(1M)*, und in Beispiel 9.44 für das Programm *star(1)* gezeigt wird.

```
nx1# fssnap -i
Snapshot number              : 0
Block Device                 : /dev/fssnap/0
Raw Device                   : /dev/rfssnap/0
Mount point                  : /usr
Device state                 : idle
Backing store path           : /var/tmp/user.snap
Backing store size           : 0 KB
Maximum backing store size   : Unlimited
Snapshot create time         : Thu Jul 17 01:57:14 2002
Copy-on-write granularity    : 32 KB
nx1# # /usr/lib/fs/ufs/fssnap -i /usr
Snapshot number              : 0
Block Device                 : /dev/fssnap/0
Raw Device                   : /dev/rfssnap/0
Mount point                  : /usr
Device state                 : idle
Backing store path           : /var/tmp/usr.snap
Backing store size           : 0 KB
Maximum backing store size   : Unlimited
Snapshot create time         : Thu Jul 17 01:57:14 2002
Copy-on-write granularity    : 32 KB
```

Beispiel 9.41. Überprüfen des Status eines Snapshots

```
nx1# ufsdump 0ucf /dev/rmt/0 /dev/rfssnap/1
```

Beispiel 9.42. Sicherung eines Filesystem Snaps mit ufsdump(1)

Etwas anders funktioniert die Sicherung mittels *tar(1)*. Hier muß, wie in den Beispielen 9.43 und 9.44 gezeigt, das Snapshotfilesystem zuvor gemountet werden:

```
nx1# mount -F ufs  -o ro /dev/fssnap1 /mnt
nx1# cd /mnt
nx1# tar cvf /dev/rmt/0hbn .
```

Beispiel 9.43. Sicherung eines Filesystem Snaps mit tar(1)

Das Programm *star(1)* ist hierbei, analog zu *ufsdump(1M)*, in der Lage inkrementelle Backups zu erzeugen, deren Zeitpunkt und *dumplevel* in einer *dumpdates(4)* Datei, per Default */etc/tardumps*, festgehalten wird. Zu *star(1)* siehe auch Abschnitt 9.10.5 ab Seite 759.

Dabei ist in Beispiel 9.44 `/tmp/S.$$` eine Datei die vor dem Anlegen des Snapshots erzeugt wurde um einen Zeitstempel passend zur Erzeugung des Snapshots zu generieren.

```
mount -r /dev/rfssnap/1 /mnt
star -c -xdev -sparse -acl level=0 fs-name=/usr  ↙...
    ↪ dumpdate=/tmp/S.$$ -wtardumps  f=/dev/rmt/0 -C /mnt .
umount /mnt
```

Beispiel 9.44. Sicherung eines Filesystem Snaps mit star(1)

Bei der Verwendung von Snapshots in Verbindung mit inkrementellen Backups ist auf jeden Fall zu beachten, daß für den Fall daß für das Referenzdatum eines Backups der Zeitpunkt gewählt wird der dem Start des Backup-Programms entspricht, die Gefahr besteht das einzelne Dateien nicht berücksichtigt werden. Dieses Problem existiert auf jeden Fall für ungepatchte SOLARIS 8 Versionen. Bei SOLARIS 10 und bei aktualisiertem *ufsdump(1M)* Programm tritt dieses Problem nicht mehr auf. Das liegt daran, daß neuere *ufsdump(1M)* Versionen den Start-Zeitstempel des Snapshots an Stelle des Startzeitpunktes im Dump-Archiv vermerken.

9.10.7.3 Löschung eines Filesystem Snaps

Ein Snapshot wird gelöscht, indem das Filesystem selbst durch *fssnap(1M)* gelöscht wird und bei Bedarf das backing-store File zu löschen ist:

```
nx1# fssnap -i
      0   /    1    /usr
nx1# fssnap -d /usr
 Deleted snapshot 1.
nx1# rm /var/tmp/usr.snap
```

9.10.8 Erstellung von CD-ROMs

Rolf M Dietze und Jörg E Schilling

Sicherungskopien auf Bandmedien haben immer den Nachteil, daß diese Medien langsam und sequentiell positionieren. Eine Datei am Anfang eines Bandarchives zu finden geht typischerweise relativ schnell. Eine Datei am Ende eines Bandarchives zu finden, bedeutet im günstigsten Fall, daß man zu der betreffenden Stelle auf dem Band vorspulen muß. Im ungünstigsten Fall muß das Band bis zum Ende gelesen werden. Soll danach wieder ein File vom Bandanfang gelesen werden, ist das Band wieder an den Anfang zu positionieren. Dies alles kann viel Zeit kosten.

Der Vorteil von Bändern gegenüber den meisten anderen Wechselmedien-Typen besteht jedoch in ihrer verhältnismäßig großen Kapazität pro Einzelmedium. Wenn man die Zugrifszeiten von Bändern mit anderen Sicherungsmedien vergleichen will, dann muß man daher auch die Datenkapazitäten der Medien und die Lese- und Schreib-geschwindigkeiten beim Vergleich berücksichtigen. Unter diesen Randbedingungen erscheinen CDs für die meinsten Anwendungsfälle als ungeeignete Sicherungsmedien, denn mit ihnen lassen sich bei Kapazitäten von ca 700 MB nur Datenraten bis maximal 7 MB/s erreichen. DVD-R Medien stehen schon besser da, denn bei Kapazitäten von ca. 4,3 GB bei liefern sie Datenraten zwischen 10 und 22 MB/s.

Will man die Nutzbarkeit von Backup-Medien bewerten, dann sollte man jedoch alle Randbedingungen berücksichtigen die für das Gesamtsystem relevant sind.

Ein wichtiger Punkt bei der Bewertung eines Backupmediums ist der Preis pro Gigabyte und Schreibvorgang. Bei einem Preis von 1,5 Euro für ein DVD-RW Medium kommt man auf einen Preis von ca. 35 Cent pro GB. Bei einem Preis von 25 Euro für ein DLT-40/80 Medium kommt man auf einen Preis von ca. 63 Cent pro GB. Da beide Medientypen ca. 100 Schreibzyklen überstehen, ergibt sich für das Medium DVD-RW etwa der halbe Preis für das Backup. Dem gegenüber steht die mindestens um den Faktor 10 höhere Kapazität eines Band-Einzelmediums.

Die Verwendung von CD-ROMs als Sicherungsmedium ist wegen des hohen Preises pro GB und wegen der geringen Kapazität nur sinnvoll wenn man geringe Datenmengen archivieren möchte.

DVD-RW Medien scheinen jedoch eine interessante Möglichkeit zur Anfertigung von Sicherungskopien zu sein. Bei Bedarf können sie sogar bootfähig gemacht werden. Eine DVD-RW hat den Vorteil eines schnelleren wahlfreien Zugriffs im Vergleich zu Bandmedien.

Die Erstellung einer CD oder DVD unterteilt sich im Prinzip in zwei Teile:

1. Erzeugung eines Images des zu erstellenden CD/DVD Filesystems
2. Brennen des Filesystemimages auf fas CD/DVD Medium

Das Programme *mkisofs(1M)* ist seit SOLARIS 8 Bestandteil von SOLARIS und kann unter /usr/bin gefunden werden. *cdrecord(1)* ist seit der selben Zeit Bestandteil der Companion CD. Wenn man eine ältere Version als SOLARIS 10 verwendet, dann ist es allerdings anzuraten entweder die Programme selbst zu kompilieren oder aktuelle Versionen von Blastwave zu laden, denn SOLARIS 8 und 9 werden mit stark veralteten Versionen von *mkisofs* ausgeliefert. Auch unterstützen die dort vorhandenen *cdrecord* Versionen noch nicht eine Verwendung gemeinsam mit dem Programm *vold* (dem Steuerungsdämon für Wechselmedien) und würden eine Deaktivierung des *vold* während des Brennvorgangs verlangen. Siehe hierzu auch der Abschnitt 7.4 ab Seite 505. Ab SOLARIS 10 Update 2 ist jedoch ein aktuelles *cdrecord(1)* im Verzeichnis /usr/bin zu finden.

9.10.8.1 Erstellung eines Filesystemimages

Im Prinzip ist es dem CD/DVD-Laufwerk egal was es auf CD/DVD brennen soll. *cdrecord(1)* restringiert das zu brennende Filesystemabbild nicht auf bestimmte Formate. So kann sowohl ein HSFS als auch ein UFS oder pcfs Filesystemimage auf eine CD/DVD gebrannt werden. Es ist jedoch sinnvoll, insbesondere im Hinblick auf Kompatibilität mit anderen nicht ufs-fähigen Systemen, sich auf das für CD-ROMs verbreitete so genannte ISO-9660 Filesystem zu einigen. Ein ISO-9660 Filesystemabbild lässt sich z.B. durch *mkisofs(1M)* erzeugen. Die Optionsliste für *mkisofs(1M)* ist lang, daher sei hier nur exemplarisch die gebräuchlichste Verwendung anhand von Beispiel 9.45 gezeigt, und zur weiteren Dokumentation auf die Manualpage verwiesen.

```
nx1# mkisofs -r -V "Doc_Files" -o doc.cd docs
  1.40% done, estimate finish Sun Apr  4 21:46:33 2003
  2.80% done, estimate finish Sun Apr  4 21:47:08 2003
  4.20% done, estimate finish Sun Apr  4 21:47:20 2003
  5.61% done, estimate finish Sun Apr  4 21:47:08 2003
  7.01% done, estimate finish Sun Apr  4 21:47:15 2003
  8.41% done, estimate finish Sun Apr  4 21:47:08 2003
 .......
 93.84% done, estimate finish Sun Apr  4 21:47:13 2003
 95.24% done, estimate finish Sun Apr  4 21:47:12 2003
 96.64% done, estimate finish Sun Apr  4 21:47:13 2003
 98.04% done, estimate finish Sun Apr  4 21:47:12 2003
 99.44% done, estimate finish Sun Apr  4 21:47:13 2003
Total translation table size: 0
Total rockridge attributes bytes: 60525
Total directory bytes: 110592
Path table size(bytes): 362
Max brk space used 6a000
357008 extents written (697 Mb)
nx1# ls -l *cd
-rw-r--r--   1 root     other     731152384 Apr  4 21:47 doc.cd
```

Beispiel 9.45. Erzeugung eines ISO-9660 Filesystemes mit *mkisofs*

Das Filesystemimage ist fertig und kann beispielsweise mit Hilfe des *lofi*-Treibers als Image gemountet werden, siehe hierzu Abschnitt 5.17, oder auf CD oder DVD gebrannt werden.

9.10.8.2 Brennen eines Filesystemimages auf CD/DVD

Das so erzeugte ISO-Image lässt sich dann mit *cdrecord(1)* auf eine CD/DVD brennen. Dazu ist zu überprüfen, welches Device ein erreichbarer CD/DVD-Brenner ist. Wenn cdrecord nicht suid-root installiert ist oder (wie bei SOLARIS 10 Update 2) mit Hilfe von feingranularen Rechten arbeitet, dann ist der Brennvorgang durch den root-User durchzuführen. Wenn *cdrecord* mit feingranluaren Rechten arbeitet, dann muß der Nutzer als Berechtigter im *rbac*-System eingetragen sein und *cdrecord* muß mit Hilfe von *pfexec* oder durch einen pf-shell aufgerufen werden. Siehe hierzu den Abschnitt 9.2 ab Seite 690. Ein anderes Verfahren ist die Einrichtung einer sudo-Umgebung, was jedoch kein SOLARIS Bordmittel ist und in empfindlichen Einsatzbereichen in den seltensten Fällen im Betriebskonzept vorgesehen sein dürfte.

Zuerst die Frage nach dem Laufwerk:

```
nx14# cdrecord -scanbus
Cdrecord-Clone 2.01 (sparc-sun-solaris2.8) Copyright (C) ↙...
     ↪ 1995-2003 Jörg Schilling
Warning: Using USCSI interface.
Using libscg version 'schily-0.8'
scsibus0:
        0,0,0     0) *
        0,1,0     1) *
        0,2,0     2) 'SAMSUNG ' 'CDRW/DVD SM-352B' 'T805' ↙...
     ↪ Removable CD-ROM
        0,3,0     3) *
        0,4,0     4) *
        0,5,0     5) *
        0,6,0     6) *
        0,7,0     7) *
```

Beispiel 9.46. Suche des Wechselmedienlaufwerkes am SCSI-Bus

Der Ausgabe von *cdrecord -scanbus* aus Beispiel 9.46 zufolge hat das CD/DVD-Laufwerk die Adresse 0,2,0: Bus 0, Target 0, LUN 0.

cdrecord(1) erzeugt, sofern nichts anderes angegeben ist, sehr ausführliche Ausgaben zu seinem Vorgehen. In Beispiel 9.47 ist der Kommandoaufruf zum Start des Brennvorganges, mit dem defaultmässig erzeugten Output gezeigt.

```
nx1# cdrevord -v dev=0,2,0 doc.cd
Cdrecord-Clone 2.01 (sparc-sun-solaris2.8) Copyright (C) ↙...
     ↪ 1995-2003 Jörg Schilling
TOC Type: 1 = CD-ROM
scsidev: '0,2,0'
scsibus: 0 target: 2 lun: 0
Warning: Using USCSI interface.
Using libscg version 'schily-0.8'
SCSI buffer size: 64512
atapi: 1
```

Beispiel 9.47. Program and Bus-specific Information

Die Statuszeile (Track01: 196...) wird angezeigt, wenn die Option *-v* gesetzt ist und gibt an,

```
Device type    : Removable CD-ROM
Version        : 0
Response Format: 1
Vendor_info    : 'SAMSUNG '
Identifikation : 'CDRW/DVD SM-352B'
Revision       : 'T805'
Device seems to be: Generic mmc2 DVD-ROM.
Current: 0x0009
Profile: 0x000A
Profile: 0x0009 (current)
Profile: 0x0008
Profile: 0x0002
Profile: 0x0010
Using generic SCSI-3/mmc   CD-R/CD-RW driver (mmc_cdr).
Driver flags   : MMC-3 SWABAUDIO BURNFREE
Supported modes: TAO PACKET SAO SAO/R96P SAO/R96R ↙...
     ↪ RAW/R16 RAW/R96P RAW/R96R
Drive buf size : 1959936 = 1914 KB
FIFO size      : 4194304 = 4096 KB
Track 01: data   697 MB
Total size:      800 MB (79:20.13) = 357010 sectors
Lout start:      801 MB (79:22/10) = 357010 sectors
Current Secsize: 2048
```

Beispiel 9.47. Drive-specific Information

```
ATIP info from disk:
  Indicated writing power: 5
  Is not unrestricted
  Is not erasable
  Disk sub type: Medium Type B, low Beta category (B-) (4)
  ATIP start of lead in:  -12369 (97:17/06)
  ATIP start of lead out: 359849 (79:59/74)
Disk type:    Short strategy type (Phthalocyanine or similar)
Manuf. index: 69
Manufacturer: Moser Baer India Limited
Manufacturer is guessed because of the orange forum embargo.
The orange forum likes to get money for recent information.
The information for this media may not be correct.
```

Beispiel 9.47. Medium specific Information

- wieviele Megabyte bereits geschrieben wurden,
- wieviel insgesamt für diese Track zu schreiben ist,
- Füllstand des FIFO,
- Füllstand des Buffers,
- sowie die aktuelle Schreibrate (hier 24.8-Fach).

```
Blocks total: 359849 Blocks current: 359849 Blocks remaining: 2839
Starting to write CD/DVD at speed 24 in real TAO mode ↙...
      ↪ for single session.
Last chance to quit, starting real write    0 seconds. ↙...
      ↪ Operation starts.
Waiting for reader process to fill input buffer ... ↙...
      ↪ input buffer ready.
BURN-Free is OFF.
Performing OPC...
Starting new track at sector: 0
Track 01:  196 of  697 MB written (fifo  98%) [buf  99%]  24.8x.
.....
Track 01: Total bytes read/written: ↙...
      ↪ 731152384/731152384 (357008 sectors).
Writing  time:  211.816s
Average write speed  23.6x.
Min drive buffer fill was 99%
Fixating...
Fixating time:   18.129s
cdrecord: fifo had 11517 puts and 11517 gets.
cdrecord: fifo was 0 times empty and 6517 times full, ↙...
      ↪ min fill was 85%.
```

Beispiel 9.47. Der eigentliche Brennvorgang

Mit Hilfe eines Eintrages in der Datei */etc/default/cdrecord* kann es vermieden werden, daß die Angabe des `dev=` Parameters für *cdrecord* nötig wird. Dazu wird ein Eintrag

```
CDR_DEVICE=samsung
```

erstellt, der aus der Liste der Gerätebeschreibungen das Gerät *samsung* als Defaultgerät konfiguriert.

Sowie ein Eintrag

```
samsung= 0,2,0 -1 16m burnfree
```

hinzugefügt, der eine Gerätebeschreibungen für das Gerät *samsung* spezifiziert, das per Default mit der maximalen Geschwindigkeit brenne, dazu 16 MB FITO im Programm cdrecord verwendet und per Default die Eigenschaft *burnfree* aktiviert.

9.11 Prozessorsets

Rolf M Dietze

Mit der Einführung von Multiprozessorsystemen wurden Prozessorsets, also Prozessorgruppen, eingeführt.

> Ein Prozessorset ist ein Konstrukt, das mehrere Prozessoren zu einer Gruppe zusammenschließt, die es ermöglicht Prozesse an bestimmte Prozessoren, genauer gesagt Prozessorset zu binden. In Prozessorsets werden nur dem Set zugeteilte Prozesse ausgeführt.

Man kann Prozesse an Prozessorsets binden derart, daß alle nicht gebundenen Prozesse die CPUs in dem entsprechenden Set nicht benutzen. CPUs können deaktiviert werden und aktiviert werden (Diagnostictool, DR, etc.). Ein neu erzeugtes Prozessorset besteht aus den angegebenen CPUs oder aus der ersten freien CPU, wenn keine Prozessoren definiert wurden. Die CPUs des neu erzeugten Sets werden im System nicht weiter zugeteilt und stehen damit mit ihrer vollen Rechenleistung neuen Prozessen offen.

Voraussetzungen

Die Erzeugung von Prozessorsets hat zwei Vorbedingungen:

1. Ein Prozessorset muß mindesten eine CPU enthalten
2. Eine CPU muß ungebunden bleiben (für das OS)

Leere Prozessorsets können entstehen, wenn bei der Erzeugung ein Fehlerfall auftritt.

9.11.1 Kommandos zu Prozessorsets

psrinfo(1M)	Anzeige von Prozessorinformationen (Last etc.)
psradm(1M)	Ein- und ausschalten von CPUs
psrset(1M)	Erzeugen, löschen, PID-Bindung an Prozessorsets

9.11.2 *psrinfo(1M)*

Das Kommando *psrinfo(1M)* listet die Status aller CPUs aus. Mit der Silentoption *-s* wird lediglich eine 0 bei offline- und eine 1 bei online-Status einer benannten CPU ausgegeben:

```
nx1> psrinfo
0       on-line   since 02/14/2002 00:13:58
1       on-line   since 02/14/2002 00:13:58
2       on-line   since 02/14/2002 00:13:58
3       on-line   since 02/05/2002 17:29:01
```

Beispiel 9.48. psrinfo

9.11.3 *psrset(1M)*

Das Kommando *psrset*, erst ab SOLARIS 2.6 verfügbar, ermöglicht die Konfiguration und die Administration von Prozessorsets. Es können per *psrset* Prozessorsets erzeugt, gelistet, gelöscht werden, Prozesse an Sets gebunden oder wieder ausgelöst werden unter Verwendung nachfolgender Optionen

psrset -i Auflistung der definierten Prozessorsets
psrset -c Erzeugung eines Sets, optional mit Angabe der CPU
psrset -d Löscht einen Set
psrset -a CPU in Set nehmen
psrset -r CPU aus Set nehmen
psrset -b Prozeß an Set binden
psrset -u Prozeß aus Set lösen
psrset -q Zeigt Setbindings für den spezifizierten Prozeß an
psrset -e Ausführung einen Kommandos im spezifizierten Set
psrset -f Interrupts für alle CPUs des Sets unterbinden
psrset -n Interrupts für alle CPUs des Sets zulassen
...
Wird keine Option gesetzt, wird *-i* angenommen.

9.11.4 *psradm(1M)*

Mittels des Kommandos *psradm(1M)* wird der Betriebsstatus des Prozessors, wie in Tabelle 9.15 aufgeführt, gesetzt. *psradm* setzt den Administrator in die Lage, CPUs aus- oder einzuschalten bzw. auf no-intr zu setzen. Ein auf no-intr gesetzter Prozessor ist durch I/O-Devices nicht unterbrechbar. Im einzelnen werden die nachfolgend genannten Operationen per Kommandooption unterstützt:

psradm -a Operation auf alle CPUs (weitere Optionen müssen folgen)
psradm -F Die nachfolgend zu spezifizierende Aktion (faulted, spare oder off-line) wird erzwungen (*force*).
psradm -f CPU offline setzen
psradm -n CPU online setzen
psradm -i CPU auf no-intr setzen
psradm -s CPU auf spare setzen
psradm -v Verbose

9.11.5 pbind(1M)

Auch das Binden von Prozessen an Einzelprozessoren ist möglich. Ein recht altes Kommando, das dies ermöglicht ist immer noch an Bord.

Status	LWP	I/O	Beschreibung
on-line	y	y	Der Prozessor kann LWPs bearbeiten und I/O Interrupts empfangen.
off-line	n	n	Je nach Hardwareunterstützung ist der Prozessor so inaktiv wie möglich. Falls dies hardwareseitig unterstützt wird, werden I/O Interrupts auf andere Prozessoren verteilt.
no-intr	y	n	Der Prozessor steht allein zur Bearbeitung von LWPs zur Verfügung. Falls hardwareseitig unterstützt, werden I/O Interrupts auf andere Prozessoren verteilt.
spare	n	n	Entspricht dem Zustand P_OFFLINE, der Prozessor ist jedoch als reaktivierbar gekennzeichnet.
faulted	n	n	Entspricht dem Zustand P_OFFLINE, der Prozessor ist als defekt gekennzeichnet.
powered-off	n	n	Der Prozessor ist ausgeschaltet.

Tabelle 9.15. Betriebsstatus von Prozessoren

Das Kommando *pbind(1M)* regelt die Bindung von Lightweight Prozessen (LWPs) an (Einzel-) Prozessoren oder erlaubt das Abfragen von Bindungen von Prozessen oder LWPs und Prozessoren.

pbind -b Proc-ID PID [/lwpid]	Bindet LWPs an den spezifizierten Prozessor
pbind [-q] [PID [/lwpid]]	Anzeige der Bindungen der angegebenen Prozesse oder LWPs
pbind -Q Proc-ID	Anzeige der an die angegebenen Prozessoren gebundenen LWPs
pbind -u PID [/lwpid]	Lösen der Prozessorbindungen der angegebenen Prozesse oder LWP
pbind -U Proc-ID	Lösung aller Prozessorbindungen

9.11.6 Beispiele

Das Erzeugen, Binden und Löschen von Prozessorsets ist relativ trivial, wie die nachfolgenden Beispiele es zeigen sollen. Interessanter werden Prozessorsets bei der Konfiguration des SOLARIS Resource Managements, wie es in 8.5.2 beschrieben wird.
Nachfolgende Beispiele wurden auf ein- und derselben Vierprozessormaschine durchgeführt.

9.11.6.1 Erzeugung eines Prozessorsets

Es wird zunächst ein Set erzeugt, indem *psrset* mit der Option *-c* aufgerufen wird und mindestens ein Prozessor benannt wird. Hier wurden die Prozessoren 2 und 0 benannt, die Setnummer ist 1, da dies das erste erzeugte Set ist:

```
nx1# psrset -c 2 0
created processor set 1
processor 2: was not assigned, now 1
processor 0: was not assigned, now 1
```

Nachdem das Prozessorset erzeugt wurde, zur Kontrolle eine Auflistung der definierten Prozessorsets. Es existiert nun ein Set mit den Prozessoren 2 und 0:

```
nx1# psrset
user processor set 1: processors 2 0
```

Ein weiteres neu erzeugtes Prozesorset, hier mit CPU 1, bekommt die nächste freie Setnummer, 2:

```
nx1# psrset -c 1
created processor set 2
processor 1: was not assigned, now 2
```

Zur Kontrolle kann anschließend die neue Konfiguration wieder aufgelistet werden. Es wird das schon existente Prozessorset 1 und das neu erzeugte Prozessorset 2 aufgelistet:

```
nx1# psrset
user processor set 1: processors 2 0
user processor set 2: processor 1
```

Das Erzeugen eines weiteren dritten Prozessorsets auf dieser vier-CPU-Maschine wird nicht unterstützt, denn drei von vier Prozessoren sind bereits zugeteilt und eine CPU muß ungebunden bleiben:

```
nx1# psrset -c 3
created processor set 3
psrset: cannot assign processor 3: Device busy
```

CPUs werden aus Prozessorsets gelöst, indem die betreffende CPU angegeben wird. Im nachfolgenden Beispiel wird CPU 2 aus den Prozesorsets gelöst:

```
nx1# psrset -r 2
psrset -r 2
processor 2: was 1, now not assigned
```

Die CPU wechselt damit wieder in den Ressourcepool der ungenutzten Prozessoren und steht wieder frei zur Zuteilung im Defaultpool oder zur Erzeugung eines weiteren Prozessorsets
Prozesse können unter Angabe ihrer Prozeß ID mit *psrset -b* an Prozessorsets gebunden werden. Etwas irreführend ist dabei die Ausgabe, es wird auf das Prozessorset referenziert:

```
nx1#  psrset -b 2 615
process id 615: was not bound, now 2
```

Unter Angabe der Prozeß ID kann ein Prozeß aus dem Set genommen werden. Der Prozeß wird dabei nicht unterbrochen oder terminiert, sondern bei der nächsten CPU-Zeit Zuteilung wieder auf die ungebundenen Prozessoren gescheduled.

```
nx1# psrset -u 615
process id 615: was 2, now not bound
```

Die Erzeugung und Verwendung eines Prozessorsets kann somit auch eingesetzt werden, wenn ein Prozeß zuviel CPU-Last erzeugt, damit die Maschine mehr als vom Administrator zu diesem Zeitpunkt gewollt belastet und andere Jobs dadurch nur verlangsamt abgearbeitet werden können. Ein Administrator kann in diesem Fall aus dem Pool der freien CPUs ein Prozessorset erzeugen und den betreffenden Prozeß diesem dafür erzeugten Prozessorset zuweisen. Da nach Erzeugung eines Prozessorsets die CPUs des Sets zunächst keine Prozeßlast haben, also frei sind, können Prozessorsets auch verwendet werden, um einem Prozeß mehr Systemleistung zu bieten. Es wird in dem Fall ein Prozessorset mit entsprechenden CPU-Ressourcen erzeugt und der betreffende Prozeß diesem Set zugewiesen. Er ist damit zunächst einziger Nutzer der CPUs in diesem Set. Wenn diese Zuordnung wieder aufgehoben werden soll, so kann, wie zuvor gezeigt, der Prozeß unterbrechungsfrei aus dem Prozessorset gelöst werden.

Prozessorsets werden heutzutage selten manuell erzeugt und genutzt. Die Kenntnis über den Mechanismus hilft beim Verständnis des Solaris Resource Managers und bei der expliziten Ressourcezuteilung an Solaris Zones. Nebenbei ist die o.g. Verwendung des Mechanismus ein handliches, einfaches und betriebsunterbrechungsfreies Tool, um unvorhergesehene Systemlasten zu managen bzw. zum Debugging von CPU-Problemen. Sei es, Prozesse, die auf einer bestimmten CPU laufen, terminieren abnormal oder eine CPU wird zu heiß oder die Umgebungstemperatur ist für die verwendete Anzahl an CPUs zu hoch und der verwendete Rechner ist nicht DR-fähig.

9.11.6.2 Aktivieren und Deaktivieren von Prozessoren

Wie bereits dargelegt, bietet *psradm(1M)* die Möglichkeit, Prozessoren ein- oder auszuschalten oder auf no-intr zu setzen. Mit *psrinfo(1M)* kann dies verifiziert werden. Hier ein Beispiel, Prozessor 1 wird abgeschaltet, was sofort verifiziert wird:

```
nx1# psradm -f 1
nx1# psrinfo
0       on-line   since 02/14/2002 00:13:58
1       off-line  since 02/17/2002 12:18:49
2       on-line   since 02/14/2002 00:13:58
3       on-line   since 02/05/2002 17:29:01
```

Beispiel 9.49. CPU 1 wird deaktiviert

Gleiche Operation für Prozessor 3:

```
nx1# psradm -f 3
nx1# psrinfo
0       on-line   since 02/14/2002 00:13:68
1       off-line  since 02/17/2002 12:18:49
2       on-line   since 02/14/2002 00:13:58
3       off-line  since 02/17/2002 12:19:11
```

Beispiel 9.50. CPU 3 wird deaktiviert

Es sind nun zwei Prozessoren ausgeschaltet, genauer gesagt, die Prozessoren werden nicht mehr zugeteilt, sind jedoch physikalisch noch eingeschaltet. Ein physikalisches Ausschalten einer CPU ist nur bei Maschinen durchführbar, die dies unterstützten, Maschinen der s.g. MSG oder HSG Klasse, das sind SunFire [3,4,6]800 bzw. *900, der SunFire 15000-Klasse bzw. der alten Starfire über entsprechende Operationen von den jeweiligen Steuerrechnern.

Mit *psradm(1M)* können Prozessoren auch wieder eingeschaltet werden, besser gesagt wieder als zuteilbar deklariert werden, unter Verwendung der *-n* Option:

```
nx1# psradm -n 3
nx1# psrinfo
0       on-line   since 02/14/2002 00:13:68
1       off-line  since 02/17/2002 12:18:49
2       on-line   since 02/14/2002 00:13:58
3       on-line   since 02/17/2002 12:21:59
```

Beispiel 9.51. CPU 3 wird wieder aktiviert

psradm(1M) kann mit der Option *-a* alle CPUs online oder offline schalten, bis auf jeweils eine CPU per Set. Die letzte CPU außerhalb aller Sets verbleibt auch im Zustand online, sonst läßt sich das Ergebnis der Operation nicht mehr ansehen.

```
nx1# psradm -a -f
psradm: processor 0: Device busy
psradm: processor 3: Device busy
```

Beispiel 9.52.

Die Fehlermeldung ist nachvollziehbar wenn man daran denkt, daß zuvor ein Prozessorset erzeugt wurde, und eine CPU für das System erhalten bleiben muß.

```
nx1# psrset
user processor set 1: processor 0
```

Beispiel 9.53.

Damit ist die Fehlermeldung erklärt: Eine CPU für Set 1 (CPU0) und eine CPU für das System. Würden diese beiden CPUs abgeschaltet werden, so würden alle in Prozessorset 1 laufenden Prozesse und das OS selbst nicht mehr über CPU Ressourcen verfügen.

9.12 Solaris Container (Zones), Administration

Rolf M Dietze

Neu bei SOLARIS 10 sind die so genannten SOLARIS Container. Sie bilden, auch unter dem Namen SOLARIS Zones, beziehungsweise Zones bekannt, eine abgesicherte Changerootumgebung, der Ressourcen des Basissystems auf Basis des Solaris Ressource Managers limitierend zugewiesen werden können. Bevor die Installation und Initiierung von Zones beschrieben wird, soll zunächst das Verständnis für den Betrieb von Zones aufgebaut werden.

Der Lebenszyklus einer Zone aus Erzeugung, Installation, Konfiguration, Boot, Halt und Reboot läßt sich am besten an einem Zustandsdiagramm, wie es in Abbildung 9.8 dargestellt ist, beschreiben, an dem auch gleich die zustandsverändernden Administrationskommandos aufgezeigt sind. Zonen beginnen im Zustand *uninstalled*. Die Installation beginnt mit Aufruf des Kommandos *zonecfg(1M)* und dann des Subkommandos *create*. Die eigentliche Konfiguration erfolgt interaktiv auf Basis einer Shell-artigen Kommandostruktur. Die interaktive Konfiguration einer Zone wird mit dem Subkommando *commit* bestätigt beziehungsweise abgeschlossen. Während der Konfiguration ist die Zone im Zustand *incomplete*, nach einem *commit* ist sie im Zustand *configured*. Wenn eine Zone im Zustand *configured* ist, kann sie installiert werden. Die Installation einer Zone beinhaltet das Hinzufügen der notwendigen SOLARIS Systempakete in das Skelett Rootverzeichnis, weshalb an dieser Stelle das SUNSOLARIS Paketmanagement System benötigt wird. Anderenfalls ist die Erzeugung des Zone Rootfilesystems manuell durchzuführen, was hier nicht weiter erklärt wird, da das Paketsystem möglicherweise ebenfalls unter die CDDL gestellt werden soll. Die Zone selbst bewegt sich zwischen den Zuständen *installed* und *running*. Wann immer im laufenden Betrieb einer Zone die Konfiguration der Zone modifiziert wird, ist die Zone theoretisch in den Zuständen *incomplete/configured*, verbleibt tatsächlich jedoch im Zustand *running*. Erst ein Reboot der Zone führt zum Laden der Neukonfiguration. Der Zustand *ready* beschreibt einen Zustand, in dem der Zonescheduler geladen, die Zone ID vergeben und die Zoneconsole definiert ist.

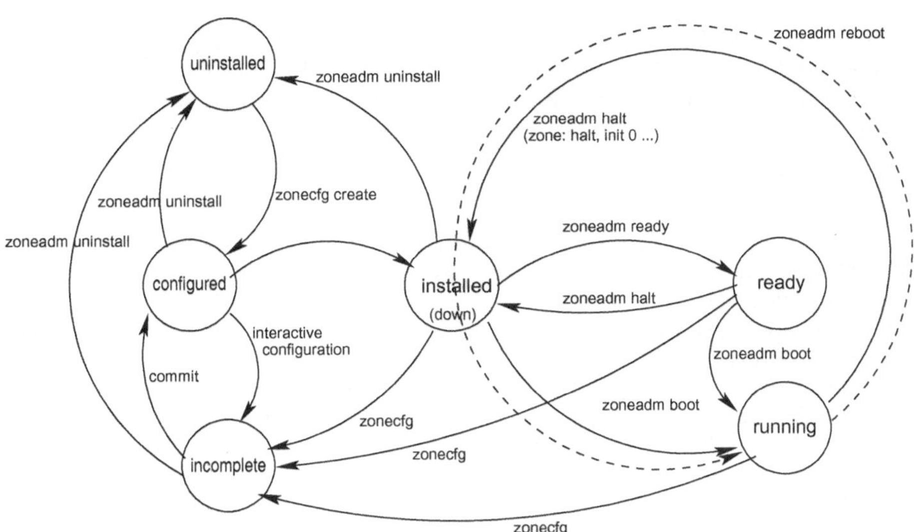

Abb. 9.8. Zustandsgraph einer Zone

Im laufenden Betrieb eines Systems bewegen sich die Zonen somit zwischen den Zuständen *running* und *installed*, der Reboot ist durch den gestrichelt dargestellten Zyklus visualisiert. Wann immer sie konfiguriert oder umkonfiguriert werden, bewegen sich die Zones zwischen den Zuständen *incomplete* und *configured*.

Voraussetzungen

Zones benötigen zum Start und Betrieb:

- Eine Console für jede einzelne Zone.
- Ein Filesystembereich, in dem die für die Zone relevanten Pakete abgelegt werden können, und ein Rootfilesystemskelett abgelegt werden kann. Aus Kompatibilitätsgründen wird hier */export/zones/<zonename>* gewählt.
- Betriebsrelevante Systempakete in dem eigenen Zone Rootfilesystem.

Zones sind per Kommando zu erzeugen. Es werden das Zone Rootfilesystem erzeugt, optional logische Devices übergeben, die Zone initialisiert und gestartet. Zur Erzeugung und zur Administration werden zwei Kommandos bereitgestellt:

zoneadm(1M) Erzeugung des XML Zonekonfigurationsfiles Installation der Betriebssystemkopie im Filesystem der Zone, Start, Stop, Reboot

zonecfg(1M) Konfiguration, mit interaktivem Kommandointerpreter zur Modifikation des XML Konfigurationsfiles der einzelnen Zones.

Nach Handbuch werden beide Kommados benötigt, im Experiment zeigte sich kaum ein Nutzen in der Verwendung von *zonecfg(1M)*, obwohl es bei den ersten Schritten sicher hilfreich ist. Zunächst wird jedoch nach Handbuch vorgegangen. Demnach ist die Arbeitsabfolge zur Erstellung und zum Betrieb einer Zone, wie sie in Tabelle 9.16 dargestellt ist, einzuhalten. Der erste Schritt ist

1	Definition von Zonename, IP-Adresse, Devices, die der Zone bereitgestellt werden sollen	Vorarbeiten
2	Bereitstellen von Filesystemplatz für das Rootfilesystem	*mkdir -p /export/zones/<zonname>*
3	Erzeugung der Zone	*zonecfg -z <zonename> ... create*
4	Installation der Zone	*zoneadm -z <zonename>install*
5	Initialisieren der Zone (optional)	*zoneadm -z <zonename>ready*
6	Start der Zone	*zoneadm -z <zonename>boot*
7	Postkonfiguration der Zone oder Bereitstellen eines passenden *sysidcfg* Files	Interaktiv
8	In der Zone Installation und Initialisierung von zonebasierten Dataservices	Interaktiv
9	Zonebetrieb	*zoneadm:* cmds: *[halt|boot...]*

Tabelle 9.16. Arbeitsschritte zum Erstellen einer Zone

als Vorbereitung zu sehen. Es müssen Einträge in der */etc/hosts* der Global Zone für die IP-Adressen und Hostnamen der nonglobal Zone erzeugt werden, es ist zu bestimmen, über welches physikalische Interface die Zone kommunizieren darf, welche Filesysteme in der nonglobal Zone sichtbar sein sollen, etc. Der zweite Schritt, das Erstellen des nonglobal Zone Rootverzeichnisses, ist im Prinzip optional, da es bei Erzeugung, beziehungsweise bei der Installation durch das Kommando *zoneadm -z <zonename>install*, mit erzeugt wird. Schritt drei ist im Prinzip die Erstellung des XML Zonekonfigurationsfiles per Kommandointerpreter. Man kann letztendlich auch das Konfigurationsfile in */usr/share/lib/xml/dtd/zonecfg.dtd.1* zu Rate ziehen. Nach Erzeugung einer Zone kann schon eine Consolesession auf die erzeugte Zone mit dem Kommando *zlogin -C [<zonename>* eröffnet werden, so, daß man beim Start auch gleich die Bootmessages sehen kann, und sich nach Ausgabe des Console Loginprompts sogleich an der Zone einloggen kann.

Nach der Erstellung des XML Zonekonfigurationsfiles bei bereits erzeugtem und installierten Rootfilesystem der Zone ist die Zone zu starten, wie es in Tabelle 9.16 in Schritt fünf beziehungsweise sechs gezeigt ist. Sodann bootet die nonglobal Zone. Ist es der erste Boot einer ordnungsgemäß per *zoneadm -z <zonename>install* erstellten nonglobal Zone, so werden bei diesem ersten Boot die Servicemanifeste der Zone in der Zone geladen. Ebenfalls beim ersten Boot wird die Systemidentifikation auf der Zoneconsole interaktiv abgefragt, es sei denn, es wurde ein den Bedingungen genügendes File *sysidcfg* in das

Zone-*etc* Verzeichnis geladen. Zum Verständnis von Aufbau und Struktur des *sysidcfg* Files kann ein Blick in den Abschnitt 4.11.2.3 zum automatischen Installservers ab Seite 85 helfen. Die Kommandos zu Betrieb und Verwaltung werden im Abschnitt 9.12.1 dargelegt.

In diesem Zusammenhang sei angemerkt, daß eine Zone nicht nur über ein eigenes Rootfilesystem und bei Bedarf weiterer Servicefilesysteme verfügt, sondern auch über ein eigenes Service Management Facility Repository verfügt, über das alle Services der Zone von einer zonelokalen Instanz des *svc.startd(1M)* verwaltet werden.

9.12.1 Zone Kommandos

Wie zuvor im Zustandsdiagramm 9.8 kurz beschrieben, ist die Administration der Zones selbst gegeben durch die Kommandos *zonecfg(1M)* und *zoneadm(1M)*, der Zone Virtualizationlayer wird realisiert durch den *zoneadmd(1M)*. Weiterhin wird der Zugriff auf die Zoneconsole, beziehungsweise ein Login in der Zone seitens der Global Zone, realisiert durch das Kommando *zlogin(1)*, was seinerseits auf das durch den *zcons(7D)* Treiber realisierte Zoneconsoledevice zugreift. Um eine Übersicht zu bekommen, in welcher Zone man sich gerade befindet, ist die Verwendung des Kommandos *zonename(1)* hilfreich. Nachfolgend zu den Kommandos im einzelnen.

9.12.1.1 *zonename*

Das Kommando *zonename(1)* gibt bei Aufruf in einer Zone den Namen der aktuellen Zone aus. Dabei wird für die

Global Zone	Immer der String "*global*" ausgegeben, und für
nonglobal Zones	Der Name der Zone ausgegeben,

Was in dem Beispiellisting 9.54 zu sehen ist. Hier wird in der Global Zone das Kommando *zonename* aufgerufen, was sofort den String "global" zurückliefert, anschließend wird eine Consolesession in die nonglobal Zone *mza* geöffnet. Nach erfolgtem Login wird nun in der nonglobal Zone *mza* wieder das Kommando *zonename* aufgerufen, was dort den Namen der Zone, in diesem Fall somit "mza", zurückliefert, also auf Ebene einer nonglobal Zone letztendlich den Hostnamen der Zone liefert.

```
menkar# zonename
global
menkar# zlogin -C mza
[Connected to zone 'mza' console]

mza console login: root
Password:
Last login: Sun Jan 29 01:57:49 on console
Jan 31 03:03:20 mza login: ROOT LOGIN /dev/console
Sun Microsystems Inc.   SunOS 5.11      snv_23  October 2007
# zonename
mza
```

Beispiel 9.54. Verwendung von *zonename*

9.12.1.2 *zoneadm*

Das Kommando *zoneadm(1M)* wird verwendet um eine Zone nach erfolgter Konfiguration zu installieren, zu starten, zu stoppen, die installierten Zones aufzulisten und Zones zu deinstallieren. Das Kommando ist als Kommando mit Subkommandos aufgebaut, die allgemeine Syntax ist:

zoneadm -z zonename subcommand [subcommand_options]

Die durch das Kommando *zoneadm(1M)* unterstützten Subkommandos sind:

boot	Das Subkommando *boot* startet eine Zone. Es wird die Option *-s* zum Boot in den Singleusermilestone gebootet.
halt	Das Subkommando *halt* hält eine Zone an, ohne die Shutdownscripten auszuführen.
help	Anzeige einer Kurzreferenz zu *zoneadm(1M)* und Subkommandos.
install	Das Subkommado *install* leitet nach einem Verifikationslauf die Installation einer Zone ein. Dabei werden alle notwendigen Betriebssystempakete in das Rootverzeichnis der Zone installiert.
list	Listet die installierten Zone auf und unterstützt seinerseits weitere Optionen: *-c*: Anzeige aller konfigurierten Zones. *-i*: Zusätzliche Anzeige aller installierten Zones. *-p*: Ausgabe der Anzeige in maschinenlesbarer Form. *-v*: Umfangreiche Verboseanzeige zu den Zones des Systems.
ready	Initialisierung einer Zone, ohne sie zu starten.
reboot	Kommandierung eines Reboots einer Zone.
uninstall	Deinstallation einer Zone inclusive der Löschung aller Files, die in dem Directory einer Zone liegen. Die Verwendung der Zusatzoption *-F* forciert die Ausführung.
verify	Mit *verify* läßt sich die Konfiguration verifizieren. Das Kommando bietet die Option, einzelne Properties zu überprüfen. Diese verifizierbaren Propertykonfigurationen sind:

fs Überprüfung der Typfelder der definierten Filesysteme.
net Überprüfung der Netzwerkdefinitionen einer Zone.
rctl Überprüfung der Ressourcedefinitionen einer Zone.

Um einen Eindruck zu gewinnen, ist in Beispiel 9.55 eine Übersicht über die installierten und laufenden Zones dargestellt (Option *-vi*), wobei bei mehrfachem Erzeugen, Verwerfen, Erzeugen, die durch das System vergebenen Zone ID Nummern für den Betrieb zunächst keine weitere Bedeutung haben.

```
menkar# zoneadm list -vi
  ID NAME             STATUS         PATH
   0 global           running        /
   6 mza              running        /export/zone/mza
   7 mzb              running        /export/zone/mzb
   9 mzc              configured     /export/zone/mzc
  10 mzd              running        /export/zone/mzd
  11 mzy              running        /export/zone/mzy
  13 mzz              installed      /export/zone/mzz
```

Beispiel 9.55. Auflistung konfigurierter Zones

Ein Zone Boot ist in Beispiel 9.56 gezeigt. Hier wurde das Kommando zum Boot der Zone in den Hintergrund gelegt, um schnell eine Consolesession auf die startende Zone öffnen zu können. Es ist die Systemmeldung zum Zonestart auf der Zoneconsole zu sehen, anschließend wird der Copyright und Bootbanner, gefolgt vom Consolelogin, ausgegeben.

```
menkar# zoneadm -z mzb boot &
menkar# zlogin -C mzb
[Connected to zone 'mzb' console]
[NOTICE: Zone booting up]

SunOS Release 5.11 Version snv_23 64-bit
Copyright 1983-2005 Sun Microsystems, Inc.  All rights reserved.
Use is subject to license terms.
Hostname: mzb

mzb console login:
```

Beispiel 9.56. Zone Boot

```
menkar# zoneadm -z mzb halt
...
mzb console login:
[NOTICE: Zone halted]
```

Beispiel 9.57. Zone Halt

9.12.1.3 *zonecfg*

Das Kommando *zonecfg(1M)* unterstützt in der Erstellung der Konfiguration, und Modifikation der nonglobal Zones, was letztendlich das Erstellen und Editieren eines XML Files ist, in der die Zonkonfiguration gehalten wird. Das Kommando *zonecfg(1M)* arbeitet kommandointerpreterbasiert quasi in mehreren Ebenen. Will man in der Ebene der Filesysteme arbeiten, so muß man mit dem Subkommando *add fs* in die Ebene der Filesystemkonfiguration wechseln, zurück kommt man mit den Kommandos *end* oder *cancel.* Gleiches gilt für *select.* Eine andere Verwendung ist die scriptbasierte Verwendung oder der Aufruf mit der Option *-f*, gefolgt von einem Kommando und Parameterfile. Im interaktiven Mode werden folgende Subkommandos unterstützt:

add Hinzufügen eines Ressourcetypen oder einer Property, jenachdem, ob man sich in der *global* oder der *resource scope* befindet.

cancel Terminieren und Zurücksetzen einer Ressourcetypekonfiguration.

commit Commit der aktuellen Konfiguration und Wechsel in den Zustand *configured* (vgl. Abbildung 9.8).

create Erzeugung einer Zonekonfiguration unter Unterstützung der Optionen.
- *-b* Erzeugung einer Blank-Konfiguration.
- *-t* Erzeugung ein Konfiguration auf Basis einer angegebenen Beispielkonfiguration (Template).
- *-F* Force-Option zum Überschreiben einer bereits existenten Konfiguration.

delete Löschen einer Konfiguration.

end Beenden der Ressourcetypspezifikation wenn die Beschreibung vollständig ist. Anderenfalls erfolgt eine Fehlermeldung. (add...end)

exit Beendnen des Konfigurationsprogramms.

export Exportieren oder Ausgeben aller Konfigurationskommandos als Kommandobeschreibungsfile zum automatischen Einlesen und Ausführen durch den Konfigurator.

help Hilfefunktion.

info Ausgabe des Konfigurationsstandes der aktuellen Konfiguration oder der Werte für die Variablen *zonepath, autoboot, pool.*

revert Zurücksetzen einer noch in Memory liegenden Konfiguration (es darf noch kein *commit* erfolgt sein.), zum letzten committeten Stand.

remove Löschen eines Ressourcetyps oder einer Property.

select Auswahl eines Name/Value Paares in der Ressourcetypendefinition.
set Setzen einer Property.
verify Verifikation der aktuellen Konfiguration.

Die Beschreibung der Subkommandos ist recht knapp und soll hier nicht die Dokumentation seitens SUN (817-1592) ersetzen, sondern nur eine Kommandoübersicht bieten, die in den hier vorgeführten Beispielen reichen soll. Interessanter ist der Arbeitsverlauf mit dieser Konfigurationsshell. Der Arbeitsverlauf folgt dabei im groben Schema dem in der Abbildung 9.9 skizzierten Verlauf. Es wird zunächst die Konfigurationsshell gestartet durch Aufruf des

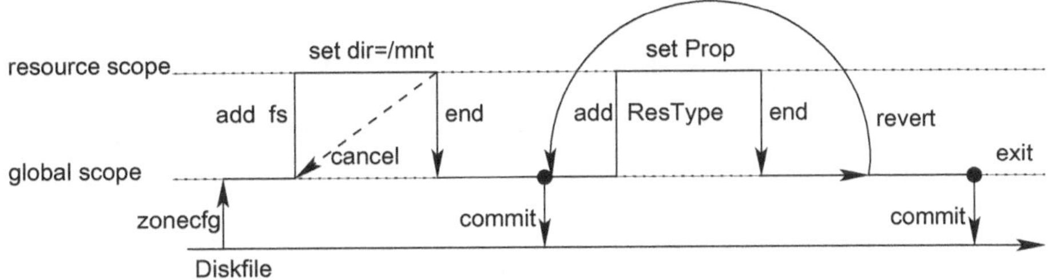

Abb. 9.9. Arbeitsfluß bei *zonecfg(1M)*

Kommandos *zonecfg -z <zonename>*. Damit befindet man sich in einer interaktiven Sitzung. Ist die Zone zu diesem Zeitpunkt noch nicht konfiguriert, so ist das erste notwendige Kommando ein *create*, in der Abbildung nicht weiter dargestellt. Man befindet sich im Zustand *configured.* Wird nun beispielsweise mit dem Kommando *add* ein Ressourcetype hinzugefügt, verläßt man die Grundebene, die in der SUN Dokumentation *global scope* genannt ist, und wechselt in die Ressourcetypebene, bei SUN *resource scope* genannt. In der *resource scope* können nun Properties des jeweiligen Ressourcetypes gesetzt werden. In dem Graph in Abbildung 9.9 sind zwei Beispiele für eine solche Ressourcendefinition gezeigt. Zuerst ein expizites Beispiel, in dem in den Ressourcetyp *fs* für Filesystem gewechselt wird und die Property *dir=/mnt* gesetzt wird. Anschließend kann mit *end* wieder in die *global scope* zurückgewechselt werden, oder es kann durch Aufruf des Kommandos *cancel* der *resource scope* ohne Sicherung der Einstellungen wieder verlassen werden. Der zweite Teil des Beispieles ist allgemein gehalten. Dort wird ein *add ResTyp=/* aufgerufen, also ein beliebiger definierter Resourcetype (*fs, device,* etc.), es können sodann sinnvolle zugehörige Properties gesetzt werden und es kann mit *end* sichernd, oder auch wieder mit *cancel* verwerfend die *resource scope* Ebene verlassen werden. Das Beispiel soll auch die Verwendung von *commit, revert* und *exit* zeigen. Das erste Teilbeispiel, die Definition einer Filesystemressource wurde committet. Wird nun nach der zweiten x-beliebigen Ressourcetypekonfiguration nach Beendigung per *end* Kommando das Kommando *revert* aufgerufen, so wird die aktuelle Konfiguration verworfen und wieder auf den letzten committeten

Punkt der Konfiguration aufgesetzt. *commit* schreibt den in sich geschlossenen Konfigurationsstand auf die Festplatte in das XML Zonekonfigurationsfile. Mit diesem Mechanismus kann man sich am besten "spielerisch" vertraut machen, indem man Konfigurationssessions startet, Ressourcetypkonfigurationen setzt, zurückschreibt, mit *info* sich auflisten läßt, was alles konfiguriert ist, mit einem *cancel* aus einer Ressourcetypenkonfiguration aussteigt, sich mit *info* erneut ansieht, was konfiguriert ist, und so fort.

9.12.1.4 Das Zone Indexfile

Das Zone Indexfile hält eine Übersicht über alle Zones des Systems, deren Zustände, Rootfilesystempfade und Zonennamen und ist als dreispaltiges, zeilenorientiertes ASCII File aufgebaut, in dem in jeder Zeile je eine Zone beschrieben wird. Auf das Indexfile greifen sowohl Userlandkommandos wie *zoneadm(1M), zonecfg(1M)*, als auch der Zoneplattformdaemon *zoneadmd(1M)* zu, um das Zone Subsystem zu verwalten und zu steuern. Der Aufbau der Datei folgt dabei dem Schema:

```
<zonename>:<status>:<zonepath>
     1         2        3
```

Wobei die Belegung wie in Tabelle 9.17 dargelegt genutzt wird.

Spalte	Belegung	Werte
1	Der Name der Zone	ASCII-String
2	Status der Zone	*configured, incomplete, installed, ready, running*
3	Zonenpfad zum Changerootenvironment	Directorypath

Tabelle 9.17. Aufbau des Zone Indexfiles

Ein Beispiel ist in 9.58 wiedergegeben. Bei manuell erstellten Zonen ist hier darauf zu achten, daß Status, Zonenname und Pfad zum Changerootenvironment mit den Zonekonfigurationsfiles konsistent sind.

[CDDL Header, siehe separates Listing 3.1 auf Seite 29]

```
# and zonecfg(1M).  Any manual changes will be lost.
#
global:installed:/
mza:installed:/export/zones/mza
mzb:installed:/export/zones/mzb
mzx:configured:/export/zones/mzx
mzy:installed:/export/zones/mzy
mzz:installed:/export/zones/mzz
```

Beispiel 9.58. Zones: Indexfile */etc/zones/index*

9.12.1.5 Das Zone Rootverzeichnis

Sowohl im Zone Indexfile als auch in den einzelnen Zonekonfigurationsfiles ist jeweils ein *zonepath* angegeben. Diese Variable verweist auf einen Pfad im Verzechnisbaum der Global Zone, in der das Changerootenvironment der nonglobal Zones liegt. Es enthält zwei Directorynodes: *dev* und *root*. Im *dev* Directory wird der der Zone bereitgestellte Devicelayer gehalten, im *root* Verzeichnis liegt die Laufzeitumgebung der Zone, was im Prinzip eine Kopie des Rootverzeichnisses der Global Zone ist. Wird die Zone entsprechend den Vorgaben von SUN mit dem Kommando *zoneadm -z <zonename>install* aufgesetzt, so werden die notwendigen Pakete über das SOLARIS Packagesystem identifiziert und installiert. Das Zonerootverzeichnis, in den hier vorgestellten Beispielen sind dies */export/zones/mz?* muß jeweils das Zugriffsrecht "`rwx------`" oder auch 700, haben, anderenfalls wird die Zonenenkonfiguration beim *verify* durchfallen und die Zone kann nicht gebootet werden. In Beispiel 9.59 ist dies

```
menkar# ls -l /export/zones
drwx------   4 root     root         512 Dec 22 02:29 mza/
drwx------   4 root     root         512 Dec 23 02:40 mzb/
drwx------   4 root     root         512 Dec 23 18:52 mzc/
drwx------   3 root     root         512 Dec 31 00:53 mzx/
drwx------   4 root     root         512 Jan  1 04:31 mzy/
drwx------   4 root     root         512 Jan  1 13:39 mzz/
menkar# ls -l /export/zones/mza
total 4
drwxr-xr-x  12 root     root        1024 Dec 22 02:29 dev/
drwxr-xr-x  18 root     root         512 Jan  1 01:58 root/
menkar# ls  /export/zones/mza/root
bin@         export/     mnt/        platform/  system/     var/
dev/         home/       net/        proc/      tmp/
etc/         lib/        opt/        sbin/      usr/
```

Beispiel 9.59. Rootverzeichnis einer Zone

anhand der Beispielzone *mza* gezeigt.

9.12.1.6 Das Zone Konfigurationsfile

Von Interesse ist auch, wo die Zonenkonfiguration gespeichert wird, welchen Aufbau diese Repository hat, wie es sich, korrespondierend zum *zonecfg(1M)* Kommando verändert, und wie man es manuell erstellen oder modifizieren kann.

Zum Zone Ressourcefile selbst: Das Zonekonfigurationsfile ist ein Klartextfile in XML Syntax, deren Definitionen Deklarationen aus dem Zonefile */usr/share/lib/xml/dtd/zonecfg.dtd.1* vererbt sind. Das Zonekonfigurationsfile liegt, abgelegt unter dem Zonennamen mit einer xml-Endung unter */etc/zones*. Bei SUN wird, wenn schon auf XML-Files ausgewichen wird, mit diesen recht sauber verfahren. Die XML-Files sind nicht offen, d.h., man kann in ihnen editieren, ohne daß eine andere Applikation seine in-core Version des Konfigurationsfile unmotiviert zurückschreibt und die eigene Arbeit zerstört, wie es bei Systemen, die auf XML-Files als Repository für Konfigurationsdaten ausweichen, eher die Regel ist. Eine einfache Zone mag das in Beispiel

```
<?xml version="1.0" encoding="UTF-8"?>
<!DOCTYPE zone PUBLIC "-//Sun Microsystems Inc/ ↙...
     ↪ /DTD Zones//EN" ↙...
     ↪ "file:///usr/share/lib/xml/dtd/zonecfg.dtd.1">
<!--
    DO NOT EDIT THIS FILE.  Use zonecfg(1M) instead.
-->
<zone name="mza" zonepath="/export/zones/mza" ↙...
     ↪ autoboot="true" pool="pool_default">
  <inherited-pkg-dir directory="/lib"/>
  <inherited-pkg-dir directory="/platform"/>
  <inherited-pkg-dir directory="/sbin"/>
  <inherited-pkg-dir directory="/usr"/>
  <network address="10.10.100.70" physical="hme0"/>
  <rctl name="zone.cpu-shares">
    <rctl-value priv="privileged" limit="20" action="none"/>
  </rctl>
  <attr name="comment" type="string" value="menkarfirsttry"/>
  <inherited-pkg-dir directory="/opt/csw"/>
</zone>
```

Beispiel 9.60. Ein einfaches Zonekonfigurationsfile

9.60 dargestellte Zonekonfigurationsfile beschreiben.

Es handelt sich in Beispiel 9.60 um das resultierende Konfigurationsfile aus dem "Nachspielen" des Zonebeispiels aus (817-1592). Darin ist zu sehen: Zunächst der Kopf, dann der Hinweis auf das Basisfile in

/usr/share/lib/xml/dtd/zonecfg.dtd.1,

welches man sich zum besseren Verständnis tatsächlich ansehen sollte, es ist gut strukturiert und im Prinzip selbsterklärend. Es folgt der Hinweis *DO NOT EDIT THIS FILE*, was letztendlich dazu führt, daß man genau dieses dennoch versucht. So auch hier, nach ersten Schritten wurden alle weiteren Zones per *vi(1)* und *cp(1)* erzeugt und administriert, es ist einfacher, schneller, sicherer etc., dazu später mehr. Es folgt eine Zeile, in der der Name der Zone, der so genannte Zonepath, das ist der Pfad zur Changeroot Umegbung der Zone, das Autobootflag und im Fall einer Ressourcenlimitierung der Ressourcepool steht. In diesem Beispiel heißt die Zone *mza*, die Changerootumgebung liegt unter */export/zones/mza*, die Zone wird bei Start der Maschine automatisch mit gestartet und es wird der Ressourcepool *pool_default* verwendet.

Danach folgt in dem Konfigurationsfile eine Liste der aus der Global Zone übernommenen Verzeichnisse, die Definition der IP-Adresse des Netzwerkinterfaces der Zone zusammen mit der Deklaration des zu verwendenden Basisethernetinterfaces, hier *hme0*. Es folgt zwischen *<rctl ... /rctl>* die Definition für die zu verwendenden Systemressourcen. Wer Zones auf minderausgestatteten Systemen testen möchte, muß auch nicht gleich zwei CPUs für die Zone abstellen und kann auf eine Ressourcelimitierung vorerst verzichten. Im Produktionsbetrieb ist eine Ressourcenlimitierung jedoch sinnvoll, siehe hierzu auch die Diskussion in Abschnitt 8.3.2 ab Seite 634. In dem Beispiel folgt ein Kommentar zur Zone, abgeschlossen mit einem nachträglich definierten Verzeichnis, hier testweise */opt/csw*.

Die gesamte Zonedefinition ist eingeschlossen in die Zone-Klammer, womit die Definition mit *</zone>* wieder abgeschlossen werden muß. Die Zone ist damit im Prinzip konfiguriert. Wer etwas XML beherrscht, kann dieses File selbstverständlich manuell erzeugen oder anpassen. Es liegen sogar Templates in */etc/zones* dafür bereit: *SUNWblank.xml*, was ein leerer Rumpf ist, und *SUNWdefault.xml*, wo schon einige Definitionen zu Verzeichnissen etc. vorgegeben sind. Ein guter erster Einstieg mag jedoch in der Tat die Verwendung der Konfigurationsshell, gestartet durch Aufruf des Kommandos *zonecfg(1M)*, sein.

Nachfolgend wird, Schritt für Schritt an einigen Bespielen gezeigt, welche Konfigurationskommandierung welche Einträge in einem Zonenkonfigurationsfile zur Folge haben.

9.12.1.6.1 Erzeugen einer neuen Zone

Es wird begonnen mit einer neuen Zone:

```
menkar# zonecfg -z mzx
mzx: No such zone configured
Use 'create' to begin configuring a new zone.
zonecfg:mzx> create
zonecfg:mzx> set zonepath=/export/zones/mzx
zonecfg:mzx> commit
```

Beispiel 9.61. Erzeugen einer neuen Zone

Das *commit* an dieser Stelle hat zur Folge, daß das Zonekonfigurationsfile unter */etc/zones/mzx.xml* erstmalig erzeugt und geschrieben wird. Darin steht nach diesen ersten Schritten die Defaultkonfiguration aus */etc/zones/SUNWdefault.xml* erweitert um Zonenennamen und *zonepath*.

```
<?xml version="1.0" encoding="UTF-8"?>
<!DOCTYPE zone PUBLIC "-//Sun Microsystems Inc//DTD Zones//EN" "file:///usr/shar
e/lib/xml/dtd/zonecfg.dtd.1">
<!--
    DO NOT EDIT THIS FILE.  Use zonecfg(1M) instead.
-->
<zone name="mzx" zonepath="/export/zones/mzx" autoboot="false">
  <inherited-pkg-dir directory="/lib"/>
  <inherited-pkg-dir directory="/platform"/>
  <inherited-pkg-dir directory="/sbin"/>
  <inherited-pkg-dir directory="/usr"/>
</zone>
```

Listing 9.11. Initiales Zonekonfigurationsfile nach Beispiel 9.61

9.12.1.6.2 Definition eines Netzwerkinterfaces

Es folgt die Definition eines Netzwerkinterfaces und der IP-Adresse, hier *hme0* mit der Adresse 10.10.100.77. Dieses Interface wird in der Global Zone als logisches Interface auf *hme0* konfiguriert[10].

[10] Die Darstellung logischer Interfaces von Zones ist unter Netzwerk im Abschnitt 6.4.4.4.3 auf Seite 393 beschrieben

```
zonecfg:mzx> add net
zonecfg:mzx:net> set physical=hme0
zonecfg:mzx:net> set address=10.10.100.77
zonecfg:mzx:net> end
zonecfg:mzx> commit
```

Beispiel 9.62. Definition eines Netzwerkinterfaces

Nach dem *commit* wurde das Zonenkonfigurationsfile erweitert um den Eintrag

```
<network address="10.10.100.77" physical="hme0"/>
```

Listing 9.12. Zonenkonfigurationsfile nach Beispiel 9.62

9.12.1.6.3 Hinzufügen eines physikalischen Devices

Soll nun ein physikalisches Device der Zone übergeben werden, etwa eine Festplatte, so geht dies wie folgt:

```
zonecfg:mzx> add device
zonecfg:mzx:device> set match=/dev/dsk/c1t0d0*
zonecfg:mzx:device> set match=/dev/rdsk/c1t0d0*
zonecfg:mzx:device> end
zonecfg:mzx> commit
```

Beispiel 9.63. Hinzufügen eines physikalischen Devices

Durch das Bekanntgeben des Coocked- und des Ramdevices wird das Konfigurationsfile jedoch nur um das Rawdevice erweitert, wie in Listing 9.13 zu sehen.

```
<device match="/dev/rdsk/c1t0d0*"/>
```

Listing 9.13. Zonenkonfigurationsfile nach Beispiel 9.63

Damit hat dann das XML Zonenkonfigurationsfile nach dieser interaktiven Konfiguration den in Listing 9.14 aufgeführten Aufbau, hier etwas geschönt, da bei jedem *commit* die Warnung "DO NOT EDIT...", wiederholt in die Datei geschrieben wird.

```
<?xml version="1.0" encoding="UTF-8"?>
<!DOCTYPE zone PUBLIC "-//Sun Microsystems Inc//DTD Zones/ ↙...
    ↪ /EN" "file:///usr/share/lib/xml/dtd/zonecfg.dtd.1">
<!--
   DO NOT EDIT THIS FILE.  Use zonecfg(1M) instead.
-->
<zone name="mzx" zonepath="/export/zones/mzx" autoboot="false">
  <inherited-pkg-dir directory="/lib"/>
  <inherited-pkg-dir directory="/platform"/>
  <inherited-pkg-dir directory="/sbin"/>
  <inherited-pkg-dir directory="/usr"/>
  <network address="10.10.100.77" physical="hme0"/>
  <device match="/dev/rdsk/c1t0d0*"/>
</zone>
```

Listing 9.14. Schrittweise erstellte Zonekonfigurationsdatei

9.12.1.7 *zoneadmd(1M)*

Der Zone Administrationsdaemon *zoneadmd(1M)* ist der Daemonprozeß der die Serviceschnittstelle zwischen Global Zone und nonglobal Zone, den virtuellen Zonelayer bereitstellt. Es wird ein *zoneadmd(1M)* per Zone gestartet. Der Service kann über *svcadm(1M)* gestartet und gestoppt werden, *svcs* wird den Service als solchen listen. Das Manifest des *zoneadmd(1M)* beschreibt, wie in Tabelle 9.18 aufgeführt, die Abhängigkeit vom Milestone *multi-user-server*.

Gruppierung	restart_on	Abhängigkeit
require_all	none	svc:/milestone/multi-user-server

Tabelle 9.18. Abhängigkeiten des Zone Administrationsdaemons

Die Start und Stopmethode für den Zones Service ist:

/lib/svc/method/svc-zones

Start und Stop des *zoneadmd(1M)* erfolgt automatisch durch das Framework, ein manueller Start oder Eingriff ist nicht notwendig.

9.12.1.8 *zcons(7D)*

UNIX Systeme benötigen zum Betrieb Consolen. So auch Zones. Zone Consolen werden über den *zcons(7D)* Treiber abgebildet und in den Filesystemen der Global Zone als auch der nonglobal Zone bereitgestellt. Dabei sind in der Global Zone die Devicelinks für die nonglobal Zones unter:

/dev/zcons/<zonename>/masterconsole Master Seite der Zone Console Softlink auf */devices/pseudo/zconsnex@1/zcons@0:masterconsole*.

/dev/zcons/<zonename>/slaveconsole Slave Seite der Zone Console Softlink auf *devices/pseudo/zconsnex@1/zcons@0:zoneconsole.*

Zoneseitig wird im lokalen Filesystem der nonglobal Zone ein Consoledevice unter

/dev/zconsole

bereitgestellt.

Die Console einer Zone wird geöffnet mit dem Kommando *zlogin(1)* unter Verwendung der Option *-C* und Angabe der Zielzone, wie in Beispiel 9.64 gezeigt. Es wird in dem Beispiel auch gleich gezeigt, wie das darunterliegende tty heißt: */dev/console* der Zone.

```
menkar# zlogin -C mza
[Connected to zone 'mza' console]

mza console login: root
Password: <rootpassword 4 zone mza>
Last login: Mon Jan 23 01:26:32 on console
Sun Microsystems Inc.   SunOS 5.11      snv_23  October 2007
Jan 23 02:20:16 mza login: ROOT LOGIN /dev/console
mza# tty
/dev/console
ls -l /dev/console
lrwxrwxrwx   1 root    root     8 Jan 31 03:01 /dev/console -> zconsole
mza# ^D
mza console login:
```

Beispiel 9.64. Öffnen einer Consolesession einer Zone

9.12.2 Aufsetzen einer Zone, Sun

SUN dokumentiert in (817-1592) das Aufsetzen von Zones mittels *zonezfg(1M)* und *zoneadm(1M)*. Da dies der supportete Weg ist, wird er hier einmal dargestellt.

Zunächst sind Informationen über die Zone zu sammeln und zu notieren:

- Name der Zone.
- IP-Adresse der Zone.
- Ethernet Adapter der Zone (logisches Interface oder exclusiv Physikalisches).
- Serviceverzeichnis der Zone (z.B.: */export/zones/<zonename>*).
- Welche Pakete des Systems sollen der Zone bereitgestellt werden.
- lokale Kopie der Rootverzeichnisses.
- Bereitstellung von Filesystemressourcen.

Mit diesen Informationen ist zunächst in der Global Zone die neue Zone zu konfigurieren, dann sind die entsprechenden Verzeichnisse, die nicht lokal gehalten werden, sondern über die Global Zone referenziert werden sollen, was Festplattenplatz spart, anzugeben. Nachdem Zonename und IP-Adresse in der Global Zone in der */etc/hosts* korrekt eingetragen wurden, ist das Arbeitsverzeichnis für die Zones in */export/zones* erzeugt worden. Anschließend erfolgt der erste Aufruf von *zonecfg -z mza* zur interaktiven Konfiguration, was jedoch zu einer Fehlermeldung führt, da die Zone noch nicht konfiguriert ist.

Die Zone wird erzeugt mit dem Subkommando *create*, das Zoneverzeichnis wird gesetzt und es wird, wie es im Beispiel 9.65 gezeigt ist, die Zone auf autoboot gesetzt.

```
menkar# zonecfg -z mza
mza: No such zone configured
Use 'create' to begin configuring a new zone.
zonecfg:mza> create
zonecfg:mza> set zonepath=/export/zones/mza
zonecfg:mza> set autoboot=true
```

Beispiel 9.65. Erzeugen einer Zone, Konfiguration Teil I

Anschließend werden die zu übernehmenden Verzeichnisse, die IP-Adresse und das zu verwendende Ethernetinterface definiert, wie es in Beispiel 9.66 aufgelistet ist.

```
zonecfg:mza> add inherit-pkg-dir
zonecfg:mza:inherit-pkg-dir> set dir=/opt/csw
zonecfg:mza:inherit-pkg-dir> end
zonecfg:mza> add net
zonecfg:mza:net> set physical=hme0
zonecfg:mza:net> set address=10.10.100.70
zonecfg:mza:net> end
```

Beispiel 9.66. Erzeugen einer Zone, Konfiguration Teil II

Danach werden Systemressourcen der neuen Zone limitierend zugewiesen und es wird ein Kommentar mit eingepflegt, wie es in Beispiel 9.67 zu sehen ist.

```
zonecfg:mza> add rctl
zonecfg:mza:rctl> set name=zone.cpu-shares
zonecfg:mza:rctl> add value (privileged,limit=20,action=none)
zonecfg:mza:rctl> end
zonecfg:mza> add attr
zonecfg:mza:attr> set name=comment
zonecfg:mza:attr> set type=string
zonecfg:mza:attr> set value="menkarfirsttry"
zonecfg:mza:attr> end
```

Beispiel 9.67. Erzeugen einer Zone, Konfiguration Teil III

Damit ist eine erste Konfiguration eingestellt. Sie muß nur noch zurückgeschrieben und verifiziert werden, anschließend wird die Konfigurationsshell verlassen, wie dies in Beispiel 9.68 gezeigt ist.

```
zonecfg:mza>verify
zonecfg:mza>commit
zonecfg:mza>exit
```

Beispiel 9.68. Erzeugen einer Zone, Konfiguration Teil IV

Damit ist die Konfiguration abgeschlossen und die Zone ist im Zustand *configured*. Jetzt kann mit der eigentlichen Installation begonnen werden, die je nach Größe der zu installierenden Pakete und Systemdurchsatz durchaus länger dauern kann. Dazu ist, wie in Beispiel 9.69 gezeigt, das Kommando *zoneadm(1M)* zu verwenden

```
menkar# zoneadm -z mza install
...
```

Beispiel 9.69. Installieren einer Zone, Konfiguration Teil I

Nachdem die Installation der Pakete beziehungsweise der notwendigen Betriebssystemsoftware abgeschlossen ist, kann die neue Zone gebootet werden, gleich anschließend wird in Beispiel 9.70 der Status abgefragt.

```
menkar# zoneadm -z mza boot
menkar# zoneadm list -v
zoneadm list -v
  ID NAME             STATUS         PATH
   0 global           running        /
   1 mza              running        /export/zones/mza
```

Beispiel 9.70. Installieren einer Zone, Konfiguration Teil II

Die Zone ist konfiguriert, installiert und wird erfolgreich gestartet. Derweil wurde eine Consolesession auf diese Zone eröffnet, wie in Beispiel 9.71 gezeigt ist. Es ist zu sehen, wie bei diesem ersten Boot die Service Management Facility der Zone neue Manifeste einliest.

```
menkar# zlogin -C mzb
[Connected to zone 'mzb' console]

[NOTICE: Zone booting up]


SunOS Release 5.11 Version snv_23 64-bit
Copyright 1983-2005 Sun Microsystems, Inc.  All rights reserved.
Use is subject to license terms.
Hostname: mzb
Loading smf(5) service descriptions:   108/108
```

Beispiel 9.71. Erste Consoleverbindung zu einer Zone

Anschließend erfolgt, da kein gültiges *sysidcfg* File in das Verzeichnis *zonepath:root/etc* gelegt wurde, die interaktive Abfrage der Systemidentifikation, jedoch in eingeschränktem Umfang, wie es ab Beispiel 9.72 gezeigt ist.

```
Select a Locale

   0. English (C - 7-bit ASCII)
   1. Czech Republic (ISO8859-2)
   2. Hungary (ISO8859-2)
   3. Poland (ISO8859-2)
   4. Poland (UTF-8)
   5. Slovakia (ISO8859-2)
   6. Go Back to Previous Screen

Please make a choice (0 - 6), or press h or ? for help: 0
```

Beispiel 9.72. Zone: Sprachauswahl bei Erststart

Es erfolgt die Abfrage nach dem Terminaltyp für die Systemconsole, hier X TERMINAL, in Besipiel 9.73, wo auch die Erzeugung der rsa/dsa Keys initiiert wird.

```
What type of terminal are you using?
 1) ANSI Standard CRT
 2) DEC VT52
 3) DEC VT100
 4) Heathkit 19
 5) Lear Siegler ADM31
 6) PC Console
 7) Sun Command Tool
 8) Sun Workstation
 9) Televideo 910
 10) Televideo 925
 11) Wyse Model 50
 12) X Terminal Emulator (xterms)
 13) CDE Terminal Emulator (dtterm)
 14) Other
Type the number of your choice and press Return: 12
Creating new rsa public/private host key pair
Creating new dsa public/private host key pair
```

Beispiel 9.73. Terminalumgebung

Trotz der Vorkonfiguration muß an dieser Stelle nochmals die Einstellung des Hostnamens vorgenommen werden, denn Zonename und Hostname können bei Bedarf divergent spezifiziert werden

```
- Host Name for hme0:2 ---------------------------------------------------------

  Enter the host name which identifies this system on the network.  The name
  must be unique within your domain; creating a duplicate host name will cause
  problems on the network after you install Solaris.

  A host name must have at least one character; it can contain letters,
  digits, and minus signs (-).


    Host name for hme0:2 mzb





--------------------------------------------------------------------------------
    F2_Continue    F6_Help
```

Beispiel 9.74. Setzen des Hostnamens

Es folgt eine Bestätigung der Einstellung des Hostnames in Beispiel 9.75.

```
- Confirm Information for hme0:2 ------------------------------------------------

  > Confirm the following information.  If it is correct, press F2;
    to change any information, press F4.


    Host name: mzb










--------------------------------------------------------------------------------
    Esc-2_Continue    Esc-4_Change    Esc-6_Help
```

Beispiel 9.75. Bestätigung des Hostnames

Und dann geht es weiter mit den Security- und Netzwerkinformationsdiensteinstellungen.

```
- Configure Security Policy: ---------------------------------------------------

  Specify Yes if the system will use the Kerberos security mechanism.

  Specify No if this system will use standard UNIX security.

      Configure Kerberos Security
      ---------------------------
      [ ] Yes
      [X] No








--------------------------------------------------------------------------------
    Esc-2_Continue    Esc-6_Help
```

Beispiel 9.76. Kerberos Policy

```
- Confirm Information ----------------------------------------------------------

  > Confirm the following information.  If it is correct, press F2;
    to change any information, press F4.


    Configure Kerberos Security: No










--------------------------------------------------------------------------------
    Esc-2_Continue    Esc-4_Change    Esc-6_Help
```

Beispiel 9.77. Bestätigung der Kerberos Einstellung

Gefolgt von den Einstellungen zu dem zu verwendenden Namensdienstes, hier *none*.

```
- Name Service -----------------------------------------------------------------

  On this screen you must provide name service information.  Select the name
  service that will be used by this system, or None if your system will either
  not use a name service at all, or if it will use a name service not listed
  here.

  > To make a selection, use the arrow keys to highlight the option
    and press Return to mark it [X].


      Name service
      ------------
      [ ] NIS+
      [ ] NIS
      [ ] DNS
      [ ] LDAP
      [X] None

--------------------------------------------------------------------------------
    Esc-2_Continue    Esc-6_Help
```

Beispiel 9.78. Einstellung des Namenservice

```
- Confirm Information -----------------------------------------------------------

  > Confirm the following information.  If it is correct, press F2;
    to change any information, press F4.


    Name service: None












--------------------------------------------------------------------------------
    Esc-2_Continue    Esc-4_Change    Esc-6_Help
```

Beispiel 9.79. Bestätigung der Einstellung

```
- Time Zone ---------------------------------------------------------------------

  On this screen you must specify your default time zone.  You can specify a
  time zone in three ways:  select one of the continents or oceans from the
  list, select other - offset from GMT, or other - specify time zone file.

  > To make a selection, use the arrow keys to highlight the option and
    press Return to mark it [X].


      Continents and Oceans
      ----------------------------------
  -   [ ] Americas
      [ ] Antarctica
      [ ] Arctic Ocean
      [ ] Asia
      [ ] Atlantic Ocean
      [ ] Australia
  v   [X] Europe
--------------------------------------------------------------------------------
    Esc-2_Continue    Esc-4_Change    Esc-6_Help
```

Beispiel 9.80. Einstellung der Zeitzone

```
- Country or Region --------------------------------------------------------------

  > To make a selection, use the arrow keys to highlight the option and
    press Return to mark it [X].


      Countries and Regions
      -------------------------
  ^   [ ] Czech Republic
      [ ] Denmark
      [ ] Estonia
      [ ] Europe - Central
      [ ] Europe - Eastern
      [ ] Europe - Western
      [ ] Finland
      [ ] France
      [X] Germany
  v   [ ] Gibraltar

----------------------------------------------------------------------------------
    Esc-2_Continue    Esc-6_Help
```

Beispiel 9.81. Einstellung der Zeitzone

Es folgt die Bestätigung der Zeitzone.

```
- Confirm Information ------------------------------------------------------------

  > Confirm the following information.  If it is correct, press F2;
    to change any information, press F4.


    Time zone: Europe/Berlin








----------------------------------------------------------------------------------
    Esc-2_Continue    Esc-4_Change    Esc-6_Help
```

Beispiel 9.82. Bestätigung der Zeitzone

Gefolgt von der Abfrage des Rootpasswortes zur initialen Einstellung auf der Zone

```
- Root Password ----------------------------------------------------------------

  Please enter the root password for this system.

  The root password may contain alphanumeric and special characters.  For
  security, the password will not be displayed on the screen as you type it.

  > If you do not want a root password, leave both entries blank.


    Root password:  *****
    Root password:  *****







--------------------------------------------------------------------------------
    Esc-2_Continue    Esc-6_Help
```

Beispiel 9.83. Setzen des Rootpasswortes

Womit dann die Konfiguration vollständig ist. Es erfolgt, wie in Beispiel 9.84, ein automatischer Reboot der frisch installierten und nachkonfigurierten Zone.

```
System identification is completed.

        This system is configured with NFS version 4, which uses a domain
        name that is automatically derived from the system's name services.
        The derived domain name is sufficient for most configurations. In a
        few cases, mounts that cross different domains might cause files to
        be owned by "nobody" due to the lack of a common domain name.

        Do you need to override the system's default NFS version 4 domain
        name (yes/no) ? [no] :

        For more information about how the NFS version 4 default domain
        name is derived and its impact, refer to the man pages for nfs(4)
        and nfsmapid(1m), and the System Administration Guide: Network
        Services.

rebooting system due to change(s) in /etc/default/init
```

Beispiel 9.84. Neustart

```
[NOTICE: Zone rebooting]

SunOS Release 5.11 Version snv_23 64-bit
Copyright 1983-2005 Sun Microsystems, Inc.  All rights reserved.
Use is subject to license terms.
Hostname: mzb

mzb console login:
Jan 23 02:59:05 svc.startd[7792]: ↙...
      ↪ svc:/system/filesystem/volfs:default: ↙...
      ↪ Method "/lib/svc/method/svc-volfs start" ↙...
      ↪ failed with exit status 95.
Jan 23 02:59:05 svc.startd[7792]: ↙...
      ↪ system/filesystem/volfs:default failed fatally
Jan 23 02:59:10 mzb sendmail[7992]: ↙...
      ↪ My unqualified host name (mzb) unknown; sleeping for retry
```

Beispiel 9.85. Fortsetzung des automatischen Rebootes der Zone

Wie in Beispiel 9.85 zu sehen, sind Dienste gestartet worden, die in einer Zone zunächst nicht zu vermuten waren: Vold und Sendmail. Sie können nach der Anmeldung auf der Zonensystemconsole durch *svcadm disable volfs* und vielleicht noch *svcadm disable sendmail* gestoppt werden.

9.12.3 Aufsetzen einer Zone, teilmanuell

Der geführte Weg des Aufsetzens ist sehr langwierig und durch viel Interaktion stark gebremst. SUN bietet in seinen Unterlagen die Nutzung einses Scriptes an, das über das Kommandofilefrontend von *zonecfg* arbeitet. Es geht jedoch auch noch schneller. Dazu ist wie folgt zu verfahren:

1. Es sind Hostnamen und IP-Adresse in der */etc/hosts* der Global Zone einzutragen:

   ```
   menkar# cat >>/etc/hosts
   10.10.100.76  mzg
   ^D
   ```

2. Es ist das Arbeitsverzeichnis für die Zone mit korrekten Zugriffsrechten zu erzeugen:

   ```
   menkar# mkdir -p  /export/zones/mzg
   menkar# chmod 700 /export/zones/mzg
   ```

3. Es ist eine Arbeitsumgebung in das erstellte Rootverzeichnis zu kopieren. Am einfachsten aus einer nicht gestarteten Zone per *tar*:

   ```
   menkar# cd /export/zones/mza
   menkar# tar cf - root| (cd ../mza&& tar xf -)
   ```

(Bei der Verwendung von *tar(1M)* sollte die Zone mza stehen, da sonst die offenen Dateien aus dem ctfs[11] beliebig "Inhalt" nachliefern, oder man verwendet *ufsdump(1M)/ufsrestore(1M)*).

4. Es ist die IP-Adresse und der Hostname in dem Changerootenvironment zu korrigieren:

```
menkar# cd /export/zones/mzg/root/etc
menkar# cat > nodename
mzg
^D
menkar# cat >> hosts
10.10.100.76  mzg
^D
```

5. Es ist das Zonekonfigurationsfile zu erstellen und in der Konfigurationszeile zur Zone, zum Pfad etc. die korrekten Angaben einzutragen, dazu kommt die Eintragung der richtigen IP-Adresse im XML File `--> vi /etc/zones/mzg.xml`.
6. Es ist das Indexfile in */etc/zones/index* der Global Zone anzupassen. Wenn besipielsweise das Konfigurationsfile *mzg.xml* folgenden Eintrag enthält:

```
<zone name="mzg" zonepath="/export/zones/mzg" autoboot="true">
```

So ist in das Indexfile folgende Zeile einzutragen:

```
mzg:installed:/export/zones/mzg
```

7. Die Zone ist zu Booten mit *zoneadm -z mzg boot*, fertig.

In der Praxis hat dieses Verfahren ausgereicht, Zeit gespart und funktioniert. Wer dennoch bei der Sun supporteten Lösung bleiben will ist damit zumindest auf der sicheren Seite, wenn auch nicht gerade auf der schnellsten.

9.12.4 Einige Besonderheiten in Zones

So genannte nonglobal Zones sind etwas anders konfiguriert als die Global Zone. Insbesondere ergeben sich Unterschiede aus dem Device- und Filesystemhandling etc.

vfstab Alle durch die Zonefilekonfiguration definierten Mounts und Loopbackmounts sind nicht in die *vfstab* der nonglobal Zone eingetragen und sind auch nicht weiter einzutragen, sie werden bereits durch den Zonelayer verwaltet.

[11] Contract Filesystem, siehe Abschnitt 5.2.4, Contract Filesystem, ab Seite 130 und 7.1, Service Management Facility, ab Seite 423

hostname.<if> Es existieren keine Hostname.<interface>Dateien in */etc/*der Zone. Die Konfiguration der Interfaces wird bereits durch den Zonelayer verwaltet.

Netzwerkinteraces Jede Zone für sich hat ein so genanntes Netzwerk Loopbackinterface mit der IP-Adresse 127.0.0.1, jedoch ist dieses Loopbackinterface ein logisches Interface: *lo0:**. Dazu kommt, daß für jede nonglobal Zone je ein logisches Loopbackinterface in der Global Zone bereitgehalten wird (*lo0:1, lo0:2 ...*).

Prinzipiell sollte jede Software auch in Zones laufen. Es stellt sich die Frage nach der “Zoneawareness” der Software.

10

Debugging unter OpenSolaris

Jörg E Schilling

SOLARIS ist vermutlich das UNIX-artige Betriebssystem mit der umfangreichsten und weitgegensten Ausstattung an Debug-Werkzeugen. In diesem Kapitel werden wir versuchen einen Überblick über vorhandene Debug-Hilfsmittel zu geben und ausgewählte Hilfsmittel näher beschreiben.

Dieses Kapitel erhebt nicht den Anspruch der Vollständigkeit. Es ist gedacht, Anstöße dafür zu geben einen Überblick über die vorhandenen Debugging-Werkzeuge zu bekommen und Interesse zu wecken mit eigenem Manualpage Studium selbst eigenes Wissen durch eigene Experimente zu erarbeiten.

10.1 Programme

Die im folgenden beschriebenen Programme sind Bestandteil einer SOLARIS Basis-Installation.

10.1.1 *adb(1)*

Der *adb* ist der klassische UNIX Debugger. Er wurde in den 1970er Jahren von Steve Bourne (dem Autor des Bourne Shell) geschrieben. Er stellt ein verbindendes Glied zwischen allen echten UNIX Plattformen dar.

Der *adb* arbeitet auf Basis der Maschinensprache des jeweiligen Systems. Dadurch ist der *adb* in der Lage Programmabstürze zu untersuchen wo andere Debugger versagen. Der *adb* benötigt keinerlei spezielle Vorbereitung der zu untersuchenden Binaries. Er kommt sogar mit *core* Dateien klar, die von gestripten Binaries stammen.

10.1.2 *coreadm(1)*

Das Programm *coreadm* erlaubt es dem Systemadministrator, aber auch dem normalen Nutzer, festzulegen an welcher Stelle der Betriebssystemkern *core* Dateien deponiert. Dadurch wird es möglich alle *core* Dateien an einer zentralen Stelle zu deponieren und zu verhindern, daß sich *core* Dateien gegenseitig überschreiben, oder tief in der Filesystemhierarchie "verstecken".

10.1.3 *dtrace(1M)*

Das *dtrace* Subsystem ist eines der weitgehensten Debuggingsysteme die man sich vorstellen kann. Mit Hilfe von *dtrace* kann man Programme bis in den Kern verfolgen und man kann nicht nur prozessorientiertes Debugging durchführen. Mit *dtrace* lassen sich z.B. alle Programme auffinden, die innerhalb eines Zeitraums einen bestimmten Systemaufruf gerufen haben und es lassen sich sogar Zeitmessungen und Statistiken erzeugen.

Der SOLARIS Kern bietet *dtrace* über 40000 Proben die verwendet werden können. Dabei wird die gewöhnliche Ausführung von Programmen nicht verlangsamt solange die *dtrace* Fähigkeit nicht genutzt wird.

10.1.4 *dump(1)*

Das *dump* Programm erlaubt es ausgewählte Teile eines ELF Objektfiles auszugeben. Damit wird es möglich Probleme beim Linken oder beim Auffinden von weiteren dynamischen Objekten zu untersuchen. Eine häufig genutzte Kommandozeile ist dabei:

```
dump -Lv filename
```

um Informationen zum dynamischen Linken zu erfahren. Dabei sind folgende Informationen beachtenswert:

FILTER
SUNW_FILTER Ein Interpreter oder sonstiges Objekt das benötigt wird (z.B. /usr/lib/ld.so.1).

INIT Eine Funktion die zum Start des dynamischen Objekts implizit aufgerufen wird. Damit lassen sich Initialisierungsfunktionen (typischerweise mit dem Namen *_init ") implementieren.*

FINI Eine Funktion die zum Ende implizit aufgerufen wird. Damit lassen sich Exitfunktionen (typischerweise mit dem Namen *_fini ") implementieren.*

NEEDED Hier sind einzelne dynamische Bibliotheken gelistet von denen das aktuelle Objekt abhängt. Das sind typischerweise weitere dynamische Biliotheken.

SONAME	Der Name unter dem die Biliothek gesucht wird. Er wird mit der *ld (1)* Option *-h* gesetzt.
RUNPATH	Der Pfad unter dem weitere Biliotheken die von diesem Objekt abhängen gesucht werden.

10.1.5 *dumpadm(1M)*

Mit diesem Programm kann konfiguriert werden wie das System mit Crashdumps des Kerns umgeht. Damit kann konfiguriert werden was in einem Crashdump, der im Swapdevice zwischengespeichert wird, landet und ob der Crashdump bei einem Reboot automatisch in Dateien gesichert wird.

10.1.6 *elfdump(1)*

Dieses Programm ist in seinen Zielen sehr ähnlich dem Programm *dump*. Dieses Programm ist deutlich neueren Datums als das alte *dump(1)* Kommando. Es erhebt den Anspruch einen Output zu erzeugen der besser durch Menschen lesbar ist als der Output des *dump* Kommandos. Das Äquivalent zu *dump -Lv Objekt* lautet *elfdump -l Objekt.*

10.1.7 *gcore(1)*

Mit dem *gcore* Programm lassen sich Speicherabzüge von noch laufenden Programmen ziehen ohne die betreffenden Programme zu unterbrechen oder abzubrechen. Die damit erzeugten Speicherabzüge lassen sich z.B. verwenden um mit Hilfe eines beliebigen Debuggers "offline" den Programmzustand zum Zeitpunkt der Laufzeit des *gcore* Programms zu analysieren.

10.1.8 *gprof(1)*

Dieses Programm wurde Ende der 1970er Jahre an der Berkeley Universität entwickelt. Es erlaubt den Output eines Programmlaufs zu analysieren der erzeugt wird nachdem das zu untersuchende Programm mit Hilfe der speziellen C-Compiler Option *-xpg* erzeugt wurde. In diesem Fall wird der erzeugte Objektcode vom Compiler so instrumentalisiert, daß zum Beginn jeder Funktion die Funktion *_mcount()* aufgerufen wird. Damit kann die Anzahl der Funktionsaufrufe ermittelt werden. Zusätzlich wird mit Kernelunterstützung zu jedem Clockinterrupt der aktuelle *Prozesscounter-* Wert ermittelt. Die resultiernden Informationen werden am Ende der Laufzeit des zu untersuchenden Programms in einer Datei *gmon.out* archiviert. Aus dieser Datei erzeugt dann ein Lauf des *gprof* Programms Informationen darüber welche Funktion wie oft aufgerufen wurde, wieviel Rechenzeit dazu benötigt wurde und welcher Anteil daran durch welche Unterfunktionen benütigt wurde sowie welcher Anteil an Rechenzeit durch den Aufruf übergeordneter Funktionen verursacht wurde.

Mit dem so erzeugen dynamischen Aufrufbaum lassen sich interessante Informationen zur Umstrukturierung von Programmen und zur Effizienssteigerung gewinnen.

10.1.9 *fsdb(1M)*

Das Program *fsdb* ist eigentlich eine eine Schaar von Filesystemspezifischen Debuggern mit denen man Filesystemstrukturen auf Datenträgern untersuchen und und verändern kann.

Wer nach einem Filesystemcrash kritische Daten wiederbekommen möchte, der sollte im Zweifel nicht unbedacht *fsck -y* aufrufen sondern besser versuchen den Fehler mit *fsck -d -n* zu analysieren und dann mit Hilfe des Filesystemdebuggers von Hand zu reparieren.

10.1.10 *kadb(1M)*

Zwischen SunOS4.0 und Solaris 9 ist dies der Kernel-Debugger. Der *kadb* arbeitet mit dem SunOS Kern auf Basis eines Co-Routinen Konzeptes zusammen und bietet ein Kommandointerface das kompatibel zum *adb* ist. Wenn der *kadb* verwendet werden soll, dann ist der *kadb* anstelle von *unix* zu booten und der *kadb* lädt dann *unix* nach. Ab Solaris 10 ist der *kadb* durch den *kmdb* ersetzt worden.

10.1.11 *kmdb(1)*

Der *kmdb* arbeitet auch nach dem Co-Routinen Konzept, ist aber als nachladbares Modul ausgeführt. Das Kommandointerface ist ähnlich dem des *adb*, aber nicht identisch. Dadurch, daß der *kmdb* als nachladbares Modul ausgeführt ist, kann man sich auch nachdem man gebootet hat entscheiden den Kern mit dem *kmdb* zu debuggen. Um dies zu erreichen ruft man mit der notwendigen Berechtigung

```
mdb -K
```

auf. Dabei ist zu beachten, daß man zu diesem Zeitpunkt Zugang zur realen Console haben muß (X darf also nicht laufen), denn nach dem Laden des *kmdb* landet man im *kmdb(1)* Prompt und muß den Kern durch Eingabe von

```
:c
```

weiterlaufen lassen. Um bei laufendem Kern wieder in den Kernel Debugger zu kommen, muß man

- auf Sparc basierten Systemen
  `L1 a`
  eingeben und
- bei x86 oder x64 basierten Systemen
  `F1 a`
  eingeben.

Gemeint ist damit das gleichzeitige Drücken der Funktionstaste "`F1`" (respektive "`L1`", alias "`Stop`"), mit dem Buchstaben "`a`".

10.1.12 *lari(1)*

Mit dem *lari* Programm können Laufzeit-Untersuchungen des dynamischen Linkinterfaces von Programmen vorgenommen werden.

Das Programm *lari(1)* sollte im Zusammenhang mit den anderen Programmen *moe(1)* und *crle(1)* gesehen werden, denn Larry, Moe und Curly bildeten in den 1930er bis 1950er Jahren ein amerikanisches Film-Komikertrio ("The Three Stooges"), siehe auch die Manualpage zu *group(4)*.

10.1.13 *ldd(1)*

Mit dem *ldd* Programm können dynamische Link Abhängigkeiten untersucht werden. In der einfachsten Form können damit alle dynanischen Bibliotheken gesucht werden die ein Programm benötigt.

Das Programm *ldd* implementiert viele interessante Optionen. Erwähnenswert ist noch die *-v* Option, die hilft die benötigten Versionen der Bibliotheksinterfaces zu erfahren.

10.1.14 *mdb(1)*

Der *mdb* ist eine Debugger-Neuimplementierung nach den Grundideen des *adb*. In der Tat wird unter SOLARIS 8 oder neuer, das Programm *adb* durch eine Emulation mit Hilfe des *mdb* implementiert.

Wesentliche Erweiterungen gegenüber dem *adb* sind eine cursororientiert editierbare History sowie viele neue Kommandos.

10.1.15 *nm(1)*

Mit dem *nm(1)* Programm kann die *namelist* eines nicht gestrippten Programmes aufgelistet werden. Damit ist es möglich, sowohl Typ als auch Größe zu erfahren sowie festzustellen ob ein Symbol global oder nur lokal gesehen werden kann.

```
# ldd /opt/schily/bin/cdrecord
librscg.so.1 =>         /opt/schily/lib/librscg.so.1
libscg.so.1 =>          /opt/schily/lib/libscg.so.1
libvolmgt.so.1 =>       /usr/lib/libvolmgt.so.1
libedc_ecc.so.1 =>      /opt/schily/lib/libedc_ecc.so.1
libdeflt.so.1 =>        /opt/schily/lib/libdeflt.so.1
libschily.so.1 =>       /opt/schily/lib/libschily.so.1
libsocket.so.1 =>       /usr/lib/libsocket.so.1
libnsl.so.1 =>          /usr/lib/libnsl.so.1
libdl.so.1 =>           /usr/lib/libdl.so.1
libc.so.1 =>            /usr/lib/libc.so.1
libadm.so.1 =>          /usr/lib/libadm.so.1
libmp.so.2 =>           /usr/lib/libmp.so.2
libmd5.so.1 =>          /usr/lib/libmd5.so.1
libscf.so.1 =>          /usr/lib/libscf.so.1
libuutil.so.1 =>        /usr/lib/libuutil.so.1
libm.so.2 =>            /usr/lib/libm.so.2
libgen.so.1 =>          /usr/lib/libgen.so.1
```

Beispiel 10.1. Anzeige der benötigten dynamischen Libraries eines Programmes

10.1.16 *Proc-Tools*

Bei den Proc-Tools handelt es sich um Programme die unter Verwendung der Interface des Proc-Filesystems Informationen über laufende Programme liefern.

10.1.16.1 *pcred(1)*

Mit dem *pcred* Programm lassen sich die Üser Credentials" von laufenden Programmen auflisten. Die dadurch zugängliche Information ist in etwa mit den Informationen vergleichbar die das *id (1)* Programm liefert. Zusätzlich läßt sich allerdings die so genannte *saved uid* und die *saved gid* ermitteln. Dabei handelt es sich um die ID, die ein Programm direkt nach einem *suid* oder *sgid* Start hatte.

Unterscheidet sich die *saved id* von der *effektiven* oder der *realen* ID, dann hat das Programm weiterhin die Möglichkeit mit Hilfe von *seteuid (2)* bzw. *setegid (2)* seine aktuellen IDs zu verändern.

Alternativ lassen sich mit dem *pcred* Kommando auch die User- und Group-IDs von laufenden Programmen von außen durch hinreichend privillegierte Nutzer beeinflußen.

10.1.16.2 *pfiles(1)*

Mit Hilfe des *pfiles(1)* Programms lassen sich offene Files von laufenden Programmen auflisten. Da seit Solaris 10 der Betriebssystemkern die Pfadnamen zu offenen Files archiviert und über */proc/<pid>/path/* verfügbar macht, kann *pfiles* auf neueren SOLARIS Versionen auch die Pfadnamen zu den offenen Files auflisten.

10.1.16.3 *pflags(1)*

Mit dem *pflags* Pogramm lassen sich die Trace-Flags, die anstehenden Signale und andere Prozess-Statusinformationen für jeden Kernelthread eines Prozesses auflisten.

10.1.16.4 *pldd(1)*

Mit dem *pldd* Programm lassen sich die dynamischen Bibliotheken, die ein Programm implizit gelinkt hat oder explizit über *dlopen (3C)* angehängt hat, auflisten.

10.1.16.5 *pmap(1)*

Mit dem *pmap* Programm kann der Adreßraum von Prozessen aufgelistet werden. Dabei werden alle einzelnen Bereiche nach Herkunft (Hintergrund-Speicher), Zugriffsrechten, Größe und Ladeadresse aufgelistet werden.

10.1.16.6 *prun(1)*

Mit dem *prun* Kommando können Prozesse, die mit Hilfe des Kommandos *pstop* angehalten wurden, fortgesetzt werden. Die Aufgabe wird dabei nicht mit Hilfe von Signalen sondern über das /proc Debug-Interface durchgeführt.

10.1.16.7 *psig(1)*

Mit dem *psig* Programm werden die Aktionen und Signalhandler von laufenden Prozessen aufgelistet.

10.1.16.8 *pstack(1)*

Mit dem *pstack* Programm kann ein Stacktrace von laufenden Prozessen ausgegeben werden. Die Ausgabe ist vergleichbar mit dem, was man durch Eingabe von

```
$c
```

in *adb* oder *mdb* bekommt. Beachtenswert dabei ist, daß viele Funktionsnamen auch bei gestrippten Binaries aus den Informationen des dynamischen Linkers ermittelt werden können.

10.1.16.9 *pstop(1)*

Mit dem *pstop* Kommando können Prozesse angehalten werden. Die Aufgabe wird dabei nicht mit Hilfe von Signalen sondern über das /proc Debug-Interface durchgeführt.

10.1.16.10 *ptime(1)*

Das *ptime* Kommando ist das einzige Kommando aus der Proc-Tools Gruppe, das nicht auf bereits laufende Prozesse angewandt wird, sondern verwendet wird um neue Prozesse zu starten.

Das *ptime* Kommando ist ähnlich zu verwenden wie das *time(1)* Kommando. Allerdings verwendet das *ptime* Kommando *Microstate-Accounting* und ist daher in der Lage (im Gegensatz zu *time(1)*), reproduzierbare Ergebnisse zu liefern. Während das *time* Kommando die Summe aller Zeiten auch der Kindprozesse auflistet, beziehen sich die Zeiten in der Ausgabe des *ptime* Kommandos nur auf das überwachte Kommando selbst.

10.1.16.11 *ptree(1)*

Das *ptree* Kommando kann als eine spezielisierte Variante des *ps(1)* Kommands gesehen werden. Es kann zwar deutlich weniger Informationen zu den einzelnen Prozessen liefern aber dafür wird eine Baumstruktur der Prozesse ausgegeben, die die Eltern/Kind-Beziehungen wiedergibt.

10.1.16.12 *pwait(1)*

Mit dem *pwait* Kommando kann auf die Terminierung beliebiger Prozesse gewartet werden falls die dazu nötigen Privilegien vorhanden sind. Dabei wird der Prozeß auf den gewartet werden soll nicht ädoptiert", sondern es kann zusätzlich zum eigentlichen Vaterprozess gewartet werden ohne den Vaterprozezess zu beeinflussen.

10.1.16.13 *pwdx(1)*

Mit dem *pwdx* Kommando kann das aktuelle Arbeitsverzeichnis von allen laufenden Prozessen ermittelt werden falls die notwendigen Privilegien vorhanden sind.

10.1.17 *prof(1)*

Das *prof* Kommando ist ein Vorgänger des *gprof* Kommandos. Es erlaubt den Output eines Programmlaufs zu analysieren der erzeugt wird nachdem das zu untersuchende Programm mit Hilfe der speziellen C-Compiler Option

-p erzeugt wurde. Mit Hilfe des *prof* Kommandos läßt sich allerdings nur eine einfache Aufrufübersicht für Funktionen erzeugen und nicht wie beim *gprof* Kommando zusätzlich ein dynamischer Aufrufbaum. Daher ist in jedem Fall das *gprof* Kommando vorzuziehen.

10.1.18 *pvs(1)*

Mit dem *pvs* Kommando lassen sich Versionsinformationen aus Biliotheken extrahieren.

Eine wesentliche neue Eigenschaft des SOLARIS Linkers mit SOLARIS 8 war die Einführung von Versionsinformationen und die Möglichkeit einzelne Symbole nach Abschluß des Linkvorgangs als LOCALßu definieren. Dadurch wird es möglich, den Namensraum von Biliotheken um die Symbole zu bereinigen, die lediglich deshalb "GLOBALßein müßen um eine interne Kommunikation von Funktionen über eine Source-File-Grenze hinaus zu ermöglichen.

Darüberhinaus kann jedem Symbol in einer Bibliothek eine Versionsinformation hinzugefügt werden. Der Linker prüft dabei wenn ein neues Programm gegen eine Bibliothek gelinkt wird, welcher Version der Bibliothek ein Symbol angehört. Die höchste notwendige Versionsnummer wird dann in dem neuen Binray vermerkt. Damit ist es möglich ein Programm, dann sicher auf älteren Versionen eines Betriebssystems laufen zu lasen wenn klar ist, daß eine genügend aktuelle Version der betrefenden Bibliothek auf dem System vorhanden ist.

Mit dem *pvs* Kommando lassen sich die oben beschriebenen Versions-Informationen aus Bibliotheken extrahieren. Wenn man z.B.

```
pvs -dos /usr/lib/libm.so
```

eingibt, dann bekommt man eine vollständige Liste der exportierten Symbole und der dazugehörigen Versionsbezeichner.

10.1.19 *savecore(1M)*

Mit dem *savecore* Kommando kann ein Speicherabzug des Kerns, der sich noch im Swapbereich befindet manuell in Dateien geschrieben werden. Dies ist nicht nötig wenn das System mit Hilfe von *dumpadm* so konfiguriert wurde, daß ein Speicherabzug des Kerns nach einem Reboot automatisch gerettet wird. Wenn ein Speicherabzug des Kerns in Dateien gesichert wird, dann entstehen typischerweise die Dateien *unix.<n>* und *vmcore.<n>*, wobei der numerische Wert variabel ist, und zwei Dateien mit gleicher Nummer jeweils ein Paar bilden.

Wenn man so einen Crash-Dump analysieren will, dann fängt man am Besten damit an, daß man

```
mdb n
```

eingibt (und dabei n durch den aktuellen numerischen Wert ersetzt. Danach bekommt man dann typischerweise eine Meldung, wie sie in Beispiel 10.2 zitiert ist.

```
Loading modules: [ unix krtld genunix ip uhci usba ufs_log ↙...
    ↪ random nfs ptm lofs ipc ]
>
```

Beispiel 10.2. Laden eines Crash-Dumps mit mdb(1)

Hier sollte man sich durch Eingabe von *$c* einen Stacktrace des Kernelstacks zum Zeitpunkt des Crashs ausgeben lassen, wie in Beispiel 10.3 gezeigt..

```
> $c
vfs_remove+0x5e(e187e1e0)
dounmount+0x8c(e187e1e0, 0, e181a738)
umount2+0x109()
_sys_call+0xe5()
```

Beispiel 10.3. Stacktrace

Mit dem Kommando `::status` kann der Beginn der panic-Meldung ausgegeben werden.

10.1.20 *sotruss(1)*

Mit dem *sotruss* Kommando ist es möglich, Aufrufe von Funktionen aus dynamischen Biliotheken zu verfolgen. Für ein einfaches Kommando wie *sleep(1)* sieht die Ausgabe folgendermaßen aus wie in Beispiel 10.4

```
% sotruss sleep 1
sleep     ->   libc.so.1:*atexit(0xbffd5891, 0x0, 0x0)
sleep     ->   libc.so.1:*atexit(0x80509c8, 0xbffd5891, 0x0)
sleep     ->   libc.so.1:*__fpstart(0x2, 0x8047598, 0x80475a4)
sleep     ->   libc.so.1:*setlocale(0x6, 0x8050a4c, 0x804768c)
sleep     ->   libc.so.1:*textdomain(0x8050a3c, 0x804768c, 0x8047554)
sleep     ->   libc.so.1:*getopt(0x2, 0x8047598, 0x8050a38)
sleep     ->   libc.so.1:*signal(0xe, 0x80509a0, 0x804768c)
sleep     ->   libc.so.1:*sleep(0x1, 0x804768c, 0x8047554)
sleep     ->   libc.so.1:*exit(0x0, 0x805074f, 0x80509c8)
```

Beispiel 10.4. Verfolgen von Funktionsaufrufen aus dynamischen Libraries

10.1.21 *truss(1)*

Mit dem *truss* Kommando kann man im Gegensatz zum *sotruss* Kommando die Betriebssystemaufrufe eines Programms auflisten. Wenn wir das oben gegebene Beispiel mit dem *sleep* Aufruf mit *truss* wiederholen würden, dann bekämen wir erheblich mehr Output. Das ist im Falle von *sleep* hauptsächlich von dem dynamischen Bibliotheksinterface verursacht. Der letzte Teil das dazugehörigen Outputs ist in Beispiel 10.5 gezeigt.

```
xstat(2, "/usr/lib/locale/de/de.so.3", 0x080466F8) = 0
resolvepath("/usr/lib/locale/de/de.so.3", ↙...
     ↪  "/usr/lib/locale/de_DE.ISO8859-1/de_DE ↙...
     ↪  .ISO8859-1.so.3", 1023) = 52
sigaction(SIGALRM, 0x080475A0, 0x08047610)      = 0
nanosleep(0x08047620, 0x08047628)               = 0
_exit(0)
```

Beispiel 10.5. Verfolgen der Betriebssystemaufrufe eines Kommandos

Wenn *truss* mit der Option *–ulib* verwendet wird, dann kann zusätzlich das Bibliotheksinterface verfolgt werden. Der korrespondierende Teil der Ausgabe aus *truss -ulibc sleep 1* wird in Beispiel 10.6 dargestellt.

```
/1:     xstat(2, "/usr/lib/locale/de/de.so.3", 0x080466F8) = 0
/1:     resolvepath("/usr/lib/locale/de/de.so.3", ↙...
        ↪  "/usr/lib/locale/de_DE.ISO8859-1/de_DE ↙...
        ↪  .ISO8859-1.so.3", 1023) = 52
/1@1:   -> libc:textdomain()
/1@1:   <- libc:textdomain() = 0x80615c0
/1@1:   -> libc:getopt(0x2, 0x804768c, 0x8050a38)
/1@1:   <- libc:getopt() = -1
/1@1:   -> libc:signal(0xe, 0x80509a0)
/1:     sigaction(SIGALRM, 0x080475A0, 0x08047610)      = 0
/1@1:   <- libc:signal() = 0
/1@1:   -> libc:sleep(0x1)
/1:     nanosleep(0x08047620, 0x08047628)               = 0
/1@1:   <- libc:sleep() = 0
/1@1:   -> libc:exit()
/1:     _exit(0)
```

Beispiel 10.6. Verfolgen der Betriebssystemaufrufe eines Kommandos, unter Einbeziehung des Library Interfaces

10.1.22 *whocalls(1)*

Das *whocalls* Kommando kann verwendet werden um dynamisch das Aufrufverhalten von Programmen zu untersuchen. Um bei unserem *sleep 1* Beispiel zu bleiben, führen wir hier die Ausgabe von *whocalls sleep sleep 1* an:

```
% whocalls sleep sleep 1
sleep(0x1, 0x80476cc, 0x80475a4)
        /usr/bin/sleep:main+0xbe
        /usr/bin/sleep:_start+0x7a
```

Beispiel 10.7. Aufrufverhalten von Programmen

Damit wird gelistet welche Funktion die Funktion *sleep (3)* im Kommando *sleep* aufrufen.

10.1.23 *zdb(1)*

Das *zdb* Programm kann verwendet werden, um das ZFS System[1] zu debuggen. Für weitergehende Informationen empfehlen wir die entsprechenden Manualpages.

10.2 Bibliotheken

Die im folgenden beschriebenen Bibliotheken sind Bestandteil einer SOLARIS Basis-Installation.

10.2.1 *0@0*

Mit dieser Biliothek kann verhindert werden daß ein Programm abstürzt weil es eine Nullpointerdereferenzierung durchgeführt hat. Nach C-Standard ist die Dereferenzierung von Nullpointern unzulässig und führt zum Programmabsturz. Programme, die unter Betriebssystemen entwickelt wurden bei denen das nicht der Fall ist (z.B. Linux) stürzen daher oft unvermittelt auf SOLARIS ab. Die Bibliothek *0@0.so.1* mappt eine genullte Seite auf die Adresse 0 und macht dadurch Nullpointerdereferenzierungen nicht fatal. Wenn man auf einfache Weise verifizieren will, ob ein Programmabsturz auf eine Nullpointerdereferenzierung zurückzuführen ist, dann kann man das Programm probeweise auf folgende Weise starten:

```
LD_PRELOAD=0@0.so.1 programm
```

Wenn es nun fehlerfrei läuft, dann ist der Beweis erbracht.

[1] ZFS ist in Abschnitt 5.16 ab Seite 291 beschrieben.

10.2.2 *libmapmalloc*

Diese alternative *malloc()* Implementierung implementiert die *malloc* Funktionen nicht durch den Systemaufruf *sbrk()* sondern durch einen Aufruf von *mmap()*. Wird diese Biliothek durch den Aufruf von

```
LD_PRELOAD=libmapmalloc.so programm
```

einen Programm aufgezwungen, dann ist bei diesem Programm sichergestellt, daß ein Aufruf von *free()* auch den durch das Programm infolge eines *malloc()* Aufrufes belegten Speicherplatz wieder freigibt.

Da der X-Server unter SOLARIS mit dieser Bibliothek arbeitet, "schrumpft" er wieder, nachdem ein großer X-Client (z.B. ein Netscape Binary das bekanntermaßen ohne Grenzen wächst) beendet wurde.

10.2.3 *libumem*

Mit Hilfe der *libumem* in Verbindung mit dem *mdb* lassen sich viele Speicherverwaltungsfehler auffinden, ohne dazu gezwungen zu sein, dafür ein Werkzeug wie z.B. *Purify*[2] zu erwerben. Dabei überwacht die *libumem* die Verwendung des allozierten Speichers und bringt das Programm im Falle daß ein Problem entdeckt wurde zum Absturz. Mit Hilfe von Umgebungsvariablen läßt sich dabei die Funktion steuern.

Zur Demonstration der Arbeitsweise nehmen wir als Beispiel einen Debug-Lauf der real am Programm *mkisofs(1)* im Jahre 2004 durchgeführt wurde:

```
LD_PRELOAD=libumem.so.1 UMEM_DEBUG=default UMEM_LOGGING=transaction \
 mkisofs -hfs -graft-points -o /tmp/foo.raw -path-list=/tmp/pathlist
```

Beispiel 10.8. Debuglauf von *mkisofs(1)* mit der *libumem*

Nachdem das Programm durch *libumem* abgebrochen wurde, wird es in Beispiel 10.8 mit Hilfe von *mdb* untersucht:

Wie man leicht sieht, wurde beim Aufruf von *free()* aus der Funktion *free_one_directory()* erkannt, daß der freizugebene Puffer ungültig war oder überschrieben wurde. Die Ausgabe der Begründung bekommt man durch den Aufruf des *mdb* Debug-Kommandos *::umem_status* .

10.2.4 *watchmalloc*

Diese alternative Debug-Malloc Bibliothek ist etwas älter als *libumem*. Sie ist eher auf durch Fehlbenutzung ausgelöste Probleme optimiert, während die libumem eher für das Auffinden von Speicherbereichsverletzungen optimiert

[2] `http://www.ibm.com/software/awdtools/purifyplus/`

```
% mdb mkisofs/OBJ/i386-sunos5-gcc/mkisofs core-mkisofs-12147
Loading modules: [ libumem.so.1 libc.so.1 ld.so.1 ]
> $c
libc.so.1`_kill+0xc(6)
libumem.so.1`umem_do_abort+0x2d()
libumem.so.1`umem_err_recoverable+0x49(ddb8c548, 8112ef0, ddb8c558)
libumem.so.1`free+0x4c(8112ef0, 80449b8, dda3f8e5, ddba2000)
free_one_directory+0xb1(8112e80, 80dceb0, 80449ec, 800)
free_directories+0x19(8112e80, 80dceb0, 8044a50, 8062405)
free_directories+0x2d()
dirtree_cleanup+0x14(80dceb0, 3, 8047040, 805bed3)
main+0x3324(6, 8047068, 8047084)
_start+0x57()
> ::umem_status
Status:          ready and active
Concurrency:     1
Logs:            transaction=64k
Message buffer:
free(8112ef0): invalid or corrupted buffer
stack trace:
libumem.so.1'?? (0xddb82f20)
libumem.so.1'free+0x4c
mkisofs'?? (0x8060ffd)
mkisofs'?? (0x806103d)
mkisofs'?? (0x8061051)
mkisofs'?? (0x8062664)
mkisofs'main+0x3324
mkisofs'_start+0x57
```

Beispiel 10.9. Analyse des Debuglaufes aus Beispiel 10.8

wurde. Auch die *watchmalloc* Bibliothek kann durch Umgebungsvariablen gesteuert werden. Sie ist in der Lage, das fehlerhafte Programm an den problematischen Stellen anzuhalten, so daß der Debugger (z.B. mdb) dann das noch lauffähige Programm debuggen kann.

10.3 Debugging als Bestandteil der Sun Compiler

Die folgenden Programme sind nicht in einer SOLARIS Basis-Installation verfübar, lassen sich jedoch durch Installation der kostenlosen SUN *Studio Compiler* Suite verfügbar machen.

10.3.1 *ctrace*

Mit dem *ctrace* Programm lassen sich einzelne C-Quelldateien so instrumentalisieren, daß das Programm wenn es nachher laufengelassen wird die Quellcode Zeilen sowie die dazugehörigen Zeilennummern ausgibt.

10.3.2 *dbx*

Der Debugger *dbx* unterscheidet sich im Wesentlichen dadurch von *adb* und *mdb*, daß der *dbx* ein quellcodeorientierter Debugger ist. Um die quellcoderelevanten Eigenschaften nutzen zu können, muß man allerdings die zu untersuchenden Programme mit einer speziellen C-Compiler Option übersetzen. Durch die Verwendung der Option *-g* erzeugt der C-Compiler spezielle erweiterte Debugsymbole für die ELF Objekte.

10.4 Simple Authentication and Security Layer, SASL

Rolf M Dietze

Mit SolarisExpress wird eine SASL[3] Implementation ausgeliefert, die, basiert auf der Cyrus SASL Implementation mit Anpassungen, folgende Dienste bietet:

- Auflistung der einer Applikation zur Verfügung stehenden Plug-In Module.
- Laden aller bereitgehaltenen Plug-In Module.
- Listenbasierte Auswahl des besten Verfahrens für eine Authentisierungsanfrage einer Applikation unter Bestimmung und Berücksichtigung relevanter Sichereitsoptionen zur Unterstützung.
- Weitergabe von Authentisierungsdaten zwischen Applikation und Authetisierungsverfahren.
- Rückverfolgbarkeit einer Authentisierung zur Applikation.

Die SASL-Librarymodule und das Konfigurationsfile befinden sich im Filesystem an den in Abbildung 10.1 beschrieben Verzeichnissen.

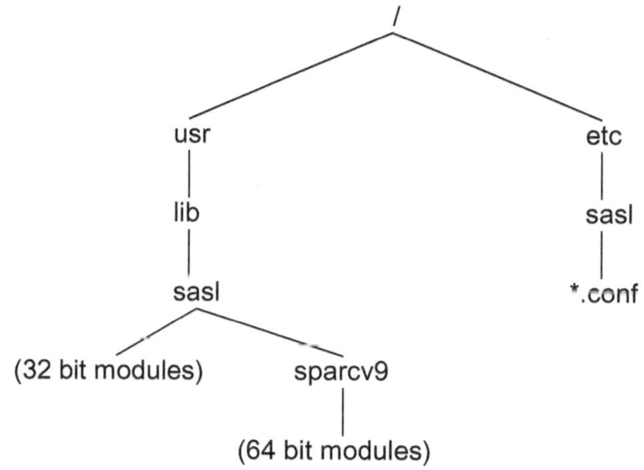

Abb. 10.1. SASL Filesystem Tree

Da seitens Solaris nur die *libsasl(3LIB)* und Unterstützung für CRAM-MD5, DIGEST-MD5, GSSAPI und ein PLAIN-Support geliefert werden und keine Plug-Ins für *auxprop* noch *dalauthd* oder *pwcheck* geliefert werden verbleibt die Beschreibung der konfigurationsfilebasierten Konfiguration durch nachfolgend aufgelistete Optionen in */etc/sasl/<application>.conf*:

[3] Myers (RFC2222, Simple Authentication and Security Layer (SASL) 1997)

auto_transition: Automatische Überführung der Benutzerinteraktion an weitere Mechnaismen nach erfolgreicher Authetifizierung.
auxprop_login: Auflistung zusätzlich benutzbarer Plug-Ins.
canon_user_plugin: Verwendung des canon_user Plug-In.
log_level: Festlegung des zu Verwendenden serverseitigen Logging-Levels.
mech_list: Auflistung der serverapplikationsseitig zulässigen Mechanismen.
pwcheck_method: Auflistung der Passwortverifikationsmechanismen.
reauth_timeout: Spezifiziert für das DIGEST-MD5 Plug-In die cachebare Zeit der Authetifizierungsinformationen in Minuten. Ein Wert von "0" schaltet den Mechanismus aus.

Anzumerken ist, daß zur Zeit (SOLARIS 5.11 snv_23) für pwcheck_method nur *auxprop* zugelassen ist.

11

Solaris Benutzerinterface

Das Benutzerinterface einer OPENSOLARIS Maschine bedarf einer gewissen Grundkenntnis beim Benutzer. Zum einen werden diverse GUI Systeme, die alle X WINDOWS basiert sind, unterstützt, zum anderen gibt es das reine kommandozeilenbasierte Benutzerinterface. Will man mit einem UNIX Rechnersystem ernsthaft arbeiten, führt nichts an dem kommandozeilenbasierten Benutzerinterface vorbei. Dies mag den GUI-gewöhnten Benutzer zunächst stören, auch mag angemerkt werden, es gäbe Webadministrationstools oder die durch SUNSOLARIS gelieferten GUIs diversester Strukturen, will man jedoch ein hohes Maß an Verfügbarkeit erreichen, muß man im Fehlerfall das Handwerkszeug kennen. Es gibt sehr wenig Notwendigkeiten ein UNIX System neu zu booten, oftmals ist es nur eine Frage der Bequemlichkeit oder der Unkenntnis der Zusammenhänge und Abhängigkeiten, die einen Benutzer veranlassen, einen Reboot einzuleiten. Dazu kommt die fehlende Nachvollziehbarkeit der Aktionen eines GUIs und damit die fehlende Übersicht über die Aktionen, die man anklickt. Wenn es jedoch wirklich zu Situationen kommt, in denen man im Singleuser Betrieb, mit überraschend wenig Komfort an einer rein textbasierten Console sitzt und sich um die Fehlerbeseitigung bemühen darf, steht in der Regel kein einziges der liebgewordenen GUI-Tools zur Verfügung. Aus diesem Grund wirde in diesem Handbuch generell das Arbeiten auf der Kommandozeile und ohne GUIs beschrieben.

In diesem Kapitel wird für denjenigen, dem die Benutzung eines kommadozeilenbasierten Benutzerinterfaces noch fremd ist, in kleinen nachvollziehbaren Schritten das Arbeiten mit Shells, das sind die UNIX Kommandointerpreter, dargelegt. Es haben sich im Laufe der Zeit verschiedene Shells entwickelt, mit unterschiedlichem Komfort und unterschiedlichem Verhalten. Hier werden die beiden wesentlichen Shells im kommerziellen UNIX Bereich vorgeführt, da diese entsprechenden Support bieten. Es liegt in der Natur des UNIX Systems, daß sich ein Benutzer die Shell mit der er arbeiten möchte aussuchen kann und an seine Bedürfnisse anpassen kann. In Situationen, in denen ein System jedoch von CD-ROM oder über ein Netzwerk gestartet wird oder in einem Singleuserwartungsmodus ist, steht in der Regel nur das Defaultenvironment zur Verfügung. Wer mit dem Defaultenvironment arbeiten kann ist denjenigen, die in einer solchen Situation anfangen ihre gewohnten Tools irgendwoher zu laden und sich die Shellumgebung anzupasse, in der Regel weit überlegen. Einstellbar und anpassbar ist (fast) alles...

In der Umgebung von Produktivsystemen wird man oftmals leider komplexe Software Systeme von Drittanbietern vorfinden, die sich darauf verlassen eine bestimmte Shell in einer bestimmten Grundkonfiguration, die dem Softwareantwickler gefallen hat und im Prinzip keinen Anspruch auf Allgemeingültigkeit erhebt. Es ist daher leider unabdingbar auch mit ungewohnten Shells und Shellumgebungen arbeiten zu können.

Zunächst jedoch zur Struktur der Anmeldung, dem Arbeiten mit einer Shell im Allgemeinen und zu Sonderbedeutungen von einigen Characters, die im UNIX Umfeld immer für Spaß sorgen, auf der anderen Seite die Mächtigkeit der Funktion von Tools wesentlich erhöhen. Wobei Tools in diesem Buch selten Popups generieren.

11.1 Benutzeranmeldung auf der Kommandozeile

Der Zugang zu Rechnersystemen, genauer die Anmeldung an einem Rechner kann über zwei Wege erfolgen:

lokaler Login: Anmeldung direkt an einer Dialogstation des Rechners auf dem gearbeitet werden soll.
remote Login: Anmeldung an einem Rechner über eine Netzwerkverbindung

Die beiden Arten der Anmeldung unterscheiden sich insbesondere was die Authentifizierung angeht in einigen Punkten. Ansonsten sind sie relativ identisch. In beiden Fällen findet eine Abfrage von UserID und Passwort statt und erst nach erfolgter Identifikation und Authentifikation wird für den Benutzer eine Shell oder ein anderes initiales Programm gestartet. Im Fall einer Shell werden entsprechend der im Kapitel Shells die Resourcefiles abgearbeitet, siehe hierzu auch Tabelle 11.3 auf Seite 853 zu den Initialisierungsfiles der Bourne Shell, und Tabelle 11.6 auf Seite 886 zu den Initialisierungsfiles der C-Shell.

An dieser Stelle wird zunächst der Anmeldedialog und Zugang an einer lokalen Maschine per Kommandozeile und anschließend der Zugang über Netzwerk dargelegt.

11.2 Lokale Anmeldung an einer Solaris-Maschine

Eine Anmeldung zum Dialogbetrieb an einer SOLARIS Maschine erfolgt an einem Terminal, über ein Terminal an einem Terminalconcentrator, an der

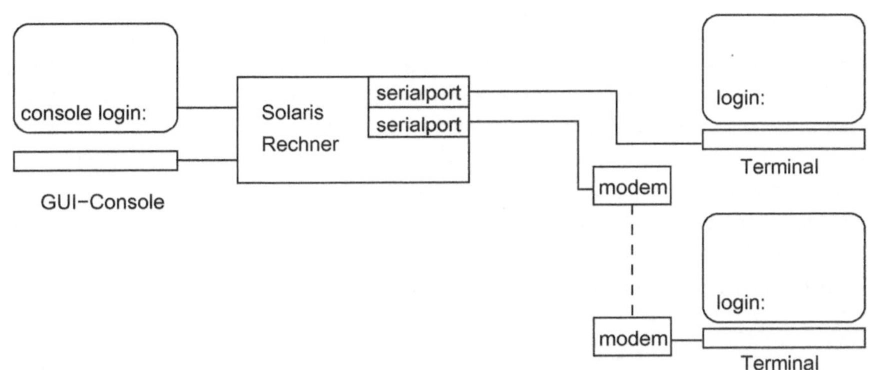

Abb. 11.1. local Login

Systemconsole, an der graphischen Systemconsole, kurz an einer Dialogstation, die direkt mit dem Zielrechner verbunden ist, wie in Abbildung 11.1 skizziert.

Die Anmeldung an lokalen Dialogstation erfolgt durch Eingabe des Benutzernamens wie er in der */etc/passwd* des Rechners oder in einem Netzwerkidentifikationsdiest steht. Wenn zu diesem Benutzer ein Passwort gesetzt ist, ist dieses bei Aufforderung einzugeben:

```
login: dhs
Password:
Last login: Mon Apr  5 17:40:12 from :3
Sun Microsystems Inc.   SunOS 5.10.1    snv_10  October 2007
0 1 dhs@nx1>
```

Beispiel 11.1. Login an einem ASCII-Terminal

Jetzt sind alle Environmentvariablen gesetzt, History aktiviert etc., soweit es Administrator und/oder Benutzer in den entsprechenden Initialisierungsfiles eingerichtet und konfiguriert haben. Zu beachten ist bei "browsenden" Shells, wie etwa *csh(1)*, *tcsh(1)* und anderen, daß alle Verzeichnisse im Suchpfad für ausführbare Programme vorher eingelesen werden um die entsprechende Hash-Tabelle aufzubauen, und alle in den Resourcefiles gestarteten Programme, sei es ein kleines "Hallo"-Shellscript, sei es eine Liste aller eingeloggter Benutzer der eigenen Arbeitsgruppe erst eingelesen und gestartet werden. All dies braucht Zeit und kann, wenn in einem NFS-Environment der entsprechende Server (bzw. einer der Server, die über den Suchpfad angesprochen werden) nicht erreichbar ist, Gimmick-Script oder Programm, das man allzu gerne beim Login startet liegt, zur Folge haben, daß der Login sehr lange dauert, vielleicht auch nicht vollständig durchgeführt wird.

Zur Warnung: Wenn eine Loginprozedur an einem physikalischen Dialoggerät, Terminal, Console, etc. , nicht bis zum Prompt führt und sich der Abarbeitungsprozess der eigen login-Scripte nicht mit beispielsweise CTRL-C abbrechen läßt, ist der Loginprozess nicht abgeschlossen. Es dann nicht möglich durch Tippen irgendeines Kommandos die eigene Anmeldung abzubrechen. Vielmehr wird, wenn alle Bedingungen in der nächsten Zeit erfüllt sind und der Server wieder erreichbar ist, der Loginprozess weiter durchgeführt. Auch wenn der Benutzer inzwischen ungeduldig gegangen ist. Ein Abschalten des Terminals hilft selbstverständlich nicht!

11.3 Anmeldung an einer Solaris Maschine über Netz

Im Gegensatz zu einer Anmeldung an einer Maschine an einem lokal an die betreffende Maschine angebundenem Dialoggerät ist eine Anmeldung über Netzwerkverbindung zu dem Zielrechner etwas komfortabler.

Eine Anmeldung über das Netzwerk ist immer eine Anmeldung von einem Rechner an einem anderen:

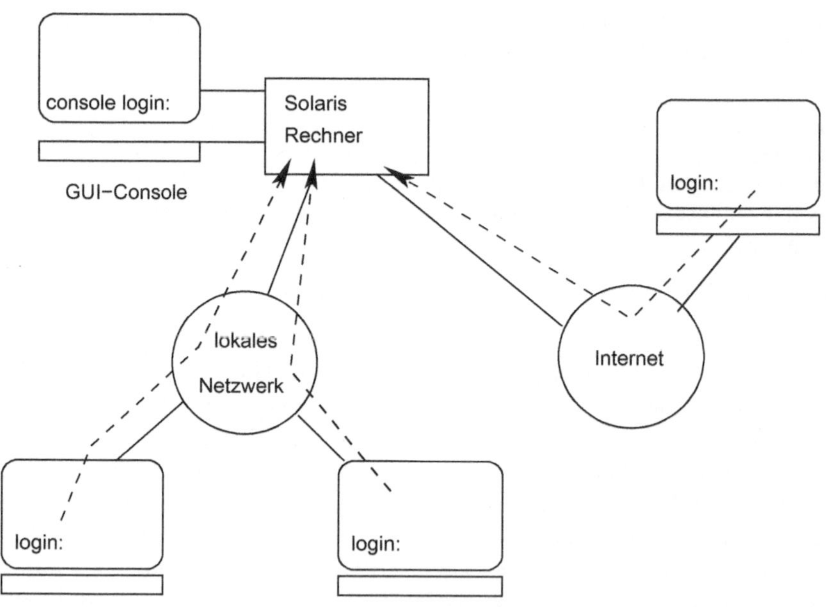

Abb. 11.2. remote Login

Das Besondere hierbei ist, daß der Zielrechner unter Umständen von dem Rechner, von dem man sich anmelden möchte "weiß". Es gibt somit die Möglichkeit, daß das Zielsystem ein Login ohne Passwortabfrage, oder einen

Login ohne Passwortabfrage für eine definierte Gruppe von Benutzern zuläßt. Auch können schon bestimmte Voreinstellungen wie Fenstergröße, Display-Variablen etc. automatisch mit gesetzt werden. All dies geht sehr komfortabel mit den nicht weiter abgesicherten Kommandos *rlogin(1), remsh(1), rsh(1)*, aber auch sicherer mit der *ssh(1)*, welche seit SOLARIS 9 standardmäßig mit an Bord ist, und in vielen Installationen die vorgenannten "r-tools" weitestgehend ersetzt hat.

Ein kleiner Beispiellauf, ein Login von der Node nx3 auf die Node nx4, und das als root:

```
nx3> rsh nx4 -l root
Last login: Sun Jan 11 09:19:19 from wega
Sun Microsystems Inc.   SunOS 5.9       Generic May 2002
nx4# hostname
nx4
nx4#
```

Beispiel 11.2. Remote Login über *rsh(1)*

In diesem Beispiel sogar ohne Passwort, da der lokale Benutzer von nx1 auf der Maschine flyer als "trusted" gilt.

Hier sei nur gezeigt, daß eine entsprechende Freischaltung möglich ist, wenn auch unter Umständen riskant!

Auch kann mit dem Kommando *rsh(1)* ein Kommando auf der Zielmaschine ausgeführt werden und sofort wieder zurückgekehrt werden. Dazu müssen entsprechende Einträge auf der Zielmaschine vorhanden sein, um einen passwortfreien Login zu erlauben:

```
nx3> hostname
nx3
nx3> rsh nx4 -l root hostname
nx4
nx3> hostname
nx3
```

Beispiel 11.3. Remote execution mittels *rsh(1)*

Dieses Beispiel ist recht interressant. Dieser Mechanismus erlaubt es, wie im nächsten Beispiel gezeigt, Verzeichnisse beispielsweise mittels *tar(1)* von einer Node auf eine andere Node zu kopieren. Der Benutzer *root* hat viele Möglichkeiten den Betrieb zu unterbrechen. Dazu gehört auch das unplanmäßige Kopieren von Ressourcedateien, wie in nachfolgendem, aus der Praxis gegriffenen, Beispiel 11.4 gezeigt. Diese Art der Replizierung von Systemkonfigurationsdateien erlaubt beispielsweise in Clusterumgebungen bei nachfolgendem Debugging des Zustandes der Zielmaschine intensive Kenntnisse des Systems zu erwerben. Insbesondere dann, wenn trotz schwerwiegender Administrationsfehler die Maschine nicht rebootet werden darf.

```
nx3> tar cf - /etc | ( rsh target -l root tar xf - )
nx3>
```

Beispiel 11.4. Remote Exekution mittels *rsh(1)*

Es erfolgt keine Warnung, und auch keine sogenannte[1] "Sicherheitsabfrage". Mit diesem Experiment hat man sich vermutlich die Zielmaschine in einen wartungswürdigen Stand versetzt. Wurde doch eben gerade */etc* der lokalen Maschine auf die Zielmaschine kopiert... Es sei bei solchen Experimenten zur Vorsicht angeraten.

In allen Fällen muß der Zielrechner, hier mit dem Hostnamen "*target*", einen remote Zugriff erlauben.

11.3.1 Benutzung von *telnet(1)* zur Anmeldung über Netz

TELNET, siehe Abschnitt 7.10 auf Seite 569, ist neben FTP eines der ältesten Protokolle bzw. Kommunikationsprogramme der TCP/IP Protokollfamilie.

Aufgrund gestiegener Sicherheitsanforderungen wurde es jedoch in mehr und mehr Anwendungsgebieten durch Programme und Protokolle, die Passwörter und Nutzdaten *nicht* im Klartext über das Netz schicken, ersetzt.

Ohne weitere Angaben aufgerufen, startet das *telnet(1)*-Clientprogramm und stellt einen Prompt dar:

```
0 1 dhs@nx1> telnet
telnet>
```

Beispiel 11.5. telnet(1)

Telnet stellt eine Shell zur Verfügung. Die bereitgestellten Kommandos lassen sich durch Eingabe eines Fragezeichens (?) auflisten, gezeigt in Beispiel 11.6.

Es kann nun mit dem Kommando *open* und der Angabe einer IP-Adresse oder eines Hostnames eine Verbindung zu einem Zielrechner geöffnet werden.

---

[1] *sogenannt*, da die für derartige Abfragen bekannten Systeme den Benutzer in der (*falschen*) Sicherheit wiegen, daß "gefährliche" Aktionen vorher abgefangen werden. Hinzu kommt, daß bei entsprechend inflationärem Einsatz dieser Abfragen der beabsichtigte Effekt, eine Reflektion der Aktion beim Benutzer auszulösen, ins Gegenteil verkehrt wird.

```
telnet> ?
Commands may be abbreviated.  Commands are:
close               close current connection
logout              forcibly logout remote user and close the connection
display             display operating parameters
mode                try to enter line or character mode ('mode ?' for more)
open                connect to a site
quit                exit telnet
send                transmit special characters ('send ?' for more)
set                 set operating parameters ('set ?' for more)
unset               unset operating parameters ('unset ?' for more)
status              print status information
toggle              toggle operating parameters ('toggle ?' for more)
slc                 change state of special charaters ('slc ?' for more)
z                   suspend telnet
!                   invoke a subshell
environ             change environment variables ('environ ?' for more)
?                   print help information
<return>            leave command mode
telnet>
```

Beispiel 11.6. Telnet Kommandoübersicht

Eine Anmeldung erfolgt auf dem Zielrechner durch Eingabe von Benutzeraccount und Passwort.
Eine andere Form des Aufrufs von *telnet(1)* enthält gleich den Namen oder die IP-Adresse des Zielrechners beim Aufruf, wie in Beispiel 11.7 gezeigt.

```
0 1 dhs@nx1> telnet athena
Trying 10.10.10.12...
Connected to athena.
Escape character is '^]'.

SunOS 5.9

login:
```

Beispiel 11.7. Telnet Aufruf

11.3.2 Abmeldung

Sowohl eine lokale Anmeldung als auch eine Remoteanmeldung über Netzwerk wird beendet durch beenden der auf dem Zielsystem laufenden Benutzershell:

Bei lokalem login:

```
nx3> exit
```

```
nx3 login:
```

Synonym kann *logout* oder, wenn *ignoreeof* nicht gesetzt ist, das Zeichen CTRL-D verwendet werden.

Bei einem remote Login:

```
nx3> exit
Connection to nx3 closed.
nx4>
```

telnet(1) kann durch die Eingabe des Kommandos *quit* beendet werden.

11.4 Commands und Commandline Usage

Rolf M Dietze

Ein Kommando ist der Aufruf oder die Ausführung eins ausführbaren Programmes oder Scriptes. Ein Aufruf hat die Struktur

command [options] [arguments] [|,<,>command. . .]

Eine solche Kommandoeingabe wird Kommandozeile (command line) genannt. Eine Kommandozeile wird mit der Taste `return` abgeschlossen.

Teile der Kommandozeile werden mit Leerzeichen voneinander getrennt. Das Argument beschreibt auf was sich die Aktion des Kommandos bezieht, in der Regel eine oder mehrere Dateien.

Eine Option modifiziert das Verhalten der Kommandos, und wird zur Abgrenzung von den Argumenten, normalerweise mit einem – eingeleitet. Alle Bestandteile der Kommandozeile sind case-sensitiv, d.h. es wird zwischen Groß-, und Kleinschreibung unterschieden (s.g. case sensitive). Die Groß- und Kleinschreibung folgt der UNIX-Rechtschreibung und ist von politischen Einflüssen zur Rechtschtreibreform unabhängig.

Die Optionen und ihre Auswirkung werden in der Manualpage des jeweiligen Kommandos beschrieben.

UNIX Kommandos werden aufgerufen, nehmen Eingaben von *stdin* entgegen, und geben, so es Ihre Aufgabe ist, Ausgaben nach *stdout* aus. Darüber hinaus wird ein klassisches UNIX Kommando keine Rückfragen oder Rückmeldungen in Form von „OK“ „Are you sure“ oder ähnlichem abfragen sondern seine Aufgabe, so möglich, erfüllen. Dies gilt auch für destruktive Kommandos, wie das Löschen einzelner Files oder das Anlegen einer Partitionstabelle auf der Platte.

Ein UNIX Kommando wird jedoch immer einen *exit code* hinterlassen, aus dem sich entnehmen läßt, ob es erfolgreich durchgeführt wurde. Bei der Verkettung mehrerer Kommandos ist es möglich diesen *return code* auszuwerten, um ein nachfolgendes Kommando in Abhängigkeit vom vorhergehenden auszuführen.

11.4.1 Commandline Usage

Der Kommandointerpreter eines UNIX-Rechners muß hohen Erwartungen des Benutzers bezüglich Komfort, Versabilität, Nachvollziehbarkeit und komplexer Programmaufrufe genügen. Mit der Zeit immer komplexerer GUI-Tools ist diese Anforderung bei "Normalbenutzern" auch mangels Übung stark eingeschränkt. Systementwickler und Administratoren haben durch komplexe Kommandosequenzen jedoch ein sehr mächtiges Instrument in der Hand, das obendrein auch in dem Moment noch funktioniert, wenn beispielsweise das X-Windows-System nicht verfügbar ist, sei es weil der Zugang nur über eine Modemleitung, Telnetverbindung oder irgendeine andere Verbindung, die kein Forwarding graphischer Tools ermöglicht, oder nur weil lokal kein Windowsystem läuft. "Der" Kommandointerpreter ist traditionell die *sh(1)*. Später kamen *csh(1), ksh(1), tcsh(1)* und auch eine komfortable Variante die der *sh(1)* recht ähnlich ist, die *die bash(1)* hinzu.

Alle diese Shells oder Kommandointerpreter, im englischen CLI für Command Line Interpreter, haben gemeinsam, daß sie eingegebene Kommandos von einander trennen müssen. Trennen in dem Sinn, als daß mehrere auf einer Kommandozeile eingegebene Kommandos in ihrer Reihenfolge etwas bewirken sollen und nicht nur das erste Kommando ausgewertet wird oder das letzte oder gar keins. Dazu muß es Delimiter geben, die dem Kommadointerpreter mitteilen, wo ein Kommando endet und wo das nächste anfängt. ";" ist ein solcher Delimiter. Damit sind Kommandosequenzen wie folgt möglich:

```
nx1> date; tar cf /home/ufa00/usr.tar /usr; date
```

Was bringt das, was passiert damit?

Es wird das aktuelle Datum mit Uhrzeit ausgegeben, dann wird */usr* in ein *tar*-Archiv geschrieben und wenn das dann irgendwann fertig ist, wird nochmals Datum und Uhrzeit angegeben. Aus der Differenz der Datumsangaben kann man leicht sehen wie lange der Archivierungsvorgang gedauert hat. Es gibt für solche Fragestellungen auf einer UNIX-Anlage smartere Lösungen, dies soll nur ein simples Beispiel für eine einfache Kommandoreihenfolge sein.

In diesem Kapitel werden Kommandoreihungen wie oben beschrieben, komplexe Kommandosequenzen, das Ein-/Ausgabekonzept, schlicht das Arbeiten mit einem UNIX-Kommandointerpreter.

11.4.1.1 I/O-Kanäle

Stark vereinfacht gibt es einen Eingabekanal, einen Ausgabekanal und einen Fehlerkanal, der nur Ausgaben bekommt.

Wann immer ein Prozeß gestartet wird, bekommt er Handles auf diese drei I/O-Kanäle mitgeliefert. Ein Programm beispielsweise, mit dem sich ein Text editieren läßt, wird gestartet, indem auf der Kommandozeile `vi text` aufgerufen wird. Das Eingeben des Kommandos zum Start des Testeditors ist eine Eingabe in den standard Eingabekanal der Shell. Der *vi(1)* wird gestartet, bekommt die I/O-Kanäle vererbt, und zeigt den Text über *standard out* an. Sollte beispielsweise die Textdatei nicht lesbar sein, so würde dies mit einer Fehlermeldung über *standard error* ausgegeben werden. Damit haben wir die drei I/O-Kanäle, deren durchgehende Einhaltung in der Implementation zusammen mit der Verwendung anderer Metacharakter sich zu einem sehr leistungsfähigen Werkzeug ergänzt:

Kanalnummer	Name	Bedeutung
0	stdin	Standardeingabe in ein Programm
1	stdout	Standardausgabe eines Programms
2	stderr	Fehlerausgabekanal eines Programms

Wie zuvor schon angedeutet, bekommt jedes Programm beim Start diese drei Kanäle mit. Das Programm wird damit immer Eingaben über Kanal 0 erwarten und Ausgaben über Kanal 1 ausgeben. Fehlermeldungen werden über Kanal 2 ausgegeben. Es wird später aufgezeigt, daß diese Aufteilung in *stdout* und *stderr* praktische Bedeutung hat.

Im Zusammenhang mit dem Standardverhalten klassischer UNIX-Programme, die alle Eingaben von *stdin* annehmen, alle Ausgaben nach *stdout* und Fehlermeldungen nach *stderr* ausgeben, lassen sich Kommandozeilenkonstruktionen nutzen, die die Ausgabe eines Programmes in ein anders umleitet. Ein einfaches Beispiel sei hier folgendes Verzeichnis:

```
0 1 dhs@nx1> ls
Cmdline.tex   ea.tex         test.dvi       test.log
```

Mit einer Ausgabeumlenkung:

```
0 1 dhs@nx1> ls > /tmp/file
```

Die Ausgabe von *ls(1)* wurde in die Dateil */tmp/file* umgeleitet, die Datei */tmp/file* wurde bei diesem Kommando erzeugt. Die Datei */tmp/file* läßt sich anzeigen:

```
0 1 dhs@nx1> more /tmp/file
Cmdline.tex
ea.tex
test.dvi
test.log
```

Dazu später mehr.

11.4.1.2 Metacharacters

Tatjana S Heuser

An dieser Stelle soll kurz eine Liste der von Kommandointerpretern erkannten Delimiter, den Trennzeichen, gegeben werden.

Die Zeichen

```
/ | \ ~ ‘ ’ " ? * ; : < > [ ] { } # $ ^ & ! &&
```

haben Sonderbedeutungen. Sie werden teilweise von der Shell selbst expandiert, teils als Delimiter erkannt, teils als Anweisungen bestimmte Aktionen im Hintergrund durchzuführen erkannt. Sie geben an Text auszuwerten oder gerade nicht auszuwerten etc.
Es wird unterschieden in

‘/‘ Delimiter im Filesystem (Pfad-Trennung, siehe Filesystem)

‘&‘ die vor ‘&‘ aufgegebene Kommandoreihe oder das davor aufgebene Einzelkommando wird im “Hintergrund“ gestartet.

‘\‘ Schützt den Folgecharakter vor der Interpretation der Shell (Escape-Zeichen)

‘~‘ Wird von der *csh(1), tcsh(1)* als Shortcut für $HOME interpretiert und entsprechend expandiert. Wird auch von *tip(1)*, *rsh, ssh* und “Verwandten” als Leadin-Charakter als eine Befehlsaufforderung (*tilde-escape*) interpretiert, sofern es am Anfang einer Zeile eingegeben wird.

’ ’ Ein Zeichen zwischen diesen Zeichen wird als Zeichen interpretiert.

```
0 1 dhs@nx1> echo 'date'
date
```

Im Gegensatz dazu:

‘ ‘ Ein String zwischen diesen Zeichen wird ausgeführt

```
0 1 dhs@nx1> echo `date`
Fri Nov 31 09:57:03 MEST 2002
```

" " ein Text zwischen diesen Zeichen wird als String übergeben.

? wird durch die Shell ersetzt durch alle einstelligen Zeichen in dem betreffenden Verzeichnis. So steht `ufa0?` in dem Verzeichnis, in dem alle ufa00 bis ufa10 Verzeichnisse stehen für alle ufa00 bis ufa09. Im Gegensatz dazu:

‘*‘ Wird auf alles expandiert. Das klassische `rm -rf *`, möglichst noch als root-User ausgeführt, ist da ein recht radikales Beispiel. Vorsicht mit unbeabsichtigten Effekten, wenn in einem Verzeichnis, das beispielsweise `.fr .gh .lj .ti` enthält und nun alle `.*` gelöscht werden sollen. Ein `rm -rf .*` löscht auch `..` und folgt dem Pfad! Dies als root-User in irgendeinem SubsubsubsubDirectory kommt immer im root-Verzeichnis an und macht dort weiter. Ein weiterer Klassiker den Rechner von seinem Betriebssystem und störenden Daten radikal zu befreien...

Kommentarzeichen, alles folgende wird nicht ausgewertet.

$ Wird von der Shell für Variablen oder Historyfunktionen verwertet

^ Wird von der CShell zur Substitution bei Kommandoreferenzen aus der History verwendet.

! Wird von der CShell zur Kommandoreferenz aus der History verwendet.

Delimiter

‘|‘ (Pipe-Symbol) beschreibt ein fifo, in den das Kommando vor der Pipe seine Ausgaben schreibt, damit nach Beendigung der Kommandos vor der Pipe das Kommando nach der Pipe diese Ausgaben in der gleichen

Reihenfolge lesen kann, in der sie geschrieben wurden. Ein Beispiel sei: `ls -lR / |more` hierbei wird die Ausgabe von dem *ls*-Kommando dem *more*-Kommando zur seitenweisen Ausgabe übergeben.

';' trennt Kommandos vollständig von einander, siehe auch das Einführungskommando. Es wird sequentiell das Kommando vor ';' und dann das Kommando nach ';' abgearbeitet

'`&&`' hat in etwa die gleiche Funktion wie ';', nur daß das Kommando nach '`&&`' nur dann ausgeführt wird, wenn das Kommando vor '`&&`' einen exit-Status von 0 zurückgeliefert hat.

: wird als Trennzeichen die PATH, MANPATH, LD_LIBRARY_PATH etc. Variablen verwendet

`< >` Ein- und Ausgabeumleitung

`[ ]` Umklammern range-Selections. So beschreibt `[a..d]` alle Zeichen a b c d, die die Shell expandieren kann

11.4.1.3 Regular Expressions

Tatjana S Heuser

Eine Regular Expression ist eine formalisierte Methode TextStrings zu beschreiben, so daß ein Programm die Strings finden kann, die der Beschreibung entsprechen.

Für die effiziente Anwendung der Suchfunktionen in *more, vi, sed, ...* ist das Verständnis dieser auch als Pattern bezeichneten Ausdrücke Voraussetzung.

Für die Formulierung von Regular Expressions werden normale Buchstaben und Metacharacters verwendet. Letztere haben Sonderbedeutungen, die in Tabelle 11.1 aufgelistet werden.
Die in Tabelle 11.1 zusammengefaßten Metacharacters und Rangebezeichner sind durch die folgenden Beispiele recht gut verständlich:

```
0 1 dhs@nx1> ls -l | grep ^d
```

grep sucht alle Einträge aus der Ausgabe von *ls -l* die ein *d* als erstes Zeichen der Zeile haben. d.h. alle Directories.

```
0 1 dhs@nx1> ls  [A-Z]
```

Listet alle Files, die mit einem Großbuchstaben beginnen.

```
0 1 dhs@nx1> ls -l |  grep ^[A-Z]
```

Listet alle Files, die nicht mit einem Großbuchstaben beginnen.

11.4.1.4 Kommandoreihungen und Filter

Rolf M Dietze

Metacharacter	Bedeutung
.	Ein beliebiges einzelnes Zeichen. `ra.` passt auf rar, rad, rat, ...,
`$`	Ende der Zeile.
`^`	Anfang der Zeile.
`*`	Beliebig viele Wiederholungen des davorstehenden Zeichens. a* bedeutet beliebig viele (0-n) Vorkommen des Buchstabens ä”. `.*` steht für beliebig viele beliebige Zeichen. Der Ausdruck `^.*$` passt auf die gesamte Zeile, unabhängig von deren Inhalt.
\	Quoting character, mit dem nachfolgende Metacharactere von ihrer Sonderbedeutung befreit werden. Ein Punkt wird also mittels \. gesucht.
`[]`	Einer der Buchstaben in den Klammern `ra[dt]` passt auf rad oder rat.
`[c1-c2]`	Gibt einen Bereich aus Zeichen an. ra[r-z] passt auf rar, rat, ray, aber nicht auf rad.
`[^c1-c2]`	Negation des übrigen Ausdrucks in den Klammern. Der Ausdruck `[^ ]*` paßt auf beliebig viele Nicht-Leerzeichen, und wird häufig benötigt um Wörter bzw. zusammenhängende Strings zu beschreiben. `[0-9]` Beschreibt jede einstellige Zahl. `[^0-9]` beschreibt alles außer einer Zahl.
`\< \>`	Anfang oder Ende eines Wortes. (Nicht von allen Applikationen unterstützt)
`\( \)`	Der Text, der auf den Ausdruck paßt, der innerhalb der runden Klammern steht, wird in einen Puffer geschrieben und kann daraus mit `\1` ... `\9` abgerufen werden. Bis zu neun Teiltexte können auf diese Weise innerhalb eines Ausdruckes festgehalten und weiter verwendet werden.
|	Veroderung zweier Ausdrücke. (Nicht von allen Applikationen unterstützt)
+	eine oder mehrere Instanzen des vorhergehenden Zeichens. (Nicht von allen Applikationen unterstützt)
?	Null oder eine Instanz des vorhergehenden Zeichens. (Nicht von allen Applikationen unterstützt)

Tabelle 11.1. Sonderbedeutungen der Metacharacter

Mit dem Konzept der I/O-Kanäle *stdin*, *stdout* und *stderror* zusammen mit den zuvor beschriebenen Metacharacters wird ein UNIX-Kommandointerpreter sehr komfortabel, schnell und praktisch.

Dabei wird jeweils die Ausgabe des ersten Kommandos (*stdout*) in die Eingabe des Folgekommandos (*stdin*) geleitet, und dies in Folge nahezu beliebig oft. Damit kommen wir nochmals kurz zu den I/O-Kanälen zurück.

Wie bereits gesagt, können Ein- und Ausgabe von Kommandos mit den Zeichen `<` und `>` umgeleitet werden. Das Zeichen | trennt Kommandos und stellt einen fifo bereit, `&` führt ein Kommando im Hintergrund aus, während `&&` eine weitere Ausführung der restlichen Kommandoszeile nur zuläßt, wenn der exit-Status des Prozesses, der vor `&&` ablief, 0 ist.

Mit dieser Kenntnis und der Information, daß nahezu beliebig viele Kommandos auf einer Kommandozeile getrennt von obigen Metacharacters anreihbar sind, ist der Weg zu sehr komplexen Kommandos bei sinnvoller Anwendung möglich.

Es gibt unterschiedliche Wege der Beschreibung des sehr mächigen Werkzeuges, das eine Shell mit Filtern und Pipes darstellt. Hier sei eine anschauliche graphische Darstellung gewählt, gefolgt von einigen Beispielen. Betrachtet sei in Abbildung 11.3 ein einfaches Programm gemäß Beispiel 11.8.

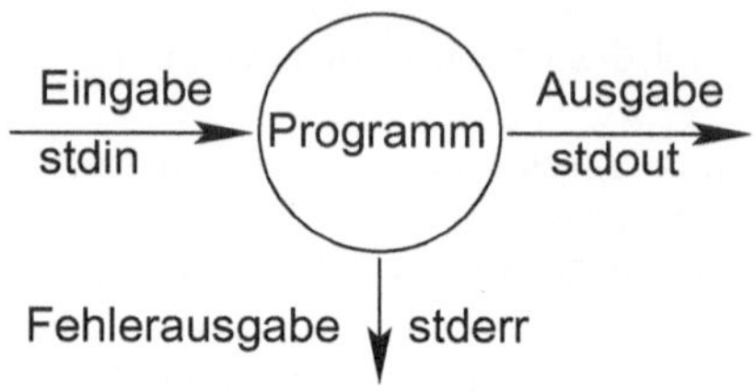

Abb. 11.3. cmdline: Einzelprogramm

Es bekommt seine Eingabe, arbeitet diese ab und gibt das Ergebnis aus oder eine Fehlermeldung. Nur das Ergebnis soll weiterverwendet werden, die Fehlermeldung kann beachtet werden oder ignoriert werden.

```
0 1 dhs@nx1> ls -1
Cmdline.tex
ea.tex
test.dvi
test.log
```

Beispiel 11.8. Einfaches Programm, wie in Abbildung 11.3

Soll nun die Ausgabe weiterverarbeitet werden, so kann die Ausgabe wie in Beispiel 11.9 als Erweiterung von Beispiel 11.8 gezeigt, dem Folgeprogramm als Eingabe dienen, dargestellt in Abbildung 11.4.

```
0 1 dhs@nx1> ls -1 | wc -l
4
```

Beispiel 11.9. Einfache Programmverkettung, wie in Abbildung 11.4

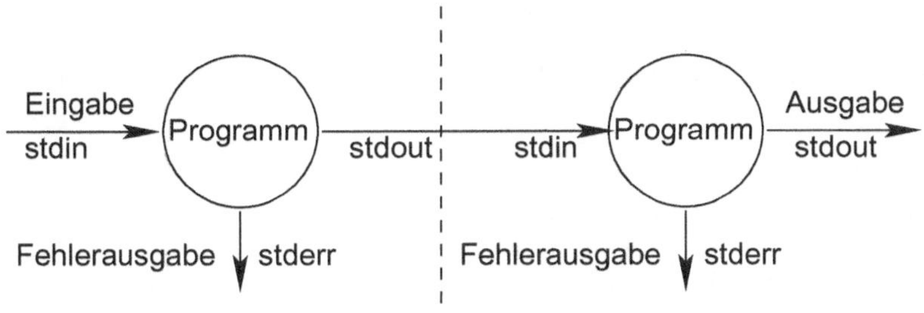

Abb. 11.4. cmdline: Programm zu Programm

Das Beispiel 11.9 hat die Anzahl der Files im lokalen Verzeichnis zusammenfassend angezeigt: `4`. Die Ausgabe des ersten Programmes wurde umgelenkt, und damit dem Benutzer nicht mehr angezeigt.

Es wurde die Ausgabe von `ls -1` als Eingabe dem Programm *wc(1)* übergeben. *wc(1)* zählt Worte, Zeilen und Zeichen; mit der Option *-l* nur Zeilen. Die Ausgabe von `ls -1` hat jedes File in eine eigene Zeile geschrieben, `wc -l` hat die Zeilen gezählt.

Die Ausgabe von *wc -l* aus Beispiel 11.9 (4) läßt sich natürlich wieder , wie in Abbildung 11.5 dargestellt, dem nächsten Programm übergeben. Als Abschluß des kleinen Beispiels wird das Ergebnis in Beispiel 11.10 mittels *lp* dem default-Drucker[2] übergeben, oder, in Beispiel 11.11 in eine Datei geschrieben.

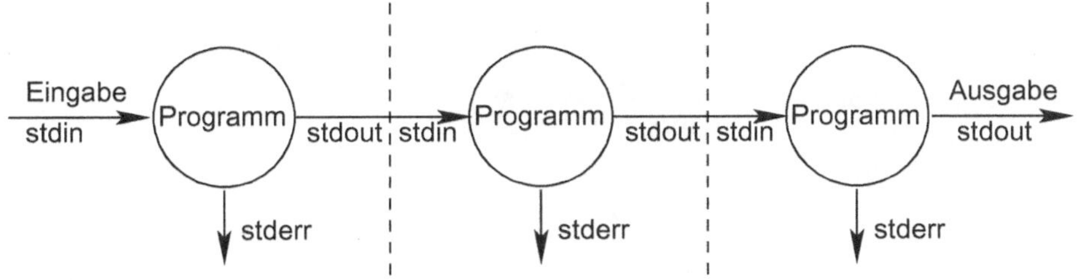

Abb. 11.5. cmdline: Programm zu Programm zu Programm

```
0 1 dhs@nx1> ls -1 | wc -l | lp
request id is tek-96 (1 file)
```

Beispiel 11.10. Fortsetzung der Programmverkettung aus Abbildung 11.4

[2] Und, um Wachs und Papier zu sparen, im nächsten, nicht gezeigten Kommando aus der Queue des ausgeschalteten Wachsmalers wieder entfernt.

```
0 1 dhs@nx1> ls -1 | wc -l >Anzahl
```

Beispiel 11.11. Fortsetzung der Programmverkettung aus Abbildung 11.4

Womit die Ausgabeumleitung > auch an einem Beispiel gezeigt ist: *Nach* der Abarbeitung von `ls -1 | wc -l` wird eine Datei *Anzahl* im aktuelle Verzeichnis erzeugt und das Ergebnis (4) hinein geschrieben.

Diese Art der Kommandoreihung läßt sich soweit erweitern beziehungsweise verlängern, bis der Eingabepuffer der Kommandozeile erschöpft ist.

11.5 Grundlegendes Prozeßhandling einer Shell

Rolf M Dietze

Wenn von einer Shell aus ein Programm aufgerufen wird, so wird in diesem Moment der Prozesskontext der Shell kopiert und in einen neuen Prozesslot eingetragen. Die Shell wartet ab diesem Moment auf Returns des aufgerufenen Programms, des erzeugten Shellprozesses. Der Aufruf

```
nova> ls
```

lässt sich visualisieren wie in Abbildung 11.6 dargestellt.

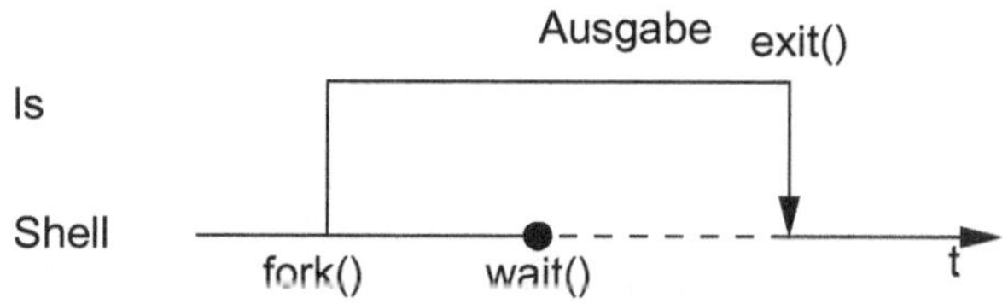

Abb. 11.6. Shell interaktiv

Wenn von einer Shell ein Programm im Hintergrund gestartet wird, etwa mit:

```
nova# rm -rf / &
```

so läßt sich dies mit visualisieren wie in Abbildung 11.7.

D.h. der Benutzer, hier root, kann mit dem im Hintergrund laufenden Löschprozess im Vordergrund unter Verwendung von Programmen wie *ls(1)* beobachten, wie sich sein System auflöst und sich mit *df(1), du(1)* über den freiwerdenden Platteplatz freuen.

Eine Ausführung des Programmes *wait(1)* würde damit die Shell auf waiting setzen, damit sie wie in dem "ls"-Beispiel den Abschluß des Childkommandos abwartet.

Sollte der Benutzer mit ausreichenden Zugriffsrechten (root) rechtzeitig merken, was er gerade ausgelöst hat, so kann er mit dem Kommando *ps(1)*

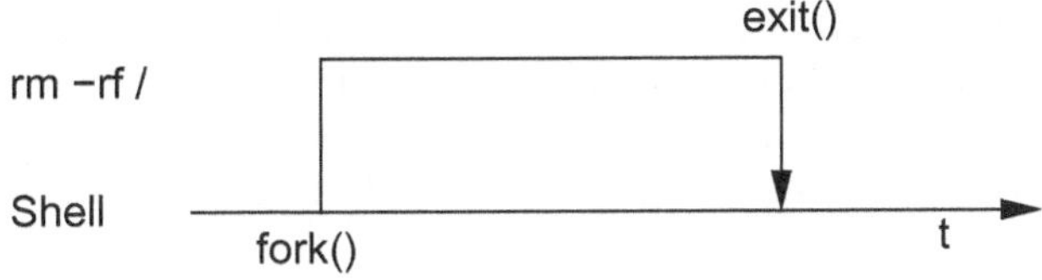

Abb. 11.7. Shell Backgroundjob

die Prozeß ID des *rm*-Prozesses abfragen und mit dem Kommando *kill(1)* diesen Prozeß beenden (wenn sowohl *ps(1), grep(1)* als auch *kill(1)* noch nicht gelöscht wurden:

```
nova# ps -ef grep rm|
...
root   1404     1  0   May 35 pts/0    0:00 /usr/rm -rf /
...
nova# kill -9 1404
```

Bei diesem Beispiel ist ohnehin eine Neuinstallation fällig, aber das passiert jedem irgendwann einmal. Um solche Fehlersituationen abzufangen, wurden die POSIX Standards an das Benutzerverhalten angepasst, wer jedoch auch auf älteren Releases oder anderen nicht POSIX Konformen UNIX Derivaten arbeitet, sollte vorsichtiger sein.

11.6 Shells in der Solaris Systemumgebung

Rolf M Dietze

Nach dem Einloggen wird durch den Prozeß *login* die in der */etc/passwd* verzeichnete *login–shell* des Benutzers gestartet. Diese bekommt, neben einem initialen Environment, die Kontrolle über das Terminal, über das sich der Benutzer eingeloggt hat, übergeben. Die Standardshells unter SOLARIS waren lange Zeit *sh(1)*, *csh(1)* und *ksh(1)*. Die wegen der teilweise komfortableren Benutzung beliebten Shells *tcsh(1)*, *bash(1)* und *zsh(1)* mußten lange Zeit aus Fremdquellen dazugenommen werden, so sie für Benutzer von Interesse waren. Seit SOLARIS 8 wurden diese Shells mitgeliefert, anfänglich teilweise auf der Companion-CD, bei SOLARISEXPRESS 11 gehören sie zur Standardauslieferung.

Die *sh(1)* ist die urtypischste aller Shells. Sie bietet keinerlei Benutzerkomfort wie Kommandohistory, also eine Liste an zuletzt eingegebenen Kommandos, die durch kurze Sonderbefehle wieder aufgerufen werden können, kein Job Control, die für interaktives Arbeiten hilfreich ist, dafür ist sie "true-UNIX". Sie bietet keine Filenamecompletion, jedoch ist "Die Shell" der Kommandointerpreter für Shellscripte, die Scriptsprache schlechthin. Die Bourneshell ist eine nicht browsende Shell, sie legt also keinen exec-Path Hash an. Damit ist sie für den root-Account die Standardshell. Bis SOLARIS 9 sollte die *sh* dringend Standardshell bleiben, anderenfalls ergeben sich interessante Effekte beim Systemstart, denn die Shell des root-Users ist die systemstartende Shell. Ander bei OPENSOLARIS, wo die Service Management Facility das System startet.

Mit der *csh(1)* ist eine Shell hinzugekommen, die Historyfunktionen bietet, Filecompletion, Directorystacks und einen schnellen Zugriff auf ausführbare Programme im Suchpfad, realisiert durch einen Hash über die Directories im Suchpfad. Die *csh(1)* ist also eine browsende Shell.

Gleiches gilt für die *tcsh(1)*. Sie ist eine Erweiterung der *csh(1)*, erweitert um leichtere Navigation durch die History und eine etwas andere Filenamecompletion. Bevor im einzelnen auf *sh(1), csh(1)* und *tcsh(1)* eingegange wird, eine Übersicht über das jeweilige Environment der Shells und ihre Initialisierungs und Resourcefiles.

Daran anschließend ist eine kleine Einführung im Umgang mit der Bourne Shell *sh(1)* und der *csh(1)* gegeben. Sie erhebt keinen Anspruch auf Vollständigkeit und ist nicht als Shellsscriptkurs gedacht, sondern soll dem Ungeübten einen kleinen Einblick und etwas Verständnis liefern, ausreichend um die OPENSOLARIS und SOLARIS Start-/Stoppscripte, Manifeste, Arbeitsscripte, Cronscripte etc. zu verstehen. Es sein auch darauf hingewiesen, daß sich Shells zwischen SOLARIS und LINUX oder BSD in kleinen Details unterscheiden können. Im praktischen Betrieb ist es durchaus nicht unüblich einfache Kontrollstrukturen auch inline auf der Kommandozeile einer Shell einzugeben um sich umfangreiche Tipparbeiten zu ersparen. Oftmals werden kleine Arbeitsscripte zur Erstellung von RAID-Sets, zur Einrichtung von Benutzeraccounts etc. erzeugt, was auch die Nachvollziehbarkeit der Aktion als solcher erleichtert. Nicht zu vergessen sind die immer wieder zu findenden nicht unbrisanten Wrapperscripte um Backuptools. Auch sei in diesem Zusammenhang darauf hingewiesen, daß nicht alles, was sich *sh* nennt, auch eine *sh* ist. Es gibt, gerade im freien UNIX Umfeld einige fragwürdige Konstruktionen, die, wenn man ein Programm aufruft, das Programm starten, daß dem gewünschten Programm am ähnlichsten oder auch viel "schöner" sei. Jedoch ist es nicht das wirklich Aufgerufene. Es ist durchaus kritisch, daß wenn seitens des Benutzers oder eines Scriptes eine *rsh* gestartet wird, eine *ssh* als "bessere Alternative" stattdessen zur Ausführung kommt. Und ein *vim* ist kein *vi*. Dies gilt in gleicher Weise für ersetzte "verbesserte" Systemkommandos, die in Scripten aufgerufen immer wieder zu Irritationen führen, da sie nicht das erwartete Verhalten haben.

In Fällen, in denen aus betriebsrelevanten Gründen auf die Installation von Programmen verzichtet werden soll, und an deren Stelle andere Vorgehensweisen oder Programme empfohlen werden, ist es in der Regel besser diese Systeminstallation entsprechend zu dokumentieren, und dem Benutzer damit die Gelegenheit zu geben, seine Scripte und Gewohnheiten den veränderten Umständen anzupassen und neu zu evaluieren. Wie beschrieben, nur als Einführung in das Handwerkszeug, jedoch in direktem Vergleich, folgen die Beschreibungen der Bourne Shell und der C-Shell an gleichen oder ähnlichen Beispielen. So kann der Leser die Unterschiede zwischen den beiden Shells gut vergleichen, denn es ist in der Administrationspraxis immer gegeben mit beiden Shells umgehen zu müssen, auch wenn andere Shells deutlich angenhemer und komfortabler sind, und etwa einen erweiterten Completionmachanismus auch über Optionen etc. bieten.

11.7 Benutzung der *sh(1M)*

Die *sh*, entwickelt von Steve Bourne am AT&T Bell Laboraty und benannt nach ihrem Entwickler, ist die Standardshell unter SOLARIS als auch vieler anderer kommerzieller und nichtkommerzieller UNIX Systeme. In ihrer Defaulteinstellung wird als Prompt ein lapidares $-Zeichen zu Beginn der Eingabezeile dargestellt.

Die Bourne Shell ist eine der rustikalsten Shells im UNIX Umfeld. Sie unterstützt keine Kommandohistory, keine Filecompletion, kein Kommandohashing, sie bietet keinerlei Komfort. Das ist der Grund für ihren Einsatz als Shell für den Rootuser. Die Bourne Shell ist eine nicht browsende Shell, was in einem NFS-Environment von Vorteil sein kann.

Ihr Vorteil ist eine mächtige Scriptsprache und eine relativ einfache Handhabung von Standard In, Standard Out und Standard Error. Sie ist recht unkomfortabel für die interaktive Arbeit und wird deshalb recht oft von Administratoren durch die *bash* ersetzt, was supporttechnisch nicht unproblematisch ist.

Bedingt durch die von "moderneren" Shells angebotene Filenamecompletion, und den daher komfortablen Umgang mit langen Dateinamen, oder Dateinamen, die Sonderzeichen enthalten, die mit Escape-Zeichen maskiert werden müssen, setzt sich die Verwendung immer längerer Dateinamen durch, in denen auch Zeichen, die in der weiteren Bearbeitung besonderer Berücksichtigung bedürfen, wie beispielsweise ein *Blank*, Verwendung finden. Umso aufwendiger wird daher die Verwendung von Shells, die diese Funktionalität nicht unterstützen. Bevor jedoch administrativ genutzte Shells durch andere ersetzt werden, sind die Auswirkungen auf Scripte und in Situationen zu bedenken, in denen das System nur eingeschränkt zur Verfügung steht. Sicherer ist es in der Regel, die Default Shell zu belassen, und bei Bedarf für den interaktiven Gebrauch manuell eine andere Shell zu starten.

11.7.1 Aufruf eines Shell Scriptes

Shell Scripte sind Textfiles, deren Inhalte Shell Kontrollstrukturen, Shell builtin Kommandos und Systemkommandos sind. *sh(1)*-Scripte werden ausgeführt, indem eine *sh(1)* mit dem Scriptnamen, also dem Namen des Textfiles, das die oben genannten Strukturen aufweist, aufgerufen wird oder das

Ausführungsrecht für das Script, beziehungsweise das Textfile mit den benannten Konstrollstrukturen, gesetzt wird. Ein *sh(1)*-Script ist oft an der ersten Zeile im Scriptfile zu erkennen:

```
#!/bin/sh
```

Diese Kennzeichnung ist nicht zwingend notwendig, erlaubt jedoch den automatischen Aufruf des richtigen Interpreters, in diesem Fall der *bin/sh*, für das enthaltene Script.

Dafür ist das Debugging gut unterstützt durch eine verbose Ausgabe aller durch die *sh(1)* ausgeführter Operationen und deren Interpretation. Das Debugging von *sh*-Scripten ist durch Aufruf des Scriptes mit der Option *-x* möglich, was auf zwei Wegen erreicht werden kann. Aus einem Script heraus oder bei Aufruf des Scriptes durch eine interpretierende Shell.

- Aus dem Script heraus:
  `#!/bin/sh -x`
- Bei Aufruf durch eine Shell:
  `$ sh -x script`

Filename Substitution

Die so genannte Filename Substitution ist eine Anwendung von Wildcards, Wildcards sind Metacharacter, es werden folgende Metacharacter als Wildcards verwendet:

?: die genau ein beliebiges Zeichen
*: oder beliebig viele beliebige Zeichen
oder eine Auswahl von Zeichen

beschreiben. Die Bourne Shell bietet Filename Substitution über Wildcards, was in Tabelle 11.2 kurz motiviert werden soll.

Wildcard	Funktion
*	Beschreibt null oder mehr beliebige Zeichen: *a*s*: *as*, *als*, *alles* aber nicht *alle*
?	Beschreibt genau ein beliebiges Zeichen: *a?s*: *als*, *ais*, *aus* aber nicht *alles*
`[...]`	Beschreibt ein in Klammern geschriebenes Zeichen, Bereiche werden durch ein "-" beschrieben: `[A-Z]`: Beschreibt alle Großbuchstaben
`[!...]`	Beschreibt alle Zeichen die nicht in den Klammern aufgelistet sind: `a[!l]s`: Beschreibt z.B. *aus* jedoch nicht *als*

Tabelle 11.2. Filename Substitution der Bourne-Shell

Bei Verwendung von Wildcards zur Darstellung von Filenamen empfiehlt es sich, das Ergebnis der Ersetzung insbesondere vor Anwendung potentiell destruktiver Programme beispielsweise mittels *echo* zu überprüfen.

Beispiele zur Verwendung von Wildcards

In den nachfolgenden Beispielen wurde das Verzeichnis */etc/net* als Ausgabgsbasis gewählt.

```
$ cd /etc/net
$ echo *
ticlts ticots ticotsord
```

Beispiel 11.12. Ausgabe aller Namen im Verzeichnis

In Beispiel 11.12 wird mittels des shell-builtins *echo* verifiziert zu welchen Dateinamen (oder, wie in diesem Fall, Verzeichnisnamen) der angegebene Ausdruck expandiert wird. In Situationen in denen auf einem in seinen Möglichkeiten stark eingeschränkten System beispielsweise das Programm *ls(1)* nicht zur Verfügung steht, kann auf diesem Weg ein einfaches *ls* emuliert werden.

```
$ echo *s
ticlts ticots
```

Beispiel 11.13. listet alle Namen, die auf *s* enden

```
$ ls [a-k]*
[a-k]*: No such file or directory
```

Beispiel 11.14. listet alle Namen, die mit a ... k beginnen

Wie aus Beispiel 11.12 bereits bekannt enthält unser als Beispiel gewähltes Directory */etc/net* nur Directories, die mit einem `t` beginnen. Der in Beispiel 11.14 gewählte Ausdruck erfaßt diese Namen nicht.

```
$ ls -d [!0-9]*
ticlts ticots ticotsord
```

Beispiel 11.15. listet alle Namen, die nicht mit einer Ziffer beginnen

Das aufgerufene Programm *ls(1)* bekommt von der Shell alle Namen übergeben, die dem Ausdruck entsprechen. Dies entspricht in Beispiel 11.15 dem Aufruf von:

```
ls -d ticlts ticots ticotsord
```

Mit der Option *-d* wurde verhindert, daß der Inhalt der Verzeichnisse aufgelistet wird, da für das Beispiel die Ausgabe der Directorynamen ausreicht. Das Kommando *ls(1)* ist in Abschnitt 5.8.3, auf Seite 174 beschrieben.

Nicht dargestellt wurden in den vorangegangenen Beispielen die Verzeichniseinträge `.` und `..`. Sie sind von struktureller Bedeutung für die Integrität des Filesystemes. Im traditionellen UFS[3] handelt es sich dabei um Hardlinks auf Directories.

`.` ist ein Verweis auf den Inode des Directories selbst.
`..` um einen Verweis auf den Inode des Vorgängers[4].

In Abschnitt 5.7 sind Struktur und Aufbau des Filesystem Trees einführend dargestellt.

Um Dateien und Directories, die mit einem `.` beginnen, bei der Selektion über Wildcards von den Einträgen `.` und `..` zu unterscheiden ist es sinnvoll, sie mit einem Ausdruck zu selektiern, der präzise genug gewählt ist, um `.` und `..` nicht mit zu erfassen. So erfaßt `.*` `.` und `..` ebenso, wie jeden anderen Namen, der mit einem `.` beginnt. Der Ausdruck `echo .??*` hingegen erfaßt beispielsweise nur Einträge, die mit einem Punkt beginnen, und mindestens drei Zeichen lang sind.

11.7.2 Startup- und Initialisierungsfiles

Die Grundkonfiguration der eigenen Shell kann jeder Benutzer in den Initialisierungsfiles niederlegen, die jede Shell bei ihrem Start einliest.

Es wird dabei zwischen Dingen unterschieden, die pro login gesetzt werden müssen, hierzu zählen beispielsweise Environment Variablen, da diese an später gestartete Shells ohnehin vererbt werden, und Aktionen, die jede neu gestartete Shell ausführen soll.

Der Kompatibilitätslink */bin* $\mapsto$ */usr/bin* wird zur Zeit noch beibehalten, daher funktionieren auch noch Einträge älteren Formates in der */etc/passwd*.

Bei der */sbin/sh* handelt es sich um eine statisch gelinkte Version der */usr/bin/sh*, die der administrative Benutzer *root* als login shell hat.

11.7.3 Suchpfade

Auch die Bourne Shell verwendet Environment Variablen um zu konfigurieren, in welchen Directories Programme, ihre Libraries und die zugehörigen Manualpages, gesucht werden sollen.

---

[3] Unix Filesystem, siehe Abschnitt 5.1.1 ab Seite 104

[4] In der Regel ein Directory, seit der Einführung von *extended attributes*, siehe Abschnitt 5.13 auf Seite 209 ist dies jedoch nicht zwingend

Path	Name	Systemweite init files	Benutzer pro login	Benutzer pro shell
/usr/bin/sh /sbin/sh	Bourne–Shell	/etc/profile	.profile	
/usr/bin/bash	Bourne–Again–Shell	/etc/profile	.bash_profile .bash_login .profile	.bashrc

Tabelle 11.3. Initialisierungsfiles der Shell

11.7.3.1 Der Exec-Suchpfad

Eine der wesentlichen Variablen ist die des Suchpfades für ausführbare Programme.Die Variable "PATH" wird entsprechend der Syntax der verwendeten Shell gesetzt, siehe hierzu die Beschreibung unter Variablen und Parameter, Abschnitt 11.7.7 auf Seite 867.

Die Reihenfolge in der Pfadvariablen ist relevant. Es sei die PATH Variable wie folgt gesetzt (korrekte Syntax in (11.7.7)):

```
PATH=/usr/bin:/usr/sbin:/usr/openwin/bin:/usr/local/bin
```

Das in Beispiel 11.16 gegebene Shellscript ist ausführbar[5] und müsste " hello world! " ausgeben.

Es läßt sich jedoch mit dem gesetzten Suchpfad nicht starten, denn es liegt nicht in */usr/bin, /usr/sbin, /usr/openwin/bin* oder */usr/local/bin.*

Will man ein gerade kompiliertes Programm oder ein Shellscript im eigenen Heimatverzeichnis starten, so muß man es mit Pfadangabe starten. Sei das in Beispiel 11.16 zitierte Shellscript gegeben unter dem Namen hello, versehen mit den in Beispiel 11.17 dargestellten Zugriffsrechten im Verzeichnis */home/*`dhs`.

```
#!/bin/sh

echo " hello world! "
```

Beispiel 11.16. hello

```
-rwxr-xr-x  1 dhs   ufa    31 Jun 27 23:12 hello
```

Beispiel 11.17. Zugriffsrechte des Scriptes *hello* aus Beispiel 11.16

Wie einleitend erwähnt, wird das ausführbare Script von der Shell nicht "gefunden", selbst wenn sich der Benutzer im selben Verzeichnis befindet.

[5] Zu Auführrechten siehe Abschnitt 5.9, Basis UNIX Zugriffsrechte ab Seite 186

Es ist jedoch unter Angabe eines Pfades ausführbar:

```
$ /home/dhs/hello
hello world!
```

Beispiel 11.18. Aufruf mit absoluter Pfadangabe

In der Tat reicht auch eine relative Pfadangabe aus. In */home/*`dhs` stehend:

```
$ ./hello
hello world!
```

Beispiel 11.19. Aufruf mit relativer Pfadangabe

Im gleichen Verzeichnis, */home/*`dhs`, aufgerufen ohne Pfadangabe, wird das Script nicht gefunden:

```
$ hello
hello: Command not found.
```

Beispiel 11.20. Aufruf ohne Pfadangabe

Die Idee liegt nahe, den Suchpfad um den Eintrag `.` zu erweitern, sodass ausführbare Programme im jeweils aktuellen Directory von der Shell gefunden werden. Dies hat jedoch zwei gravierende Nachteile, da zum einen das Aufrufverhalten von Programmen für den Benutzer nicht mehr konsistent, und nur erschwert nachvollziehbar ist, denn Programme, die er ausführen möchte werden einmal gefunden, und ein andermal nicht, zum anderen eröffnet es umfangreiche Lücken für Fehler und Angriffe, da ausführbare Scripte und Programme, die "zufällig" im gerade aktuellen Verzeichnis liegen, ausgeführt werden.

Beispiel: Einem Benutzer, der das System nur benötigt um ein bestimmtes Program auszuführen, wird zur Vereinfachung des Aufrufes das Verzeichnis `.` in den Suchpfad eingetragen. Das benötigte Programm liegt in seinem Homedirectory und wird von ihm durch Aufruf des Programmnamens direkt nach dem login gestartet. In einem Unterverzeichnis hat er eine Kopie mit einer Vorversion.

- Startet er das Programm direkt nach dem login vom Prompt seiner login shell, bekommt er das erwünschte Programm.

- Startet er das Programm nach einer versehentlichen Terminierung neu, so bekommt er je nach aktuellem Directory der aufrufenden Shell das erwünschte Programm, die Vorversion, oder eine Fehlermeldung.

Für den mit UNIX nicht weiter vertrauten Benutzer stellt sich die Situation so dar, als läge ein Fehlverhalten des Systemes vor, möglicherweise bedingt durch das terminierte Programm. Sein Workaround ist, sich nach jeder Terminierung aus,- und wieder einzuloggen, womit aus seiner Perspektive das Verhalten des Systemes wieder konsistent ist.

Zusammenfassend

Vor relative Pfadangaben im Suchpfad, und hierzu gehören auch ., und *./bin*, wird daher ausdrücklich gewarnt.

11.7.3.2 Der Library Suchpfad

Der Library-Suchpfad ist der Pfad, den der Runtime-Linker durchsucht, um eine geforderte Library zu laden. Der Runtime-Linker lädt die Library *ld.so*. *ld.so* wird zur Laufzeit die notwendigen Libraries nachladen und durchsucht deshalb die Standardlibraries nach der gewünschten Library. Wenn zusätzliche Libraries in anderen Verzeichnissen benötigt werden, muß dies bekanntgegeben werden. Dazu ist wird die Environmentvariable:

```
LD_LIBRARY_PATH
```

entsprechend der Syntax der verwendeten Shell zu setzen.

So wird der Suchpfad für Libraries für die *sh(1)* gesetzt wie folgt:

```
$ LD_LIBRARY_PATH=/usr/lib:/usr/sfw/lib:/opt/sfw/lib:/usr/local/lib
$ export LD_LIBRARY_PATH
```

11.7.3.3 Which which is which which?

Ausführbare Kommandos liegen irgendwo im Filesystem. Wenn es aufgerufen wird und das Verzeichnis, in dem das Kommando liegt im Suchpfad der benutzten Shell eingetragen ist, wird das betreffende Programm ausgeführt. In vielen Fällen gibt es ein Programm jedoch mehrfach, wie nachfolgend für das vergleichsweise simple *echo(1)* gezeigt:

- /usr/bin/echo
- /usr/ucb/echo
- /usr/5bin/echo

Welches dieser Programme zur Ausführung kommt, wenn ein Benutzer auf seiner Shell "echo" aufruft, entscheidet die Reihenfolge der Directories im Suchpfad. Oder auch nicht, denn in allen Fällen wird ein shell-builtin, oder bei der csh auch ein alias, vorrangig zur Ausführung kommen.

Shell-spezifisch gibt es eine Möglichkeit, herauszufinden welches Programm ausgeführt wird, wenn ein Kommando aufgerufen wird.

type(1) Bei der Bourne-Shell heißt dieses Kommando *type(1)*,
which(1) Bei der C-Shell heißt es *which(1)*.

Die Fragestellung, welches der drei *echo*-Programme bei einem Aufruf des Kommandos *echo* ausgeführt wird, ist korrekt mit "gar keines" zu beantworten, wie der entsprechende, in Beispiel 11.21 gestellte Aufruf des Bourne-shell spezifischen Kommandos *type* ergibt.

```
$ type echo
echo is a shell builtin
```

Beispiel 11.21. Bourne Shell: Welches Programm wird ausgeführt?

Mittlerweile wird das jeweilig andere Kommando auch unter */usr/bin* installiert:

/usr/bin/which: executable /usr/bin/csh script
/usr/bin/type: executable /bin/ksh script

Die vermeintliche Bequemlichkeit, daß bei einem benutzerseitig falsch erfolgten Kommandoaufruf (which statt type, im Fall der Bourne Shell) dennoch eine Ausgabe erfolgt, kehrt sich jedoch schnell in das Gegenteil um, wenn die Ausgabe, wie in Beispiel 11.22 gezeigt, falsch ist.

```
$ which echo
/bin/echo
```

Beispiel 11.22. leider falsch

Die meisten Shells implementieren einen Satz grundlegender Funktionen selbst. Sofern nicht explizit eine externe Funktion aufgerufen wird, wird daher die so genannte builtin Funktion verwendet. Nur ein ebenfalls in die Shell "eingebautes" Kommando kann 'wissen", welche anderen Kommandos von der Shell selbst ausgeführt werden, und damit eine korrekte Antwort auf die eingangs gestellte Frage liefern.

In Beispiel 11.23 ist daher zusammengefaßt, wie sich die Kommandos *type* und *which* im Fall der Bourne Shell verhalten. Das gleiche Beispiel wurde ebenfalls für die *csh* durchgeführt und findet sich entsprechend auf Seite 895

Zusammenfassung

Wenn sichergestellt werden soll, daß das auch bei Aufruf eines Scriptes durch verschiedene Benutzer immer dasselbe Binary zur Ausführung kommen soll, so ist es im Script mit absoluter Pfadangabe anzugeben.

```
$ which which
/usr/bin/which
$ which type
/usr/bin/type
$ type which
which is hashed (/bin/which)
$ type type
type is a shell builtin
```

Beispiel 11.23. Bourne Shell: Which which is which which?

11.7.4 I/O-Streamverarbeitung, Redirektion

Im Umgang mit UNIX Kommandointerpretern hat die Handhabung der Eingaben und Ausgaben einen Besonderen Stellenwert. Im UNIX I/O-System wird unterschieden in die in 11.4 genannten Kanäle. Die Bezeichnungen und Kanal-

I/O Stream	Kanalnummer	Beschreibung
stdin	0	Standard Input, woher kommen Eingaben
stdout	1	Standard Output, wohin werden die Ausgaben geschrieben
stderr	2	Standard Error, wohin werden Fehlermeldungen geschrieben

Tabelle 11.4. I/O Kanäle

nummern sind historisch begründet und wesentlicher Bestandteil im Umgang mit File-I/O von der Programmierung bis hin zur Handhabung der verschiedenen Shells.

Die einfache Verwendung von I/O Stream Umleitungen ermöglicht bereits komplexe fallabhängige Kommandozeilen. Die *sh(1)* unterstützt folgende I/O Stream Umlenkungen:

| Pipe, Umlenkung der Ausgabe des links des Pipe-Symboles stehenden Kommandos zur Eingabe des rechts des Symboles stehenden Kommandos

Ein einfaches Beispiel zur Verwendung von Pipes und I/O Redirektionen ist im Folgenden entwickelt. Zunächst erfolgt in Beispiel 11.24 die Ausgabe der Anzahl von Files im aktuellen Verzeichnis unter Verwendung des Kommandos *wc(1)* (Wordcount). Dabei wird der stdout Ausgabekanal (1) in einen Zwischenspeicher (Pipe) gelenkt und anschließend an das Folgekommando *wc(1)* gegeben.

```
$ ls -1 | wc -l
275
```

Beispiel 11.24. Einfache Pipe: Ausgabe wird dem Folgeprogramm übergeben

11.7.4.1 Eingabeumlenkung: stdin

Der Eingabekanal (0), stdin genannt, ist umlenkbar. Dabei haben die Metacharacter < und << besondere Bedeutung:

cmd < file	stdin wird aus einer Datei gelesen
cmd << pattern	stdin wird solange aus einer Datei gelesen, bis "pattern" gelesen wird

An dem kurzen Beispiel in 11.25 gezeigt, liest das Kommando *star* seine Eingabe, ein tar-archiv von stdin mit folgendem Kommando:

```
star tv < file.tar
```

Beispiel 11.25. Eingabeumlenkung (Ausgabe des Programmes nicht dargestellt)

Das Doppelte < (<<) hat eine andere Bedeutung. In Beispel 11.26 wird so lange von stdin gelesen, bis die Zeichenkette "ende" eingegeben wird. Zur Abfrage der Zeichenketten von stdin gibt die Shell einen Prompt, im Beispiel der default-prompt > , nicht zu verwechseln mit der Ausgabeumlenkung, aus. Nachdem das vorher festgelegte Wort "ende" gelesen worden ist, reagiert das Kommando *more(1)* und gibt alles gelesene paginiert wieder aus

```
$ more << ende
> test
> 17
> ende

test
17
$
```

Beispiel 11.26. Eingabeumlenkung bis zu einer festgelegten Zeichenkette

11.7.4.2 Ausgabeumlenkung: stdout

Die Ausgabe erfolgt über den Ausgabekanal, stdout, und kann ebenfalls umgelenkt werden. Hier unterscheiden sich die *sh(1)* und die *csh(1)* im Detail: Bei der *csh(1)* ist das Überschreiben steuerbar.

cmd > file	Die Ausgabe von "cmd" wird in "file" umgelenkt. "file" wird dabei angelegt oder überschrieben
cmd >> file	Die Ausgabe von "cmd" wird an "file"angehangen. "file" bleibt erhalten, ergänzt um die neue Ausgabe

Auch die Ausgabeumlenkung soll in einem kurzen Beispiel erläutert werden. Im Beispiel 11.27 wird die Ausgabe von *ls(1)* in die Datei "out" umgelenkt, existiert die Datei "out" nicht, so wird sie angelegt, existiert sie bereits, so wird sie vollständig überschrieben. Die "out"-Datei steht nun zur weiteren Bearbeitung bereit.

```
$ ls > out
```

Beispiel 11.27. Überschreibende Ausgabeumlenkung

Soll an die in Beispiel 11.27 erzeugte Datei mit einem Directory Listing noch die aktuelle Systemzeit mit dazu geschrieben werden, so sollte der Altinhalt der Datei "out" nicht verlorengehen und die Ausgabe von *date(1)* an das in "out" befindliche Directory Listing concateniert werden. Dies ist durch die Verwendung von ">>" möglich, wie in Beispiel 11.28 zu sehen.

```
$ date >> out
```

Beispiel 11.28. Concatenierende Ausgabeumlenkung

11.7.4.3 Umlenkung von Fehlermeldungen: stderr

Fehlerausgaben, bzw. Ausgaben auf dem I/O-Kanal 2 können gesondert umgeleitet werden:

cmd 2> file	Die Fehlermeldung von "cmd" wird in "file" umgelenkt. "file"wird dabei angelegt oder überschrieben.
cmd 2>> file	Die Fehlermeldung von "cmd" wird an "file" angehangen "file" bleibt erhalten, ergänzt um die neue Ausgabe.

Am Beispiel In Beispiel 11.29 wird die Fehlermeldung von *date(1)* in die Datei "out" umgelenkt. Da auf dem Fehlerausgabekanal *stderr* nur Fehlermeldungen geschrieben werden (wenn der Programmierer dies so wollte), wird die Datei "out" neu angelegt und verbleibt leer, denn das Kommando *date(1)* wird bei diesem Beispielaufruf keine Fehlermeldung erzeugen

```
$ date 2> out
Sun Jan 15 01:52:42 CET 2006
$ cat out
$
```

Beispiel 11.29. Umlenkung von Fehlermeldungen

Um dieses Verhalten zu überprüfen, dann eine Fehlermeldung durch das Kommando *date(1)* forciert werden, indem beispielsweise nicht unterstützte Optionen angegeben werden. In der Regel werden dann Usageinformationen ausgegeben um den richtigen Aufruf eines Kommandos zu zeigen. In Beispiel 11.30 wird eine solche Fehlermeldung forciert, wobei die Ausgabedatei "out" neu erzeugt wurde. Eventuell vorher in einer Datei dieses Namens vorhandener Inhalt wäre danach verloren.

```
$ date -murks 2> out
$ cat out
date: illegal option -- m
date: illegal option -- r
date: illegal option -- k
date: illegal option -- s
usage:  date [-u] mmddHHMM[[cc]yy][.SS]
        date [-u] [+format]
        date -a [-]sss[.fff]
```

Beispiel 11.30. Umlenkung von (forcierten) Fehlermeldungen

11.7.4.4 Mehrfach-I/O-Umlenkungen

UNIX-Kommadointerpreter verarbeiten multiple Umleitungen, Pipes etc., sodaß sich so einfach komplexe Kommandos erstellen lassen, die Sortierungen, Umlenkungen, Fallabhängigkeiten etc. ermöglichen. Die zuvor beschriebenen I/O-Redirektionmechanismen sind kombinierbar, die Struktur und Syntax für die *sh(1)* wird im folgenden in kurzen Beispielen dargelegt.

So ist es müglich die Ein- und Ausgabekanäle gleichzeitig in einem Kommandoaufruf umzulenken. An das Verhalten respektive das Ergebnis muß man sich unter Umständen gewöhnen, die Methode ist jedoch sehr mächtig und wird daher recht oft verwendet. In Beispiel 11.31 ist die Datei *file* Eingabe für das Kommando *wc -l* und das Ergebnis wird in die Datei *count* geschrieben. stdin und stdout sollen gleichzeitig umgelenkt werden:

```
$ wc -l < file > count
```

Beispiel 11.31. stdin und stdout werden gleichzeitig umgelenkt

Etwas gewöhnungsbedürftig ist die Umlenkung von stdout und stderr an ein Folgekommando zusammen und zur gleichen Zeit. Bei der *sh(1)* werden hier explizit die Ausgabekanalnummern genannt und in einer Pipe übergeben. Das Kommandokonstrukt folgt dem in Beispiel 11.32

```
$ cc file.c 2>&1 | more
```

Beispiel 11.32. stdout und stderr werden kombiniert weitergegeben

Die Ausgabekanäle stdout und stderr sind voneinander unabhängige I/O-Kanäle und können damit auch zur gleichen Zeit in unterschiedliche Dateien umgeleitet werden, derart, daß eine Datei die normalen Ausgaben und die andere Datei die über den stderr Kanal kommenden Ausgaben nach einem Programmlauf enthalten. Beispiel 11.33 zeigt die notwendige Kommandierung, wobei bei der *sh* bei der im Beispiel gezeigten Syntax die Dateien immer neu erzeugt oder bei Existenz vollständig überschrieben werden.

```
$ cmd > file1 2> file2
```

Beispiel 11.33. Sortierte Ausgabe von stdout und stderr, überschreibend

Soll hingegen bei einer sortierten Ausgabe von stdout in "file1" und stderr in "file2" der vorherige Inhalt der beiden Dateien erhalten bleiben und die neuen Ausgaben lediglich an die bestehenden Dateien concateniert werden, so ist, wie in Beispiel 11.34 die doppelte Anwendung des ">" zu verwenden. Vorsicht, einige Tastaturen bieten das Zeichen "≫", welches nicht die Bedeutung von zwei nacheinander eingegebenen ">"hat. Es darf jedoch auch keine Leerstelle dazwischen stehen.

```
$ cmd >> file1 2>> file2
```

Beispiel 11.34. Sortierte Ausgabe von stdout und stderr, nicht überschreibend

Die Ausgabekanäle stdout und stderr werden immer getrennt behandelt. Sollen dennoch beide I/O-Kanäle, stdout und stderr, in die gleiche Datei umgelenkt werden, so ist das auf die in Beispiel 11.35 gezeigte Art und Weise realisierbar.

```
$ cmd >> file 2>&1
```

Beispiel 11.35. stdout und stderr werden zusammen umgelenkt, nicht überschreibend

In Fällen, in denen die Ausgabe (stdio) nicht nur in eine Datei umgeleitet werden soll, sondern auch für weitere Folgekommandos verwertbar sein soll oder auch auf dem Bildschirm ausgegeben werden soll ist die Applikation *tee(1)*[6] zu verwenden. In Beispiel 11.36 wird stdout sowohl in eine Datei als auch auf dem Bildschirm ausgegeben. Die Datei, in die auf diese Art und Weise umgelenkt wird, wird dabei neu erzeugt, wenn die Datei bereits existiert, wird sie überschrieben.

```
$ cmd | tee file
```

Beispiel 11.36. Duplizierte Ausgabe

Ist es notwendig bei einer *tee*-Umlenkung den Altinhalt der Ausgabedatei zu erhalten und die neuen Ausgaben an die alten zu concatenieren, so erlaubt *tee(1)* die Verwendung der Option *-a* (add), wie in Beispiel 11.37 gezeigt.

```
$ cmd | tee -a file
```

Beispiel 11.37. *tee*-add

11.7.5 Kommandoreihungen und Gruppierungen bei der *sh(1)*

Die Gruppierung und fallabhängige Reihung von Kommandos erhöht die Flexibilität erheblich und macht eine Shell damit zu einem sehr mächtigen Werkzeug sowohl in der Benutzung einer UNIX Rechenanlage, als auch in der Verwaltung und Administration der Anlage. So können nacheinander voneinander unabhängige Kommandos in eine zeitliche, sequenzielle Abfolge gesetzt werden. Es kann spezifiziert werden, ob Folgekommandos nur ausgeführt werden sollen, wenn das vorherige Kommando erfolgreich oder erfolglos ausgeführt wurde (Hierbei wird der Returncode eines Kommandos ausgewertet). Es kann innerhalb eines mehrfach kombinierten Kommandos eine Subshell aufgerufen werden. Es kann die Ausgabe über eine *rsh(1)*-Verbindung sogleich an einen Remoterechner zur Weiterverarbeitung innerhalb eines einzigen Kommandozeilenaufrufs durchgeführt werden. Das Werkzeug *Shell* ist bei entsprechender

---

[6] Der Name lehnt sich, analog zu der bildhaften Metapher des "Rohres" als Symbol für die "Pipe", an eine T-förmige Rohrverzweigung an.

Kenntnis und Benutzung ein leistungsfähiges Universaltool. Die Grundbausteine dieses komplexen Zusammenwirkens sind vergleichsweise einfach, und werden in kleinen Schritten vorgestellt.

11.7.5.1 Unabhängige Kommandosequenz

Im ersten Schritt wird ein Konstrukt vorgestellt, in dem eine Reihe von Einzelkommandos unabhängig von ihrem jeweiligen individuellen Erfolg in eine sequenzielle Kette oder Reihung gesetzt werden.

cmd1 ; cmd2 ; cmd3 ...	Es werden mehrere Kommandos der Reihe nach ausgeführt, ungeachtet des Exitstatus des Vorkommandos

Dieses Verhalten sei in Beispiel 11.38 veranschaulicht. Es soll die aktuelle Zeit ausgegeben werden, eine Datei komprimiert werden und anschließend wieder die aktuelle Zeit ausgegeben werden, um beispielsweise die Zeit die für die Komprimierung benötigt wurde messen zu können.

```
$ date; compress file; date
```

Beispiel 11.38. Unabhängige Kommandosequenz

Diese Art der Messung ist sehr fehlerbehaftet, geht doch das Gesamtverhalten des Systems, auf dem vielleicht hunderte von Benutzern interaktiv arbeiten in die Gesamtzeit ein. Sinnvoller wäre hier die Verwendung des Kommandos *time(1)*, das, mit einem auszuführenden Programm als Argument nach Abarbeitung User-, System- Realtime etc. ausgibt und unabhängig von der Systemlast, also der Anzahl geschedulter Prozesse die Zeit misst, die das Kommando tatsächlich Prozessorzeit hatte.

(cmd1 ; cmd2 ; cmd3) ...	Es werden mehrere Kommandos der Reihe nach in einer Subshell ausgeführt
(cmd1 ; cmd2 ; cmd3)& ...	Es werden mehrere Kommandos der Reihe nach in einer Subshell im Hintergrund ausgeführt

In Beispiel 11.39 ist dies kurz dargestellt, es sollen Kommandos nacheinander in einer Subshell ausgeführt werden.

```
$ (tar cf ./testarchiv.tar ./testdata ; rm -r ./testdata)
```

Beispiel 11.39. Kommandosequenz in einer Subshell

Wenn diese Operation im Hintergrund ablaufen soll, so muß sie im Ganzen von einer Klammer umgeben werden wie in Beispiel 11.40 gezeigt. Ohne die Klammerung würde das & nur auf das direkt davorstehende Kommando wirken. Die Klammer bewirkt, daß eine eigene Sub-Shell für die von ihr umgebene Kommandosequenz gestartet wird, die dann im Hintergrund läuft. Wird an dieser Stelle das & vergessen, so muß jedoch die Terminierung der Subshell abgewartet werden.

```
$ (tar cf testarchiv.tar ./testdata ; rm -r ./testdata)&
```

Beispiel 11.40. Ausführung im Hintergrund

Die in den Beispielen 11.39 und 11.40 gezeigte Kommandosequenz ist jedoch nicht unproblematisch, wenn das *tar(1)* Programm aufgrund einer Fehlersituation terminiert ohne das Archiv vollständig zu erzeugen, so wird das nachfolgende Kommando, das die vermeintlich archivierten Urprungsdaten löscht, dennoch durchgeführt.

```
$ tar cf /testarchiv.tar ./testdata ; rm -r ./testdata
tar: /testarchiv.tar: Permission denied
$ ls ./testdata
./testdata: No such file or directory
```

Beispiel 11.41. Reihung voneinander abhängiger Kommandos

Um derartige Unfälle zu vermeiden kann die Shell den Fehlerstatus des vorhergehenden Kommandos auswerten, sodaß bei richtiger Kommandierung das nachfolgende Programm nicht zur Ausführung kommt.

11.7.5.2 Erfolgsabhängige Kommandosequenz

In vielen Fällen sollen Programme sequentiell nacheinander ablaufen, wobei der Start des zweiten Programmes nur dann sinnvoll ist, wenn das vorhergehende erfolgreich war. Hierzu wird der exit,- oder return Code des terminierten Programmes ausgewertet. Ein return Code von 0 wird dabei als "true", oder erfolgreich, gewertet, jeder von 0 verschiedene Wert signalisiert einen Fehler, wobei die Art des Fehlers durch den Wert spezifiziert sein kann. Welche Werte bei welchem Fehlerstatus zurückgegeben werden, geht aus der Manualpage des jeweiligen Programmes hervor. Für die sequentielle Verarbeitung auf der Kommandozeile ist zunächst nur die Unterscheidung relevant, ob das vorhergehende Programm erfolgreich gelaufen ist, oder einen Fehlerstatus geliefert hat.

cmd1 && cmd2	cmd2 soll nur dann ausgeführt werden wenn cmd1 erfolgreich war
cmd1 || cmd2	cmd2 soll nur dann ausgeführt werden wenn cmd1 nicht erfolgreich war

Gezeigt wird dies mit einer verbesserten Version des problematischen Kommandos aus 11.41. In Beispiel 11.42 sollen die Ursprungsdaten nur gelöscht werden, wenn das vorhergehende Archivieren ohne Fehler abgelaufen ist.

```
$ tar cf /testarchiv.tar ./testdata && rm -r ./testdata
tar: /testarchiv.tar: Permission denied
$ ls ./testdata
file1  file2
```

Beispiel 11.42. Verundete Ausführung

Vor allem in Scripten, die ohne Beaufsichtigung laufen sollen, ist die vorausschauende Behandlung von Fehlersituationen notwendig. Oftmals wird dann Kommandos beispielsweise ein Mechanismus nachgeschaltet, der im Fehlerfall eine entsprechende Benachrichtigung erzeugt. In Beispiel 11.43 wurde hier zur einfacheren Nachvollziehbarkeit ein simples *echo(1)* verwendet. In Scripten wird hierbei je nach lokalen Präferenzen beispielsweise das Kommando *logger(1)* verwendet, um die Nachricht an den *syslogd(1M)*[7] zu senden.

```
$ tar cf test.tar /testdata || echo "Archivierung fehlgeschlagen"
```

Beispiel 11.43. Veroderung von Kommandos

11.7.6 Behandlung von Quotes

Das Quoten von Characters erlaubt es mögliche Sonderbedeutungen dieser Characters auszuschalten. Dies kann notwendig sein, wenn beispielsweise ein Kommando eine Option unterstützt, die gleichzeitig auch von der Shell selbst ausgewertet wird.

Möchte man einer Variablen *color* den Wert *red* zuweisen und die Variable wieder auslesen, so muß der Variablen das Zeichen **$** voran gestellt werden. Ein \ hebt jedoch die Interpretation des nächstfolgenden Zeichens auf.

---

[7] Der syslog Daemon ist in Abschnitt 7.2 ab Seite 479 beschrieben, das Kommando *logger(1)* in Abschnitt 7.2.5 auf Seite 489

```
$ tag=Montag

$ echo $tag
Montag

$ echo \$tag
$tag

$ echo "$tag"
Montag
```

Beispiel 11.44. Behandlung von Quotes

Das Einbetten der Variablen in doppelte Anführungszeichen (") behindert die Interpretation nicht. Dies ist kurz in Beispiel 11.44 gezeigt.

11.7.6.1 Verwendung des Ergebnisses eines Kommandos

Es ist möglich, die Ausgabe eines Kommandos in ein komplexes Kommando einfließen zu lassen. Dieser Mechanismus ist am besten an einer Serie einfacher Beispiele zu erkennen.

Kommandos zu den Beispielen

Der Typ einer Datei, ob Shellscript, ausführbares Binary etc. läßt sich mit dem Kommando *file(1)* anzeigen. Das Kommando *echo(1)* gibt den nachfolgenden String shellinterpretiert aus, das Kommando *ls(1)* listet Dateien auf, *date(1)* gibt ohne besondere Optionen oder Argumente aufgerufen, das aktuelle Datum aus.

Mit diesen Kommandos soll im folgenden kurz gezeigt werden, wie Backquotes im Unterschied zu einfachen Quotes funktionieren.

```
$ echo date
date
```

Beispiel 11.45. Ohne Quotes wird der String date ausgegeben

```
$ echo 'date'
date
```

Beispiel 11.46. Interpretiert als Character wird ebenfalls date ausgegeben

```
$ echo 'date'
Wed Oct 12 20:14:34 CET 2005
```

Beispiel 11.47. Mit Backquotes wird das Kommando date ausgeführt und das Ergebnis ausgegeben

In direkter Folge ist in Beispiel 11.48 gezeigt, wie zunächst ermittelt wird, was das Kommando *which basename* macht. Danach wird das Ergebnis des Kommandos an das Kommando *ls(1)* gegeben. Im letzten Fall wird überprüft, was für ein Art Datei *basename* ist. Es ist, wie viele Kommandos unter */usr/bin*, ein Shellscript.

```
$ which basename
/bin/basename
$ ls -l 'which basename'
-r-xr-xr-x   1 root  bin      901 Apr  7  2002 /bin/basename*
$ file 'which basename'
/bin/basename:  executable /usr/bin/sh script
```

Beispiel 11.48. Verwendung des Ergebnisses eines Kommandos

11.7.7 Variablen und Parameter

Eine Variable ist ein Identifikator, unter dessen Referenzierung ein Wert, eine Zahl, ein String, abgelegt werden kann und jederzeit wieder abgerufen werden kann.
Variablen können jederzeit während der Laufzeit modifiziert werden. Die *sh(1)* hält zwei Kommandos bereit, mit denen eine Auflistung sowie ein Setzen und Rücksetzen der Variablen möglich ist:

- `=` Variablen bekommen mittels des "="-Zeichens einen Wert zugewiesen.
- `set` Setzt flags, die das Verhalten der Bourne Shell beeinflussen. Ohne Argumente listet *set* gesetzte Variable aus.
- `unset` Mittels *unset* können Variable wieder gelöscht werden.

Ohne die Angabe von Optionen und Argumenten listet das in der Bourne Shell implementierte Kommando *set* alle gesetzten Variablen auf, inclusive der Environment Variablen.

```
$ set
<variable>
<variable>
...
<variable>
```

Beispiel 11.49. Ausgabe der gesetzten Variablen

Einer Shellvariablen wird ein Wert zugewiesen durch Verwendung des Zeichens "="

```
$ <variable>=[wert]
```

Beispiel 11.50. Zuweisung eines Wertes

Eine Shellvariable läßt sich Löschen durch Verwendung des Kommandos *unset*.

```
$ unset <variable>
```

Beispiel 11.51. Löschen einer Shellvariablen

Nachfolgend sei dies kurz in Beispiel 11.52 gezeigt.

```
$ tag=Montag
$ set |grep tag
tag=Montag
$ echo $tag
Montag
```

Beispiel 11.52. Handhabung von Variablen

11.7.7.1 Variablen mit Sonderbedeutung

Es gibt zwei Variablen, die von besonderem Interesse sind.

`$$`	Prozeß ID der aktuellen Shell.
`$?`	Exit Status des letzten Kommandos.

Nachfolgend wird in Beispiel 11.53 die Variable `$` betrachtet. Sie hält die Prozeß ID des laufenden Prozesses. Es wird zunächst die Prozeß ID der laufenden Shell ausgegeben. In dieser Shell eine weitere Shell gestartet bedeutet auch, daß `$` die Prozeß ID der neuen Shell enthält

```
$ echo $$
2453
$ sh
$ echo $$
2548
$ exit
$ echo $$
2453
$
```

Beispiel 11.53. Handhabung spezieller Variablen

11.7.8 Der Argumentvektor, argv

Der Argumentvektor ist die Eingabezeile bis zu einem kommandoderminierenden Metacharacter. Der Argumentvektor hält damit das Kommando selbst und alle Optionen und Argumente. Das Kommando selbst wird als Argument-0 bezeichnet.

Folgender Aufruf hat demnach 2 Argumente für das aufrufende Kommando:

```
$ ls dir1 dir2
```

Auf dem Argumentvektor liegen damit *ls*, *dir1* und *dir2*, also drei Elemente. Die offensichtlichen Argumente sind *dir1* und *dir2* Konventionsgemäß ist das Argument 0 das Kommando *ls* selbst.

Argumentvariablen sind vorbelegte Variablen, die bei Aufruf eines Programms oder Shellscript durch die Shell selbst dem Programmierer zur Verfügung gestellt werden.

Es ist daher unzulässig diese vordefinierten Variablen neu zu definieren. Die *sh(1)* stellt die in Tabelle 11.5 aufgelisteten Variablen von Haus aus zur Verfügung. Diese Variablen sind damit vordefiniert und werden von der Shell selbst geeignet belegt.

Variable	Beschreibung
#	Hält die Anzahl an belegten Argumenten
0	die Variable *0* hält immer das aufrufende Programm
[1 – 9]	Die Variablen *1, 2, 3, .. 9* halten die jeweiligen Parameter
*	Beschreibt den gesamten Argumentvektor ohne *0*
@	Beschreibt den gesamten Argumentvektor ohne *0*

Tabelle 11.5. Vorbelegte Variablen der *sh(1)*

Die in Tabelle 11.5 benannten Variablen sind referenzierbar durch.

```
$0 $1 $2 $3 ... $9 $# $@ ...
```

Sei folgendes Script *printargs* vorgegeben: Unter Verwendung dieses Scriptes läßt sich die Verwendung der Variablen Das in Beispiel 11.54 wiedergegebene Shellscript. Es sei *printargs* genannt, zeigt in Listing 11.55 das Ergebnis der Verwendung der Variablen #, Anzahl der Argumente und *, die Liste der Argumente.

```
#!/bin/sh
# printargs: print arguments one by one in one row

echo there where $# arguments given: ${*}.
```

Beispiel 11.54. Shellscript printargs

```
$ printargs hello world
there where 2 arguments given: hello world.
```

Beispiel 11.55. Shellscript printargs: Ausgabe

Das vorgenannte Shellscript *printargs* war ein erstes Beispiel. Die Verwendung aller vorbelegten Variablen aus Tabelle 11.5 beschrieben führt beispielsweise zu dem in Beispiel 11.56 vorgestellten Script.

```
#!/bin/sh
# use all variables describing the argumentvector
ooho thoro whoro $# argumonts givon: ${*}.

echo the calling command was: $0
echo argument1: $1
echo argument2: $2
echo argument3: $3
echo argument4: $4
echo argument5: $5
echo argument6: $6
echo argument7: $7
echo argument8: $8
echo argument9: $9

echo the whole commandline was: $0 $@
```

Beispiel 11.56. Ausgabe der Einzelargumente

11.7.8.1 Manipulation des Argumentvektors: Das Kommando *shift*

Das auf den Argumentvektor wirkende Kommando *shift* ist ein Shell-Builtin Kommando, also ein Kommando, das in der Shell selbst implementiert ist. Es wird daher nicht unter */usr/bin, /usr/sbin* etc. zu finden sein.

Ein Argumentvektor kann manipuliert werden. Es können Argumente aus dem Argumentvektor verworfen werden. Dies wird durch das Builtin-Kommando *shift* bewerkstelligt.

Das Builtin-Kommando *shift* shiftet den Argumentvektor um ein oder mehr Argumente:

```
shift n, n=1..9
```

Der Argumentvektor

the quick brown fox jumps over the lazy dog

wird durch Verwendung des Kommandos *shift 6* modifiziert zu:

the lazy dorg

Ein Shellscript, das den gegebenen Inputstring entsprechend verkürzt, ist in Beispiel 11.57 dargestellt.

```
#!/bin/sh
# reduce static: reduce inputstring by six
echo inputstring: ${*}.
echo length: $#
shift 6
echo reduced string: ${*}.
echo length: $#
```

Beispiel 11.57. Shellscript: Print reduced Arguments

Die Ausgabe des Scriptes ist in 11.58 aufgelistet.

```
$ reduce the quick brown fox jumps over the lazy dog
inputstring: the quick brown fox jumps over the lazy dog.
length: 9 arguments
reduced string: the lazy dog
length: 3 arguments
```

Beispiel 11.58. Ausgabe zu Script 11.57

11.7.9 Kontrollstrukturen

Kontrollstrukturen sind Fallunterscheidungen, Mehrfachauswahlunterscheidungen, Schleifen etc.

Bis jetzt wurden mit den vorgegebenen Mechanismen nur lineare Scripten aufgezeigt.

Fallunterscheidungen bringen wiederum eine weiter sehr komplexe Flexibilität in die Scriptprogrammierung.

Die Syntaxunterschiede zwischen verschiedenen Shells üben sich mit der Zeit ein und man kommt schnell dazu Kontrollstrukturen auch quasi inline bei der interaktiven Shell-Benutzung zu verwenden.

11.7.9.1 Die *if*-Anweisung

Der erste Schritt aus einer linearen Programmierung heraus ist eine bedingungsabhängige Verzweigung in einem Programm. Die Bourne Shell unterstützt *if, if-else* und *if-elif* Kontrollstrukturen und eine Mehrfachverzweigung. Zunächst zu den *if*-Kontrollstrukturen.

Die Bourne-Shell *if*-Anweisung ohne *else*-Part wird oftmals in einer bedingungsgesteuerten Folge von Einzelanweisungen verwendet. Die Syntax ist in Listing 11.1 dargestellt.

```
if [ expression ]
then
   commands
fi
```

Listing 11.1. if Anweisung

Ein Beispiel hierzu ist in Listing 11.2 dargestellt. Dieses Script gibt einen Kommentar aus, wenn nicht mindestens ein Argument gegeben wurde. Die Ausgabe wird gefolgt von einer Leerzeile, da unabhängig vom Ergebnis der *if* immer der Argumentvektro ausgegeben wird. Ist der Argumentvektor leer, wird somit ein Linefeed ausgegeben.

```
#!/bin/sh
if [ $# -le 0 ]
then
   echo Es sollte mindestens ein Argument gegeben werden
fi
echo $@
```

Listing 11.2. if Anweisung am Beispiel

11.7.9.2 Die *if-then-else* Statement

Das in Listing 11.2 gezeigte Shellscript gibt in jedem Fall den Argumentvektor aus. Eine Erweiterung der *if*-Anweisung ist das Abarbeiten eines *else*-Parts im Falle des Nichtzutreffens der Expression-Bedingung. In Listing 11.3 ist die Syntax des erweiterten *if-then-else* Konstruktes.

```
if [ expression ]
then
   commands
else
   commands
fi
```

Listing 11.3. if-then-else Statement

Mit der Erweiterung um einen *else*-Part läßt sich das Beispiel aus 11.2 verbessern. Während oben genanntes Beispiel immer eine Ausgabe des Argumentvektors durchführt. Das Listing in 11.4 zeigt eine Variante des Scriptes aus 11.2 die bei Aufruf ohne weitere Argumente keine Leerzeile ausgibt.

```
#!/bin/sh
if [ $# -le 0 ]
then
   echo Es sollte mindestens ein Argument gegeben werden
else
   echo $@
fi
```

Listing 11.4. then-else Variante des Beispiels 11.2

11.7.9.3 Die *if-elif*-Anweisung

Aus dem *if-then-else* Konstrukt lassen sich Mehrfachauswahlentscheidung in der klassischen Form konstruieren, die jedoch recht schreibaufwendig ist, wie es in Listing 11.5

```
if  [ expression ]
then
  commands
else
  if [ expression ]
  then
      commands
  else
    if [ expression ]
    then
      commands
    else
      commands
    fi
  fi
fi
```

Listing 11.5. if-then-else Mehrfachauswahlkonstrukt

11.7.9.4 Die *if-elif*-Statement

Eine deutliche Vereinfachung des Konstruktes aus Listing 11.4 ist das in Listing 11.6 dargestellte Konstrukt. Es wird der jeweilige *elif*-Teil jeweils durch das nächste *elif*, ein *else* oder das abschließende *fi* beendet:

```
if  [ expression ]
then
  commands
elif [ expression ]
  then
      commands
elif [ expression ]
  then
      commands
elif [ expression ]
  then
      commands
else
  commands
fi
```

Listing 11.6. if-elif Konstrukt

11.7.9.5 Die *case*-Anweisung

Das *if-elif* Konstrukt laßt sich in solchen Fällen vereinfachen, in denen in jedem *elif* Part eine andere Fallunterscheindung des gleichen Anfangs *if*-Statments ist. In diesen Fällen wird ein so genanntes *case*-Statements deutlich leichter.

Die *case*-Anweisung ist eine Mehrfachanweisung, die komplexe *if*-Anweisungen vereinfacht oder ersetzt. Die Syntax ist in Listing 11.7 dargestellt.

```
case expression in
  arg) command
        ;;
  arg) command
        ;;
  arg) command
        ;;
  ...
esac
```

Listing 11.7. case Statment

Die *case*-Anweisung wird wie auch die *if*-Anweisung am weitaus häufigsten benutzt. Ein Blick in die SOLARIS-Start/Stop-Scripten zeigt viele Beispiele zur Benutzung der *case*-Anweisung. Der interessierte Leser wird dort, als auch unter beispielsweise */usr/bin*, ausreichend Beispiele für Shellscripten finden. Die Start-/ und Stopscripte werden in der Weiterentwicklung Schritt für Schritt gegen Servicemanifeste ausgetauscht.

Eines der einfachsten Beispiele ist das Printerstartup-Script von SOLARIS, dargestellt in Listing 11.8r, in dem das erste Element des Argumentvektors `$1` in einem *case* Konstrukt verglichen wird auf die Strings *start* und *stop*. Bei einem Blick in die *rc?* Scripte wird schnell erkannt, daß dort im Fall des Beginns eines Startsriptes mit einem "S" das gleiche Script mit dem Argument *start* aufgerufen wird. Die Arbeitsscripte führen dann den jeweiligen Part aus.

```
#!/sbin/sh
#
# Copyright (c) 1997, 2001 by Sun Microsystems, Inc.
# All rights reserved.
#
#ident  "@(#)lp 1.10    01/11/04 SMI"

case "$1" in
'start')
        # weitere Abfragen zur Vereinfachung weggelassen
        # Das vollstaendige Script ist unter /etc/init.d/lp
        # zu finden.

        [ -f /usr/lib/lpsched ] && /usr/lib/lpsched
        ;;

'stop')
        [ -f /usr/lib/lpshut ] && /usr/lib/lpshut
        ;;

*)
        echo "Usage: $0 { start | stop }"
        exit 1
esac
exit 0
```

Listing 11.8. Start-/Stopscript

11.7.9.6 Die *for*-Schleife

Die vorgestellten Kontrollstrukturen erlauben eine fallunterscheidungsbasierte Abarbeitung in Scripten, jedoch das wiederholte Durcharbeiten eines Scriptes ermöglicht erst komplexere Scripte. Die Bourne Shell bietet dazu eine *for* und eine *while* Schleife. Zunächst zur *for* Schleife.

Das Beispiel in Listing 11.9 erzeugt unter /tmp Files mit den Namen user1files, user2files und user3files, in denen jeweils eine Reverseauflistung aller Dateien in den jeweiligen Heimatverzeichnissen abgelegt sind. Die *for*-Schleife setzt die Variable *user* bei jedem Durchlauf einen Wert in der Liste der angegebenen Benutzer ein Element weiter.

```
for user in user1 user2 user3
do
  cd /home/${user}
  ls -ltr > /tmp/${user}files
done
```

Listing 11.9. Ein for-Schleifenbeispiel

Die *for*-Schleife, deren Syntax in Listing 11.10 dargestellt ist, setzt die Schleifenvariable bei jedem Durchlauf um ein Element in der beschriebenen Liste weiter.

```
for variable in liste
do
  command
done
```

Listing 11.10. Syntax der for-Schleife

Ein einfaches Beispiel, das die administrativen Einsatzmöglichkeiten solcher Schleifenkonstrukte zeigt, ist beispielsweise Partitionierung aller Festplatten an Controller c1 mit einem Festplattenlabel der Festplatte c0t1d0s2 mit einem einzigen Aufruf durch das in Listing 11.11 gezeigte Sellscript.

```
#!/bin/sh
for disks in /dev/rdsk/c1*s2
do
 fmthard -s /dev/rdsk/c0t1d0s2 $disks
done
```

Listing 11.11. Automatische Partitionierung per for-Schleife

Der erfahrene Administrator mit Praxis gibt solche Anweisungen mit Umsicht direkt auf dem Shell-Kommandoprompt ein und kann damit sehr viel Zeit sparen, jedoch bei Fehleingaben sich auch viel Arbeit schaffen.
Ein ein einfaches Beispiel ist im Listing 11.12 mit einem Beispieltext abgebildet, der alle 26 Buchstaben des Alphabets verwendet. Es wird dabei der Argumentvektor elementweise ausgegeben.

```
#!/bin/sh
for words in the quick brown fox jumps over the lazy dog
do
  echo $words
done
```

Listing 11.12. for-Schleife über eine diskrete Liste

Das in Listing 11.12 angegebene einfache for-Schleifen Shellscript wird, *foxhunt* genannt und mit den korrekten Accessmodes ausgestattet aufgerufen, die Ausgabe in Listing 11.13 erzeugen.

```
$ foxhunt
the
quick
brown
fox
jumps
over
the
lazy
dog
```

Listing 11.13. Ausgabe von Listing 11.11

Soll jedoch die Argumentliste der for-Schleife von der Kommandozeile gelesen werden, so ist hier lediglich die Variable $* anstelle der Liste zu verwenden, denn sie enthält den Argumentvektor des Programm- respektive Scriptaufrufes.

11.7.9.7 Die *while*-Schleife

Ein weiteres Konstrukt ist die so genannte *while*-Schleife, bei der die Überprüfung der Expression zum Eintritt in die Schleife erfolgt. Dies bietet die Mölichkeit, daß erst nach einer Überprüfung des Ausdrucks die Schleife durchlaufen wird.

Während die *for*-Schleife durch eine Liste geht bis sie ausgeschöpft ist, erlaubt die *while*-Schleife auf Basis einer Expression, eines Vergleiches oder einer Bedingung einen wiederholten Schleifendurchlauf zu steuern.

```
while [ expression ]
do
  commands
done
```

Listing 11.14. *while* Schleife

Die allgemeine Syntax der *while*-Schleife ist in Listing 11.14 wiedergegeben. Als Expression können Vergleiche mit Zählvariablen, Vergleiche von Ausdrücken als auch die Existenz eines Ausdrucks gewählt werden. Wird die Expression statisch auf True gesetzt, ist damit eine Endlosschleife erzeugt, etwa wie in Listing 11.15 als eher brutales Hilfsmittel zum Start eines laufend abstürzenden PC-Programmes.

```
#!/bin/sh
while true
   do
     mozilla
   done
```

Listing 11.15. Start eines sicher abstürzenden Programms

Damit läßt sich beispielsweise ein Eingangsvergleich zweier Strings durchführen.

Ein Beispiel sei die Modifikation des Scriptes *vallvar*. Statt der Nutzung einer *for*-Schleife läßt sich auch eine *while*-Schleife nutzen:

```
#!/bin/sh
# Gib den Argumentvektor aus, so lange die Anzahl der
# verbleibenden Argumente > 0 ist.
while [ $# -gt 0 ]
do
 echo $1        # erstes Argument ausgeben
 shift          # Argument verwerfen
done
```

Beispiel 11.59. *while* Schleife über den Argumentvektor

Oft gebraucht, nicht jeder hat es auswendig: Zähler in Shellscripten.

Die Applikation *expr(1)* ermöglicht sowohl Addition, Subtraktion, Multiplikation, Division als auch Restberechnung. Dazu kommen Vergleichs- und Testoperationen.

Ein umfangreiches und detailliertes Eingehen auf die Möglichkeiten der Applikation *expr(!)* übersteigt den Zeitrahmen dieses Kurses.
Eine einfache und oft benötigte Funktion sind Zähler.

Hier ein Beispiel, wie eine Variable bei jedem Schleifendurchlauf hochgezählt werden kann, implementiert über die Eingangsbedingung einer *while*-Schleife:

```
#!/bin/sh
# Zaehlschleife am Beispiel eines while-Loops

n=1
while [ $n -le 5 ]
do
 echo $n
 n=`expr $n + 1`
done
```

Listing 11.16. Hochzählung einer Variablen

Die Ausgabe ist dann:

```
$ count
1
2
3
4
5
```

Listing 11.17. Ergebnis der Zählschleigfe aus Listing 11.16

Dies ist nur eine mögliche Anwendung von *expr(1)*
Ein Arbeitsbeispiel:
Es ist ein Shellscript zu schreiben, welches alle Verzeichnisse unter */etc* auflistet, die die Endung *.d* haben. Weiterhin soll die Anzahl der unter */etc* gefundenen Verzeichnisse mit der *.d*-Endung ausgegeben werden. Die Ausgabe ist unter Verwendung der SOLARIS-Kommandos *dirname(1)* und *basename(1)* so zu erzeugen, daß nur die Verzeichnisse und nicht der Pfad angezeigt werden. In der letzten Zeile soll als Summary aufgelistet sein, wieviele Verzeichnisse gelistet wurden und wo sie im Filesystem stehen. Ein Beispiellistung ist in Listing 11.18 gezeigt.

```
$ dirlist /etc/*.d
rc0.d
rc1.d
rc2.d
rc3.d
rcS.d
In /etc wurden 5 File gelistet
```

Listing 11.18. Diese Ausgabe ist zu erzeugen

Ein Lösungsvorschlag ist in Listing 11.19 dargestellt. Es kombiniert die Zählfunktion mit der Manupulation des Argumentvektors.

```
#!/bin/sh
n=0
while [ $# -gt 0 ]
 do
  dir=$1
  echo `basename $1`
  n=`expr $n + 1`
  shift
 done
echo In `dirname $dir` wurden $n File gelistet
```

Listing 11.19. Eine einfache Anwendung

11.7.10 Das *break*-Statement

Es kann notwendig werden, aus einem Script heraus die Abarbeitung abbrechen zu müssen. Bedingt durch die Art der Abarbeitung von *case*-Anweisungen ist es notwendig, aus einer *case*-Anweisung bei Erreichen einer Bedingung aus der Anweisung zu springen. Diese Aufgaben werden durch die *break*-Anweisung ausgeführt.

Wenn ein Schleifenkonstrukt, eine *if* oder *case*-Anweisung verlassen werden muß, so ist das *break*-Statement verwendbar. So wird in Beispiel 11.20 bei Erreichen der Bedingung $\$ > 20$ die *while* Schleife verlassen. Es wird dabei nur die *while* Schleife verlassen nud nicht das Shell Script beendet. Die sofortige Beendigung eines Shellscrites ist duch Verwendung des *exit* Statements möglich.

Anmerkung: Der Ausdruck `while [ : ]` ist dem Ausdruck `while true` gleich in seiner Bedeutung.

```
#!/bin/sh
n=0
while [ : ]
do
  echo $n
  n=‘expr $n + 1‘
  if [ $n -gt 20 ]
    then
      break
  fi
done
```

Listing 11.20. Bei *break* wird der *while*-Loop verlassen

11.7.11 Behandlung von Tastatureingaben

Soll der Inputstring, der über die Tastatur direkt eingegeben wird in einem Bourne Shell Script für interaktive Dialoge zur Scriptsteuerung etc. verwendet werden, so ist die Funktion *read* zu verwenden, was in Listing 11.21 gezeigt ist. in dem Beispiellisting wird das Script bei erreichen res *read* Kommandos Tastatureingaben lesen bis die Eingabezeile beendet wird und wird den gesamten eingegebenen Text anschließend wieder ausgeben. Selbstverständlich kann der in `$input` stehende Textstring auch zur Ablaufsteuerung in Expressions oder zur Erzeugung von Pfad- oder Dateinamen etc. verwendet werden. Das Beispiel 11.21 zeigt nur den generellen Mechanismus.

```
#!/bin/sh

read input

Der eingegebene String war: $input
```

Listing 11.21. Lesen und Ausgeben einer Tastatureingabe

11.7.12 Prozeduren

Eine Aufteilung von Abarbeitungssegmenten eines Shellscriptes oder Programmes, also eine Modularisierung des Scriptes birgt viele praktische Vorteile. Angefangen bei der besseren Lesbarkeit über die einfache Wiederverwendung ohne alles erneut abschreiben zu müssen bis hin zu einer deutlich leichteren Wartbarkeit eines Scriptes oder Programmes. Die hier folgende Kurzübersicht ist als Motivation und Anleitung zu ersten Schritten zu verstehen und gibt einen Hinweis zum Verständnis der im OPENSOLARISBereich verwendeten Shellscripten bei Start-/Stop- unds Arbeitsscripten, Manifestmethoden etc.

Prozeduren in Bourne Shellscripten haben folgende Struktur:

```
proc_name () {
 var=...

 cmds
}
```

Listing 11.22. Struktur einer Prozedur

Eine Prozedur ist vor ihrer ersten Verwendung zu deklarieren. Der Zugriff auf eine Prozedur erfolgt durch Aufruf des Prozedurnamens:

```
cmds
...
proc_name
...
if [ expression ]; then
   proc_name
else
   echo nothing done
fi
```

Listing 11.23. Aufruf einer Prozedur

So läßt sich zum Beispiel die Auswertung der Variablen `$0` wie folgt umschreiben:

```
#!/bin/sh

do_parallel () {
   echo This is the parallel-branch
}

do_sequential () {
   echo This is the sequential-branch
}

if [ $0 == parallel ]; then
   do_parallel
else
   do_sequential
fi
```

Listing 11.24. Auswertung von $0

11.8 Shellscriptprogrammierung *csh(1)*

Rolf M Dietze

A UNIX saleslady, Lenore,
Enjoys work, but she likes the beach more.
She found a good way
To combine work and play:
She sells C shells by the seashore.

Die *csh(1)*, entwickelt von Bill Joy ist ein weitverbreiteter, traditioneller Kommandointerpreter, der ein komfortables interaktives Arbeiten unterstützt. Die Änderungen in der *csh(1)* sind der Bourne Shell gegenüber inkompatibel, was auch bedeutet, daß C-Shell Scripte nicht von der *sh(1)* interpretiert werden können.
Die Erweiterungen zum interaktiven Arbeiten sind:

History: Sie ermöglicht den Zugriff, die Änderung und das erneute Ausführen von Kommandos

Aliases: Bietet einen Mechanismus alternative Kommandonamen, Abkürzungen oder kleine Kontrollfunktionen zu erstellen

Job Control: Ein Mechanismus, der es erlaubt, ein oder mehr im Vordergrund gestartete Jobs zu unterbrechen, im Hintergrund weiterlaufen zu lassen und gezielt wieder in den Vordergrund zu holen

Es wird regelmäßig davon abgeraten, die C-Shell als Scriptsprache zu verwenden, wogegen hier nicht wiedersprochen werden soll. Jedoch wird die C-Shell immer noch gerne als interaktive Shell genutzt, sie ist kompatigel aber nicht funktionsidentisch zur *tcsh(1)*. Trotz allem, wird die C-Shell bei einigen SUN Systemplattformen als Defaultshell vorausgesetzt, wie beispielsweise für den SSP-User bei der E10k, und man sollte in solchen Fällen sehr vorsichtig sein, die Defaultshell solcher spezialisierten Administrationsaccounts umzustellen, denn nicht in allen C-Shell Scripten dieser spezialisierten Umgebungen ist im Shellscript definiert, welche Shell das Administrationsscript ausführen soll. Ein Administrator sollte den Umgang mit der C-Shell und den Aufbau der Kontrollstrukturen der C-Shell zumindest kennen, und das ist die Idee dieses Abschnitts.

11.8.1 *csh(1)* Grundlagen

Die *csh(1)* ermöglicht die Verwendung eines informativen scriptbasiert modifizierbaren Promptes. Der Defaultprompt der *csh(1)* ist:

```
<hostname>%
```

csh(1)-Scripte werden ausgeführt, indem eine *csh(1)* mit dem Scriptnamen aufgerufen wird oder das Ausführungsrecht für das Script gesetzt wird. Ein *csh(1)*-Script ist oft an der ersten Zeile im Scriptfile zu erkennen:

```
#!/bin/csh
```

Ein Debugging von *csh*-Scripte ist durch Aufruf des Scriptes mit der Option -*x* möglich.
Aus dem Script heraus:

```
#!/bin/csh -x
```

Bei Aufruf durch eine Shell:

```
galaxy% csh -x script
```

Die so genannte Filename Substitution ist eine Anwendung von Wildcards Wildcards sind Metacharacter,

die genau ein beliebiges Zeichen (?)
oder beliebig viele beliebige Zeichen (*)
oder eine Auswahl von Zeichen

beschreiben.

Die C-Shell bietet Filename Substitution über Wildcards:

Wildcard	Funktion
*	Beschreibt null oder mehr beliebige Zeichen: *a*s*: *as*, *als*, *alles* aber nicht *alle*
?	Beschreibt genau ein beliebiges Zeichen: *a?s*: *als*, *ais*, *aus* aber nicht *alles*
`[...]`	Beschreibt ein in Klammern geschriebenes Zeichen, Bereiche werden durch ein "-" beschrieben: `[A-Z]`: Beschreibt alle Großbuchstaben

In Beispielen:

```
0 1 dhs@nx1> cd /etc/net
0 1 dhs@nx1> echo *          # Ausgabe aller Files im Verzeichnis
ticlts ticots ticotsord       # Analog zum Kommando ls

0 1 dhs@nx1> ls *s           # Auflistung aller Files die
ticlts ticots                 #                    mit s enden

0 1 dhs@nx1> ls [a-k]*       # Auflistung aller Files die
                              #                    mit a .. k beginnen
```

Beispiel 11.60. C-Shell Der *ls(1)* Ersatz bei schlechtem Wetter

Einige Verzeichnisse können abkürzend beschrieben werden mit:

. Aktuelles Arbeitsverzeichnis
.. Parent-Directory des aktuellen Arbeitsverzeichnisses

Was keine Funktion der C-Shell ist, aber von der C-Shell als gültige Eingabe angesehen wird.

11.8.2 Startup- und Initialisierungsfiles

Die Grundkonfiguration der eigenen Shell kann jeder Benutzer in den Initialisierungsfiles niederlegen, die jede Shell bei ihrem Start einliest.

Es wird dabei zwischen Dingen unterschieden, die pro login gesetzt werden müssen, hierzu zählen beispielsweise Environment Variablen, da diese an später gestartete Shells ohnehin vererbt werden, und Aktionen, die jede neu gestartete Shell ausführen soll.

Path	Name	Systemweite init files	Benutzer pro login	pro shell
/usr/bin/csh	C–Shell	/etc/.login	.login	.cshrc
/usr/bin/tcsh	TC–Shell	/etc/csh.cshrc	.login	.tcshrc

Tabelle 11.6. Initialisierungsfiles der C-Shell

Der Kompatibilitätslink */bin* $\mapsto$ */usr/bin* wird zur Zeit noch beibehalten, daher funktionieren auch noch Einträge älteren Formates in der */etc/passwd*.

Bei der */sbin/csh* handelt es sich um eine statisch gelinkte Version der */usr/bin/csh*, die ohne Nutzung der Runtimelibrary arbeitet.

11.8.3 Suchpfade

11.8.3.1 Der Exec-Suchpfad

Eine der wesentlichen Variablen ist die des Suchpfades für ausführbare Programme. Die Variable PATH wird entsprechend der Syntax der verwendeten Shell gesetzt, siehe hierzu die Beschreibung unter Variablen und Parameter, Sektion 11.8.8.

Die Reihenfolge in der Pfadvariablen ist relevant. Es sei die PATH Variable wie folgt gesetzt (korrekte Syntax in Abschnitt 11.8.8):

```
setenv PATH /usr/bin:/usr/sbin:/usr/openwin/bin:/usr/local/bin
```

Will man ein gerade kompiliertes Programm oder ein Shellscript im eigenen Heimatverzeichnis starten, so muß man es mit Pfadangabe starten. Sei folgendes Shellscript gegeben unter dem Namen *hello*:

```
#!/bin/csh

echo " hello world! "
```

Und es sei in /home/dhsmit folgenden Zugriffsrechten versehen:

```
-rwxr-xr-x  1  dhs   200    31 Jun 27 23:12 hello
```

So ist das Shellscript oder auch Programm jederzeit ausfürbar unter Angabe des Absoluten Pfades:

```
$ /home/dhs/hello
hello world!
```

Es reicht jedoch auch eine relative Pfadangabe aus. In */home/*dhs stehend ist das gleiche Shellscript startbar mit dem Aufruf:

```
$ ./hello
hello world!
```

Im gleichen Verzeichnis, */home/*dhs, aufgerufen ohne Pfadangabe und unter der Voraussetzung, daß das Homedirectory nicht im Suchpfad steht, wird es nicht gefunden:

```
0 1 dhs@nx1> hello

hello: Command not found.
```

Die C-Shell benötigt nicht das für die Bourne Shell obligatorische *export <variable>*. Gesetzte Variablen sind sofort referenzierbar. Auch entfällt die Bourne Shell typische `var=wert` Notation, Variablen werden im C-Shellenvironment mit *setenv <var value>* gesetzt.

11.8.3.2 Der Library Suchpfad

Der Library-Suchpfad ist der Pfad, den der Runtime-Linker durchsucht, um eine geforderte Library zu laden. Der Runtime-Linker lädt die Library *ld.so*. *ld.so* wird zur Laufzeit die notwendigen Libraries nachladen und durchsucht deshalb die Standardlibraries nach der gewünschten Library und, wenn gesetzt, auch durch alle zusätzlich benannten Library-Pfade. Gesetzt wird die Environmentvariable:

```
LD_LIBRARY_PATH
```

entsprechend der Syntax der verwendeten Shell.

So wird der SuchPfad für Libraries für die *csh(1)* gesetzt wie folgt:

```
0 1 dhs@nx1> setenv LD_LIBRARY_PATH /usr/lib:/usr/sfw/lib:/opt/sfw/lib:\
/usr/local/lib
```

11.8.4 I/O-Streamverarbeitung, Redirektion

Die Kanalnummern sind den bei der Bourne Shell verwendeten identisch, jedoch die Referenzierung des stderr-Kanals unterscheidet sich von der Bourne Shell. Es wird unterschieden in:

I/O Stream	Kanalnummer	Beschreibung
stdin	0	Standard Input, woher kommen Eingaben
stdout	1	Standard Output, wohin werden die Ausgaben geschrieben
stderr	2	Standard Error, wohin werden Fehlermeldungen geschrieben

Die Bezeichnungen und Kanalnummern sind historisch begründet und wesentlicher Bestandteil im Umgang mit File-I/O von der Programmierung bis hin zur Handhabung der verschiedenen Shells.

11.8.4.1 Einfache I/O Stream Umlenkung

Die einfache Verwendung von I/O Stream Umleitungen ermöglicht bereits komplexe fallabhängige Kommandozeilen.

Die *csh(1)* unterstützt folgende I/O Stream Umlenkungen:

| Pipe, Umlenkung der Ausgabe des linken Kommandos zur Eingabe des rechten Kommandos

Zunächst sei die Pipe im Beispiel 11.61 vorgestellt, hier wird die Anzahl von Files im aktuellen Verzeichnis ausgegeben. Dabei wird die Ausgabe in eine Pipe umgelenkt und vom Nachfolgenden Programm ausgewertet, hier nur gezählt durch *wc(1)*:

```
0 1 dhs@nx1> ls -1 | wc -l
275
```

Beispiel 11.61. C-Shell Verwendung der Pipe

Die C-Shell unterstützt auch die StdIn Umlenkung, ähnlich der *sh(1)* jedoch mit kleinen Unterschieden, wie folgt:

cmd < file	stdin wird aus einer Datei gelesen
cmd << pattern	stdin solange gelesen bis "pattern" gelesen wird

Dieses Verhalten kann kurz im Beispiel 11.62 verifiziert werden, indem man nachfolgendes Experiment durchführt, in dem ein Kommando, hier *star(1)*, das mit dieser Art der I/O Umlenkung arbeiten kann:

```
0 1 dhs@nx1>star tv < file.tar
 .... # [diverse Ausgaben]
```

Beispiel 11.62. C-Shell Eingabeumlenkung

Im Beispiel 11.63 wird so lange von stdin gelesen, bis die Zeichenkette "ende" eingegeben wird. In dem Moment, in dem die erwartete Zeichenkette eingegeben wurde, wird der gesamte Inputbuffer ausgegeben, wie im folgenden dargestellt

```
0 1 dhs@nx1> more << ende


   test
   17
   ende

   test
   17
```

Beispiel 11.63. Ausgabe des Beispiels 11.62

11.8.4.1.1 stdout-Umlenkung

Bie der C-Shell können Ausgaben auf dem I/O-Kanal 1 wie bei der *sh(1)* umgeleitet werden, jedoch auch hier mit geringfügig anderem Verhalten:

cmd > file	Die Ausgabe von "cmd" wird in "file" umgelenkt "file"wird dabei angelegt oder überschrieben
cmd >> file	Die Ausgabe von "cmd" wird an "file"angehangen "file" bleibt erhalten, ergänzt um die neue Ausgabe

Ein Setzen der Environmentvariablen *noclobber* verhindert das Überschreiben. Soll bei gesetztem *noclobber* dennoch ein File überschrieben werden, so ist ein *!* zu verwenden, was hier kurz vorgestellt wird:
Die Ausgabe von *date(1)* wird in "out" umgelenkt:

```
0 1 dhs@nx1> date > out
```

Beispiel 11.64. C-Shell Ausgabeumlenkung I

Die Ausgabe von *ls(1)* wird in "out" umgelenkt:

```
0 1 dhs@nx1> date > out
```

Beispiel 11.65. C-Shell Ausgabeumlenkung II

Hierbei wurde "out" vollständig überschrieben.

Die Ausgabe von *date(1)* wird an "out" angehangen:

```
0 1 dhs@nx1> date >> out
```

Beispiel 11.66. C-Shell Ausgabeumlenkung II

In dem File "out" ist nun die Ausgabe des vorherigen *ls*-Calls und des nachfolgenden *date*-Calls abgelegt.

Bei gesetztem noclobber ist für gewolltes Überschreiben das Zeichen "!" zu verwenden:

```
0 1 dhs@nx1> date >&!out
```

Beispiel 11.67. C-Shell Ausgabeumlenkung IV

Auf dem Fehlerausgabekanal *stderr* werden nur Fehlermeldungen geschrieben (wenn der Programmierer dies so wollte). Das Kommando *date(1)* wird bei dem nachfolgenden Beispielaufruf somit keine Fehlermeldung erzeugen, zunächst jedoch eine Übersicht zur StdErr Umlenkung, womit anschließend die Umlenkungsmechanismen beider I/O Kanäle im Experiment kurz vorgestellt werden.

11.8.4.1.2 stderr-Umlenkung

Fehlerausgaben, bzw. Ausgaben auf dem I/O-Kanal 2 können gesondert umgeleitet werden:

cmd >& file	stdout *und* stdin von "cmd" wird in "file" umgelenkt "file"wird dabei angelegt oder überschrieben
cmd >>& file	stdout *und* stdin von "cmd" wird an "file"angehangen "file" bleibt erhalten, ergänzt um die neue Ausgabe

Ein Setzen der Environmentvariablen *noclobber* verhindert das Überschreiben. Soll bei gesetztem *noclobber* dennoch ein File überschrieben werden, so ist ein *!* zu verwenden. Nachfolgend anhand von Beispielen erklärt.
Die Fehlermeldung von *date(1)* wird in "out" umgelenkt:

```
0 1 dhs@nx1> date >& out
```

Beispiel 11.68. C-Shell Ausgabeumlenkung V

Die Ausgabe von *ls(1)* wird in "out" umgelenkt: Hierbei wurde "out" vollständig überschrieben.

```
0 1 dhs@nx1> date -murks >& out
```

Beispiel 11.69. C-Shell Ausgabeumlenkung VI

Die Fehlermeldung von *du(1)* wird an "out" angehangen:

```
0 1 dhs@nx1> du -murks >>& out
```

Beispiel 11.70. C-Shell Ausgabeumlenkung VII

In dem File "out" sind analog zur stdout-Umleitung beide Fehlermeldungen der Reihe nach abgelegt.
Bei gesetztem noclobber ist für gewolltes Überschreiben Das Zeichen "!" wie in Beispiel 11.71, zu verwenden.

```
0 1 dhs@nx1> date >>!out
```

Beispiel 11.71. C-Shell Ausgabeumlenkung VIII

11.8.4.2 Mehrfach-I/O-Umlenkungen

UNIX-Kommandointerpreter verarbeiten multiple Umleitungen, Pipes etc., sodaß sich so einfach komplexe Kommandos erstellen lassen, die Sortierung, Umlenkungen, Fallabhängigkeiten etc. ermöglichen. Die zuvor beschriebenen I/O-Redirektionmechanismen sind somit kombinierbar, was hier zur einfachen Vorstellung kurz gezeigt wird:
stdin und stdout sollen gleichzeitig umgelenkt werden:

```
0 1 dhs@nx1> wc -l < file > count
```

Beispiel 11.72. C-Shell Mehrfachumlenkung I

stdout und stderr sollen dem Folgekommando übergeben werden:

```
0 1 dhs@nx1> cc file.c >& | more
```

Beispiel 11.73. C-Shell Mehrfachumlenkung I

stdout und stderr sollen in eine Datei geschrieben werden. Wenn sie bereits existiert soll sie überschrieben werden:

```
0 1 dhs@nx1> cmd >& file
```

Beispiel 11.74. C-Shell Mehrfachumlenkung I

Wenn *noclobber* gesetzt ist, wird überschrieben:

```
0 1 dhs@nx1> cmd >&! file
```

Beispiel 11.75. C-Shell Mehrfachumlenkung I

11.8.4.2.1 Mehrfachumlenkung des gleichen I/O-Streams

Soll beispielsweise stdout sowohl in eine Datei als auch auf den Bildschrim ausgegeben werden so ist die Applikation *tee(1)* zu verwenden, was hier kurz in zwei Beispielen gezeigt wird:
stdout soll sowohl in eine Datei als auch auf dem Bildschirm ausgegeben werden. Wenn die Datei bereits existiert wird sie überschrieben:

```
0 1 dhs@nx1> cmd | tee file
```

Beispiel 11.76. C-Shell Mehrfachumlenkung, *tee(1)* I

Sollte die Datei nicht überschrieben sondern um die Ausgabe erweitert werden, so geht das wie folgt:

```
0 1 dhs@nx1> cmd | tee -a file
```

Beispiel 11.77. C-Shell Mehrfachumlenkung, *tee(1)* II

11.8.5 Kommandoreihungen und Gruppierungen

Die Gruppierung und fallabhängige Reihung von Kommandos erhöht die Flexibilität erheblich, und bildet in der praktischen Nutzung ein universelles Tool. So können nacheinander voneinander unabhängige Kommandos in eine zeitliche, sequenzielle Abfolge gesetzt werden, es können Kommandos nur ausgeführt werden, wenn das vorherige Kommando erfolgreich oder erfolglos ausgeführt wurde (Hierbei wird der Returncode eines Kommandos ausgewertet) etc.
Zunächst eine einfache Kommandoreihung, bei der mehrere Kommandos der Reihe nach ausgeführt werden, ungeachtet des Exitstatus des Vorkommandos

```
cmd1 ; cmd2 ; cmd3
```

In einem Beispiel soll die aktuelle Zeit ausgegeben werden, ein File komprimiert werden und anschließend erneut die aktuelle Zeit ausgegeben werden:

```
0 1 dhs@nx1> date; compress file; date
```

Beispiel 11.78. C-Shell Einfache Kommandoreihung I

Diese Verfahren der Kommandoreihungen läßt sich verfeinern. Es ist möglich,

(cmd1 ; cmd2 ; cmd3) ...	mehrere Kommandos der Reihe nach in einer Subshell auszuführen
(cmd1 ; cmd2 ; cmd3)& ...	mehrere Kommandos der Reihe nach in einer Subshell im Hintergrund auszuführen

Im nachfolgenden Beispiel sollen Kommandos nacheinander ausgeführt werden, hier wird so zunächst ein *tar(1)* Archiv erzeugt und anschließend komprimiert. Die hier nicht gleich ersichtliche Besonderheit ist, daß diese Kommandoreihung in einer eigenen Subshell ausgeführt wird, in der das gesamte Kommando beispielsweise unter Verwendung der Applikation *rsh(1)* auf einem Remote-Rechner abgearbeitet werden kann. Hier jedoch lokal:

```
0 1 dhs@nx1> (tar cf file.tar /usr/bin ; compress file.tar)
```

Beispiel 11.79. Einfache Kommandoreihung in einer eigenen Subshell

Im nächsten Beispiel soll das zuvor erzeugte Kommando im Hintergrund ablaufen:

```
0 1 dhs@nx1> (tar cf file.tar /usr/bin ; compress file.tar)&
```

Beispiel 11.80. Einfache Kommandoreihung in einer eigenen Subshell im Hintergrund

Diese Einfachkunstrukte bergen den Nachteil, daß alle Teile der gesamten Kommandoreihung immer sequentiell durchgeführt oder abgearbeitet werden, ungeachtet dessen, ob es vielleicht zu Fehlersituationen kam. So ist der *compress(1)* Durchlauf auch nur dann sinnvoll, wenn zuvor das Tararchive auch fehlerfrei erzeugt wurde. Wie das geht unter Verwendung folgender Sonderzeichen:

cmd1 && cmd2	cmd2 soll nur dann ausgeführt werden wenn cmd1 erfolgreich war
cmd1 || cmd2	cmd2 soll nur dann ausgeführt werden wenn cmd1 nicht erfolgreich war

So läßt sich im nachfolgenden Beispiel in ein tar-Archiv erzeugen und anschließend komprimieren, wenn es erfolgreich erzeugt wurde:

```
0 1 dhs@nx1> tar cf var.tmp.tar /var/tmp && comress var.tmp.tar
```

Beispiel 11.81. C-Shell Kommandoreihung Ausführung bei Erfolg

Für das automatische Logging bei cronfilebasierten Operationen sinnvoll und hier als interaktiver Aufruf gezeigt, es soll ein tar-Archiv erzeugt werden. Wenn das nicht klappt soll die aktuelle Systemzeit ausgegeben werden:

```
0 1 dhs@nx1> tar cf test.tar /var/tmp || date
```

Beispiel 11.82. C-Shell Kommandoreihung Ausführung im Fehlerfall

11.8.6 Behandlung von Quotes

Das Quoten von Characters erlaubt es, mögliche Sonderbedeutungen dieser Characters auszuschalten. So läßt sich unter Verwendung des Backslash (\), genau das folgende Zeichen escapen. Im Beispiel 11.83 wird das Dollarzeichen in dieser Art escaped, was zur Folge hat, daß die Variable nicht mehr als Variable behandelt wird, sondern als String, welcher direkt ausgegeben wird. Die Verwendung der Anführungszeichen (" ") übergibt dazu im Gegensatz den gesamten Ausdruck an das aufrufende *echo(1)* Programm, das daraufhin den Variableninahlt ausgibt:

```
0 1 dhs@nx1> setenv CPU x86

0 1 dhs@nx1> echo \$CPU
CPU

0 1 dhs@nx1> echo "$CPU"
x86
```

Beispiel 11.83. C-Shell Behandlung von Quotes

11.8.7 Ersetzungsmechanismen

Zunächst, die Position eines Kommandos im Filesystem bei gesetztem Suchpfad läßt sich mit dem Kommando *which(1)* ausgeben, der Typ einer Datei läßt sich mit dem Kommando *file(1)* ausgeben, die beiden Kommandos werden im weiteren verwendet.

Zum Vergleich mit dem entsprechenden Ergebnis des *which which* Experimentes sei an dieser Stelle das gleiche Experiment wie im Beispiel 11.23 von Seite 857 mit einer C-Shell ausgeführt.

```
\verb|0 1 |\ufaxx\verb|@|\unode\verb|> which which | \\
\verb|/usr/bin/which| \\
\verb|0 1 |\ufaxx\verb|@|\unode\verb|> which type | \\
\verb|/usr/bin/type| \\
\verb|0 1 |\ufaxx\verb|@|\unode\verb|> type which | \\
\verb|which is /usr/bin/which|\\
\verb|0 1 |\ufaxx\verb|@|\unode\verb|> type type | \\
\verb|type is a shell builtin|
```

Beispiel 11.84. C Shell: Which which is which which?

Eine weitere Möglichkeit wäre im Fall der *csh* noch die Definition eines *aliases* namens *which* oder *type* gewesen, der in diesem Fall vorrangig zur Ausführung gekommen wäre.

Es ist möglich, die Ausgabe eines Kommandos in ein komplexes Kommando einfließen zu lassen. Dieser Mechanismus ist am besten an einem einfachen Beispiel zu erkennen.
Zunächst, im Besipiel 11.85, das Basisverhalten, *echo(1)* gibt den String *date* aus:

```
0 1 dhs@nx1> echo date
date
```

Beispiel 11.85. C-Shell *echo(1)* gibt einen String aus

Es sollten die Quotes nicht unbedingt verwechselt werden, ihre Bedeutung ist zu unterschiedlich: In Beispiel 11.86 wird *echo* als Zeichen(kette) an *echo(1)* übergeben, woraufhin hier auch nur wieder *date* ausgegeben wird;

```
0 1 dhs@nx1> echo 'date'
date
```

Beispiel 11.86. C-Shell *echo(1)* gibt ein Zeichen aus

Die `-Quotes veranlassen das Ausführen eines Programmes. So wird in Beispiel 11.87 hier das Kommando *date(1)* zunächst ausgeführt und das Ergebnis, also die Ausgabe, an das Kommando *echo(1)* übergeben. *echo(1)* gibt das Ergebnis einfach aus.

```
0 1 dhs@nx1> echo 'date'
Fri Jul 12 20:14:34 CET 2003
```

Beispiel 11.87. C-Shell *echo(1)* gibt das Ergebnis von *date(1)* aus

Dieses Verhalten sei kurz an dem Kommando *dirname(1)* gezeigt. Zunächst wird der Pfad gesucht, unter dem das Kommando *dirname(1)* zu finden ist. Anschließend wird das komplette Kommando ausgeführt und das Ergebnis an *ls(1)* übergeben, daß dann auf dem Ergebnis arbeitet, hier also im Endeffekt ein *ls -l /bin/dirname* ausführt. Das Verhalten ist kurz am Beispiel 11.88 gezeigt.

```
0 1 dhs@nx1> which dirname
/bin/dirname 0 1 dhs@nx1> ls -l 'which dirname'
-r-xr-xr-x 1 root bin 784 Apr 7 2002 /bin/dirname*
```

Beispiel 11.88. C-Shell Behandlung von Quotes

11.8.8 Variablen und Parameter

Eine Variable ist ein Identifikator, unter dessen Referenzierung ein Wert, eine Zahl, ein String, abgelegt werden kann und jederzeit wieder abgerufen werden kann. In Übersicht:
Setzen einer Shellvariablen in Beispiel 11.89:

```
0 1 dhs@nx1> set <variable>
```

Beispiel 11.89. C-Shell Setzen einer Variable

Auflistung der Shellvariablen in Beispiel 11.90:

```
0 1 dhs@nx1>$ set
<variable>
<variable>
...
<variable>
```

Beispiel 11.90. C-Shell Auflisten der Variablen

Einer Shellvariablen einen Wert zuweisen in Beispiel 11.91:

```
0 1 dhs@nx1> set <variable>=[wert]
```

Beispiel 11.91. C-Shell Zuweisung eines Wertes

Löschen einer Shellvariablen in Beispiel 11.92:

```
0 1 dhs@nx1> unset <variable>
```

Beispiel 11.92. C-Shell Löschung einer Variablen

11.8.9 Der Argumentvektor, argv

Die C-Shell arbeitet ebenso wie die *sh(1)* mit einem so genannten Argumentvektor:

Alle einem Kommando folgenden Strings auf einer Kommandozeile sind Argumente des Kommandos.
Bei der *sh(1)* ist die Anzahl der Argumente auf 9 begrenzt.
Das Kommando selbst wird als Argument-0 bezeichnet.

Der Aufruf in Beispiel 11.93 hat demnach 2 Argumente für das aufrufende Kommando

```
$ ls dir1 dir2
```

Beispiel 11.93. C-Shell Argumentvektor I

Die offensichtlichen Argumente sind *dir1* und *dir2* Konventionsgemäß ist das Argument 0 das Kommando *ls* selbst.

11.8.10 Argumentvariablen

Argumentvariablen sind vorbelegte Variablen, die bei Aufruf eines Programms oder Shellscriptes durch die Shell selbst dem Programmierer zur Verfügung gestellt werden. Es ist daher unzulässig diese vordefinierten Variablen neu zu definieren. Die *csh(1)* stellt folgende Variablen von hause aus zur Verfügung. Diese Variablen sind damit vordefiniert und werden von der Shell selbst geeignet belegt:

Variable	Beschreibung
$	Hält die pid des aufgerufenen Scriptes
#argv	Hält die Anzahl an belegten Argumenten
argv[1 – 9]	Die Variablen *1, 2, 3, ..* halten die jeweiligen Parameter
*	Beschreibt den gesamten Argumentvektor ohne *0*

Die benannten Variablen sind referenzierbar durch

```
$#argv                          Die Anzahl der Argumente

$argv[1] $argv[2] $argv[3] ...  Die Argumente selbst
```

Um sich die Handhabung des C-Shell Argumentvektors kurz vergegenwärtigen, sei das in Beispiel 11.94 gegebene Script *printargscsh* betrachtet:

```
#!/bin/csh
# printargs: print arguments one by one in one row

echo there where $#argv arguments given: ${*}.
```

Beispiel 11.94. C-Shell Argumentvektor II

In Beispiel 11.95 ist der Aufruf des Scriptes gezeigt: Es werden bei Aufruf die Argumentvektorvariablen gezählt und ausgegeben: *#argv/** zeigen:

```
0 1 dhs@nx1> printargcsh the quick brown fox jumps over the lazy dog
there where 9 arguments given: the quick brown fox jumps over the lazy dog.
```

Beispiel 11.95. C-Shell Argumentvektor IIa

Der Argumentvektor kann auch bei der C-Shell manipuliert werden. Es konnen Argumente aus dem Argumentvektor verworfen werden. Dies wird durch das Builtin-Kommando *shift* bewerkstelligt. Das Builtin-Kommando *shift* shiftet den Argumentvektor um ein oder mehr Argumente:

```
shift [varliste]
```

Somit wird der Argumentvektor

the quick brown fox jumps over the lazy dog

wird durch sechsmalige Verwendung des Kommandos *shift* modifiziert zu:

the lazy dorg

11.8.11 Kontrollstrukturen

Kontrollstrukturen sind Fallunterscheidungen, Mehrfachauswahlunterscheidungen, Schleifen etc. Fallunterscheidungen bringen wiederum eine weiter sehr komplexe Flexibilität in die Anwendung der C-Shell oder die Scriptprogrammierung. Die Syntaxunterschiede zwischen verschiedenen Shells üben sich mit der Zeit ein und man kommt schnell dazu Kontrollstrukturen auch quasi inline bei der interaktiven Shell-Benutzung zu verwenden.

11.8.11.1 Die *if*-Statement

Die C-Shell bietet eine *if*-Statement. Eine einfache *if*-Anweisung ohne else-Part hat folgende Syntax:

```
if ( expression ) command
```

Daraus kann man zur Verdeutlichung das Shellscript in Beispiel 11.96 bauen.

```
#!/bin/csh
if ( $#argv <= 0 ) echo usage: at least one entry expected
echo $@
```

Beispiel 11.96. C-Shell *if*-Statement

Dieses Script gibt einen Kommentar aus, wenn nicht mindestens ein Argument gegeben wurde. Die Ausgabe wird gefolgt von einer Leerzeile. Wenn mindestens ein Argument gegeben wurde, wird die Argumentliste ausgedruckt.

11.8.11.2 Die *if-then-else*-Statement

Eine Erweiterung der *if*-Anweisung ist das Abarbeiten im Falle des Nichtzutreffens der Expression-Bedingung.

Eine vollständige if-the-else-Anweisung folgt folgender Syntax:

```
if ( expression ) then
   commands
else
   commands
endif
```

Damit läßt sich das vorherige Beispiel verbessern, denn es wird bei leerem Argumentvektor keine Leerzeile ausgegeben, weil zuvor geprüft wird, ob der Argumentvektor überhaupt Eine Länge größer Null hat, beziehungsweise ob er kleiner Null ist, bevor ausgegeben wird. Anderenfalls wird eine Meldung ausgegeben, kurz gezeigt in Beispiel 11.97

```
#!/bin/csh
if ( $#argv <= 0 ) then
   echo usage: at least one entry expected
else
   echo ${*}
endif
exit
```

Beispiel 11.97. C-Shell *if-then-else*-Statement

11.8.11.3 Die Mehrfachfallunterscheidungen per *if-then-else*-Statement

Mehrfachauswahlentscheidungen werden beispielsweise mit *if*-Anweisungen in der klassischen Form konstruiert:

```
if  ( expression ) then
  commands
else if ( expression ) then
       commands
     else if ( expression ) then
            commands
          else
            commands
          endif
     endif
endif
```

Oder zusammenfassend mit einer Switch-Anweisung formuliert

11.8.11.4 Die *switch*-Anweisung

Die *switch*-Anweisung der C-Shell entspricht in ihrer Funktion der *case*-Anweisung der Bourne Shell. Ihre Syntax ist jedoch deutlich verschieden.

So durchläuft ein C-Shell Script bei der *switch*-Anweisung ab dem betreffenden *case*-Pattern alle nachfolgenden Branches, es sei denn, es wird ein *breaksw* verwendet. Die *switch*-Anweisung ist eine Mehrfachanweisung, die komplexe *if*-Anweisungen vereinfach bzw. ersetzt. Sie ist das Analogon zur *case*-Anweisung der Bourne-Shell, sieht jedoch bei der C-Shell irritierend anders aus:

```
switch (string)
      case pattern1:
                    commands
```

```
                        breaksw
          case pattern2:
                        commands
                        breaksw
          case pattern3:
                        commands
                        breaksw
          ...
          default:
                        commands
                        breaksw
     endsw
```

Eines der einfachsten Beispiele ist das Printerstartup-Script von Legacy-SOLARIS Releases, ist in Beispiel 11.98 einmal umgestellt auf ein C-Shell Script:

```
#!/sbin/csh
#

switch ($arg[1])
        case start:
                if (/usr/lib/lpsched)  /usr/lib/lpsched
                breaksw

        case stop:
                if (/usr/lib/lpshut) /usr/lib/lpshut
                breaksw

        default:
                echo "Usage: $0 { start | stop }"
                breaksw
endsw
```

Beispiel 11.98. C-Shell *if-then-else*-Statement

11.8.11.5 Die *foreach*-Schleife

Die C-Shell bietet eine *foreach*-Schleife.Die *foreach*-Schleife setzt die Schleifenvariable bei jedem Durchlauf um eins weiter in der beschriebenen Liste und folgt nachfolgenden Aufbau:

```
foreach variable (liste)
  commands
```

```
end
```

So läßt sich beispielsweise für alle Festplatten an Controller c1 ein Festplattenlabel der Festplatte c0t1d0s2 mit einem einzigen Aufruf schreiben:

```
#!/bin/csh
foreach disks (/dev/rdsk/c1*s2)
  fmthard -s /dev/rdsk/c0t1d0s2 $disks
end
```

Beispiel 11.99. C-Shell Schnelle und einfache Partitionierung von Festplatten

Der erfahrene Administrator mit Praxis tippt solche Anweisungen mit Umsicht direkt auf dem Shell-Kommandoprompt ein und spart viel Zeit bei der Partitionierung der angeschlossenen zehn Festplattencabinetts.

```
foreach user (user1 user2 user3)
  cd /home/${user}
  ls -ltr > /tmp/${user}files
end
```

Beispiel 11.100. C-Shell Listing von Verzeichnissen erstellen

Das Script in Beispiel 11.100 erzeugt unter /tmp Files mit den Namen user1files, user2files und user3files, in denen jeweils eine reverse-Auflistung aller Dateien in den jeweiligen Heimatverzeichnissen abgelegt sind. Die *foreach*-Schleife setzt die Variable *user* bei jedem Durchlauf einen Wert in der Liste der angegebenen Benutzer eins weiter.

11.8.11.6 Die *while*-Schleife

Ein weiteres Schleifenkonstrukt ist die *while*-Schleife. Die Überprüfung der Expression erfolgt zum Eintritt in die Schleife. Die allgemeine Syntax ist:

```
while ( expression )
  commands
end
```

`expression` kann ein Vergleich etc. sein. Damit läßt sich beispielsweise ein Eingangsvergleich zweier Strings durchführen.

In Beispiel 11.101 wird die Ausgabe des Argumentvektors abgearbeitet, indem jeweils ein und das selbe Element des Argumentvektors ausgegeben wird, jedoch der Argumentvektor bei jedem Schleifendurchlauf um ein Element geshiftet wird. Dabei läßt sich die Ausgabe solange fortsetzen, bis die *while*-Schleifeneingangsbedingung feststellt, daß der Argumentvektor leer ist. Solche Konstrukte finden sich in diversen Arbeitsscripten wieder.

```
#!/bin/csh
# Gib den Argumentvektor aus, so lange die Anzahl der
# verbleibenden Argumente gr\"o"ser 0 ist.
while ( $#argv >= 0 )
 echo $argv[1]        # erstes Argument ausgeben
 shift                # Argument verwerfen
end
```

Beispiel 11.101. C-Shell Die While Schleife

Oft gebraucht, nicht jeder hat es auswendig: Zähler in Shellscripten. Bei der C-Shell geht es einfacher als bei der Bourne Shell. Das Zählen ist hier der Programmiersprache C nachempfunden. Das Kommando *expr(1)* muß für Zählaufgaben, Additionen, Multiplikationen etc. in C-Shell Scripte nicht mehr herangezogen werden. Zähler sind auch eine einfache und oft benötigte Funktion in C-Shell Scripten
Beispiel 11.102 zeigt, wie einfach ein solcher Zähler bei der C-Shell einsetzbar ist. Es wird eine Variable (n) initial gesetzt und dann bei jedem Schleifendurchlauf hochgezählt, Das Abbruchkriterium ist realisiert über die Eingangsbedingung einer *while*-Schleife.

```
#!/bin/csh
# Zaehlschleife am Beispiel eines while-Loops
set n=1
while ( $n <= 5 )
 echo $n
 @ n++
end
```

Beispiel 11.102. C-Shell Zählschleife

Es erfolgt eine Ausgabe der Ziffern eins bis 5 untereinander.

11.8.12 Das *break*-Statement

Wenn ein Schleifenkonstrukt, eine *if* oder *switch*-Anweisung verlassen werden muß, so ist das *break*-Statement verwendbar. Ein Aufruf von *break* hat zur Folge, daß die aktuelle Schleife verlassen wird und mit der Abarbeitung des Shellscript nach dieser fortgefahren wird.

Zur Veranschaulichung wird in Beispiel 11.103 das in Beispiel 11.102 gezeigte Zählverfahren in eine Endlosschleife gesetzt, aus der mit einem *break*-Statment bei erreichen des Abbruchkriteriums (20) ausgebrochen wird. Es soll hier nur das Verfahren gezeigt werden. Die Auswertung des Abbruchkriteriums über das *while*-Eintrittskriterium ist sicher die schönere Implementation.

```
#!/bin/csh
set n=0
while ( 1 )
  echo $n
  @ n++
  if ( $n >= 20 ) break
end
```

Beispiel 11.103. C-Shell Zählschleife

11.8.13 Behandlung von Tastatureingaben bei der C-Shell

Soll der Inputstring, der über die Tastatur direkt eingegeben wird, in einem C-Shell Script verwendet werden, so ist die spezielle Variable *$<* zu verwenden:

`set iline = $<`	Inputstring in *line* sichern
`set iwords = ( $iline)`	Umwandlung des Inputstring in eine Liste

Um das Verhalten kurz vorzustellen, wird hier sowohl das *break*-Statement als auch die Verwendung des Eingabekanals (Tastatur) in Beispiel 11.104 über einen *foreach*-Loop realisiert.

```
#!/bin/csh
set iline = $<
set iwords = ( $iline )
foreach word ($iwords)
   if ( $word == "ende" ) break
   echo $word
end
echo "entry terminated"
```

Beispiel 11.104. C-Shell Tastatureingaben

12
Editieren von Textdateien

Auf UNIXSystemen wird ein wesentlicher Teil der Systemkonfiguration und Administration durch die Modifikation von plain-Textfiles geleistet. Entsprechend wichtig war es von Anfang an, dem Administrator hierfür geeignete Werkzeuge an die Hand zu geben.
Hierbei wird insbesondere eine grundlegende Anforderung an Editoren gestellt:

> Der Editor darf nicht selbst in das Ablageformat eingreifen, darf es insbesondere nicht durch eigene Interpretation verändern oder gar verändert wieder abspeichern.
> Konfigurationsdateien folgen einem eigenen syntaktischen Schema. Ein Editor der, der "besseren" Lesbarkeit wegen, ungefragt einen Zeilenumbruch vornimmt, oder auch "nur" die Indentierung ändert, ist daher für die Bearbeitung von Konfigurationsdateien ungeeignet. Das gleiche gilt für Dateien, die einer Sprachdefinition oder einem Protokoll folgen.

Ein Punkt der in diesem Zusammenhang gerne übersehen wird, ist die Terminierung der Zeilen. Den Klartext-Protokollen der TCP/IP-Welt liegt in der Regel der Zeilen-Modus von *telnet(1)* zugrunde. Eine nicht terminierte Zeile gilt daher so lange als nicht abgeschickt, wie sie ... nicht terminiert ist. Ein Benutzer, dessen Editor die letzte Zeile nach dem letzten Buchstaben enden läßt, wird daher beispielsweise, sofern das von ihm verwendete Mailprogramm diesen Fehler nicht stillschweigend behebt, vergeblich auf die Auslieferung seiner Mail warten, da SMTP[1] das Ende der Mail an einem einzelnen "." erkennt, der laut Protokolldefinition als einziges Zeichen in einer eigenen Zeile stehen muß.

Wie sich die Benutzung eines Editors gestaltet ist darüber hinaus sekundär. Ob der Editor Makro-Funktionalitäten anbietet, oder vermittels der

[1] Das *Simple Mail Transfer Protocol*, definiert in RFC821 Postel (RFC0821, 1982b)

Makros Aufgaben wie “Hanoi” zu lösen in der Lage ist, ist unwesentlich, war jedoch lange Zeit Grundlage intensiv geführter Auseinandersetzungen[2].

Völlig ungeeignet sind hingegen sogenannte “Textverarbeitungen”, Wordprozessoren oder gar ganze Office-Umgebungen, da sie nicht auf Grundlage des ursprünglichen Textes im Plain-ASCII Format arbeiten, sondern auf Basis ihrer eigenen Interpretation der Darstellung dieses Textes. Hinzu kommt, daß diese Programme herstellerspezifischen Vorstellungen von der optimalen Repräsentation der ihnen anvertrauten Texte und ihrer Auszeichnungen auf dem Speichermedium folgen, und diese propreritären Datenformate oft noch von Version zu Version wechseln, mit der Folge, daß mit solchen Systemen erstellte Texte oft eine erstaunlich kurze Lebensdauer haben[3].

Ein Textmanipulationswerkzeug muß daher in der Erstellung und Modifikation von Ressourcefiles den zu bearbeitenden Konfigurationstext neutral bearbeiten, er darf keine Steuerzeichen in dem Text verstecken und darf im Text möglicherweise enthaltene Steuerzeichen nicht selbst auswerten. Im traditionellen UNIX Umfeld war ein bildschrimorientierter Editor purer Luxus. Es herrschten Zeileneditoren vor, von denen *ed* und *ex* überlebt haben. Aus diesen beiden Zeileneditoren ist letztendlich der “bildschirmorientierte Zeileneditor” *vi* entstanden. In allen seinen Operationen und Kommandos ist diese Zeilenorientiertheit immer noch erkennbar. Der vi wird hier beschrieben, weil er

1. Systemeditor ist, somit also Bordwerkzeug und immer vorhanden,
2. Textneutral arbeitet und keine Formatierungs und Sonderzeichen unmotiviert in den Text streut,
3. minimale Ressourcen verbraucht,
4. Auf Textebene arbeitet ohne eine graphische Oberfläche vorauszusetzen, und damit auch im Singleuser Mode verwendbar bleibt, d.h. zu den Zeiten wo die “echte” Administration beginnt.
5. Er ein gewisses Standardverhalten ueber alle UNIX Plattformen hat.

Dazu kommt daß der *vi* sich als ideales Werkzeug für den Telephonsupport herausgestellt hat, da es möglich ist, die einfachen Buchstabensequenzen, auf denen die Steuerung des *vi* basiert auch einem ungeübten Benutzer telephonisch zu diktieren, und Schritt-für-Schritt mit reproduzierbarem Ergebnis durch eine Textmodifikation zu führen. Bei aktivierter “audio-bell” des Terminals

[2] Als deren Ergebnis der heutigen Nachwelt zumindest Sammlungen faszinierender Makro-Skripte, selbstverständlich auch für den *vi(1)* bleiben, die unter anderem auch in der Lage sind, “Hanoi” zu lösen.

[3] Man vergleiche dies mit Artikeln und Diplomarbeiten aus den 80’er Jahren, die mit einfachsten Texteditoren in ASCII-basierten Textauszeichnungen geschrieben worden sind, und heute in unveränderter Form durch das Satzsystem, in der Regel *troff*, formatiert werden können, um auf Text Terminals, graphischen Displays, Laserdruckern oder Satzbelichtern mit den für das jeweilige Medium optimalen Darstellungsmöglichkeiten ausgegeben werden zu können.

ist hierzu sogar erstaunlich wenig Feedback seitens des geführten Benutzers notwendig, da die Moduswechsel des Editors akustisch angezeigt werden.

Zunächst jedoch eine kurze Übersicht über die auf jedem UNIX vorhandenen "Bordmittel".

Zeilenorientierte Editoren

cat(1) Das unauffällige Universalwerkzeug *cat(1)* stellt auf den ersten Blick keinen Editor dar, fehlt ihm doch die Möglichkeit Text zu adressieren und zu modifizieren. Oft ist *cat(1)* jedoch das Mittel der Wahl für kurze Texte von wenigen Zeilen, eine einfache Ergänzung am Ende einer Datei, oder aber auch cut-and-paste Operationen. Daher steht *cat* in dieser Aufzählung an erster Stelle.

ed(1) Der erste UNIX-Editor. Grundfunktionen des *vi* haben hier ihre Wurzeln. In single user Situationen oft der einzige Editor der zur Verfügung steht, darüber hinaus auch viel im batchmodus angewandt.

ex(1) Weiterentwicklung des *ed*. Die meisten zeilenorientierten Kommandos des *vi* werden *ex-kommandos* genannt, da sie den *ed/ex*-Kern des *vi* ansprechen.

edit Hinter dem Namen *edit(1)* verbirgt sich ein Aufruf des *ex(1)*, der im Gegensatz zum Defaultverhalten des ex(1) mit einsteigerfreundlicheren Grundeinstellungen startet.

Bildschirmorientierte Editoren

vi(1) Erweiterung des *ed/ex* um einen full-screen Modus.

view(1) Read only Aufruf des *vi*, identisch mit `vi -r`

vedit(1) Aufruf des *vi* mit einsteigerfreundlicheren defaults, showmode und novice flags gesetzt.

12.1 Der Editor *vi*

Tatjana S Heuser

Der mit dem System standardmäßig ausgelieferte Editor ist der klassische *vi*, der auf jedem UNIX basierten System zu finden ist. Klein, schnell, und effizient hat er sich innerhalb der letzten 25 Jahre kaum verändert. Es existieren jedoch mehrere Nachimplementierungen, die sich teilweise in Details anders verhalten als das ca. 1976 von Bill Joy an der Berkeley University (UCB) geschriebene Original. Sein einziges Problem ist die relativ hohe Lernschwelle die vor dem einfachen Gebrauch des *vi* steht. Da dieser Editor jedoch zu den klassischen Grundbestandteilen einer UNIX Implementation gehört und zeitnah mit den restlichen Programmen seiner Zeit entwickelt worden ist, ziehen sich die grundlegenden Kommandos durch das gesamte UNIX-commandset. Der anfängliche Lernaufwand rentiert sich damit bereits nach kurzer Einarbeitungszeit. Hervorzuheben ist, daß der *vi*, bedingt durch sein Entstehungsdatum, auf wenig Memory und CPU Bedarf und langsame Datenleitungen optimiert ist. Er war und ist konkurrenzlos schnell.

12.1.1 Modi

Die Steuersequenzen für diesen Editor bestehen aus regulären Buchstaben und Zeichen, und sind damit auch über Terminals oder Geräte mit rudimentären Tastaturen erreichbar. Daraus resultiert jedoch auch die Notwendigkeit, zwischen einem Texteingabemodus *(insertion mode)* und einem Kommandomodus *(command mode)* zu unterscheiden. Darüber hinaus gibt es noch die Unterscheidung zwischen dem *ed / line editor* mode und dem *visual mode*.

Modus	Auswirkungen
insert mode	Tastatureingaben werden als Text niedergeschrieben
command mode	Tastatureingaben werden als Kommandos interpretiert und ausgeführt.
line mode	Zeileneditor, die bildschirmorientierten Funktionen stehen nicht zur Verfügung, der *ex*-Befehlssatz ist uneingeschränkt verfügbar.
visual mode	Bildschirmeditor, seitenbezogene Kommandos stehen zur Verfügung. Die zeilenorientierten ex-Kommandos sind mit vorangestelltem : zu erreichen.

Tabelle 12.1. Die Modi des *vi(1)*

Die Modi sind paarweise kombinierbar, das heißt *insert* und *command* Modus funktionieren jeweils sowohl im Zeilen,- als auch im Bildschirmmodus. In Tabelle 12.2 sind die Statusübergänge zwischen den Modi in einer Übersicht dargestellt.

von		nach	Kommando(s)
insert mode	⟶	command mode	ESC bzw. `^[`
command mode	⟶	insert mode	a A i I o O c C s S R (append, insert, open, change, substitute, replace)
line mode	⟶	visual mode	:visual
visual mode	⟶	line mode	error conditions, ...

Tabelle 12.2. Wechsel zwischen den Modi des *vi(1)*

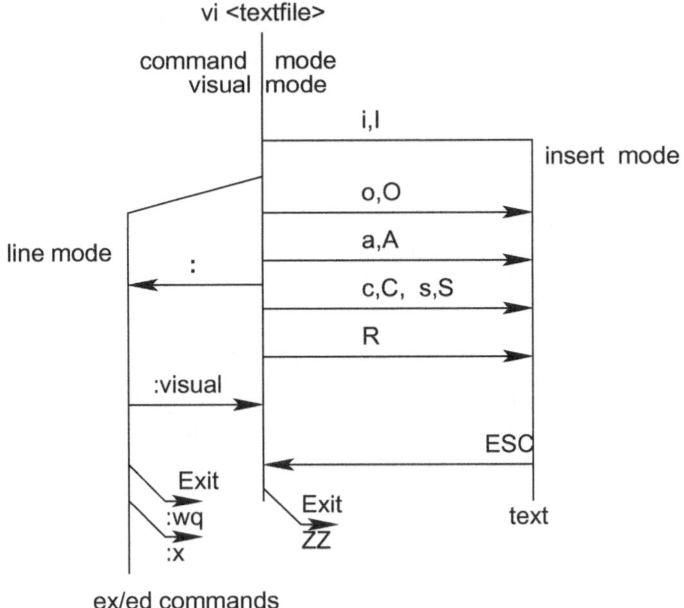

Abb. 12.1. Die Modi des *vi*

12.1.1.1 Command Mode

Nach dem Aufruf befindet sich der Editor im *command mode*, so genannt, weil nur in diesem Modus eingegebene Zeichen als Kommandos interpretiert werden.

12.1.1.1.1 Kommandostruktur

vi Kommandos haben folgende Struktur:

[count] command [range]

Die meisten Kommandos bestehen nur aus einem Buchstaben, zum Beispiel `x` um einen einzelnen Buchstaben zu löschen. Mit einem Zähler *count* können sie beliebig oft angewandt werden. So löscht `12x` zwölf Zeichen.

12.1.1.1.2 Bewegungen in der Datei

Nur im Kommando Modus ist es, zumindest im "originalen" *vi*, möglich, sich in der Datei zu bewegen. Es wird nicht zwingend vorausgesetzt, daß die verwendete Tastatur hierzu Cursortasten aufweist, je nach gesendetem Code der Cursortaste und *vi*-Implementation kann die Verwendung etwaig vorhandener Cursortasten auch interessante Effekte haben.

Die Bewegungsfunktionen sind auf folgende Buchstaben abgebildet:

h ← d.h. mit der Taste "h" wird der Cursor eine Position nach links bewegt.
j ↓ d.h. mit der Taste "j" wird der Cursor eine Position nach unten bewegt.
k → d.h. mit der Taste "k" wird der Cursor eine Position nach rechts bewegt.
k ↑ d.h. mit der Taste "l" wird der Cursor eine Position nach oben bewegt.

12.1.1.1.3 Löschen in der Datei

Mit diesen Bewegungen kann dann eine Stelle im Text aufgesucht werden, an der beispielsweise (weil hierzu der Kommando-Modus noch nicht verlassen werden muss) Text gelöscht werden soll. Hierzu stehen zwei Kommandos zur Verfügung:

x Löscht ein einzelnes Zeichen.
d Löscht die ganze Zeile.

In Kombination mit den nachfolgen in Abschnitt 12.1.1.1.4 erläuterten Bereichen ist hiermit der gesamte Text im Umfeld erreichbar:

x erreicht, mit einem Bereichsparameter, alle Bereiche innerhalb der aktuellen Zeile.
d erreicht, mit einem Bereichsparameter, alle Bereiche nach oben respektive unten im Text.

12.1.1.1.4 Bereiche

Viele Kommandos haben noch einen *range* Parameter, mit dem der Bereich spezifiziert werden kann auf den das Kommando angewandt werden soll. Als Beispiel hierfür kann `d`, für *delete* genannt werden. In Tabelle 12.3 sind diese Bereiche damit gezeigt.

12.1.1.1.5 Wiederherstellen nach Fehlern

Der *vi* kennt ein *undo*-Kommando, *u*, dies beschränkt sich jedoch darauf, die letzte Änderung zu wiederrufen. Die Inhalte der letzten neun Löschvorgänge sind jedoch zwischengepuffert, und können wieder in den Text zurückgeholt werden.

u *undo* macht die letzte Änderung rückgängig.
U Solange die Änderungen sich auf eine einzige Zeile bezogen haben, und diese Zeile noch nicht verlassen worden ist, kann sie mit *U* wiederhergestellt werden.

Kommando	Bereich	Effekt
`dw`	*word*	Löscht ein Wort (nach rechts)
`dW`	*word*	Löscht ein Wort (nach rechts)
`db`	*word backwards*	Löscht ein Wort (nach links)
`dB`	*word backwards*	Löscht ein Wort (nach links)
`de`	*end of word*	Löscht bis zum Ende des Wortes
`dE`	*end of word*	Löscht bis zum nächsten whitespace
`d$`	≪*move to end of line*≫	Löscht bis zum Ende der Zeile
`d0`	≪*move to beginning of line*≫	Löscht rückwärts bis zum Anfang der Zeile
`d}`	≪*move to end of paragraph*≫	Löscht bis zum Ende des Absatzes
`d{`	≪*move to beginning of paragraph*≫	Löscht bis zum Anfang des Absatzes
`d/[string]`	≪*move to beginning of [string]*≫	Löscht bis zum Anfang des angegebenen Textstrings
`dG`	*End of Text*	Löscht bis zum Ende des Textes

Tabelle 12.3. Bereiche, am Beispiel von *d*elete

p *paste* Kopiert den Inhalt des letzten Löschvorganges wieder in den Text. Unterhalb des Cursors, falls der Puffer einen Zeilenbereich enthält, und rechts des Cursors, falls es sich nur um einen Buchstaben/Wort/Zeilenteil handelt.

P *paste* Kopiert den Inhalt des letzten Löschvorganges wieder in den Text. Oberhalb des Cursors, falls der Puffer einen Zeilenbereich enthält, und links des Cursors, falls es sich nur um einen Buchstaben/Wort/Zeilenteil handelt.

"n*p* Kopiert den Inhalt des *n*t-letzten Löschvorganges wieder aus dem Puffer in den Text. Dies kann auch wiederholt durchgeführt werden, oder in beliebiger Reihenfolge der Puffer wenn beispielsweise Textteile sortiert und umgestellt werden sollen. Bei jedem weiteren Löschvorgang verschiebt sich die Position der Textteile in den Puffern, voraussetzung ist daher ein gutes Gedächtnis, oder etwas Umsicht im Umgang, denn solange der eventuell versehentlich kopierte Text aus dem falschen Puffer nicht erneut gelöscht wird, verschieben sich auch die restlichen Pufferinhalte nicht. Ein zweiter oder dritter Versuch ist also möglich, solange der Benutzer nicht die Übersicht verliert.

Die Verwendung dieser Puffer soll an einem Beispiel kurz gezeigt werden. Gegeben ist eine kleine Datei wie in Listing 12.1 mit drei Textbereichen, die für das Beispiel einfach und wiedererkennbar gehalten sind. Diese Datei wird mit dem *vi* gelesen, und schrittweise gelöscht.

1. `vi <testdatei` ruft den *vi* mit dieser Datei auf.

```
Eine Zeile

Drei Zeilen: 1
Drei Zeilen: 2
Drei Zeilen: 3


Die dritte Zeile
```

Listing 12.1. Datei für Beispiel 12.1

2. `dd` Löscht die erste Zeile.
3. `2j` Bewegt den Cursor zwei Zeilen nach unten, auf die mittlere (2) der drei Zeilen.
4. `P` fügt die gelöschte Zeile zwischen (1) und (2) ein, der Cursor bleibt auf der eingefügten Zeile stehen.
5. `j` Bewegt den Cursor eine Zeile nach unten, auf die mittlere (2) der drei Zeilen.
6. `p` fügt die gelöschte Zeile zwischen (2) und (3) ein, der Cursor bleibt auf der eingefügten Zeile stehen.

- Das Ergebnis dieses ersten Versuches ist in Beispiel 12.1 dargestellt.

```
Drei Zeilen: 1
Eine Zeile
Drei Zeilen: 2
Eine Zeile
Drei Zeilen: 3

Die dritte Zeile
```

Beispiel 12.1. Arbeiten mit dem Löschpuffer - erster Versuch

7. `G` Bewegt den Cursor auf die letzte Zeile.
8. `dd` Löscht die letzte Zeile.
9. `2k` Bewegt den Cursor drei Zeilen nach oben, auf die mittlere (2) der drei (inzwischen fünf) Zeilen.
10. `"2p` fügt die zuerst gelöschte Zeile zwischen (2) und (3) ein.
11. `k` Bewegt den Cursor eine Zeile nach oben, auf die mit (2) markierte Zeile.
12. `"2P` fügt die zuerst gelöschte Zeile zwischen (1) und (2) ein.

- Das Ergebnis dieses zweiten Versuches ist in Beispiel 12.2 dargestellt.

13. `j` Bewegt den Cursor auf die mit (2) markierte Zeile.
14. `dG` löscht alles bis zum Ende der Datei inklusive der aktuellen Zeile. Der Cursor steht anschließend auf der “neuen” letzten Zeile.

```
Drei Zeilen: 1
Eine Zeile
Eine Zeile
Drei Zeilen: 2
Eine Zeile
Eine Zeile
Drei Zeilen: 3
```

Beispiel 12.2. Arbeiten mit dem Löschpuffer - zweiter Versuch

15. `"2P` fügt, da ein weiterer Löschvorgang "auf dem Stack" liegt, nicht dieselbe Zeile wie in Schritt Nr. 12 oberhalb des Cursors ein, sondern die Zeile aus dem vorletzten Löschvorgang.
16. `:0` Das ex-Kommando 0 bewegt den Cursor an den Anfang der Datei.
17. `"1P` fügt den in Schritt 14 gelöschten Textblock an den Anfang der Datei.
18. `"3p` fügt die im ersten Löschvorgang (in Schritt 2), der inzwischen drei "deletes" zurück liegt, gelöschte Zeile unter der aktuellen ein.

- Das erzeugte Durcheinander kann in Beispiel 12.3 bewundert werden.

```
Drei Zeilen: 2
Eine Zeile
Eine Zeile
Eine Zeile
Drei Zeilen: 3


Drei Zeilen: 1
Eine Zeile
Die dritte Zeile
```

Beispiel 12.3. Arbeiten mit dem Löschpuffer - dritter Versuch

Dieses Beispiel ist vergleichsweise ausführlich gehalten, um dem Neueinsteiger ein wenig über das Unbehagen vor dem kryptischen Editor mit dem sparsamen Benutzerinterface hinwegzuhelfen. Es mag ein wenig länger dauern, sich mit dem *vi* anzufreunden, die Einarbeitungszeit rentiert sich jedoch sehr schnell, da der *vi* einer der wenigen Editoren ist, bei denen der Benutzer nicht mehr damit beschäftigt ist den Editor zu bedienen, als seinen Text zu schreiben.

12.1.1.2 Eingabe Mode

Um Text eingeben zu können ist es erst notwendig vom Command Mode in einen der Eingabemodi zu wechseln. Dies geht mittels der Kommandos, die in Abbildung 12.1 auf den Pfeilen stehen, die von von Command nach Insert Mode weisen.

12.1.1.2.1 Insert Mode

Im *Insertion Mode* wird jedes Zeichen in den Text eingefügt.

i	fügt vor, d.h. unter der aktuellen Cursorposition ein. Text der dort bereits steht, wird während des Schreibens nach rechts verschoben.
I	fügt vor dem ersten Buchstaben der aktuellen Zeile ein.

Ist *showmode*[4] gesetzt, so wird nun in der untersten Zeile rechts `INSERT MODE` angezeigt. Zurück geht es, wie in Abbildung 12.1 dargestellt, mittels der Escape-Taste.

12.1.1.2.2 Append Mode

Analog zum Einfügen von Text mittels *i* respektive *I* kann Text auch an bestehenden angefügt werden.

a	anfügen hinter, d.h. rechts von der aktuellen Cursorposition.
A	anfügen hinter dem letzten Buchstaben der aktuellen Zeile.

Ist *showmode* gesetzt, so wird nun in der untersten Zeile rechts `APPEND MODE` angezeigt.

12.1.1.2.3 Open Mode

Desgleichen wird mit dem Kommando *o* für *open* eine neue Zeile "geöffnet", der Cursor an deren Begin gesetzt, und ab dieser Stelle der eingegebene Text eingefügt.

o	öffnet einc Leerzeile unter der aktuellen Zeile.
O	öffnet eine Leerzeile über der aktuellen Zeile.

Ist *showmode* gesetzt, so wird nun in der untersten Zeile rechts `OPEN MODE` angezeigt.

Wer sich bis hierher vorgearbeitet hat, hat bereits einen Eindruck, warum dem *vi* der Ruf vorauseilt, ein wenig benutzerfreundlicher Editor zu sein. Bedingt durch die Ein-Tasten Kommandierung hat auch jeder "falsche" Tastendruck einen Effekt. Die aus Unkenntnis gedrückte Taste kann noch durch das einfache *undo* mit der Taste *u* oder auch gleich *U* wieder rückgängig gemacht werden, der versehentlich im Kommando-Modus getippte Satzanfang ist unangenehmer. Mit etwas Glück ist bereits in den ersten Buchstaben ein

---

[4] Das Flag *showmode* wird gesetzt, indem (ausgehend vom Command Mode) `:set showmode` eingegeben wird. Eine andere Möglichkeit ist, den Editor unter dem Namen *vedit* aufzurufen.

i,I,a,A,o,O,R,s,S versteckt - nicht umsonst wurden für den Wechsel in den Insert Modus Buchstaben gewählt, die in der (englischen) Sprache relativ häufig vorkommen. In diesem Fall steht der Rest des "ausgerutschten" Textes an einer nicht beabsichtigten Stelle im Text, und der Effekt ist mit einem einfachen *undo* halbwegs reparabel.

vi-Clones bieten daher in der Regel ein mehrstufiges *undo* an, was der normale *vi* nur für delete besitzt.

12.1.1.3 Change Mode

Vergleichbar dem *insert mode* wird der *change mode* behandelt, in dem bereits existenter Text geändert wird. Eingeleitet wird der Change Mode durch ein *c*, gefolgt von dem Bereich, der geändert werden soll. Häufig wird dies verwendet wenn ein Wort gegen ein anderes anderer Länge werden soll, oder der Bereich bis zum Ende der Zeile, des Satzes, des Absatzes ausgetauscht werden soll.

c<region> (change <word/line/...>)
: Ersetzen des Textes von der Cursorpositon an bis zum Ende der angegebenen Region durch einen beliebig langen Text. Das Ende des zu ersetzenden Bereiches wird durch einen **$** angezeigt.
Text, der dahinter bereits steht wird während des Schreibens wie im *insert mode* nach rechts verschoben.

12.1.2 view(1)

Der *vi* kann auch unter dem Namen *view* aufgerufen werden. In diesem Modus wird ein versehentliches Überschreiben der Ausgangsdatei verhindert, indem sie Read-Only geöffnet wird. Mittels *:w!* läßt sich ein Schreiben jedoch erzwingen.

12.1.3 Schnelleinstieg

Um einen ersten, schnellen Einstieg zu geben werden an dieser Stelle einige der grundlegenden Funktionen kurz vorgestellt ohne sie zu erklären.

Aufruf des vi

vi name Startet den *vi* mit der Datei *name*.
vi +n name dito, setzt den Cursor auf den Beginn der *n*-ten Zeile.

Verlassen des vi

:q! Verlässt den *vi* ohne das File zurückzuschreiben.
:wq Schreibt die aktuelle Datei zurück und verlässt den *vi*.

Zwischenspeichern

:w	Schreibt die aktuelle Datei zurück.
:w name	Schreibt die aktuelle Datei in ein File *name*

Cursor Positionierung

:0	Anfang der Datei
G	Ende der Datei
0	Anfang der Zeile
$	Ende der Zeile
h	Ein Zeichen nach links
j	Ein Zeichen nach unten
k	Ein Zeichen nach oben
l	Ein Zeichen nach rechts
w	Ein Wort nach rechts
b	Ein Wort nach links
{	Ein Absatz nach oben
}	Ein Absatz nach unten

Text eingeben

i*text*ESC	fügt *text* links des Cursors ein. Mittels ESC wird wieder in den Command Modus zurückgekehrt.
a*text*ESC	fügt *text* rechts des Cursors ein.
I*text*ESC	fügt *text* am Anfang der Zeile ein.
A*text*ESC	fügt *text* am Ende der Zeile ein.
R*text*ESC	Überschreibt mit *text* ab der Position des Cursors.

Text löschen

x	Löscht ein Zeichen.
*n*x	Löscht *n* Zeichen.
dd	Löscht eine Zeile.
*n*dd	Löscht *n* Zeilen.

Suche

f*buchstabe*	springt zum nächsten Vorkommen von *buchstabe* innerhalb der selben Zeile. *mit „;“ widerholbar*
/pattern/	springt zum nächsten Vorkommen von *pattern*, einer *regular expression.*

Undo- Redo

u	macht die letzte Aktion rückgängig.
.	widerholt die letzte Aktion.

Copy and Paste

yy Kopiert eine Zeile in den Buffer.
dd Kopiert eine Zeile in den Buffer und löscht sie.
p Fügt den Inhalt des Buffers eine Zeile tiefer ein.
P Fügt den Inhalt des Buffers eine Zeile höher ein.

12.2 Der Stream Editor, sed(1)

Tatjana S Heuser

Die „originale“ Dokumentation von Lee McMahon zu *sed(1)* aus dem Jahr 1978 wird von fast jedem Handbuch oder Script ganz oder in Ausschnitten zitiert, zumal sie in knapper Form alles Wesentliche erläutert. Auf eine Quellenangabe wird jedoch leider des öfteren verzichtet. Der Wiedererkennungswert vor allem der Beispiele anhand des Textes von Coleridge ist jedoch in der Regel hoch genug um eine Zuordnung zu ermöglichen.

12.2.1 Übersicht

Der *sed* liest zeilenweise von Standard Input *(stdin)*. Die eingelesene Zeile liegt damit im so genannten *Pattern Space*, dem „Operationszentrum“ des *sed*, vor. An dieser Stelle kann die Zeile weiter bearbeitet werden, beispielsweise indem Text ersetzt wird, oder aber auch komplexere Operationen darauf durchgeführt werden. So kann der Inhalt des Pattern Space im Hold Space zwischengelagert werden *(h)*, oder an diesen angehängt werden *(H)*. Er kann in eine Datei geschrieben werden *(w filename)* oder, und das ist der häufigste Fall, nach Standard Output *(stdout)* ausgegeben werden.

12.2.2 Beispiele

n Das Kommando *n* gibt den Inhalt des Pattern Space nach *stdout* aus, und liest eine neue Zeile in den Pattern Space. Aus diesem Grund ist es in nebenstehendem Diagramm 12.2 als einziges Kommando in beiden Pfeilen (hinein und hinaus aus dem Pattern Space) aufgeführt.
G hängt den Inhalt des Hold Space (im Beispiel leer!) an den Pattern Space an.

Um mit dem *sed* zu arbeiten, ist es notwendig sich des Zustandes bewußt zu sein, in den der Stream Editor durch ein Kommando jeweils versetzt wird, da sonst irrtümliche Annahmen über das aktuelle Pattern und dessen Verbleib getroffen werden. Hierbei hilft das Zustandsdiagramm in Abbildung 12.2, dessen ursprüngliche Version von Al Aab in der *seders* Mailing Liste veröffentlicht worden ist[5]

[5] Die ursprüngliche Graphik von Al Aab wurde erweitert und verändert. Etwaige Fehler gehen auf das Konto der Autorin.

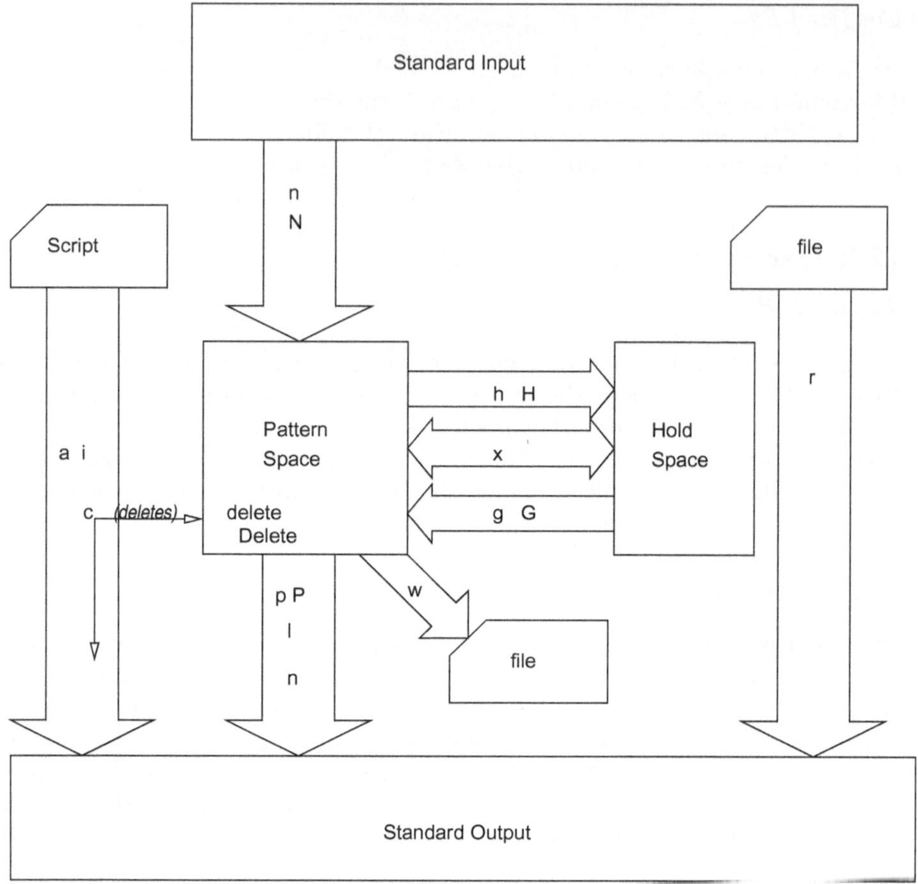

Abb. 12.2. Textfluß im *sed(1)*, nach Al Aab

Zur Verdeutlichung soll anhand des Zustandsdiagrammes ein kurzes Beispiel nachvollzogen werden.

```
0 1 dhs@nx1> cat -n lit/carrol/jabberwocky | head -6 | sed -e 'n'
     1  Jabberwocky
     2
     3  'Twas brillig, and the slithy toves
     4    Did gyre and gimble in the wabe:
     5  All mimsy were the borogoves,
     6    And the mome raths outgrabe.
```

Beispiel 12.4. Jabberwocky

1. Mittels *cat(1)* wird der Text mittels einer *pipe* an *head(1)* übergeben. Die Option *-n* varanlaßt *cat* dazu, Zeilennummern zu generieren und vor die Zeilen zu stellen. Dies wurde gemacht, um den nachfolgenden Bearbeitungsprozess durch den *sed* zu verdeutlichen.
2. *head(1)* wird angewiesen nur die ersten 6 Zeilen des Textes wieder auszugeben. Dieses Zwischenergebnis wird wiederum durch eine *pipe* an *sed* weitergereicht. Wenn die Beispiele am System nachvollzieht, kann diesen Schritt in der Pipe auslassen, er dient hier nur der Begrenzung des ausgegebenen Textes auf ein kurzes Beispiel.
3. *sed(1)* bekommt mittels der Option *-e* eine Scriptanweisung direkt übergeben. Da sie so kurz ist wurde sie nicht in ein separates Steuerfile gepackt. An diesem Beispiel läßt sich zeigen was damit gemeint war, daß *sed* durch den zu verarbeitenden Text gesteuert wird. Anders als vielleicht erwartet liest der *sed* die erste Zeile des Textes nicht etwa auf expliziten Befehl in der Steuersequenz ein, der Ablauf ist genau umgekehrt: Das Steuerfile wird auf jede Zeile Text angewandt! Die erste Zeile Text wird in den Pattern Space eingelesen, die Steueranweisung zu dieser lautet *n*. Entsprechend der Steueranweisung wird die Zeile ausgegeben, und sofort die nächste eingelesen.

```
0 1 dhs@nx1> cat -n lit/carrol/jabberwocky | sed -e 'n;G;'
     1  Jabberwocky
     2

     3  'Twas brillig, and the slithy toves
     4    Did gyre and gimble in the wabe:

     5  All mimsy were the borogoves,
     6    And the mome raths outgrabe.
```

Beispiel 12.5. Ausgabe des Beispieles 12.4

12.3 awk

I'm sure that that could be indented more readably, but I'm scared of the awk parser.

Larry Wall

Awk ist eine Programmiersprache die darauf zugeschnitten ist alltägliche wiederkehrende Aufgaben der Informationsverarbeitung und Textbearbeitung zu vereinfachen. Der Name *awk* bezieht sich auf die Entwickler Alfred Aho, Peter Weinberger, und Brian W. Kerninghan.

Die Funktionsweise von *awk* unterscheidet sich von der imperativer Programmiersprachen. Ein awk Programm wird über den zu verarbeitenden Text gesteuert.

Im einfachen Fall ist das Programm selbst nur eine Ausgabeanweisung.

12.3.1 Beispiele

Am einfachsten läßt sich die Arbeitsweise des *awk* anhand von Beispielen nachvollziehen.

```
dhs@nx1> awk -F: '{print $3 " " $1}' /etc/passwd
```

gibt die dritte und erste Spalte der Datei /etc/passwd aus, getrennt durch ein Leerzeichen. Vorher muß jedoch festgelegt werden daß in diesem Fall der Doppelpunkt als Trennzeichen zwischen den Feldern zu interpretieren ist.

```
dhs@nx1> awk -F: '$3 > $4 {print $1}' /etc/passwd
```

In diesem Fall ist die Ausgabe von einer Bedingung abgängig gemacht worden. Es sollen nur die Benutzer ausgegeben werden, bei denen der Wert des dritten Feldes größer ist als der des vierten (deren UID größer ist als ihre GID).

Der Teil außerhalb der geschweiften Klammern wird hierbei als „Pattern“ bezeichnet, der innerhalb als „Aktion“. Die Vergleichsoperatoren entsprechen denen der Programmiersprache C:

```
== != < > <= >= ?:
```

Wenn kein Pattern angegeben worden ist, gilt die Aktion für alle Zeilen der Eingabe, ein Effekt, der im ersten Beispiel verwendet worden ist.

Teil IV

Anhänge

A

OpenSolaris Installation

Rolf M Dietze

Irgendwo muß angefangen werden, insbesondere, wenn noch keine unter OPENSOLARIS beziehungsweise SOLARISEXPRESS laufende Maschine bereitsteht. Somit wird hier die Installation Screen für Screen beschrieben, um auch dem, der fremd zu SOLARIS ist, einen Einstig zu bieten. Wer schon länger mit SOLARIS arbeitet kann diesen Abschnitt überspringen, gibt es doch nur wenige Unterschiede zu einer standard SOLARIS Installation. Aus diesem Grunde wurde hier bewußt ein kleiner Font gewählt, geht es im Prinzip nur um das Wiedererkennen des jeweiligen Screens.

A.1 Manuelle Solaris Systeminstallation, Sparc

Zunächst erfolgt ein Beispiel einer Installation auf einem älteren 4 CPU Sparc System der ehemaligen Brot-und-Butter Klasse. Diese 4-CPU PCI Maschinen waren lange Zeit die kleinen soliden Dauerläufer im Backend und sind, immer noch recht solide und sogar noch über den öffentlichen Teil der SUN Onlinedokumentation beschrieben, inzwischen auf dem Gebrauchtmarkt in Mengen sehr günstig beschaffbar. Wenn man an den Systemen etwas Spaß haben möchte, sollte man sie mit Speicher[1] ausbauen, zumal dieser ebenfalls recht günstig auf dem Gebrauchtmarkt zu erhalten ist. Auf diese Art und Weise hat der Experimentator die Möglichkeit auf altem Produktionsequipment sich den Umgang mit einer Maschinenklasse zu vergegenwärtigen, die zumindest bei OBP basierten Maschinen auch gegenwärtig in Funktion und Methode vergleichbar ist.

[1] mindestens 1 GB, wenn mit Ressourcepools und Zones experimentiert werden soll, besser mehr CPU's und Speicher, in diesem Fall darf das System auch etwas größer sein: eine alte 4500 beispielsweise ist zwar nicht hart partitionierbar, aber für Softpartitionierung (Zones) eine gute Wahl.

Die manuelle SOLARIS Systeminstallation ist durch ein strukturiertes Menuekonzept stark vereinfacht und läßt sich in die Teilabschnitte

- Systemidentifikation
  Festlegung von IP-Adresse, Hostname, Zeitzone, Locale, etc.
- Softwareset-Auswahl
- Auswahl der Boot-Platte
- Partitionierung
  Festlegung von Filesystemgrößen und Mountpunkten
- Installationsstart

aufteilen. Die Installation über eine serielle Console ausgeführt werden oder über eine mehrfarbige GUI Schnittstelle bei angeschlossener GUI Console. Die abzuarbeitenden Schritte unterscheiden sich bei beiden Methoden nur durch das äußere Erscheinungsbild, GUI oder ASCII-Art, sie sind inhaltlich jedoch erwartugsgemäß identisch.

A.2 Installationsbootverlauf

Wird eine Installations-CD eingelegt oder von Netz gebootet, so wird in der Systemidentifikationsphase zunächst auf eine lokale Floppy referenziert um zu prüfen, ob dort eine Konfigurationsdatei *sysidcfg* im Rootverzeichnis der Floppy liegt. Anschließend wird im Netz auf die Antwort eines sysidcfg-Servers gewartet. Schlägt beides fehl, so kommt die interaktive Abfrage der Systemidentifikation: Hostname, Adresse, Zeitzone etc. In unserem Fall antwortet ein sysidcfg-Server.

Dieses Verhalten, nacheinander verschiedene Lokationen für das sysidcfg-File abzufragen, kann genutzt werden um Defaultvorgaben für die Systemidentifikation zu setzen, ohne dem einzelnen Benutzer bei der Installation weitere Vorgaben zu machen.

A.2.1 ASCII-Art Installation, Step-by-Step Mitschrift

Nachfolgend eine Installation Step-by-Step, durchgeführt an einer seriellen Systemconsole. Da im Falle der Verwendung einer seriellen Console keine Gestaltungsmöglichkeiten für GUIs bestehen, muß sich das Benutzerinterface der "ASCII-Art" Variante[2] zur Bildschirmausgabe bedienen. Es wird die Full-OS-Installation gezeigt, installiert von einem Satz CDs. Steht kein CD-ROM Laufwerk zur Verfügung, so kann auch von einer anderen Maschine über Netzwerk installiert werden. Will man keinen Autoinstallserver, JumpStart Server genannt, installieren, so reicht das Einspielen der ersten Installations CD

[2] Dieses konventionelle Interface arbeitet basiert auf *curses(3CURSES)*.

mit dem Kommando *setup_install_server(1M)*[3] aus. Es müssen dann zumindest minimale Netzwerkbootdienste auf dem Server gestartet werden, der die CD hostet. Bei der Verwendung des Setup Scriptes werden die notwendigen Services bereits automatisch konfiguriert und gestartet. Anschließend ist das *add_install_client* Script mindestens unter Angabe von Maschinenarchitektur und Clienthostname, bei bereits vorher eingetragenen Daten für die Client Ethernet- und IP Adresse in den serverseitigen */etc/ethers* und */etc/hosts* Konfigurationsdateien, aufzurufen. Im Laufe des Installationsprozesses des Clients können dann die von der SUN Webseite geladenen CD Images serverseitig als Blockdevice gemountet und per NFS zur clientseitigen Installation zur Verfügung gestellt werden. Diese Verfahren spart Zeit und CD Rohlinge, bedarf jedoch der Kenntnisse, die im einzelnen in Abschnitt 7.5 ab Seite 510ff zu NFS, in Abschnitt 5.17 ab Seite 340ff zum Mounten eines Files als Blockdevice, den notwendigen Netzwerkdiensten, wie sie in Kapitel 6 ab Seite 357 beschrieben sind, dazu kommt gegebenenfalls das Brennen von CD-ROMs, beschrieben in Abschnitt 9.10.8.2 ab Seite 774, oder gleich des Setups des gesamten Installservers wie es in Abschnitt 4.11 ab Seite 78 beschrieben ist.

Sollten die Infrastruktur oder die Kenntnisse noch nicht vorhanden sein, so stellt die Installation von CD-ROM eine sinnvolle Erleichterung dar und wird hier im folgenden Step-by-Step gezeigt. Die Installation dauert je nach Softwarecluster CDROM und Maschinenperformance zwischen ca. 60 Minuten und 3 Stunden.

Die Installation von DVD ist, abgesehen vom Medienwechsel, einer CD-Installation identisch. Bei einer Installation von CD-ROM wird zuerst die erste CD installiert. Hiernach erfolgt ein *reboot*. Nach diesem *reboot* fordert das System gegenwärtig die zweite, dritte und vierte SOLARIS Installations CD und die Companion CD an. Anstelle der Companion CD oder als sinnvolle Ergänzung kann beispielsweise auch auf die automatisierte Installation von Softwarepackages von *www.blastwave.org* zurückgegriffen werden. Der *www.blastwave.org*-Installationsmechanismus ist gut beschrieben, wenn kein direkter Internet Netzzugang zum zu installierenden Rechner besteht, so können die Pakete vorher lokal gespeichert und auf das Zielsystem transferiert werden.

Die Installation beginnt mit dem Einschalten der Maschine und dem Abwarten der Selbsttests. Anschließend wird das so genannte Banner ausgegeben und man erhält ein Eingabeprompt des OpenFirmware Bootproms {<*CPUNummer*>} *ok*. Die Bannerpage informiert über die Anzahl und die Version der eingebauten CPUs, des installierten Speichers, und der Ethernetadresse des Onboard Netzwerkinterfaces.

[3] Das Kommando befindet sich nur auf der ersten Installations CD, im Verzeichnis *Solaris_<Release>/Tools*, die Manualpage wird dennoch mit dem System installiert.

```
UltraAX-MP+ WorkServer (4 X UltraSPARC-II 448MHz), No Keyboard
OpenBoot 3.10.53 ME, 4096 MB memory installed, Serial #14332612.
Ethernet address 8:0:20:da:b2:c4, Host ID: 80dab2c4.




{0} ok
```

Beispiel A.1. Screen 1:OBP Startupscreen

An dieser Stelle kann man sich im Prinzip auf der Maschine "umsehen", zumindest was die Hardwarekonfiguration, Controlleradressen, Firmwarestände etc. angeht. Auch sind Einstellungen wie beispielsweise Controller Targetadressen CPU Taktraten etc. per OBP Kommandozeile einstellbar, was in Fällen des SCSI-seitigen Zusammenschlusses, beispielsweise bei dualhostet SCSI-Plattensystemen, notwendig ist. Eine weitergehende Beschreibung des Open Boot Proms (OBP) ist im Abschnitt 4.1 ab Seite 33ff zu finden. Hier wird als nächstes von CD-ROM gebootet unter Angabe des Devicealiases *cdrom*. Es könnte auch der direkte Pfad zum Bootdevice */pci@1f,4000/scsi@3/disk@6,0* angegeben werden, hierzu ist eine genauere Beschreibung in o.g. Abschnitt 4.1 gegeben.

```
{0} ok boot cdrom
Boot device: /pci@1f,4000/scsi@3/disk@6,0:f  File and args:
SunOS Release 5.10 Version Generic_118822-25 64-bit
Copyright 1983-2005 Sun Microsystems, Inc.  All rights reserved.
Use is subject to license terms.
Configuring devices.
Using RPC Bootparams for network configuration information.
...
Attempting to configure interface hme0...
WARNING: hme0: fault detected in device; service degraded
WARNING: hme0: No response from Ethernet network : Link down -- cable problem?
Skipped interface hme0
Beginning system identification...
Searching for configuration file(s)...
Search complete.
Discovering additional network configuration...
```

Beispiel A.2. Screen 2: CD-ROM Boot

Das Rechnersystem wurde von CD-ROM gestartet und es wurde ein Fehler am Netzwerkinterface *hme0* erkannt. Das Netzwerkinterface ist bei dieser Installation nicht angeschlossen, damit die im Netzwerk bekannte Maschine ihre Systemidentifikation nicht über Netzwerk lädt.

```
Select a Language

    0. English
    1. French
    2. German
    3. Italian
    4. Japanese
    5. Korean
    6. Simplified Chinese
    7. Spanish
    8. Swedish
    9. Traditional Chinese

Please make a choice (0 - 9), or press h or ? for help: 0
```

Beispiel A.3. Screen 3: Languageauswahl

```
What type of terminal are you using?
 1) ANSI Standard CRT
 2) DEC VT52
 3) DEC VT100
 4) Heathkit 19
 5) Lear Siegler ADM31
 6) PC Console
 7) Sun Command Tool
 8) Sun Workstation
 9) Televideo 910
 10) Televideo 925
 11) Wyse Model 50
 12) X Terminal Emulator (xterms)
 13) CDE Terminal Emulator (dtterm)
 14) Other
Type the number of your choice and press Return: 12
```

Beispiel A.4. Screen 4: Consoltypauswahl

Das interaktive SOLARIS Installationsprogramm wird geladen und gestartet und gibt einen ersten Informationsscreen aus, siehe Listing A.2:

Die Funktionstasten F1 bis F12 der Tastatur werden bei seriellen Konsolen nicht immer transparent durchgereicht, insbesondere, wenn die Funktionstasten mit z.B. Windowfunktionen vorbelegt wurden. In diesen Fällen ist nacheinander erst die ESCape-Taste und dann die betreffende Zifferntaste zu drücken.

So ist beispielsweise in dem in Beispiel A.5 gezeigten Screen anstelle der "F2"-Taste die Tastenfolge aus "Escape" und "2" (ESC-2) einzugeben um den Punkt "Continue" anzuwählen. Dies wird auch getan.

```
- The Solaris Installation Program ------------------------------------------------
  The Solaris installation program is divided into a series of short sections
  where you'll be prompted to provide information for the installation. At
  the end of each section, you'll be able to change the selections you've
  made before continuing.

  About navigation...
        - The mouse cannot be used
        - If your keyboard does not have function keys, or they do not
          respond, press ESC; the legend at the bottom of the screen
          will change to show the ESC keys to use for navigation.









----------------------------------------------------------------------------------
    F2_Continue    F6_Help
```

Beispiel A.5. Screen 5: Erster Installationsscreen

Es folgt eine Grundkonfiguration des Systems für den Betrieb bei der Installation selbst. In früheren SOLARIS Releases wurde diese Grundinformaiton im späteren Installationsverlauf erneut abgefragt. Inzwischen wird die Information übernommen. Es ist wieder ESC-2 einzugeben.

```
- Identify This System ------------------------------------------------------------

  On the next screens, you must identify this system as networked or
  non-networked, and set the default time zone and date/time.

  If this system is networked, the software will try to find the information
  it needs to identify your system; you will be prompted to supply any
  information it cannot find.

  > To begin identifying this system, press F2.










----------------------------------------------------------------------------------
    Esc-2_Continue    Esc-6_Help
```

Beispiel A.6. Screen 6: Systemgrundkonfiguration (sysidcfg-Teil)

Zunächst folgt die Konfiguration der Netzwerkumgebung. Schon während der Installation kann seitens des Clients auf das Netzwerk zugegriffen werden um weitere Softwarepakete zu laden, Konfigurationen zu übernehmen oder bei der GUI-Installation während der Installation auf der Maschine im Prinzip schon arbeiten zu können, was in der Regel jedoch nicht gemacht wird. Die Auswahl erfolgt per Cursortaste und "Any-Key" (Spacebar), anschließend ist ESC-2 einzugeben.

```
- Network Connectivity ---------------------------------------------------------

  Specify Yes if the system is connected to the network by one of the Solaris
  or vendor network/communication Ethernet cards that are supported on the
  Solaris CD. See your hardware documentation for the current list of
  supported cards.
  Specify No if the system is connected to a network/communication card that
  is not supported on the Solaris CD, and follow the instructions listed under
  Help.


      Networked
      ---------
      [X] Yes
      [ ] No




--------------------------------------------------------------------------------
    Esc-2_Continue    Esc-6_Help
```

Beispiel A.7. Screen 7: Netzwerkkonfiguration

Nach Auswahl des Menuepunktes zur Netzwerkkonfiguration wird eine Liste an im Rechnersystem zur Verfügung stehenden Netzwerkports aufgelistet, so daß man den Port, den man als primären Port nutzen möchte auswählen kann. Hier wird der onboard Ethernetport *hme0* selektiert, die Maschine bietet jedoch zusätzlich zwei vierfach-Netzwerkkarten mit den Ehternetinterfaces *qfe0* bis *qfe7* an, die hier nicht weiter konfiguriert werden. Bei Angabe mehrerer Interfaces können diese auch schon während der Installation mitkonfiguriert werde. Da jedoch die Konfiguration von Ethernetinterfaces denkbar einfach ist, ist es in der Regel sinnvoller, zunächst die Installation selbst durchzuführen und eine Detailkonfiguration, zu der auch die Konfiguration von Netzwerkinterfaces gehört, nach der Installation manuell nachzuziehen. Hier wurde *hme0* gewählt, anschließend ist ESC-2 einzugeben.

```
- Configure Multiple Network Interfaces ----------------------------------------

  Multiple network interfaces have been detected on this system.  Specify all
  of the network interfaces you want to configure.

  Note: You must choose at least one interface to configure.

      Network interfaces
      ------------------
      [X] hme0
      [ ] qfe0
      [ ] qfe1
      [ ] qfe2
      [ ] qfe3
      [ ] qfe4
      [ ] qfe5
      [ ] qfe6
      [ ] qfe7




--------------------------------------------------------------------------------
    Esc-2_Continue    Esc-6_Help
```

Beispiel A.8. Screen 8: Definition des Primären Netzwerkports

Es folgt die Anfrage, ob das System die IP Adresse per DHCP erfragen soll, hier wird jedoch eine IP Adresse in einem späteren Konfigurationsschritt fest vorgegeben. Der Screen wird bestätigt durch Eingabe von ESC-2.

```
- DHCP for hme0 -----------------------------------------------------------------

  Specify whether or not this network interface should use DHCP to configure
  itself.  Choose Yes if DHCP is to be used, or No if the network interface is
  to be configured manually.

  NOTE: DHCP support will not be enabled, if selected, until after the system
  reboots.

      Use DHCP for hme0
      -----------------
      [ ] Yes
      [X] No




--------------------------------------------------------------------------------
    Esc-2_Continue    Esc-6_Help
```

Beispiel A.9. Screen 9: IP Adresse per DHCP?

Es folgt die Abfrage, beziehungsweise die Angabe des Hostnamens, welcher hierbei auch gleichzeitig der systeminterne Auflösungsname des onboard Interfaces *hme0* ist. Eine Detailkonfiguration kann nach der Systeminstallation erfolgen. Nach Eingabe des Hostnamens ist mit ESC-2 fortzufahren.

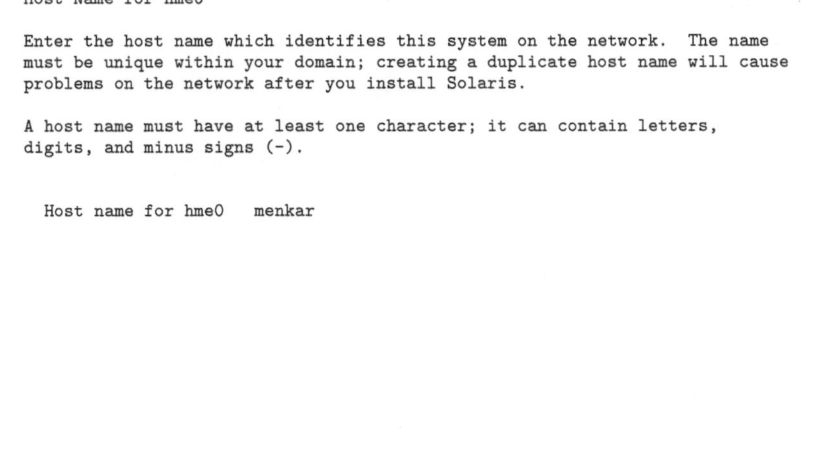

```
- Host Name for hme0 -----------------------------------------------------------

  Enter the host name which identifies this system on the network.  The name
  must be unique within your domain; creating a duplicate host name will cause
  problems on the network after you install Solaris.

  A host name must have at least one character; it can contain letters,
  digits, and minus signs (-).


    Host name for hme0   menkar









--------------------------------------------------------------------------------
    Esc-2_Continue    Esc-6_Help
```

Beispiel A.10. Screen 10: Angabe des Hostnames

Nach der Konfiguration des Hostnamens wird die IP Adresse des (oder der) Interfaces abgefragt. Hier wird lediglich eines der neun Ethernetinterfaces konfiguriert, da zuvor nur das onboard Interface als zu konfigurierend selektiert worden war. Nach Eingabe der IP Adresse ist mit ESC-2 fortzufahren.

```
- IP Address for hme0 --------------------------------------------------------

  Enter the Internet Protocol (IP) address for this network interface.  It
  must be unique and follow your site's address conventions, or a
  system/network failure could result.

  IP addresses contain four sets of numbers separated by periods (for example
  129.200.9.1).


    IP address for hme0 10.10.100.16










-------------------------------------------------------------------------------
    Esc-2_Continue    Esc-6_Help
```

Beispiel A.11. Screen 11: Angabe der IP Adresse

Zu einer vollständigen Angabe einer IP Adresse gehört auch die Subnetzmaske. Soll diese anders eingestellt werden als der Defaultvorschlag es vorsieht, ist in nachfolgendem Menu anzugeben, daß die Maschine Teil eines Subnets ist. Weiter mit ESC-2.

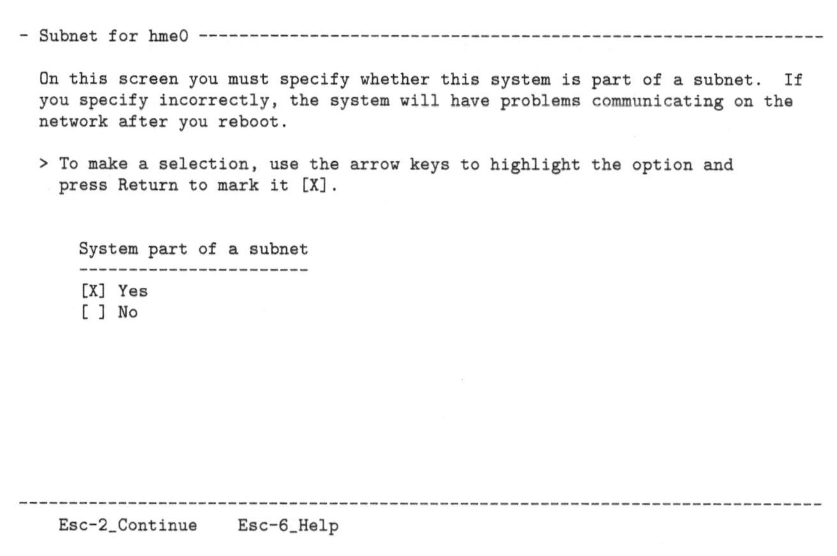

```
- Subnet for hme0 ------------------------------------------------------------

  On this screen you must specify whether this system is part of a subnet.  If
  you specify incorrectly, the system will have problems communicating on the
  network after you reboot.

  > To make a selection, use the arrow keys to highlight the option and
    press Return to mark it [X].


      System part of a subnet
      -----------------------
      [X] Yes
      [ ] No






-------------------------------------------------------------------------------
    Esc-2_Continue    Esc-6_Help
```

Beispiel A.12. Screen 12: Spezifikation einer Subnetzmaske

Danach ist die einzustellende Subnetzmaske konfigurierbar. Diese Konfiguration läßt sich wie alles andere auch, späterhin im laufenden Betrieb mit dem Texteditor[4] umkonfiguriert werden. Nach Eingabe mit ESC-2 weiter.

```
- Netmask for hme0 --------------------------------------------------------------

  On this screen you must specify the netmask of your subnet.  A default
  netmask is shown; do not accept the default unless you are sure it is
  correct for your subnet.  A netmask must contain four sets of numbers
  separated by periods (for example 255.255.255.0).


    Netmask for hme0 255.255.255.0










--------------------------------------------------------------------------------
    Esc-2_Continue    Esc-6_Help
```

Beispiel A.13. Screen 13: Setzen der Subnetzmaske

Nachdem IPv4 rudimentär konfiguriert wurde, wird im nächsten Schritt interaktiv abgefragt, ob auch IPv6 konfiguriert werden soll. Dieser Schritt wird umgangen, die IPv6 Services sind nach der Installation ohnehin an Bord und die IPv6 Konfiguration ist leicht nachziehbar. Mit ESC-2 bestätigen.

[4] Als "der Texteditor" wird zumindest hier immer der *vi(1)* angenommen, was *ed(1)* Fans nicht von der Verwendung ihres Lieblingseditors abschrecken soll

```
- IPv6 for hme0 -----------------------------------------------------------------

  Specify whether or not you want to enable IPv6, the next generation Internet
  Protocol, on this network interface.  Enabling IPv6 will have no effect if
  this machine is not on a network that provides IPv6 service.  IPv4 service
  will not be affected if IPv6 is enabled.

  > To make a selection, use the arrow keys to highlight the option and
    press Return to mark it [X].


      Enable IPv6 for hme0
      --------------------
      [ ] Yes
      [X] No







--------------------------------------------------------------------------------
    Esc-2_Continue    Esc-6_Help
```

Beispiel A.14. Screen 14: Erweiterte IPv6 Konfiguration

Neu ist auch die Abfrage des Defaultrouters, die hier umgangen wird. Auswahl per Cursortasten und durch Drücken des "Any"-Keys, weiter mit ESC-2

```
- Set the Default Route for hme0 ------------------------------------------------

  To specify the default route, you can let the software try to detect one
  upon reboot, you can specify the IP address of the router, or you can choose
  None.  Choose None if you do not have a router on your subnet.

  > To make a selection, use the arrow keys to select your choice and press
  Return to mark it [X].


      Default Route for hme0
      --------------------------
      [ ] Detect one upon reboot
      [ ] Specify one
      [X] None







--------------------------------------------------------------------------------
    Esc-2_Continue    Esc-6_Help
```

Beispiel A.15. Screen 15: Einstellung des Defualtrouters

Es erfolgt die Ausgabe einer Zusammenfassung über die grundlegende Systemidentifikation. Sollte ein Punkt fehlerhaft sein, so kann an dieser Stelle mit der Tastensequenz ESC-4 die Systemidentifikation modifiziert werden. Wird nur lokal installiert, also per serieller Verbindung auf der Console, als Medium lokales CD-ROM gewählt, so ist die Grundkonfiguration für die Gesamtinstallation nicht von kardinaler Bedeutung, kann doch alles nach Belieben mit dem Texteditor nachträglich modifiziert werden. Bestätigen mit ESC-2.

```
- Confirm Information for hme0 ------------------------------------------------

  > Confirm the following information.  If it is correct, press F2;
    to change any information, press F4.


                  Networked: Yes
                   Use DHCP: No
                  Host name: menkar
                 IP address: 10.10.100.16
    System part of a subnet: Yes
                    Netmask: 255.255.255.0
                Enable IPv6: No
              Default Route: None







--------------------------------------------------------------------------------
    Esc-2_Continue    Esc-4_Change    Esc-6_Help
```

Beispiel A.16. Screen 16: sysid Summary

Nachdem die Grundkonfiguration abgefragt und interaktiv beantwortet wurde, folgt eine weitere vorbereitende Konfiguration von Kerberos, Netzwerkinformationsdiensten, zusätzlich Locales, der Zeitzone und der aktuellen Uhrzeit. Zunächst Kerberos, bestätigen mit ESC-2.

```
- Configure Security Policy: -----------------------------------------------------

  Specify Yes if the system will use the Kerberos security mechanism.

  Specify No if this system will use standard UNIX security.

      Configure Kerberos Security
      ---------------------------
      [ ] Yes
      [X] No










--------------------------------------------------------------------------------
    Esc-2_Continue    Esc-6_Help
```

Beispiel A.17. Screen 17: Kerberos Konfiguration

Eine Kerberoskonfiguration wurde hier umgangen. Dies wird im Folgebild bestätigt. Weiter durch Eingabe von ESC-2.

```
- Confirm Information -----------------------------------------------------------

  > Confirm the following information.  If it is correct, press F2;
    to change any information, press F4.


    Configure Kerberos Security: No













starting rpc services
--------------------------------------------------------------------------------
    Esc-2_Continue    Esc-4_Change    Esc-6_Help
```

Beispiel A.18. Screen 18: Bestätigung der Kerberoseinstellung

Es folgt die Abfrage, ob das System einen bestimmten Netzwerkinformationsdienst nutzen soll. Die den jeweiligen Netzwerkinformationsdienst leistenden Server müssen bereits im Netz präsent antworten, bevor sie hier angewählt werden können. Nach Auswahl weiter mit ESC-2.

```
- Name Service ----------------------------------------------------------------

  On this screen you must provide name service information.  Select the name
  service that will be used by this system, or None if your system will either
  not use a name service at all, or if it will use a name service not listed
  here.

  > To make a selection, use the arrow keys to highlight the option
    and press Return to mark it [X].


      Name service
      ------------
      [ ] NIS+
      [ ] NIS
      [ ] DNS
      [ ] LDAP
      [X] None



--------------------------------------------------------------------------------
    Esc-2_Continue    Esc-6_Help
```

Beispiel A.19. Screen 19: Einstellung des Netzwerkinformationsdienstes

Die ausgewählte Einstellung auf *none*, Filebasiert, wird bestätigt. Weiter in der Installation durch Eingabe von ESC-2.

```
- Confirm Information ---------------------------------------------------------

  > Confirm the following information.  If it is correct, press F2;
    to change any information, press F4.


    Name service: None








done.
--------------------------------------------------------------------------------
    Esc-2_Continue    Esc-4_Change    Esc-6_Help
```

Beispiel A.20. Screen 20: Bestätigung der Auswahl filebasierten Arbeitens

Auswahl der default Timezone des Rechners nach geographischer Angabe über Kontinent und Staat/Land. Die Auswahl erfolgt per Cursortasten und durch Bestätigung mit der Space-Taste. Weiter dann mit ESC-2.

```
- Time Zone -------------------------------------------------------------------

  On this screen you must specify your default time zone.  You can specify a
  time zone in three ways:  select one of the continents or oceans from the
  list, select other - offset from GMT, or other - specify time zone file.

  > To make a selection, use the arrow keys to highlight the option and
    press Return to mark it [X].


      Continents and Oceans
      ----------------------------------
  -   [ ] Africa
      [ ] Americas
      [ ] Antarctica
      [ ] Arctic Ocean
      [ ] Asia
      [ ] Atlantic Ocean
      [ ] Australia
      [X] Europe
  v   [ ] Indian Ocean

--------------------------------------------------------------------------------
    Esc-2_Continue    Esc-6_Help
```

Beispiel A.21. Screen 21: Angabe der Systemzeitzone

Nach Angebe des Landes weiter mit ESC-2.

```
- Country or Region -------------------------------------------------------------

  > To make a selection, use the arrow keys to highlight the option and
    press Return to mark it [X].


      Countries and Regions
      -------------------------
  ^   [ ] Bosnia & Herzegovina
      [ ] Britain (UK)
      [ ] Bulgaria
      [ ] Croatia
      [ ] Czech Republic
      [ ] Denmark
      [ ] Estonia
      [ ] Europe - Central
      [ ] Europe - Eastern
      [ ] Europe - Western
      [ ] Finland
      [ ] France
  v   [X] Germany

--------------------------------------------------------------------------------
    Esc-2_Continue    Esc-6_Help
```

Beispiel A.22. Screen 22: Angabe der Systemzeitzone

Es folgt die Abfrage zur Einstellung der Systemzeit, menuebasiert, weiter mit ESC-2.

```
- Date and Time --------------------------------------------------------------

  > Accept the default date and time or enter
    new values.

  Date and time: 2006-01-24 01:42

    Year   (4 digits) : 2006
    Month  (1-12)     : 01
    Day    (1-31)     : 24
    Hour   (0-23)     : 01
    Minute (0-59)     : 42








--------------------------------------------------------------------------------
    Esc-2_Continue    Esc-6_Help
```

Beispiel A.23. Screen 23: Abfrage/Einstellung der Systemzeit

Und die Bestätigung der eingestellten Systemzeit und der Defaultzeitzone, weiter mit ESC-2.

```
- Confirm Information --------------------------------------------------------

  > Confirm the following information.  If it is correct, press F2;
    to change any information, press F4.


        Time zone: Europe/Berlin
    Date and time: 2006-01-24 01:42:00








--------------------------------------------------------------------------------
    Esc-2_Continue    Esc-4_Change    Esc-6_Help
```

Beispiel A.24. Screen 24: Bestätigung der Zeitzone

An dieser Stelle wird das initiale Rootpasswort abgefragt, um es später zu setzen. Das Passwort ist zweimalig in exakt gleicher Schreibweise Casesensitive einzugeben. Anschließend weiter mit ESC-2.

```
- Root Password ----------------------------------------------------------------

  Please enter the root password for this system.

  The root password may contain alphanumeric and special characters.  For
  security, the password will not be displayed on the screen as you type it.

  > If you do not want a root password, leave both entries blank.


    Root password:  ****
    Root password:  ****









--------------------------------------------------------------------------------
    Esc-2_Continue    Esc-6_Help
```

Beispiel A.25. Screen 25: Einstellung der Rootpasswortes

Nachdem nun alle fehlenden Informationen zur Systemidentifikation interaktiv eingegeben und damit gesetzt wurden, kann der CD-ROM Boot weiter geführt werden

```
System identification is completed.
System identification complete.
Starting Solaris installation program...
Executing JumpStart preinstall phase...
Searching for SolStart directory...
Checking rules.ok file...
Using begin script: install_begin
Using finish script: patch_finish
Executing SolStart preinstall phase...
Executing begin script "install_begin"...
Begin script install_begin execution completed.
```

Beispiel A.26. Weiterer Systemstart

Als nächstes beginnt die eigentliche Konfiguration der zu installierenden Pakete, die Einstellung zur Plattenpartitionierung etc.

Begonnen wird mit dem Begrüßungsscreen der Softwareinstallation mit der Auswahlmöglichkeit der Art der Installation. SOLARIS bietet mit der Version 8 die Möglichkeit einer Flash-Installation. Dabei wird aus einem zuvor erzeugten Flash-Image, das ist praktisch ein cpio-Archiv, installiert, was den Vorteil hat, alle im Flash-Image schon vorgenommenen Konfigurationen und Patches bereits eingearbeitet zu haben. Die Standard-Installation ist der hier zu wählende Weg um eine Neuinstallation vom Installationsmedium durchzuführen. In Beispiel A.26 wird mit ESC-2 eine Standardinstallation gewählt

```
- Solaris Interactive Installation --------------------------------------------

  On the following screens, you can accept the defaults or you can customize
  how Solaris software will be installed by:

        - Selecting the type of Solaris software to install
        - Selecting disks to hold software you've selected
        - Selecting unbundled products to be installed with Solaris
        - Specifying how file systems are laid out on the disks

  After completing these tasks, a summary of your selections (called a
  profile) will be displayed.

  There are two ways to install your Solaris software:

   - "Standard" installs your system from a standard Solaris Distribution.
     Selecting "Standard" allows you to choose between initial install
     and upgrade, if your system is upgradable.
   - "Flash" installs your system from one or more Flash Archives.


--------------------------------------------------------------------------------
     Esc-2_Standard    F3_Go Back    Esc-4_Flash    F5_Exit    F6_Help
```

Beispiel A.27. Screen 26: Installationstyp festlegen

Gefolgt von der Frage, ob nach Einspielung einer CD oder DVD diese automatisch ausgeworfen werden soll. Weiter mit ESC-2.

```
- Eject a CD/DVD Automatically? ------------------------------------------------

    During the installation of Solaris software, you may be using one or more
    CDs/DVDs. You can choose to have the system eject each CD/DVD automatically
    after it is installed or you can choose to manually eject each CD/DVD.


              [X] Automatically eject CD/DVD
              [ ] Manually eject CD/DVD









--------------------------------------------------------------------------------
     F2_Continue    F3_Go Back    F5_Exit
```

Beispiel A.28. Screen 27: Automatischer CD Auswurf

Nachfolgend erfolgt die Anfrage, ob die Maschine nach der Installation automatisch neu gestartet werden soll, oder ob vor einem automatischen Reboot nach der Installation noch andere Arbeiten vervollständigt werden sollen etc. Weiter mit ESC-2.

```
q Reboot After Installation? -----------------------------------------------qqqq

    After Solaris software is installed, the system must be rebooted. You can
    choose to have the system automatically reboot, or you can choose to
    manually reboot the system if you want to run scripts or do other
    customizations before the reboot.  You can manually reboot a system by using
    the reboot(1M) command.


              [X] Auto Reboot
              [ ] Manual Reboot









--------------------------------------------------------------------------------
     F2_Continue    F3_Go Back    F5_Exit
```

Beispiel A.29. Screen 28: Autoreboot nach Installation

Sollte auf den Festplatten des zu installierenden Rechners bereits eine SOLARIS-Umgebung vorhanden sein oder ist eine solche erkannt worden, so kann an dieser Stelle ein Upgrade ausgewählt werden, anderenfalls ist mit der Option "Initial" eine alles überschreibende Neuinstallation auswählbar. Bei einer Upgrade Installation ist zuvor zu evaluieren, ob und in wie weit die Altversion upgradebar ist.
Füer eine Neuinstallation ist "Initial" zu wählen. Damit weiter mit ESC-4.

```
- Solaris Interactive Installation ------------------------------------------

  This system is upgradable, so there are two ways to install the Solaris
  software.

  The Upgrade option updates the Solaris software to the new release, saving
  as many modifications to the previous version of Solaris software as
  possible.  Back up the system before using the Upgrade option.

  The Initial option overwrites the system disks with the new version of
  Solaris software.  This option allows you to preserve any existing file
  systems.  Back up any modifications made to the previous version of Solaris
  software before starting the Initial option.

  After you select an option and complete the tasks that follow, a summary of
  your actions will be displayed.




--------------------------------------------------------------------------------
     F2_Upgrade    F3_Go Back    F4_Initial    F5_Exit    F6_Help
```

Beispiel A.30. Screen 29: Installationsart

Zuvor wurden Grundparameter erfragt, die betriebssystemunabhängig sind. Hier wird nun das eingelegte Installationsmedium gelesen. Anschließend erfolgen Fragen zur Softwareauswahl. Weiter mit ESC-2.

```
- Initializing ------------------------------------------------------------------



  The system is being initialized.












  Loading install media, please wait...
---------------------------------------------------------------------------------
     Esc-2_Continue    F3_Go Back    F5_Exit    F6_Help
```

Beispiel A.31. Screen 30: Lesen des Installationsmediums

Es erfolgt die Ausgabe der Lizenzbedingungen, die für die weitere Installation positiv zu bestätigen ist. Danach erfolgt die Einstellung der zusätzlich zu unterstützenden Locales des Systems, wie in Beispiel A.32 aufgelistet. Dies sind Locales, die zusätzlich zur Systemlocale installiert werden sollen für eine erweiterte internationale Benutzerunterstützung. Wird übergangen, weiter mit ESC-2.

```
- Select Geographic Regions -----------------------------------------------------

  Select the geographic regions for which support should be installed.

  > [ ] Australasia
  > [ ] Asia
  > [ ] Eastern Europe
  > [ ] Northern Europe
  > [ ] Northern Africa
  > [ ] Middle East
  > [ ] Southern Europe
  > [ ] South America
  > [ ] Central America
  > [ ] Central Europe
  > [ ] North America
  > [ ] Western Europe




   Region is deselected.  Press Return to select
---------------------------------------------------------------------------------
     Esc-2_Continue    F3_Go Back    F5_Exit    F6_Help
```

Beispiel A.32. Screen 31: Auswahl weiterer Locales

Gefolgt von der Einstellung der System Locale in Beispiel A.33 auf Posix/C, dieses in OPENSOLARIS in der Art neue Menue wird akzeptiert, weiter mit ESC-2.

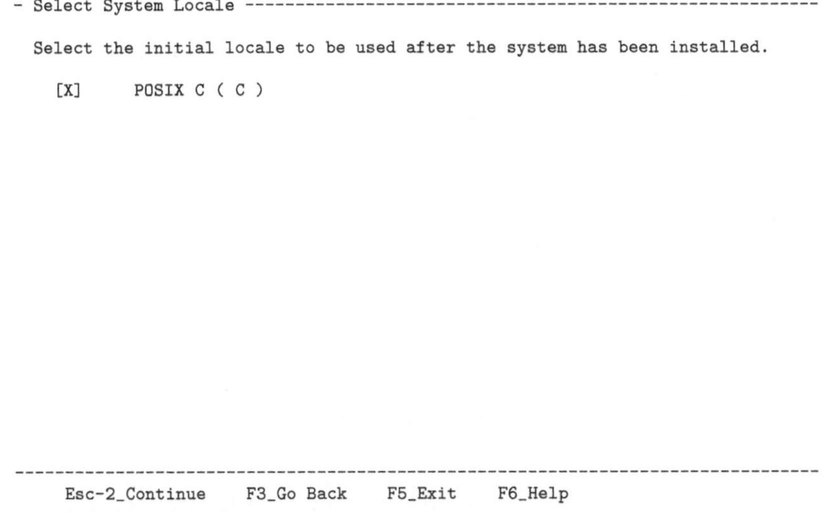

```
- Select System Locale ---------------------------------------------------------

  Select the initial locale to be used after the system has been installed.

    [X]    POSIX C ( C )




--------------------------------------------------------------------------------
     Esc-2_Continue    F3_Go Back    F5_Exit    F6_Help
```

Beispiel A.33. Screen 32: Einstellung der System Locale

Anschließend erfolgt die Auswahl zusätzlicher Softwarepakete, also der Pakete, die zusätzlich zu dem auszuwählenden Softwarecluster des Betriebssystems zu installieren sind. Irreführenderweise erfolgt die Auswahl der Basisbetriebssystempakete später. Die SOLARISEXPRESS Distributionen enthalten in der Regel keine Dokumentations CDs, keine Softwarecompanion CD, auch ist eine Extra Value Software nicht in allen Releases des Systems vorhanden. Hierüber wurden in der Vergangenheit oftmals Softwarepakete mit beigefügt, die späterhin zur Standardauslieferung zählten. Wird das Untermenue,“>”, selektiert, so kann man an dieser Stelle einzelne Softwarepakete selektieren oder deselektieren durch Auswahl per Cursor und Drücken des “any”-Keys (Space). Weiter mit ESC-2.

```
- Select Products ------------------------------------------------------------

  Select the products you would like to install.

  > [ ] Solaris 10 Extra Value Software................    0.00 MB
  > [ ] Solaris 10 Documentation.......................    0.00 MB
  > [ ] Java Enterprise System.........................    0.00 MB
  V [X] Solaris Software Companion..................... 1798.83 MB
    [X]     Application/Accessibility......................   95.12 MB
    [X]     Application/Editors............................  201.80 MB
    [X]     Application/Networking.........................  158.59 MB
    [X]     Application/Publishing.........................   93.77 MB
    [X]     Application/Utilities..........................  197.66 MB
    [X]     Desktop/Environment............................  484.60 MB
    [X]     Development/Languages..........................  299.02 MB
    [X]     Development/Libraries..........................   69.99 MB
    [X]     Development/Tools..............................   35.54 MB
    [X]     System/Daemons.................................   32.63 MB
    [X]     X/Window Managers..............................   30.76 MB
    [X]     X/Applications.................................   99.35 MB

   Product is selected.  Press Return to deselect
------------------------------------------------------------------------------
     Esc-2_Continue    F3_Go Back    Esc-4_Product Info    F5_Exit    F6_Help
```

Beispiel A.34. Screen 33: Auswahl der Softwarepakete

Es folgt die Frage nach der Quelle für zusätzliche Installationsmedien, die nach der Installation sequentiell eingelesen werden sollen. Hier kann auch auf NFS exportierte Verzeichnisse zurückgegriffen werden, wenn Teile der Installationspakete nicht auf CD-ROM vorliegen. Nach Auswahl weiter mit ESC-2.

```
- Additional Products --------------------------------------------------------

  To scan for additional products, select the location you wish to scan.
  Products found at the selected location that are in a Web Start Ready
  install form will be added to the Products list.

  Web Start Ready product scan location:


      [X]  None
      [ ]  CD/DVD
      [ ]  Network File System








------------------------------------------------------------------------------
     Esc-2_Continue    F3_Go Back    F5_Exit
```

Beispiel A.35. Screen 34: Auswahl der Quelle für Installationsmedien

An dieser Stelle erfolgt die Abfrage nach dem zu intallierenden Softwarecluster des Betriebssystems. Die 6 Cluster sind die, die auch bei der Beschreibung des Autoinstallservers, oder JumpStart Servers angegeben werden können. Sie beschreiben zu installierende Basispakete, etwa Betriebssystem und X WINDOWS oder Libraries und Tools für die Programmentwicklung[5] Oftmals ist die Entire Distribution die Zielauswahl, trotz der oftmals umfangreichen und in der Regel nicht benötigten Softwarepakete. Hier ist im Produktionsbetrieb schon aus Sicherheitsgründen eine Feinauswahl zu treffen. Default wird zunächst akzeptiert, weiter mit ESC-2.

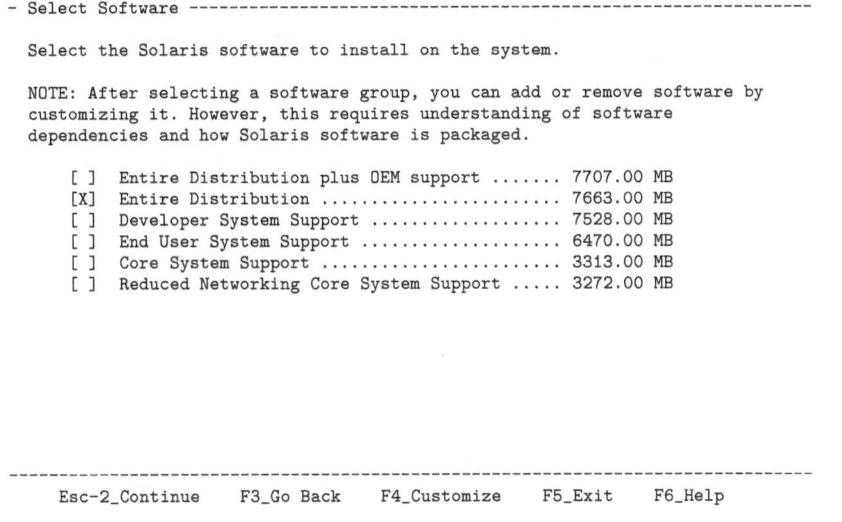
```
- Select Software ------------------------------------------------------------

  Select the Solaris software to install on the system.

  NOTE: After selecting a software group, you can add or remove software by
  customizing it. However, this requires understanding of software
  dependencies and how Solaris software is packaged.

       [ ]  Entire Distribution plus OEM support ....... 7707.00 MB
       [X]  Entire Distribution ........................ 7663.00 MB
       [ ]  Developer System Support ................... 7528.00 MB
       [ ]  End User System Support .................... 6470.00 MB
       [ ]  Core System Support ........................ 3313.00 MB
       [ ]  Reduced Networking Core System Support ..... 3272.00 MB

------------------------------------------------------------------------------
     Esc-2_Continue    F3_Go Back    F4_Customize    F5_Exit    F6_Help
```

Beispiel A.36. Screen 35: Auswahl des Softwareclusters des Betriebssystems

Nun folgt die Auswahl und Partitionierung der Festplatten. Vorsicht, beim Einsatz von x86-SOLARIS sollte unbedingt darauf geachtet werden, daß die Festplatte wirklich partitioniert wird. Sollte ein altes Label erkannt worden sein und dieses Menue übergangen werden, kann es passieren, daß bei späterer Festplattenadministration dann doch ein Label anderer Festplattengeometrien angenommen oder geschrieben wird. Eine Problematik, die so im Sparc-Solaris nicht auftritt und im x86-Umfeld eher x86-typisch ist und kein ausschließliches x86-SOLARIS Problem darstellt. Im Menue in Beispiel A.37 werden zwei Fest-

[5] kein C-Compiler, der wurde beim Wechsel von der BSD-SUNOS Variante auf die SysV basierte SOLARIS 2* Variante aus den Systempaketen geworfen und mußte fortan zusätzlich gekauft werden. In der Anfangszeit hat der damit verbundene Lizenzmanager einige Probleme bereitet, was in vielen Fällen zum ersatzweisen Einsatz des GCC und anderer lizenzmanagerunabhängiger Software führte. Die Problematik im Betrieb mit Lizenzmanagern förderte die Akzeptanz freier Software im Produktionsbetrieb.

platten erkannt. Werden sie beide selektiert, so können sie beide während der Installation partitioniert und später benutzt werden. Anderenfalls muß dies nachträglich bei laufendem Betrieb nachgezogen werden. Sollten auf weiteren hier sichtbaren Festplatten Daten liegen, die nicht beeinflußt werden sollen, so ist es vollständig ausreichend, die betreffenden Festplatten hier nicht zu selektieren. Weiter mit ESC-2.

```
- Select Disks -----------------------------------------------------------------

  On this screen you must select the disks for installing Solaris software.
  Start by looking at the Suggested Minimum field; this value is the
  approximate space needed to install the software you've selected. Keep
  selecting disks until the Total Selected value exceeds the Suggested Minimum
  value.
  NOTE: ** denotes current boot disk

  Disk Device                                              Available Space
  =============================================================================
  [X]    c0t0d0                                            8633 MB  (F4 to edit)
  [ ]    c0t1d0                                            8633 MB

                                        Total Selected:   8633 MB
                                     Suggested Minimum:   6078 MB




--------------------------------------------------------------------------------
     Esc-2_Continue    F3_Go Back    F4_Edit    F5_Exit    F6_Help
```

Beispiel A.37. Screen 36: Auswahl der zu verwendenden Festplatten

Werden Festplatten oder Partitionen als nicht anzutasten definiert, so kann dennoch während der Installation ein Mountpunkt für diese Platten oder Partitionen angegeben werden. Wer sich nicht sicher ist, wählt hier nichts weiter aus, geht mit ESC-2 weiter, und zieht den Rest nach der Installation nach. Die Installationsprozedur modifiziert nicht angegebene Festplatten nicht, sie werden nicht weiter initialisiert. Weiter mit ESC-2.

```
- Preserve Data? ---------------------------------------------------------------

  Do you want to preserve existing data? At least one of the disks you've
  selected for installing Solaris software has file systems or unnamed slices
  that you may want to save.












--------------------------------------------------------------------------------
     Esc-2_Continue    F3_Go Back    F4_Preserve    F5_Exit    F6_Help
```

Beispiel A.38. Screen 37: Preserve Data auf Festplatten oder Partitionen

Anschließend wird gefragt, ob die Festplattenpartitionierung nach Defaultvorgaben durchgeführt werden soll. Die Defaultvorgaben treffen in der Regel nicht die Vorstellungen für den aktiven Betrieb und sind damit oftmals unzweckmäßig. Eine weitere Diskussion über sinnvolle Layouts erfolgt später. Hier wird mit zweimaliger Eingabe von ESC-4 in das manuelle Layout verzweigt.

```
- Automatically Layout File Systems? -------------------------------------------

  Do you want to use auto-layout to automatically layout file systems?
  Manually laying out file systems requires advanced system administration
  skills.












--------------------------------------------------------------------------------
     F2_Auto Layout    F3_Go Back    F4_Manual Layout    F5_Exit    F6_Help
```

Beispiel A.39. Screen 38: Anfrage nach automatischem Layout.

In den folgenden Menues werden die zuvor markierten Festplatten partitioniert. Hier wurde eine einfache Partitionierung gewählt, die nicht unbedingt als Vorbild angesehen werden sollte. Sie ist jedoch für ein Experimentalsystem ausreichend. Im praktischen Betrieb ist hier nach anderen Regeln zu Verfahren. Nach Fertigstellung weiter mit ESC-2.

```
- Customize Disk: c0t0d0 -------------------------------------------------------
  Boot Disk: c0t0d0

  Entry:                           Recommended:     MB     Minimum:       MB
================================================================================
  Slice  Mount Point                 Size (MB)
    0    /                                2000
    1                                     1000
    2    overlap                          8633
    3    /usr                             5632
    4                                        0
    5                                        0
    6                                        0
    7                                        0
================================================================================
                           Capacity:      8633 MB
                          Allocated:      8632 MB
                     Rounding Error:         1 MB
                               Free:         0 MB


--------------------------------------------------------------------------------
     Esc-2_OK     Esc-4_Options     Esc-5_Cancel     F6_Help
```

Beispiel A.40. Screen 39: Festplattenpartitionierung

Es folgt eine zusammenfassende Übersicht aller im Laufe der Installation zu erstellenden Festplattenpartitionen. Es wurde bis jetzt keine einzige Information auf die Festplatten des Systems geschrieben, der Vorgang ist immer noch beliebig abbrechbar. Bestätigen mit ESC-2.

```
- File System and Disk Layout ---------------------------------------------------

  The summary below is your current file system and disk layout, based on the
  information you've supplied.

  NOTE: If you choose to customize, you should understand file systems, their
  intended purpose on the disk, and how changing them may affect the operation
  of the system.

      File sys/Mnt point Disk/Slice                                         Size
      ========================================================================
      /                  c0t0d0s0                                      2000   MB
                         c0t0d0s1                                      1000   MB
      overlap            c0t0d0s2                                      8633   MB
      /usr               c0t0d0s3                                      5633   MB




--------------------------------------------------------------------------------
     Esc-2_Continue    F3_Go Back    F4_Customize    F5_Exit    F6_Help
```

Beispiel A.41. Screen40: Zusammenfassung der partitionierten Festplatten

In dem in Beispiel A.42 abgebildeten Menue wird nach Remote Filesystemen gefragt. Alle hier eingegebenen Filesysteme werden so in die */etc/vfstab* übernommen und würden statische NFS Mounts darstellen. Es ist sinnvoll, diesen Menuepunkt zu übergehen und späterhin den Automounter[6] einzusetzen. Anderenfalls wird die Maschine auf die Verfügbarkeit der angegebenen Filesysteme beim Boot warten. Übergehen, weiter mit ESC-2.

```
- Mount Remote File Systems? ----------------------------------------------------

  Do you want to mount software from a remote file server? This may be
  necessary if you had to remove software because of disk space problems.




--------------------------------------------------------------------------------
     Esc-2_Continue    F3_Go Back    F4_Remote Mounts    F5_Exit    F6_Help
```

Beispiel A.42. Screen 41: Anfrage an nfs-Mounts

[6] Der Automounter wird in Abschnitt 7.7 ab Seite 535 beschrieben

Beispiel A.43 zeigt die letzte Zusammefassung und das letzte Menue vor der eigentlichen Installation des Betriebssystemes und der ausgewählten Zusatzsoftware auf die selektierten Festplatten.

Das ist die “last chance to quit”

Dies ist das letzte Menue, bei dem die Festplatten noch nicht beschrieben wurden. Wird an dieser Stelle mit ESC-2, Begin Installation, fortgefahren, ist der Prozeß irreversibel. Alle zuvor auf den selektierten Festplatten gehaltenen Informationen werden ab diesem Zeitpunkt unwiederruflich überschrieben

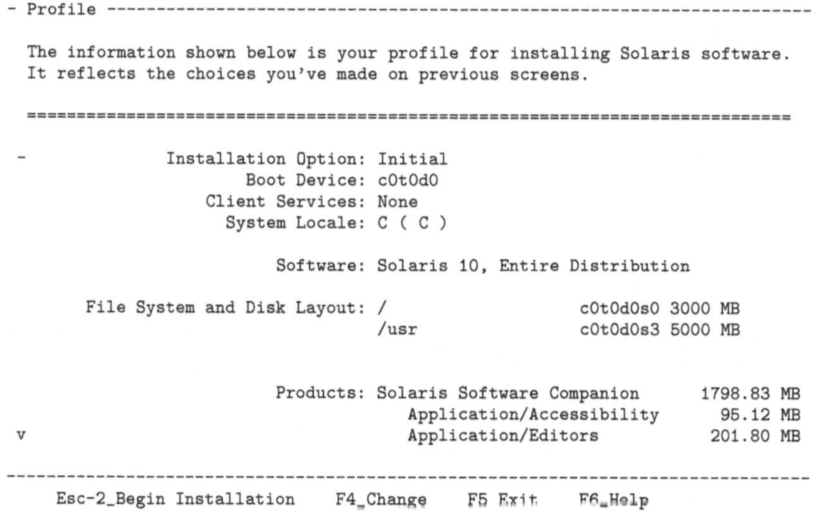

```
- Profile ----------------------------------------------------------------------

  The information shown below is your profile for installing Solaris software.
  It reflects the choices you've made on previous screens.

  ============================================================================

 -              Installation Option: Initial
                        Boot Device: c0t0d0
                    Client Services: None
                      System Locale: C ( C )

                           Software: Solaris 10, Entire Distribution

          File System and Disk Layout: /                     c0t0d0s0 3000 MB
                                       /usr                  c0t0d0s3 5000 MB


                           Products: Solaris Software Companion      1798.83 MB
                                        Application/Accessibility      95.12 MB
 v                                      Application/Editors           201.80 MB

--------------------------------------------------------------------------------
     Esc-2_Begin Installation    F4_Change    F5_Exit    F6_Help
```

Beispiel A.43. Screen 42: Zusammenfassung der Installationsdaten

Nun folgt die eigentlichhe Installation. Es werden Partitionen entsprechend der Vorgaben erzeugt, hier / und /usr.

```
Preparing system for Solaris install

Configuring disk (c0t0d0)
        - Creating Solaris disk label (VTOC)

Creating and checking \UFS\ file systems
        - Creating / (c0t0d0s0)
        - Creating /usr (c0t0d0s3)
```

Beispiel A.44. Installation

Es erfolgt die Installation der Softwarepakete. Dieser Prozeß kann unter Umständen längere Zeit dauern. Je nach Systemdurchsatz und ausgewählter Softwarepakete durchaus ein bis drei Stunden. Es müssen CDs nachgeladen werden. Will man sich das Nachladen ersparen, ist auf die DVD Distribution zurückzugreifen oder es ist ein Installserver aufzusetzen, womit dann je nach Umfang der Konfiguration des Installservers auch die gesamte Konfigurationsphase inklusive Paketauswahl, Festplattenpartitionierung etc. entfällt und den Vorgaben des JumpStart Servers (Installserver) gefolgt wird.

```
Solaris Initial Install


          MBytes Installed:      0.00
          MBytes Remaining:   3297.66

                   Installing: Core Solaris, (Usr)




        \
        |          |          |          |          |          |
        0         20         40         60         80        100
```

Beispiel A.45. Installscreen...

Nach dem erfolgreichen Laden der ersten Installations CD erfolgt eine Nachbereitung, die so genannten Postinstallscripts werden abgearbeitet, anschließend erfolgt der erste Reboot von eigener Rootplatte.

```
Solaris 10 software installation succeeded

Customizing system files
        - Mount points table (/etc/vfstab)
        - Unselected disk mount points (/var/sadm/system/data/vfstab.unselected)
        - Network host addresses (/etc/hosts)
        - Network host addresses (/etc/hosts)
        - Environment variables (/etc/default/init)

Cleaning devices

Customizing system devices
        - Physical devices (/devices)
        - Logical devices (/dev)

Installing boot information
        - Installing boot blocks (c0t0d0s0)

Installation log location
        - /a/var/sadm/system/logs/install_log (before reboot)
        - /var/sadm/system/logs/install_log (after reboot)

Install of CD 1 complete.

Executing SolStart postinstall phase...
Executing finish script "patch_finish"...

Finish script patch_finish execution completed.
Executing JumpStart postinstall phase...

The begin script log 'begin.log'
is located in /var/sadm/system/logs after reboot.

The finish script log 'finish.log'
is located in /var/sadm/system/logs after reboot.

   Pausing for 90 seconds at the "Reboot" screen. The wizard will continue to
   the next step unless you select "Pause". Enter 'p' to pause. Enter 'c' to
   continue. [c]

syncing file systems... done
rebooting...
Resetting ...
```

Beispiel A.46. Nachbereitung der Installation

Es erfolgt ein Reboot, nach dem zum Einlegen der nächsten CD aufgefordert wird. Ab diesem Reboot "steht" die Maschine auf ihrem eigenen plattenbasierten Rootdevice und es werden die ersten so genannten Servicemanifeste geladen. Der Ladevorgang der Servicemanifeste wird nach erfolgter Installation auch für die restlichen Services erfolgen.

```
UltraAX-MP+ WorkServer (4 X UltraSPARC-II 448MHz), No Keyboard
OpenBoot 3.10.53 ME, 4096 MB memory installed, Serial #14332612.
Ethernet address 8:0:20:da:b2:c4, Host ID: 80dab2c4.


Rebooting with command: boot
Boot device: disk:a  File and args:
SunOS Release 5.10 Version Generic_118822-25 64-bit
Copyright 1983-2005 Sun Microsystems, Inc.  All rights reserved.
Use is subject to license terms.
Hostname: menkar
Configuring devices.
WARNING: hme0: fault detected in device; service degraded
WARNING: hme0: No response from Ethernet network : Link down -- cable problem?
Loading smf(5) service descriptions: 89/89
Creating new rsa public/private host key pair
Creating new dsa public/private host key pair

        This system is configured with NFS version 4, which uses a domain
        name that is automatically derived from the system's name services.
        The derived domain name is sufficient for most configurations. In a
        few cases, mounts that cross different domains might cause files to
        be owned by "nobody" due to the lack of a common domain name.

        Do you need to override the system's default NFS version 4 domain
        name (yes/no) ? [no] :

        For more information about how the NFS version 4 default domain
        name is derived and its impact, refer to the man pages for nfs(4)
        and nfsmapid(1m), and the System Administration Guide: Network
        Services.

Starting Solaris Install Launcher in Command Line Mode.
```

Beispiel A.47.

Da bei dieser Installationsmethode, die Console liegt auf der seriellen Schnittstelle des Rechners, keinerlei komplexe GUIs möglich sind und sich die Gestaltung des Bildschirms an konventionelle ASCII-Arts halten muß, erfolgt der Start des so genannten SOLARIS *Install Launcher* im ASCII Modus. Es ist die Medienquelle auszuwählen, hier 1 (default). Erst nach dem Drücken der *Enter*-Taste bei der Medienabfrage wird die noch im Laufwerk befindliche Installations-CD ausgeworfen und es kann die nächste CD eingelegt werden.

```
Please specify the media from which you will install Solaris 10 Software 2 for
SPARC Platforms.

Alternatively, choose the selection for "Skip" to skip this disc and go on to
the next one.

Media:

1. CD/DVD
2. Network File System
3. Skip

   Media [1]:

Please insert the CD/DVD for Solaris 10 Software 2 for SPARC Platforms.

After you insert the disc, please press Enter.

Enter S to skip this disc and go on to the next one.
To select a different media, enter B to go Back.
    []
Reading Solaris 10 Software 2 for SPARC Platforms....
/
Launching installer for Solaris 10 Software 2 for SPARC Platforms. Please
Wait...

Pausing for 30 seconds at the "Verify" screen. The wizard will continue to
   the next step unless you select "Pause". Enter 'p' to pause. Enter 'c' to
   continue. [c]


Solaris 10 packages (part 2)
|-1%--------------25%-----------------50%---------------75%--------------100%-|
```

Beispiel A.48. ASCII Art Menu Selection

Das Procedere wiederholt sich für alle zu installierenden CDs in gleicher Weise. Es ist jeweils die Loadsource anzugeben, CD oder Netztwerk, und anschließend zu bestätigen, danach folgt der Softwareladevorgang bis zur letzten CD, abschließend sollte ein Reboot durchgeführt werden. Je nach Angabe auf die Frage in Beispiel A.29 wird anschließend ein Reboot ausgeführt oder die Maschine verbleibt auf einem */bin/sh*-Prompt.

Jetzt ist das System den eigenen Wünschen anzupassen....

A.2.2 x86 Solaris Step-by-Step

Es gibt PC Hardwarehersteller, die Ihre Systeme noch öffentlich dokumentieren. Jedoch wird selten beschrieben, inwieweit besondere Features des Systems auch unter anderen Betriebssystemen als Windows oder LINUX arbeiten. So auch die RSAII Consolserverkarten in den xSeries Systemen der IBM. Die RSAII sind Consolserverkarten, die in Ihrer Funktion etwa den RSC Karten von SUN nahekommen, nur das hier das VGA Signal vom Server abgegegriffen wird und so, durch Zugriff auf einen auf der RSAII Karte laufenden Webserver, auch über Netzwerk in einem beliebigen Webbrowser dargestellt werden kann. Tastatur und Maus Interface werden ebenfalls über diesen Mechanismus bereitgestellt. Weitere Features wie Remote CD-ROM etc. wurden nicht weiter getestet. Während hingegen ältere SOLARIS Releases, die nicht GRUB basiert sind, mit dem RSAII Adapter nicht vollständig zusammenarbeiten, ist bei neueren GRUB Boot basierten OPENSOLARIS Releases die Unterstützung einer GUI Console über Netzwerk gegeben. Die neueren AMD basierten SUN Systeme bieten ähnliche Features, jedoch ist das Field Service Handbook an diesen Stellen gesperrt. Nachfolgende Beispiele wurden daher auf einer IBM xSeries x336 durchgeführt und zeigen obendrein, daß OPENSOLARIS hier in der SOLARISEXPRESS Distribution auch auf PC Systemen stabil und komfortabel läuft, die nicht für den Betrieb unter SOLARIS vorgesehen sind. Anfragen bezüglich der Installation oder des Betriebes von OPENSOLARIS an den Hersteller, hier IBM, waren in dieser Hinsicht sinnlos, denn es ist lediglich der Betrieb von Windows oder LINUX auf xSeries Systemen supported, dies war auch die einzige Antwort des Supports auf diesbezügliche Fragen. Jedoch, es geht, da zumindest OPENSOLARIS ausreichend dokumentiert ist. Begonnen wird die Installation mit dem Bios Screen der Maschine bei eingelegter CD-ROM und der Auswahl des CD-ROM Laufwerks als Bootdevice (F12 gedrückt führt zu einem entsprechenden Auswahlmenue).

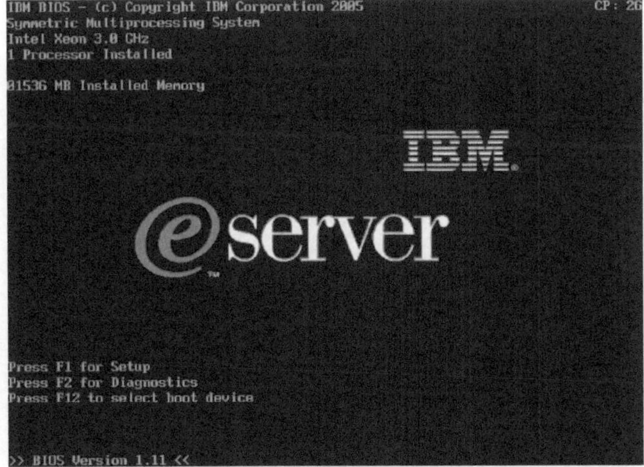

Abb. A.1. Screen 1: BIOS Bootscreen

Nach einem GRUB Boot erfolgt das Laden des SOLARISEXPRESS zur Installation. Wie in Abbildung A.2 zu sehen, wird hier eine Miniroot geladen.

```
 Booting 'Solaris '

kernel /boot/multiboot kernel/unix -B install_media=cdrom
   [Multiboot-elf, <0x1000000:0x1468b:0x3941d>, shtab=0x104e258, entry=0x100000
0]
module /boot/x86.miniroot
..........
```

Abb. A.2. Initialer Miniroot Ladevorgang

In Abbildung A.3 ist das System soweit gestartet, daß eine interaktive Auswahl bereit steht, die es erlaubt verschiedene Startoptionen zu nutzen. Hier wird eine interaktive Installation ausgewählt und im folgenden durchgeführt.

```
SunOS Release 5.11 Version snv_28 32-bit
Copyright 1983-2005 Sun Microsystems, Inc.  All rights reserved.
Use is subject to license terms.
WARNING: Time of Day clock error: reason [Stalled]. --  Stopped tracking Time Of
 Day clock.
Configuring devices.
\

    1.     Solaris Interactive (default)
    2.     Custom JumpStart
    3.     Solaris Interactive Text (Desktop session)
    4.     Solaris Interactive Text (Console session)
    5.     Apply driver updates
    6.     Single user shell

Enter the number of your choice.
Selected: 1

Solaris Interactive

\
```

Abb. A.3. Wahl der Installation

In Abbildung A.4 wird dem Benutzer die Möglichkeit gegeben, die GUI Consolekonfiguration, Graphikkarte, Tastatur, Maus etc., zu überprüfen und gegebenenfalls zu modifizieren.

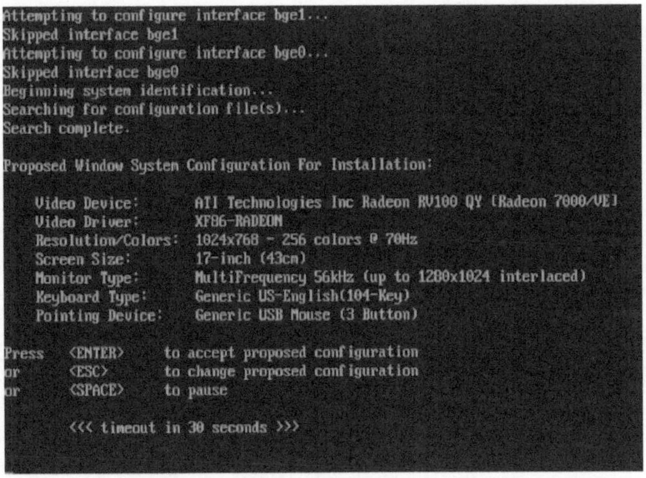

```
Attempting to configure interface bge1...
Skipped interface bge1
Attempting to configure interface bge0...
Skipped interface bge0
Beginning system identification...
Searching for configuration file(s)...
Search complete.

Proposed Window System Configuration For Installation:

    Video Device:        ATI Technologies Inc Radeon RV100 QY [Radeon 7000/VE]
    Video Driver:        XF86-RADEON
    Resolution/Colors:   1024x768 - 256 colors @ 70Hz
    Screen Size:         17-inch (43cm)
    Monitor Type:        MultiFrequency 56kHz (up to 1280x1024 interlaced)
    Keyboard Type:       Generic US-English(104-Key)
    Pointing Device:     Generic USB Mouse (3 Button)

Press   <ENTER>     to accept proposed configuration
or      <ESC>       to change proposed configuration
or      <SPACE>     to pause

        <<< timeout in 30 seconds >>>
```

Abb. A.4. Consolekonfiguration

Nach 30 Sekunden, oder nach Drücken der Return Taste, erfolgt die interaktive Installation. Zunächst erfolgt die Abfrage nach der Sprachumgebung.

Abb. A.5. Installationsbootstart

Danach wird das Istallationmedium geladen und ausgewertet.

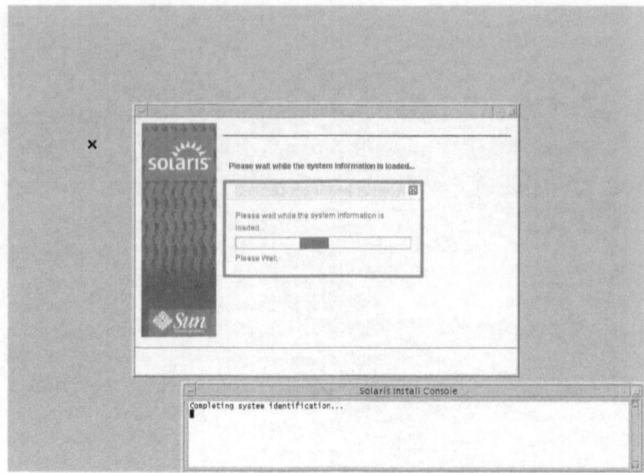

Abb. A.6. Laden des Installationsmedien

Anschließend folgt der Installationsbegrüßungsscreen.

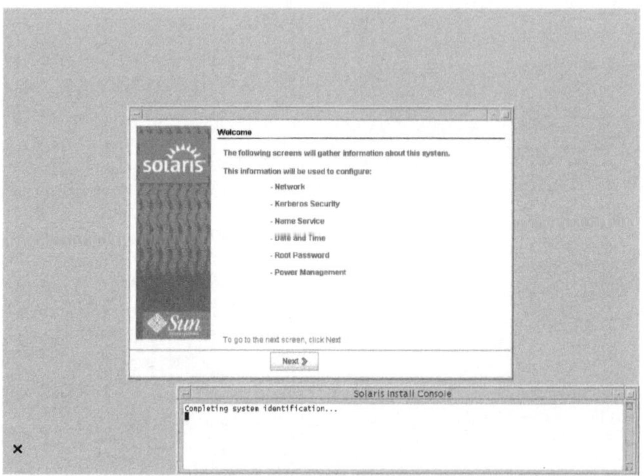

Abb. A.7. Welcome

Es folgt die Frage, ob auch eine Konfiguration der Netzwerkumgebung durchgeführt werden soll, was hier bestätigt wird.

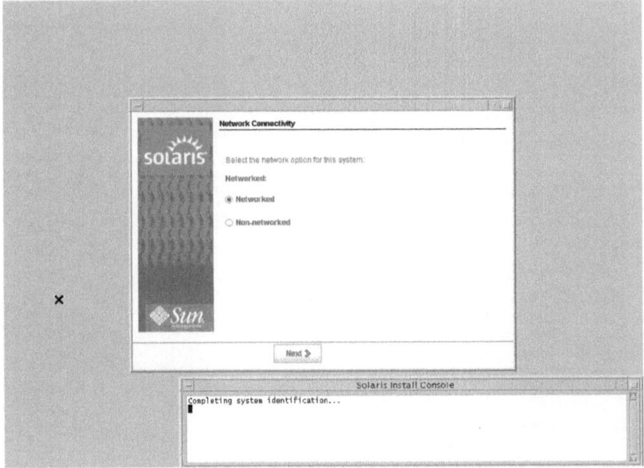

Abb. A.8. Netzwerkkonfiguration

Hier werden die beiden erkannten onboard Gigabit Interfaces angeboten, von denen *bge0* per Mausclick selektiert wurde

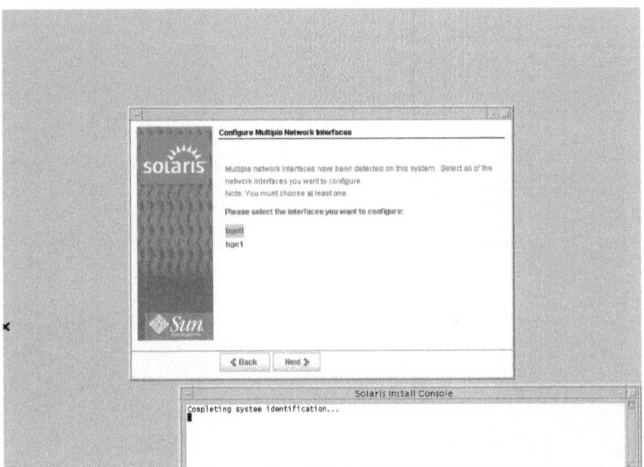

Abb. A.9. Auswahl eines Netzwerkinterfaces

In Abbildung A.10 erfolgt die Frage, ob das System seinen Netzwerkkonfiguration über DHCP erhalten soll, was hier nicht gewünscht ist.

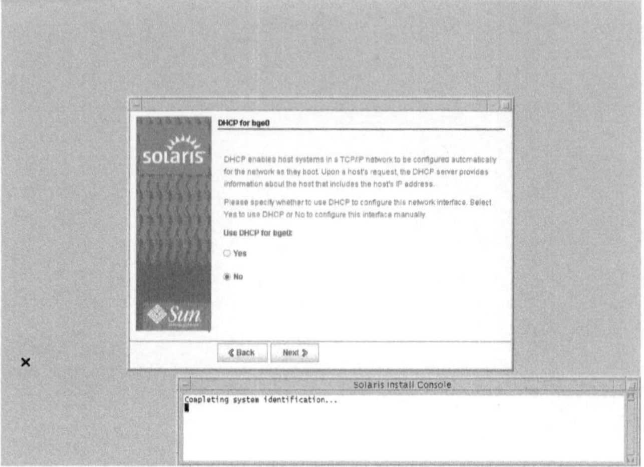

Abb. A.10. DHCP Konfiguration

Damit wird die Systemkonfiguration interaktiv erfragt, es wird mit der Frage nach dem zu verwendenden Hostnamen begonnen.

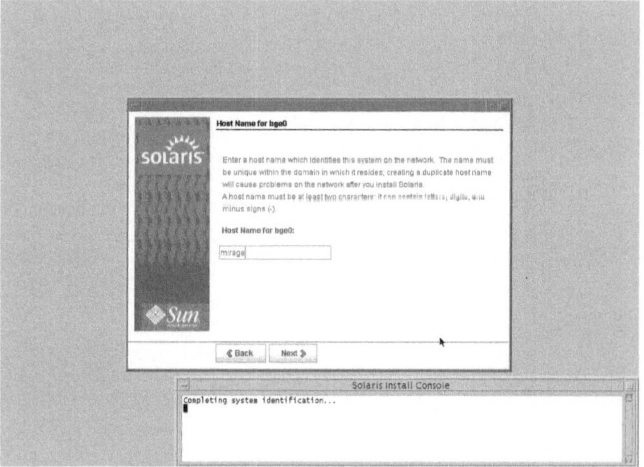

Abb. A.11. Abfrage des Hostnames

Gefolgt von der Abfrage nach IP-Adresse und der Netzmaske in zwei aufeinanderfolgenden getrennten Screens.

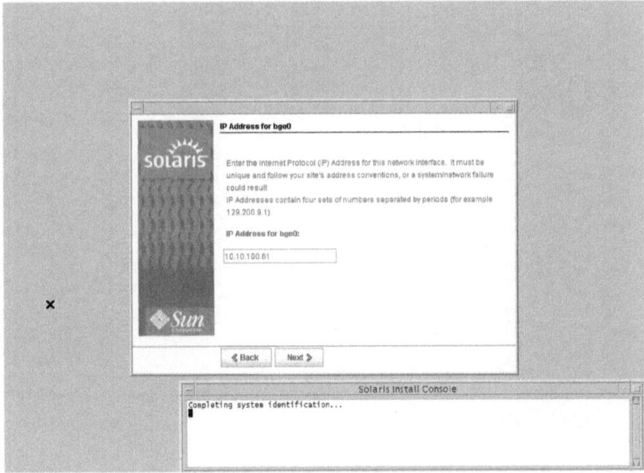

Abb. A.12. Abfrage der IP-Adresse

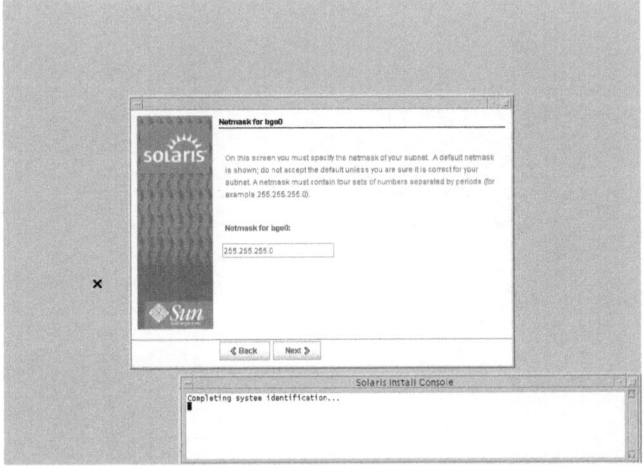

Abb. A.13. Abfrage der Netzmaske

Es folgt die Frage, ob IPv6 während der Installation konfiguriert werden soll, was hier verneint wird.

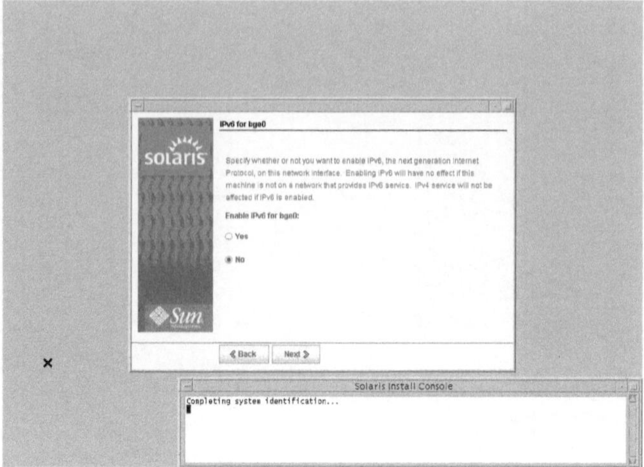

Abb. A.14. Konfiguration von IPv6

Als nächstes wird der Defaultrouter abgefragt, hier nicht gegeben, da dynamisch gearbeitet werden soll.

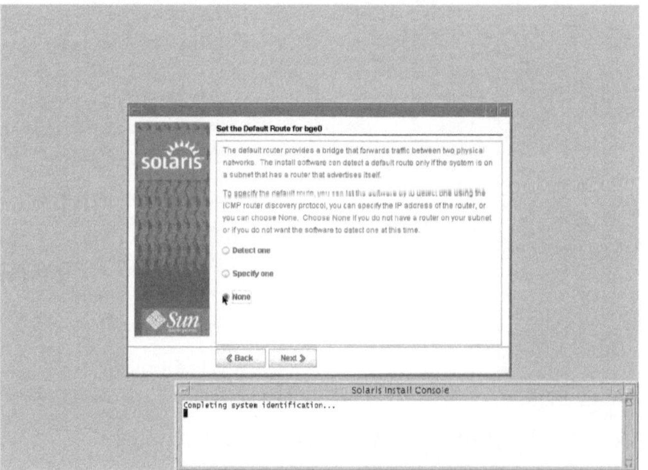

Abb. A.15. Defaultrouterkonfiguration

Es folgt die Frage, ob Kerberos aktivert werden soll, was hier nicht der Fall ist.

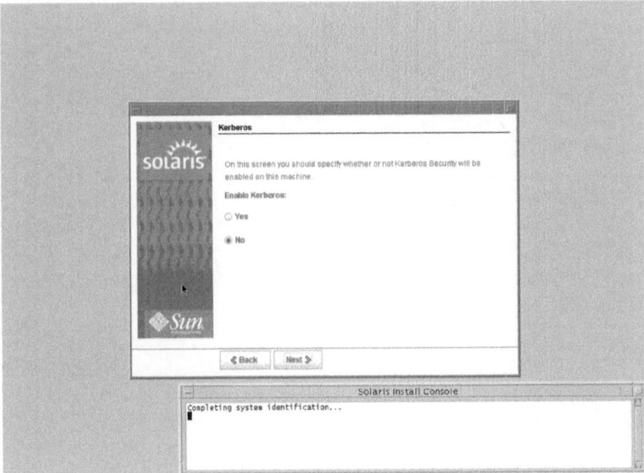

Abb. A.16. Kerberosaktivierung

Als nächstes wird abgefragt, ob ein bestimmter Namensdienst aktiviert werden soll. Hier nicht, es wird auf Filebasis gearbeitet.

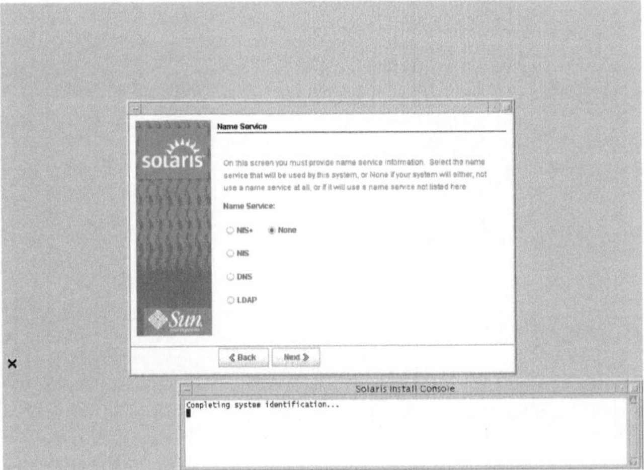

Abb. A.17. Nameservciekonfiguration

Es folgt in Abbildung A.18 die Einstellung der Systemzeit, nach Region oder durch Angabe der Zeitzone oder des Offsets. Hier wird die geographische Auswahl selektiert.

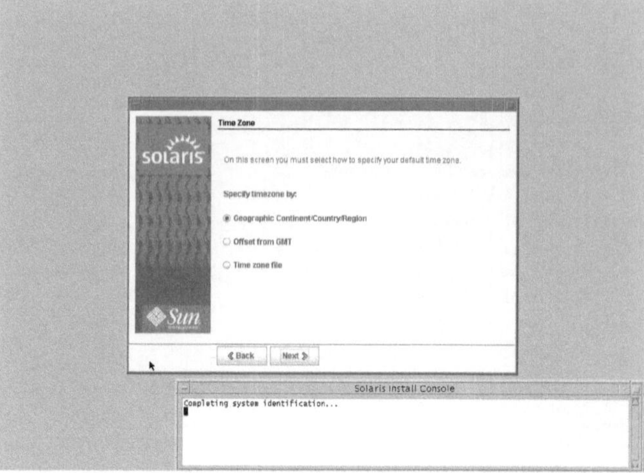

Abb. A.18. Auswahlverfahren der Zeitzone

Anschließend wird die geographische Zeitzone ausgewählt, die die Defaultzeitzone des Systems darstellt.

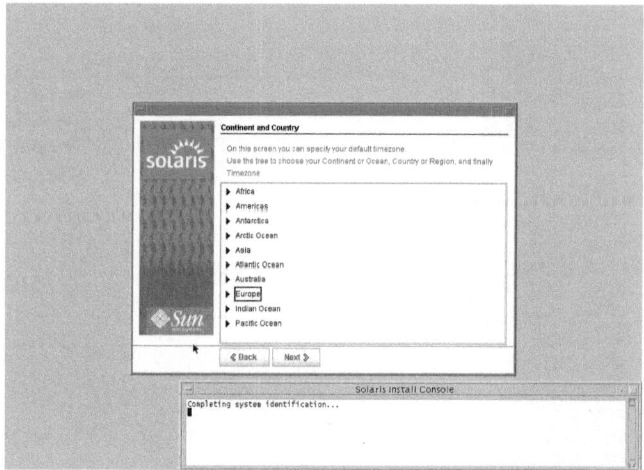

Abb. A.19. Auswahl der Region

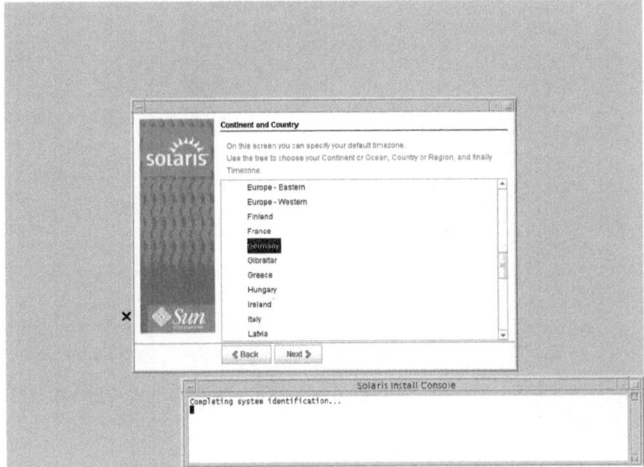

Abb. A.20. Auswahl der Zeitzone

Jetzt erfolgt die Abfrage und bei Bedarf die Einstellung der Systemzeit in Abbildung A.21

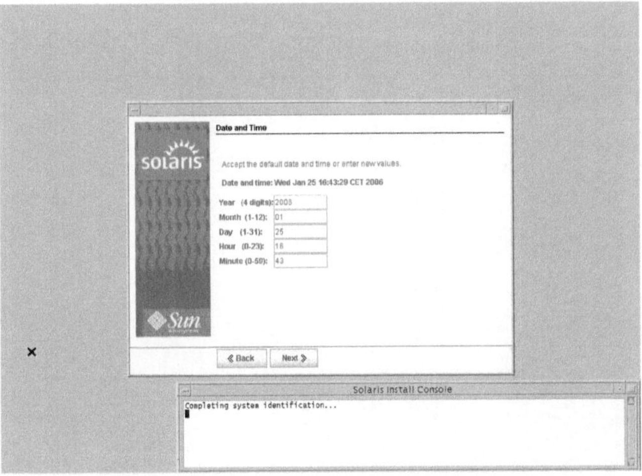

Abb. A.21. Einstellung der Systemzeit

In Abbildung A.22 ist die dann folgende Abfrage zur Einstellung des initialen Rootpasswortes abgebildet, das zweimalig identisch Casesensitive einzugben ist.

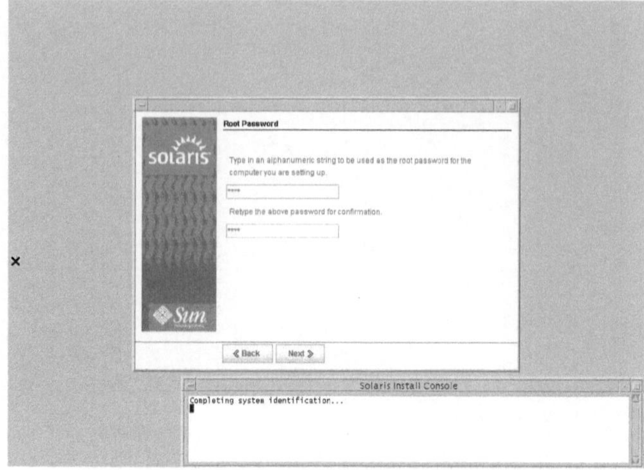

Abb. A.22. Einstellung des Rootpasswortes

Womit die grundlegenden Einstellungen gesetzt wurden. Es folgt eine Zusammenfassung, wie in Abbildung A.23 dargestellt.

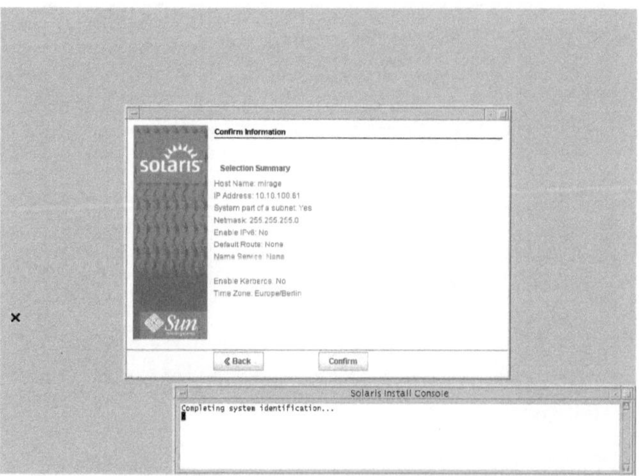

Abb. A.23. Zusammenfassung der Grundkonfiguration

Jetzt wird die eigentliche Installation gestartet, womit der Installationsbegrüßungsscreen wie in Abbildung A.24, dargestellt wird. Jetzt erfolgen die Selektionen zu Softwarepaketen, Festplattenpartitionierung etc.

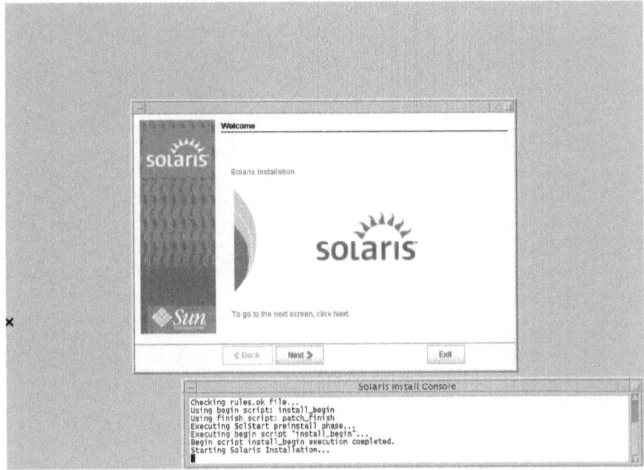

Abb. A.24. Begrüßungsschirm zur Installation

Bei der GUI Installation wird zusammenfassend in einem Formular gefragt, ob nach der Installation rebootet werden soll und ob die CD/DVD automatisch ausgeworfen werden soll.

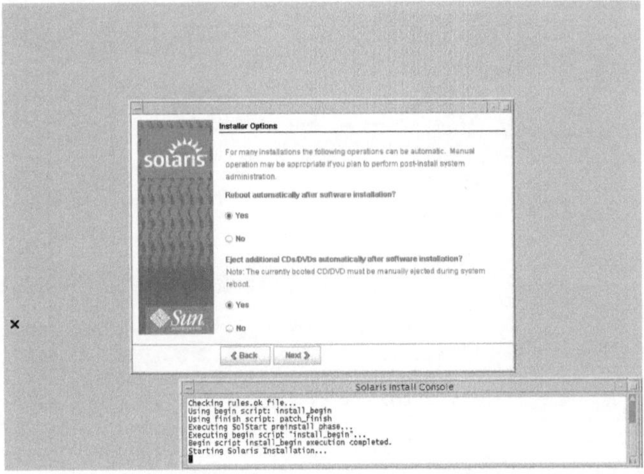

Abb. A.25. Reboot und Autoeject

In Abbildung A.26 erfolgt nun zunächst die Frage woher die Installationsmedien gelesen werden sollen. Neu ist das Angebot eines HTTP-Pfades.

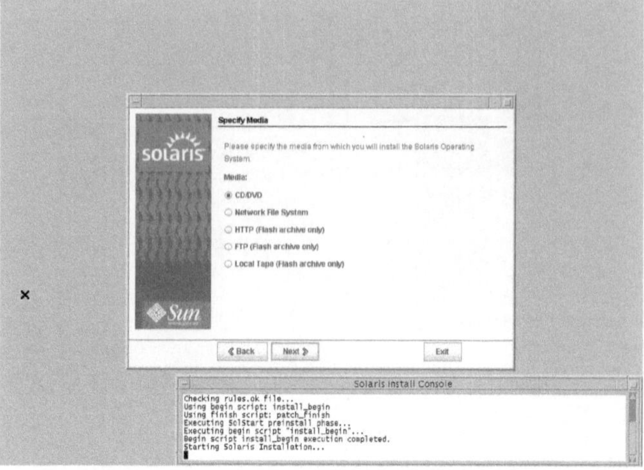

Abb. A.26. Auswahl des Installationsmediums

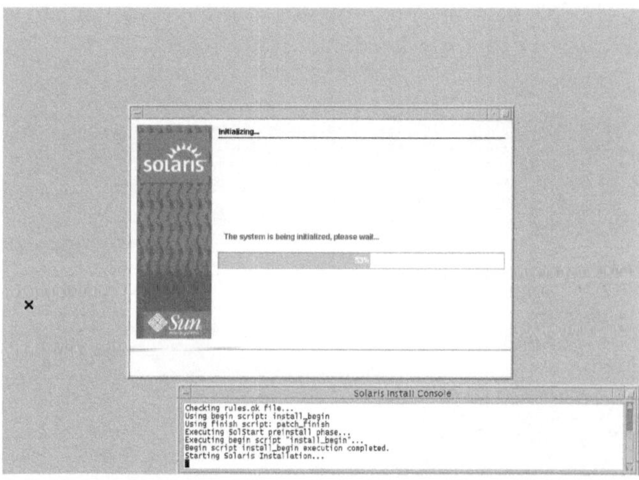

Abb. A.27. Statusbar

Nach Wahl des Installationsmediums wird das Medium von dem selektierten Gerät oder Pfad geladen, was mit einem Statusbar wie in Abbildung A.28 dargestellt, angezeigt wird.

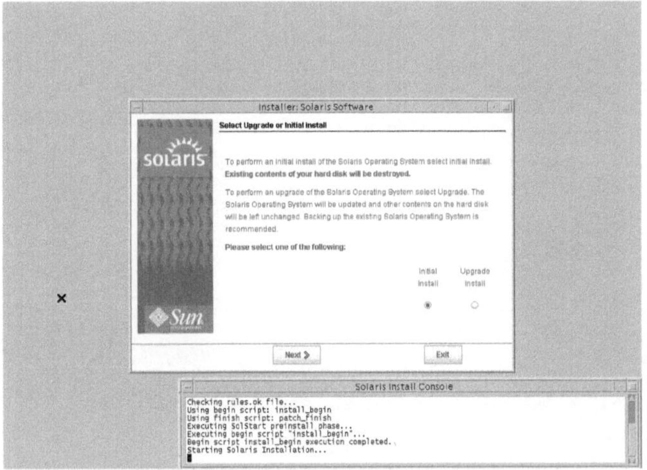

Abb. A.28. Installationsart

Es folgt die Wahl der Installationsmethode, ob Initial- oder Upgradeinstallation.

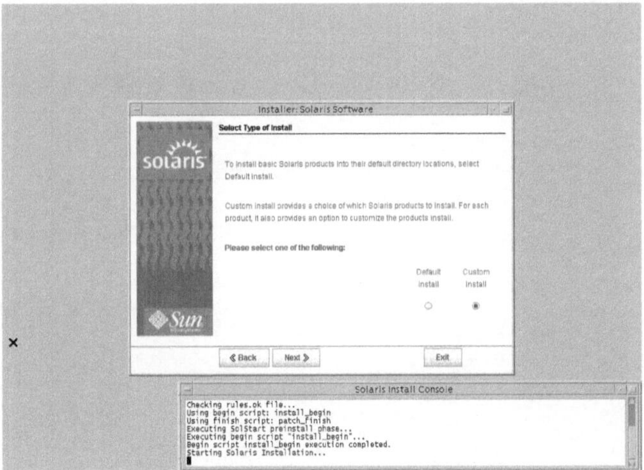

Abb. A.29. Instalationstyp

Und anschließend, ob es eine Defaultinstallation oder eine Custominstallation werden soll. Die Defaultannahmen sind nicht immer zweckmäßig, woraufhin hier die Custominstallation gewählt wird.

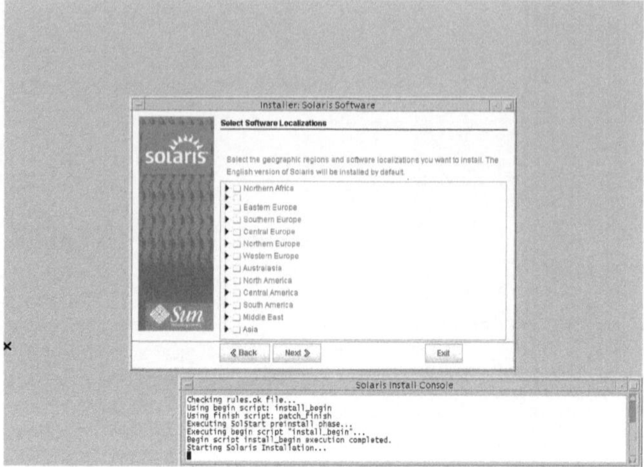

Abb. A.30. Auswahl zusätzlicher Locales

Wenn zusätzliche Sprachumgebungen angeboten werden sollen, so können diese in dem Menu, wie es in A.31 abgebildet ist ausgewählt werden. Dies wird hier übergangen, die englische locale ist für den administrativen Zugang in der Regel sinnvoller.

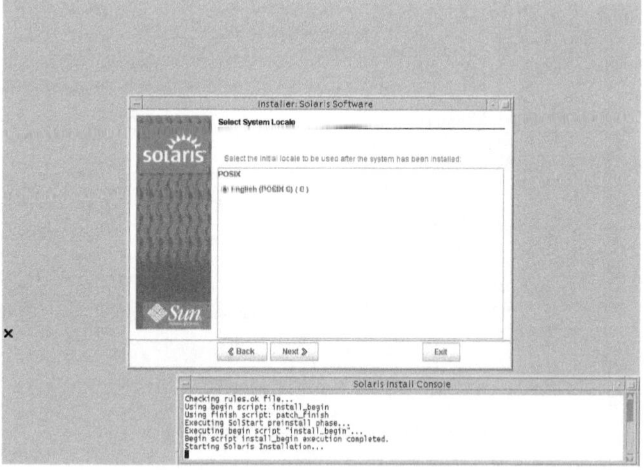

Abb. A.31. Systemlocale

Womit hier für die Systemlocale die POSIX C Locale definiert wird (english).

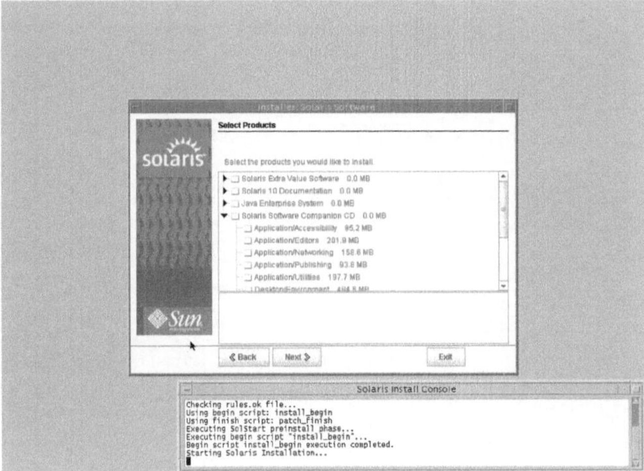

Abb. A.32. Auswahl weiterer Softwarepakete

In Abbildung A.33 erfolgt zunächst die Auswahl zusätzlicher nicht zu OpenSolaris gehörender Softwarepakete, was hier übergangen wird.

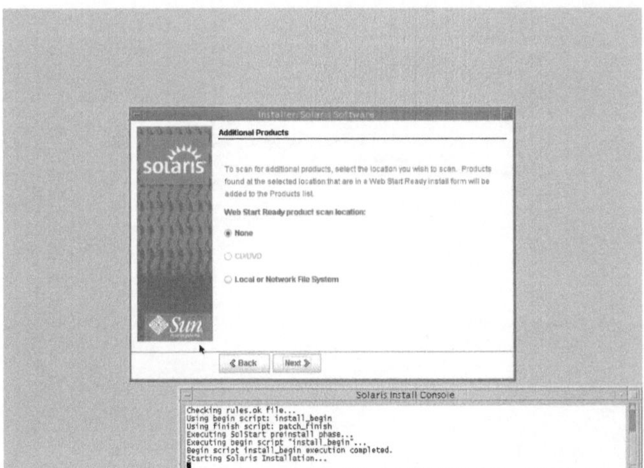

Abb. A.33. Webstart wird deselektiert

Auch Webstart wird übergangen.

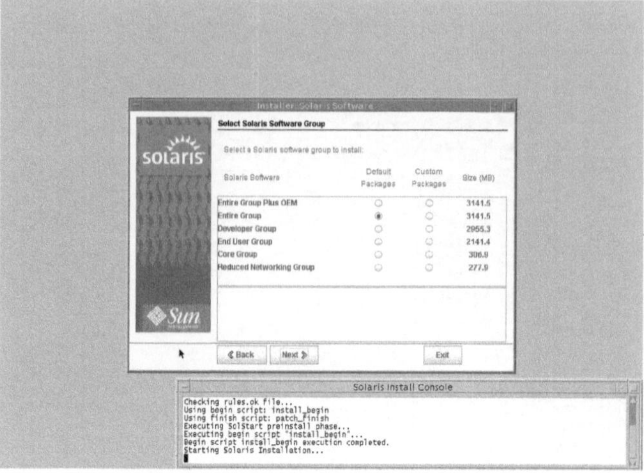

Abb. A.34. Softwareclusterauswahl

Hier nun, in Abbildung A.35 dargestellt erfolgt die Definition des zu installierenden Betriebssystemsoftwareclusters.

Anschließend erfolgt die Auswahl der zu installierenden Festplatten.

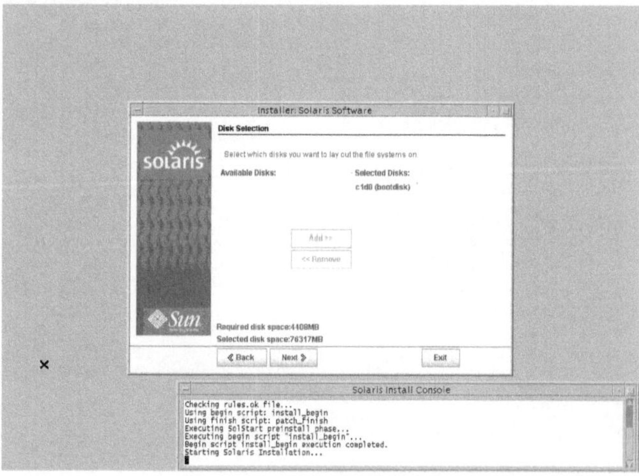

Abb. A.35. Plattenauswahl

In dem System steht nur eine Festplatte bereit, diese wird auch selektiert, wie in Abbildung A.36 gezeigt.

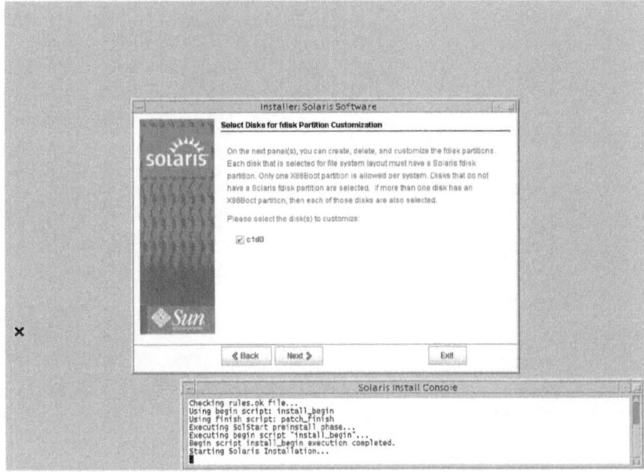

Abb. A.36. Auswahl der Installationsfestplatte

In Abbildung A.37 ist das Partitionierungsmenue gezeigt. Bei PC Systemen sind Festplatten zunächst in vier Partitionen aufgeteilt. In diesen vier Partitionen kann die Softpartitionierung des Betriebssystems stattfinden. Der Partitionstyp ist hier selektierbar und wurde auf SOLARIS gesetzt.

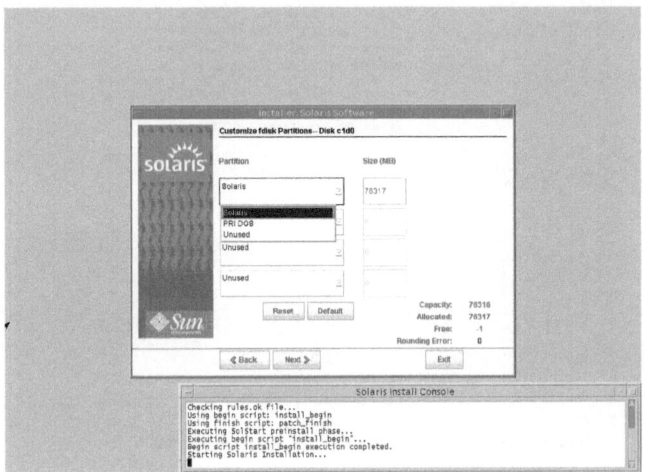

Abb. A.37. Festplattenpartitionierung

Auch bei der GUI Installation erfolgt die Nachfrage ob Daten weiterer Festplatten nicht weiter modifiziert werden dürfen. Auch hier gilt: Zuvor nicht selektierte Festplatten werde auch nicht weiter modifiziert.

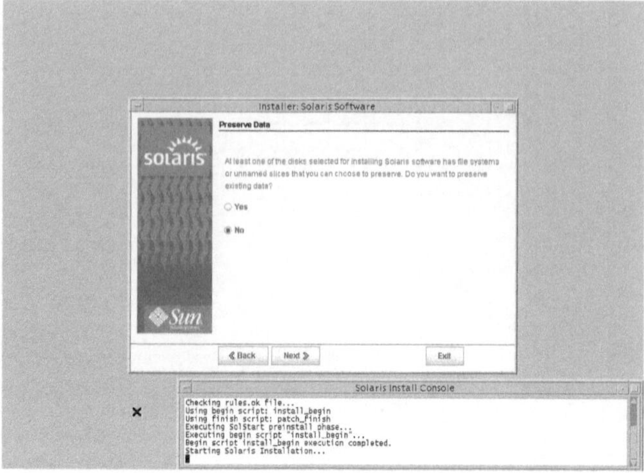

Abb. A.38. Weitere Platten sollen nicht weiter bearbeitet werden

Es erfolgt die Ausgabe einer Zusammenfassung wie beispielsweise in Abbildung A.39 dargestellt.

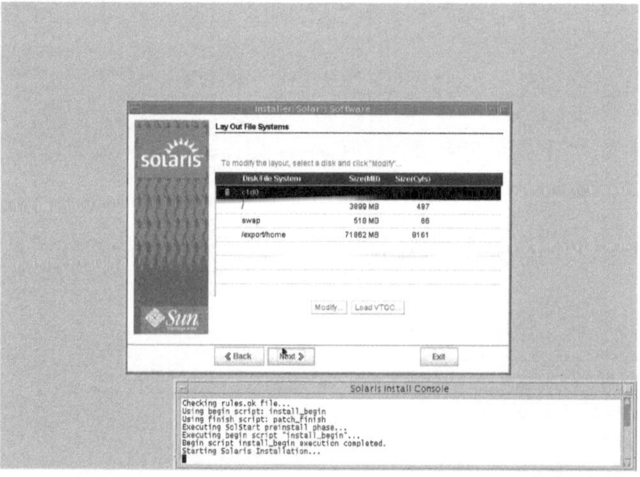

Abb. A.39. Zusammenfassung der Partitionierung

Die in Abbildung A.40 dargestellte Zusammenfassug ist gewissermaßen die letzte Chance abzubrechen. Nach positiver Bestätigung wird die Installation durchgeführt.

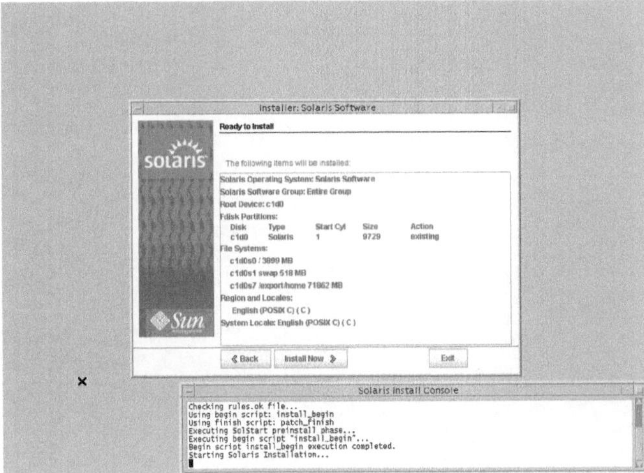

Abb. A.40. Gesamtzusammefassung der bevorstehenden Installation

In diesem Fall wurde die Installation abgebrochen. Es erfolgt eine Rückfrage ob wirklich die Installation abgebrochen werden soll, was in Abbildung A.41 bestätigt wird.

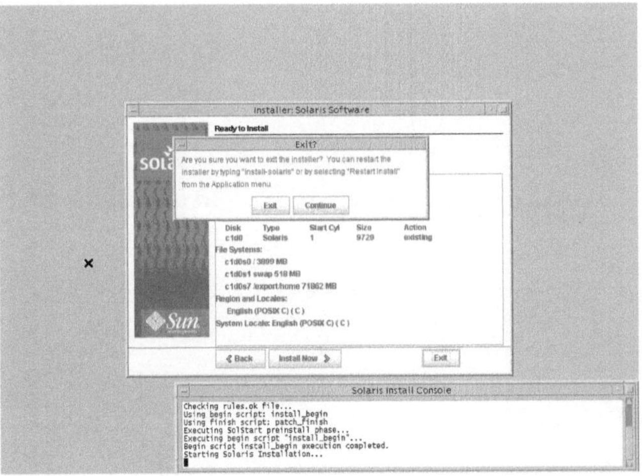

Abb. A.41. Installationsabbruch

Mit dem Installationsabbruch wird dann ein *dtterm* gestartet und der Benutzer kann mit dieser Shell weiter arbeiten...

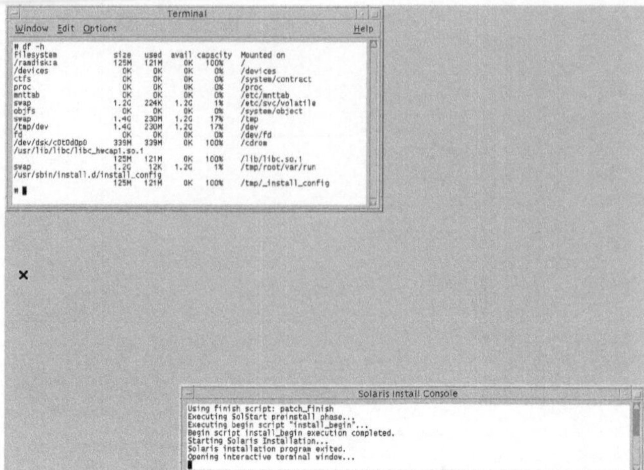

Abb. A.42. Start eines *dtterms* nach Abbruch

B

Legacy StorEDGE

Rolf M Dietze

Zur Markteinführung interessant, inzwischen günstig auf dem Gebrauchtmarkt zu erhalten gibt es verschiedene Festplattenarrays von SUN, die ohne internen RAID-Controller ausgestattet sind und damit für Evaluierungstests prädestiniert sind. Die Vorteile dieser StorEDGE Systeme sind in der Regel sehr einfache und unkomplizierte Bedienung, platzsparendes Design, gute Integrierbarkeit und nicht zuletzt der vergleichsweise günstige Gebrauchtmarktpreis. Spätestens wenn man sich solides handwerkliches Geschick im Umgang mit Festplattenmanagement- oder RAID-Software erarbeiten möchte, sollte man mit großen Anzahlen von Platten arbeiten. Ein bis zwei Festplatten sind zwar ein Anfang, aber wenn das experimentelle Festplattenhäufchen in der Anzahl steigt, zieht das andere Fehlerquellen nach sich. Spätestens an diesem Punkt empfiehlt es sich, sich nach professionellem Storageequipment auf dem Gebrauchtmarkt umzusehen.

Bei SUN StorEDGE Systemen ist zu unterscheiden in Desktoparrays und Rackmountable Arrays mit und ohne Array-RAID-Controller.

Für Testzwecke mit vielen Einzelfestplatten ohne viel eigene Logik sind die Festplattenarrays ohne RAID-Controller zu bevorzugen, will man hingegen keine eigene RAID-Software auf seinem Hostcomputer fahren, kann man auf RAID-Controller basierte Arrays zurückgreifen, wobei sich dann die Frage nach der Kosten-/Nutzenratio im Vergleich zur Performance stellt. Für viel Platz sind bei geringer Performance durchaus SCSI beziehungsweise FCAL zu IDE Converter einsetzbar, bei zur Zeit verfügbaren Plattengrößen von ca. 500 GB. Bei ca. gegenwärtig[1] 250 bis 300 EUR pro Platte ist eine IDE-Festplatte im Preis nicht zu unterbieten, in der Performance jedoch leicht zu überbieten.

JBOD Festplattenarrays ohne eigenen RAID-Controller sind sehr gut geeignet für SLVM, ZFS, und ähnliche Experimente. Eine grobe Auswahl:

[1] Stand Dezember 2005.

Multipack Desktop SCSI-Festplattenarray in Ausführungen für sechs oder zwölf Festplatten. Es wurde auch eine FCAL-Variante auf den Markt gebracht, die jedoch recht selten zu finden ist.

D1000 Rackmountable Plattenarray in Ausführungen mit 8 oder 12 SCA-SCSI-Festplatten

RSM-Tray Rackmountable Plattenarray mit differential SCSI-Controller für bis zu sieben Festplatten

A5000 Rackmountable Plattenarray für bis zu 22 FCAL Festplatten. A5000er Plattenarrays sind SCSI-basierten Plattenarrays deutlich vorzuziehen, da man sich die systemtypischen Unflexibilität von SCSI-Systemen spart.

Arrays mit RAID-Controller bieten durch den integrierten RAID-Controller die RAID Funktionalität schon im Festplattenarray. Ungeeignet, wenn man mit vielen Einzelplatten SoftRAID Systeme testen oder Plattenpools für ZFS, (siehe Kapitel 5.16 ZFS ab Seite 291) anlegen will.

A1000 RAID-Controller ausschließlich über den SCSI-Bus erreichbar, GUI-basierte Konfiguration, abhängig von der Verfügbarkeit der RAID Manager Software auf dem Zielsystem.

A3x00 Arrangement von D1000 JBOD Arrays zusammen mit einem zusätzlich RAID-Controller Modul in einem 19" Schrank eingebaut. Für Experimente sind die D1000 SCSI-Arrays nutzbar, den RAID-Controller kann man anderweitig verwenden. Die A3x00 Systeme sind in zwei Varianten auf den Markt gekommen:

A3000: SCSI/SCSI-RAID-Controller, D1000er SCSI-Arrays

A3500: SCSI/FCAL-RAID-Controller, D1000er SCSI-Arrays

RSM2000 später unter dem Namen A3000 vertrieben

B.1 Multipack

Multipacks sind kleine single-ended Wide-SCSI Desktop Festplattenarrays, die für ihre Standfläche vergleichsweise viele Festplatten unterbringen. Es gibt sie in zwei Ausführungen, einmal als Array mit sechs Slots für SCA-Festplatten halber oder voller Bauhöhe, einmal als Array mit zwölf Slots für SCA-Festplatten halber Bauhöhe. Die SCSI-Targetadresse der Festplatten ist über den Steckplatz der Festplatte codiert. Bei der sechs-Platten-Ausführung läßt sich zusätzlich auf der Rückseite der Targetadressbereich einstellen

Die Festplatten sind hinter einer Blende geschützt seitlich zugänglich, im Dauerbetrieb empfiehlt es sich, die Blende geschlossen zu halten, damit die Festplatten nicht überhitzen. Die Aktivitätslampen sind an, wenn kein Zugriff erfolgt, und aus, wenn auf die jeweilige Festplatte zugegriffen wird. Zu Aufbau und Adressierung siehe Abbildung B.1.

Der SCSI-Hostanschluß erfolgt auf der Rückseite. Es existieren zwei SCSI Buchsen jeweils mit der Beschriftung *in, out*. Multipacks sind autoterminierend, d.h. wenn der SCSI-Anschluß mit der Beschriftung *in* an den Rech-

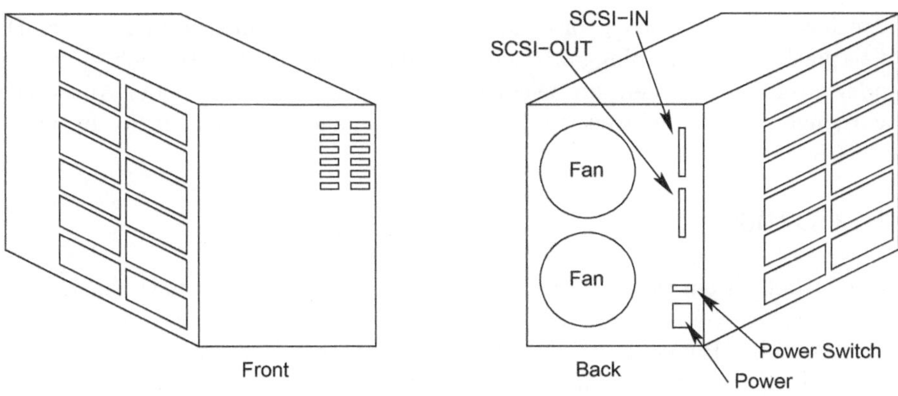

Abb. B.1. Multipack

ner/Hostadapter angeschlossen wird und der Anschluß *out* nicht weiter belegt wird, wird das Multipack intern den SCSI-BUS seitig automatisch termieren. In diesem Fall geht eine entsprechend beschriftete LED an. Das zwölf Platten Multipack bietet nur eine Auswahl an SCSI Targetadressen, SUN-typisch mit einem "Loch" in der Mitte, für den Fall, daß das Multipack an eine SUN Workstation mit integriertem CD-ROM angschlossen wird. Bei SUN Rechnern wurde und wird das SCSI-CD-ROM-Laufwerk defaultmäßig auf SCSI-Adresse 6 gelegt. Das sechsfach Multipack bietet die Möglichkeit, die Adressen der SCSI-Platten en bloc auf zwei Bereiche umzuschalten wie in Tabelle B.1 dargestellt. Die Umschaltung erfolgt auf der Rückseite wie in Abbildung B.1

Disk- Slot	6-fach Schalter Pos 1	6-fach Schalter Pos 2	12-fach -
1	0	7	0
2	1	8	1
3	2	9	2
4	3	10	3
5	4	11	4
6	5	12	5
7	-	-	7
8	-	-	8
9	-	-	9
10	-	-	10
11	-	-	11
12	-	-	12

Tabelle B.1. SCSI Adressbereich SUNMultipack

skizziert. Es kommen SCA-SCSI-Festplatten mit 16Bit Interface in einem speziellen, heute noch gebräuchlichen Festplattenrahmen zum Einsatz. Die Festplatten sind hotpluggable, können also im laufenden Betrieb eingesetzt oder ausgebaut werden um beispielsweise Festplattendefekte oder Austauschvorgänge und Prozeduren von Festplattenmanagementsoftware zu testen.

B.2 D1000

Das D1000 ist ein rackmountfähiges Festplattenarray mit je nach Ausführung bis zu 8 beziehungsweise 12 Festplatten. Die SCSI-Backplane ist gesplittet in zwei halbe Backplanes à je 4 beziehungsweise 6 Festplatten. Die Systeme wurden mit einem kurzen SCSI zu SCSI Kabel ausgeliefert, mit dem die beiden halben Backplanes gebrückt, beziehungsweise zusammengeschlossen werden konnten.

B.3 RSM Tray

Das RSM Tray ist ein rackmountfähiges Festplattenarray mit bis zu sieben Festplatten in speziellen Containern, die inzwischen selten auf dem Gebrauchtmarkt zu finden sind. RSM Trays bieten am Frontpanel eine Übersicht über den Status der Fans und Netzteile, sie sind jedoch nicht weiter remote administrierbar.

RSM Trays haben nur einen differential SCSI Anschluß. Es gibt sie in zwei Ausführungen, einmal mit einer SCSI-Buchse, intern terminiert, einmal mit zwei SCSI-Buchsen, was die Möglichkeit ergibt, zwei der RSM Trays an einem SCSI-Bus zu betreiben. Die Festplattentargetnummer ist über den Steckplatz codiert

B.4 Legacy StorEDGE, A5000

Ein A5000, auch unter dem Codenamen Photon bekannt, ist eine JBOD Unit für bis zu 22 hotplug-fähige FCAL Festplatten in 1 Gigabyte Technik. Es ist in den Varianten

A5000 14 FCAL Festplatten, 7 vorne, 7 hinten
für Festplatten mit voller und halber Bauhöhe

A5100 14 FCAL Festplatten, überarbeitete Version
für Festplatten mit voller und halber Bauhöhe

A5200 22 FCAL Festplatten, 11 vorne, 11 hinten
nur für Festplatten mit halber Bauhöhe

auf den Markt gekommen.

Zur Markteinführung eines der schnellsten Festplattenarrays zu einem recht hohe Preis, später wegen diverser Probleme gerne gemieden, in überarbeiteter Version mit neuer Firmware waren Photon Arrays ein beliebtes, sehr stabiles Festplattenarraysystem. Photon Arrays sind letztendlich wie geschaffen für Experimente und Tests mit festplattenbasierter Software wie den SUN Logical Volume Manager, den Veritas Volume Manager als auch das neue mit OPENSOLARIS ausgelieferte *zfs*. Ein kleiner Vorteil bei Experimenten mit dem Veritas Volume Manager ist die "interne Lizenz" des Veritas Volume Managers für Photon Arrays, zumindest in älteren Softwarereleaseständen von Veritas. Photon Arrays sind inzwischen recht preisgünstig über den Gebrauchtmarkt zu beziehen , da sie letztendlich technisch veraltet sind. Damit sind diese Festplattenarrays auch für Experimente mit vielen Festplatten bei kleinem Budget recht interressant geworden, zumal Photon Arrays bei gepflegtem Firmwarestand in der Stabilität wenig Wünsche offen lassen. Aus diesem Grund sei an dieser Stelle eine kurze Einführung in die Bedienung der Photon Arrays gegeben.

Vorsicht, Photonarrays sind, insbesondere mit Festplatten voll bestückt mit ca. 70 kg recht schwer. Die Außenansicht ist in Abbildung B.2 skizziert.

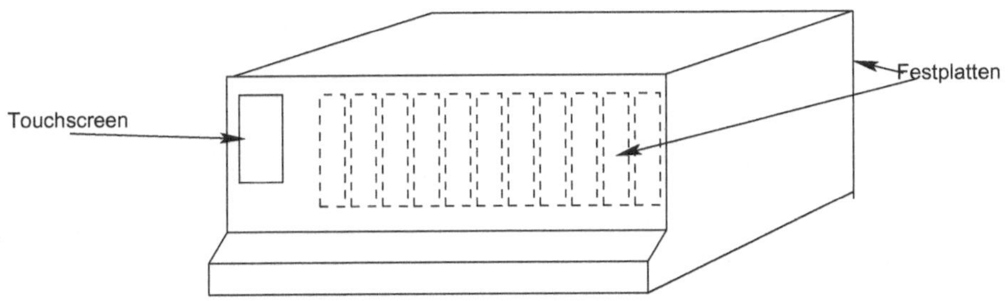

Abb. B.2. Photon: Schematische Außenansicht

Zunächst sei auf die Abbildung B.3 verwiesen. Hier ist ein Photon Array schematisch dargestellt. Oben sind die Festplatten (HDU: Hard Disk Unit) dargestellt, die von der Rückseite hinter einer Klappe geschützt zu erreichen sind, unter den Festplatten (über Kopf im oberen Teil der Abbildung) ist das Backpanel dargestellt, über das das Festplatten Array angeschlossen wird.

Im unteren Teil der Abbildung B.3 ist die Frontseite eines Photon Arrays schematisch dargestellt, mit *Display* ist das drucksensitive Bedienerdisplay (Touchpanel) referenziert, über das der Anwender sowohl schnell Informationen zum Status des Photon Arrays erhalten kann, als auch Komponenten einzeln überprüfen sowie ein,- oder ausschalten kann. Das Ein,- und Ausschalten der einzelnen Festplatten ist zwar ebenfalls über das Bedienerdisplay möglich, jedoch läßt sich das auch von der Kommandozeile her erwirken unter Verwendung des Programmes *luxadm(1M)*. Die A5200er Modelle bieten 22 Festplattenslots, 11 von vorne und 11 von hinten, die A5000er und A5100er

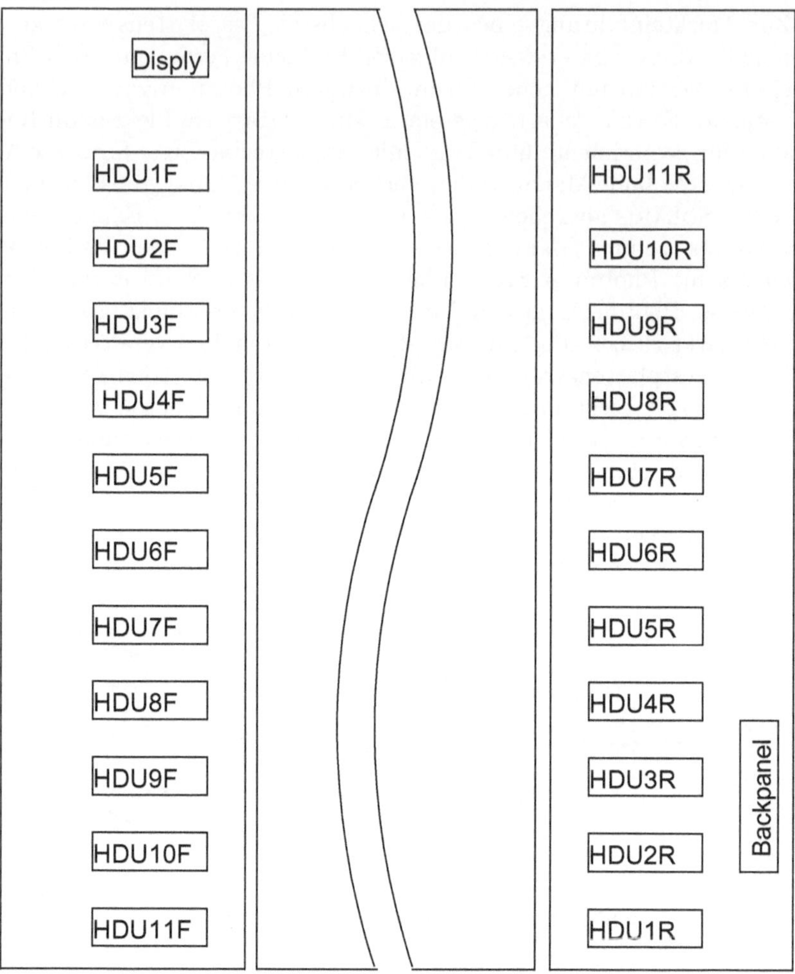

Abb. B.3. Photon

jeweils 7 Festplatten vorne und 7 Festplatten hinten, in Summe damit 14 Festplattenslots. FCAL-Festplatten besitzen je zwei serielle Controlleranschlüsse, physikalisch zusammen mit der Stromversorgung und der PlattenIDcodierung in einem so genannten SCA Stecker vereint. Die Festplattentargetnummern hängen bei Photon Disk Arrays von der so genannten Box ID und dem Steckplatz beziehungsweise Festplattenslot in dem sie stecken ab. Alle Festplatten lassen sich im laufenden Betrieb einsetzen oder herausnehmen (Hotplug).

B.4.1 Übersicht über die Konfiguration

Nach dem Einschalten starten zunächst alle installierten Festplatten automatisch. Ein Blick auf das drucksensitive Bedienpanel auf der Vorderseite zeigt die wesentlichsten Informationen. In Abbildung B.4 ist eine so genannte Split Loop Konfiguration zu erkennen. Dabei sind die Festplatten auf der Vorderseite nicht mit den Festplatten auf der Rückseite verbunden. Es werden links im Menue die Festplatten der Vorderseite, rechts die der Rückseite angezeigt, jeweils mit einer kurzen Leitung zu den Loops. Jede FCAL-Festplatte hat zwei serielle Anbindungen. Sind die Festplattensymbole ausgefüllt dargestellt ist die Festplatte vorhanden, eingeschaltet und ok. Ist nur ein Rahmen dargestellt, so ist die Festplatte aus, ist die Box durchgestrichen ist die Festplatte kaputt und die Statusinformation wechselt auf ein Achtung-Symbol. Sind die kleinen Linien rechts und links des Festplattensymbols vorhanden, besteht eine Anbindung an den Backplaneloop, sind sie nicht dargestellt, sind die Festplatten Plattencontrollerseitig nicht an den Backplaneloop angeschlossen, dann in der Regel kaputt (Festplatte über das Menue einmal ausschalten und wieder einschalten zum Testen).

Über den Loops sind in der obersten Zeile des Displays die jeweiligen GBICs A0, B0, B1 und A1 dargestellt, darunter deren Linkstatus. Ist der Schriftzug A0, B0, B1 oder A1 zu lesen, so ist ein GBIC in den korrespondierenden Slot auf dem Backpanel gesteckt, anderenfalls fehlt das korrespondierende GBIC oder es ist defekt (einmal ziehen, wieder stecken, erscheint es nicht im Display, so ist es defekt). Als GBICs können beliebige 1GB-GBICs verwendet werden, die SUN-GBICs genießen allerdings SUN-seitig Support. Auch die SUN-GBICs werden auf dem Gebrauchtmarkt inzwischen in 10er oder größeren Paketen preisgünstig angeboten. sodaß selbst original SUN-branded GBICs gebraucht recht billig zu erwerben sind. Das Linkstatussymbol ist der Doppelpfeil unter den GBIC-Namen. Leuchtet es auf, so besteht ein Link zwischen dem korrespondierenden GBIC zu einem Fiberoptic Transceiver, jedoch Vorsicht, wenn das Plattenarray dennoch nicht sichtbar ist, so kann es sein, das es versehentlich an einen Glasfaser Gigabit-Netzwerk-Adapter angeschlossen wurde. Es kann auch sein, daß das Kabel beschädigt, gebrochen oder an den SC-Steckern verschmutzt ist. Der Link wird erkannt, wenn die hostseitige Sendeseite angeschlossen ist. Ein typisches Problem bei Nichterkennen des Arrays ist dann ein unter Umständen nicht durchverbundener Empfangskanal wegen Verschmutzung oder Defekt des Kabels oder der GBICs (mit fusselfreiem Vliestuch vorsichtig putzen, GBIC mit Vlies-Stäbchen ausputzen).

In Abbildung B.5 ist die Bedienpanelanzeige im Single Loop Betrieb dargestellt. Hierbei sind alle GBICs und alle Festplatten derart zusammengeschaltet, daß über die GBICs A0 und A1 der eine Loop redundant anschließbar ist und über A1 und B1 der zweite Loop redundant anschließbar ist. Mit einem redundanten Anschluß eines Photon Arrays läßt sich MPxIO[2] unter

[2] Siehe Kapitel 5.18

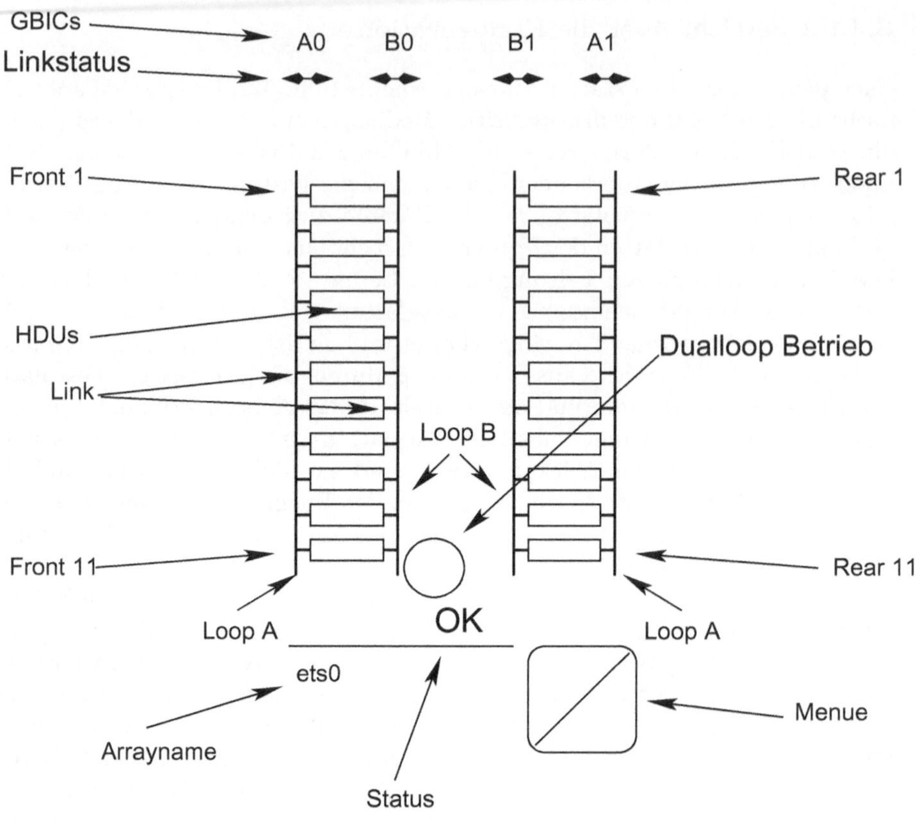

Abb. B.4. A5000: Introscreen Split Loop

dem SLVM etc. gut testen, wenn man die unterstützten FCAL-Adapter im Rechner hat.

Zur Übersicht sei kurz auf Abbildung B.6 verwiesen um die zu den Informationen im Frontdisplay korrespondierenden Steckplätze für die GBICs zu lokalisieren. Nocheinmal, die GBICs sind hotplug-fähig, sie können wie fast alle Komponenten des A5000/Photon Arrays bei eingeschaltetem Array im laufenden Betrieb gezogen und gesteckt werden. Jedoch hotplug-fähig ist zunächst erstmal die Hardwareseite, die betriebssystemseitige Einbindung ist dann eine administratorische Aufgabe.

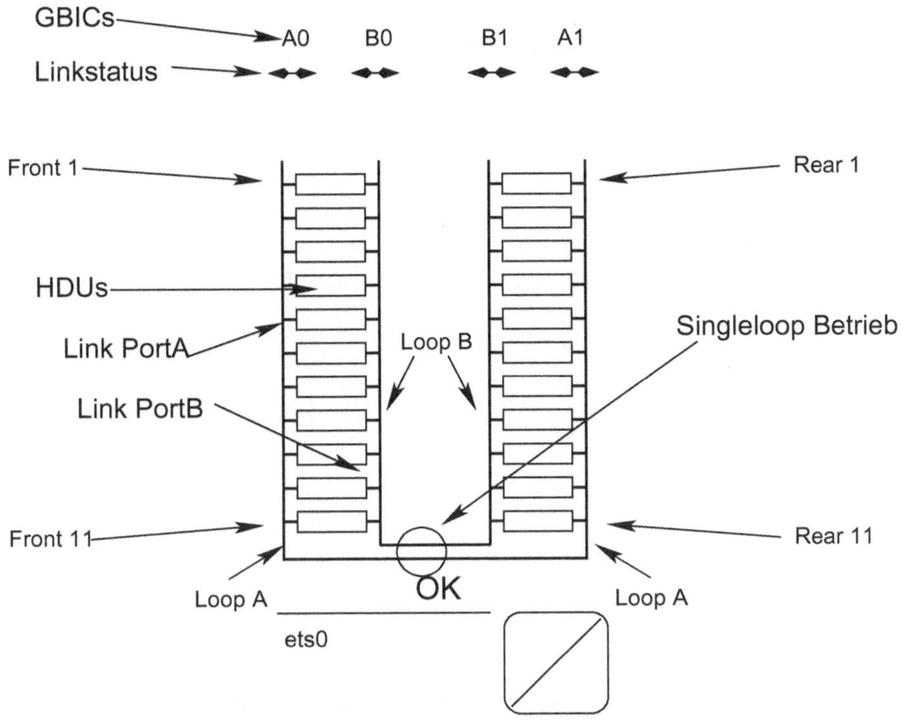

Abb. B.5. A5000: Introscreen Singleloop

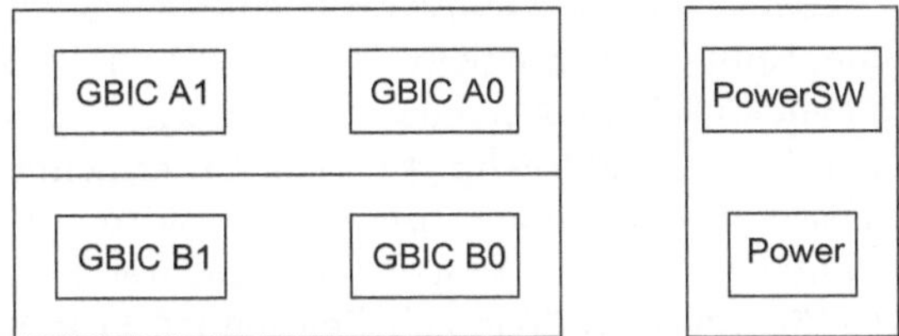

Abb. B.6. A5000: Rückwärtige Anschlüsse

Auf der Rückseite befindet sich auch der nicht redundante Stromanschluß mit Hauptschalter. Die Netzteile sind nach Abnehmen der L-förmigen Front- und Rückblenden erreichbar.

B.4.2 Konfiguration über das Touchpanel

Nach dem Einschalten erfolgt die erste Einrichtung oftmals über das Bedienpanel auf der Frontseite. Bei Anzeige der Infoscreens aus Abbildungen B.4 oder B.5 kann durch leichte Berührung des Symbols unten rechts im Display auf das Hauptmenü gewechselt werden. Im Folgenden sollen ein paar zur

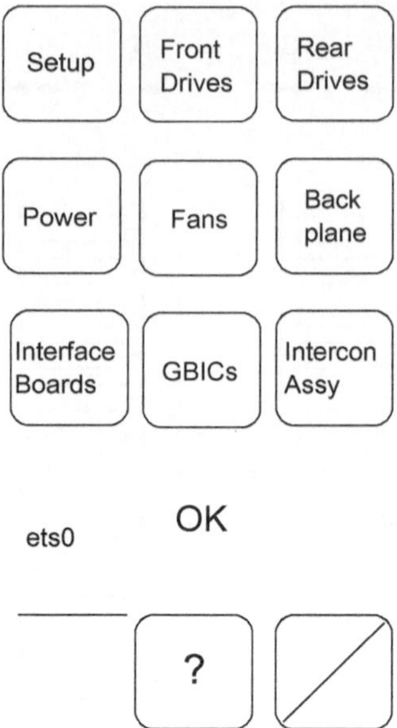

Abb. B.7. A5000: Hauptmenü

Konfiguration und zum "Spielen" wesentliche Menues beschrieben werden. Bei Interesse an den weiteren Menues sei hier auf die menüseitige Helpfunktion oder einschlägige Literatur verwiesen. Das Menue zeigt folgende Punkte:

Setup Hier gelangt man in das Konfigurationsmenü, das die Einstellung von Arrayname, Split- oder Singleloopbetrieb, BoxID und die Einstellung von Displayhelligkeit und Screensaver bietet.

Front Drives Über dieses Menue gelangt man in Untermenüs aus denen heraus einzelne Festplatten ein oder ausgeschaltet werden können. Es werden in den Submenüs auch die Plattentemperaturen angezeigt.

Rear Drives Dito für die rückwärtig zu erreichenden Festplatten.

Power Informationen zu den drei redundanten Powersupplies des Arrays

Fans Information und Steuerung der Fantrays

Backplane Führt in Submenüs für die beiden Backplanes mit Versions,- Status- und Temperaturinformation. Die Backplanes können hier voneinander unabhängig ein,- oder ausgeschaltet werden.

Interfaceboards Führt in Submenüs zu beiden Interfaceboards mit Versions-, Status- und Temperaturinformation. Die Interfaceboards können hier voneinander unabhängig resettet werden.

GBIC Führt in Submenüs für die vier bestückbaren GBICs mit Versions,- Status- und Temperaturinformation. Die GBICs können hier voneinander unabhängig ein oder ausgeschaltet werden.

Interconnectionassembly Status- und Versionsinformationen werden angezeigt.

? Durch Drücken dieses Symbols gelangt man in die Onlinehilfe des Festplattenarrays

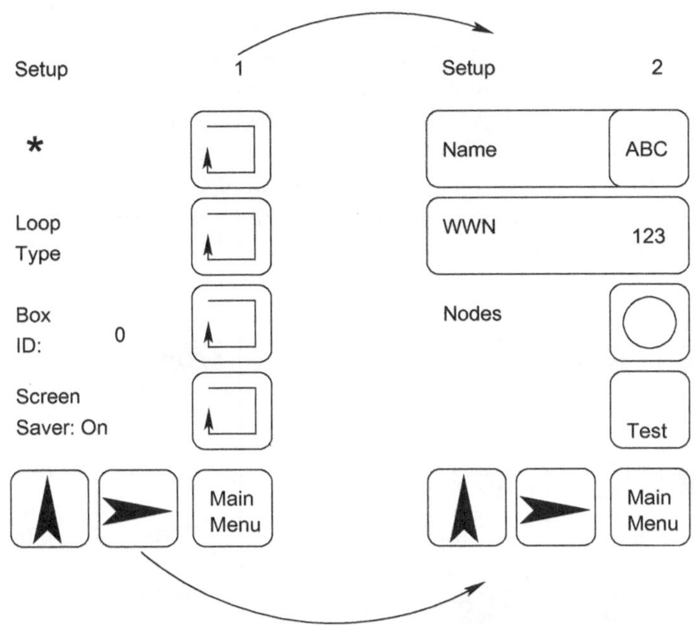

Abb. B.8. A5000: Setup Screen

Der Setupscreen erlaubt die Einstellung von

*:	Displayhelligkeit in diskreten Stufen
Loop Type:	Split-Loop oder Single-Loop Betrieb, nach Umschaltung erfolgt nach Nachfrage ein automatischer Reset des Arrays, Hostseitig sind die Festplatten sofort unter anderen Pfaden sichtbar. Vorsicht wenn die Festplatten dabei in Benutzung sind...
BoxID:	Änderung der BoxID und damit der Adressierung der Platten, siehe auch Tabelle B.4.3
Screen Saver:	Ein oder Ausschalten des Screensavers
Pfeil UP:	Zurück ins Hauptmenü
Pfeil RIGHT:	In Setup Menue 2 zur Einstellung des Arraynamens, Anzeige der WWN, Anzeige der FCAL-Nodes und einem Selbsttestmenü

Im Disk Menu können einzelne Festplatten ein oder ausgeschaltet werden, sowie deren Status angesehen werden, in einem weiteren Untermenü lassen sich die FCAL-Ports der einxelnen Festplatten ein oder ausschalten. In Abbildung B.9 ist eine Übersicht gegeben. Dabei ist im linken Teil der Abbildung das Disk Menu selbst zu sehen, in dem für jede Festplatte auf der Frontseite oder analog im Diskmenü für die Festplatten der Rückseite, ein Feld mit der jeweiligen Fetplattenslotnummer zu sehen. Darin befindet sich ein ausgefülltes Rechteck. Ist es nicht ausgefüllt ist die betreffende Festplatte nicht installiert, ausgeschaltet oder defekt. Berührt man eines der Felder aus dem Disk Menue, so kommt man in ein Untermenue in dem man Statusinformationen zu der selektierten Festplatte bekommt. Hier kann die selektierte Festplatte ein oder ausgeschaltet werden.

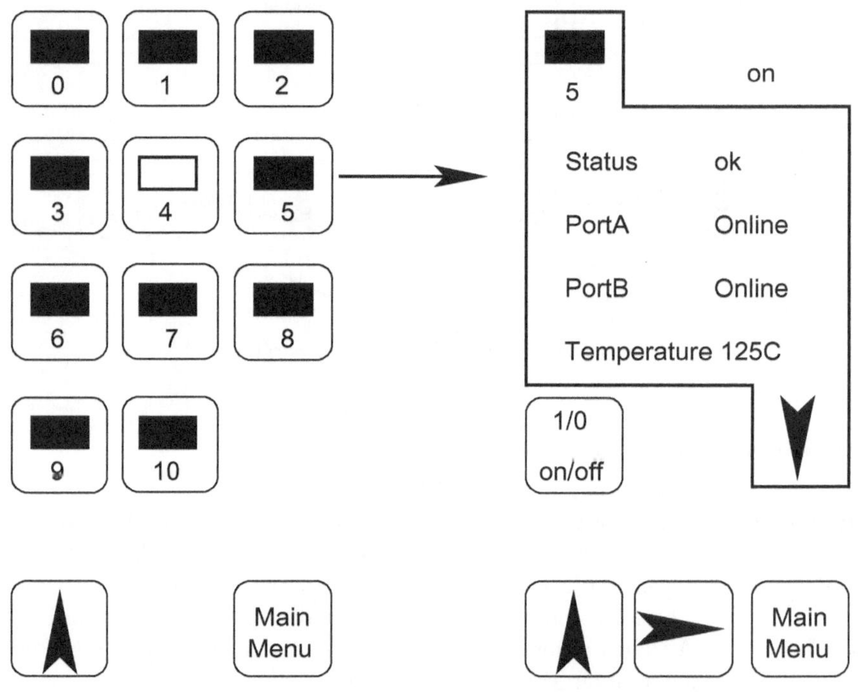

Abb. B.9. A5000: Disks Menue

Bei Auswahl des Pfeil-Runter Menues gelangt man in ein weiteres Submenü wie in Abbildung B.10 dargestellt, in dem die einzelnen Festplatten-FCAL-Ports ein oder ausgeschaltet werden können. Darüber wird der Status der Ports angezeigt.

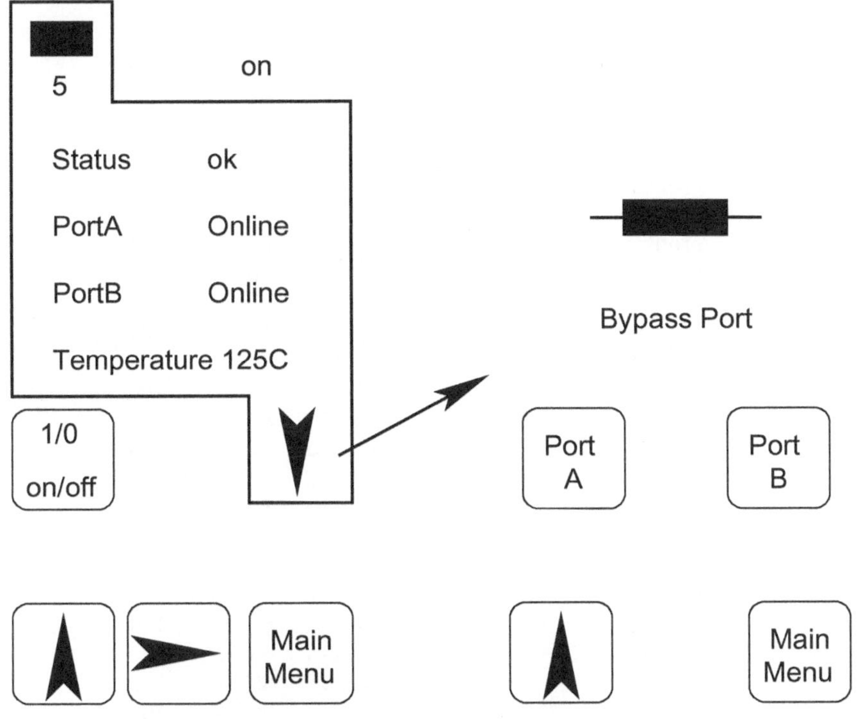

Abb. B.10. A5000: Disks Bypass Menue

B.4.3 Adressierung der Festplatten

Wie zuvor angesprochen definiert der Steckplatz der Festplatte im Photon Array die Target ID der Platte in der Sicht des Rechnersystems. Tabellarisch in Tabelle B.4.3 dargestellt, ist zu erkennen, daß die 14-Plattenmodelle und die 22-Plattenmodelle sich in der Targetnumerierung recht ähnlich sind und es nicht möglich ist 9 Stück der 14-Slot-Arrays zusammenzuschalten, sondern nur die für die A5000er Array-Klasse zugelassenen 4 Stück.

Es können bis zu vier Photon Arrays über einen Controller angesteuert werden, entweder im Daisychainbetrieb oder über FCAL-Hubs. Beim Zusammenschluß von bis zu vier Photons an einem Controller sollten die Loopnummern (A,B) nicht untereinander vertauscht werden, das erhöht sonst unnötig die Komplexität und damit Verwechselungsgefahr und genießt deshalb auch keinen weiteren Support. Um vier identische Boxen an einen Controller zu hängen, müssen die Festplatten in den Boxen eindeutige und einfache Target IDs haben, anderenfalls erscheinen zwei verschiedene Festplatten mit der gleichen Target ID an einem Controller. SOLARIS weiß sich zwar zu helfen und wählt statt der Target ID die WWN zur Plattenadressierung, des kann im

HDU	BoxID 0		BoxID 1		BoxID 2		BoxID 3	
Slot	14er	22er	14er	22er	14er	22er	14er	22er
Front 0	0	0	32	32	64	64	96	96
Front 1	1	1	33	33	65	65	97	97
Front 2	2	2	34	34	66	66	98	98
Front 3	3	3	35	35	67	67	99	99
Front 4	4	4	36	36	68	68	100	100
Front 5	5	5	37	37	69	69	101	101
Front 6	6	6	38	38	70	70	102	102
Front 7	-	7	-	39	-	71	-	103
Front 8	-	8	-	40	-	72	-	104
Front 9	-	9	-	41	-	73	-	105
Front 10	-	10	-	42	-	74	-	106
Rear 0	16	16	48	48	80	80	112	112
Rear 1	17	17	49	49	81	81	113	113
Rear 2	18	18	50	50	82	82	114	114
Rear 3	19	19	51	51	83	83	115	115
Rear 4	20	20	52	52	84	84	116	116
Rear 5	21	21	53	53	85	85	117	117
Rear 6	22	22	54	54	86	86	118	118
Rear 7	-	23	-	55	-	87	-	119
Rear 8	-	24	-	56	-	88	-	120
Rear 9	-	25	-	57	-	89	-	121
Rear 10	-	26	-	58	-	90	-	122

Tabelle B.2. A5x00 Box ID und Adressierung

Singlehostbetrieb etwas verwirren, im Dualhostbetrieb sind die Folgen spektakulärer, folgerichtig genießen solche Einstellungen ebenfalls keinerlei Support.

B.4.4 Einfache Host Anbindung

Nachfolgend sind zwei einfache Konfigurationen aufgezeigt, mit denen ein mit dieser Architektur noch nicht vertrauter Anwender erste Versuche mit diesen Systemen beginnen mag.

B.4.4.1 Single Loop Host Anbindung

Im in Abbildung B.11 dargestellten Single Loop Betrieb sind alle Platten dual attached[3] verfügbar. Siehe hierzu auch die Abbildung am Bedienpanel B.5.

B.4.4.2 Split Loop Host Anbindung

Wird das Photon, wie in Abbildung B.4 gezeigt im Split Loop Modus konfiguriert stehen quasi "zwei" Arrays mit jeweils der Hälfte der Platten zur

[3] Jede FCAL Platte hat zwei Anschlüsse, ist damit dual attached am Bus.

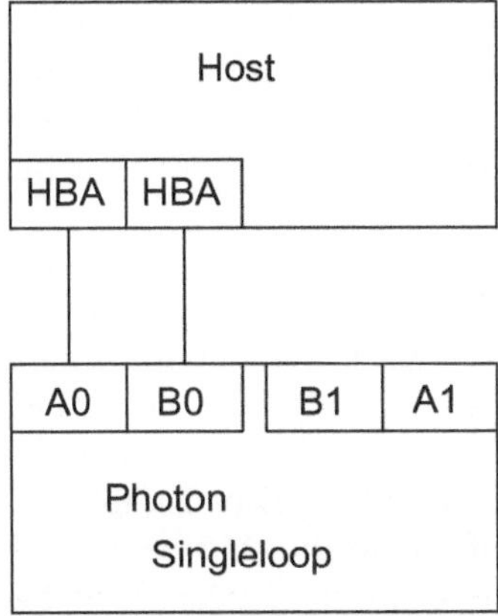

Abb. B.11. A5000: Einfache Host Anbindung im Single Loop Betrieb

Verfügung. Angebunden wie in Abbildung B.12 kann man dann beispielsweise über zwei getrennte Photonhälften spiegeln, die sich gegenseitig nicht sehen.

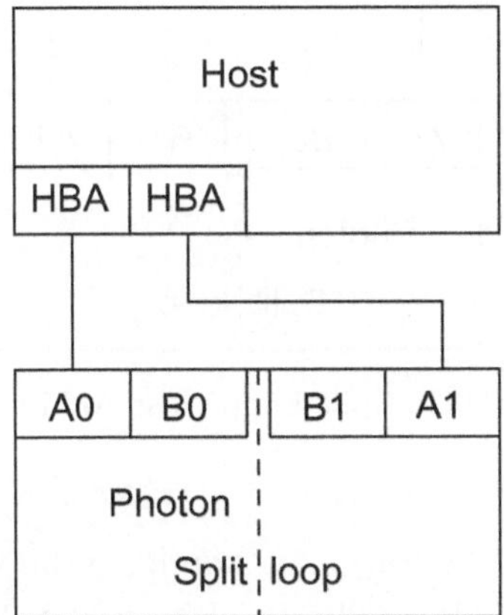

Abb. B.12. A5000: Einfache Host Anbindung im Split Loop Betrieb

B.4.4.3 Split Loop Host Anbindung mit MPxIO

Diese beiden Konfigurationen reichen zum Testen aus, im Single Loop sind alle Platten sichtbar, man benutzt beide Controller einer Platte. Im Split Loop Betrieb werden die Platten nur jeweils über einen Controller angesprochen, damit gibt es keine redundanten Pfade, es sind aber dann auch Spiegelkonfigurationen möglich bei denen gesichert ist, daß das System alles, was es über den ersten Adapter "sieht" nicht auch über den zweiten sehen kann. Man kann mit einem gesplitteten Array also letztendlich arbeiten als wären zwei Arrays angeschlossen.

Wenn der redundante Pfad des getrennten Loops auch angeschlossen wird, wie in Abbildung B.13 dargestellt, kommt SOLARIS I/O Multipathing (MPxIO[4]) zum Tragen. Hierbei wird im Treiber mitgeführt, unter welchen Pfaden welche Festplatte zu finden ist. Sollte ein Datenpfad ausfallen wird der MPxIO Treiber (scsi_vhci) selbst einen redundanten Pfad aus seiner Tabelle nehmen und den Datenpfad umschwenken. Dies ist für die darüberliegenden Software Layer transparent, sofern sie die Abstraktionsebene des MPxIO Treibers verwenden, und nicht direkt auf die Device-Einträge der physikalischen Pfade zugreifen.

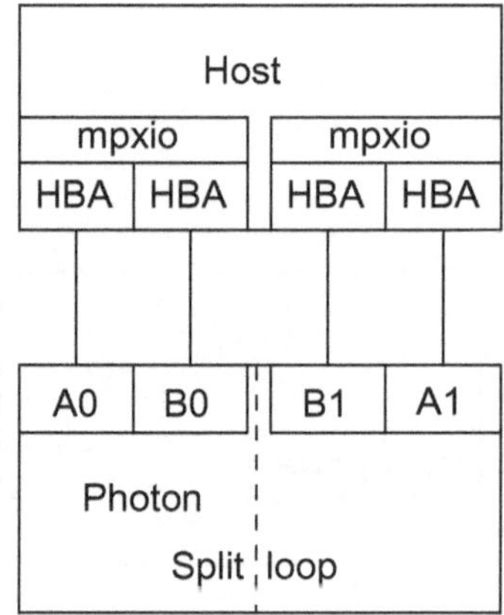

Abb. B.13. A5000: Split Loop Host Anbindung mit MPxIO

Photon Storage Konfigurationen können erheblich komplexer sein und deutlich mehr Möglichkeiten der Storagesysteme nutzen. Die beiden ersten vorgeschlagenen Konfigurationen sollen dem in dieser Materie Ungeübten lediglich einen Anhalt geben.

B.4.5 Ansteuerung mit *luxadm(1M)*

Wie bereits angesprochen, kann ein Photon Plattenarray von einem SOLARIS System aus verwaltet werden. Das dazu notwendige Programm *luxadm(1)* kommuniziert dabei mit dem Photon über den, beziehungsweise die, FCAL

[4] Multiplexed IO, Software (Treiber) zur redundanten Anbindung von FCAL-Plattensystemen, siehe Abschnitt 5.18 auf Seite 344

Kanäle. Seitens SOLARIS supportete FCAL HBAs vorausgesetzt ist eines der ersten sinnvollen Kommandos ein *luxadm probe*. Eine zu erwartende Ausgabe ist in Listing B.1 dargestellt, hier eine doppelte Anbindung über die Pfade */dev/es/ses0* und */dev/es/ses2*. Es wird der Name und die WWN des Photon Arrays mit ausgegeben. Jede dieser Informationen kann im Weiteren zur Adressierung des Photons genutzt werde.

```
Found Enclosure(s):
SENA                 Name:ets0   Node WWN:5080020000048ba8
  Logical Path:/dev/es/ses0
  Logical Path:/dev/es/ses2
```

Listing B.1. *luxadm probe*

Es kann nun abgefragt werden, was für ein Modell, mit welcher Ausstattung, welchen Firmwareständen, Betriebstemperaturen, Festplatten, GBICS an welchen Slotpositionen in dem Plattenarray verbaut sind, so wie es in Beispiel B.1 abgedruckt ist.

```
wega> luxadm display ets0
                                      SENA
                                   DISK STATUS
SLOT   FRONT DISKS   (Node WWN)          REAR DISKS    (Node WWN)
0      On (O.K.)     2000002037220102    On (O.K.)     20000020371b3e91
1      On (O.K.)     2000002037260fe2    On (O.K.)     200000203708ce21
2      On (O.K.)     2000002037265f23    On (O.K.)     20000020371bf5cf
3      On (O.K.)     20000020371b846f    On (O.K.)     20000020371bf830
4      On (O.K.)     20000020371b0fa9    On (O.K.)     20000020371bf82c
5      On (O.K.)     20000020371ba65d    On (O.K.)     20000020371bfc19
6      On (O.K.)     20000020371b6762    On (O.K.)     20000020372286cb
7      On (O.K.)     20000020371b7a86    On (O.K.)     20000020371b61db
8      On (O.K.)     20000020371bf7b5    On (O.K.)     20000020371b889d
9      On (O.K.)     2000002037228331    On (O.K.)     200000203722927e
10     On (O.K.)     20000020371b7b90    On (O.K.)     20000020371bfd40
```

Beispiel B.1. Photon Inventory, Teil I

Die Einzelplatten sind damit, exemplarisch für nur eine Festplatte, im Filesystem des Hostrechner sichtbar wie folgt:

```
wega> ls -l /dev/dsk/c3t6d0s0
lrwxrwxrwx 1 root  root      65 Nov 30 23:36 /dev/dsk/c3t6d0s0 ->
  ../../devices/pci@1f,4000/scsi@5/fp@0,0/ssd@w21000020371b6762,0:a
```

```
                              SUBSYSTEM STATUS
FW Revision:1.09   Box ID:0   Node WWN:5080020000048ba8  ↙...
     ↪ Enclosure Name:ets0
Power Supplies (0,2 in front, 1 in rear)
    0 O.K.(rev.-02) 1 O.K.(rev.-02) 2 O.K.(rev.-02)
Fans (0 in front, 1 in rear)
    0 O.K.(rev.-05) 1 O.K.(rev.-00)
ESI Interface board(IB) (A top, B bottom)
    A: O.K.(rev.-04)
        GBIC module (1 on left, 0 on right in IB)
        0 O.K.(mod.-05)
        1 O.K.(mod.-05)
    B: O.K.(rev.-04)
        GBIC module (1 on left, 0 on right in IB)
        0 Failed(mod.-05): Not receiving a signal
        1 Failed(mod.-05): Not receiving a signal
Disk backplane (0 in front, 1 in rear)
    Front Backplane: O.K.(rev.-03)
      Temperature sensors (on front backplane)
      0:40C 1:37C 2:39C 3:39C 4:37C 5:37C
      6:39C 7:37C 8:37C 9:39C 10:37C  (All temperatures are NORMAL.)
    Rear Backplane:  O.K.(rev.-03)
      Temperature sensors (on rear backplane)
      0:37C 1:40C 2:40C 3:40C 4:40C 5:39C
      6:39C 7:39C 8:39C 9:39C 10:39C  (All temperatures are NORMAL.)
Interconnect assembly
    O.K.(rev.-02)
Loop  configuration
    Loop A is configured as two separate loops.
    Loop B is configured as two separate loops.
Language         USA English
```

Beispiel B.1. Photon Inventory, Teil II

Wie bereits im Abschnitt 5.2.2 zum Devicefilesystem dargestellt, ist damit nachvollziehbar auf welchem Bus der FCAL-HBA steckt und über welches GBIC die Kommuikation läuft.

Von weiterem Interesse, gerade bei mehreren Photon Boxes mit mehrfach redundanter Anbindung ist die GBIC Nummer über die eine Anbindung erfolgt ist. So läßt sich aus der Node-WWN der GBIC Name referenzieren, etwa wie folgt:

```
wega> ls -l /dev/es/ses0
lrwxrwxrwx 1 root  root       65 Nov 30 20:53 /dev/es/ses0 ->
  ../../devices/pci@1f,4000/scsi@4/fp@0,0/ses@w5080020000048baa,0:0
```

In diesem Beispiel läuft die Kommunikation über GBIC A1. Zu erkennen aus den letzten 3 Bits der letzten Stelle der Node-WWN nach Tabelle B.3.

Letzte Stelle	binär	letzte 3 Bits	GBIC
9	1001	001	A0
a	1010	010	A1
b	1011	011	B0
c	1100	100	B1

Tabelle B.3. Zuordnung der Node-WWN zu den GBICs

Damit ist dann wieder die Zuordung zu den im Bedienpaneel angezeigten GBIC Namen A0, A1, B0 und B1 in Abbildung B.5 gegeben.

Zum besseren Verständnis nochmals etwas aufbereitet in Abbildung B.14

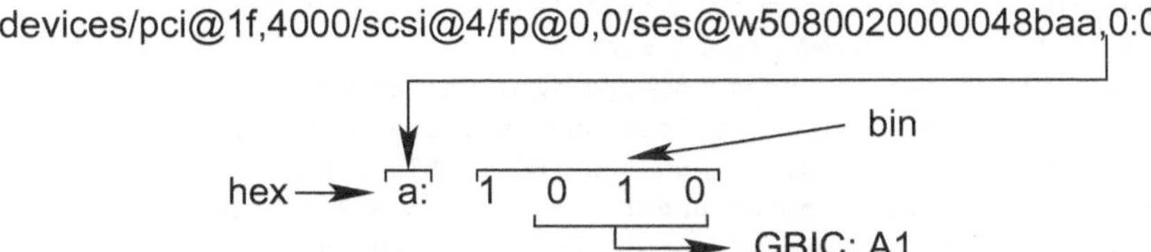

Abb. B.14. Decodierung des GBIC-Namens aus der WWN

Ein interessantes Feature zum Test von Disk Management Software sind die *luxadm*-Subcommands *remove* und *insert*. Es läßt sich damit recht leicht, ohne physikalisch an dem betreffenden Photon arbeiten zu müssen eine Festplatte hinein,- oder herauskonfigurieren. Auch hier gilt, es kann der Pfad zu dem Device oder eine Kombination aus Enclosure und Device angegeben werden. Bei Photon Arrays werden Devices

- herauskonfiguriert mit dem Kommando *luxadm remove <enclosure,dev>*. Siehe auch Beispiel B.2, die HDU verbleibt im Array
- einkonfiguriert mit dem Kommando *luxadm insert <enclosure,dev>* Siehe auch Beispiel B.3

```
wega# luxadm remove ets0,f0
 WARNING!!! Please ensure that no filesystems are mounted ↙...
     ↪ on these device(s).
 All data on these devices should have been backed up.
The list of devices which will be removed is:
  1: Box Name:     "ets0" front slot 0
     Node WWN:     2000002037220102
     Device Type:Disk device
     Device Paths:
      /dev/rdsk/c3t0d0s2
Please verify the above list of devices and
then enter 'c' or <CR> to Continue or 'q' to Quit. [Default: c]:
stopping:  Drive in "ets0" front slot 0....Done
offlining: Drive in "ets0" front slot 0....Done
Hit <Return> after removing the device(s).
  Drive in Box Name "ets0" front slot 0
  Notice: Device has not been removed from the enclosure.
  It has been removed from the loop and is ready to be
  removed from the enclosure, and the LED is blinking.
  Logical Nodes being removed under /dev/dsk/ and /dev/rdsk:
  Logical Nodes being removed under /dev/dsk/ and /dev/rdsk:
        c3t0d0s0
        c3t0d0s1
        c3t0d0s2
        c3t0d0s3
        c3t0d0s4
        c3t0d0s5
        c3t0d0s6
        c3t0d0s7
```

Beispiel B.2. Deaktivierung einer HDU in einem Photon

```
# luxadm insert ets0,f0
Notice: ets0,f0 may already be present.
The list of devices which will be inserted is:
  1: Box Name:    "ets0" front slot 0
Please verify the above list of devices and
then enter 'c' or <CR> to Continue or 'q' to Quit. [Default: c]:

Hit <Return> after inserting the device(s).
  Drive in Box Name "ets0" front slot 0
  Logical Nodes under /dev/dsk and /dev/rdsk :
        c3t0d0s0
        c3t0d0s1
        c3t0d0s2
        c3t0d0s3
        c3t0d0s4
        c3t0d0s5
        c3t0d0s6
        c3t0d0s7
```

Beispiel B.3. Aktivierung einer HDU in einem Photon

C

Legacykonzepte der Netzwerkredundanz

Rolf M Dietze

Die Redundanz bei Netzwerkanbindungen und Interfaces, bei der Verkabelung etc. waren Problemstellungen, die zunächst im Clusterumfeld aufgetreten oder zumindest bei SUN im Clusterkontext ernsthaft behandelt wurden.

Netzwerkredundanz für das in einer Clusterumgebung so genannte PublicNet, also das Netzwerk, über welches die Clients mit dem Cluster kommunizieren war lange Zeit ein Streitpunkt im Clusterumfeld. Das Cluster erwartete einen Failovermechanismus der Netzwerkanbindung in das Client- oder PublicNet, solarisseitig wurde bislang (bis SOLARIS 8 4/01) keine Netzwerkredundanz weiter angeboten. Es existierte seit Einführung der 4-fach Netzwerkkarten SQFE/S in der Version 2.0 eine Software, die eine Bündelung mehrerer Interfaces erlaubte, bei der Verbindungsausfälle im Wesentlichen eine Durchsatzminderung um das ausgefallenen Interface zur Folge hatte. Dieses Softwarepaket, SunTrunking genannt, wurde jedoch nie für SUNCluster freigegeben. Aus vorgenannten Gründen wurde mit dem SUNCluster eine Übergangslösung für Netzwerkredundanz ausgeliefert, genannt Network Adapter FailOver, kurz NAFO. Mit Einführung von IPMP[1], sollte dann auch diese Übergangslösung verschwinden. Seit der SUNCluster 3.1 Release ist IPMP unterstützt und ist vermehrt in Installationen zu finden. IPMP stellt einen durch das Betriebssytem mitgelieferten Redundanzmechanismus für Netzwerkinterfaces dar und ist von der Clustersoftware unabhänging einsetzbar. Da es Bestandteil der SOLARIS-Lizenz ist, entstehen auch keine zusätzlichen Kosten.

C.1 NAFO: Old Style Netzwerkredundanz

Das Network Adaptor FailOver Softwarepaket, kurz NAFO genannt, stellte im SUNCluster Umfeld eine Übergangslösung dar, um mehrere Netzwerkinterfaces eines Hosts redundant konfigurieren zu können, bis ein adäquates Kon-

[1] IPMP, Multipathed IP, wird in Abschnitt 6.5.2 ab Seite 405 beschrieben

zept seitens des Betriebssystems selbst geboten wird. Seit SOLARIS 8 wird an dieser Stelle IPMP, beschrieben in Abschnitt 6.5.2 ab Seite 405, angeboten. In einigen Bereichen ist das zur SUNCluster Software gehörende Softwarepaket allerdings "fremdgegangen" und wurde immer dann außerhalb des SUNCluster eingesetzt wenn eine gewisse Ausfallredundanz für die Netzwerkanbindung gefordert wurde, eine Clusterlösung jedoch nicht zweckmäßig erschien. Um dem Leser den Übergang zu IPMP zu erleichtern, soll hier kurz das Konzept beschrieben werden.

C.1.1 NAFO Funktion

Die Überwachung der Netzwerkinterfaces einer NAFO-Gruppe wird durch einen Daemon-Prozess, den *pnmd* (Public Network Management Daemon) durchgeführt. Er "schaltet" im Fehlerfall quasi von einem Interface auf ein anderes Interface um. Seitens SOLARIS bleibt der Name des Interfaces erhalten, in Abbildung C.1 qfe0. Nach Start des *pnmd* wird das Konfigurationsfile gelesen, alle definierten Interfaces zugeordnet und pro NAFO-Gruppe das erste Interface der Gruppe konfiguriert. Anschließend folgt das Monitoring, sodaß im Falle eines Fehlerfalles der *pnmd* nun auf Redundanzinterfaces umschalten kann. Es kann zu einem s.g. Interfacerollen kommen, wenn der *pnmd* kein "Leben" im Netzwerk findet und daher von einem Interfacedefekt ausgehen muß. In diesem Fall würden zyklisch alle Interfaces durchgegangen werden. Diese Situation entsteht beispielsweise wenn alle Netzwerkleitungen z.B. testweise auf einen Hub ohne weiteren Traffic aufgelegt werden. Entsprechende Mitteilungen werden auf die Console geschrieben.

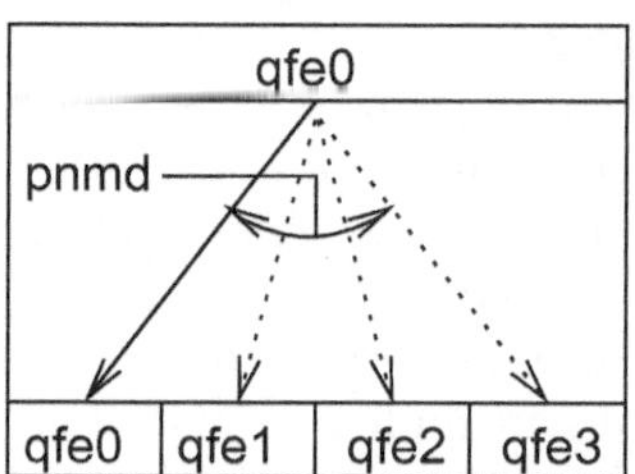

Abb. C.1. nafolayer

Sei z.B. eine NAFO-Gruppe nafo0 definiert aus den Interfaces hme0 und qfe0, so wird die Gruppe nafo0 benannt nach ihrem ersten Interface: hme0. Sei eine weitere NAFO-Gruppe nafo1 definiert aus den Interfaces qfe1 qfe2 qfe3, so ist das Interface qfe1 gleichzeitig der Handle für die NAFO-Gruppe nafo1. Dies ist in Abbildung C.2 dargestellt:

Wenn nun bei z.B. hme0 und qfe0 ein Fehler auftritt, d.h. der Link-Status auf down gesetzt wird, so wird das Public Network Management den jeweils

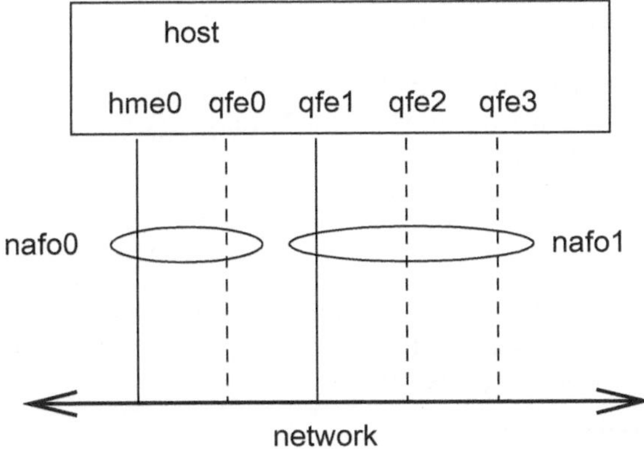

Abb. C.2. NAFO vor einem Leitungsausfall

folgenden Adapter in der entsprechenden Gruppe, der einen Status "ok" aufweist, konfigurieren, so wie in Abbildung C.3 visualisiert:

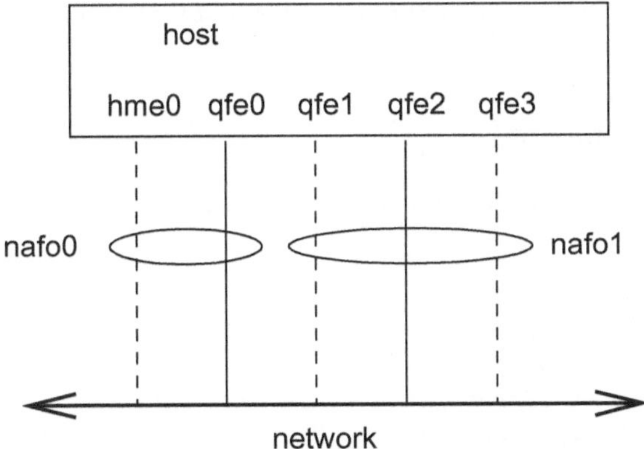

Abb. C.3. NAFO nach einem Leitungsausfall

Wie schon aus den Graphiken zu ersehen ist, ist pro Gruppe jeweils nur ein Interface "up", d.h. hat eine gültige IP-Adresse und ist im Netz sichtbar. Es kann beim Public Network Management in NAFO-Gruppen nicht passieren, daß mehrere Interfaces in einer Gruppe mit ein und der selben IP-Adresse, bzw. MAC-Adresse (*local-mac-address?*) im Netz sichtbar sind.

C.1.2 NAFO: Arbeitsweise

Die Arbeitsweise des Public Network Managements (PNM) läßt sich recht einfach erklären. Beim Public Network Management wird im Wesentlichen in Test, Failover und Errordiscovery unterschieden:

C.1.3 NAFO-Test

Es wird der Eventcounter für versendete/empfangene Pakete ausgewertet. Wenn sich der Eventcounter über eine bestimmte Zeit nicht ändert, ist der Status des Netzwerkinterfaces unklar:

```
old_count=read(eventcount,adaptor)
sleep 5
new_count=read(eventcount,adaptor)
if ( new_count <> old_count) then return(ok);
ping_router_multicast
ping_host_multicast
ping_broadcast
sleep 5
new_count_ovrmulticast=read(eventcount,adaptor)
if ( new_count_ovrmulticast <> old_count) then return(ok)
 else return(false)
```

C.1.4 NAFO-failover

Im Falle eines Netzwerkadapterfailovers verhält sich das Public Network Managament wie folgt:

```
for (if_in_group)
    get_ips(failed)
    configure_down(failed)
    current=set_current_adapter(next)
    configure_up(current)
    put_ips(current)
    test(current)
    if (current=ok) return (0)
    set_status(down)
```

C.1.5 Zusammenfassung zum Einsatz von NAFO

Alles in allem lassen sich die Bedingungen für NAFO-Management von PublicNetwork Interfaces wie folgt zusammenfassen:

- Die Eeprom-Variable *local-mac-address* ist auf true zu setzen, Interfacetypen, die keine lokale MAC-Adresse haben sind entsprechend zu behandeln. Anderenfalls haben alle Interfaces die gleiche MAC-Adresse, was zu einem Mißverhalten des Netzwerkswitches führt.

- Eine NAFO-Gruppe wird nach ihrem ersten Netzwerkinterface benannt
- Die Nummer der NAFO-Gruppe muß per Host uniqe gewählt werden (z.B.: nafo0, nafo1).
- Eine NAFO-Gruppe muß mindestens ein Netzwerkinterface enthalten
- Es können beliebig viele Interfaces in einer nafo_Gruppe definiert sein.
- Es können Interfaces verschiedener Typen gemischt werden, sie sollten jedoch der gleichen Geschwindigkeitsklasse (z.B. 100MBit) angehören.
- Es ist jeweils nur ein Interface "up", die Redundanzinterfaces sind per *ifconfig* nicht sichtbar.
- Solarisseitig ist nur das erste Interface der NAFO-Gruppe zu konfigurieren (↦ */etc/hostname.<if>* und zu sehen. Alle Redundanzinterfaces werden durch den *pnmd* manipuliert.
- Bei einem Adapterfailover bleibt per z.B. *ifconfig* nur das erste Interface sichtbar, der *pnmd* schaltet unsichtbar auf ein Redundanzinterface um.
- Das Konfigurationsfile wird während des Starts des *pnmd*s gelesen.
- Eine Modifikation des NAFO-Konfigurationsfiles per z.B. Texteditor ist zumindest nicht unterstützt.

C.2 Sun Trunking

Das Softwarepaket SUN Trunking stellt ein Mittel bereit, das sowohl Redundanz als auch eine Durchsatzsteigerung durch die Kombination von Netzwerkinterfaces in einer Gruppe erreicht.

SUN Trunking kam auf dem Markt zu einem Zeitpunkt, zu dem 100MBit Ethernet Interfaces der schnellste Interfacetyp waren. Es war ein kostenpflichtiges Zusatzpaket und gehörte nicht zur Standardauslieferung von SOLARIS.

SUN Trunking wird für die in Tabelle C.1 aufgeführten Interfaces unterstützt.

qfe v2	Quad Fast Ethernet
ge	Gigabit Ethernet

Tabelle C.1. SUN Trunking Interfaceunterstützung

C.2.1 Funktion

SUN Trunking faßt Interfaces in einer Gruppe zusammen und führt eine Lastverteilung entsprechend Abbildung C.4 über alle Interfaces der Gruppe durch.

Es können bis zu

8 qfe-Interfaces und
2 ge-Interfaces

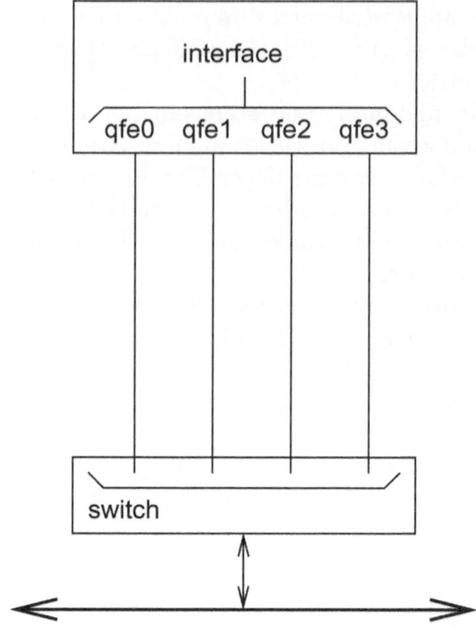

Abb. C.4. Interface-Trunk

per SUN Trunking zusammengefaßt werden. Anders als bei NAFO, siehe Abschnitt (C.1), oder IPMP, siehe Abschnitt (6.5.2) auf Seite 405, wird die festgeschriebene IP-Adresse nicht auf ein einziges Interface in der Gruppe gemanaged, sondern über alle Interfaces in der Gruppe. Damit findet sowohl outbound als auch inbound eine Lastverteilung statt.

Die Zusammenfassung mehrerer Interfaces in eine Gruppe und Handhabung aller Interfaces der Gruppe als ein ganzes Interface bedingt eine besondere Konfiguration auf dem Switch, bei Herstellern wie CISCO sogar einer kostenpflichtigen Zusatzsoftware. Bei anderen Switch Herstellern wie beispielsweise BAY NETWORKS, später NORTEL NETWORKS ist die Funktionalität teilweise bereits in der Softwaregrundausstattung vorhanden.

Der Term *Trunk* hat in der Netzwerkwelt eine andere Bedeutung. Das Äquivalent zu einer SUN Trunking Interfacegruppe in der Switch-Welt wird oftmals als Multilink Trunk bezeichent

C.2.2 Einrichtung und Administration

Die Einrichtung von SUN Trunking erfolgt über das Kommando *nettr(1M)*. Damit wird ein Konfigurationsscript erstellt, das die vorgegebene Konfiguration bei jedem Boot wiederholt.
Die initiale Konfiguration erfolgt mit:

```
nettr -setup head-instance ⁄...
    ↪ device=<qfe|ge>members=<instance,instance,.,.> ⁄...
    ↪ [ policy=<number>]
```

Anschließend ist die Trunking-Gruppe über den Instanznamen des ersten Interfaces in der Gruppe adressierbar. So ist bei einer Trunking-Intarfacegruppe aus

```
qfe0 qfe1 qfe2
```

das Interface *qfe0* die so genannte Head-Instance. Für dieses Interface ist demnach ein */etc/hostname.qfe0* einzurichten und es ist *qfe0* per *ifconfig(1M)* netzwerkseitig zu konfigurieren.
Statusinformationen zu Interfacegruppen können abgefragt werden mit

```
nettr -stats head-instance ⁄...
    ↪ device=<qfe | ge> [ interval=<time> ] ⁄...
    ↪ [ type=<number> ]
```

Debugginginformationen, policy und Konfiguration können abgefragt werden mit

```
nettr -debug
nettr -policy
nettr -conf
```

C.3 Alternate Pathing/Net

Rolf M Dietze

Mit der Einfhrung der Ultra Enterprise 10000, übernommen als Starfire von Cray, wurde ein Mechanismus notwendig, der es erlaubte eine in einer aktiven Konfiguration in Betrieb befindliche Netzwerkkarte im laufenden Betrieb ausfall- und kommunikationsunterbrechungsfrei aus einer Rechnerhardwarekonfiguration zu netnehmen. Damit wurde mit Solaris 2.5 ein Softwarepaket mit dem Namen Alternate Pathing, kurz AP, was die geforderte Redundanz sowohl im Netzwerkadapter- als auch im Festplattenadapterbereich bot, eingeführt.

Die Verwendung der Alternate Pathing Software war jedoch leider mit einigen Unbequemlichkeiten, zumindest aus heutiger Sicht, verbunden

- Es mußte eine AP Statedatabase genutzt werden
  Es mußte ein Raw Device sein
  Benötigte eigene Partition
- Umschaltung manuell
- Kein Fehlertest, kein Recovery, nur Umschaltung des Adapterpfades
- Bei Umschaltung, kein Test ob Ziel Pfadgruppe existent und funktionstüchtig (Gefahr eines "in-den-Wald schaltens")

- Keine verlässliche automatische Repositorypflege
- Keine Lastverteilung
- Statisch definiert

Alternate Pathing war ein frühes Hilfmittel Netzwerk und Festplattencontroller bei entsprechender Konfiguration aus einer laufenden Maschine ohne Unterbrechung des Betriebes nehmen zu können und das hat die Software für den gewissenhaften Administrator auch geleistet. Wer den Umgang mit Alternate Pathing in diesem Bereich nicht kannte, erkannte bei seinen ersten administrativen Eingriffen in ein entsprechendes System recht schnell einen gewissen Ausbildungsbedarf.

Die Alternate Pathing Software ist recht straight forward in ihrem Aufbau. Es existiert mindestens eine AP Database, eine Art Statedatabase, die auf einer Rawpartion liegend die Konfigurationsinformation des Alternate Pathing Softwaresystems hält. Die Position der AP Database wird zusätzlich in der *etc/system* gehalten, da bei einem Systemboot ohne AP Informationen über alle möglichen physikalischen Pfade auf die AP Database zugegriffen werden muß um AP bei einem Systemboot zu initialisieren. Diese möglichen physikalischen Positionsinformationen standen aus diesem Grund in der */etc/system*.

Das Softwaresystem wurde in fünf unterschiedlichen Paketen geliefert:

SUNWapr: Alternate Pathing (root) für die Domain
SUNWapu: Alternate Pathing (usr) für die Domain
SUNWapab: Alternate Pathing Dokumentation
SUNWapdoc: Alternate Pathing Dokumentation
SUNWapssp: AP für die SSP einer UE10000. Der SSP-Teil ermöglichte nur die Steuerung von AP von der SSP aus in besonderen Situationen (bringup/dr) und bot keinerlei AP Funktionalität für die SSP selbst.

C.3.1 Administrationskommandos des AP Paketes

Alternate Pathing unterteilt sich in drei Aufgabenbereiche für die jeweils eigene Supportprogramme existent sind:

AP Database

apdb Erzeugung, Administration und Löschung der AP Database durch das Programm *apdb* mit den Optionen
- -*c*: create, Erzeugung einer AP Database
- -*C*: Commit einer Modifikation in den Adapterpfadgruppen
- -*d*: delete, Löschen einer AP Database
- -*f*: forcierte Kommandierung der Erzeugung oder Löschung einer AP Database

apconfig Anzeige von Status und Konfiguration sowohl der AP Database als auch der AP Pfadgruppenkonfiguration durch *apconfig* mit den Optionen

-D: Anzeige des Status der AP Database
-N: Anzeige der AP Netzwerkadapterkonfiguration
-S: (S wie Disk, vielleich SCSI oder Slice? -D ist bereits belegt, s.o.) Anzeige der AP Diskadapterkonfiguration
-u: Anzeige der nicht Committeten Stati. Um die Committeten und die nichtcommitteten Stati aufzulisten muß *apconfig* jeweils einmal mit und einmal ohne *-u* aufgerufen werden.
-P: Umschalten des primären Adapterpfades, eigentliches SSwitchKommando. Die Zielpfadgruppe wird nicht auf Funktion oder Existenz geprüft.
-R: Devicepfadadministration, erstellt die Devicelinks zu em /dev/ap/* aus */devices/pseudo/ap_dmd**.
-z: Refresh oder sync der AP Konfiguration in die AP Database.

Netzadapteradministration

Netzwerkadapterpfade konnten administriert werden mit dem Kommando *apnet*. Es bot die Optionen

-c: Erzeugung einer Adapterpfadgruppe, zusammen mit den Optionen *-p/-a*
-d: Löschen einer Adapterpfadgruppe
-p: Angabe des primären Interfaces
-a: Angage des alternativen Interfaces
-z: Rollback einer gelöschten Pfadgruppenconfiguration zu dem Stand bevor die Konfiguration committet wurde.

Festplattenadapteradministration

Festplattenadapterpfade konnten administriert werden mit dem Kommando *apdisk*. Es bot die Optionen

-c: create, Erzeugung einer Festplattenadapterredundanzgruppe
-d: delete, Löschung einer Festplattenadapterredundanzgruppe
Suboption *-p*: Primärer oder pfadgruppenidenitfizierender Adapter
Suboption *-a*: Alternativer oder Additional Adapter, auf den umgeschaltet werden kann.
-z: ein undo einer noch nicht committeten Konfiguration

C.3.2 Administration der AP Database in Beispielen

Wenn Alternate Pathing installiert ist, jedoch beim Systemstart keine AP Dataases existierten gab es beim Systemstart eine Fehlermeldung durch */sbin/apconfig* über einen failed ioctl().
Wenn eine AP Database aus den in-core Informationen refreshed werden sollte, so konnte jederzeit ein *apdb -z* ausgeführt werden.
Eine AP Database konnte eingerichtet werden mit dem Kommando

```
saturn# apdb -c /dev/rdsk/c0t0d0s6
```

Der Status einer AP Database konnte angezeigt werden mit dem Kommando

```
saturn# apconfig -D
path: /dev/rdsk/c0t0d0s6
major: 32
minor: 8
timestamp: Sat Dec 19 14:12:32 2005
checksum: 754375913
corrupt: No
inaccessible: No
```

In diesem Zusammenhang sei angemerkt, daß *inaccessible* beschreibt, ob ein funktionierender und aktiver Controllerpfad zu der AP Database existiert. Bei der Konfiguration mehrerer AP Databases, was sinvoll war, stand in allen AP Databases eine Information über die Lokationen aller AP Databases. War eine nicht erreichbar, so konnte zumindest die bekannte Information darüber ausgegeben werden, mit dem Hinweis sie sei nicht im Zugriff. Eine AP Database konnte, bei Bedarf per force-Option, gelöscht werden mit dem Kommando

```
saturn# apdb -d /dev/rdsk/c0t0d0s6 -f
```

C.3.3 Administration einer Netzwerkadapterpfadgruppe

Bei der Administration von AP Netzwerkadapterpfadgruppen ist zu unterscheiden zwischen dem Pathhandler und dem tatsächlichen Interface. Es gibt Kommandokombinationen in denen der Ungeübte bei ungenauer Kenntnis die Übersicht verliert. Der Pathhandler ist der Identifier über den die AP Netzwerkadapterredundanzgruppe, bestehend aus allen Interfaces der Gruppe, referenziert wird. Irreführend ist hierbei die Tatsache, daß es zwar einen Metanetworkidentifier gibt, aber in der Kommandierung immer das erste Interface mit dem die AP Netzwerkpfadgruppe erzeugt wird, zu referenzieren ist und nicht der Metanetworkidentifier. Dies läßt sich in den Beispielen besser zeigen. Zunächst ist eine Netzwerkadapterpfadgruppe zu erstellen durch folgendes Kommando:

```
saturn# apnet -c -p hme0 -a hme1
saturn# apconfig -N -u
metanetwork:    mhme0 U
physical devices:
                hme1
                hme0  P A
```

Dabei bedeutet *P* Primary Adapter (Pathhandler), *A* Active. Die Kommandooptionen zeigen es schon: Die Konfiguration ist noch nicht committet:

```
saturn# apdb -C
saturn# apconfig -N -u
saturn# apconfig -N
metanetwork:    mhme0
```

```
physical devices:
                hme1
                hme0  P A
```

Zur Irreführung wird jedoch nicht der Pathhandler sondern der Metanetworkidentifier zur Referenzierung des zu Konfigurierenden Netzwerkinterfaces verwendet:

```
saturn# ifconfig mhme0 plumb
saturn# ifconfig mhme0 172.168.10.87 netmask 255.255.255.0 ↙...
     ↪ broadcast 172.168.10.0 up
# ifconfig mhme0
mhme0: flags=863<UP,BROADCAST,NOTRAILERS,RUNNING,MULTICAST> mtu 1500
        inet 172.168.10.87 netmask ffffff00 broacast 172.168.10.0
```

Es mußte auch */etc/hostname.m<if>* zur IP Konfiguration des Metanetworkadapters verwendet werden. Die Umschaltung zwischen Netzwerkadaptern verlief relativ einfach und schmerzlos. Im Beispiel einmal hin und wieder zurück:

```
saturn# apconfig -P mhme0 -a hme1
saturn# apconfig -N -u
metanetwork:    mhme0
physical devices:
                hme1  A
                hme0  P
saturn# apconfig -P mhme0 -a hme0
saturn# apconfig -N -u
metanetwork:    mhme0
physical devices:
                hme1
                hme0  P A
```

Bei einem "apswitch" wird nicht durch AP überprüft, ob die Zielkonfiguration exixtiert. Es wird lediglich umgeschaltet, indem die Pfadinformation aus der AP Database ohne weitere Integritätstests übernommen und aktiviert wird. Sollte die Pfadinformation aus der AP Database nicht mehr der aktuellen Maschinenausstattung entsprechen, so ist der Administrator anschließend damit beschäftigt, die defekte Konfiguration zu deaktivieren und zurückzuschalten. In einem solchen Fall ist eine Betriebseinschränkung recht wahrscheinlich.

Gelöscht wird der Metanetworkadapter indem er zunächst netzwerkseitig zu dekonfigurieren und anschließend aus AP zu löschen ist. Die Dateien */etc/hostname.m<if>* sollten gelöscht werden um eine diesbezügliche Fehlermeldung beim nächsten Reboot zu vermeiden.

```
saturn# ifconfig mhme0 unplumb
saturn# apnet -d mhme0
saturn# apconfig -N -u
metanetwork:    mhme0 D
physical devices:
                hme1
                hme0 P A
```

```
saturn# apdb -C
```

Das *D* in der *apconfig*-Ausgabe zeigt an, daß das Interface gelöscht aber die Löschung noch uncommittet ist. Nach dem nachfolgenden Commit mittels des Kommandos *apdb -C* ist die Löschung irreversibel.

Als Alternate Pathing noch recht neu auf dem Mark war, gab es umfangreiche Diskussionen wie das primäre Netzwerkinterface unter Kontrolle des Alternate Pathing zu bringen sei, da doch über diese primäre Interface interaktiv auf der Domain die Umkonfiguration vorgenommen wird und doch dann unweigerlich bei der Umschaltung von non-AP zu AP Metanetworkdevices die Kommunikation für die aktuelle Session beendet ist. Dazu wurden umfangreiche Arbeitsscripte entwickelt, die die Umstellung automatisierten, derart, daß danach wieder ein Zugang zur Domain zur Verfügung steht. Es wurde dabei immer außer Acht gelassen. daß zum einen die Session über ein drittes oder weiteres Interface gefahren werden kann und zum anderen, daß die Console-Kommunikation bei Wegbrechen der Netzwerkverbindung über den JTAG-Pfad unter allen Umständen immer funktionierte und so nicht wirklich die Gefahr bestand, die Console bei einer AP Umstellung des primären Interfaces zu verlieren. Nur deutlich langsamer wurde die Console-Session, was auch dazu beitrug, daß erst genauer überlegt wurde, ehe ein Kommando abgesetzt wurde.

D

Sun Consoleaccess (Sparc Systeme)

Rolf M Dietze

Rechnerconsolen sind für den Betrieb eines Rechners notwendig. Wann immer ein Rechner keinen Zugriff über Netzwerk, Modem etc. zuläßt, bleibt in der Regel als einziger Systemzugang die Systemconsole. Typischerweise ist dies zum Zeitpunkt des Systemboots der Fall, oder wann immer die Maschine keine Netzwerkdienste fährt. In solchen Fehlerfällen, beispielsweise ernsthafte Filesysteminkonsistenzen, ernsthafte SoftRaid Fehler, Bootplattendefekte, Systeminstallationen, Wartungsarbeiten, Probleme mit dem Service Management Facility Repository etc ist es notwendig, ohne unverzüglich eingreifen zu können. Es sollte somit ein komfortabler und schneller Consolzugang gegeben sein.

Im Workstationbereich ist dies unkritisch, sitzt man als Anwender doch direkt vor der Systemconsole und bekommt in der Regel eine komfortable X WINDOWS Benutzeroberfläche. Im Rechenzentrumsbereich sind graphische Systemconsolen dagegen recht unpraktisch, muß man sich doch an den Standort der Monitor/Maus/Keyboard Kombination begeben, die als Systemconsole fungiert. Im PC Umfeld wurden dazu KVM-Switches entwickelt. Im UNIX Umfeld war dieses Problem schon sein Anbeginn unbekannt, konnte doch ein serielles Terminal an den seriellen Systemconsoleport des Rechners angeschlossen werden, und dieser serielle Port konnte über lange Leitungen, Seriellmultiplexer etc. an einen anderen Ort verlegt werden. Mit der Einführung von Terminalkonzentratoren wurden diese seriellen Consoleports auf Terminalkonzentratoren gelegt und konnten per *telnet* direkt über Netz adressiert werden. Bei den SUN Rechnersystemen, die zunächst als Workstations entwickelt wurden, ist ein Mechanismus existent, der abfragt, ob eine Tastatur, respektive eine graphische Systemconsole existent ist. Wenn nicht, wird die Systemconsole automatisch auf das erste serielle Interface der Maschine gelegt und kann mit einem ASCII Terminal bedient werden, oder über einen Terminalkonzentrator oder einen seriellen Port eines anderen Rechners bedient werden. Dieses Verhalten weisen PC basierte Rechner nicht auf. In einigen seltenen Fällen werden BIOS-seitig jedoch serielle Systemconsolen unterstützt, bei Bedarf dieser sehr einfachen, stabilen und in der Praxis sehr sinnvollen Methode der Nutzung einer seriellen Systemconsole ist bei PC Systemen im einzelnen zu verifizieren, daß das gewählte PC System dies unterstützt.

Nachdem SUN im Rechenzentrumsbereich, unter anderem mit ihren Clusterlösungen ankam, unterstützte SUN zunehmend die Nutzung eines Terminalkonzentrators zum Zugriff auf serielle Systemconsolen über Netzwerk. Die UE10000 bot den Zugriff auf die Domain Systemconsolen über den System Service Prozessor, mit den Netra T1 Maschinen wurde "Lights out Management" (LOM) unterstützt, was sogar ein Ein- und Ausschalten der Systeme per Kommando bot. In der weiteren Entwicklung wurden Systemcontroller eingesetzt, über die auf die Domain Systemconsolen der SF[3,4,6]xx0 Maschinen zugegriffen werden konnte, die SF15000 und ihre Ableger und Nachfolger unterstützen über den System Controller den Domain Consolezugriff und im Rackmount Server Bereich wurden so genannte RSCs (Remote Service Controller) entwickelt und eingesetzt. Bei Rechnersystemen wie V2[1,4]0, V4[4,8]0 und ähnlichen ist der Netzwerkzugriff auf die Systemconsolen bereits integriert, wie auch bei den aktuellen Systemen. Bei den aktuellen SUN-PC Systemen greift SUN auf ein ähnliches Verfahren wie IBM zurück, es wird das VGA-Signal, Maus und Keyboard über einen Systemcontroller bedient und in einem HTML-Browser dargestellt. Etwas mühsam setzt dieses Konstrukt immer einen Webbrowser auf Graphikdesktops voraus, so das die Grundausstattung eines textbasierten Zugangs dann nicht mehr ausreicht. Dies birgt in entsprechenden Umgebungen einige Nachteile.

Aufgrund der Tatsache, daß ein Administrator immer in der Lage sein muß, sein administratives Geschick auch im Umgang eines Rechners über eine reine ASCII Verbindung unter Beweis stellen zu müssen, wurde in diesem Buch auf die Verwendung von GUIs verzichtet.

D.1 Sun-Serial

Der einfachste Weg an eine serielle Console eines SUN Rechnersystems zu kommen, ist, ein weiteres SUN System daneben zu stellen, über dessen serielle Ports ein Zugang geschaltet werden kann, wie es in Abbildung D.1 dargestellt ist. Dabei wird eine serielle Crossoververbindung von beispielsweise dem seriellen Port B eines als "Serialportserver" ausgewählten SUN Rechnersystems auf den seriellen Port A des Zielsystems gelegt, beim Zielsystem die Tastatur abgezogen und das Zielsystem auf OBP Ebene resettet (OBP-Kommando *reset* oder *reset-all*)

Per Default existiert in der *uucp* Konfigurationsdatei */etc/remote* ein Eintrag wie er in Listing D.1 gezeigt ist, der es erlaubt über den Identifikator *hardwire* mit dem *uucp* Kommando *tip(1)* eine serielle Verbindung über den seriellen Port */dev/term/b* aufzubauen.

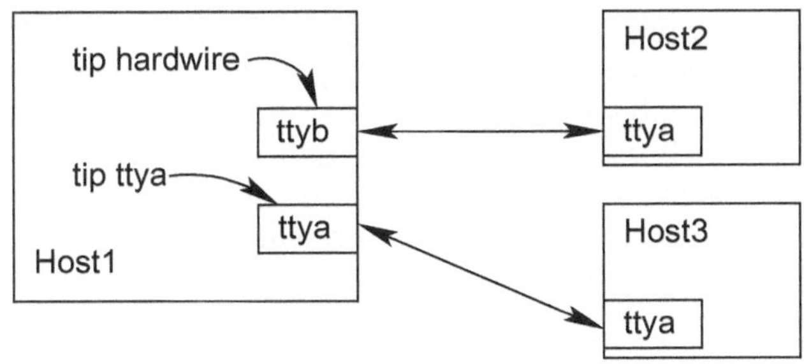

Abb. D.1. Serial 2 Serial

```
hardwire:\
        :dv=/dev/term/b:br#9600:el=^C^S^Q^U^D:ie=%$:oe=^D:
```

Listing D.1. */etc/remote*-Defaulteintrag für *hardwire*

Wenn eine weitere SUN Maschine consolseitig über den zuvor beschriebenen Weg, jedoch über den ersten seriellen Anschluß des definierten Serialportservers geschaltet werden soll, so ist die Konfigurationsdatei */etc/remote* beispielsweise um den in Listing D.2 gezeigten Eintrag zu erweitern, und anschließend kann mit dem Kommando *tip ttya* die in Abbildung D.1 gezeigte Verbindung zur serielle Console des Rechners Host3 aufgebaut werden. Mit so genannten Multi-I/O-, Multiport- oder Conserver-Karten, die mehrere serielle Schnittstellen als PCI (oder SBus) I/O-Karte bieten, kann unter Nennung des zum seriellen I/O-Ports korrespondierenden Pfadnamens die */etc/remote* geeignet erweitert werden um weitere serielle Consolen weiterer SUN Rechner, Switches etc. erreichen zu können.

```
ttya:\
        :dv=/dev/term/a:br#9600:el=^C^S^Q^U^D:ie=%$:oe=^D:
```

Listing D.2. */etc/remote*-Erweiterung für *ttya*

Soll über die Applikation *tip(1)* ein BREAK Signal an eine über eine serielle Console angeschlossene SUN gesendet werden, um diese beispielsweise in das OBP abzustoppen, so ist als erste Zeichensequenz in der Kommandozeile der offenen Consoleverbindung die Sequenz `~#` zu senden. Wenn auf der hosteite die BREAK-Sequenz nicht deaktivert wurde, beispielsweise durch Setzen der Variablen *KEYBOARD_ABORT=disable*, oder durch Einstellen des Schlüsselschalters in die Secure-Position, je nach verwendeter Hardware, so wird der Host das Betriebssystem abstoppen und ein OBP oder Firmwareprompt zeigen. Hat man den Host ungewollt in den OBP-Mode gesetzt, so kann in der Regel durch Eingabe des OBP-Kommandos *go* der Betrieb des SOLARIS fortgesetzt werden. Jedoch Vorsicht beim Rebooten des Serialportservers, es können dabei BREAK-Sequenzen bei der Portinitialisierung gesendet werden. Des weiteren ist zu bedenken, daß die Benutzung des Kommandos *tip(1)* keine besonderen Privilegien fordert und damit jeder, der einen Zugang zu diesem Serialportserver hat, einen angeschlossenen Host zu stoppen, was gewollt ein DOS-Attack (Denial-of-Service) ist.

D.2 Terminalkonzentrator

Die seriellen Consolen von Rechnernodes werden in den meisten Installationen alle auf einem Terminalkonzentrator zusammengefaßt. In einigen SUN Systeminstallationen ist sowohl die Existenz als auch die Verwendung eines bestimmten Typs Supportrelevant, etwa bei SUNCluster2.*, in anderen Softwarekonfigurationen ist eine strenge Vorgabe nicht gegeben. Der Consolezugriff über Netzwerk erleichtert die administrative Arbeit sehr, so daß es kein guter Rat wäre, auf den Terminalkonzentrator zu verzichten.

Bei der Auswahl eines geeigneten Terminalkonzentrators ist darauf zu achten, daß dieser bei Resets oder beim Powercycling kein BREAK-Signal auf den seriellen Ports verursacht, da sonst die angeschlossenen Sun-Server in ihrer Defaultkonfiguration in den OBP-Modus versetzt werden. Ein BREAK-Signal auf der seriellen Console einer SUN ist einem STOP-A eines Consol-Keybords gleich. Da ein Terminalkonzentrator bei Resets immer alle angeschlossenen Server erreicht, wäre die Verfügbarkeit aller Nodes in diesem Moment eingeschränkt.

SUN verwendete seit Anfangszeiten des Clusters einen Terminalkonzentrator mit der Bezeichnung *Annex*, oder *Remote Annex*, in unterschiedlichen Typen (xl, el, elx, els). Diese Terminalkonzentratoren wurden anfänglich durch die Firma XYLOGICS hergestellt, später von BAY NETWORKS, und letztlich von NORTEL NETWORKS übernommen. Es werden vereinzelt auch andere Terminalkonzentratoren verwendet. Wünschenswerte Eigenschaften sind:

1. Keine BREAKs bei Reset, Powercycles etc.
2. Selbstladend, das OS des Terminalkonzentrators sollte nicht über Netz geladen werden müssen (Verfügbarkeit)
3. Robust
4. Adressierung der einzelnen Ports per IP/Port etwa:
   telnet Terminalkonzentrator-ip 5002 Verbindung zu Port 2.

Mit diesen Vorgaben (Punkt 4) läßt sich die Clusterconsole verwenden, um eine Verbindung mit den seriellen Consolen der Clusternodes aufzubauen. Etwas anders funktioniert dies bei der Verwendung von SUNFire-Systemen mit s.g. Systemcontrollern, siehe hierzu Abschnitt D.4 ab Seite 1023.

Bei Verwendung eines Annex-Terminalkonzentrators sind folgende Grundeinstellungen vorzunehmen:

- load: selfload
- IP: fest eingestellt
- port-mode: slave
- OS: Version 52 oder höher

D.2.1 Einrichtung des Terminalkonzentrators

Sicht von hinten:

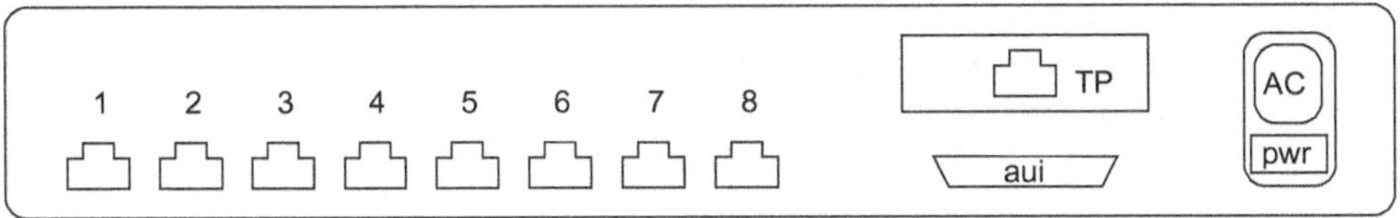

Abb. D.2. Terminalkonzentrator Rückseite

1	Console-Port des Terminalkonzentrators
2 .. 8	Anschlüsse für serielle Systemconsolen
TP	Netzwerkanschluß (Shared Port mit aui)
aui	Netzwerkanschluß (Shared Port mit TP
AC	Hilfsenergie
pwr	Hauptschalter

Zur Konfiguration ist an den Consolport des Terminalkonzentrators ein Terminal oder ein entsprechender Rechner mit Terminalprogramm anzuschließen. In etwa 1 bis 2 Sekunden nach dem Anschalten des Terminalkonzentrators ist die Test-Taste auf der Vorderseite zu drücken. Die Test-LED muß leuchten. Auf der Terminalkonzentrator Console sollte ein *monitor::* -Prompt erscheinen.

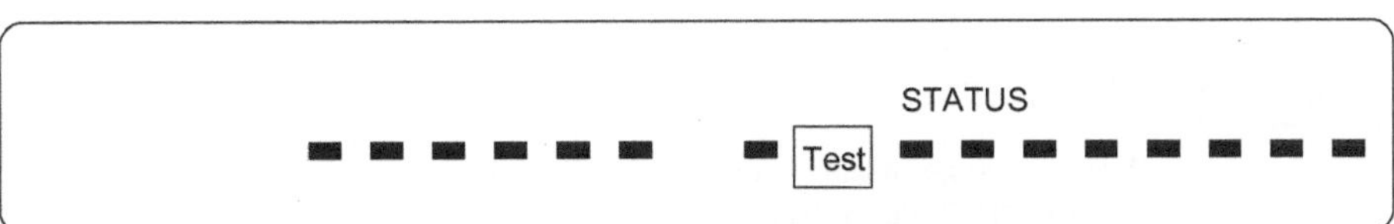

Abb. D.3. Terminalkonzentrator Frontseite

In diesem Zustand kann der Terminalkonzentrator von seiner Console aus konfiguriert werden.

D.2.1.1 Feste Einstellung der IP-Adresse

Ein Terminalkonzentrator, der unabhängig von anderen Netzwerkinformationssystemen arbeiten soll, um Zugriff auf Systemconsolen zu bieten sollte bei der Einstellung seiner eigenen IP-Adresse unabhängig sein. Die IP-Adresse wird daher lokal und fest eingestellt, wie in Beispiel D.1 gezeigt.

```
monitor:: addr

Enter Internet address []::
10.10.300.3
Enter Subnet mask [255.255.255.0]:: <CR>
Enter Preferred load host Internet address []:: <CR>
Enter Preferred dump address []:: <CR>
Select type of IP packet encapsulation
(ieee802/ethernet) [<ethernet]::
    Type of IP packet encapsulation: <ethernet>

Load Broadcast Y/N [Y]:: <CR>
```

Beispiel D.1. IP Adresskonfiguration eines Annex Terminalservers

Damit ist die IP-Adresse eingestellt.

D.2.1.2 Load und Image Einstellung

Es ist zum einen die Loadimage-Version zu überprüfen zum anderen ist der Terminalkonzentrator auf selfload zu setzen um Netzwerkabhängigkeiten zu minimieren, denn es hilft nicht, wenn ein für Consolzugänge verwendeter Terminalkonzentrator bei einem Reboot von einem Netload der Maschine abhängt, die gerade über den Terminalkonzentrator administriert werden soll. Wieder am einfachsten mit einer Mitschrift in Beispiel D.2 für die Überprüfung beziehungsweise Einstellung des Loadimages erklärt

```
monitor:: image

    Enter Image name ["oper_52_enet"]::
    Enter TFTP Load Directory []::
    Enter TFTP Dump path/filename ["dump.10.10.100.2"]::
```

Beispiel D.2. Bootimagekonfiguration eines Annex Terminalservers

In diesem Beispiel stimmt die OS-Release des Terminalkonzentrators. Ist das Loadimage ein anders als *oper_52_enet* so ist zu verifizieren, in wie weit diese Konfiguration supported ist. Im Beispiel D.3 ist die Einstellung der Loadoption gezeigt.

```
monitor:: seq
Enter a list of 1 to 4 Interfaces to attempt to use
for downloading code or upline dumping.Enter them
in the order they should be tried, seperated by
commas or spaces. Possible interfaces are:

    Ethernet: net
    SELF:  self

Enter interface sequence [net]:: self
```

Beispiel D.3. Loadsequenz- und Optionkonfiguration eines Annex Terminalservers

Der Rest kann über Netz eingestellt werden. Der Terminalkonzentrator ist aus und wieder einzuschalten und per Telnet aus anzusprechen. Das Defaultpasswort ist die IP-Adresse des Terminalkonzentrators, hier also 10.10.300.3.

D.2.1.3 Porteinstellungen

Wie zuvor schon beschrieben, ist der Portmode auf slave zu stellen um per *telnet tc 500x* direkt auf Port x zu referenzieren. Nachfolgende Einstellungen sind im non-Test-Mode durchzuführen, also z.B. über eine Telnetverbindung über Netz. Wieder per Mitschrift erklärt:

```
adminws# telnet 10.10.300.3
Trying 10.10.300.3
Connected to tc.
Escape character is '^]'.
Rotaries Defined:
    cli
Enter Annex port name or number: cli
Annex Command Line Interpreter * Copyright 1991 Xylogics, Inc.
annex: su
Password: 10.10.300.3
annex# admin
Annex administration MICRO-XL-UX R7.0.1, 8 Ports
admin: set port=2-8 type dial_in mode slave
admin: set port=2-8 imask_7bits Y
admin: quit
annex# boot
bootfile: <CR>
warning: <CR>
```

D.2.2 Arbeit mit dem Terminalkonzentrator

Das Arbeiten mit dem Annex Terminalkonzentrator ist im Betrieb unauffällig. Es muß der serielle Port bekannt sein, an dem die entsprechende Systemconsole angeschlossen ist, womit sich der IP-Port zur Direktverbindung ergibt und es sollte bekannt sein, wie ein BREAK an die jeweilige Systemconsole gesendet wird und wie ein blockierter Port wieder freigeschaltet werden kann.

D.2.2.1 Verbindung über den Terminalkonzentrator

Soll eine Verbindung zu einem an einen Annex-Terminalkonzentrator angeschlossenes serielles Gerät aufgebaut werden, so ist folgendes Kommando zu benutzen:

telnet Terminalkonzentrator-IP 500x

Wobei für 500x zur Referenzierung des gesuchten seriellen Ports entsprechend der Angaben in Tabelle D.1 auszuwählen ist, hier für das Sechzehnportmodell.

serieller Port	IP-Port
2	5002
3	5003
4	5004
5	5005
6	5006
7	5007
8	5008
9	5009
10	5010
11	5011
12	5012
13	5013
14	5014
15	5015
16	5016

Tabelle D.1. Mapping von seriellem Port zu IP Portnummer

D.2.2.2 Senden eines BREAK-Signals

Soll an eine Node ein BREAK über den Terminalkonzentrator gesendet werden, so ist dies mit der Telnet-Break-Sequenz zu tun. In Beispiel D.4 ist dies kurz eine an Port 2 angeschlossene Node durchgeführt um die Node auf das OBP (ok-Prompt) zu setzen, beziehungsweise die Node zu stoppen.

```
adminws# telnet 10.10.300.3 5002
[...]
^]
telnet> send brk
ok
```

Beispiel D.4. Break über Terminalkonzentrator

Es kann sein, daß die BREAK-Sequenz eine andere ist. Wann immer eine *telnet*-Session geöffnet wird, wird die BREAK-Sequenz genannt, wie es in Beispiel D.5 gezeigt ist.

```
pyxis> telnet tc 5004
Trying 10.10.100.254...
Connected to tc.
Escape character is '^]'.
```

Beispiel D.5.

D.2.2.3 Deblockierung eines seriellen Anschlusses

Sollte ein Terminalkonzentratorport blockiert sein, so läßt sich das wie in Beispiel D.6 für z.B. Port 2 gezeigt, beheben. Ein Port kann blockiert sein, wenn beispielsweise eine ander Verbindung über diesen Port läuft, denn es ist kein Multisession Mode, in dem mehrere Benutzer quasi gleichzeitig schreiben und lesen können, unterstützt.

```
annex: who
annex: su
Password: 10.10.300.3
annex# admin
Annex administration MICRO-XL-UX R7.0.1, 8 ports
admin: reset 2
admin: quit
annex# hangup
```

Beispiel D.6. Reset des Terminalkonzentratorports 2

D.3 SSP: Domainconsole

Die UE10000[1] war die erste der SUN Serversysteme, die keine physikalische Console, also einen seriellen Anschluß o.ä. hatten an die ein Terminal etc. angeschlossen werden konnte. Da jedoch ein SOLARIS System eine Systemconsole zum Betrieb braucht, mußte dies anders geregelt werden. Bei der E10k wurde die Console über ein System abgehandelt, das über ein Consoleinterfaceprogramm seitens der SSP[2] eine Verbindung über das Controlboard des E10k Chassis über die Systembackplane eine Consolverbindung aufbaute. Grob gesprochen, gab es beieiner E10k Domain eine Bootcpu. Diese Bootcpu wurde auf der SSP verzeichnet und war die Zieladresse für den Aufbau der Consolverbindung. Das SSP-Proramm *netcon* baute dazu eine Verbindung zum auf der SSP laufenden *netcon_server*, welcher die Verbindung zur Domain über den Pfad Controlboard Server (cbs), Control Board Executive (cbe) dann über die JTAG Pfade die Verbindung zum domainseitigen *download_helper* Programm. In dem Moment, in dem ausreichend Netzwerkfunktionalität und das domainseitige virtual Console Server Programm (cvcd) vorhanden ist, wird die Consoleverbindung umgeschaltet auf eine Netzwerkverbindung zwischen *netcon_server* und dem in der Domain laufenden *cvcd*.

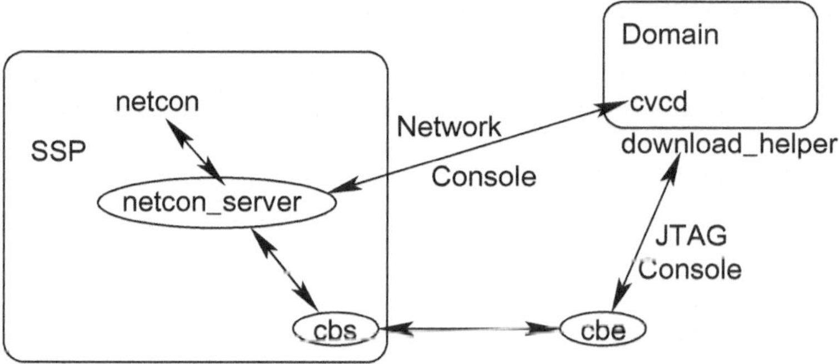

Abb. D.4. E10k: Kommunikationspfade zwischen Console und Domain

Die Consoleverbindung zur jeweiligen Domain wird aktiviert, indem der Administrator sich auf der SSP als User *ssp* einloggt, mit dem Kommando *domain_switch* <*domainname*> administrativ auf die zu adressierende Domain schaltet, was im Prinzip nur die C-Shell Variable SUNW_DOMAINNAME auf die entsprechende Domain setzt, und dann das Kommandos *console* aufruft. *netcon* konnte in verschiedenen Modi gestartet werden. Bei mehreren für die gleiche Domain parallel gestarteten Consolesessions wurde konnte je nach Sessiontyp das Schreibrecht weitergegeben werden.

---

[1] Ultra Enterprise 10000, auch E10k oder Starfire genannt

[2] System Service Processor

Read Only Ein Sessiontyp, in dem man mitlesen konnte, was auf der Systemconsole ein und ausgegeben wurde, selbst konnte man keine Eingaben absetzen.

Unlocked Write Consolesession mit Schreibrecht, das jederzeit von einer gleichartigen Session übernommen werden konnte. Bei ingteraktivem Betrieb konnte mit der Escapesequenz " @" das Schreibtoken zurückgeholt werden, es sei denn es liefen Locked Write oder Exclusive Sessions. (Option -g)

Locked Write Consolesession, bei der das Schreibtoken nicht entzogen werden konnte. (Option -l, im laufenden Betrieb Escape Sequenz " &")

Exclusive Consolesession, die das Schreibtoken übernimmt und nicht wieder abgibt. (Option -f, Escape Sequenz " *"

In der Praxis wurde, wenn die Consolesession nicht übernehmbar war, weil sie irgend jemand vergessen hatte zu terminieren, das *netcon* Executive per *kill(1)* terminiert und dann neu gestartet um irgendwelche Locks zu umgehen. Leider mußten alle Consolesessions und alle SSP-seitigen, domainspezifischen, administrativen Aufgaben unter der Benutzer ID *ssp* ausgeführt werden, was das Sharen von administrativen Rechten auf der *ssp* für konkurrierende Abteilungen innerhalb einer Kundenumgebung erschwerte.

D.4 SC: Domainconsole

D.4.1 MSG

Bei dieser Maschinenklasse, in der die Systeme SF3800 bis SF6800 zusammengefaßt wurden, konnten die Systemconsolen nur über den so genannten Systemcontroller (SC), hier eine VxWorks[3] basierte Einschubkarte, erreicht werden. Dies konnte geschehen, indem man sich über die serielle Console des Systemcontrollers auf diesem anmeldete und dann mit mit dem Kommando *console* optional unter Angabe der Domain ID die Domainconsole öffnete. Wurde die Domain ID nicht angegeben, so wurde eine Menueauswahl ausgegeben, in der man die gewünschte Console öffnen konnte.

Der Systemcontroller verfügte über einen Netzwerkanschluß, womit letztendlich die Systemconsolen über den Systemcontroller über Netzwerk erreichbar waren. Entweder, indem nach lokaler Anmeldung auf dem Systemcontroller über eine Menueauswahl die Domain selektiert wurde, oder aber, vermutlich wenig bekannt, da nicht dokumentiert, konnten die Ports auch direkt adressiert werden, indem sie per *telnet* unter Angabe einer der jeweiligen Zieldomain zugeordneten Portnummer adressiert wurden, wie es Benutzern von Terminalkonzentratoren bekannt ist. Insbesondere beim Betrieb der Clusterconsole war dies sehr von Vorteil. Nachfolgend ist diese Port-zu-Domain Zuordnung in Tabelle D.2 dargestellt.

[3] VxWorks ist ein Echtzeit-Betriebssystem, das im embedded Bereich gerne eingesetzt wird

Kommando	Console
telnet SC *5000*	Plattform
telnet SC *5001*	Domain A
telnet SC *5002*	Domain B
telnet SC *5003*	Domain C
telnet SC *5004*	Domain D

Tabelle D.2. Mapping von Domainconsole zu Portnummer

Der Benutzer erhielt damit Zugriff auf */dev/console* und konnte sich über seine Solaris Userberechtigung oder als Rootuser anmelden. Etwas gewöhnungsbedürftig war die Navigation zwischen den Shellenvironments, so eine Consoleanmeldung aus der Plattformshell des Systemcontrollers erfolgte. Es führte regelmäßig zu Verwechselungen, daß ein BREAK-Signal nicht die Domain abstoppte, sondern lediglich einen Zugriff auf die so genannte Domain Shell, eine administrative Ebene in der Domainkonfiguration, gab. Um die Domain tatsächlich zu stoppen, mußte aus der Domain Shell heraus das Kommando *break* aufgerufen werden. Zur Erinnerung ist dies tabellarisch in D.3 aufgearbeitet.

Status	Startshell	Kommando/Aktion	Zielshell
Domain aktiv	Plattform Shell	*console -d <Domaintag>*	OBP/Console
Domain inaktiv	Plattform Shell	*console -d <Domaintag>*	Domain Shell
Domain aktiv	OBP/Console	BREAK-Sequenz	Domain Shell
Domain (OS) aktiv	Domain Shell	*resume*	*/dev/console*
Domain (OS) aktiv	Domain Shell	*break*	OBP

Tabelle D.3. Übergang zwischen den Ebenen des Domainzuganges

Wenn man bei aktiver Domain eine OBP-Session offen hatte, so konnte man darin OBP-Variablen konfigurieren, die Domain booten etc. Das Handling war etwas gewöhnungsbedürfig, jedoch dafür fool-proof.

D.4.2 HSG

Die Maschinen der 15000er[4] Klasse haben ein der UE10000 ähnliches Consolekonzept, jedoch erweitert um das ACL-basierte Privilegienmodell, das mit der SF15000 eingeführt wurde. Eine der Forderungen aus dem UE10000 Betrieb war ein domaingetrennter Consolezugriff. D.h. es mußte ein Modell entwickelt werden, das es erlaubte unterschiedlichen Domainadministratoren Zugriff auf die Consolen der Domains zu geben für die sie zuständig waren, ohne ihnen gleichzeitig die Möglichkeit zu geben, Zugriff auf Domainconsolen au-

[4] Maschinen dieser Klasse sind SF12k, SF15k, SF20k, SF25k

ßerhalb ihrer Zuständigkeit zu geben. Ein Domainadministrator mußte damit einer Administratorgruppe für die Domain oder Domains angehören, die ein entsprechendes Zugriffsrecht hatten. Die Domainberechtigungen wurden über ACLs auf dem ebenfalls unter SOLARIS laufenden Systemcontroller geregelt. Die Console für eine Domain konnte erreicht werden durch Aufruf des Kommandos *console -d <domaintag>*. Reichten die Zugriffsrechte aus, so wurde eine Consolverbindung hergestellt zur Systemconsole (*/dev/console*) der entsprechenden Domain. Die Kontroll- und Steuersoftwareumgebung der SF15000, genannt *System Management Service* kurz *SMS* mußte damit einen Weg zur Systemconsole realisieren, wie er in Abbildung D.5 skizziert ist.

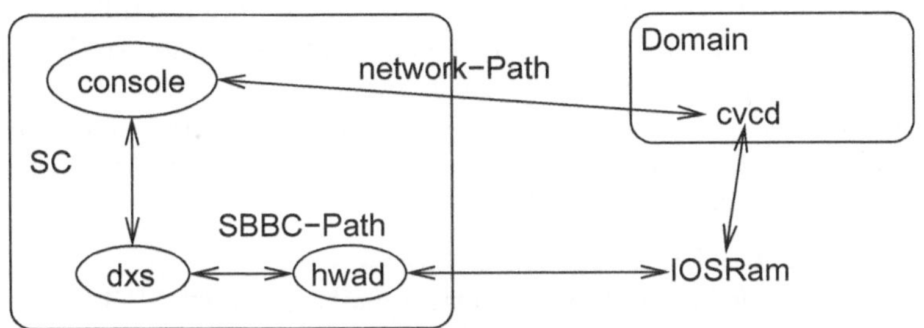

Abb. D.5. E15k: Kommunikationspfade zwischen Console und Domain

Dabei mußte, solange keine Netzwerkverbindung zwischen Systemcontroller und Domain bestand um eine Verbindung zum *cvcd(1M)* herzustellen eine Verbindung über den System Boot Bus hergestellt werden. Dazu wurde auf dem Systemcontroller (SC) das Kommando *console* an den Domainserverprozess, *dxs*, verwiesen, der dann über den Hardware Access Daemon, *hwad*, über den System Boot Bus (IOSRAM) eine Verbindung um Virtual Console Server (*svcd*), verwiesen. Wann immer eine Netzwerkverbindung vom SC zur Domain bestand, wurde die Netzwerkverbindung zwischen dem Clientprozess (*console*) und dem Serverprozess (*svcd*) bevorzugt. Der Übergang von IOSRam-Console zu Netzwerk-Console verlief zuverlässig, automatisch und weitestgehend unbemerkt. Wann immer die Netzwerkverbindung zusammengebrochen ist, was bei dem internen I1-Netzwerk[5] hardwarefehlerbasiert nahezu unmöglich war, wurde auf IOSRam-Console zurückgeschaltet. Der *cvcd*-Prozeß wurde bei Ausfall nachgestartet. Es führt zu weit, dieses Consolkonzept an dieser Stelle weiter zu beschreiben, zumal die Systeme dieser Maschinenklasse bei Betrachtung der aktuellen SUN CPUs und Systemdesigns in naher Zukunft vermutlich abgekündigt werden.

[5] Internal Network 1, auch Intrasystemnetzwerk genannt. Das I2 Netzwerk ist das Intrasystemcontrollernetzwerk

D.5 RSC: Remote System Control Console

Ein Remote Systemcontroller ist ein eigenständiger Rechner, über den von außen über Netzewerk, Modem oder auch über einen seriellen Port zugegriffen werden kann. Intern ist der Systemcontroller, plaziert in einem dedizierten Steckplatz, verbunden mit dem Hostrechner, derart, daß der Systemcontroller nicht nur die Systemconsole des Hostrechners verwalten und weiterreichen kann, sondern der Systemcontroller über den I2C Bus Zugriff auf Systeminformaitonen wie Temperaturen der CPUs etc als auch Level der Spannungsversorgungen etc. hat. Der Systemcontroller kann auch das Hostsystem ein und ausschalten. Da der Systemcontroller selbst nur ein Akku hält, das etwa 30 Minuten hält, wenn keine äußere Versorgungsspannung anliegt, muß man, gegebenenfalls nach längerer Zeit der Versorgungsspannungsfreien Lagerung unter Umständen den Systemcontroller entsprechend reaktivieren. In einer UE280R, die das gleiche Systemboard wie eine Blade 1000 oder 2000 nutzt, gehörte der Systemcontroller zur Standardauslieferung. In Abbildung D.6 ist der Aufbau skizziert.

Netzwerk Ein 10BT/RJ45 Ethernet Port
Modem Ein Modem mit RJ11 Port, aufgebaut als PCMCIA Steckkarte
Serial Einen seriellen Port mit RJ45 Buchse
I2C I2C Bus zum Auslesen der Systemzustände wie Temperaturen und Spannungen etc.
HostPower Realisiert über den GPIO Port des embedded Systems, kann die Versorgungsspannung des Hostrechner ein oder ausgeschaltet werden.

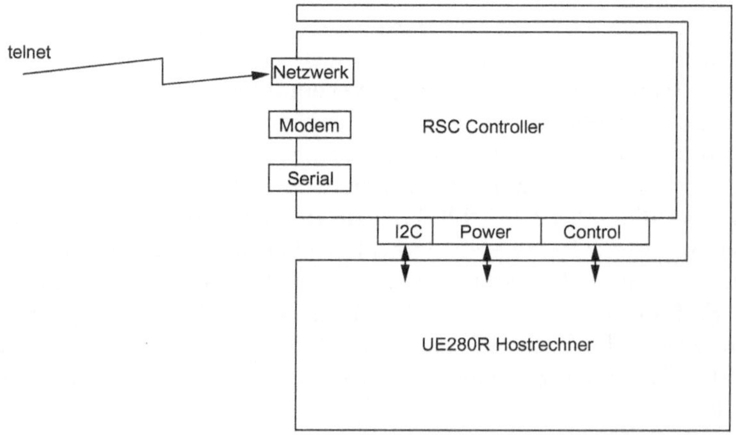

Abb. D.6. RSC Einbettung bei einer UE280R

Systemcontrollerspezifische Konfigurationsdaten werden intern in einem 8 KByte großen Serial EEPROM abgelegt, Die RSC-Systemsoftware liegt in einem 2 MB großen FlashPROM Bereich, für die Programmausführung stehen 8 MByte SDRAM zur Verfügung. Es können bis zu 6 Benutzer auf dem Systemcontroller definiert werden, die geeigneten Zugriff auf das Systemcontrollersystem oder das Hostsystem haben können. So ist es möglich, über den Systemcontroller über Netzwerk, Modem etc. nicht nur Consolezugriff auf den Hostrechner zu erhalten, sondern den Hostrechner jederzeit auch einzuschalten, auszuschalten oder zurückzusetzen. Bei Umsetzung auf RSC Betrieb bleibt *ttya* des Hostrechners frei zur weiteren Verwendung, jedoch sollte bedacht werden, daß bei Ausfall oder grundlegender Konfiguration des Systemcontrollers damit die Hostsystemconsole wieder auf *ttya* erreichbar sein sollte. Im Gegensatz zu LOM und ALOM etc. bleibt hier nach Konfiguration und Aktivierung des RSC Systems *ttya* des Hostrechners frei verwendbar. Ungünstigerweise kann der RSC initial nur seitens der UE280R aufgesetzt werden, da die RSC Software über die 280R auf den RSC Controller geladen wird. Die RSC Software selbst liegt somit auf der UE280R unter */usr/platform/SUNW,Sun_Fire_280R*. In dem Unterverzeichnis *rsc* befinden sich Setup- und Konfigurationsprogramm. Das initiale Setup des RSC Controllers wird durchgeführt durch Aufruf des Kommandos *rsc-config* unter */usr/platform/SUNW,Sun_Fire_280R/rsc* Die Installation der RSC Software auf dem RSC Controller ist Menuegeführt, wobei auch gleich die Grundkonfiguration des RSC mit durchgeführt wird. Zur weiteren Administration und zum Backup der Einstellungen wird das Kommando *rscadm* bereitgehalten. Nach erfolgreicher Installation ist OBP seitig der Console-I/O umzulenken auf den RSC Systemcontroller, was bei angehaltenem Hostbetriebssystem auf dem OBP Prompt des Hosts einzustellen ist wie in Beispiel D.7 gezeigt. Auf

```
ok setenv input-device rsc-console
ok setenv output-device rsc-console
ok diag-console rsc
ok reset-all
```

Beispiel D.7. Umlenkung des Console-I/O auf RSC Systemcontroller

dem RSC Controller beispielsweise über Netzwerk angemeldet, kann nun eine Consolesession zum Hostrechner aufgebaut werden mit dem Kommando *console*. Da eindeutig ist, wessen Systemconsole zu erreichen ist, wird das Kommando ohne weitere Argumente aufgerufen. Man hat damit Zugriff auf */dev/console* des Hostrechners, will man diese Verbindung wieder schließen und seine Shell auf dem RSC Systemcontroller weiternutzen, sind die UUCP-Style Tilde-Commands zu nutzen (. als erstes Zeichen im Eingabeprompt, notfalls ein <*CR*> voraus senden).

Der RSC Controller ist ein hilfreiches Monitoring- und Verwaltungshilfsmittel, was nicht nur das Ein- und Ausschalten des Hostrechners und den Zugriff auf die Hostrechnerconsole erlaubt, sondern es können damit die Consolemessages direkt mitgeschrieben und versendet werden. Der RSC ist in der Lage, Mitteilungen und Warnungen beispielsweise per e-Mail zu versenden, unabhängig vom Zustand des Hostrechners. Bei vollständigem Stromausfall allerdings nur etwa 30 Minuten lang, danach ist der Onboardakkumulator leer. Diese kurze Aufstellung soll den Einsatz des RSC motivieren und setzt voraus, daß der Benutzer das Onlinehelp des RSC Systemcontrollers nutzt. Bei weiterem Interresse sei hier auf die Systemdokumentation verwiesen.

E

Entwurf und Implementierung eines schnellen Filesystems für Unix unter besonderer Berücksichtigung der technischen Parameter optischer Speichermedien und multimedialer Anwendungen

Diplomarbeit Jörg Schilling, eingereicht am 23.05.1991 an der TU Berlin

Zusammenfassung. Das Ziel dieser Arbeit ist es, ein Filesystem für UNIX[1] zu implementieren, das sowohl den besonderen Effizienz-Anforderungen von Multimedia-Anwendungen gerecht wird, als auch die technischen Parameter der heutigen optischen Speichermedien inclusive Worm–Medien (Write once read many) berücksichtigt.

Dazu wird zunächst das in SUNOS vorhandene (und in SYSTEM V Release 4 übernommene) Kernel-interne Filesystem-Interface untersucht und eine Dokumentation dieser Schnittstelle erarbeitet. Danach kann dann unter Verwendung dieser Dokumentation ein einfaches, aber schnelles Filesystem auf der Basis zusammenhängender Dateien entworfen und implementiert werden.

Beim Entwurf wird insbesondere untersucht, welche Folgerungen sich aus dem gewünschten Einsatz von *Worm–Medien* ergeben und ob die Komplexität und die Performance des zu entwerfenden Filesystems durch diese Folgerungen beeinflußt werden.

E.1 Einführung

Die heute zunehmend an Bedeutung gewinnenden multimedialen Anwendungen erfordern es unter anderem, digitalisierte Videodaten lesen und schreiben zu können. Bei Daten dieser Art ist es notwendig, eine Vorhersage über die beim Lesen oder Schreiben erreichten Datentransferraten treffen zu können. Auch bei Anwendung modernster Kompressionsverfahren ist zur Speicherung digitaler Videodaten ein konstanter Durchsatz von 1.5 bis 2 Mbits/s erforderlich. Würde man solche Videodaten auf einem UNIX-Filesystem speichern, dann würde die im laufenden Betrieb eines solchen Filesystems entstehende Fragmentierung des Mediums zu nicht mehr vorhersagbaren Datentransferraten führen. Datentransfers mit konstantem Durchsatz und ohne Unterbrechungen lassen sich bei Verwendung dieses Filesystems nicht erreichen. Um einen konstanten Durchsatz der Daten garantieren zu können, müssen die

[1] UNIX ist ein Warenzeichen von AT&T.

Daten daher kontinuierlich auf dem Medium abgelegt werden, denn nur dann sind keine unberechenbaren Unterbrechungen des Datentransfers durch *Seeks* (Armbewegungen) auf dem Medium zu erwarten.

Da bei multimedialen Anwendungen große Datenmengen anfallen, entsteht ein Wunsch nach der Verwendung von Wechselmedien. Um die anfallenden Datenmengen dabei zu akzeptablen Kosten und mit geringem Platzbedarf archivieren zu können, im Betrieb aber Direktzugriff zu erlauben, kommen zur Zeit nur optische Speichermedien in Frage.

E.1.1 Optische Speicher Medien

Es sind zur Zeit drei Typen von optischen Speichermedien verfügbar:

Beim Typ *CD-Rom* werden die Daten in der Fabrik dem Medium mechanisch eingeprägt, sie sind beim Anwender nur noch lesbar. Bei diesem Laufwerkstyp wird die von der *Compact-Disk* her bekannte Technologie verwendet.

Das uns zugängliche *CD-ROM*-Laufwerk (ein CDU-8012 von der Firma Sony) hat eine kontinuierliche Lesegeschwindigkeit von ca. 150 kBytes/s. Die mittlere Seekzeit beträgt ca. 700 ms, die maximale Seekzeit liegt deutlich über 2 Sekunden.

Der Typ *Worm* (Write Once Read Many) erlaubt es, jeden Sektor des Mediums einmal zu beschreiben, danach sind die Daten nur noch lesbar. Bei dieser Technologie werden mit Hilfe eines starken Infrarot-Lasers "Brandblasen" auf einer speziellen Kunststoffschicht erzeugt, die sich auf dem Glassubstrat des Mediums befindet. Beim anschließenden Auslesen mit geringerer Energie des Lasers können dadurch Helligkeitsunterschiede erkannt werden.

Bisher konnte von uns keines der neueren *Worm*-Laufwerke getestet werden. Das uns zugängliche Worm-Laufwerk ist ein 5 Zoll-Laufwerk (ein RXT-800S der Firma Maxtor). Es hat eine maximale kontinuierliche Lesegeschwindigkeit von ca. 100 kBytes/s und eine kontinuierliche Schreibgeschwindigkeit von ca. 30 kBytes/s, die mittlere Seekzeit liegt bei 400 ms.

Die dritte Gruppe bilden die wiederbeschreibbaren optischen Speichermedien. Auf dem Markt sind dies zur Zeit magneto-optische Laufwerke[2], bei denen der Faraday-Effekt beim Durchgang von polarisiertem Laserlicht durch eine magnetisch aktive Kunststoffschicht auf einem Glassubstrat ausgenutzt wird. Die magnetischen Domänen in der Kunststoffschicht lassen sich neu ausrichten, wenn die gewünschte Stelle des Mediums mit Hilfe eines Lasers über die Curie-Temperatur der magnetisch aktiven Schicht erhitzt wird. Durch diese Technologie lassen sich diese Medien beliebig häufig wiederbeschreiben, sie sind aber, bedingt durch die hohe Masse der zu bewegenden Optik, in ihren Armbewegungen deutlich langsamer als Magnetplatten. Da zur Ummagnetisierung der magnetischen Domänen des Mediums aber ein starkes Magnetfeld

---

[2] In der Entwicklung befinden sich auch Laufwerke, die auf der Farbumschlagreaktion einer optisch aktiven Schicht beruhen.

benötigt wird, kann dafür kein örtlich begrenzt wirkender Magnet eingesetzt werden. Der Ort der Ummagnetisierung wird durch die vom Laser erhitzten Stellen bestimmt. Daher ist bei diesem Mediumtyp ein Überschreiben eines Sektors nur in zwei Durchläufen möglich; im ersten Durchlauf wird die Magnetisierung im gesamten Sektor zurückgesetzt, im zweiten Durchlauf werden die Stellen geschrieben, die eine anders gerichtete Magentisierung bekommen sollen.

Das beste uns zur Zeit zugängliche *magneto-optische* Laufwerk ist das Sony SMO-C501. Es erreicht eine kontinuierliche Lesegeschwindigkeit von ca. 400 kBytes/s und eine kontinuierliche Schreibgeschwindigkeit von ca. 100 kBytes/s, die mittlere Seekzeit liegt bei 90 ms, die maximale Seekzeit bei 160 ms.

Die Angaben über die Datentransferraten beziehen sich bei dem CD-Rom Laufwerk und dem magneto-optischen Laufwerk auf eine Sektorgröße von 512 Bytes, bei dem Worm-Laufwerk sind nur Medien mit einer Sektorgröße von 2048 Bytes erhältlich, daher beziehen sich die Angaben dort auf diese Sektorgröße.

E.1.2 Unix-Filesystem auf *Worm*–Medien?

Würde man versuchen, ein UNIX-Filesystem auf einem *Worm*-Medium zu installieren, dann würde man sofort scheitern: Beim Entwurf des UNIX-Filesystems wurde davon ausgegangen, daß jeder Sektor des Mediums beliebig häufig beschrieben werden kann. Beim Anlegen einer neuen Datei werden Sektoren an mehreren Bereichen des Mediums modifiziert[3]. Daher könnte man bei Verwendung eines *Worm*-Mediums nicht eine einzige Datei auf diesem Filesystem anlegen.

Das seit UNIX Version 7 verwendete Filesystem arbeitet bei allen Schreib- und Lese-Operationen mit einer Blockgröße von 512 Bytes. Ein *Worm*-Medium mit einer Sektorgröße von 2048 Bytes ist daher mit diesem Filesystem nicht zu verwenden.

Will man trotzdem Erfahrungen sammeln, dann kann man ein Berkeley 4.2-Filesystem auf einem Magnetplattenlaufwerk vorbereiten und die Magnetplatte danach physisch auf ein *Worm*-Medium kopieren. Wenn man die so angefertigte Kopie nur zum Lesen in den Filebaum einhängt, dann kann man dieses Filesystem auf dem *Worm*-Medium benutzen. Es verbleibt aber das Problem, *Worm*-Laufwerke auch auf beschreibbare Weise in den UNIX-Filebaum zu integrieren.

Die einfachste Lösung für die Verwaltung von Dateien auf einem *Worm*-Medium ist die Simulation der Funktionen eines Bandlaufwerks. Wenn man mit *tar* (oder einem *tar*-ähnlichen Programm) auf das Medium schreibt, dann lassen sich mehrere Dateien auf dem *Worm*-Medium unterbringen.

---

[3] Bei den modifizierten Bereichen handelt es sich um die Directory, in der die neue Datei steht, den *Inode* der Directory, den *Inode* der neuen Datei, und den Superblock. Diese Bereiche werden im nächsten Kapitel noch näher beschrieben.

Wenn man es bei Anwendung dieser Methode jedoch zulassen will, daß einzelne Dateien modifiziert werden können, wird der Zugriff auf die Dateien sehr langsam. Denn wenn man auf eine Datei zugreifen will, muß jedesmal das gesamte Medium durchsucht werden, um sicherzustellen, daß sich keine neuere Version der Datei als die zuerst gefundene auf dem Medium befindet. Da bei dem Programm *tar* jede Dateibeschreibung den kompletten Dateinamen enthält, wäre zudem eine *rename*-Operation auf eine Directory nicht möglich.

E.1.3 Performance Aspekte

Die für die Performance eines Filesystems wichtigen Kenngrößen sind die Datentransferrate, die Zeit, die zum Übersetzung eines Dateinamens in die Dateibeschreibung benötigt wird, sowie die Zeit zum Anlegen einer neuen Datei auf dem Filesystem. Ein schnelles Filesystem sollte logische Transferraten haben, die in der Nähe der Transferraten des Mediums liegen. Ein Filesystem, das Transferraten in der Nähe der Transferraten des Mediums aufweist, ist auf allen Medien schnell.

Das Hauptproblem, auf optischen Speichermedien eine gute Performance zu erreichen, ist die geringe *Seek*-Geschwindigkeit dieser Medien. Die *Seek*-Geschwindigkeit ist aber auch bei Magnetplattenlaufwerken ein bestimmender Faktor für die Performance eines Filesystems. Es ist daher beim Entwurf eines schnellen Filesystems nicht erheblich, ob dabei von optischen oder magnetischen Medien ausgegangen wurde. Es muß nur darauf geachtet werden, daß die physische Transferrate des verwendeten Mediums einen ausreichenden Sicherheitsabstand zu der bei der gewünschten Anwendung benötigten Transferrate bietet.

Wenn das Filesystem auch auf *Worm*-Medien lauffähig sein soll, dann muß beim Entwurf allerdings die nicht vorhandene Wiederbeschreibbarkeit dieser Medien berücksichtigt werden.

E.1.4 Struktur dieser Arbeit

Im zweiten Kapitel werden die Datenstrukturen auf dem Medium, sowie die Überlegungen, die dazu führten, entwickelt und begründet.

Das dritte Kapitel behandelt die (undokumentierte) *Filesystemswitch*-Schnittstelle von SunOS 4.0.

Im vierten Kapitel werden die bei der Implementierung des Filesystems im Kern angewandten Algorithmen beschrieben.

Im fünften, abschließenden Kapitel werden mögliche Erweiterungen zur Erschließung zusätzlicher Anwendungen für das Filesystem aufgezeigt.

E.2 Datenstrukturen auf dem Medium

Im vorigen Kapitel ist dargestellt worden, daß die wesentlichen beim Entwurf eines effizienten Filesystems zu beachtenden Punkte unabhängig davon sind, ob sich das Filesystem auf einem mehrfach beschreibbaren oder auf einem nur einmal beschreibbaren Medium befindet. Wenn man ein Filesystem entwirft, das jeden Sektor des Mediums nur einmal beschreibt und noch nicht beschriebene Sektoren nicht zu lesen versucht, sieht man keinen Unterschied zwischen den beiden Medien-Typen. Daraus ergibt sich, daß ein Filesystem, das für *Worm*-Medien entworfen wurde, auch auf *magneto-optischen* und *magnetischen* Medien benutzbar ist. Es ist also offenbar ohne Einschränkung der Allgemeinheit möglich, bei dem Entwurf des Filesystems nur von *Worm*-Medien auszugehen. Daher wird das Filesystem im folgenden *Worm*-Filesystem genannt.

Die wichtigsten Forderungen an ein effizientes Filesystem sind:

- Beim Lesen oder Schreiben von Dateiinhalten sollten möglichst wenige *Seek*-Operationen auf dem Medium erforderlich sein.
- Beim Zugriff auf die zu den Dateien gehörenden Beschreibungsdaten sollten ebenfalls möglichst wenige *Seek*-Operationen auf dem Medium erforderlich sein.
- Beim Zugriff auf die zu den Dateien gehörenden Beschreibungsdaten sollten möglichst wenige Mediumzugriffe benötigt werden.

Sind *Seek*-Operationen auf dem Medium nicht zu vermeiden, dann sollte darauf geachtet werden, daß sie selten sind und daß nur kurze *Seeks* vorgenommen werden.

Die Anwendung für unser Filesystem ist aus Sicht eines Filesystems im wesentlichen eine Benutzung durch einen einzelnen Prozess, daher kann man mit kontinuierlich geschriebenen Daten praktisch die Datentransferrate des Mediums erreichen.

E.2.1 Grundstrukturen eines Filesystems

Ein Filesystem soll es ermöglichen, mehrere Dateien auf einem Medium so zu speichern, daß die einzelnen Dateien unabhängig voneinander erzeugt, beschrieben und gelesen werden können. Dazu werden folgende Informationen benötigt, um die Dateien zu verwalten:

- Eine Beschreibung der Parameter des Filesystems. Das sind Werte, die die Größe, und möglicherweise die Geometrie, des Filesystem beschreiben, sowie konfigurierbare Parameter, mit denen das Filesystem an spezielle Wünsche und Anwendungsfälle des Anwenders angepaßt werden kann.
- Eine Beschreibung der einzelnen Dateien. Diese Beschreibung enthält Daten wie den Eigentümer der Datei, die Zugriffsrechte, die Größe und die Beschreibung, an welchen Stellen des Mediums die Dateiinhalte gespeichert sind.
- Eine Beschreibung der Struktur des Filesystems. Bei einem hierarchisch organisierten Filesystem, wie es unter UNIXverwendet wird, muß in einer geeigneten Weise der Zusammenhang zwischen Directories und den darin enthaltenen Dateien hergestellt werden können.

E.2.2 Die wesentlichen Strukturen des Berkeley 4.2-Filesystems

Um die Gedanken, die zu der hier zu beschreibenden Struktur des *Worm*-Filesystems geführt haben, zu erläutern, werden wir zur Einleitung zuerst kurz die wesentlichen Strukturen des BSD-*Filesystems* (McKusick et al., 1984) in [Berkeley 4.2 SMM Kap. 14] erläutern[4].

Das BSD-Filesystem teilt den Gesamtbereich des Mediums, unabhängig von der sonstigen Struktur in mehrere Zonen ein, die *Zylindergruppen* genannt werden. Diese Einteilung dient dazu, die für den Zugriff auf Dateien notwendigen *Seek*-Operationen möglichst klein zu halten.

Unabhängig von der eben beschriebenen Zylindergruppen-Aufteilung gibt es folgende Bereiche auf dem Medium:

- Der Superblock enthält die Daten, die die Geometrie des Mediums, sowie das Filesystemlayout beschreiben.
- Die *Inode*-Blöcke am Anfang jeder Zylindergruppe, enthalten, bis auf die Beschreibung des logischen Orts im Filesystembaum, alle Eigenschaften und beschreibenden Daten der Dateien. Bei den Beschreibungsdaten handelt es sich z.B. um den Besitzer der Datei, die Zugriffszeiten, die Dateigröße, sowie die Blöcke des Mediums, auf denen sich die Inhalte der Datei befinden.
- Die Inhalte der Dateien belegen die Bereiche einer Zylindergruppe, die sich jeweils hinter den *Inode*-Blöcken einer Zylindergruppe befinden.

Die Daten, die die logische Struktur des Filesystems repräsentieren, befinden sich innerhalb von *Directories*. Das sind spezielle Dateien, deren Inhalt aus Mengen von Paaren von Pfadnamen-Komponenten und *Inode*-Nummern besteht. Eine *Inode*-Nummer verweist auf einen einzelnen Eintrag innerhalb eines *Inode*-Blocks. Dieser Eintrag enthält die restlichen Beschreibungs-Daten der Datei.

Die eben beschriebene Struktur hat jedoch gewisse Nachteile, falls man sie auf ein Filesystem für ein *Worm*-Medium abbilden will. Das Anlegen einer neuen Datei, das Löschen einer Datei, sowie das Ändern eines Dateinamens sind hier Schreiboperationen auf die Directory, in der sich die Datei befindet. Das bedeutet, daß sich der Inhalt der Directory in diesen Fällen ändern würde.

Da bei *Worm*-Medien einzelne Blöcke nicht überschrieben werden können, müßte man in diesen Fällen immer eine neue Directory mit dem aktualisierten Inhalt anlegen. Das bliebe nicht ohne Einfluß auf die Dateibeschreibung der Directory, die dann ebenfalls zu aktualisieren wäre.

Um solche Schreiboperationen auf Directories zu vermeiden, muß man Wege suchen, die es ermöglichen, die Struktur eines Filesystems auf andere Weise darzustellen. Dazu muß es jedoch gelingen, die Baumstruktur des Filesystems

[4] Mit Ausnahme der Tatsache, daß das BSD-Filesystem das Medium in Zylindergruppen einteilt, sind die Unterschiede des UNIX-Version 7-Filesystems und des BSD-Filesystems, für die hier besprochenen Eigenschaften ohne Belang.

zu beschreiben, ohne die im UNIX-Filesystem angewandte Methode zu verwenden.

E.2.3 Die Struktur des Filesystems

Bei dem Entwurf der Struktur des *Worm*-Filesystems müssen folgende Randbedingungen beachtet werden:

- Der UNIX-Gerätetreiber erwartet, daß auf dem ersten Sektor des Mediums ein sogenanntes *Label* steht. Das Label wird vom UNIX-Gerätetreiber für die Partitionierung, sowie für eventuell notwendige Informationen über die Geometrie des Mediums verwendet.
- Die dem Label folgenden Sektoren werden üblicherweise bei UNIXfür ein primäres Bootstrap-Programm bereitgehalten.

Hinter diesen Bereich schreibt man sinnvollerweise eine Beschreibung der Parameter des Filesystems. Diese Beschreibung wird im Folgenden *Primärer Superblock* genannt.

Der restliche Bereich des Mediums steht zur freien Disposition für die Daten des Filesystems. Für eine grobe Einteilung des Mediums kann man im wesentlichen von zwei gleichzeitig wachsenden Bereichen ausgehen[5]:

- Die Dateiinhalte
- Die Dateibeschreibungen.

Eine Verschränkung dieser Bereiche kann man vermeiden, wenn man einen Bereich vom Anfang des Mediums zum Ende des Mediums und den anderen Bereich vom Ende des Mediums zum Anfang wachsen läßt. Auf diese Weise kann man vermeiden, daß man von Anfang an einem der Bereiche eine feste Größe zuweisen muß.

Dadurch ist dann, im Gegensatz zum UNIX-Filesystem, nicht schon zum Zeitpunkt der Erzeugung des Filesystems festgelegt, wieviele Dateien auf dem Filesystem erzeugt werden können und wieviel Platz für Dateiinhalte zur Verfügung steht[6]. Dadurch kann man, ohne sich schon bei der Erzeugung des Filesystems festlegen zu müssen, den auf dem Medium verfügbaren Speicherplatz optimal ausnutzen.

Da das Filesystem die Größe von Dateien nicht voraussagen kann, müssen sich die Dateiinhalte, damit sie später kontinuierlich auf dem Medium stehen, auf dem Bereich befinden, der vom Anfang zum Ende des Mediums wächst.

[5] In einem der folgenden Abschnitte wird noch darauf eingegangen, daß es wegen der Berücksichtigung der Besonderheiten der *Worm*-Medien noch einen dritten wachsenden Bereich geben muß. Er wird in dem folgenden Bild als *Superblock-Updates* bezeichnet.

[6] Bei einem BSD-Filesystem von 400 MBytes Größe werden bei Standardparametern für das *mkfs(8)*-Programm fast 24 MBytes für *Inodes* reserviert. Dadurch sind ca. 17% der Kapazität des Mediums, unabhängig von der wirklich benötigten Menge, nicht für Dateiinhalte verfügbar.

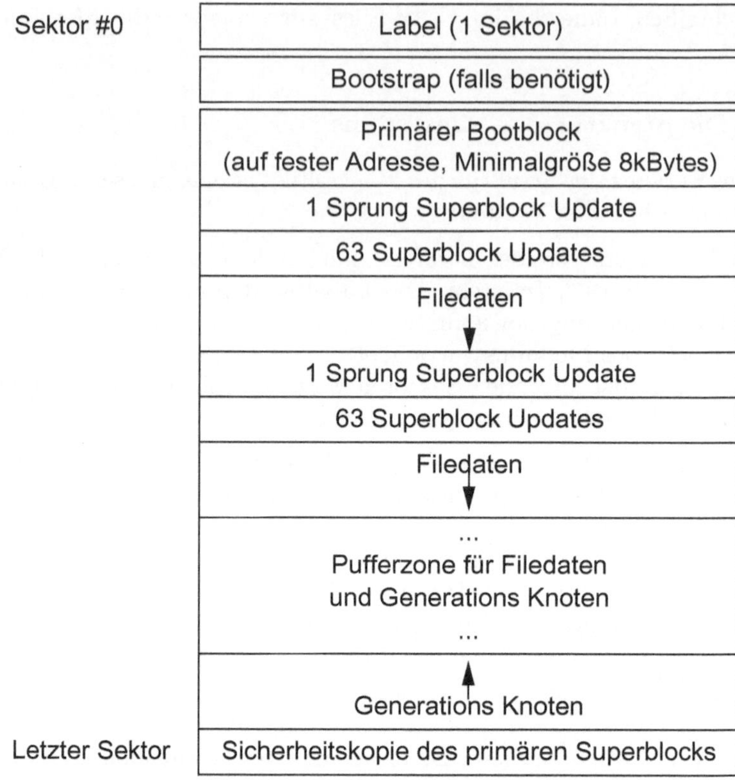

Abb. E.1. Layout des Filesystems für *Worm*-Medien.

Dabei ist der Sektor #0 der erste adressierbare Sektor innerhalb einer Partition. Mit dem letzten Sektor ist entsprechend der letzte adressierbare Sektor der betreffenden Partition gemeint. Auf die sonstigen in Abbildung E.1 bezeichneten Bereiche wird in den folgenden Abschnitten näher eingegangen.

E.2.4 Der *Generations*-Knoten als Beschreibung der Dateien

Im UNIX-Filesystem ist der *Inode* der Informations-Knoten für die Datei. Er enthält, wie schon beschrieben, bis auf die Information über den logischen Ort der Datei im Filesystembaum, sämtliche Informationen für eine Datei. Unter anderem enthält er auch die Zeiten des letzten Lesezugriffs, des letzten Schreibzugriffs und der letzten Statusänderung der Datei. Das bewirkt jedoch, daß er, nach dem Superblock, zu den am häufigsten geschriebenen Bereichen auf dem Medium gehört.

Da bei *Worm -Medien* jeder Sektor nur einmal beschrieben werden kann, ist eine Abbildung der im UNIX-Filesystem angewandten Methode auf das *Worm -Filesystem* nicht ohne weiteres möglich. Man könnte zwar eine Verringerung der notwendigen Schreiboperationen erreichen, wenn man bei der

Verwendung von *Worm*-Medien die Zeit des letzten Lesezugriffs nicht aktualisierte. Damit ist das Hauptproblem jedoch nicht gelöst.

Eine Lösung für das Problem ergibt sich jedoch, wenn man die notwendigen Updates der Dateibeschreibung jeweils an eine andere Stelle des Mediums schreibt. Man hat dann für jeden Zustand der Datei eine zu diesem Zustand gehörende Dateibeschreibung auf dem Medium.

Um aus diesen Beschreibungen die aktuelle herausfinden zu können, muß man sie nur in einer festgelegten Richtung auf das Medium schreiben. Wenn man dann von dem logischen Ende des Bereiches, auf dem sich die Beschreibungen auf dem Medium befinden, rückwärts[7] nach dem Eintrag für eine bestimmte Datei sucht, dann findet man die aktuelle Beschreibung dieser Datei zuerst.

Da man durch die soeben beschriebene Methode für jede Generation einer Datei eine zu dieser Generation gehörende Beschreibung bekommt[8], wird diese Beschreibung der Datei im folgenden *Generations*-Knoten genannt.

Der *Generations*-Knoten ist, entsprechend dem *Inode* des UNIX-Filesystems, der *Informations*-Knoten für Dateien im *Worm*-Filesystem.

E.2.4.1 Probleme durch den Update von Generations-Knoten an anderer Stelle

Durch diese oben beschriebene Methode des Updates von Generations-Knoten gibt es allerdings Probleme, eine Directory-Struktur, wie sie beim UNIX-Filesystem verwendet wird, anzulegen. Wenn man für den Generations-Knoten einer Datei keinen festen Platz auf dem Medium vorsehen kann, dann ist es auch nicht möglich, eine feste Rechenvorschrift anzugeben, mit der man aus dem Directory-Eintrag für eine Datei, auf den Ort des zu dieser Datei gehörenden Generations-Knotens auf dem Medium kommt.

Dieser Zusammenhang, der beim UNIX-Filesystem gegeben ist, läßt sich offensichtlich beim *Worm*-Filesystem nicht beibehalten, denn eine Veränderung an einer Datei erfordert einen Update des Generations-Knotens dieser Datei. Der Update des Generations-Knotens an anderer Stelle würde aber einen Update der Directory, in der sich die Datei befindet, bedeuten, was sich dann in einer Kette bis zur *Root*-Directory des betreffenden Filesystems fortsetzte.

E.2.4.2 Der Dateiname im *Generations*-Knoten

Wenn es gelingt, den Dateinamen im Generations-Knoten unterzubringen und die Baumstruktur des Filesystems auf eine andere Art als beim UNIX-Filesystem darzustellen, dann kann man auf einen Directory-Inhalt, wie beim

[7] d.h. entgegen der Wachstumsrichtung.

[8] Wie noch im Abschnitt über die Modifikation von Dateien gezeigt wird, könnte man beim *Worm*-Filesystem, durch eine Erweiterung der Funktionen des Filesystemcodes, auch auf ältere Versionen einer Datei zugreifen.

UNIX-Filesystem, ganz verzichten. Um die Möglichkeit der Unterbringung des Dateinamens im Generations-Knoten zu überprüfen, werden zunächst einige Überlegungen über die Länge von Dateinamen im Betriebssystem UNIX durchgeführt:

Die maximale Länge einer Pfadnamen-Komponente beträgt bei UNIX inclusive *NULL*-Byte 256 Bytes *(MAXNAMLEN)*. Da für die restlichen Daten des Generations-Knotens ca. 96 Bytes benötigt werden, ist es problemlos möglich, den Generations-Knoten inclusive der Pfadnamen-Komponente in einem Sektor von 512 Bytes Größe unterzubringen.

Um einen besseren Überblick über die in der Praxis vorkommenden Längen von Pfadnamen-Komponenten zu erhalten, wurden Messungen an einem Rechner, der mit SUNOS 4.0.1 betrieben wird, vorgenommen.

Auf dem `/usr`-Filesystem dieses Rechners wurden dabei folgende Werte ermittelt:

- Es befanden sich insgesamt 5984 Dateien inclusive Directories, Hard-Links und Symbolischer Links auf dem Filesystem.
- Es befanden sich 267 Directories auf dem Filesystem.
- Es befanden sich 800 Hardlinks[9] ohne Berücksichtigung der Einträge "." und ".." in den Directories, auf dem Filesystem.
- Es befanden sich 202 Symbolische Links auf dem Filesystem.

An diesen Dateien wurden Untersuchungen über die Länge der Pfadnamen-Komponenten durchgeführt. (Dabei wurde das abschließende *NULL*-Byte nicht berücksichtigt; Wenn man die folgenden Werte für die Dimensionierung von zu reservierendem Speicherplatz bei C-Programmen verwenden will, muß man sie folglich um eins erhöhen.) Es wurden folgende Werte ermittelt:

Mittlere Länge einer Pfadnamen-Komponente	7.6	Bytes
Maximale Länge einer Pfadnamen-Komponente	28	Bytes
Mittlere Linknamenlänge	15.9	Bytes
Maximale Linknamenlänge	48	Bytes

Tabelle E.1. Mittlere Länge von Pfadnamen-Komponenten

Aus diesen Messungen kann man schließen, daß sich alle in der Praxis vorkommenden Pfadnamen-Komponenten in 32 Bytes unterbringen lassen. Zusammen mit den ca. 96 Bytes, die für die restlichen Daten des Generations-Knotens benötigt werden, kommt man damit auf eine Größe von 128 Bytes. Daher ist 128 Bytes als die Mimimalgröße eines Generations-Knotens gewählt worden.

[9] Dieser hohe Anteil von Hard-Links ist untypisch für UNIX, er wird hervorgerufen durch 733 Hard-Links auf Einträge in `/usr/share/lib/terminfo` der Terminalbeschreibung von System V.

E.2.5 Die Realisierung der Filesystemstruktur

Damit die Filesystemstruktur eindeutig zu beschreiben ist, muß man zusätzlich zum Dateinamen folgende Informationen im Generations-Knoten vorsehen:

- Jede Datei bekommt eine eindeutige *Inodenummer* zur Identifizierung.
- Jeder Generations-Knoten enthält die *Inodenummer* der Directory in der er steht. Dieser Eintrag wird im folgenden *Parent*-Zeiger genannt.

Da man mit Hilfe des *Parent*-Zeigers die Directory finden kann, in der die Datei steht, kann man beim *Worm*-Filesystem auf die Einträge ".." und ".", die im UNIX-Filesystem benötigt werden, verzichten. Die Semantik dieser Einträge kann stattdessen durch besondere Maßnahmen im Dateinamenparser realisiert werden. Eine Directory muß folglich durch die Verwendung des *Parent*-Zeigers keine systembedingten Einträge mehr enthalten. Im *Worm*-Filesystem ist eine Directory daher nur eine spezielle leere Datei, die nicht modifiziert werden muß, um Einträge in ihr zu erzeugen.

Auf diese Weise ist zwar die Struktur des Filesystembaumes eindeutig beschrieben, ein Durchlaufen des Baumes in der im Betriebssystem UNIX üblichen Weise ist jedoch nur schwer möglich. Wollte man z.B. die Dateien auflisten, die sich innerhalb einer Directory befinden, so müßte man den gesamten Bereich des Mediums, auf dem sich die Generations-Knoten befinden, durchsuchen.

Dies kann man jedoch vermeiden, wenn man einen Cache vorsieht, der im Systemaufruf *mount* gefüllt wird und die Daten aller aktiven Generations-Knoten enthält. Beim Füllen dieses Caches kann man gleichzeitig die Struktur umkehren. Danach kann man auf das Filesystem in der gewohnten Weise zugreifen.

E.2.5.1 Dateiinhalte und Modifikation von Dateien im *Worm*-Filesystem

Wenn eine neue Datei auf dem *Worm*-Filesystem angelegt werden soll, dann werden die Inhalte dieser Datei kontinuierlich, beginnend an der ersten freien Stelle des Mediums, in aufsteigender Richtung auf das Medium geschrieben. Die Position dieser freien Stelle ergibt sich aus dem Eintrag für das aktuelle Ende des Datenbereichs im Superblock.

Damit man es erreichen kann, daß alle Dateiinhalte kontinuierlich auf dem Medium liegen, muß man die Anzahl der gleichzeitig zum Schreiben geöffneten Dateien auf einem Filesystem, auf eins beschränken. Man könnte zwar prinzipiell das simultane Beschreiben von mehreren Dateien ermöglichen, wenn man die Dateiinhalte auf dem Swap-Bereich des Betriebssystems zwischenpufferte, dann könnte es aber zu Situationen kommen, bei denen kein temporärer Platz mehr verfügbar ist. Da diese Situationen aber dem Benutzerprogramm willkürlich erscheinen würden und es bei der beabsichtigten Anwendung für das *Worm*-Filesystem nicht nötig ist, mehr als eine Datei gleichzeitig zum Schreiben offen zu haben, wurde diese einfache und klare Beschränkung gewählt.

Da bei *Worm*-Medien einzelne Sektoren nicht überschrieben werden können, ist es nicht möglich, bei der Modifikation einer Datei den von dieser Datei belegten Datenbereich auf dem Medium wiederzuverwenden. Man muß vielmehr, ähnlich wie bei den Generations-Knoten, die komplette neue Version der Datei auf einen bisher noch nicht benutzten Bereich des Mediums schreiben.

Zu jeder Generation einer Datei verbleiben, bei Anwendung dieser Methode, ein Generations-Knoten und der dazugehörige Datenbereich unverändert auf dem Medium. Daher kann man, wenn man eine ältere Version eines Generations-Knotens für eine Datei findet, jederzeit die zu diesem Generations-Knoten gehörende Dateiversion lesen.

Das Betriebssystem UNIX bietet aber im Gegensatz von z.B. *VMS*[10] kein Benutzer-Interface um auf diese Dateien zugreifen zu können. Um unter UNIX trotzdem Zugang zu alten Versionen von Dateien zu bekommen gibt es zwei Möglichkeiten der Implementierung:

- Mit Hilfe des Systemaufrufs *fcntl(2)* kann, nachdem die aktuelle Version der Datei geöffnet wurde, die Version dieser Datei erfragt, sowie der Zugriff auf andere Versionen ermöglicht werden.
- Durch eine geeignete Erweiterung der Einträge einer Directory[11] kann auf die älteren Versionen von Dateien mit Hilfe von modifizierten Dateinamen zugegriffen werden.

Bei der ersten beschriebenen Möglichkeit können nur Programme, die dieses für UNIX untypische Interface kennen, auf eine andere als die aktuelle Version einer Datei zugreifen. Es wäre also im speziellen nicht möglich, ein Directory-Listing der verfügbaren Versionen zu erhalten. Daher erscheint die zweite Methode als die geeignetere für eine Implementierung. In der aktuellen Version des Filesystems wurde aber wegen Zeitmangel auf eine Implementierung dieses Features verzichtet.

E.2.5.2 Das "Löschen" von Dateien im *Worm*-Filesystem

Da auf *Worm*-Medien Datenbereiche nicht überschrieben werden können, ist es ohne besondere Maßnahmen auch nicht möglich, Dateien zu löschen.

Da es aber mit den oben beschriebenen Methoden möglich ist, einen Update für einen Generations-Knoten zu erzeugen, kann man in diesem Update des Generations-Knotens ein *Flag*-Bit setzen, das die betreffende Datei als gelöscht

[10] *VMS* ist ein auf Rechnern der Firma *Digital* übliches Betriebssystem.

[11] Man könnte z.B. in jeder Directory eine Subdirectory mit dem Namen "..." anlegen, die die älteren Versionen der Dateien aus der ersten Directory trägt. Zur Unterscheidung der einzelnen Versionen der dort gefundenen Dateien wird am Ende jedes Dateinamens ein String in der Form *";Versionsnummer"*, oder *"#Versionsnummer"* angehängt, so daß ein aktuell dort vorgefundener Dateiname z.B. `testdatei;17` oder `testdatei\#17` lauten könnte.

kennzeichnet. Beim Einlesen der Generations-Knoten wird dann dieses *Flag*-Bit erkannt und die Datei ignoriert. Auf der Anwenderprogrammebene ist die betreffende Datei dann nicht mehr sichtbar.

Da die Datei dabei auf dem Medium verbleibt, wäre es auch hier möglich, trotzdem einen Zugriff auf gelöschte Dateien zu ermöglichen. Ein Zugriff auf die gelöschten Dateien könnte, wie im vorigen Abschnitt beschrieben, wie ein Zugriff auf ältere Versionen dieser Dateien zu implementiert werden.

E.2.5.3 Methoden zur Implementierung von *Symbolischen* Links

Symbolische Links lassen sich im *Worm*-Filesystem genauso implementieren, wie dies im UNIX-Filesystem geschieht. Ein symbolischer Link ist dort eine besondere Datei, deren Datenbereich den Namen einer anderen Datei enthält – den *Linknamen.*

Die Länge eines Dateinamens ist in UNIX auf *MAXPATHLEN* (1024 Bytes) beschränkt. Deshalb können die Daten dieser speziellen Datei sowohl innerhalb des Bereiches des Mediums angeordnet werden, wo auch die Daten anderer Dateien liegen, als auch innerhalb des Bereichs, der von den Generations-Knoten belegt wird. Letzteres erreicht man, wenn man den Datenraum des Generations-Knotens hinter dem Dateinamen um die Größe des Linknamens erweitert.

Die zweite Methode ist der ersten aus zwei Gründen vorzuziehen:

1. Das *Worm*-Filesystem läßt sich effizient nur in Verbindung mit einem Cache für die Generations-Knoten implementieren. Dann ist es aber wünschenswert, daß auch die Linknamen mit in den Cache aufgenommen werden, denn der Linkname wird z.B. bei einem `ls -l` benötigt. Um beim Einlesen der Generations-Knoten in den Cache keine Zeit durch *Seeks* zu den Linkdaten zu verlieren, sollten die Linkdaten innerhalb des Bereichs der Generations-Knoten auf dem Medium liegen.
2. Selbst ohne Cache für die Generations-Knoten ist davon auszugehen, daß die Linkdaten häufig gleichzeitig mit den Daten aus den Generations-Knoten benötigt werden. Auch in diesem Fall ist es sinnvoll, beim Zugriff auf die Daten *Seeks* zu vermeiden bzw. kurz zu halten und die Linkdaten im Bereich der Generations-Knoten zu halten.

Wenn man den Linknamen im Bereich der Generations-Knoten unterbringt, muß man allerdings beachten, daß es möglich ist, daß die Gesamtgröße des Generations-Knotens inclusive Pfadnamen-Komponente und Linknamen die Größe eines Sektors auf dem Medium überschreiten kann. Da für den Generations-Knoten ohne die Pfadnamen-Komponente ca. 96 Bytes benötigt werden, bleiben bei der kleinsten denkbaren Sektorgröße von 512 Bytes noch 416 Bytes für Pfadnamen-Komponente und Linkname übrig. Wenn die Pfadnamen-Komponente die bei UNIX maximal erlaubte Länge von 255 Bytes *(MAXNAMLEN)* erreicht, dann bleiben für den Linknamen noch 160 Bytes inclusive *NULL*-Byte übrig.

Bei den oben beschriebenen aktuell erreichten Dateinamen- und Linknamenlängen bleibt man jedoch erheblich unter der 512 Byte-Grenze; bei den mittleren Werten passen die Daten des Generations-Knotens sogar noch in die Minimalgröße von 128 Bytes.

Zu den möglichen Folgen bei einem Systemzusammenbruch während des Schreibens eines sich über mehr als einen Sektor erstreckenden Generations-Knotens sei auf den Abschnitt E.2.7 *Sicherheit bei Systemzusammenbrüchen* auf Seite 1046 verwiesen.

E.2.5.4 Methoden zur Implementierung von *Hard* Links

Im UNIX-Filesystem besteht kein direkter Verweis vom *Inode* zum Dateinamen. Für eine normale Datei gibt es in einer Directory einen Eintrag, der auf den *Inode* der Datei verweist. Wenn ein *Hard*-Link zu einer Datei angelegt werden soll, dann wird ein weiterer Verweis zu dem *Inode* dieser Datei erzeugt. Nach dem Anlegen des *Hard*-Links ist es nicht mehr möglich, den ersten Eintrag für die Datei von dem angelegten *Hard*-Link zu unterscheiden.

Das *Worm*-Filesystem weicht in zwei für die Implementierung von *Hard*-Links wichtigen Punkten vom UNIX-Filesystem ab:

- Der Generations-Knoten des *Worm*-Filesystems enthält den Namen der Datei.
- Der Generations-Knoten befindet sich im Gegensatz zum *Inode* im UNIX-Filesystem nicht immer an der selben Stelle des Mediums. Durch die für die Berücksichtigung der *Worm*-Medien notwendige Methode zum Update der Generations-Knoten gibt es sogar eventuell mehrere Generations-Knoten für eine Datei.

Da es beim *Worm*-Filesystem keine Directories im Sinne des UNIX-Filesystems gibt, ist es nicht möglich, einen *Hard*-Link als zusätzliche Directory-Referenz auf den *Inode* zu implementieren. Man müßte für die Speicherung des zusätzlichen Dateinamens einen weiteren Generations-Knoten verwenden. Würde man für diesen Generations-Knoten, wie beim UNIX-Filesystem, die gleiche *Inode*-Nummer wie für den Generations-Knoten der Originaldatei verwenden, so würde es nicht möglich sein diesen von einem Update des Generations-Knotens für die Originaldatei zu unterscheiden.

Eine Implementierung der *Hard*-Links in einer vollständig zu UNIX vergleichbaren Weise ist also nicht möglich. Man kann aber offenbar *Hard*-Links in einer Weise implementieren, die ähnlich der eben beschriebenen Methode für *Symbolische* Links ist.

Für einen *Hard*-Link wird dazu, wie bei einem symbolischen Link, ein eigener Generations-Knoten mit einer eigenen *Inode*-Nummer angelegt. Dieser Generations-Knoten wird aber nicht, wie beim symbolischen Link, als namensbezogener Link angelegt, sondern als *inodebezogener* Link ausgeführt. Dazu wird im Generations-Knoten ein Flag-Bit gesetzt, um ihn als *Hard*-Link zu kennzeichnen. Die Relation zur Zieldatei wird dadurch hergestellt, daß in seinem Generations-Knoten die *Inode*-Nummer der Zieldatei eingetragen wird. Das kann zur Platzersparnis an der Stelle des Generations-Knotens geschehen, wo sonst die Nummer des ersten Datenblocks einer Datei steht, denn ein *Hard*-Link benötigt keinen eigenen Datenraum.

Bei dieser Methode muß allerdings beachtet werden, daß der Generations-Knoten der Originaldatei nicht als gelöscht gekennzeichet werden darf, wenn noch *Hard*-Links auf ihn verweisen, denn nur er enthält die für den Zugriff auf die Daten wichtigen Informationen. Will man die Originaldatei löschen, dann hat man zwei Möglichkeiten der Implementierung:

1. Der Generations-Knoten der Originaldatei wird mit einem Flag-Bit als nicht mehr zugreifbar, aber noch nicht gelöscht gekennzeichnet. Erst wenn der letzte auf diese Datei verweisende *Hard*-Link gelöscht wird, kann auch der Generations-Knoten der Originaldatei als gelöscht gekennzeichnet werden. Bei dieser Methode muß beim Löschen des letzten auf die Datei verweisenden *Hard*-Links sowohl für diesen *Hard*-Link, als auch für die Originaldatei ein Generations-Knoten mit Löschvermerk geschrieben werden.
2. Es wird ein Generations-Knoten eines auf die Originaldatei weisenden *Hard*-Links so modifiziert, daß er die *Inode*-Nummer und, bis auf den Namen und den *Parent*-Zeiger, sämtliche Daten des Generations-Knotens der Originaldatei enthält. Da bei dieser Methode die *Inode*-Nummer des modifizierten *Hard*-Links, in die *Inode*-Nummer der Originaldatei gewandelt wird, ist es nötig, zusätzlich einen Generations-Knoten mit Löschvermerk für den zu modifizierenden *Hard*-Link zu schreiben.

Bei der zweiten Methode bleibt die Struktur des gesamten Filesystems klarer. Daher wurde die zweite Methode für die Implementierung gewählt.

Die *Inode*-Nummer des für den *Hard*-Link angelegten Generations-Knotens wird nach außen nicht sichtbar, sie wird nur für die innere Verwaltung benötigt.

Der *Parent*-Zeiger und die Pfadnamen-Komponente des Generations-Knoten des *Hard*-Links können sich vom *Parent*-Zeiger der Originaldatei unterscheiden, er gibt die Position des *Hard-Links* innerhalb des Filesystembaums an.

E.2.6 Der Superblock auf dem *Worm*-Filesystem

Der primäre Superblock auf dem *Worm*-Filesystem enthält die Layoutparameter eines aktuellen Filesystems, sowie statistische Daten. Die wichtigsten Layoutparameter sind:

- Die Sektorgröße des verwendeten Mediums.
- Die Anzahl der Sektoren auf dem Medium, die zum Filesystem gehören.
- Die Version des *Worm*-Filesystem, die zum Erzeugen des Filesystems auf dem Medium verwendet wurde.

Wegen der notwendigen Kompatibilität des für das *Worm*-Filesystem verwendeten Mediums mit dem UNIX-Gerätetreiber für das Laufwerk, muß, wie bereits erwähnt, auf dem ersten Sektor des Mediums ein sogenanntes *Label* stehen.

Für den primären Superblock gibt es folgende Randbedingungen, die beachtet werden müssen:

- Der Superblock muß sich hinter dem Label und den für den primären Bootstrap bereitgehaltenen Sektoren befinden.
- Der Offset innerhalb des Mediums, auf dem der Superblock steht, muß durch die Sektorgröße teilbar sein, damit es möglich ist, das primäre Bootstrap-Programm und den Superblock getrennt voneinander zu schreiben[12].
- Die Größe des Superblocks muß durch die Sektorgröße teilbar sein.

Da die Sektorgröße vor dem Lesen des primären Superblocks nicht bekannt ist, ist auch nicht bekannt, an welcher Stelle des Mediums sich der Superblock befindet. Es muß also eine Methode gefunden werden, die es ermöglicht, ohne Kenntnis der Sektorgröße und der aktuellen Größe des primären Superblocks, diesen zuverlässig vom Medium einzulesen.

Wenn man dafür sorgt, daß die Größe des primären Superblocks der größten zu erwartenden Sektorgröße entspricht, und ihn auf eine durch diesen Wert teilbaren Adresse innerhalb des Mediums schreibt, dann kann er immer aufgefunden werden. Da die größte mir bekannte Sektorgröße 2 kBytes[13] ist, wurde eine maximale Sektorgröße von 8 kBytes gewählt. Die Tendenz bei der Entwicklung von optischen Speichermedien scheint eher in Richtung zu der Standardgröße von 512 Bytes zu gehen, und der Faktor 4 scheint als Reserve ausreichend.

Da das Filesystem auch auf *Worm*-Medien lauffähig sein soll, ist es notwendig, genau wie bei den Generations-Knoten die Updates für den Superblock an eine andere Stelle des Mediums zu schreiben.

E.2.6.1 Wege zum schnellen Auffinden des aktuellen Superblocks

Im laufenden Betrieb muß auf dem Medium spätestens nach jedem *unmount(2)* , das einer Modifikation des Filesystems folgte, ein Superblock-Update geschrieben werden, denn bei jeder Modifikation des Filesystems verschiebt sich das aktuelle Ende des von den Generations-Knoten belegten Be-

[12] Würde man diese Bedingung nicht beachten, dann müßte der Gerätetreiber vor dem Schreiben des ersten Sektors des Superblocks zunächst diesen Sektor vom Medium einlesen. Ist dieser Sektor noch nicht beschrieben, dann führt das bei einem *Worm*-Medium zu einem Fehler, ist er bereits beschrieben, dann ist es nicht möglich ihn noch einmal zu beschreiben.

[13] Die Sektorgröße des Mediums der Maxtor RXT-800S (Worm) beträgt 2 kBytes, für das Sony SMO-C501 (Magnetooptisch) sind Kassetten mit Sektorgrößen von 512 Bytes und 1024 Bytes erhältlich.

reichs auf dem Medium und gegebenenfalls auch das Ende des von Dateiinhalten belegten Bereichs. Diese Werte müssen aber, um die Konsistenz des Filesystems überprüfen zu können, im Superblocks geführt werden.

Ohne Verschränkung ist es nicht möglich, drei unterschiedliche wachsende Datenbereiche auf einem Medium unterzubringen. Daher müssen die Superblock-Updates entweder im Bereich der Dateiinhalte oder im Bereich der Generations-Knoten liegen. Damit das Einlesen der Generations-Knoten nicht durch eingestreute Superblock-Updates verlangsamt wird, wurde beschlossen die Superblock-Updates im Bereich der Dateiinhalte unterzubringen.

Durch die Methode des Updates ist es allerdings nicht möglich, bei einem erneuten *mount(2)* sofort den aktuellen Superblock-Update zu finden. Er muß vielmehr, nach dem die Layoutdaten durch Lesen des primären Superblocks bekannt sind, gesucht werden.

Da bei *Worm*-Medien jeder Sektor nur einmal beschrieben werden kann, muß sich die Position des nächsten Superblock-Updates implizit aus den bisher bekannten Daten ergeben. Die einfachste Methode, dies zu erreichen, besteht darin, für jeweils eine bekannte Anzahl von Superblock-Updates, Platz auf dem Medium bereitzuhalten. Der nächste Superblock-Update kommt dann auf die dem zuletzt geschriebenen Superblock-Update folgende Adresse. Wird der letzte Superblock-Update in den bereitgehaltenen Platz geschrieben, dann wird in ihm vermerkt, wo der nächste für Superblock-Updates bereitgehaltene Bereich beginnt.

Bei der Verwendung von wiederbeschreibbaren Medien für das *Worm*-Filesystem, muß man dann, wenn man einen neuen Bereich für Superblock-Updates anlegt, diesen Bereich nullen, damit beim Einlesen eine Verwechslung mit dort eventuell stehenden Superblock-Updates eines überschriebenen *Worm*-Filesystems vermieden werden kann.

Es ist damit zu rechnen, daß während der aktiven Gebrauchsdauer eines Mediums einige hundert Superblock-Updates geschrieben werden. Daher muß man eine Methode finden, durch die es vermieden werden kann, daß alle diese Superblock-Updates gelesen werden müssen, um den aktuellen zu finden.

Wenn man in einem Bereich zuerst versucht, den an der zuletzt zu beschreibenden Position stehenden Superblock-Update zu lesen, dann ist es im Falle eines Erfolges nicht mehr erforderlich, die restlichen Superblock-Updates aus diesem Bereich einzulesen. Daher wird die erste Position in einem Bereich von Superblock-Updates zu diesem Zweck verwendet, da dadurch das Medium nur in einer Richtung gelesen werden muß, um den aktuellen Superblock-Update zu finden.

Seien:

- n Die Anzahl der Zugriffe ohne Anwendung der oben beschriebenen Methode.
- n' Die Anzahl der Zugriffe bei Anwendung der oben beschriebenen Methode.
- m Die Anzahl der zu einem Bereich zusammengefaßten Superblock-Updates.

Dann kann man die sich, durch Anwendung der oben beschriebenen Methode, ergebende Verringerung der notwendigen Zugriffe zum Auffinden des aktuellen Superblock-Updates wie folgt ausdrücken:

$$n' = (n/m) + (n \bmod m) \tag{E.1}$$

Wird m auf den Wert 64 festgesetzt, d.h. jeweils 64 Superblock-Updates werden zu einem dieser Bereiche zusammenfaßt, dann sinkt, falls sich 1000 Superblock-Updates auf dem Medium befinden, die Anzahl der zum Auffinden des aktuellen Superblock-Updates erforderlichen Zugriffe auf das Medium, auf 35.

Wenn es erforderlich sein sollte, ein Filesystem wesentlich häufiger mit einem Superblock-Update zu versehen, kann man die Anzahl der Superblock-Updates, die zu einem oben beschriebenen Bereich zusammengefaßt werden, konfigurierbar machen. Wenn man (statt 64) 256 Superblock-Updates zu einem Bereich zusammenfaßt, dann senkt sich die Anzahl der bei 10 000 vorhandenen Superblock-Updates nötigen Zugriffe von 172 auf 55.

Als grobe Richtlinie kann man annehmen, daß der Blockungsfaktor für die Superblock-Updates so gewählt werden sollte, daß er größer ist als die Quadratwurzel aus der erwarteten Gesamtanzahl der Superblock-Updates.

E.2.7 Sicherheit bei Systemzusammenbrüchen

Bei jedem Filesystem können sich bei Systemzusammenbrüchen Inkonsistenzen der Datenstrukturen auf dem Medium ergeben. Dabei kann man grundsätzlich zwei Ursachen unterscheiden:

1. Systemausfälle z.B. infolge von Spannungszusammenbrüchen. Hier ist es sehr wahrscheinlich, daß ein Sektor, wenn der Spannungszusammenbruch während einer Schreiboperation auftritt, unvollständig geschrieben wird und daher von der Hardware nicht mehr lesbar ist.
2. Betriebssystemzusammenbrüche infolge von Softwarefehlern. Bei diesen Ausfällen ist bei der Wiederinbetriebnahme des Systems damit zu rechnen, daß die Daten auf dem Medium unvollständig oder logisch inkonsistent sind.

Um die Auswirkungen von Systemzusammenbrüchen diskutieren zu können, muß zunächst betrachtet werden, welche Typen von Daten sich auf dem Medium befinden und in welchem Zusammenhang sie geschrieben werden. Dann kann man diskutieren, welche Auswirkungen auf die Konsistenz des Filesystems sich bei einem Systemzusammenbruch oder Hardwarefehler innerhalb einer Schreiboperation ergeben.

Da UNIX einen Buffer-Cache für die Filesysteme bereitstellt, ist der Zustand des Filesystems auf dem Medium nicht zu jedem Zeitpunkt identisch mit dem Zustand, der von den Anwenderprogrammen gesehen wird. Es muß also zusätzlich diskutiert werden, in welcher Reihenfolge und Priorität die einzelnen Datentypen des Filesystems zu schreiben sind, damit die Auswirkungen eines Systemzusammenbruchs so gering wie möglich sind und das Filesystem an Hand des vorgefundenen Zustandes wieder konsistent gemacht werden kann.

Auf dem *Worm*-Filesystem befinden sich folgende Datentypen:

- Der primäre Superblock
- Die Superblock-Updates
- Die Dateiinhalte
- Die Generations-Knoten

E.2.7.1 Fehler am primären Superblock

Der primäre Superblock wird beim Anlegen des Filesystems geschrieben. Bei einem *Worm*-Medium ist es nicht möglich, diesen Superblock nachträglich zu überschreiben. Eine Zerstörung ist nur durch Materialfehler des Mediums möglich. Wird der primäre Superblock durch solche Einflüsse unlesbar, dann können die notwendigen Daten entweder aus der Sicherheitskopie des primären Superblocks, oder durch Suchen eines Superblock-Updates (der mit Hilfe einer *Magic Number* gefunden werden könnte) rekonstruiert werden.

Bei mehrfach beschreibbaren Medien ist es prinzipiell denkbar, daß der primäre Superblock versehentlich überschrieben wird. Da in diesem Fall der Superblock physisch lesbar bleibt, benötigt man hier heuristsche Methoden oder eine Checksumme, um zu erkennen, daß die Daten im Superblock fehlerhaft sind.

E.2.7.2 Fehler in einem Superblock-Update

Die Daten im Superblock-Update werden immer dann ungültig, wenn das Filesystem modifiziert wird, denn alle Änderungen am Filesystem bewirken, daß sich entweder das Ende des benutzten Datenbereichs oder die Position des letzten benutzten Generations-Knotens ändern. Daher müßte man den Superblock-Update bei jeder Modifizierung des Filesystems neu schreiben.

Aus dem Zusammenhang der im Superblock vorhandenen Daten ist weiterhin ersichtlich, daß es sinvoll ist, daß der Superblock-Update erst nach dem Schreiben der Dateiinhalte und der Generations-Knoten auf das Medium geschrieben wird, denn seine Daten lassen sich aus den anderen Daten ableiten.

Um den Verbrauch von verfügbaren Sektoren so gering wir möglich zu halten, ist es bei Verwendung eines *Worm*-Mediums für das Filesystem nicht zu empfehlen, den Superblock-Update häufiger als bei jedem *unmount(8)* vorzunehmen, das einer Modifizierung des Filesystems folgte. Es ist dann aber sehr wahrscheinlich, daß es häufig vorkommt, das der aktuelle Superblock-Update fehlt. Dies ist insbesondere deshalb anzunehmen, weil SunOS 4.0 bei einem *reboot(2)* kein *unmount(2)* auf die montierten Filesysteme vornimmt. Um diesen Fall korrekt behandeln zu können, muß das Filesystem so angelegt sein, daß es möglich ist, die so verlorengegangenen Werte zu rekonstruieren.

E.2.7.3 Fehler an Dateiinhalten

Wenn beim Schreiben von Dateiinhalten ein Fehler auftritt, in dessen Folge ein Sektor physisch nicht mehr lesbar ist, so ist davon nur die Datei betroffen, zu deren Daten dieser Sektor gehört. Eine Inkonsistenz in der Filesystemstruktur entsteht dadurch nicht.

Werden durch einen Systemzusammenbruch einzelne Blöcke nicht geschrieben, die zu Inhalten von Dateien gehören, so sind ebenfalls nur die Dateien betroffen, zu denen diese Blöcke gehören.

Wie groß die entstehenden Folgen sind, hängt im wesentlichen davon ab, ob mehrere Dateien gleichzeitig beschrieben werden und in welcher Reihenfolge Dateiinhalte und Generations-Knoten geschrieben werden. Da bei dem Entwurf des *Worm*-Filesystems davon ausgegangen wurde, daß zu einem Zeitpunkt jeweils nur eine Datei zum Schreiben geöffnet sein kann, kann auch nur eine Datei von den beschriebenen Fehlern betroffen sein.

Wenn die Generations-Knoten nach den Dateiinhalten auf das Medium geschrieben werden, dann bleibt in diesem Fall bei einem Systemzusammenbruch die letzte Version der Datei wirksam. Die Folgen können dadurch geringer gehalten werden als bei einem vergleichbaren Fehler auf dem UNIX-Filesystem.

E.2.7.4 Fehler an Generations-Knoten

Wird durch einen Hardwarefehler ein Sektor zerstört, in dem sich ein Generations-Knoten befindet, dann ist die aktuelle Version der durch diesen Generations-Knoten beschriebenen Datei verloren. Der gleiche Effekt entsteht, wenn durch einen Systemzusammenbruch ein Generations-Knoten nicht mehr auf das Medium geschrieben werden konnte.

Auch hier führt die Annahme, daß zu einem Zeitpunkt jeweils nur eine Datei beschrieben werden darf, dazu, daß nur die aktuelle Version einer Datei von diesem Fehler betroffen ist und die vorherige Version der betreffenden Datei wirksam bleibt. Dazu muß nur sichergestellt werden, daß bei jedem *close(2)* auf eine gerade beschriebene Datei, spätestens jedoch beim Eröffnen der nächsten Datei oder beim *unmount(2)* auf das Filesystem, ein Update für den Generations-Knoten auf das Medium geschrieben wird.

Wenn sich der Generations-Knoten eines *Symbolischen* Links über mehrere Sektoren erstreckt, und durch einen Systemzusammenbruch während des Schreibens nur ein Teil dieses Generations-Knotens geschrieben werden konnte, dann ist ein Teil des Linknamens inkonsistent. Es gehen durch diesen Fehler keine Dateiinhalte verloren, denn der von diesem Fehler betroffene *symbolische* Link stellt nur eine Referenz auf eine bereits bestehende Datei dar.

Für die Wiederherstellung der Konsistenz des Filesystems stellt dieser Fehler dann kein Problem dar, wenn der Sektor des Generations-Knotens, der die Dateibeschreibung enthält zuerst geschrieben wird und sich Sektoren, die intakte Generations-Knoten enthalten, von anderen Sektoren unterscheiden lassen.

E.2.8 Erkennen von Inkonsistenzen und Methoden der Rekonstruktion

Um das *Worm*-Filesystem auf Inkonsistenzen zu untersuchen, muß man, wie in den folgenden Abschnitten noch näher erläutert wird, folgende Punkte überprüfen:

- Fehlt der aktuelle Superblock-Update?
- Sind die Daten im Superblock-Update korrekt?
- Fehlen Generations-Knoten, die bereits auf dem Medium befindliche Daten beschreiben?

Hat man eine dieser Inkonsistenzen erkannt, dann muß man versuchen, die dadurch verlorengegangenen Informationen so zu rekonstruieren, daß dadurch das Filesystem wieder in einen konsistenten Zustand überführt wird.

Damit die Wiederherstellung der Konsistenz des Filesystems möglich wird, sind folgende Dinge zu beachten, auf die ebenfalls im folgenden näher eingegangen wird:

- Bei den einzelnen Bereichen (Superblock, Dateiinhalte und Generations-Knoten) ist eine bestimmte Reihenfolge bei den Schreiboperationen auf das Medium zu beachten.
- Generations-Knoten müssen immer einzeln und in der Reihenfolge des Aufbaus der Liste geschrieben werden, damit eine klare Abgrenzung des Endes der fehlerhaften Information möglich ist.

E.2.8.1 Die Rekonstruktion des Superblock-Updates

Die häufigste Inkonsistenz auf dem *Worm*-Filesystem dürfte das Fehlen eines aktuellen Superblock-Updates sein. Daher ist es wichtig, daß dieser Fehler immer sicher erkannt wird, und der aktuelle Superblock rekonstruiert werden kann. Wenn ein anderer Fehler auftritt, dann sind in jedem Fall nach dessen Rekonstruktion auch Werte im Superblock-Update zu korrigieren. Daher sollte die Rekonstruktion des Superblock-Updates immer zuletzt erfolgen.

Die bei einem fehlenden Superblock-Update verlorenen und daher zu rekonstruierenden Daten sind der Ort des zuletzt geschriebenen Generations-Knotens und das obere Ende der Daten, sowie davon abgeleitete statistische Informationen.

Wird das *Worm*-Filesystem auf einem *Worm*-Medium verwendet, ist die Erkennung eines fehlenden Superblock-Updates relativ einfach:

> Bei einem *Worm*-Laufwerk lassen sich die Blöcke, die noch nicht beschrieben wurden, nicht lesen d.h. es tritt ein sogenannter *BLANK_CHECK* auf. Ein UNIX-kompatibler Geräte-Treiber liefert in diesem Fall *EIO*.
>
> Wenn der Superblock-Update korrekt erfolgt ist, dann muß sowohl der Block auf dem Medium, der den zuletzt geschriebenen Daten folgt,

als auch der Block, der vor dem zuletzt geschriebenen Generations-Knoten steht, bei einem Leseversuch einen *I/O*-Error liefern. Außerdem müssen der im Superblock bezeichnete letzte benutzte Datenblock und der letzte im Superblock bezeichnete Generations-Knoten lesbar sein.

Will man die Daten aus dem fehlenden Superblock-Update rekonstruieren, dann muß man nur ausgehend vom Wert des letzten korrekten Superblock-Updates den Datenbereich in aufsteigender Richtung solange durchsuchen, bis ein *I/O*-Error auftritt. Gleiches gilt in umgekehrter Richtung für den Generations-Knotenbereich. Da sich das obere Ende des Datenbereichs auch indirekt über den letzten Generations-Knoten rekonstruieren läßt, kann man diesen Wert zusätzlich verifizieren.

Wird das *Worm*-Filesystem auf einem mehrfach beschreibbaren Medium verwendet, dann versagt die eben beschriebene Methode. Daher ist es sinnvoll, daß sowohl ein Superblock als auch ein Generations-Knoten durch eine *Magic Number* und eine *Checksumme* eindeutig zu identifizieren sind.

E.2.8.2 Die Rekonstruktion von Dateiinhalten

Werden durch einen Systemzusammenbruch einzelne Sektoren von Dateien nicht geschrieben, dann fehlt in jedem Fall auch der diese Daten beschreibende Generations-Knoten, denn er wird zeitlich nach den Dateiinhalten geschrieben. Eine Rekonstruktion in dem Sinne, daß die vor dem Systemzusammenbruch geschriebenen Daten einer Datei sinnvoll zuzuordnen sind, ist nicht möglich. Diese schon geschriebenen Daten sind verloren. Dies ergibt sich aus der Organisation des *Worm*-Filesystems, das, wegen der geforderten Verträglichkeit mit den *Worm*-Medien, jede Modifikation einer Datei an einer anderen Stelle des Mediums ablegt und die Updates für den Generations-Knoten nach den Dateiinhalten schreibt.

Befindet sich ein Filesystem, das nur einen der oben beschriebenen Fehler aufweist, auf einem *Worm*-Medium, dann stimmt nur die im letzten Superblock-Update eingetragene obere Grenze des Datenbereichs nicht. In diesem Fall ist nur nach dem neuen Ende des Datenbereichs zu suchen und der so gefundene neue Wert in den zur Rekonstruktion zu schreibenden Superblock-Update einzutragen. Die Daten, die sich in dem Bereich befinden, der zwischen dem alten und den neuen Wert des oberen Datenbereichs im Superblock liegt, sind verloren und werden durch Referenz aus dem Filesystem nicht mehr erreichbar.

Befindet sich das Filesystem hingegen auf einem mehrfach beschreibbaren Medium, dann muß keine Reparatur am Filesystem erfolgen. Die durch den letzten Superblock-Update und die Generations-Knoten beschriebenen Daten sind in diesem Fall konsistent. Denn bei einer weiteren Benutzung des Filesystems, können die kurz vor dem Systemzusammenbruch beschriebenen Sektoren bei der nächsten Filesystem-Modifikation wieder verwendet werden.

E.2.8.3 Die Rekonstruktion eines Generations-Knoten

Wenn ein Generations-Knoten infolge eines Systemzusammenbruchs nicht mehr korrekt auf das Medium geschrieben werden konnte, dann fehlt in jedem Fall auch der aktuelle Superblock-Update, denn er wird aus schon erwähnten Gründen immer nach den Generations-Knoten geschrieben. Es ist deshalb in jedem Fall zuerst zu testen, ob der letzte Superblock-Update korrekt ist, bevor man zur eventuellen Rekonstruktion eines Generations-Knotens schreitet.

Wenn ein Eintrag für einen Generations-Knoten nicht oder nicht korrekt auf dem Medium ist, dann ist er auch nicht mehr zu rekonstruieren. Es ist weiterhin nicht mehr zu rekonstruieren, welcher Datei die bei der Rekonstruktion aufgefundenen Daten zuzuordnen sind.

Wenn der Generations-Knoten eine *Magic Number* und eine *Checksumme* enthält, dann kann man in jedem Fall, unabhängig davon ob sich das Filesystem auf einem *Worm*-Medium oder auf einem wiederbeschreibbaren Medium befindet, einen noch nicht im letzten Superblock-Update verzeichneten Bereich von Generations-Knoten erkennen.

Wenn man auf einem wiederbeschreibbaren Medium, auf dem sich schon ein *Worm*-Filesystem befand, ein neues *Worm*-Filesystem anlegt, dann findet man allerdings bei dem Versuch einer Rekonstruktion ferhlerhafterweise die Generations-Knoten des alten Filesystems. Um das zu verhindern, müßte man den gesamten Bereich, auf dem sich möglicherweise Generations-Knoten befinden, bei der Erzeugung eines neuen *Worm*-Filesystems mit *NULL* überschreiben.

Da beim *Worm*-Filesystem das gesamte Medium Generations-Knoten tragen kann, müßte man als Folgerung aus dem letztem Absatz das gesamte Medium nullen. Dafür würde man aber eine nicht unerhebliche Zeit benötigen. Diese bei der Erzeugung eines neuen Filesystems benötigte Zeit kann man sich ersparen, wenn man im *Worm*-Filesystem sicherstellt, daß immer eine gewisse Anzahl von Sektoren hinter[14] dem Ende des gültigen Bereichs der Generations-Knoten genullt sind. Dazu muß man den Algorithmus im Filesystemcode, der für das Schreiben der Generations-Knoten verantwortlich ist, entsprechend erweitern und einen Konfigurationsparameter für die Größe des zu nullenden Bereichs im Superblock vorsehen.

Um die sich im Bereich der Generations-Knoten auf dem Medium befindlichen Sektoren, die als Erweiterung von Linknamen benötigt werden, erkennen zu können, muß man diese Sektoren ebenfalls mit einer *Magic Number,* die sich von der *Magic Number* der Generations-Knoten unterscheidet und einer *Checksumme* vesehen. Für die *Magic Number* und die *Checksumme* werden jeweils 2 Bytes am Ende eines Erweiterungs-Sektors vorgesehen.

Bei einer Sektorgröße von 512 Bytes kann es allerdings passieren, daß man bis zu 2 Sektoren für eine Linknamen-Erweiterung benötigt. Eine Beschränkung auf maximal einen Sektor als Erweiterung eines Linknamens stellt

[14] d.h. unter Berücksichtigung der Wachstumsrichtung der Generations-Knoten auf kleineren Sektoradressen.

keine befriedigende Lösung dar, da in diesem Falle der Benutzer mit einer für ihn wenig verständlichen Einschränkung der Länge des Linknamens konfrontiert würde. Daher muß beim Einlesen von Linknamen, die mehr als einen Erweiterungs-Sektor benötigen, die durch die *Magic Number* und die *Checksumme* bedingte Diskontinuität der Daten beseitigt werden.

Aus Zeitgründen wurde jedoch auf die Implementierung von Linknamen, die im Generations-Knoten keinen Platz finden, verzichtet.

E.2.8.4 Generelle Vorgehensweise bei der Rekonstruktion

Um zu überprüfen, ob ein *Worm*-Filesystem konsistent ist, muß man also zuerst den letzten Superblock-Update finden. Befinden sich vor der Stelle des Mediums, die in diesem Superblock-Update als das Ende des Bereichs der Generations-Knoten vermerkt ist, keine weiteren korrekten Generations-Knoten und stimmt das sich aus diesem Generations-Knoten zu berechnende Ende des Datenbereichs mit dem Wert im Superblock-Update überein, dann ist das Filesystem, falls es auf einem wiederbeschreibbaren Medium liegt, konsistent. Bei einem Filesystem auf einem *Worm*-Medium muß zusätzlich überprüft werden, ob die hinter den im Superblock-Update bezeichneten Grenzen für den Daten und Generations-Knoten Bereich noch nicht beschrieben wurden.

Werden bei den eben beschriebenen Untersuchungen zusätzliche Generations-Knoten gefunden, dann muß der Superblock auf die sich neu ergebenden Enden für den Daten und Generations-Knoten Bereich korrigiert werden. Bei Verwendung von *Worm*-Medien müssen die so ermittelten Werte eventuell noch um bereits beschriebene und als nicht rekonstruierbar erkannte Bereiche korrigiert werden.

Da die für die Rekonstruktion eines *Worm*-Filesystems notwendigen Aktionen nur einen geringen Aufwand erforden, wurde beschlossen, den dafür notwendigen Algorithmus in den Systemaufruf *mount* des *Worm*-Filesystems zu integrieren.

Da hierbei der Systemaufruf *mount* die Funktionen eines Filesystemcheck-Programms übernimmt, muß nach dem eine Inkonsistenz im Filesystem festgestellt wurde, im Gegensatz zum bisher geäußerten, ein korrigierter Superblock-Update geschrieben werden. Damit wird vermieden, daß sich die Inkonsistenzen das Filesystems ständig vergrößern.

E.3 Das virtuelle Filesystem von *SunOS*

Anwenderprogramme sehen das UNIX-Filesystem als eine Abstraktionsebene über dem Magnetplattenlaufwerk, auf dem sich die filesystemspezifischen Daten befinden. Sie erwarten, daß ihnen das Filesystem gewisse standardisierte Zugriffsmöglichkeiten bietet.

Dazu gehört in erster Linie die Möglichkeit auf einem Filesystem mehrere Dateien zu speichern und diese Dateien unabhängig voneinander und gleichzeitig lesen und beschreiben zu können. Zusätzlich erwarten sie, daß man Dateien erzeugen und löschen kann, sowie ein Inhaltsverzeichenis der vorhandenen Dateien bekommen kann.

Da UNIX ein Mehrbenutzer Betriebssystem ist, müssen die Dateien gegen ungewollten Zugriff durch andere Benutzer geschützt werden können.

Eine hierarchisch orientierte Struktur, die es ermöglicht Unterverzeichnisse anzulegen, in denen Dateien und weitere Unterverzeichnisse liegen können, erleichtert die Ordnung und den Zugriff.

E.3.1 Die Architektur des Unix-Filesystems

E.3.1.1 Was für Geräte unterstützt Unix?

UNIX teilt traditionell die angeschlossenen Geräte in zwei Klassen ein:

1. Der *Blockdevice*-Typ. Dabei handelt es sich generell um Magnetplattenlaufwerke. UNIX stellt für diesen Typ von Geräten einen Cache – den *Bufferpool* – zur Verfügung. Dieser *Bufferpool* wird vom UNIX-Filesystem zur Effektivitätssteigerung verwendet, in dem er dafür sorgt, daß jeder vom Filesystem benötigte Block möglichst selten gelesen bzw. geschrieben werden muß. Dieser Cache ist aber nicht speziell auf bestimmte Eigenschaften des UNIX-Filesystems abgestimmt.
2. Der *Characterdevice*-Typ. Dieser Treibertyp ermöglicht den Anschluß beliebiger Geräte. Dabei handelt es sich hauptsächlich um Terminals, oder um Magnetplattenlaufwerke, die ohne Cache betrieben werden. Es lassen sich jedoch unter anderem auch Magnetbandgeräte, Laserbelichter oder Bildabtaster über diesen Treibertyp betreiben.

E.3.1.2 Der normale Zugriff auf Geräte unter Unix

Bei den Geräten unterscheidet man zwischen unstrukturierten Geräten wie Terminals, und strukturierten Geräten wie Magnetplatten. Bei den Magnetplatten gibt es durch das Funktionsprinzip eine feste Blockstruktur und die Möglichkeit diese Blöcke einzeln zu adressieren. Wie schon erwähnt, verfügen Magnetplatten sowohl über einen *Blockdevice*-Treibereintrag, als auch über einen *Characterdevice*-Treibereintrag.

Unstrukturierte Geräte haben keinen *Blockdevice*-Treibereintrag. Bei ihnen erfolgt der Zugriff nur über das *Characterdevice*.

Der direkte Zugriff auf Magnetplatten mit Hilfe des *Blockdevice*-Treibers kommt in der Praxis nicht vor, denn dieser Zugriff ist im allgemeinen langsamer als der Zugriff über das *Characterdevice*. Auch der Zugriff auf Magnetplatten mit Hilfe ihres *Characterdevice*-Treibers stellt eher die Ausnahme dar, er wird eigentlich nur beim Filesystemcheck verwendet.

Üblicherweise erfolgt der Zugriff auf ein strukturiertes Gerät über das UNIX-Filesystem. Mit Hilfe des Filesystems werden den Anwenderprogrammen standardisierte Zugriffsmöglichkeiten auf Dateien gegeben. Dies sind z.B. die Systemaufrufe *creat(), open(), close(), read()* und *write()*. Mit diesen *Systemaufrufen* ist es den Anwenderprogrammen möglich, ohne Wissen über die Eigenschaften und die Größe des Gerätes, auf dem das Filesystem liegt, zu arbeiten.

E.3.1.3 Architektur für den Zugriff auf ein strukturiertes Gerät

Der mögliche Datenfluß beim Zugriff auf ein strukturiertes Gerät sieht dann folgendermaßen aus:

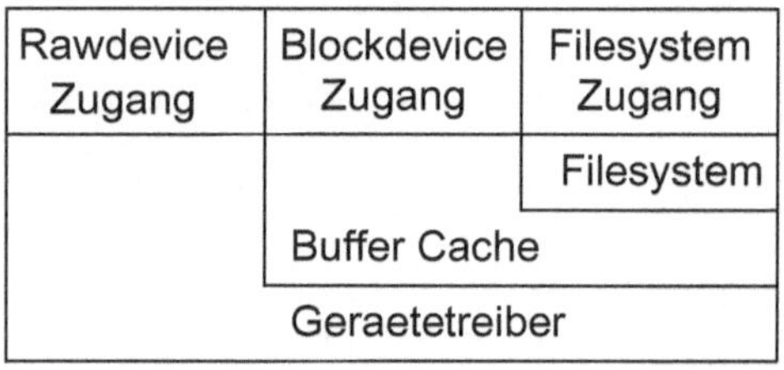

Rawdevice Zugang
Blockdevice Zugang
Filesystem Zugang
Filesystem
Buffer Cache
Geraetetreiber

Abb. E.2. Der Zugriff auf strukturierte Geräte in UNIX

E.3.1.4 Die Schnittstelle zwischen den Anwenderprogrammen und Unix

Für die Kommunikation mit dem Filesystem stellt UNIX den Anwenderprogrammen eine Reihe von Systemaufrufen zur Verfügung. Diese stellen den *Filesystemzugang* aus Abbildung E.2 dar. Die Wichtigsten davon sind:

open(), creat(), close()	Für das Erzeugen, Öffnen und Schließen von Dateien.
read(), write()	Für das Schreiben und Lesen von Inhalten der Dateien.
mkdir(), rmdir()	Für das Manipulieren von Directories.
getdents(), stat()	Für das Durchsuchen des Filebaums und das Auflisten der Dateiattribute.
chown(), chmod()	Für das Manipulieren der Attribute, die für die Zugriffsrechte wichtig sind.
utimes(), truncate()	Für das Manipulieren anderer Attribute.

E.3.2 Möglichkeiten der Einbindung von Geräten in eine Unix-Umgebung

E.3.2.1 Grenzfälle

Einen Grenzfall für die oben beschriebene grobe Geräteeinteilung stellen die Magnetbandlaufwerke dar. Bei ihnen sind außer den für die schon beschriebenen Geräte üblichen Schreib- und Leseoperationen zusätzliche Funktionen wie z.B. Umspulen, Löschen und das Schreiben von Bandmarken zu bedienen.

Für diese Zusatzfunktionen stellt das traditionelle UNIX keine standardisierten Bedienmöglichkeiten zur Verfügung. Es gibt zwar einen Systemaufruf namens *ioctl,* der ermöglicht aber nur das unspezifische Auslösen von Sonderfunktionen in Gerätetreibern des Typs *Characterdevice,* in dem er das Durchreichen von Daten vom Anwenderprogramm zum Treiber und zurück ermöglicht.

Damit allein ist aber keine treiberunabhängie Bedienung von Bandlaufwerken möglich, denn jeder Treiberprogrammierer könnte sich seine eigene Methode für die Bedienung z.B. der Umspulfunktion ausdenken, in dem er sich eigene Parameter für die Bedienung definiert.

Eine Lösung für dieses spezielle Problem fand die Universität von Berkeley in der Definition eines treiberunabhängigen *ioctl* für Magnetbandlaufwerke durch Festlegung der dafür notwendigen Parameter sowie der Einführung eines dazugehörigen Bedienprogramms.

E.3.2.2 Grenzen des Systems

Es gibt jedoch Geräte, die sich einer so einfachen Lösung, wie der bei den Magnetbandgeräten, widersetzen. Ein Gerät, das man nicht in die Gruppe der unstrukturierten Geräte einordnen kann, aber auch nicht vollständig über die Eigenschaften von Magnetplatten verfügt, ist das *Worm*-Plattenlaufwerk[15].

Versucht man ein solches *Worm*-Plattenlaufwerk an einen UNIX Rechner anzuschließen, ergibt sich mit den bisher beschriebenen Mitteln keine befriedigende Lösung. Das herkömmliche UNIX-Betriebssystem kennt nur einen Typ von Filesystem, das UNIX-Filesystem. Es ist fest zwischen dem *Bufferpool* und den filesystemspezifischen *Systemaufrufen* installiert. Dieses Filesystem ist aber nicht für ein *Worm*-Plattenlaufwerk geeignet, denn es schreibt teilweise wesentlich häufiger als einmal auf einen bestimmten Plattenblock.

Damit bliebe als einzige Zugriffsmöglichkeit für *Worm*-Plattenlaufwerke das direkte Ansprechen des Gerätes über die Basisfunktionen des *Block*- oder *Characterdevice*-Treibers. Bei den Basisfunktionen, wie Lesen und Schreiben, gibt es keine Probleme. Sie lassen sich ohne Schwierigkeiten mit einem *Block*- oder *Characterdevice*-Treiber bedienen.

---

[15] Ein *Worm*-Plattenlaufwerk ist ein optisches Plattenlaufwerk, das es ermöglicht jeden Block einmal zu schreiben und dann beliebig häufig zu lesen.

Wenn es jedoch darauf ankommt, standardisierte Zugriffsmethoden für *Worm*-Laufwerke anzubieten, versagt der Rahmen, den das herkömmliche UNIX-Betriebssystem bietet. Denn das UNIX-Filesystem ist nicht in der Lage, mit Geräten zu arbeiten, bei denen ein Block nicht beliebig häufig beschreibbar ist. Unter ausschließlicher Verwendung von Schreib/Leseoperationen, die direkt auf das Gerät führen, ist aber keine standardisierte, und damit sinnvolle Nutzung möglich.

Um eine sinnvolle Verwendung von *Worm*-Laufwerken zur allgemeinen Datenspeicherung zu ermöglichen, benötigt man ein Filesystem, das auf die Eigenheiten dieser Laufwerke abgestimmt ist und voll in das Betriebssystem integriert ist. Dann können die Anwenderprogramme über die ihnen bekannte *Systemaufruf*-Schnittstelle von UNIX für das Filestem arbeiten. Diese Schnittstelle stellt einen Standard für Anwenderprogramme dar.

E.3.2.3 Der Ausweg: das virtuelle Filesystem

Der UNIX-Bufferpool verfügt über eine definierte Schnittstelle zum Filesystemcode. Wenn es gelänge, die feste Verbindung zwischen dem UNIX-Filesystem und der *Systemaufruf*-Schnittstelle aufzubrechen, würde man damit den Anschluß weiterer Filesysteme ermöglichen. Dann hätte man die Möglichkeit das Filesystem nicht mehr als eine fest vorgeschriebene Schicht zwischen dem *Bufferpool* und der *Systemaufruf*-Schnittstelle aufzufassen, sondern wäre in der Lage, ein Filesystem als ein mögliches Modul zwischen *Bufferpool* und *Systemaufruf*-Schnittstelle zu begreifen.

In *SunOS* hat man zwischen den Filesystemcode und die *Systemaufruf*-Schnittstelle eine zusätzliche Schicht eingezogen. Diese Schicht wird *Virtuelles Filesystem* genannt, und stellt gewissermaßen einen Wahlschalter dar, mit dem man den passenden Filesystemcode unter die *Systemaufruf*-Schnittstelle setzen kann. Dadurch ist man nicht mehr an die speziellen Eigenschaften des UNIX-Filesystems gebunden.

Durch das *Virtuelle Filesystem* ist es möglich, die speziellen Eigenschaften von Geräten mit Hilfe von angepaßten Filesystemen besser zu nutzen. Es ist sogar möglich, völlig neuartige Filesysteme zu integrieren, wie z.B. das *Proc*-Filesystem, bei dem die Inhalte von Dateien durch den Datenraum von Prozessen gebildet werden, oder das *Network Filesystem (NFS),* bei dem die filesystemspezifischen Daten mit Hilfe eines Netzwerkes von bzw. zu weiteren Rechnern transferiert werden.

E.3.2.4 Die neue Architektur für den Zugriff auf ein strukturiertes Gerät

Die möglichen Zugriffsweisen auf strukturierte Geräte (Plattenlaufwerke), wie sie sich nach Einführung des virtuellen Filesystems zeigen, kann man graphisch dann wie in Abbildung E.3 darstellen.

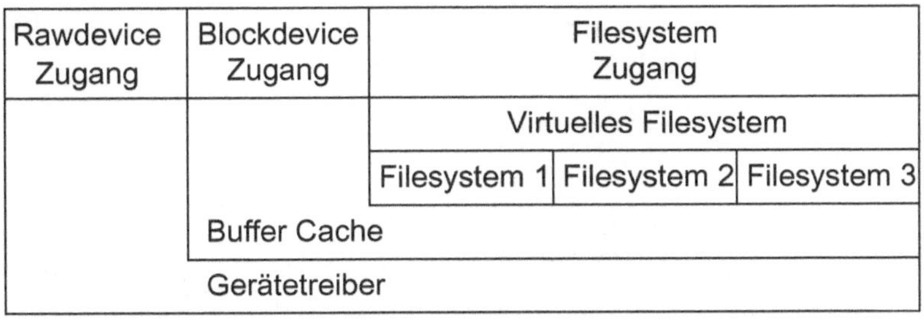

Rawdevice Zugang | Blockdevice Zugang | Filesystem Zugang

Virtuelles Filesystem

Filesystem 1 | Filesystem 2 | Filesystem 3

Buffer Cache

Gerätetreiber

Abb. E.3. Die Einbindung der Filesysteme in SunOS

E.3.3 Überblick über die Schnittstelle des virtuellen Filesystems

E.3.3.1 Die *VFS*-Schnittstelle von *SunOS* 4.0.x

Da über die Schnittstelle bei früheren Versionen von *SunOS* (z.B. SunOS 3.5) keine Informationen verfügbar waren und nicht bekannt ist, ob bei der aktuellen Version (SunOS 4.1) außer den Erweiterungen inkompatible Änderungen vorgenommen wurden, können hier nur Aussagen über SunOS 4.0.*x* gemacht werden.

In *SunOS* 4.0 werden das *Berkeley 4.2*-Filesystem, im folgenden UNIX-Filesystem genannt, und das *Network Filesystem,* im Folgenden *NFS* genannt, unterstützt. Zusätzlich gibt es, bedingt durch das *Virtuelle Filesystem,* die Möglichkeit, weitere Filesysteme einzubinden. Es gibt keine Dokumentation für die Schnittstelle des *Virtuellen Filesystems;* für die Einbindung von zusätzlichen Filesystemen selbst wird aber kein Quellcode von *SunOS* benötigt, denn die einzige Verbindung von *SunOS* zum virtuellen Filesystem ist ähnlich wie bei Gerätetreibern eine Tabelle. Diese Tabelle heißt *Filesystem Switch Table.* Sie befindet sich in der Datei `/sys/sys/vfs_conf.c`, die bei jeder Binärversion des Betriebssystems mit ausgeliefert wird.

Da für das Verständnis der Einbindung des Filesystems für *Worm*-Platten die Kenntnis der Schnittstelle benötigt wird, wird im folgenden eine Beschreibung des Wissens, das sich aus Quellenstudium ergeben hat, angefügt.

Gegenüber älteren Versionen von UNIX hat *Sun,* wie schon beschrieben, zwischen den eigentlichen Filesystemcode und die Systemaufrufe des Betriebssystems eine zusätzliche Schicht eingezogen, die sich *Virtuelles Filesystem* nennt. Um dies zu ermöglichen, wurden die *inodes* in den nicht zum UNIX-Filesystem gehörigen Teilen des Betriebssystems durch *vnodes* ersetzt.

Ein *vnode* ist eine generalisierte Struktur, die im Gegensatz zum *inode* keine am physischen Filesystemaufbau orientierten Daten enthält. Sie enthält einen Zeiger auf einen *struct vnodeops,* der auf die filesystemspezifischen Zugriffsfunktionen verweist sowie einen Zeiger auf einen assoziierten *struct vfs* zur Beschreibung des gemounteten Filesystems, der unter anderem einen Zeiger auf einen *struct vfsops* enthält. Damit enthält jeder *vnode* Verweise auf alle für ihn wichtigen Zugriffsroutinen. Die Schicht des *Virtuellen Filesystems* kann durch diese Verweise über Makros die Zugriffsfunktionen aus dem *struct vnodeops* des speziellen Filesystems aufrufen.

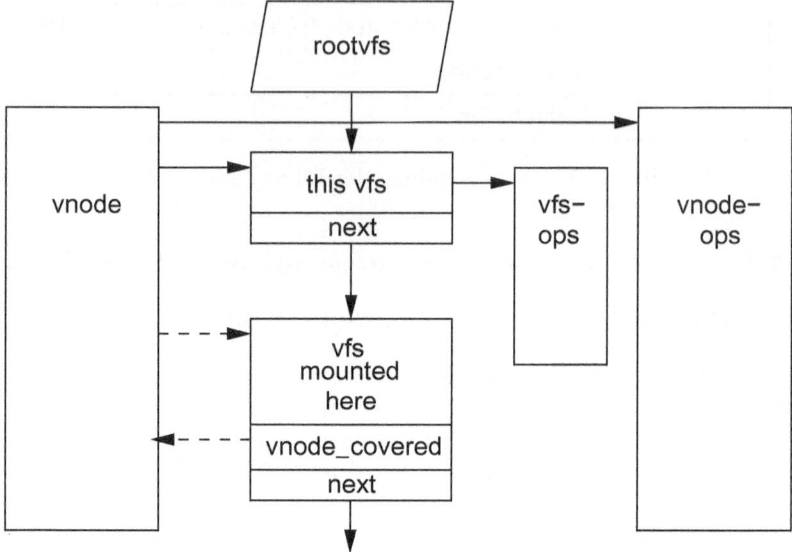

Abb. E.4. zeigt, wie man von einem *vnode* die *vfs_ops* oder die *vnode_ops* des betreffenden Filesystems erhält und wie man, falls der *vnode* zu einer Directory gehört, die einen Mountpunkt darstellt, auf das gemountete Filesystem gelangt.

E.3.3.2 Der Systemaufruf *mount* stellt Verbindungen her

Um nun einen bestimmten Filesystemtyp benutzen zu können, muß eine Verbindung zwischen der virtuellen Filesystemschicht und dem speziellen Filesystemcode hergestellt werden. Dies geschieht mit dem Systemaufruf *mount.*

Der Systemaufruf *mount* stellt zwei Verbindungen her:

1. Die erste entsteht zwischen dem im UNIX integrierten Virtuellen Filesystem und dem speziellen Filesystemcode.
2. Die zweite zwischen dem Filesystemcode und dem das spezielle Filesystem tragende Medium. Da die zweite Verbindung ausschließlich im speziellen Filesystemcode behandelt wird, sind ihr kaum Beschränkungen auferlegt. Damit wären auch Filesysteme denkbar, die mehrere Ressourcen benützen, z.B. ein zusätzliches Gerät, auf dem ein Cache liegt, oder ein Filesystem, das nicht physisch auf dem selben Rechner liegt *(NFS).*

E.3.3.3 Der Systemaufruf *mount*

```
#include <sys/mount.h>

int mount(type, dir, M_NEWTYPE|flags, data)
     char *type;
     char *dir;
     int flags;
     caddr_t data;
```

Listing E.1. mount

Parameter:

type Der erste Parameter wird für die Identifizierung des Filesystemtyps verwendet. Er dient als Selektor für die *Filesystem Switch Table.* Mögliche Werte für den aktuellen Parameter sind hier z.B. "4.2" oder "nfs".

dir Der zweite Parameter ist der Pfadname der Directory, auf die das neu zu integrierende Filesystem montiert werden soll.

flags Der dritte Parameter enthält bitorientierte Optionen (wie *M_RDONLY, M_NOSUID* oder ähnliche).

data Nur der vierte Parameter ist vom Filesystemtyp abhängig und ist ein Zeiger auf eine Struktur, die alle für das spezielle Filesystem benötigten zusätzlichen Daten enthält. Beim UNIX-Filesystem enthält diese Struktur nur den Namen des Gerätes, das das Filesystem trägt. In diesem Fall sieht der vierte Parameter folgendermaßen aus:

```
struct ufs_args {
        char    *fspec;
};
```

Bei anderen Filesystemen kann diese Struktur auch wesentlich mehr Informationen enthalten.

E.3.3.3.1 Die Funktion des Systemaufrufs mount

Im Systemaufruf *mount* wird zunächst in der *Filesystem Switch Table* nach dem gewünschten Filesystemtyp gesucht. Dies geschieht, in dem der Parameter *type* des Systemaufrufs *mount* mit dem Feld *vfs_name* in der *Filesystem Switch Table* verglichen wird. Die *Filesystem Switch Table* hat folgenden Aufbau:

Aus <sys/vfs.h>:

```
/*
 * Filesystem type switch table
 */
struct vfssw {
        char              *vsw_name;  /* type name string */
        struct vfsops     *vsw_ops;   /* filesystem operations vector */
};

extern struct vfssw vfssw[];         /* table of filesystem types */
extern struct vfssw *vfsNVFS;        /* vfs switch table end marker */
```

Listing E.2. Auszug aus <sys/vfs.h>

In der Konfigurationsdatei `/sys/os/vfs_conf.c` sieht man ein Beispiel für eine mögliche *Filesystem Switch Table.*

```
struct vfssw vfssw[] = {
        "spec", &spec_vfsops,           /* SPEC */
        "4.2",  &ufs_vfsops,            /* UFS */
        "nfs",  &nfs_vfsops,            /* NFS */
        "pc",   &pcfs_vfsops,           /* PC */
        "lo",   &lo_vfsops,             /* LOopback */
        "rfs",  &rfs_vfsops,            /* RFS */
};

#define NVFS    (sizeof vfssw / sizeof vfssw[0])

struct vfssw *vfsNVFS = &vfssw[NVFS];
```

Listing E.3. Auszug aus `/sys/os/vfs_conf.c`

Wenn in der *Filesystem Switch Table* der passende Eintrag für den gewünschten Filesystemtyp gefunden wurde, dann erhält man über diese Tabelle einen Zeiger auf einen *struct vfsops* für das gewünschte Filesystem. Dieser Struct enthält die Basisoperationen, die man für den filesystemspezifischen Teil des *mount* bzw. des *unmount* Systemaufrufes benötigt sowie die Funktionen für alle Zugriffe auf das Filesystem, die sich nicht auf eine bestimmte Datei beziehen.

Der *struct vfsops* sieht folgendermaßen aus:

```
/*
 * Operations supported on virtual file system.
 */
struct vfsops {
     int     (*vfs_mount)();          /* mount file system */
     int     (*vfs_unmount)();        /* unmount file system */
     int     (*vfs_root)();           /* get root vnode */
     int     (*vfs_statfs)();         /* get fs statistics */
     int     (*vfs_sync)();           /* flush fs buffers */
     int     (*vfs_vget)();           /* get vnode from fid */
     int     (*vfs_mountroot)();      /* mount the root filesystem */
     int     (*vfs_swapvp)();         /* return vnode for swap */
};
```

Listing E.4. *struct vfsops*

Die Funktionen aus dem *struct vfsops* werden im nachfolgenden Kapitel näher beschrieben.

Für alle gemounteten Filesysteme gibt es eine verkettete Liste von Strukturen des Typs *struct vfs.* Diese Liste beginnt bei einer Variablen namens *rootvfs,* die einen Zeiger auf den *struct vfs* für das Rootfilesystem darstellt.

Für jedes neu zu mountende Filesystem wird hier bei *vfs_next* vom Systemaufruf *mount* ein neuer Struct eingehängt. Dieser Struct wird von der filesystemspezifischen *Mount*-routine mit den filesystemspezifischen Daten gefüllt. Das wichtigste Feld ist dabei *vfs_op,* ein Zeiger auf den *struct vfsops* für das betreffende Filesystem. Von dem Systemaufruf *mount* ist vorher in das Feld *v_vfsmountedhere* des vnodes für die Directory, auf die das neue Filesystem montiert werden soll ein Zeiger auf den *struct vfs* für dieses Filesystem eingetragen worden.

Damit hat man nun alle notwendigen Verbindungen, um auf Dateien, die sich auf dem neuen Filesystem befinden, zuzugreifen. Der Zugriff auf bestimmte Dateien erfolgt immer über Pfadnamen. Dabei erfolgt über die Funktion *lookupname(),* die die Funktionalität der Routine *namei()* aus älteren UNIX Versionen im weiteren Sinne übernommen hat, die Zuordnung eines *vnodes* zum Dateinamen.

Ohne Einschränkung der Allgemeinheit kann man dabei davon ausgehen, daß es sich um einen sogenannten vollständigen Pfadnamen handelt, der bei der *Root* des Rechners beginnt.

Die Funktion *lookupname()* besorgt sich in diesem Fall zunächst einen *vnode* für die *Rootdirectory* des *Rootfilesystems.* Dies geschieht mit Hilfe des Funktionszeigers *vfs_root* aus dem *struct vfsops*, der sich im *struct vfs* des *rootvfs* Zeigers befindet.

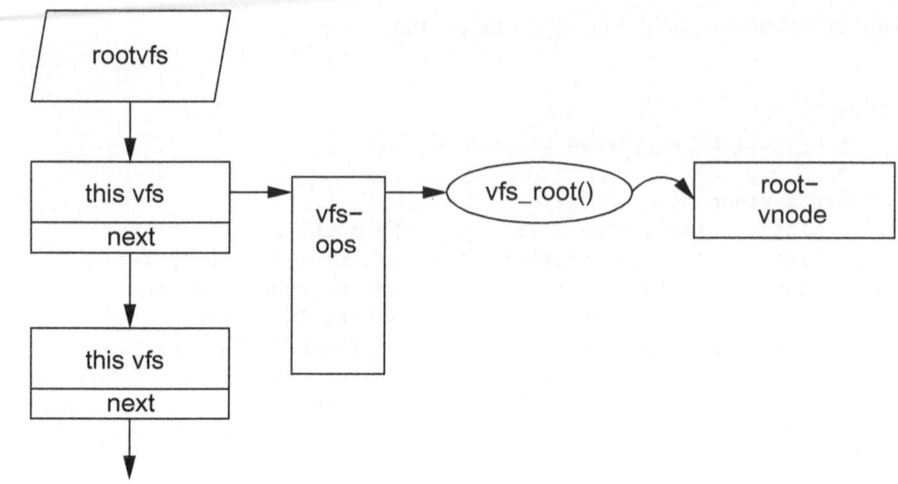

Abb. E.5. zeigt, wie man den *Rootvnode* eines gemounteten Filesystems erhält.

In der Funktion *vfs_root* wird unter anderem auch ein Zeiger auf den *struct vnodeops* des betreffenden Filesystems in den zurückgegebenen *vnode* eingetragen. Damit ist es dann möglich die Funktion *vn_lookup()* des Filesystems mit dem ersten Pfadnamensegment aufzurufen. Der Aufruf der *vn_lookup()* Funktion wird nun solange wiederholt, bis entweder der gesamte Pfadname abgearbeitet ist, oder bis dabei ein *vnode* zurückgeliefert wird, in dessen Feld *v_vfsmountedhere* ein Wert ungleich *NULL* steht. Das ist ein Zeichen dafür, daß dort ein weiteres Filesystem gemountet ist. Nachdem dann von der Routine *lookupname()* daraus einen Zeiger auf den *struct vfsops* für das neue Filesystem gesucht worden ist, kann nun wie oben beschrieben bis zur vollständigen Abarbeitung des Pfadnamens fortgefahren werden.

Der *struct vfs* hat folgendes Aussehen:

```
/*
 * Structure per mounted file system.
 * Each mounted file system has an array of
 * operations and an instance record.
 * The file systems are put on a singly linked list.
 * If vfs_stats is non-NULL statistics are gathered, see vfs_stat.h
 */
struct vfs {
    struct vfs      *vfs_next;              /* next vfs in vfs list */
    struct vfsops   *vfs_op;                /* operations on vfs */
    struct vnode    *vfs_vnodecovered;      /* vnode we mounted on */
    int             vfs_flag;               /* flags */
    int             vfs_bsize;              /* native block size */
    fsid_t          vfs_fsid;               /* file system id */
    caddr_t         vfs_stats;              /* filesystem statistics */
    caddr_t         vfs_data;               /* private data */
};
```

Listing E.5. Aus <sys/vfs.h>

Der *struct vnode* hat folgendes Aussehen:

```
struct vnode {
    u_short         v_flag;              /* vnode flags (see below) */
    u_short         v_count;             /* reference count */
    u_short         v_shlockc;           /* count of shared locks */
    u_short         v_exlockc;           /* count of exclusive locks */
    struct vfs      *v_vfsmountedhere;   /* ptr to vfs mounted here */
    struct vnodeops *v_op;               /* vnode operations */
    union {
            struct socket   *v_Socket;   /* unix ipc */
            struct stdata   *v_Stream;   /* stream */
            struct page     *v_Pages;    /* vnode pages list */
    } v_s;
    struct vfs      *v_vfsp;             /* ptr to vfs we are in */
    enum vtype      v_type;              /* vnode type */
    dev_t           v_rdev;              /* device (VCHR, VBLK) */
    caddr_t         v_data;              /* private data for fs */
};
```

Listing E.6. Aus <sys/vnode.h>

```
/*
 * Operations on vnodes.
 */
struct vnodeops {
        int     (*vn_open)();
        int     (*vn_close)();
        int     (*vn_rdwr)();
        int     (*vn_ioctl)();
        int     (*vn_select)();
        int     (*vn_getattr)();
        int     (*vn_setattr)();
        int     (*vn_access)();
        int     (*vn_lookup)();
        int     (*vn_create)();
        int     (*vn_remove)();
        int     (*vn_link)();
        int     (*vn_rename)();
        int     (*vn_mkdir)();
        int     (*vn_rmdir)();
        int     (*vn_readdir)();
        int     (*vn_symlink)();
        int     (*vn_readlink)();
        int     (*vn_fsync)();
        int     (*vn_inactive)();
        int     (*vn_lockctl)();
        int     (*vn_fid)();
        int     (*vn_getpage)();
        int     (*vn_putpage)();
        int     (*vn_map)();
        int     (*vn_dump)();
        int     (*vn_cmp)();
        int     (*vn_realvp)();
};
```

Listing E.7. Aus `<sys/vnode.h>`

Im *struct vfs* sind Zeiger auf alle Basiszugriffsroutinen für *Vnodes* eines virtuellen Filesystems enthalten.

E.3.4 Im *SunOS* Kern benutzte Nomenklatur für Modulprefixe

anon	Anonymous pages
as	Address space
hat	Hardware Address Translation
mp	Multiprocessor/ing support
page	Physical page Management
pvn	Paged vnode
rm	Resource Management
seg	Segment Management
segdev	Segment of a mapped device
segmap	Generic vnode mapping segment
segvn	Shared or copy-on-write from a vnode/anonymous memory
segswap	Virtual swap device—

Tabelle E.2. Nomenklatur für Modulprefixe

E.3.5 Beschreibung der Filesystemoperationen

Die nun beschriebenen Funktionen beziehen sich auf spezielle Filesysteme. Jeder Funktion ist ein *"xxx"* vorangestellt um zu verdeutlichen, daß hier ein Name für das betreffende Filesystem einzusetzen ist. So heißt z.B. die *mount* Funktion für das UNIX-Filesystem *ufs_mount,* die für das *NFS*-Filesystem *nfs_mount.*

E.3.5.1 xxx_mount

```
xxx_mount(vfsp, path, data)
        struct vfs *vfsp;
        char *path;
        caddr_t data;
```

Listing E.8. xxx_mount

Parameter:

vfsp	Ein Zeiger auf eine vom Systemaufruf *mount* allozierte Struktur. Diese Struktur befindet sich in einer verketteten Liste aller gemounteten Filesysteme.
path	Pfadname der Directory, auf die das neue Filesystem gemountet werden soll. Der Name befindet sich bereits im Adreßraum des Kerns.
data	Ist der vierte Parameter des Systemaufrufs *mount,* und ist ein Zeiger auf eine Struktur *xxx_args.*

Returncode:

error 0, wenn kein Fehler aufgetreten ist; sonst UNIX-Fehlercode.

Randbedingungen:

Das neue Filesystem (d.h. *vfsp*) ist während der Laufzeit von *xxx_mount()* mit *vfs_lock()* gesichert.

Diese Funktion wird vom Systemaufruf *mount* gerufen. Die Existenz von *path* sowie die notwendige Bedingung, daß *path* der Pfadname einer Directory ist, sind schon im Systemaufruf überprüft worden. Es ist sichergestellt, daß der rufende Prozess ein Superuser - Prozess ist. Der Zeiger *vfsp* zeigt auf eine Struktur, die im Systemaufruf *mount* schon mit den Elementen *vfs_next* und *vfs_op* gefüllt worden ist. Außerdem sind indirekt über *vfs_add()* die Felder *vfs_vnodecovered* und *vfs_flag* gesetzt worden. Die Struktur *xxx_args* muß mit `copyin(data ,&args, sizeof(xxx_args))` in den Kerneladreßraum geholt werden.

In die Struktur, auf die *vfsp* zeigt, müssen folgende Werte eingetragen werden: *vfs_bsize, vfs_fsid* und *vfs_data.* Dabei ist *vfs_bsize* die natürliche Blockgröße für das betreffende Filesystem. *Vfs_fsid* ist ein Filesystemidentifizierer, der wenigstens innerhalb eines Rechners eindeutig sein sollte, er besteht aus zwei longs (normalerweise major- und minor- Devicenummer) sowie aus dem Index des Filesystems in der *Filesystem Switch Table. Vfs_data* ist normalerweise ein Zeiger auf filesystemspezifische Daten z.B. ein *struct mount* beim UNIX-Filesystem. Alle weiteren Aktionen innerhalb von *xxx_mount()* sind abhängig von dem betreffenden Filesystemtyp (z.B. Erzeugen eines vnodes für das Blockdevice beim UNIX-Filesystem).

E.3.5.2 xxx_unmount

```
xxx_unmount(vfsp)
        struct vfs *vfsp;
```

Listing E.9. xxx_unmount

Parameter:

vfsp Ein Zeiger auf eine aus dem *Root-vnode* des Filesystems abgeleitete Struktur, die beim Systemaufruf *mount* initialisiert wird.

Returncode:

error 0, wenn kein Fehler aufgetreten ist; sonst UNIX-Fehlercode.

Randbedingungen:

Das Filesystem (d.h. *vfsp*) ist während der Laufzeit von *xxx_unmount()* mit *vfs_lock()* gesichert.

Diese Funktion wird vom Systemaufruf *unmount* gerufen. Der Systemaufruf *unmount* hat schon seinen Parameter (einen Pfadnamen) als gültigen Rootpfadnamen eines gemounteten Filesystems verifiziert. Danach wurde der Pfadname über den Root - Vnodezeiger in einen Zeiger auf einen *struct vfs* umgewandelt.

Es ist sichergestellt, daß der rufende Prozess ein Superuser - Prozess ist. Der Systemaufruf *unmount* hat vor dem Aufruf von *xxx_unmount()* ein *VFS_SYNC()* ausgeführt. Da auch ein *dnlc_purge()* ausgeführt wurde, darf in *xxx_unmount()* keine Pfadnamensuche mehr durchgeführt werden. Alle weiteren Aktionen innerhalb von *xxx_unmount()* sind abhängig von dem betreffenden Filesystemtyp (z.B. Schließen des vnodes für das Blockdevice beim UNIX-Filesystem).

E.3.5.3 xxx_root

```
xxx_root(vfsp, vpp)
        struct vfs *vfsp;
        struct vnode **vpp;
```

Listing E.10. xxx_root

Parameter:

vfsp	Ein Zeiger auf die *vfs*-Struktur für das betreffende Filesystem.
vpp	Die Adresse eines Vnodezeigers, der bei Erfolg gefüllt wird.

Returncode:

error	0, wenn kein Fehler aufgetreten ist; sonst UNIX-Fehlercode.

Randbedingungen:

Keine.

Xxx_root() wird von *vfs_mountroot()* und *lookuppn()* aufgerufen. Weitere Aufrufe – jedoch weniger wichtig – sind in *lo_lookup()* und *vafidtovfs()*. Die Aufgabe dieser Funktion ist, mit Hilfe der privaten, unter *vfs_data* verborgenen Daten, einen Zeiger auf einen *vnode* der Rootdirectory für das betreffende Filesystem zu finden.

E.3.5.4 xxx_statfs

```
xxx_statfs(vfsp, sbp)
        struct vfs *vfsp;
        struct statfs *sbp;
```

Listing E.11. xxx_statfs

Parameter:

vfsp Ein Zeiger auf eine *vfs*-Struktur für das betreffende Filesystem.
sbp Ein Zeiger auf eine *statfs*-Struktur, die im Systemaufruf *statfs* genullt wird.

Returncode:

error 0, wenn kein Fehler aufgetreten ist; sonst UNIX-Fehlercode.

Randbedingungen:

Keine.

Die Funktion *xxx_statfs()* liefert die Filesystemstatistiken für das betreffende Filesystem. Falls nötig werden die internen Daten so konvertiert, daß größtmögliche Ähnlichkeit mit den in der UNIX-Welt erwarteten Daten hergestellt ist. Werte, die nicht verfügbar sind, wie z.B. *f_files* und *f_free* werden auf -1 gesetzt. (Das ist z.B. beim Network-Filesystem der Fall.)

E.3.5.5 xxx_sync

```
xxx_sync(vfsp)
        struct vfs *vfsp;
```

Listing E.12. xxx_sync

Parameter:

vfsp Ein Zeiger auf eine *vfs*-Struktur für das betreffende Filesystem.

Returncode:

0 Wird nicht ausgewertet.

Randbedingungen:

Keine

Diese Funktion wird vom *unmount* und *sync*-Systemaufruf gerufen. Wenn der Parameter *vfsp* ein NULL-Pointer ist, dann wird der gesamte Pufferinhalt für alle Filesysteme des betreffenden Typs auf das Medium zurückgeschrieben, anderenfalls nur der Pufferinhalt für das ausgewählte Filesystem.

E.3.5.6 xxx_vget

```
xxx_vget(vfsp, vpp, fidp)
        struct vfs *vfsp;
        struct vnode **vpp;
        struct fid *fidp;
```

Listing E.13. xxx_vget

Parameter:

vfsp	Ein Zeiger auf eine *vfs*-Struktur für das betreffende Filesystem.
vpp	Die Adresse eines Vnodezeigers, der bei Erfolg gefüllt wird.
fidp	Zeiger auf einen *Fileidentifier*, für den der dazugehörige *vnode* gefunden werden soll.

Returncode:

error	0, wenn diese Funktion im betreffenden Filesystem unterstützt wird; sonst *EINVAL*.

Randbedingungen:

Keine

Diese Funktion wird nur vom *nfs*-Server aufgerufen und wird benutzt, um einen *Filehandle* in einen Vnodezeiger umzuwandeln. Filesysteme die nicht exportiert werden sollen, sollten *EINVAL* zurückgeben. Wenn ein passender Vnodezeiger nicht gefunden werden kann, oder die Generationsnummer nicht paßt, wird der Adresse des Vnodezeigers ein *NULL*-Pointer zugewiesen. (Die Generationsnummer dient im UNIX-Filesystem zusammen mit der *inode*-Nummer als File -Identifizierung. Da die *inode*-Nummer inzwischen anderweitig vergeben worden sein kann dient die Generationsnummer als Sicherheit dafür, daß der *Filehandle* noch gültig ist.)

Zur Zeit gibt es diese Funktion nur im UNIX-Filesystem, alle anderen Filesysteme geben *EINVAL* zurück.

E.3.5.7 xxx_mountroot

```
xxx_mountroot(vfsp, vpp, name)
        struct vfs *vfsp;
        struct vnode **vpp;
        char *name;
```

Listing E.14. xxx_mountroot

Parameter:

vfsp Ein Zeiger auf eine *vfs*-Struktur für das betreffende Filesystem.
vpp Die Adresse eines Vnodezeigers, der bei Erfolg mit einem Vnode auf das Objekt gefüllt wird.
name Zeiger auf einen leeren String, der *MAXOBJNAME* (127 Buchstaben) Platz bietet. In diesen String wird der Name des Objektes gefüllt, das das Rootfilesystem trägt.

Returncode:

error 0, wenn kein Fehler aufgetreten ist; sonst UNIX-Fehlercode.

Randbedingungen:

Keine

Diese Funktion wird von *vfs_mountroot()* aufgerufen; *Vfs_mountroot()* wird in *init_main()* aufgerufen. In *vfs_mountroot()* wird zunächst *getfstype()* aufgerufen. *Getfstype()* fragt nach dem Rootfilesystemtyp falls mit der -a Option gebootet wurde und liefert dann einen Zeiger auf einen passenden Eintrag in der *Filesystem Switch Table*. Wenn *getfstype()* einen *NULL*-Zeiger liefert, dann geht *vfs_mountroot* durch die komplette *Filesystem Switch Table* und versucht jeweils die *xxx_mountroot()* Funktion aufzurufen, bis kein Fehler auftritt; anderenfalls wird nur ein Mountversuch mit dem gewünschten Filesystem unternommen. Der in *vfs_mountroot()* allozierte *struct vfs* ist mit *VFS_INIT()* initialisiert, bevor *xxx_mountroot()* aufgerufen wird. Bei erfolgreichem Mountroot wird mit *xxx_root()* der Rootvnode des Filesystems geholt.

Xxx_mountroot() muß zunächst nach dem Rootmedium fragen , falls mit der Option `-a` gebootet wurde (`(boothowto & RB_ASKNAME) != 0`). Das kann mit Hilfe einer der Standardfunktionen aus der Datei `sun/swapgeneric.c` erfolgen, die bei jeder Binärversion mit ausgeliefert wird. Wenn auf dem Filesystemtyp ein Filesystemcheck nötig sein könnte, sollte die Variable *boothowto* überprüft werden. Falls das Bit *RB_WRITABLE* nicht gesetzt ist, sollte dann das Rootfilesystem readonly gemountet werden. Die sonstigen Aktionen sind identisch mit denen von *xxx_mount()* außer, daß nach erfolgreichem Mount *vfs_add()* explizit aufgerufen werden muß.

In *xxx_montroot()* muß auch ein Aufruf von *inittodr()* erfolgen, um die Systemzeit zu initialisieren. Dabei wird als Parameter, falls das Filesystem eine Zeit trägt, eine *time_t* Variable aus dem Filesystem übergeben oder eine -1 falls nicht.

E.3.5.8 xxx_swapvp

```
xxx_swapvp(vfsp, vpp, name)
        struct vfs *vfsp;
        struct vnode **vpp;
        char *name;
```

Listing E.15. xxx_swapvp

Parameter:

vfsp Ein Zeiger auf eine *vfs*-Struktur für das betreffende Filesystem.
vpp Die Adresse eines Vnodezeigers, der bei Erfolg mit einem Vnode auf das Objekt gefüllt wird.
name Zeiger auf einen leeren String, der *MAXOBJNAME* (127 Buchstaben) Platz bietet. In diesen String wird der Name des Objektes gefüllt, auf das geswapt wird.

Returncode:

error 0, wenn kein Fehler aufgetreten ist; sonst UNIX-Fehlercode.

Randbedingungen:

Keine

Diese Funktion wird von *swapconf()* aufgerufen; *Swapconf()* wird in *init_main()* direkt nach *vfs_mountroot()* aufgerufen. *Xxx_swapvp()* wird von *swapconf* nach den gleichen Regeln aufgerufen, wie *xxx_mountroot()* von *vfs_mountroot()*. Die Regeln nach denen der Swapbereich gefunden wird stehen der Funktion *xxx_swapvp()* frei. Wenn `((boothowto & RB_ASKNAME) != 0)`, dann kann mit Hilfe einer der Standardfunktionen aus der Datei `sun/swapgeneric.c` nach einem Namen für das Swapobjekt gefragt werden.

E.3.6 Beschreibung der Vnodeoperationen

E.3.6.1 xxx_open

```
xxx_open(vpp, flag, cred)
        struct vnode **vpp;
        int flag;
        struct ucred *cred;
```

Listing E.16. xxx_open

Parameter:

vpp Die Adresse des Vnodezeigers für die betreffende Datei. Er kann, falls gewünscht, ausgetauscht werden.

flag Die um eins inkrementierten Flags aus dem Systemaufruf *open*. Durch das Inkrementieren wird erreicht, daß für das *read*-Flag und das *write*-Flag getrennte Bits benutzt werden.

cred Ein Zeiger auf die *ucred*-Struktur für den betreffenden Benutzer.

Returncode:

error 0, wenn kein Fehler aufgetreten ist; sonst UNIX-Fehlercode.

Randbedingungen:

Keine

Typische Aufrufreihenfolge:

open() → copen() → vn_open() → xxx_open()

Normalerweise ist diese Funktion ein No-Op, denn der wichtigste Teil der Open-Prozedur des UNIX-Systemaufrufes *open()* spielt sich in *xxx_lookup()* ab. Dort wird zu einem Dateinamen der passende *Vnode* gesucht. Es sind aber Filesysteme denkbar, bei denen beim Öffnen ein neuer *Vnode* generiert wird, das ist z.B. beim *Spec*-Filesystem der Fall, wenn ein *Clone*-Device geöffnet wird. Beim *Spec*-Filesystem ist ein Nebeneffekt, daß die *Open*-Routine des betreffenden Gerätetreibers aufgerufen wird. Beim *NFS*-Filesystem wird die Gültigkeit des Caches überprüft.

E.3.6.2 xxx_close

```
xxx_close(vp, flag, count, cred)
        struct vnode *vp;
        int flag;
        int count;
        struct ucred *cred;
```

Listing E.17. xxx_close

Parameter:
vp Der Vnodezeiger für die betreffende Datei.
flag Die File-Flags vom Systemaufruf *open* oder vom Systemaufruf *fcntl*. Siehe auch *xxx_open*.
count Die Anzahl der noch bestehenden Referenzen auf die betreffende Datei.
cred Ein Zeiger auf die *ucred*-Struktur für den betreffenden Benutzer.

Returncode:
error 0, wenn kein Fehler aufgetreten ist; sonst UNIX-Fehlercode.

Randbedingungen:
Keine

Typische Aufrufreihenfolge:
close() → closef() → vno_close() → vn_close() → xxx_close()

Auch diese Funktion ist normalerweise ein No-Op. Beim *Spec*-Filesystem ist der Nebeneffekt, daß beim letzten *Close()* die *Close*-Routine des betreffenden Gerätetreibers aufgerufen wird. Beim *NFS*-Filesystem wird überprüft, ob Die Datei noch einen Namen hat[16].

E.3.6.3 xxx_rdwr

```
xxx_rdwr(vp, uiop, rw, ioflag, cred)
        struct vnode *vp;
        struct uio *uiop;
        enum uio_rw rw;
        int ioflag;
        struct ucred *cred;
```

Listing E.18. xxx_rdwr

Parameter:
vp Der Vnodezeiger für die betreffende Datei.
uiop Die *uio*-Struktur enthält Angaben über Adressen und Größen der *I/O*-Operation, so daß der Systemaufruf *read* und der Systemaufruf *readv* gleichermaßen behandelt werden können.
rw Ein Aufzählungstyp, der *UIO_READ* oder *UIO_WRITE* enthalten kann.
ioflag *IO_UNIT*, *IO_APPEND* und *IO_SYNC* (siehe `/usr/sys/sys/vnode.h`)
cred Ein Zeiger auf die *ucred*-Struktur für den betreffenden Benutzer.

[16] Das statuslose *NFS* benennt offene Dateien beim Löschen in *.nfsXXXXX* um, wobei *XXXXX* eine generierte Zahl ist. Solche Dateien müssen beim Schließen der Datei gelöscht werden.

Returncode:

error 0, wenn kein Fehler aufgetreten ist; sonst UNIX-Fehlercode.

Randbedingungen:

Es ist durch *vno_rw()* sichergestellt, daß sich die Datei nicht auf einem *readonly* gemounteten Filesystem befindet und geschrieben werden soll.

Typische Aufrufreihenfolge:

read/readv/write/writev() → rwuio() → vno_rw() → xxx_rdwr()

In dieser Funktion befindet sich der gesamte Code für das Lesen und Beschreiben von Dateien. Falls es sich um eine Schreiboperation handelt, die eine gewöhnliche Datei betrifft, muß zunächst überprüft werden ob *RLIMIT_FSIZE*[17] überschritten wird, und gegebenenfalls ein *SIGXFSZ*[18] an den schreibenden Prozess geschickt werden.

In dieser Funktion werden beim Schreiben Plattenblöcke alloziert. Beim Lesen erfolgt hier auch das *buffered read ahead*[19].

Dabei werden allerdings an dieser Stelle die vom traditionellen UNIX verwendeten Funktionen *bread()* und *breada()* sowie *bwrite()* und *bdwrite()* nicht benutzt. *SunOS* hat ein neues virtuelles Speicherkonzept, in das auch das Filesystem integriert ist. Das bedeutet, daß auch Dateien über *Page Faults* eingelesen werden. Damit das funktioniert, muß in der Funktion *xxx_rdwr()* ein Mapping eingerichtet werden. Das geschieht mit den *Segmap*-Funktionen:

segmap_getmap()	→	Einrichten eines Mappings.
segmap_release()	→	Freigeben eines Mappings.
segmap_pagecreate()	→	Erzeugen von leeren Seiten für ein Mapping.

Tabelle E.3. Die *Segmap*-Funktionen

17 Ein Limit für die Größe einer einzelnen Datei, das mit dem Systemaufruf *setrlimit()* eingestellt werden kann.

18 Ein Signal, daß anzeigt, daß das mit *setrlimit()* eingestellte Limit für die maximale Dateigröße überschritten ist.

19 UNIX versucht seinen *Bufferpool* schon im voraus mit dem nächsten Block aus der Datei zu füllen, weil angenommen wird, daß dieser Block als nächstes gelesen wird.

E.3.6.3.1 segmap_getmap()

```
addr_t
segmap_getmap(seg, vp, off)
        struct seg *seg;
        struct vnode *vp;
        u_int off;
```

Listing E.19. *segmap_getmap()*

Parameter:

seg Das mapping Segment – normalerweise ist das das generische Kernel mapping Segment *segkmap*.
vp Der *Vnode*-Zeiger für die Datei.
off Der Offset innerhalb der Datei, bei dem das Mapping starten soll.

Returncode:

Die virtuelle Adresse innerhalb des Kerneladreßraumes, auf die die gewünschten Dateiteile gemappt wurden.

E.3.6.3.2 segmap_release()

```
int
segmap_release(seg, addr, flags)
        struct seg *seg;
        addr_t addr;
        u_int flags;
```

Listing E.20. segmap_release()

Parameter:

seg Das mapping Segment – normalerweise ist das das generische Kernel mapping Segment *segkmap* .
addr Ein früherer Rückgabewert von *segmap_getmap()*.
flags Flags aus `/usr/include/vm/seg_map.h`, mögliche Werte sind: *SM_WRITE, SM_ASYNC, SM_FREE, SM_INVAL* und *SM_DONTNEEDED*. Sie steuern das Verhalten der Routine.

Returncode:

error 0, wenn kein Fehler aufgetreten ist; sonst UNIX-Fehlercode.

E.3.6.3.3 segmap_pagecreate()

```
void
segmap_pagecreate(seg, addr, len, softlock)
        struct seg *seg;
        addr_t addr;
        u_int len;
        int softlock;
```

Listing E.21. segmap_pagecreate()

Parameter:

seg	Das mapping Segment – normalerweise ist das das generische Kernel mapping Segment *segkmap*.
addr	Ein früherer Rückgabewert von *segmap_getmap()*.
len	Die Anzahl der Bytes, die als leere Seiten erzeugt werden sollen.
softlock	Wenn hier ein Wert ungleich *NULL* steht, dann wird der *keepcount* der erzeugten Seiten nicht dekrementiert. Die Funktion *xxx_rdwr()*übergibt hier eine *NULL*.

Returncode:

Entfällt.

Das Lesen und Schreiben wird dann im Einzelnen folgendermaßen durchgeführt:

Lesen:

1. Einrichten eines Mappings mit *segmap_getmap()*.
2. Kopieren der Daten mit *uiomove()* aus dem Kerneldatenraum in den Benutzerdatenraum. Dabei wird dann gegebenenfalls ein *Page Fault* ausgelöst, der das eigentliche Lesen der Daten von dem das Filesystem tragende Medium auslöst.
3. Freigeben des Mappings mit *segmap_release()*.

Schreiben:

1. Einrichten eines Mappings mit *segmap_getmap()*. Wenn ganze Seiten geschrieben werden sollen, dann werden sie mit *segmap_pagecreate()* als leere Seiten erzeugt. Wenn Seiten nur teilweise beschrieben werden sollen, müssen sie über *Page Faults* vorher eingelesen werden.
2. Kopieren der Daten vom Benutzerdatenraum in den Kerneldatenraum. Dabei wird dann für alle noch nicht mit *segmap_pagecreate()* erzeugten Seiten ein *Page Fault* ausgelöst, der das Einlesen der alten Dateiinhalte bewirkt.

3. Freigeben des Mappings mit *segmap_release()*. Dabei wird im Allgemeinen der Inhalt der Filesystempuffer, die bei der Schreiboperation gefüllt wurden, auf das das Filesystem tragende Medium geschrieben, falls das nicht vorher schon durch ein *sync()* ausgelöst wurde.

Nach erfolgreichem Lesen oder Schreiben werden die betreffenden Zeiteinträge für die Datei korrigiert.

E.3.6.4 xxx_ioctl

```
xxx_ioctl(vp, com, data, flag, cred)
        struct vnode *vp;
        int com;
        caddr_t data;
        int flag;
        struct ucred *cred;
```

Listing E.22. xxx_ioct

Parameter:

vp	Der Vnodezeiger für die betreffende Datei.
com	Das Kommando (der zweite Parameter des Systemaufrufes *ioctl)*.
data	Die Adresse der eventuell zu dem *ioctl* gehörenden Daten (der dritte Parameter des Systemaufrufes *ioctl)*.
flag	Die File-Flags vom Systemaufruf *open* oder vom Systemaufruf *fcntl*. Siehe auch *xxx_open*.
cred	Ein Zeiger auf die *ucred*-Struktur für den betreffenden Benutzer.

Returncode:

error	0, wenn kein Fehler aufgetreten ist; sonst UNIX-Fehlercode.

Randbedingungen:

Keine

Typische Aufrufreihenfolge:

ioctl() → vno_ioctl() → xxx_ioctl()
fcntl() → fioctl() → vno_ioctl() → xxx_ioctl()

Diese Funktion wird von *vno_ioctl()* aufgerufen, wenn der Typ des *Vnodes VCHR* ist. Er sollte eigentlich nur im *Spec*-Filesystem benötigt werden, denn bei dem Auffinden von Geräten sollte die Routine *xxx_lookup()* des betreffenden Filesystems *specvp()* aufrufen und damit den gefundenen *Vnode* durch einen *Spec vnode* ersetzen. Ein Gebrauch des Systemaufrufs *ioctl()* führt dann auf die Routine *spec_ioctl()*. Alle normalen Filesysteme sollten *EINVAL* zurückgeben.

E.3.6.5 xxx_select

```
xxx_select(vp, which, cred)
        struct vnode *vp;
        int which;
        struct ucred *cred;
```

Listing E.23. xxx_select

Parameter:

vp	Der Vnodezeiger für die betreffende Datei.
which	Enthält die Werte *FREAD* für Lesen, *FWRITE* für Schreiben oder 0 für Exception.
cred	Ein Zeiger auf die *ucred*-Struktur für den betreffenden Benutzer.

Returncode:

error	0, wenn die Bedingung, die in *which* beschrieben ist, nicht erfüllt ist; sonst 1.

Randbedingungen:

Keine

Typische Aufrufreihenfolge:

select() → selscan() → vno_select() → xxx_select()

Diese Funktion liefert einen Rückgabewert, der angibt ob eine in *which* angegebene Bedingung erfüllt ist, d.h. ob Daten bei einem folgenden *read*-Systemaufruf zum Lesen bereitstehen, Daten bei einem folgenden *write*-Systemaufruf ohne Verzögerung zu schreiben sind, oder ob eine I/O bedingte Ausnahme aufgetreten ist. Sie wird von *vno_select()* aufgerufen, wenn der Typ des *Vnodes VCHR* oder *VFIFO* ist. Er sollte eigentlich nur im *Spec*-Filesystem benötigt werden (siehe *xxx_ioctl()*).

E.3.6.6 xxx_getattr

```
xxx_getattr(vp, vap, cred)
        struct vnode *vp;
        struct vattr *vap;
        struct ucred *cred;
```

Listing E.24. xxx_getattr

Parameter:

vp	Der Vnodezeiger für die betreffende Datei.

vap Ein Zeiger auf eine *vattr*-Struktur, die mit den Attribut Werten für die Datei gefüllt wird.
cred Ein Zeiger auf die *ucred*-Struktur für den betreffenden Benutzer.

Returncode:

error 0, wenn kein Fehler aufgetreten ist; sonst UNIX-Fehlercode.

Randbedingungen:

Keine

Typische Aufrufreihenfolge:

stat/lstat() → stat1() → vno_stat() → xxx_getattr()

Diese Funktion beschafft die Dateiattribute und wandelt sie in in eine für die Struktur *Vattr* brauchbare Form um. Dabei sind eventuelle Besonderheiten des speziellen Filesystems zu beachten, denn die Struktur *Vattr* ist auf das Betriebssystem UNIX ausgelegt.

E.3.6.7 xxx_setattr

```
xxx_setattr(vp, vap, cred)
        struct vnode *vp;
        struct vattr *vap;
        struct ucred *cred;
```

Listing E.25. xxx_setattr

Parameter:

vp Der Vnodezeiger für die betreffende Datei.
vap Ein Zeiger auf eine *vattr*-Struktur, die mit den Attribut Werten für die Datei gefüllt ist. Werte ungleich -1 sind dabei signifikant.
cred Ein Zeiger auf die *ucred*-Struktur für den betreffenden Benutzer.

Returncode:

error 0, wenn kein Fehler aufgetreten ist; sonst UNIX-Fehlercode.

Randbedingungen:

Keine

Typische Aufrufreihenfolge:

chmod/chown/utimes/truncate() → namesetattr() → xxx_setattr()
fchmod/fchown/ftruncate() → fdsetattr() → xxx_setattr()
ftruncate() → xxx_setattr()
open() → copen() → vn_open() → xxx_setattr()

Diese Funktion nimmt die Dateiattribute aus dem *Struct vattr* und setzt danach die Attribute der Datei im Filesystem neu. Die Funktion muß selbst überprüfen, ob versucht wird Attribute zu verändern, deren Modifizierung unzulässig ist. Siehe auch *xxx_getattr()*. Die gesamte Überprüfung der Zugriffsrechte für jedes zu verändernde Attribut ist auch Sache der Funktion *xxx_setattr()*.

E.3.6.8 xxx_access

```
xxx_access(vp, mode, cred)
        struct vnode *vp;
        int mode;
        struct ucred *cred;
```

Listing E.26. xxx_access

Parameter:

vp	Der Vnodezeiger für die betreffende Datei.
mode	Der gewünschte Zugriffsmodus.
cred	Ein Zeiger auf die *ucred*-Struktur für den betreffenden Benutzer.

Returncode:

error	0, wenn der Zugriff erlaubt ist; sonst UNIX-Fehlercode (*EROFS EACCES*).

Randbedingungen:

Keine

Typische Aufrufreihenfolge:

access() → xxx_access()
execve() → xxx_access()
chdir/fchdir/chroot/fchroot() → chdirec() → xxx_access()
open() → copen() → vn_open() → xxx_access()
swapon() → xxx_access()

Diese Funktion muß die gesamte Zugriffsrechtsüberprüfung enthalten. Beim UNIX-Filesystem muß hier also die gewohnte Überprüfung stattfinden. Bei anderen Filesystemen muß die Überprüfung derart gestaltet werden, daß größtmögliche Übereinstimmung mit den UNIX-Regeln für Dateizugriffe sowie der Semantik des fremden Filesystems erreicht wird.

E.3.6.9 xxx_lookup

```
xxx_lookup(dvp, nm, vpp, cred, pnp, flags)
        struct vnode *dvp;
        char *nm;
        struct vnode **vpp;
        struct ucred *cred;
        struct pathname *pnp;
        int flags;
```

Listing E.27. xxx_lookup

Parameter:

dvp	Der Vnodezeiger für die Directory in der nach *nm* gesucht werden soll.
nm	Ein Zeiger auf den aktuellen Komponentennamen (im Adreßraum des Kerns), nach dem in der aktuellen Directory gesucht werden soll.
vpp	Die Adresse eines Vnodezeigers, der bei Erfolg mit einem *vnode*-Zeiger für die gefundene Komponente gefüllt wird.
cred	Ein Zeiger auf die *ucred*-Struktur für den betreffenden Benutzer.
pnp	Zeiger auf einen *struct pathname,* der den Rest des noch zu Verarbeitenden Pfadnamens enthält.
flags	Die *lookup flags,* sie enthalten z.Zt. nur 0 oder *LOOKUP_DIR.* Sie sind aber für die *xxx_lookup* Funktion unwichtig.

Returncode:

error 0, wenn kein Fehler aufgetreten ist; sonst UNIX-Fehlercode.

Randbedingungen:

Keine

Typische Aufrufreihenfolge:

*

lookupname() → au_lookupname() → au_lookuppn() → xxx_lookup()
lookuppn() → au_lookuppn() → xxx_lookup()

Diese Funktion hat eine zentrale Bedeutung für das gesamte virtuelle Filesystem. Alle Vnodezeiger eines Filesystems, mit Ausnahme des *Rootvnodezeigers,* werden durch Aufruf dieser Funktion gewonnen. Die Funktion sucht in der Directory, deren Vnodezeiger *dvp* ist, nach einer Datei, deren Name in *nm* steht. Bei Erfolg wird *vpp* mit einem Zeiger auf den *Vnode* für die betreffende Datei gefüllt. Der Datenraum, den der so übergebene *Struct Vnode* einnimmt, muß innerhalb von *xxx_lookup()* bereitgestellt werden. Bei der Suche nach der Datei sollten die Funktionen des *Directory name lookup Cache* zur Beschleunigung verwendet werden.

E.3.6.9.1 dnlc_lookup()

Zuerst wird mit *dnlc_lookup()* nach einem Eintrag für *name* gesucht.

```
struct vnode *
dnlc_lookup(dp, name, cred)
        struct vnode *dp;
        register char *name;
        struct ucred *cred;
```

Listing E.28. *dnlc_lookup()*

Parameter:

dp	Der Vnodezeiger für die Directory in der nach *name* gesucht werden soll.
name	Der Name der Datei.
cred	Ein Zeiger auf die *ucred*-Struktur für den betreffenden Benutzer.

Returncode:

Der gefundene *Vnodezeiger*, oder 0.

Wenn mit *dnlc_lookup()* kein Eintrag gefunden wurde, dann sollte die Directory im Filesystem durchsucht werden und bei Erfolg ein Eintrag im *Directory name lookup Cache* angelegt werden.

E.3.6.9.2 dnlc_enter()

Dies geschieht mit *dnlc_enter()*.

```
dnlc_enter(dp, name, vp, cred)
        register struct vnode *dp;
        register char *name;
        struct vnode *vp;
        struct ucred *cred;
```

Listing E.29. *dnlc_lookup()*

Parameter:

dp	Der Vnodezeiger für die Directory in der sich *name* befindet.
name	Der Name der Datei.
vp	Der Vnodezeiger für die betreffende Datei.
cred	Ein Zeiger auf die *ucred*-Struktur für den betreffenden Benutzer.

Returncode:

Entfällt.

E.3.6.9.3 specvp()

Wenn es sich bei der gefundenen Datei um ein *Blockdevice, Characterdevice* oder um ein *Fifo* handelt, dann muß der *Vnode* mit *specvp()* in einen *Vnode* des *Spec*-Filesystems umgewandelt werden.

```
struct vnode *
specvp(vp, dev, type)
        struct vnode *vp;
        dev_t dev;
        enum vtype type;
```

Listing E.30. *specvp()*

Parameter:

vp Der alte Vnodezeiger.
dev *Major*- und *Minor*-Devicenummer des gefundenen Gerätes.
type Der Typ des alten *Vnodes.*

Returncode:

Der neue *Vnodezeiger. Er hat den gleichen Typ wie der alte Vnodezeiger*, stammt allerdings aus dem *Spec*-Filesystem.

Nach erfolgreicher Arbeit der Funktion *xxx_lookup()* werden die Zeiteinträge für die Datei korrigiert.

E.3.6.10 xxx_create

```
xxx_create(dvp, nm, vap, exclusive, mode, vpp, cred)
        struct vnode *dvp;
        char *nm;
        struct vattr *vap;
        enum vexcl exclusive;
        int mode;
        struct vnode **vpp;
        struct ucred *cred;
```

Listing E.31. xxx_create

Parameter:

dvp Der Vnodezeiger für die Directory in der *nm* erzeugt werden soll.

nm Ein Zeiger auf den Komponentennamen (im Adreßraum des Kerns), der in der aktuellen Directory erzeugt werden soll.

vap Ein Zeiger auf eine *vattr*-Struktur, die mit den gewünschten Attribut Werten für die Datei gefüllt ist. Werte ungleich -1 sind dabei signifikant. Hier wird z.B. auch mitgeteilt, welchen Typ die neue Datei bekommen soll, oder daß die Datei auf die Länge 0 gekürzt werden soll.

exclusive Ein Enumerationsparameter, der angibt, ob die Datei exclusiv erzeugt werden soll d.h. ob das Erzeugen der Datei scheitern soll, wenn die Datei schon vorhanden ist.

mode Ein Bitfeld, das aus dem gewünschten Zugriffsmodus abgeleitet wurde. Der Zugriffsmodus ergibt sich aus dem zweiten Parameter des *Open*-Systemaufrufs bzw. beträgt *VWRITE* bei Verwendung des *Creat*-Systemaufrufs. Es enthält Werte wie *VREAD, VWRITE*...

vpp Die Adresse eines Vnodezeigers, der bei Erfolg mit einem *vnode*-Zeiger für die erzeugte Datei gefüllt wird.

cred Ein Zeiger auf die *ucred*-Struktur für den betreffenden Benutzer.

Returncode:

error 0, wenn kein Fehler aufgetreten ist; sonst UNIX-Fehlercode.

Randbedingungen:

Es ist sichergestellt, daß das Filesystem mit Schreiberlaubnis gemountet ist und daß es sich bei der Datei nicht um eine schon existierende Datei vom Typ *Socket* handelt.

Typische Aufrufreihenfolge:

creat()/open() → copen() → vn_open() → vn_vreate() → xxx_create()
mknod() → vn_vreate() → xxx_create()

Diese Funktion muß zunächst überprüfen, ob versucht wurde, eine Directory zu erzeugen und gegebenenfalls einen entsprechenden Fehlercode zurückgeben.

Wenn die gewünschte Datei schon existiert, dann sind gegebenenfalls weitere Aktionen durchzuführen:

- Wenn es sich um ein *exklusives open* handelt, dann wird der Fehlercode *EEXIST* zurückgegeben.
- Wenn Schreibzugriff gewünscht wurde und die schon existierende Datei eine Directory ist, dann wird der Fehlercode *EISDIR* zurückgegeben.
- Wenn für den gewünschten Zugriffsmodus keine Zugriffsrechte bei der schon existierenden Datei bestehen, dann wird der Zugriff verweigert.
- Wenn *mode* gleich 0 ist, (d.h. es werden keine Zugriffsrechte gewünscht) dann wird nicht überprüft, ob der Zugriff erlaubt ist. (dies ist möglich, wenn man z.B. `open("filename", O_CREAT + FOPEN, 0)` auf der Systemaufrufebene verwendet. Man erhält damit einen Filedescriptor, der keine Lese- oder Schreibberechtigung hat, aber ein *fstat()* ermöglicht.)

- Reguläre Dateien werden falls gewünscht, auf die Länge 0 gebracht (siehe Beschreibung des *vap*-Parameters).

Wenn es sich bei der gefundenen Datei um ein *Blockdevice, Characterdevice* oder um ein *Fifo* handelt, dann muß der *Vnode* mit *specvp()* in einen *Vnode* des *Spec*-Filesystems umgewandelt werden.

Nach erfolgreicher Arbeit werden die Zeiteinträge für die Datei korrigiert, und durch Aufruf von *VOP_GETATTR()* die fehlenden Einträge im *Struct vattr* gefüllt.

E.3.6.11 xxx_remove

```
xxx_remove(vp, nm, cred)
        struct vnode *vp;
        char *nm;
        struct ucred *cred;
```

Listing E.32. xxx_remove

Parameter:

vp	Der Vnodezeiger für die Directory in der die betreffende Datei steht.
nm	Ein Zeiger auf den Komponentennamen (im Adreßraum des Kerns), der in der aktuellen Directory gelöscht werden soll.
cred	Ein Zeiger auf die *ucred*-Struktur für den betreffenden Benutzer.

Returncode:

error	0, wenn kein Fehler aufgetreten ist; sonst UNIX-Fehlercode.

Randbedingungen:

In *SunOS* ist sichergestellt, daß es sich bei dem zu löschenden Directoryeintrag nicht um die Einträge "." oder ".." handelt, daß eine Datei mit dem angegebenen Namen existiert und daß sich die Datei nicht auf einem *readonly* gemounteten Filesystem befindet. Der Versuch die Rootdirectory eines Filesystems zu löschen wird auch vorher abgefangen.

Im speziellen Filesystemcode befinden sich jedoch ähnliche Abfragen. Daher muß davon ausgegangen werden, daß man sich darauf nicht verlassen darf.

Typische Aufrufreihenfolge:

unlink() → vn_remove() → xxx_remove()

Die Funktion *xxx_remove()* entfernt einen Dateieintrag aus einer Directory. Bei diesem Eintrag darf es sich nicht um eine Directory handeln, denn für Directories gibt es die Funktion *xxx_rmdir()*. Wenn versucht wird die Einträge "." oder ".." zu löschen, dann wird der Fehlercode *EINVAL* oder *ENOTEMPTY* zurückgeben. Wenn *dvp* keine Directory ist, wird der Fehlercode *ENOTDIR* zurückgegeben. Das Löschen des Eintrages wird untersagt, wenn für *dvp* nicht Schreib- und Executeberechtigung bestehen, oder wenn in *dvp* das *sticky*-Bit gesetzt ist und der Benutzer nicht der Eigentümer der Datei oder der Superuser ist. Wenn der Eintrag vorhanden ist, erfolgt die Entfernung des Namens für die betreffende Datei aus der Directory *dvp*. Damit ist aber nicht sichergestellt, daß der Datenraum für die betreffende Datei freigegeben werden darf, denn die Datei kann noch über weitere Namen verfügen oder von einem Prozess offengehalten werden. Das Freigeben des Datenraums für die Datei erfolgt über *xxx_inactive()*[20].

Nach erfolgreicher Arbeit werden die Zeiteinträge für die Datei korrigiert.

E.3.6.12 xxx_link

```
xxx_link(vp, tdvp, tnm, cred)
        struct vnode *vp;
        struct vnode *tdvp;
        char *tnm;
        struct ucred *cred;
```

Listing E.33. xxx_link

Parameter:

vp	Der Vnodezeiger für die Datei zu der ein Link angelegt werden soll.
tdvp	Der Vnodezeiger für die Ziel -Directory in der *tnm* erzeugt werden soll.
tnm	Ein Zeiger auf den Komponentennamen (im Adreßraum des Kerns), der in der Ziel -Directory erzeugt werden soll.
cred	Ein Zeiger auf die *ucred*-Struktur für den betreffenden Benutzer.

Returncode:

error	0, wenn kein Fehler aufgetreten ist; sonst UNIX-Fehlercode.

[20] *Xxx_inactive* wird über *VN_RELE()* aufgerufen, wenn der Referenzzähler für den der Datei assoziierten *Vnode* auf 0 gegangen ist.

Randbedingungen:

Durch die Übergabe von *vp* und *tdvp* ist sichergestellt, daß die Datei zu der der Link eingerichtet werden soll sowie die Zieldirectory existieren. In *vn_link()* ist überprüft worden, daß *vp* und *tdvp* sich im selben Filesystem befinden und daß das Filesystem schreibbar gemountet ist.

Typische Aufrufreihenfolge:

link() → vn_link() → xxx_link()

Filesysteme, die es nicht ermöglichen *Hardlinks*[21] anzulegen, sollten *EINVAL* zurückgeben.

Zuerst holt sich die Funktion *xxx_link()* mit *VOP_REALVP()* den echten *Vnodezeiger* für die Datei, zu der der Link hergestellt werden soll. Für den Fall, daß es sich bei *vp* um eine Directory handelt, muß überprüft werden, ob der Benutzer Superuserprivilegien besitzt. Dann wird durch Erzeugen eines Eintrages in der Zieldirectory der Link hergestellt.

Nach erfolgreicher Arbeit werden die Zeiteinträge für die Datei korrigiert.

E.3.6.13 xxx_rename

```
xxx_rename(sdvp, snm, tdvp, tnm, cred)
        struct vnode *sdvp;
        char *snm;
        struct vnode *tdvp;
        char *tnm;
        struct ucred *cred;
```

Listing E.34. xxx_rename

Parameter:

sdvp Der Vnodezeiger für die Directory in der der alte Dateiname steht.

snm Ein Zeiger auf den alten Komponentennamen (im Adreßraum des Kerns).

tdvp Der Vnodezeiger für die Ziel -Directory in der *tnm* erzeugt werden soll.

tnm Ein Zeiger auf den Komponentennamen (im Adreßraum des Kerns), der in der Ziel -Directory erzeugt werden soll.

cred Ein Zeiger auf die *ucred*-Struktur für den betreffenden Benutzer.

---

[21] Das Anlegen eines *Hardlinks* auf eine Datei bedeutet dieser Datei im Filesystem einen weiteren Namen zuzuordnen. Danach kann man nicht mehr unterscheiden, welcher Name der Datei der originale Name ist.

Returncode:

error 0, wenn kein Fehler aufgetreten ist; sonst UNIX-Fehlercode.

Randbedingungen:

Es ist sichergestellt, daß Datei selbst, die Directory in der sie sich befindet sowie die Zieldirectory existieren. In *vn_rename()* ist überprüft worden, daß *sdvp* und *tdvp* sich im selben Filesystem befinden und daß das Filesystem schreibbar gemountet ist.

Typische Aufrufreihenfolge:

rename() → vn_rename() → xxx_rename()

Zuerst muß überprüft werden, ob der Benutzer die Berechtigung hat in der Quelldirectory Dateien zu löschen, denn die *rename* Operation wird mit Ausnahme der Unteilbarkeit in *unlink(target)* ... *link(source, target)* ... *unlink(source)* umgesetzt[22]. Falls es sich bei *snm* um "." oder ".." handelt, wird *EINVAL* zurückgeben. Danach wird die eigentliche Arbeit des Umbenennens ausgeführt.

Nach erfolgreicher Arbeit werden die Zeiteinträge für die Datei korrigiert.

E.3.6.14 xxx_mkdir

```
xxx_mkdir(dvp, nm, vap, vpp, cred)
        struct vnode *dvp;
        char *nm;
        struct vattr *vap;
        struct vnode **vpp;
        struct ucred *cred;
```

Listing E.35. xxx_mkdir

Parameter:

dvp Der Vnodezeiger für die Directory in der *nm* erzeugt werden soll.

nm Ein Zeiger auf den Komponentennamen (im Adreßraum des Kerns), der in der aktuellen Directory erzeugt werden soll.

vap Ein Zeiger auf eine *vattr*-Struktur, die mit den Attribut Werten für die Datei gefüllt ist. Werte ungleich -1 sind dabei signifikant. Hier wird z.B. auch mitgeteilt, welchen Typ die neue Datei bekommen soll, oder daß die Datei auf die Länge 0 gekürzt werden soll.

vpp Die Adresse eines Vnodezeigers, der bei Erfolg mit einem *vnode*-Zeiger für die erzeugte Directory gefüllt wird.

cred Ein Zeiger auf die *ucred*-Struktur für den betreffenden Benutzer.

[22] In Filesystemen, die keine *Hardlinks* anlegen können, muß der Algorithmus entsprechend angepaßt werden.

Returncode:

error 0, wenn kein Fehler aufgetreten ist; sonst UNIX-Fehlercode.

Randbedingungen:

Es ist sichergestellt, daß das Filesystem mit Schreiberlaubnis gemountet ist.

Typische Aufrufreihenfolge:

mkdir() → vn_create() → xxx_mkdir()

Diese Funktion erzeugt eine komplette Directory (mit den Einträgen "." und ".."). Die neue Directory erbt das *set-gid*-Bit[23] von der darüberliegenden Directory – unabhängig vom *Mode,* der beim Systemaufruf *mkdir()* angegeben wurde.

Nach erfolgreicher Arbeit werden die Zeiteinträge für die Datei korrigiert.

E.3.6.15 xxx_rmdir

```
xxx_rmdir(vp, nm, cred)
        struct vnode *vp;
        char *nm;
        struct ucred *cred;
```

Listing E.36. xxx_rmdir

Parameter:

vp Der Vnodezeiger für die Directory in der die betreffende Directory steht.

nm Ein Zeiger auf den Komponentennamen (im Adreßraum des Kerns), der in der aktuellen Directory gelöscht werden soll.

cred Ein Zeiger auf die *ucred*-Struktur für den betreffenden Benutzer.

Returncode:

error 0, wenn kein Fehler aufgetreten ist; sonst UNIX-Fehlercode.

Randbedingungen:

Siehe *xxx_remove().*

[23] In *SunOS* erbt eine neu erzeugte Datei die Gruppe von der Directory in der sie entsteht nach *BSD 4.2* Semantik, wenn das *set-gid*-Bit der Directory gesetzt ist. Ist das *set-gid*-Bit der Directory nicht gesetzt, dann wird die Gruppe einer neu erzeugten Datei nach *System V* Semantik durch die Gruppe des sie erzeugenden Prozesses bestimmt.

Typische Aufrufreihenfolge:

rmdir() → vn_remove() → xxx_rmdir()

Bemerkungen siehe *xxx_remove()*. Es ist anzuraten für die eigentliche Arbeit der Funktionen *xxx_remove()* und *xxx_rmdir()* eine gemeinsame Subroutine zu schreiben.

Um zu verhindern, daß ein gleichzeitiges *mount* und *rmdir* Probleme bringen, muß zusätzlich überprüft werden, daß der zu löschende Eintrag kein Mountpunkt ist.

Nach erfolgreicher Arbeit werden die Zeiteinträge für die Datei korrigiert.

E.3.6.16 xxx_readdir

```
xxx_readdir(vp, uiop, cred)
        struct vnode *vp;
        struct uio *uiop;
        struct ucred *cred;
```

Listing E.37. xxx_readdir

Parameter:

vp Der Vnodezeiger für die betreffende Directory.

uiop Die *uio*-Struktur enthält Angaben über Adresse und Größe der *I/O*-Operation.

cred Ein Zeiger auf die *ucred*-Struktur für den betreffenden Benutzer.

Returncode:

error 0, wenn kein Fehler aufgetreten ist; sonst UNIX-Fehlercode.

Randbedingungen:

In *getdents()* ist überprüft worden, daß für den Filedescriptor Leseberechtigung existiert sowie daß der rufende Prozess mindestens Platz für einen *Struct Dirent* bereitgestellt hat.

Typische Aufrufreihenfolge:

getdents() xxx_readdir()

Wenn der Offset in der *Uio*-Struktur einen Wert enthält, der das Ende der vorhandenen Directory Einträge anzeigt, kehrt die Funktion sofort zurück. Wenn der *resid -Zähler* in der *Uio*-Struktur nicht angetastet wurde, wird dem rufenden Programm damit *EOF* signalisiert. Der Offset in der *Uio*-Struktur enthält einen Wert, der nicht zwangsläufig der wirkliche Offset in der Directory ist. Der Wert muß allerdings vom Filesystemcode so interpretierbar sein, daß eine eindeutige Funktion von *seekdir()* gewährleistet ist.

Xxx_readdir() beschafft sich einen Puffer in dem die filesystemspezifischen Directorydaten in das filesystemunabhängige Format umgewandelt werden können, packt dort soviele Einträge hinein, wie in den vom rufenden Prozess bereitgestellten Puffer passen und kopiert dann den Pufferinhalt mit *uiomove()* in den Benutzerdatenraum.

Zum Schluß muß noch in `uiop->uio_offset` ein Wert eingetragen werden, der so geartet ist, daß der nächste *xxx_readdir()* Aufruf bei dem Directoryeintrag fortfährt, der dem letzten in den Benutzerpuffer transferierten Eintrag folgt.

Nach erfolgreicher Arbeit werden die Zeiteinträge für die Datei korrigiert.

E.3.6.17 xxx_symlink

```
xxx_symlink(dvp, lnm, vap, tnm, cred)
        struct vnode *dvp;
        char *lnm;
        struct vattr *vap;
        char *tnm;
        struct ucred *cred;
```

Listing E.38. xxx_symlink

Parameter:

dvp	Der Vnodezeiger für die Directory in der *lnm* erzeugt werden soll.
lnm	Ein Zeiger auf den Komponentennamen (im Adreßraum des Kerns), der in der aktuellen Directory erzeugt werden soll.
vap	Ein Zeiger auf eine *vattr*-Struktur, die mit den Attribut Werten für die Datei gefüllt ist. Werte ungleich -1 sind dabei signifikant. Der Systemaufruf *symlink()* hat hier nur eingetragen, daß der entstehende symbolische Link alle Zugriffsrechte für alle Benutzer bekommen soll.
tnm	Ein Zeiger auf den alten Komponentennamen (im Adreßraum des Kerns), auf den der neue symbolische Link zeigen soll.
cred	Ein Zeiger auf die *ucred*-Struktur für den betreffenden Benutzer.

Returncode:

error	0, wenn kein Fehler aufgetreten ist; sonst UNIX-Fehlercode.

Randbedingungen:

Es ist sichergestellt, daß die Directory, in der der Link erzeugt werden soll existiert und daß sie sich auf einem Filesystem befindet, daß schreibbar gemountet ist.

Typische Aufrufreihenfolge:
symlink() → xxx_symlink()

Filesysteme, die es nicht ermöglichen *Symbolische Links*[24] anzulegen, sollten *EINVAL* zurückgeben.

Xxx_symlink() füllt zunächst den Typ *VLNK* in den Struct *Vattr* und erzeugt dann den Symbolischen Link. Das geschieht in einer für das betreffende Filesystem eigenen Art und Weise.

Nach erfolgreicher Arbeit werden die Zeiteinträge für die Datei korrigiert.

E.3.6.18 xxx_readlink

```
xxx_readlink(vp, uiop, cred)
        struct vnode *vp;
        struct uio *uiop;
        struct ucred *cred;
```

Listing E.39. xxx_readlink

Parameter:

vp	Der Vnodezeiger für die betreffende Datei.
uiop	Die *uio*-Struktur enthält Angaben über Adresse und Größe der *I/O*-Operation.
cred	Ein Zeiger auf die *ucred*-Struktur für den betreffenden Benutzer.

Returncode:

error	0, wenn kein Fehler aufgetreten ist; sonst UNIX-Fehlercode.

Randbedingungen:
Es ist sichergestellt, daß es sich bei *vp* um einen *Symbolischen Link* handelt.

Typische Aufrufreihenfolge:
readlink() → xxx_readlink()

Filesysteme, die es nicht ermöglichen *Symbolische Links* anzulegen, sollten *EINVAL* zurückgeben.

Obwohl der Systemaufruf *readlink()* schon sichergestellt hat, daß *vp* einen Symbolischen Link verkörpert, wird in allen vorhanden Implementierungen unter *SunOS* innerhalb der Funktion nochmals überprüft, ob die Datei wirklich einen Symbolischen Link verkörpert.

Nach erfolgreichem Lesen des Links werden Zeiteinträge für die Datei korrigiert.

---

[24] Ein *Symbolischer Link* ist ein besonderer Dateityp, der einen namentlichen Verweis auf eine andere Datei enthält. Mit Hilfe von *Symbolischen Links* ist es möglich Filesystemgrenzen zu überspannen.

E.3.6.19 xxx_fsync

```
xxx_fsync(vp, cred)
        struct vnode *vp;
        struct ucred *cred;
```

Listing E.40. xxx_fsync

Parameter:

vp Der Vnodezeiger für die betreffende Datei.
cred Ein Zeiger auf die *ucred*-Struktur für den betreffenden Benutzer.

Returncode:

error 0, wenn kein Fehler aufgetreten ist; sonst UNIX-Fehlercode.

Randbedingungen:

Keine

Typische Aufrufreihenfolge:

fsync() → xxx_fsync()

Diese Funktion bewirkt das Überführen eventuell vorhandener gepufferter Daten für die Datei, deren Vnode Zeiger *vp* ist, auf das das Filesystem tragende Medium.

E.3.6.20 xxx_inactive

```
xxx_inactive(vp, cred)
        struct vnode *vp;
        struct ucred *cred;
```

Listing E.41. xxx_inactive

Parameter:

vp Der Vnodezeiger für die betreffende Datei.
cred Ein Zeiger auf die *ucred*-Struktur für den betreffenden Benutzer.

Returncode:

error 0, wenn kein Fehler aufgetreten ist; sonst UNIX-Fehlercode.

Randbedingungen:

Keine

Typische Aufrufreihenfolge:

vn_rele() → xxx_inactive()

Xxx_inactive wird von *vn_rele()* aufgerufen, wenn der Zähler für die Benutzung des *Vnodes* auf null geht.

Wenn sich der *vnode* nicht auf einem schreibbar gemounteten Filesystem befindet, werden in dieser Routine nur eventuell zusätzlich allozierte interne Datenstrukturen freigegeben werden, die diesem *vnode* assoziiert sind. Anderenfalls werden eventuell vorhandene gepufferte Daten für die Datei, deren Vnode Zeiger *vp* ist, auf das das Filesystem tragende Medium überführt. Wenn der Namenszähler für die assoziierte Datei auf *NULL* geht, dann kann der Datenraum für die Datei freigegeben werden. (Siehe auch *xxx_remove()*).

E.3.6.21 xxx_lockctl

```
xxx_lockctl(vp, ld, cmd, cred, clid)
        struct vnode *vp;
        struct flock *ld;
        int cmd;
        struct ucred *cred;
        int clid;
```

Listing E.42. xxx_lockctl

Parameter:

vp	Der Vnodezeiger für die betreffende Datei.
ld	Ein Zeiger auf einen *struct flock*, der die Angaben für den Aufruf enthält. Dabei sind die Felder *l_start* und *l_len* schon schon im Systemaufruf *fcntl* normiert und die Zulässigkeit des Wertebereiches überprüft.
cmd	Der zweite Parameter des Systemaufrufes *fcntl*, d.h. das Kommando aus fcntl().
cred	Ein Zeiger auf die *ucred*-Struktur für den betreffenden Benutzer.
clid	die Prozessid des rufenden Prozesses.

Returncode:

error	0, wenn kein Fehler aufgetreten ist; sonst UNIX-Fehlercode.

Randbedingungen:

Keine

Typische Aufrufreihenfolge:

fcntl() → xxx_lockctl()

Hier befindet sich der filesystemspezifische Teil für das *System V* kompatible *Record Locking*. Diese Funktion füllt eine Struktur vom Typ *lockhandle_t* aus `/usr/include/krpc/lockmgr.h` mit dem *Vnodezeiger* für die Datei, dem Namen des Rechners der die Datei hält (das ist der *Hostname* der Maschine) und einem Filehandle, der die Datei eindeutig beschreibt. Dieser Filehandle läßt z.B. sich durch Aufruf von *VOP_FID()* gewinnen.

E.3.6.21.1 klm_lockctl()

Danach wird der gemeinsame Code für das *Record Locking* aufgerufen. Das geschieht durch Aufruf der Funktion *klm_lockctl*.

```
klm_lockctl(lh, ld, cmd, cred, clid)
        lockhandle_t *lh;
        struct flock *ld;
        int cmd;
        struct ucred *cred;
        int clid;
```

Listing E.43. *klm_lockctl()*

Parameter:

lh	Ein Zeiger auf den in *xxx_lockctl* aufgebauten *Struct lockhandle_t*.
ld	Ein Zeiger auf einen *Struct flock*.
cmd	Der zweite Parameter des Systemaufrufes *fcntl,* d.h. das Kommando aus fcntl().
cred	Ein Zeiger auf die *ucred*-Struktur für den betreffenden Benutzer.
clid	die Prozessid des rufenden Prozess.

Returncode:

error	0, wenn kein Fehler aufgetreten ist; sonst UNIX-Fehlercode.

E.3.6.22 xxx_fid

```
xxx_fid(vp, fidpp)
        struct vnode *vp;
        struct fid **fidpp;
```

Listing E.44. xxx_fid

Parameter:

vp Der Vnodezeiger für die betreffende Datei.
fidpp Die Adresse eines Zeigers auf einen *struct fid,* der bei Erfolg mit einem *Filehandle* für die Datei gefüllt wird.

Returncode:

error 0, wenn kein Fehler aufgetreten ist; sonst UNIX-Fehlercode.

Randbedingungen:

Keine

Typische Aufrufreihenfolge:

exportfs() → xxx_fid()
nfs_getfh() → findexivp() → xxx_fid()
makefh() → xxx_fid()

Diese Funktion wird nur in Filesystemen benötigt, die über *NFS* exportiert werden sollen.

Die Struktur *fid* wird innerhalb von *xxx_fid* alloziert. Beim UNIX-Filesystem wird der *Fileidentifier* mit der *Inode-Nummer* und der *Generations Nummer* der Datei gefüllt.

E.3.6.23 xxx_getpage

```
xxx_getpage(vp, off, len, protp, pl, plsz, seg, addr, rw, cred)
        struct vnode *vp;
        u_int off;
        u_int len;
        u_int *protp;
        struct page *pl[];
        u_int plsz;
        struct seg *seg;
        addr_t addr;
        enum seg_rw rw;
        struct ucred *cred;
```

Listing E.45. xxx_getpage

Parameter:

vp Der Vnodezeiger für die betreffende Datei.
off Der Offset in der Datei ab der gelesen werden soll. Wenn der Parameter *addr* nicht durch *Pagesize* teilbar ist, dann ist es *off* auch nicht.

len Die Anzahl von Bytes, die ab *Offset* aus der Datei gelesen werden sollen.

protp Ein Zeiger auf einen Integer mit Flags zur Beschreibung der Zugriffsrechte für die Seiten. Mögliche Werte sind: *PROT_READ, PROT_WRITE, PROT_EXECUTE.* Dieser Zeiger zeigt auf eine nicht initialisierte Variable. Die Flags werden bei Bedarf von *xxx_getapage()* eingetragen.

pl Wenn *pl* ein *NULL*-Pointer ist, dann wird asynchroner I/O gefordert. Wenn *pl* kein *NULL*-Pointer ist, dann muß *xxx_getapage* die gewünschten Seiten eventuell erst erzeugen und dann in *pl* für jede allozierte Seite einen *struct Page,* der die Seite beschreibt, einfüllen. Das Ende der *pl*-Liste wird durch einen *NULL*-Pointer abgeschlossen.

plsz Die Größe des Arrays *pl* in Bytes. Der Wert ergibt sich aus der *Anzahl der Seiten* $*$ *Pagesize.* (Das Array *pl* hat für jede mögliche Seite einen Platz und einen zusätzlichen Eintrag für einen abschließenden *NULL*-Pointer.)

seg Das mapping Segment – normalerweise ist das das generische Kernel mapping Segment *segkmap.*

addr Eine virtuelle Adresse innerhalb der ersten zu lesenden Seite.

rw Ein Enumerationsparameter, der die gewünschte Zugriffsrechte auf die Seiten enthält.

cred Ein Zeiger auf die *ucred*-Struktur für den betreffenden Benutzer. Kann ein *NULL*-Pointer sein.

Returncode:

error 0, wenn kein Fehler aufgetreten ist; sonst UNIX-Fehlercode.

Randbedingungen:

Keine

Typische Aufrufreihenfolge:

pagefault() → as_fault() → segvn_fault()/segmap_fault() → xxx_getpage()
madvise() → as_faulta() → segvn_faulta()/segmap_faulta → xxx_getpage()
... segvn_fault() → segvn_faultpage() → anon_getpage() → xxx_getpage()
... segvn_faulta() → anon_getpage() → xxx_getpage()

Wenn *off* + *len*, um *Pagesize* oder mehr, das Ende der Datei überschreiten und *seg* nicht das generische Kernel Mappingsegment *segkmap* ist, d.h. das es sich um einen Aufruf der Funktion *xxx_getpage()* handelt, der durch den Systemaufruf *mmap()* ausgelöst wurde und dabei das Dateiende überschritten wurde, dann wird *EFAULT* zurückgegeben, denn Dateien können durch *mmap()* nicht in ihrer Größe verändert werden.

Wenn *protp* kein *NULL*-Pointer ist, dann wird zunächst *PROT_ALL* eingetragen. Später werden die Zugriffsrechte durch *xxx_getapage()* eventuell noch beschränkt.

E.3.6.23.1 pvn_getpages()

Die Datei wird gegen gleichzeitige andere Modifikationen verriegelt. Wenn die gewünschte Anzahl von Bytes (*len*) kleiner oder gleich der *Pagesize* ist, dann wird die Routine *xxx_getapage()* direkt aufgerufen, sonst wird sie indirekt über *pvn_getpages()* gerufen:

```
if (len <= PAGESIZE)
        err = xxx_getapage(vp, off, protp, pl, plsz, seg, addr,
                rw, cred);
else
        err = pvn_getpages(xxx_getapage, vp, off, len, protp,
                pl, plsz, seg, addr, rw, cred);
```

Listing E.46. *pvn_getpages()*

Nach erfolgreicher Arbeit werden die Zeiteinträge für die Datei korrigiert. Die Verriegelung gegen gleichzeitige andere Modifikationen wird aufgehoben.

Der Rückgabewert der Funktion ist der Rückgabewert von *xxx_getapage()* oder der Rückgabewert von *pvn_getpages()*.

Die eigentliche Arbeit wird in der Funktion *xxx_getapage()* vorgenommen.

E.3.6.23.2 xxx_getapage

```
xxx_getapage(vp, off, protp, pl, plsz, seg, addr, rw, cred)
        struct vnode *vp;
        u_int off;
        u_int *protp;
        struct page *pl[];
        u_int plsz;
        struct seg *seg;
        addr_t addr;
        enum seg_rw rw;
        struct ucred *cred;
```

Listing E.47. xxx_getapage

Parameter:

Wie bei *xxx_getpage()*, nur daß bei *xxx_getapage()* der Parameter *len* nicht vorkommt.

Returncode:

error 0, wenn kein Fehler aufgetreten ist; sonst UNIX-Fehlercode.

Randbedingungen:

> Während der Laufzeit von *xxx_getapage()* ist die Datei gegen gleichzeitige andere Modifikationen verriegelt.

Die Routine *xxx_getapage()* wird nicht nur als Folge von Leseoperationen aufgerufen. Wenn Seiten teilweise beschrieben werden sollen, dann kann es nötig werden vorher die betreffende Seite aus der Datei zu lesen; das geschieht dann durch die Funktion *xxx_getapage()*.

Der Algorithmus dieser Funktion ist relativ kompliziert. Es wird daher versucht, ihn grob am Beispiel von *ufs_getapage()* zu beschreiben:

Der Basisalgorithmus ist:

Anlegen einer Seitenliste mit	`pvn_kluster();`
Vorbereiten des I/O mit	`pageio_setup();`
Aufruf des Gerätetreibers mit	`(*bdevsw[major(dev)].d_strategy)(bp);`
Warten auf den I/O mit	`biowait();`
Aufräumen mit	`pageio_done();`

Listing E.48. Basisalgorithmus *ufs_getapage()*

Im Einzelnen:

Zuerst wird die Position der Daten der ersten Seite auf dem Speichermedium bestimmt. Wenn es sich bei dem betreffenden Block um einen sogenannten *fake*-Block[25] handelt, dann wird, falls *protp* kein *NULL*-Pointer ist, die Schreibberechtigung für die betreffende Seite weggenommen.

Wenn die *MMU*-Seitengröße größer als die Blockgröße des Filesystems ist, muß die Seite mit zwei Leseoperationen gefüllt werden. Wenn die *MMU*-Seitengröße gleich der Blockgröße des Filesystems ist wird, falls es möglich ist, eine zweite Leseoperation als *Read ahead*[26] durchgeführt.

Mit der Funktion *page_find* wird festgestellt, ob sich die betreffende Seite schon im Hauptspeicher befindet.

Page_find hat folgende Parameter:

---

[25] Ein *fake*-Block ist ein Block innerhalb einer Datei, der nicht als Ergebnis einer *Schreib*-Operation, sondern als Ergebnis einer *Seek*-Operation die von einer *Schreib*-Operation gefolgt wurde, entstanden ist. Das Ergebnis ist ein "Loch" innerhalb der Datei, das beim Lesen dem Benutzerprogramm wie ein genullter Block erscheint.

[26] Siehe auch *xxx_rdwr()*, Abschnitt E.3.6.3.

```
struct page *
page_find(vp, off)
        struct vnode *vp;
        u_int off;
```

Listing E.49. *page_find()*

Parameter:

vp Der Vnodezeiger für die betreffende Datei.
off Der Offset in der Datei an dem die Seite beginnt.

Returncode:

Der Zeiger auf eine Struktur *page* für die gewünschte Seite oder *NULL*, falls die Seite sich nicht im Hauptspeicher befindet.

Randbedingungen:

Keine

Wenn die betreffende Seite nicht existiert, dann muß sie erzeugt werden. Dazu wird zunächst die wahre Blockgröße bestimmt. Das ist nötig, da beim UNIX-Filesystem *Fragment*-Blöcke existieren können, die eine geringere Größe als reguläre Blöcke haben.

Wenn für die betreffende Seite noch kein entsprechender Block auf dem Medium angelegt wurde, muß sie als leere Seite erzeugt werden und in das *pl*-Array eingetragen werden. Das geschieht mit der Sequenz:

```
pp = rm_allocpage(seg, addr, PAGESIZE, 1);
if (page_enter(pp, vp, off))
        panic("ufs_getapage page_enter");
pagezero(pp, 0, PAGESIZE);
page_unlock(pp);
pl[0] = pp;
pl[1] = NULL;
```

Listing E.50. Erzeugen einer neuen Seite

Die Parameter der betreffenden Funktionen sind:

Zum Allozieren einer Seite:

```
struct page *
rm_allocpage(seg, addr, len, canwait)
        struct seg *seg;
        addr_t addr;
        u_int len;
        int canwait;
```

Listing E.51. rm_allocpage()

Parameter:

seg Das mapping Segment – normalerweise ist das das generische Kernel mapping Segment *segkmap* .
addr Eine virtuelle Adresse innerhalb der ersten Seite.
len Die Anzahl von Bytes, die alloziert werden sollen.
canwait Ein Integer, der entweder 1 oder 0 ist, jenachdem ob auf die Seiten gewartet werden kann oder nicht.

Returncode:

Der Zeiger auf eine Struktur *page*, oder *NULL* , falls sich der Wunsch nicht befriedigen läßt.

Zum Eintragen einer Seite in die Hash-Liste für *page_find()*:

```
int
page_enter(pp, vp, offset)
        struct page *pp;
        struct vnode *vp;
        u_int offset;
```

Listing E.52. *page_enter()*

Parameter:

pp Ein Zeiger auf eine Seite, die in die Liste Eingetragen werden soll, damit sie später mit *page_find* gefunden werden kann.
vp Der Vnodezeiger für die betreffende Datei.
offset Der Offset in der Datei an dem die Seite beginnt.

Returncode:

-1, wenn die Seite sich schon in der Liste befindet, sonst 0.

Zum Beschreiben eines Teiles einer Seite mit Nullen:

```
pagezero(pp, off, len)
        struct page *pp;
        u\_int off, len;
```

Listing E.53. *pagezero()*

Parameter:

pp	Ein Zeiger auf die Seite.
off	Der Offset innerhalb der Seite, ab der Genullt werden soll.
len	Die Anzahl der Bytes, die Genullt werden sollen.

Returncode:

Entfällt

Zum Entriegeln der in *page_enter()* verriegelten Seite:

```
void
page_unlock(pp)
        struct page *pp;
```

Listing E.54. *page_unlock()*

Parameter:

pp	Ein Zeiger auf die Seite.

Returncode:

Entfällt

Wenn die betreffende Seite einen entsprechenden Block auf dem Medium hat, dann muß die Seite oder die Seiten vom Medium eingelesen werden. Dazu wird zunächst mit *pvn_kluster()* der größte zusammenhängende Block, der *addr* enthält und dem Dateioffset *off* entspricht, bestimmt.

```
struct page *
pvn_kluster(vp, off, seg, addr, offp, lenp, vp_off,vp_len,isra)
        struct vnode *vp;
        u_int off;
        struct seg *seg;
        addr_t addr;
        u_int *offp, *lenp;
        u_int vp_off, vp_len;
        int isra;
```

Listing E.55. *pvn_kluster()*

Parameter:

vp Der Vnodezeiger für die betreffende Datei.
off Der Offset in der Datei ab der die Seiten der Datei gelesen werden sollen.
seg Das mapping Segment – normalerweise ist das das generische Kernel mapping Segment *segkmap*.
addr Eine virtuelle Adresse innerhalb der ersten zu lesenden Seite.
offp Ein Zeiger auf den Offset in der Datei, an der die von *pvn_kluster ()* generierte Seitenliste anfängt. Wird von *pvn_kluster()* gefüllt.
lenp Ein Zeiger auf die Anzahl der Bytes die entsprechend der von *pvn_kluster()* erzeugten Seitenliste gelesen werden sollen. Wird von *pvn_kluster()* gefüllt.
vp_off Der auf die logische Filesystemblockgröße abgerundete Dateioffset.
vp_len Die auf die logische Filesystemblockgröße aufgerundete Datenmenge.
isra Wenn *isra* ungleich *NULL* ist, dann handelt es sich um *Read ahead*-Blöcke.

Returncode:

Ein Zeiger auf eine Liste von Seiten, oder *NULL*.

Falls die von *pvn_kluster()* generierte Seitenliste größer als *plsz* ist, dann muß ein sinnvoller Ausschnitt gewählt werden, der *off* enthält und *plsz* nicht überschreitet.

Dann wird mit *PAGE_HOLD()* der *keepcount* der Seiten inkrementiert und die Seiten in die Seitenliste *pl*übertragen.

Mit *pageio_setup()* werden dann die Seiten für den I/O bereitgestellt.

```
struct buf *
pageio_setup(pp, len, vp, flags)
        struct page *pp;
        u_int len;
        struct vnode *vp;
        int flags;
```

Listing E.56. *pageio_setup()*

Parameter:

pp Ein Zeiger auf eine Seitenliste.
len Die Anzahl der Bytes in der Seitenliste.
vp Ein Vnodezeiger, der dem *Struct buf* assoziiert wird (`bp->b_vp`). Beim UNIX-Filesystem ist das ein *Vnode*-Zeiger für das *Block*-Device auf dem sich das Filesystem befindet, beim *Network File*-System ist das der *Vnode*-Zeiger der betreffenden Datei. Mit Hilfe von *vp* kann

dann ein bestimmter *Struct buf* aus der Hash-Liste herausgefunden werden.

flags Flags aus `/usr/include/sys/buf.h`, mögliche Werte sind: *B_ASYNC* und *B_READ*.

Returncode:

Ein Zeiger auf einen *Struct buf*, oder *NULL*, wenn kein Speicher vorhanden ist.

In den so gewonnenen Zeiger auf den *Struct buf* muß dann noch in `bp->b_dev` die Major- und Minor- Devicenummer und in `bp->b_blkno` die Blocknummer auf dem das Filesystem tragende Gerät, sowie eventuell der Seitenoffset in `bp->b_un.b_addr` eingetragen werden.

Dann kann mit:

```
(*bdevsw[major(dev)].d_strategy)(bp);
```

Listing E.57. Aufruf der *Strategy*-Routine des Gerätetreibers

die *Strategy*-Routine des Gerätetreibers aufgerufen werden.

Danach muß nur noch eventuell der *Read ahead* vorgenommen werden. Da dabei im Wesentlichen die gleichen Dinge zu beachten sind, wie beim Lesen der wirklich gewünschten Seite, wird auf die Beschreibung des *Read aheads* verzichtet.

Zum Abschluß muß noch mit `biowait(bp)` auf die Beendigung des I/O gewartet werden und mit `pageio_done(bp)` der Zeiger auf den *Struct buf* wieder freigegeben werden.

Wenn es einen Fehler gegeben hat und sich in *pl* eine Liste von Seiten befindet, dann werden die Seiten der Liste mit *PAGE_RELE()* wieder freigegeben.

E.3.6.24 xxx_putpage

```
xxx_putpage(vp, off, len, flags, cred)
        struct vnode *vp;
        u_int off;
        u_int len;
        int flags;
        struct ucred *cred;
```

Listing E.58. xxx_putpage

Parameter:

vp	Der Vnodezeiger für die betreffende Datei.
off	Der Offset in der Datei ab der die Seiten der Datei geschrieben werden sollen.
len	Die Anzahl der Bytes, die ab *off* in die Datei geschrieben werden sollen. Wenn *len* gleich *NULL* ist, dann sollen alle Seiten ab *off*, die dem *Vnode* assoziiert sind, geschrieben werden.
flags	Flags aus `/usr/include/sys/buf.h`, mögliche Werte sind: *B_ASYNC, B_INVAL, B_FREE, B_DONTNEEDED, B_FORCE.*
cred	Ein Zeiger auf die *ucred*-Struktur für den betreffenden Benutzer.

Returncode:

error	0, wenn kein Fehler aufgetreten ist; sonst UNIX-Fehlercode.

Randbedingungen:

Keine

Typische Aufrufreihenfolge:

checkpage() → xxx_putpage()
spec_sync() → xxx_putpage()
segu_swapout() → xxx_putpage()
syncip() → xxx_putpage()
segmap_release() → xxx_putpage()
segvn_swapout/sgevn_sync() → xxx_putpage()

Der Basisalgorithmus ist:

```
Erzeugen einer Liste von zu schreibenden Seiten mit
                                                    pvn_vplist_dirty();
oder
                                                    pvn_range_dirty();
Solange Seiten in der Liste sind:
        Umgruppieren der Seitenliste in zusammenhängende Blöcke mit
                                                            page_sub();
        und                                                 page_sortadd();
        Schreiben eines zusammenhängenden Teils mit         xxx_writelbn();

Wenn ein Fehler aufgetreten ist:
        Weiterleiten des Fehlers mit pvn_fail();
```

Listing E.59. Basisalgorithmus zu xxx_putpage

Im Einzelnen:
Wenn die gesamte Seitenliste ab *off* geschrieben werden soll, dann wird mit *pvn_vplist_dirty()* die Liste der zu Schreibenden Seiten gesucht. Die Parameter für *pvn_vplist_dirty()* sind:

```
struct page *
pvn_vplist_dirty(vp, off, flags)
        struct vnode *vp;
        u_int off;
        int flags;
```

Listing E.60. *pvn_vplist_dirty()*

Parameter:

vp	Der *Vnode*-Zeiger für die betreffende Datei.
off	Der Offset in der Datei, ab dem nach veränderten Seiten gesucht werden soll.
flags	Flags aus `/usr/include/sys/buf.h`, mögliche Werte sind: *B_ASYNC, B_INVAL, B_FREE, B_DONTNEEDED.*

Returncode:

Ein Zeiger auf einen *Struct page*, oder *NULL*, wenn keine veränderten Seiten vorhanden sind.

Randbedingungen:

Die Datei muß während der Laufzeit von *pvn_vplist_dirty()* gegen gleichzeitige andere Veränderungen geschützt sein.

Wenn ein Bereich zwischen *off* und *off* + *len* geschrieben werden soll, dann wird mit *pvn_range_dirty()* die Liste der zu Schreibenden Seiten gesucht. Die Parameter für *pvn_range_dirty()* sind:

```
struct page *
pvn_range_dirty(vp, off, eoff, offlo, offhi, flags)
        struct vnode *vp;
        u_int off, eoff;
        u_int offlo, offhi;
        int flags;
```

Listing E.61. *pvn_range_dirty()*

Parameter:

vp	Der *Vnode*-Zeiger für die betreffende Datei.
off	Der Offset in der Datei, ab dem nach veränderten Seiten gesucht werden soll.
eoff	Das Ende des zu durchsuchenden Bereiches.
offlo	Der auf die Klusterblockgröße abgerundete Anfagswert des zu durchsuchenden Bereiches.

offhi Der auf die Klusterblockgröße aufgerundete Endwert des zu durchsuchenden Bereiches.
Der Bereich, der durch *offlo* und *offhi* abgedeckt wird, beschreibt den Bereich für den *klustering*[27] durchgeführt wird. Es wird aber angenommen, daß *offlo* $\leq$ *off* und *offhi* $\geq$ *eoff* ist.

flags Flags aus `/usr/include/sys/buf.h`, mögliche Werte sind: *B_ASYNC, B_INVAL, B_FREE, B_DONTNEEDED.*

Returncode:

Ein Zeiger auf einen *Struct page*, oder *NULL*, wenn keine veränderten Seiten vorhanden sind.

Randbedingungen:

Die Datei muß während der Laufzeit von *pvn_range_dirty()* gegen gleichzeitige andere Veränderungen geschützt sein.

Aus Sicherheitsgründen wird nochmals überprüft, ob sich die Datei nicht auf einem *readonly* gemounteten Filesystem befindet.

Wenn zu schreibende Seiten für die Datei existieren und die Zeiteinträge für die Datei noch nicht korrigiert sind, dann wird es hier getan.

In der nun folgenden Schleife werden die die Seiten, die mit *pvn_vplist_dirty()* oder *pvn_range_dirty()* gefunden wurden, in aufeinanderfolgende, aneinandergrenzende Blöcke gruppiert und diese Blöcke dann mit *xxx_writelbn()* geschrieben. Das Gruppieren der Seiten geschieht, in dem die erste Seite aus der Liste der zu Schreibenden Seiten entfernt wird und dann solange weitere Seiten der Liste entnommen werden und an die erste Seite angehängt, bis eine Seite gefunden wird, die nicht an die vorgehenden paßt, oder die maximale Klustergröße überschritten ist.

Die maximale Klustergröße ist beim UNIX-Filesystem gleich der logischen Blockgröße des Filesystems. Hier ließe sich sicherlich eine Performancesteigerung erreichen, wenn man es zuließe, daß größere zusammenhängende Bereiche auf einmal geschrieben werden können.

Zum Entfernen einer Seite aus einer Liste verwendet man *page_sub():*

```
void
page_sub(ppp, pp)
        struct page **ppp;
        struct page *pp;
```

Listing E.62. *page_sub()*

[27] Das Sammeln von Seiten, die sich innerhalb einer gewissen Umgebung der Endpunkte des Suchbereiches befinden.

Parameter:

ppp Ein Zeiger auf einen Zeiger auf eine Liste von Seiten.
pp Ein Zeiger auf eine Seite, die aus der Liste entfernt werden soll.

Returncode:

Entfällt

Randbedingungen:

Keine

Zum nach offset sortierten Einfügen einer Seite in eine Liste verwendet man *page_sortadd():*

```
void
page_sortadd(ppp, pp)
        struct page **ppp;
        struct page *pp;
```

Listing E.63. *page_sortadd()*

Parameter:

ppp Ein Zeiger auf einen Zeiger auf eine Liste von Seiten.
pp Ein Zeiger auf eine Seite, die in die Liste eingefügt werden soll.

Returncode:

Entfällt

Randbedingungen:

Keine

Wenn ein Fehler aufgetreten ist und die Liste der zu schreibenden Seiten nicht leer ist, dann werden die betreffenden Seiten mit *pvn_fail()* markiert, eventuell freigegeben und die auf den I/O wartenden Prozesse aufgeweckt.

```
void
pvn_fail(plist, flags)
        struct page *plist;
        int flags;
```

Listing E.64. *pvn_fail()*

Parameter:

plist Ein Zeiger auf eine Liste von Seiten.
flags Flags aus `/usr/include/sys/buf.h`, mögliche Werte sind: *B_ASYNC, B_INVAL, B_FREE, B_DONTNEEDED.*

Returncode:

Entfällt

Randbedingungen:

Keine

Für das Schreiben der Blöcke verwendet man zweckmäßigerweise eine Routine *xxx_writelnbn()* , die die nötigen Vor- und Nachbereitungen, sowie den Transfer der Blöcke zu dem das Filesystem tragenden Medium besorgt.

E.3.6.24.1 xxx_writelbn

Bei den einzelnen Filesystemen gibt es hier größere Unterschiede in den Parametern. Daher wird als Beispiel die betreffende Routine des UNIX-Filesystems beschrieben.

```
ufs_writelbn(ip, bn, pp, len, pgoff, flags)
        struct inode *ip;
        daddr_t bn;
        struct page *pp;
        u_int len;
        u_int pgoff;
        int flags;
```

Listing E.65. xxx_writelbn

Parameter:

ip	Der *Inode*-Zeiger für die betreffende Datei. Aus ihm wird der *Devicevnode*-Pointer für *pageio_setup()* und die Major/Minor-Devicenummer für `bp->b_dev` abgeleitet.
bn	Die Blocknummer auf dem das Filesystem tragenden Medium in Einheiten von *DEV_BSIZE* .
pp	Ein Zeiger auf eine Seitenliste.
len	Die Anzahl der Bytes in der Seitenliste.
pgoff	Der Offset in der ersten Seite, die geschrieben werden soll. Dieser Parameter wird benötigt, wenn die zweite Hälfte einer Seite bei einem Filesystem mit einer logischen Blockgröße, die halb so groß wie die MMU-Seitengröße ist, geschrieben werden soll.
flags	Flags aus `/usr/include/sys/buf.h`, mögliche Werte sind: *B_ASYNC, B_INVAL, B_FREE, B_DONTNEEDED.*

Returncode:

error	0, wenn kein Fehler aufgetreten ist; sonst UNIX-Fehlercode.

Randbedingungen:

Keine

Zuerst wird mit *pageio_setup()* die Seiten für den I/O bereitgestellt und ihnen ein *Struct buf* zugeordnet. Dann wird in den *Struct buf* noch die Major/Minor-Devicenummer, die Blocknummer und der Offset innerhalb der ersten Seite eingetragen.

Danach wird die *Strategy*-Routine des Gerätetreibers aufgerufen und wenn kein asynchroner I/O verlangt wurde mit *biowait()* und *pageio_done()* auf das Ende des Transfers gewartet und der *Struct buf* wieder freigegeben.

E.3.6.25 xxx_map

```
xxx_map(vp, off, as, addr, len, prot, maxprot, flags, cred)
        struct vnode *vp;
        u_int off;
        struct as *as;
        addr_t addr;
        u_int len;
        u_int prot;
        u_int maxprot;
        u_int flags;
        struct ucred *cred;
```

Listing E.66. xxx_map

Parameter:

vp Der Vnodezeiger für die betreffende Datei. Abgeleitet aus dem fünften Parameter des *mmap* Systemaufrufs.

off Der Offset innerhalb der Datei von dem aus das Mapping starten soll. – Der sechste Parameter aus dem *mmap*-Systemaufruf.

as Die Struktur *as*, die die Adreßraumbeschreibung des aktuellen Prozesses enthält.

addr Die gewünschte Zieladresse für das Mapping. – Der erste Parameter aus dem *mmap*-Systemaufruf.

len Die Anzahl der Bytes für die das Mapping gewünscht wird. – Der zweite Parameter aus dem *mmap*-Systemaufruf.

prot Die gewünschten Zugriffsrechte für das Mapping. (Lesen, Schreiben Ausführen) – Der dritte Parameter aus dem *mmap*-Systemaufruf.

maxprot Die maximal zulässigen Zugriffsrechte für das Mapping, abgeleitet aus den Zugriffsrechten für den Filedescriptor.

flags Eine Beschreibung der Behandlung der gemappten Seiten. *(MAP_SHARED MAP_PRIVATE ...)* – Der vierte Parameter aus dem *mmap*-Systemaufruf.

cred Ein Zeiger auf die *ucred*-Struktur für den betreffenden Benutzer.

Returncode:

error 0, wenn kein Fehler aufgetreten ist; sonst UNIX-Fehlercode.

Randbedingungen:

Es ist sichergestellt, daß *off* und *addr* sich auf einer durch *Pagesize* teilbaren Adresse befinden.

Typische Aufrufreihenfolge:

getxfile() → xxx_map()
smmap() → xxx_map()

Die Funktion muß zuerst prüfen, ob *off* und *len* gültige Werte haben und der Filetype ein mapbares Objekt repräsentiert. Wenn das Filesystem eine komplexe Semantik hat, kann es nötig sein, hier eventuell dafür spezielle Vorkehrungen zu treffen. Bei normalen Filesystemen wird dann eine Struktur *segvn_crargs* aus `/usr/include/vm/seg_vn.h` mit den Parametern gefüllt. Das geschieht normalerweise folgendermaßen:

```
struct segvn_crargs vn_a;

vn_a.vp = vp;
vn_a.offset = off;
vn_a.type = flags & MAP_TYPE;
vn_a.prot = prot;
vn_a.maxprot = maxprot;
vn_a.cred = cred;
vn_a.amp = NULL;
```

Listing E.67. Füllen der Struktur *segvn_crargs*

Dann wird ein eventuell bestehendes altes Mapping freigegeben und das neue Mapping etabliert. Das geschieht mit der Sequenz:

```
(void) as_unmap(as, addr, len);
return (as_map(as, addr, len, segvn_create, (caddr_t)&vn_a));
```

Listing E.68. *as_unmap()/as_map()*

E.3.6.26 xxx_dump

```
xxx_dump(vp, addr, bn, count)
        struct vnode *vp;
        addr_t addr;
        int bn;
        int count;
```

Listing E.69. xxx_dump

Parameter:

vp	Der Vnodezeiger für die betreffende Datei.
addr	Die Adresse im Hauptspeicher, an der der Dump beginnen soll.
bn	Die Blocknummer (512 Bytes Blöcke) innerhalb des Gerätes bei der der Dump beginnen soll.
count	Die Anzahl der Blöcke (512 Bytes), die aus dem Ram auf das Gerät "Gedumpt" werden sollen.

Returncode:

error	0, wenn kein Fehler aufgetreten ist; sonst UNIX-Fehlercode.

Randbedingungen:
Keine

Typische Aufrufreihenfolge:
dumpsys() → xxx_dump()

Ein Filesystem auf das geswapt werden soll, sollte eine solche Funktion haben. Sie wird vom Korn nach einem *panic* aufgerufen um den realen Hauptspeicher zu sichern. Im UNIX-Filesystem gibt es eine solche Funktion nicht. Im *Spec*-Filesystem wird in dieser Funktion die *Dump*-Funktion aus der *bdevsw* aufgerufen.

E.3.6.27 xxx_cmp

```
xxx_cmp(vp1, vp2)
        struct vnode *vp1;
        struct vnode *vp2;
```

Listing E.70. xxx_cmp

Parameter:

vp1	Der Vnodezeiger für die erste Datei.
vp2	Der Vnodezeiger für die zweite Datei.

Returncode:

error 0, wenn die beiden Parameter auf den gleichen *vnode* verweisen; sonst $\neq 0$.

Randbedingungen:

Filesysteme, die *Vnode*-Zeiger überdecken, müssen vorher ihre *realvp()*-Funktion auf beide *Vnode*-Zeiger aufrufen und dann mit *VOP_CMP()* die Vergleichsfunktion des realen Filesystems aufrufen.

Typische Aufrufreihenfolge:

segvn_kluster() → xxx_cmp()

Diese Funktion vergleicht zwei *Vnode*-Zeiger darauf, ob sie auf den gleichen *Vnode* verweisen. Da im virtuellen Filesystemcode nur Zeiger auf *Vnodes* verwendet werden ist es im Allgemeinen ausreichend, zu überprüfen ob die Zeiger identisch sind.

E.3.6.28 xxx_realvp

```
xxx_realvp(vp, vpp)
        struct vnode *vp;
        struct vnode **vpp;
```

Listing E.71. xxx_realvp

Parameter:

vp Der Vnodezeiger für die betreffende Datei.
vpp Die Adresse eines Vnodezeigers, der bei Erfolg gefüllt wird.

Returncode:

error 0, wenn diese Funktion im aktuellen Filesystem verfügbar ist; sonst UNIX-Fehlercode *(EINVAL)*.

Randbedingungen:

Keine

Typische Aufrufreihenfolge:

lo_realvp/spec_realvp() → xxx_realvp() ufs_link() → xxx_realvp()

Diese Funktion wird nur innerhalb von Filesystemen benötigt, die dem realen *Vnode* einen Schatten *-vnode* überlagern. Die Funktion versucht zunächst den vom betreffenden Filesystem überdeckten *vnode* zu finden. Danach wird *VOP_REALVP()* des überdeckten Filesystems aufgerufen, um gegebenenfalls aufgetretene Mehrfachüberdeckungen aufzulösen.

E.4 Implementierung im *SunOS* -Kern

Wie schon in der Einleitung erwähnt, ist es für eine Implementierung im SunOS 4.0 Kern notwendig, die *Filesystemswitch*-Schnittstelle und die *bdev*-Schnittstelle des Gerätetreibers einzuhalten. Die *Filesystemswitch*-Schnittstelle ist im vorigen Kapitel eingehend beschrieben worden. Der in SunOS vorhandene Gerätetreiber für *SCSI*-Plattenlaufwerke ist jedoch ohne Modifikationen nicht in der Lage, Medien mit einer anderen Sektorgröße als 512 Bytes sowie die besonderen Fehlersituationen von *Worm*-Medien verarbeiten zu können.

E.4.1 Notwendige Änderungen am Gerätetreiber

In SunOS 4.0 wird die aus älteren Unix-Versionen bekannte *bdev*-Schnittstelle zum Gerätetreiber verwendet, die Kommunikation erfolgt über einen *Struct buf* mit der *Strategy*-Routine des Gerätetreibers. Auch bei SunOS 4.0 wird zur Beschreibung der gewünschten Sektoradresse auf dem Medium, auf der der Transfer beginnen soll, eine Blocknummer im *Struct buf* vermerkt, deren Wert auf einer Sektorgröße von 512 Bytes basiert.

Um Speichermedien mit einer sich von 512 Bytes unterscheidenden Sektorgröße benutzen zu können, wurde der *SCSI*-Plattentreiber so modifiziert, daß er mit Hilfe des *SCSI*-Kommandos *READ_CAPACITY* die Sektorgröße der angeschlossenen Laufwerke erfragt. Ist die aktuelle Sektorgröße eines Mediums größer als 512 Bytes, dann wird dies in einer dem Laufwerk assoziierten Datenstruktur vermerkt. Bei späteren Zugriffen auf das Laufwerk werden dann die Blockadressen aus dem *Struct buf* entsprechend umgerechnet.

E.4.2 Interne Repräsentation der Filesystemstruktur

Auf dem Medium ist das *Worm*-Filesystem, wie im Kapitel *Datenstrukturen auf dem Medium* beschrieben, in einer Weise abgelegt, die für die normale Verarbeitung in Unix sehr ungünstig ist. Die Relationen, die die Baumstruktur des Filesystems beschreiben, sind dort in der für den normalen Gebrauch entgegengesetzten Weise vermerkt.[28]. Daher wurde beschlossen, die Informationen, die die Baumstruktur eines aktuellen Filesystems tragen, in einem *Cache* unterzubringen.

Dieser *Cache* trägt alle wesentlichen Daten aus den Generations-Knoten und wird als Baum angelegt, der so verzeigert ist, daß ein Durchlaufen des Baums in der in Unix gewohnten Weise möglich ist. Um diesen *Cache* für die Generations-Knoten anlegen zu können, muß innerhalb des Algorithmus, der im Filesystem beim Systemaufruf *mount(2)* durchlaufen wird, der gesamte

[28] Die Datenstrukturen auf dem Medium enthalten zur Beschreibung der Baumstruktur des Filesystems nur die Information, in welcher Directory sich eine Datei befindet. Beim normalen Gebrauch eines Filesystems ist es aber notwendig, schnell herausfinden zu können, welche Dateien sich in einer Directory befinden.

Bereich der aktiven Generations-Knoten eingelesen werden. Dabei müssen die Daten aus den Generations-Knoten des Mediums in die interne Repräsentation umgewandelt werden und die Verzeigerung entsprechend den Relationen auf dem Medium angebracht werden.

Um die Lesbarkeit der nächsten Abschnitte zu erhöhen, wird der Generations-Knoten im folgenden *Gnode* genannt.

E.4.3 Methoden zum Einlesen der *Gnodes*

Beim Einlesen der *Gnodes* muß beachtet werden, daß ältere Versionen eines *Gnodes* nicht mit in den *Gnode*-Cache übernommen werden.[29]. Außerdem sollte, möglichst gleichzeitig mit dem Einlesen, der *Gnode*-Cache in einer effektiven Weise so verzeigert werden, daß die im Betriebssystem UNIX übliche Baumstruktur entsteht.

Es ist sehr einfach, zu verhindern, daß alte Versionen von *Gnodes* in den *Gnode*-Cache übernommen werden: Jeder *Gnode* enthält zu seiner Identifizierung eine innerhalb eines Filesystems eindeutige Nummer, die *Inodenummer*[30]. Wenn man die *Gnodes* entgegen der Reihenfolge ihres Entstehens, d.h. in Richtung steigender Sektornummern liest, dann muß nach dem Einlesen eines *Gnodes* nur überprüft werden, ob sich schon ein *Gnode* mit der Inodenummer des soeben eingelesenen im Cache befindet. Ist das der Fall, wird der soeben eingelesene *Gnode* ignoriert.

Ein größeres Problem stellt der Wunsch dar, während des Einlesens der *Gnodes* in den Cache, in diesem Cache eine Verzeigerung anzubringen, die der in UNIX üblichen Struktur eines Filesystembaums nahekommt. Wie schon erwähnt, wird der Bereich der *Gnodes* auf dem Medium, von seinem logischen Ende ausgehend, in Richtung steigender Sektornummern eingelesen, damit die aktuellen *Gnodes* der Dateien zuerst gefunden werden. Bei dieser Methode findet man allerdings in den seltensten Fällen zuerst die *root*-Directory eines Filesystems und dann die in ihr enthaltenen Dateien und Directories.

Vielmehr ist damit zu rechnen, daß man zuerst den *Gnode* einer beliebigen Datei findet. In diesem *Gnode* wird mit dem *Parent*-Zeiger auf eine Directory verwiesen, die sich im allgemeinen Fall zu diesem Zeitpunkt noch nicht im *Gnode*-Cache befindet. Man könnte in diesem Fall also keinen Zeiger von dem *Gnode* dieser Directory auf den soeben eingelesenen *Gnode* verweisen lassen, denn es gibt diesen *Gnode* der Directory noch nicht.

Man kann aber über den *Parent*-Zeiger der zuerst gefundenen Datei zu diesem Zeitpunkt schon folgende Aussagen machen:

- Der *Parent*-Zeiger verweist auf eine Directory.

---

[29] Das gilt zumindest solange, wie aus der Benutzerprogrammebene kein Zugriff auf ältere Versionen von Dateien implementiert ist.

[30] Der Begriff *Inodenummer* wurde aus dem UNIX-Filesystem übernommen. Da er bereits bekannt ist, wird so das Verständnis des *Worm*-Filesystems erleichtert.

- Die *Inode*-Nummer des *Parent*-Zeigers ist die *Inode*-Nummer dieser Directory.

Mit diesen Angaben kann man einen temporären *Gnode* für die gesuchte Directory anlegen, der einen provisorischen Namen bekommt[31]. und mit einem *Flag*-Bit als temporär gekennzeichnet wird.

Damit man auf diese Weise eine Baumstruktur aufbauen kann, in der alle bisher eingelesenen oder temporär erzeugten *Gnodes* gesucht werden können, legt man zweckmäßigerweise zuerst einen weiteren temporären *Gnode* an, der im folgenden temporärer *Wurzel*-Gnode genannt wird. In diesen wird der vorher beschriebene temporäre *Gnode* der Directory so eingehängt, daß er als Directory-Inhalt des temporären *Wurzel*-Gnodes erscheint. Auf diese Weise bekommt man eine Struktur, in der sich alle temporär erzeugten Directories nebeneinander im temporären *Wurzel*-Gnode befinden.

Im dem Moment, wo man beim Einlesen der *Gnodes* vom Medium, eine Directory findet, für die man bereits einen temporären *Gnode* generiert hat, muß man den temporären *Gnode* dieser Directory durch ihren echten *Gnode* ersetzen. Hat man bis zu diesem Zeitpunkt schon einen Eintrag für die *Parent*-Directory dieser Directory gefunden, dann hängt man den *Gnode* der Directory in die Verkettung der in der *Parent*-Directory befindlichen Dateien ein, hat man sie noch nicht gefunden, muß auch hier wieder eine temporäre Directory erzeugt werden. Diesen Algorithmus verfolgt man nun solange, bis sämtliche *Gnodes* vom Medium eingelesen wurden.

Während der Zeit des Aufbaus der Baumstruktur gibt es zwei *Gnode*-Zeiger, die man sich merken muß.

1. Der Zeiger auf den temporären *Wurzel*-Gnode, dessen Inhalt die temporären Directories bilden.
2. Den Zeiger auf den eventuell schon vorhandenen *Gnode* der *root*-Directory des Filesystems.

Über diese beiden Zeiger lassen sich dann während des Aufbaus der Baumstruktur sämtliche bisher gefundenen oder temporär erzeugten *Gnodes* erreichen.

Es hat sich als zweckmäßig erwiesen, einen temporären *Gnode* für die *root*-Directory und die *lost+found*-Directory anzulegen, bevor man mit dem Einlesen der *Gnodes* vom Medium beginnt. Den temporären *Gnode* der *lost+found*-Directory hängt man so in den temporären *root*-Gnode, daß er als Inhalt der *root*-Directory erscheint. Der temporäre *Gnode* für die *lost+found*-Directory wird dann während der Einleseoperation als temporärer *Wurzel*-Gnode verwendet.

Im UNIX-Kern wird ein Teil der *User*-Struktur eines Prozesses als *Supervisor*-Stack benutzt. Der als *Supervisor*-Stack benutzbare Bereich der *User*-Struktur

[31] In der aktuellen Implementierung lautet dieser provisorische Name allgemein: *TMP.#*, wobei # die *Inode*-Nummer der Directory ist.

ist begrenzt und relativ klein. Daher kann man in den Algorithmen, die im UNIX-Kern verwendet werden, keine Rekursion verwenden, ohne damit rechnen zu müssen, daß der zulässige Bereich des *Supervisor*-Stacks verlassen wird.

Es muß daher eine Möglichkeit geschaffen werden, die im *Gnode*-Cache aufgebaute Baumstruktur ohne Verwendung einer Rekursion durchlaufen zu können. Um dies zu erreichen, wird ein Zeiger vom Ende der Kette der *Gnodes*, die den Inhalt einer Directory darstellen, zu der diesen Inhalt tragenden Directory zurückgeführt.

Um dafür nicht in jedem *Incore-Gnode* einen zusätzlichen Zeiger vorsehen zu müssen, wird dafür der *next*-Zeiger der linearen Verkettung des Directory-Inhaltes verwendet. Dann kann allerdings das Ende dieser linearen Verkettung nicht mehr durch einen *NULL*-Zeiger markiert werden; es wird deshalb mit Hilfe eines *Flag*-Bits im *Gnode* angezeigt.

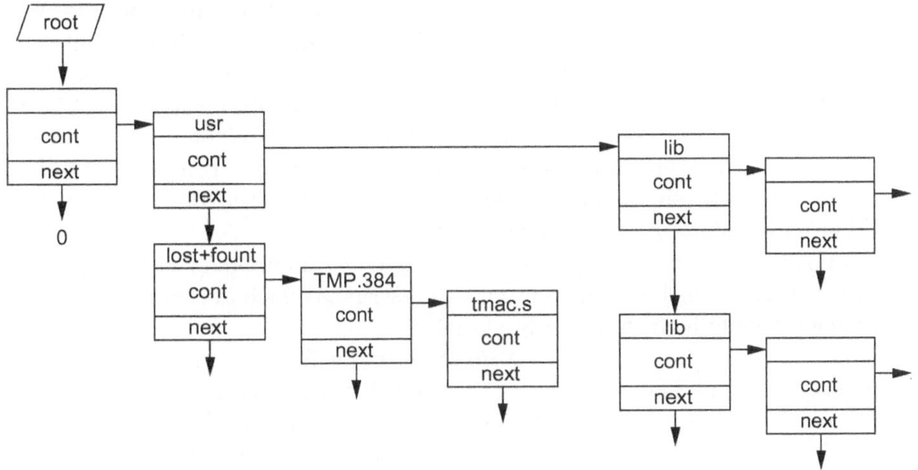

Abb. E.6. Die Struktur des *Gnode*-Caches während des Aufbaus der Baumstruktur.

E.4.3.1 Probleme durch Hardlinks

Um die bei den Datenstrukturen auf dem Medium benutzten Relationen zwischen den *Gnodes*, die einen Hardlink repräsentieren und den dazugehörigen Originaldateien auf den *Gnode*-Cache abbilden zu können, müssen zusätzliche Zeiger in der Baumstruktur des *Gnode*-Caches eingefügt werden.

Ähnlich, wie vorher bei den Directories beschrieben, können nun beim Einlesen der *Gnodes* in den Cache die *Gnodes* der Hardlinks vor den *Gnodes* der Originaldatei gefunden werden. In diesem Fall muß ein provisorischer Eintrag für die Originaldatei in der *lost+found*-Directory angelegt werden. Daher können die provisorischen Einträge in der *lost+found*-Directory nun beliebige Dateien sein.

Die *Gnodes* der Hardlinks werden wie Inhalte von Directories in der Baumstruktur an die *Gnodes* der Originaldatei angehängt. Dabei muß im *Gnode* der Originaldatei der *Linkcount* entsprechend den UNIX-Konventionen mitgezählt werden. Um vom *Gnode* eines Hardlinks zum *Gnode* der Originaldatei zu kommen, muß man die Rückwärtsverkettung der Hardlinks solange verfolgen, bis der *Gnode* der Originaldatei erreicht ist.

E.4.3.2 Optimierungen am Einlesealgorithmus

Da es für eine Datei, falls sie seit ihrer Erzeugung modifiziert wurde, mehrere *Gnodes* auf dem Medium geben kann, ist es während der Zeit des Einlesens notwendig zu wissen, ob ein *Gnode* für eine bestimmte Datei schon gefunden wurde. Da beim Einlesen der *Gnodes* vom Medium in Richtung steigender Sektornummern der aktuelle *Gnode*-Eintrag für eine Datei zuerst gefunden wird, sind alle weiteren *Gnodes* mit der gleichen Inodenummer zu ignorieren.

Um dafür nicht immer die gesamte Baumstruktur der schon eingelesenen *Gnodes* durchsuchen zu müssen, hat es sich als zweckmäßig erwiesen, eine Bitmap, in der sämtliche bereits gefundenen Inodenummern vermerkt sind, anzulegen. Eine weitere Verkürzung der Suchzeiten erreicht man, wenn man eine zweite Bitmap einführt, in der die Inodenummern der Temporär erzeugten *Gnodes* vermerkt sind. Dadurch sieht man, welchen Teil der Baumstruktur man gegebenenfalls zu durchsuchen hat.

Immer, wenn während des Einlesens der *Gnodes* ein neuer *Gnode* gefunden wird, muß in der bisher aufgebauten Baumstruktur nach der *Parent*-Directory und gegebenenfalls nach der Originaldatei eines Hardlinks gesucht werden, um den neuen *Gnode* an der richtigen Position in der Baumstruktur einhängen zu können. Wenn die Dateien sehr zufällig auf dem Filesystem angelegt wurden, dann wird sehr viel Rechenzeit beim Suchen in der Baumstruktur benötigt. Sind die Dateien und Directories völlig zufällig im Bereich der *Gnodes* auf dem Medium verteilt und befinden sich n aktive *Gnodes* auf dem Filesystem, dann sind

$$v = n * (n + 1)/4 \tag{E.2}$$

Vergleiche notwendig, um alle während des Einlesevorgangs gesuchten *Gnodes* in der Baumstruktur zu finden.

Die Anzahl der zum Aufbau der Baumstruktur im *Gnode*-Cache notwendigen Vergleiche läßt sich jedoch durch Einführung eines weiteren Caches, der eine Relation zwischen *Inodenummern* und *Gnode*-Zeigern herstellt, verringern. Dieser Cache wird im folgenden, zur besseren Unterscheidung vom *Gnode*-Cache, *Inode*-Cache genannt. Ein Element dieses Caches enthält jeweils die *Inodenummer* und die Speicher-Adresse des dazugehörigen *Gnodes* im Kern,[32] es werden also 8 Bytes pro Eintrag benötigt.

[32] Wie im Abschnitt *Pagebarer Speicher für den Gnode-Cache* noch gezeigt wird, müssen die Incore-Gnodes in zwei Bereiche geteilt werden. Die *Inodenummer* befindet sich in dem Teil des Incore-Gnodes, der nur zeitaufwendig zu erreichen

Die Größe dieses Caches richtet sich nach der Anzahl der Directories und der Hardlinks auf dem Medium, denn nur nach Directories und den Originaldateien von Hardlinks wird beim Aufbau des *Gnode*-Caches gesucht. Wenn man den *Inode*-Cache so groß macht, daß alle Directories und Originaldateien von Hardlinks darin Platz finden, dann muß man nicht mehr in der Baumstruktur der *Gnodes* suchen. Da kein Hashalgorithmus eine optimale Abbildung des *Inodenummern* der Directories und Originaldateien von Hardlinks auf einen kleinen Wertebereich erreichen kann, müßte dazu der *Inode*-Cache soviele Einträge haben, wie Inodes auf dem Medium vorhanden sind. Da man im allgemeinen den dafür notwendigen Speicherplatz nicht zur Verfügung stellen kann, muß man einen akzeptablen Kompromiß zwischen Leistung und Größe des *Inode*-Caches wählen.

Gegen einen zu großen *Inode*-Cache sprechen folgende Punkte:

- Ein großer *Inode*-Caches hat einen hohen Speicherbedarf.
- Ein sehr großer *Inode*-Cache wird nur zu einem geringen Anteil mit den benötigten Einträgen gefüllt, daher bleibt ein hoher Anteil des möglichen Raums im *Inode*-Cache ohne Nutzen.
- Je mehr "Hits" der Cache liefert, desto größer ist die mittlere Anzahl der Vergleiche beim Suchen in der Baumstruktur in Folge eines Cache "Miss", daher bringt eine beliebige Vergrößerung des *Inode*-Caches nicht die erhoffte Effektivitätssteigerung.

Daher wurden 509 Einträge für den *Inode*-Cache vorgesehen. Mit diesem Wert ergab sich ein guter Kompromiß zwischen Speicherbedarf und Wirksamkeit. Als Abbildungsfunktion für den *Inode*-Cache wurde der *modulo*-Oparator gewählt, da er, bei Verwendung einer Primzahl für die Größe des *Inode*-Caches, eine gute Verteilung der Einträge im *Inode*-Cache bewirkt[33]. Mit diesen Parametern stieg die Zeit, die für den Aufbau der Baumstruktur des *Gnode*-Caches, bei zufälliger Verteilung der *Gnodes* auf dem Medium, benötigt wurde, um weniger als 50% über die Zeit, die bei optimaler Verteilung der *Gnodes* benötigt wurde.

E.4.3.3 *lost+found*-Dateien

Unter normalen Bedingungen ist es im *Worm*-Filesystem nicht wie beim UNIX-Filesystem möglich, daß Dateien entstehen, die nicht über den Filesystembaum zu erreichen sind, aber noch nicht gelöscht sind. Es ist jedoch denkbar, daß der *Gnode* einer Directory zerstört wird, d.h. nicht mehr korrekt lesbar ist.

---

ist. Daher ist es zur Erhaltung der Effizienz des *Inode*-Caches notwendig, den Zeiger auf den *Gnode* und die *Inodenummer* im *Inode*-Cache unterzubringen.

[33] Es ist eventuell zu prüfen, ob der bei einem bestimmten Rechner anfallende Rechenaufwand für die Anwendung des *modulo*-Oparators nicht den Vorteil der besseren Verteilung der Einträge im *Inode*-Cache aufhebt. Ist das der Fall, dann sollte auf diesem Rechner anstelle der Primzahl eine Zweierpotenz und als Abbildungsfunktion eine Maskierung der oberen Bits der Inodenummer gewählt werden.

Wenn dann kein weiterer *Gnode* für diese Directory auf dem Medium vorhanden ist, kann man auf alle Dateien und Directories, die sich im Filesystembaum unterhalb der zerstörten Directory befanden, nicht mehr zugreifen.

Durch die oben beschriebene Methode zum Einlesen der *Gnodes* und zum Aufbau des vorwärts verketteten Filesystembaums wird für jede Directory, deren *Gnode* noch nicht gefunden wurde, ein temporärer *Gnode* angelegt und in die *lost+found*-Directory eingehängt. Daher sind solche verlorenen Dateien, bei Anwendung der oben beschriebenen Methode zum Einlesen der *Gnodes,* nach dem das Filesystem montiert wurde in der *lost+found*-Directory unterhalb einer temporären Directory zu finden. Der Name dieser temporären Directory ist, wie bereits beschrieben, aus der Inodenummer der zerstörten *Parent*-Directory abgeleitet.

Wenn man den urpsrünglichen Zustand des Filesystems wiederherstellen will, dann muß man nur eine *rename*-Operation auf die temporäre Directory, die sich direkt unterhalb der *lost+found*-Directory befindet, ausführen. Da temporäre Directories immer dem Superuser gehören und voreingestellte Zugriffsrechte besitzen, ist auch hier gegebenenfalls eine Anpassung vorzunehmen.

Wenn Hardlinks im *Worm*-Filesystem implementiert sind, dann kann es, bedingt durch die Art der Implementierung, *Gnodes* von Hardlinks auf dem Medium geben, die auf einen nicht mehr existenten *Gnode* einer Originaldatei zeigen. Für diese Originaldatei wird vom oben beschriebenen Einlesealgorithmus in der *lost+found*-Directory ein temporärer Eintrag erzeugt. Da der Einlesealgorithmus keine Informationen über den Dateityp, die Dateigröße, die Zugriffsrechte und den Besitzer dieser Datei besitzt, werden hier Standardwerte verwendet.

Eine Rekonstruktion ist bei diesen Dateien nicht möglich. Man kann jedoch mit Hilfe der *Inodenummer* der temporären Datei sämtliche auf diese Datei weisenden Hardlinks finden und löschen, um einen konsistenten Zustand herzustellen. Dazu kann man das Programm `find` verwenden.

E.4.4 Filesystem Operationen

Die Algorithmen, die für die Filesystem Operationen und die *Vnode*-Operationen verwendet werden, sind im wesentlichen schon im Kapitel über die Schnittstelle des virtuellen Filesystems von SunOS 4.0 beschrieben worden. Sie können nach den Vorgaben aus dieser Beschreibung implementiert werden. Durch den *Gnode*-Cache sind alle wichtigen, das Filesystem beschreibenden Daten verfügbar, nachdem das Filesystem in den Filesystembaum des Rechners integriert wurde.

Um die Basisoperationen (Erzeugen einer neuen Datei, Beschreiben oder Lesen einer Datei, sowie das Löschen einer Datei) implementieren zu können, müssen zunächst Funktionen implementiert werden, mit denen man neue *Gnodes* im *Gnode*-Cache anlegen und löschen kann. Die anderen Funktionen werden, wie schon erwähnt nach den Vorgaben aus der Beschreibung des virtuellen

Filesystems implementiert. Es sind noch in geeigneter Weise die Zeitpunkte zu bestimmen, zu denen die Dateiinhalte, die *Gnodes* und der Superblock-Update auf das Medium zu schreiben sind; dabei sind nur die im Kapitel über die Datenstrukturen auf dem Medium erwähnten Maßnahmen zur Erhaltung der Konsistenz der Daten auf dem Medium zu beachten.

E.4.5 Pagebarer Speicher für den *Gnode*-Cache

Für den *Gnode*-Cache werden pro *Gnode* ca. 100 Bytes benötigt[34]. Ein typisches `/usr`-Filesystem unter *SunOS* 4.0 hat zwischen 5 000 und 10 000 Dateien. Der *Gnode*-Cache für dieses Filesystem würde also zwischen 0.5 und 1 MByte belegen. Bei größeren Filesystemen würde entsprechend mehr Speicher für diesen Cache benötigt. Bei einem 400 MBytes großem Filesystem und einer mittleren Dateigröße von 10 kBytes ist mit 40 000 *Gnodes* zu rechnen, für die dann ca. 4 MBytes für den Cache benötigt würden. Wenn die mittlere Dateigröße unter 10 kBytes liegt, oder auf dem Medium mehr als 400 MBytes verfügbar sind, wird entsprechend mehr Speicher für den *Gnode*-Cache benötigt. Daher ist es nicht mehr realistisch, diesen Cache mit realem Speicher aus dem Adreßraum des UNIX-Kerns aufzubauen.

Es ist also wünschenswert, den *Gnode*-Cache dem *Paging* zu unterziehen, denn dann ist die Größe dieses Caches nicht mehr so erheblich.

Um das zu erreichen, muß untersucht werden, welche Zugriffsmethoden in SunOS für Speicher, der dem *Paging* unterliegt, verwendet werden. Danach kann die für das *Worm*-Filesystem optimale Benutzung ermittelt und implementiert werden.

E.4.5.1 Anonymer Speicher in *SunOS* 4.0

SunOS bietet sogenannten anomymen Speicher, das sind Teile des *Swap*-Bereichs die in den virtuellen Adreßraum des Kerns gemappt werden können.

In *SunOS* 4.0 wird anonymer Speicher an folgenden Stellen verwendet:

- Für die *BSS*- und Stack- Bereiche der Anwenderprozesse.
- Für das temporäre Umkopieren der Argumente eines neu zu erzeugenden Prozesses im Systemaufruf *execve()*.
- Für *Shared Memory* mit der in *System V* verwendeten Schnittstelle.
- Für die *u*-Page von Prozessen.

Bei den ersten drei Punkten – dem Mappen des BSS- und Stack- Bereiches, sowie dem Mappen des Temporären Bereichs für die Argumente des Systemaufrufs *execve()* und dem *Shared Memory* – wird der anonyme Speicher mit Hilfe von *as_map()* gemappt. Dabei muß vorher innerhalb des virtuellen

[34] Bei durchschnittlicher Länge des Dateinamens (ca. 8 Buchstaben zuzüglich des Nullbytes) beträgt der Anteil der *Gnode*-Daten ca. 80 Bytes. Weitere 20 Bytes werden für die Verzeigerung der *Gnodes* benötigt.

Adreßraumes ein noch nicht benutztes Segment mit Hilfe von *as_hole()* ermittelt werden. Bei dieser Methode bekommt man dann ein zusammenhängendes Stück virtuellen Speichers, das an der mit *as_hole()* ermittelten Stelle beginnt.

Bei dem Mappen der *u*-Page wird jeweils nur eine Seite auf eine feste Adresse gemappt. Daher erscheint die dort angewandte Methode für den *Gnode*-Cache uninteressant.

Um die Brauchbarkeit der in *SunOS* 4.0 realisierbaren Methoden des Zugriffs auf anonymen Speicher für den *Gnode*-Cache beurteilen zu können, wurde zunächst die Speicherbelegung im *SunOS* 4.0-Kern untersucht.

E.4.5.2 Die physische Speicherbelegung

SunOS 4.0 ist ein virtuelles Betriebssystem. Daher ist die physische Speicherbelegung für den untersuchten Zweck nur von sekundärem Interesse, wird aber der Vollständigkeit halber hier trotzdem aufgeführt.

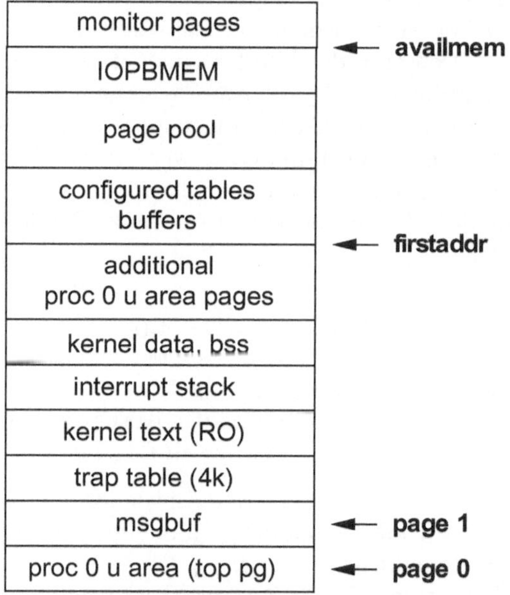

Abb. E.7. Physische Speicherbelegung unter SunOS 4.0

E.4.5.3 Die virtuelle Speicherbelegung

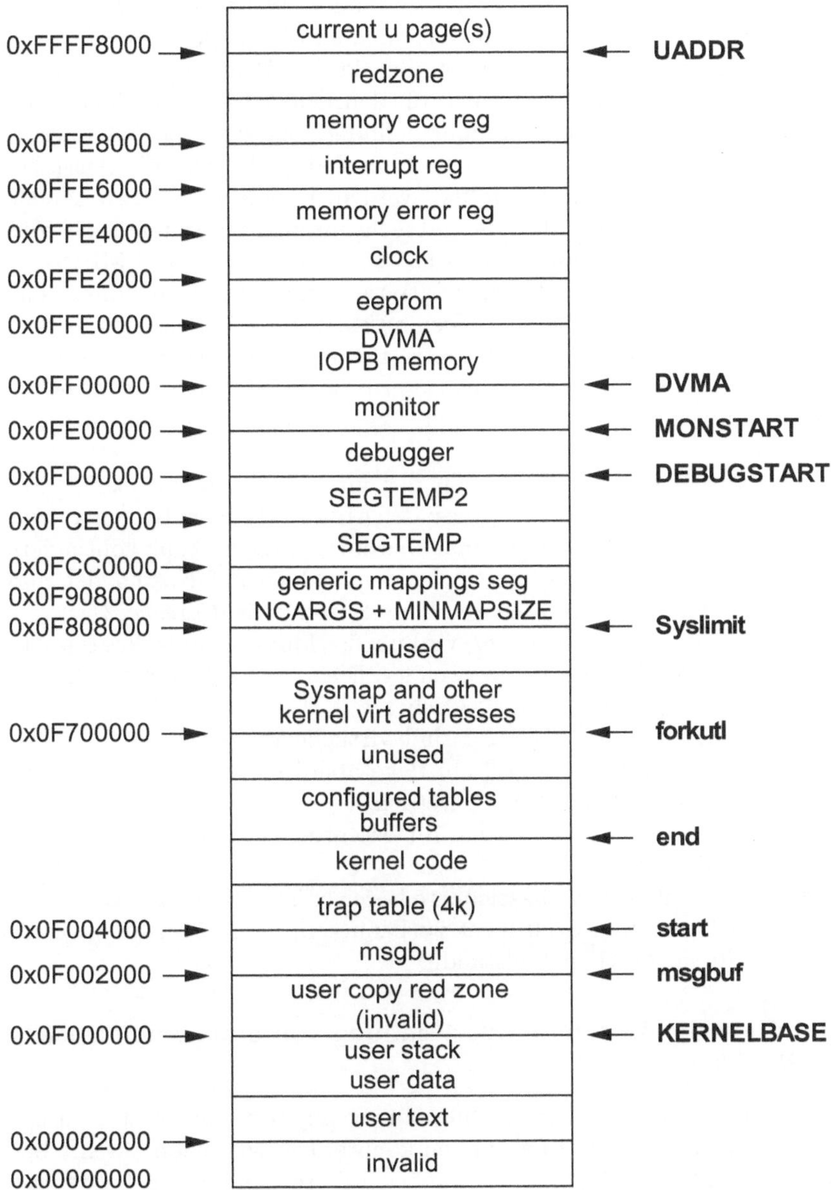

Abb. E.8. Virtuelle Speicherbelegung einer Sun 3/50 unter SunOS 4.0

Um die Überlegungen, die zum Entwurf der Speicherverwaltung für den *Gnode*-Cache geführt haben, besser erläutern zu können, werden die einzelnen Bereiche des obigen Bildes diskutiert.

Der Bereich der Virtuellen Adressen 0 bis *Kernelbase* ist für die Benutzerprogramme reserviert. Bei einem *Pagefault* in diesem Adreßbereich wird nur die Adreßraumbeschreibung des gerade aktiven Benutzerprogramms durchsucht. Eine Nutzung dieses Bereichs für den *Gnode*-Cache scheidet daher aus.

Im Adreßbereich direkt darüber befindet sich eine Seite als Sicherheitsabstand zum Benutzerprogramm und ein Puffer, in dem die Ausgaben der Routine *printf()* des Kerns gepuffert werden. Es folgen die Trap-Tabelle, das Text-Segment, sowie initialisierte und nichtinitialisierte Daten des Kerns. Dieser Bereich reicht bis *Syslimit* und hat eine Größe von ca. 8 MBytes. Wenn der Kern, wie bei SunOS 4.0 ca. 1 MByte belegt, dann liegt hinter dem *bss - Segment* des Kerns innerhalb des eben beschriebenen Bereichs ein ungenutzter Bereich von ca. 6 MBytes. Da der Kern für den gesamten eben beschriebenen Bereich nur einen Adress Segment-Descriptor verwendet, ist es nicht möglich den ungenutzten Bereich von 6 MBytes zum Mappen von anonymen Speicher zu nutzen.

Der dann folgende Bereich von der virtuellen Adresse 0x0F808000 bis 0x0F908000 wird für das Umkopieren der Argumente beim Systemaufruf *execve(2)* verwendet. Dort könnte man bis zu 1 MByte zum kontinuierlichen Mappen von anonymen Seiten verwenden, jedoch auf Kosten der maximal zulässigen Anzahl von Argumenten beim Systemaufruf *execve(2)*.

Das *generic mapping segment* wird für das kurz- bis mittelfristige Mappen von Bereichen der Filesysteme verwendet. Dieser Bereich eignet sich daher am besten für die Zwecke des *Gnode*-Caches.

SEGTEMP und *SEGTEMP2* sind virtuelle Bereiche, die für temporäre Zwecke benutzt (wie den Zugriff auf Pagetable-Entries und das Synchronisieren des virtuellen Adress-Caches) werden.

Die folgenden Bereiche werden für Monitor, Kerneldebugger, DMA und Hardwareregister benutzt.

Der große, mit *redzone* bezeichnete Bereich, ist wegen eines Design-Fehlers bei der MMU der Sun 3/50 nicht zu benutzen, denn die Adreßdekodierung erfolgt bei dieser MMU unvollständig.

E.4.5.4 Möglichkeiten der Verwendung von anomymen Speicher in *SunOS* 4.0

Für den *Gnode*-Cache wäre es optimal, wenn man ein großes, zusammenhängendes Stück Speicher bekommen könnte. Da, wie schon beschrieben, der Speicherbedarf des *Gnode*-Caches bei 4 Mbytes und mehr liegt[35], ist dieser Wunsch nach zusammenhängendem Speicher nicht zu erfüllen, denn ein

[35] Die für das *Worm*-Filesystem vorgesehene Platte ist ca. 400 MBytes groß, sie verfügt über ca. 200 000 Sektoren zu 2048 Bytes. Würde man diese 200 000 Sektoren vollständig mit *Gnodes* füllen, d.h. alle Dateien hätten die Größe 0 und es

genügend großes, nicht für andere Zwecke benutztes Segment im virtuellen Adreßraum, kann nicht gefunden werden.

Die einzige realisierbare Methode, Speicher zu benutzen, der dem *Paging* unterzogen werden kann, besteht darin, einzelne Seiten auf Anforderung in das *Generische Mapping Segment* zu mappen. Durch diese Methode erscheinen die betreffenden Seiten aber auf wechselnden virtuellen Adressen. Deshalb ist es nicht möglich, diesen Speicher für die Verzeigerung der Baumstruktur des *Gnode*-Caches zu verwenden.

Um dennoch einen größeren Teil des *Gnode*-Caches dem *Paging* unterziehen zu können, werden die *Gnodes* des Caches in einen Anteil von ca. 20 Bytes, der nur die Zeiger enthält und einen Anteil von ca. 80 Bytes, der die restlichen Daten enthält, aufgeteilt. Dann muß nur der Anteil von ca. 20 Bytes, der für die Verzeigerung der *Gnodes* benötigt wird aus realem Speicher bestehen[36].

E.4.5.5 Die Verwaltung des anonymen Speichers

Um den anonymen Speicher verwalten zu können, wird für jede anonyme Seite eine in realem Speicher stehende Struktur angelegt, sie wird *struct ahead* genannt. Diese für die Verwaltung angelegten Strukturen werden in zwei doppelt verketteten Listen geführt. Eine Liste enthält alle aktiven Elemente in der Reihenfolge des Entstehens, die andere Liste ist nach der Häufigkeit des Gebrauchs sortiert.

Jede anonyme Seite ist durch einen *struct anon* eindeutig beschrieben. Wenn sie sich im virtuellen Adreßraum des Kerns befindet, ist die virtuelle Adresse der Seite in der zur Verwaltung der anonymen Seiten verwendeten Struktur *ahead* gültig und zeigt auf die anomyme Seite. In einem Feld mit *Flag*-Bits ist vermerkt, ob sich die anonyme Seite im virtuellen Adreßraum des Kerns befindet und ob sie modifiziert wurde, seit sie das letzte Mal vom Hintergrundspeicher in den virtuellen Adreßraum des Kerns geholt wurde.

Um eine Relation von den *Gnode*-Headern auf die dazugehörigen *Gnode*-Daten in den anonymen Seiten zu bekommen, enthält jeder *Gnode*-Header einen Zeiger auf die Struktur *ahead* für die Seite, in der sich die *Gnode*-Daten befinden, und den Offset, auf dem die *Gnode*-Daten innerhalb der betreffenden anonymen Seite liegen. Wenn man auf die Daten eines Eintrags im *Gnode*-Cache zugreifen will, ruft man eine Funktion aus der Verwaltung der anonymen Seiten des *Gnode*-Caches auf, die sicherstellt, daß sich die anonyme

---

wären mehrere *Gnodes* in einem Sektor, dann könnte man 3,2 Millionen *Gnodes* auf dem Medium unterbringen. Bei einer mittleren Dateigröße von 4096 Bytes wären es noch 100 000 *Gnodes;* bei 100 Bytes pro *Gnode* würde der *Gnode*-Cache für diese 100 000 *Gnodes* 10 MBytes belegen.

[36] Prinzipiell ist es auch möglich die für die Verzeigerung nötigen Daten in pagebarem Speicher zu halten. Da das aber die Verwaltung des *Gnode*-Caches stark erschweren würde, wurde in der ersten Implementierung die einfachere, oben beschriebene Variante implementiert.

Seite, auf der die *Gnode*-Daten liegen, im virtuellen Adreßraum des Kerns befindet. Danach kann man die im *struct ahead* vermerkte virtuelle Adresse der anonymen Seite und den Offset aus dem *struct ghead* addieren und bekommt die virtuelle Adresse der *Gnode*-Daten.

Wenn sich eine konfigurierbare Anzahl von anonymen Seiten gleichzeitig im virtuellen Adreßraum des Kerns befindet und eine weitere benötigt wird, dann wird in der Liste, die nach der Häufigkeit des Gebrauchs sortiert ist, der älteste Eintrag gesucht und die dazugehörige anonyme Seite freigegeben. In einem der *Flag*-Bits ist vermerkt, ob dazu der Inhalt der Seite vorher auf den Hintergrundspeicher zu schreiben ist, weil er modifiziert wurde.

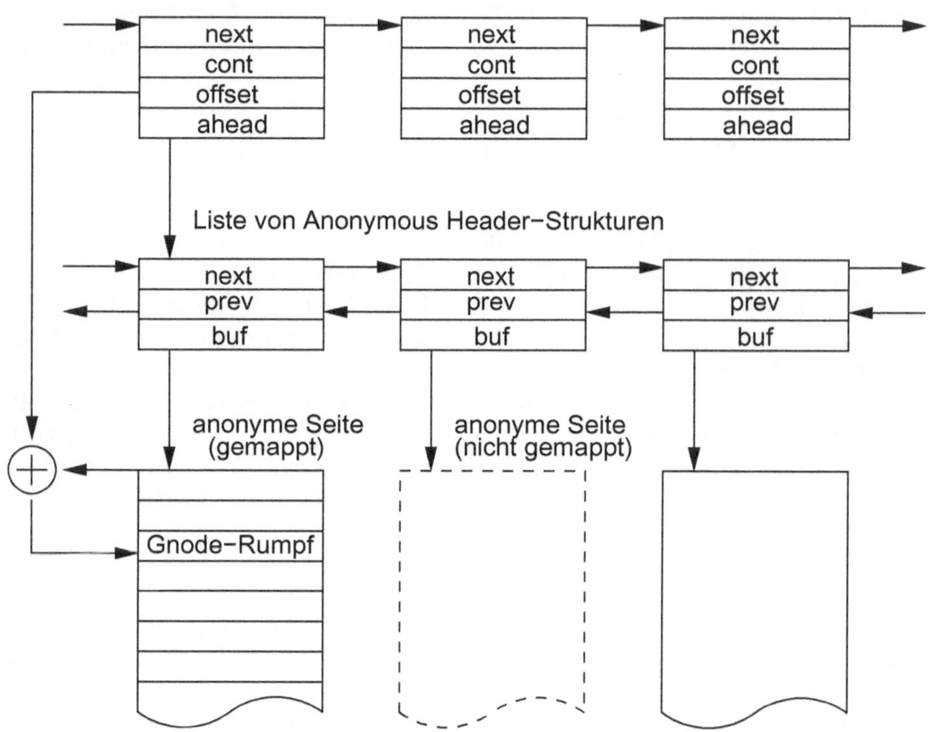

Abb. E.9. Die Verwaltung des *Gnode*-Caches unter Verwendung von anonymen Speicher.

E.4.5.6 Nebenläufigkeitsprobleme in der Verwaltung

Ein großes Problem stellen die *Gnodes* im Cache dar. Immer wenn die Baumstruktur des *Gnode*-Caches durchsucht wird, muß auf Daten aus dem Bereich der anonymen Seiten zugegriffen werden. Da UNIX ein multitasking Betriebssystem ist, ist es denkbar, daß mehrere Prozesse quasi gleichzeitig auf den

Gnode-Cache, und daher gleichzeitig auf unterschiedliche anonyme Seiten aus diesem Cache zugreifen wollen.

Daher ist es denkbar, daß ein Prozess unterbrochen wird, nachdem er sich eine Seite aus dem anonymen Speicher gemappt hat, wenn keinen besonderen Maßnahmen dagegen unternommen werden. Bevor dieser Prozess wieder aktiviert wird, kann nun ein weiterer Prozess versuchen, eine weitere anonyme Seite aus dem Cache zu mappen und muß dafür eventuell wegen knapper Ressourcen eine Seite aus dem anonymen Speicher freigeben. Wenn dafür nun die vom ersten Prozess gerade gemappte Seite gewählt wurde, ist, nachdem der erste Prozess wieder aktiviert wurde, die von ihm gewünschte anonyme Seite nicht verfügbar.

Man könnte dieses Problem dadurch umgehen, daß jeder Prozess, der auf den anonymen Speicher zugreift, den Zeitraum zwischen dem Mappen und dem Zugriff auf die soeben gemappten Daten durch Erhöhen der Interrupt-Priorität des Prozessors absichert. Diese Methode erscheint jedoch nicht empfehlenswert, denn der Zeitraum, der auf diese Weise abzudecken wäre, ist bei aufwendigeren Arbeiten an den sich auf der anonymen Seite befindlichen Daten zu groß.

Eine bessere Methode zur Lösung des Problems besteht darin, einen Referenzzähler einzuführen. Er befindet sich in jeder Struktur zur Verwaltung einer Seite aus dem anonymen Speicher. Wenn dieser Referenzzähler größer als Null ist, dann darf die dazugehörige Seite nicht freigegeben werden. Bei dieser Methode kann es allerdings passieren, daß die gewünschte Freigabe einer Seite nicht erfolgen kann, weil ein anderer Prozess die Ressourcen benötigt. Dann muß man den Prozess, der als erster die Ressourcen angefordert hat, bevorzugen und den anderen, solange der erste Prozess die Ressourcen benötigt, blockieren.

E.4.6 Überblick über die verwendeten Datenstrukturen

wofs.h definiert folgende Datenstrukturen:

```
#define WOBBSIZE        8192             /* Boot block size */
#define WOSBSIZE        8192             /* Super block size */
#define WOBBOFF         ((daddr_t)(0))   /* Position of Boot block */
#define WOSBOFF         ((daddr_t)(WOBBOFF + WOBBSIZE / DEV_BSIZE))

#define WOROOTINO       ((ino_t)2)     /* i number of all roots */
#define WOLOSTFOUNDINO  (WOROOTINO +1)/* lost+found ino (fixed for now)*/

#define MAXWOMNTLEN     512

#define WOFS_CURVERSION 0x000000
#define WOFS_MAGIC      0x270355

#define MWRITE  0x0001                 /* filesys is rewritable */
#define COMPACT 0x0002                 /* create compacted gnodes only*/

#define wofsbtodb(fs, b)        ((b) << (fs)->wofs_fsbtodb)
#define dbtowofsb(fs, b)        ((b) >> (fs)->wofs_fsbtodb)
```

Listing E.72. Konstanten für die Positionierung des primären Superblocks, sowie Makros zum Umrechnen der Blockadressen des Mediums in Blockadressen für den Gerätetreiber.

```
struct wofs {
        struct  wofs *wofs_link;/* linked list of file systems */
        struct  wofs *wofs_rlink;
        time_t  wofs_time;       /* last time written */

/* the next fields are derived from the hardware */
        daddr_t wofs_sblkno;     /* addr of super-block in filesys */
        long    wofs_size;       /* number of sectors in fs */
        long    wofs_sbsize;     /* actual size of super block */
        long    wofs_fsize;      /* medias sector size (frag) */
        long    wofs_kbps;       /* contiguous read speed (kBytes/s) */

/* the next fields are configuration parameters */
        long    wofs_sblkcnt;    /* # of super-blocks in segment */
        long    wofs_ngnull;     /* # of null sectors past last gnode*/
        long    wofs_minfree;    /* minimum percentage of free blocks*/
        long    wofs_cspare[8];  /* constants for future expansion */

/* the next fields can be computed from above */
        long    wofs_dsize;      /* number of data sectors in fs */
        long    wofs_fsbtodb;    /* wofsbtodb and dbtowofsb shift */
        long    wofs_gnopf;      /* max # of gnodes per frag */
        long    wofs_nspf;       /* number of DEV_BSIZE sectors/frag */
        long    wofs_dspare[8];  /* constants for future expansion */

/* the next fields can be recomputed from a run of fsck */
        daddr_t wofs_sblkjump;   /* addr of jump super-block */
        daddr_t wofs_sblknext;   /* addr of next super-block */
        daddr_t wofs_gno_hi;     /* addr of oldest active gnode */
        daddr_t wofs_gno_lo;     /* addr of youngest active gnode */
        daddr_t wofs_dblkno;     /* addr of first data in filesys */
        daddr_t wofs_dblkno_hi;  /* addr of last allocated data */
        long    wofs_ino_hi;     /* highest used inode-number */
        long    wofs_ndir;       /* number of directories */
        long    wofs_nfile;      /* number of files */
        long    wofs_ngfree;     /* number of free gnodes */
        long    wofs_nffree;     /* number of free data blocks */

        long    wofs_xspare[16];/* constants for future expansion */
        char    wofs_fmod;       /* super block modified flag */
        char    wofs_clean;      /* filesystem is clean flag */
        char    wofs_ronly;      /* mounted read-only flag */
        char    wofs_flags;      /* flags */
        long    wofs_id[2];      /* file system id */
        long    wofs_version;    /* version # of wofs */
        long    wofs_magic;      /* magic number */
        short   wofs_chksum;     /* xor chksum on sbsize/2 short's */
        char    wofs_fsmnt[MAXWOMNTLEN];/* name mounted on */
};
```

Listing E.73. Der Superblock auf dem *Worm*-Filesystem.

wofs_node.h definiert folgende Datenstrukturen:

```
#define ONDADDR 3                  /* Direct blocks (currently only one) */
#define ONIADDR 1                  /* Indirect blocks (currently unused) */

/*
 * disk g-node
 */
struct gnode {
        u_short gn_mode;           /*  0: mode and type of file */
        short   gn_nlink;          /*  2: number of links to file */
        uid_t   gn_uid;            /*  4: owner's user id */
        gid_t   gn_gid;            /*  6: owner's group id */
        quad    gn_qsize;          /*  8: number of bytes in file */
#ifdef KERNEL
        struct timeval gn_atime;/* 16: time last accessed */
        struct timeval gn_mtime;/* 24: time last modified */
        struct timeval gn_ctime;/* 32: last time inode changed */
#else
        time_t  gn_atime;          /* 16: time last accessed */
        long    gn_atspare;
        time_t  gn_mtime;          /* 24: time last modified */
        long    gn_mtspare;
        time_t  gn_ctime;          /* 32: last time inode changed */
        long    gn_ctspare;
#endif
#define gn_hino gn_db[0]           /*     files's i-number for hardlinks */
        daddr_t gn_db[ONDADDR]; /* 40: disk block addresses */
        daddr_t gn_ib[ONIADDR]; /* 52: indirect blocks (unused) */
        long    gn_flags;          /* 56: flags see below */
        long    gn_blocks;         /* 60: blocks actually held */
        long    gn_ino;            /* 64: inode number gnode refers to */
        long    gn_parent;         /* 68: parent inode number */
        long    gn_gen;            /* 72: generation number */
        long    gn_spare[3];       /* 76: reserved, currently unused */
        short   gn_magic;          /* 88: magic it's a gnode */
        short   gn_chksum;         /* 90: xor chksum for gn_size/2 short's*/
        short   gn_gsize;          /* 92: actual size of gnode */
        short   gn_namelen;        /* 94: number of chars in gn_name */
/*      char    gn_name[0];        /* 96: name of file */
        char    gn_name[32];       /* 96: name of file */
};                                 /* 128: end if sizeof(gn_name) == 32 */
```

Listing E.74. *Gnode*, wie er auf dem Medium verwendet wird.

```
/*
 * cached g-node
 */
struct gcnode {
        u_short gc_mode;        /*  0: mode and type of file */
        short   gc_nlink;       /*  2: number of links to file */
        uid_t   gc_uid;         /*  4: owner's user id */
        gid_t   gc_gid;         /*  6: owner's group id */
        quad    gc_qsize;       /*  8: number of bytes in file */
        struct timeval gc_atime;/* 16: time last accessed */
        struct timeval gc_mtime;/* 24: time last modified */
        struct timeval gc_ctime;/* 32: last time inode changed */
#define gc_hino gc_db[0]        /*     files's i-number for hardlinks */
        daddr_t gc_db[1];       /* 40: disk block addresses */
        long    gc_flags;       /* 44: flags see below */
        long    gc_blocks;      /* 48: blocks actually held */
        long    gc_ino;         /* 52: inode number gnode refers to */
        long    gc_parent;      /* 56: parent inode number */
        long    gc_gen;         /* 60: generation number */
        short   gc_gsize;       /* 62: actual size of gnode */
        short   gc_namelen;     /* 64: number of chars in gn_name */
        char    gc_name[1];     /* 68: name of file */
};
```

Listing E.75. *Gnode*, wie er im Cache verwendet wird.

```
#define GN_MAGIC        0x474D /* G-node magic number */
#define LN_MAGIC        0x4C4D /* Linkname Magic number */

/*
 * G-node Flags
 */
#define GDATA           0x0001 /* G-node and Data is in one sector */
#define GCOMPACT        0x0002 /* Compacted n G-nodes into one sector */
#define GHARD           0x0004 /* G-node is ino-relative link */
#define GCACHE          0x0008 /* Cache G-node during rebuilt of tree */
#define GTMP            0x0010 /* G-node is tmp during rebuilt of tree */
```

Listing E.76. *Magic Numbers* für *Gnode* und Erweiterungs-Sektoren bei langen Linknamen, sowie im *Gnode* gebrauchte *Flag*-Bits.

```
/*
 * header for cached g-nodes
 */
typedef struct ghead {
        struct ghead *next;     /* next entry in directory contents */
        struct ghead *prev;     /* previous entry in chain */
        struct ghead *cont;     /* first entry in contents chain */
        struct ahead *hp;       /* pointer to anon page containing gcnode*/
        short   hindex;         /* gcnode offset in page */
} GHEAD;
```

Listing E.77. Die Struktur *ghead*, sich im realen Memory des Kerns und enthält die Zeiger des *Gnode*-Caches, die die Baumstruktur eines Filesystems repräsentieren.

wofs_anon.h definiert folgende Datenstrukturen:

```
typedef struct ahead {
        struct  ahead *next;     /* the next header in the linked list */
        struct  ahead *prev;     /* the last header in the linked list */
        struct  ahead *more;     /* the next most recently used header */
        struct  ahead *less;     /* the next least recently used header */

        struct  anon    *ap;     /* anon info for this page */

        caddr_t buf;             /* where in memory it is, 0 if not */

        short   flags;           /* flags see below */
        short   count;           /* reference count for this buffer */
} AHEAD;

/*
 * flags
 */
#define INMEMORY        0x0001
#define MODIFIED        0x0002
```

Listing E.78. Die Struktur *ahead* wird für die Verwaltung einer anonymen Seite aus dem virtuellen Memory des Kerns verwendet.

E.5 Diskussion und Ausblick

E.5.1 Messungen

Als Ergebnis dieser Arbeit verfügen wir nun über ein funktionsfähiges Filesystem, das auch auf *Worm*-Medien benutzbar ist und gute Performance-Eigenschaften in Bezug auf die Benutzung in multimedialen Anwendungen zeigt. Die notwendigen Einschränkungen gegenüber dem UNIX-Filesystem sind bei der beabsichtigten Anwendung nicht schwerwiegend. Das neue Filesystem verfügt sogar über Eigenschaften, die es wünschenswert erscheinen lassen, es auch für andere Anwendungen mit nahezu ausschließlichem Lesezugriff, wie z.B. dem `/usr`-Filesystem zu verwenden.

Im Laufe der Entwicklung des *Worm*-Filesystems wurden weite Entwicklungsmöglichkeiten deutlich, deren Verwirklichung dem Filesystem in einigen Punkten noch bessere Eigenschaften geben würde.

E.5.2 Kompression der *Gnodes*

Wie im Kapitel *Datenstrukturen auf dem Medium* erwähnt, finden bei typischer Anwendung weit über 90% der *Gnodes* in der Minimalgröße des *Gnodes* von 128 Bytes Platz. Da es für die Sicherheit der Filesystemkonsistenz auf dem Medium notwendig ist, jeden *Gnode*-Update baldmöglichst nach einem *close(2)* auf eine modifizierte Datei, auf das Medium zu schreiben, muß ein *Gnode*-Update im allgemeinen mindestens einen Sektor eines *Worm*-Mediums belegen. Bei einer Sektorgröße von 512 Bytes bleiben dadurch jedoch 75% des Bereichs der *Gnode*-Updates auf dem Medium ungenutzt. Bei einer Sektorgröße von 2048 Bytes erhöht sich der ungenutzte Bereich innerhalb der *Gnode*-Updates auf 93,75%.

Durch diese Methode des *Gnode*-Updates ergibt sich außer der Tatsache, daß ein relativ großer Bereich des Mediums von den *Gnodes* belegt wird, noch ein weiterer unerwünschter Effekt: Die Zeit, die zum Füllen des *Gnode*-Caches beim Systemaufruf *mount(2)* benötigt wird, ist sowohl durch den Rechenaufwand für die Verzeigerung des *Gnode*-Caches, als auch durch die Zeit für das Einlesen der gesamten Datenmenge aus dem Bereich der aktiven *Gnodes* auf dem Medium bedingt. Dies ist insbesondere bei Medien von Interesse, die nur über eine geringe Datentransfergeschwindigkeit verfügen.

Um dies zu verdeutlichen, sei ein Beispiel angeführt:

Bei dem *Worm*-Laufwerk RXT-800S der Firma Maxtor lassen sich, bei einer Größe des Transferpuffers von 63 kBytes, Datentransferraten von 80 kBytes/s erreichen. Bei der dort verwendeten Sektorgröße von 2048 Bytes lassen sich also nur 40 *Gnodes /s* einlesen. Da bei einer Filesystemgröße von 400 MBytes und einer mittleren Dateigröße von 10 kBytes mit ca. 40 000 Dateien[37]. auf dem Medium zu rechnen ist, werden ca. 1000 Sekunden für das Einlesen des *Gnodes* benötigt. Dadurch werden für den Systemaufruf *mount(2)* unter diesen Randbedingungen mehr als 16 Minuten benötigt. Diese Zeit ist offensichtlich untragbar hoch.

Wenn man mehrere *Gnodes* in einem Sektor unterbrächte, dann würden bei dem obigen Beispiel 16 *Gnodes* in einen Sektor passen. Damit würde die Zeit, die zum Einlesen der *Gnodes* benötigt wird, auf ca. 1 Minute sinken.

---

[37] Ohne Berücksichtigung der durch die *Gnodes* bedingten Verringerung des für die Dateien zur Verfügung stehenden Bereichs aus dem Medium.

Diese Zeit ist in der gleichen Größenordnung, wie die Rechenzeit, die bei einer Sun 3/50 zum Aufbau des *Gnode*-Caches benötigt wird[38].

E.5.3 Methoden zur Verringerung des von den *Gnodes* belegten Bereichs

Eine Methode, den von den *Gnodes* belegten Bereich auf dem Medium zu verringern, wäre die Verwendung eines Programms, das aktiviert wird, wenn das Filesystem nicht montiert ist. Dieses Programm könnte den Bereich der aktiven *Gnodes* auf dem Medium einlesen und einen neuen *Gnode*-Bereich anlegen. Dieser Bereich würde dann nur noch die aktuellen Versionen der *Gnodes* enthalten, von denen dann soviel wie möglich in einem Sektor untergebracht wären.

Damit man erkennen kann, daß sich in einem Sektor mehr als ein *Gnode* befindet, kann man solche *Gnodes* mit einem *Flag*-Bit markieren oder jeden *Gnode* mit einer Angabe für die Gesamtgröße versehen. Wenn die im *Gnode* verzeichnete Gesamtgröße geringer als die Sektorgröße ist, dann befinden sich in dem Sektor noch weitere *Gnodes*.

Um einen neuen *Gnode*-Bereich auf dem Medium anzulegen, muß man hinter dem logischen Ende des aktuellen Bereichs der *Gnodes* auf dem Medium in Wachstumsrichtung die gewünschten *Gnodes* schreiben. Danach wird ein Superblock-Update, in dem die neuen Werte für den Anfang und das Ende des gültigen *Gnode*-Bereichs auf dem Medium vermerkt sind, geschrieben.

Durch diese Methode läßt sich zwar das Einlesen der *Gnodes* in den Cache beschleunigen, sie hat jedoch den Nachteil, daß dabei ein relativ hoher Anteil der Kapazität des Mediums verbraucht wird, denn jeder *Gnode* wird zweimal geschrieben. Beim ersten Mal wird er so geschrieben, daß er einen ganzen Sektor auf dem Medium belegt, beim zweiten Mal geschieht dies in der komprimierten Form. Da bei fortlaufender modifizierender Benutzung des Filesystems der Bereich der *Gnodes* wieder wachsen würde, müßte man diese Prozedur immer dann wiederholen, wenn das Montieren des Filesystems zu lange dauert.

Besser wäre es, wenn man die Kompression der *Gnodes* im laufenden Betrieb vornehmen könnte. Um das zu erreichen, könnte man immer dann, wenn ein *Gnode*-Update auf das Medium geschrieben werden muß, soviele der ältesten aktiven *Gnodes*, wie zusammen mit dem neuen *Gnode*-Update in einem Sektor unterzubringen sind, gemeinsam mit dem neuen *Gnode*-Update schreiben.

Bei dieser Methode der Kompression von *Gnodes* wird insgesamt soviel Platz auf dem Medium verbraucht, wie ohne Anwendung einer Kompressions-

---

[38] Für den Fall, daß das Einlesen der *Gnodes* asynchron erfolgt, können das Einlesen der *Gnodes* und der Aufbau der Verkettung des *Gnode*-Caches gleichzeitig erfolgen. Damit liegt die Gesamtzeit, die für das Montieren des Filesystems benötigt wird nur unwesentlich über der Zeit, die für das Einlesen der *Gnodes* benötigt wird.

methode benötigt würde, denn bei jedem *Gnode*-Update wird mindestens ein Sektor auf dem Medium verbraucht. Der von den *Gnodes* auf dem Medium belegte Bereich wäre, gegenüber der Anwendung des oben beschriebenen Kompressionsprogramms, nur um den Anteil nicht mehr aktiver *Gnode*-Versionen größer. Der Anteil der nicht mehr aktiven *Gnode*-Versionen würde sich jedoch in Grenzen halten, denn dadurch, daß die ältesten aktiven *Gnodes* mit an das aktuelle Ende des *Gnode*-Bereichs geschrieben werden, nicht mehr aktive Versionen der *Gnodes* jedoch nicht kopiert werden, verlassen die nicht mehr aktiven Versionen den zum Füllen des *Gnode*-Caches zu lesenden Bereich auf dem Medium.

E.5.4 Das *Worm* -Filesystem auf wiederbeschreibbaren Medien

Eine wiederbeschreibbares Medium, auf dem sich noch kein *Worm*-Filesystem befunden hat, läßt sich problemlos mit dem *Worm*-Filesystem benutzen. Ohne Modifikationen am Algorithmus des Filesystems ist es jedoch, wie schon im Kapitel *Datenstrukturen auf dem Medium* beschrieben, nur dann möglich, ein wiederbeschreibbares Medium wieder mit einem *Worm*-Filesystem zu versehen, wenn vorher das gesamte Medium mit einem Datenmuster überschrieben wurde.

Wenn man ohne besondere Vorkehrungen ein wiederbeschreibbares Medium mehrmals mit einem *Worm*-Filesystem versehen will, dann müssen die im Kapitel *Datenstrukturen auf dem Medium* erwähnten Modifikationen am Filesystemcode vorgenommen werden:

- Immer dann, wenn ein Bereich für Superblock-Updates neu angelegt wird, muß dieser Bereich genullt werden.
- Beim Schreiben von *Gnode*-Updates ist dafür zu sorgen, daß ein ausreichend großer Bereich hinter dem logischen Ende der *Gnode*-Updates genullt wird.

Dazu muß im Superblock ein *Flag*-Bit vorgesehen werden, mit dessen Hilfe man die bei wiederbeschreibbaren Medien notwendigen Modifikationen des *Worm*-Filesystemcodes aktiviert.

Werden keine weiteren Modifikationen am *Worm*-Filesystem vorgenommen, dann hat man ein Filesystem, das auf wiederbeschreibbaren Medien die gleichen Eigenschaften aufweist, wie auf *Worm*-Medien. Wenn man das *Worm*-Filesystem auf Magnetplattenlaufwerken betreibt, dann profitiert man selbstverständlich von der höheren Schreibgeschwindigkeit diese Laufwerke. Bei Filesystemen mit geringer Schreibaktivität und häufigem Lesezugriff ist das *Worm*-Filesystem besser geeignet als das UNIX-Filesystem. Daher eignet sich das *Worm*-Filesystem besonders für das `/usr -Filesystem` von UNIX Mit zusätzlichen Maßnahmen läßt sich das *Worm*-Filesystem jedoch noch besser an wiederbeschreibbare Medien anpassen.

Da es bei wiederbeschreibbaren Medien keine Probleme mit dem Update von Daten gibt, kann man auf die besonderen Methoden, die für Update von

Daten auf *Worm*-Medien entwickelt wurden, verzichten. Wiederbeschreibbare Medien bieten daher folgende Vorteile:

- Der Superblock-Update kann beliebig häufig an der selben Position des Mediums erfolgen. Dafür kann die Position des primären Superblocks verwendet werden.
- *Gnode*-Updates können beliebig häufig an der Position vorgenommen werden, die der betreffende *Gnode* bei seiner Erzeugung hatte.

Wenn es keine Beschränkungen für die Frequenz des Updates von Superblock und *Gnodes* gibt, dann kann der Update dieser Strukturen bei jedem *sync(2)* erfolgen. Dadurch wird die Integrität des Filesystems und die Sicherheit bei Systemzusammenbrüchen wesentlich erhöht.

Um den Zeitraum der aktiven Benutzung des *Worm*-Filesystems auf wiederbeschreibbaren Medien zu erhöhen, könnte man mit Hilfe eines Programmes, das aktiviert wird, wenn das Filesystem nicht montiert ist, die Datenbereiche der aktiven Dateien auf dem Medium so umkopieren, daß die Datenbereiche der gelöschten Dateien und der alten Versionen von Dateien wiederverwendet werden.

E.5.5 Daten kleiner Dateien innerhalb von *Gnodes*

Eine alternative Möglichkeit zur Nutzung des von einem *Gnode* im Sektor nicht genutzten Raumes besteht darin, den Dateiinhalt, falls er vollständig in diesen Raum paßt, mit im *Gnode* unterzubringen. Diese Methode, den ungenutzten Raum in dem den *Gnode* tragenden Sektor zu nutzen, scheint aber nur dann sinvoll, wenn man nicht die oben beschriebenen Methoden zur Kompression der *Gnodes* anwendet: Die im Bereich der *Gnodes* untergebrachten Dateiinhalte müssen beim Einlesen des *Gnode*-Bereichs zum Füllen des *Gnode*-Caches mitgelesen werden. Dadurch erhöht sich die Zeit, die zum Montieren eines solchen Filesystems benötigt wird gegenüber der Zeit, die bei einem Filesystem mit komprimierten *Gnodes* benötigt wird.

Trotzdem scheint es sinnvoll zu überlegen, ob man Dateien, die nur wenige Bytes enthalten, ähnlich wie die Linknamen von Symbolischen Links hinter den assoziierten *Gnodes* unterbringt. Wenn man als Grenze dafür z.B. 128 Bytes (die Minimalgröße eines *Gnodes*) ansetzt, dann lassen sich immer noch mehrere *Gnodes* in einem Sektor unterbringen und die Zeit zum Montieren eines so angelegten Filesystems bleibt immer noch unter der beim Montieren eines Filesystems, das einen *Gnode* pro Sektor trägt, benötigten Zeit.

E.5.6 Das Anbringen einer vorwärts verketteten Struktur auf dem Medium

Da die Baumstruktur des *Worm*-Filesystems in einer der normalen Benutzung entgegengesetzten Weise auf dem Medium notiert ist, kann man das

Worm-Filesystem nur dann effektiv benutzen, wenn man einen Cache im Betriebssystem vorsieht. Wenn das Filesystem nahezu voll ist könnte man den restlichen Platz auf dem Filesystem dazu nutzen, eine vorwärts verkettete Struktur zu schreiben. Danach könnte man das Filesystem auch ohne den Cache benutzen.

E.5.7 Erhöhen der Schreibgeschwindigkeit bei magneto-optischen Medien

Bei magneto-optischen Laufwerken liegt die Schreibgeschwindigkeit deutlich unter der Lesegeschwindigkeit. Das liegt daran, daß bei diesen Medien vor einer Schreiboperation das Medium auf dem gewünschten Sektor zunächst gelöscht werden muß. Wenn man einzelne Bereiche nicht mehrmals beschreiben will, kann man bei dem SONY SMO-C501 Laufwerk diese Bereiche auch mit Hilfe eines speziellen *SCSI*-Kommandos vor der Benutzung löschen. Wenn man dann zum Zeitpunkt der gewünschten Schreiboperation ein herstellerspezifisches *SCSI*-Kommando verwendet, das keine Löschoperation auslöst, dann ist die Schreiboperation genauso schnell, wie eine Leseoperation.

Da das *Worm*-Filesystem auch bei wiederbeschreibbaren Medien die Bereiche des Mediums, die Dateiinhalte tragen, nur einmal beschreibt, könnte das obengenannte Verfahren auf die Dateiinhalte angewendet werden. Dann hätte man ein Filesystem, das bei magneto-optischen Medien eine Schreibgeschwindigkeit liefert, die identisch mit der Lesegeschwindigkeit ist.

Sachverzeichnis

Literaturverzeichnis

Aus den bibliographischen Angaben zu den RFC-Dokumenten wurden die sich wiederholenden FTP-Adressen weggelassen. Das offizielle Archiv ist unter `ftp://ftp.internic.net/rfc/` zugänglich, ein suchbarer Intex ist im Web unter `http://www.ietf.org/rfc.html` zu finden.

ZFS On-Disk Specification, December 2005. Dokumentation der Datenstruktur. Draft vom 09.12.2005.

816-0403. *Advanced Administration*, January 2005. Sun Microsystems Inc., Solaris 10 Release.

816-0404. *Solaris Tunable Parameters*, January 2005. Sun Microsystems Inc., Solaris 10 Release.

816-1985. *Basic Administration*, June 2005. Sun Microsystems Inc., Solaris 10 Release.

816-4554. *IP Services*, January 2005. Sun Microsystems Inc., Solaris 10 Release.

816-4555. *Network Services*, January 2005. Sun Microsystems Inc., Solaris 10 Release.

816-4556. *Naming and Directory Services (DNS, NIS and LDAP)*, January 2005. Sun Microsystems Inc., Solaris 10 Release.

816-4557. *Security Services*, January 2005. Sun Microsystems Inc., Solaris 10 Release.

816-4558. *Naming and Directory Services (NIS+)*, January 2005. Sun Microsystems Inc., Solaris 10 Release.

816-5093. *Devices and File Systems*, June 2005. Sun Microsystems Inc., Solaris 10 Release.

817-1592. *Solaris Containers-Resource Management and Solaris Zones*, June 2005. Sun Microsystems Inc., Solaris 10 Release.

817-2271. *ZFS Administration Guide*, December 2005. Sun Microsystems Inc.

P. Almquist and F. Kastenholz. RFC 1716: Towards requirements for IP routers, November 1994. Obsoleted by RFC1812 Baker (1995). Status: INFORMATIONAL.

H. Alvestrand, S. Kille, R. Miles, M. Rose, and S. Thompson. RFC 1495: Mapping between X.400 and RFC-822 message bodies, August 1993. Obsoleted by RFC2156 Kille (1998). Obsoletes RFC987, RFC1026, RFC1138, RFC1148, RFC1327 Kille (1986, 1987, 1989, 1990); Hardcastle-Kille (1992). Status: PROPOSED STANDARD.

M. Andrews. RFC 2308: Negative caching of DNS queries (DNS NCACHE), March 1998. Updates RFC1034, RFC1035 Mockapetris (1987b,c). Status: PROPOSED STANDARD.

Maurice J. Bach. *The Design of the UNIX Operating System.* Prentice-Hall, Upper Saddle River, NJ 07458, USA, 1986. ISBN 0-13-201799-7. See also Goodheart and Cox (1994).

F. Baker. RFC 1812: Requirements for IP version 4 routers, June 1995. Obsoletes RFC1716, RFC1009 Almquist and Kastenholz (1994); Braden and Postel (1987). Status: PROPOSED STANDARD.

S. Bellovin. RFC 1948: Defending against sequence number attacks, May 1996. Status: INFORMATIONAL.

T. Berners-Lee, R. Fielding, and H. Frystyk. RFC 1945: Hypertext Transfer Protocol — HTTP/1.0, May 1996. Status: INFORMATIONAL.

A. Bhushan, B. Braden, W. Crowther, E. Harslem, J. Heafner, A. McKenzie, J. Melvin, B. Sundberg, D. Watson, and J. White. RFC 172: The file transfer protocol, June 1971a. Obsoleted by RFC0265 Bhushan et al. (1971c). Updates RFC0114 Bhushan (1971). Updated by RFC0238 Braden (1971). Status: UNKNOWN.

A. Bhushan, R. Braden, W. Crowther, E. Harslem, J. Heafner, A. McKenzie, J. Melvin, B. Sundberg, D. Watson, and J. White. RFC 171: The Data Transfer Protocol, June 1971b. Obsoleted by RFC0264 Bhushan et al. (1972). Updates RFC0114 Bhushan (1971). Updated by RFC0238 Braden (1971). Not online. Status: UNKNOWN.

A. Bhushan, R. Braden, W. Crowther, E. Harslem, J. F. Heafner, A. M. McKenzie, J. T. Melvin, R. L. Sundberg, R. W. Watson, and J. E. White. RFC 265: The File Transfer Protocol, December 1971c. Obsoleted by RFC0354 Bhushan (1972b). Obsoletes RFC0172 Bhushan et al. (1971a). Updated by RFC0294 Bhushan (1972a). Status: UNKNOWN.

A. Bhushan, B. Braden, W. Crowther, E. Harslem, J. Heafner, A. McKenzie, B. Sundberg, D. Watson, and J. White. RFC 264: The data transfer protocol, January 1972. Obsoleted by RFC0354 Bhushan (1972b). Obsoletes RFC0171 Bhushan et al. (1971b). Status: UNKNOWN. Not online.

A. K. Bhushan. RFC 114: File transfer protocol, April 1971. Updated by RFC0141, RFC0172, RFC0171 Harslem and Heafner (1971); Bhushan et al. (1971a,b). Status: UNKNOWN. Not online.

A. K. Bhushan. RFC 294: The use of "set data type" transaction in file transfer protocol, January 1972a. Updates RFC0265 Bhushan et al. (1971c). Status: UNKNOWN.

A. K. Bhushan. RFC 354: File transfer protocol, July 1972b. Obsoleted by RFC0542 Neigus (1973). Obsoletes RFC0264, RFC0265 Bhushan et al. (1972, 1971c). Updated by RFC0385 Bhushan (1972c). Status: UNKNOWN. Format: TXT=58074 bytes.

A. K. Bhushan. RFC 385: Comments on the file transfer protocol, August 1972c. Updates RFC0354 Bhushan (1972b). Updated by RFC0414 Bhushan (1972d). Status: UNKNOWN.

A. K. Bhushan. RFC 414: File transfer protocol (FTP) status and further comments, December 1972d. Updates RFC0385 Bhushan (1972c). Status: UNKNOWN. Not online.

Eric Jon Bina. Modifications to the UNIX file system check program FSCK for quicker crash recovery. Thesis (m.s.), University of Illinois at Urbana-Champaign, Urbana, IL 61801, USA, August 1988.

Eric Jon Bina and Perry A. Emrath. A faster fsck for BSD UNIX. Technical Report CSRD 823, University of Illinois at Urbana-Champaign, Center for Supercomputing Research and Development, Urbana, IL 61801, USA, October 1988.

Jeff Bonwick. Zfs the last word in file systems. SMI, December 2005. Foliensatz.

R. Braden. STD 3: Requirements for internet hosts — communication layers, October 1989a. See also RFC1122, RFC1123 Braden (1989b,c).

R. T. Braden. RFC 238: Comments on DTP and FTP proposals, September 1971. Updates RFC0171, RFC0172 Bhushan et al. (1971b,a). Updated by RFC0269 Brodie (1971). Status: UNKNOWN.

R. T. Braden. RFC 1122: Requirements for Internet hosts — communication layers, October 1989b. See also STD0003 Braden (1989a). Status: STANDARD.

R. T. Braden. RFC 1123: Requirements for Internet hosts — application and support, October 1989c. See also STD0003 Braden (1989a). Updates RFC0822 Crocker (1982a). Updated by RFC2181 Elz and Bush (1997). Status: STANDARD.

R. T. Braden and J. Postel. RFC 1009: Requirements for Internet gateways, June 1987. Obsoleted by RFC1812 Baker (1995). Obsoletes RFC0985 National Science Foundation and Network Technical Advisory Group (1986). Status: HISTORIC.

H. Brodie. RFC 269: Some experience with file transfer, December 1971. Updates RFC0122, RFC0238 White (1971b); Braden (1971). Status: UNKNOWN. Format: TXT=5961 bytes.

V. G. Cerf and J. Postel. RFC 322: Well known socket numbers, March 1972. Status: UNKNOWN.

Douglas E. Comer. *Internetworking with TCP/IP: Volume 1. Principles, Protocols, and Architectures.* Prentice-Hall, Upper Saddle River, NJ 07458, USA, fourth edition, 2000. ISBN 0-13-018380-6.

Bryan Costales and Eric Allman. *Sendmail.* O'Reilly & Associates, Inc., 103a Morris Street, Sebastopol, CA 95472, USA, Tel: +1 707 829 0515, and 90 Sherman Street, Cambridge, MA 02140, USA, Tel: +1 617 354 5800, third edition, 2003. ISBN 1-56592-839-3.

D. Crocker. RFC 822: Standard for the format of ARPA Internet text messages, August 1982a. See also STD0011 Crocker (1982b). Obsoletes RFC0733 Crocker et al. (1977b). Updated by RFC1123, RFC1138, RFC1148, RFC1327, RFC2156 Braden (1989c); Kille (1989, 1990); Hardcastle-Kille (1992); Kille (1998). Status: STANDARD.

D. Crocker, K. T. Pogran, J. Vittal, and D. A. Henderson. RFC 724: Proposed official standard for the format of ARPA network messages, May 1977a. Obsoleted by RFC0733 Crocker et al. (1977b). Status: UNKNOWN. Not online.

D. Crocker, J. Vittal, K. T. Pogran, and D. A. Henderson. RFC 733: Standard for the format of ARPA network text messages, November 1977b. Obsoleted by RFC0822 Crocker (1982a). Obsoletes RFC0724 Crocker et al. (1977a). Status: UNKNOWN.

David H. Crocker. STD 11: Standard for the format of ARPA Internet text messages, August 1982b. See also RFC0822 Crocker (1982a). Obsoleted by RFC2822 ?. Obsoletes RFC0733 Crocker et al. (1977b).

C. Davis, P. Vixie, T. Goodwin, and I. Dickinson. RFC 1876: A means for expressing location information in the domain name system, January 1996. Updates RFC1034, RFC1035 Mockapetris (1987b,c). Status: EXPERIMENTAL.

S. E. Deering. RFC 988: Host extensions for IP multicasting, July 1986. Obsoleted by RFC1054, RFC1112 Deering (1988, 1989). Obsoletes RFC0966 Deering and Cheriton (1985). Status: UNKNOWN.

S. E. Deering. RFC 1054: Host extensions for IP multicasting, May 1988. Obsoleted by RFC1112 Deering (1989). Obsoletes RFC0988 Deering (1986). Status: UNKNOWN.

S. E. Deering. RFC 1112: Host extensions for IP multicasting, August 1989. Obsoletes RFC0988, RFC1054 Deering (1986, 1988). See also STD0005 Postel (1981g). Updated by RFC2236 Fenner (1997). Status: STANDARD.

S. E. Deering and D. R. Cheriton. RFC 966: Host groups: A multicast extension to the Internet Protocol, December 1985. Obsoleted by RFC0988 Deering (1986). Status: UNKNOWN.

Dale Dougherty. `sed` *and* `awk`. O'Reilly & Associates, Inc., 103a Morris Street, Sebastopol, CA 95472, USA, Tel: +1 707 829 0515, and 90 Sherman Street, Cambridge, MA 02140, USA, Tel: +1 617 354 5800, November 1990. ISBN 0-937175-59-5.

Dale Dougherty and Arnold Robbins. `sed` *and* `awk`. O'Reilly & Associates, Inc., 103a Morris Street, Sebastopol, CA 95472, USA, Tel: +1 707 829 0515, and 90 Sherman Street, Cambridge, MA 02140, USA, Tel: +1 617 354 5800, second edition, February 1997. ISBN 1-56592-225-5.

D. Eastlake. RFC 2137: Secure domain name system dynamic update, April 1997. Updates RFC1035 Mockapetris (1987c). Status: PROPOSED STANDARD.

D. Eastlake, 3rd, and C. Kaufman. RFC 2065: Domain name system security extensions, January 1997. Updates RFC1034, RFC1035 Mockapetris (1987b,c). Status: PROPOSED STANDARD.

R. Elz and R. Bush. RFC 1982: Serial number arithmetic, August 1996. Updates RFC1034, RFC1035 Mockapetris (1987b,c). Status: PROPOSED STANDARD.

R. Elz and R. Bush. RFC 2181: Clarifications to the DNS specification, July 1997. Updates RFC1034, RFC1035, RFC1123 Mockapetris (1987b,c); Braden (1989c). Status: PROPOSED STANDARD.

C. F. Everhart, L. A. Mamakos, R. Ullmann, and P. V. Mockapetris. RFC 1183: New DNS RR definitions, October 1990. Updates RFC1034, RFC1035 Mockapetris (1987b,c). Status: EXPERIMENTAL.

E. J. Feinler, K. Harrenstien, Z. Su, and V. White. RFC 810: DoD Internet host table specification, March 1982. Obsoleted by RFC0952 Harrenstien et al. (1985). Obsoletes RFC0608 Kudlick (1974). Status: UNKNOWN.

W. Fenner. RFC 2236: Internet Group Management Protocol, version 2, November 1997. Updates RFC1112 Deering (1989). Status: PROPOSED STANDARD.

Robert A. Gingell, Joseph P. Moran, and William A. Shannon. Virtual memory architecture in SunOS. In USENIX Association, editor, *Proceedings of the Summer 1987 USENIX Conference: June 8–12, 1987, Phoenix, Arizona, USA*, pages 81–94, Berkeley, CA, USA, Summer 1987. USENIX.

Berny Goodheart and James Cox. *The Magic Garden Explained: The Internals of UNIX System V Release 4, an Open Systems Design.* Prentice-Hall, 1994. ISBN 0-13-098138-9. Probably a good companion to Bach (1986) .... Covering the internals, system calls, kernal of System V Release 4 ....

S. Hardcastle-Kille. RFC 1327: Mapping between X.400(1988) /ISO 10021 and RFC 822, May 1992. Obsoleted by RFC1495, RFC2156 Alvestrand et al. (1993); Kille (1998). Obsoletes RFC987, RFC1026, RFC1138, RFC1148 Kille (1986, 1987, 1989, 1990). Updates RFC0822, RFC0822 Crocker (1982a,a). Status: PROPOSED STANDARD.

K. Harrenstien, M. K. Stahl, and E. J. Feinler. RFC 952: DoD Internet host table specification, October 1985. Obsoletes RFC0810 Feinler et al. (1982). Status: UNKNOWN.

E. Harslem and J. F. Heafner. RFC 141: Comments on RFC 114: A file transfer protocol, April 1971. Updates RFC0114 Bhushan (1971). Status: UNKNOWN.

E. Harslem and R. Stoughton. RFC 225: Rand/UCSB network graphics experiment, September 1971. Updates RFC0074 White (1970). Status: UNKNOWN. Not online.

M. Horowitz and S. Lunt. RFC 2228: FTP security extensions, October 1997. Updates RFC0959 Postel and Reynolds (1985). Status: PROPOSED STANDARD.

John S. Howard. *Building a Bootable DVD to Deploy a* SOLARIS *Flash Archive.* Sun BluePrints OnLine. Sun Microsystems, April 2004. Beschreibung der Partitionen des Installationsmediums, und der notwendigen Schritte um die Installation von DVD so zu konfigurieren, daß ein vorher erstelltes Flash Archiv geladen werden kann. Beispiele basieren auf SOLARIS 9.

John S. Howard and Alex Noordergraaf. *JumpStart Technology: Effective Use in the* SOLARIS *Operating Environment.* Sun BluePrints. Prentice Hall, October 2001a. Kapitel 8 als Auszug unter Howard and Noordergraaf (2001b) veröffentlicht.

John S. Howard and Alex Noordergraaf. *WebStart Flash.* Sun BluePrints OnLine. Sun Microsystems, November 2001b. Kapitel 8 von Howard and Noordergraaf (2001a), beschreibt die Generierung von Flash Archiven.

Information Sciences Institute. University of Southern California. RFC 212: NWG meeting on network usage, August 1971. Obsoletes RFC0207 Vezza (1971a). Updated by RFC0222 Metcalfe (1971). Status: UNKNOWN.

S. Kille. RFC 2156: MIXER (Mime Internet X.400 Enhanced Relay): Mapping between X.400 and RFC 822/MIME, January 1998. Obsoletes RFC0987, RFC1026, RFC1138, RFC1148, RFC1327, RFC1495 Kille (1986, 1987, 1989, 1990); Hardcastle-Kille (1992); Alvestrand et al. (1993). Updates RFC0822 Crocker (1982a). Status: PROPOSED STANDARD.

S. E. Kille. RFC 987: Mapping between X.400 and RFC 822, June 1986. Obsoleted by RFC2156 Kille (1998). Updated by RFC1026, RFC1138, RFC1148 Kille (1987, 1989, 1990). Status: UNKNOWN.

S. E. Kille. RFC 1026: Addendum to RFC 987: (mapping between X.400 and RFC-822), September 1987. Obsoleted by RFC1327, RFC1495, RFC2156 Hardcastle-Kille (1992); Alvestrand et al. (1993); Kille (1998). Updates RFC0987 Kille (1986). Updated by RFC1138, RFC1148 Kille (1989, 1990). Status: UNKNOWN.

S. E. Kille. RFC 1138: Mapping between X.400(1988) /ISO 10021 and RFC 822, December 1989. Obsoleted by RFC1327, RFC1495, RFC2156 Hardcastle-Kille (1992); Alvestrand et al. (1993); Kille (1998). Updates RFC0822, RFC0987, RFC1026 Crocker (1982a); Kille (1986, 1987). Updated by RFC1148 Kille (1990). Status: EXPERIMENTAL.

S. E. Kille. RFC 1148: Mapping between X.400(1988) /ISO 10021 and RFC 822, March 1990. Obsoleted by RFC1327, RFC1495, RFC2156 Hardcastle-Kille (1992); Alvestrand et al. (1993); Kille (1998). Updates RFC0822, RFC0987, RFC1026, RFC1138 Crocker (1982a); Kille (1986, 1987, 1989). Status: EXPERIMENTAL.

S. Kirkpatrick, M. K. Stahl, and M. Recker. RFC 1166: Internet numbers, July 1990. Obsoletes RFC1117, RFC1062, RFC1020 Romano et al. (1989, 1988); Romano and Stahl (1987). Status: INFORMATIONAL.

J. Klensin, N. Freed, M. Rose, E. Stefferud, and D. Crocker. RFC 1651: SMTP service extensions, July 1994. Obsoleted by RFC1869, STD0010 Klensin et al. (1995); Postel (1982c). Obsoletes RFC1425 Klensin, WG Chair et al. (1993). Status: DRAFT STANDARD.

J. Klensin, N. Freed, M. Rose, E. Stefferud, and D. Crocker. RFC 1869: SMTP service extensions, November 1995. See also STD0010 Postel (1982c). Obsoletes RFC1651 Klensin et al. (1994). Status: STANDARD.

J. Klensin, WG Chair, N. Freed, M. Rose, E. Stefferud, and D. Crocker. RFC 1425: SMTP service extensions, February 1993. Obsoleted by RFC1651 Klensin et al. (1994). Status: PROPOSED STANDARD.

M. Krilanovich. RFC 399: SMFS login and logout, September 1972a. Obsoleted by RFC0431 Krilanovich (1972b). Updates RFC0122 White (1971b). Status: UNKNOWN.

M. Krilanovich. RFC 431: Update on SMFS login and logout, December 1972b. Obsoletes RFC0399 Krilanovich (1972a). Updates RFC0122 White (1971b). Status: UNKNOWN.

M. D. Kudlick. RFC 608: Host names on-line, January 1974. Obsoleted by RFC0810 Feinler et al. (1982). Status: UNKNOWN. Not online.

E. Lear, E. Fair, D. Crocker, and T. Kessler. RFC 1627: Network 10 considered harmful (some practices shouldn't be codified), June 1994. Obsoleted by BCP0005, RFC1918 ?Rekhter et al. (1996). Status: INFORMATIONAL.

Samuel J. Leffler, Marshall Kirk McKusick, Michael J. Karels, and John S. Quarterman. *The Design and Implementation of the 4.3BSD UNIX Operating System*. Addison-Wesley, Reading, MA, USA, 1989. ISBN 0-201-06196-1.

D. Libes. FYI 5: Choosing a name for your computer, August 1990a. See also RFC1178 Libes (1990b).

D. Libes. RFC 1178: Choosing a name for your computer, August 1990b. See also FYI0005 Libes (1990a). Status: INFORMATIONAL.

John Lions. *Lions' Commentary on UNIX 6th Edition, with Source Code*. Computer classics revisited. Peer-to-Peer Communications, San Jose, CA 95164-0218, USA, 1996. ISBN 1-57398-013-7. With forewords by Dennis M. Ritchie and Ken Thompson. Prefatory notes by Peter H. Salus and Michael Tilson; a Historical Note by Peter H. Salus; and Appreciations by Greg Rose, Mike O'Dell, Berny Goodheart, Peter Collinson, and Peter Reintjes. Originally circulated as two restricted-release volumes: "UNIX Operating System Source Code Level Six", and "A Commentary on the UNIX Operating System".

G. Malkin and A. Harkin. RFC 1782: TFTP option extension, March 1995a. Obsoleted by RFC2347 Malkin and Harkin (1998a). Updates RFC1350 Sollins (1992a). Status: PROPOSED STANDARD.

G. Malkin and A. Harkin. RFC 1783: TFTP blocksize option, March 1995b. Obsoleted by RFC2348 Malkin and Harkin (1998b). Updates RFC1350 Sollins (1992a). Updated by RFC1350 Sollins (1992a). Status: PROPOSED STANDARD.

G. Malkin and A. Harkin. RFC 1784: TFTP timeout interval and transfer size options, March 1995c. Obsoleted by RFC2349 Malkin and Harkin (1998c). Updates RFC1350 Sollins (1992a). Status: PROPOSED STANDARD.

G. Malkin and A. Harkin. RFC 1785: TFTP option negotiation analysis, March 1995d. Updates RFC1350 Sollins (1992a). Status: INFORMATIONAL.

G. Malkin and A. Harkin. RFC 2347: TFTP option extension, May 1998a. Obsoletes RFC1782 Malkin and Harkin (1995a). Updates RFC1350 Sollins (1992a). Status: DRAFT STANDARD.

G. Malkin and A. Harkin. RFC 2348: TFTP blocksize option, May 1998b. Obsoletes RFC1783 Malkin and Harkin (1995b). Updates RFC1350 Sollins (1992a). Status: DRAFT STANDARD.

G. Malkin and A. Harkin. RFC 2349: TFTP timeout interval and transfer size options, May 1998c. Obsoletes RFC1784 Malkin and Harkin (1995c). Updates RFC1350 Sollins (1992a). Status: DRAFT STANDARD.

B. Manning. RFC 1348: DNS NSAP RRs, July 1992. Obsoleted by RFC1637 Manning and Colella (1994a). Updates RFC1034, RFC1035 Mockapetris (1987b,c). Updated by RFC1637 Manning and Colella (1994a). Status: EXPERIMENTAL.

B. Manning and R. Colella. RFC 1637: DNS NSAP resource records, June 1994a. Obsoleted by RFC1706 Manning and Colella (1994b). Obsoletes RFC1348 Manning (1992). Updates RFC1348 Manning (1992). Status: EXPERIMENTAL.

B. Manning and R. Colella. RFC 1706: DNS NSAP resource records, October 1994b. Obsoletes RFC1637 Manning and Colella (1994a). Status: INFORMATIONAL.

Marshall K. McKusick, William N. Joy, Sam J. Leffler, and Robert S. Fabry. A fast file system for UNIX. *ACM Transactions on Computer Systems*, 2 (3):181–197, August 1984.

R. M. Metcalfe. RFC 222: Subject: System programmer's workshop, September 1971. Updates RFC0212 Information Sciences Institute. University of Southern California (1971). Updated by RFC0234 Vezza (1971b). Status: UNKNOWN. Not online.

P. Mockapetris. STD 13: Domain Names — Concepts and Facilities, November 1987a. See also RFC1034, RFC1035 Mockapetris (1987b,c).

P. V. Mockapetris. RFC 882: Domain names: Concepts and facilities, November 1983a. Obsoleted by RFC1034, RFC1035 Mockapetris (1987b,c). Updated by RFC0973 Mockapetris (1986). Status: UNKNOWN.

P. V. Mockapetris. RFC 883: Domain names: Implementation specification, November 1983b. Obsoleted by RFC1034, RFC1035 Mockapetris (1987b,c). Updated by RFC0973 Mockapetris (1986). Status: UNKNOWN.

P. V. Mockapetris. RFC 973: Domain system changes and observations, January 1986. Obsoleted by RFC1034, RFC1035 Mockapetris (1987b,c). Updates RFC0882, RFC0883 Mockapetris (1983a,b). Status: UNKNOWN.

P. V. Mockapetris. RFC 1034: Domain names — concepts and facilities, November 1987b. Obsoletes RFC0973, RFC0882, RFC0883 Mockapetris (1986, 1983a,b). See also STD0013 Mockapetris (1987a). Updated by RFC1101, RFC1183, RFC1348, RFC1876, RFC1982, RFC2065, RFC2181, RFC2308

Mockapetris (1989); Everhart et al. (1990); Manning (1992); Davis et al. (1996); Elz and Bush (1996); Eastlake et al. (1997); Elz and Bush (1997); Andrews (1998). Status: STANDARD.

P. V. Mockapetris. RFC 1035: Domain names — implementation and specification, November 1987c. Obsoletes RFC0973, RFC0882, RFC0883 Mockapetris (1986, 1983a,b). See also STD0013 Mockapetris (1987a). Updated by RFC1101, RFC1183, RFC1348, RFC1876, RFC1982, RFC1995, RFC1996, RFC2065, RFC2181, RFC2136, RFC2137, RFC2308 Mockapetris (1989); Everhart et al. (1990); Manning (1992); Davis et al. (1996); Elz and Bush (1996); Ohta (1996); Vixie (1996); Eastlake et al. (1997); Elz and Bush (1997); Vixie, Editor et al. (1997); Eastlake (1997); Andrews (1998). Status: STANDARD.

P. V. Mockapetris. RFC 1101: DNS encoding of network names and other types, April 1989. Updates RFC1034, RFC1035 Mockapetris (1987b,c). Status: UNKNOWN.

J. C. Mogul. RFC 919: Broadcasting Internet datagrams, October 1984a. See also STD0005 Postel (1981g). Status: STANDARD.

J. C. Mogul. RFC 922: Broadcasting Internet datagrams in the presence of subnets, October 1984b. See also STD0005 Postel (1981g). Status: STANDARD.

J. C. Mogul and J. Postel. RFC 950: Internet Standard Subnetting Procedure, August 1985. Updates RFC0792 Postel (1981f). See also STD0005 Postel (1981g). Status: STANDARD.

J. Myers. RFC 2222: Simple Authentication and Security Layer (SASL), October 1997. Status: PROPOSED STANDARD. Updated by RFC2444 Newman (1998).

National Science Foundation and Network Technical Advisory Group. RFC 985: Requirements for Internet gateways — draft, May 1986. Obsoleted by RFC1009 Braden and Postel (1987). Status: UNKNOWN.

N. Neigus. RFC 542: File transfer protocol, July 1973. Obsoleted by RFC0765 Postel (1980d). Obsoletes RFC0354 Bhushan (1972b). Status: UNKNOWN. Format: TXT=100666 bytes. See also RFC354 ?, RFC454 ?, RFC495 ?.

N. Neigus and J. Postel. RFC 503: Socket number list, April 1973. Obsoleted by RFC0739 Postel (1977). Obsoletes RFC0433 Postel (1972c). Status: UNKNOWN. Not online.

A. G. Nemeth. RFC 43: Proposed meeting, April 1970. Updates RFC0122 White (1971b). Status: UNKNOWN.

C. Newman. RFC 2444: The one-time-password SASL mechanism, October 1998. Updates RFC2222 Myers (1997). Status: PROPOSED STANDARD.

Alex Noordergraaf. *JumpStart Architecture and Security Scripts for the* SOLARIS *Operating Environment – Part 1.* Sun BluePrints OnLine. Sun Microsystems, July 2000a. Erster Teil einer dreiteiligen Serie in der JumpStart und das Security Scripts Toolkit beschrieben werden.

Alex Noordergraaf. *JumpStart Architecture and Security Scripts for the* SOLARIS *Operating Environment – Part 2.* Sun BluePrints OnLine. Sun Microsystems, August 2000b. Zweiter Teil einer dreiteiligen Serie in der JumpStart und das Security Scripts Toolkit beschrieben werden. Konfigurationsdateien und Scripte.

Alex Noordergraaf. *JumpStart Architecture and Security Scripts for the* SOLARIS *Operating Environment – Part 3*. Sun BluePrints OnLine. Sun Microsystems, September 2000c. Dritter Teil einer dreiteiligen Serie in der JumpStart und das Security Scripts Toolkit beschrieben werden.

M. Ohta. RFC 1995: Incremental zone transfer in DNS, August 1996. Updates RFC1035 Mockapetris (1987c). Status: PROPOSED STANDARD.

David M. Piscitello and A. Lyman Chapin. *Open Systems Networking:TCP/IP & OSI*. Addison-Wesley.

J. Postel. RFC 204: Sockets in use, August 1971a. Updated by RFC0234 Vezza (1971b). Status: UNKNOWN. Format: TXT=1379 bytes.

J. Postel. RFC 229: Standard host names, September 1971b. Obsoleted by RFC0236 Postel (1971c). Status: UNKNOWN.

J. Postel. RFC 236: Standard host names, September 1971c. Obsoletes RFC0229 Postel (1971b). Status: UNKNOWN.

J. Postel. RFC 317: Official host-host protocol modification: Assigned link numbers, March 1972a. Obsoleted by RFC0604 Postel (1973). Status: UNKNOWN. Not online.

J. Postel. RFC 349: Proposed standard socket numbers, May 1972b. See also RFC0322, RFC0204 Cerf and Postel (1972); Postel (1971a). Obsoleted by RFC0433 Postel (1972c). Status: UNKNOWN. Format: TXT=1663 bytes.

J. Postel. RFC 433: Socket number list, December 1972c. Obsoleted by RFC0503 Neigus and Postel (1973). Obsoletes RFC0349 Postel (1972b). Status: UNKNOWN. Not online.

J. Postel. RFC 604: Assigned link numbers, December 1973. Obsoleted by RFC0739 Postel (1977). Obsoletes RFC0317 Postel (1972a). Status: UNKNOWN. Not online.

J. Postel. RFC 739: Assigned numbers, November 1977. Obsoleted by RFC0750 Postel (1978). Obsoletes RFC0604, RFC0503 Postel (1973); Neigus and Postel (1973). Status: HISTORIC.

J. Postel. RFC 750: Assigned numbers, September 1978. Obsoleted by RFC0755 Postel (1979a). Obsoletes RFC0739 Postel (1977). Status: HISTORIC. Not online.

J. Postel. RFC 755: Assigned numbers, May 1979a. Obsoleted by RFC0758 Postel (1979b). Obsoletes RFC0750 Postel (1978). Status: HISTORIC. Not online.

J. Postel. RFC 758: Assigned numbers, August 1979b. Obsoleted by RFC0762 Postel (1980b). Obsoletes RFC0755 Postel (1979a). Status: HISTORIC. Not online.

J. Postel. RFC 760: DoD standard Internet Protocol, January 1980a. Obsoleted by RFC0791, RFC0777 Postel (1981e,b). Obsoletes IEN123 Postel (1979c). Status: UNKNOWN. Not online.

J. Postel. RFC 762: Assigned numbers, January 1980b. Obsoleted by RFC0770 Postel (1980e). Obsoletes RFC0758 Postel (1979b). Status: HISTORIC. Not online.

J. Postel. RFC 764: Telnet Protocol specification, June 1980c. Obsoleted by RFC0854 Postel and Reynolds (1983b). Status: UNKNOWN. Not online.

J. Postel. RFC 765: File transfer protocol specification, June 1980d. Obsoleted by RFC0959 Postel and Reynolds (1985). Obsoletes RFC0542 Neigus (1973). Status: UNKNOWN. Not online.

J. Postel. RFC 770: Assigned numbers, September 1980e. Obsoleted by RFC0776 Postel (1981a). Obsoletes RFC0762 Postel (1980b). Status: HISTORIC. Not online.

J. Postel. RFC 776: Assigned numbers, January 1981a. Obsoleted by RFC0790 Postel (1981d). Obsoletes RFC0770 Postel (1980e). Status: HISTORIC. Not online.

J. Postel. RFC 777: Internet Control Message Protocol, April 1981b. Obsoleted by RFC0792 Postel (1981f). Obsoletes RFC0760 Postel (1980a). Status: UNKNOWN. Not online.

J. Postel. RFC 788: Simple mail transfer protocol, November 1981c. Obsoleted by RFC0821 Postel (1982b). Obsoletes RFC0780 Sluizer and Postel (1981a). Status: UNKNOWN. Not online.

J. Postel. RFC 790: Assigned numbers, September 1981d. Obsoleted by RFC0820 Postel (1982a). Obsoletes RFC0776 Postel (1981a). Status: HISTORIC.

J. Postel. RFC 791: Internet Protocol, September 1981e. Obsoletes RFC0760 Postel (1980a). See also STD0005 Postel (1981g). Status: STANDARD.

J. Postel. RFC 792: Internet Control Message Protocol, September 1981f. Obsoletes RFC0777 Postel (1981b). Updated by RFC0950 Mogul and Postel (1985). See also STD0005 Postel (1981g). Status: STANDARD.

J. Postel. RFC 820: Assigned numbers, August 1982a. Obsoleted by RFC0870 Reynolds and Postel (1983). Obsoletes RFC0790 Postel (1981d). Status: HISTORIC.

J. Postel. RFC 821: Simple mail transfer protocol, August 1982b. See also STD0010 Postel (1982c). Obsoletes RFC0788 Postel (1981c). Status: STANDARD.

J. Postel. STD 5: Internet Protocol: DARPA Internet Program Protocol Specification, September 1981g. See also RFC0791, RFC0792, RFC0919, RFC0922, RFC0950, RFC1112 Postel (1981e,f); Mogul (1984a,b); Mogul and Postel (1985); Deering (1989).

J. Postel and J. Reynolds. STD 8: Telnet Protocol, May 1983a. See also RFC0854, RFC0855 Postel and Reynolds (1983b,c).

J. Postel and J. K. Reynolds. RFC 854: Telnet Protocol specification, May 1983b. Obsoletes RFC0764, NIC18639 Postel (1980c); ?. See also STD0008 Postel and Reynolds (1983a). Status: STANDARD.

J. Postel and J. K. Reynolds. RFC 855: Telnet option specifications, May 1983c. Obsoletes NIC18640 ?. Status: STANDARD.

J. Postel and J. K. Reynolds. RFC 959: File transfer protocol, October 1985. Obsoletes RFC0765 Postel (1980d). Updated by RFC2228 Horowitz and Lunt (1997). Status: STANDARD.

Jon Postel. DOD standard Internet protocol, December 1979c.

Jonathan B. Postel. STD 10: Simple mail transfer protocol, August 1982c. See also RFC0821, RFC1869. RFC974 Postel (1982b); Klensin et al. (1995); ?. Obsoleted by RFC2821 ?. Obsoletes RFC788, RFC780, RFC772 Postel (1981c); Sluizer and Postel (1981a, 1980).

Y. Rekhter, B. Moskowitz, D. Karrenberg, and G. de Groot. RFC 1597: Address allocation for private internets, March 1994. Obsoleted by BCP0005, RFC1918 ?Rekhter et al. (1996). Status: INFORMATIONAL.

Y. Rekhter, B. Moskowitz, D. Karrenberg, G. J. de Groot, and E. Lear. RFC 1918: Address allocation for private internets, February 1996. See also BCP0005 ?. Obsoletes RFC1627, RFC1597 Lear et al. (1994); Rekhter et al. (1994). Status: BEST CURRENT PRACTICE.

J. Reynolds and J. Postel. RFC 1340: ASSIGNED NUMBERS, July 1992. Obsoleted by RFC1700 Reynolds and Postel (1994a). Obsoletes RFC1060 Reynolds and Postel (1990). Status: HISTORIC.

J. Reynolds and J. Postel. RFC 1700: ASSIGNED NUMBERS, October 1994a. See also STD0002 Reynolds and Postel (1994b). Obsoletes RFC1340 Reynolds and Postel (1992). Status: STANDARD.

J. Reynolds and J. Postel. STD 2: Assigned numbers, October 1994b. See also RFC1700 Reynolds and Postel (1994a). Obsoleted by RFC3232 ?. Obsoletes RFC1340 Reynolds and Postel (1992).

J. K. Reynolds and J. Postel. RFC 870: Assigned numbers, October 1983. Obsoleted by RFC0900 Reynolds and Postel (1984a). Obsoletes RFC0820 Postel (1982a). Status: HISTORIC.

J. K. Reynolds and J. Postel. RFC 900: Assigned numbers, June 1984a. Obsoleted by RFC0923 Reynolds and Postel (1984b). Obsoletes RFC0870 Reynolds and Postel (1983). Status: HISTORIC.

J. K. Reynolds and J. Postel. RFC 923: Assigned numbers, October 1984b. Obsoleted by RFC0943 Reynolds and Postel (1985a). Obsoletes RFC0900 Reynolds and Postel (1984a). Status: HISTORIC.

J. K. Reynolds and J. Postel. RFC 943: Assigned numbers, April 1985a. Obsoleted by RFC0960 Reynolds and Postel (1985b). Obsoletes RFC0923 Reynolds and Postel (1984b). Status: HISTORIC.

J. K. Reynolds and J. Postel. RFC 960: Assigned numbers, December 1985b. Obsoleted by RFC0990 Reynolds and Postel (1986). Obsoletes RFC0943 Reynolds and Postel (1985a). Status: HISTORIC.

J. K. Reynolds and J. Postel. RFC 990: Assigned numbers, November 1986. Obsoleted by RFC1010 Reynolds and Postel (1987b). Obsoletes RFC0960 Reynolds and Postel (1985b). Updated by RFC0997 Reynolds and Postel (1987a). Status: HISTORIC.

J. K. Reynolds and J. Postel. RFC 997: Internet numbers, March 1987a. Obsoleted by RFC1020, RFC1117 Romano and Stahl (1987); Romano et al. (1989). Updates RFC0990 Reynolds and Postel (1986). Status: UNKNOWN.

J. K. Reynolds and J. Postel. RFC 1010: Assigned numbers, May 1987b. Obsoleted by RFC1060 Reynolds and Postel (1990). Obsoletes RFC0990 Reynolds and Postel (1986). Status: HISTORIC.

J. K. Reynolds and J. Postel. RFC 1060: Assigned numbers, March 1990. Obsoleted by RFC1340 Reynolds and Postel (1992). Obsoletes RFC1010 Reynolds and Postel (1987b). Status: HISTORIC.

S. Romano and M. K. Stahl. RFC 1020: Internet numbers, November 1987. Obsoleted by RFC1062, RFC1117, RFC1166 Romano et al. (1988, 1989); Kirkpatrick et al. (1990). Obsoletes RFC0997 Reynolds and Postel (1987a). Status: UNKNOWN.

S. Romano, M. K. Stahl, and M. Recker. RFC 1062: Internet numbers, August 1988. Obsoleted by RFC1117, RFC1166 Romano et al. (1989); Kirkpatrick et al. (1990). Obsoletes RFC1020 Romano and Stahl (1987). Status: UNKNOWN.

S. Romano, M. K. Stahl, and M. Recker. RFC 1117: Internet numbers, August 1989. Obsoleted by RFC1166 Kirkpatrick et al. (1990). Obsoletes RFC1062, RFC1020, RFC0997 Romano et al. (1988); Romano and Stahl (1987); Reynolds and Postel (1987a). Status: INFORMATIONAL.

Russel Sandberg, David Goldberg, Steve Kleiman, Dan Walsh, and Bob Lyon. Design and implementation of the Sun Network Filesystem. In USENIX Association, editor, *Summer conference proceedings, Portland 1985: June 11–14, 1985, Portland, Oregon USA*, pages 119–130, P.O. Box 7, El Cerrito 94530, CA, USA, Summer 1985. USENIX.

S. Sluizer and J. Postel. RFC 772: Mail transfer protocol, September 1980. Obsoleted by RFC0780 Sluizer and Postel (1981a). Status: UNKNOWN. Not online.

S. Sluizer and J. Postel. RFC 780: Mail transfer protocol, May 1981a. Obsoleted by RFC0788 Postel (1981c). Obsoletes RFC0772 Sluizer and Postel (1980). Status: UNKNOWN. Not online.

S. Sluizer and J. Postel. RFC 784: Mail transfer protocol: ISI TOPS20 implementation, July 1981b. Obsoleted by RFC1350 Sollins (1992a). Status: UNKNOWN. Not online.

K. Sollins. RFC 1350: THE TFTP PROTOCOL (REVISION 2), July 1992a. See also STD0033 Sollins (1992b). Obsoletes RFC0784 Sluizer and Postel (1981b). Updates RFC1350, RFC1783 Sollins (1992a); Malkin and Harkin (1995b). Updated by RFC1782, RFC1783, RFC1784, RFC1350, RFC1785, RFC2347, RFC2348, RFC2349 Malkin and Harkin (1995a,b,c); Sollins (1992a); Malkin and Harkin (1995d, 1998a,b,c). Status: STANDARD.

K. Sollins. STD 33: The TFTP Protocol (Revision 2), July 1992b. See also RFC1350 Sollins (1992a).

A. Vezza. RFC 207: September network working group meeting, August 1971a. Obsoleted by RFC0212 Information Sciences Institute. University of Southern California (1971). Status: UNKNOWN. Format: TXT=3356 bytes.

A. Vezza. RFC 234: Network working group meeting schedule, October 1971b. Updates RFC0222, RFC0204 Metcalfe (1971); Postel (1971a). Status: UNKNOWN. Not online.

P. Vixie. RFC 1996: A mechanism for prompt notification of zone changes (DNS NOTIFY), August 1996. Updates RFC1035 Mockapetris (1987c). Status: PROPOSED STANDARD.

P. Vixie, Editor, S. Thomson, Y. Rekhter, and J. Bound. RFC 2136: Dynamic updates in the domain name system (DNS UPDATE), April 1997. Updates RFC1035 Mockapetris (1987c). Status: PROPOSED STANDARD.

J. E. White. RFC 74: Specifications for network use of the UCSB on-line system, October 1970. Updated by RFC0217, RFC0225 White (1971c); Harslem and Stoughton (1971). Status: UNKNOWN. Not online.

J. E. White. RFC 105: Network specifications for remote job entry and remote job output retrieval at UCSB, March 1971a. Updated by RFC0217 White (1971c). Status: UNKNOWN.

J. E. White. RFC 122: Network specifications for UCSB's simple-minded file system, April 1971b. Updated by RFC0217, RFC0269, RFC0399, RFC0043, RFC0431 White (1971c); Brodie (1971); Krilanovich (1972a); Nemeth (1970); Krilanovich (1972b). Status: UNKNOWN. Not online.

J. E. White. RFC 217: Specifications changes for OLS, RJE/RJOR, and SMFS, September 1971c. Updates RFC0074, RFC0105, RFC0122 White (1970, 1971a,b). Status: UNKNOWN.

Elizabeth D. Zwicky. Torture-testing backup and archive programs: Things you ought to know but probably would rather not. In USENIX, editor, *Proceedings of the fifth Large Installation Systems Administration Conference: September 30–October 3, 1991, San Diego, California, USA*, pages 181–190, Berkeley, CA, USA, September 30–October 3 1991. USENIX.